2024

法律法规全书系列

中华人民共和国

知识产权

法律法规全书

（含规章及法律解释）

中国法制出版社

CHINA LEGAL PUBLISHING HOUSE

出 版 说 明

随着中国特色社会主义法律体系的建成，中国的立法进入了"修法时代"。在这一时期，为了使法律体系进一步保持内部的科学、和谐、统一，会频繁出现对法律各层级文件的适时清理。目前，清理工作已经全面展开且取得了阶段性的成果，但这一清理过程在未来几年仍将持续。这对于读者如何了解最新法律修改信息、如何准确适用法律带来了使用上的不便。基于这一考虑，我们精心编辑出版了本书，一方面重在向读者展示我国立法的成果与现状，另一方面旨在帮助读者在法律文件修改频率较高的时代准确适用法律。

本书独具以下四重价值：

1. **文本权威，内容全面**。本书涵盖知识产权领域相关的常用法律、行政法规、国务院文件、部门规章、规范性文件、司法解释，及最高人民法院公布的典型案例、示范文本，独家梳理和收录人大代表建议、政协委员提案的重要答复；书中收录文件均为经过清理修改的现行有效文本，方便读者及时掌握最新法律文件。

2. **查找方便，附录实用**。全书法律文件按照紧密程度排列，方便读者对某一类问题的集中查找；重点法律附加条旨，指引读者快速找到目标条文；附录相关典型案例、文书范本，其中案例具有指引"同案同判"的作用。同时，本书采用可平摊使用的独特开本，避免因书籍太厚难以摊开使用的弊端。

3. **免费增补，动态更新**。为保持本书与新法的同步更新，避免读者因部分法律的修改而反复购买同类图书，我们为读者专门设置了以下服务：(1) 扫码添加书后"法规编辑部"公众号→点击菜单栏→进入资料下载栏→选择法律法规全书资料项→点击网址或扫码下载，即可获取本书每次改版修订内容的电子版文件；(2) 通过"法规编辑部"公众号，及时了解最新立法信息，并可线上留言，编辑团队会就图书相关疑问动态解答。

4. **目录赠送，配套使用**。赠送本书目录的电子版，与纸书配套，立体化、电子化使用，便于检索、快速定位；同时实现将本书装进电脑，随时随地查。

修 订 说 明

本书自出版以来，深受广大读者喜爱。此次修订再版，在保持上一版分类及文件排列的情况下，根据法律文件的制定和修改情况，进行了相应地增删和修订。情况如下：

一、新增的文件：

《知识产权公共服务普惠工程实施方案（2023—2025 年）》《国家知识产权局关于印发〈专利代理信用评价管理办法（试行）〉的通知》《国家知识产权局、司法部关于加强新时代专利侵权纠纷行政裁决工作的意见》《国家知识产权局关于发布〈国家知识产权局行政裁决案件线上口头审理办法〉的公告》。

二、修订的文件：

《禁止滥用知识产权排除、限制竞争行为规定》《最高人民法院关于知识产权法庭若干问题的规定》《关于施行修改后专利法的相关审查业务处理暂行办法》

三、新增案例

最高人民法院发布电影知识产权保护典型案例；中国杂技团有限公司诉吴桥县桑园镇张硕杂技团等著作权权属、侵权纠纷案；上海环莘电子科技有限公司与广东法瑞纳科技有限公司等侵害实用新型专利权纠纷案；郑州曳头网络科技有限公司与浙江天猫网络有限公司、丁晓梅等侵害外观设计专利权先予执行案；人民法院种业知识产权司法保护典型案例（第三批）；湖南亚华种业研究院诉张杨侵害植物新品种权纠纷案；河北华穗种业有限公司与武威市搏盛种业有限责任公司侵害技术秘密纠纷案。

四、文书范本

新增专利权质押登记申请表、商标注册流程图、商标注册申请常见问题指南。

五、选收 2023 年国家知识产权局就人大代表建议、政协委员提案答复，并按专利、商标、地理标志、其他进行分类。

总 目 录

目　录*

一、综　合

---

* 编者按：本目录中的时间为法律文件的公布时间或最后一次修正、修订公布时间。

二、著作权

三、专　利

四、商　标

五、地理标志

六、集成电路布图设计

七、植物新品种

八、纠纷解决

九、知识产权国际公约

十、人大代表建议、政协委员提案答复

一、综　合

中华人民共和国民法典(节录)

· 2020 年 5 月 28 日第十三届全国人民代表大会第三次会议通过
· 2020 年 5 月 28 日中华人民共和国主席令第 45 号公布
· 自 2021 年 1 月 1 日起施行

第一编　总　则
第一章　基本规定

第一条　【立法目的和依据】①为了保护民事主体的合法权益,调整民事关系,维护社会和经济秩序,适应中国特色社会主义发展要求,弘扬社会主义核心价值观,根据宪法,制定本法。

第二条　【调整范围】民法调整平等主体的自然人、法人和非法人组织之间的人身关系和财产关系。

第三条　【民事权利及其他合法权益受法律保护】民事主体的人身权利、财产权利以及其他合法权益受法律保护,任何组织或者个人不得侵犯。

第四条　【平等原则】民事主体在民事活动中的法律地位一律平等。

第五条　【自愿原则】民事主体从事民事活动,应当遵循自愿原则,按照自己的意思设立、变更、终止民事法律关系。

第六条　【公平原则】民事主体从事民事活动,应当遵循公平原则,合理确定各方的权利和义务。

第七条　【诚信原则】民事主体从事民事活动,应当遵循诚信原则,秉持诚实,恪守承诺。

第八条　【守法与公序良俗原则】民事主体从事民事活动,不得违反法律,不得违背公序良俗。

第九条　【绿色原则】民事主体从事民事活动,应当有利于节约资源、保护生态环境。

第十条　【处理民事纠纷的依据】处理民事纠纷,应当依照法律;法律没有规定的,可以适用习惯,但是不得违背公序良俗。

第十一条　【特别法优先】其他法律对民事关系有特别规定的,依照其规定。

第十二条　【民法的效力范围】中华人民共和国领域内的民事活动,适用中华人民共和国法律。法律另有规定的,依照其规定。

第二章　自然人
第一节　民事权利能力和民事行为能力

第十三条　【自然人民事权利能力的起止时间】自然人从出生时起到死亡时止,具有民事权利能力,依法享有民事权利,承担民事义务。

第十四条　【民事权利能力平等】自然人的民事权利能力一律平等。

第十五条　【出生和死亡时间的认定】自然人的出生时间和死亡时间,以出生证明、死亡证明记载的时间为准;没有出生证明、死亡证明的,以户籍登记或者其他有效身份登记记载的时间为准。有其他证据足以推翻以上记载时间的,以该证据证明的时间为准。

第十六条　【胎儿利益保护】涉及遗产继承、接受赠与等胎儿利益保护的,胎儿视为具有民事权利能力。但是,胎儿娩出时为死体的,其民事权利能力自始不存在。

第十七条　【成年时间】十八周岁以上的自然人为成年人。不满十八周岁的自然人为未成年人。

第十八条　【完全民事行为能力人】成年人为完全民事行为能力人,可以独立实施民事法律行为。

十六周岁以上的未成年人,以自己的劳动收入为主要生活来源的,视为完全民事行为能力人。

第十九条　【限制民事行为能力的未成年人】八周岁以上的未成年人为限制民事行为能力人,实施民事法律行为由其法定代理人代理或者经其法定代理人同意、追认;但是,可以独立实施纯获利益的民事法律行为或者与其年龄、智力相适应的民事法律行为。

第二十条　【无民事行为能力的未成年人】不满八周岁的未成年人为无民事行为能力人,由其法定代理人代理实施民事法律行为。

---

① 条文主旨为编者所加,下同。

第二十一条　【无民事行为能力的成年人】不能辨认自己行为的成年人为无民事行为能力人，由其法定代理人代理实施民事法律行为。

八周岁以上的未成年人不能辨认自己行为的，适用前款规定。

第二十二条　【限制民事行为能力的成年人】不能完全辨认自己行为的成年人为限制民事行为能力人，实施民事法律行为由其法定代理人代理或者经其法定代理人同意、追认；但是，可以独立实施纯获利益的民事法律行为或者与其智力、精神健康状况相适应的民事法律行为。

第二十三条　【非完全民事行为能力人的法定代理人】无民事行为能力人、限制民事行为能力人的监护人是其法定代理人。

第二十四条　【民事行为能力的认定及恢复】不能辨认或者不能完全辨认自己行为的成年人，其利害关系人或者有关组织，可以向人民法院申请认定该成年人为无民事行为能力人或者限制民事行为能力人。

被人民法院认定为无民事行为能力人或者限制民事行为能力人的，经本人、利害关系人或者有关组织申请，人民法院可以根据其智力、精神健康恢复的状况，认定该成年人恢复为限制民事行为能力人或者完全民事行为能力人。

本条规定的有关组织包括：居民委员会、村民委员会、学校、医疗机构、妇女联合会、残疾人联合会、依法设立的老年人组织、民政部门等。

第二十五条　【自然人的住所】自然人以户籍登记或者其他有效身份登记记载的居所为住所；经常居所与住所不一致的，经常居所视为住所。

第二节　监　护

第二十六条　【父母子女之间的法律义务】父母对未成年子女负有抚养、教育和保护的义务。

成年子女对父母负有赡养、扶助和保护的义务。

第二十七条　【未成年人的监护人】父母是未成年子女的监护人。

未成年人的父母已经死亡或者没有监护能力的，由下列有监护能力的人按顺序担任监护人：

（一）祖父母、外祖父母；

（二）兄、姐；

（三）其他愿意担任监护人的个人或者组织，但是须经未成年人住所地的居民委员会、村民委员会或者民政部门同意。

第二十八条　【非完全民事行为能力成年人的监护人】无民事行为能力或者限制民事行为能力的成年人，由下列有监护能力的人按顺序担任监护人：

（一）配偶；

（二）父母、子女；

（三）其他近亲属；

（四）其他愿意担任监护人的个人或者组织，但是须经被监护人住所地的居民委员会、村民委员会或者民政部门同意。

第二十九条　【遗嘱指定监护】被监护人的父母担任监护人的，可以通过遗嘱指定监护人。

第三十条　【协议确定监护人】依法具有监护资格的人之间可以协议确定监护人。协议确定监护人应当尊重被监护人的真实意愿。

第三十一条　【监护争议解决程序】对监护人的确定有争议的，由被监护人住所地的居民委员会、村民委员会或者民政部门指定监护人，有关当事人对指定不服的，可以向人民法院申请指定监护人；有关当事人也可以直接向人民法院申请指定监护人。

居民委员会、村民委员会、民政部门或者人民法院应当尊重被监护人的真实意愿，按照最有利于被监护人的原则在依法具有监护资格的人中指定监护人。

依据本条第一款规定指定监护人前，被监护人的人身权利、财产权利以及其他合法权益处于无人保护状态的，由被监护人住所地的居民委员会、村民委员会、法律规定的有关组织或者民政部门担任临时监护人。

监护人被指定后，不得擅自变更；擅自变更的，不免除被指定的监护人的责任。

第三十二条　【公职监护人】没有依法具有监护资格的人的，监护人由民政部门担任，也可以由具备履行监护职责条件的被监护人住所地的居民委员会、村民委员会担任。

第三十三条　【意定监护】具有完全民事行为能力的成年人，可以与其近亲属、其他愿意担任监护人的个人或者组织事先协商，以书面形式确定自己的监护人，在自己丧失或者部分丧失民事行为能力时，由该监护人履行监护职责。

第三十四条　【监护职责及临时生活照料】监护人的职责是代理被监护人实施民事法律行为，保护被监护人的人身权利、财产权利以及其他合法权益等。

监护人依法履行监护职责产生的权利，受法律保护。

监护人不履行监护职责或者侵害被监护人合法权益

的，应当承担法律责任。

因发生突发事件等紧急情况，监护人暂时无法履行监护职责，被监护人的生活处于无人照料状态的，被监护人住所地的居民委员会、村民委员会或者民政部门应当为被监护人安排必要的临时生活照料措施。

第三十五条　【履行监护职责应遵循的原则】监护人应当按照最有利于被监护人的原则履行监护职责。监护人除为维护被监护人利益外，不得处分被监护人的财产。

未成年人的监护人履行监护职责，在作出与被监护人利益有关的决定时，应当根据被监护人的年龄和智力状况，尊重被监护人的真实意愿。

成年人的监护人履行监护职责，应当最大程度地尊重被监护人的真实意愿，保障并协助被监护人实施与其智力、精神健康状况相适应的民事法律行为。对被监护人有能力独立处理的事务，监护人不得干涉。

第三十六条　【监护人资格的撤销】监护人有下列情形之一的，人民法院根据有关个人或者组织的申请，撤销其监护人资格，安排必要的临时监护措施，并按照最有利于被监护人的原则依法指定监护人：

（一）实施严重损害被监护人身心健康的行为；

（二）怠于履行监护职责，或者无法履行监护职责且拒绝将监护职责部分或者全部委托给他人，导致被监护人处于危困状态；

（三）实施严重侵害被监护人合法权益的其他行为。

本条规定的有关个人、组织包括：其他依法具有监护资格的人、居民委员会、村民委员会、学校、医疗机构、妇女联合会、残疾人联合会、未成年人保护组织、依法设立的老年人组织、民政部门等。

前款规定的个人和民政部门以外的组织未及时向人民法院申请撤销监护人资格的，民政部门应当向人民法院申请。

第三十七条　【监护人资格撤销后的义务】依法负担被监护人抚养费、赡养费、扶养费的父母、子女、配偶等，被人民法院撤销监护人资格后，应当继续履行负担的义务。

第三十八条　【监护人资格的恢复】被监护人的父母或者子女被人民法院撤销监护人资格后，除对被监护人实施故意犯罪的外，确有悔改表现的，经其申请，人民法院可以在尊重被监护人真实意愿的前提下，视情况恢复其监护人资格，人民法院指定的监护人与被监护人的监护关系同时终止。

第三十九条　【监护关系的终止】有下列情形之一的，监护关系终止：

（一）被监护人取得或者恢复完全民事行为能力；

（二）监护人丧失监护能力；

（三）被监护人或者监护人死亡；

（四）人民法院认定监护关系终止的其他情形。

监护关系终止后，被监护人仍然需要监护的，应当依法另行确定监护人。

第三节　宣告失踪和宣告死亡

第四十条　【宣告失踪】自然人下落不明满二年的，利害关系人可以向人民法院申请宣告该自然人为失踪人。

第四十一条　【下落不明的起算时间】自然人下落不明的时间自其失去音讯之日起计算。战争期间下落不明的，下落不明的时间自战争结束之日或者有关机关确定的下落不明之日起计算。

第四十二条　【财产代管人】失踪人的财产由其配偶、成年子女、父母或者其他愿意担任财产代管人的人代管。

代管有争议，没有前款规定的人，或者前款规定的人无代管能力的，由人民法院指定的人代管。

第四十三条　【财产代管人的职责】财产代管人应当妥善管理失踪人的财产，维护其财产权益。

失踪人所欠税款、债务和应付的其他费用，由财产代管人从失踪人的财产中支付。

财产代管人因故意或者重大过失造成失踪人财产损失的，应当承担赔偿责任。

第四十四条　【财产代管人的变更】财产代管人不履行代管职责、侵害失踪人财产权益或者丧失代管能力的，失踪人的利害关系人可以向人民法院申请变更财产代管人。

财产代管人有正当理由的，可以向人民法院申请变更财产代管人。

人民法院变更财产代管人的，变更后的财产代管人有权请求原财产代管人及时移交有关财产并报告财产代管情况。

第四十五条　【失踪宣告的撤销】失踪人重新出现，经本人或者利害关系人申请，人民法院应当撤销失踪宣告。

失踪人重新出现，有权请求财产代管人及时移交有关财产并报告财产代管情况。

第四十六条　【宣告死亡】自然人有下列情形之一

的,利害关系人可以向人民法院申请宣告该自然人死亡:

(一)下落不明满四年;

(二)因意外事件,下落不明满二年。

因意外事件下落不明,经有关机关证明该自然人不可能生存的,申请宣告死亡不受二年时间的限制。

第四十七条 【宣告失踪与宣告死亡申请的竞合】对同一自然人,有的利害关系人申请宣告死亡,有的利害关系人申请宣告失踪,符合本法规定的宣告死亡条件的,人民法院应当宣告死亡。

第四十八条 【死亡日期的确定】被宣告死亡的人,人民法院宣告死亡的判决作出之日视为其死亡的日期;因意外事件下落不明宣告死亡的,意外事件发生之日视为其死亡的日期。

第四十九条 【被宣告死亡人实际生存时的行为效力】自然人被宣告死亡但是并未死亡的,不影响该自然人在被宣告死亡期间实施的民事法律行为的效力。

第五十条 【死亡宣告的撤销】被宣告死亡的人重新出现,经本人或者利害关系人申请,人民法院应当撤销死亡宣告。

第五十一条 【宣告死亡及其撤销后婚姻关系的效力】被宣告死亡的人的婚姻关系,自死亡宣告之日起消除。死亡宣告被撤销的,婚姻关系自撤销死亡宣告之日起自行恢复。但是,其配偶再婚或者向婚姻登记机关书面声明不愿意恢复的除外。

第五十二条 【死亡宣告撤销后子女被收养的效力】被宣告死亡的人在被宣告死亡期间,其子女被他人依法收养的,在死亡宣告被撤销后,不得以未经本人同意为由主张收养行为无效。

第五十三条 【死亡宣告撤销后的财产返还与赔偿责任】被撤销死亡宣告的人有权请求依照本法第六编取得其财产的民事主体返还财产;无法返还的,应当给予适当补偿。

利害关系人隐瞒真实情况,致使他人被宣告死亡而取得其财产的,除应当返还财产外,还应当对由此造成的损失承担赔偿责任。

第四节　个体工商户和农村承包经营户

第五十四条 【个体工商户】自然人从事工商业经营,经依法登记,为个体工商户。个体工商户可以起字号。

第五十五条 【农村承包经营户】农村集体经济组织的成员,依法取得农村土地承包经营权,从事家庭承包经营的,为农村承包经营户。

第五十六条 【"两户"的债务承担】个体工商户的债务,个人经营的,以个人财产承担;家庭经营的,以家庭财产承担;无法区分的,以家庭财产承担。

农村承包经营户的债务,以从事农村土地承包经营的农户财产承担;事实上由农户部分成员经营的,以该部分成员的财产承担。

第三章　法　人

第一节　一般规定

第五十七条 【法人的定义】法人是具有民事权利能力和民事行为能力,依法独立享有民事权利和承担民事义务的组织。

第五十八条 【法人的成立】法人应当依法成立。

法人应当有自己的名称、组织机构、住所、财产或者经费。法人成立的具体条件和程序,依照法律、行政法规的规定。

设立法人,法律、行政法规规定须经有关机关批准的,依照其规定。

第五十九条 【法人的民事权利能力和民事行为能力】法人的民事权利能力和民事行为能力,从法人成立时产生,到法人终止时消灭。

第六十条 【法人的民事责任承担】法人以其全部财产独立承担民事责任。

第六十一条 【法定代表人】依照法律或者法人章程的规定,代表法人从事民事活动的负责人,为法人的法定代表人。

法定代表人以法人名义从事的民事活动,其法律后果由法人承受。

法人章程或者法人权力机构对法定代表人代表权的限制,不得对抗善意相对人。

第六十二条 【法定代表人职务行为的法律责任】法定代表人因执行职务造成他人损害的,由法人承担民事责任。

法人承担民事责任后,依照法律或者法人章程的规定,可以向有过错的法定代表人追偿。

第六十三条 【法人的住所】法人以其主要办事机构所在地为住所。依法需要办理法人登记的,应当将主要办事机构所在地登记为住所。

第六十四条 【法人的变更登记】法人存续期间登记事项发生变化的,应当依法向登记机关申请变更登记。

第六十五条 【法人登记的对抗效力】法人的实际情况与登记的事项不一致的,不得对抗善意相对人。

第六十六条　【法人登记公示制度】登记机关应当依法及时公示法人登记的有关信息。

第六十七条　【法人合并、分立后的权利义务承担】法人合并的，其权利和义务由合并后的法人享有和承担。

法人分立的，其权利和义务由分立后的法人享有连带债权，承担连带债务，但是债权人和债务人另有约定的除外。

第六十八条　【法人的终止】有下列原因之一并依法完成清算、注销登记的，法人终止：

（一）法人解散；

（二）法人被宣告破产；

（三）法律规定的其他原因。

法人终止，法律、行政法规规定须经有关机关批准的，依照其规定。

第六十九条　【法人的解散】有下列情形之一的，法人解散：

（一）法人章程规定的存续期间届满或者法人章程规定的其他解散事由出现；

（二）法人的权力机构决议解散；

（三）因法人合并或者分立需要解散；

（四）法人依法被吊销营业执照、登记证书，被责令关闭或者被撤销；

（五）法律规定的其他情形。

第七十条　【法人解散后的清算】法人解散的，除合并或者分立的情形外，清算义务人应当及时组成清算组进行清算。

法人的董事、理事等执行机构或者决策机构的成员为清算义务人。法律、行政法规另有规定的，依照其规定。

清算义务人未及时履行清算义务，造成损害的，应当承担民事责任；主管机关或者利害关系人可以申请人民法院指定有关人员组成清算组进行清算。

第七十一条　【法人清算的法律适用】法人的清算程序和清算组职权，依照有关法律的规定；没有规定的，参照适用公司法律的有关规定。

第七十二条　【清算的法律效果】清算期间法人存续，但是不得从事与清算无关的活动。

法人清算后的剩余财产，按照法人章程的规定或者法人权力机构的决议处理。法律另有规定的，依照其规定。

清算结束并完成法人注销登记时，法人终止；依法不需要办理法人登记的，清算结束时，法人终止。

第七十三条　【法人因破产而终止】法人被宣告破产的，依法进行破产清算并完成法人注销登记时，法人终止。

第七十四条　【法人的分支机构】法人可以依法设立分支机构。法律、行政法规规定分支机构应当登记的，依照其规定。

分支机构以自己的名义从事民事活动，产生的民事责任由法人承担；也可以先以该分支机构管理的财产承担，不足以承担的，由法人承担。

第七十五条　【法人设立行为的法律后果】设立人为设立法人从事的民事活动，其法律后果由法人承受；法人未成立的，其法律后果由设立人承受，设立人为二人以上的，享有连带债权，承担连带债务。

设立人为设立法人以自己的名义从事民事活动产生的民事责任，第三人有权选择请求法人或者设立人承担。

第二节　营利法人

第七十六条　【营利法人的定义和类型】以取得利润并分配给股东等出资人为目的成立的法人，为营利法人。

营利法人包括有限责任公司、股份有限公司和其他企业法人等。

第七十七条　【营利法人的成立】营利法人经依法登记成立。

第七十八条　【营利法人的营业执照】依法设立的营利法人，由登记机关发给营利法人营业执照。营业执照签发日期为营利法人的成立日期。

第七十九条　【营利法人的章程】设立营利法人应当依法制定法人章程。

第八十条　【营利法人的权力机构】营利法人应当设权力机构。

权力机构行使修改法人章程，选举或者更换执行机构、监督机构成员，以及法人章程规定的其他职权。

第八十一条　【营利法人的执行机构】营利法人应当设执行机构。

执行机构行使召集权力机构会议，决定法人的经营计划和投资方案，决定法人内部管理机构的设置，以及法人章程规定的其他职权。

执行机构为董事会或者执行董事的，董事长、执行董事或者经理按照法人章程的规定担任法定代表人；未设董事会或者执行董事的，法人章程规定的主要负责人为其执行机构和法定代表人。

第八十二条　【营利法人的监督机构】营利法人设

监事会或者监事等监督机构的，监督机构依法行使检查法人财务，监督执行机构成员、高级管理人员执行法人职务的行为，以及法人章程规定的其他职权。

第八十三条　【出资人滥用权利的责任承担】营利法人的出资人不得滥用出资人权利损害法人或者其他出资人的利益；滥用出资人权利造成法人或者其他出资人损失的，应当依法承担民事责任。

营利法人的出资人不得滥用法人独立地位和出资人有限责任损害法人债权人的利益；滥用法人独立地位和出资人有限责任，逃避债务，严重损害法人债权人的利益的，应当对法人债务承担连带责任。

第八十四条　【利用关联关系造成损失的赔偿责任】营利法人的控股出资人、实际控制人、董事、监事、高级管理人员不得利用其关联关系损害法人的利益；利用关联关系造成法人损失的，应当承担赔偿责任。

第八十五条　【营利法人出资人对瑕疵决议的撤销权】营利法人的权力机构、执行机构作出决议的会议召集程序、表决方式违反法律、行政法规、法人章程，或者决议内容违反法人章程的，营利法人的出资人可以请求人民法院撤销该决议。但是，营利法人依据该决议与善意相对人形成的民事法律关系不受影响。

第八十六条　【营利法人的社会责任】营利法人从事经营活动，应当遵守商业道德，维护交易安全，接受政府和社会的监督，承担社会责任。

第三节　非营利法人

第八十七条　【非营利法人的定义和范围】为公益目的或者其他非营利目的成立，不向出资人、设立人或者会员分配所取得利润的法人，为非营利法人。

非营利法人包括事业单位、社会团体、基金会、社会服务机构等。

第八十八条　【事业单位法人资格的取得】具备法人条件，为适应经济社会发展需要，提供公益服务设立的事业单位，经依法登记成立，取得事业单位法人资格；依法不需要办理法人登记的，从成立之日起，具有事业单位法人资格。

第八十九条　【事业单位法人的组织机构】事业单位法人设理事会的，除法律另有规定外，理事会为其决策机构。事业单位法人的法定代表人依照法律、行政法规或者法人章程的规定产生。

第九十条　【社会团体法人资格的取得】具备法人条件，基于会员共同意愿，为公益目的或者会员共同利益等非营利目的设立的社会团体，经依法登记成立，取得社会团体法人资格；依法不需要办理法人登记的，从成立之日起，具有社会团体法人资格。

第九十一条　【社会团体法人章程和组织机构】设立社会团体法人应当依法制定法人章程。

社会团体法人应当设会员大会或者会员代表大会等权力机构。

社会团体法人应当设理事会等执行机构。理事长或者会长等负责人按照法人章程的规定担任法定代表人。

第九十二条　【捐助法人】具备法人条件，为公益目的以捐助财产设立的基金会、社会服务机构等，经依法登记成立，取得捐助法人资格。

依法设立的宗教活动场所，具备法人条件的，可以申请法人登记，取得捐助法人资格。法律、行政法规对宗教活动场所有规定的，依照其规定。

第九十三条　【捐助法人章程和组织机构】设立捐助法人应当依法制定法人章程。

捐助法人应当设理事会、民主管理组织等决策机构，并设执行机构。理事长等负责人按照法人章程的规定担任法定代表人。

捐助法人应当设监事会等监督机构。

第九十四条　【捐助人的权利】捐助人有权向捐助法人查询捐助财产的使用、管理情况，并提出意见和建议，捐助法人应当及时、如实答复。

捐助法人的决策机构、执行机构或者法定代表人作出决定的程序违反法律、行政法规、法人章程，或者决定内容违反法人章程的，捐助人等利害关系人或者主管机关可以请求人民法院撤销该决定。但是，捐助法人依据该决定与善意相对人形成的民事法律关系不受影响。

第九十五条　【公益性非营利法人剩余财产的处理】为公益目的成立的非营利法人终止时，不得向出资人、设立人或者会员分配剩余财产。剩余财产应当按照法人章程的规定或者权力机构的决议用于公益目的；无法按照法人章程的规定或者权力机构的决议处理的，由主管机关主持转给宗旨相同或者相近的法人，并向社会公告。

第四节　特别法人

第九十六条　【特别法人的类型】本节规定的机关法人、农村集体经济组织法人、城镇农村的合作经济组织法人、基层群众性自治组织法人，为特别法人。

第九十七条　【机关法人】有独立经费的机关和承担行政职能的法定机构从成立之日起，具有机关法人资格，可以从事为履行职能所需要的民事活动。

第九十八条　【机关法人的终止】机关法人被撤销

的,法人终止,其民事权利和义务由继任的机关法人享有和承担;没有继任的机关法人的,由作出撤销决定的机关法人享有和承担。

第九十九条　【农村集体经济组织法人】农村集体经济组织依法取得法人资格。

法律、行政法规对农村集体经济组织有规定的,依照其规定。

第一百条　【合作经济组织法人】城镇农村的合作经济组织依法取得法人资格。

法律、行政法规对城镇农村的合作经济组织有规定的,依照其规定。

第一百零一条　【基层群众性自治组织法人】居民委员会、村民委员会具有基层群众性自治组织法人资格,可以从事为履行职能所需要的民事活动。

未设立村集体经济组织的,村民委员会可以依法代行村集体经济组织的职能。

第四章　非法人组织

第一百零二条　【非法人组织的定义】非法人组织是不具有法人资格,但是能够依法以自己的名义从事民事活动的组织。

非法人组织包括个人独资企业、合伙企业、不具有法人资格的专业服务机构等。

第一百零三条　【非法人组织的设立程序】非法人组织应当依照法律的规定登记。

设立非法人组织,法律、行政法规规定须经有关机关批准的,依照其规定。

第一百零四条　【非法人组织的债务承担】非法人组织的财产不足以清偿债务的,其出资人或者设立人承担无限责任。法律另有规定的,依照其规定。

第一百零五条　【非法人组织的代表人】非法人组织可以确定一人或者数人代表该组织从事民事活动。

第一百零六条　【非法人组织的解散】有下列情形之一的,非法人组织解散:

(一)章程规定的存续期间届满或者章程规定的其他解散事由出现;

(二)出资人或者设立人决定解散;

(三)法律规定的其他情形。

第一百零七条　【非法人组织的清算】非法人组织解散的,应当依法进行清算。

第一百零八条　【非法人组织的参照适用规定】非法人组织除适用本章规定外,参照适用本编第三章第一节的有关规定。

第五章　民事权利

第一百零九条　【一般人格权】自然人的人身自由、人格尊严受法律保护。

第一百一十条　【民事主体的人格权】自然人享有生命权、身体权、健康权、姓名权、肖像权、名誉权、荣誉权、隐私权、婚姻自主权等权利。

法人、非法人组织享有名称权、名誉权和荣誉权。

第一百一十一条　【个人信息受法律保护】自然人的个人信息受法律保护。任何组织或者个人需要获取他人个人信息的,应当依法取得并确保信息安全,不得非法收集、使用、加工、传输他人个人信息,不得非法买卖、提供或者公开他人个人信息。

第一百一十二条　【婚姻家庭关系等产生的人身权利】自然人因婚姻家庭关系等产生的人身权利受法律保护。

第一百一十三条　【财产权受法律平等保护】民事主体的财产权利受法律平等保护。

第一百一十四条　【物权的定义及类型】民事主体依法享有物权。

物权是权利人依法对特定的物享有直接支配和排他的权利,包括所有权、用益物权和担保物权。

第一百一十五条　【物权的客体】物包括不动产和动产。法律规定权利作为物权客体的,依照其规定。

第一百一十六条　【物权法定原则】物权的种类和内容,由法律规定。

第一百一十七条　【征收与征用】为了公共利益的需要,依照法律规定的权限和程序征收、征用不动产或者动产的,应当给予公平、合理的补偿。

第一百一十八条　【债权的定义】民事主体依法享有债权。

债权是因合同、侵权行为、无因管理、不当得利以及法律的其他规定,权利人请求特定义务人为或者不为一定行为的权利。

第一百一十九条　【合同之债】依法成立的合同,对当事人具有法律约束力。

第一百二十条　【侵权之债】民事权益受到侵害的,被侵权人有权请求侵权人承担侵权责任。

第一百二十一条　【无因管理之债】没有法定的或者约定的义务,为避免他人利益受损失而进行管理的人,有权请求受益人偿还由此支出的必要费用。

第一百二十二条　【不当得利之债】因他人没有法律根据,取得不当利益,受损失的人有权请求其返还不当利益。

第一百二十三条　【知识产权及其客体】民事主体依法享有知识产权。

知识产权是权利人依法就下列客体享有的专有的权利：

（一）作品；

（二）发明、实用新型、外观设计；

（三）商标；

（四）地理标志；

（五）商业秘密；

（六）集成电路布图设计；

（七）植物新品种；

（八）法律规定的其他客体。

第一百二十四条　【继承权及其客体】自然人依法享有继承权。

自然人合法的私有财产，可以依法继承。

第一百二十五条　【投资性权利】民事主体依法享有股权和其他投资性权利。

第一百二十六条　【其他民事权益】民事主体享有法律规定的其他民事权利和利益。

第一百二十七条　【对数据和网络虚拟财产的保护】法律对数据、网络虚拟财产的保护有规定的，依照其规定。

第一百二十八条　【对弱势群体的特别保护】法律对未成年人、老年人、残疾人、妇女、消费者等的民事权利保护有特别规定的，依照其规定。

第一百二十九条　【民事权利的取得方式】民事权利可以依据民事法律行为、事实行为、法律规定的事件或者法律规定的其他方式取得。

第一百三十条　【权利行使的自愿原则】民事主体按照自己的意愿依法行使民事权利，不受干涉。

第一百三十一条　【权利人的义务履行】民事主体行使权利时，应当履行法律规定的和当事人约定的义务。

第一百三十二条　【禁止权利滥用】民事主体不得滥用民事权利损害国家利益、社会公共利益或者他人合法权益。

第六章　民事法律行为
第一节　一般规定

第一百三十三条　【民事法律行为的定义】民事法律行为是民事主体通过意思表示设立、变更、终止民事法律关系的行为。

第一百三十四条　【民事法律行为的成立】民事法律行为可以基于双方或者多方的意思表示一致成立，也可以基于单方的意思表示成立。

法人、非法人组织依照法律或者章程规定的议事方式和表决程序作出决议的，该决议行为成立。

第一百三十五条　【民事法律行为的形式】民事法律行为可以采用书面形式、口头形式或者其他形式；法律、行政法规规定或者当事人约定采用特定形式的，应当采用特定形式。

第一百三十六条　【民事法律行为的生效】民事法律行为自成立时生效，但是法律另有规定或者当事人另有约定的除外。

行为人非依法律规定或者未经对方同意，不得擅自变更或者解除民事法律行为。

第二节　意思表示

第一百三十七条　【有相对人的意思表示的生效时间】以对话方式作出的意思表示，相对人知道其内容时生效。

以非对话方式作出的意思表示，到达相对人时生效。以非对话方式作出的采用数据电文形式的意思表示，相对人指定特定系统接收数据电文的，该数据电文进入该特定系统时生效；未指定特定系统的，相对人知道或者应当知道该数据电文进入其系统时生效。当事人对采用数据电文形式的意思表示的生效时间另有约定的，按照其约定。

第一百三十八条　【无相对人的意思表示的生效时间】无相对人的意思表示，表示完成时生效。法律另有规定的，依照其规定。

第一百三十九条　【公告的意思表示的生效时间】以公告方式作出的意思表示，公告发布时生效。

第一百四十条　【意思表示的方式】行为人可以明示或者默示作出意思表示。

沉默只有在有法律规定、当事人约定或者符合当事人之间的交易习惯时，才可以视为意思表示。

第一百四十一条　【意思表示的撤回】行为人可以撤回意思表示。撤回意思表示的通知应当在意思表示到达相对人前或者与意思表示同时到达相对人。

第一百四十二条　【意思表示的解释】有相对人的意思表示的解释，应当按照所使用的词句，结合相关条款、行为的性质和目的、习惯以及诚信原则，确定意思表示的含义。

无相对人的意思表示的解释，不能完全拘泥于所使用的词句，而应当结合相关条款、行为的性质和目的、习惯以及诚信原则，确定行为人的真实意思。

第三节 民事法律行为的效力

第一百四十三条 【民事法律行为的有效条件】具备下列条件的民事法律行为有效：

（一）行为人具有相应的民事行为能力；

（二）意思表示真实；

（三）不违反法律、行政法规的强制性规定，不违背公序良俗。

第一百四十四条 【无民事行为能力人实施的民事法律行为】无民事行为能力人实施的民事法律行为无效。

第一百四十五条 【限制民事行为能力人实施的民事法律行为】限制民事行为能力人实施的纯获利益的民事法律行为或者与其年龄、智力、精神健康状况相适应的民事法律行为有效；实施的其他民事法律行为经法定代理人同意或者追认后有效。

相对人可以催告法定代理人自收到通知之日起三十日内予以追认。法定代理人未作表示的，视为拒绝追认。民事法律行为被追认前，善意相对人有撤销的权利。撤销应当以通知的方式作出。

第一百四十六条 【虚假表示与隐藏行为效力】行为人与相对人以虚假的意思表示实施的民事法律行为无效。

以虚假的意思表示隐藏的民事法律行为的效力，依照有关法律规定处理。

第一百四十七条 【重大误解】基于重大误解实施的民事法律行为，行为人有权请求人民法院或者仲裁机构予以撤销。

第一百四十八条 【欺诈】一方以欺诈手段，使对方在违背真实意思的情况下实施的民事法律行为，受欺诈方有权请求人民法院或者仲裁机构予以撤销。

第一百四十九条 【第三人欺诈】第三人实施欺诈行为，使一方在违背真实意思的情况下实施的民事法律行为，对方知道或者应当知道该欺诈行为的，受欺诈方有权请求人民法院或者仲裁机构予以撤销。

第一百五十条 【胁迫】一方或者第三人以胁迫手段，使对方在违背真实意思的情况下实施的民事法律行为，受胁迫方有权请求人民法院或者仲裁机构予以撤销。

第一百五十一条 【乘人之危导致的显失公平】一方利用对方处于危困状态、缺乏判断能力等情形，致使民事法律行为成立时显失公平的，受损害方有权请求人民法院或者仲裁机构予以撤销。

第一百五十二条 【撤销权的消灭期间】有下列情形之一的，撤销权消灭：

（一）当事人自知道或者应当知道撤销事由之日起一年内、重大误解的当事人自知道或者应当知道撤销事由之日起九十日内没有行使撤销权；

（二）当事人受胁迫，自胁迫行为终止之日起一年内没有行使撤销权；

（三）当事人知道撤销事由后明确表示或者以自己的行为表明放弃撤销权。

当事人自民事法律行为发生之日起五年内没有行使撤销权的，撤销权消灭。

第一百五十三条 【违反强制性规定及违背公序良俗的民事法律行为的效力】违反法律、行政法规的强制性规定的民事法律行为无效。但是，该强制性规定不导致该民事法律行为无效的除外。

违背公序良俗的民事法律行为无效。

第一百五十四条 【恶意串通】行为人与相对人恶意串通，损害他人合法权益的民事法律行为无效。

第一百五十五条 【无效或者被撤销民事法律行为自始无效】无效的或者被撤销的民事法律行为自始没有法律约束力。

第一百五十六条 【民事法律行为部分无效】民事法律行为部分无效，不影响其他部分效力的，其他部分仍然有效。

第一百五十七条 【民事法律行为无效、被撤销、不生效力的法律后果】民事法律行为无效、被撤销或者确定不发生效力后，行为人因该行为取得的财产，应当予以返还；不能返还或者没有必要返还的，应当折价补偿。有过错的一方应当赔偿对方由此所受到的损失；各方都有过错的，应当各自承担相应的责任。法律另有规定的，依照其规定。

第四节 民事法律行为的附条件和附期限

第一百五十八条 【附条件的民事法律行为】民事法律行为可以附条件，但是根据其性质不得附条件的除外。附生效条件的民事法律行为，自条件成就时生效。附解除条件的民事法律行为，自条件成就时失效。

第一百五十九条 【条件成就或不成就的拟制】附条件的民事法律行为，当事人为自己的利益不正当地阻止条件成就的，视为条件已经成就；不正当地促成条件成就的，视为条件不成就。

第一百六十条 【附期限的民事法律行为】民事法律行为可以附期限，但是根据其性质不得附期限的除外。

附生效期限的民事法律行为,自期限届至时生效。附终止期限的民事法律行为,自期限届满时失效。

第七章　代理

第一节　一般规定

第一百六十一条　【代理的适用范围】民事主体可以通过代理人实施民事法律行为。

依照法律规定、当事人约定或者民事法律行为的性质,应当由本人亲自实施的民事法律行为,不得代理。

第一百六十二条　【代理的效力】代理人在代理权限内,以被代理人名义实施的民事法律行为,对被代理人发生效力。

第一百六十三条　【代理的类型】代理包括委托代理和法定代理。

委托代理人按照被代理人的委托行使代理权。法定代理人依照法律的规定行使代理权。

第一百六十四条　【不当代理的民事责任】代理人不履行或者不完全履行职责,造成被代理人损害的,应当承担民事责任。

代理人和相对人恶意串通,损害被代理人合法权益的,代理人和相对人应当承担连带责任。

第二节　委托代理

第一百六十五条　【授权委托书】委托代理授权采用书面形式的,授权委托书应当载明代理人的姓名或者名称、代理事项、权限和期限,并由被代理人签名或者盖章。

第一百六十六条　【共同代理】数人为同一代理事项的代理人的,应当共同行使代理权,但是当事人另有约定的除外。

第一百六十七条　【违法代理的责任承担】代理人知道或者应当知道代理事项违法仍然实施代理行为,或者被代理人知道或者应当知道代理人的代理行为违法未作反对表示的,被代理人和代理人应当承担连带责任。

第一百六十八条　【禁止自己代理和双方代理】代理人不得以被代理人的名义与自己实施民事法律行为,但是被代理人同意或者追认的除外。

代理人不得以被代理人的名义与自己同时代理的其他人实施民事法律行为,但是被代理的双方同意或者追认的除外。

第一百六十九条　【复代理】代理人需要转委托第三人代理的,应当取得被代理人的同意或者追认。

转委托代理经被代理人同意或者追认的,被代理人可以就代理事务直接指示转委托的第三人,代理人仅就第三人的选任以及对第三人的指示承担责任。

转委托代理未经被代理人同意或者追认的,代理人应当对转委托的第三人的行为承担责任;但是,在紧急情况下代理人为了维护被代理人的利益需要转委托第三人代理的除外。

第一百七十条　【职务代理】执行法人或者非法人组织工作任务的人员,就其职权范围内的事项,以法人或者非法人组织的名义实施的民事法律行为,对法人或者非法人组织发生效力。

法人或者非法人组织对执行其工作任务的人员职权范围的限制,不得对抗善意相对人。

第一百七十一条　【无权代理】行为人没有代理权、超越代理权或者代理权终止后,仍然实施代理行为,未经被代理人追认的,对被代理人不发生效力。

相对人可以催告被代理人自收到通知之日起三十日内予以追认。被代理人未作表示的,视为拒绝追认。行为人实施的行为被追认前,善意相对人有撤销的权利。撤销应当以通知的方式作出。

行为人实施的行为未被追认的,善意相对人有权请求行为人履行债务或者就其受到的损害请求行为人赔偿。但是,赔偿的范围不得超过被代理人追认时相对人所能获得的利益。

相对人知道或者应当知道行为人无权代理的,相对人和行为人按照各自的过错承担责任。

第一百七十二条　【表见代理】行为人没有代理权、超越代理权或者代理权终止后,仍然实施代理行为,相对人有理由相信行为人有代理权的,代理行为有效。

第三节　代理终止

第一百七十三条　【委托代理的终止】有下列情形之一的,委托代理终止:

(一)代理期限届满或者代理事务完成;

(二)被代理人取消委托或者代理人辞去委托;

(三)代理人丧失民事行为能力;

(四)代理人或者被代理人死亡;

(五)作为代理人或者被代理人的法人、非法人组织终止。

第一百七十四条　【委托代理终止的例外】被代理人死亡后,有下列情形之一的,委托代理人实施的代理行为有效:

(一)代理人不知道且不应当知道被代理人死亡;

(二)被代理人的继承人予以承认;

（三）授权中明确代理权在代理事务完成时终止；

（四）被代理人死亡前已经实施，为了被代理人的继承人的利益继续代理。

作为被代理人的法人、非法人组织终止的，参照适用前款规定。

第一百七十五条　【法定代理的终止】有下列情形之一的，法定代理终止：

（一）被代理人取得或者恢复完全民事行为能力；

（二）代理人丧失民事行为能力；

（三）代理人或者被代理人死亡；

（四）法律规定的其他情形。

第八章　民事责任

第一百七十六条　【民事责任】民事主体依照法律规定或者按照当事人约定，履行民事义务，承担民事责任。

第一百七十七条　【按份责任】二人以上依法承担按份责任，能够确定责任大小的，各自承担相应的责任；难以确定责任大小的，平均承担责任。

第一百七十八条　【连带责任】二人以上依法承担连带责任的，权利人有权请求部分或者全部连带责任人承担责任。

连带责任人的责任份额根据各自责任大小确定；难以确定责任大小的，平均承担责任。实际承担责任超过自己责任份额的连带责任人，有权向其他连带责任人追偿。

连带责任，由法律规定或者当事人约定。

第一百七十九条　【民事责任的承担方式】承担民事责任的方式主要有：

（一）停止侵害；

（二）排除妨碍；

（三）消除危险；

（四）返还财产；

（五）恢复原状；

（六）修理、重作、更换；

（七）继续履行；

（八）赔偿损失；

（九）支付违约金；

（十）消除影响、恢复名誉；

（十一）赔礼道歉。

法律规定惩罚性赔偿的，依照其规定。

本条规定的承担民事责任的方式，可以单独适用，也可以合并适用。

第一百八十条　【不可抗力】因不可抗力不能履行民事义务的，不承担民事责任。法律另有规定的，依照其规定。

不可抗力是不能预见、不能避免且不能克服的客观情况。

第一百八十一条　【正当防卫】因正当防卫造成损害的，不承担民事责任。

正当防卫超过必要的限度，造成不应有的损害的，正当防卫人应当承担适当的民事责任。

第一百八十二条　【紧急避险】因紧急避险造成损害的，由引起险情发生的人承担民事责任。

危险由自然原因引起的，紧急避险人不承担民事责任，可以给予适当补偿。

紧急避险采取措施不当或者超过必要的限度，造成不应有的损害的，紧急避险人应当承担适当的民事责任。

第一百八十三条　【因保护他人民事权益而受损的责任承担】因保护他人民事权益使自己受到损害的，由侵权人承担民事责任，受益人可以给予适当补偿。没有侵权人、侵权人逃逸或者无力承担民事责任，受害人请求补偿的，受益人应当给予适当补偿。

第一百八十四条　【紧急救助的责任豁免】因自愿实施紧急救助行为造成受助人损害的，救助人不承担民事责任。

第一百八十五条　【英雄烈士人格利益的保护】侵害英雄烈士等的姓名、肖像、名誉、荣誉，损害社会公共利益的，应当承担民事责任。

第一百八十六条　【违约责任与侵权责任的竞合】因当事人一方的违约行为，损害对方人身权益、财产权益的，受损害方有权选择请求其承担违约责任或者侵权责任。

第一百八十七条　【民事责任优先】民事主体因同一行为应当承担民事责任、行政责任和刑事责任的，承担行政责任或者刑事责任不影响承担民事责任；民事主体的财产不足以支付的，优先用于承担民事责任。

第九章　诉讼时效

第一百八十八条　【普通诉讼时效】向人民法院请求保护民事权利的诉讼时效期间为三年。法律另有规定的，依照其规定。

诉讼时效期间自权利人知道或者应当知道权利受到损害以及义务人之日起计算。法律另有规定的，依照其规定。但是，自权利受到损害之日起超过二十年的，人民法院不予保护，有特殊情况的，人民法院可以根据权利人的申请决定延长。

第一百八十九条　【分期履行债务诉讼时效的起算】当事人约定同一债务分期履行的,诉讼时效期间自最后一期履行期限届满之日起计算。

第一百九十条　【对法定代理人请求权诉讼时效的起算】无民事行为能力人或者限制民事行为能力人对其法定代理人的请求权的诉讼时效期间,自该法定代理终止之日起计算。

第一百九十一条　【未成年人遭受性侵害的损害赔偿诉讼时效的起算】未成年人遭受性侵害的损害赔偿请求权的诉讼时效期间,自受害人年满十八周岁之日起计算。

第一百九十二条　【诉讼时效届满的法律效果】诉讼时效期间届满的,义务人可以提出不履行义务的抗辩。

诉讼时效期间届满后,义务人同意履行的,不得以诉讼时效期间届满为由抗辩;义务人已经自愿履行的,不得请求返还。

第一百九十三条　【诉讼时效援用】人民法院不得主动适用诉讼时效的规定。

第一百九十四条　【诉讼时效的中止】在诉讼时效期间的最后六个月内,因下列障碍,不能行使请求权的,诉讼时效中止:

(一)不可抗力;

(二)无民事行为能力人或者限制民事行为能力人没有法定代理人,或者法定代理人死亡、丧失民事行为能力、丧失代理权;

(三)继承开始后未确定继承人或者遗产管理人;

(四)权利人被义务人或者其他人控制;

(五)其他导致权利人不能行使请求权的障碍。

自中止时效的原因消除之日起满六个月,诉讼时效期间届满。

第一百九十五条　【诉讼时效的中断】有下列情形之一的,诉讼时效中断,从中断、有关程序终结时起,诉讼时效期间重新计算:

(一)权利人向义务人提出履行请求;

(二)义务人同意履行义务;

(三)权利人提起诉讼或者申请仲裁;

(四)与提起诉讼或者申请仲裁具有同等效力的其他情形。

第一百九十六条　【不适用诉讼时效的情形】下列请求权不适用诉讼时效的规定:

(一)请求停止侵害、排除妨碍、消除危险;

(二)不动产物权和登记的动产物权的权利人请求返还财产;

(三)请求支付抚养费、赡养费或者扶养费;

(四)依法不适用诉讼时效的其他请求权。

第一百九十七条　【诉讼时效法定】诉讼时效的期间、计算方法以及中止、中断的事由由法律规定,当事人约定无效。

当事人对诉讼时效利益的预先放弃无效。

第一百九十八条　【仲裁时效】法律对仲裁时效有规定的,依照其规定;没有规定的,适用诉讼时效的规定。

第一百九十九条　【除斥期间】法律规定或者当事人约定的撤销权、解除权等权利的存续期间,除法律另有规定外,自权利人知道或者应当知道权利产生之日起计算,不适用有关诉讼时效中止、中断和延长的规定。存续期间届满,撤销权、解除权等权利消灭。

第十章　期间计算

第二百条　【期间的计算单位】民法所称的期间按照公历年、月、日、小时计算。

第二百零一条　【期间的起算】按照年、月、日计算期间的,开始的当日不计入,自下一日开始计算。

按照小时计算期间的,自法律规定或者当事人约定的时间开始计算。

第二百零二条　【期间结束】按照年、月计算期间的,到期月的对应日为期间的最后一日;没有对应日的,月末日为期间的最后一日。

第二百零三条　【期间计算的特殊规定】期间的最后一日是法定休假日的,以法定休假日结束的次日为期间的最后一日。

期间的最后一日的截止时间为二十四时;有业务时间的,停止业务活动的时间为截止时间。

第二百零四条　【期间法定或约定】期间的计算方法依照本法的规定,但是法律另有规定或者当事人另有约定的除外。

……

第三编　合　同

第一分编　通　则

第一章　一般规定

第四百六十三条　【合同编的调整范围】本编调整因合同产生的民事关系。

第四百六十四条　【合同的定义及身份关系协议的法律适用】合同是民事主体之间设立、变更、终止民事法律关系的协议。

婚姻、收养、监护等有关身份关系的协议，适用有关该身份关系的法律规定；没有规定的，可以根据其性质参照适用本编规定。

第四百六十五条　【依法成立的合同受法律保护及合同相对性原则】依法成立的合同，受法律保护。

依法成立的合同，仅对当事人具有法律约束力，但是法律另有规定的除外。

第四百六十六条　【合同的解释规则】当事人对合同条款的理解有争议的，应当依据本法第一百四十二条第一款的规定，确定争议条款的含义。

合同文本采用两种以上文字订立并约定具有同等效力的，对各文本使用的词句推定具有相同含义。各文本使用的词句不一致的，应当根据合同的相关条款、性质、目的以及诚信原则等予以解释。

第四百六十七条　【非典型合同及特定涉外合同的法律适用】本法或者其他法律没有明文规定的合同，适用本编通则的规定，并可以参照适用本编或者其他法律最相类似合同的规定。

在中华人民共和国境内履行的中外合资经营企业合同、中外合作经营企业合同、中外合作勘探开发自然资源合同，适用中华人民共和国法律。

第四百六十八条　【非合同之债的法律适用】非因合同产生的债权债务关系，适用有关该债权债务关系的法律规定；没有规定的，适用本编通则的有关规定，但是根据其性质不能适用的除外。

第二章　合同的订立

第四百六十九条　【合同形式】当事人订立合同，可以采用书面形式、口头形式或者其他形式。

书面形式是合同书、信件、电报、电传、传真等可以有形地表现所载内容的形式。

以电子数据交换、电子邮件等方式能够有形地表现所载内容，并可以随时调取查用的数据电文，视为书面形式。

第四百七十条　【合同主要条款及示范文本】合同的内容由当事人约定，一般包括下列条款：

（一）当事人的姓名或者名称和住所；

（二）标的；

（三）数量；

（四）质量；

（五）价款或者报酬；

（六）履行期限、地点和方式；

（七）违约责任；

（八）解决争议的方法。

当事人可以参照各类合同的示范文本订立合同。

第四百七十一条　【订立合同的方式】当事人订立合同，可以采取要约、承诺方式或者其他方式。

第四百七十二条　【要约的定义及其构成】要约是希望与他人订立合同的意思表示，该意思表示应当符合下列条件：

（一）内容具体确定；

（二）表明经受要约人承诺，要约人即受该意思表示约束。

第四百七十三条　【要约邀请】要约邀请是希望他人向自己发出要约的表示。拍卖公告、招标公告、招股说明书、债券募集办法、基金招募说明书、商业广告和宣传、寄送的价目表等为要约邀请。

商业广告和宣传的内容符合要约条件的，构成要约。

第四百七十四条　【要约的生效时间】要约生效的时间适用本法第一百三十七条的规定。

第四百七十五条　【要约的撤回】要约可以撤回。要约的撤回适用本法第一百四十一条的规定。

第四百七十六条　【要约不得撤销情形】要约可以撤销，但是有下列情形之一的除外：

（一）要约人以确定承诺期限或者其他形式明示要约不可撤销；

（二）受要约人有理由认为要约是不可撤销的，并已经为履行合同做了合理准备工作。

第四百七十七条　【要约撤销条件】撤销要约的意思表示以对话方式作出的，该意思表示的内容应当在受要约人作出承诺之前为受要约人所知道；撤销要约的意思表示以非对话方式作出的，应当在受要约人作出承诺之前到达受要约人。

第四百七十八条　【要约失效】有下列情形之一的，要约失效：

（一）要约被拒绝；

（二）要约被依法撤销；

（三）承诺期限届满，受要约人未作出承诺；

（四）受要约人对要约的内容作出实质性变更。

第四百七十九条　【承诺的定义】承诺是受要约人同意要约的意思表示。

第四百八十条　【承诺的方式】承诺应当以通知的方式作出；但是，根据交易习惯或者要约表明可以通过行为作出承诺的除外。

第四百八十一条　【承诺的期限】承诺应当在要约确定的期限内到达要约人。

要约没有确定承诺期限的,承诺应当依照下列规定到达:

(一)要约以对话方式作出的,应当即时作出承诺;

(二)要约以非对话方式作出的,承诺应当在合理期限内到达。

第四百八十二条　【承诺期限的起算】要约以信件或者电报作出的,承诺期限自信件载明的日期或者电报交发之日开始计算。信件未载明日期的,自投寄该信件的邮戳日期开始计算。要约以电话、传真、电子邮件等快速通讯方式作出的,承诺期限自要约到达受要约人时开始计算。

第四百八十三条　【合同成立时间】承诺生效时合同成立,但是法律另有规定或者当事人另有约定的除外。

第四百八十四条　【承诺生效时间】以通知方式作出的承诺,生效的时间适用本法第一百三十七条的规定。

承诺不需要通知的,根据交易习惯或者要约的要求作出承诺的行为时生效。

第四百八十五条　【承诺的撤回】承诺可以撤回。承诺的撤回适用本法第一百四十一条的规定。

第四百八十六条　【逾期承诺及效果】受要约人超过承诺期限发出承诺,或者在承诺期限内发出承诺,按照通常情形不能及时到达要约人的,为新要约;但是,要约人及时通知受要约人该承诺有效的除外。

第四百八十七条　【迟到的承诺】受要约人在承诺期限内发出承诺,按照通常情形能够及时到达要约人,但是因其他原因致使承诺到达要约人时超过承诺期限的,除要约人及时通知受要约人因承诺超过期限不接受该承诺外,该承诺有效。

第四百八十八条　【承诺对要约内容的实质性变更】承诺的内容应当与要约的内容一致。受要约人对要约的内容作出实质性变更的,为新要约。有关合同标的、数量、质量、价款或者报酬、履行期限、履行地点和方式、违约责任和解决争议方法等的变更,是对要约内容的实质性变更。

第四百八十九条　【承诺对要约内容的非实质性变更】承诺对要约的内容作出非实质性变更的,除要约人及时表示反对或者要约表明承诺不得对要约的内容作出任何变更外,该承诺有效,合同的内容以承诺的内容为准。

第四百九十条　【采用书面形式订立合同的成立时间】当事人采用合同书形式订立合同的,自当事人均签名、盖章或者按指印时合同成立。在签名、盖章或者按指印之前,当事人一方已经履行主要义务,对方接受时,该合同成立。

法律、行政法规规定或者当事人约定合同应当采用书面形式订立,当事人未采用书面形式但是一方已经履行主要义务,对方接受时,该合同成立。

第四百九十一条　【签订确认书的合同及电子合同成立时间】当事人采用信件、数据电文等形式订立合同要求签订确认书的,签订确认书时合同成立。

当事人一方通过互联网等信息网络发布的商品或者服务信息符合要约条件的,对方选择该商品或者服务并提交订单成功时合同成立,但是当事人另有约定的除外。

第四百九十二条　【合同成立的地点】承诺生效的地点为合同成立的地点。

采用数据电文形式订立合同的,收件人的主营业地为合同成立的地点;没有主营业地的,其住所地为合同成立的地点。当事人另有约定的,按照其约定。

第四百九十三条　【采用合同书订立合同的成立地点】当事人采用合同书形式订立合同的,最后签名、盖章或者按指印的地点为合同成立的地点,但是当事人另有约定的除外。

第四百九十四条　【强制缔约义务】国家根据抢险救灾、疫情防控或者其他需要下达国家订货任务、指令性任务的,有关民事主体之间应当依照有关法律、行政法规规定的权利和义务订立合同。

依照法律、行政法规的规定负有发出要约义务的当事人,应当及时发出合理的要约。

依照法律、行政法规的规定负有作出承诺义务的当事人,不得拒绝对方合理的订立合同要求。

第四百九十五条　【预约合同】当事人约定在将来一定期限内订立合同的认购书、订购书、预订书等,构成预约合同。

当事人一方不履行预约合同约定的订立合同义务的,对方可以请求其承担预约合同的违约责任。

第四百九十六条　【格式条款】格式条款是当事人为了重复使用而预先拟定,并在订立合同时未与对方协商的条款。

采用格式条款订立合同的,提供格式条款的一方应当遵循公平原则确定当事人之间的权利和义务,并采取合理的方式提示对方注意免除或者减轻其责任等与对方有重大利害关系的条款,按照对方的要求,对该条款予以说明。提供格式条款的一方未履行提示或者说明义务,致使对方没有注意或者理解与其有重大利害关系的条款的,对方可以主张该条款不成为合同的内容。

第四百九十七条 【格式条款无效的情形】有下列情形之一的,该格式条款无效:

(一)具有本法第一编第六章第三节和本法第五百零六条规定的无效情形;

(二)提供格式条款一方不合理地免除或者减轻其责任、加重对方责任、限制对方主要权利;

(三)提供格式条款一方排除对方主要权利。

第四百九十八条 【格式条款的解释方法】对格式条款的理解发生争议的,应当按照通常理解予以解释。对格式条款有两种以上解释的,应当作出不利于提供格式条款一方的解释。格式条款和非格式条款不一致的,应当采用非格式条款。

第四百九十九条 【悬赏广告】悬赏人以公开方式声明对完成特定行为的人支付报酬的,完成该行为的人可以请求其支付。

第五百条 【缔约过失责任】当事人在订立合同过程中有下列情形之一,造成对方损失的,应当承担赔偿责任:

(一)假借订立合同,恶意进行磋商;

(二)故意隐瞒与订立合同有关的重要事实或者提供虚假情况;

(三)有其他违背诚信原则的行为。

第五百零一条 【合同缔结人的保密义务】当事人在订立合同过程中知悉的商业秘密或者其他应当保密的信息,无论合同是否成立,不得泄露或者不正当地使用;泄露、不正当地使用该商业秘密或者信息,造成对方损失的,应当承担赔偿责任。

第三章 合同的效力

第五百零二条 【合同生效时间及未办理批准手续的处理规则】依法成立的合同,自成立时生效,但是法律另有规定或者当事人另有约定的除外。

依照法律、行政法规的规定,合同应当办理批准等手续的,依照其规定。未办理批准等手续影响合同生效的,不影响合同中履行报批等义务条款以及相关条款的效力。应当办理申请批准等手续的当事人未履行义务的,对方可以请求其承担违反该义务的责任。

依照法律、行政法规的规定,合同的变更、转让、解除等情形应当办理批准等手续的,适用前款规定。

第五百零三条 【被代理人以默示方式追认无权代理】无权代理人以被代理人的名义订立合同,被代理人已经开始履行合同义务或者接受相对人履行的,视为对合同的追认。

第五百零四条 【超越权限订立合同的效力】法人的法定代表人或者非法人组织的负责人超越权限订立的合同,除相对人知道或者应当知道其超越权限外,该代表行为有效,订立的合同对法人或者非法人组织发生效力。

第五百零五条 【超越经营范围订立的合同效力】当事人超越经营范围订立的合同的效力,应当依照本法第一编第六章第三节和本编的有关规定确定,不得仅以超越经营范围确认合同无效。

第五百零六条 【免责条款无效情形】合同中的下列免责条款无效:

(一)造成对方人身损害的;

(二)因故意或者重大过失造成对方财产损失的。

第五百零七条 【争议解决条款的独立性】合同不生效、无效、被撤销或者终止的,不影响合同中有关解决争议方法的条款的效力。

第五百零八条 【合同效力适用指引】本编对合同的效力没有规定的,适用本法第一编第六章的有关规定。

第四章 合同的履行

第五百零九条 【合同履行的原则】当事人应当按照约定全面履行自己的义务。

当事人应当遵循诚信原则,根据合同的性质、目的和交易习惯履行通知、协助、保密等义务。

当事人在履行合同过程中,应当避免浪费资源、污染环境和破坏生态。

第五百一十条 【约定不明时合同内容的确定】合同生效后,当事人就质量、价款或者报酬、履行地点等内容没有约定或者约定不明确的,可以协议补充;不能达成补充协议的,按照合同相关条款或者交易习惯确定。

第五百一十一条 【质量、价款、履行地点等内容的确定】当事人就有关合同内容约定不明确,依据前条规定仍不能确定的,适用下列规定:

(一)质量要求不明确的,按照强制性国家标准履行;没有强制性国家标准的,按照推荐性国家标准履行;没有推荐性国家标准的,按照行业标准履行;没有国家标准、行业标准的,按照通常标准或者符合合同目的的特定标准履行。

(二)价款或者报酬不明确的,按照订立合同时履行地的市场价格履行;依法应当执行政府定价或者政府指导价的,依照规定履行。

(三)履行地点不明确,给付货币的,在接受货币一方所在地履行;交付不动产的,在不动产所在地履行;其他标的,在履行义务一方所在地履行。

(四)履行期限不明确的,债务人可以随时履行,债权人也可以随时请求履行,但是应当给对方必要的准备时间。

(五)履行方式不明确的,按照有利于实现合同目的的方式履行。

(六)履行费用的负担不明确的,由履行义务一方负担;因债权人原因增加的履行费用,由债权人负担。

第五百一十二条　【电子合同交付时间的认定】通过互联网等信息网络订立的电子合同的标的为交付商品并采用快递物流方式交付的,收货人的签收时间为交付时间。电子合同的标的为提供服务的,生成的电子凭证或者实物凭证中载明的时间为提供服务时间;前述凭证没有载明时间或者载明时间与实际提供服务时间不一致的,以实际提供服务的时间为准。

电子合同的标的物为采用在线传输方式交付的,合同标的物进入对方当事人指定的特定系统且能够检索识别的时间为交付时间。

电子合同当事人对交付商品或者提供服务的方式、时间另有约定的,按照其约定。

第五百一十三条　【执行政府定价或指导价的合同价格确定】执行政府定价或者政府指导价的,在合同约定的交付期限内政府价格调整时,按照交付时的价格计价。逾期交付标的物的,遇价格上涨时,按照原价格执行;价格下降时,按照新价格执行。逾期提取标的物或者逾期付款的,遇价格上涨时,按照新价格执行;价格下降时,按照原价格执行。

第五百一十四条　【金钱之债给付货币的确定规则】以支付金钱为内容的债,除法律另有规定或者当事人另有约定外,债权人可以请求债务人以实际履行地的法定货币履行。

第五百一十五条　【选择之债中债务人的选择权】标的有多项而债务人只需履行其中一项的,债务人享有选择权;但是,法律另有规定、当事人另有约定或者另有交易习惯的除外。

享有选择权的当事人在约定期限内或者履行期限届满未作选择,经催告后在合理期限内仍未选择的,选择权转移至对方。

第五百一十六条　【选择权的行使】当事人行使选择权应当及时通知对方,通知到达对方时,标的确定。标的确定后不得变更,但是经对方同意的除外。

可选择的标的发生不能履行情形的,享有选择权的当事人不得选择不能履行的标的,但是该不能履行的情形是由对方造成的除外。

第五百一十七条　【按份债权与按份债务】债权人为二人以上,标的可分,按照份额各自享有债权的,为按份债权;债务人为二人以上,标的可分,按照份额各自负担债务的,为按份债务。

按份债权人或者按份债务人的份额难以确定的,视为份额相同。

第五百一十八条　【连带债权与连带债务】债权人为二人以上,部分或者全部债权人均可以请求债务人履行债务的,为连带债权;债务人为二人以上,债权人可以请求部分或者全部债务人履行全部债务的,为连带债务。

连带债权或者连带债务,由法律规定或者当事人约定。

第五百一十九条　【连带债务份额的确定及追偿】连带债务人之间的份额难以确定的,视为份额相同。

实际承担债务超过自己份额的连带债务人,有权就超出部分在其他连带债务人未履行的份额范围内向其追偿,并相应地享有债权人的权利,但是不得损害债权人的利益。其他连带债务人对债权人的抗辩,可以向该债务人主张。

被追偿的连带债务人不能履行其应分担份额的,其他连带债务人应当在相应范围内按比例分担。

第五百二十条　【连带债务人之一所生事项涉他效力】部分连带债务人履行、抵销债务或者提存标的物的,其他债务人对债权人的债务在相应范围内消灭;该债务人可以依据前条规定向其他债务人追偿。

部分连带债务人的债务被债权人免除的,在该连带债务人应当承担的份额范围内,其他债务人对债权人的债务消灭。

部分连带债务人的债务与债权人的债权同归于一人的,在扣除该债务人应当承担的份额后,债权人对其他债务人的债权继续存在。

债权人对部分连带债务人的给付受领迟延的,对其他连带债务人发生效力。

第五百二十一条　【连带债权内外部关系】连带债权人之间的份额难以确定的,视为份额相同。

实际受领债权的连带债权人,应当按比例向其他连带债权人返还。

连带债权参照适用本章连带债务的有关规定。

第五百二十二条　【向第三人履行】当事人约定由

债务人向第三人履行债务,债务人未向第三人履行债务或者履行债务不符合约定的,应当向债权人承担违约责任。

法律规定或者当事人约定第三人可以直接请求债务人向其履行债务,第三人未在合理期限内明确拒绝,债务人未向第三人履行债务或者履行债务不符合约定的,第三人可以请求债务人承担违约责任;债务人对债权人的抗辩,可以向第三人主张。

第五百二十三条　【第三人履行】当事人约定由第三人向债权人履行债务,第三人不履行债务或者履行债务不符合约定的,债务人应当向债权人承担违约责任。

第五百二十四条　【第三人代为履行】债务人不履行债务,第三人对履行该债务具有合法利益的,第三人有权向债权人代为履行;但是,根据债务性质、按照当事人约定或者依照法律规定只能由债务人履行的除外。

债权人接受第三人履行后,其对债务人的债权转让给第三人,但是债务人和第三人另有约定的除外。

第五百二十五条　【同时履行抗辩权】当事人互负债务,没有先后履行顺序的,应当同时履行。一方在对方履行之前有权拒绝其履行请求。一方在对方履行债务不符合约定时,有权拒绝其相应的履行请求。

第五百二十六条　【后履行抗辩权】当事人互负债务,有先后履行顺序,应当先履行债务一方未履行的,后履行一方有权拒绝其履行请求。先履行一方履行债务不符合约定的,后履行一方有权拒绝其相应的履行请求。

第五百二十七条　【不安抗辩权】应当先履行债务的当事人,有确切证据证明对方有下列情形之一的,可以中止履行:

(一)经营状况严重恶化;

(二)转移财产、抽逃资金,以逃避债务;

(三)丧失商业信誉;

(四)有丧失或者可能丧失履行债务能力的其他情形。

当事人没有确切证据中止履行的,应当承担违约责任。

第五百二十八条　【不安抗辩权的行使】当事人依据前条规定中止履行的,应当及时通知对方。对方提供适当担保的,应当恢复履行。中止履行后,对方在合理期限内未恢复履行能力且未提供适当担保的,视为以自己的行为表明不履行主要债务,中止履行的一方可以解除合同并可以请求对方承担违约责任。

第五百二十九条　【因债权人原因致债务履行困难的处理】债权人分立、合并或者变更住所没有通知债务人,致使履行债务发生困难的,债务人可以中止履行或者将标的物提存。

第五百三十条　【债务人提前履行债务】债权人可以拒绝债务人提前履行债务,但是提前履行不损害债权人利益的除外。

债务人提前履行债务给债权人增加的费用,由债务人负担。

第五百三十一条　【债务人部分履行债务】债权人可以拒绝债务人部分履行债务,但是部分履行不损害债权人利益的除外。

债务人部分履行债务给债权人增加的费用,由债务人负担。

第五百三十二条　【当事人变化不影响合同效力】合同生效后,当事人不得因姓名、名称的变更或者法定代表人、负责人、承办人的变动而不履行合同义务。

第五百三十三条　【情势变更】合同成立后,合同的基础条件发生了当事人在订立合同时无法预见的、不属于商业风险的重大变化,继续履行合同对于当事人一方明显不公平的,受不利影响的当事人可以与对方重新协商;在合理期限内协商不成的,当事人可以请求人民法院或者仲裁机构变更或者解除合同。

人民法院或者仲裁机构应当结合案件的实际情况,根据公平原则变更或者解除合同。

第五百三十四条　【合同监督】对当事人利用合同实施危害国家利益、社会公共利益行为的,市场监督管理和其他有关行政主管部门依照法律、行政法规的规定负责监督处理。

第五章　合同的保全

第五百三十五条　【债权人代位权】因债务人怠于行使其债权或者与该债权有关的从权利,影响债权人的到期债权实现的,债权人可以向人民法院请求以自己的名义代位行使债务人对相对人的权利,但是该权利专属于债务人自身的除外。

代位权的行使范围以债权人的到期债权为限。债权人行使代位权的必要费用,由债务人负担。

相对人对债务人的抗辩,可以向债权人主张。

第五百三十六条　【保存行为】债权人的债权到期前,债务人的债权或者与该债权有关的从权利存在诉讼时效期间即将届满或者未及时申报破产债权等情形,影响债权人的债权实现的,债权人可以代位向债务人的相对人请求其向债务人履行、向破产管理人申报或者作出其他必要的行为。

第五百三十七条　【代位权行使后的法律效果】人民法院认定代位权成立的,由债务人的相对人向债权人履行义务,债权人接受履行后,债权人与债务人、债务人与相对人之间相应的权利义务终止。债务人对相对人的债权或者与该债权有关的从权利被采取保全、执行措施,或者债务人破产的,依照相关法律的规定处理。

第五百三十八条　【撤销债务人无偿行为】债务人以放弃其债权、放弃债权担保、无偿转让财产等方式无偿处分财产权益,或者恶意延长其到期债权的履行期限,影响债权人的债权实现的,债权人可以请求人民法院撤销债务人的行为。

第五百三十九条　【撤销债务人有偿行为】债务人以明显不合理的低价转让财产、以明显不合理的高价受让他人财产或者为他人的债务提供担保,影响债权人的债权实现,债务人的相对人知道或者应当知道该情形的,债权人可以请求人民法院撤销债务人的行为。

第五百四十条　【撤销权的行使范围】撤销权的行使范围以债权人的债权为限。债权人行使撤销权的必要费用,由债务人负担。

第五百四十一条　【撤销权的行使期间】撤销权自债权人知道或者应当知道撤销事由之日起一年内行使。自债务人的行为发生之日起五年内没有行使撤销权的,该撤销权消灭。

第五百四十二条　【债务人行为被撤销的法律效果】债务人影响债权人的债权实现的行为被撤销的,自始没有法律约束力。

第六章　合同的变更和转让

第五百四十三条　【协议变更合同】当事人协商一致,可以变更合同。

第五百四十四条　【合同变更不明确推定为未变更】当事人对合同变更的内容约定不明确的,推定为未变更。

第五百四十五条　【债权转让】债权人可以将债权的全部或者部分转让给第三人,但是有下列情形之一的除外:

(一)根据债权性质不得转让;

(二)按照当事人约定不得转让;

(三)依照法律规定不得转让。

当事人约定非金钱债权不得转让的,不得对抗善意第三人。当事人约定金钱债权不得转让的,不得对抗第三人。

第五百四十六条　【债权转让的通知义务】债权人转让债权,未通知债务人的,该转让对债务人不发生效力。

债权转让的通知不得撤销,但是经受让人同意的除外。

第五百四十七条　【债权转让从权利一并转让】债权人转让债权的,受让人取得与债权有关的从权利,但是该从权利专属于债权人自身的除外。

受让人取得从权利不因该从权利未办理转移登记手续或者未转移占有而受到影响。

第五百四十八条　【债权转让中债务人抗辩】债务人接到债权转让通知后,债务人对让与人的抗辩,可以向受让人主张。

第五百四十九条　【债权转让中债务人的抵销权】有下列情形之一的,债务人可以向受让人主张抵销:

(一)债务人接到债权转让通知时,债务人对让与人享有债权,且债务人的债权先于转让的债权到期或者同时到期;

(二)债务人的债权与转让的债权是基于同一合同产生。

第五百五十条　【债权转让费用的承担】因债权转让增加的履行费用,由让与人负担。

第五百五十一条　【债务转移】债务人将债务的全部或者部分转移给第三人的,应当经债权人同意。

债务人或者第三人可以催告债权人在合理期限内予以同意,债权人未作表示的,视为不同意。

第五百五十二条　【债务加入】第三人与债务人约定加入债务并通知债权人,或者第三人向债权人表示愿意加入债务,债权人未在合理期限内明确拒绝的,债权人可以请求第三人在其愿意承担的债务范围内和债务人承担连带债务。

第五百五十三条　【债务转移时新债务人抗辩】债务人转移债务的,新债务人可以主张原债务人对债权人的抗辩;原债务人对债权人享有债权的,新债务人不得向债权人主张抵销。

第五百五十四条　【从债务随主债务转移】债务人转移债务的,新债务人应当承担与主债务有关的从债务,但是该从债务专属于原债务人自身的除外。

第五百五十五条　【合同权利义务的一并转让】当事人一方经对方同意,可以将自己在合同中的权利和义务一并转让给第三人。

第五百五十六条　【一并转让的法律适用】合同的

权利和义务一并转让的,适用债权转让、债务转移的有关规定。

第七章　合同的权利义务终止

第五百五十七条　【债权债务终止的法定情形】有下列情形之一的,债权债务终止:

(一)债务已经履行;

(二)债务相互抵销;

(三)债务人依法将标的物提存;

(四)债权人免除债务;

(五)债权债务同归于一人;

(六)法律规定或者当事人约定终止的其他情形。

合同解除的,该合同的权利义务关系终止。

第五百五十八条　【后合同义务】债权债务终止后,当事人应当遵循诚信等原则,根据交易习惯履行通知、协助、保密、旧物回收等义务。

第五百五十九条　【从权利消灭】债权债务终止时,债权的从权利同时消灭,但是法律另有规定或者当事人另有约定的除外。

第五百六十条　【数项债务的清偿抵充顺序】债务人对同一债权人负担的数项债务种类相同,债务人的给付不足以清偿全部债务的,除当事人另有约定外,由债务人在清偿时指定其履行的债务。

债务人未作指定的,应当优先履行已经到期的债务;数项债务均到期的,优先履行对债权人缺乏担保或者担保最少的债务;均无担保或者担保相等的,优先履行债务人负担较重的债务;负担相同的,按照债务到期的先后顺序履行;到期时间相同的,按照债务比例履行。

第五百六十一条　【费用、利息和主债务的清偿抵充顺序】债务人在履行主债务外还应当支付利息和实现债权的有关费用,其给付不足以清偿全部债务的,除当事人另有约定外,应当按照下列顺序履行:

(一)实现债权的有关费用;

(二)利息;

(三)主债务。

第五百六十二条　【合同的约定解除】当事人协商一致,可以解除合同。

当事人可以约定一方解除合同的事由。解除合同的事由发生时,解除权人可以解除合同。

第五百六十三条　【合同的法定解除】有下列情形之一的,当事人可以解除合同:

(一)因不可抗力致使不能实现合同目的;

(二)在履行期限届满前,当事人一方明确表示或者以自己的行为表明不履行主要债务;

(三)当事人一方迟延履行主要债务,经催告后在合理期限内仍未履行;

(四)当事人一方迟延履行债务或者有其他违约行为致使不能实现合同目的;

(五)法律规定的其他情形。

以持续履行的债务为内容的不定期合同,当事人可以随时解除合同,但是应当在合理期限之前通知对方。

第五百六十四条　【解除权行使期限】法律规定或者当事人约定解除权行使期限,期限届满当事人不行使的,该权利消灭。

法律没有规定或者当事人没有约定解除权行使期限,自解除权人知道或者应当知道解除事由之日起一年内不行使,或者经对方催告后在合理期限内不行使的,该权利消灭。

第五百六十五条　【合同解除权的行使规则】当事人一方依法主张解除合同的,应当通知对方。合同自通知到达对方时解除;通知载明债务人在一定期限内不履行债务则合同自动解除,债务人在该期限内未履行债务的,合同自通知载明的期限届满时解除。对方对解除合同有异议的,任何一方当事人均可以请求人民法院或者仲裁机构确认解除行为的效力。

当事人一方未通知对方,直接以提起诉讼或者申请仲裁的方式依法主张解除合同,人民法院或者仲裁机构确认该主张的,合同自起诉状副本或者仲裁申请书副本送达对方时解除。

第五百六十六条　【合同解除的法律后果】合同解除后,尚未履行的,终止履行;已经履行的,根据履行情况和合同性质,当事人可以请求恢复原状或者采取其他补救措施,并有权请求赔偿损失。

合同因违约解除的,解除权人可以请求违约方承担违约责任,但是当事人另有约定的除外。

主合同解除后,担保人对债务人应当承担的民事责任仍应当承担担保责任,但是担保合同另有约定的除外。

第五百六十七条　【结算、清理条款效力的独立性】合同的权利义务关系终止,不影响合同中结算和清理条款的效力。

第五百六十八条　【法定抵销】当事人互负债务,该债务的标的物种类、品质相同的,任何一方可以将自己的债务与对方的到期债务抵销;但是,根据债务性质、按照当事人约定或者依照法律规定不得抵销的除外。

当事人主张抵销的,应当通知对方。通知自到达对方时生效。抵销不得附条件或者附期限。

第五百六十九条　【约定抵销】当事人互负债务,标的物种类、品质不相同的,经协商一致,也可以抵销。

第五百七十条　【提存的条件】有下列情形之一,难以履行债务的,债务人可以将标的物提存:

(一)债权人无正当理由拒绝受领;

(二)债权人下落不明;

(三)债权人死亡未确定继承人、遗产管理人,或者丧失民事行为能力未确定监护人;

(四)法律规定的其他情形。

标的物不适于提存或者提存费用过高的,债务人依法可以拍卖或者变卖标的物,提存所得的价款。

第五百七十一条　【提存的成立】债务人将标的物或者将标的物依法拍卖、变卖所得价款交付提存部门时,提存成立。

提存成立的,视为债务人在其提存范围内已经交付标的物。

第五百七十二条　【提存的通知】标的物提存后,债务人应当及时通知债权人或者债权人的继承人、遗产管理人、监护人、财产代管人。

第五百七十三条　【提存期间风险、孳息和提存费用负担】标的物提存后,毁损、灭失的风险由债权人承担。提存期间,标的物的孳息归债权人所有。提存费用由债权人负担。

第五百七十四条　【提存物的领取与取回】债权人可以随时领取提存物。但是,债权人对债务人负有到期债务的,在债权人未履行债务或者提供担保之前,提存部门根据债务人的要求应当拒绝其领取提存物。

债权人领取提存物的权利,自提存之日起五年内不行使而消灭,提存物扣除提存费用后归国家所有。但是,债权人未履行对债务人的到期债务,或者债权人向提存部门书面表示放弃领取提存物权利的,债务人负担提存费用后有权取回提存物。

第五百七十五条　【债的免除】债权人免除债务人部分或者全部债务的,债权债务部分或者全部终止,但是债务人在合理期限内拒绝的除外。

第五百七十六条　【债权债务混同的处理】债权和债务同归于一人的,债权债务终止,但是损害第三人利益的除外。

第八章　违约责任

第五百七十七条　【违约责任的种类】当事人一方不履行合同义务或者履行合同义务不符合约定的,应当承担继续履行、采取补救措施或者赔偿损失等违约责任。

第五百七十八条　【预期违约责任】当事人一方明确表示或者以自己的行为表明不履行合同义务的,对方可以在履行期限届满前请求其承担违约责任。

第五百七十九条　【金钱债务的继续履行】当事人一方未支付价款、报酬、租金、利息,或者不履行其他金钱债务的,对方可以请求其支付。

第五百八十条　【非金钱债务的继续履行】当事人一方不履行非金钱债务或者履行非金钱债务不符合约定的,对方可以请求履行,但是有下列情形之一的除外:

(一)法律上或者事实上不能履行;

(二)债务的标的不适于强制履行或者履行费用过高;

(三)债权人在合理期限内未请求履行。

有前款规定的除外情形之一,致使不能实现合同目的的,人民法院或者仲裁机构可以根据当事人的请求终止合同权利义务关系,但是不影响违约责任的承担。

第五百八十一条　【替代履行】当事人一方不履行债务或者履行债务不符合约定,根据债务的性质不得强制履行的,对方可以请求其负担由第三人替代履行的费用。

第五百八十二条　【瑕疵履行违约责任】履行不符合约定的,应当按照当事人的约定承担违约责任。对违约责任没有约定或者约定不明确,依据本法第五百一十条的规定仍不能确定的,受损害方根据标的的性质以及损失的大小,可以合理选择请求对方承担修理、重作、更换、退货、减少价款或者报酬等违约责任。

第五百八十三条　【违约损害赔偿责任】当事人一方不履行合同义务或者履行合同义务不符合约定的,在履行义务或者采取补救措施后,对方还有其他损失的,应当赔偿损失。

第五百八十四条　【法定的违约赔偿损失】当事人一方不履行合同义务或者履行合同义务不符合约定,造成对方损失的,损失赔偿额应当相当于因违约所造成的损失,包括合同履行后可以获得的利益;但是,不得超过违约一方订立合同时预见到或者应当预见到的因违约可能造成的损失。

第五百八十五条　【违约金的约定】当事人可以约定一方违约时应当根据违约情况向对方支付一定数额的违约金,也可以约定因违约产生的损失赔偿额的计算方法。

约定的违约金低于造成的损失的,人民法院或者仲裁机构可以根据当事人的请求予以增加;约定的违约金过分高于造成的损失的,人民法院或者仲裁机构可以根据当事人的请求予以适当减少。

当事人就迟延履行约定违约金的,违约方支付违约金后,还应当履行债务。

第五百八十六条　【定金】当事人可以约定一方向对方给付定金作为债权的担保。定金合同自实际交付定金时成立。

定金的数额由当事人约定;但是,不得超过主合同标的额的百分之二十,超过部分不产生定金的效力。实际交付的定金数额多于或者少于约定数额的,视为变更约定的定金数额。

第五百八十七条　【定金罚则】债务人履行债务的,定金应当抵作价款或者收回。给付定金的一方不履行债务或者履行债务不符合约定,致使不能实现合同目的的,无权请求返还定金;收受定金的一方不履行债务或者履行债务不符合约定,致使不能实现合同目的的,应当双倍返还定金。

第五百八十八条　【违约金与定金竞合选择权】当事人既约定违约金,又约定定金的,一方违约时,对方可以选择适用违约金或者定金条款。

定金不足以弥补一方违约造成的损失的,对方可以请求赔偿超过定金数额的损失。

第五百八十九条　【债权人受领迟延】债务人按照约定履行债务,债权人无正当理由拒绝受领的,债务人可以请求债权人赔偿增加的费用。

在债权人受领迟延期间,债务人无须支付利息。

第五百九十条　【因不可抗力不能履行合同】当事人一方因不可抗力不能履行合同的,根据不可抗力的影响,部分或者全部免除责任,但是法律另有规定的除外。因不可抗力不能履行合同的,应当及时通知对方,以减轻可能给对方造成的损失,并应当在合理期限内提供证明。

当事人迟延履行后发生不可抗力的,不免除其违约责任。

第五百九十一条　【非违约方防止损失扩大义务】当事人一方违约后,对方应当采取适当措施防止损失的扩大;没有采取适当措施致使损失扩大的,不得就扩大的损失请求赔偿。

当事人因防止损失扩大而支出的合理费用,由违约方负担。

第五百九十二条　【双方违约和与有过错规则】当事人都违反合同的,应当各自承担相应的责任。

当事人一方违约造成对方损失,对方对损失的发生有过错的,可以减少相应的损失赔偿额。

第五百九十三条　【因第三人原因造成违约情况下的责任承担】当事人一方因第三人的原因造成违约的,应当依法向对方承担违约责任。当事人一方和第三人之间的纠纷,依照法律规定或者按照约定处理。

第五百九十四条　【国际贸易合同诉讼时效和仲裁时效】因国际货物买卖合同和技术进出口合同争议提起诉讼或者申请仲裁的时效期间为四年。

第二分编　典型合同
第九章　买卖合同

第五百九十五条　【买卖合同的概念】买卖合同是出卖人转移标的物的所有权于买受人,买受人支付价款的合同。

第五百九十六条　【买卖合同条款】买卖合同的内容一般包括标的物的名称、数量、质量、价款、履行期限、履行地点和方式、包装方式、检验标准和方法、结算方式、合同使用的文字及其效力等条款。

第五百九十七条　【无权处分的违约责任】因出卖人未取得处分权致使标的物所有权不能转移的,买受人可以解除合同并请求出卖人承担违约责任。

法律、行政法规禁止或者限制转让的标的物,依照其规定。

第五百九十八条　【出卖人基本义务】出卖人应当履行向买受人交付标的物或者交付提取标的物的单证,并转移标的物所有权的义务。

第五百九十九条　【出卖人义务:交付单证、交付资料】出卖人应当按照约定或者交易习惯向买受人交付提取标的物单证以外的有关单证和资料。

第六百条　【买卖合同知识产权保留条款】出卖具有知识产权的标的物的,除法律另有规定或者当事人另有约定外,该标的物的知识产权不属于买受人。

第六百零一条　【出卖人义务:交付期间】出卖人应当按照约定的时间交付标的物。约定交付期限的,出卖人可以在该交付期限内的任何时间交付。

第六百零二条　【标的物交付期限不明时的处理】当事人没有约定标的物的交付期限或者约定不明确的,适用本法第五百一十条、第五百一十一条第四项的规定。

第六百零三条　【买卖合同标的物的交付地点】出卖人应当按照约定的地点交付标的物。

当事人没有约定交付地点或者约定不明确,依据本

法第五百一十条的规定仍不能确定的,适用下列规定:

（一）标的物需要运输的,出卖人应当将标的物交付给第一承运人以运交给买受人;

（二）标的物不需要运输,出卖人和买受人订立合同时知道标的物在某一地点的,出卖人应当在该地点交付标的物;不知道标的物在某一地点的,应当在出卖人订立合同时的营业地交付标的物。

第六百零四条　【标的物的风险承担】标的物毁损、灭失的风险,在标的物交付之前由出卖人承担,交付之后由买受人承担,但是法律另有规定或者当事人另有约定的除外。

第六百零五条　【迟延交付标的物的风险负担】因买受人的原因致使标的物未按照约定的期限交付的,买受人应当自违反约定时起承担标的物毁损、灭失的风险。

第六百零六条　【路货买卖中的标的物风险转移】出卖人出卖交由承运人运输的在途标的物,除当事人另有约定外,毁损、灭失的风险自合同成立时起由买受人承担。

第六百零七条　【需要运输的标的物风险负担】出卖人按照约定将标的物运送至买受人指定地点并交付给承运人后,标的物毁损、灭失的风险由买受人承担。

当事人没有约定交付地点或者约定不明确,依据本法第六百零三条第二款第一项的规定标的物需要运输的,出卖人将标的物交付给第一承运人后,标的物毁损、灭失的风险由买受人承担。

第六百零八条　【买受人不履行接受标的物义务的风险负担】出卖人按照约定或者依据本法第六百零三条第二款第二项的规定将标的物置于交付地点,买受人违反约定没有收取的,标的物毁损、灭失的风险自违反约定时起由买受人承担。

第六百零九条　【未交付单证、资料的风险负担】出卖人按照约定未交付有关标的物的单证和资料的,不影响标的物毁损、灭失风险的转移。

第六百一十条　【根本违约】因标的物不符合质量要求,致使不能实现合同目的的,买受人可以拒绝接受标的物或者解除合同。买受人拒绝接受标的物或者解除合同的,标的物毁损、灭失的风险由出卖人承担。

第六百一十一条　【买受人承担风险与出卖人违约责任关系】标的物毁损、灭失的风险由买受人承担的,不影响因出卖人履行义务不符合约定,买受人请求其承担违约责任的权利。

第六百一十二条　【出卖人的权利瑕疵担保义务】出卖人就交付的标的物,负有保证第三人对该标的物不享有任何权利的义务,但是法律另有规定的除外。

第六百一十三条　【权利瑕疵担保责任之免除】买受人订立合同时知道或者应当知道第三人对买卖的标的物享有权利的,出卖人不承担前条规定的义务。

第六百一十四条　【买受人的中止支付价款权】买受人有确切证据证明第三人对标的物享有权利的,可以中止支付相应的价款,但是出卖人提供适当担保的除外。

第六百一十五条　【买卖标的物的质量瑕疵担保】出卖人应当按照约定的质量要求交付标的物。出卖人提供有关标的物质量说明的,交付的标的物应当符合该说明的质量要求。

第六百一十六条　【标的物法定质量担保义务】当事人对标的物的质量要求没有约定或者约定不明确,依据本法第五百一十条的规定仍不能确定的,适用本法第五百一十一条第一项的规定。

第六百一十七条　【质量瑕疵担保责任】出卖人交付的标的物不符合质量要求的,买受人可以依据本法第五百八十二条至第五百八十四条的规定请求承担违约责任。

第六百一十八条　【标的物瑕疵担保责任减免的特约效力】当事人约定减轻或者免除出卖人对标的物瑕疵承担的责任,因出卖人故意或者重大过失不告知买受人标的物瑕疵的,出卖人无权主张减轻或者免除责任。

第六百一十九条　【标的物的包装方式】出卖人应当按照约定的包装方式交付标的物。对包装方式没有约定或者约定不明确,依据本法第五百一十条的规定仍不能确定的,应当按照通用的方式包装;没有通用方式的,应当采取足以保护标的物且有利于节约资源、保护生态环境的包装方式。

第六百二十条　【买受人的检验义务】买受人收到标的物时应当在约定的检验期限内检验。没有约定检验期限的,应当及时检验。

第六百二十一条　【买受人检验标的物的异议通知】当事人约定检验期限的,买受人应当在检验期限内将标的物的数量或者质量不符合约定的情形通知出卖人。买受人怠于通知的,视为标的物的数量或者质量符合约定。

当事人没有约定检验期限的,买受人应当在发现或者应当发现标的物的数量或者质量不符合约定的合理期限内通知出卖人。买受人在合理期限内未通知或者自收到标的物之日起二年内未通知出卖人的,视为标的物的数量或者质量符合约定;但是,对标的物有质量保证期的,适用质量保证期,不适用该二年的规定。

出卖人知道或者应当知道提供的标的物不符合约定的,买受人不受前两款规定的通知时间的限制。

第六百二十二条　【检验期限或质量保证期过短的处理】当事人约定的检验期限过短,根据标的物的性质和交易习惯,买受人在检验期限内难以完成全面检验的,该期限仅视为买受人对标的物的外观瑕疵提出异议的期限。

约定的检验期限或者质量保证期短于法律、行政法规规定期限的,应当以法律、行政法规规定的期限为准。

第六百二十三条　【标的物数量和外观瑕疵检验】当事人对检验期限未作约定,买受人签收的送货单、确认单等载明标的物数量、型号、规格的,推定买受人已经对数量和外观瑕疵进行检验,但是有相关证据足以推翻的除外。

第六百二十四条　【向第三人履行情形的检验标准】出卖人依照买受人的指示向第三人交付标的物,出卖人和买受人约定的检验标准与买受人和第三人约定的检验标准不一致的,以出卖人和买受人约定的检验标准为准。

第六百二十五条　【出卖人的回收义务】依照法律、行政法规的规定或者按照当事人的约定,标的物在有效使用年限届满后应予回收的,出卖人负有自行或者委托第三人对标的物予以回收的义务。

第六百二十六条　【买受人支付价款及方式】买受人应当按照约定的数额和支付方式支付价款。对价款的数额和支付方式没有约定或者约定不明确的,适用本法第五百一十条、第五百一十一条第二项和第五项的规定。

第六百二十七条　【买受人支付价款地点】买受人应当按照约定的地点支付价款。对支付地点没有约定或者约定不明确,依据本法第五百一十条的规定仍不能确定的,买受人应当在出卖人的营业地支付;但是,约定支付价款以交付标的物或者交付提取标的物单证为条件的,在交付标的物或者交付提取标的物单证的所在地支付。

第六百二十八条　【买受人支付价款的时间】买受人应当按照约定的时间支付价款。对支付时间没有约定或者约定不明确,依据本法第五百一十条的规定仍不能确定的,买受人应当在收到标的物或者提取标的物单证的同时支付。

第六百二十九条　【出卖人多交标的物的处理】出卖人多交标的物的,买受人可以接收或者拒绝接收多交的部分。买受人接收多交部分的,按照约定的价格支付价款;买受人拒绝接收多交部分的,应当及时通知出卖人。

第六百三十条　【买卖合同标的物孳息的归属】标的物在交付之前产生的孳息,归出卖人所有;交付之后产生的孳息,归买受人所有。但是,当事人另有约定的除外。

第六百三十一条　【主物与从物在解除合同时的效力】因标的物的主物不符合约定而解除合同的,解除合同的效力及于从物。因标的物的从物不符合约定被解除的,解除的效力不及于主物。

第六百三十二条　【数物买卖合同的解除】标的物为数物,其中一物不符合约定的,买受人可以就该物解除。但是,该物与他物分离使标的物的价值显受损害的,买受人可以就数物解除合同。

第六百三十三条　【分批交付标的物的情况下解除合同的情形】出卖人分批交付标的物的,出卖人对其中一批标的物不交付或者交付不符合约定,致使该批标的物不能实现合同目的的,买受人可以就该批标的物解除。

出卖人不交付其中一批标的物或者交付不符合约定,致使之后其他各批标的物的交付不能实现合同目的的,买受人可以就该批以及之后其他各批标的物解除。

买受人如果就其中一批标的物解除,该批标的物与其他各批标的物相互依存的,可以就已经交付和未交付的各批标的物解除。

第六百三十四条　【分期付款买卖】分期付款的买受人未支付到期价款的数额达到全部价款的五分之一,经催告后在合理期限内仍未支付到期价款的,出卖人可以请求买受人支付全部价款或者解除合同。

出卖人解除合同的,可以向买受人请求支付该标的物的使用费。

第六百三十五条　【凭样品买卖合同】凭样品买卖的当事人应当封存样品,并可以对样品质量予以说明。出卖人交付的标的物应当与样品及其说明的质量相同。

第六百三十六条　【凭样品买卖合同样品存在隐蔽瑕疵的处理】凭样品买卖的买受人不知道样品有隐蔽瑕疵的,即使交付的标的物与样品相同,出卖人交付的标的物的质量仍然应当符合同种物的通常标准。

第六百三十七条　【试用买卖的试用期限】试用买卖的当事人可以约定标的物的试用期限。对试用期限没有约定或者约定不明确,依据本法第五百一十条的规定仍不能确定的,由出卖人确定。

第六百三十八条　【试用买卖合同买受人对标的物购买选择权】试用买卖的买受人在试用期内可以购买标的物，也可以拒绝购买。试用期限届满，买受人对是否购买标的物未作表示的，视为购买。

试用买卖的买受人在试用期内已经支付部分价款或者对标的物实施出卖、出租、设立担保物权等行为的，视为同意购买。

第六百三十九条　【试用买卖使用费】试用买卖的当事人对标的物使用费没有约定或者约定不明确的，出卖人无权请求买受人支付。

第六百四十条　【试用买卖中的风险承担】标的物在试用期内毁损、灭失的风险由出卖人承担。

第六百四十一条　【标的物所有权保留条款】当事人可以在买卖合同中约定买受人未履行支付价款或者其他义务的，标的物的所有权属于出卖人。

出卖人对标的物保留的所有权，未经登记，不得对抗善意第三人。

第六百四十二条　【所有权保留中出卖人的取回权】当事人约定出卖人保留合同标的物的所有权，在标的物所有权转移前，买受人有下列情形之一，造成出卖人损害的，除当事人另有约定外，出卖人有权取回标的物：

（一）未按照约定支付价款，经催告后在合理期限内仍未支付；

（二）未按照约定完成特定条件；

（三）将标的物出卖、出质或者作出其他不当处分。

出卖人可以与买受人协商取回标的物；协商不成的，可以参照适用担保物权的实现程序。

第六百四十三条　【买受人回赎权及出卖人再出卖权】出卖人依据前条第一款的规定取回标的物后，买受人在双方约定或者出卖人指定的合理回赎期限内，消除出卖人取回标的物的事由的，可以请求回赎标的物。

买受人在回赎期限内没有回赎标的物，出卖人可以以合理价格将标的物出卖给第三人，出卖所得价款扣除买受人未支付的价款以及必要费用后仍有剩余的，应当返还买受人；不足部分由买受人清偿。

第六百四十四条　【招标投标买卖的法律适用】招标投标买卖的当事人的权利和义务以及招标投标程序等，依照有关法律、行政法规的规定。

第六百四十五条　【拍卖的法律适用】拍卖的当事人的权利和义务以及拍卖程序等，依照有关法律、行政法规的规定。

第六百四十六条　【买卖合同准用于有偿合同】法律对其他有偿合同有规定的，依照其规定；没有规定的，参照适用买卖合同的有关规定。

第六百四十七条　【易货交易的法律适用】当事人约定易货交易，转移标的物的所有权的，参照适用买卖合同的有关规定。

……

第十一章　赠与合同

第六百五十七条　【赠与合同的概念】赠与合同是赠与人将自己的财产无偿给予受赠人，受赠人表示接受赠与的合同。

第六百五十八条　【赠与的任意撤销及限制】赠与人在赠与财产的权利转移之前可以撤销赠与。

经过公证的赠与合同或者依法不得撤销的具有救灾、扶贫、助残等公益、道德义务性质的赠与合同，不适用前款规定。

第六百五十九条　【赠与特殊财产需要办理有关法律手续】赠与的财产依法需要办理登记或者其他手续的，应当办理有关手续。

第六百六十条　【法定不得撤销赠与的赠与人不交付赠与财产的责任】经过公证的赠与合同或者依法不得撤销的具有救灾、扶贫、助残等公益、道德义务性质的赠与合同，赠与人不交付赠与财产的，受赠人可以请求交付。

依据前款规定应当交付的赠与财产因赠与人故意或者重大过失致使毁损、灭失的，赠与人应当承担赔偿责任。

第六百六十一条　【附义务的赠与合同】赠与可以附义务。

赠与附义务的，受赠人应当按照约定履行义务。

第六百六十二条　【赠与财产的瑕疵担保责任】赠与的财产有瑕疵的，赠与人不承担责任。附义务的赠与，赠与的财产有瑕疵的，赠与人在附义务的限度内承担与出卖人相同的责任。

赠与人故意不告知瑕疵或者保证无瑕疵，造成受赠人损失的，应当承担赔偿责任。

第六百六十三条　【赠与人的法定撤销情形及撤销权行使期间】受赠人有下列情形之一的，赠与人可以撤销赠与：

（一）严重侵害赠与人或者赠与人近亲属的合法权益；

（二）对赠与人有扶养义务而不履行；

（三）不履行赠与合同约定的义务。

赠与人的撤销权，自知道或者应当知道撤销事由之日起一年内行使。

第六百六十四条　【赠与人的继承人或法定代理人的撤销权】因受赠人的违法行为致使赠与人死亡或者丧失民事行为能力的,赠与人的继承人或者法定代理人可以撤销赠与。

赠与人的继承人或者法定代理人的撤销权,自知道或者应当知道撤销事由之日起六个月内行使。

第六百六十五条　【撤销赠与的效力】撤销权人撤销赠与的,可以向受赠人请求返还赠与的财产。

第六百六十六条　【赠与义务的免除】赠与人的经济状况显著恶化,严重影响其生产经营或者家庭生活的,可以不再履行赠与义务。

第十二章　借款合同

第六百六十七条　【借款合同的定义】借款合同是借款人向贷款人借款,到期返还借款并支付利息的合同。

第六百六十八条　【借款合同的形式和内容】借款合同应当采用书面形式,但是自然人之间借款另有约定的除外。

借款合同的内容一般包括借款种类、币种、用途、数额、利率、期限和还款方式等条款。

第六百六十九条　【借款合同借款人的告知义务】订立借款合同,借款人应当按照贷款人的要求提供与借款有关的业务活动和财务状况的真实情况。

第六百七十条　【借款利息不得预先扣除】借款的利息不得预先在本金中扣除。利息预先在本金中扣除的,应当按照实际借款数额返还借款并计算利息。

第六百七十一条　【提供及收取借款迟延责任】贷款人未按照约定的日期、数额提供借款,造成借款人损失的,应当赔偿损失。

借款人未按照约定的日期、数额收取借款的,应当按照约定的日期、数额支付利息。

第六百七十二条　【贷款人对借款使用情况检查、监督的权利】贷款人按照约定可以检查、监督借款的使用情况。借款人应当按照约定向贷款人定期提供有关财务会计报表或者其他资料。

第六百七十三条　【借款人违约使用借款的后果】借款人未按照约定的借款用途使用借款的,贷款人可以停止发放借款、提前收回借款或者解除合同。

第六百七十四条　【借款利息支付期限的确定】借款人应当按照约定的期限支付利息。对支付利息的期限没有约定或者约定不明确,依据本法第五百一十条的规定仍不能确定,借款期间不满一年的,应当在返还借款时一并支付;借款期间一年以上的,应当在每届满一年时支

付,剩余期间不满一年的,应当在返还借款时一并支付。

第六百七十五条　【还款期限的确定】借款人应当按照约定的期限返还借款。对借款期限没有约定或者约定不明确,依据本法第五百一十条的规定仍不能确定的,借款人可以随时返还;贷款人可以催告借款人在合理期限内返还。

第六百七十六条　【借款合同违约责任承担】借款人未按照约定的期限返还借款的,应当按照约定或者国家有关规定支付逾期利息。

第六百七十七条　【提前偿还借款】借款人提前返还借款的,除当事人另有约定外,应当按照实际借款的期间计算利息。

第六百七十八条　【借款展期】借款人可以在还款期限届满前向贷款人申请展期;贷款人同意的,可以展期。

第六百七十九条　【自然人之间借款合同的成立】自然人之间的借款合同,自贷款人提供借款时成立。

第六百八十条　【借款利率和利息】禁止高利放贷,借款的利率不得违反国家有关规定。

借款合同对支付利息没有约定的,视为没有利息。

借款合同对支付利息约定不明确,当事人不能达成补充协议,按照当地或者当事人的交易方式、交易习惯、市场利率等因素确定利息;自然人之间借款的,视为没有利息。

第十三章　保证合同
第一节　一般规定

第六百八十一条　【保证合同的概念】保证合同是为保障债权的实现,保证人和债权人约定,当债务人不履行到期债务或者发生当事人约定的情形时,保证人履行债务或者承担责任的合同。

第六百八十二条　【保证合同的附从性及被确认无效后的责任分配】保证合同是主债权债务合同的从合同。主债权债务合同无效的,保证合同无效,但是法律另有规定的除外。

保证合同被确认无效后,债务人、保证人、债权人有过错的,应当根据其过错各自承担相应的民事责任。

第六百八十三条　【保证人的资格】机关法人不得为保证人,但是经国务院批准为使用外国政府或者国际经济组织贷款进行转贷的除外。

以公益为目的的非营利法人、非法人组织不得为保证人。

第六百八十四条　【保证合同的一般内容】保证合同的内容一般包括被保证的主债权的种类、数额，债务人履行债务的期限，保证的方式、范围和期间等条款。

第六百八十五条　【保证合同的订立】保证合同可以是单独订立的书面合同，也可以是主债权债务合同中的保证条款。

第三人单方以书面形式向债权人作出保证，债权人接收且未提出异议的，保证合同成立。

第六百八十六条　【保证方式】保证的方式包括一般保证和连带责任保证。

当事人在保证合同中对保证方式没有约定或者约定不明确的，按照一般保证承担保证责任。

第六百八十七条　【一般保证及先诉抗辩权】当事人在保证合同中约定，债务人不能履行债务时，由保证人承担保证责任的，为一般保证。

一般保证的保证人在主合同纠纷未经审判或者仲裁，并就债务人财产依法强制执行仍不能履行债务前，有权拒绝向债权人承担保证责任，但是有下列情形之一的除外：

（一）债务人下落不明，且无财产可供执行；

（二）人民法院已经受理债务人破产案件；

（三）债权人有证据证明债务人的财产不足以履行全部债务或者丧失履行债务能力；

（四）保证人书面表示放弃本款规定的权利。

第六百八十八条　【连带责任保证】当事人在保证合同中约定保证人和债务人对债务承担连带责任的，为连带责任保证。

连带责任保证的债务人不履行到期债务或者发生当事人约定的情形时，债权人可以请求债务人履行债务，也可以请求保证人在其保证范围内承担保证责任。

第六百八十九条　【反担保】保证人可以要求债务人提供反担保。

第六百九十条　【最高额保证合同】保证人与债权人可以协商订立最高额保证的合同，约定在最高债权额限度内就一定期间连续发生的债权提供保证。

最高额保证除适用本章规定外，参照适用本法第二编最高额抵押权的有关规定。

第二节　保证责任

第六百九十一条　【保证责任的范围】保证的范围包括主债权及其利息、违约金、损害赔偿金和实现债权的费用。当事人另有约定的，按照其约定。

第六百九十二条　【保证期间】保证期间是确定保证人承担保证责任的期间，不发生中止、中断和延长。

债权人与保证人可以约定保证期间，但是约定的保证期间早于主债务履行期限或者与主债务履行期限同时届满的，视为没有约定；没有约定或者约定不明确的，保证期间为主债务履行期限届满之日起六个月。

债权人与债务人对主债务履行期限没有约定或者约定不明确的，保证期间自债权人请求债务人履行债务的宽限期届满之日起计算。

第六百九十三条　【保证期间届满的法律效果】一般保证的债权人未在保证期间对债务人提起诉讼或者申请仲裁的，保证人不再承担保证责任。

连带责任保证的债权人未在保证期间请求保证人承担保证责任的，保证人不再承担保证责任。

第六百九十四条　【保证债务的诉讼时效】一般保证的债权人在保证期间届满前对债务人提起诉讼或者申请仲裁的，从保证人拒绝承担保证责任的权利消灭之日起，开始计算保证债务的诉讼时效。

连带责任保证的债权人在保证期间届满前请求保证人承担保证责任的，从债权人请求保证人承担保证责任之日起，开始计算保证债务的诉讼时效。

第六百九十五条　【主合同变更对保证责任影响】债权人和债务人未经保证人书面同意，协商变更主债权债务合同内容，减轻债务的，保证人仍对变更后的债务承担保证责任；加重债务的，保证人对加重的部分不承担保证责任。

债权人和债务人变更主债权债务合同的履行期限，未经保证人书面同意的，保证期间不受影响。

第六百九十六条　【债权转让时保证人的保证责任】债权人转让全部或者部分债权，未通知保证人的，该转让对保证人不发生效力。

保证人与债权人约定禁止债权转让，债权人未经保证人书面同意转让债权的，保证人对受让人不再承担保证责任。

第六百九十七条　【债务承担对保证责任的影响】债权人未经保证人书面同意，允许债务人转移全部或者部分债务，保证人对未经其同意转移的债务不再承担保证责任，但是债权人和保证人另有约定的除外。

第三人加入债务的，保证人的保证责任不受影响。

第六百九十八条　【一般保证人免责】一般保证的保证人在主债务履行期限届满后，向债权人提供债务人可供执行财产的真实情况，债权人放弃或者怠于行使权利致使该财产不能被执行的，保证人在其提供可供执行财产的价值范围内不再承担保证责任。

第六百九十九条 　**【共同保证】**同一债务有两个以上保证人的，保证人应当按照保证合同约定的保证份额，承担保证责任；没有约定保证份额的，债权人可以请求任何一个保证人在其保证范围内承担保证责任。

第七百条 　**【保证人的追偿权】**保证人承担保证责任后，除当事人另有约定外，有权在其承担保证责任的范围内向债务人追偿，享有债权人对债务人的权利，但是不得损害债权人的利益。

第七百零一条 　**【保证人的抗辩权】**保证人可以主张债务人对债权人的抗辩。债务人放弃抗辩的，保证人仍有权向债权人主张抗辩。

第七百零二条 　**【抵销权或撤销权范围内的免责】**债务人对债权人享有抵销权或者撤销权的，保证人可以在相应范围内拒绝承担保证责任。

……

第二十章　技术合同
第一节　一般规定

第八百四十三条 　**【技术合同的定义】**技术合同是当事人就技术开发、转让、许可、咨询或者服务订立的确立相互之间权利和义务的合同。

第八百四十四条 　**【订立技术合同的原则】**订立技术合同，应当有利于知识产权的保护和科学技术的进步，促进科学技术成果的研发、转化、应用和推广。

第八百四十五条 　**【技术合同的主要条款】**技术合同的内容一般包括项目的名称，标的的内容、范围和要求，履行的计划、地点和方式，技术信息和资料的保密，技术成果的归属和收益的分配办法，验收标准和方法，名词和术语的解释等条款。

与履行合同有关的技术背景资料、可行性论证和技术评价报告、项目任务书和计划书、技术标准、技术规范、原始设计和工艺文件，以及其他技术文档，按照当事人的约定可以作为合同的组成部分。

技术合同涉及专利的，应当注明发明创造的名称、专利申请人和专利权人、申请日期、申请号、专利号以及专利权的有效期限。

第八百四十六条 　**【技术合同价款、报酬或使用费的支付方式】**技术合同价款、报酬或者使用费的支付方式由当事人约定，可以采取一次总算、一次总付或者一次总算、分期支付，也可以采取提成支付或者提成支付附加预付入门费的方式。

约定提成支付的，可以按照产品价格、实施专利和使用技术秘密后新增的产值、利润或者产品销售额的一定比例提成，也可以按照约定的其他方式计算。提成支付的比例可以采取固定比例、逐年递增比例或者逐年递减比例。

约定提成支付的，当事人可以约定查阅有关会计账目的办法。

第八百四十七条 　**【职务技术成果的财产权归属】**职务技术成果的使用权、转让权属于法人或者非法人组织的，法人或者非法人组织可以就该项职务技术成果订立技术合同。法人或者非法人组织订立技术合同转让职务技术成果时，职务技术成果的完成人享有以同等条件优先受让的权利。

职务技术成果是执行法人或者非法人组织的工作任务，或者主要是利用法人或者非法人组织的物质技术条件所完成的技术成果。

第八百四十八条 　**【非职务技术成果的财产权归属】**非职务技术成果的使用权、转让权属于完成技术成果的个人，完成技术成果的个人可以就该项非职务技术成果订立技术合同。

第八百四十九条 　**【技术成果人身权】**完成技术成果的个人享有在有关技术成果文件上写明自己是技术成果完成者的权利和取得荣誉证书、奖励的权利。

第八百五十条 　**【技术合同的无效】**非法垄断技术或者侵害他人技术成果的技术合同无效。

第二节　技术开发合同

第八百五十一条 　**【技术开发合同的定义及种类】**技术开发合同是当事人之间就新技术、新产品、新工艺、新品种或者新材料及其系统的研究开发所订立的合同。

技术开发合同包括委托开发合同和合作开发合同。

技术开发合同应当采用书面形式。

当事人之间就具有实用价值的科技成果实施转化订立的合同，参照适用技术开发合同的有关规定。

第八百五十二条 　**【委托人的主要义务】**委托开发合同的委托人应当按照约定支付研究开发经费和报酬，提供技术资料，提出研究开发要求，完成协作事项，接受研究开发成果。

第八百五十三条 　**【研究开发人的主要义务】**委托开发合同的研究开发人应当按照约定制定和实施研究开发计划，合理使用研究开发经费，按期完成研究开发工作，交付研究开发成果，提供有关的技术资料和必要的技术指导，帮助委托人掌握研究开发成果。

第八百五十四条　【委托开发合同的当事人违约责任】委托开发合同的当事人违反约定造成研究开发工作停滞、延误或者失败的，应当承担违约责任。

第八百五十五条　【合作开发各方的主要义务】合作开发合同的当事人应当按照约定进行投资，包括以技术进行投资，分工参与研究开发工作，协作配合研究开发工作。

第八百五十六条　【合作开发各方的违约责任】合作开发合同的当事人违反约定造成研究开发工作停滞、延误或者失败的，应当承担违约责任。

第八百五十七条　【技术开发合同的解除】作为技术开发合同标的的技术已经由他人公开，致使技术开发合同的履行没有意义的，当事人可以解除合同。

第八百五十八条　【技术开发合同的风险责任负担】技术开发合同履行过程中，因出现无法克服的技术困难，致使研究开发失败或者部分失败的，该风险由当事人约定；没有约定或者约定不明确，依据本法第五百一十条的规定仍不能确定的，风险由当事人合理分担。

当事人一方发现前款规定的可能致使研究开发失败或者部分失败的情形时，应当及时通知另一方并采取适当措施减少损失；没有及时通知并采取适当措施，致使损失扩大的，应当就扩大的损失承担责任。

第八百五十九条　【发明创造的归属和分享】委托开发完成的发明创造，除法律另有规定或者当事人另有约定外，申请专利的权利属于研究开发人。研究开发人取得专利权的，委托人可以依法实施该专利。

研究开发人转让专利申请权的，委托人享有以同等条件优先受让的权利。

第八百六十条　【合作开发发明创造专利申请权的归属和分享】合作开发完成的发明创造，申请专利的权利属于合作开发的当事人共有；当事人一方转让其共有的专利申请权的，其他各方享有以同等条件优先受让的权利。但是，当事人另有约定的除外。

合作开发的当事人一方声明放弃其共有的专利申请权的，除当事人另有约定外，可以由另一方单独申请或者由其他各方共同申请。申请人取得专利权的，放弃专利申请权的一方可以免费实施该专利。

合作开发的当事人一方不同意申请专利的，另一方或者其他各方不得申请专利。

第八百六十一条　【技术秘密成果的归属与分配】委托开发或者合作开发完成的技术秘密成果的使用权、转让权以及收益的分配办法，由当事人约定；没有约定或者约定不明确，依据本法第五百一十条的规定仍不能确定的，在没有相同技术方案被授予专利权前，当事人均有使用和转让的权利。但是，委托开发的研究开发人不得在向委托人交付研究开发成果之前，将研究开发成果转让给第三人。

第三节　技术转让合同和技术许可合同

第八百六十二条　【技术转让合同和技术许可合同的定义】技术转让合同是合法拥有技术的权利人，将现有特定的专利、专利申请、技术秘密的相关权利让与他人所订立的合同。

技术许可合同是合法拥有技术的权利人，将现有特定的专利、技术秘密的相关权利许可他人实施、使用所订立的合同。

技术转让合同和技术许可合同中关于提供实施技术的专用设备、原材料或者提供有关的技术咨询、技术服务的约定，属于合同的组成部分。

第八百六十三条　【技术转让合同和技术许可合同的种类及合同要件】技术转让合同包括专利权转让、专利申请权转让、技术秘密转让等合同。

技术许可合同包括专利实施许可、技术秘密使用许可等合同。

技术转让合同和技术许可合同应当采用书面形式。

第八百六十四条　【技术转让合同和技术许可合同的限制性条款】技术转让合同和技术许可合同可以约定实施专利或者使用技术秘密的范围，但是不得限制技术竞争和技术发展。

第八百六十五条　【专利实施许可合同的有效期限】专利实施许可合同仅在该专利权的存续期限内有效。专利权有效期限届满或者专利权被宣告无效的，专利权人不得就该专利与他人订立专利实施许可合同。

第八百六十六条　【专利实施许可合同许可人的义务】专利实施许可合同的许可人应当按照约定许可被许可人实施专利，交付实施专利有关的技术资料，提供必要的技术指导。

第八百六十七条　【专利实施许可合同被许可人的义务】专利实施许可合同的被许可人应当按照约定实施专利，不得许可约定以外的第三人实施该专利，并按照约定支付使用费。

第八百六十八条　【技术秘密让与人和许可人的义务】技术秘密转让合同的让与人和技术秘密使用许可合同的许可人应当按照约定提供技术资料，进行技术指导，保证技术的实用性、可靠性，承担保密义务。

前款规定的保密义务,不限制许可人申请专利,但是当事人另有约定的除外。

第八百六十九条 【技术秘密受让人和被许可人的义务】技术秘密转让合同的受让人和技术秘密使用许可合同的被许可人应当按照约定使用技术,支付转让费、使用费,承担保密义务。

第八百七十条 【技术转让合同让与人和技术许可合同许可人的保证义务】技术转让合同的让与人和技术许可合同的许可人应当保证自己是所提供的技术的合法拥有者,并保证所提供的技术完整、无误、有效,能够达到约定的目标。

第八百七十一条 【技术转让合同受让人和技术许可合同被许可人保密义务】技术转让合同的受让人和技术许可合同的被许可人应当按照约定的范围和期限,对让与人、许可人提供的技术中尚未公开的秘密部分,承担保密义务。

第八百七十二条 【技术许可人和让与人的违约责任】许可人未按照约定许可技术的,应当返还部分或者全部使用费,并应当承担违约责任;实施专利或者使用技术秘密超越约定的范围的,违反约定擅自许可第三人实施该项专利或者使用该项技术秘密的,应当停止违约行为,承担违约责任;违反约定的保密义务的,应当承担违约责任。

让与人承担违约责任,参照适用前款规定。

第八百七十三条 【技术被许可人和受让人的违约责任】被许可人未按照约定支付使用费的,应当补交使用费并按照约定支付违约金;不补交使用费或者支付违约金的,应当停止实施专利或者使用技术秘密,交还技术资料,承担违约责任;实施专利或者使用技术秘密超越约定的范围的,未经许可人同意擅自许可第三人实施该专利或者使用该技术秘密的,应当停止违约行为,承担违约责任;违反约定的保密义务的,应当承担违约责任。

受让人承担违约责任,参照适用前款规定。

第八百七十四条 【实施专利、使用技术秘密侵害他人合法权益责任承担】受让人或者被许可人按照约定实施专利、使用技术秘密侵害他人合法权益的,由让与人或者许可人承担责任,但是当事人另有约定的除外。

第八百七十五条 【后续改进技术成果的分享办法】当事人可以按照互利的原则,在合同中约定实施专利、使用技术秘密后续改进的技术成果的分享办法;没有约定或者约定不明确,依据本法第五百一十条的规定仍不能确定,一方后续改进的技术成果,其他各方无权分享。

第八百七十六条 【其他知识产权转让和许可的参照适用】集成电路布图设计专有权、植物新品种权、计算机软件著作权等其他知识产权的转让和许可,参照适用本节的有关规定。

第八百七十七条 【技术出口合同或专利、专利申请合同的法律适用】法律、行政法规对技术进出口合同或者专利、专利申请合同另有规定的,依照其规定。

第四节　技术咨询合同和技术服务合同

第八百七十八条 【技术咨询合同、技术服务合同的定义】技术咨询合同是当事人一方以技术知识为对方就特定技术项目提供可行性论证、技术预测、专题技术调查、分析评价报告等所订立的合同。

技术服务合同是当事人一方以技术知识为对方解决特定技术问题所订立的合同,不包括承揽合同和建设工程合同。

第八百七十九条 【技术咨询合同委托人的义务】技术咨询合同的委托人应当按照约定阐明咨询的问题,提供技术背景材料及有关技术资料,接受受托人的工作成果,支付报酬。

第八百八十条 【技术咨询合同受托人的义务】技术咨询合同的受托人应当按照约定的期限完成咨询报告或者解答问题,提出的咨询报告应当达到约定的要求。

第八百八十一条 【技术咨询合同当事人的违约责任及决策风险责任】技术咨询合同的委托人未按照约定提供必要的资料,影响工作进度和质量,不接受或者逾期接受工作成果的,支付的报酬不得追回,未支付的报酬应当支付。

技术咨询合同的受托人未按期提出咨询报告或者提出的咨询报告不符合约定的,应当承担减收或者免收报酬等违约责任。

技术咨询合同的委托人按照受托人符合约定要求的咨询报告和意见作出决策所造成的损失,由委托人承担,但是当事人另有约定的除外。

第八百八十二条 【技术服务合同委托人的义务】技术服务合同的委托人应当按照约定提供工作条件,完成配合事项,接受工作成果并支付报酬。

第八百八十三条 【技术服务合同受托人的义务】技术服务合同的受托人应当按照约定完成服务项目,解决技术问题,保证工作质量,并传授解决技术问题的知识。

第八百八十四条 【技术服务合同的当事人违约责任】技术服务合同的委托人不履行合同义务或者履行合

同义务不符合约定,影响工作进度和质量,不接受或者逾期接受工作成果的,支付的报酬不得追回,未支付的报酬应当支付。

技术服务合同的受托人未按照约定完成服务工作的,应当承担免收报酬等违约责任。

第八百八十五条　【技术成果的归属和分享】技术咨询合同、技术服务合同履行过程中,受托人利用委托人提供的技术资料和工作条件完成的新的技术成果,属于受托人。委托人利用受托人的工作成果完成的新的技术成果,属于委托人。当事人另有约定的,按照其约定。

第八百八十六条　【受托人履行合同的费用负担】技术咨询合同和技术服务合同对受托人正常开展工作所需费用的负担没有约定或者约定不明确的,由受托人负担。

第八百八十七条　【技术中介合同和技术培训合同法律适用】法律、行政法规对技术中介合同、技术培训合同另有规定的,依照其规定。

……

第二十三章　委托合同

第九百一十九条　【委托合同的概念】委托合同是委托人和受托人约定,由受托人处理委托人事务的合同。

第九百二十条　【委托权限】委托人可以特别委托受托人处理一项或者数项事务,也可以概括委托受托人处理一切事务。

第九百二十一条　【处理委托事务的费用】委托人应当预付处理委托事务的费用。受托人为处理委托事务垫付的必要费用,委托人应当偿还该费用并支付利息。

第九百二十二条　【受托人服从指示的义务】受托人应当按照委托人的指示处理委托事务。需要变更委托人指示的,应当经委托人同意;因情况紧急,难以和委托人取得联系的,受托人应当妥善处理委托事务,但是事后应当将该情况及时报告委托人。

第九百二十三条　【受托人亲自处理委托事务】受托人应当亲自处理委托事务。经委托人同意,受托人可以转委托。转委托经同意或者追认的,委托人可以就委托事务直接指示转委托的第三人,受托人仅就第三人的选任及其对第三人的指示承担责任。转委托未经同意或者追认的,受托人应当对转委托的第三人的行为承担责任;但是,在紧急情况下受托人为了维护委托人的利益需要转委托第三人的除外。

第九百二十四条　【受托人的报告义务】受托人应当按照委托人的要求,报告委托事务的处理情况。委托

合同终止时,受托人应当报告委托事务的结果。

第九百二十五条　【受托人以自己名义从事受托事务的法律效果】受托人以自己的名义,在委托人的授权范围内与第三人订立的合同,第三人在订立合同时知道受托人与委托人之间的代理关系的,该合同直接约束委托人和第三人;但是,有确切证据证明该合同只约束受托人和第三人的除外。

第九百二十六条　【委托人的介入权与第三人的选择权】受托人以自己的名义与第三人订立合同时,第三人不知道受托人与委托人之间的代理关系的,受托人因第三人的原因对委托人不履行义务,受托人应当向委托人披露第三人,委托人因此可以行使受托人对第三人的权利。但是,第三人与受托人订立合同时如果知道该委托人就不会订立合同的除外。

受托人因委托人的原因对第三人不履行义务,受托人应当向第三人披露委托人,第三人因此可以选择受托人或者委托人作为相对人主张其权利,但是第三人不得变更选定的相对人。

委托人行使受托人对第三人的权利的,第三人可以向委托人主张其对受托人的抗辩。第三人选定委托人作为其相对人的,委托人可以向第三人主张其对受托人的抗辩以及受托人对第三人的抗辩。

第九百二十七条　【受托人转移所得利益的义务】受托人处理委托事务取得的财产,应当转交给委托人。

第九百二十八条　【委托人支付报酬的义务】受托人完成委托事务的,委托人应当按照约定向其支付报酬。

因不可归责于受托人的事由,委托合同解除或者委托事务不能完成的,委托人应当向受托人支付相应的报酬。当事人另有约定的,按照其约定。

第九百二十九条　【因受托人过错致委托人损失的赔偿责任】有偿的委托合同,因受托人的过错造成委托人损失的,委托人可以请求赔偿损失。无偿的委托合同,因受托人的故意或者重大过失造成委托人损失的,委托人可以请求赔偿损失。

受托人超越权限造成委托人损失的,应当赔偿损失。

第九百三十条　【委托人的赔偿责任】受托人处理委托事务时,因不可归责于自己的事由受到损失的,可以向委托人请求赔偿损失。

第九百三十一条　【委托人另行委托他人处理事务】委托人经受托人同意,可以在受托人之外委托第三人处理委托事务。因此造成受托人损失的,受托人可以向委托人请求赔偿损失。

第九百三十二条　【共同委托】两个以上的受托人共同处理委托事务的，对委托人承担连带责任。

第九百三十三条　【任意解除权】委托人或者受托人可以随时解除委托合同。因解除合同造成对方损失的，除不可归责于该当事人的事由外，无偿委托合同的解除方应当赔偿因解除时间不当造成的直接损失，有偿委托合同的解除方应当赔偿对方的直接损失和合同履行后可以获得的利益。

第九百三十四条　【委托合同的终止】委托人死亡、终止或者受托人死亡、丧失民事行为能力、终止的，委托合同终止；但是，当事人另有约定或者根据委托事务的性质不宜终止的除外。

第九百三十五条　【受托人继续处理委托事务】因委托人死亡或者被宣告破产、解散，致使委托合同终止将损害委托人利益的，在委托人的继承人、遗产管理人或者清算人承受委托事务之前，受托人应当继续处理委托事务。

第九百三十六条　【受托人死亡后其继承人等的义务】因受托人死亡、丧失民事行为能力或者被宣告破产、解散，致使委托合同终止的，受托人的继承人、遗产管理人、法定代理人或者清算人应当及时通知委托人。因委托合同终止将损害委托人利益的，在委托人作出善后处理之前，受托人的继承人、遗产管理人、法定代理人或者清算人应当采取必要措施。

……

第二十五章　行纪合同

第九百五十一条　【行纪合同的概念】行纪合同是行纪人以自己的名义为委托人从事贸易活动，委托人支付报酬的合同。

第九百五十二条　【行纪人的费用负担】行纪人处理委托事务支出的费用，由行纪人负担，但是当事人另有约定的除外。

第九百五十三条　【行纪人保管义务】行纪人占有委托物的，应当妥善保管委托物。

第九百五十四条　【行纪人处置委托物义务】委托物交付给行纪人时有瑕疵或者容易腐烂、变质的，经委托人同意，行纪人可以处分该物；不能与委托人及时取得联系的，行纪人可以合理处分。

第九百五十五条　【行纪人按指定价格买卖的义务】行纪人低于委托人指定的价格卖出或者高于委托人指定的价格买入的，应当经委托人同意；未经委托人同意，行纪人补偿其差额的，该买卖对委托人发生效力。

行纪人高于委托人指定的价格卖出或者低于委托人指定的价格买入的，可以按照约定增加报酬；没有约定或者约定不明确，依据本法第五百一十条的规定仍不能确定的，该利益属于委托人。

委托人对价格有特别指示的，行纪人不得违背该指示卖出或者买入。

第九百五十六条　【行纪人的介入权】行纪人卖出或者买入具有市场定价的商品，除委托人有相反的意思表示外，行纪人自己可以作为买受人或者出卖人。

行纪人有前款规定情形的，仍然可以请求委托人支付报酬。

第九百五十七条　【委托人受领、取回义务及行纪人提存委托物】行纪人按照约定买入委托物，委托人应当及时受领。经行纪人催告，委托人无正当理由拒绝受领的，行纪人依法可以提存委托物。

委托物不能卖出或者委托人撤回出卖，经行纪人催告，委托人不取回或者不处分该物的，行纪人依法可以提存委托物。

第九百五十八条　【行纪人的直接履行义务】行纪人与第三人订立合同的，行纪人对该合同直接享有权利、承担义务。

第三人不履行义务致使委托人受到损害的，行纪人应当承担赔偿责任，但是行纪人与委托人另有约定的除外。

第九百五十九条　【行纪人的报酬请求权及留置权】行纪人完成或者部分完成委托事务的，委托人应当向其支付相应的报酬。委托人逾期不支付报酬的，行纪人对委托物享有留置权，但是当事人另有约定的除外。

第九百六十条　【参照适用委托合同的规定】本章没有规定的，参照适用委托合同的有关规定。

第二十六章　中介合同

第九百六十一条　【中介合同的概念】中介合同是中介人向委托人报告订立合同的机会或者提供订立合同的媒介服务，委托人支付报酬的合同。

第九百六十二条　【中介人的如实报告义务】中介人应当就有关订立合同的事项向委托人如实报告。

中介人故意隐瞒与订立合同有关的重要事实或者提供虚假情况，损害委托人利益的，不得请求支付报酬并应当承担赔偿责任。

第九百六十三条　【中介人的报酬请求权】中介人促成合同成立的，委托人应当按照约定支付报酬。对中介人的报酬没有约定或者约定不明确，依据本法第五百一十条的规定仍不能确定的,根据中介人的劳务合理确定。因中介人提供订立合同的媒介服务而促成合同成立的,由该合同的当事人平均负担中介人的报酬。

中介人促成合同成立的,中介活动的费用,由中介人负担。

第九百六十四条　【中介人的中介费用】中介人未促成合同成立的,不得请求支付报酬;但是,可以按照约定请求委托人支付从事中介活动支出的必要费用。

第九百六十五条　【委托人"跳单"应支付中介报酬】委托人在接受中介人的服务后,利用中介人提供的交易机会或者媒介服务,绕开中介人直接订立合同的,应当向中介人支付报酬。

第九百六十六条　【参照适用委托合同的规定】本章没有规定的,参照适用委托合同的有关规定。

第二十七章　合伙合同

第九百六十七条　【合伙合同的定义】合伙合同是两个以上合伙人为了共同的事业目的,订立的共享利益、共担风险的协议。

第九百六十八条　【合伙人的出资义务】合伙人应当按照约定的出资方式、数额和缴付期限,履行出资义务。

第九百六十九条　【合伙财产的定义】合伙人的出资、因合伙事务依法取得的收益和其他财产,属于合伙财产。

合伙合同终止前,合伙人不得请求分割合伙财产。

第九百七十条　【合伙事务的执行】合伙人就合伙事务作出决定的,除合伙合同另有约定外,应当经全体合伙人一致同意。

合伙事务由全体合伙人共同执行。按照合伙合同的约定或者全体合伙人的决定,可以委托一个或者数个合伙人执行合伙事务;其他合伙人不再执行合伙事务,但是有权监督执行情况。

合伙人分别执行合伙事务的,执行事务合伙人可以对其他合伙人执行的事务提出异议;提出异议后,其他合伙人应当暂停该项事务的执行。

第九百七十一条　【合伙人执行合伙事务不得请求支付报酬】合伙人不得因执行合伙事务而请求支付报酬,但是合伙合同另有约定的除外。

第九百七十二条　【合伙的利润分配和亏损分担】合伙的利润分配和亏损分担,按照合伙合同的约定办理;合伙合同没有约定或者约定不明确的,由合伙人协商决定;协商不成的,由合伙人按照实缴出资比例分配、分担;

无法确定出资比例的,由合伙人平均分配、分担。

第九百七十三条　【合伙人对合伙债务的连带责任及追偿权】合伙人对合伙债务承担连带责任。清偿合伙债务超过自己应当承担份额的合伙人,有权向其他合伙人追偿。

第九百七十四条　【合伙人转让财产份额的要求】除合伙合同另有约定外,合伙人向合伙人以外的人转让其全部或者部分财产份额的,须经其他合伙人一致同意。

第九百七十五条　【合伙人债权人代位行使权利的限制】合伙人的债权人不得代位行使合伙人依照本章规定和合伙合同享有的权利,但是合伙人享有的利益分配请求权除外。

第九百七十六条　【合伙期限的推定】合伙人对合伙期限没有约定或者约定不明确,依据本法第五百一十条的规定仍不能确定的,视为不定期合伙。

合伙期限届满,合伙人继续执行合伙事务,其他合伙人没有提出异议的,原合伙合同继续有效,但是合伙期限为不定期。

合伙人可以随时解除不定期合伙合同,但是应当在合理期限之前通知其他合伙人。

第九百七十七条　【合伙人死亡、民事行为能力丧失或终止时合伙合同的效力】合伙人死亡、丧失民事行为能力或者终止的,合伙合同终止;但是,合伙合同另有约定或者根据合伙事务的性质不宜终止的除外。

第九百七十八条　【合伙合同终止后剩余财产的分配规则】合伙合同终止后,合伙财产在支付因终止而产生的费用以及清偿合伙债务后有剩余的,依据本法第九百七十二条的规定进行分配。

……

中华人民共和国反不正当竞争法

· 1993 年 9 月 2 日第八届全国人民代表大会常务委员会第三次会议通过
· 2017 年 11 月 4 日第十二届全国人民代表大会常务委员会第三十次会议修订
· 根据 2019 年 4 月 23 日第十三届全国人民代表大会常务委员会第十次会议《关于修改〈中华人民共和国建筑法〉等八部法律的决定》修正

目　录

第一章　总　则

第一条　【立法目的】为了促进社会主义市场经济健康发展,鼓励和保护公平竞争,制止不正当竞争行为,保护经营者和消费者的合法权益,制定本法。

第二条　【经营原则】经营者在生产经营活动中,应当遵循自愿、平等、公平、诚信的原则,遵守法律和商业道德。

本法所称的不正当竞争行为,是指经营者在生产经营活动中,违反本法规定,扰乱市场竞争秩序,损害其他经营者或者消费者的合法权益的行为。

本法所称的经营者,是指从事商品生产、经营或者提供服务(以下所称商品包括服务)的自然人、法人和非法人组织。

第三条　【政府管理】各级人民政府应当采取措施,制止不正当竞争行为,为公平竞争创造良好的环境和条件。

国务院建立反不正当竞争工作协调机制,研究决定反不正当竞争重大政策,协调处理维护市场竞争秩序的重大问题。

第四条　【查处部门】县级以上人民政府履行工商行政管理职责的部门对不正当竞争行为进行查处;法律、行政法规规定由其他部门查处的,依照其规定。

第五条　【社会监督】国家鼓励、支持和保护一切组织和个人对不正当竞争行为进行社会监督。

国家机关及其工作人员不得支持、包庇不正当竞争行为。

行业组织应当加强行业自律,引导、规范会员依法竞争,维护市场竞争秩序。

第二章　不正当竞争行为

第六条　【混淆行为】经营者不得实施下列混淆行为,引人误认为是他人商品或者与他人存在特定联系:

(一)擅自使用与他人有一定影响的商品名称、包装、装潢等相同或者近似的标识;

(二)擅自使用他人有一定影响的企业名称(包括简称、字号等)、社会组织名称(包括简称等)、姓名(包括笔名、艺名、译名等);

(三)擅自使用他人有一定影响的域名主体部分、网站名称、网页等;

(四)其他足以引人误认为是他人商品或者与他人存在特定联系的混淆行为。

第七条　【商业贿赂与正当回扣】经营者不得采用财物或者其他手段贿赂下列单位或者个人,以谋取交易机会或者竞争优势:

(一)交易相对方的工作人员;

(二)受交易相对方委托办理相关事务的单位或者个人;

(三)利用职权或者影响力影响交易的单位或者个人。

经营者在交易活动中,可以以明示方式向交易相对方支付折扣,或者向中间人支付佣金。经营者向交易相对方支付折扣、向中间人支付佣金的,应当如实入账。接受折扣、佣金的经营者也应当如实入账。

经营者的工作人员进行贿赂的,应当认定为经营者的行为;但是,经营者有证据证明该工作人员的行为与为经营者谋取交易机会或者竞争优势无关的除外。

第八条　【禁止虚假或误解宣传】经营者不得对其商品的性能、功能、质量、销售状况、用户评价、曾获荣誉等作虚假或者引人误解的商业宣传,欺骗、误导消费者。

经营者不得通过组织虚假交易等方式,帮助其他经营者进行虚假或者引人误解的商业宣传。

第九条　【不得侵犯商业秘密】经营者不得实施下列侵犯商业秘密的行为:

(一)以盗窃、贿赂、欺诈、胁迫、电子侵入或者其他不正当手段获取权利人的商业秘密;

(二)披露、使用或者允许他人使用以前项手段获取的权利人的商业秘密;

(三)违反保密义务或者违反权利人有关保守商业秘密的要求,披露、使用或者允许他人使用其所掌握的商业秘密;

(四)教唆、引诱、帮助他人违反保密义务或者违反权利人有关保守商业秘密的要求,获取、披露、使用或者允许他人使用权利人的商业秘密。

经营者以外的其他自然人、法人和非法人组织实施前款所列违法行为的,视为侵犯商业秘密。

第三人明知或者应知商业秘密权利人的员工、前员工或者其他单位、个人实施本条第一款所列违法行为,仍获取、披露、使用或者允许他人使用该商业秘密的,视为侵犯商业秘密。

本法所称的商业秘密,是指不为公众所知悉、具有商业价值并经权利人采取相应保密措施的技术信息、经营信息等商业信息。

第十条　【有奖销售禁止情形】经营者进行有奖销售不得存在下列情形：

（一）所设奖的种类、兑奖条件、奖金金额或者奖品等有奖销售信息不明确，影响兑奖；

（二）采用谎称有奖或者故意让内定人员中奖的欺骗方式进行有奖销售；

（三）抽奖式的有奖销售，最高奖的金额超过五万元。

第十一条　【不得损害商誉】经营者不得编造、传播虚假信息或者误导性信息，损害竞争对手的商业信誉、商品声誉。

第十二条　【互联网不正当竞争行为】经营者利用网络从事生产经营活动，应当遵守本法的各项规定。

经营者不得利用技术手段，通过影响用户选择或者其他方式，实施下列妨碍、破坏其他经营者合法提供的网络产品或者服务正常运行的行为：

（一）未经其他经营者同意，在其合法提供的网络产品或者服务中，插入链接、强制进行目标跳转；

（二）误导、欺骗、强迫用户修改、关闭、卸载其他经营者合法提供的网络产品或者服务；

（三）恶意对其他经营者合法提供的网络产品或者服务实施不兼容；

（四）其他妨碍、破坏其他经营者合法提供的网络产品或者服务正常运行的行为。

第三章　对涉嫌不正当竞争行为的调查

第十三条　【监督检查措施】监督检查部门调查涉嫌不正当竞争行为，可以采取下列措施：

（一）进入涉嫌不正当竞争行为的经营场所进行检查；

（二）询问被调查的经营者、利害关系人及其他有关单位、个人，要求其说明有关情况或者提供与被调查行为有关的其他资料；

（三）查询、复制与涉嫌不正当竞争行为有关的协议、账簿、单据、文件、记录、业务函电和其他资料；

（四）查封、扣押与涉嫌不正当竞争行为有关的财物；

（五）查询涉嫌不正当竞争行为的经营者的银行账户。

采取前款规定的措施，应当向监督检查部门主要负责人书面报告，并经批准。采取前款第四项、第五项规定的措施，应当向设区的市级以上人民政府监督检查部门主要负责人书面报告，并经批准。

监督检查部门调查涉嫌不正当竞争行为，应当遵守《中华人民共和国行政强制法》和其他有关法律、行政法规的规定，并应当将查处结果及时向社会公开。

第十四条　【被调查者义务】监督检查部门调查涉嫌不正当竞争行为，被调查的经营者、利害关系人及其他有关单位、个人应当如实提供有关资料或者情况。

第十五条　【检查人员部门及保密义务】监督检查部门及其工作人员对调查过程中知悉的商业秘密负有保密义务。

第十六条　【举报制度】对涉嫌不正当竞争行为，任何单位和个人有权向监督检查部门举报，监督检查部门接到举报后应当依法及时处理。

监督检查部门应当向社会公开受理举报的电话、信箱或者电子邮件地址，并为举报人保密。对实名举报并提供相关事实和证据的，监督检查部门应当将处理结果告知举报人。

第四章　法律责任

第十七条　【民事赔偿及范围】经营者违反本法规定，给他人造成损害的，应当依法承担民事责任。

经营者的合法权益受到不正当竞争行为损害的，可以向人民法院提起诉讼。

因不正当竞争行为受到损害的经营者的赔偿数额，按照其因被侵权所受到的实际损失确定；实际损失难以计算的，按照侵权人因侵权所获得的利益确定。经营者恶意实施侵犯商业秘密行为，情节严重的，可以在按上述方法确定数额的一倍以上五倍以下确定赔偿数额。赔偿数额还应当包括经营者为制止侵权行为所支付的合理开支。

经营者违反本法第六条、第九条规定，权利人因被侵权所受到的实际损失、侵权人因侵权所获得的利益难以确定的，由人民法院根据侵权行为的情节判决给予权利人五百万元以下的赔偿。

第十八条　【混淆行为的责任】经营者违反本法第六条规定实施混淆行为的，由监督检查部门责令停止违法行为，没收违法商品。违法经营额五万元以上的，可以并处违法经营额五倍以下的罚款；没有违法经营额或者违法经营额不足五万元的，可以并处二十五万元以下的罚款。情节严重的，吊销营业执照。

经营者登记的企业名称违反本法第六条规定的，应当及时办理名称变更登记；名称变更前，由原企业登记机关以统一社会信用代码替代其名称。

第十九条　【商业贿赂的责任】经营者违反本法第七条规定贿赂他人的，由监督检查部门没收违法所得，处十万元以上三百万元以下的罚款。情节严重的，吊销营业执照。

第二十条　【虚假或误解宣传的责任】经营者违反本法第八条规定对其商品作虚假或者引人误解的商业宣传，或者通过组织虚假交易等方式帮助其他经营者进行虚假或者引人误解的商业宣传的，由监督检查部门责令停止违法行为，处二十万元以上一百万元以下的罚款；情节严重的，处一百万元以上二百万元以下的罚款，可以吊销营业执照。

经营者违反本法第八条规定，属于发布虚假广告的，依照《中华人民共和国广告法》的规定处罚。

第二十一条　【侵犯商业秘密的责任】经营者以及其他自然人、法人和非法人组织违反本法第九条规定侵犯商业秘密的，由监督检查部门责令停止违法行为，没收违法所得，处十万元以上一百万元以下的罚款；情节严重的，处五十万元以上五百万元以下的罚款。

第二十二条　【违法有奖销售的责任】经营者违反本法第十条规定进行有奖销售的，由监督检查部门责令停止违法行为，处五万元以上五十万元以下的罚款。

第二十三条　【损害商誉的责任】经营者违反本法第十一条规定损害竞争对手商业信誉、商品声誉的，由监督检查部门责令停止违法行为、消除影响，处十万元以上五十万元以下的罚款；情节严重的，处五十万元以上三百万元以下的罚款。

第二十四条　【互联网不正当竞争行为的责任】经营者违反本法第十二条规定妨碍、破坏其他经营者合法提供的网络产品或者服务正常运行的，由监督检查部门责令停止违法行为，处十万元以上五十万元以下的罚款；情节严重的，处五十万元以上三百万元以下的罚款。

第二十五条　【从轻、减轻或免除处罚】经营者违反本法规定从事不正当竞争，有主动消除或者减轻违法行为危害后果等法定情形的，依法从轻或者减轻行政处罚；违法行为轻微并及时纠正，没有造成危害后果的，不予行政处罚。

第二十六条　【信用记录及公示】经营者违反本法规定从事不正当竞争，受到行政处罚的，由监督检查部门记入信用记录，并依照有关法律、行政法规的规定予以公示。

第二十七条　【民事责任优先】经营者违反本法规定，应当承担民事责任、行政责任和刑事责任，其财产不足以支付的，优先用于承担民事责任。

第二十八条　【妨害监督检查的责任】妨害监督检查部门依照本法履行职责，拒绝、阻碍调查的，由监督检查部门责令改正，对个人可以处五千元以下的罚款，对单位可以处五万元以下的罚款，并可以由公安机关依法给予治安管理处罚。

第二十九条　【被处罚者的法律救济】当事人对监督检查部门作出的决定不服的，可以依法申请行政复议或者提起行政诉讼。

第三十条　【检查人员违法的责任】监督检查部门的工作人员滥用职权、玩忽职守、徇私舞弊或者泄露调查过程中知悉的商业秘密的，依法给予处分。

第三十一条　【刑事责任】违反本法规定，构成犯罪的，依法追究刑事责任。

第三十二条　【举证责任】在侵犯商业秘密的民事审判程序中，商业秘密权利人提供初步证据，证明其已经对所主张的商业秘密采取保密措施，且合理表明商业秘密被侵犯，涉嫌侵权人应当证明权利人所主张的商业秘密不属于本法规定的商业秘密。

商业秘密权利人提供初步证据合理表明商业秘密被侵犯，且提供以下证据之一的，涉嫌侵权人应当证明其不存在侵犯商业秘密的行为：

（一）有证据表明涉嫌侵权人有渠道或者机会获取商业秘密，且其使用的信息与该商业秘密实质上相同；

（二）有证据表明商业秘密已经被涉嫌侵权人披露、使用或者有被披露、使用的风险；

（三）有其他证据表明商业秘密被涉嫌侵权人侵犯。

第五章　附　则

第三十二条　【实施日期】本法自 2018 年 1 月 1 日起施行。

中华人民共和国科学技术进步法

· 1993 年 7 月 2 日第八届全国人民代表大会常务委员会第二次会议通过
· 2007 年 12 月 29 日第十届全国人民代表大会常务委员会第三十一次会议第一次修订
· 2021 年 12 月 24 日第十三届全国人民代表大会常务委员会第三十二次会议第二次修订
· 2021 年 12 月 24 日中华人民共和国主席令第 103 号公布
· 自 2022 年 1 月 1 日起施行

目　录

第一章　总　则

第一条　为了全面促进科学技术进步，发挥科学技术第一生产力、创新第一动力、人才第一资源的作用，促进科技成果向现实生产力转化，推动科技创新支撑和引领经济社会发展，全面建设社会主义现代化国家，根据宪法，制定本法。

第二条　坚持中国共产党对科学技术事业的全面领导。

国家坚持新发展理念，坚持科技创新在国家现代化建设全局中的核心地位，把科技自立自强作为国家发展的战略支撑，实施科教兴国战略、人才强国战略和创新驱动发展战略，走中国特色自主创新道路，建设科技强国。

第三条　科学技术进步工作应当面向世界科技前沿、面向经济主战场、面向国家重大需求、面向人民生命健康，为促进经济社会发展，维护国家安全和推动人类可持续发展服务。

国家鼓励科学技术研究开发，推动应用科学技术改造提升传统产业、发展高新技术产业和社会事业，支撑实现碳达峰碳中和目标，催生新发展动能，实现高质量发展。

第四条　国家完善高效、协同、开放的国家创新体系，统筹科技创新与制度创新，健全社会主义市场经济条件下新型举国体制，充分发挥市场配置创新资源的决定性作用，更好发挥政府作用，优化科技资源配置，提高资源利用效率，促进各类创新主体紧密合作、创新要素有序流动、创新生态持续优化，提升体系化能力和重点突破能力，增强创新体系整体效能。

国家构建和强化以国家实验室、国家科学技术研究开发机构、高水平研究型大学、科技领军企业为重要组成部分的国家战略科技力量，在关键领域和重点方向上发挥战略支撑引领作用和重大原始创新效能，服务国家重大战略需要。

第五条　国家统筹发展和安全，提高科技安全治理能力，健全预防和化解科技安全风险的制度机制，加强科学技术研究、开发与应用活动的安全管理，支持国家安全领域科技创新，增强科技创新支撑国家安全的能力和水平。

第六条　国家鼓励科学技术研究开发与高等教育、产业发展相结合，鼓励学科交叉融合和相互促进。

国家加强跨地区、跨行业和跨领域的科学技术合作，扶持革命老区、民族地区、边远地区、欠发达地区的科学技术进步。

国家加强军用与民用科学技术协调发展，促进军用与民用科学技术资源、技术开发需求的互通交流和技术双向转移，发展军民两用技术。

第七条　国家遵循科学技术活动服务国家目标与鼓励自由探索相结合的原则，超前部署重大基础研究、有重大产业应用前景的前沿技术研究和社会公益性技术研究，支持基础研究、前沿技术研究和社会公益性技术研究持续、稳定发展，加强原始创新和关键核心技术攻关，加快实现高水平科技自立自强。

第八条　国家保障开展科学技术研究开发的自由，鼓励科学探索和技术创新，保护科学技术人员自由探索等合法权益。

科学技术研究开发机构、高等学校、企业事业单位和公民有权自主选择课题，探索未知科学领域，从事基础研究、前沿技术研究和社会公益性技术研究。

第九条　学校及其他教育机构应当坚持理论联系实际，注重培养受教育者的独立思考能力、实践能力、创新能力和批判性思维，以及追求真理、崇尚创新、实事求是的科学精神。

国家发挥高等学校在科学技术研究中的重要作用，鼓励高等学校开展科学研究、技术开发和社会服务，培养具有社会责任感、创新精神和实践能力的高级专门人才。

第十条　科学技术人员是社会主义现代化建设事业的重要人才力量，应当受到全社会的尊重。

国家坚持人才引领发展的战略地位，深化人才发展体制机制改革，全方位培养、引进、用好人才，营造符合科技创新规律和人才成长规律的环境，充分发挥人才第一资源作用。

第十一条　国家营造有利于科技创新的社会环境，鼓励机关、群团组织、企业事业单位、社会组织和公民参与和支持科学技术进步活动。

全社会都应当尊重劳动、尊重知识、尊重人才、尊重创造，形成崇尚科学的风尚。

第十二条 国家发展科学技术普及事业,普及科学技术知识,加强科学技术普及基础设施和能力建设,提高全体公民特别是青少年的科学文化素质。

科学技术普及是全社会的共同责任。国家建立健全科学技术普及激励机制,鼓励科学技术研究开发机构、高等学校、企业事业单位、社会组织、科学技术人员等积极参与和支持科学技术普及活动。

第十三条 国家制定和实施知识产权战略,建立和完善知识产权制度,营造尊重知识产权的社会环境,保护知识产权,激励自主创新。

企业事业单位、社会组织和科学技术人员应当增强知识产权意识,增强自主创新能力,提高创造、运用、保护、管理和服务知识产权的能力,提高知识产权质量。

第十四条 国家建立和完善有利于创新的科学技术评价制度。

科学技术评价应当坚持公开、公平、公正的原则,以科技创新质量、贡献、绩效为导向,根据不同科学技术活动的特点,实行分类评价。

第十五条 国务院领导全国科学技术进步工作,制定中长期科学和技术发展规划、科技创新规划,确定国家科学技术重大项目、与科学技术密切相关的重大项目。中长期科学和技术发展规划、科技创新规划应当明确指导方针,发挥战略导向作用,引导和统筹科技发展布局、资源配置和政策制定。

县级以上人民政府应当将科学技术进步工作纳入国民经济和社会发展规划,保障科学技术进步与经济建设和社会发展相协调。

地方各级人民政府应当采取有效措施,加强对科学技术进步工作的组织和管理,优化科学技术发展环境,推进科学技术进步。

第十六条 国务院科学技术行政部门负责全国科学技术进步工作的宏观管理、统筹协调、服务保障和监督实施;国务院其他有关部门在各自的职责范围内,负责有关的科学技术进步工作。

县级以上地方人民政府科学技术行政部门负责本行政区域的科学技术进步工作;县级以上地方人民政府其他有关部门在各自的职责范围,负责有关的科学技术进步工作。

第十七条 国家建立科学技术进步工作协调机制,研究科学技术进步工作中的重大问题,协调国家科学技术计划项目的设立及相互衔接,协调科学技术资源配置、科学技术研究开发机构的整合以及科学技术研究开发与高等教育、产业发展相结合等重大事项。

第十八条 每年5月30日为全国科技工作者日。

国家建立和完善科学技术奖励制度,设立国家最高科学技术奖等奖项,对在科学技术进步活动中做出重要贡献的组织和个人给予奖励。具体办法由国务院规定。

国家鼓励国内外的组织或者个人设立科学技术奖项,对科学技术进步活动中做出贡献的组织和个人给予奖励。

第二章 基础研究

第十九条 国家加强基础研究能力建设,尊重科学发展规律和人才成长规律,强化项目、人才、基地系统布局,为基础研究发展提供良好的物质条件和有力的制度保障。

国家加强规划和部署,推动基础研究自由探索和目标导向有机结合,围绕科学技术前沿、经济社会发展、国家安全重大需求和人民生命健康,聚焦重大关键技术问题,加强新兴和战略产业等领域基础研究,提升科学技术的源头供给能力。

国家鼓励科学技术研究开发机构、高等学校、企业等发挥自身优势,加强基础研究,推动原始创新。

第二十条 国家财政建立稳定支持基础研究的投入机制。

国家鼓励有条件的地方人民政府结合本地区经济社会发展需要,合理确定基础研究财政投入,加强对基础研究的支持。

国家引导企业加大基础研究投入,鼓励社会力量通过捐赠、设立基金等方式多渠道投入基础研究,给予财政、金融、税收等政策支持。

逐步提高基础研究经费在全社会科学技术研究开发经费总额中的比例,与创新型国家和科技强国建设要求相适应。

第二十一条 国家设立自然科学基金,资助基础研究,支持人才培养和团队建设。确定国家自然科学基金资助项目,应当坚持宏观引导、自主申请、平等竞争、同行评审、择优支持的原则。

有条件的地方人民政府结合本地区经济社会实际情况和发展需要,可以设立自然科学基金,支持基础研究。

第二十二条 国家完善学科布局和知识体系建设,推进学科交叉融合,促进基础研究与应用研究协调发展。

第二十三条 国家加大基础研究人才培养力度,强化对基础研究人才的稳定支持,提高基础研究人才队伍质量和水平。

国家建立满足基础研究需要的资源配置机制,建立与基础研究相适应的评价体系和激励机制,营造潜心基础研究的良好环境,鼓励和吸引优秀科学技术人员投身基础研究。

第二十四条　国家强化基础研究基地建设。

国家完善基础研究的基础条件建设,推进开放共享。

第二十五条　国家支持高等学校加强基础学科建设和基础研究人才培养,增强基础研究自主布局能力,推动高等学校基础研究高质量发展。

第三章　应用研究与成果转化

第二十六条　国家鼓励以应用研究带动基础研究,促进基础研究与应用研究、成果转化融通发展。

国家完善共性基础技术供给体系,促进创新链产业链深度融合,保障产业链供应链安全。

第二十七条　国家建立和完善科研攻关协调机制,围绕经济社会发展、国家安全重大需求和人民生命健康,加强重点领域项目、人才、基地、资金一体化配置,推动产学研紧密合作,推动关键核心技术自主可控。

第二十八条　国家完善关键核心技术攻关举国体制,组织实施体现国家战略需求的科学技术重大任务,系统布局具有前瞻性、战略性的科学技术重大项目,超前部署关键核心技术研发。

第二十九条　国家加强面向产业发展需求的共性技术平台和科学技术研究开发机构建设,鼓励地方围绕发展需求建设应用研究科学技术研究开发机构。

国家鼓励科学技术研究开发机构、高等学校加强共性基础技术研究,鼓励以企业为主导,开展面向市场和产业化应用的研究开发活动。

第三十条　国家加强科技成果中试、工程化和产业化开发及应用,加快科技成果转化为现实生产力。

利用财政性资金设立的科学技术研究开发机构和高等学校,应当积极促进科技成果转化,加强技术转移机构和人才队伍建设,建立和完善促进科技成果转化制度。

第三十一条　国家鼓励企业、科学技术研究开发机构、高等学校和其他组织建立优势互补、分工明确、成果共享、风险共担的合作机制,按照市场机制联合组建研究开发平台、技术创新联盟、创新联合体等,协同推进研究开发与科技成果转化,提高科技成果转移转化成效。

第三十二条　利用财政性资金设立的科学技术计划项目所形成的科技成果,在不损害国家安全、国家利益和重大社会公共利益的前提下,授权项目承担者依法取得相关知识产权,项目承担者可以依法自行投资实施转化、向他人转让、联合他人共同实施转化、许可他人使用或者作价投资等。

项目承担者应当依法实施前款规定的知识产权,同时采取保护措施,并就实施和保护情况向项目管理机构提交年度报告;在合理期限内没有实施且无正当理由的,国家可以无偿实施,也可以许可他人有偿实施或者无偿实施。

项目承担者依法取得的本条第一款规定的知识产权,为了国家安全、国家利益和重大社会公共利益的需要,国家可以无偿实施,也可以许可他人有偿实施或者无偿实施。

项目承担者因实施本条第一款规定的知识产权所产生的利益分配,依照有关法律法规规定执行;法律法规没有规定的,按照约定执行。

第三十三条　国家实行以增加知识价值为导向的分配政策,按照国家有关规定推进知识产权归属和权益分配机制改革,探索赋予科学技术人员职务科技成果所有权或者长期使用权制度。

第三十四条　国家鼓励利用财政性资金设立的科学技术计划项目所形成的知识产权首先在境内使用。

前款规定的知识产权向境外的组织或者个人转让,或者许可境外的组织或者个人独占实施的,应当经项目管理机构批准;法律、行政法规对批准机构另有规定的,依照其规定。

第三十五条　国家鼓励新技术应用,按照包容审慎原则,推动开展新技术、新产品、新服务、新模式应用试验,为新技术、新产品应用创造条件。

第三十六条　国家鼓励和支持农业科学技术的应用研究,传播和普及农业科学技术知识,加快农业科技成果转化和产业化,促进农业科学技术进步,利用农业科学技术引领乡村振兴和农业农村现代化。

县级以上人民政府应当采取措施,支持公益性农业科学技术研究开发机构和农业技术推广机构进行农业新品种、新技术的研究开发、应用和推广。

地方各级人民政府应当鼓励和引导农业科学技术服务机构、科技特派员和农村群众性科学技术组织为种植业、林业、畜牧业、渔业等的发展提供科学技术服务,为农民提供科学技术培训和指导。

第三十七条　国家推动科学技术研究开发与产品、服务标准制定相结合,科学技术研究开发与产品设计、制造相结合;引导科学技术研究开发机构、高等学校、企业和社会组织共同推进国家重大技术创新产品、服务标准的研究、制定和依法采用,参与国际标准制定。

第三十八条　国家培育和发展统一开放、互联互通、竞争有序的技术市场,鼓励创办从事技术评估、技术经纪和创新创业服务等活动的中介服务机构,引导建立社会化、专业化、网络化、信息化和智能化的技术交易服务体系和创新创业服务体系,推动科技成果的应用和推广。

技术交易活动应当遵循自愿平等、互利有偿和诚实信用的原则。

第四章　企业科技创新

第三十九条　国家建立以企业为主体,以市场为导向,企业同科学技术研究开发机构、高等学校紧密合作的技术创新体系,引导和扶持企业技术创新活动,支持企业牵头国家科技攻关任务,发挥企业在技术创新中的主体作用,推动企业成为技术创新决策、科研投入、组织科研和成果转化的主体,促进各类创新要素向企业集聚,提高企业技术创新能力。

国家培育具有影响力和竞争力的科技领军企业,充分发挥科技领军企业的创新带动作用。

第四十条　国家鼓励企业开展下列活动:

(一)设立内部科学技术研究开发机构;

(二)同其他企业或者科学技术研究开发机构、高等学校开展合作研究,联合建立科学技术研究开发机构和平台,设立科技企业孵化机构和创新创业平台,或者以委托等方式开展科学技术研究开发;

(三)培养、吸引和使用科学技术人员;

(四)同科学技术研究开发机构、高等学校、职业院校或者培训机构联合培养专业技术人才和高技能人才,吸引高等学校毕业生到企业工作;

(五)设立博士后工作站或者流动站;

(六)结合技术创新和职工技能培训,开展科学技术普及活动,设立向公众开放的普及科学技术的场馆或者设施。

第四十一条　国家鼓励企业加强原始创新,开展技术合作与交流,增加研究开发和技术创新的投入,自主确立研究开发课题,开展技术创新活动。

国家鼓励企业对引进技术进行消化、吸收和再创新。

企业开发新技术、新产品、新工艺发生的研究开发费用可以按照国家有关规定,税前列支并加计扣除,企业科学技术研究开发仪器、设备可以加速折旧。

第四十二条　国家完善多层次资本市场,建立健全促进科技创新的机制,支持符合条件的科技型企业利用资本市场推动自身发展。

国家加强引导和政策扶持,多渠道拓宽创业投资资金来源,对企业的创业发展给予支持。

国家完善科技型企业上市融资制度,畅通科技型企业国内上市融资渠道,发挥资本市场服务科技创新的融资功能。

第四十三条　下列企业按照国家有关规定享受税收优惠:

(一)从事高新技术产品研究开发、生产的企业;

(二)科技型中小企业;

(三)投资初创科技型企业的创业投资企业;

(四)法律、行政法规规定的与科学技术进步有关的其他企业。

第四十四条　国家对公共研究开发平台和科学技术中介、创新创业服务机构的建设和运营给予支持。

公共研究开发平台和科学技术中介、创新创业服务机构应当为中小企业的技术创新提供服务。

第四十五条　国家保护企业研究开发所取得的知识产权。企业应当不断提高知识产权质量和效益,增强自主创新能力和市场竞争能力。

第四十六条　国有企业应当建立健全有利于技术创新的研究开发投入制度、分配制度和考核评价制度,完善激励约束机制。

国有企业负责人对企业的技术进步负责。对国有企业负责人的业绩考核,应当将企业的创新投入、创新能力建设、创新成效等情况纳入考核范围。

第四十七条　县级以上地方人民政府及其有关部门应当创造公平竞争的市场环境,推动企业技术进步。

国务院有关部门和省级人民政府应当通过制定产业、财政、金融、能源、环境保护和应对气候变化等政策,引导、促使企业研究开发新技术、新产品、新工艺,进行技术改造和设备更新,淘汰技术落后的设备、工艺,停止生产技术落后的产品。

第五章　科学技术研究开发机构

第四十八条　国家统筹规划科学技术研究开发机构布局,建立和完善科学技术研究开发体系。

国家在事关国家安全和经济社会发展全局的重大科技创新领域建设国家实验室,建立健全以国家实验室为引领、全国重点实验室为支撑的实验室体系,完善稳定支持机制。

利用财政性资金设立的科学技术研究开发机构,应当坚持以国家战略需求为导向,提供公共科技供给和应急科技支撑。

第四十九条　自然人、法人和非法人组织有权依法设立科学技术研究开发机构。境外的组织或者个人可以在中国境内依法独立设立科学技术研究开发机构，也可以与中国境内的组织或者个人联合设立科学技术研究开发机构。

从事基础研究、前沿技术研究、社会公益性技术研究的科学技术研究开发机构，可以利用财政性资金设立。利用财政性资金设立科学技术研究开发机构，应当优化配置，防止重复设置。

科学技术研究开发机构、高等学校可以设立博士后流动站或者工作站。科学技术研究开发机构可以依法在国外设立分支机构。

第五十条　科学技术研究开发机构享有下列权利：

（一）依法组织或者参加学术活动；

（二）按照国家有关规定，自主确定科学技术研究开发方向和项目，自主决定经费使用、机构设置、绩效考核及薪酬分配、职称评审、科技成果转化及收益分配、岗位设置、人员聘用及合理流动等内部管理事务；

（三）与其他科学技术研究开发机构、高等学校和企业联合开展科学技术研究开发、技术咨询、技术服务等活动；

（四）获得社会捐赠和资助；

（五）法律、行政法规规定的其他权利。

第五十一条　科学技术研究开发机构应当依法制定章程，按照章程规定的职能定位和业务范围开展科学技术研究开发活动；加强科研作风学风建设，建立和完善科研诚信、科技伦理管理制度，遵守科学研究活动管理规范；不得组织、参加、支持迷信活动。

利用财政性资金设立的科学技术研究开发机构开展科学技术研究开发活动，应当为国家目标和社会公共利益服务；有条件的，应当向公众开放普及科学技术的场馆或者设施，组织开展科学技术普及活动。

第五十二条　利用财政性资金设立的科学技术研究开发机构，应当建立职责明确、评价科学、开放有序、管理规范的现代院所制度，实行院长或者所长负责制，建立科学技术委员会咨询制和职工代表大会监督制等制度，并吸收外部专家参与管理、接受社会监督；院长或者所长的聘用引入竞争机制。

第五十三条　国家完善利用财政性资金设立的科学技术研究开发机构的评估制度，评估结果作为机构设立、支持、调整、终止的依据。

第五十四条　利用财政性资金设立的科学技术研究开发机构，应当建立健全科学技术资源开放共享机制，促进科学技术资源的有效利用。

国家鼓励社会力量设立的科学技术研究开发机构，在合理范围内实行科学技术资源开放共享。

第五十五条　国家鼓励企业和其他社会力量自行创办科学技术研究开发机构，保障其合法权益。

社会力量设立的科学技术研究开发机构有权按照国家有关规定，平等竞争和参与实施利用财政性资金设立的科学技术计划项目。

国家完善对社会力量设立的非营利性科学技术研究开发机构税收优惠制度。

第五十六条　国家支持发展新型研究开发机构等新型创新主体，完善投入主体多元化、管理制度现代化、运行机制市场化、用人机制灵活化的发展模式，引导新型创新主体聚焦科学研究、技术创新和研发服务。

第六章　科学技术人员

第五十七条　国家营造尊重人才、爱护人才的社会环境，公正平等、竞争择优的制度环境，待遇适当、保障有力的生活环境，为科学技术人员潜心科研创造良好条件。

国家采取多种措施，提高科学技术人员的社会地位，培养和造就专门的科学技术人才，保障科学技术人员投入科技创新和研究开发活动，充分发挥科学技术人员的作用。禁止以任何方式和手段不公正对待科学技术人员及其科技成果。

第五十八条　国家加快战略人才力量建设，优化科学技术人才队伍结构，完善战略科学家、科技领军人才等创新人才和团队的培养、发现、引进、使用、评价机制，实施人才梯队、科研条件、管理机制等配套政策。

第五十九条　国家完善创新人才教育培养机制，在基础教育中加强科学兴趣培养，在职业教育中加强技术技能人才培养，强化高等教育资源配置与科学技术领域创新人才培养的结合，加强完善战略性科学技术人才储备。

第六十条　各级人民政府、企业事业单位和社会组织应当采取措施，完善体现知识、技术等创新要素价值的收益分配机制，优化收入结构，建立工资稳定增长机制，提高科学技术人员的工资水平；对有突出贡献的科学技术人员给予优厚待遇和荣誉激励。

利用财政性资金设立的科学技术研究开发机构和高等学校的科学技术人员，在履行岗位职责、完成本职工作、不发生利益冲突的前提下，经所在单位同意，可以从事兼职工作获得合法收入。技术开发、技术咨询、技术服务等活动的奖酬金提取,按照科技成果转化有关规定执行。

国家鼓励科学技术研究开发机构、高等学校、企业等采取股权、期权、分红等方式激励科学技术人员。

第六十一条　各级人民政府和企业事业单位应当保障科学技术人员接受继续教育的权利,并为科学技术人员的合理、畅通、有序流动创造环境和条件,发挥其专长。

第六十二条　科学技术人员可以根据其学术水平和业务能力选择工作单位、竞聘相应的岗位,取得相应的职务或者职称。

科学技术人员应当信守工作承诺,履行岗位责任,完成职务或者职称相应工作。

第六十三条　国家实行科学技术人员分类评价制度,对从事不同科学技术活动的人员实行不同的评价标准和方式,突出创新价值、能力、贡献导向,合理确定薪酬待遇、配置学术资源、设置评价周期,形成有利于科学技术人员潜心研究和创新的人才评价体系,激发科学技术人员创新活力。

第六十四条　科学技术行政等有关部门和企业事业单位应当完善科学技术人员管理制度,增强服务意识和保障能力,简化管理流程,避免重复性检查和评估,减轻科学技术人员项目申报、材料报送、经费报销等方面的负担,保障科学技术人员科研时间。

第六十五条　科学技术人员在艰苦、边远地区或者恶劣、危险环境中工作,所在单位应当按照国家有关规定给予补贴,提供其岗位或者工作场所应有的职业健康卫生保护和安全保障,为其接受继续教育、业务培训等提供便利条件。

第六十六条　青年科学技术人员、少数民族科学技术人员、女性科学技术人员等在竞聘专业技术职务、参与科学技术评价、承担科学技术研究开发项目、接受继续教育等方面享有平等权利。鼓励老年科学技术人员在科学技术进步中发挥积极作用。

各级人民政府和企业事业单位应当为青年科学技术人员成长创造环境和条件,鼓励青年科学技术人员在科技领域勇于探索、敢于尝试,充分发挥青年科学技术人员的作用。发现、培养和使用青年科学技术人员的情况,应当作为评价科学技术进步工作的重要内容。

各级人民政府和企业事业单位应当完善女性科学技术人员培养、评价和激励机制,关心孕哺期女性科学技术人员,鼓励和支持女性科学技术人员在科学技术进步中发挥更大作用。

第六十七条　科学技术人员应当大力弘扬爱国、创新、求实、奉献、协同、育人的科学家精神,坚守工匠精神,在各类科学技术活动中遵守学术和伦理规范,恪守职业道德,诚实守信;不得在科学技术活动中弄虚作假,不得参加、支持迷信活动。

第六十八条　国家鼓励科学技术人员自由探索、勇于承担风险,营造鼓励创新、宽容失败的良好氛围。原始记录等能够证明承担探索性强、风险高的科学技术研究开发项目的科学技术人员已经履行了勤勉尽责义务仍不能完成该项目的,予以免责。

第六十九条　科研诚信记录作为对科学技术人员聘任专业技术职务或者职称、审批科学技术人员申请科学技术研究开发项目、授予科学技术奖励等的重要依据。

第七十条　科学技术人员有依法创办或者参加科学技术社会团体的权利。

科学技术协会和科学技术社会团体按照章程在促进学术交流、推进学科建设、推动科技创新、开展科学技术普及活动、培养专门人才、开展咨询服务、加强科学技术人员自律和维护科学技术人员合法权益等方面发挥作用。

科学技术协会和科学技术社会团体的合法权益受法律保护。

第七章　区域科技创新

第七十一条　国家统筹科学技术资源区域空间布局,推动中央科学技术资源与地方发展需求紧密衔接,采取多种方式支持区域科技创新。

第七十二条　县级以上地方人民政府应当支持科学技术研究和应用,为促进科技成果转化创造条件,为推动区域创新发展提供良好的创新环境。

第七十三条　县级以上人民政府及其有关部门制定的与产业发展相关的科学技术计划,应当体现产业发展的需求。

县级以上人民政府及其有关部门确定科学技术计划项目,应当鼓励企业平等竞争和参与实施;对符合产业发展需求、具有明确市场应用前景的项目,应当鼓励企业联合科学技术研究开发机构、高等学校共同实施。

地方重大科学技术计划实施应当与国家科学技术重大任务部署相衔接。

第七十四条　国务院可以根据需要批准建立国家高新技术产业开发区、国家自主创新示范区等科技园区,并对科技园区的建设、发展给予引导和扶持,使其形成特色和优势,发挥集聚和示范带动效应。

第七十五条　国家鼓励有条件的县级以上地方人民政府根据国家发展战略和地方发展需要,建设重大科技创新基地与平台,培育创新创业载体,打造区域科技创新高地。

国家支持有条件的地方建设科技创新中心和综合性科学中心,发挥辐射带动、深化创新改革和参与全球科技合作作用。

第七十六条　国家建立区域科技创新合作机制和协同互助机制,鼓励地方各级人民政府及其有关部门开展跨区域创新合作,促进各类创新要素合理流动和高效集聚。

第七十七条　国家重大战略区域可以依托区域创新平台,构建利益分享机制,促进人才、技术、资金等要素自由流动,推动科学仪器设备、科技基础设施、科学工程和科技信息资源等开放共享,提高科技成果区域转化效率。

第七十八条　国家鼓励地方积极探索区域科技创新模式,尊重区域科技创新集聚规律,因地制宜选择具有区域特色的科技创新发展路径。

第八章　国际科学技术合作

第七十九条　国家促进开放包容、互惠共享的国际科学技术合作与交流,支撑构建人类命运共同体。

第八十条　中华人民共和国政府发展同外国政府、国际组织之间的科学技术合作与交流。

国家鼓励科学技术研究开发机构、高等学校、科学技术社会团体、企业和科学技术人员等各类创新主体开展国际科学技术合作与交流,积极参与科学研究活动,促进国际科学技术资源开放流动,形成高水平的科技开放合作格局,推动世界科学技术进步。

第八十一条　国家鼓励企业事业单位、社会组织通过多种途径建设国际科技创新合作平台,提供国际科技创新合作服务。

鼓励企业事业单位、社会组织和科学技术人员参与和发起国际科学技术组织,增进国际科学技术合作与交流。

第八十二条　国家采取多种方式支持国内外优秀科学技术人才合作研发,应对人类面临的共同挑战,探索科学前沿。

国家支持科学技术研究开发机构、高等学校、企业和科学技术人员积极参与和发起组织实施国际大科学计划和大科学工程。

国家完善国际科学技术研究合作中的知识产权保护与科技伦理、安全审查机制。

第八十三条　国家扩大科学技术计划对外开放合作,鼓励在华外资企业、外籍科学技术人员等承担和参与科学技术计划项目,完善境外科学技术人员参与国家科学技术计划项目的机制。

第八十四条　国家完善相关社会服务和保障措施,鼓励在国外工作的科学技术人员回国,吸引外籍科学技术人员到中国从事科学技术研究开发工作。

科学技术研究开发机构及其他科学技术组织可以根据发展需要,聘用境外科学技术人员。利用财政性资金设立的科学技术研究开发机构、高等学校聘用境外科学技术人员从事科学技术研究开发工作的,应当为其工作和生活提供方便。

外籍杰出科学技术人员到中国从事科学技术研究开发工作的,按照国家有关规定,可以优先获得在华永久居留权或者取得中国国籍。

第九章　保障措施

第八十五条　国家加大财政性资金投入,并制定产业、金融、税收、政府采购等政策,鼓励、引导社会资金投入,推动全社会科学技术研究开发经费持续稳定增长。

第八十六条　国家逐步提高科学技术经费投入的总体水平;国家财政用于科学技术经费的增长幅度,应当高于国家财政经常性收入的增长幅度。全社会科学技术研究开发经费应当占国内生产总值适当的比例,并逐步提高。

第八十七条　财政性科学技术资金应当主要用于下列事项的投入:

(一)科学技术基础条件与设施建设;

(二)基础研究和前沿交叉学科研究;

(三)对经济建设和社会发展具有战略性、基础性、前瞻性作用的前沿技术研究、社会公益性技术研究和重大共性关键技术研究;

(四)重大共性关键技术应用和高新技术产业化示范;

(五)关系生态环境和人民生命健康的科学技术研究开发和成果的应用、推广;

(六)农业新品种、新技术的研究开发和农业科技成果的应用、推广;

(七)科学技术人员的培养、吸引和使用;

(八)科学技术普及。

对利用财政性资金设立的科学技术研究开发机构,国家在经费、实验手段等方面给予支持。

第八十八条　设立国家科学技术计划,应当按照国家需求,聚焦国家重大战略任务,遵循科学研究、技术创新和成果转化规律。

国家建立科学技术计划协调机制和绩效评估制度,加强专业化管理。

第八十九条 国家设立基金,资助中小企业开展技术创新,推动科技成果转化与应用。

国家在必要时可以设立支持基础研究、社会公益性技术研究、国际联合研究等方面的其他非营利性基金,资助科学技术进步活动。

第九十条 从事下列活动的,按照国家有关规定享受税收优惠:

(一)技术开发、技术转让、技术许可、技术咨询、技术服务;

(二)进口国内不能生产或者性能不能满足需要的科学研究、技术开发或者科学技术普及的用品;

(三)为实施国家重大科学技术专项、国家科学技术计划重大项目,进口国内不能生产的关键设备、原材料或者零部件;

(四)科学技术普及场馆、基地等开展面向公众开放的科学技术普及活动;

(五)捐赠资助开展科学技术活动;

(六)法律、国家有关规定规定的其他科学研究、技术开发与科学技术应用活动。

第九十一条 对境内自然人、法人和非法人组织的科技创新产品、服务,在功能、质量等指标能够满足政府采购需求的条件下,政府采购应当购买;首次投放市场的,政府采购应当率先购买,不得以商业业绩为由予以限制。

政府采购的产品尚待研究开发的,通过订购方式实施。采购人应当优先采用竞争性方式确定科学技术研究开发机构、高等学校或者企业进行研究开发,产品研发合格后按约定采购。

第九十二条 国家鼓励金融机构开展知识产权质押融资业务,鼓励和引导金融机构在信贷、投资等方面支持科学技术应用和高新技术产业发展,鼓励保险机构根据高新技术产业发展的需要开发保险品种,促进新技术应用。

第九十三条 国家遵循统筹规划、优化配置的原则,整合和设置国家科学技术研究实验基地。

国家鼓励设置综合性科学技术实验服务单位,为科学技术研究开发机构、高等学校、企业和科学技术人员提供或者委托他人提供科学技术实验服务。

第九十四条 国家根据科学技术进步的需要,按照统筹规划、突出共享、优化配置、综合集成、政府主导、多方共建的原则,统筹购置大型科学仪器、设备,并开展对以财政性资金为主购置的大型科学仪器、设备的联合评议工作。

第九十五条 国家加强学术期刊建设,完善科研论文和科学技术信息交流机制,推动开放科学的发展,促进科学技术交流和传播。

第九十六条 国家鼓励国内外的组织或者个人捐赠财产、设立科学技术基金,资助科学技术研究开发和科学技术普及。

第九十七条 利用财政性资金设立的科学技术研究开发机构、高等学校和企业,在推进科技管理改革、开展科学技术研究开发、实施科技成果转化活动过程中,相关负责人锐意创新探索,出现决策失误、偏差,但尽到合理注意义务和监督管理职责,未牟取非法利益的,免除其决策责任。

第十章　监督管理

第九十八条 国家加强科技法治化建设和科研作风学风建设,建立和完善科研诚信制度和科技监督体系,健全科技伦理治理体制,营造良好科技创新环境。

第九十九条 国家完善科学技术决策的规则和程序,建立规范的咨询和决策机制,推进决策的科学化、民主化和法治化。

国家改革完善重大科学技术决策咨询制度。制定科学技术发展规划和重大政策,确定科学技术重大项目、与科学技术密切相关的重大项目,应当充分听取科学技术人员的意见,发挥智库作用,扩大公众参与,开展科学评估,实行科学决策。

第一百条 国家加强财政性科学技术资金绩效管理,提高资金配置效率和使用效益。财政性科学技术资金的管理和使用情况,应当接受审计机关、财政部门的监督检查。

科学技术行政等有关部门应当加强对利用财政性资金设立的科学技术计划实施情况的监督,强化科研项目资金协调、评估、监管。

任何组织和个人不得虚报、冒领、贪污、挪用、截留财政性科学技术资金。

第一百零一条 国家建立科学技术计划项目分类管理机制,强化对项目实效的考核评价。利用财政性资金设立的科学技术计划项目,应当坚持问题导向、目标导向、需求导向进行立项,按照国家有关规定择优确定项目承担者。

国家建立科技管理信息系统,建立评审专家库,健全科学技术计划项目的专家评审制度和评审专家的遴选、回避、保密、问责制度。

第一百零二条 国务院科学技术行政部门应当会同国务院有关主管部门,建立科学技术研究基地、科学仪器设备等资产和科学技术文献、科学技术数据、科学技术自然资源、科学技术普及资源等科学技术资源的信息系统和资源库,及时向社会公布科学技术资源的分布、使用情况。

科学技术资源的管理单位应当向社会公布所管理的科学技术资源的共享使用制度和使用情况,并根据使用制度安排使用;法律、行政法规规定应当保密的,依照其规定。

科学技术资源的管理单位不得侵犯科学技术资源使用者的知识产权,并应当按照国家有关规定确定收费标准。管理单位和使用者之间的其他权利义务关系由双方约定。

第一百零三条 国家建立科技伦理委员会,完善科技伦理制度规范,加强科技伦理教育和研究,健全审查、评估、监管体系。

科学技术研究开发机构、高等学校、企业事业单位等应当履行科技伦理管理主体责任,按照国家有关规定建立健全科技伦理审查机制,对科学技术活动开展科技伦理审查。

第一百零四条 国家加强科研诚信建设,建立科学技术项目诚信档案及科研诚信管理信息系统,坚持预防与惩治并举、自律与监督并重,完善对失信行为的预防、调查、处理机制。

县级以上地方人民政府和相关行业主管部门采取各种措施加强科研诚信建设,企业事业单位和社会组织应当履行科研诚信管理的主体责任。

任何组织和个人不得虚构、伪造科研成果,不得发布、传播虚假科研成果,不得从事学术论文及其实验研究数据、科学技术计划项目申报验收材料等的买卖、代写、代投服务。

第一百零五条 国家建立健全科学技术统计调查制度和国家创新调查制度,掌握国家科学技术活动基本情况,监测和评价国家创新能力。

国家建立健全科技报告制度,财政性资金资助的科学技术计划项目的承担者应当按照规定及时提交报告。

第一百零六条 国家实行科学技术保密制度,加强科学技术保密能力建设,保护涉及国家安全和利益的科学技术秘密。

国家依法实行重要的生物种质资源、遗传资源、数据资源等科学技术资源和关键核心技术出境管理制度。

第一百零七条 禁止危害国家安全、损害社会公共利益、危害人体健康、违背科研诚信和科技伦理的科学技术研究开发和应用活动。

从事科学技术活动,应当遵守科学技术活动管理规范。对严重违反科学技术活动管理规范的组织和个人,由科学技术行政等有关部门记入科研诚信严重失信行为数据库。

第十一章 法律责任

第一百零八条 违反本法规定,科学技术行政等有关部门及其工作人员,以及其他依法履行公职的人员滥用职权、玩忽职守、徇私舞弊的,对直接负责的主管人员和其他直接责任人员依法给予处分。

第一百零九条 违反本法规定,滥用职权阻挠、限制、压制科学技术研究开发活动,或者利用职权打压、排挤、刁难科学技术人员的,对直接负责的主管人员和其他直接责任人员依法给予处分。

第一百一十条 违反本法规定,虚报、冒领、贪污、挪用、截留用于科学技术进步的财政性资金或者社会捐赠资金的,由有关主管部门责令改正,追回有关财政性资金,责令退还捐赠资金,给予警告或者通报批评,并可以暂停拨款,终止或者撤销相关科学技术活动;情节严重的,依法处以罚款,禁止一定期限内承担或者参与财政性资金支持的科学技术活动;对直接负责的主管人员和其他直接责任人员依法给予行政处罚和处分。

第一百一十一条 违反本法规定,利用财政性资金和国有资本购置大型科学仪器、设备后,不履行大型科学仪器、设备等科学技术资源共享使用义务的,由有关主管部门责令改正,给予警告或者通报批评,对直接负责的主管人员和其他直接责任人员依法给予处分。

第一百一十二条 违反本法规定,进行危害国家安全、损害社会公共利益、危害人体健康、违背科研诚信和科技伦理的科学技术研究开发和应用活动的,由科学技术人员所在单位或者有关主管部门责令改正;获得用于科学技术进步的财政性资金或者有违法所得的,由有关主管部门终止或者撤销相关科学技术活动,追回财政性资金,没收违法所得;情节严重的,由有关主管部门向社会公布其违法行为,依法给予行政处罚和处分,禁止一定期限内承担或者参与财政性资金支持的科学技术活动、申请相关科学技术活动行政许可;对直接负责的主管人员和其他直接责任人员依法给予行政处罚和处分。

违反本法规定,虚构、伪造科研成果,发布、传播虚假科研成果,或者从事学术论文及其实验研究数据、科学技术计划项目申报验收材料等的买卖、代写、代投服务的,由有关主管部门给予警告或者通报批评,处以罚款;有违法所得的,没收违法所得;情节严重的,吊销许可证件。

第一百一十三条 违反本法规定,从事科学技术活动违反科学技术活动管理规范的,由有关主管部门责令限期改正,并可以追回有关财政性资金,给予警告或者通报批评,暂停拨款、终止或者撤销相关财政性资金支持的科学技术活动;情节严重的,禁止一定期限内承担或者参与财政性资金支持的科学技术活动,取消一定期限内财政性资金支持的科学技术活动管理资格;对直接负责的主管人员和其他直接责任人员依法给予处分。

第一百一十四条 违反本法规定,骗取国家科学技术奖励的,由主管部门依法撤销奖励,追回奖章、证书和奖金等,并依法给予处分。

违反本法规定,提名单位或者个人提供虚假数据、材料,协助他人骗取国家科学技术奖励的,由主管部门给予通报批评;情节严重的,暂停或者取消其提名资格,并依法给予处分。

第一百一十五条 违反本法规定的行为,本法未作行政处罚规定,其他有关法律、行政法规有规定的,依照其规定;造成财产损失或者其他损害的,依法承担民事责任;构成违反治安管理行为的,依法给予治安管理处罚;构成犯罪的,依法追究刑事责任。

第十二章 附 则

第一百一十六条 涉及国防科学技术进步的其他有关事项,由国务院、中央军事委员会规定。

第一百一十七条 本法自 2022 年 1 月 1 日起施行。

中华人民共和国促进科技成果转化法

·1996 年 5 月 15 日第八届全国人民代表大会常务委员会第十九次会议通过
· 根据 2015 年 8 月 29 日第十二届全国人民代表大会常务委员会第十六次会议《关于修改〈中华人民共和国促进科技成果转化法〉的决定》修正

目 录

第一章 总 则

第一条 为了促进科技成果转化为现实生产力,规范科技成果转化活动,加速科学技术进步,推动经济建设和社会发展,制定本法。

第二条 本法所称科技成果,是指通过科学研究与技术开发所产生的具有实用价值的成果。职务科技成果,是指执行研究开发机构、高等院校和企业等单位的工作任务,或者主要是利用上述单位的物质技术条件所完成的科技成果。

本法所称科技成果转化,是指为提高生产力水平而对科技成果所进行的后续试验、开发、应用、推广直至形成新技术、新工艺、新材料、新产品,发展新产业等活动。

第三条 科技成果转化活动应当有利于加快实施创新驱动发展战略,促进科技与经济的结合,有利于提高经济效益、社会效益和保护环境、合理利用资源,有利于促进经济建设、社会发展和维护国家安全。

科技成果转化活动应当尊重市场规律,发挥企业的主体作用,遵循自愿、互利、公平、诚实信用的原则,依照法律法规规定和合同约定,享有权益,承担风险。科技成果转化活动中的知识产权受法律保护。

科技成果转化活动应当遵守法律法规,维护国家利益,不得损害社会公共利益和他人合法权益。

第四条 国家对科技成果转化合理安排财政资金投入,引导社会资金投入,推动科技成果转化资金投入的多元化。

第五条 国务院和地方各级人民政府应当加强科技、财政、投资、税收、人才、产业、金融、政府采购、军民融合等政策协同,为科技成果转化创造良好环境。

地方各级人民政府根据本法规定的原则,结合本地实际,可以采取更加有利于促进科技成果转化的措施。

第六条 国家鼓励科技成果首先在中国境内实施。中国单位或者个人向境外的组织、个人转让或者许可其实施科技成果的,应当遵守相关法律、行政法规以及国家有关规定。

第七条 国家为了国家安全、国家利益和重大社会公共利益的需要,可以依法组织实施或者许可他人实施相关科技成果。

第八条 国务院科学技术行政部门、经济综合管理部门和其他有关行政部门依照国务院规定的职责,管理、指导和协调科技成果转化工作。

地方各级人民政府负责管理、指导和协调本行政区域内的科技成果转化工作。

第二章　组织实施

第九条　国务院和地方各级人民政府应当将科技成果的转化纳入国民经济和社会发展计划，并组织协调实施有关科技成果的转化。

第十条　利用财政资金设立应用类科技项目和其他相关科技项目，有关行政部门、管理机构应当改进和完善科研组织管理方式，在制定相关科技规划、计划和编制项目指南时应当听取相关行业、企业的意见；在组织实施应用类科技项目时，应当明确项目承担者的科技成果转化义务，加强知识产权管理，并将科技成果转化和知识产权创造、运用作为立项和验收的重要内容和依据。

第十一条　国家建立、完善科技报告制度和科技成果信息系统，向社会公布科技项目实施情况以及科技成果和相关知识产权信息，提供科技成果信息查询、筛选等公益服务。公布有关信息不得泄露国家秘密和商业秘密。对不予公布的信息，有关部门应当及时告知相关科技项目承担者。

利用财政资金设立的科技项目的承担者应当按照规定及时提交相关科技报告，并将科技成果和相关知识产权信息汇交到科技成果信息系统。

国家鼓励利用非财政资金设立的科技项目的承担者提交相关科技报告，将科技成果和相关知识产权信息汇交到科技成果信息系统，县级以上人民政府负责相关工作的部门应当为其提供方便。

第十二条　对下列科技成果转化项目，国家通过政府采购、研究开发资助、发布产业技术指导目录、示范推广等方式予以支持：

（一）能够显著提高产业技术水平、经济效益或者能够形成促进社会经济健康发展的新产业的；

（二）能够显著提高国家安全能力和公共安全水平的；

（三）能够合理开发和利用资源、节约能源、降低消耗以及防治环境污染、保护生态、提高应对气候变化和防灾减灾能力的；

（四）能够改善民生和提高公共健康水平的；

（五）能够促进现代农业或者农村经济发展的；

（六）能够加快民族地区、边远地区、贫困地区社会经济发展的。

第十三条　国家通过制定政策措施，提倡和鼓励采用先进技术、工艺和装备，不断改进、限制使用或者淘汰落后技术、工艺和装备。

第十四条　国家加强标准制定工作，对新技术、新工艺、新材料、新产品依法及时制定国家标准、行业标准，积极参与国际标准的制定，推动先进适用技术推广和应用。

国家建立有效的军民科技成果相互转化体系，完善国防科技协同创新体制机制。军品科研生产应当依法优先采用先进适用的民用标准，推动军用、民用技术相互转移、转化。

第十五条　各级人民政府组织实施的重点科技成果转化项目，可以由有关部门组织采用公开招标的方式实施转化。有关部门应当对中标单位提供招标时确定的资助或者其他条件。

第十六条　科技成果持有者可以采用下列方式进行科技成果转化：

（一）自行投资实施转化；

（二）向他人转让该科技成果；

（三）许可他人使用该科技成果；

（四）以该科技成果作为合作条件，与他人共同实施转化；

（五）以该科技成果作价投资，折算股份或者出资比例；

（六）其他协商确定的方式。

第十七条　国家鼓励研究开发机构、高等院校采取转让、许可或者作价投资等方式，向企业或者其他组织转移科技成果。

国家设立的研究开发机构、高等院校应当加强对科技成果转化的管理、组织和协调，促进科技成果转化队伍建设，优化科技成果转化流程，通过本单位负责技术转移工作的机构或者委托独立的科技成果转化服务机构开展技术转移。

第十八条　国家设立的研究开发机构、高等院校对其持有的科技成果，可以自主决定转让、许可或者作价投资，但应当通过协议定价、在技术交易市场挂牌交易、拍卖等方式确定价格。通过协议定价的，应当在本单位公示科技成果名称和拟交易价格。

第十九条　国家设立的研究开发机构、高等院校所取得的职务科技成果，完成人和参加人在不变更职务科技成果权属的前提下，可以根据与本单位的协议进行该项科技成果的转化，并享有协议规定的权益。该单位对上述科技成果转化活动应当予以支持。

科技成果完成人或者课题负责人，不得阻碍职务科技成果的转化，不得将职务科技成果及其技术资料和数据占为己有，侵犯单位的合法权益。

第二十条　研究开发机构、高等院校的主管部门以及财政、科学技术等相关行政部门应当建立有利于促进科技成果转化的绩效考核评价体系，将科技成果转化情况作为对相关单位及人员评价、科研资金支持的重要内容和依据之一，并对科技成果转化绩效突出的相关单位及人员加大科研资金支持。

国家设立的研究开发机构、高等院校应当建立符合科技成果转化工作特点的职称评定、岗位管理和考核评价制度，完善收入分配激励约束机制。

第二十一条　国家设立的研究开发机构、高等院校应当向其主管部门提交科技成果转化情况年度报告，说明本单位依法取得的科技成果数量、实施转化情况以及相关收入分配情况，该主管部门应当按照规定将科技成果转化情况年度报告报送财政、科学技术等相关行政部门。

第二十二条　企业为采用新技术、新工艺、新材料和生产新产品，可以自行发布信息或者委托科技中介服务机构征集其所需的科技成果，或者征寻科技成果转化的合作者。

县级以上地方各级人民政府科学技术行政部门和其他有关部门应当根据职责分工，为企业获取所需的科技成果提供帮助和支持。

第二十三条　企业依法有权独立或者与境内外企业、事业单位和其他合作者联合实施科技成果转化。

企业可以通过公平竞争，独立或者与其他单位联合承担政府组织实施的科技研究开发和科技成果转化项目。

第二十四条　对利用财政资金设立的具有市场应用前景、产业目标明确的科技项目，政府有关部门、管理机构应当发挥企业在研究开发方向选择、项目实施和成果应用中的主导作用，鼓励企业、研究开发机构、高等院校及其他组织共同实施。

第二十五条　国家鼓励研究开发机构、高等院校与企业相结合，联合实施科技成果转化。

研究开发机构、高等院校可以参与政府有关部门或者企业实施科技成果转化的招标投标活动。

第二十六条　国家鼓励企业与研究开发机构、高等院校及其他组织采取联合建立研究开发平台、技术转移机构或者技术创新联盟等产学研合作方式，共同开展研究开发、成果应用与推广、标准研究与制定等活动。

合作各方应当签订协议，依法约定合作的组织形式、任务分工、资金投入、知识产权归属、权益分配、风险分担和违约责任等事项。

第二十七条　国家鼓励研究开发机构、高等院校与企业及其他组织开展科技人员交流，根据专业特点、行业领域技术发展需要，聘请企业及其他组织的科技人员兼职从事教学和科研工作，支持本单位的科技人员到企业及其他组织从事科技成果转化活动。

第二十八条　国家支持企业与研究开发机构、高等院校、职业院校及培训机构联合建立学生实习实践培训基地和研究生科研实践工作机构，共同培养专业技术人才和高技能人才。

第二十九条　国家鼓励农业科研机构、农业试验示范单位独立或者与其他单位合作实施农业科技成果转化。

第三十条　国家培育和发展技术市场，鼓励创办科技中介服务机构，为技术交易提供交易场所、信息平台以及信息检索、加工与分析、评估、经纪等服务。

科技中介服务机构提供服务，应当遵循公正、客观的原则，不得提供虚假的信息和证明，对其在服务过程中知悉的国家秘密和当事人的商业秘密负有保密义务。

第三十一条　国家支持根据产业和区域发展需要建设公共研究开发平台，为科技成果转化提供技术集成、共性技术研究开发、中间试验和工业性试验、科技成果系统化和工程化开发、技术推广与示范等服务。

第三十二条　国家支持科技企业孵化器、大学科技园等科技企业孵化机构发展，为初创期科技型中小企业提供孵化场地、创业辅导、研究开发与管理咨询等服务。

第三章　保障措施

第三十三条　科技成果转化财政经费，主要用于科技成果转化的引导资金、贷款贴息、补助资金和风险投资以及其他促进科技成果转化的资金用途。

第三十四条　国家依照有关税收法律、行政法规规定对科技成果转化活动实行税收优惠。

第三十五条　国家鼓励银行业金融机构在组织形式、管理机制、金融产品和服务等方面进行创新，鼓励开展知识产权质押贷款、股权质押贷款等贷款业务，为科技成果转化提供金融支持。

国家鼓励政策性金融机构采取措施，加大对科技成果转化的金融支持。

第三十六条　国家鼓励保险机构开发符合科技成果转化特点的保险品种，为科技成果转化提供保险服务。

第三十七条　国家完善多层次资本市场,支持企业通过股权交易、依法发行股票和债券等直接融资方式为科技成果转化项目进行融资。

第三十八条　国家鼓励创业投资机构投资科技成果转化项目。

国家设立的创业投资引导基金,应当引导和支持创业投资机构投资初创期科技型中小企业。

第三十九条　国家鼓励设立科技成果转化基金或者风险基金,其资金来源由国家、地方、企业、事业单位以及其他组织或者个人提供,用于支持高投入、高风险、高产出的科技成果的转化,加速重大科技成果的产业化。

科技成果转化基金和风险基金的设立及其资金使用,依照国家有关规定执行。

第四章　技术权益

第四十条　科技成果完成单位与其他单位合作进行科技成果转化的,应当依法由合同约定该科技成果有关权益的归属。合同未作约定的,按照下列原则办理:

(一)在合作转化中无新的发明创造的,该科技成果的权益,归该科技成果完成单位;

(二)在合作转化中产生新的发明创造的,该新发明创造的权益归合作各方共有;

(三)对合作转化中产生的科技成果,各方都有实施该项科技成果的权利,转让该科技成果应经合作各方同意。

第四十一条　科技成果完成单位与其他单位合作进行科技成果转化的,合作各方应当就保守技术秘密达成协议;当事人不得违反协议或者违反权利人有关保守技术秘密的要求,披露、允许他人使用该技术。

第四十二条　企业、事业单位应当建立健全技术秘密保护制度,保护本单位的技术秘密。职工应当遵守本单位的技术秘密保护制度。

企业、事业单位可以与参加科技成果转化的有关人员签订在职期间或者离职、离休、退休后一定期限内保守本单位技术秘密的协议;有关人员不得违反协议约定,泄露本单位的技术秘密和从事与原单位相同的科技成果转化活动。

职工不得将职务科技成果擅自转让或者变相转让。

第四十三条　国家设立的研究开发机构、高等院校转化科技成果所获得的收入全部留归本单位,在对完成、转化职务科技成果做出重要贡献的人员给予奖励和报酬后,主要用于科学技术研究开发与成果转化等相关工作。

第四十四条　职务科技成果转化后,由科技成果完成单位对完成、转化该项科技成果做出重要贡献的人员给予奖励和报酬。

科技成果完成单位可以规定或者与科技人员约定奖励和报酬的方式、数额和时限。单位制定相关规定,应当充分听取本单位科技人员的意见,并在本单位公开相关规定。

第四十五条　科技成果完成单位未规定、也未与科技人员约定奖励和报酬的方式和数额的,按照下列标准对完成、转化职务科技成果做出重要贡献的人员给予奖励和报酬:

(一)将该项职务科技成果转让、许可给他人实施的,从该项科技成果转让净收入或者许可净收入中提取不低于百分之五十的比例;

(二)利用该项职务科技成果作价投资的,从该项科技成果形成的股份或者出资比例中提取不低于百分之五十的比例;

(三)将该项职务科技成果自行实施或者与他人合作实施的,应当在实施转化成功投产后连续三至五年,每年从实施该项科技成果的营业利润中提取不低于百分之五的比例。

国家设立的研究开发机构、高等院校规定或者与科技人员约定奖励和报酬的方式和数额应当符合前款第一项至第三项规定的标准。

国有企业、事业单位依照本法规定对完成、转化职务科技成果做出重要贡献的人员给予奖励和报酬的支出计入当年本单位工资总额,但不受当年本单位工资总额限制、不纳入本单位工资总额基数。

第五章　法律责任

第四十六条　利用财政资金设立的科技项目的承担者未依照本法规定提交科技报告、汇交科技成果和相关知识产权信息的,由组织实施项目的政府有关部门、管理机构责令改正;情节严重的,予以通报批评,禁止其在一定期限内承担利用财政资金设立的科技项目。

国家设立的研究开发机构、高等院校未依照本法规定提交科技成果转化情况年度报告的,由其主管部门责令改正;情节严重的,予以通报批评。

第四十七条　违反本法规定,在科技成果转化活动中弄虚作假,采取欺骗手段,骗取奖励和荣誉称号、诈骗钱财、非法牟利的,由政府有关部门依照管理职责责令改正,取消该奖励和荣誉称号,没收违法所得,并处以罚款。给他人造成经济损失的,依法承担民事赔偿责任。构成犯罪的,依法追究刑事责任。

第四十八条　科技服务机构及其从业人员违反本法规定，故意提供虚假的信息、实验结果或者评估意见等欺骗当事人，或者与当事人一方串通欺骗另一方当事人的，由政府有关部门依照管理职责责令改正，没收违法所得，并处以罚款；情节严重的，由工商行政管理部门依法吊销营业执照。给他人造成经济损失的，依法承担民事赔偿责任；构成犯罪的，依法追究刑事责任。

科技中介服务机构及其从业人员违反本法规定泄露国家秘密或者当事人的商业秘密的，依照有关法律、行政法规的规定承担相应的法律责任。

第四十九条　科学技术行政部门和其他有关部门及其工作人员在科技成果转化中滥用职权、玩忽职守、徇私舞弊的，由任免机关或者监察机关对直接负责的主管人员和其他直接责任人员依法给予处分；构成犯罪的，依法追究刑事责任。

第五十条　违反本法规定，以唆使窃取、利诱胁迫等手段侵占他人的科技成果，侵犯他人合法权益的，依法承担民事赔偿责任，可以处以罚款；构成犯罪的，依法追究刑事责任。

第五十一条　违反本法规定，职工未经单位允许，泄露本单位的技术秘密，或者擅自转让、变相转让职务科技成果的，参加科技成果转化的有关人员违反与本单位的协议，在离职、离休、退休后约定的期限内从事与原单位相同的科技成果转化活动，给本单位造成经济损失的，依法承担民事赔偿责任；构成犯罪的，依法追究刑事责任。

第六章　附　则
第五十二条　本法自1996年10月1日起施行。

中华人民共和国刑法（节录）

- 1979年7月1日第五届全国人民代表大会第二次会议通过
- 1997年3月14日第八届全国人民代表大会第五次会议修订
- 根据1998年12月29日第九届全国人民代表大会常务委员会第六次会议通过的《全国人民代表大会常务委员会关于惩治骗购外汇、逃汇和非法买卖外汇犯罪的决定》、1999年12月25日第九届全国人民代表大会常务委员会第十三次会议通过的《中华人民共和国刑法修正案》、2001年8月31

日第九届全国人民代表大会常务委员会第二十三次会议通过的《中华人民共和国刑法修正案（二）》、2001年12月29日第九届全国人民代表大会常务委员会第二十五次会议通过的《中华人民共和国刑法修正案（三）》、2002年12月28日第九届全国人民代表大会常务委员会第三十一次会议通过的《中华人民共和国刑法修正案（四）》、2005年2月28日第十届全国人民代表大会常务委员会第十四次会议通过的《中华人民共和国刑法修正案（五）》、2006年6月29日第十届全国人民代表大会常务委员会第二十二次会议通过的《中华人民共和国刑法修正案（六）》、2009年2月28日第十一届全国人民代表大会常务委员会第七次会议通过的《中华人民共和国刑法修正案（七）》、2009年8月27日第十一届全国人民代表大会常务委员会第十次会议通过的《全国人民代表大会常务委员会关于修改部分法律的决定》、2011年2月25日第十一届全国人民代表大会常务委员会第十九次会议通过的《中华人民共和国刑法修正案（八）》、2015年8月29日第十二届全国人民代表大会常务委员会第十六次会议通过的《中华人民共和国刑法修正案（九）》、2017年11月4日第十二届全国人民代表大会常务委员会第三十次会议通过的《中华人民共和国刑法修正案（十）》和2020年12月26日第十三届全国人民代表大会常务委员会第二十四次会议通过的《中华人民共和国刑法修正案（十一）》修正①

······

第七节　侵犯知识产权罪
第二百一十三条　【假冒注册商标罪】未经注册商标所有人许可，在同一种商品、服务上使用与其注册商标相同的商标，情节严重的，处三年以下有期徒刑，并处或者单处罚金；情节特别严重的，处三年以上十年以下有期徒刑，并处罚金。②

第二百一十四条　【销售假冒注册商标的商品罪】销售明知是假冒注册商标的商品，违法所得数额较大或者有其他严重情节的，处三年以下有期徒刑，并处或者单处罚金；违法所得数额巨大或者有其他特别严重情节的，处三年以上十年以下有期徒刑，并处罚金。③

第二百一十五条　【非法制造、销售非法制造的注册商标标识罪】伪造、擅自制造他人注册商标标识或者销售

---

① 刑法、历次刑法修正案、涉及修改刑法的决定的施行日期，分别依据各法律所规定的施行日期确定。
② 根据2020年12月26日《中华人民共和国刑法修正案（十一）》修改。原条文为："未经注册商标所有人许可，在同一种商品上使用与其注册商标相同的商标，情节严重的，处三年以下有期徒刑或者拘役，并处或者单处罚金；情节特别严重的，处三年以上七年以下有期徒刑，并处罚金。"
③ 根据2020年12月26日《中华人民共和国刑法修正案（十一）》修改。原条文为："销售明知是假冒注册商标的商品，销售金额数额较大的，处三年以下有期徒刑或者拘役，并处或者单处罚金；销售金额数额巨大的，处三年以上七年以下有期徒刑，并处罚金。"

伪造、擅自制造的注册商标标识,情节严重的,处三年以下有期徒刑,并处或者单处罚金;情节特别严重的,处三年以上十年以下有期徒刑,并处罚金。①

第二百一十六条　【假冒专利罪】假冒他人专利,情节严重的,处三年以下有期徒刑或者拘役,并处或者单处罚金。

第二百一十七条　【侵犯著作权罪】以营利为目的,有下列侵犯著作权或者与著作权有关的权利的情形之一,违法所得数额较大或者有其他严重情节的,处三年以下有期徒刑,并处或者单处罚金;违法所得数额巨大或者有其他特别严重情节的,处三年以上十年以下有期徒刑,并处罚金:

(一)未经著作权人许可,复制发行、通过信息网络向公众传播其文字作品、音乐、美术、视听作品、计算机软件及法律、行政法规规定的其他作品的;

(二)出版他人享有专有出版权的图书的;

(三)未经录音录像制作者许可,复制发行、通过信息网络向公众传播其制作的录音录像的;

(四)未经表演者许可,复制发行录有其表演的录音录像制品,或者通过信息网络向公众传播其表演的;

(五)制作、出售假冒他人署名的美术作品的;

(六)未经著作权人或者与著作权有关的权利人许可,故意避开或者破坏权利人为其作品、录音录像制品等采取的保护著作权或者与著作权有关的权利的技术措施的。②

第二百一十八条　【销售侵权复制品罪】以营利为目的,销售明知是本法第二百一十七条规定的侵权复制品,违法所得数额巨大或者有其他严重情节的,处五年以下有期徒刑,并处或者单处罚金。③

第二百一十九条　【侵犯商业秘密罪】有下列侵犯商业秘密行为之一,情节严重的,处三年以下有期徒刑,并处或者单处罚金;情节特别严重的,处三年以上十年以下有期徒刑,并处罚金:

(一)以盗窃、贿赂、欺诈、胁迫、电子侵入或者其他不正当手段获取权利人的商业秘密的;

(二)披露、使用或者允许他人使用以前项手段获取的权利人的商业秘密的;

(三)违反保密义务或者违反权利人有关保守商业秘密的要求,披露、使用或者允许他人使用其所掌握的商业秘密的。

明知前款所列行为,获取、披露、使用或者允许他人使用该商业秘密的,以侵犯商业秘密论。

本条所称权利人,是指商业秘密的所有人和经商业秘密所有人许可的商业秘密使用人。④

第二百一十九条之一　【为境外窃取、刺探、收买、非法提供商业秘密罪】为境外的机构、组织、人员窃取、刺探、收买、非法提供商业秘密的,处五年以下有期徒刑,并处或者单处罚金;情节严重的,处五年以上有期徒刑,并处罚金。⑤

---

①　根据 2020 年 12 月 26 日《中华人民共和国刑法修正案(十一)》修改。原条文为:"伪造、擅自制造他人注册商标标识或者销售伪造、擅自制造的注册商标标识,情节严重的,处三年以下有期徒刑、拘役或者管制,并处或者单处罚金;情节特别严重的,处三年以上七年以下有期徒刑,并处罚金。"

②　根据 2020 年 12 月 26 日《中华人民共和国刑法修正案(十一)》修改。原条文为:"以营利为目的,有下列侵犯著作权情形之一,违法所得数额较大或者有其他严重情节的,处三年以下有期徒刑或者拘役,并处或者单处罚金;违法所得数额巨大或者有其他特别严重情节的,处三年以上七年以下有期徒刑,并处罚金:

"(一)未经著作权人许可,复制发行其文字作品、音乐、电影、电视、录像作品、计算机软件及其他作品的;

"(二)出版他人享有专有出版权的图书的;

"(三)未经录音录像制作者许可,复制发行其制作的录音录像的;

"(四)制作、出售假冒他人署名的美术作品的。"

③　根据 2020 年 12 月 26 日《中华人民共和国刑法修正案(十一)》修改。原条文为:"以营利为目的,销售明知是本法第二百一十七条规定的侵权复制品,违法所得数额巨大的,处三年以下有期徒刑或者拘役,并处或者单处罚金。"

④　根据 2020 年 12 月 26 日《中华人民共和国刑法修正案(十一)》修改。原条文为:"有下列侵犯商业秘密行为之一,给商业秘密的权利人造成重大损失的,处三年以下有期徒刑或者拘役,并处或者单处罚金;造成特别严重后果的,处三年以上七年以下有期徒刑,并处罚金:

"(一)以盗窃、利诱、胁迫或者其他不正当手段获取权利人的商业秘密的;

"(二)披露、使用或者允许他人使用以前项手段获取的权利人的商业秘密的;

"(三)违反约定或者违反权利人有关保守商业秘密的要求,披露、使用或者允许他人使用其所掌握的商业秘密的。

"明知或者应知前款所列行为,获取、使用或者披露他人的商业秘密的,以侵犯商业秘密论。

"本条所称商业秘密,是指不为公众所知悉,能为权利人带来经济利益,具有实用性并经权利人采取保密措施的技术信息和经营信息。

"本条所称权利人,是指商业秘密的所有人和经商业秘密所有人许可的商业秘密使用人。"

⑤　根据 2020 年 12 月 26 日《中华人民共和国刑法修正案(十一)》增加。

第二百二十条　【单位犯侵犯知识产权罪的处罚规定】单位犯本节第二百一十三条至第二百一十九条之一规定之罪的,对单位判处罚金,并对其直接负责的主管人员和其他直接责任人员,依照本节各该条的规定处罚。①

……

全国人民代表大会常务委员会关于设立海南自由贸易港知识产权法院的决定

· 2020 年 12 月 26 日第十三届全国人民代表大会常务委员会第二十四次会议通过

为加大知识产权司法保护力度,营造良好营商环境,推进中国特色自由贸易港建设,根据宪法和人民法院组织法,特作如下决定:

一、设立海南自由贸易港知识产权法院。

海南自由贸易港知识产权法院审判庭的设置,由最高人民法院根据知识产权案件的类型和数量决定。

二、海南自由贸易港知识产权法院管辖以下案件:

(一)海南省有关专利、技术秘密、计算机软件、植物新品种、集成电路布图设计、涉及驰名商标认定及垄断纠纷等专业性、技术性较强的第一审知识产权民事、行政案件;

(二)前项规定以外的由海南省的中级人民法院管辖的第一审知识产权民事、行政和刑事案件;

(三)海南省基层人民法院第一审知识产权民事、行政和刑事判决、裁定的上诉、抗诉案件;

(四)最高人民法院确定由其管辖的其他案件。

应由海南自由贸易港知识产权法院审理的第一审知识产权刑事案件,由海南省人民检察院第一分院提起公诉。海南省基层人民法院第一审知识产权刑事判决、裁定的上诉、抗诉案件,由海南省人民检察院第一分院依法履行相应检察职责。

海南自由贸易港知识产权法院第一审判决、裁定的上诉案件,由海南省高级人民法院审理,法律有特殊规定的除外。

三、海南自由贸易港知识产权法院对海南省人民代表大会常务委员会负责并报告工作。

海南自由贸易港知识产权法院审判工作受最高人民法院和海南省高级人民法院监督。海南自由贸易港知识产权法院依法接受人民检察院法律监督。

四、海南自由贸易港知识产权法院院长由海南省人民代表大会常务委员会主任会议提请海南省人民代表大会常务委员会任免。

海南自由贸易港知识产权法院副院长、审判委员会委员、庭长、副庭长、审判员由海南自由贸易港知识产权法院院长提请海南省人民代表大会常务委员会任免。

五、本决定自 2021 年 1 月 1 日起施行。

知识产权强国建设纲要(2021-2035 年)②

· 2021 年 9 月 22 日

为统筹推进知识产权强国建设,全面提升知识产权创造、运用、保护、管理和服务水平,充分发挥知识产权制度在社会主义现代化建设中的重要作用,制定本纲要。

一、战略背景

党的十八大以来,在以习近平同志为核心的党中央坚强领导下,我国知识产权事业发展取得显著成效,知识产权法规制度体系逐步完善,核心专利、知名品牌、精品版权、优良植物新品种、优质地理标志、高水平集成电路布图设计等高价值知识产权拥有量大幅增加,商业秘密保护不断加强,遗传资源、传统知识和民间文艺的利用水平稳步提升,知识产权保护效果、运用效益和国际影响力显著提升,全社会知识产权意识大幅提高,涌现出一批知识产权竞争力较强的市场主体,走出了一条中国特色知识产权发展之路,有力保障创新型国家建设和全面建成小康社会目标的实现。

进入新发展阶段,推动高质量发展是保持经济持续健康发展的必然要求,创新是引领发展的第一动力,知识产权作为国家发展战略性资源和国际竞争力核心要素的作用更加凸显。实施知识产权强国战略,回应新技术、新经济、新形势对知识产权制度变革提出的挑战,加快推进知识产权改革发展,协调好政府与市场、国内与国际,以及知识产权数量与质量、需求与供给的联动关系,全面提升我国知识产权综合实力,大力激发全社会创新活力,建设中国特色、世界水平的知识产权强国,对于提升国家核心竞争力,扩大高水平对外开放,实现更高质量、更有效

---

①　根据 2020 年 12 月 26 日《中华人民共和国刑法修正案(十一)》修改。原条文为:"单位犯本节第二百一十三条至第二百一十九条规定之罪的,对单位判处罚金,并对其直接负责的主管人员和其他直接责任人员,依照本节各该条的规定处罚。"

②　收录《知识产权强国建设纲要(2021-2035 年)》主要内容。http://www.gov.cn/zhengce/2021-09/22/content_5638714.htm。

率、更加公平、更可持续、更为安全的发展,满足人民日益增长的美好生活需要,具有重要意义。

二、总体要求

(一)指导思想。坚持以习近平新时代中国特色社会主义思想为指导,全面贯彻党的十九大和十九届二中、三中、四中、五中全会精神,紧紧围绕统筹推进"五位一体"总体布局和协调推进"四个全面"战略布局,坚持稳中求进工作总基调,以推动高质量发展为主题,以深化供给侧结构性改革为主线,以改革创新为根本动力,以满足人民日益增长的美好生活需要为根本目的,立足新发展阶段,贯彻新发展理念,构建新发展格局,牢牢把握加强知识产权保护是完善产权保护制度最重要的内容和提高国家经济竞争力最大的激励,打通知识产权创造、运用、保护、管理和服务全链条,更大力度加强知识产权保护国际合作,建设制度完善、保护严格、运行高效、服务便捷、文化自觉、开放共赢的知识产权强国,为建设创新型国家和社会主义现代化强国提供坚实保障。

(二)工作原则

——法治保障,严格保护。落实全面依法治国基本方略,严格依法保护知识产权,切实维护社会公平正义和权利人合法权益。

——改革驱动,质量引领。深化知识产权领域改革,构建更加完善的要素市场化配置体制机制,更好发挥知识产权制度激励创新的基本保障作用,为高质量发展提供源源不断的动力。

——聚焦重点,统筹协调。坚持战略引领、统筹规划,突出重点领域和重大需求,推动知识产权与经济、科技、文化、社会等各方面深度融合发展。

——科学治理,合作共赢。坚持人类命运共同体理念,以国际视野谋划和推动知识产权改革发展,推动构建开放包容、平衡普惠的知识产权国际规则,让创新创造更多惠及各国人民。

(三)发展目标

到2025年,知识产权强国建设取得明显成效,知识产权保护更加严格,社会满意度达到并保持较高水平,知识产权市场价值进一步凸显,品牌竞争力大幅提升,专利密集型产业增加值占GDP比重达到13%,版权产业增加值占GDP比重达到7.5%,知识产权使用费年进出口总额达到3500亿元,每万人口高价值发明专利拥有量达到12件(上述指标均为预期性指标)。

到2035年,我国知识产权综合竞争力跻身世界前列,知识产权制度系统完备,知识产权促进创新创业蓬勃发展,全社会知识产权文化自觉基本形成,全方位、多层次参与知识产权全球治理的国际合作格局基本形成,中国特色、世界水平的知识产权强国基本建成。

三、建设面向社会主义现代化的知识产权制度

(四)构建门类齐全、结构严密、内外协调的法律体系。开展知识产权基础性法律研究,做好专门法律法规之间的衔接,增强法律法规的适用性和统一性。根据实际及时修改专利法、商标法、著作权法和植物新品种保护条例,探索制定地理标志、外观设计等专门法律法规,健全专门保护与商标保护相互协调的统一地理标志保护制度,完善集成电路布图设计法规。制定修改强化商业秘密保护方面的法律法规,完善规制知识产权滥用行为的法律制度以及与知识产权相关的反垄断、反不正当竞争等领域立法。修改科学技术进步法。结合有关诉讼法的修改及贯彻落实,研究建立健全符合知识产权审判规律的特别程序法律制度。加快大数据、人工智能、基因技术等新领域新业态知识产权立法。适应科技进步和经济社会发展形势需要,依法及时推动知识产权法律法规立改废释,适时扩大保护客体范围,提高保护标准,全面建立并实施侵权惩罚性赔偿制度,加大损害赔偿力度。

(五)构建职责统一、科学规范、服务优良的管理体制。持续优化管理体制机制,加强中央在知识产权保护的宏观管理、区域协调和涉外事宜统筹等方面事权,不断加强机构建设,提高管理效能。围绕国家区域协调发展战略,制定实施区域知识产权战略,深化知识产权强省强市建设,促进区域知识产权协调发展。实施一流专利商标审查机构建设工程,建立专利商标审查官制度,优化专利商标审查协作机制,提高审查质量和效率。构建政府监管、社会监督、行业自律、机构自治的知识产权服务业监管体系。

(六)构建公正合理、评估科学的政策体系。坚持严格保护的政策导向,完善知识产权权益分配机制,健全以增加知识价值为导向的分配制度,促进知识产权价值实现。完善以强化保护为导向的专利商标审查政策。健全著作权登记制度、网络保护和交易规则。完善知识产权审查注册登记政策调整机制,建立审查动态管理机制。建立健全知识产权政策合法性和公平竞争审查制度。建立知识产权公共政策评估机制。

(七)构建响应及时、保护合理的新兴领域和特定领域知识产权规则体系。建立健全新技术、新产业、新业态、新模式知识产权保护规则。探索完善互联网领域知识产权保护制度。研究构建数据知识产权保护规则。完善开源知识产权和法律体系。研究完善算法、商业方法、人工智能产出物知识产权保护规则。加强遗传资源、传统知识、民间文艺等获取和惠益分享制度建设,加强非物质文化遗产的搜集整理和转化利用。推动中医药传统知识保护与现代知识产权制度有效衔接,进一步完善中医药知识产权综合保护体系,建立中医药专利特别审查和保护机制,促进中医药传承创新发展。

四、建设支撑国际一流营商环境的知识产权保护体系

(八)健全公正高效、管辖科学、权界清晰、系统完备的司法保护体制。实施高水平知识产权审判机构建设工程,加强审判基础、体制机制和智慧法院建设。健全知识产权审判组织,优化审判机构布局,完善上诉审理机制,深入推进知识产权民事、刑事、行政案件"三合一"审判机制改革,构建案件审理专门化、管辖集中化和程序集约化的审判体系。加强知识产权法官的专业化培养和职业化选拔,加强技术调查官队伍建设,确保案件审判质效。积极推进跨区域知识产权远程诉讼平台建设。统一知识产权司法裁判标准和法律适用,完善裁判规则。加大刑事打击力度,完善知识产权犯罪侦查工作制度。修改完善知识产权相关司法解释,配套制定侵犯知识产权犯罪案件立案追诉标准。加强知识产权案件检察监督机制建设,加强量刑建议指导和抗诉指导。

(九)健全便捷高效、严格公正、公开透明的行政保护体系。依法科学配置和行使有关行政部门的调查权、处罚权和强制权。建立统一协调的执法标准、证据规则和案例指导制度。大力提升行政执法人员专业化、职业化水平,探索建立行政保护技术调查官制度。建设知识产权行政执法监管平台,提升执法监管现代化、智能化水平。建立完善知识产权侵权纠纷检验鉴定工作体系。发挥专利侵权纠纷行政裁决制度作用,加大行政裁决执行力度。探索依当事人申请的知识产权纠纷行政调解协议司法确认制度。完善跨区域、跨部门执法保护协作机制。建立对外贸易知识产权保护调查机制和自由贸易试验区知识产权保护专门机制。强化知识产权海关保护,推进国际知识产权执法合作。

(十)健全统一领导、衔接顺畅、快速高效的协同保护格局。坚持党中央集中统一领导,实现政府履职尽责、执法部门严格监管、司法机关公正司法、市场主体规范管理、行业组织自律自治、社会公众诚信守法的知识产权协同保护。实施知识产权保护体系建设工程。明晰行政机关与司法机关的职责权限和管辖范围,健全知识产权行政保护与司法保护衔接机制,形成保护合力。建立完善知识产权仲裁、调解、公证、鉴定和维权援助体系,加强相关制度建设。健全知识产权信用监管体系,加强知识产权信用监管机制和平台建设,依法依规对知识产权领域严重失信行为实施惩戒。完善著作权集体管理制度,加强对著作权集体管理组织的支持和监管。实施地理标志保护工程。建设知识产权保护中心网络和海外知识产权纠纷应对指导中心网络。建立健全海外知识产权预警和维权援助信息平台。

五、建设激励创新发展的知识产权市场运行机制

(十一)完善以企业为主体、市场为导向的高质量创造机制。以质量和价值为标准,改革完善知识产权考核评价机制。引导市场主体发挥专利、商标、版权等多种类型知识产权组合效应,培育一批知识产权竞争力强的世界一流企业。深化实施中小企业知识产权战略推进工程。优化国家科技计划项目的知识产权管理。围绕生物育种前沿技术和重点领域,加快培育一批具有知识产权的优良植物新品种,提高授权品种质量。

(十二)健全运行高效顺畅、价值充分实现的运用机制。加强专利密集型产业培育,建立专利密集型产业调查机制。积极发挥专利导航在区域发展、政府投资的重大经济科技项目中的作用,大力推动专利导航在传统优势产业、战略性新兴产业、未来产业发展中的应用。改革国有知识产权归属和权益分配机制,扩大科研机构和高校知识产权处置自主权。建立完善财政资助科研项目形成知识产权的声明制度。建立知识产权交易价格统计发布机制。推进商标品牌建设,加强驰名商标保护,发展传承好传统品牌和老字号,大力培育具有国际影响力的知名商标品牌。发挥集体商标、证明商标制度作用,打造特色鲜明、竞争力强、市场信誉好的产业集群品牌和区域品牌。推动地理标志与特色产业发展、生态文明建设、历史文化传承以及乡村振兴有机融合,提升地理标志品牌影响力和产品附加值。实施地理标志农产品保护工程。深入开展知识产权试点示范工作,推动企业、高校、科研机构健全知识产权管理体系,鼓励高校、科研机构建立专业化知识产权转移转化机构。

(十三)建立规范有序、充满活力的市场化运营机制。提高知识产权代理、法律、信息、咨询等服务水平,支持开展知识产权资产评估、交易、转化、托管、投融资等增值服务。实施知识产权运营体系建设工程,打造综合性知识产权运营服务枢纽平台,建设若干聚焦产业、带动区域的运营平台,培育国际化、市场化、专业化知识产权服务机构,开展知识产权服务业分级分类评价。完善无形资产评估制度,形成激励与监管相协调的管理机制。积极稳妥发展知识产权金融,健全知识产权质押信息平台,鼓励开展各类知识产权混合质押和保险,规范探索知识产权融资模式创新。健全版权交易和服务平台,加强作品资产评估、登记认证、质押融资等服务。开展国家版权创新发展建设试点工作。打造全国版权展会授权交易体系。

六、建设便民利民的知识产权公共服务体系

(十四)加强覆盖全面、服务规范、智能高效的公共服务供给。实施知识产权公共服务智能化建设工程,完善国家知识产权大数据中心和公共服务平台,拓展各类知识产权基础信息开放深度、广度,实现与经济、科技、金融、法律等信息的共享融合。深入推进"互联网+"政务服务,充分利用新技术建设智能化专利商标审查和管理系统,优化审查流程,实现知识产权政务服务"一网通办"和"一站式"服务。完善主干服务网络,扩大技术与创新支持中心等服务网点,构建政府引导、多元参与、互联共享的知识产权公共服务体系。加强专业便捷的知识产权公共咨询服务,健全中小企业和初创企业知识产权公共服务机制。完善国际展会知识产权服务机制。

(十五)加强公共服务标准化、规范化、网络化建设。明晰知识产权公共服务事项和范围,制定公共服务事项清单和服务标准。统筹推进分级分类的知识产权公共服务机构建设,大力发展高水平的专门化服务机构。有效利用信息技术、综合运用线上线下手段,提高知识产权公共服务效率。畅通沟通渠道,提高知识产权公共服务社会满意度。

(十六)建立数据标准、资源整合、利用高效的信息服务模式。加强知识产权数据标准制定和数据资源供给,建立市场化、社会化的信息加工和服务机制。规范知识产权数据交易市场,推动知识产权信息开放共享,处理好数据开放与数据隐私保护的关系,提高传播利用效率,充分实现知识产权数据资源的市场价值。推动知识产权信息公共服务和市场化服务协调发展。加强国际知识产权数据交换,提升运用全球知识产权信息的能力和水平。

七、建设促进知识产权高质量发展的人文社会环境

(十七)塑造尊重知识、崇尚创新、诚信守法、公平竞争的知识产权文化理念。加强教育引导、实践养成和制度保障,培养公民自觉尊重和保护知识产权的行为习惯,自觉抵制侵权假冒行为。倡导创新文化,弘扬诚信理念和契约精神,大力宣传锐意创新和诚信经营的典型企业,

引导企业自觉履行尊重和保护知识产权的社会责任。厚植公平竞争的文化氛围,培养新时代知识产权文化自觉和文化自信,推动知识产权文化与法治文化、创新文化和公民道德修养融合共生、相互促进。

(十八)构建内容新颖、形式多样、融合发展的知识产权文化传播矩阵。打造传统媒体和新兴媒体融合发展的知识产权文化传播平台,拓展社交媒体、短视频、客户端等新媒体渠道。创新内容、形式和手段,加强涉外知识产权宣传,形成覆盖国内外的全媒体传播格局,打造知识产权宣传品牌。大力发展国家知识产权高端智库和特色智库,深化理论和政策研究,加强国际学术交流。

(十九)营造更加开放、更加积极、更有活力的知识产权人才发展环境。完善知识产权人才培养、评价激励、流动配置机制。支持学位授权自主审核高校自主设立知识产权一级学科。推进论证设置知识产权专业学位。实施知识产权专项人才培养计划。依托相关高校布局一批国家知识产权人才培养基地,加强相关高校二级知识产权学院建设。加强知识产权管理部门公职律师队伍建设,做好涉外知识产权律师培养和培训工作,加强知识产权国际化人才培养。开发一批知识产权精品课程。开展干部知识产权学习教育。进一步推进中小学知识产权教育,持续提升青少年的知识产权意识。

八、深度参与全球知识产权治理

(二十)积极参与知识产权全球治理体系改革和建设。扩大知识产权领域对外开放,完善国际对话交流机制,推动完善知识产权及相关国际贸易、国际投资等国际规则和标准。积极推进与经贸相关的多双边知识产权对外谈判。建设知识产权涉外风险防控体系。加强与各国知识产权审查机构合作,推动审查信息共享。打造国际知识产权诉讼优选地。提升知识产权仲裁国际化水平。鼓励高水平外国机构来华开展知识产权服务。

(二十一)构建多边和双边协调联动的国际合作网络。积极维护和发展知识产权多边合作体系,加强在联合国、世界贸易组织等国际框架和多边机制中的合作。深化与共建"一带一路"国家和地区知识产权务实合作,打造高层次合作平台,推进信息、数据资源项目合作,向共建"一带一路"国家和地区提供专利检索、审查、培训等多样化服务。加强知识产权对外工作力量。积极发挥非政府组织在知识产权国际交流合作中的作用。拓展海外专利布局渠道。推动专利与国际标准制定有效结合。塑造中国商标品牌良好形象,推动地理标志互认互保,加强中国商标品牌和地理标志产品全球推介。

九、组织保障

(二十二)加强组织领导。全面加强党对知识产权强国建设工作的领导,充分发挥国务院知识产权战略实施工作部际联席会议作用,建立统一领导、部门协同、上下联动的工作体系,制定实施落实本纲要的年度推进计划。各地区各部门要高度重视,加强组织领导,明确任务分工,建立健全本纲要实施与国民经济和社会发展规划、重点专项规划及相关政策相协调的工作机制,结合实际统筹部署相关任务措施,逐项抓好落实。

(二十三)加强条件保障。完善中央和地方财政投入保障制度,加大对本纲要实施工作的支持。综合运用财税、投融资等相关政策,形成多元化、多渠道的资金投入体系,突出重点,优化结构,保障任务落实。按照国家有关规定,对在知识产权强国建设工作中作出突出贡献的集体和个人给予表彰。

(二十四)加强考核评估。国家知识产权局会同有关部门建立本纲要实施动态调整机制,开展年度监测和定期评估总结,对工作任务落实情况开展督促检查,纳入相关工作评价,重要情况及时按程序向党中央、国务院请示报告。在对党政领导干部和国有企业领导班子考核中,注重考核知识产权相关工作成效。地方各级政府要加大督查考核工作力度,将知识产权强国建设工作纳入督查考核范围。

国务院办公厅关于印发《知识产权对外转让有关工作办法(试行)》的通知

· 2018 年 3 月 18 日
· 国办发〔2018〕19 号

《知识产权对外转让有关工作办法(试行)》已经国务院同意,现印发给你们,请认真贯彻执行。

知识产权对外转让有关工作办法(试行)

为贯彻落实总体国家安全观,完善国家安全制度体系,维护国家安全和重大公共利益,规范知识产权对外转让秩序,依据国家安全、对外贸易、知识产权等相关法律法规,制定本办法。

一、审查范围

(一)技术出口、外国投资者并购境内企业等活动中涉及本办法规定的专利权、集成电路布图设计专有权、计算机软件著作权、植物新品种权等知识产权对外转让的,需要按照本办法进行审查。所述知识产权包括其申请权。

(二)本办法所述知识产权对外转让,是指中国单位或者个人将其境内知识产权转让给外国企业、个人或者其他组织,包括权利人的变更、知识产权实际控制人的变更和知识产权的独占实施许可。

二、审查内容

(一)知识产权对外转让对我国国家安全的影响。

(二)知识产权对外转让对我国重要领域核心关键技术创新发展能力的影响。

三、审查机制

(一)技术出口中涉及的知识产权对外转让审查。

1. 在技术出口活动中,出口技术为我国政府明确的禁止出口限制出口技术目录中限制出口的技术时,涉及专利权、集成电路布图设计专有权、计算机软件著作权等知识产权的,应当进行审查。

2. 地方贸易主管部门收到技术出口经营者提交的中国限制出口技术申请书后,涉及专利权、集成电路布图设计专有权等知识产权对外转让的,应将相关材料转至地方知识产权管理部门。地方知识产权管理部门收到相关材料后,应对拟转让的知识产权进行审查并出具书面意见书,反馈至地方贸易主管部门,同时报国务院知识产权主管部门备案。

3. 地方贸易主管部门应当依据地方知识产权管理部门出具的书面意见书,并按照《中华人民共和国技术进出口管理条例》等有关规定作出审查决定。

4. 涉及计算机软件著作权对外转让的,由地方贸易主管部门和科技主管部门按照《中华人民共和国技术进出口管理条例》、《计算机软件保护条例》等有关规定进行审查。对外转让的计算机软件著作权已经在计算机软件登记机构登记的,地方贸易主管部门应当将审查结果及时通知计算机软件登记机构。经审查不得转让的,计算机软件登记机构在接到通知后,不得办理权属变更登记手续。

5. 涉及植物新品种权对外转让的,由农业主管部门和林业主管部门根据《中华人民共和国植物新品种保护条例》等有关规定,按照职责进行审查,重点审查内容为拟转让的植物新品种权对我国农业安全特别是粮食安全和种业安全的影响。

(二)外国投资者并购境内企业安全审查中涉及的

知识产权对外转让审查。

1.外国投资安全审查机构在对外国投资者并购境内企业进行安全审查时,对属于并购安全审查范围并且涉及知识产权对外转让的,应当根据拟转让知识产权的类别,将有关材料转至相关主管部门征求意见。涉及专利权、集成电路布图设计专有权的,由国务院知识产权主管部门负责;涉及计算机软件著作权的,由国家版权主管部门负责;涉及植物新品种权的,由国务院农业主管部门和林业主管部门按职责分别负责。

2.相关主管部门应及时进行审查并出具书面意见书,反馈至外国投资安全审查机构。外国投资安全审查机构应当参考相关主管部门出具的书面意见书,按照有关规定作出审查决定。

四、其他事项

(一)相关主管部门应当制定审查细则,明确审查材料、审查流程、审查时限、工作责任等。

(二)在知识产权对外转让审查最终决定作出后,涉及知识产权权属变更的,转让双方应当按照相关法律法规办理变更手续。

(三)相关主管部门工作人员应当保守知识产权对外转让双方的商业秘密。

(四)知识产权对外转让涉及国防安全的,按照国家有关规定办理,不适用本办法。

(五)本办法自印发之日起试行。

中华人民共和国知识产权海关保护条例

· 2003年12月2日中华人民共和国国务院令第395号公布
· 根据2010年3月24日《国务院关于修改〈中华人民共和国知识产权海关保护条例〉的决定》第一次修订
· 根据2018年3月19日《国务院关于修改和废止部分行政法规的决定》第二次修订

第一章 总 则

第一条 为了实施知识产权海关保护,促进对外经济贸易和科技文化交往,维护公共利益,根据《中华人民共和国海关法》,制定本条例。

第二条 本条例所称知识产权海关保护,是指海关对与进出口货物有关并受中华人民共和国法律、行政法规保护的商标专用权、著作权和与著作权有关的权利、专利权(以下统称知识产权)实施的保护。

第三条 国家禁止侵犯知识产权的货物进出口。

海关依照有关法律和本条例的规定实施知识产权保护,行使《中华人民共和国海关法》规定的有关权力。

第四条 知识产权权利人请求海关实施知识产权保护的,应当向海关提出采取保护措施的申请。

第五条 进口货物的收货人或者其代理人、出口货物的发货人或者其代理人应当按照国家规定,向海关如实申报与进出口货物有关的知识产权状况,并提交有关证明文件。

第六条 海关实施知识产权保护时,应当保守有关当事人的商业秘密。

第二章 知识产权的备案

第七条 知识产权权利人可以依照本条例的规定,将其知识产权向海关总署申请备案;申请备案的,应当提交申请书。申请书应当包括下列内容:

(一)知识产权权利人的名称或者姓名、注册地或者国籍等;

(二)知识产权的名称、内容及其相关信息;

(三)知识产权许可行使状况;

(四)知识产权权利人合法行使知识产权的货物的名称、产地、进出境地海关、进出口商、主要特征、价格等;

(五)已知的侵犯知识产权货物的制造商、进出口商、进出境地海关、主要特征、价格等。

前款规定的申请书内容有证明文件的,知识产权权利人应当附送证明文件。

第八条 海关总署应当自收到全部申请文件之日起30个工作日内作出是否准予备案的决定,并书面通知申请人;不予备案的,应当说明理由。

有下列情形之一的,海关总署不予备案:

(一)申请文件不齐全或者无效的;

(二)申请人不是知识产权权利人的;

(三)知识产权不再受法律、行政法规保护的。

第九条 海关发现知识产权权利人申请知识产权备案未如实提供有关情况或者文件的,海关总署可以撤销其备案。

第十条 知识产权海关保护备案自海关总署准予备案之日起生效,有效期为10年。

知识产权有效的,知识产权权利人可以在知识产权海关保护备案有效期届满前6个月内,向海关总署申请续展备案。每次续展备案的有效期为10年。

知识产权海关保护备案有效期届满而不申请续展或者知识产权不再受法律、行政法规保护的,知识产权海关保护备案随即失效。

第十一条 知识产权备案情况发生改变的,知识产权权利人应当自发生改变之日起 30 个工作日内,向海关总署办理备案变更或者注销手续。

知识产权权利人未依照前款规定办理变更或者注销手续,给他人合法进出口或者海关依法履行监管职责造成严重影响的,海关总署可以根据有关利害关系人的申请撤销有关备案,也可以主动撤销有关备案。

第三章　扣留侵权嫌疑货物的申请及其处理

第十二条　知识产权权利人发现侵权嫌疑货物即将进出口的,可以向货物进出境地海关提出扣留侵权嫌疑货物的申请。

第十三条　知识产权权利人请求海关扣留侵权嫌疑货物的,应当提交申请书及相关证明文件,并提供足以证明侵权事实明显存在的证据。

申请书应当包括下列主要内容:

(一)知识产权权利人的名称或者姓名、注册地或者国籍等;

(二)知识产权的名称、内容及其相关信息;

(三)侵权嫌疑货物收货人和发货人的名称;

(四)侵权嫌疑货物名称、规格等;

(五)侵权嫌疑货物可能进出境的口岸、时间、运输工具等。

侵权嫌疑货物涉嫌侵犯备案知识产权的,申请书还应当包括海关备案号。

第十四条　知识产权权利人请求海关扣留侵权嫌疑货物的,应当向海关提供不超过货物等值的担保,用于赔偿可能因申请不当给收货人、发货人造成的损失,以及支付货物由海关扣留后的仓储、保管和处置等费用;知识产权权利人直接向仓储商支付仓储、保管费用的,从担保中扣除。具体办法由海关总署制定。

第十五条　知识产权权利人申请扣留侵权嫌疑货物,符合本条例第十三条的规定,并依照本条例第十四条的规定提供担保的,海关应当扣留侵权嫌疑货物,书面通知知识产权权利人,并将海关扣留凭单送达收货人或者发货人。

知识产权权利人申请扣留侵权嫌疑货物,不符合本条例第十三条的规定,或者未依照本条例第十四条的规定提供担保的,海关应当驳回申请,并书面通知知识产权权利人。

第十六条　海关发现进出口货物有侵犯备案知识产权嫌疑的,应当立即书面通知知识产权权利人。知识产权权利人自通知送达之日起 3 个工作日内依照本条例第十三条的规定提出申请,并依照本条例第十四条的规定

提供担保的,海关应当扣留侵权嫌疑货物,书面通知知识产权权利人,并将海关扣留凭单送达收货人或者发货人。知识产权权利人逾期未提出申请或者未提供担保的,海关不得扣留货物。

第十七条　经海关同意,知识产权权利人和收货人或者发货人可以查看有关货物。

第十八条　收货人或者发货人认为其货物未侵犯知识产权权利人的知识产权的,应当向海关提出书面说明并附送相关证据。

第十九条　涉嫌侵犯专利权货物的收货人或者发货人认为其进出口货物未侵犯专利权的,可以在向海关提供货物等值的担保金后,请求海关放行其货物。知识产权权利人未能在合理期限内向人民法院起诉的,海关应当退还担保金。

第二十条　海关发现进出口货物有侵犯备案知识产权嫌疑并通知知识产权权利人后,知识产权权利人请求海关扣留侵权嫌疑货物的,海关应当自扣留之日起 30 个工作日内对被扣留的侵权嫌疑货物是否侵犯知识产权进行调查、认定;不能认定的,应当立即书面通知知识产权权利人。

第二十一条　海关对被扣留的侵权嫌疑货物进行调查,请求知识产权主管部门提供协助的,有关知识产权主管部门应当予以协助。

知识产权主管部门处理涉及进出口货物的侵权案件请求海关提供协助的,海关应当予以协助。

第二十二条　海关对被扣留的侵权嫌疑货物及有关情况进行调查时,知识产权权利人和收货人或者发货人应当予以配合。

第二十三条　知识产权权利人在向海关提出采取保护措施的申请后,可以依照《中华人民共和国商标法》、《中华人民共和国著作权法》、《中华人民共和国专利法》或者其他有关法律的规定,就被扣留的侵权嫌疑货物向人民法院申请采取责令停止侵权行为或者财产保全的措施。

海关收到人民法院有关责令停止侵权行为或者财产保全的协助执行通知的,应当予以协助。

第二十四条　有下列情形之一的,海关应当放行被扣留的侵权嫌疑货物:

(一)海关依照本条例第十五条的规定扣留侵权嫌疑货物,自扣留之日起 20 个工作日内未收到人民法院协助执行通知的;

(二)海关依照本条例第十六条的规定扣留侵权嫌

疑货物，自扣留之日起 50 个工作日内未收到人民法院协助执行通知，并且经调查不能认定被扣留的侵权嫌疑货物侵犯知识产权的；

（三）涉嫌侵犯专利权货物的收货人或者发货人在向海关提供与货物等值的担保金后，请求海关放行其货物的；

（四）海关认为收货人或者发货人有充分的证据证明其货物未侵犯知识产权权利人的知识产权的；

（五）在海关认定被扣留的侵权嫌疑货物为侵权货物之前，知识产权权利人撤回扣留侵权嫌疑货物的申请的。

第二十五条　海关依照本条例的规定扣留侵权嫌疑货物，知识产权权利人应当支付有关仓储、保管和处置等费用。知识产权权利人未支付有关费用的，海关可以从其向海关提供的担保金中予以扣除，或者要求担保人履行有关担保责任。

侵权嫌疑货物被认定为侵犯知识产权的，知识产权权利人可以将其支付的有关仓储、保管和处置等费用计入其为制止侵权行为所支付的合理开支。

第二十六条　海关实施知识产权保护发现涉嫌犯罪案件的，应当将案件依法移送公安机关处理。

第四章　法律责任

第二十七条　被扣留的侵权嫌疑货物，经海关调查后认定侵犯知识产权的，由海关予以没收。

海关没收侵犯知识产权货物后，应当将侵犯知识产权货物的有关情况书面通知知识产权权利人。

被没收的侵犯知识产权货物可以用于社会公益事业的，海关应当转交给有关公益机构用于社会公益事业；知识产权权利人有收购意愿的，海关可以有偿转让给知识产权权利人。被没收的侵犯知识产权货物无法用于社会公益事业且知识产权权利人无收购意愿的，海关可以在消除侵权特征后依法拍卖，但对进口假冒商标货物，除特殊情况外，不能仅清除货物上的商标标识即允许其进入商业渠道；侵权特征无法消除的，海关应当予以销毁。

第二十八条　海关接受知识产权保护备案和采取知识产权保护措施的申请后，因知识产权权利人未提供确切情况而未能发现侵权货物、未能及时采取保护措施或者采取保护措施不力的，由知识产权权利人自行承担责任。

知识产权权利人请求海关扣留侵权嫌疑货物后，海关不能认定被扣留的侵权嫌疑货物侵犯知识产权权利人的知识产权，或者人民法院判定不侵犯知识产权权利人

的知识产权的，知识产权权利人应当依法承担赔偿责任。

第二十九条　进口或者出口侵犯知识产权货物，构成犯罪的，依法追究刑事责任。

第三十条　海关工作人员在实施知识产权保护时，玩忽职守、滥用职权、徇私舞弊，构成犯罪的，依法追究刑事责任；尚不构成犯罪的，依法给予行政处分。

第五章　附　则

第三十一条　个人携带或者邮寄进出境的物品，超出自用、合理数量，并侵犯本条例第二条规定的知识产权的，按照侵权货物处理。

第三十二条　本条例自 2004 年 3 月 1 日起施行。1995 年 7 月 5 日国务院发布的《中华人民共和国知识产权海关保护条例》同时废止。

中华人民共和国海关关于《中华人民共和国知识产权海关保护条例》的实施办法

· 2009 年 3 月 3 日海关总署第 183 号令公布
· 根据 2018 年 5 月 29 日《海关总署关于修改部分规章的决定》修正

第一章　总　则

第一条　为了有效实施《中华人民共和国知识产权海关保护条例》（以下简称《条例》），根据《中华人民共和国海关法》以及其他法律、行政法规，制定本办法。

第二条　知识产权权利人请求海关采取知识产权保护措施或者向海关总署办理知识产权海关保护备案的，境内知识产权权利人可以直接或者委托境内代理人提出申请，境外知识产权权利人应当由其在境内设立的办事机构或者委托境内代理人提出申请。

知识产权权利人按照前款规定委托境内代理人提出申请的，应当出具规定格式的授权委托书。

第三条　知识产权权利人及其代理人（以下统称知识产权权利人）请求海关扣留即将进出口的侵权嫌疑货物的，应当根据本办法的有关规定向海关提出扣留侵权嫌疑货物的申请。

第四条　进出口货物的收发货人或者其代理人（以下统称收发货人）应当在合理的范围内了解其进出口货物的知识产权状况。海关要求申报进出口货物知识产权状况的，收发货人应当在海关规定的期限内向海关如实申报并提交有关证明文件。

第五条　知识产权权利人或者收发货人向海关提交的有关文件或者证据涉及商业秘密的，知识产权权利人

或者收发货人应当向海关书面说明。

海关实施知识产权保护，应当保守有关当事人的商业秘密，但海关应当依法公开的信息除外。

第二章　知识产权备案

第六条　知识产权权利人向海关总署申请知识产权海关保护备案的，应当向海关总署提交申请书。申请书应当包括以下内容：

（一）知识产权权利人的名称或者姓名、注册地或者国籍、通信地址、联系人姓名、电话和传真号码、电子邮箱地址等。

（二）注册商标的名称、核定使用商品的类别和商品名称、商标图形、注册有效期、注册商标的转让、变更、续展情况等；作品的名称、创作完成的时间、作品的类别、作品图片、作品转让、变更情况等；专利权的名称、类型、申请日期、专利权转让、变更情况等。

（三）被许可人的名称、许可使用商品、许可期限等。

（四）知识产权权利人合法行使知识产权的货物的名称、产地、进出境地海关、进出口商、主要特征、价格等。

（五）已知的侵犯知识产权货物的制造商、进出口商、进出境地海关、主要特征、价格等。

知识产权权利人应当就其申请备案的每一项知识产权单独提交一份申请书。知识产权权利人申请国际注册商标备案的，应当就其申请的每一类商品单独提交一份申请书。

第七条　知识产权权利人向海关总署提交备案申请书，应当随附以下文件、证据：

（一）知识产权权利人的身份证明文件。

（二）国务院工商行政管理部门签发的《商标注册证》的复印件。申请人经核准变更商标注册事项、续展商标注册、转让注册商标或者申请国际注册商标备案的，还应当提交国务院工商行政管理部门出具的有关商标注册的证明；著作权登记部门签发的著作权自愿登记证明的复印件和经著作权登记部门认证的作品照片。申请人未进行著作权自愿登记的，提交可以证明申请人为著作权人的作品样品以及其他有关著作权的证据；国务院专利行政部门签发的专利证书的复印件。专利授权自公告之日起超过1年的，还应当提交国务院专利行政部门在申请人提出备案申请前6个月内出具的专利登记簿副本；申请实用新型专利或者外观设计专利备案的，还应当提交国务院专利行政部门作出的专利权评价报告。

（三）知识产权权利人许可他人使用注册商标、作品或者实施专利，签订许可合同的，提供许可合同的复印件；未签订许可合同的，提交有关被许可人、许可范围和许可期间等情况的书面说明。

（四）知识产权权利人合法行使知识产权的货物及其包装的照片。

（五）已知的侵权货物进出口的证据。知识产权权利人与他人之间的侵权纠纷已经人民法院或者知识产权主管部门处理的，还应当提交有关法律文书的复印件。

知识产权权利人根据前款规定向海关总署提交的文件和证据应当齐全、真实和有效。有关文件和证据为外文的，应当另附中文译本。海关总署认为必要时，可以要求知识产权权利人提交有关文件或者证据的公证、认证文书。

第八条　知识产权权利人向海关总署申请办理知识产权海关保护备案或者在备案失效后重新向海关总署申请备案的，应当缴纳备案费。知识产权权利人应当将备案费通过银行汇至海关总署指定账号。海关总署收取备案费的，应当出具收据。备案费的收取标准由海关总署会同国家有关部门另行制定并予以公布。

知识产权权利人申请备案续展或者变更的，无需再缴纳备案费。

知识产权权利人在海关总署核准前撤回备案申请或者其备案申请被驳回的，海关总署应当退还备案费。已经海关总署核准的备案被海关总署注销、撤销或者因其他原因失效的，已缴纳的备案费不予退还。

第九条　知识产权海关保护备案自海关总署核准备案之日起生效，有效期为10年。自备案生效之日起知识产权的有效期不足10年的，备案的有效期以知识产权的有效期为准。

《条例》施行前经海关总署核准的备案或者核准续展的备案的有效期仍按原有效期计算。

第十条　在知识产权海关保护备案有效期届满前6个月内，知识产权权利人可以向海关总署提出续展备案的书面申请并随附有关文件。海关总署应当自收到全部续展申请文件之日起10个工作日内作出是否准予续展的决定，并书面通知知识产权权利人；不予续展的，应当说明理由。

续展备案的有效期自上一届备案有效期满次日起算，有效期为10年。知识产权的有效期自上一届备案有效期满次日起不足10年的，续展备案的有效期以知识产权的有效期为准。

第十一条　知识产权海关保护备案经海关总署核准后，按照本办法第六条向海关提交的申请书内容发生改变的,知识产权权利人应当自发生改变之日起30个工作日内向海关总署提出变更备案的申请并随附有关文件。

第十二条　知识产权在备案有效期届满前不再受法律、行政法规保护或者备案的知识产权发生转让的,原知识产权权利人应当自备案的知识产权不再受法律、行政法规保护或者转让生效之日起30个工作日内向海关总署提出注销知识产权海关保护备案的申请并随附有关文件。知识产权权利人在备案有效期内放弃备案的,可以向海关总署申请注销备案。

未依据本办法第十一条和本条前款规定向海关总署申请变更或者注销备案,给他人合法进出口造成严重影响的,海关总署可以主动或者根据有关利害关系人的申请注销有关知识产权的备案。

海关总署注销备案,应当书面通知有关知识产权权利人,知识产权海关保护备案自海关总署注销之日起失效。

第十三条　海关总署根据《条例》第九条的规定撤销知识产权海关保护备案的,应当书面通知知识产权权利人。

海关总署撤销备案的,知识产权权利人自备案被撤销之日起1年内就被撤销备案的知识产权再次申请备案的,海关总署可以不予受理。

第三章　依申请扣留

第十四条　知识产权权利人发现侵权嫌疑货物即将进出口并要求海关予以扣留的,应当根据《条例》第十三条的规定向货物进出境地海关提交申请书。有关知识产权未在海关总署备案的,知识产权权利人还应当随附本办法第七条第一款第(一)、(二)项规定的文件、证据。

知识产权权利人请求海关扣留侵权嫌疑货物,还应当向海关提交足以证明侵权事实明显存在的证据。知识产权权利人提交的证据,应当能够证明以下事实:

(一)请求海关扣留的货物即将进出口;

(二)在货物上未经许可使用了侵犯其商标专用权的商标标识、作品或者实施了其专利。

第十五条　知识产权权利人请求海关扣留侵权嫌疑货物,应当在海关规定的期限内向海关提供相当于货物价值的担保。

第十六条　知识产权权利人提出的申请不符合本办法第十四条的规定或者未按照本办法第十五条的规定提供担保的,海关应当驳回其申请并书面通知知识产权权利人。

第十七条　海关扣留侵权嫌疑货物的,应当将货物的名称、数量、价值、收发货人名称、申报进出口日期、海关扣留日期等情况书面通知知识产权权利人。

经海关同意,知识产权权利人可以查看海关扣留的货物。

第十八条　海关自扣留侵权嫌疑货物之日起20个工作日内,收到人民法院协助扣押有关货物书面通知的,应当予以协助;未收到人民法院协助扣押通知或者知识产权权利人要求海关放行有关货物的,海关应当放行货物。

第十九条　海关扣留侵权嫌疑货物的,应当将扣留侵权嫌疑货物的扣留凭单送达收发货人。

经海关同意,收发货人可以查看海关扣留的货物。

第二十条　收发货人根据《条例》第十九条的规定请求放行其被海关扣留的涉嫌侵犯专利权货物的,应当向海关提出书面申请并提供与货物等值的担保金。

收发货人请求海关放行涉嫌侵犯专利权货物,符合前款规定的,海关应当放行货物并书面通知知识产权权利人。

知识产权权利人就有关专利侵权纠纷向人民法院起诉的,应当在前款规定的海关书面通知送达之日起30个工作日内向海关提交人民法院受理案件通知书的复印件。

第四章　依职权调查处理

第二十一条　海关对进出口货物实施监管,发现进出口货物涉及在海关总署备案的知识产权且进出口商或者制造商使用有关知识产权的情况未在海关总署备案的,可以要求收发货人在规定期限内申报货物的知识产权状况和提交相关证明文件。

收发货人未按照前款规定申报货物知识产权状况、提交相关证明文件或者海关有理由认为货物涉嫌侵犯在海关总署备案的知识产权的,海关应当中止放行货物并书面通知知识产权权利人。

第二十二条　知识产权权利人应当在本办法第二十一条规定的海关书面通知送达之日起3个工作日内按照下列规定予以回复:

(一)认为有关货物侵犯其在海关总署备案的知识产权并要求海关予以扣留的,向海关提出扣留侵权嫌疑货物的书面申请并按照本办法第二十三条或者第二十四条的规定提供担保;

(二)认为有关货物未侵犯其在海关总署备案的知识产权或者不要求海关扣留侵权嫌疑货物的,向海关书面说明理由。

经海关同意,知识产权权利人可以查看有关货物。

第二十三条 知识产权权利人根据本办法第二十二条第一款第(一)项的规定请求海关扣留侵权嫌疑货物的,应当按照以下规定向海关提供担保:

(一)货物价值不足人民币2万元的,提供相当于货物价值的担保;

(二)货物价值为人民币2万至20万元的,提供相当于货物价值50%的担保,但担保金额不得少于人民币2万元;

(三)货物价值超过人民币20万元的,提供人民币10万元的担保。

知识产权权利人根据本办法第二十二条第一款第(一)项的规定请求海关扣留涉嫌侵犯商标专用权货物的,可以依据本办法第二十四条的规定向海关总署提供总担保。

第二十四条 在海关总署备案的商标专用权的知识产权权利人,经海关总署核准可以向海关总署提交银行或者非银行金融机构出具的保函,为其向海关申请商标专用权海关保护措施提供总担保。

总担保的担保金额应当相当于知识产权权利人上一年度向海关申请扣留侵权嫌疑货物后发生的仓储、保管和处置等费用之和;知识产权权利人上一年度未向海关申请扣留侵权嫌疑货物或者仓储、保管和处置等费用不足人民币20万元的,总担保的担保金额为人民币20万元。

自海关总署核准其使用总担保之日至当年12月31日,知识产权权利人根据《条例》第十六条的规定请求海关扣留涉嫌侵犯其已在海关总署备案的商标专用权的进出口货物,无需另行提供担保,但知识产权权利人未按照《条例》第二十五条的规定支付有关费用或者未按照《条例》第二十九条的规定承担赔偿责任,海关总署向担保人发出履行担保责任通知的除外。

第二十五条 知识产权权利人根据本办法第二十二条第一款第(一)项的规定提出申请并根据本办法第二十三条、第二十四条的规定提供担保的,海关应当扣留侵权嫌疑货物并书面通知知识产权权利人;知识产权权利人未提出申请或者未提供担保的,海关应当放行货物。

第二十六条 海关扣留侵权嫌疑货物的,应当将扣留侵权嫌疑货物的扣留凭单送达收发货人。

经海关同意,收发货人可以查看海关扣留的货物。

第二十七条 海关扣留侵权嫌疑货物后,应当依法对侵权嫌疑货物以及其他有关情况进行调查。收发货人

和知识产权权利人应当对海关调查予以配合,如实提供有关情况和证据。

海关对侵权嫌疑货物进行调查,可以请求有关知识产权主管部门提供咨询意见。

知识产权权利人与收发货人就海关扣留的侵权嫌疑货物达成协议,向海关提出书面申请并随附相关协议,要求海关解除扣留侵权嫌疑货物的,海关除认为涉嫌构成犯罪外,可以终止调查。

第二十八条 海关对扣留的侵权嫌疑货物进行调查,不能认定货物是否侵犯有关知识产权的,应当自扣留侵权嫌疑货物之日起30个工作日内书面通知知识产权权利人和收发货人。

海关不能认定货物是否侵犯有关专利权的,收发货人向海关提供相当于货物价值的担保后,可以请求海关放行货物。海关同意放行货物的,按照本办法第二十条第二款和第三款的规定办理。

第二十九条 对海关不能认定有关货物是否侵犯其知识产权的,知识产权权利人可以根据《条例》第二十三条的规定向人民法院申请采取责令停止侵权行为或者财产保全的措施。

海关自扣留侵权嫌疑货物之日起50个工作日内收到人民法院协助扣押有关货物书面通知的,应当予以协助;未收到人民法院协助扣押通知或者知识产权权利人要求海关放行有关货物的,海关应当放行货物。

第三十条 海关作出没收侵权货物决定的,应当将下列已知的情况书面通知知识产权权利人:

(一)侵权货物的名称和数量;

(二)收发货人名称;

(三)侵权货物申报进出口日期、海关扣留日期和处罚决定生效日期;

(四)侵权货物的启运地和指运地;

(五)海关可以提供的其他与侵权货物有关的情况。

人民法院或者知识产权主管部门处理有关当事人之间的侵权纠纷,需要海关协助调取与进出口货物有关的证据的,海关应当予以协助。

第三十一条 海关发现个人携带或者邮寄进出境的物品,涉嫌侵犯《条例》第二条规定的知识产权并超出自用、合理数量的,应当予以扣留,但旅客或者收寄件人向海关声明放弃并经海关同意的除外。

海关对侵权物品进行调查,知识产权权利人应当予以协助。进出境旅客或者进出境邮件的收寄件人认为海关扣留的物品未侵犯有关知识产权或者属于自用的,可

以向海关书面说明有关情况并提供相关证据。

第三十二条　进出口货物或者进出境物品经海关调查认定侵犯知识产权，根据《条例》第二十七条第一款和第二十八条的规定应当由海关予以没收，但当事人无法查清的，自海关制发有关公告之日起满3个月后可由海关予以收缴。

进出口侵权行为有犯罪嫌疑的，海关应当依法移送公安机关。

第五章　货物处置和费用

第三十三条　对没收的侵权货物，海关应当按照下列规定处置：

（一）有关货物可以直接用于社会公益事业或者知识产权权利人有收购意愿的，将货物转交给有关公益机构用于社会公益事业或者有偿转让给知识产权权利人；

（二）有关货物不能按照第（一）项的规定处置且侵权特征能够消除的，在消除侵权特征后依法拍卖。拍卖货物所得款项上交国库；

（三）有关货物不能按照第（一）、（二）项规定处置的，应当予以销毁。

海关拍卖侵权货物，应当事先征求有关知识产权权利人的意见。海关销毁侵权货物，知识产权权利人应当提供必要的协助。有关公益机构将海关没收的侵权货物用于社会公益事业以及知识产权权利人接受海关委托销毁侵权货物的，海关应当进行必要的监督。

第三十四条　海关协助人民法院扣押侵权嫌疑货物或者放行被扣留货物的，知识产权权利人应当支付货物在海关扣留期间的仓储、保管和处置等费用。

海关没收侵权货物的，知识产权权利人应当按照货物在海关扣留后的实际存储时间支付仓储、保管和处置等费用。但海关自没收侵权货物的决定送达收发货人之日起3个月内不能完成货物处置，且非因收发货人申请行政复议、提起行政诉讼或者货物处置方面的其他特殊原因导致的，知识产权权利人不需支付3个月后的有关费用。

海关按照本办法第三十三条第一款第（二）项的规定拍卖侵权货物的，拍卖费用的支出按照有关规定办理。

第三十五条　知识产权权利人未按本办法第三十四条的规定支付有关费用的，海关可以从知识产权权利人提交的担保金中扣除有关费用或者要求担保人履行担保义务。

海关没收侵权货物的，应当在货物处置完毕并结清有关费用后向知识产权权利人退还担保金或者解除担保人的担保责任。

海关协助人民法院扣押侵权嫌疑货物或者根据《条例》第二十四条第（一）、（二）、（四）项的规定放行被扣留货物的，收发货人可以就知识产权权利人提供的担保向人民法院申请财产保全。海关自协助人民法院扣押侵权嫌疑货物或者放行货物之日起20个工作日内，未收到人民法院就知识产权权利人提供的担保采取财产保全措施的协助执行通知的，海关应当向知识产权权利人退还担保金或者解除担保人的担保责任；收到人民法院协助执行通知的，海关应当协助执行。

第三十六条　海关根据《条例》第十九条的规定放行被扣留的涉嫌侵犯专利权的货物后，知识产权权利人按照本办法第二十条第三款的规定向海关提交人民法院受理案件通知书复印件的，海关应当根据人民法院的判决结果处理收发货人提交的担保金；知识产权权利人未提交人民法院受理案件通知书复印件的，海关应当退还收发货人提交的担保金。对知识产权权利人向海关提供的担保，收发货人可以向人民法院申请财产保全，海关未收到人民法院对知识产权权利人提供的担保采取财产保全措施的协助执行通知的，应当自处理收发货人提交的担保金之日起20个工作日后，向知识产权权利人退还担保金或者解除担保人的担保责任；收到人民法院协助执行通知的，海关应当协助执行。

第六章　附　则

第三十七条　海关参照本办法对奥林匹克标志和世界博览会标志实施保护。

第三十八条　在本办法中，"担保"指担保金、银行或者非银行金融机构保函。

第三十九条　本办法中货物的价值由海关以该货物的成交价格为基础审查确定。成交价格不能确定的，货物价值由海关依法估定。

第四十条　本办法第十七条、二十一条、二十八条规定的海关书面通知可以采取直接、邮寄、传真或者其他方式送达。

第四十一条　本办法第二十条第三款和第二十二条第一款规定的期限自海关书面通知送达之日的次日起计算。期限的截止按以下规定确定：

（一）知识产权权利人通过邮局或者银行向海关提交文件或者提供担保的，以期限到期日24时止；

（二）知识产权权利人当面向海关提交文件或者提供担保的，以期限到期日海关正常工作时间结束止。

第四十二条　知识产权权利人和收发货人根据本办

法向海关提交有关文件复印件的,应当将复印件与文件原件进行核对。经核对无误后,应当在复印件上加注"与原件核对无误"字样并予以签章确认。

第四十三条 本办法自2009年7月1日起施行。2004年5月25日海关总署令第114号公布的《中华人民共和国海关关于〈中华人民共和国知识产权海关保护条例〉的实施办法》同时废止。

知识产权公共服务普惠工程实施方案
(2023—2025年)

·2023年9月13日

为贯彻落实《知识产权强国建设纲要(2021—2035年)》《"十四五"国家知识产权保护和运用规划》《知识产权公共服务"十四五"规划》相关任务部署,积极推进实施知识产权公共服务普惠工程,不断提高知识产权公共服务标准化规范化便利化水平,促进创新成果更好惠及人民,结合工作实际,制定本方案。

一、总体要求

实施知识产权公共服务普惠工程的目的是实现政策普惠公平、服务普惠可及、数据普惠开放,推动各地公共服务覆盖更广、效能更高、服务更好、体验更优。实施知识产权公共服务普惠工程要坚持以习近平新时代中国特色社会主义思想为指导,认真贯彻落实党的二十大和二十届一中、二中全会精神,深入落实党中央、国务院决策部署,积极融入国家创新体系,聚焦高水平科技自立自强和创新发展需求,持续健全知识产权公共服务体系,不断提升公共服务能力水平,努力促进知识产权公共服务主体多元化、供给均等化、领域多样化、支撑数字化、人才专业化,构建供需匹配、各服所需的分层服务机制,推动公共服务线上线下融合发展,全面实现普惠效能升级,促进公共服务体系和保护体系、运用体系协同发力,促进服务链与创新链产业链人才链深度融合,助力构建融通创新生态,营造良好营商环境和创新环境,为知识产权强国建设提供有力支撑,更好服务经济社会高质量发展。

二、推进知识产权公共服务机构多元化

(一)充分发挥知识产权公共服务骨干节点作用。各省级知识产权管理部门所属公共服务机构要充分发挥承上启下的节点作用,协调统筹本地区知识产权公共服务机构布局,推广应用各级知识产权信息公共服务平台以及相关公共服务产品,赋能本地区其他知识产权公共服务机构,有效激发地方创新动能。(责任部门:公共服务司,各地知识产权管理部门)

(二)加强地市级综合性知识产权公共服务机构建设。各省级知识产权管理部门要指导地市级知识产权管理部门结合本地实际,有效整合服务资源,建设综合性知识产权公共服务机构。到2025年,全国范围内地市级综合性知识产权公共服务机构覆盖率提升至50%以上。鼓励支持有条件的县(市、区)知识产权管理部门建设适应本地区创新发展需要的综合性知识产权公共服务机构。(责任部门:公共服务司,各地知识产权管理部门)

(三)加强知识产权公共服务重要网点建设。广泛动员高校、科研院所、科技情报机构、公共图书馆、行业组织等,积极参与技术与创新支持中心(TISC)、高校国家知识产权信息服务中心和国家知识产权信息公共服务网点建设。到2025年,国家级重要网点达到550家以上。充分发挥全国专利信息传播利用基地、全国专利文献服务网点在知识产权信息传播利用中的专业支撑作用。围绕粤港澳大湾区一体化建设,推进在香港特区建设TISC。(责任部门:公共服务司、港澳台办公室、文献部,各地知识产权管理部门)

(四)扩大知识产权公共服务一般网点覆盖面。各省级知识产权管理部门要结合区域创新发展特点,合理布局建设省级知识产权公共服务网点。指导知识产权综合业务受理窗口、商标业务受理窗口、商品品牌指导站等,积极拓展知识产权信息查询、政策宣传、业务咨询等公共服务。引导支持各类产业园区、试验示范区、服务业集聚区等设立知识产权公共服务机构或者工作站,贴近创新主体,呼应创新需求。(责任部门:运用促进司、公共服务司、商标局,各地知识产权管理部门)

(五)促进知识产权公共服务体系和保护体系、运用体系协同发力。鼓励支持知识产权保护中心、快速维权中心等机构,在开展知识产权保护、运用"一站式"综合服务的基础上,积极拓展知识产权信息公共服务。(责任部门:保护司、运用促进司、公共服务司,各地知识产权管理部门)

三、推进知识产权公共服务供给均等化

(六)推进知识产权公共服务标准化规范化。推广应用《知识产权政务服务事项办事指南》,统一规范专利、商标、地理标志、集成电路布图设计登记注册等相关业务办理。各地知识产权管理部门要积极推行知识产权服务事项清单化管理,制定发布地方知识产权政务服务事项办事指南,实现同标准受理、无差异办理。制定发布国家知识产权公共服务重要网点共性公共服务事项清单,鼓励支持各级各类知识产权公共服务机构发布个性化公共服务事项清单。(责任部门:公共服务司、各专利审查协作中心、商标局,各地知识产权管理部门)

(七)提高知识产权公共服务便利度。推动实现知识产权业务线上办理统一认证、统一登录。持续深化"减证便民",扩大电子证照共享应用。探索进一步扩大知识产权综合业务受理窗口业务受理范围,推行知识产权业务告知承诺办理。探索推进知识产权高频服务事项业务办理移动端建设,逐步实现"掌上查、指尖办"。加强与市场监管、公安等部门间相关数据共享,通过经营主体、自然人等信息核验,探索在专利、商标权利人办理名称和地址变更过程中,减少提交相关证明文件。升级商标网上服务系统,实现图形商标"以图搜图"查询检索,进一步提升商标业务网上可办率。健全知识产权行政诉讼案件线上应诉工作机制,更大范围推行专利、商标巡回审理、远程审理。(责任部门:运用促进司、公共服务司、审业部、复审无效部、初审流程部、自动化部、商标局,各地知识产权管理部门)

(八)推进建设知识产权公共服务标准化城市。围绕提升知识产权公共服务标准化、规范化和便利化水平,推动更多知识产权领域依申请办理的行政权力事项和公共服务事项,入驻地方政务服务中心,提供专利、商标、地理标志、集成电路布图设计等知识产权业务的受理、缴费、查询、检索、咨询等"一站式"服务,并形成相关服务事项清单。扩大知识产权业务"一网通办"范围,推动更多知识产权服务事项网上可办,推动在创新需求集中的产业园区设立知识产权公共服务网点或工作站,实现知识产权公共服务标准统一、线上线下服务协同、数据信息互联共享、区域公共服务发展平衡。到2025年,建成知识产权公共服务标准化城市30个。(责任部门:公共服务司、自动化部、商标局,各地知识产权管理部门)

(九)推动知识产权公共服务和市场化服务协同发展。进一步厘清公共服务与市场化服务的边界,充分发挥公共服务的基础保障作用,加快推动知识产权公共服务和市场化服务协同发展,构建有为政府保基础、有效市场促高端的服务格局。鼓励有条件的地方依托各级知识产权服务业集聚区,汇聚知识产权公共服务和市场化服务资源,围绕知识产权全链条构建系统完整的知识产权服务链条,形成公共服务与市场化服务的叠加效应。鼓励支持地方知识产权管理部门充分利用公共服务资源,

依托"知识产权服务万里行"活动,组建知识产权公共服务专家服务队伍,开展专项公共服务。鼓励支持知识产权市场化服务机构积极开展公益服务。(责任部门:运用促进司、公共服务司、代理师协会,各地知识产权管理部门)

(十)规范开展知识产权政务服务评价。畅通知识产权业务咨询服务平台,提供规范化业务咨询服务。在知识产权业务办理窗口、线上服务平台、咨询电话平台全面开展"好差评"工作,形成评价、整改、反馈、监督全流程衔接的政务服务评价机制。(责任部门:公共服务司、审业部、初审流程部、自动化部、商标局、检索咨询中心,各地知识产权管理部门)

四、推进知识产权公共服务领域多样化

(十一)强化对国家战略科技力量的公共服务支撑。组织知识产权公共服务重要网点面向国家实验室、国家科研机构、高水平研究型大学、科技型骨干企业等国家战略科技力量,探索开展全流程、嵌入式知识产权公共服务,强化知识产权信息深度挖掘和分析利用,助力关键核心技术领域科技攻关。推动专利、商标审查协作中心在完成审查主责主业基础上,突出服务国家战略,开展知识产权公共服务,支撑区域高质量发展,助力实现高水平科技自立自强。(责任部门:公共服务司、各专利审查协作中心、商标局,各地知识产权管理部门)

(十二)强化对新领域新业态的公共服务支撑。健全完善专利、商标审查模式,在更大范围内开展新领域新业态专利集中审查,加强审查与新领域新业态产业发展的政策协同和业务联动。针对元宇宙、可信人工智能、6G通信技术等前沿技术领域,探索建立知识产权信息分析利用等公共服务工作机制。对具有数据加工能力的新领域新业态企业,加大知识产权数据供给力度,鼓励支持建设一批具有世界先进水平的新领域新业态专题数据库。(责任部门:条法司、公共服务司、审业部、商标局,各地知识产权管理部门)

(十三)强化对区域重点产业的公共服务支撑。围绕区域重点产业及创新发展需要,开展知识产权战略咨询、产业检索分析、行业规划研究、专题数据库开发、知识产权风险预警等工作,助力重点产业转型升级和战略性新兴产业发展壮大,提升产业链供应链韧性与安全。(责任部门:公共服务司,各地知识产权管理部门)

(十四)强化对乡村振兴的公共服务支撑。引导知识产权公共服务机构参与农业产业科技创新,助力数字乡村和智慧农业建设。聚焦现代种养业、乡土富民产业、

农产品加工流通业等农业产业领域,特别是品种培优、烘干仓储、冷链保鲜、农业机械等技术领域,积极开展信息公共服务,助推农业技术专利化、专利技术产业化、农业产品品牌化。围绕地理标志兴农,开展信息查询检索等公共服务。(责任部门:保护司、公共服务司,各地知识产权管理部门)

(十五)强化对西部地区的公共服务帮扶。统筹推动东部地区与西部地区知识产权管理部门之间、公共服务机构之间建立区域协作帮扶机制。根据工作需要和实际情况,面向西部地区选派实践锻炼人员,对于重点创新主体的重大需求,选派知识产权专员,强化知识产权公共服务智力支持。支持帮助西部地区中心城市提升知识产权公共服务机构能力,辐射带动区域知识产权公共服务发展。(责任部门:公共服务司、人事司、人教部、代理师协会,各地知识产权管理部门)

五、推进知识产权公共服务支撑数字化

(十六)加快构建全国一体化知识产权数字公共服务平台。加强与全国一体化政务服务平台等有关国家平台互联互通,扎实推进国家知识产权保护信息平台项目建设。积极推动国家知识产权大数据中心和公共服务平台立项工作,构建知识产权数字化底座,促进知识产权公共服务线上线下相协同,推动更多知识产权相关业务实现线上"集成办理",线下"最多跑一地"。健全完善地方知识产权公共服务平台项目建设的立项通报机制,协调推进各地知识产权管理部门聚焦差异化、特色化、集约化建设,实现各级知识产权公共服务平台互联互通、功能互补、资源共享。到 2025 年,完成国家知识产权保护信息平台项目建设,并初步构建起互联互通的全国一体化知识产权数字公共服务平台。(责任部门:公共服务司、自动化部、商标局,各地知识产权管理部门)

(十七)加强知识产权专题数据库建设。推进国家重点产业专利信息服务平台整合升级,围绕大数据、人工智能、基因技术等新领域新业态以及重点产业和关键技术领域,建设一批知识产权专题数据库。建立全国知识产权专题数据库统筹协调和互联共享机制,鼓励支持地方围绕区域重点产业建设特色化、差异化专题数据库。(责任部门:公共服务司,各地知识产权管理部门)

(十八)加大知识产权数据资源供给力度。健全知识产权数据资源名录,完善分级分类管理机制,持续增加开放共享数据种类。建立知识产权数据清单式供给模式,畅通供需对接渠道,降低数据获取成本。以数据接口方式共享知识产权电子证照,向更多电商平台开放专利

权评价报告查询。建立知识产权数据需求和意见反馈机制,提高数据供给质量。统筹兼顾好知识产权数据安全与发展的关系,提升知识产权数据安全治理水平。(责任部门:公共服务司、自动化部、商标局,各地知识产权管理部门)

(十九)丰富知识产权信息公共服务产品。加强信息公共服务产品场景式推广,提升创新主体的知识产权信息利用意识和能力。大力宣传推广专利检索及分析系统、外观设计专利检索公共服务系统、商标网上服务系统、知识产权数据资源公共服务系统等信息公共服务产品。筛选"好使管用"的信息公共服务产品,依托国家知识产权公共服务网向全国开放推广。优化专利、商标业务办理系统,丰富完善权利人知识产权在线管理功能。鼓励各地知识产权管理部门依托本地知识产权公共服务平台,推动知识产权数据与经济、科技、金融等数据融合应用,不断拓展知识产权信息应用场景。(责任部门:公共服务司、审业部、初审流程部、文献部、自动化部、商标局、代理师协会,各地知识产权管理部门)

(二十)积极支持知识产权数据服务机构发展壮大。加强知识产权数据基础理论和应用场景研究,面向具备数据加工处理及分析利用能力的数据服务机构,进一步加大知识产权标准化数据供给力度。鼓励各地知识产权管理部门争取地方政府在资金等政策方面对知识产权数据服务机构给予相应扶持,支持建设具有自主知识产权的世界一流专利商标数据库。(责任部门:运用促进司、公共服务司,各地知识产权管理部门)

六、推进知识产权公共服务人才专业化

(二十一)强化知识产权公共服务人才队伍建设。建设一支具备理工、管理、法律等学科背景的复合型知识产权公共服务人才队伍,完善公共服务人才档案。建立健全知识产权公共服务人才激励机制,探索开展知识产权公共服务人才认证。鼓励支持公共服务机构培养引进知识产权公共服务人才,充实壮大人才队伍。组织在华 TISC 参与世界知识产权组织 TISC 员工证书试点项目。(责任部门:公共服务司、国际合作司、人事司、人教部,各地知识产权管理部门)

(二十二)建立健全知识产权公共服务人才培养机制。畅通知识产权公共服务人才培养、评价和成长的职业化通道。多渠道推进知识产权公共服务人才培养,提升知识产权信息素养和信息利用能力。鼓励支持高校开设信息分析利用相关课程,加大培养知识产权信息服务人才力度。提升业务窗口人员"一岗多能"的能力。丰

富知识产权服务能力提升案例库,推广一批知识产权教学培训案例。依托知识产权公共服务机构专利检索分析大赛,以赛促训,以赛促用,不断提升知识产权公共服务人才检索分析技能。(责任部门:公共服务司、人事司、人教部、文献部、自动化部、各地知识产权管理部门)

(二十三)强化知识产权知识普及教育。充分利用世界知识产权日活动、全国知识产权宣传周、中国知识产权年会、中国品牌日、中国国际商标品牌节以及相关论坛等重大活动,强化知识产权政策宣传、学术交流、业务知识普及教育,增强全社会知识产权意识和信息利用意识。鼓励支持地方依托各类论坛、展会、博览会等,宣传推广知识产权公共服务机构和信息公共服务产品。持续推进知识产权进校园,鼓励支持举办大学生专利检索分析大赛、知识产权热点问题辩论赛等各类赛事活动,培养提升大学生知识产权信息分析利用的实务技能。依托国家知识产权公共服务网、中国知识产权远程教育平台、专利文献馆公益讲座等,向社会提供业务知识培训课程。(责任部门:办公室、运用促进司、公共服务司、机关党委、文献部、自动化部、培训中心、代理师协会、各地知识产权管理部门)

七、组织保障

(二十四)加强政策供给,有力保障工程实施。各地知识产权管理部门要把实施普惠工程作为优化营商环境和创新环境的重要抓手,积极推进知识产权公共服务法治化进程,制定完善相关法规政策措施。积极争取地方政府财政支持,加大对知识产权公共服务的资金保障力度,保障普惠工程实施。鼓励支持有条件的地方设立知识产权公共服务发展专项资金。

(二十五)加强组织实施,做好经验总结推广。各地知识产权管理部门要结合实际,细化具体措施,明确责任分工,探索创新举措,突出实施效果。针对新情况新问题,及时研究并采取有效措施予以解决。各地知识产权管理部门要不断提高普惠工程的社会彰显度和影响力,及时向国家知识产权局报送工作成效和典型做法。国家知识产权局将在全国范围内对典型经验做法进行宣传推广。

(二十六)加强分类指导,完善考核评价体系。国家知识产权局将在全国范围内设立知识产权公共服务信息采集点,及时掌握公共服务工作情况和问题需求,加强对普惠工程实施工作的针对性指导。对于措施得力、成效突出的地方,将在知识产权有关优惠政策措施中予以倾斜,在相关考核评价中予以体现。

国家知识产权局知识产权信用管理规定

· 2022 年 1 月 24 日
· 国知发保字〔2022〕8 号

第一章　总　则

第一条　为了深入贯彻落实《知识产权强国建设纲要(2021—2035 年)》《关于强化知识产权保护的意见》《国务院办公厅关于进一步完善失信约束制度构建诚信建设长效机制的指导意见》,建立健全知识产权领域信用管理工作机制,加强知识产权保护,促进知识产权工作高质量发展,根据《中华人民共和国专利法》《中华人民共和国商标法》《中华人民共和国专利法实施细则》《中华人民共和国商标法实施条例》《专利代理条例》《企业信息公示暂行条例》等法律、行政法规,制定本规定。

第二条　本规定适用于国家知识产权局在履行法定职责、提供公共服务过程中开展信用承诺、信用评价、守信激励、失信惩戒、信用修复等工作。

第三条　国家知识产权局知识产权信用管理工作坚持依法行政、协同共治、过惩相当、保护权益原则,着力推动信用管理长效机制建设。

第四条　国家知识产权局知识产权保护司负责协调推进国家知识产权局信用管理工作,主要履行以下职责:

(一)协调推进知识产权领域信用体系建设工作,依法依规加强知识产权领域信用监管;

(二)协调推进知识产权领域信用承诺、信用评价、守信激励、失信惩戒、信用修复等工作;

(三)承担社会信用体系建设部际联席会议有关工作,组织编制知识产权领域公共信用信息具体条目;

(四)推进知识产权领域信用信息共享平台建设,归集国家知识产权局各部门、单位报送的信用信息,并依法依规予以共享及公示。

第五条　承担专利、商标、地理标志、集成电路布图设计相关工作及代理监管工作的部门、单位,应履行以下职责:

(一)归集在履行法定职责、提供公共服务过程中产生和获取的信用信息;

(二)依法依规开展失信行为认定,报送失信信息;

(三)依法依规对失信主体实施管理措施;

(四)依职责开展信用承诺、信用评价、守信激励、失信惩戒、信用修复等工作。

第二章　失信行为认定、管理及信用修复

第六条　国家知识产权局依法依规将下列行为列为

失信行为：

（一）不以保护创新为目的的非正常专利申请行为；

（二）恶意商标注册申请行为；

（三）违反法律、行政法规从事专利、商标代理并受到国家知识产权局行政处罚的行为；

（四）提交虚假材料或隐瞒重要事实申请行政确认的行为；

（五）适用信用承诺被认定承诺不实或未履行承诺的行为；

（六）对作出的行政处罚、行政裁决等，有履行能力但拒不履行、逃避执行的行为；

（七）其他被列入知识产权领域公共信用信息具体条目且应被认定为失信的行为。

第七条　存在本规定第六条第（一）项所规定的非正常专利申请行为，但能够及时纠正、主动消除后果的，可以不被认定为失信行为。

第八条　承担专利、商标、地理标志、集成电路布图设计相关工作及代理监管工作的部门、单位依据作出的行政处罚、行政裁决和行政确认等具有法律效力的文书认定失信行为：

（一）依据非正常专利申请驳回通知书，认定非正常专利申请失信行为；

（二）依据恶意商标申请的审查审理决定，认定从事恶意商标注册申请失信行为；

（三）依据行政处罚决定，认定从事违法专利、商标代理失信行为；

（四）依据作出的行政确认，认定地理标志产品保护申请、驰名商标认定申请、商标注册申请、专利申请、集成电路布图设计专有权登记申请过程中存在的提交虚假材料或隐瞒重要事实申请行政确认的失信行为；

（五）依据作出的行政确认，认定专利代理审批以及专利和商标质押登记、专利费用减缴等过程中适用信用承诺被认定承诺不实或未履行承诺的失信行为；

（六）依据行政裁决决定、行政处罚决定，认定有履行能力但拒不履行、逃避执行的失信行为。

第九条　国家知识产权局对失信主体实施以下管理措施：

（一）对财政性资金项目申请予以从严审批；

（二）对专利、商标有关费用减缴、优先审查等优惠政策和便利措施予以从严审批；

（三）取消国家知识产权局评优评先参评资格；

（四）取消国家知识产权示范和优势企业申报资格，取消中国专利奖等奖项申报资格；

（五）列为重点监管对象，提高检查频次，依法严格监管；

（六）不适用信用承诺制；

（七）依据法律、行政法规和党中央、国务院政策文件应采取的其他管理措施。

第十条　承担专利、商标、地理标志、集成电路布图设计相关工作及代理监管工作的部门、单位认定失信行为后填写失信信息汇总表，附相关失信行为认定文书，于五个工作日内报送知识产权保护司。

知识产权保护司在收到相关部门、单位报送的失信信息汇总表等相关材料后，于五个工作日内向局机关各部门、专利局各部门、商标局等部门、单位通报，并在国家知识产权局政府网站同步公示，各部门和单位对失信主体实施为期一年的管理措施，自失信行为认定文书作出之日起计算，期满解除相应管理措施，停止公示。

第十一条　国家知识产权局对失信主体实施管理措施未满一年，该失信主体再次被认定存在本规定第六条规定的失信行为的，该失信主体的管理和公示期自前一次失信行为的管理和公示期结束之日起顺延，最长不超过三年。

同日被国家知识产权局多个部门、单位认定存在失信行为的主体，管理和公示期顺延，最长不超过三年。

法律、行政法规和党中央、国务院政策文件对实施管理措施规定了更长期限的，从其规定。

第十二条　相关部门、单位认定失信行为所依据的文书被撤销、确认违法或者无效的，应于五个工作日内将相关信息报送知识产权保护司，知识产权保护司收到相关信息后，应于五个工作日内向局机关各部门、专利局各部门、商标局等部门、单位通报，同时停止公示，各部门、单位解除相应管理措施。

已被认定存在失信行为的主体可以在认定相关失信行为所依据的文书被撤销、确认违法或者无效后，及时申请更正相关信息。

第十三条　主体被认定存在失信行为满六个月，已纠正失信行为、履行相关义务、主动消除有关后果，且没有再次被认定存在失信行为的，可以向失信行为认定部门提交信用修复申请书及相关证明材料申请信用修复。

失信行为认定部门在收到申请材料之日起十个工作日内开展审查核实，作出是否予以信用修复的决定，决定予以信用修复的应当将相关决定报送知识产权保护司;决定不予信用修复的应当将不予修复的理由告知申请人。

知识产权保护司在收到予以信用修复的决定后,应于五个工作日内向局机关各部门、专利局各部门、商标局等部门、单位通报,同时停止公示,各部门、单位解除相应管理措施。

第十四条 具有下列情形之一的,不予信用修复:

(一)距离上一次信用修复时间不到一年;

(二)申请信用修复过程中存在弄虚作假、故意隐瞒事实等行为;

(三)申请信用修复过程中再次被认定存在失信行为;

(四)法律、行政法规和党中央、国务院政策文件明确规定不可修复的。

第十五条 知识产权保护司可将失信信息发送省、自治区、直辖市知识产权管理部门,供参考使用。

第三章　严重违法失信主体认定及管理

第十六条 国家知识产权局依职责将实施下列失信行为的主体列入严重违法失信名单:

(一)从事严重违法专利、商标代理行为且受到较重行政处罚的;

(二)在作出行政处罚、行政裁决等行政决定后,有履行能力但拒不履行、逃避执行,严重影响国家知识产权局公信力的。

严重违法失信名单的列入、告知、听证、送达、异议处理、信用修复、移出等程序依据《市场监督管理严重违法失信名单管理办法》(国家市场监督管理总局令第44号)办理。

第十七条 国家知识产权局各部门和单位对列入严重违法失信名单的主体实施为期三年的管理措施,对移出严重违法失信名单的主体及时解除管理措施。

第十八条 知识产权保护司收到相关部门报送的严重违法失信主体信息后,应于五个工作日内向局机关各部门、专利局各部门、商标局等部门、单位通报,并在国家知识产权局政府网站、国家企业信用信息公示系统同步公示,公示期与管理期一致。

第十九条 国家知识产权局按照规定将严重违法失信名单信息与其他有关部门共享,并依照法律、行政法规和党中央、国务院政策文件对严重违法失信主体实施联合惩戒。

第四章　守信激励、信用承诺及信用评价

第二十条 国家知识产权局各部门、单位对连续三年守信情况良好的主体,可视情况采取下列激励措施:

(一)在行政审批、项目核准等工作中,提供简化办理、快速办理等便利服务;

(二)在政府专项资金使用等工作中,同等条件下列为优先选择对象;

(三)在专利优先审查等工作中,同等条件下列为优先选择对象;指导知识产权保护中心在专利预审备案中优先审批;

(四)在日常检查、专项检查工作中适当减少检查频次;

(五)在履行法定职责、提供公共服务过程中可以采取的其他激励措施。

第二十一条 国家知识产权局在专利、商标质押登记,专利费用减缴以及专利代理机构执业许可审批等工作中推行信用承诺制办理,制作告知承诺书格式文本,并在国家知识产权局政府网站公开。

第二十二条 国家知识产权局根据工作需要,推动形成相关行业信用评价制度和规范,推动开展信用评价,明确评价指标、评价体系、信息采集规范等,对信用主体实施分级分类管理。

鼓励有关部门和单位、金融机构、行业协会、第三方服务机构等积极利用知识产权领域信用评价结果;鼓励市场主体在生产经营、资质证明、项目申报等活动中积极、主动应用知识产权领域信用评价结果。

第五章　监督与责任

第二十三条 国家知识产权局相关部门及工作人员在信用管理工作中应当依法保护主体合法权益,对工作中知悉的国家秘密、商业秘密或个人隐私等,依法予以保密。

第二十四条 国家知识产权局相关部门及工作人员在信用管理工作中有玩忽职守、滥用职权、徇私舞弊等行为的,依法追究相关责任。

第六章　附　则

第二十五条 本规定由国家知识产权局负责解释。各省、自治区、直辖市知识产权管理部门可以结合本地区实际情况,制定具体规定。

第二十六条 本规定自公布之日起施行。《专利领域严重失信联合惩戒对象名单管理办法(试行)》(国知发保字〔2019〕52号)同时废止。

禁止滥用知识产权排除、限制竞争行为规定

· 2023 年 6 月 25 日国家市场监督管理总局令第 79 号公布
· 自 2023 年 8 月 1 日起施行

第一条　为了预防和制止滥用知识产权排除、限制竞争行为,根据《中华人民共和国反垄断法》(以下简称反垄断法),制定本规定。

第二条　反垄断与保护知识产权具有共同的目标,即促进竞争和创新,提高经济运行效率,维护消费者利益和社会公共利益。

经营者依照有关知识产权的法律、行政法规规定行使知识产权,但不得滥用知识产权,排除、限制竞争。

第三条　本规定所称滥用知识产权排除、限制竞争行为,是指经营者违反反垄断法的规定行使知识产权,达成垄断协议,滥用市场支配地位,实施具有或者可能具有排除、限制竞争效果的经营者集中等垄断行为。

第四条　国家市场监督管理总局(以下简称市场监管总局)根据反垄断法第十三条第一款规定,负责滥用知识产权排除、限制竞争行为的反垄断统一执法工作。

市场监管总局根据反垄断法第十三条第二款规定,授权各省、自治区、直辖市市场监督管理部门(以下称省级市场监管部门)负责本行政区域内垄断协议、滥用市场支配地位等滥用知识产权排除、限制竞争行为的反垄断执法工作。

本规定所称反垄断执法机构包括市场监管总局和省级市场监管部门。

第五条　本规定所称相关市场,包括相关商品市场和相关地域市场,根据反垄断法和《国务院反垄断委员会关于相关市场界定的指南》进行界定,并考虑知识产权、创新等因素的影响。在涉及知识产权许可等反垄断执法工作中,相关商品市场可以是技术市场,也可以是含有特定知识产权的产品市场。相关技术市场是指由行使知识产权所涉及的技术和可以相互替代的同类技术之间相互竞争所构成的市场。

第六条　经营者之间不得利用行使知识产权的方式,达成反垄断法第十七条、第十八条第一款所禁止的垄断协议。

经营者不得利用行使知识产权的方式,组织其他经营者达成垄断协议或者为其他经营者达成垄断协议提供实质性帮助。

经营者能够证明所达成的协议属于反垄断法第二十条规定情形的,不适用第一款和第二款的规定。

第七条　经营者利用行使知识产权的方式,与交易相对人达成反垄断法第十八条第一款第一项、第二项规定的协议,经营者能够证明其不具有排除、限制竞争效果的,不予禁止。

经营者利用行使知识产权的方式,与交易相对人达成协议,经营者能够证明参与协议的经营者在相关市场的市场份额低于市场监管总局规定的标准,并符合市场监管总局规定的其他条件的,不予禁止。具体标准可以参照《国务院反垄断委员会关于知识产权领域的反垄断指南》相关规定。

第八条　具有市场支配地位的经营者不得在行使知识产权的过程中滥用市场支配地位,排除、限制竞争。

市场支配地位根据反垄断法和《禁止滥用市场支配地位行为规定》的规定进行认定和推定。经营者拥有知识产权可以构成认定其具有市场支配地位的因素之一,但不能仅根据经营者拥有知识产权推定其在相关市场具有市场支配地位。

认定拥有知识产权的经营者在相关市场是否具有支配地位,还可以考虑在相关市场交易相对人转向具有替代关系的技术或者产品的可能性及转移成本、下游市场对利用知识产权所提供商品的依赖程度、交易相对人对经营者的制衡能力等因素。

第九条　具有市场支配地位的经营者不得在行使知识产权的过程中,以不公平的高价许可知识产权或者销售包含知识产权的产品,排除、限制竞争。

认定前款行为可以考虑以下因素:

(一)该项知识产权的研发成本和回收周期;

(二)该项知识产权的许可费计算方法和许可条件;

(三)该项知识产权可以比照的历史许可费或者许可费标准;

(四)经营者就该项知识产权许可所作的承诺;

(五)需要考虑的其他相关因素。

第十条　具有市场支配地位的经营者没有正当理由,不得在行使知识产权的过程中,拒绝许可其他经营者以合理条件使用该知识产权,排除、限制竞争。

认定前款行为应当同时考虑以下因素:

(一)该项知识产权在相关市场不能被合理替代,为其他经营者参与相关市场的竞争所必需;

(二)拒绝许可该知识产权将会导致相关市场的竞争或者创新受到不利影响,损害消费者利益或者社会公共利益;

(三)许可该知识产权对该经营者不会造成不合理

的损害。

第十一条 具有市场支配地位的经营者没有正当理由，不得在行使知识产权的过程中，从事下列限定交易行为，排除、限制竞争：

（一）限定交易相对人只能与其进行交易；

（二）限定交易相对人只能与其指定的经营者进行交易；

（三）限定交易相对人不得与特定经营者进行交易。

第十二条 具有市场支配地位的经营者没有正当理由，不得在行使知识产权的过程中，违背所在行业或者领域交易惯例、消费习惯或者无视商品的功能，从事下列搭售行为，排除、限制竞争：

（一）在许可知识产权时强制或者变相强制被许可人购买其他不必要的产品；

（二）在许可知识产权时强制或者变相强制被许可人接受一揽子许可。

第十三条 具有市场支配地位的经营者没有正当理由，不得在行使知识产权的过程中，附加下列不合理的交易条件，排除、限制竞争：

（一）要求交易相对人将其改进的技术进行排他性或者独占性回授，或者在不提供合理对价时要求交易相对人进行相同技术领域的交叉许可；

（二）禁止交易相对人对其知识产权的有效性提出质疑；

（三）限制交易相对人在许可协议期限届满后，在不侵犯知识产权的情况下利用竞争性的技术或者产品；

（四）对交易相对人附加其他不合理的交易条件。

第十四条 具有市场支配地位的经营者没有正当理由，不得在行使知识产权的过程中，对条件相同的交易相对人实行差别待遇，排除、限制竞争。

第十五条 涉及知识产权的经营者集中达到国务院规定的申报标准的，经营者应当事先向市场监管总局申报，未申报或者申报后获得批准前不得实施集中。

第十六条 涉及知识产权的经营者集中审查应当考虑反垄断法第三十三条规定的因素和知识产权的特点。

根据涉及知识产权的经营者集中交易具体情况，附加的限制性条件可以包括以下情形：

（一）剥离知识产权或者知识产权所涉业务；

（二）保持知识产权相关业务的独立运营；

（三）以合理条件许可知识产权；

（四）其他限制性条件。

第十七条 经营者不得在行使知识产权的过程中，利用专利联营从事排除、限制竞争的行为。

专利联营的成员不得交换价格、产量、市场划分等有关竞争的敏感信息，达成反垄断法第十七条、第十八条第一款所禁止的垄断协议。但是，经营者能够证明所达成的协议符合反垄断法第十八条第二款、第三款和第二十条规定的除外。

具有市场支配地位的专利联营实体或者专利联营的成员不得利用专利联营从事下列滥用市场支配地位的行为：

（一）以不公平的高价许可联营专利；

（二）没有正当理由，限制联营成员或者被许可人的专利使用范围；

（三）没有正当理由，限制联营成员在联营之外作为独立许可人许可专利；

（四）没有正当理由，限制联营成员或者被许可人独立或者与第三方联合研发与联营专利相竞争的技术；

（五）没有正当理由，强制要求被许可人将其改进或者研发的技术排他性或者独占性地回授给专利联营实体或者专利联营的成员；

（六）没有正当理由，禁止被许可人质疑联营专利的有效性；

（七）没有正当理由，将竞争性专利强制组合许可，或者将非必要专利、已终止的专利与其他专利强制组合许可；

（八）没有正当理由，对条件相同的联营成员或者同一相关市场的被许可人在交易条件上实行差别待遇；

（九）市场监管总局认定的其他滥用市场支配地位的行为。

本规定所称专利联营，是指两个或者两个以上经营者将各自的专利共同许可给联营成员或者第三方。专利联营各方通常委托联营成员或者独立第三方对联营进行管理。联营具体方式包括达成协议、设立公司或者其他实体等。

第十八条 经营者没有正当理由，不得在行使知识产权的过程中，利用标准的制定和实施达成下列垄断协议：

（一）与具有竞争关系的经营者联合排斥特定经营者参与标准制定，或者排斥特定经营者的相关标准技术方案；

（二）与具有竞争关系的经营者联合排斥其他特定经营者实施相关标准；

（三）与具有竞争关系的经营者约定不实施其他竞

争性标准；

（四）市场监管总局认定的其他垄断协议。

第十九条 具有市场支配地位的经营者不得在标准的制定和实施过程中从事下列行为，排除、限制竞争：

（一）在参与标准制定过程中，未按照标准制定组织规定及时充分披露其权利信息，或者明确放弃其权利，但是在标准涉及该专利后却向标准实施者主张该专利权；

（二）在其专利成为标准必要专利后，违反公平、合理、无歧视原则，以不公平的高价许可，没有正当理由拒绝许可、搭售商品或者附加其他不合理的交易条件、实行差别待遇等；

（三）在标准必要专利许可过程中，违反公平、合理、无歧视原则，未经善意谈判，请求法院或者其他相关部门作出禁止使用相关知识产权的判决、裁定或者决定等，迫使被许可方接受不公平的高价或者其他不合理的交易条件；

（四）市场监管总局认定的其他滥用市场支配地位的行为。

本规定所称标准必要专利，是指实施该项标准所必不可少的专利。

第二十条 认定本规定第十条至第十四条、第十七条至第十九条所称的"正当理由"，可以考虑以下因素：

（一）有利于鼓励创新和促进市场公平竞争；

（二）为行使或者保护知识产权所必需；

（三）为满足产品安全、技术效果、产品性能等所必需；

（四）为交易相对人实际需求且符合正当的行业惯例和交易习惯；

（五）其他能够证明行为具有正当性的因素。

第二十一条 经营者在行使著作权以及与著作权有关的权利时，不得从事反垄断法和本规定禁止的垄断行为。

第二十二条 分析认定经营者涉嫌滥用知识产权排除、限制竞争行为，可以采取以下步骤：

（一）确定经营者行使知识产权行为的性质和表现形式；

（二）确定行使知识产权的经营者之间相互关系的性质；

（三）界定行使知识产权所涉及的相关市场；

（四）认定行使知识产权的经营者的市场地位；

（五）分析经营者行使知识产权的行为对相关市场竞争的影响。

确定经营者之间相互关系的性质需要考虑行使知识产权行为本身的特点。在涉及知识产权许可的情况下，原本具有竞争关系的经营者之间在许可协议中是交易关系，而在许可人和被许可人都利用该知识产权生产产品的市场上则又是竞争关系。但是，如果经营者之间在订立许可协议时不存在竞争关系，在协议订立之后才产生竞争关系的，则仍然不视为竞争者之间的协议，除非原协议发生实质性的变更。

第二十三条 分析认定经营者行使知识产权的行为对相关市场竞争的影响，应当考虑下列因素：

（一）经营者与交易相对人的市场地位；

（二）相关市场的市场集中度；

（三）进入相关市场的难易程度；

（四）产业惯例与产业的发展阶段；

（五）在产量、区域、消费者等方面进行限制的时间和效力范围；

（六）对促进创新和技术推广的影响；

（七）经营者的创新能力和技术变化的速度；

（八）与认定行使知识产权的行为对相关市场竞争影响有关的其他因素。

第二十四条 反垄断执法机构对滥用知识产权排除、限制竞争行为进行调查、处罚时，依照反垄断法和《禁止垄断协议规定》《禁止滥用市场支配地位行为规定》《经营者集中审查规定》规定的程序执行。

第二十五条 经营者违反反垄断法和本规定，达成并实施垄断协议的，由反垄断执法机构责令停止违法行为，没收违法所得，并处上一年度销售额百分之一以上百分之十以下的罚款，上一年度没有销售额的，处五百万元以下的罚款；尚未实施所达成的垄断协议的，可以处三百万元以下的罚款。经营者的法定代表人、主要负责人和直接责任人员对达成垄断协议负有个人责任的，可以处一百万元以下的罚款。

经营者组织其他经营者达成垄断协议或者为其他经营者达成垄断协议提供实质性帮助的，适用前款规定。

第二十六条 经营者违反反垄断法和本规定，滥用市场支配地位的，由反垄断执法机构责令停止违法行为，没收违法所得，并处上一年度销售额百分之一以上百分之十以下的罚款。

第二十七条 经营者违法实施涉及知识产权的集中，且具有或者可能具有排除、限制竞争效果的，由市场监管总局责令停止实施集中、限期处分股份或者资产、限期转让营业以及采取其他必要措施恢复到集中前的状态,处上一年度销售额百分之十以下的罚款;不具有排除、限制竞争效果的,处五百万元以下的罚款。

第二十八条 对本规定第二十五条、第二十六条、第二十七条规定的罚款,反垄断执法机构确定具体罚款数额时,应当考虑违法行为的性质、程度、持续时间和消除违法行为后果的情况等因素。

第二十九条 违反反垄断法规定,情节特别严重、影响特别恶劣、造成特别严重后果的,市场监管总局可以在反垄断法第五十六条、第五十七条、第五十八条、第六十二条规定的罚款数额的二倍以上五倍以下确定具体罚款数额。

第三十条 反垄断执法机构工作人员滥用职权、玩忽职守、徇私舞弊或者泄露执法过程中知悉的商业秘密、个人隐私和个人信息的,依照有关规定处理。

第三十一条 反垄断执法机构在调查期间发现的公职人员涉嫌职务违法、职务犯罪问题线索,应当及时移交纪检监察机关。

第三十二条 本规定对滥用知识产权排除、限制竞争行为未作规定的,依照反垄断法和《禁止垄断协议规定》《禁止滥用市场支配地位行为规定》《经营者集中审查规定》处理。

第三十三条 本规定自2023年8月1日起施行。2015年4月7日原国家工商行政管理总局令第74号公布的《关于禁止滥用知识产权排除、限制竞争行为的规定》同时废止。

国家知识产权局规范性文件制定和管理办法

· 2016年12月14日国家知识产权局令第73号公布
· 自2017年2月1日起施行

第一章　总　则

第一条 为了规范国家知识产权局规范性文件的制定工作,加强对规范性文件的管理,促进依法行政,根据《中共中央 国务院关于印发〈法治政府建设实施纲要(2015—2020年)〉的通知》(中发〔2015〕36号)、《国务院关于加强法治政府建设的意见》(国发〔2010〕33号)等要求,结合国家知识产权局实际情况,制定本办法。

第二条 本办法所称规范性文件,是指部门规章以外的,国家知识产权局依照法定职权和规定程序单独或者牵头会同有关部门制定的,涉及公民、法人或者其他组织的权利义务,具有普遍约束力并且在一定期限内反复适用的文件,不包括规范内部事务、通报具体情况、处理具体事项以及单纯转发的文件。

第三条 国家知识产权局规范性文件的起草、审查、批准、发布、备案、清理,适用本办法。

第四条 制定规范性文件应当坚持公开、效能和权责统一原则。

第五条 规范性文件应当符合法律、行政法规、部门规章的规定,不得设定行政许可、行政处罚、行政强制等事项,不得减损公民、法人或者其他组织合法权益或者增加其义务。涉及公民、法人或者其他组织权利义务的规范性文件,应当按照法定要求和程序予以公布,未经公布不得作为行政管理依据。

第六条 局业务司(部)负责职责范围内的规范性文件的起草、清理等工作;条法司负责规范性文件的合法性审查、备案、组织清理等工作。

条法司在开展规范性文件的合法性审查、备案、清理等工作时,应当充分发挥公职律师、法律顾问的作用。

第二章　起　草

第七条 规范性文件由相关业务司(部)负责起草。涉及局内多个司(部)业务的,由牵头司(部)负责组织相关业务司(部)起草并对不同的意见进行协调。起草时,应当有起草司(部)法治联络员参与。

起草规范性文件草案时应当同时起草草案说明。规范性文件涉及重大事项的,还应当同时起草解读方案及解读材料。

第八条 规范性文件的名称应当根据具体内容确定,一般使用"办法""规定""通知""决定""意见"等名称。规范性文件的内容应当明确具体、逻辑严密、具有可操作性;文字应当准确、规范、简洁。

第九条 规范性文件草案应当根据内容需要明确制定目的和依据、适用范围、管理部门和施行日期等内容。

草案还应当明确列明因该文件施行而失效或者废止的文件的名称、文号;仅涉及部分条款失效或者废止的,应当列明相关条款。

草案说明应当包括下列内容:

(一)制定该文件的必要性和可行性;

(二)所依据的法律、行政法规、部门规章和有关文件;

(三)拟解决的主要问题以及采取的主要措施;

(四)征求意见及对意见的采纳情况;

(五)其他需要说明的问题。

第十条 起草司(部)应当深入开展调查研究,根据实际需要征求局内相关部门(单位)、地方知识产权局、社会公众和有关专家的意见。

起草对公民、法人或者其他组织的权利义务产生直接影响的规范性文件，起草司(部)应当向社会公布规范性文件草案，征求社会各界意见。

征求意见可以采取书面、网上公开或者召开座谈会、论证会、听证会等形式。

起草司(部)应当根据征求意见的情况，对规范性文件征求意见稿进行修改，形成规范性文件草案送审稿，并在草案说明中对征求意见及采纳情况进行说明。

第三章　合法性审查

第十一条　规范性文件起草工作完成后，在报请批准或者审议前，起草司(部)应当将草案送审稿、草案说明和其他必要材料提交条法司进行合法性审查。未经合法性审查或者经审查不合法的，不得提交批准或者审议。

第十二条　条法司收到草案送审稿及相关材料后，一般应当在5个工作日内提出合法性审查意见。

合法性审查的内容包括：

(一)是否与法律、行政法规、部门规章相抵触；

(二)是否与我国加入的国际条约相抵触；

(三)是否属于国家知识产权局的法定职权范围；

(四)其他需要审查的事项。

第十三条　经审查无异议，条法司应当作出合法性审查通过的审查意见。

草案送审稿存在合法性问题，不符合本办法要求的，条法司应当作出合法性审查不予通过的审查意见并说明理由。起草司(部)应当根据合法性审查意见对草案进行修改或者对制定规范性文件的必要性、可行性等进行重新论证。

第四章　批准和发布

第十四条　规范性文件草案应当提交局长或者分管副局长批准，涉及重大事项的应当经局务会审议通过。

将规范性文件草案提交批准或者提请局务会审议时应当附具草案说明和合法性审查意见书。局务会对规范性文件草案进行审议时，由起草司(部)就起草情况、解读方案及解读材料作说明，条法司就合法性审查情况作说明。

规范性文件经批准或者审议通过后，由起草司(部)正式行文，按照局公文办理程序报请局长或者分管副局长签发。

第十五条　规范性文件应当以局发文或者办公室发文形式发布。局办公室应当对规范性文件统一登记、统一编号、统一印发。

除规范性文件涉及国家秘密需要保密外，起草司(部)应当在规范性文件发布后，及时在局政府网站上全文公开。有解读材料的，相关解读材料应当于文件公开后3个工作日内在局政府网站上公布。

第十六条　规范性文件发布后，局办公室和起草部门应当主动监测职责范围内的政务舆情，及时了解社会关切，有针对性地做好说明工作。

第五章　备　案

第十七条　自规范性文件发布之日起5个工作日内，起草司(部)应当将文件报送条法司备案。

第十八条　报送规范性文件备案，应当提交纸件和电子件形式的备案表、规范性文件正式发布文本和草案说明。

规范性文件有法律、行政法规、部门规章以外制定依据的，报送备案时，应当同时附具该制定依据。

规范性文件包含宣布其他规范性文件失效或者废止的内容的，报送备案时，应当同时附具该失效或者废止的规范性文件。

第十九条　条法司应当建立规范性文件备案数据库，将所有规范性文件纳入数据库进行统一管理。

第六章　清　理

第二十条　规范性文件的全面清理工作应当每隔2年开展一次。

起草司(部)应当对其负责起草的所有规范性文件提出明确清理意见。规范性文件的起草涉及多个司(部)的，由牵头起草司(部)商相关司(部)后提出清理意见。

清理工作完成后，由条法司拟定继续有效、需要修改、宣布失效和废止的规范性文件目录，按照规范性文件批准发布程序及时向社会公布。

第二十一条　规范性文件有下列情形之一的，应予宣布失效：

(一)适用期已过；

(二)调整对象已消失或者规定的事项、任务已完成，实际上已经失效。

第二十二条　规范性文件有下列情形之一的，应予废止：

(一)主要内容与现行法律、行政法规、部门规章以及国家政策相抵触；

(二)主要内容已经不能适应经济社会发展需要；

(三)主要内容已被新的法律、行政法规、部门规章或者规范性文件代替；

（四）主要依据的法律、行政法规、部门规章和国务院规范性文件已废止或者失效。

第二十三条　规范性文件有下列情形之一的，应予修改：

（一）个别条款与现行法律、行政法规、部门规章和国家政策不一致，但基本适应经济社会发展需要、有必要继续实施；

（二）规范性文件之间对同一事项规定不一致；

（三）主要依据的法律、行政法规、部门规章和国务院规范性文件已经修改；

（四）个别条款不能适应经济社会发展需要。

规范性文件修改的程序参照本办法第二章至第五章的规定。

第二十四条　规范性文件有具体实施期限的，应当在正文中明确规定有效期限。名称冠以"暂行""试行"的，有效期限一般不得超过 2 年。有效期限届满，规范性文件自动失效。

规范性文件在有效期届满后需要继续实施的，应当在有效期届满前 1 个月作必要修改后重新发布。

第七章　附　则

第二十五条　本办法由国家知识产权局负责解释。

第二十六条　本办法自 2017 年 2 月 1 日起施行。

最高人民法院关于加强新时代知识产权审判工作　为知识产权强国建设提供有力司法服务和保障的意见

·2021 年 9 月 24 日

·法发〔2021〕29 号

为深入贯彻落实《知识产权强国建设纲要（2021—2035 年）》和党中央关于加强知识产权保护的决策部署，适应新时代要求，全面加强知识产权司法保护，为知识产权强国建设提供有力司法服务和保障，制定本意见。

一、心怀"国之大者"，准确把握加强新时代知识产权审判工作的总体要求

1. 确保新时代知识产权审判工作始终沿着正确方向前进。坚持以习近平新时代中国特色社会主义思想为指导，持续深入学习贯彻习近平法治思想，全面贯彻党的十九大和十九届二中、三中、四中、五中全会精神，增强"四个意识"、坚定"四个自信"、做到"两个维护"，不断提高政治判断力、政治领悟力、政治执行力，不折不扣贯彻

落实习近平总书记关于加强知识产权保护的系列重要讲话精神和党中央决策部署。牢牢坚持党的领导，坚持以人民为中心，坚定不移走中国特色社会主义法治道路。牢牢把握加强知识产权保护是完善产权保护制度最重要的内容和提高国家经济竞争力最大的激励，紧紧围绕"十四五"规划和二〇三五年远景目标，强化系统观念、法治思维、强基导向，增强机遇意识、风险意识，全面提升知识产权司法保护水平。适应新时代要求，立足新发展阶段，完整、准确、全面贯彻新发展理念，自觉融入构建新发展格局，推动高质量发展，为建设知识产权强国提供有力司法服务和保障。

2. 增强做好新时代知识产权审判工作的责任感使命感。坚持把创新作为引领发展的第一动力，树立保护知识产权就是保护创新的理念，深刻认识全面加强知识产权审判工作事关国家治理体系和治理能力现代化，事关推动高质量发展和创造高品质生活，事关国内国际两个大局。自觉践行初心使命，找准司法服务"国之大者"的结合点、切入点，担当作为、改革创新，健全公正高效、管辖科学、权界清晰、系统完备的知识产权司法保护体制，开创新时代知识产权审判工作新局面。

3. 正确把握新时代人民法院服务知识产权强国建设的工作原则。紧紧围绕"努力让人民群众在每一个司法案件中感受到公平正义"目标，坚持以人民为中心，充分发挥知识产权审判职能作用，落实惩罚性赔偿制度，加大对侵权行为惩治力度，切实维护社会公平正义和权利人合法权益。坚持严格保护，依法平等保护中外当事人及各类市场主体合法权益，维护公平竞争市场秩序，服务以国内大循环为主体、国内国际双循环相互促进的新发展格局。坚持公正合理保护，防范权利过度扩张，确保公共利益和激励创新兼得。坚持深化改革，强化信息化技术运用，加快推进知识产权审判体系和审判能力现代化。坚持协同配合，强化国际合作，为全球知识产权治理贡献中国司法智慧。

二、依法公正高效审理各类案件，充分发挥知识产权审判职能作用

4. 加强科技创新成果保护，服务创新驱动发展。充分发挥知识产权审判对科技创新的激励和保障作用，实现知识产权保护范围、强度与其技术贡献程度相适应。充分发挥司法裁判在科技创新成果保护中的规则引领和价值导向职能，总结提炼科技创新司法保护新规则，促进技术和产业不断创新升级。以强化保护为导向，加强对专利授权确权行政行为合法性的严格审查，推动行政标

准与司法标准统一,促进专利授权确权质量提升。以实质性解决专利纠纷为目标,建立专利民事行政案件审理工作在甄别统筹、程序衔接、审理机制、裁判标准等方面的协同推进机制,防止循环诉讼和程序空转,有效提高审判效率。

5. 加强著作权和相关权利保护,服务社会主义文化强国建设。充分发挥著作权审判对于优秀文化的引领和导向功能,促进文化和科学事业发展与繁荣。依法加强"红色经典"和英雄烈士合法权益保护,以法治手段传承红色文化基因,大力弘扬社会主义核心价值观。加大对文化创作者权益保护,准确把握作品认定标准。依法维护作品传播者合法权益,适应全媒体传播格局变化,依法妥善处理互联网领域文化创作及传播的著作权保护新问题。依法审理涉著作权集体管理组织案件,妥善处理维护著作权集体管理制度和尊重权利人意思自治关系,促进作品传播利用。加强遗传资源、传统文化、传统知识、民间文艺等知识产权保护,促进非物质文化遗产的整理和利用。

6. 加强商业标志保护,服务品牌强国建设。提高商标授权确权行政案件审理质量,坚决打击不以使用为目的的商标恶意注册行为,科学合理界定商标权权利边界与保护范围,促进商标申请注册秩序正常化和规范化。强化商标使用对确定商标权保护范围的作用,积极引导权利人持续实际使用商标,发挥商标的识别功能,保护消费者合法权益。制定商标民事纠纷案件司法解释,加强驰名商标、传统品牌和老字号司法保护,依法支持商标品牌建设。完善地理标志司法保护规则,遏制侵犯地理标志权利行为,推动地理标志与特色产业发展、生态文明建设、历史文化传承以及乡村振兴有机融合。

7. 加强新兴领域知识产权保护,服务新领域新业态规范健康发展。准确适用个人信息保护法、数据安全法,加强互联网领域和大数据、人工智能、基因技术等新领域新业态知识产权司法保护,完善算法、商业方法和人工智能产出物知识产权司法保护规则,合理确定新经济新业态主体法律责任,积极回应新技术、新产业、新业态、新模式知识产权保护司法需求。加强涉数据云存储、数据开源、数据确权、数据交易、数据服务、数据市场不正当竞争等案件审理和研究,切实维护数据安全,为数字中国建设提供法治保障。

8. 加强农业科技成果保护,服务全面推进乡村振兴。加大重大农业科技成果保护力度,促进农业生物技术、先进制造技术、精准农业技术等方面重大创新成果的

创造。依法严格保护国家种质资源,严厉打击制售假冒伪劣品种、侵犯植物新品种权、种子套牌等行为,强化植物新品种刑事司法保护,提升种业知识产权司法保护水平,有效保障国家种业和粮食安全。创新和加强地方特色农业知识产权司法保护机制,完善保护种业知识产权合作机制,形成保护合力。

9. 加强中医药知识产权保护,服务中医药传承创新发展。依法妥善审理涉中医药领域知识产权纠纷案件,推动完善中医药领域发明专利审查规则,促进提升中医药领域专利质量。加强中医药古方、中药商业秘密、道地药材商标、传统医药类非物质文化遗产司法保护,推动完善涉及中医药知识产权司法保护的国际国内规则和标准,促进中医药传统知识保护与现代知识产权制度有效衔接。

10. 加强反垄断和反不正当竞争司法,维护公平竞争的市场法治环境。严格落实《关于强化反垄断深入推进公平竞争政策实施的意见》,坚持规范和发展并重,依法妥善审理反垄断和反不正当竞争案件。出台反垄断民事纠纷司法解释和反不正当竞争司法解释,发布典型案例,发挥"红绿灯"作用,明确司法规则,规范市场主体行为。加强对平台企业垄断的司法规制,依法严惩平台强制"二选一""大数据杀熟"等破坏公平竞争、扰乱市场秩序行为,切实保护消费者合法权益和社会公共利益,维护和促进市场公平竞争。强化平台经济、科技创新、信息安全、民生保障等重点领域案件审理和宣传,通过司法裁判强化公平竞争意识,引导全社会形成崇尚、保护和促进公平竞争的市场环境。

11. 加强商业秘密保护,护航企业创新发展。依法加大涉及国家安全和利益的技术秘密司法保护力度,严惩窃取、泄露国家科技秘密行为。正确把握侵害商业秘密民事纠纷和刑事犯罪的界限,完善侵犯商业秘密犯罪行为认定标准。加强诉讼中的商业秘密保护,切实防止诉讼中"二次泄密",保障权利人依法维权。妥善处理保护商业秘密与自由择业、竞业限制和人才合理流动的关系,在依法保护商业秘密的同时,维护劳动者正当就业创业合法权益,保障企业创新发展,促进人才合理流动。

12. 加强科技创新主体合法权益保护,激发创新创造活力。认真落实科学技术进步法、促进科技成果转化法,加强科技成果有关各项权益的司法保护。依法妥善处理因科技成果权属认定、权利转让、价值确定和利益分配产生的纠纷,准确界定职务发明与非职务发明的法律界限,依法支持以科技成果转化所获收益对职务科技成

果完成人和为科技成果转化作出重要贡献的人员给予奖励和报酬,充分保障职务发明人获得奖励和报酬的合法权益。依法积极支持深化科技成果使用权、处置权、收益权改革。规范和促进知识产权融资模式创新,保障知识产权金融积极稳妥发展。依法保护国家实验室、国家科研机构、高水平研究性大学、科技领军企业等国家战略科技力量的名称权、名誉权、荣誉权等权利,依法保护科研人员经费使用自主权和技术路线决定权,从严把握定罪标准,严格区分罪与非罪,避免把一般违法或违纪作为犯罪处理,支持科技创新和研发活动。

三、提升知识产权司法保护整体效能,着力营造有利于创新创造的法治环境

13. 加大对侵犯知识产权行为惩治力度,有效阻遏侵权行为。依法妥善运用行为保全、证据保全、制裁妨害诉讼行为等措施,加强知识产权侵权源头治理、溯源打击,及时有效阻遏侵权行为,切实降低维权成本,提高侵权违法成本,促进形成不敢侵权、不愿侵权的法治氛围。正确把握惩罚性赔偿构成要件,加大知识产权侵权损害赔偿力度,合理运用证据规则、经济分析方法等手段,完善体现知识产权价值的侵权损害赔偿制度。出台知识产权刑事司法解释,加大刑事打击力度,依法惩治侵犯知识产权犯罪。加大对于知识产权虚假诉讼、恶意诉讼等行为的规制力度,完善防止滥用知识产权制度,规制"专利陷阱""专利海盗"等阻碍创新的不法行为,依法支持知识产权侵权诉讼中被告以原告滥用权利为由请求赔偿合理开支,推进知识产权诉讼诚信体系建设。

14. 健全知识产权多元化纠纷解决机制,创新知识产权解纷方式。切实将非诉讼纠纷解决机制挺在前面,坚持和发展新时代"枫桥经验",拓展知识产权纠纷多元化解渠道,有效推动知识产权纠纷综合治理、源头治理。依托人民法院调解平台,大力推进知识产权纠纷在线诉调对接机制。建立健全知识产权纠纷调解协议司法确认机制,探索依当事人申请的知识产权纠纷行政调解协议司法确认制度,因地制宜创新知识产权解纷方式,满足人民群众多元高效便捷的纠纷解决需求。

15. 健全行政保护与司法保护衔接机制,推动构建大保护工作格局。积极参与知识产权保护体系建设工程,健全知识产权行政保护与司法保护衔接机制,加强与行政职能部门协同配合。充分发挥司法审查监督职能,促进知识产权行政执法标准与司法裁判标准统一。推动与国家市场监督管理总局、国家版权局、国家知识产权局等部门建立信息资源共享机制,推进最高人民法院与中

央有关部门数据专线连接工作,进一步推动知识产权保护线上线下融合发展,促进形成知识产权保护合力。为继续推动西部大开发、东北全面振兴、中部地区崛起、东部率先发展,深入推进京津冀协同发展、长江经济带发展、粤港澳大湾区建设、长三角一体化发展、黄河流域生态保护和高质量发展、成渝地区双城经济圈建设等国家区域发展战略提供司法服务和保障,提升服务国家重大发展战略水平。

16. 加强涉外知识产权审判,提升知识产权司法保护国际影响力。依法公正审理涉外知识产权案件,平等保护中外权利人合法权益,打造国际知识产权诉讼优选地,积极营造开放、公平、公正、非歧视的科技发展环境和市场化法治化国际化营商环境。妥善处理与国际贸易有关的重大知识产权纠纷,依法妥善处理国际平行诉讼,积极服务国内国际双循环新发展格局,确保案件裁判符合相关国际公约和国际惯例,促进国际贸易合作。深化国际司法交流合作,通过司法裁判推动完善相关国际规则和标准,积极参与知识产权司法领域全球治理,推动全球知识产权治理体制向着更加公正合理方向发展。

17. 加强法治宣传教育,营造促进知识产权高质量发展的人文环境。建立健全最高人民法院指导性案例、公报案例、典型案例等多位一体的知识产权案例指导体系,充分发挥司法裁判的指引示范作用。积极开展知识产权宣传周活动,持续打造中国法院知识产权司法保护状况、知识产权案件年度报告、中国法院10大知识产权案件和50件典型案例等知识产权保护法治宣传品牌,增进社会各界对知识产权司法保护的了解、认同、尊重和信任,厚植尊重创新、保护创新的良好氛围。

四、深化知识产权审判领域改革创新,推进知识产权审判体系和审判能力现代化

18. 加强高水平知识产权审判机构建设,完善知识产权专门化审判体系。推动健全完善国家层面知识产权案件上诉审理机制,加强知识产权法院、知识产权法庭建设,深化司法责任制综合配套改革,推动优化知识产权管辖布局。深入推进知识产权民事、刑事、行政案件"三合一"审判机制改革,构建案件审理专门化、管辖集中化和程序集约化的审判体系。研究制定符合知识产权审判规律的诉讼规范,完善符合知识产权案件特点的诉讼证据制度。推进四级法院审级职能定位改革,深化知识产权案件繁简分流改革,优化知识产权民事、行政案件协同推进机制。推进知识产权案例、裁判文书和裁判规则数据库深度应用,统一知识产权司法裁判标准和法律适用,完

善裁判规则。

19. 加强知识产权审判队伍建设，提升司法服务保障能力。坚持以党建带队建促审判，加强政治建设，筑牢政治忠诚，增强知识产权审判队伍服务大局意识和能力，努力锻造一支政治坚定、顾全大局、精通法律、熟悉技术、具有国际视野的知识产权审判队伍。加强知识产权审判队伍的专业化培养和职业化选拔，健全知识产权审判人才培养、遴选和交流机制，加强高素质专业化审判人才培养，健全知识产权专业化审判人才梯队。完善知识产权领域审判权运行和监督制约机制，确保队伍忠诚干净担当。加强技术调查人才库建设，完善多元化技术事实查明机制，充分发挥知识产权司法保护专家智库作用。加强与科学技术协会和其他科技社团协同合作，提高为科技创新主体提供法律服务的能力水平。

20. 加强智慧法院建设，提升知识产权审判信息化水平。扎实推进信息技术与法治建设融合促进，积极推进互联网、人工智能、大数据、云计算、区块链、5G 等现代科技在司法领域的深度应用，全面加强智慧审判、智慧执行、智慧服务、智慧管理，实现信息化建设与知识产权审判深度融合。适应信息化时代发展，探索更加成熟定型的在线诉讼新模式和在线调解规则，积极推进跨区域知识产权远程诉讼平台建设，加强司法大数据充分汇集、智能分析和有效利用。

人民法院知识产权司法保护规划（2021-2025 年）

· 2021 年 4 月 22 日
· 法发〔2021〕14 号

党的十八大以来，人民法院正确认识和把握知识产权保护工作与国家治理体系和治理能力现代化的关系，与高质量发展的关系，与人民生活幸福的关系，与国家对外开放大局的关系，与国家安全的关系，全面加强知识产权司法保护工作，为贯彻新发展理念、构建新发展格局、推动高质量发展提供有力司法服务和保障，发挥了不可或缺的重要作用。

"十四五"时期是乘势而上开启全面建设社会主义现代化国家新征程、向第二个百年奋斗目标进军的第一个五年。为深入贯彻落实党的十九届五中全会精神和习近平总书记在中央政治局第二十五次集体学习时的重要讲话精神，贯彻落实《中华人民共和国国民经济和社会发展第十四个五年规划和 2035 年远景目标纲要》，明确知识产权司法保护目标、任务、举措和实施蓝图，制定本规划。

一、总体要求

（一）指导思想。坚持以习近平新时代中国特色社会主义思想为指导，全面贯彻党的十九大和十九届二中、三中、四中、五中全会精神，深入贯彻习近平法治思想，增强"四个意识"、坚定"四个自信"、做到"两个维护"。紧紧围绕"努力让人民群众在每一个司法案件中感受到公平正义"目标，坚持以我为主、人民利益至上、公正合理保护，不断深化知识产权审判领域改革，不断强化知识产权司法保护，不断优化知识产权法治环境，为建设知识产权强国、世界科技强国和全面建设社会主义现代化国家提供坚实司法服务和保障。

（二）基本原则。坚持党对司法工作的绝对领导，把党的领导贯穿人民法院知识产权司法保护工作全过程，确保知识产权司法保护工作发展的正确方向。坚持以人民为中心，更好满足人民群众对公平正义的更高需求，切实增强人民群众获得感幸福感安全感。坚持问题导向，聚焦知识产权司法保护的突出问题和薄弱环节，不断增强知识产权司法保护整体效能。坚持改革创新，以创新的方式保护创新，持续推动知识产权审判事业向高质量发展。坚持开放发展，立足国情，推动构建以国内大循环为主体、国内国际双循环相互促进的新发展格局。

（三）总体目标。到 2025 年，知识产权专门化审判体系更加健全，知识产权诉讼制度更加完备，知识产权审判质效全面提升，知识产权审判队伍整体素质显著提高，知识产权审判体系和审判能力现代化建设取得实质性进展。知识产权侵权行为惩治力度明显加大，知识产权司法保护状况明显改善，司法公信力、影响力和权威性明显提升，知识产权司法保护社会满意度保持较高水平。具有中国特色、符合创新规律、适应国家发展目标需要的知识产权司法保护制度进一步成熟，知识产权审判激励保护创新、促进科技进步和社会发展的职能作用进一步凸显，服务党和国家工作大局的司法能力进一步增强。

二、充分发挥知识产权审判职能作用

（四）加强科技创新成果保护。全面贯彻实施专利法，充分发挥专利等技术类案件集中审理优势，强化司法裁判在科技创新成果保护中的规则引领和价值导向职能，切实增强服务创新驱动发展的能力和实效。加强对专利授权确权行政行为合法性的严格审查，推动行政标准与司法标准统一协调，提升专利授权确权质量。健全有利于专利纠纷实质性解决的审理机制，防止循环诉讼和程序空转，有效缩短审理期限。加大对关键核心技术、新兴产业、重点领域及种源等知识产权司法保护力度，严格落实集成电路布图设计和计算机软件保护制度,推进创新服务体系建设,促进自主创新能力提升,带动技术产业升级。健全大数据、人工智能、基因技术等新领域新业态知识产权司法保护规则,推动关键数字技术创新应用。加大对具有自主知识产权的重大农业科技成果保护力度,严格依法保护种业自主创新,有效保障国家粮食安全。全力提升服务国家重大区域发展战略的司法能力,推动完善区域知识产权快速协同保护机制,推进区域协同创新。

(五)加强著作权和相关权利保护。全面贯彻实施著作权法,充分发挥著作权审判对于优秀文化引领和导向功能,弘扬社会主义核心价值观,促进文化和科学事业发展与繁荣。加大对文化创作者权益保护,准确把握作品认定标准,根据不同领域、不同类型作品特点确定相适应的保护力度,使保护强度与独创性程度、中国国情相协调。依法维护作品传播者合法权益,妥善处理维护著作权集体管理制度和尊重权利人意思自治关系,加强司法保护与行政监管联动协调,促进作品传播利用。妥善处理互联网领域文化创作传播相关著作权保护新问题,完善司法保护规则,加强知识产权互联网领域法治治理。积极研究传统文化、传统知识等领域知识产权保护问题,明确司法保护规则。

(六)加强商业标志保护。加强商标权司法保护,促进知名品牌培育和商品服务贸易发展,提升企业竞争力,推动品牌强国建设。依法严格审查行政决定合法性,提高商标授权确权行政案件审理质量。加大对恶意抢注、囤积商标等行为惩治力度,促进商标申请注册秩序正常化和规范化。科学合理界定商标权权利边界与保护范围,正确把握注册与使用在商标权保护中的关系,强化商标使用对确定商标权保护范围的作用,积极引导实际使用商标。加强地理标志司法保护,切实遏制侵犯地理标志权利行为,保障区域特色经济发展。

(七)加强反垄断和反不正当竞争审判。加强反垄断和反不正当竞争案件审理工作,强化竞争政策基础地位,适时制定有关司法解释,明确规制各类垄断和不正当竞争行为,消除市场封锁,促进公平竞争。妥善处理互联网领域垄断纠纷,完善平台经济反垄断裁判规则,防止资本无序扩张,推动平台经济规范健康持续发展。加强反不正当竞争法对商业标识的司法保护,解决不同标识之间权利冲突。强化商业秘密司法保护,依法合理确定当事人举证责任,有效遏制侵害商业秘密行为。妥善处理保护商业秘密与人才合理流动关系,依法保护商业秘密

的同时,维护劳动者正当就业创业合法权益。依法支持相关行政职能部门履职,形成反垄断和反不正当竞争工作合力。

(八)加大对知识产权侵权行为惩治力度。依法采取行为保全、证据保全、制裁诉讼妨害行为等措施,及时有效阻遏侵权行为,切实降低维权成本。正确把握惩罚性赔偿构成要件,确保惩罚性赔偿制度在司法裁判中精准适用,提高侵权成本,依法惩处严重侵害知识产权行为。遵循罪刑法定原则,按照以审判为中心的刑事诉讼制度要求,正确把握民事纠纷和刑事犯罪界限,依法惩治侵犯知识产权犯罪,充分发挥刑罚威慑、预防和矫正功能。

三、深化知识产权审判领域改革创新

(九)完善知识产权专门化审判体系。全面总结最高人民法院知识产权法庭三年试点工作情况,提出进一步改革方案,促进完善技术类知识产权审判,深化国家层面知识产权案件上诉审理机制建设。加强知识产权法院、知识产权法庭建设,深化司法责任制综合配套改革,化解人案矛盾、优化内设机构、构建人才梯队,推动完善知识产权专门化审判机构布局。加强互联网法院知识产权审判功能建设,充分发挥互联网司法引领作用,着力解决信息化时代知识产权保护新问题。

(十)健全知识产权诉讼制度。研究起草符合知识产权案件规律的诉讼规范,完善知识产权案件证据、诉讼程序等相关规定。优化知识产权民事、行政案件协同推进机制,推动行政确权案件和民事侵权案件在程序衔接、审理机制、裁判标准等方面相互协调。完善知识产权案件管辖制度,根据案件情况和审判需要依法适当调整管辖布局,加强特定类型案件集中管辖。完善多元化技术事实查明机制,加强技术调查人才库建设,充分发挥人才共享机制功能。大力倡导诚信诉讼,严厉制裁毁损、隐匿和伪造证据等行为,有效规制滥用权利、恶意诉讼,进一步完善知识产权诉讼诚信体系建设。

(十一)深化知识产权审判"三合一"改革。推动完善知识产权刑事案件管辖布局,积极构建与知识产权"三合一"审判机制相适应的管辖制度,推动知识产权法院审理知识产权刑事案件。加强与公安机关、检察机关在知识产权刑事司法程序方面沟通协调,建立和完善联络机制。完善知识产权民事、行政和刑事诉讼程序衔接,确保裁判结果内在协调统一。优化知识产权刑事自诉程序,充分保障知识产权权利人合法权益。

(十二)深入推进案件繁简分流改革。积极推进知识产权案件繁简分流,完善简易程序规则,推动简单知识

产权类案件适用小额诉讼程序,探索简单商标授权确权类行政案件适用独任制审理。根据知识产权案件审判特点,完善不同诉讼程序、诉调程序之间转换机制和规则。加强和规范在线诉讼,简化常见简单案件裁判文书格式。提升知识产权类纠纷诉前调解质量,优化调解案件司法确认程序,促进纠纷实质性化解。

四、优化知识产权保护工作机制

(十三)完善统一法律适用标准机制。充分发挥司法审查监督和指引功能,促进知识产权行政执法标准和司法裁判标准统一。健全以司法解释、司法政策为引领、以指导性案例为指引、以典型案例为参考的知识产权审判指导体系,优化专业法官会议制度,完善类案和新类型案件检索制度,构建统一法律适用标准机制。深化智慧法院建设,完善知识产权案例和裁判文书数据库深度应用,充分运用人工智能等信息化手段促进裁判标准统一。

(十四)健全多元化纠纷解决机制。充分依托人民法院调解平台,大力推进知识产权纠纷在线诉调对接机制,切实将非诉讼纠纷解决机制挺在前面。坚持和发展新时代"枫桥经验",提供优质司法服务,有效推动知识产权纠纷综合治理、源头治理。加强与知识产权行政职能部门、仲裁机构、行业协会、调解组织等协调配合,因地制宜创新知识产权解纷方式,满足人民群众多元高效便捷的纠纷解决需求。

(十五)强化行政执法和司法衔接机制。加强知识产权信息化、智能化基础设施建设,推动与国家市场监督管理总局、国家知识产权局等部门建立信息资源共享机制,推进最高人民法院与中央有关部门数据专线连接工作。进一步推动知识产权保护线上线下融合发展,加强与知识产权行政职能部门协同配合,积极参与构建知识产权大保护工作格局。

(十六)深化知识产权国际合作竞争机制。加强涉外知识产权审判,妥善审理与国际贸易有关的重大知识产权纠纷,依法平等保护中外权利人合法权益。推进我国知识产权有关法律规定域外适用,切实保护我国公民、企业境外安全和合法权益。强化国际司法合作协作,妥善解决国际平行诉讼,维护知识产权领域国家安全。深化同其他国家和地区知识产权司法合作,积极促进知识共享。积极参与知识产权司法领域全球治理,通过司法裁判推动完善相关国际规则和标准。

五、强化知识产权审判保障

(十七)加强政治和组织保障。坚持以习近平新时代中国特色社会主义思想武装头脑、指导实践、推动工作,始终把党的政治建设摆在首位,筑牢服务国家大局意识,坚决捍卫国家主权和核心利益。完善工作机制,加强对下监督指导,增强与有关职能部门沟通协调,确保各项知识产权司法保护工作落地见效。严格落实防止干预司法"三个规定"等铁规禁令,健全知识产权领域审判权运行和监督制约机制,扎实开展法院队伍教育整顿,确保忠诚干净担当。

(十八)加强队伍和人才保障。对标对表习近平总书记提出的"七种能力"要求,立足知识产权审判实际和岗位职责,全面提升队伍的革命化、正规化、专业化、职业化。完善知识产权审判人才储备和遴选机制,加强优秀人才选拔,重视培养符合"三合一"审判要求的复合型人才,注重增强队伍稳定性。建立不同法院、不同审判部门形式多样的人员交流机制,有计划选派综合素质高、专业能力强、有培养潜力的知识产权法官到有关部门挂职。

(十九)加强科技和信息化保障。充分运用智慧法院建设成果,实现信息化建设与知识产权审判深度融合,推进上下级人民法院知识产权类案件办案系统互联互通、业务协同、资源共享。进一步提升案件审理电子化水平,实现电子卷宗在线归档、互联网查阅。充分发挥一站式诉讼服务中心功能,大力推进知识产权案件跨区域立案、网上立案、电子送达、在线开庭等信息化技术普及应用。加强司法大数据充分汇集、智能分析和有效利用,为知识产权相关决策提供参考。

各级人民法院要全面准确贯彻落实本规划要求,结合实际制定实施方案,明确分工,压实责任,务求实效。最高人民法院将统筹协调,加强指导,推进落实,确保规划各项措施落到实处。

最高人民法院关于审理侵害知识产权
民事案件适用惩罚性赔偿的解释

·2021年2月7日最高人民法院审判委员会第1831次会议通过
·2021年3月2日最高人民法院公告公布
·自2021年3月3日起施行
·法释〔2021〕4号

为正确实施知识产权惩罚性赔偿制度,依法惩处严重侵害知识产权行为,全面加强知识产权保护,根据《中华人民共和国民法典》《中华人民共和国著作权法》《中华人民共和国商标法》《中华人民共和国专利法》《中华人民共和国反不正当竞争法》《中华人民共和国种子法》

《中华人民共和国民事诉讼法》等有关法律规定,结合审判实践,制定本解释。

第一条 原告主张被告故意侵害其依法享有的知识产权且情节严重,请求判令被告承担惩罚性赔偿责任的,人民法院应当依法审查处理。

本解释所称故意,包括商标法第六十三条第一款和反不正当竞争法第十七条第三款规定的恶意。

第二条 原告请求惩罚性赔偿的,应当在起诉时明确赔偿数额、计算方式以及所依据的事实和理由。

原告在一审法庭辩论终结前增加惩罚性赔偿请求的,人民法院应当准许;在二审中增加惩罚性赔偿请求的,人民法院可以根据当事人自愿的原则进行调解,调解不成,告知当事人另行起诉。

第三条 对于侵害知识产权的故意的认定,人民法院应当综合考虑被侵害知识产权客体类型、权利状态和相关产品知名度、被告与原告或者利害关系人之间的关系等因素。

对于下列情形,人民法院可以初步认定被告具有侵害知识产权的故意:

(一)被告经原告或者利害关系人通知、警告后,仍继续实施侵权行为的;

(二)被告或其法定代表人、管理人是原告或者利害关系人的法定代表人、管理人、实际控制人的;

(三)被告与原告或者利害关系人之间存在劳动、劳务、合作、许可、经销、代理、代表等关系,且接触过被侵害的知识产权的;

(四)被告与原告或者利害关系人之间有业务往来或者为达成合同等进行过磋商,且接触过被侵害的知识产权的;

(五)被告实施盗版、假冒注册商标行为的;

(六)其他可以认定为故意的情形。

第四条 对于侵害知识产权情节严重的认定,人民法院应当综合考虑侵权手段、次数,侵权行为的持续时间、地域范围、规模、后果,侵权人在诉讼中的行为等因素。

被告有下列情形的,人民法院可以认定为情节严重:

(一)因侵权被行政处罚或者法院裁判承担责任后,再次实施相同或者类似侵权行为的;

(二)以侵害知识产权为业;

(三)伪造、毁坏或者隐匿侵权证据;

(四)拒不履行保全裁定;

(五)侵权获利或者权利人受损巨大;

(六)侵权行为可能危害国家安全、公共利益或者人身健康;

(七)其他可以认定为情节严重的情形。

第五条 人民法院确定惩罚性赔偿数额时,应当分别依照相关法律,以原告实际损失数额、被告违法所得数额或者因侵权所获得的利益作为计算基数。该基数不包括原告为制止侵权所支付的合理开支;法律另有规定的,依照其规定。

前款所称实际损失数额、违法所得数额、因侵权所获得的利益均难以计算的,人民法院依法参照该权利许可使用费的倍数合理确定,并以此作为惩罚性赔偿数额的计算基数。

人民法院依法责令被告提供其掌握的与侵权行为相关的账簿、资料,被告无正当理由拒不提供或者提供虚假账簿、资料的,人民法院可以参考原告的主张和证据确定惩罚性赔偿数额的计算基数。构成民事诉讼法第一百一十一条规定情形的,依法追究法律责任。

第六条 人民法院依法确定惩罚性赔偿的倍数时,应当综合考虑被告主观过错程度、侵权行为的情节严重程度等因素。

因同一侵权行为已经被处以行政罚款或者刑事罚金且执行完毕,被告主张减免惩罚性赔偿责任的,人民法院不予支持,但在确定前款所称倍数时可以综合考虑。

第七条 本解释自 2021 年 3 月 3 日起施行。最高人民法院以前发布的相关司法解释与本解释不一致的,以本解释为准。

最高人民法院关于北京、上海、广州知识产权法院案件管辖的规定

· 2014 年 10 月 27 日最高人民法院审判委员会第 1628 次会议通过
· 根据 2020 年 12 月 23 日最高人民法院审判委员会第 1823 次会议通过的《最高人民法院关于修改〈最高人民法院关于审理侵犯专利权纠纷案件应用法律若干问题的解释(二)〉等十八件知识产权类司法解释的决定》修正
· 2020 年 12 月 29 日最高人民法院公告公布
· 自 2021 年 1 月 1 日起施行
· 法释〔2020〕19 号

为进一步明确北京、上海、广州知识产权法院的案件管辖,根据《中华人民共和国民事诉讼法》《中华人民共和国行政诉讼法》《全国人民代表大会常务委员会关于在北京、上海、广州设立知识产权法院的决定》等规定,制

定本规定。

第一条　知识产权法院管辖所在市辖区内的下列第一审案件:

(一)专利、植物新品种、集成电路布图设计、技术秘密、计算机软件民事和行政案件;

(二)对国务院部门或者县级以上地方人民政府所作的涉及著作权、商标、不正当竞争等行政行为提起诉讼的行政案件;

(三)涉及驰名商标认定的民事案件。

第二条　广州知识产权法院对广东省内本规定第一条第(一)项和第(三)项规定的案件实行跨区域管辖。

第三条　北京市、上海市各中级人民法院和广州市中级人民法院不再受理知识产权民事和行政案件。

广东省其他中级人民法院不再受理本规定第一条第(一)项和第(三)项规定的案件。

北京市、上海市、广东省各基层人民法院不再受理本规定第一条第(一)项和第(三)项规定的案件。

第四条　案件标的既包含本规定第一条第(一)项和第(三)项规定的内容,又包含其他内容的,按本规定第一条和第二条的规定确定管辖。

第五条　下列第一审行政案件由北京知识产权法院管辖:

(一)不服国务院部门作出的有关专利、商标、植物新品种、集成电路布图设计等知识产权的授权确权裁定或者决定的;

(二)不服国务院部门作出的有关专利、植物新品种、集成电路布图设计的强制许可决定以及强制许可使用费或者报酬的裁决的;

(三)不服国务院部门作出的涉及知识产权授权确权的其他行政行为的。

第六条　当事人对知识产权法院所在市的基层人民法院作出的第一审著作权、商标、技术合同、不正当竞争等知识产权民事和行政判决、裁定提起的上诉案件,由知识产权法院审理。

第七条　当事人对知识产权法院作出的第一审判决、裁定提起的上诉案件和依法申请上一级法院复议的案件,由知识产权法院所在地的高级人民法院知识产权审判庭审理,但依法应由最高人民法院审理的除外。

第八条　知识产权法院所在省(直辖市)的基层人民法院在知识产权法院成立前已经受理但尚未审结的本规定第一条第(一)项和第(三)项规定的案件,由该基层人民法院继续审理。

除广州市中级人民法院以外,广东省其他中级人民法院在广州知识产权法院成立前已经受理但尚未审结的本规定第一条第(一)项和第(三)项规定的案件,由该中级人民法院继续审理。

最高人民法院关于审理不正当竞争民事案件应用法律若干问题的解释

· 2006 年 12 月 30 日最高人民法院审判委员会第 1412 次会议通过
· 根据 2020 年 12 月 23 日最高人民法院审判委员会第 1823 次会议通过的《最高人民法院关于修改〈最高人民法院关于审理侵犯专利权纠纷案件应用法律若干问题的解释(二)〉等十八件知识产权类司法解释的决定》修正
· 2020 年 12 月 29 日最高人民法院公告公布
· 自 2021 年 1 月 1 日起施行
· 法释〔2020〕19 号

为了正确审理不正当竞争民事案件,依法保护经营者的合法权益,维护市场竞争秩序,依照《中华人民共和国民法典》《中华人民共和国反不正当竞争法》《中华人民共和国民事诉讼法》等法律的有关规定,结合审判实践经验和实际情况,制定本解释。

第一条　在中国境内具有一定的市场知名度,为相关公众所知悉的商品,应当认定为反不正当竞争法第五条第(二)项规定的"知名商品"。人民法院认定知名商品,应当考虑该商品的销售时间、销售区域、销售额和销售对象,进行任何宣传的持续时间、程度和地域范围,作为知名商品受保护的情况等因素,进行综合判断。原告应当对其商品的市场知名度负举证责任。

在不同地域范围内使用相同或者近似的知名商品特有的名称、包装、装潢,在后使用者能够证明其善意使用的,不构成反不正当竞争法第五条第(二)项规定的不正当竞争行为。因后来的经营活动进入相同地域范围而使其商品来源足以产生混淆,在先使用者请求责令在后使用者附加足以区别商品来源的其他标识的,人民法院应当予以支持。

第二条　具有区别商品来源的显著特征的商品的名称、包装、装潢,应当认定为反不正当竞争法第五条第(二)项规定的"特有的名称、包装、装潢"。有下列情形之一的,人民法院不认定为知名商品特有的名称、包装、装潢:

(一)商品的通用名称、图形、型号;

(二)仅仅直接表示商品的质量、主要原料、功能、用途、重量、数量及其他特点的商品名称；

（三）仅由商品自身的性质产生的形状，为获得技术效果而需有的商品形状以及使商品具有实质性价值的形状；

（四）其他缺乏显著特征的商品名称、包装、装潢。

前款第（一）、（二）、（四）项规定的情形经过使用取得显著特征的，可以认定为特有的名称、包装、装潢。

知名商品特有的名称、包装、装潢中含有本商品的通用名称、图形、型号，或者直接表示商品的质量、主要原料、功能、用途、重量、数量以及其他特点，或者含有地名，他人因客观叙述商品而正当使用的，不构成不正当竞争行为。

第三条　由经营者营业场所的装饰、营业用具的式样、营业人员的服饰等构成的具有独特风格的整体营业形象，可以认定为反不正当竞争法第五条第（二）项规定的"装潢"。

第四条　足以使相关公众对商品的来源产生误认，包括误认为与知名商品的经营者具有许可使用、关联企业关系等特定联系的，应当认定为反不正当竞争法第五条第（二）项规定的"造成和他人的知名商品相混淆，使购买者误认为是该知名商品"。

在相同商品上使用相同或者视觉上基本无差别的商品名称、包装、装潢，应当视为足以造成和他人知名商品相混淆。

认定与知名商品特有名称、包装、装潢相同或者近似，可以参照商标相同或者近似的判断原则和方法。

第五条　商品的名称、包装、装潢属于商标法第十条第一款规定的不得作为商标使用的标志，当事人请求依照反不正当竞争法第五条第（二）项规定予以保护的，人民法院不予支持。

第六条　企业登记主管机关依法登记注册的企业名称，以及在中国境内进行商业使用的外国（地区）企业名称，应当认定为反不正当竞争法第五条第（三）项规定的"企业名称"。具有一定的市场知名度、为相关公众所知悉的企业名称中的字号，可以认定为反不正当竞争法第五条第（三）项规定的"企业名称"。

在商品经营中使用的自然人的姓名，应当认定为反不正当竞争法第五条第（三）项规定的"姓名"。具有一定的市场知名度、为相关公众所知悉的自然人的笔名、艺名等，可以认定为反不正当竞争法第五条第（三）项规定的"姓名"。

第七条　在中国境内进行商业使用，包括将知名商品特有的名称、包装、装潢或者企业名称、姓名用于商品、商品包装以及商品交易文书上，或者用于广告宣传、展览以及其他商业活动中，应当认定为反不正当竞争法第五条第（二）项、第（三）项规定的"使用"。

第八条　经营者具有下列行为之一，足以造成相关公众误解的，可以认定为反不正当竞争法第九条第一款规定的引人误解的虚假宣传行为：

（一）对商品作片面的宣传或者对比的；

（二）将科学上未定论的观点、现象等当作定论的事实用于商品宣传的；

（三）以歧义性语言或者其他引人误解的方式进行商品宣传的。

以明显的夸张方式宣传商品，不足以造成相关公众误解的，不属于引人误解的虚假宣传行为。

人民法院应当根据日常生活经验、相关公众一般注意力、发生误解的事实和被宣传对象的实际情况等因素，对引人误解的虚假宣传行为进行认定。

第九条　有关信息不为其所属领域的相关人员普遍知悉和容易获得，应当认定为反不正当竞争法第十条第三款规定的"不为公众所知悉"。

具有下列情形之一的，可以认定有关信息不构成不为公众所知悉：

（一）该信息为其所属技术或者经济领域的人的一般常识或者行业惯例；

（二）该信息仅涉及产品的尺寸、结构、材料、部件的简单组合等内容，进入市场后相关公众通过观察产品即可直接获得；

（三）该信息已经在公开出版物或者其他媒体上公开披露；

（四）该信息已通过公开的报告会、展览等方式公开；

（五）该信息从其他公开渠道可以获得；

（六）该信息无需付出一定的代价而容易获得。

第十条　有关信息具有现实的或者潜在的商业价值，能为权利人带来竞争优势的，应当认定为反不正当竞争法第十条第三款规定的"能为权利人带来经济利益、具有实用性"。

第十一条　权利人为防止信息泄漏所采取的与其商业价值等具体情况相适应的合理保护措施，应当认定为反不正当竞争法第十条第三款规定的"保密措施"。

人民法院应当根据所涉信息载体的特性、权利人保密的意愿、保密措施的可识别程度、他人通过正当方式获得的难易程度等因素，认定权利人是否采取了保密措施。

具有下列情形之一，在正常情况下足以防止涉密信息泄漏的，应当认定权利人采取了保密措施：

（一）限定涉密信息的知悉范围，只对必须知悉的相关人员告知其内容；

（二）对于涉密信息载体采取加锁等防范措施；

（三）在涉密信息的载体上标有保密标志；

（四）对于涉密信息采用密码或者代码等；

（五）签订保密协议；

（六）对于涉密的机器、厂房、车间等场所限制来访者或者提出保密要求；

（七）确保信息秘密的其他合理措施。

第十二条　通过自行开发研制或者反向工程等方式获得的商业秘密，不认定为反不正当竞争法第十条第（一）、（二）项规定的侵犯商业秘密行为。

前款所称"反向工程"，是指通过技术手段对从公开渠道取得的产品进行拆卸、测绘、分析等而获得该产品的有关技术信息。当事人以不正当手段知悉了他人的商业秘密之后，又以反向工程为由主张获取行为合法的，不予支持。

第十三条　商业秘密中的客户名单，一般是指客户的名称、地址、联系方式以及交易的习惯、意向、内容等构成的区别于相关公知信息的特殊客户信息，包括汇集众多客户的客户名册，以及保持长期稳定交易关系的特定客户。

客户基于对职工个人的信赖而与职工所在单位进行市场交易，该职工离职后，能够证明客户自愿选择与自己或者其新单位进行市场交易的，应当认定没有采用不正当手段，但职工与原单位另有约定的除外。

第十四条　当事人指称他人侵犯其商业秘密的，应当对其拥有的商业秘密符合法定条件、对方当事人的信息与其商业秘密相同或者实质相同以及对方当事人采取不正当手段的事实负举证责任。其中，商业秘密符合法定条件的证据，包括商业秘密的载体、具体内容、商业价值和对该项商业秘密所采取的具体保密措施等。

第十五条　对于侵犯商业秘密行为，商业秘密独占使用许可合同的被许可人提起诉讼的，人民法院应当依法受理。

排他使用许可合同的被许可人和权利人共同提起诉讼，或者在权利人不起诉的情况下，自行提起诉讼，人民法院应当依法受理。

普通使用许可合同的被许可人和权利人共同提起诉讼，或者经权利人书面授权，单独提起诉讼的，人民法院

应当依法受理。

第十六条　人民法院对于侵犯商业秘密行为判决停止侵害的民事责任时，停止侵害的时间一般持续到该项商业秘密已为公众知悉时为止。

依据前款规定判决停止侵害的时间如果明显不合理的，可以在依法保护权利人该项商业秘密竞争优势的情况下，判决侵权人在一定期限或者范围内停止使用该项商业秘密。

第十七条　确定反不正当竞争法第十条规定的侵犯商业秘密行为的损害赔偿额，可以参照确定侵犯专利权的损害赔偿额的方法进行；确定反不正当竞争法第五条、第九条、第十四条规定的不正当竞争行为的损害赔偿额，可以参照确定侵犯注册商标专用权的损害赔偿额的方法进行。

因侵权行为导致商业秘密已为公众所知悉的，应当根据该项商业秘密的商业价值确定损害赔偿额。商业秘密的商业价值，根据其研究开发成本、实施该项商业秘密的收益、可得利益、可保持竞争优势的时间等因素确定。

第十八条　反不正当竞争法第五条、第九条、第十条、第十四条规定的不正当竞争民事第一审案件，一般由中级人民法院管辖。

各高级人民法院根据本辖区的实际情况，经最高人民法院批准，可以确定若干基层人民法院受理不正当竞争民事第一审案件，已经批准可以审理知识产权民事案件的基层人民法院，可以继续受理。

第十九条　本解释自二〇〇七年二月一日起施行。

最高人民法院关于适用《中华人民共和国民法典》时间效力的若干规定

·2020 年 12 月 14 日最高人民法院审判委员会第 1821 次会议通过
·2020 年 12 月 29 日最高人民法院公告公布
·自 2021 年 1 月 1 日起施行
·法释〔2020〕15 号

根据《中华人民共和国立法法》《中华人民共和国民法典》等法律规定，就人民法院在审理民事纠纷案件中有关适用民法典时间效力问题作出如下规定。

一、一般规定

第一条　民法典施行后的法律事实引起的民事纠纷案件，适用民法典的规定。

民法典施行前的法律事实引起的民事纠纷案件，适用当时的法律、司法解释的规定，但是法律、司法解释另

有规定的除外。

民法典施行前的法律事实持续至民法典施行后，该法律事实引起的民事纠纷案件，适用民法典的规定，但是法律、司法解释另有规定的除外。

第二条　民法典施行前的法律事实引起的民事纠纷案件，当时的法律、司法解释有规定，适用当时的法律、司法解释的规定，但是适用民法典的规定更有利于保护民事主体合法权益，更有利于维护社会和经济秩序，更有利于弘扬社会主义核心价值观的除外。

第三条　民法典施行前的法律事实引起的民事纠纷案件，当时的法律、司法解释没有规定而民法典有规定的，可以适用民法典的规定，但是明显减损当事人合法权益、增加当事人法定义务或者背离当事人合理预期的除外。

第四条　民法典施行前的法律事实引起的民事纠纷案件，当时的法律、司法解释仅有原则性规定而民法典有具体规定的，适用当时的法律、司法解释的规定，但是可以依据民法典具体规定进行裁判说理。

第五条　民法典施行前已经终审的案件，当事人申请再审或者按照审判监督程序决定再审的，不适用民法典的规定。

二、溯及适用的具体规定

第六条　《中华人民共和国民法总则》施行前，侵害英雄烈士等的姓名、肖像、名誉、荣誉，损害社会公共利益引起的民事纠纷案件，适用民法典第一百八十五条的规定。

第七条　民法典施行前，当事人在债务履行期限届满前约定债务人不履行到期债务时抵押财产或者质押财产归债权人所有的，适用民法典第四百零一条和第四百二十八条的规定。

第八条　民法典施行前成立的合同，适用当时的法律、司法解释的规定合同无效而适用民法典的规定合同有效的，适用民法典的相关规定。

第九条　民法典施行前订立的合同，提供格式条款一方未履行提示或者说明义务，涉及格式条款效力认定的，适用民法典第四百九十六条的规定。

第十条　民法典施行前，当事人一方未通知对方而直接以提起诉讼方式依法主张解除合同的，适用民法典第五百六十五条第二款的规定。

第十一条　民法典施行前成立的合同，当事人一方不履行非金钱债务或者履行非金钱债务不符合约定，对方可以请求履行，但是有民法典第五百八十条第一款第一项、第二项、第三项除外情形之一，致使不能实现合同

目的，当事人请求终止合同权利义务关系的，适用民法典第五百八十条第二款的规定。

第十二条　民法典施行前订立的保理合同发生争议的，适用民法典第三编第十六章的规定。

第十三条　民法典施行前，继承人有民法典第一千一百二十五条第一款第四项和第五项规定行为之一，对该继承人是否丧失继承权发生争议的，适用民法典第一千一百二十五条第一款和第二款的规定。

民法典施行前，受遗赠人有民法典第一千一百二十五条第一款规定行为之一，对受遗赠人是否丧失受遗赠权发生争议的，适用民法典第一千一百二十五条第一款和第三款的规定。

第十四条　被继承人在民法典施行前死亡，遗产无人继承又无人受遗赠，其兄弟姐妹的子女请求代位继承的，适用民法典第一千一百二十八条第二款和第三款的规定，但是遗产已经在民法典施行前处理完毕的除外。

第十五条　民法典施行前，遗嘱人以打印方式立的遗嘱，当事人对该遗嘱效力发生争议的，适用民法典第一千一百三十六条的规定，但是遗产已经在民法典施行前处理完毕的除外。

第十六条　民法典施行前，受害人自愿参加具有一定风险的文体活动受到损害引起的民事纠纷案件，适用民法典第一千一百七十六条的规定。

第十七条　民法典施行前，受害人为保护自己合法权益采取扣留侵权人的财物等措施引起的民事纠纷案件，适用民法典第一千一百七十七条的规定。

第十八条　民法典施行前，因非营运机动车发生交通事故造成无偿搭乘人损害引起的民事纠纷案件，适用民法典第一千二百一十七条的规定。

第十九条　民法典施行前，从建筑物中抛掷物品或者从建筑物上坠落的物品造成他人损害引起的民事纠纷案件，适用民法典第一千二百五十四条的规定。

三、衔接适用的具体规定

第二十条　民法典施行前成立的合同，依照法律规定或者当事人约定该合同的履行持续至民法典施行后，因民法典施行前履行合同发生争议的，适用当时的法律、司法解释的规定；因民法典施行后履行合同发生争议的，适用民法典第三编第四章和第五章的相关规定。

第二十一条　民法典施行前租赁期限届满，当事人主张适用民法典第七百三十四条第二款规定的，人民法院不予支持；租赁期限在民法典施行后届满，当事人主张适用民法典第七百三十四条第二款规定的，人民法院依

法予以支持。

第二十二条　民法典施行前，经人民法院判决不准离婚后，双方又分居满一年，一方再次提起离婚诉讼的，适用民法典第一千零七十九条第五款的规定。

第二十三条　被继承人在民法典施行前立有公证遗嘱，民法典施行后又立有新遗嘱，其死亡后，因该数份遗嘱内容相抵触发生争议的，适用民法典第一千一百四十二条第三款的规定。

第二十四条　侵权行为发生在民法典施行前，但是损害后果出现在民法典施行后的民事纠纷案件，适用民法典的规定。

第二十五条　民法典施行前成立的合同，当时的法律、司法解释没有规定且当事人没有约定解除权行使期限，对方当事人也未催告的，解除权人在民法典施行前知道或者应当知道解除事由，自民法典施行之日起一年内不行使的，人民法院应当依法认定该解除权消灭；解除权人在民法典施行后知道或者应当知道解除事由的，适用民法典第五百六十四条第二款关于解除权行使期限的规定。

第二十六条　当事人以民法典施行前受胁迫结婚为由请求人民法院撤销婚姻的，撤销权的行使期限适用民法典第一千零五十二条第二款的规定。

第二十七条　民法典施行前成立的保证合同，当事人对保证期间约定不明确，主债务履行期限届满至民法典施行之日不满二年，当事人主张保证期间为主债务履行期限届满之日起二年的，人民法院依法予以支持；当事人对保证期间没有约定，主债务履行期限届满至民法典施行之日不满六个月，当事人主张保证期间为主债务履行期限届满之日起六个月的，人民法院依法予以支持。

四、附　则

第二十八条　本规定自2021年1月1日起施行。

本规定施行后，人民法院尚未审结的一审、二审案件适用本规定。

最高人民法院关于审理侵犯商业秘密民事案件适用法律若干问题的规定

· 2020年8月24日最高人民法院审判委员会第1810次会议通过
· 2020年9月10日最高人民法院公告公布
· 自2020年9月12日起施行
· 法释〔2020〕7号

为正确审理侵犯商业秘密民事案件，根据《中华人民共和国反不正当竞争法》《中华人民共和国民事诉讼法》等有关法律规定，结合审判实际，制定本规定。

第一条　与技术有关的结构、原料、组分、配方、材料、样品、样式、植物新品种繁殖材料、工艺、方法或其步骤、算法、数据、计算机程序及其有关文档等信息，人民法院可以认定构成反不正当竞争法第九条第四款所称的技术信息。

与经营活动有关的创意、管理、销售、财务、计划、样本、招投标材料、客户信息、数据等信息，人民法院可以认定构成反不正当竞争法第九条第四款所称的经营信息。

前款所称的客户信息，包括客户的名称、地址、联系方式以及交易习惯、意向、内容等信息。

第二条　当事人仅以与特定客户保持长期稳定交易关系为由，主张该特定客户属于商业秘密的，人民法院不予支持。

客户基于对员工个人的信赖而与该员工所在单位进行交易，该员工离职后，能够证明客户自愿选择与该员工或者该员工所在的新单位进行交易的，人民法院应当认定该员工没有采用不正当手段获取权利人的商业秘密。

第三条　权利人请求保护的信息在被诉侵权行为发生时不为所属领域的相关人员普遍知悉和容易获得的，人民法院应当认定为反不正当竞争法第九条第四款所称的不为公众所知悉。

第四条　具有下列情形之一的，人民法院可以认定有关信息为公众所知悉：

（一）该信息在所属领域属于一般常识或者行业惯例的；

（二）该信息仅涉及产品的尺寸、结构、材料、部件的简单组合等内容，所属领域的相关人员通过观察上市产品即可直接获得的；

（三）该信息已经在公开出版物或者其他媒体上公开披露的；

（四）该信息已通过公开的报告会、展览等方式公开的；

（五）所属领域的相关人员从其他公开渠道可以获得该信息的。

将为公众所知悉的信息进行整理、改进、加工后形成的新信息，符合本规定第三条规定的，应当认定该新信息不为公众所知悉。

第五条　权利人为防止商业秘密泄露，在被诉侵权行为发生以前所采取的合理保密措施，人民法院应当认定为反不正当竞争法第九条第四款所称的相应保密措施。

人民法院应当根据商业秘密及其载体的性质、商业秘密的商业价值、保密措施的可识别程度、保密措施与商业秘密的对应程度以及权利人的保密意愿等因素，认定权利人是否采取了相应保密措施。

第六条　具有下列情形之一，在正常情况下足以防止商业秘密泄露的，人民法院应当认定权利人采取了相应保密措施：

（一）签订保密协议或者在合同中约定保密义务的；

（二）通过章程、培训、规章制度、书面告知等方式，对能够接触、获取商业秘密的员工、前员工、供应商、客户、来访者等提出保密要求的；

（三）对涉密的厂房、车间等生产经营场所限制来访者或者进行区分管理的；

（四）以标记、分类、隔离、加密、封存、限制能够接触或者获取的人员范围等方式，对商业秘密及其载体进行区分和管理的；

（五）对能够接触、获取商业秘密的计算机设备、电子设备、网络设备、存储设备、软件等，采取禁止或者限制使用、访问、存储、复制等措施的；

（六）要求离职员工登记、返还、清除、销毁其接触或者获取的商业秘密及其载体，继续承担保密义务的；

（七）采取其他合理保密措施的。

第七条　权利人请求保护的信息因不为公众所知悉而具有现实的或者潜在的商业价值的，人民法院经审查可以认定为反不正当竞争法第九条第四款所称的具有商业价值。

生产经营活动中形成的阶段性成果符合前款规定的，人民法院经审查可以认定该成果具有商业价值。

第八条　被诉侵权人以违反法律规定或者公认的商业道德的方式获取权利人的商业秘密的，人民法院应当认定属于反不正当竞争法第九条第一款所称的以其他不正当手段获取权利人的商业秘密。

第九条　被诉侵权人在生产经营活动中直接使用商业秘密，或者对商业秘密进行修改、改进后使用，或者根据商业秘密调整、优化、改进有关生产经营活动的，人民法院应当认定属于反不正当竞争法第九条所称的使用商业秘密。

第十条　当事人根据法律规定或者合同约定所承担的保密义务，人民法院应当认定属于反不正当竞争法第九条第一款所称的保密义务。

当事人未在合同中约定保密义务，但根据诚信原则以及合同的性质、目的、缔约过程、交易习惯等，被诉侵权人知道或者应当知道其获取的信息属于权利人的商业秘密的，人民法院应当认定被诉侵权人对其获取的商业秘密承担保密义务。

第十一条　法人、非法人组织的经营、管理人员以及具有劳动关系的其他人员，人民法院可以认定为反不正当竞争法第九条第三款所称的员工、前员工。

第十二条　人民法院认定员工、前员工是否有渠道或者机会获取权利人的商业秘密，可以考虑与其有关的下列因素：

（一）职务、职责、权限；

（二）承担的本职工作或者单位分配的任务；

（三）参与和商业秘密有关的生产经营活动的具体情形；

（四）是否保管、使用、存储、复制、控制或者以其他方式接触、获取商业秘密及其载体；

（五）需要考虑的其他因素。

第十三条　被诉侵权信息与商业秘密不存在实质性区别的，人民法院可以认定被诉侵权信息与商业秘密构成反不正当竞争法第三十二条第二款所称的实质上相同。

人民法院认定是否构成前款所称的实质上相同，可以考虑下列因素：

（一）被诉侵权信息与商业秘密的异同程度；

（二）所属领域的相关人员在被诉侵权行为发生时是否容易想到被诉侵权信息与商业秘密的区别；

（三）被诉侵权信息与商业秘密的用途、使用方式、目的、效果等是否具有实质性差异；

（四）公有领域中与商业秘密相关信息的情况；

（五）需要考虑的其他因素。

第十四条　通过自行开发研制或者反向工程获得被诉侵权信息的，人民法院应当认定不属于反不正当竞争法第九条规定的侵犯商业秘密行为。

前款所称的反向工程，是指通过技术手段对从公开渠道取得的产品进行拆卸、测绘、分析等而获得该产品的有关技术信息。

被诉侵权人以不正当手段获取权利人的商业秘密后，又以反向工程为由主张未侵犯商业秘密的，人民法院不予支持。

第十五条　被申请人试图或者已经以不正当手段获取、披露、使用或者允许他人使用权利人所主张的商业秘密，不采取行为保全措施会使判决难以执行或者造成当事人其他损害，或者将会使权利人的合法权益受到难以弥补的损害的，人民法院可以依法裁定采取行为保全措施。

前款规定的情形属于民事诉讼法第一百条、第一百零一条所称情况紧急的,人民法院应当在四十八小时内作出裁定。

第十六条　经营者以外的其他自然人、法人和非法人组织侵犯商业秘密,权利人依据反不正当竞争法第十七条的规定主张侵权人应当承担的民事责任的,人民法院应予支持。

第十七条　人民法院对于侵犯商业秘密行为判决停止侵害的民事责任时,停止侵害的时间一般应当持续到该商业秘密已为公众所知悉时为止。

依照前款规定判决停止侵害的时间明显不合理的,人民法院可以在依法保护权利人的商业秘密竞争优势的情况下,判决侵权人在一定期限或者范围内停止使用该商业秘密。

第十八条　权利人请求判决侵权人返还或者销毁商业秘密载体,清除其控制的商业秘密信息的,人民法院一般应予支持。

第十九条　因侵权行为导致商业秘密为公众所知悉的,人民法院依法确定赔偿数额时,可以考虑商业秘密的商业价值。

人民法院认定前款所称的商业价值,应当考虑研究开发成本、实施该项商业秘密的收益、可得利益、可保持竞争优势的时间等因素。

第二十条　权利人请求参照商业秘密许可使用费确定因被侵权所受到的实际损失的,人民法院可以根据许可的性质、内容、实际履行情况以及侵权行为的性质、情节、后果等因素确定。

人民法院依照反不正当竞争法第十七条第四款确定赔偿数额的,可以考虑商业秘密的性质、商业价值、研究开发成本、创新程度、能带来的竞争优势以及侵权人的主观过错、侵权行为的性质、情节、后果等因素。

第二十一条　对于涉及当事人或者案外人的商业秘密的证据、材料,当事人或者案外人书面申请人民法院采取保密措施的,人民法院应当在保全、证据交换、质证、委托鉴定、询问、庭审等诉讼活动中采取必要的保密措施。

违反前款所称的保密措施的要求,擅自披露商业秘密或者在诉讼活动之外使用或者允许他人使用在诉讼中接触、获取的商业秘密,应当依法承担民事责任。构成民事诉讼法第一百一十一条规定情形的,人民法院可以依法采取强制措施。构成犯罪的,依法追究刑事责任。

第二十二条　人民法院审理侵犯商业秘密民事案件时,对在侵犯商业秘密犯罪刑事诉讼程序中形成的证据,应当按照法定程序,全面、客观地审查。

由公安机关、检察机关或者人民法院保存的与被诉侵权行为具有关联性的证据,侵犯商业秘密民事案件的当事人及其诉讼代理人因客观原因不能自行收集,申请调查收集的,人民法院应当准许,但可能影响正在进行的刑事诉讼程序的除外。

第二十三条　当事人主张依据生效刑事裁判认定的实际损失或者违法所得确定涉及同一侵犯商业秘密行为的民事案件赔偿数额的,人民法院应予支持。

第二十四条　权利人已经提供侵权人因侵权所获得的利益的初步证据,但与侵犯商业秘密行为相关的账簿、资料由侵权人掌握的,人民法院可以根据权利人的申请,责令侵权人提供该账簿、资料。侵权人无正当理由拒不提供或者不如实提供的,人民法院可以根据权利人的主张和提供的证据认定侵权人因侵权所获得的利益。

第二十五条　当事人以涉及同一被诉侵犯商业秘密行为的刑事案件尚未审结为由,请求中止审理侵犯商业秘密民事案件,人民法院在听取当事人意见后认为必须以该刑事案件的审理结果为依据的,应予支持。

第二十六条　对于侵犯商业秘密行为,商业秘密独占使用许可合同的被许可人提起诉讼的,人民法院应当依法受理。

排他使用许可合同的被许可人和权利人共同提起诉讼,或者在权利人不起诉的情况下自行提起诉讼的,人民法院应当依法受理。

普通使用许可合同的被许可人和权利人共同提起诉讼,或者经权利人书面授权单独提起诉讼的,人民法院应当依法受理。

第二十七条　权利人应当在一审法庭辩论结束前明确所主张的商业秘密具体内容。仅能明确部分的,人民法院对该明确的部分进行审理。

权利人在第二审程序中另行主张其在一审中未明确的商业秘密具体内容,第二审人民法院可以根据当事人自愿的原则就与该商业秘密具体内容有关的诉讼请求进行调解;调解不成的,告知当事人另行起诉。双方当事人均同意由第二审人民法院一并审理的,第二审人民法院可以一并裁判。

第二十八条　人民法院审理侵犯商业秘密民事案件,适用被诉侵权行为发生时的法律。被诉侵权行为在法律修改之前已经发生且持续到法律修改之后的,适用修改后的法律。

第二十九条　本规定自 2020 年 9 月 12 日起施行。

最高人民法院以前发布的相关司法解释与本规定不一致的，以本规定为准。

本规定施行后，人民法院正在审理的一审、二审案件适用本规定；施行前已经作出生效裁判的案件，不适用本规定再审。

最高人民法院关于知识产权法庭若干问题的规定

· 2018 年 12 月 3 日最高人民法院审判委员会第 1756 次会议通过
· 根据 2023 年 10 月 16 日最高人民法院审判委员会第 1901 次会议通过的《最高人民法院关于修改〈最高人民法院关于知识产权法庭若干问题的规定〉的决定》修正
· 2023 年 10 月 21 日最高人民法院公告公布
· 自 2023 年 11 月 1 日起施行

为进一步统一知识产权案件裁判标准，依法平等保护各类市场主体合法权益，加大知识产权司法保护力度，优化科技创新法治环境，加快实施创新驱动发展战略，根据《中华人民共和国人民法院组织法》《中华人民共和国民事诉讼法》《中华人民共和国行政诉讼法》《全国人民代表大会常务委员会关于专利等知识产权案件诉讼程序若干问题的决定》等法律规定，结合审判工作实际，就最高人民法院知识产权法庭相关问题规定如下。

第一条　最高人民法院设立知识产权法庭，主要审理专利等专业技术性较强的知识产权上诉案件。

知识产权法庭是最高人民法院派出的常设审判机构，设在北京市。

知识产权法庭作出的判决、裁定、调解书和决定，是最高人民法院的判决、裁定、调解书和决定。

第二条　知识产权法庭审理下列上诉案件：

（一）专利、植物新品种、集成电路布图设计授权确权行政上诉案件；

（二）发明专利、植物新品种、集成电路布图设计权属、侵权民事和行政上诉案件；

（三）重大、复杂的实用新型专利、技术秘密、计算机软件权属、侵权民事和行政上诉案件；

（四）垄断民事和行政上诉案件。

知识产权法庭审理下列其他案件：

（一）前款规定类型的全国范围内重大、复杂的第一审民事和行政案件；

（二）对前款规定的第一审民事和行政案件已经发生法律效力的判决、裁定、调解书依法申请再审、抗诉、再审等适用审判监督程序的案件；

（三）前款规定的第一审民事和行政案件管辖权争议，行为保全裁定申请复议，罚款、拘留决定申请复议，报请延长审限等案件；

（四）最高人民法院认为应当由知识产权法庭审理的其他案件。

第三条　审理本规定第二条所称案件的下级人民法院应当按照规定及时向知识产权法庭移送纸质、电子卷宗。

第四条　知识产权法庭可以要求当事人披露涉案知识产权相关权属、侵权、授权确权等关联案件情况。当事人拒不如实披露的，可以作为认定其是否遵循诚实信用原则和构成滥用权利等的考量因素。

第五条　知识产权法庭可以根据案件情况到实地或者原审人民法院所在地巡回审理案件。

第六条　知识产权法庭采取保全等措施，依照执行程序相关规定办理。

第七条　知识产权法庭审理的案件的立案信息、合议庭组成人员、审判流程、裁判文书等依法公开。

第八条　知识产权法庭法官会议由庭长、副庭长和若干资深法官组成，讨论重大、疑难、复杂案件等。

第九条　知识产权法庭应当加强对有关案件审判工作的调研，及时总结裁判标准和审理规则，指导下级人民法院审判工作。

第十条　对知识产权法院、中级人民法院已经发生法律效力的本规定第二条第一款规定类型的第一审民事和行政案件判决、裁定、调解书，省级人民检察院向高级人民法院提出抗诉的，高级人民法院应当告知其由最高人民检察院依法向最高人民法院提出，并由知识产权法庭审理。

第十一条　本规定自 2019 年 1 月 1 日起施行。最高人民法院此前发布的司法解释与本规定不一致的，以本规定为准。

最高人民法院关于知识产权法院案件管辖等有关问题的通知

· 2014 年 12 月 24 日
· 法〔2014〕338 号

各省、自治区、直辖市高级人民法院，解放军军事法院，新疆维吾尔自治区高级人民法院生产建设兵团分院：

为进一步明确知识产权法院案件管辖等有关问题，依法及时受理知识产权案件，保障当事人诉讼权利，根据《中华人民共和国民事诉讼法》、《中华人民共和国行政诉讼法》、《全国人民代表大会常务委员会关于在北京、上海、广州设立知识产权法院的决定》、《最高人民法院关于北京、上海、广州知识产权法院案件管辖的规定》等规定，结合审判实际，现就有关问题通知如下：

一、知识产权法院所在市辖区内的第一审知识产权民事案件，除法律和司法解释规定应由知识产权法院管辖外，由基层人民法院管辖，不受诉讼标的额的限制。

不具有知识产权民事案件管辖权的基层人民法院辖区内前款所述案件，由所在地高级人民法院报请最高人民法院指定具有知识产权民事案件管辖权的基层人民法院跨区域管辖。

二、知识产权法院对所在市的基层人民法院管辖的重大涉外或者有重大影响的第一审知识产权案件，可以根据民事诉讼法第三十八条的规定提级审理。

知识产权法院所在市的基层人民法院对其所管辖的第一审知识产权案件，认为需要由知识产权法院审理的，可以报请知识产权法院审理。

三、知识产权法院管辖所在市辖区内的第一审垄断民事纠纷案件。

广州知识产权法院对广东省内的第一审垄断民事纠纷实行跨区域管辖。

四、对知识产权法院所在市的基层人民法院已经发生法律效力的知识产权民事和行政判决、裁定、调解书，当事人依法可以向该基层人民法院或者知识产权法院申请再审。

对知识产权法院已经发生法律效力的民事和行政判决、裁定、调解书，当事人依法可以向该知识产权法院或者其所在地的高级人民法院申请再审；当事人依法向知识产权法院所在地的高级人民法院申请再审的，由该高级人民法院知识产权审判庭审理。

五、利害关系人或者当事人向知识产权法院申请证据保全、行为保全、财产保全的，知识产权法院应当依法及时受理；裁定采取相关措施的，应当立即执行。

六、知识产权法院审理的第一审案件，生效判决、裁定、调解书需要强制执行的，知识产权法院所在地的高级人民法院可指定辖区内其他中级人民法院执行。

七、本通知自 2015 年 1 月 1 日起施行。

施行中如有新情况，请及时层报最高人民法院。

最高人民法院关于专利、商标等授权确权类知识产权行政案件审理分工的规定

· 2009 年 6 月 26 日
· 法发〔2009〕39 号

为贯彻落实《国家知识产权战略纲要》，完善知识产权审判体制，确保司法标准的统一，现就专利、商标等授权确权类知识产权行政案件的审理分工作如下规定：

第一条　下列一、二审案件由北京市有关中级人民法院、北京市高级人民法院和最高人民法院知识产权审判庭审理：

（一）不服国务院专利行政部门专利复审委员会作出的专利复审决定和无效决定的案件；

（二）不服国务院专利行政部门作出的实施专利强制许可决定和实施专利强制许可的使用费裁决的案件；

（三）不服国务院工商行政管理部门商标评审委员会作出的商标复审决定和裁定的案件；

（四）不服国务院知识产权行政部门作出的集成电路布图设计复审决定和撤销决定的案件；

（五）不服国务院知识产权行政部门作出的使用集成电路布图设计非自愿许可决定的案件和使用集成电路布图设计非自愿许可的报酬裁决的案件；

（六）不服国务院农业、林业行政部门植物新品种复审委员会作出的植物新品种复审决定、无效决定和更名决定的案件；

（七）不服国务院农业、林业行政部门作出的实施植物新品种强制许可决定和实施植物新品种强制许可的使用费裁决的案件。

第二条　当事人对于人民法院就第一条所列案件作出的生效判决或者裁定不服，向上级人民法院申请再审的案件，由上级人民法院知识产权审判庭负责再审审查和审理。

第三条　由最高人民法院、北京市高级人民法院和北京市有关中级人民法院知识产权审判庭审理的上述案件，立案时统一使用"知行"字编号。

第四条　本规定自 2009 年 7 月 1 日起施行，最高人民法院于 2002 年 5 月 21 日作出的《关于专利法、商标法修改后专利、商标相关案件分工问题的批复》（法〔2002〕117 号）同时废止。

国家知识产权局、最高人民法院、最高人民检察院、公安部、国家市场监督管理总局关于加强知识产权鉴定工作衔接的意见

· 2022 年 11 月 22 日
· 国知发保字〔2022〕43 号

为全面贯彻党的二十大精神,深入落实中共中央、国务院印发的《知识产权强国建设纲要(2021—2035 年)》和中共中央办公厅、国务院办公厅印发的《关于强化知识产权保护的意见》,推动落实《国家知识产权局关于加强知识产权鉴定工作的指导意见》,建立完善知识产权鉴定工作体系,提升知识产权鉴定质量和公信力,充分发挥鉴定在执法和司法中的积极作用,深化知识产权管理执法部门与司法机关在知识产权鉴定工作中的合作,强化知识产权全链条保护,现就加强知识产权鉴定工作衔接制定本意见。

一、知识产权鉴定是指鉴定人运用科学技术或者专门知识对涉及知识产权行政和司法保护中的专业性技术问题进行鉴别和判断,并提供鉴定意见的活动。

二、知识产权鉴定主要用于协助解决专利、商标、地理标志、商业秘密、集成电路布图设计等各类知识产权争议中的专业性技术问题。

三、知识产权鉴定意见经查证属实,程序合法,才能作为认定案件事实的根据。

四、国家知识产权局、最高人民法院、最高人民检察院、公安部、国家市场监督管理总局建立健全协商机制,及时研究解决知识产权鉴定工作面临的重大问题,充分发挥知识产权鉴定在强化知识产权全链条保护工作中的作用。

五、国家知识产权局、最高人民法院、最高人民检察院、公安部、国家市场监督管理总局健全信息共享机制,推动建立知识产权鉴定信息共享平台,推动跨部门跨区域信息共享,实现有关知识产权鉴定信息的行政、司法互联互通。

六、国家知识产权局、最高人民法院、最高人民检察院、公安部、国家市场监督管理总局共同加强对知识产权鉴定机构和鉴定人员的培训和培养,开展新兴领域涉及的知识产权鉴定问题研究,不断完善知识产权鉴定方法手段,利用信息化手段,加强知识产权鉴定能力的提升。

七、国家知识产权局、最高人民法院、最高人民检察院、公安部、国家市场监督管理总局共同推动知识产权鉴定专业化、规范化建设,开展知识产权鉴定程序、技术标准和操作规范方面的沟通协作,构建知识产权鉴定机构遴选荐用机制,建立知识产权鉴定机构名录库,实现名录库动态调整。将通过贯彻知识产权鉴定标准的鉴定机构纳入名录库并予以公开,供相关行政机关、司法机关、仲裁调解组织等选择使用。开展知识产权鉴定机构互荐共享工作,建立对知识产权鉴定机构和鉴定人员从业情况的互相反馈机制,共同推进知识产权鉴定工作的规范化和法制化。

八、引导行业自律组织加强诚信体系建设,强化自律管理,建立执业活动投诉处理制度,完善行业激励惩戒机制。对存在严重不负责任给当事人合法权益造成重大损失、经人民法院依法通知拒不出庭作证、故意作虚假鉴定等严重失信行为的知识产权鉴定人、鉴定机构,相关部门可实施联合惩戒。构成犯罪的,依法追究刑事责任。

九、本意见由国家知识产权局、最高人民法院、最高人民检察院、公安部、国家市场监督管理总局负责解释。

十、本意见自发布之日起施行。

国家知识产权局关于印发《展会知识产权保护指引》的通知

· 2022 年 7 月 20 日
· 国知发保字〔2022〕30 号

各省、自治区、直辖市和新疆生产建设兵团知识产权局,四川省知识产权服务促进中心,各地方有关中心,各有关单位:

为深入落实《关于强化知识产权保护的意见》有关决策部署,加强展会知识产权保护工作,国家知识产权局制定了《展会知识产权保护指引》,现印发给你们,请结合实际贯彻落实,做好展会知识产权保护工作。

展会知识产权保护指引

第一章　总　则

第一条　为了进一步落实全面加强知识产权保护工作部署,规范展会知识产权保护管理,根据《中华人民共和国民法典》《中华人民共和国专利法》《中华人民共和国商标法》《中华人民共和国电子商务法》《展会知识产权保护办法》等法律法规及相关政策,制定本指引。

第二条　本指引适用于在中华人民共和国境内举办的各类线上线下经济技术贸易展览会、展销会、博览会、交易会、展示会等活动中有关知识产权的保护。

第三条　展会知识产权保护工作遵循职能部门指导监管、展会主办方具体负责、参展方诚信自律、社会公众广泛监督的原则。

第四条　展会举办地知识产权管理部门应当加强对本区域内所举办展会的知识产权保护统筹协调、专业指导和监督检查，维护展会知识产权保护秩序。

第二章　展前保护

第五条　展会举办地知识产权管理部门应加强展会知识产权保护宣传，提供知识产权保护法律和相关技术咨询，帮助参展方提升知识产权保护意识。

第六条　展会举办地知识产权管理部门应对参展合同中知识产权保护相关条款加强指导，推动相关方在约定条款中明确以下内容：

（一）参展商自觉遵守展会知识产权保护规则的承诺；

（二）参展展品、展品包装、展位设计及展位的其他展示部分等参展项目未侵犯他人知识产权的承诺；

（三）参展商主动公开参展项目权利证明、配合查验等义务；

（四）根据展会知识产权保护工作实际需要约定的其他条款。

第七条　展会举办地知识产权管理部门可以应展会主办方的请求，指导展会主办方对参展项目进行知识产权状况核查。

第八条　展会举办地知识产权管理部门可以会同有关部门指导展会主办方根据国家有关规定和实际需要设置工作站，并应展会主办方请求协调相关工作人员、执法人员、专业技术人员和法律专业人员进驻工作站。工作站主要承担以下工作：

（一）受理涉及知识产权的相关投诉；

（二）调解展会期间知识产权侵权纠纷；

（三）提供知识产权有关法律法规及政策咨询；

（四）对涉嫌侵犯知识产权的投诉提供判断意见，协调展会主办方进行处理；

（五）将有关投诉情况及材料移送展会举办地知识产权管理部门，涉嫌违法线索移送相关执法部门；

（六）对展会知识产权保护信息进行汇总和分析；

（七）其他相关事项。

第九条　展会举办地知识产权管理部门可根据需要请求国家知识产权局协调各地知识产权管理部门，指导辖区参展企业开展知识产权涉嫌侵权风险自查，加强对参展商知识产权保护的业务指导。

国家知识产权局可以视情况组织协调参展商注册地的知识产权管理部门依法对特定参展商开展核查。

第三章　展中保护

第十条　展会举办地知识产权管理部门应当指导展会主办方建立知识产权信息公示制度，将展会投诉途径、投诉方式等信息予以公布。

第十一条　展会中对涉嫌侵犯知识产权商品或行为的现场投诉，可以由工作站受理。

第十二条　向工作站提出投诉的，投诉材料一般应包括：

（一）投诉申请书，包括投诉人与被投诉人基本情况，被投诉参展项目涉嫌侵犯知识产权的事实、理由和相关证据材料；

（二）有效知识产权权属证明，包括专利证书、专利授权公告文本、专利权人身份证明、商标注册证明文件、商标权利人身份证明、地理标志公告、地理标志专用标志合法使用人证明及其他知识产权法律状态的证明材料等；

（三）委托代理人投诉的，还应提交授权委托书及代理人身份证明文件，授权委托书应由委托人签名或盖章，并记载委托事项和权限；

（四）其他必要证明材料。

工作站可以依照工作需要，提供统一制式表格或网络页面的链接。

第十三条　工作站受理投诉后应严格按照法律法规和程序要求处理有关投诉，并及时通知展会主办方和被投诉人。

第十四条　被投诉人接到通知后 24 小时内无正当理由未提交书面陈述意见及证据材料的，或被投诉参展项目侵权事实已经由生效的法律文书确认的，或被投诉人承认侵权的，工作站应当协调展会主办方及时采取措施，包括但不限于撤展、遮盖以及删除、屏蔽、断开网络链接等。

第十五条　以下情形的可由工作站移交有关部门处理：

（一）投诉人已向知识产权管理部门或其他行政部门提出涉嫌侵权的投诉或向人民法院起诉的；

（二）知识产权权属存在争议的。

第十六条　工作站收到投诉材料不符合本指引第十二条规定的，应及时通知投诉人补充材料，投诉人未在规定时限内按要求补充的，投诉不予受理。

第十七条　工作站的工作人员与知识产权侵权纠纷有利害关系的，应当回避。

第十八条　未设立工作站的，展会举办地知识产权管理部门应当加强对展会知识产权保护的指导监督和纠纷处理。

第四章　展后保护及其他管理

第十九条　展会举办地知识产权管理部门可以根据投诉处理情况，将相关材料移送参展商注册地的知识产权管理部门进行处理。

第二十条　展会举办地知识产权管理部门应当指导展会主办方记录参展方知识产权侵权假冒、恶意投诉等行为。

第二十一条　展会举办地知识产权管理部门应当指导展会主办方对展会知识产权信息进行统计，对展会知识产权投诉、纠纷处理情况等进行统计，并于展会结束后10个工作日内报送展会举办地知识产权管理部门。

第二十二条　展会举办地知识产权管理部门应当加强与执法部门和其他相关行政管理部门在展会知识产权保护工作方面的协调与衔接。

展会举办地知识产权管理部门应当及时总结成功经验、推广有效做法、宣传优秀案例。

最高人民法院关于加强中医药知识产权司法保护的意见

·2022年12月21日
·法发〔2022〕34号

为深入贯彻落实党的二十大精神，落实党中央、国务院关于中医药振兴发展的重大决策部署和《知识产权强国建设纲要（2021—2035年）》有关要求，全面加强中医药知识产权司法保护，促进中医药传承精华、守正创新，推动中医药事业和产业高质量发展，制定本意见。

一、坚持正确方向，准确把握新时代加强中医药知识产权司法保护的总体要求

1. 指导思想。坚持以习近平新时代中国特色社会主义思想为指导，全面贯彻落实党的二十大精神，深入贯彻习近平法治思想，认真学习贯彻习近平总书记关于中医药工作的重要指示，深刻领悟"两个确立"的决定性意义，增强"四个意识"、坚定"四个自信"、做到"两个维护"，坚持以推动高质量发展为主题，在新时代新征程上不断提高中医药知识产权司法保护水平，促进中医药传承创新发展，弘扬中华优秀传统文化，推进健康中国建设，为以中国式现代化全面推进中华民族伟大复兴提供

有力司法服务。

2. 基本原则。坚持以人民为中心，充分发挥司法职能作用，促进中医药服务能力提升，更好发挥中医药防病治病独特优势，更好保障人民健康。坚持促进传承创新，立足新发展阶段中医药发展需求，健全完善中医药知识产权司法保护体系，推动中医药传统知识保护与现代知识产权制度有效衔接，助力中医药现代化、产业化。坚持依法严格保护，正确适用民法典、知识产权部门法、中医药法等法律法规，切实维护社会公平正义和权利人合法权益，落实知识产权惩罚性赔偿，推动中医药创造性转化、创新性发展。坚持公正合理保护，合理确定中医药知识产权的权利边界和保护方式，实现保护范围、强度与中医药技术贡献程度相适应，促进中医药传承创新能力持续增强。

二、强化审判职能，全面提升中医药知识产权司法保护水平

3. 加强中医药专利保护。遵循中医药发展规律，准确把握中医药创新特点，完善中医药领域专利司法保护规则。正确把握中药组合物、中药提取物、中药剂型、中药制备方法、中医中药设备、医药用途等不同主题专利特点，依法加强中医药专利授权确权行政行为的司法审查，促进行政执法标准与司法裁判标准统一，不断满足中医药专利保护需求。结合中医药传统理论和行业特点，合理确定中医药专利权保护范围，完善侵权判断标准。严格落实药品专利纠纷早期解决机制，促进中药专利侵权纠纷及时解决。

4. 加强中医药商业标志保护。加强中医药驰名商标、传统品牌和老字号司法保护，依法妥善处理历史遗留问题，促进中医药品牌传承发展。依法制裁中医药领域商标恶意注册行为，坚决惩治恶意诉讼，遏制权利滥用，努力营造诚实守信的社会环境。严厉打击中医药商标侵权行为，切实保障权利人合法权益，促进中医药品牌建设。

5. 加强中药材资源保护。研究完善中药材地理标志保护法律适用规则，遏制侵犯中药材地理标志行为，引导地理标志权利正确行使，通过地理标志保护机制加强道地中药材的保护，推动中药材地理标志与特色产业发展、生态文明建设、历史文化传承及全面推进乡村振兴有机融合。依法加强中药材植物新品种权等保护，推动健全系统完整、科学高效的中药材种质资源保护与利用体系。

6. 维护中医药市场公平竞争秩序。坚持规范和发展并重，加强对中医药领域垄断行为的司法规制，维护统一开放、竞争有序的中医药市场。依法制裁虚假宣传、商业

诋毁、擅自使用中医药知名企业名称及仿冒中药知名药品名称、包装、装潢等不正当竞争行为,强化中医药行业公平竞争意识,促进中医药事业健康有序发展,切实维护消费者合法权益和社会公共利益。

7. 加强中医药商业秘密及国家秘密保护。依法保护中医药商业秘密,有效遏制侵犯中医药商业秘密行为,促进中医药技术传承创新。准确把握信息披露与商业秘密保护的关系,依法保护中药因上市注册、补充申请、药品再注册等原因依法向行政机关披露的中医药信息。妥善处理中医药商业秘密保护与中医药领域从业者合理流动的关系,在依法保护商业秘密的同时,维护中医药领域从业者正当就业创业合法权益。对经依法认定属于国家秘密的传统中药处方组成和生产工艺实行特殊保护,严惩窃取、泄露中医药国家秘密行为。

8. 加强中医药著作权及相关权利保护。依法把握作品认定标准,加强对中医药配方、秘方、诊疗技术收集考证、挖掘整理形成的智力成果保护和创作者权益保护。依法保护对中医药古籍版本整理形成的成果,鼓励创作中医药文化和科普作品,推动中医药文化传承发展。加强中医药遗传资源、传统文化、传统知识、民间文艺等知识产权保护,促进非物质文化遗产的整理和利用。依法保护对中医药传统知识等进行整理、研究形成的数据资源,支持中医药传统知识保护数据库建设,推进中医药数据开发利用。

9. 加强中药品种保护。依法保护中药保护品种证书持有者合法权益,促进完善中药品种保护制度,鼓励企业研制开发具有临床价值的中药品种,提高中药产品质量,促进中药市场健康有序发展。

10. 加强中医药创新主体合法权益保护。准确把握中医药传承与创新关系,依法保护以古代经典名方等为基础的中药新药研发,鼓励开展中医药技术创新活动。准确认定中医药企业提供的物质基础、临床试验条件与中医药研发人员的智力劳动对中医药技术成果形成所发挥的作用,准确界定职务发明与非职务发明的法律界限,依法支持对完成、转化中医药技术成果做出重要贡献的人员获得奖励和报酬的权利,不断激发中医药创新发展的潜力和活力。

11. 加大对侵犯中医药知识产权行为惩治力度。依法采取行为保全、制裁妨害诉讼行为等措施,及时有效阻遏中医药领域侵权行为。积极适用证据保全、证据提供令、举证责任转移、证明妨碍规则,减轻中医药知识产权权利人举证负担。正确把握惩罚性赔偿构成要件,对于重复侵权、以侵权为业等侵权行为情节严重的,依法支持权利人惩罚性赔偿请求,有效提高侵权赔偿数额。加大刑事打击力度,依法惩治侵犯中医药知识产权犯罪行为,充分发挥刑罚威慑、预防和矫正功能。

三、深化改革创新,健全中医药知识产权综合保护体系

12. 完善中医药技术事实查明机制。有针对性地选任中医药领域专业技术人员,充实到全国法院技术调查人才库。不断健全技术调查官、技术咨询专家、技术鉴定人员、专家辅助人员参与诉讼的多元技术事实查明机制。建立技术调查人才共享机制,加快实现中医药技术人才在全国范围内"按需调派"和"人才共享"。遴选中医药领域专业技术人员参与案件审理,推动建立专家陪审制度。完善中医药领域技术人员出庭、就专业问题提出意见并接受询问的程序。

13. 加强中医药知识产权协同保护。做好中医药领域不同知识产权保护方式的衔接,推动知识产权司法保护体系不断完善。深入推行民事、刑事、行政"三合一"审判机制,提高中医药知识产权司法保护整体效能。健全知识产权行政保护与司法保护衔接机制,加强与农业农村部、卫生健康委、市场监管总局、版权局、林草局、中医药局、药监局、知识产权局等协调配合,实现信息资源共享和协同,支持地方拓宽交流渠道和方式,推动形成工作合力。支持和拓展中医药知识产权纠纷多元化解决机制,依托人民法院调解平台大力推进诉调对接,探索行政调解协议司法确认制度,推动纠纷综合治理、源头治理。

14. 提升中医药知识产权司法服务保障能力。健全人才培养培训机制,进一步提升中医药知识产权审判人才专业化水平。深刻把握新形势新要求,积极开展中医药知识产权司法保护问题的调查研究,研判审判态势,总结审判经验,及时回应社会关切。加强中医药知识产权法治宣传,建立健全案例指导体系,积极发布中医药知识产权保护典型案例,通过典型案例的审判和宣传加强中医药知识传播,营造全社会共同关心和支持中医药发展的良好氛围。

15. 加强中医药知识产权司法保护科技和信息化建设。提升中医药知识产权审判信息化水平,运用大数据、区块链等技术构建与专利、商标、版权等知识产权平台的协同机制,支持对知识产权的权属、登记、转让等信息的查询核验。大力推进信息化技术的普及应用,实现全流程审判业务网上办理,提高中医药知识产权司法保护质效。

16. 加强中医药知识产权司法保护国际交流合作。加强涉外中医药知识产权审判,依法平等保护中外权利人的合法权益,服务保障中医药国际化发展。坚持统筹推进国内法治和涉外法治,积极参与中医药领域国际知识产权规则构建,推进中医药融入高质量共建"一带一路",助力中医药走向世界。

· 典型案例

1. 北京爱奇艺科技有限公司诉深圳聚网视科技有限公司其他不正当竞争纠纷案①

【裁判摘要】

行为人开发并运营相关软件,实现无需观看片前广告即可直接观看其他网络视频平台视频的功能,该行为违背了诚实信用原则,损害了其他网络视频平台依托其正当商业模式获取商业利益的合法权益,构成不正当竞争。

【基本案情】

原告:北京爱奇艺科技有限公司,住所地:北京市海淀区海淀北一街。

法定代表人:耿晓华,该公司执行董事。

被告:深圳聚网视科技有限公司,住所地:广东省深圳市龙岗区坂田街道。

法定代表人:胡文深,该公司执行董事。

原告北京爱奇艺科技有限公司(以下简称爱奇艺公司)因与被告深圳聚网视科技有限公司(以下简称聚网视公司)发生其他不正当竞争纠纷,向上海市杨浦区人民法院提起诉讼。

原告爱奇艺公司诉称,其系中国知名大型网络视频平台"爱奇艺"的合法经营者,通过该平台向网络终端用户提供在线视频的点播服务,同时向行业广告客户提供广告的制作和发布服务。用户以观看视频广告为代价获得免费的视频内容,其以向广告主收取广告费作为主要营业收入,以此实现盈利。被告聚网视公司开发了"VST全聚合"软件,通过其官方网站等途径提供涉案软件的下载和运营,该软件具有"视频广告过滤功能",用户在安装该软件后,可以直接通过该软件观看"爱奇艺"平台的视频内容,而不再需要观看视频广告,导致爱奇艺公司网站访问量以及播放器客户端下载量的下降,降低了广告主在爱奇艺处投放广告的曝光率,进而导致爱奇艺公司的利益受损,侵害了爱奇艺公司的正当权益,故请求判令:1. 聚网视公司赔偿爱奇艺公司经济损失人民币992000元(以下币种均为人民币)、律师费50000元、公证费14250元;2. 聚网视公司就其不正当竞争行为在其官方网站(http://

www.91vst.com/)首页上端连续72小时刊登声明,消除影响。

被告聚网视公司辩称:其与爱奇艺公司不处于同一行业,不存在竞争关系;通过"VST全聚合"软件播放来源于爱奇艺公司的视频时不播放视频前的广告是由于视频内容和广告内容分处两个不同的片源造成的,其只能获取到视频内容,无法抓取视频前广告。其并没有通过技术手段屏蔽爱奇艺公司视频前广告,其使用的技术是创新、中立的,不构成不正当竞争。据此,聚网视公司请求驳回爱奇艺公司的全部诉讼请求。

【裁判结果】

上海市杨浦区人民法院一审查明:

原告爱奇艺公司成立于2007年3月27日,系国内知名视频内容提供商,通过"爱奇艺"网站(www.iqiyi.com)、电脑客户端,安卓、苹果等移动平台客户端,向网络用户提供视频播放服务。爱奇艺公司主要依托"广告+免费视频"(即在视频内容播放前播放广告以收取广告费,用户通过观看时长不一的片前广告,获得免费视频观看)或者收取会员费的(用户支付费用成为会员后,无需观看视频前广告即可观看视频)经营模式,通过广告费、会员费收取支付视频版权、带宽、推广等支出,以维持其正常运营。

被告聚网视公司成立于2013年11月22日,其开发并运营的"VST全聚合"软件是聚合了十八个视频网站包括原告爱奇艺网站内容,可以安装于安卓平台的PAD、手机、电视机顶盒和智能电视的客户端软件。

2014年5月4日至2015年3月26日,原告爱奇艺公司通过多次公证的方式,证明在安装聚网视公司的VST全聚合软件后,通过智能电视、天猫魔盒连接电视机、智能手机等媒介,可以直接播放爱奇艺公司网站视频内容而不播放视频前广告。

2015年4月8日,原告爱奇艺公司通过公证的方式,使用"Wireshark"软件演示视频播放原理,用户在向其服务器发出观看视频内容的请求后,服务器根据发出请求的客户端代码(即SRC值)判断请求的平台来源,从而取出一个对应的视频数据接口的密钥(即 Key 值),结合访问请求中的访问时间值(即 TimeID)以及视频编号(即 VideoID),按照 TimeID+Key+VideoID 的顺序,采用 MD5 加密算法生成 SC 值,如该 SC 值与访问请求中生成的 SC 值一致,则通过验证,向用户推送其请求访问的内容。"Wireshark"软件抓取到的视频来源数据中只能显示访问时间值(即 Time-ID)、视频编号(即 VideoID)、客户端代码(即 SRC 值)和 SC 值,爱奇艺公司对于其视频内容采取了设置密钥(Key值)的加密措施,且密钥(Key 值)并未公开。

2015 年 4 月 13 日,原告爱奇艺公司通过公证的方式,使用反编译工具,并使用"Wireshark"软件抓取"VST 全聚合"软件播放爱奇艺网站视频时的访问时间值(即 Time-ID)、视频编号(即 VideoID)、客户端代码(即 SRC 值),并加入爱奇艺公司的密钥(Key 值)后,按照 TimeID+Key+VideoID 的顺序,采用 MD5 加密算法生成 SC 值与抓取的"VST 全聚合"软件播放来自爱奇艺公司网站同一视频时产生的 SC 值一致。因此,"VST 全聚合"软件在播放来自于爱奇艺公司网站视频时,内嵌了爱奇艺公司的密钥(Key值),从而通过爱奇艺公司服务器验证,向其推送正片内容。被告聚网视公司认为该密钥(Key 值)是从公开渠道合法取得。

原告爱奇艺公司网站及客户端投放广告计费方式分为 CPM 计费和 CPD 计费,前者按照每千人展现量作为单位进行广告销售,后者按照每发布天数作为单位进行广告销售。爱奇艺公司的播放器带有广告出现次数的统计接口,广告主根据统计的数据与其进行结算。

上海市杨浦区人民法院一审认为:

虽然原告爱奇艺公司的经营领域是视频提供,而被告聚网视公司的经营范围是计算机软硬件的开发销售,但聚网视公司开发并经营的"VST 全聚合"软件属于提供视频的软件,使用"VST 全聚合"软件观看来源于爱奇艺公司的视频内容时无需观看片前广告,将导致爱奇艺公司用户选择通过"VST 全聚合"软件观看爱奇艺视频内容,在影响爱奇艺公司经济利益的同时,给聚网视公司带来用户,因此,爱奇艺公司、聚网视公司在商业利益上存在此消彼长的关系,双方为竞争关系。

原告爱奇艺公司通过让用户观看视频前广告为对价向用户提供免费视频,通过广告播放获取利益或者通过让会员免看广告,收取会员费的商业模式获取利益。爱奇艺公司的上述商业模式既未违反现有法律又未违反商业道德,应受法律保护。爱奇艺公司对于其视频内容采取了设置密钥(Key 值)的加密措施,明确表明其拒绝他人任意分享其视频内容。被告聚网视公司通过破解爱奇艺公司验

证算法,取得密钥(Key 值),达到绕开爱奇艺公司片前广告,直接获取正片播放的目的。其虽然没有直接去除片前广告的行为,但客观上实现了无需观看片前广告即可直接观看正片的目的,能使部分不愿意观看片前广告又不愿意支付原告会员费的网络用户转而使用"VST 全聚合"软件,进而造成爱奇艺公司用户的减少和广告收入下降,损害了爱奇艺公司的合法权益。因此,聚网视公司开发经营的"VST 全聚合"软件实现的绕开爱奇艺公司广告直接播放视频的行为,违反了诚实信用原则和公认的商业道德,损害了爱奇艺公司的合法利益,构成不正当竞争。

据此,上海市杨浦区人民法院依照《中华人民共和国反不正当竞争法》第二条第一款、第二款、第二十条,《中华人民共和国侵权责任法》第十五条第一款第(一)项、第(六)项、第(八)项、第二款之规定,于 2015 年 10 月 14 日判决如下:

一、被告深圳聚网视科技有限公司于判决生效之日起十日内赔偿北京爱奇艺科技有限公司经济损失 300000 元及合理费用 60000 元;二、被告深圳聚网视科技有限公司就其不正当竞争行为在其官方网站(http://www.91vst.com/)首页上端连续 72 小时刊登声明,消除影响。

一审宣判后,聚网视公司不服,向上海知识产权法院提出上诉。

上诉人聚网视公司上诉称:"VST 全聚合"软件采用的密钥(Key 值)系来源于互联网的公开信息,并非原审法院认定其系破解被上诉人爱奇艺公司验证算法,取得了密钥(Key 值)。绕开爱奇艺公司片前广告直接播放视频的行为是技术原因造成,聚网视公司没有主观故意。据此,请求撤销原审判决,依法改判驳回爱奇艺公司全部原审诉讼请求。

被上诉人爱奇艺公司辩称:爱奇艺公司的密钥(Key值)是始终处于保密状态的,无法从公开渠道获取;上诉人聚网视公司绕开片前广告的原因是其实施了技术手段积极追求该结果所致;聚网视公司所实施的技术,可以任意获取爱奇艺公司的视频,侵害的后果和危害性远远大于侵害某一具体作品的信息网络传播权。请求驳回聚网视公司的上诉请求,维持原审判决。

上海知识产权法院经二审,确认了一审查明的事实。

上海知识产权法院二审认为:

本案争议焦点为:上诉人聚网视公司是否通过破解被上诉人爱奇艺公司验证算法取得"VST 全聚合软件"的密钥(Key 值)实施了绕开广告直接播放爱奇艺公司视频的行为;绕开广告直接播放视频的行为是否具有正当性。

【裁判理由】

法院认为：上诉人聚网视公司主张"VST全聚合"软件采用的密钥（Key值）源于公开渠道，其需提供证据予以佐证。但聚网视公司未能提供证据证明其该主张。相反，被上诉人爱奇艺公司提供的证据能够证明爱奇艺公司对其提供的视频采取了加密措施，聚网视公司是采用破解爱奇艺公司的验证算法，取得密钥（Key值）生成请求播放视频的SC值，实现无需观看片前广告直接获得视频播放的目的。

被上诉人爱奇艺公司依托"广告＋免费视频"或者收取会员用户费用的经营模式，通过广告费和会员费谋求商业利益的经营行为应受法律保护。绕开广告直接播放爱奇艺公司视频的行为是上诉人聚网视公司采取技术手段的结果，聚网视公司凭借技术使其用户在无需付出时间成本和费用成本的情况下，观看爱奇艺公司的视频，这将导致部分爱奇艺公司用户转而成为聚网视公司的用户以及爱奇艺公司广告点击量和会员费收入的下降。聚网视公司通过技术让其用户观看爱奇艺公司视频，但其并未支付版权费等营运成本，该成本仍由爱奇艺公司承担。而爱奇艺公司在支付上述成本的同时，却面临用户数量减少和广告点击量下降导致的商业利益的损失。作为技术实施方的聚网视公司明知该技术会出现自己得利他人受损的后果，仍实施该技术，具有主观故意，违背了诚实信用原则和公认的商业道德，侵害了爱奇艺公司合法的经营活动，其行为不具有正当性。

综上所述，一审认定事实清楚，适用法律正确，应予维持。上诉人聚网视公司的上诉请求及其理由缺乏事实和法律依据，应予驳回。据此，上海知识产权法院依照《中华人民共和国民事诉讼法》第一百七十条第一款第（一）项、第一百七十五条之规定，于2016年4月26日判决如下：

驳回上诉，维持原判。

本判决为终审判决。

2. 侵害知识产权民事案件适用惩罚性赔偿典型案例[①]

（1）广州天赐公司等与安徽纽曼公司等侵害技术秘密纠纷案

【基本案情】

广州天赐公司、九江天赐公司主张华某、刘某、安徽纽曼公司、吴某某、胡某某、朱某某、彭某侵害其"卡波"制造工艺技术秘密，向广州知识产权法院提起诉讼，请求判令停止侵权、赔偿损失、赔礼道歉。广州知识产权法院认定被诉侵权行为构成对涉案技术秘密的侵害，考虑侵权故意和侵权情节，适用了2.5倍的惩罚性赔偿。广州天赐公司、九江天赐公司和安徽纽曼公司、华某、刘某均不服一审判决，向最高人民法院提起上诉。最高人民法院二审认为，被诉侵权行为构成对涉案技术秘密的侵害，但一审判决在确定侵权赔偿数额时未充分考虑涉案技术秘密的贡献程度，确定惩罚性赔偿时未充分考虑侵权行为人的主观恶意程度和以侵权为业、侵权规模大、持续时间长、存在举证妨碍行为等严重情节，遂在维持一审判决关于停止侵权判项基础上，以顶格五倍计算适用惩罚性赔偿，改判安徽纽曼公司赔偿广州天赐公司、九江天赐公司经济损失3000万元及合理开支40万元，华某、刘某、胡某某、朱某某对前述赔偿数额分别在500万元、3000万元、100万元、100万元范围内承担连带责任。

【典型意义】

该案系最高人民法院作出判决的首例知识产权侵权惩罚性赔偿案。该案判决充分考虑了被诉侵权人的主观恶意、以侵权为业、举证妨碍行为以及被诉侵权行为的持续时间、侵权规模等因素，适用了惩罚性赔偿，最终确定了法定的惩罚性赔偿最高倍数（五倍）的赔偿数额，明确传递了加强知识产权司法保护力度的强烈信号。

（2）鄂尔多斯公司与米琪公司侵害商标权纠纷案

【基本案情】

鄂尔多斯公司于2004年2月14日取得的注册商标专用权，该商标核定使用在第25类的围巾、服装、手套等商品上。2015年6月，鄂尔多斯公司发现米琪公司在其天猫网网站的"米琪服饰专营店"上销售的"羊绒线"产品上突出使用了涉案商标中的显著要素，即"鄂尔多斯"中文文字。鄂尔多斯公司提起侵权诉讼。北京知识产权法院认为，米琪公司实施被诉侵权行为的获利可以通过侵权产品销售总数、产品单价以及产品合理利润率三者之积确定。鄂尔多斯公司的"鄂尔多斯"系列商标具有较高的知名度，"天猫"店铺的产品利润率较高，实施被诉侵权行为给商标权人造成的损害更为严重。米琪公司作为"毛线、围巾线、羊绒线"等与服装存在紧密关联商品的经营者，理应知晓涉案商标的知名度，其在自营网店突出使用与涉案商标几乎完全相同的标识且侵权时间较长，主观恶

---

① 来源：最高人民法院官网，http://www.court.gov.cn/zixun-xiangqing-290651.html。

意明显,侵权情节严重,按照米琪公司因侵权获利的两倍确定赔偿数额。

【典型意义】

该案充分体现了人民法院正确实施惩罚性赔偿制度和严厉制裁恶意侵害商标权行为的信心和决心。裁判文书的说理部分充分且清晰的阐述了认定"主观恶意"、确定惩罚性赔偿"基数"和"倍数"时所应考虑的因素,使判决形成的过程更透明,判决结果更具有说服力。该案宣判后,双方当事人均未上诉,取得了良好的社会效果。

(3)小米科技公司等与中山奔腾公司等侵害商标权及不正当竞争纠纷案

【基本案情】

2011年4月,小米科技公司注册了"小米"商标,核定使用商品包括手提电话、可视电话等。此后还陆续申请注册了"**MI**""智米"等一系列商标。小米科技公司、小米通讯公司自2010年以来,先后获得行业内的多项全国性荣誉,各大媒体对小米科技公司、小米通讯公司及其小米手机进行持续、广泛地宣传报道。

2011年11月,中山奔腾公司申请注册"小米生活"商标,2015年被核准注册,核定使用商品包括电炊具、热水器、电压力锅等。2018年"小米生活"注册商标因"系通过不正当手段取得注册"被宣告无效。此外,在中山奔腾公司注册的90余件商标中,不仅有多件与小米科技公司"小米""智米"标识近似,还有多件与"百事可乐 PAPSIPAP-NE""盖乐世""威猛先生"等知名品牌相同或近似。

江苏省高级人民法院认为,网店商品的评论数可以作为认定商品交易量的参考依据。涉案23家店铺的销售额可以纳入本案侵权获利额的计算范围。同时认为,1.直到二审期间,中山奔腾公司等仍在持续宣传、销售被诉侵权商品,具有明显的侵权恶意。2.中山奔腾公司等通过多家电商平台、众多店铺在线上销售,网页展示的侵权商品多种多样,数量多,侵权规模大,该情节亦应作为确定惩罚数额的考量因素。3."小米"商标为驰名商标,具有较高的知名度、美誉度和市场影响力。4.被诉侵权商品被上海市市场监督管理局认定为不合格产品,部分用户亦反映被诉侵权商品存在一定的质量问题。中山奔腾公司等实施的被诉侵权行为导致小米科技公司、小米通讯公司良好声誉受到损害,应当加大惩处力度,以侵权获利额为赔偿基数,按照三倍确定赔偿额,对小米科技公司、小米通讯公司主张的5000万元赔偿额予以全额支持。

【典型意义】

该判决全面分析阐述了认定惩罚性赔偿的"恶意"

"情节严重"要件以及确定基数和倍数的方法,既考虑到被诉侵权商品销售特点,又全面分析了影响惩罚倍数的相关因素,确定了与侵权主观恶意程度、情节恶劣程度、侵权后果严重程度相适应的倍数,为惩罚性赔偿制度的适用提供了实践样本,体现了严厉打击严重侵害知识产权行为的导向。

(4)五粮液公司与徐中华等侵害商标权纠纷案

【基本案情】

五粮液公司经商标注册人许可,独占使用"**五粮液**"注册商标。徐中华实际控制的店铺曾因销售假冒五粮液白酒及擅自使用"五粮液"字样的店招被行政处罚。徐中华等人因销售假冒的"五粮液"等白酒,构成销售假冒注册商标的商品罪,被判处有期徒刑等刑罚。在徐中华等人曾因销售假冒"五粮液"商品被行政处罚和刑事处罚的情形下,一审、二审法院考量被诉侵权行为模式、持续时间等因素,认定其基本以侵权为业,判令承担两倍的惩罚性赔偿责任。

【典型意义】

徐中华因侵权被行政处罚后再次实施相同或者类似侵权行为,后又被人民法院裁判承担刑事责任。在此情形下,一审、二审法院充分考虑被诉侵权行为持续时间等因素,合理确定惩罚性赔偿的基数和倍数,准确界定"以侵害知识产权为业"等"情节严重"情形,依法惩处严重侵害知识产权行为,有力保护了知识产权权利人的合法权益,具有示范意义。

(5)阿迪达斯公司与阮国强等侵害商标权纠纷案

【基本案情】

阿迪达斯公司拥有"adidas"系列商标权,且知名度高。阮国强等人出资注册成立的正邦公司于2015至2017年先后三次被行政部门查获侵犯阿迪达斯公司"adidas"商标权的鞋帮产品,并被处以行政处罚,累计侵权产品数量高达17000余双。阿迪达斯公司提起民事诉讼,请求适用惩罚性赔偿判令阮国强等人赔偿阿迪达斯公司经济损失2641695.89元。

浙江省温州市中级人民法院认为,正邦公司主观恶意非常明显,被诉侵权行为持续时间长,后果恶劣,属于情节严重的情形。该院选取189元/双正品鞋单价作为计算依据,采信阿迪达斯公司提供的2017年度会计报表所显示的50.4%的毛利润率,并将正邦公司第三次被查获的6050双鞋帮计算为销售量,又考虑被诉侵权产品均为鞋帮产品,并非成品鞋,尚不能直接用于消费领域,酌情扣减

40%,最终以阿迪达斯公司经济损失 345779.28 元的三倍确定了 1037337.84 元的赔偿数额。

【典型意义】

准确计算惩罚性赔偿的基数是适用惩罚性赔偿制度的重要前提。二审法院对于权利人尽了最大努力所举证据,不轻易否定,而是坚持优势证据标准,合理确定了惩罚性赔偿的基数,同时,在适用"依请求原则"、认定"情节严重"方面也具有示范意义。

(6)欧普公司与华升公司侵害商标权纠纷案

【基本案情】

欧普公司是"🄾欧普""欧普"注册商标的权利人,核定使用商品为灯、日光灯管等,其中"🄾欧普"注册商标多次被认定为广东省著名商标,并于 2007 年被认定为中国驰名商标。华升公司在其生产的台灯、小夜灯等灯产品及相关宣传网页上使用"欧普特""OUPUTE 欧普特""OUPUTE"及"🄾"等标识,并在各大实体超市及天猫等网站上销售、许诺销售。华升公司生产的灯类商品因质量不合格被行政机关处罚。

欧普公司向法院起诉,请求认定华升公司构成侵权,并请求适用惩罚性赔偿,赔偿其经济损失及合理费用 300 万元。一审法院、二审法院均认为华升公司不构成商标侵权,未支持其诉讼请求。广东省高级人民法院再审认为,欧普公司请求保护的商标具有较强的显著性并已达到驰名程度,华升公司在灯类产品中使用的被诉标识与欧普公司的涉案商标构成近似标识,容易构成混淆,应认定构成商标侵权。华升公司作为同行业经营者,在明知欧普公司及其商标享有较高的知名度和美誉度,且明知"欧普特"商标在灯类商品的注册申请被驳回的情况下,仍故意将"欧普特"商标注册在其他类别并使用于灯类商品上,大量生产、销售侵权产品,且产品质量不合格,其侵犯欧普公司商标权的主观恶意明显,情节严重,应当适用惩罚性赔偿。故按照涉案商标的许可使用费、侵权行为持续时间确定赔偿基数 127.75 万元,并综合考虑华升公司的主观恶意程度和侵权行为的性质、情节和后果等因素,按照赔偿基数的三倍确定赔偿数额。

【典型意义】

该案再审判决明确了知识产权惩罚性赔偿适用中的"依请求原则""主观恶意"和"情节严重"的规则边界和证明标准,并提出精细化计算确定赔偿数额的"基数"和"倍

数"的方法和路径,具有重要的法律适用指导价值。该案荣获"全国法院系统 2020 年度优秀案例分析评选"一等奖、"第四届全国知识产权优秀裁判文书"二等奖。

3. 最高人民法院发布电影知识产权保护典型案例①

电影是宣传思想文化工作的重要阵地,是深受人民群众喜爱的文艺形式,是国家文化软实力的重要标识。近日,习近平总书记对宣传思想文化工作作出重要指示,为新时代我国电影产业高质量发展提供了根本遵循。

人民法院始终坚持以习近平新时代中国特色社会主义思想为指导,深入践行习近平法治思想、习近平文化思想,坚持能动司法,服务大局、司法为民,依法妥善审理一大批涉电影知识产权案件,积极服务保障电影产业高质量发展。"保护知识产权就是保护创新"。为加强电影领域法治宣传,进一步激发电影产业创新创造活力,促进社会主义文化繁荣兴盛,最高人民法院发布了电影知识产权保护典型案例。典型案例既包括刑事案件,也包括民事案件,涉及盗录传播院线电影、保护作品完整权、改编权、信息网络传播权、著作权合理使用、商业秘密保护等多方面内容,对于推动在法治轨道上加快建设电影强国具有积极意义。

1. 马某予、马某松等侵犯著作权罪案〔江苏省扬州市中级人民法院(2020)苏 10 刑初 11 号刑事判决书〕

【基本案情】

2016 年 6 月至 2019 年 2 月,被告人马某予、马某松、文某杰、鲁某伙同他人以营利为目的,勾结影院工作人员非法获取电影母盘和密钥,利用高清设备翻拍、复制《流浪地球》《疯狂的外星人》等上百部电影,将盗录复制的影片销售给"影吧"经营者,从中牟取不正当利益。

【裁判结果】

江苏省扬州市中级人民法院经审理认为,被告人马某予、马某松、文某杰、鲁某以营利为目的,未经著作权人许可,复制发行他人电影作品,共同实施制售盗版影片的行为,违法所得数额巨大且具有其他特别严重情节,均已构成侵犯著作权罪。对四被告人分别判处有期徒刑四年至六年,并处罚金人民币 60 万元至 550 万元,追缴违法所得。宣判后,各方未上诉、抗诉,一审判决已发生法律效力。

---

① 来源:最高人民法院官网,https://www.court.gov.cn/zixun/xiangqing/416612.html。

【典型意义】

本案是盗录传播院线电影行为构成侵犯著作权罪的典型案例。人民法院依法履行知识产权审判职责，严厉打击电影领域侵权盗版违法犯罪行为，对加强院线电影版权保护、促进影视产业健康发展具有重要意义。

2. 梁某平侵犯著作权罪案〔上海市第三中级人民法院（2021）沪03刑初101号刑事判决书〕

【基本案情】

自2018年起，被告人梁某平指使王某航等人开发、运营"人人影视字幕组"网站及Android、IOS、Windows、Mac-OSX、TV等客户端，指使谢某洪等人从境外网站下载未经授权的影视作品，翻译、制作、上传至相关服务器，通过所经营的"人人影视字幕组"网站及相关客户端对用户提供在线观看和下载。"人人影视字幕组"网站及相关客户端内共有未授权影视作品32824部，会员数量共计约683万人，非法经营数额人民币1200万余元。

【裁判结果】

上海市第三中级人民法院经审理认为，被告人梁某平以营利为目的，未经著作权人许可，复制发行他人作品，具有其他特别严重情节，已构成侵犯著作权罪，判处梁某平有期徒刑三年六个月，并处罚金人民币150万元，追缴违法所得。宣判后，各方未上诉、抗诉，一审判决已发生法律效力。

【典型意义】

本案影视作品众多且权利人分散，判决明确了侵犯著作权罪"未经授权"及侵权影视作品的数量认定等法律适用问题，依法追究组织者及主要参与者的刑事责任，严厉打击了严重侵犯电影著作权的犯罪行为。

3. 上海美术电影制片厂有限公司与重庆云媒信息科技有限公司等著作权侵权纠纷案〔重庆市第五中级人民法院（2019）渝05民初3828号民事判决书〕

【基本案情】

上海美术电影制片厂有限公司享有动画片《葫芦兄弟》《葫芦小金刚》电影作品著作权，以及"葫芦娃""葫芦小金刚"角色造型美术作品著作权。重庆云媒信息科技有限公司（以下简称云媒科技公司）等以动画片中七个葫芦娃和葫芦小金刚等人物故事片段为基础，将原著作品人物音频数据承载的普通话替换为川渝方言，更改原著作品人物对话内容，制作形成多个《葫芦娃方言版》短视频，上传至网站及公众号发布传播。上海美术电影制片厂有限公司以云媒科技公司等实施的上述行为构成著作权侵权为

由，诉至法院。

【裁判结果】

重庆市第五中级人民法院经审理认为，云媒科技公司等共同制作涉案视频短片，刻意夸大使用方言中粗俗、消极、晦暗的不文明用语，更改原著作品人物对话内容，丑化原著作品人物形象，并将涉案视频短片上载到网络平台广为传播，与社会主义核心价值观相冲突，损害了著作权人的合法权益，构成著作权侵权。判决云媒科技公司等立即停止侵权行为，共同刊登声明消除影响，共同赔偿经济损失。一审判决后，当事人均未上诉。

【典型意义】

本案判决强调利用他人电影作品进行再创作，不得污损电影作品人物形象，不得夹带文化糟粕，要大力弘扬社会主义核心价值观，对于建立健康文明法治的电影行业规则具有正向引导作用。

4. 余某竹与浙江东阳美拉传媒有限公司等著作权权属、侵权纠纷案〔四川省成都市中级人民法院（2018）川01民初1122号民事判决书〕

【基本案情】

余某竹以笔名余某可在网站上发表其创作的小说《盛开的野百合》，并将该小说改编为同名剧本发送给峨眉电影集团有限公司。此后，浙江东阳美拉传媒有限公司委托他人创作《芳华》电影剧本，与华谊兄弟电影有限公司等联合制作的同名电影上映。余某竹认为《芳华》电影在情节设置、人物关系、台词、歌舞组合上与其小说、剧本高度重合，构成实质性相似，已超越合理借鉴边界，构成对其改编权、摄制权的侵害，浙江东阳美拉传媒有限公司等作为《芳华》电影出品方共同实施了侵权行为。

【裁判结果】

四川省成都市中级人民法院经审理认为，《芳华》电影与余某竹作品在具体题材、故事脉络、主题上均存在明显差异。就作品情节而言，余某竹主张的多个雷同情节系客观事实和有限表达，不具有独创性，不应予以保护。余某竹所主张的诉争情节及其包含的台词、人物关系与《芳华》电影存在明显差异，读者和观众对其不会产生相似的体验，不构成实质性相似，故判决驳回余某竹全部诉讼请求。余某竹不服，提起上诉。四川省高级人民法院二审判决驳回上诉，维持原判。

【典型意义】

本案判决明确了客观事实和有限表达不具有独创性，不受著作权法保护，在侵权比对时应当对其进行过滤。判决还明确了认定电影作品是否侵权时正确的比对内容和比

对方法,依法保护了电影作品著作权人的合法权益,维护了公平的市场竞争秩序,对繁荣电影创作具有积极意义。

5. 北京爱奇艺科技有限公司与上海俏佳人文化传媒有限公司侵害作品信息网络传播权纠纷案〔北京知识产权法院(2021)京73民终2496号民事判决书〕

【基本案情】

北京爱奇艺科技有限公司经授权取得了涉案电影《我不是潘金莲》的独家信息网络传播权及维权权利。上海俏佳人文化传媒有限公司(以下简称俏佳人公司)运营的"无障碍影视"APP提供了涉案影片完整内容的在线播放,其在涉案影片画面及声效基础上添加相应配音、手语翻译及声源字幕,但没有设置障碍者识别机制。北京爱奇艺科技有限公司认为"无障碍影视"APP向不特定公众提供电影《我不是潘金莲》无障碍版的在线播放服务侵害其信息网络传播权,诉至法院,请求判令俏佳人公司停止侵权并赔偿经济损失及合理开支。

【裁判结果】

北京知识产权法院经审理认为,著作权法规定的"阅读障碍者能够感知的无障碍方式"应当包含对该种"无障碍方式"的特殊限定,即应当仅限于满足阅读障碍者的合理需要,供阅读障碍者专用。俏佳人公司的被诉侵权行为面向不特定公众开放并不符合上述条件,不属于法定的合理使用情形,构成侵权。考虑到俏佳人公司的初衷是为了方便残障人士且涉案影片点击量较少等因素,酌定赔偿经济损失1万元。

【典型意义】

本案系全国首例涉无障碍版电影侵害作品信息网络传播权纠纷案。判决明确"以阅读障碍者能够感知的无障碍方式向其提供已经发表的作品"合理使用情况仅限于供阅读障碍者专用,作为"合理使用者"应采取有效的"阅读障碍者"验证机制以排除不符合条件者。该案判决有利于准确落实我国已经加入的有关国际条约(《马拉喀什条约》),有利于全面保护著作权人的权利,有利于规范无障碍版电影的制作发行。

6. 浙江盛和网络科技有限公司与株式会社传奇IP确认不侵害著作权纠纷案〔杭州互联网法院(2021)浙0192民初10369号民事判决书〕

【基本案情】

韩国《热血传奇》游戏于2001年在中国推出,权利方株式会社传奇IP(以下简称传奇IP)在知悉《蓝月》电影即将在平台上线独播后,认为该电影侵犯游戏著作权,向平台发函要求停止发行电影。电影出品方向传奇IP发出起诉催告函,但传奇IP既不撤回警告也不起诉。电影上线后,浙江盛和网络科技有限公司作为电影著作权人以该电影不侵害上述游戏著作权为由诉至法院,请求确认不侵权。

【裁判结果】

杭州互联网法院经审理认为,涉案游戏整体画面与电影在画面构成以及画面流畅度、镜头体验感、视听效果方面均截然不同,且对于选择、取舍和安排视听画面中的具体创作要素上存在实质性区别,判决确认不侵权。传奇IP不服,提起上诉。浙江省杭州市中级人民法院二审判决驳回上诉,维持原判。

【典型意义】

本案判决厘清了游戏整体画面与电影作品之间是否侵权的比对思路,指出在后创作的作品如果仅参考吸收在先作品的主题、构思等,但具体表达已脱离或不同于在先作品,即不构成侵权。该案判决有利于引导多业态文创发展繁荣,有利于推动文化产业高质量融合发展。

7. 新丽传媒集团有限公司与北京派华文化传媒股份有限公司侵害商业秘密纠纷案〔北京市朝阳区人民法院(2017)京0105民初68514号民事判决书〕

【基本案情】

新丽传媒集团有限公司(以下简称新丽公司)系电影《悟空传》的著作权人,其将该影片音频后期制作事宜委托北京派华文化传媒股份有限公司(以下简称派华公司)执行,双方签订合同并约定有保密条款。在合同履行过程中,派华公司违反保密约定将部分工作外包给案外人实际完成,将新丽公司交付的电影素材以"WKZ"(即电影名称的拼音首字母)命名,通过百度网盘传输给案外人。该影片素材留存百度云盘期间,被不法分子破解,致使涉案电影在公映前通过互联网流出。新丽公司诉至法院,请求判令派华公司停止披露涉案影片商业秘密的不正当竞争行为,公开发表声明消除影响,赔偿经济损失。

【裁判结果】

北京市朝阳区人民法院经审理认为,派华公司违反保密约定向案外人披露涉案影片素材,并将素材上传至百度网盘并最终导致素材泄露于互联网,这两项行为均构成侵犯商业秘密。判决派华公司赔偿新丽公司经济损失300万元及维权支出30万余元,并公开声明消除影响。一审判决后,当事人均未上诉。

【典型意义】

本案是在电影制作过程中,对素材作为商业秘密予以保护的典型案例。影片素材属于商业秘密，参与电影制作过程的主体众多，参与电影制作的各方人员在电影制作全环节均负有严格的保密义务，违反保密义务即应当承担相应法律责任。本案判决有利于促进电影制作过程的规范化和法治化，有利于保护参与电影制作的相关权利人的权利，有利于促进电影行业的繁荣发展。

8. 星辉海外有限公司与广州正凯文化传播有限公司等不正当竞争纠纷案〔广州知识产权法院（2020）粤73民终2289号民事判决书〕

【基本案情】

香港电影《喜剧之王》具有较高的知名度，相关公众关注度高。广州正凯文化传播有限公司（以下简称正凯公司）和李某持于2018年在微博、微信公众号中宣传被诉侵权电视剧《喜剧之王2018》为"连续剧版#喜剧之王#"，并在媒体宣传中称是改编自《喜剧之王》等。香港电影著作权人星辉海外有限公司诉至法院，主张正凯公司、李某持构成不正当竞争。

【裁判结果】

广州知识产权法院经审理认为，综合考虑涉案电影在香港影院上映期间票房收入、电影上映前及上映期间宣传力度，以及电影授权视频网站播放量、媒体对电影持续报道程度、相关公众对于电影评价的参与程度等因素，可以充分证明涉案电影名称达到"有一定影响"的程度。正凯公司、李某持的行为构成仿冒混淆有一定影响的电影名称及虚假宣传，依法承担不正当竞争法律责任。

【典型意义】

本案适用反不正当竞争法对在香港上映的电影的名称依法予以保护，结合电影作品传播特点厘清了反不正当竞争法第六条规定的"有一定影响"视听作品名称认定要件和考量因素，对加大电影作品保护力度具有积极意义，有利于营造电影行业发展繁荣良好市场环境。

二、著作权

（一）综合

中华人民共和国著作权法

· 1990 年 9 月 7 日第七届全国人民代表大会常务委员会第十五次会议通过
· 根据 2001 年 10 月 27 日第九届全国人民代表大会常务委员会第二十四次会议《关于修改〈中华人民共和国著作权法〉的决定》第一次修正
· 根据 2010 年 2 月 26 日第十一届全国人民代表大会常务委员会第十三次会议《关于修改〈中华人民共和国著作权法〉的决定》第二次修正
· 根据 2020 年 11 月 11 日第十三届全国人民代表大会常务委员会第二十三次会议《关于修改〈中华人民共和国著作权法〉的决定》第三次修正

目 录

第一章 总 则

第一条 为保护文学、艺术和科学作品作者的著作权，以及与著作权有关的权益，鼓励有益于社会主义精神文明、物质文明建设的作品的创作和传播，促进社会主义文化和科学事业的发展与繁荣，根据宪法制定本法。

第二条 中国公民、法人或者非法人组织的作品，不论是否发表，依照本法享有著作权。

外国人、无国籍人的作品根据其作者所属国或者经常居住地国同中国签订的协议或者共同参加的国际条约享有的著作权，受本法保护。

外国人、无国籍人的作品首先在中国境内出版的，依照本法享有著作权。

未与中国签订协议或者共同参加国际条约的国家的作者以及无国籍人的作品首次在中国参加的国际条约的成员国出版的，或者在成员国和非成员国同时出版的，受本法保护。

第三条 本法所称的作品，是指文学、艺术和科学领域内具有独创性并能以一定形式表现的智力成果，包括：

（一）文字作品；

（二）口述作品；

（三）音乐、戏剧、曲艺、舞蹈、杂技艺术作品；

（四）美术、建筑作品；

（五）摄影作品；

（六）视听作品；

（七）工程设计图、产品设计图、地图、示意图等图形作品和模型作品；

（八）计算机软件；

（九）符合作品特征的其他智力成果。

第四条 著作权人和与著作权有关的权利人行使权利，不得违反宪法和法律，不得损害公共利益。国家对作品的出版、传播依法进行监督管理。

第五条 本法不适用于：

（一）法律、法规，国家机关的决议、决定、命令和其他具有立法、行政、司法性质的文件，及其官方正式译文；

（二）单纯事实消息；

（三）历法、通用数表、通用表格和公式。

第六条 民间文学艺术作品的著作权保护办法由国务院另行规定。

第七条 国家著作权主管部门负责全国的著作权管理工作；县级以上地方主管著作权的部门负责本行政区域的著作权管理工作。

第八条 著作权人和与著作权有关的权利人可以授权著作权集体管理组织行使著作权或者与著作权有关的

权利。依法设立的著作权集体管理组织是非营利法人，被授权后可以以自己的名义为著作权人和与著作权有关的权利人主张权利，并可以作为当事人进行涉及著作权或者与著作权有关的权利的诉讼、仲裁、调解活动。

著作权集体管理组织根据授权向使用者收取使用费。使用费的收取标准由著作权集体管理组织和使用者代表协商确定，协商不成的，可以向国家著作权主管部门申请裁决，对裁决不服的，可以向人民法院提起诉讼；当事人也可以直接向人民法院提起诉讼。

著作权集体管理组织应当将使用费的收取和转付、管理费的提取和使用、使用费的未分配部分等总体情况定期向社会公布，并应当建立权利信息查询系统，供权利人和使用者查询。国家著作权主管部门应当依法对著作权集体管理组织进行监督、管理。

著作权集体管理组织的设立方式、权利义务、使用费的收取和分配，以及对其监督和管理等由国务院另行规定。

第二章　著作权
第一节　著作权人及其权利

第九条　著作权人包括：

（一）作者；

（二）其他依照本法享有著作权的自然人、法人或者非法人组织。

第十条　著作权包括下列人身权和财产权：

（一）发表权，即决定作品是否公之于众的权利；

（二）署名权，即表明作者身份，在作品上署名的权利；

（三）修改权，即修改或者授权他人修改作品的权利；

（四）保护作品完整权，即保护作品不受歪曲、篡改的权利；

（五）复制权，即以印刷、复印、拓印、录音、录像、翻录、翻拍、数字化等方式将作品制作一份或者多份的权利；

（六）发行权，即以出售或者赠与方式向公众提供作品的原件或者复制件的权利；

（七）出租权，即有偿许可他人临时使用视听作品、计算机软件的原件或者复制件的权利，计算机软件不是出租的主要标的的除外；

（八）展览权，即公开陈列美术作品、摄影作品的原件或者复制件的权利；

（九）表演权，即公开表演作品，以及用各种手段公开播送作品的表演的权利；

（十）放映权，即通过放映机、幻灯机等技术设备公开再现美术、摄影、视听作品等的权利；

（十一）广播权，即以有线或者无线方式公开传播或者转播作品，以及通过扩音器或者其他传送符号、声音、图像的类似工具向公众传播广播的作品的权利，但不包括本款第十二项规定的权利；

（十二）信息网络传播权，即以有线或者无线方式向公众提供，使公众可以在其选定的时间和地点获得作品的权利；

（十三）摄制权，即以摄制视听作品的方法将作品固定在载体上的权利；

（十四）改编权，即改变作品，创作出具有独创性的新作品的权利；

（十五）翻译权，即将作品从一种语言文字转换成另一种语言文字的权利；

（十六）汇编权，即将作品或者作品的片段通过选择或者编排，汇集成新作品的权利；

（十七）应当由著作权人享有的其他权利。

著作权人可以许可他人行使前款第五项至第十七项规定的权利，并依照约定或者本法有关规定获得报酬。

著作权人可以全部或者部分转让本条第一款第五项至第十七项规定的权利，并依照约定或者本法有关规定获得报酬。

第二节　著作权归属

第十一条　著作权属于作者，本法另有规定的除外。

创作作品的自然人是作者。

由法人或者非法人组织主持，代表法人或者非法人组织意志创作，并由法人或者非法人组织承担责任的作品，法人或者非法人组织视为作者。

第十二条　在作品上署名的自然人、法人或者非法人组织为作者，且该作品上存在相应权利，但有相反证明的除外。

作者等著作权人可以向国家著作权主管部门认定的登记机构办理作品登记。

与著作权有关的权利参照适用前两款规定。

第十三条　改编、翻译、注释、整理已有作品而产生的作品，其著作权由改编、翻译、注释、整理人享有，但行使著作权时不得侵犯原作品的著作权。

第十四条　两人以上合作创作的作品，著作权由合作作者共同享有。没有参加创作的人，不能成为合作作者。

合作作品的著作权由合作作者通过协商一致行使；不能协商一致，又无正当理由的，任何一方不得阻止他方行使除转让、许可他人专有使用、出质以外的其他权利，但是所得收益应当合理分配给所有合作作者。

合作作品可以分割使用的，作者对各自创作的部分可以单独享有著作权，但行使著作权时不得侵犯合作作品整体的著作权。

第十五条　汇编若干作品、作品的片段或者不构成作品的数据或者其他材料，对其内容的选择或者编排体现独创性的作品，为汇编作品，其著作权由汇编人享有，但行使著作权时，不得侵犯原作品的著作权。

第十六条　使用改编、翻译、注释、整理、汇编已有作品而产生的作品进行出版、演出和制作录音录像制品，应当取得该作品的著作权人和原作品的著作权人许可，并支付报酬。

第十七条　视听作品中的电影作品、电视剧作品的著作权由制作者享有，但编剧、导演、摄影、作词、作曲等作者享有署名权，并有权按照与制作者签订的合同获得报酬。

前款规定以外的视听作品的著作权归属由当事人约定；没有约定或者约定不明确的，由制作者享有，但作者享有署名权和获得报酬的权利。

视听作品中的剧本、音乐等可以单独使用的作品的作者有权单独行使其著作权。

第十八条　自然人为完成法人或者非法人组织工作任务所创作的作品是职务作品，除本条第二款的规定以外，著作权由作者享有，但法人或者非法人组织有权在其业务范围内优先使用。作品完成两年内，未经单位同意，作者不得许可第三人以与单位使用的相同方式使用该作品。

有下列情形之一的职务作品，作者享有署名权，著作权的其他权利由法人或者非法人组织享有，法人或者非法人组织可以给予作者奖励：

（一）主要是利用法人或者非法人组织的物质技术条件创作，并由法人或者非法人组织承担责任的工程设计图、产品设计图、地图、示意图、计算机软件等职务作品；

（二）报社、期刊社、通讯社、广播电台、电视台的工作人员创作的职务作品；

（三）法律、行政法规规定或者合同约定著作权由法人或者非法人组织享有的职务作品。

第十九条　受委托创作的作品，著作权的归属由委托人和受托人通过合同约定。合同未作明确约定或者没有订立合同的，著作权属于受托人。

第二十条　作品原件所有权的转移，不改变作品著作权的归属，但美术、摄影作品原件的展览权由原件所有人享有。

作者将未发表的美术、摄影作品的原件所有权转让给他人，受让人展览该原件不构成对作者发表权的侵犯。

第二十一条　著作权属于自然人的，自然人死亡后，其本法第十条第一款第五项至第十七项规定的权利在本法规定的保护期内，依法转移。

著作权属于法人或者非法人组织的，法人或者非法人组织变更、终止后，其本法第十条第一款第五项至第十七项规定的权利在本法规定的保护期内，由承受其权利义务的法人或者非法人组织享有；没有承受其权利义务的法人或者非法人组织的，由国家享有。

第三节　权利的保护期

第二十二条　作者的署名权、修改权、保护作品完整权的保护期不受限制。

第二十三条　自然人的作品，其发表权、本法第十条第一款第五项至第十七项规定的权利的保护期为作者终生及其死亡后五十年，截止于作者死亡后第五十年的12月31日；如果是合作作品，截止于最后死亡的作者死亡后第五十年的12月31日。

法人或者非法人组织的作品、著作权（署名权除外）由法人或者非法人组织享有的职务作品，其发表权的保护期为五十年，截止于作品创作完成后第五十年的12月31日；本法第十条第一款第五项至第十七项规定的权利的保护期为五十年，截止于作品首次发表后第五十年的12月31日，但作品自创作完成后五十年内未发表的，本法不再保护。

视听作品，其发表权的保护期为五十年，截止于作品创作完成后第五十年的12月31日；本法第十条第一款第五项至第十七项规定的权利的保护期为五十年，截止于作品首次发表后第五十年的12月31日，但作品自创作完成后五十年内未发表的，本法不再保护。

第四节　权利的限制

第二十四条　在下列情况下使用作品，可以不经著作权人许可，不向其支付报酬，但应当指明作者姓名或者名称、作品名称，并且不得影响该作品的正常使用，也不得不合理地损害著作权人的合法权益：

（一）为个人学习、研究或者欣赏，使用他人已经发表的作品；

（二）为介绍、评论某一作品或者说明某一问题，在作品中适当引用他人已经发表的作品；

（三）为报道新闻，在报纸、期刊、广播电台、电视台等媒体中不可避免地再现或者引用已经发表的作品；

（四）报纸、期刊、广播电台、电视台等媒体刊登或者播放其他报纸、期刊、广播电台、电视台等媒体已经发表的关于政治、经济、宗教问题的时事性文章，但著作权人声明不许刊登、播放的除外；

（五）报纸、期刊、广播电台、电视台等媒体刊登或者播放在公众集会上发表的讲话，但作者声明不许刊登、播放的除外；

（六）为学校课堂教学或者科学研究，翻译、改编、汇编、播放或者少量复制已经发表的作品，供教学或者科研人员使用，但不得出版发行；

（七）国家机关为执行公务在合理范围内使用已经发表的作品；

（八）图书馆、档案馆、纪念馆、博物馆、美术馆、文化馆等为陈列或者保存版本的需要，复制本馆收藏的作品；

（九）免费表演已经发表的作品，该表演未向公众收取费用，也未向表演者支付报酬，且不以营利为目的；

（十）对设置或者陈列在公共场所的艺术作品进行临摹、绘画、摄影、录像；

（十一）将中国公民、法人或者非法人组织已经发表的以国家通用语言文字创作的作品翻译成少数民族语言文字作品在国内出版发行；

（十二）以阅读障碍者能够感知的无障碍方式向其提供已经发表的作品；

（十三）法律、行政法规规定的其他情形。

前款规定适用于对与著作权有关的权利的限制。

第二十五条　为实施义务教育和国家教育规划而编写出版教科书，可以不经著作权人许可，在教科书中汇编已经发表的作品片段或者短小的文字作品、音乐作品或者单幅的美术作品、摄影作品、图形作品，但应当按照规定向著作权人支付报酬，指明作者姓名或者名称、作品名称，并且不得侵犯著作权人依照本法享有的其他权利。

前款规定适用于对与著作权有关的权利的限制。

第三章　著作权许可使用和转让合同

第二十六条　使用他人作品应当同著作权人订立许可使用合同，本法规定可以不经许可的除外。

许可使用合同包括下列主要内容：

（一）许可使用的权利种类；

（二）许可使用的权利是专有使用权或者非专有使用权；

（三）许可使用的地域范围、期间；

（四）付酬标准和办法；

（五）违约责任；

（六）双方认为需要约定的其他内容。

第二十七条　转让本法第十条第一款第五项至第十七项规定的权利，应当订立书面合同。

权利转让合同包括下列主要内容：

（一）作品的名称；

（二）转让的权利种类、地域范围；

（三）转让价金；

（四）交付转让价金的日期和方式；

（五）违约责任；

（六）双方认为需要约定的其他内容。

第二十八条　以著作权中的财产权出质的，由出质人和质权人依法办理出质登记。

第二十九条　许可使用合同和转让合同中著作权人未明确许可、转让的权利，未经著作权人同意，另一方当事人不得行使。

第三十条　使用作品的付酬标准可以由当事人约定，也可以按照国家著作权主管部门会同有关部门制定的付酬标准支付报酬。当事人约定不明确的，按照国家著作权主管部门会同有关部门制定的付酬标准支付报酬。

第三十一条　出版者、表演者、录音录像制作者、广播电台、电视台等依照本法有关规定使用他人作品的，不得侵犯作者的署名权、修改权、保护作品完整权和获得报酬的权利。

第四章　与著作权有关的权利
第一节　图书、报刊的出版

第三十二条　图书出版者出版图书应当和著作权人订立出版合同，并支付报酬。

第三十三条　图书出版者对著作权人交付出版的作品，按照合同约定享有的专有出版权受法律保护，他人不得出版该作品。

第三十四条　著作权人应当按照合同约定期限交付作品。图书出版者应当按照合同约定的出版质量、期限出版图书。

图书出版者不按照合同约定期限出版，应当依照本法第六十一条的规定承担民事责任。

图书出版者重印、再版作品的,应当通知著作权人,并支付报酬。图书脱销后,图书出版者拒绝重印、再版的,著作权人有权终止合同。

第三十五条　著作权人向报社、期刊社投稿的,自稿件发出之日起十五日内未收到报社通知决定刊登的,或者自稿件发出之日起三十日内未收到期刊社通知决定刊登的,可以将同一作品向其他报社、期刊社投稿。双方另有约定的除外。

作品刊登后,除著作权人声明不得转载、摘编的外,其他报刊可以转载或者作为文摘、资料刊登,但应当按照规定向著作权人支付报酬。

第三十六条　图书出版者经作者许可,可以对作品修改、删节。

报社、期刊社可以对作品作文字性修改、删节。对内容的修改,应当经作者许可。

第三十七条　出版者有权许可或者禁止他人使用其出版的图书、期刊的版式设计。

前款规定的权利的保护期为十年,截止于使用该版式设计的图书、期刊首次出版后第十年的12月31日。

第二节　表演

第三十八条　使用他人作品演出,表演者应当取得著作权人许可,并支付报酬。演出组织者组织演出,由该组织者取得著作权人许可,并支付报酬。

第三十九条　表演者对其表演享有下列权利:

(一)表明表演者身份;

(二)保护表演形象不受歪曲;

(三)许可他人从现场直播和公开传送其现场表演,并获得报酬;

(四)许可他人录音录像,并获得报酬;

(五)许可他人复制、发行、出租录有其表演的录音录像制品,并获得报酬;

(六)许可他人通过信息网络向公众传播其表演,并获得报酬。

被许可人以前款第三项至第六项规定的方式使用作品,还应当取得著作权人许可,并支付报酬。

第四十条　演员为完成本演出单位的演出任务进行的表演为职务表演,演员享有表明身份和保护表演形象不受歪曲的权利,其他权利归属由当事人约定。当事人没有约定或者约定不明确的,职务表演的权利由演出单位享有。

职务表演的权利由演员享有的,演出单位可以在其业务范围内免费使用该表演。

第四十一条　本法第三十九条第一款第一项、第二项规定的权利的保护期不受限制。

本法第三十九条第一款第三项至第六项规定的权利的保护期为五十年,截止于该表演发生后第五十年的12月31日。

第三节　录音录像

第四十二条　录音录像制作者使用他人作品制作录音录像制品,应当取得著作权人许可,并支付报酬。

录音制作者使用他人已经合法录制为录音制品的音乐作品制作录音制品,可以不经著作权人许可,但应当按照规定支付报酬;著作权人声明不许使用的不得使用。

第四十三条　录音录像制作者制作录音录像制品,应当同表演者订立合同,并支付报酬。

第四十四条　录音录像制作者对其制作的录音录像制品,享有许可他人复制、发行、出租、通过信息网络向公众传播并获得报酬的权利;权利的保护期为五十年,截止于该制品首次制作完成后第五十年的12月31日。

被许可人复制、发行、通过信息网络向公众传播录音录像制品,应当同时取得著作权人、表演者许可,并支付报酬;被许可人出租录音录像制品,还应当取得表演者许可,并支付报酬。

第四十五条　将录音制品用于有线或者无线公开传播,或者通过传送声音的技术设备向公众公开播送的,应当向录音制作者支付报酬。

第四节　广播电台、电视台播放

第四十六条　广播电台、电视台播放他人未发表的作品,应当取得著作权人许可,并支付报酬。

广播电台、电视台播放他人已发表的作品,可以不经著作权人许可,但应当按照规定支付报酬。

第四十七条　广播电台、电视台有权禁止未经其许可的下列行为:

(一)将其播放的广播、电视以有线或者无线方式转播;

(二)将其播放的广播、电视录制以及复制;

(三)将其播放的广播、电视通过信息网络向公众传播。

广播电台、电视台行使前款规定的权利,不得影响、限制或者侵害他人行使著作权或者与著作权有关的权利。

本条第一款规定的权利的保护期为五十年,截止于该广播、电视首次播放后第五十年的12月31日。

第四十八条　电视台播放他人的视听作品、录像制品，应当取得视听作品著作权人或者录像制作者许可，并支付报酬；播放他人的录像制品，还应当取得著作权人许可，并支付报酬。

第五章　著作权和与著作权有关的权利的保护

第四十九条　为保护著作权和与著作权有关的权利，权利人可以采取技术措施。

未经权利人许可，任何组织或者个人不得故意避开或者破坏技术措施，不得以避开或者破坏技术措施为目的制造、进口或者向公众提供有关装置或者部件，不得故意为他人避开或者破坏技术措施提供技术服务。但是，法律、行政法规规定可以避开的情形除外。

本法所称的技术措施，是指用于防止、限制未经权利人许可浏览、欣赏作品、表演、录音录像制品或者通过信息网络向公众提供作品、表演、录音录像制品的有效技术、装置或者部件。

第五十条　下列情形可以避开技术措施，但不得向他人提供避开技术措施的技术、装置或者部件，不得侵犯权利人依法享有的其他权利：

（一）为学校课堂教学或者科学研究，提供少量已经发表的作品，供教学或者科研人员使用，而该作品无法通过正常途径获取；

（二）不以营利为目的，以阅读障碍者能够感知的无障碍方式向其提供已经发表的作品，而该作品无法通过正常途径获取；

（三）国家机关依照行政、监察、司法程序执行公务；

（四）对计算机及其系统或者网络的安全性能进行测试；

（五）进行加密研究或者计算机软件反向工程研究。

前款规定适用于对与著作权有关的权利的限制。

第五十一条　未经权利人许可，不得进行下列行为：

（一）故意删除或者改变作品、版式设计、表演、录音录像制品或者广播、电视上的权利管理信息，但由于技术上的原因无法避免的除外；

（二）知道或者应当知道作品、版式设计、表演、录音录像制品或者广播、电视上的权利管理信息未经许可被删除或者改变，仍然向公众提供。

第五十二条　有下列侵权行为的，应当根据情况，承担停止侵害、消除影响、赔礼道歉、赔偿损失等民事责任：

（一）未经著作权人许可，发表其作品的；

（二）未经合作者许可，将与他人合作创作的作品当作自己单独创作的作品发表的；

（三）没有参加创作，为谋取个人名利，在他人作品上署名的；

（四）歪曲、篡改他人作品的；

（五）剽窃他人作品的；

（六）未经著作权人许可，以展览、摄制视听作品的方法使用作品，或者以改编、翻译、注释等方式使用作品的，本法另有规定的除外；

（七）使用他人作品，应当支付报酬而未支付的；

（八）未经视听作品、计算机软件、录音录像制品的著作权人、表演者或者录音录像制作者许可，出租其作品或者录音录像制品的原件或者复制件的，本法另有规定的除外；

（九）未经出版者许可，使用其出版的图书、期刊的版式设计的；

（十）未经表演者许可，从现场直播或者公开传送其现场表演，或者录制其表演的；

（十一）其他侵犯著作权以及与著作权有关的权利的行为。

第五十三条　有下列侵权行为的，应当根据情况，承担本法第五十二条规定的民事责任；侵权行为同时损害公共利益的，由主管著作权的部门责令停止侵权行为，予以警告，没收违法所得，没收、无害化销毁处理侵权复制品以及主要用于制作侵权复制品的材料、工具、设备等，违法经营额五万元以上的，可以并处违法经营额一倍以上五倍以下的罚款；没有违法经营额、违法经营额难以计算或者不足五万元的，可以并处二十五万元以下的罚款；构成犯罪的，依法追究刑事责任：

（一）未经著作权人许可，复制、发行、表演、放映、广播、汇编、通过信息网络向公众传播其作品的，本法另有规定的除外；

（二）出版他人享有专有出版权的图书的；

（三）未经表演者许可，复制、发行录有其表演的录音录像制品，或者通过信息网络向公众传播其表演的，本法另有规定的除外；

（四）未经录音录像制作者许可，复制、发行、通过信息网络向公众传播其制作的录音录像制品的，本法另有规定的除外；

（五）未经许可，播放、复制或者通过信息网络向公众传播广播、电视的，本法另有规定的除外；

（六）未经著作权人或者与著作权有关的权利人许可，故意避开或者破坏技术措施的，故意制造、进口或者向他人提供主要用于避开、破坏技术措施的装置或者部件的，或者故意为他人避开或者破坏技术措施提供技术服务的，法律、行政法规另有规定的除外；

（七）未经著作权人或者与著作权有关的权利人许可，故意删除或者改变作品、版式设计、表演、录音录像制品或者广播、电视上的权利管理信息的，知道或者应当知道作品、版式设计、表演、录音录像制品或者广播、电视上的权利管理信息未经许可被删除或者改变，仍然向公众提供的，法律、行政法规另有规定的除外；

（八）制作、出售假冒他人署名的作品的。

第五十四条　侵犯著作权或者与著作权有关的权利的，侵权人应当按照权利人因此受到的实际损失或者侵权人的违法所得给予赔偿；权利人的实际损失或者侵权人的违法所得难以计算的，可以参照该权利使用费给予赔偿。对故意侵犯著作权或者与著作权有关的权利，情节严重的，可以在按照上述方法确定数额的一倍以上五倍以下给予赔偿。

权利人的实际损失、侵权人的违法所得、权利使用费难以计算的，由人民法院根据侵权行为的情节，判决给予五百元以上五百万元以下的赔偿。

赔偿数额还应当包括权利人为制止侵权行为所支付的合理开支。

人民法院为确定赔偿数额，在权利人已经尽了必要举证责任，而与侵权行为相关的账簿、资料等主要由侵权人掌握的，可以责令侵权人提供与侵权行为相关的账簿、资料等；侵权人不提供，或者提供虚假的账簿、资料等的，人民法院可以参考权利人的主张和提供的证据确定赔偿数额。

人民法院审理著作权纠纷案件，应权利人请求，对侵权复制品，除特殊情况外，责令销毁；对主要用于制造侵权复制品的材料、工具、设备等，责令销毁，且不予补偿；或者在特殊情况下，责令禁止前述材料、工具、设备等进入商业渠道，且不予补偿。

第五十五条　主管著作权的部门对涉嫌侵犯著作权和与著作权有关的权利的行为进行查处时，可以询问有关当事人，调查与涉嫌违法行为有关的情况；对当事人涉嫌违法行为的场所和物品实施现场检查；查阅、复制与涉嫌违法行为有关的合同、发票、账簿以及其他有关资料；对于涉嫌违法行为的场所和物品，可以查封或者扣押。

主管著作权的部门依法行使前款规定的职权时，当事人应当予以协助、配合，不得拒绝、阻挠。

第五十六条　著作权人或者与著作权有关的权利人有证据证明他人正在实施或者即将实施侵犯其权利、妨碍其实现权利的行为，如不及时制止将会使其合法权益受到难以弥补的损害的，可以在起诉前依法向人民法院申请采取财产保全、责令作出一定行为或者禁止作出一定行为等措施。

第五十七条　为制止侵权行为，在证据可能灭失或者以后难以取得的情况下，著作权人或者与著作权有关的权利人可以在起诉前依法向人民法院申请保全证据。

第五十八条　人民法院审理案件，对于侵犯著作权或者与著作权有关的权利的，可以没收违法所得、侵权复制品以及进行违法活动的财物。

第五十九条　复制品的出版者、制作者不能证明其出版、制作有合法授权的，复制品的发行者或者视听作品、计算机软件、录音录像制品的复制品的出租者不能证明其发行、出租的复制品有合法来源的，应当承担法律责任。

在诉讼程序中，被诉侵权人主张其不承担侵权责任的，应当提供证据证明已经取得权利人的许可，或者具有本法规定的不经权利人许可而可以使用的情形。

第六十条　著作权纠纷可以调解，也可以根据当事人达成的书面仲裁协议或者著作权合同中的仲裁条款，向仲裁机构申请仲裁。

当事人没有书面仲裁协议，也没有在著作权合同中订立仲裁条款的，可以直接向人民法院起诉。

第六十一条　当事人因不履行合同义务或者履行合同义务不符合约定而承担民事责任，以及当事人行使诉讼权利、申请保全等，适用有关法律的规定。

第六章　附　则

第六十二条　本法所称的著作权即版权。

第六十三条　本法第二条所称的出版，指作品的复制、发行。

第六十四条　计算机软件、信息网络传播权的保护办法由国务院另行规定。

第六十五条　摄影作品，其发表权、本法第十条第一款第五项至第十七项规定的权利的保护期在 2021 年 6 月 1 日前已经届满，但依据本法第二十三条第一款的规定仍在保护期内的，不再保护。

第六十六条　本法规定的著作权人和出版者、表演者、录音录像制作者、广播电台、电视台的权利，在本法施行之日尚未超过本法规定的保护期的，依照本法予以保护。

本法施行前发生的侵权或者违约行为，依照侵权或者违约行为发生时的有关规定处理。

第六十七条　本法自 1991 年 6 月 1 日起施行。

中华人民共和国著作权法实施条例

· 2002 年 8 月 2 日中华人民共和国国务院令第 359 号公布
· 根据 2011 年 1 月 8 日《国务院关于废止和修改部分行政法规的决定》第一次修订
· 根据 2013 年 1 月 30 日《国务院关于修改〈中华人民共和国著作权法实施条例〉的决定》第二次修订

第一条　根据《中华人民共和国著作权法》(以下简称著作权法),制定本条例。

第二条　著作权法所称作品,是指文学、艺术和科学领域内具有独创性并能以某种有形形式复制的智力成果。

第三条　著作权法所称创作,是指直接产生文学、艺术和科学作品的智力活动。

为他人创作进行组织工作,提供咨询意见、物质条件,或者进行其他辅助工作,均不视为创作。

第四条　著作权法和本条例中下列作品的含义:

(一)文字作品,是指小说、诗词、散文、论文等以文字形式表现的作品;

(二)口述作品,是指即兴的演说、授课、法庭辩论等以口头语言形式表现的作品;

(三)音乐作品,是指歌曲、交响乐等能够演唱或者演奏的带词或者不带词的作品;

(四)戏剧作品,是指话剧、歌剧、地方戏等供舞台演出的作品;

(五)曲艺作品,是指相声、快书、大鼓、评书等以说唱为主要形式表演的作品;

(六)舞蹈作品,是指通过连续的动作、姿势、表情等表现思想情感的作品;

(七)杂技艺术作品,是指杂技、魔术、马戏等通过形体动作和技巧表现的作品;

(八)美术作品,是指绘画、书法、雕塑等以线条、色彩或者其他方式构成的有审美意义的平面或者立体的造型艺术作品;

(九)建筑作品,是指以建筑物或者构筑物形式表现的有审美意义的作品;

(十)摄影作品,是指借助器械在感光材料或者其他介质上记录客观物体形象的艺术作品;

(十一)电影作品和以类似摄制电影的方法创作的作品,是指摄制在一定介质上,由一系列有伴音或者无伴音的画面组成,并且借助适当装置放映或者以其他方式传播的作品;

(十二)图形作品,是指为施工、生产绘制的工程设计图、产品设计图,以及反映地理现象、说明事物原理或者结构的地图、示意图等作品;

(十三)模型作品,是指为展示、试验或者观测等用途,根据物体的形状和结构,按照一定比例制成的立体作品。

第五条　著作权法和本条例中下列用语的含义:

(一)时事新闻,是指通过报纸、期刊、广播电台、电视台等媒体报道的单纯事实消息;

(二)录音制品,是指任何对表演的声音和其他声音的录制品;

(三)录像制品,是指电影作品和以类似摄制电影的方法创作的作品以外的任何有伴音或者无伴音的连续相关形象、图像的录制品;

(四)录音制作者,是指录音制品的首次制作人;

(五)录像制作者,是指录像制品的首次制作人;

(六)表演者,是指演员、演出单位或者其他表演文学、艺术作品的人。

第六条　著作权自作品创作完成之日起产生。

第七条　著作权法第二条第三款规定的首先在中国境内出版的外国人、无国籍人的作品,其著作权自首次出版之日起受保护。

第八条　外国人、无国籍人的作品在中国境外首先出版后,30 日内在中国境内出版的,视为该作品同时在中国境内出版。

第九条　合作作品不可以分割使用的,其著作权由各合作作者共同享有,通过协商一致行使;不能协商一致,又无正当理由的,任何一方不得阻止他方行使除转让以外的其他权利,但是所得收益应当合理分配给所有合作作者。

第十条　著作权人许可他人将其作品摄制成电影作品和以类似摄制电影的方法创作的作品的,视为已同意对其作品进行必要的改动,但是这种改动不得歪曲篡改原作品。

第十一条　著作权法第十六条第一款关于职务作品的规定中的"工作任务",是指公民在该法人或者该组织中应当履行的职责。

著作权法第十六条第二款关于职务作品的规定中的"物质技术条件",是指该法人或者该组织为公民完成创作专门提供的资金、设备或者资料。

第十二条　职务作品完成两年内,经单位同意,作者许可第三人以与单位使用的相同方式使用作品所获报酬,由作者与单位按约定的比例分配。

作品完成两年的期限,自作者向单位交付作品之日起计算。

第十三条　作者身份不明的作品,由作品原件的所有人行使除署名权以外的著作权。作者身份确定后,由作者或者其继承人行使著作权。

第十四条　合作作者之一死亡后,其对合作作品享有的著作权法第十条第一款第五项至第十七项规定的权利无人继承又无人受遗赠的,由其他合作作者享有。

第十五条　作者死亡后,其著作权中的署名权、修改权和保护作品完整权由作者的继承人或者受遗赠人保护。

著作权无人继承又无人受遗赠的,其署名权、修改权和保护作品完整权由著作权行政管理部门保护。

第十六条　国家享有著作权的作品的使用,由国务院著作权行政管理部门管理。

第十七条　作者生前未发表的作品,如果作者未明确表示不发表,作者死亡后 50 年内,其发表权可由继承人或者受遗赠人行使;没有继承人又无人受遗赠的,由作品原件的所有人行使。

第十八条　作者身份不明的作品,其著作权法第十条第一款第五项至第十七项规定的权利的保护期截止于作品首次发表后第 50 年的 12 月 31 日。作者身份确定后,适用著作权法第二十一条的规定。

第十九条　使用他人作品的,应当指明作者姓名、作品名称;但是,当事人另有约定或者由于作品使用方式的特性无法指明的除外。

第二十条　著作权法所称已经发表的作品,是指著作权人自行或者许可他人公之于众的作品。

第二十一条　依照著作权法有关规定,使用可以不经著作权人许可的已经发表的作品的,不得影响该作品的正常使用,也不得不合理地损害著作权人的合法利益。

第二十二条　依照著作权法第二十三条、第三十三条第二款、第四十条第三款的规定使用作品的付酬标准,由国务院著作权行政管理部门会同国务院价格主管部门制定、公布。

第二十三条　使用他人作品应当同著作权人订立许可使用合同,许可使用的权利是专有使用权的,应当采取书面形式,但是报社、期刊社刊登作品除外。

第二十四条　著作权法第二十四条规定的专有使用权的内容由合同约定,合同没有约定或者约定不明的,视为被许可人有权排除包括著作权人在内的任何人以同样

的方式使用作品;除合同另有约定外,被许可人许可第三人行使同一权利,必须取得著作权人的许可。

第二十五条　与著作权人订立专有许可使用合同、转让合同的,可以向著作权行政管理部门备案。

第二十六条　著作权法和本条例所称与著作权有关的权益,是指出版者对其出版的图书和期刊的版式设计享有的权利,表演者对其表演享有的权利,录音录像制作者对其制作的录音录像制品享有的权利,广播电台、电视台对其播放的广播、电视节目享有的权利。

第二十七条　出版者、表演者、录音录像制作者、广播电台、电视台行使权利,不得损害被使用作品和原作品著作权人的权利。

第二十八条　图书出版合同中约定图书出版者享有专有出版权但没有明确其具体内容的,视为图书出版者享有在合同有效期限内和在合同约定的地域范围内以同种文字的原版、修订版出版图书的专有权利。

第二十九条　著作权人寄给图书出版者的两份订单在 6 个月内未能得到履行,视为著作权法第三十二条所称图书脱销。

第三十条　著作权人依照著作权法第三十三条第二款声明不得转载、摘编其作品的,应当在报纸、期刊刊登该作品时附带声明。

第三十一条　著作权人依照著作权法第四十条第三款声明不得对其作品制作录音制品的,应当在该作品合法录制为录音制品时声明。

第三十二条　依照著作权法第二十三条、第三十三条第二款、第四十条第三款的规定,使用他人作品的,应当自使用该作品之日起 2 个月内向著作权人支付报酬。

第三十三条　外国人、无国籍人在中国境内的表演,受著作权法保护。

外国人、无国籍人根据中国参加的国际条约对其表演享有的权利,受著作权法保护。

第三十四条　外国人、无国籍人在中国境内制作、发行的录音制品,受著作权法保护。

外国人、无国籍人根据中国参加的国际条约对其制作、发行的录音制品享有的权利,受著作权法保护。

第三十五条　外国的广播电台、电视台根据中国参加的国际条约对其播放的广播、电视节目享有的权利,受著作权法保护。

第三十六条　有著作权法第四十八条所列侵权行为,同时损害社会公共利益,非法经营额 5 万元以上的,著作权行政管理部门可处非法经营额 1 倍以上 5 倍以下

的罚款;没有非法经营额或者非法经营额 5 万元以下的,著作权行政管理部门根据情节轻重,可处 25 万元以下的罚款。

第三十七条　有著作权法第四十八条所列侵权行为,同时损害社会公共利益的,由地方人民政府著作权行政管理部门负责查处。

国务院著作权行政管理部门可以查处在全国有重大影响的侵权行为。

第三十八条　本条例自 2002 年 9 月 15 日起施行。1991 年 5 月 24 日国务院批准、1991 年 5 月 30 日国家版权局发布的《中华人民共和国著作权法实施条例》同时废止。

实施国际著作权条约的规定

· 1992 年 9 月 25 日中华人民共和国国务院令第 105 号发布
· 根据 2020 年 11 月 29 日《国务院关于修改和废止部分行政法规的决定》修订

第一条　为实施国际著作权条约,保护外国作品著作权人的合法权益,制定本规定。

第二条　对外国作品的保护,适用《中华人民共和国著作权法》(以下称著作权法)、《中华人民共和国著作权法实施条例》、《计算机软件保护条例》和本规定。

第三条　本规定所称国际著作权条约,是指中华人民共和国(以下称中国)参加的《伯尔尼保护文学和艺术作品公约》(以下称伯尔尼公约)和与外国签订的有关著作权的双边协定。

第四条　本规定所称外国作品,包括:

(一)作者或者作者之一,其他著作权人或者著作权人之一是国际著作权条约成员国的国民或者在该条约的成员国有经常居所的居民的作品;

(二)作者不是国际著作权条约成员国的国民或者在该条约的成员国有经常居所的居民,但是在该条约的成员国首次或者同时发表的作品;

(三)外商投资企业按照合同约定是著作权人或者著作权人之一的,其委托他人创作的作品。

第五条　对未发表的外国作品的保护期,适用著作权法第二十条、第二十一条的规定。

第六条　对外国实用艺术作品的保护期,为自该作品完成起二十五年。

美术作品(包括动画形象设计)用于工业制品的,不适用前款规定。

第七条　外国计算机程序作为文学作品保护,可以不履行登记手续,保护期为自该程序首次发表之年年底起五十年。

第八条　外国作品是由不受保护的材料编辑而成,但是在材料的选取或者编排上有独创性的,依照著作权法第十四条的规定予以保护。此种保护不排斥他人利用同样的材料进行编辑。

第九条　外国录像制品根据国际著作权条约构成电影作品的,作为电影作品保护。

第十条　将外国人已经发表的以汉族文字创作的作品,翻译成少数民族文字出版发行的,应当事先取得著作权人的授权。

第十一条　外国作品著作权人,可以授权他人以任何方式、手段公开表演其作品或者公开传播对其作品的表演。

第十二条　外国电影、电视和录像作品的著作权人可以授权他人公开表演其作品。

第十三条　报刊转载外国作品,应当事先取得著作权人的授权;但是,转载有关政治、经济等社会问题的时事文章除外。

第十四条　外国作品的著作权人在授权他人发行其作品的复制品后,可以授权或者禁止出租其作品的复制品。

第十五条　外国作品的著作权人有权禁止进口其作品的下列复制品:

(一)侵权复制品;

(二)来自对其作品不予保护的国家的复制品。

第十六条　表演、录音或者广播外国作品,适用伯尔尼公约的规定;有集体管理组织的,应当事先取得该组织的授权。

第十七条　国际著作权条约在中国生效之日尚未在起源国进入公有领域的外国作品,按照著作权法和本规定规定的保护期受保护,到期满为止。

前款规定不适用于国际著作权条约在中国生效之日前发生的对外国作品的使用。

中国公民或者法人在国际著作权条约在中国生效之日前为特定目的而拥有和使用外国作品的特定复制本的,可以继续使用该作品的复制本而不承担责任;但是,该复制本不得以任何不合理地损害作品著作权人合法权益的方式复制和使用。

前三款规定依照中国同有关国家签订的有关著作权的双边协定的规定实施。

第十八条　本规定第五条、第十二条、第十四条、第十五条、第十七条适用于录音制品。

第十九条　本规定施行前,有关著作权的行政法规与本规定有不同规定的,适用本规定。本规定与国际著作权条约有不同规定的,适用国际著作权条约。

第二十条　国家版权局负责国际著作权条约在中国的实施。

第二十一条　本规定由国家版权局负责解释。

第二十二条　本规定自一九九二年九月三十日起施行。

著作权集体管理条例

·2004年12月28日中华人民共和国国务院令第429号公布
·根据2011年1月8日《国务院关于废止和修改部分行政法规的决定》第一次修订
·根据2013年12月7日《国务院关于修改部分行政法规的决定》第二次修订

第一章　总　则

第一条　为了规范著作权集体管理活动,便于著作权人和与著作权有关的权利人(以下简称权利人)行使权利和使用者使用作品,根据《中华人民共和国著作权法》(以下简称著作权法)制定本条例。

第二条　本条例所称著作权集体管理,是指著作权集体管理组织经权利人授权,集中行使权利人的有关权利并以自己的名义进行的下列活动:

(一)与使用者订立著作权或者与著作权有关的权利许可使用合同(以下简称许可使用合同);

(二)向使用者收取使用费;

(三)向权利人转付使用费;

(四)进行涉及著作权或者与著作权有关的权利的诉讼、仲裁等。

第三条　本条例所称著作权集体管理组织,是指为权利人的利益依法设立,根据权利人授权、对权利人的著作权或者与著作权有关的权利进行集体管理的社会团体。

著作权集体管理组织应当依照有关社会团体登记管理的行政法规和本条例的规定进行登记并开展活动。

第四条　著作权法规定的表演权、放映权、广播权、出租权、信息网络传播权、复制权等权利人自己难以有效行使的权利,可以由著作权集体管理组织进行集体管理。

第五条　国务院著作权管理部门主管全国的著作权集体管理工作。

第六条　除依照本条例规定设立的著作权集体管理组织外,任何组织和个人不得从事著作权集体管理活动。

第二章　著作权集体管理组织的设立

第七条　依法享有著作权或者与著作权有关的权利的中国公民、法人或者其他组织,可以发起设立著作权集体管理组织。

设立著作权集体管理组织,应当具备下列条件:

(一)发起设立著作权集体管理组织的权利人不少于50人;

(二)不与已经依法登记的著作权集体管理组织的业务范围交叉、重合;

(三)能在全国范围代表相关权利人的利益;

(四)有著作权集体管理组织的章程草案、使用费收取标准草案和向权利人转付使用费的办法(以下简称使用费转付办法)草案。

第八条　著作权集体管理组织章程应当载明下列事项:

(一)名称、住所;

(二)设立宗旨;

(三)业务范围;

(四)组织机构及其职权;

(五)会员大会的最低人数;

(六)理事会的职责及理事会负责人的条件和产生、罢免的程序;

(七)管理费提取、使用办法;

(八)会员加入、退出著作权集体管理组织的条件、程序;

(九)章程的修改程序;

(十)著作权集体管理组织终止的条件、程序和终止后资产的处理。

第九条　申请设立著作权集体管理组织,应当向国务院著作权管理部门提交证明符合本条例第七条规定的条件的材料。国务院著作权管理部门应当自收到材料之日起60日内,作出批准或者不予批准的决定。批准的,发给著作权集体管理许可证;不予批准的,应当说明理由。

第十条　申请人应当自国务院著作权管理部门发给著作权集体管理许可证之日起30日内,依照有关社会团体登记管理的行政法规到国务院民政部门办理登记手续。

第十一条　依法登记的著作权集体管理组织,应当自国务院民政部门发给登记证书之日起30日内,将其登记证书副本报国务院著作权管理部门备案;国务院著作权管理部门应当将报备的登记证书副本以及著作权集体管理组织章程、使用费收取标准、使用费转付办法予以公告。

第十二条　著作权集体管理组织设立分支机构,应当经国务院著作权管理部门批准,并依照有关社会团体登记管理的行政法规到国务院民政部门办理登记手续。经依法登记的,应当将分支机构的登记证书副本报国务院著作权管理部门备案,由国务院著作权管理部门予以公告。

第十三条　著作权集体管理组织应当根据下列因素制定使用费收取标准:

(一)使用作品、录音录像制品等的时间、方式和地域范围;

(二)权利的种类;

(三)订立许可使用合同和收取使用费工作的繁简程度。

第十四条　著作权集体管理组织应当根据权利人的作品或者录音录像制品等使用情况制定使用费转付办法。

第十五条　著作权集体管理组织修改章程,应当依法经国务院民政部门核准后,由国务院著作权管理部门予以公告。

第十六条　著作权集体管理组织被依法撤销登记的,自被撤销登记之日起不得再进行著作权集体管理业务活动。

第三章　著作权集体管理组织的机构

第十七条　著作权集体管理组织会员大会(以下简称会员大会)为著作权集体管理组织的权力机构。

会员大会由理事会依照本条例规定负责召集。理事会应当于会员大会召开60日以前将会议的时间、地点和拟审议事项予以公告;出席会员大会的会员,应当于会议召开30日以前报名。报名出席会员大会的会员少于章程规定的最低人数时,理事会应当将会员大会报名情况予以公告,会员可以于会议召开5日以前补充报名,并由全部报名出席会员大会的会员举行会员大会。

会员大会行使下列职权:

(一)制定和修改章程;

(二)制定和修改使用费收取标准;

(三)制定和修改使用费转付办法;

(四)选举和罢免理事;

(五)审议批准理事会的工作报告和财务报告;

(六)制定内部管理制度;

(七)决定使用费转付方案和著作权集体管理组织提取管理费的比例;

(八)决定其他重大事项。

会员大会每年召开一次;经10%以上会员或者理事会提议,可以召开临时会员大会。会员大会作出决定,应当经出席会议的会员过半数表决通过。

第十八条　著作权集体管理组织设立理事会,对会员大会负责,执行会员大会决定。理事会成员不得少于9人。

理事会任期为4年,任期届满应当进行换届选举。因特殊情况可以提前或者延期换届,但是换届延期不得超过1年。

第四章　著作权集体管理活动

第十九条　权利人可以与著作权集体管理组织以书面形式订立著作权集体管理合同,授权该组织对其依法享有的著作权或者与著作权有关的权利进行管理。权利人符合章程规定加入条件的,著作权集体管理组织应当与其订立著作权集体管理合同,不得拒绝。

权利人与著作权集体管理组织订立著作权集体管理合同并按照章程规定履行相应手续后,即成为该著作权集体管理组织的会员。

第二十条　权利人与著作权集体管理组织订立著作权集体管理合同后,不得在合同约定期限内自己行使或者许可他人行使合同约定的由著作权集体管理组织行使的权利。

第二十一条　权利人可以依照章程规定的程序,退出著作权集体管理组织,终止著作权集体管理合同。但是,著作权集体管理组织已经与他人订立许可使用合同的,该合同在期限届满前继续有效;该合同有效期内,权利人有权获得相应的使用费并可以查阅有关业务材料。

第二十二条　外国人、无国籍人可以通过与中国的著作权集体管理组织订立相互代表协议的境外同类组织,授权中国的著作权集体管理组织管理其依法在中国境内享有的著作权或者与著作权有关的权利。

前款所称相互代表协议,是指中国的著作权集体管理组织与境外的同类组织相互授权对方在其所在国家或者地区进行集体管理活动的协议。

著作权集体管理组织与境外同类组织订立的相互代表协议应当报国务院著作权管理部门备案,由国务院著作权管理部门予以公告。

第二十三条　著作权集体管理组织许可他人使用其管理的作品、录音录像制品等,应当与使用者以书面形式订立许可使用合同。

著作权集体管理组织不得与使用者订立专有许可使用合同。

使用者以合理的条件要求与著作权集体管理组织订立许可使用合同,著作权集体管理组织不得拒绝。

许可使用合同的期限不得超过2年;合同期限届满可以续订。

第二十四条　著作权集体管理组织应当建立权利信息查询系统,供权利人和使用者查询。权利信息查询系统应当包括著作权集体管理组织管理的权利种类和作品、录音录像制品等的名称、权利人姓名或者名称、授权管理的期限。

权利人和使用者对著作权集体管理组织管理的权利的信息进行咨询时,该组织应当予以答复。

第二十五条　除著作权法第二十三条、第三十三条第二款、第四十条第三款、第四十三条第二款和第四十四条规定应当支付的使用费外,著作权集体管理组织应当根据国务院著作权管理部门公告的使用费收取标准,与使用者约定收取使用费的具体数额。

第二十六条　两个或者两个以上著作权集体管理组织就同一使用方式向同一使用者收取使用费,可以事先协商确定由其中一个著作权集体管理组织统一收取。统一收取的使用费在有关著作权集体管理组织之间经协商分配。

第二十七条　使用者向著作权集体管理组织支付使用费时,应当提供其使用的作品、录音录像制品等的名称、权利人姓名或者名称和使用的方式、数量、时间等有关使用情况;许可使用合同另有约定的除外。

使用者提供的有关使用情况涉及该使用者商业秘密的,著作权集体管理组织负有保密义务。

第二十八条　著作权集体管理组织可以从收取的使用费中提取一定比例作为管理费,用于维持其正常的业务活动。

著作权集体管理组织提取管理费的比例应当随着使用费收入的增加而逐步降低。

第二十九条　著作权集体管理组织收取的使用费,在提取管理费后,应当全部转付给权利人,不得挪作他用。

著作权集体管理组织转付使用费,应当编制使用费转付记录。使用费转付记录应当载明使用费总额、管理费数额、权利人姓名或者名称、作品或者录音录像制品等的名称、有关使用情况、向各权利人转付使用费的具体数额等事项,并应当保存10年以上。

第五章　对著作权集体管理组织的监督

第三十条　著作权集体管理组织应当依法建立财务、会计制度和资产管理制度,并按照国家有关规定设置会计账簿。

第三十一条　著作权集体管理组织的资产使用和财务管理受国务院著作权管理部门和民政部门的监督。

著作权集体管理组织应当在每个会计年度结束时制作财务会计报告,委托会计师事务所依法进行审计,并公布审计结果。

第三十二条　著作权集体管理组织应当对下列事项进行记录,供权利人和使用者查阅:

(一)作品许可使用情况;

(二)使用费收取和转付情况;

(三)管理费提取和使用情况。

权利人有权查阅、复制著作权集体管理组织的财务报告、工作报告和其他业务材料;著作权集体管理组织应当提供便利。

第三十三条　权利人认为著作权集体管理组织有下列情形之一的,可以向国务院著作权管理部门检举:

(一)权利人符合章程规定的加入条件要求加入著作权集体管理组织,或者会员依照章程规定的程序要求退出著作权集体管理组织,著作权集体管理组织拒绝的;

(二)著作权集体管理组织不按照规定收取、转付使用费,或者不按照规定提取、使用管理费的;

(三)权利人要求查阅本条例第三十二条规定的记录、业务材料,著作权集体管理组织拒绝提供的。

第三十四条　使用者认为著作权集体管理组织有下列情形之一的,可以向国务院著作权管理部门检举:

(一)著作权集体管理组织违反本条例第二十三条规定拒绝与使用者订立许可使用合同的;

(二)著作权集体管理组织未根据公告的使用费收取标准约定收取使用费的具体数额的;

(三)使用者要求查阅本条例第三十二条规定的记录,著作权集体管理组织拒绝提供的。

第三十五条　权利人和使用者以外的公民、法人或者其他组织认为著作权集体管理组织有违反本条例规定的行为的,可以向国务院著作权管理部门举报。

第三十六条　国务院著作权管理部门应当自接到检举、举报之日起60日内对检举、举报事项进行调查并依法处理。

第三十七条　国务院著作权管理部门可以采取下列方式对著作权集体管理组织进行监督,并应当对监督活动作出记录:

(一)检查著作权集体管理组织的业务活动是否符

合本条例及其章程的规定;

（二）核查著作权集体管理组织的会计账簿、年度预算和决算报告及其他有关业务材料;

（三）派员列席著作权集体管理组织的会员大会、理事会等重要会议。

第三十八条　著作权集体管理组织应当依法接受国务院民政部门和其他有关部门的监督。

第六章　法律责任

第三十九条　著作权集体管理组织有下列情形之一的,由国务院著作权管理部门责令限期改正:

（一）违反本条例第二十二条规定,未将与境外同类组织订立的相互代表协议报国务院著作权管理部门备案的;

（二）违反本条例第二十四条规定,未建立权利信息查询系统的;

（三）未根据公告的使用费收取标准约定收取使用费的具体数额的。

著作权集体管理组织超出业务范围管理权利人的权利的,由国务院著作权管理部门责令限期改正,其与使用者订立的许可使用合同无效;给权利人、使用者造成损害的,依法承担民事责任。

第四十条　著作权集体管理组织有下列情形之一的,由国务院著作权管理部门责令限期改正;逾期不改正的,责令会员大会或者理事会根据本条例规定的权限罢免或者解聘直接负责的主管人员:

（一）违反本条例第十九条规定拒绝与权利人订立著作权集体管理合同的,或者违反本条例第二十一条的规定拒绝会员退出该组织的要求的;

（二）违反本条例第二十三条规定,拒绝与使用者订立许可使用合同的;

（三）违反本条例第二十八条规定提取管理费的;

（四）违反本条例第二十九条规定转付使用费的;

（五）拒绝提供或者提供虚假的会计账簿、年度预算和决算报告或者其他有关业务材料的。

第四十一条　著作权集体管理组织自国务院民政部门发给登记证书之日起超过6个月无正当理由未开展著作权集体管理活动,或者连续中止著作权集体管理活动6个月以上的,由国务院著作权管理部门吊销其著作权集体管理许可证,并由国务院民政部门撤销登记。

第四十二条　著作权集体管理组织从事营利性经营活动的,由工商行政管理部门依法予以取缔,没收违法所得;构成犯罪的,依法追究刑事责任。

第四十三条　违反本条例第二十七条的规定,使用者能够提供有关使用情况而拒绝提供,或者在提供有关使用情况时弄虚作假的,由国务院著作权管理部门责令改正;著作权集体管理组织可以中止许可使用合同。

第四十四条　擅自设立著作权集体管理组织或者分支机构,或者擅自从事著作权集体管理活动的,由国务院著作权管理部门或者民政部门依照职责分工予以取缔,没收违法所得;构成犯罪的,依法追究刑事责任。

第四十五条　依照本条例规定从事著作权集体管理组织审批和监督工作的国家行政机关工作人员玩忽职守、滥用职权、徇私舞弊,构成犯罪的,依法追究刑事责任;尚不构成犯罪的,依法给予行政处分。

第七章　附　则

第四十六条　本条例施行前已经设立的著作权集体管理组织,应当自本条例生效之日起3个月内,将其章程、使用费收取标准、使用费转付办法及其他有关材料报国务院著作权管理部门审核,并将其与境外同类组织订立的相互代表协议报国务院著作权管理部门备案。

第四十七条　依照著作权法第二十三条、第三十三条第二款、第四十条第三款的规定使用他人作品,未能依照《中华人民共和国著作权法实施条例》第三十二条的规定向权利人支付使用费的,应当将使用费连同邮资以及使用作品的有关情况送交管理相关权利的著作权集体管理组织,由该著作权集体管理组织将使用费转付给权利人。

负责转付使用费的著作权集体管理组织应当建立作品使用情况查询系统,供权利人、使用者查询。

负责转付使用费的著作权集体管理组织可以从其收到的使用费中提取管理费,管理费按照会员大会决定的该集体管理组织管理费的比例减半提取。除管理费外,该著作权集体管理组织不得从其收到的使用费中提取其他任何费用。

第四十八条　本条例自2005年3月1日起施行。

著作权质权登记办法

·2010年11月25日国家版权局令第8号公布
·自2011年1月1日起施行

第一条　为规范著作权出质行为,保护债权人合法权益,维护著作权交易秩序,根据《中华人民共和国物权法》《中华人民共和国担保法》和《中华人民共和国著作权法》的有关规定,制定本办法。

第二条 国家版权局负责著作权质权登记工作。

第三条 《中华人民共和国著作权法》规定的著作权以及与著作权有关的权利(以下统称"著作权")中的财产权可以出质。

以共有的著作权出质的,除另有约定外,应当取得全体共有人的同意。

第四条 以著作权出质的,出质人和质权人应当订立书面质权合同,并由双方共同向登记机构办理著作权质权登记。

出质人和质权人可以自行办理,也可以委托代理人办理。

第五条 著作权质权的设立、变更、转让和消灭,自记载于《著作权质权登记簿》时发生效力。

第六条 申请著作权质权登记的,应提交下列文件:

(一)著作权质权登记申请表;

(二)出质人和质权人的身份证明;

(三)主合同和著作权质权合同;

(四)委托代理人办理的,提交委托书和受托人的身份证明;

(五)以共有的著作权出质的,提交共有人同意出质的书面文件;

(六)出质前授权他人使用的,提交授权合同;

(七)出质的著作权经过价值评估的、质权人要求价值评估的或相关法律法规要求价值评估的,提交有效的价值评估报告;

(八)其他需要提供的材料。

提交的文件是外文的,需同时附送中文译本。

第七条 著作权质权合同一般包括以下内容:

(一)出质人和质权人的基本信息;

(二)被担保债权的种类和数额;

(三)债务人履行债务的期限;

(四)出质著作权的内容和保护期;

(五)质权担保的范围和期限;

(六)当事人约定的其他事项。

第八条 申请人提交材料齐全的,登记机构应当予以受理。提交的材料不齐全的,登记机构不予受理。

第九条 经审查符合要求的,登记机构应当自受理之日起10日内予以登记,并向出质人和质权人发放《著作权质权登记证书》。

第十条 经审查不符合要求的,登记机构应当自受理之日起10日内通知申请人补正。补正通知书应载明补正事项和合理的补正期限。无正当理由逾期不补正

的,视为撤回申请。

第十一条 《著作权质权登记证书》的内容包括:

(一)出质人和质权人的基本信息;

(二)出质著作权的基本信息;

(三)著作权质权登记号;

(四)登记日期。

《著作权质权登记证书》应当标明:著作权质权自登记之日起设立。

第十二条 有下列情形之一的,登记机构不予登记:

(一)出质人不是著作权人的;

(二)合同违反法律法规强制性规定的;

(三)出质著作权的保护期届满的;

(四)债务人履行债务的期限超过著作权保护期的;

(五)出质著作权存在权属争议的;

(六)其他不符合出质条件的。

第十三条 登记机构办理著作权质权登记前,申请人可以撤回登记申请。

第十四条 著作权出质期间,未经质权人同意,出质人不得转让或者许可他人使用已经出质的权利。

出质人转让或者许可他人使用出质的权利所得的价款,应当向质权人提前清偿债务或者提存。

第十五条 有下列情形之一的,登记机构应当撤销质权登记:

(一)登记后发现有第十二条所列情形的;

(二)根据司法机关、仲裁机关或行政管理机关作出的影响质权效力的生效裁决或行政处罚决定书应当撤销的;

(三)著作权质权合同无效或者被撤销的;

(四)申请人提供虚假文件或者以其他手段骗取著作权质权登记的;

(五)其他应当撤销的。

第十六条 著作权出质期间,申请人的基本信息、著作权的基本信息、担保的债权种类及数额、或者担保的范围等事项发生变更的,申请人持变更协议、原《著作权质权登记证书》和其他相关材料向登记机构申请变更登记。

第十七条 申请变更登记的,登记机构自受理之日起10日内完成审查。经审查符合要求的,对变更事项予以登记。

变更事项涉及证书内容变更的,应交回原登记证书,由登记机构发放新的证书。

第十八条 有下列情形之一的,申请人应当申请注销质权登记:

（一）出质人和质权人协商一致同意注销的；

（二）主合同履行完毕的；

（三）质权实现的；

（四）质权人放弃质权的；

（五）其他导致质权消灭的。

第十九条　申请注销质权登记的，应当提交注销登记申请书、注销登记证明、申请人身份证明等材料，并交回原《著作权质权登记证书》。

登记机构应当自受理之日起10日内办理完毕，并发放注销登记通知书。

第二十条　登记机构应当设立《著作权质权登记簿》，记载著作权质权登记的相关信息，供社会公众查询。

《著作权质权登记证书》的内容应当与《著作权质权登记簿》的内容一致。记载不一致的，除有证据证明《著作权质权登记簿》确有错误外，以《著作权质权登记簿》为准。

第二十一条　《著作权质权登记簿》应当包括以下内容：

（一）出质人和质权人的基本信息；

（二）著作权质权合同的主要内容；

（三）著作权质权登记号；

（四）登记日期；

（五）登记撤销情况；

（六）登记变更情况；

（七）登记注销情况；

（八）其他需要记载的内容。

第二十二条　《著作权质权登记证书》灭失或者毁损的，可以向登记机构申请补发或换发。登记机构应自收到申请之日起5日内予以补发或换发。

第二十三条　登记机构应当通过国家版权局网站公布著作权质权登记的基本信息。

第二十四条　本办法由国家版权局负责解释。

第二十五条　本办法自2011年1月1日起施行。1996年9月23日国家版权局发布的《著作权质押合同登记办法》同时废止。

著作权行政处罚实施办法

· 2009年5月7日国家版权局令第6号公布
· 自2009年6月15日起施行

第一章　总　则

第一条　为规范著作权行政管理部门的行政处罚行为，保护公民、法人和其他组织的合法权益，根据《中华人民共和国行政处罚法》（以下称行政处罚法）、《中华人民共和国著作权法》（以下称著作权法）和其他有关法律、行政法规，制定本办法。

第二条　国家版权局以及地方人民政府享有著作权行政执法权的有关部门（以下称著作权行政管理部门），在法定职权范围内就本办法列举的违法行为实施行政处罚。法律、法规另有规定的，从其规定。

第三条　本办法所称的违法行为是指：

（一）著作权法第四十七条列举的侵权行为，同时损害公共利益的；

（二）《计算机软件保护条例》第二十四条列举的侵权行为，同时损害公共利益的；

（三）《信息网络传播权保护条例》第十八条列举的侵权行为，同时损害公共利益的；第十九条、第二十五条列举的侵权行为；

（四）《著作权集体管理条例》第四十一条、第四十四条规定的应予行政处罚的行为；

（五）其他有关著作权法律、法规、规章规定的应给予行政处罚的违法行为。

第四条　对本办法列举的违法行为，著作权行政管理部门可以依法责令停止侵权行为，并给予下列行政处罚：

（一）警告；

（二）罚款；

（三）没收违法所得；

（四）没收侵权制品；

（五）没收安装存储侵权制品的设备；

（六）没收主要用于制作侵权制品的材料、工具、设备等；

（七）法律、法规、规章规定的其他行政处罚。

第二章　管辖和适用

第五条　本办法列举的违法行为，由侵权行为实施地、侵权结果发生地、侵权制品储藏地或者依法查封扣押地的著作权行政管理部门负责查处。法律、行政法规另有规定的除外。

侵犯信息网络传播权的违法行为由侵权人住所地、实施侵权行为的网络服务器等设备所在地或侵权网站备案登记地的著作权行政管理部门负责查处。

第六条　国家版权局可以查处在全国有重大影响的违法行为，以及认为应当由其查处的其他违法行为。地方著作权行政管理部门负责查处本辖区发生的违法行为。

第七条　两个以上地方著作权行政管理部门对同一

违法行为均有管辖权时，由先立案的著作权行政管理部门负责查处该违法行为。

地方著作权行政管理部门因管辖权发生争议或者管辖不明时，由争议双方协商解决；协商不成的，报请共同的上一级著作权行政管理部门指定管辖；其共同的上一级著作权行政管理部门也可以直接指定管辖。

上级著作权行政管理部门在必要时，可以处理下级著作权行政管理部门管辖的有重大影响的案件，也可以将自己管辖的案件交由下级著作权行政管理部门处理；下级著作权行政管理部门认为其管辖的案件案情重大、复杂，需要由上级著作权行政管理部门处理的，可以报请上一级著作权行政管理部门处理。

第八条　著作权行政管理部门发现查处的违法行为，根据我国刑法规定涉嫌构成犯罪的，应当由该著作权行政管理部门依照国务院《行政执法机关移送涉嫌犯罪案件的规定》将案件移送司法部门处理。

第九条　著作权行政管理部门对违法行为予以行政处罚的时效为两年，从违法行为发生之日起计算。违法行为有连续或者继续状态的，从行为终了之日起计算。侵权制品仍在发行或仍在向公众进行传播的，视为违法行为仍在继续。

违法行为在两年内未被发现的，不再给予行政处罚。法律另有规定的除外。

第三章　处罚程序

第十条　除行政处罚法规定适用简易程序的情况外，著作权行政处罚适用行政处罚法规定的一般程序。

第十一条　著作权行政管理部门适用一般程序查处违法行为，应当立案。

对本办法列举的违法行为，著作权行政管理部门可以自行决定立案查处，或者根据有关部门移送的材料决定立案查处，也可以根据被侵权人、利害关系人或者其他知情人的投诉或者举报决定立案查处。

第十二条　投诉人就本办法列举的违法行为申请立案查处的，应当提交申请书、权利证明、被侵权作品（或者制品）以及其他证据。

申请书应当说明当事人的姓名（或者名称）、地址以及申请查处所根据的主要事实、理由。

投诉人委托代理人代为申请的，应当由代理人出示委托书。

第十三条　著作权行政管理部门应当在收到所有投诉材料之日起十五日内，决定是否受理并通知投诉人。不予受理的，应当书面告知理由。

第十四条　立案时应当填写立案审批表，同时附上相关材料，包括投诉或者举报材料、上级著作权行政管理部门交办或者有关部门移送案件的有关材料、执法人员的检查报告等，由本部门负责人批准，指定两名以上办案人员负责调查处理。

办案人员与案件有利害关系的，应当自行回避；没有回避的，当事人可以申请其回避。办案人员的回避，由本部门负责人批准。负责人的回避，由本级人民政府批准。

第十五条　执法人员在执法过程中，发现违法行为正在实施，情况紧急来不及立案的，可以采取下列措施：

（一）对违法行为予以制止或者纠正；

（二）对涉嫌侵权制品、安装存储涉嫌侵权制品的设备和主要用于违法行为的材料、工具、设备等依法先行登记保存；

（三）收集、调取其他有关证据。

执法人员应当及时将有关情况和材料报所在著作权行政管理部门，并于发现情况之日起七日内办理立案手续。

第十六条　立案后，办案人员应当及时进行调查，并要求法定举证责任人在著作权行政管理部门指定的期限内举证。

办案人员取证时可以采取下列手段收集、调取有关证据：

（一）查阅、复制与涉嫌违法行为有关的文件档案、账簿和其他书面材料；

（二）对涉嫌侵权制品进行抽样取证；

（三）对涉嫌侵权制品、安装存储涉嫌侵权制品的设备、涉嫌侵权的网站网页、涉嫌侵权的网站服务器和主要用于违法行为的材料、工具、设备等依法先行登记保存。

第十七条　办案人员在执法中应当向当事人或者有关人员出示由国家版权局或者地方人民政府制发的行政执法证件。

第十八条　办案时收集的证据包括：

（一）书证；

（二）物证；

（三）证人证言；

（四）视听资料；

（五）当事人陈述；

（六）鉴定结论；

（七）检查、勘验笔录。

第十九条　当事人提供的涉及著作权的底稿、原件、合法出版物、作品登记证书、著作权合同登记证书、认证机构出具的证明、取得权利的合同，以及当事人自行或者委托他人以订购、现场交易等方式购买侵权复制品而取得的实物、发票等，可以作为证据。

第二十条　办案人员抽样取证、先行登记保存有关证据，应当有当事人在场。对有关物品应当当场制作清单一式两份，由办案人员和当事人签名、盖章后，分别交由当事人和办案人员所在著作权行政管理部门保存。当事人不在场或者拒绝签名、盖章的，由现场两名以上办案人员注明情况。

第二十一条　办案人员先行登记保存有关证据，应当经本部门负责人批准，并向当事人交付证据先行登记保存通知书。当事人或者有关人员在证据保存期间不得转移、损毁有关证据。

先行登记保存的证据，应当加封著作权行政管理部门先行登记保存封条，由当事人就地保存。先行登记保存的证据确需移至他处的，可以移至适当的场所保存。情况紧急来不及办理本条规定的手续时，办案人员可以先行采取措施，事后及时补办手续。

第二十二条　对先行登记保存的证据，应当在交付证据先行登记保存通知书后七日内作出下列处理决定：

（一）需要鉴定的，送交鉴定；

（二）违法事实成立，应当予以没收的，依照法定程序予以没收；

（三）应当移送有关部门处理的，将案件连同证据移送有关部门处理；

（四）违法事实不成立，或者依法不应予以没收的，解除登记保存措施；

（五）其他有关法定措施。

第二十三条　著作权行政管理部门在查处案件过程中，委托其他著作权行政管理部门代为调查的，须出具委托书。受委托的著作权行政管理部门应当积极予以协助。

第二十四条　对查处案件中的专业性问题，著作权行政管理部门可以委托专门机构或者聘请专业人员进行鉴定。

第二十五条　调查终结后，办案人员应当提交案件调查报告，说明有关行为是否违法，提出处理意见及有关事实、理由和依据，并附上全部证据材料。

第二十六条　著作权行政管理部门拟作出行政处罚决定的，应当由本部门负责人签发行政处罚事先告知书，告知当事人拟作出行政处罚决定的事实、理由和依据，并告知当事人依法享有的陈述权、申辩权和其他权利。

行政处罚事先告知书应当由著作权行政管理部门直接送达当事人，当事人应当在送达回执上签名、盖章。当事人拒绝签收的，由送达人员注明情况，把送达文书留在受送达人住所，并报告本部门负责人。著作权行政管理部门也可以采取邮寄送达方式告知当事人。无法找到当事人时，可以以公告形式告知。

第二十七条　当事人要求陈述、申辩的，应当在被告知后七日内，或者自发布公告之日起三十日内，向著作权行政管理部门提出陈述、申辩意见以及相应的事实、理由和证据。当事人在此期间未行使陈述权、申辩权的，视为放弃权利。

采取直接送达方式告知的，以当事人签收之日为被告知日期；采取邮寄送达方式告知的，以回执上注明的收件日期为被告知日期。

第二十八条　办案人员应当充分听取当事人的陈述、申辩意见，对当事人提出的事实、理由和证据进行复核，并提交复核报告。

著作权行政管理部门不得因当事人申辩加重处罚。

第二十九条　著作权行政管理部门负责人应当对案件调查报告及复核报告进行审查，并根据审查结果分别作出下列处理决定：

（一）确属应当予以行政处罚的违法行为的，根据侵权人的过错程度、侵权时间长短、侵权范围大小及损害后果等情节，予以行政处罚；

（二）违法行为轻微并及时纠正，没有造成危害后果的，不予行政处罚；

（三）违法事实不成立的，不予行政处罚；

（四）违法行为涉嫌构成犯罪的，移送司法部门处理。

对情节复杂或者重大的违法行为给予较重的行政处罚，由著作权行政管理部门负责人集体讨论决定。

第三十条　著作权行政管理部门作出罚款决定时，罚款数额应当依照《中华人民共和国著作权法实施条例》第三十六条、《计算机软件保护条例》第二十四条的规定和《信息网络传播权保护条例》第十八条、第十九条的规定确定。

第三十一条　违法行为情节严重的，著作权行政管理部门可以没收主要用于制作侵权制品的材料、工具、设备等。

具有下列情形之一的，属于前款所称"情节严重"：

（一）违法所得数额（即获利数额）二千五百元以上的；

（二）非法经营数额在一万五千元以上的；

（三）经营侵权制品在二百五十册（张或份）以上的；

（四）因侵犯著作权曾经被追究法律责任，又侵犯著作权的；

（五）造成其他重大影响或者严重后果的。

第三十二条　对当事人的同一违法行为，其他行政机关已经予以罚款的，著作权行政管理部门不得再予罚款，但仍可以视具体情况予以本办法第四条所规定的其他种类的行政处罚。

第三十三条　著作权行政管理部门作出较大数额罚款决定或者法律、行政法规规定应当听证的其他行政处罚决定前，应当告知当事人有要求举行听证的权利。

前款所称"较大数额罚款"，是指对个人处以两万元以上、对单位处以十万元以上的罚款。地方性法规、规章对听证要求另有规定的，依照地方性法规、规章办理。

第三十四条　当事人要求听证的，著作权行政管理部门应当依照行政处罚法第四十二条规定的程序组织听证。当事人不承担组织听证的费用。

第三十五条　著作权行政管理部门决定予以行政处罚的，应当制作行政处罚决定书。

著作权行政管理部门认为违法行为轻微，决定不予行政处罚的，应当制作不予行政处罚通知书，说明不予行政处罚的事实、理由和依据，并送达当事人；违法事实不成立的，应当制作调查结果通知书，并送达当事人。

著作权行政管理部门决定移送司法部门处理的案件，应当制作涉嫌犯罪案件移送书，并连同有关材料和证据及时移送有管辖权的司法部门。

第三十六条　行政处罚决定书应当由著作权行政管理部门在宣告后当场交付当事人。当事人不在场的，应当在七日内送达当事人。

第三十七条　当事人对国家版权局的行政处罚不服的，可以向国家版权局申请行政复议；当事人对地方著作权行政管理部门的行政处罚不服的，可以向该部门的本级人民政府或者其上一级著作权行政管理部门申请行政复议。

当事人对行政处罚或者行政复议决定不服的，可以依法提起行政诉讼。

第四章　执行程序

第三十八条　当事人收到行政处罚决定书后，应当在行政处罚决定书规定的期限内予以履行。

当事人申请行政复议或者提起行政诉讼的，行政处罚不停止执行。法律另有规定的除外。

第三十九条　没收的侵权制品应当销毁，或者经被侵权人同意后以其他适当方式处理。

销毁侵权制品时，著作权行政管理部门应当指派两名以上执法人员监督销毁过程，核查销毁结果，并制作销毁记录。

对没收的主要用于制作侵权制品的材料、工具、设备等，著作权行政管理部门应当依法公开拍卖或者依照国家有关规定处理。

第四十条　上级著作权行政管理部门作出的行政处罚决定，可以委托下级著作权行政管理部门代为执行。代为执行的下级著作权行政管理部门，应当将执行结果报告该上级著作权行政管理部门。

第五章　附　则

第四十一条　本办法所称的侵权制品包括侵权复制品和假冒他人署名的作品。

第四十二条　著作权行政管理部门应当按照国家统计法规建立著作权行政处罚统计制度，每年向上一级著作权行政管理部门提交著作权行政处罚统计报告。

第四十三条　行政处罚决定或者复议决定执行完毕后，著作权行政管理部门应当及时将案件材料立卷归档。

立卷归档的材料主要包括：行政处罚决定书、立案审批表、案件调查报告、复核报告、复议决定书、听证笔录、听证报告、证据材料、财物处理单据以及其他有关材料。

第四十四条　本办法涉及的有关法律文书，应当参照国家版权局确定的有关文书格式制作。

第四十五条　本办法自2009年6月15日起施行。国家版权局2003年9月1日发布的《著作权行政处罚实施办法》同时废止，本办法施行前发布的其他有关规定与本办法相抵触的，依照本办法执行。

最高人民法院关于审理著作权民事纠纷案件适用法律若干问题的解释

· 2002年10月12日最高人民法院审判委员会第1246次会议通过

· 根据2020年12月23日最高人民法院审判委员会第1823次会议通过的《最高人民法院关于修改〈最高人民法院关于审理侵犯专利权纠纷案件应用法律若干问题的解释（二）〉等十八件知识产权类司法解释的决定》修正

· 2020年12月29日最高人民法院公告公布

· 自2021年1月1日起施行

· 法释〔2020〕19号

为了正确审理著作权民事纠纷案件，根据《中华人民共和国民法典》《中华人民共和国著作权法》《中华人民

共和国民事诉讼法》等法律的规定,就适用法律若干问题解释如下:

第一条　人民法院受理以下著作权民事纠纷案件:

(一)著作权及与著作权有关权益权属、侵权、合同纠纷案件;

(二)申请诉前停止侵害著作权、与著作权有关权益行为,申请诉前财产保全、诉前证据保全案件;

(三)其他著作权、与著作权有关权益纠纷案件。

第二条　著作权民事纠纷案件,由中级以上人民法院管辖。

各高级人民法院根据本辖区的实际情况,可以报请最高人民法院批准,由若干基层人民法院管辖第一审著作权民事纠纷案件。

第三条　对著作权行政管理部门查处的侵害著作权行为,当事人向人民法院提起诉讼追究该行为人民事责任的,人民法院应当受理。

人民法院审理已经过著作权行政管理部门处理的侵害著作权行为的民事纠纷案件,应当对案件事实进行全面审查。

第四条　因侵害著作权行为提起的民事诉讼,由著作权法第四十七条、第四十八条所规定侵权行为的实施地、侵权复制品储藏地或者查封扣押地、被告住所地人民法院管辖。

前款规定的侵权复制品储藏地,是指大量或者经常性储存、隐匿侵权复制品所在地;查封扣押地,是指海关、版权等行政机关依法查封、扣押侵权复制品所在地。

第五条　对涉及不同侵权行为实施地的多个被告提起的共同诉讼,原告可以选择向其中一个被告的侵权行为实施地人民法院提起诉讼;仅对其中某一被告提起的诉讼,该被告侵权行为实施地的人民法院有管辖权。

第六条　依法成立的著作权集体管理组织,根据著作权人的书面授权,以自己的名义提起诉讼,人民法院应当受理。

第七条　当事人提供的涉及著作权的底稿、原件、合法出版物、著作权登记证书、认证机构出具的证明、取得权利的合同等,可以作为证据。

在作品或者制品上署名的自然人、法人或者非法人组织视为著作权、与著作权有关权益的权利人,但有相反证明的除外。

第八条　当事人自行或者委托他人以定购、现场交易等方式购买侵权复制品而取得的实物、发票等,可以作为证据。

公证人员在未向涉嫌侵权的一方当事人表明身份的情况下,如实对另一方当事人按照前款规定的方式取得的证据和取证过程出具的公证书,应当作为证据使用,但有相反证据的除外。

第九条　著作权法第十条第(一)项规定的"公之于众",是指著作权人自行或者经著作权人许可将作品向不特定的人公开,但不以公众知晓为构成条件。

第十条　著作权法第十五条第二款所指的作品,著作权人是自然人的,其保护期适用著作权法第二十一条第一款的规定;著作权人是法人或非法人组织的,其保护期适用著作权法第二十一条第二款的规定。

第十一条　因作品署名顺序发生的纠纷,人民法院按照下列原则处理:有约定的按约定确定署名顺序;没有约定的,可以按照创作作品付出的劳动、作品排列、作者姓氏笔画等确定署名顺序。

第十二条　按照著作权法第十七条规定委托作品著作权属于受托人的情形,委托人在约定的使用范围内享有使用作品的权利;双方没有约定使用作品范围的,委托人可以在委托创作的特定目的范围内免费使用该作品。

第十三条　除著作权法第十一条第三款规定的情形外,由他人执笔,本人审阅定稿并以本人名义发表的报告、讲话等作品,著作权归报告人或者讲话人享有。著作权人可以支付执笔人适当的报酬。

第十四条　当事人合意以特定人物经历为题材完成的自传体作品,当事人对著作权权属有约定的,依其约定;没有约定的,著作权归该特定人物享有,执笔人或整理人对作品完成付出劳动的,著作权人可以向其支付适当的报酬。

第十五条　由不同作者就同一题材创作的作品,作品的表达系独立完成并且有创作性的,应当认定作者各自享有独立著作权。

第十六条　通过大众传播媒介传播的单纯事实消息属于著作权法第五条第(二)项规定的时事新闻。传播报道他人采编的时事新闻,应当注明出处。

第十七条　著作权法第三十三条第二款规定的转载,是指报纸、期刊登载其他报刊已发表作品的行为。转载未注明被转载作品的作者和最初登载的报刊出处的,应当承担消除影响、赔礼道歉等民事责任。

第十八条　著作权法第二十二条第(十)项规定的室外公共场所的艺术作品,是指设置或者陈列在室外社会公众活动处所的雕塑、绘画、书法等艺术作品。

对前款规定艺术作品的临摹、绘画、摄影、录像人,可以对其成果以合理的方式和范围再行使用,不构成侵权。

第十九条　出版者、制作者应当对其出版、制作有合法授权承担举证责任,发行者、出租者应当对其发行或者出租的复制品有合法来源承担举证责任。举证不能的,依据著作权法第四十七条、第四十八条的相应规定承担法律责任。

第二十条　出版物侵害他人著作权的,出版者应当根据其过错、侵权程度及损害后果等承担赔偿损失的责任。

出版者对其出版行为的授权、稿件来源和署名、所编辑出版物的内容等未尽到合理注意义务的,依据著作权法第四十九条的规定,承担赔偿损失的责任。

出版者应对其已尽合理注意义务承担举证责任。

第二十一条　计算机软件用户未经许可或者超过许可范围商业使用计算机软件的,依据著作权法第四十八条第(一)项、《计算机软件保护条例》第二十四条第(一)项的规定承担民事责任。

第二十二条　著作权转让合同未采取书面形式的,人民法院依据民法典第四百九十条的规定审查合同是否成立。

第二十三条　出版者将著作权人交付出版的作品丢失、毁损致使出版合同不能履行的,著作权人有权依据民法典第一百八十六条、第二百三十八条、第一千一百八十四条等规定要求出版者承担相应的民事责任。

第二十四条　权利人的实际损失,可以根据权利人因侵权所造成复制品发行减少量或者侵权复制品销售量与权利人发行该复制品单位利润乘积计算。发行减少量难以确定的,按照侵权复制品市场销售量确定。

第二十五条　权利人的实际损失或者侵权人的违法所得无法确定的,人民法院根据当事人的请求或者依职权适用著作权法第四十九条第二款的规定确定赔偿数额。

人民法院在确定赔偿数额时,应当考虑作品类型、合理使用费、侵权行为性质、后果等情节综合确定。

当事人按照本条第一款的规定就赔偿数额达成协议的,应当准许。

第二十六条　著作权法第四十九条第一款规定的制止侵权行为所支付的合理开支,包括权利人或者委托代理人对侵权行为进行调查、取证的合理费用。

人民法院根据当事人的诉讼请求和具体案情,可以将符合国家有关部门规定的律师费用计算在赔偿范围内。

第二十七条　侵害著作权的诉讼时效为三年,自著作权人知道或者应当知道权利受到损害以及义务人之日起计算。权利人超过三年起诉的,如果侵权行为在起诉时仍在持续,在该著作权保护期内,人民法院应当判决被告停止侵权行为;侵权损害赔偿数额应当自权利人向人民法院起诉之日起向前推算三年计算。

第二十八条　人民法院采取保全措施的,依据民事诉讼法及《最高人民法院关于审查知识产权纠纷行为保全案件适用法律若干问题的规定》的有关规定办理。

第二十九条　除本解释另行规定外,人民法院受理的著作权民事纠纷案件,涉及著作权法修改前发生的民事行为的,适用修改前著作权法的规定;涉及著作权法修改以后发生的民事行为的,适用修改后著作权法的规定;涉及著作权法修改前发生,持续到著作权法修改后的民事行为的,适用修改后著作权法的规定。

第三十条　以前的有关规定与本解释不一致的,以本解释为准。

最高人民法院关于加强著作权和与著作权有关的权利保护的意见

· 2020 年 11 月 16 日
· 法发〔2020〕42 号

为切实加强文学、艺术和科学领域的著作权保护,充分发挥著作权审判对文化建设的规范、引导、促进和保障作用,激发全民族文化创新创造活力,推进社会主义精神文明建设,繁荣发展文化事业和文化产业,提升国家文化软实力和国际竞争力,服务经济社会高质量发展,根据《中华人民共和国著作权法》等法律规定,结合审判实际,现就进一步加强著作权和与著作权有关的权利保护,提出如下意见。

1. 依法加强创作者权益保护,统筹兼顾传播者和社会公众利益,坚持创新在我国现代化建设全局中的核心地位。依法处理好鼓励新兴产业发展与保障权利人合法权益的关系,协调好激励创作和保障人民文化权益之间的关系,发挥好权利受让人和被许可人在促进作品传播方面的重要作用,依法保护著作权和与著作权有关的权利,促进智力成果的创作和传播,发展繁荣社会主义文化和科学事业。

2. 大力提高案件审理质效,推进案件繁简分流试点工作,着力缩短涉及著作权和与著作权有关的权利的类型化案件审理周期。完善知识产权诉讼证据规则,允许当事人通过区块链等方式保存、固定和提交证据,有效解决知识产权权利人举证难问题。依法支持当事人的行为保全、证据保全、财产保全请求,综合运用多种民事责任方式,使权利人在民事案件中得到更加全面充分的救济。

3. 在作品、表演、录音制品上以通常方式署名的自然人、法人和非法人组织,应当推定为该作品、表演、录音制品的著作权或者与著作权有关的权利的权利人,但有相反证据足以推翻的除外。对于署名的争议,应当结合作品、表演、录音制品的性质、类型、表现形式以及行业习惯、公众认知习惯等因素,作出综合判断。权利人完成初步举证的,人民法院应当推定当事人主张的著作权或者与著作权有关的权利成立,但是有相反证据足以推翻的除外。

4. 适用署名推定规则确定著作权或者与著作权有关的权利归属且被告未提交相反证据的,原告可以不再另行提交权利转让协议或其他书面证据。在诉讼程序中,被告主张其不承担侵权责任的,应当提供证据证明已经取得权利人的许可,或者具有著作权法规定的不经权利人许可而可以使用的情形。

5. 高度重视互联网、人工智能、大数据等技术发展新需求,依据著作权法准确界定作品类型,把握好作品的认定标准,依法妥善审理体育赛事直播、网络游戏直播、数据侵权等新类型案件,促进新兴业态规范发展。

6. 当事人请求立即销毁侵权复制品以及主要用于生产或者制造侵权复制品的材料和工具,除特殊情况外,人民法院在民事诉讼中应当予以支持,在刑事诉讼中应当依职权责令销毁。在特殊情况下不宜销毁的,人民法院可以责令侵权人在商业渠道之外以适当方式对上述材料和工具予以处置,以尽可能消除进一步侵权的风险。销毁或者处置费用由侵权人承担,侵权人请求补偿的,人民法院不予支持。

在刑事诉讼中,权利人以为后续可能提起的民事或者行政诉讼保全证据为由,请求对侵权复制品及材料和工具暂不销毁的,人民法院可以予以支持。权利人在后续民事或者行政案件中请求侵权人赔偿其垫付的保管费用的,人民法院可以予以支持。

7. 权利人的实际损失、侵权人的违法所得、权利使用费难以计算的,应当综合考虑请求保护的权利类型、市场价值和侵权人主观过错、侵权行为性质和规模、损害后果严重程度等因素,依据著作权法及司法解释等相关规定合理确定赔偿数额。侵权人故意侵权且情节严重,权利人请求适用惩罚性赔偿的,人民法院应当依法审查确

定。权利人能够举证证明的合理维权费用,包括诉讼费用和律师费用等,人民法院应当予以支持并在确定赔偿数额时单独计算。

8. 侵权人曾经被生效的法院裁判、行政决定认定构成侵权或者曾经就相同侵权行为与权利人达成和解协议,仍然继续实施或者变相重复实施被诉侵权行为的,应当认定为具有侵权的故意,人民法院在确定侵权民事责任时应当充分考虑。

9. 要通过诚信诉讼承诺书等形式,明确告知当事人不诚信诉讼可能承担的法律责任,促使当事人正当行使诉讼权利,积极履行诉讼义务,在合理期限内积极、诚实地举证,在诉讼过程中作真实、完整的陈述。

10. 要完善失信惩戒与追责机制,对于提交伪造、变造证据,隐匿、毁灭证据,作虚假陈述、虚假证言、虚假鉴定、虚假署名等不诚信诉讼行为,人民法院可以依法采取训诫、罚款、拘留等强制措施。构成犯罪的,依法追究刑事责任。

(二)计算机软件及网络著作权

中华人民共和国网络安全法

· 2016 年 11 月 7 日第十二届全国人民代表大会常务委员会第二十四次会议通过
· 2016 年 11 月 7 日中华人民共和国主席令第 53 号公布
· 自 2017 年 6 月 1 日起施行

目　录

第一章　总　则

第一条　为了保障网络安全,维护网络空间主权和国家安全、社会公共利益,保护公民、法人和其他组织的合法权益,促进经济社会信息化健康发展,制定本法。

第二条　在中华人民共和国境内建设、运营、维护和使用网络,以及网络安全的监督管理,适用本法。

第三条　国家坚持网络安全与信息化发展并重,遵

循积极利用、科学发展、依法管理、确保安全的方针，推进网络基础设施建设和互联互通，鼓励网络技术创新和应用，支持培养网络安全人才，建立健全网络安全保障体系，提高网络安全保护能力。

第四条　国家制定并不断完善网络安全战略，明确保障网络安全的基本要求和主要目标，提出重点领域的网络安全政策、工作任务和措施。

第五条　国家采取措施，监测、防御、处置来源于中华人民共和国境内外的网络安全风险和威胁，保护关键信息基础设施免受攻击、侵入、干扰和破坏，依法惩治网络违法犯罪活动，维护网络空间安全和秩序。

第六条　国家倡导诚实守信、健康文明的网络行为，推动传播社会主义核心价值观，采取措施提高全社会的网络安全意识和水平，形成全社会共同参与促进网络安全的良好环境。

第七条　国家积极开展网络空间治理、网络技术研发和标准制定、打击网络违法犯罪等方面的国际交流与合作，推动构建和平、安全、开放、合作的网络空间，建立多边、民主、透明的网络治理体系。

第八条　国家网信部门负责统筹协调网络安全工作和相关监督管理工作。国务院电信主管部门、公安部门和其他有关机关依照本法和有关法律、行政法规的规定，在各自职责范围内负责网络安全保护和监督管理工作。

县级以上地方人民政府有关部门的网络安全保护和监督管理职责，按照国家有关规定确定。

第九条　网络运营者开展经营和服务活动，必须遵守法律、行政法规，尊重社会公德，遵守商业道德，诚实信用，履行网络安全保护义务，接受政府和社会的监督，承担社会责任。

第十条　建设、运营网络或者通过网络提供服务，应当依照法律、行政法规的规定和国家标准的强制性要求，采取技术措施和其他必要措施，保障网络安全、稳定运行，有效应对网络安全事件，防范网络违法犯罪活动，维护网络数据的完整性、保密性和可用性。

第十一条　网络相关行业组织按照章程，加强行业自律，制定网络安全行为规范，指导会员加强网络安全保护，提高网络安全保护水平，促进行业健康发展。

第十二条　国家保护公民、法人和其他组织依法使用网络的权利，促进网络接入普及，提升网络服务水平，为社会提供安全、便利的网络服务，保障网络信息依法有序自由流动。

任何个人和组织使用网络应当遵守宪法法律，遵守

公共秩序，尊重社会公德，不得危害网络安全，不得利用网络从事危害国家安全、荣誉和利益，煽动颠覆国家政权、推翻社会主义制度，煽动分裂国家、破坏国家统一，宣扬恐怖主义、极端主义，宣扬民族仇恨、民族歧视，传播暴力、淫秽色情信息，编造、传播虚假信息扰乱经济秩序和社会秩序，以及侵害他人名誉、隐私、知识产权和其他合法权益等活动。

第十三条　国家支持研究开发有利于未成年人健康成长的网络产品和服务，依法惩治利用网络从事危害未成年人身心健康的活动，为未成年人提供安全、健康的网络环境。

第十四条　任何个人和组织有权对危害网络安全的行为向网信、电信、公安等部门举报。收到举报的部门应当及时依法作出处理；不属于本部门职责的，应当及时移送有权处理的部门。

有关部门应当对举报人的相关信息予以保密，保护举报人的合法权益。

第二章　网络安全支持与促进

第十五条　国家建立和完善网络安全标准体系。国务院标准化行政主管部门和国务院其他有关部门根据各自的职责，组织制定并适时修订有关网络安全管理以及网络产品、服务和运行安全的国家标准、行业标准。

国家支持企业、研究机构、高等学校、网络相关行业组织参与网络安全国家标准、行业标准的制定。

第十六条　国务院和省、自治区、直辖市人民政府应当统筹规划，加大投入，扶持重点网络安全技术产业和项目，支持网络安全技术的研究开发和应用，推广安全可信的网络产品和服务，保护网络技术知识产权，支持企业、研究机构和高等学校等参与国家网络安全技术创新项目。

第十七条　国家推进网络安全社会化服务体系建设，鼓励有关企业、机构开展网络安全认证、检测和风险评估等安全服务。

第十八条　国家鼓励开发网络数据安全保护和利用技术，促进公共数据资源开放，推动技术创新和经济社会发展。

国家支持创新网络安全管理方式，运用网络新技术，提升网络安全保护水平。

第十九条　各级人民政府及其有关部门应当组织开展经常性的网络安全宣传教育，并指导、督促有关单位做好网络安全宣传教育工作。

大众传播媒介应当有针对性地面向社会进行网络安

全宣传教育。

第二十条　国家支持企业和高等学校、职业学校等教育培训机构开展网络安全相关教育与培训,采取多种方式培养网络安全人才,促进网络安全人才交流。

第三章　网络运行安全

第一节　一般规定

第二十一条　国家实行网络安全等级保护制度。网络运营者应当按照网络安全等级保护制度的要求,履行下列安全保护义务,保障网络免受干扰、破坏或者未经授权的访问,防止网络数据泄露或者被窃取、篡改:

(一)制定内部安全管理制度和操作规程,确定网络安全负责人,落实网络安全保护责任;

(二)采取防范计算机病毒和网络攻击、网络侵入等危害网络安全行为的技术措施;

(三)采取监测、记录网络运行状态、网络安全事件的技术措施,并按照规定留存相关的网络日志不少于六个月;

(四)采取数据分类、重要数据备份和加密等措施;

(五)法律、行政法规规定的其他义务。

第二十二条　网络产品、服务应当符合相关国家标准的强制性要求。网络产品、服务的提供者不得设置恶意程序;发现其网络产品、服务存在安全缺陷、漏洞等风险时,应当立即采取补救措施,按照规定及时告知用户并向有关主管部门报告。

网络产品、服务的提供者应当为其产品、服务持续提供安全维护;在规定或者当事人约定的期限内,不得终止提供安全维护。

网络产品、服务具有收集用户信息功能的,其提供者应当向用户明示并取得同意;涉及用户个人信息的,还应当遵守本法和有关法律、行政法规关于个人信息保护的规定。

第二十三条　网络关键设备和网络安全专用产品应当按照相关国家标准的强制性要求,由具备资格的机构安全认证合格或者安全检测符合要求后,方可销售或者提供。国家网信部门会同国务院有关部门制定、公布网络关键设备和网络安全专用产品目录,并推动安全认证和安全检测结果互认,避免重复认证、检测。

第二十四条　网络运营者为用户办理网络接入、域名注册服务,办理固定电话、移动电话等入网手续,或者为用户提供信息发布、即时通讯等服务,在与用户签订协议或者确认提供服务时,应当要求用户提供真实身份信

息。用户不提供真实身份信息的,网络运营者不得为其提供相关服务。

国家实施网络可信身份战略,支持研究开发安全、方便的电子身份认证技术,推动不同电子身份认证之间的互认。

第二十五条　网络运营者应当制定网络安全事件应急预案,及时处置系统漏洞、计算机病毒、网络攻击、网络侵入等安全风险;在发生危害网络安全的事件时,立即启动应急预案,采取相应的补救措施,并按照规定向有关主管部门报告。

第二十六条　开展网络安全认证、检测、风险评估等活动,向社会发布系统漏洞、计算机病毒、网络攻击、网络侵入等网络安全信息,应当遵守国家有关规定。

第二十七条　任何个人和组织不得从事非法侵入他人网络、干扰他人网络正常功能、窃取网络数据等危害网络安全的活动;不得提供专门用于从事侵入网络、干扰网络正常功能及防护措施、窃取网络数据等危害网络安全活动的程序、工具;明知他人从事危害网络安全的活动的,不得为其提供技术支持、广告推广、支付结算等帮助。

第二十八条　网络运营者应当为公安机关、国家安全机关依法维护国家安全和侦查犯罪的活动提供技术支持和协助。

第二十九条　国家支持网络运营者之间在网络安全信息收集、分析、通报和应急处置等方面进行合作,提高网络运营者的安全保障能力。

有关行业组织建立健全本行业的网络安全保护规范和协作机制,加强对网络安全风险的分析评估,定期向会员进行风险警示,支持、协助会员应对网络安全风险。

第三十条　网信部门和有关部门在履行网络安全保护职责中获取的信息,只能用于维护网络安全的需要,不得用于其他用途。

第二节　关键信息基础设施的运行安全

第三十一条　国家对公共通信和信息服务、能源、交通、水利、金融、公共服务、电子政务等重要行业和领域,以及其他一旦遭到破坏、丧失功能或者数据泄露,可能严重危害国家安全、国计民生、公共利益的关键信息基础设施,在网络安全等级保护制度的基础上,实行重点保护。关键信息基础设施的具体范围和安全保护办法由国务院制定。

国家鼓励关键信息基础设施以外的网络运营者自愿参与关键信息基础设施保护体系。

第三十二条　按照国务院规定的职责分工,负责关

键信息基础设施安全保护工作的部门分别编制并组织实施本行业、本领域的关键信息基础设施安全规划,指导和监督关键信息基础设施运行安全保护工作。

第三十三条　建设关键信息基础设施应当确保其具有支持业务稳定、持续运行的性能,并保证安全技术措施同步规划、同步建设、同步使用。

第三十四条　除本法第二十一条的规定外,关键信息基础设施的运营者还应当履行下列安全保护义务:

(一)设置专门安全管理机构和安全管理负责人,并对该负责人和关键岗位的人员进行安全背景审查;

(二)定期对从业人员进行网络安全教育、技术培训和技能考核;

(三)对重要系统和数据库进行容灾备份;

(四)制定网络安全事件应急预案,并定期进行演练;

(五)法律、行政法规规定的其他义务。

第三十五条　关键信息基础设施的运营者采购网络产品和服务,可能影响国家安全的,应当通过国家网信部门会同国务院有关部门组织的国家安全审查。

第三十六条　关键信息基础设施的运营者采购网络产品和服务,应当按照规定与提供者签订安全保密协议,明确安全和保密义务与责任。

第三十七条　关键信息基础设施的运营者在中华人民共和国境内运营中收集和产生的个人信息和重要数据应当在境内存储。因业务需要,确需向境外提供的,应当按照国家网信部门会同国务院有关部门制定的办法进行安全评估;法律、行政法规另有规定的,依照其规定。

第三十八条　关键信息基础设施的运营者应当自行或者委托网络安全服务机构对其网络的安全性和可能存在的风险每年至少进行一次检测评估,并将检测评估情况和改进措施报送相关负责关键信息基础设施安全保护工作的部门。

第三十九条　国家网信部门应当统筹协调有关部门对关键信息基础设施的安全保护采取下列措施:

(一)对关键信息基础设施的安全风险进行抽查检测,提出改进措施,必要时可以委托网络安全服务机构对网络存在的安全风险进行检测评估;

(二)定期组织关键信息基础设施的运营者进行网络安全应急演练,提高应对网络安全事件的水平和协同配合能力;

(三)促进有关部门、关键信息基础设施的运营者以及有关研究机构、网络安全服务机构等之间的网络安全信息共享;

(四)对网络安全事件的应急处置与网络功能的恢复等,提供技术支持和协助。

第四章　网络信息安全

第四十条　网络运营者应当对其收集的用户信息严格保密,并建立健全用户信息保护制度。

第四十一条　网络运营者收集、使用个人信息,应当遵循合法、正当、必要的原则,公开收集、使用规则,明示收集、使用信息的目的、方式和范围,并经被收集者同意。

网络运营者不得收集与其提供的服务无关的个人信息,不得违反法律、行政法规的规定和双方的约定收集、使用个人信息,并应当依照法律、行政法规的规定和与用户的约定,处理其保存的个人信息。

第四十二条　网络运营者不得泄露、篡改、毁损其收集的个人信息;未经被收集者同意,不得向他人提供个人信息。但是,经过处理无法识别特定个人且不能复原的除外。

网络运营者应当采取技术措施和其他必要措施,确保其收集的个人信息安全,防止信息泄露、毁损、丢失。在发生或者可能发生个人信息泄露、毁损、丢失的情况时,应当立即采取补救措施,按照规定及时告知用户并向有关主管部门报告。

第四十三条　个人发现网络运营者违反法律、行政法规的规定或者双方的约定收集、使用其个人信息的,有权要求网络运营者删除其个人信息;发现网络运营者收集、存储的其个人信息有错误的,有权要求网络运营者予以更正。网络运营者应当采取措施予以删除或者更正。

第四十四条　任何个人和组织不得窃取或者以其他非法方式获取个人信息,不得非法出售或者非法向他人提供个人信息。

第四十五条　依法负有网络安全监督管理职责的部门及其工作人员,必须对在履行职责中知悉的个人信息、隐私和商业秘密严格保密,不得泄露、出售或者非法向他人提供。

第四十六条　任何个人和组织应当对其使用网络的行为负责,不得设立用于实施诈骗,传授犯罪方法,制作或者销售违禁物品、管制物品等违法犯罪活动的网站、通讯群组,不得利用网络发布涉及实施诈骗,制作或者销售违禁物品、管制物品以及其他违法犯罪活动的信息。

第四十七条　网络运营者应当加强对其用户发布的信息的管理,发现法律、行政法规禁止发布或者传输的信息的,应当立即停止传输该信息,采取消除等处置措施,防止信息扩散，保存有关记录，并向有关主管部门报告。

第四十八条　任何个人和组织发送的电子信息、提供的应用软件，不得设置恶意程序，不得含有法律、行政法规禁止发布或者传输的信息。

电子信息发送服务提供者和应用软件下载服务提供者，应当履行安全管理义务，知道其用户有前款规定行为的，应当停止提供服务，采取消除等处置措施，保存有关记录，并向有关主管部门报告。

第四十九条　网络运营者应当建立网络信息安全投诉、举报制度，公布投诉、举报方式等信息，及时受理并处理有关网络信息安全的投诉和举报。

网络运营者对网信部门和有关部门依法实施的监督检查，应当予以配合。

第五十条　国家网信部门和有关部门依法履行网络信息安全监督管理职责，发现法律、行政法规禁止发布或者传输的信息的，应当要求网络运营者停止传输，采取消除等处置措施，保存有关记录；对来源于中华人民共和国境外的上述信息，应当通知有关机构采取技术措施和其他必要措施阻断传播。

第五章　监测预警与应急处置

第五十一条　国家建立网络安全监测预警和信息通报制度。国家网信部门应当统筹协调有关部门加强网络安全信息收集、分析和通报工作，按照规定统一发布网络安全监测预警信息。

第五十二条　负责关键信息基础设施安全保护工作的部门，应当建立健全本行业、本领域的网络安全监测预警和信息通报制度，并按照规定报送网络安全监测预警信息。

第五十三条　国家网信部门协调有关部门建立健全网络安全风险评估和应急工作机制，制定网络安全事件应急预案，并定期组织演练。

负责关键信息基础设施安全保护工作的部门应当制定本行业、本领域的网络安全事件应急预案，并定期组织演练。

网络安全事件应急预案应当按照事件发生后的危害程度、影响范围等因素对网络安全事件进行分级，并规定相应的应急处置措施。

第五十四条　网络安全事件发生的风险增大时，省级以上人民政府有关部门应当按照规定的权限和程序，并根据网络安全风险的特点和可能造成的危害，采取下列措施：

（一）要求有关部门、机构和人员及时收集、报告有关信息，加强对网络安全风险的监测；

（二）组织有关部门、机构和专业人员，对网络安全风险信息进行分析评估，预测事件发生的可能性、影响范围和危害程度；

（三）向社会发布网络安全风险预警，发布避免、减轻危害的措施。

第五十五条　发生网络安全事件，应当立即启动网络安全事件应急预案，对网络安全事件进行调查和评估，要求网络运营者采取技术措施和其他必要措施，消除安全隐患，防止危害扩大，并及时向社会发布与公众有关的警示信息。

第五十六条　省级以上人民政府有关部门在履行网络安全监督管理职责中，发现网络存在较大安全风险或者发生安全事件的，可以按照规定的权限和程序对该网络的运营者的法定代表人或者主要负责人进行约谈。网络运营者应当按照要求采取措施，进行整改，消除隐患。

第五十七条　因网络安全事件，发生突发事件或者生产安全事故的，应当依照《中华人民共和国突发事件应对法》、《中华人民共和国安全生产法》等有关法律、行政法规的规定处置。

第五十八条　因维护国家安全和社会公共秩序，处置重大突发社会安全事件的需要，经国务院决定或者批准，可以在特定区域对网络通信采取限制等临时措施。

第六章　法律责任

第五十九条　网络运营者不履行本法第二十一条、第二十五条规定的网络安全保护义务的，由有关主管部门责令改正，给予警告；拒不改正或者导致危害网络安全等后果的，处一万元以上十万元以下罚款，对直接负责的主管人员处五千元以上五万元以下罚款。

关键信息基础设施的运营者不履行本法第三十三条、第三十四条、第三十六条、第三十八条规定的网络安全保护义务的，由有关主管部门责令改正，给予警告；拒不改正或者导致危害网络安全等后果的，处十万元以上一百万元以下罚款，对直接负责的主管人员处一万元以上十万元以下罚款。

第六十条　违反本法第二十二条第一款、第二款和第四十八条第一款规定，有下列行为之一的，由有关主管部门责令改正，给予警告；拒不改正或者导致危害网络安全等后果的，处五万元以上五十万元以下罚款，对直接负责的主管人员处一万元以上十万元以下罚款：

（一）设置恶意程序的；

（二）对其产品、服务存在的安全缺陷、漏洞等风险未立即采取补救措施，或者未按照规定及时告知用户并向有关主管部门报告的；

（三）擅自终止为其产品、服务提供安全维护的。

第六十一条　网络运营者违反本法第二十四条第一款规定，未要求用户提供真实身份信息，或者对不提供真实身份信息的用户提供相关服务的，由有关主管部门责令改正；拒不改正或者情节严重的，处五万元以上五十万元以下罚款，并可以由有关主管部门责令暂停相关业务、停业整顿、关闭网站、吊销相关业务许可证或者吊销营业执照，对直接负责的主管人员和其他直接责任人员处一万元以上十万元以下罚款。

第六十二条　违反本法第二十六条规定，开展网络安全认证、检测、风险评估等活动，或者向社会发布系统漏洞、计算机病毒、网络攻击、网络侵入等网络安全信息的，由有关主管部门责令改正，给予警告；拒不改正或者情节严重的，处一万元以上十万元以下罚款，并可以由有关主管部门责令暂停相关业务、停业整顿、关闭网站、吊销相关业务许可证或者吊销营业执照，对直接负责的主管人员和其他直接责任人员处五千元以上五万元以下罚款。

第六十三条　违反本法第二十七条规定，从事危害网络安全的活动，或者提供专门用于从事危害网络安全活动的程序、工具，或者为他人从事危害网络安全的活动提供技术支持、广告推广、支付结算等帮助，尚不构成犯罪的，由公安机关没收违法所得，处五日以下拘留，可以并处五万元以上五十万元以下罚款；情节较重的，处五日以上十五日以下拘留，可以并处十万元以上一百万元以下罚款。

单位有前款行为的，由公安机关没收违法所得，处十万元以上一百万元以下罚款，并对直接负责的主管人员和其他直接责任人员依照前款规定处罚。

违反本法第二十七条规定，受到治安管理处罚的人员，五年内不得从事网络安全管理和网络运营关键岗位的工作；受到刑事处罚的人员，终身不得从事网络安全管理和网络运营关键岗位的工作。

第六十四条　网络运营者、网络产品或者服务的提供者违反本法第二十二条第三款、第四十一条至第四十三条规定，侵害个人信息依法得到保护的权利的，由有关主管部门责令改正，可以根据情节单处或者并处警告、没收违法所得、处违法所得一倍以上十倍以下罚款，没有违法所得的，处一百万元以下罚款，对直接负责的主管人员和其他直接责任人员处一万元以上十万元以下罚款；情节严重的，并可以责令暂停相关业务、停业整顿、关闭网站、吊销相关业务许可证或者吊销营业执照。

违反本法第四十四条规定，窃取或者以其他非法方式获取、非法出售或者非法向他人提供个人信息，尚不构成犯罪的，由公安机关没收违法所得，并处违法所得一倍以上十倍以下罚款，没有违法所得的，处一百万元以下罚款。

第六十五条　关键信息基础设施的运营者违反本法第三十五条规定，使用未经安全审查或者安全审查未通过的网络产品或者服务的，由有关主管部门责令停止使用，处采购金额一倍以上十倍以下罚款；对直接负责的主管人员和其他直接责任人员处一万元以上十万元以下罚款。

第六十六条　关键信息基础设施的运营者违反本法第三十七条规定，在境外存储网络数据，或者向境外提供网络数据的，由有关主管部门责令改正，给予警告，没收违法所得，处五万元以上五十万元以下罚款，并可以责令暂停相关业务、停业整顿、关闭网站、吊销相关业务许可证或者吊销营业执照；对直接负责的主管人员和其他直接责任人员处一万元以上十万元以下罚款。

第六十七条　违反本法第四十六条规定，设立用于实施违法犯罪活动的网站、通讯群组，或者利用网络发布涉及实施违法犯罪活动的信息，尚不构成犯罪的，由公安机关处五日以下拘留，可以并处一万元以上十万元以下罚款；情节较重的，处五日以上十五日以下拘留，可以并处五万元以上五十万元以下罚款。关闭用于实施违法犯罪活动的网站、通讯群组。

单位有前款行为的，由公安机关处十万元以上五十万元以下罚款，并对直接负责的主管人员和其他直接责任人员依照前款规定处罚。

第六十八条　网络运营者违反本法第四十七条规定，对法律、行政法规禁止发布或者传输的信息未停止传输、采取消除等处置措施、保存有关记录的，由有关主管部门责令改正，给予警告，没收违法所得；拒不改正或者情节严重的，处十万元以上五十万元以下罚款，并可以责令暂停相关业务、停业整顿、关闭网站、吊销相关业务许可证或者吊销营业执照，对直接负责的主管人员和其他直接责任人员处一万元以上十万元以下罚款。

电子信息发送服务提供者、应用软件下载服务提供者，不履行本法第四十八条第二款规定的安全管理义务的，依照前款规定处罚。

第六十九条　网络运营者违反本法规定，有下列行为之一的，由有关主管部门责令改正；拒不改正或者情节严重的，处五万元以上五十万元以下罚款，对直接负责的主管人员和其他直接责任人员，处一万元以上十万元以下罚款：

（一）不按照有关部门的要求对法律、行政法规禁止发布或者传输的信息，采取停止传输、消除等处置措施的；

（二）拒绝、阻碍有关部门依法实施的监督检查的；

（三）拒不向公安机关、国家安全机关提供技术支持和协助的。

第七十条　发布或者传输本法第十二条第二款和其他法律、行政法规禁止发布或者传输的信息的，依照有关法律、行政法规的规定处罚。

第七十一条　有本法规定的违法行为的，依照有关法律、行政法规的规定记入信用档案，并予以公示。

第七十二条　国家机关政务网络的运营者不履行本法规定的网络安全保护义务的，由其上级机关或者有关机关责令改正；对直接负责的主管人员和其他直接责任人员依法给予处分。

第七十三条　网信部门和有关部门违反本法第三十条规定，将在履行网络安全保护职责中获取的信息用于其他用途的，对直接负责的主管人员和其他直接责任人员依法给予处分。

网信部门和有关部门的工作人员玩忽职守、滥用职权、徇私舞弊，尚不构成犯罪的，依法给予处分。

第七十四条　违反本法规定，给他人造成损害的，依法承担民事责任。

违反本法规定，构成违反治安管理行为的，依法给予治安管理处罚；构成犯罪的，依法追究刑事责任。

第七十五条　境外的机构、组织、个人从事攻击、侵入、干扰、破坏等危害中华人民共和国的关键信息基础设施的活动，造成严重后果的，依法追究法律责任；国务院公安部门和有关部门并可以决定对该机构、组织、个人采取冻结财产或者其他必要的制裁措施。

第七章　附　则

第七十六条　本法下列用语的含义：

（一）网络，是指由计算机或者其他信息终端及相关设备组成的按照一定的规则和程序对信息进行收集、存储、传输、交换、处理的系统。

（二）网络安全，是指通过采取必要措施，防范对网络的攻击、侵入、干扰、破坏和非法使用以及意外事故，使网络处于稳定可靠运行的状态，以及保障网络数据的完整性、保密性、可用性的能力。

（三）网络运营者，是指网络的所有者、管理者和网络服务提供者。

（四）网络数据，是指通过网络收集、存储、传输、处理和产生的各种电子数据。

（五）个人信息，是指以电子或者其他方式记录的能够单独或者与其他信息结合识别自然人个人身份的各种信息，包括但不限于自然人的姓名、出生日期、身份证件号码、个人生物识别信息、住址、电话号码等。

第七十七条　存储、处理涉及国家秘密信息的网络的运行安全保护，除应当遵守本法外，还应当遵守保密法律、行政法规的规定。

第七十八条　军事网络的安全保护，由中央军事委员会另行规定。

第七十九条　本法自2017年6月1日起施行。

中华人民共和国数据安全法

·2021年6月10日第十三届全国人民代表大会常务委员会第二十九次会议通过
·2021年6月10日中华人民共和国主席令第84号公布
·自2021年9月1日起施行

目　录

第一章　总　则

第一条　为了规范数据处理活动，保障数据安全，促进数据开发利用，保护个人、组织的合法权益，维护国家主权、安全和发展利益，制定本法。

第二条　在中华人民共和国境内开展数据处理活动及其安全监管，适用本法。

在中华人民共和国境外开展数据处理活动，损害中华人民共和国国家安全、公共利益或者公民、组织合法权益的，依法追究法律责任。

第三条　本法所称数据，是指任何以电子或者其他方式对信息的记录。

数据处理，包括数据的收集、存储、使用、加工、传输、提供、公开等。

数据安全，是指通过采取必要措施，确保数据处于有效保护和合法利用的状态，以及具备保障持续安全状态的能力。

第四条　维护数据安全，应当坚持总体国家安全观，建立健全数据安全治理体系，提高数据安全保障能力。

第五条　中央国家安全领导机构负责国家数据安全工作的决策和议事协调，研究制定、指导实施国家数据安全战略和有关重大方针政策，统筹协调国家数据安全的重大事项和重要工作，建立国家数据安全工作协调机制。

第六条　各地区、各部门对本地区、本部门工作中收集和产生的数据及数据安全负责。

工业、电信、交通、金融、自然资源、卫生健康、教育、科技等主管部门承担本行业、本领域数据安全监管职责。

公安机关、国家安全机关等依照本法和有关法律、行政法规的规定，在各自职责范围内承担数据安全监管职责。

国家网信部门依照本法和有关法律、行政法规的规定，负责统筹协调网络数据安全和相关监管工作。

第七条　国家保护个人、组织与数据有关的权益，鼓励数据依法合理有效利用，保障数据依法有序自由流动，促进以数据为关键要素的数字经济发展。

第八条　开展数据处理活动，应当遵守法律、法规，尊重社会公德和伦理，遵守商业道德和职业道德，诚实守信，履行数据安全保护义务，承担社会责任，不得危害国家安全、公共利益，不得损害个人、组织的合法权益。

第九条　国家支持开展数据安全知识宣传普及，提高全社会的数据安全保护意识和水平，推动有关部门、行业组织、科研机构、企业、个人等共同参与数据安全保护工作，形成全社会共同维护数据安全和促进发展的良好环境。

第十条　相关行业组织按照章程，依法制定数据安全行为规范和团体标准，加强行业自律，指导会员加强数据安全保护，提高数据安全保护水平，促进行业健康发展。

第十一条　国家积极开展数据安全治理、数据开发利用等领域的国际交流与合作，参与数据安全相关国际规则和标准的制定，促进数据跨境安全、自由流动。

第十二条　任何个人、组织都有权对违反本法规定的行为向有关主管部门投诉、举报。收到投诉、举报的部门应当及时依法处理。

有关主管部门应当对投诉、举报人的相关信息予以保密，保护投诉、举报人的合法权益。

第二章　数据安全与发展

第十三条　国家统筹发展和安全，坚持以数据开发利用和产业发展促进数据安全，以数据安全保障数据开发利用和产业发展。

第十四条　国家实施大数据战略，推进数据基础设施建设，鼓励和支持数据在各行业、各领域的创新应用。

省级以上人民政府应当将数字经济发展纳入本级国民经济和社会发展规划，并根据需要制定数字经济发展规划。

第十五条　国家支持开发利用数据提升公共服务的智能化水平。提供智能化公共服务，应当充分考虑老年人、残疾人的需求，避免对老年人、残疾人的日常生活造成障碍。

第十六条　国家支持数据开发利用和数据安全技术研究，鼓励数据开发利用和数据安全等领域的技术推广和商业创新，培育、发展数据开发利用和数据安全产品、产业体系。

第十七条　国家推进数据开发利用技术和数据安全标准体系建设。国务院标准化行政主管部门和国务院有关部门根据各自的职责，组织制定并适时修订有关数据开发利用技术、产品和数据安全相关标准。国家支持企业、社会团体和教育、科研机构等参与标准制定。

第十八条　国家促进数据安全检测评估、认证等服务的发展，支持数据安全检测评估、认证等专业机构依法开展服务活动。

国家支持有关部门、行业组织、企业、教育和科研机构、有关专业机构等在数据安全风险评估、防范、处置等方面开展协作。

第十九条　国家建立健全数据交易管理制度，规范数据交易行为，培育数据交易市场。

第二十条　国家支持教育、科研机构和企业等开展数据开发利用技术和数据安全相关教育和培训，采取多种方式培养数据开发利用技术和数据安全专业人才，促进人才交流。

第三章　数据安全制度

第二十一条　国家建立数据分类分级保护制度，根据数据在经济社会发展中的重要程度，以及一旦遭到篡改、破坏、泄露或者非法获取、非法利用，对国家安全、公共利益或者个人、组织合法权益造成的危害程度，对数据实行分类分级保护。国家数据安全工作协调机制统筹协调有关部门制定重要数据目录，加强对重要数据的保护。

关系国家安全、国民经济命脉、重要民生、重大公共利益等数据属于国家核心数据，实行更加严格的管理制度。

各地区、各部门应当按照数据分类分级保护制度，确定本地区、本部门以及相关行业、领域的重要数据具体目录，对列入目录的数据进行重点保护。

第二十二条　国家建立集中统一、高效权威的数据安全风险评估、报告、信息共享、监测预警机制。国家数据安全工作协调机制统筹协调有关部门加强数据安全风险信息的获取、分析、研判、预警工作。

第二十三条　国家建立数据安全应急处置机制。发生数据安全事件，有关主管部门应当依法启动应急预案，采取相应的应急处置措施，防止危害扩大，消除安全隐患，并及时向社会发布与公众有关的警示信息。

第二十四条　国家建立数据安全审查制度，对影响或者可能影响国家安全的数据处理活动进行国家安全审查。

依法作出的安全审查决定为最终决定。

第二十五条　国家对与维护国家安全和利益、履行国际义务相关的属于管制物项的数据依法实施出口管制。

第二十六条　任何国家或者地区在与数据和数据开发利用技术等有关的投资、贸易等方面对中华人民共和国采取歧视性的禁止、限制或者其他类似措施的，中华人民共和国可以根据实际情况对该国家或者地区对等采取措施。

第四章　数据安全保护义务

第二十七条　开展数据处理活动应当依照法律、法规的规定，建立健全全流程数据安全管理制度，组织开展数据安全教育培训，采取相应的技术措施和其他必要措施，保障数据安全。利用互联网等信息网络开展数据处理活动，应当在网络安全等级保护制度的基础上，履行上述数据安全保护义务。

重要数据的处理者应当明确数据安全负责人和管理机构，落实数据安全保护责任。

第二十八条　开展数据处理活动以及研究开发数据新技术，应当有利于促进经济社会发展，增进人民福祉，符合社会公德和伦理。

第二十九条　开展数据处理活动应当加强风险监测，发现数据安全缺陷、漏洞等风险时，应当立即采取补救措施；发生数据安全事件时，应当立即采取处置措施，按照规定及时告知用户并向有关主管部门报告。

第三十条　重要数据的处理者应当按照规定对其数据处理活动定期开展风险评估，并向有关主管部门报送风险评估报告。

风险评估报告应当包括处理的重要数据的种类、数量，开展数据处理活动的情况，面临的数据安全风险及其应对措施等。

第三十一条　关键信息基础设施的运营者在中华人民共和国境内运营中收集和产生的重要数据的出境安全管理，适用《中华人民共和国网络安全法》的规定；其他数据处理者在中华人民共和国境内运营中收集和产生的重要数据的出境安全管理办法，由国家网信部门会同国务院有关部门制定。

第三十二条　任何组织、个人收集数据，应当采取合法、正当的方式，不得窃取或者以其他非法方式获取数据。

法律、行政法规对收集、使用数据的目的、范围有规定的，应当在法律、行政法规规定的目的和范围内收集、使用数据。

第三十三条　从事数据交易中介服务的机构提供服务，应当要求数据提供方说明数据来源，审核交易双方的身份，并留存审核、交易记录。

第三十四条　法律、行政法规规定提供数据处理相关服务应当取得行政许可的，服务提供者应当依法取得许可。

第三十五条　公安机关、国家安全机关因依法维护国家安全或者侦查犯罪的需要调取数据，应当按照国家有关规定，经过严格的批准手续，依法进行，有关组织、个人应当予以配合。

第三十六条　中华人民共和国主管机关根据有关法律和中华人民共和国缔结或者参加的国际条约、协定，或者按照平等互惠原则，处理外国司法或者执法机构关于提供数据的请求。非经中华人民共和国主管机关批准，境内的组织、个人不得向外国司法或者执法机构提供存储于中华人民共和国境内的数据。

第五章　政务数据安全与开放

第三十七条　国家大力推进电子政务建设，提高政务数据的科学性、准确性、时效性，提升运用数据服务经济社会发展的能力。

第三十八条　国家机关为履行法定职责的需要收集、使用数据，应当在其履行法定职责的范围内依照法律、行政法规规定的条件和程序进行；对在履行职责中知悉的个人隐私、个人信息、商业秘密、保密商务信息等数据应当依法予以保密,不得泄露或者非法向他人提供。

第三十九条 国家机关应当依照法律、行政法规的规定,建立健全数据安全管理制度,落实数据安全保护责任,保障政务数据安全。

第四十条 国家机关委托他人建设、维护电子政务系统,存储、加工政务数据,应当经过严格的批准程序,并应当监督受托方履行相应的数据安全保护义务。受托方应当依照法律、法规的规定和合同约定履行数据安全保护义务,不得擅自留存、使用、泄露或者向他人提供政务数据。

第四十一条 国家机关应当遵循公正、公平、便民的原则,按照规定及时、准确地公开政务数据。依法不予公开的除外。

第四十二条 国家制定政务数据开放目录,构建统一规范、互联互通、安全可控的政务数据开放平台,推动政务数据开放利用。

第四十三条 法律、法规授权的具有管理公共事务职能的组织为履行法定职责开展数据处理活动,适用本章规定。

第六章 法律责任

第四十四条 有关主管部门在履行数据安全监管职责中,发现数据处理活动存在较大安全风险的,可以按照规定的权限和程序对有关组织、个人进行约谈,并要求有关组织、个人采取措施进行整改,消除隐患。

第四十五条 开展数据处理活动的组织、个人不履行本法第二十七条、第二十九条、第三十条规定的数据安全保护义务的,由有关主管部门责令改正,给予警告,可以并处五万元以上五十万元以下罚款,对直接负责的主管人员和其他直接责任人员可以处一万元以上十万元以下罚款;拒不改正或者造成大量数据泄露等严重后果的,处五十万元以上二百万元以下罚款,并可以责令暂停相关业务、停业整顿、吊销相关业务许可证或者吊销营业执照,对直接负责的主管人员和其他直接责任人员处五万元以上二十万元以下罚款。

违反国家核心数据管理制度,危害国家主权、安全和发展利益的,由有关主管部门处二百万元以上一千万元以下罚款,并根据情况责令暂停相关业务、停业整顿、吊销相关业务许可证或者吊销营业执照;构成犯罪的,依法追究刑事责任。

第四十六条 违反本法第三十一条规定,向境外提供重要数据的,由有关主管部门责令改正,给予警告,可以并处十万元以上一百万元以下罚款,对直接负责的主

管人员和其他直接责任人员可以处一万元以上十万元以下罚款;情节严重的,处一百万元以上一千万元以下罚款,并可以责令暂停相关业务、停业整顿、吊销相关业务许可证或者吊销营业执照,对直接负责的主管人员和其他直接责任人员处十万元以上一百万元以下罚款。

第四十七条 从事数据交易中介服务的机构未履行本法第三十三条规定的义务的,由有关主管部门责令改正,没收违法所得,处违法所得一倍以上十倍以下罚款,没有违法所得或者违法所得不足十万元的,处十万元以上一百万元以下罚款,并可以责令暂停相关业务、停业整顿、吊销相关业务许可证或者吊销营业执照;对直接负责的主管人员和其他直接责任人员处一万元以上十万元以下罚款。

第四十八条 违反本法第三十五条规定,拒不配合数据调取的,由有关主管部门责令改正,给予警告,并处五万元以上五十万元以下罚款,对直接负责的主管人员和其他直接责任人员处一万元以上十万元以下罚款。

违反本法第三十六条规定,未经主管机关批准向外国司法或者执法机构提供数据的,由有关主管部门给予警告,可以并处十万元以上一百万元以下罚款,对直接负责的主管人员和其他直接责任人员可以处一万元以上十万元以下罚款;造成严重后果的,处一百万元以上五百万元以下罚款,并可以责令暂停相关业务、停业整顿、吊销相关业务许可证或者吊销营业执照,对直接负责的主管人员和其他直接责任人员处五万元以上五十万元以下罚款。

第四十九条 国家机关不履行本法规定的数据安全保护义务的,对直接负责的主管人员和其他直接责任人员依法给予处分。

第五十条 履行数据安全监管职责的国家工作人员玩忽职守、滥用职权、徇私舞弊的,依法给予处分。

第五十一条 窃取或者以其他非法方式获取数据,开展数据处理活动排除、限制竞争,或者损害个人、组织合法权益的,依照有关法律、行政法规的规定处罚。

第五十二条 违反本法规定,给他人造成损害的,依法承担民事责任。

违反本法规定,构成违反治安管理行为的,依法给予治安管理处罚;构成犯罪的,依法追究刑事责任。

第七章 附 则

第五十三条 开展涉及国家秘密的数据处理活动,适用《中华人民共和国保守国家秘密法》等法律、行政法规的规定。

在统计、档案工作中开展数据处理活动,开展涉及个人信息的数据处理活动,还应当遵守有关法律、行政法规的规定。

第五十四条　军事数据安全保护的办法,由中央军事委员会依据本法另行制定。

第五十五条　本法自 2021 年 9 月 1 日起施行。

全国人民代表大会常务委员会
关于维护互联网安全的决定

· 2000 年 12 月 28 日第九届全国人民代表大会常务委员会第十九次会议通过
· 根据 2009 年 8 月 27 日第十一届全国人民代表大会常务委员会第十次会议《关于修改部分法律的决定》修正

我国的互联网,在国家大力倡导和积极推动下,在经济建设和各项事业中得到日益广泛的应用,使人们的生产、工作、学习和生活方式已经开始并将继续发生深刻的变化,对于加快我国国民经济、科学技术的发展和社会服务信息化进程具有重要作用。同时,如何保障互联网的运行安全和信息安全问题已经引起全社会的普遍关注。为了兴利除弊,促进我国互联网的健康发展,维护国家安全和社会公共利益,保护个人、法人和其他组织的合法权益,特作如下决定:

一、为了保障互联网的运行安全,对有下列行为之一,构成犯罪的,依照刑法有关规定追究刑事责任:

(一)侵入国家事务、国防建设、尖端科学技术领域的计算机信息系统;

(二)故意制作、传播计算机病毒等破坏性程序,攻击计算机系统及通信网络,致使计算机系统及通信网络遭受损害;

(三)违反国家规定,擅自中断计算机网络或者通信服务,造成计算机网络或者通信系统不能正常运行。

二、为了维护国家安全和社会稳定,对有下列行为之一,构成犯罪的,依照刑法有关规定追究刑事责任:

(一)利用互联网造谣、诽谤或者发表、传播其他有害信息,煽动颠覆国家政权、推翻社会主义制度,或者煽动分裂国家、破坏国家统一;

(二)通过互联网窃取、泄露国家秘密、情报或者军事秘密;

(三)利用互联网煽动民族仇恨、民族歧视,破坏民族团结;

(四)利用互联网组织邪教组织、联络邪教组织成员,破坏国家法律、行政法规实施。

三、为了维护社会主义市场经济秩序和社会管理秩序,对有下列行为之一,构成犯罪的,依照刑法有关规定追究刑事责任:

(一)利用互联网销售伪劣产品或者对商品、服务作虚假宣传;

(二)利用互联网损害他人商业信誉和商品声誉;

(三)利用互联网侵犯他人知识产权;

(四)利用互联网编造并传播影响证券、期货交易或者其他扰乱金融秩序的虚假信息;

(五)在互联网上建立淫秽网站、网页,提供淫秽站点链接服务,或者传播淫秽书刊、影片、音像、图片。

四、为了保护个人、法人和其他组织的人身、财产等合法权利,对有下列行为之一,构成犯罪的,依照刑法有关规定追究刑事责任:

(一)利用互联网侮辱他人或者捏造事实诽谤他人;

(二)非法截获、篡改、删除他人电子邮件或者其他数据资料,侵犯公民通信自由和通信秘密;

(三)利用互联网进行盗窃、诈骗、敲诈勒索。

五、利用互联网实施本决定第一条、第二条、第三条、第四条所列行为以外的其他行为,构成犯罪的,依照刑法有关规定追究刑事责任。

六、利用互联网实施违法行为,违反社会治安管理,尚不构成犯罪的,由公安机关依照《治安管理处罚法》予以处罚;违反其他法律、行政法规,尚不构成犯罪的,由有关行政管理部门依法给予行政处罚;对直接负责的主管人员和其他直接责任人员,依法给予行政处分或者纪律处分。

利用互联网侵犯他人合法权益,构成民事侵权的,依法承担民事责任。

七、各级人民政府及有关部门要采取积极措施,在促进互联网的应用和网络技术的普及过程中,重视和支持对网络安全技术的研究和开发,增强网络的安全防护能力。有关主管部门要加强对互联网的运行安全和信息安全的宣传教育,依法实施有效的监督管理,防范和制止利用互联网进行的各种违法活动,为互联网的健康发展创造良好的社会环境。从事互联网业务的单位要依法开展活动,发现互联网上出现违法犯罪行为和有害信息时,要采取措施,停止传输有害信息,并及时向有关机关报告。任何单位和个人在利用互联网时,都要遵纪守法,抵制各种违法犯罪行为和有害信息。人民法院、人民检察院、公安机关、国家安全机关要各司其职,密切配合,依法严厉打击利用互联网实施的各种犯罪活动。要动员全社会的力量，依靠全社会的共同努力，保障互联网的运行安全与信息安全，促进社会主义精神文明和物质文明建设。

信息网络传播权保护条例

· 2006 年 5 月 18 日中华人民共和国国务院令第 468 号公布
· 根据 2013 年 1 月 30 日《国务院关于修改〈信息网络传播权保护条例〉的决定》修订

第一条 为保护著作权人、表演者、录音录像制作者（以下统称权利人）的信息网络传播权，鼓励有益于社会主义精神文明、物质文明建设的作品的创作和传播，根据《中华人民共和国著作权法》（以下简称著作权法），制定本条例。

第二条 权利人享有的信息网络传播权受著作权法和本条例保护。除法律、行政法规另有规定的外，任何组织或者个人将他人的作品、表演、录音录像制品通过信息网络向公众提供，应当取得权利人许可，并支付报酬。

第三条 依法禁止提供的作品、表演、录音录像制品，不受本条例保护。

权利人行使信息网络传播权，不得违反宪法和法律、行政法规，不得损害公共利益。

第四条 为了保护信息网络传播权，权利人可以采取技术措施。

任何组织或者个人不得故意避开或者破坏技术措施，不得故意制造、进口或者向公众提供主要用于避开或者破坏技术措施的装置或者部件，不得故意为他人避开或者破坏技术措施提供技术服务。但是，法律、行政法规规定可以避开的除外。

第五条 未经权利人许可，任何组织或者个人不得进行下列行为：

（一）故意删除或者改变通过信息网络向公众提供的作品、表演、录音录像制品的权利管理电子信息，但由于技术上的原因无法避免删除或者改变的除外；

（二）通过信息网络向公众提供明知或者应知未经权利人许可被删除或者改变权利管理电子信息的作品、表演、录音录像制品。

第六条 通过信息网络提供他人作品，属于下列情形的，可以不经著作权人许可，不向其支付报酬：

（一）为介绍、评论某一作品或者说明某一问题，在向公众提供的作品中适当引用已经发表的作品；

（二）为报道时事新闻，在向公众提供的作品中不可避免地再现或者引用已经发表的作品；

（三）为学校课堂教学或者科学研究，向少数教学、科研人员提供少量已经发表的作品；

（四）国家机关为执行公务，在合理范围内向公众提供已经发表的作品；

（五）将中国公民、法人或者其他组织已经发表的、以汉语言文字创作的作品翻译成的少数民族语言文字作品，向中国境内少数民族提供；

（六）不以营利为目的，以盲人能够感知的独特方式向盲人提供已经发表的文字作品；

（七）向公众提供在信息网络上已经发表的关于政治、经济问题的时事性文章；

（八）向公众提供在公众集会上发表的讲话。

第七条 图书馆、档案馆、纪念馆、博物馆、美术馆等可以不经著作权人许可，通过信息网络向本馆馆舍内服务对象提供本馆收藏的合法出版的数字作品和依法为陈列或者保存版本的需要以数字化形式复制的作品，不向其支付报酬，但不得直接或者间接获得经济利益。当事人另有约定的除外。

前款规定的为陈列或者保存版本需要以数字化形式复制的作品，应当是已经损毁或者濒临损毁、丢失或者失窃，或者其存储格式已经过时，并且在市场上无法购买或者只能以明显高于标定的价格购买的作品。

第八条 为通过信息网络实施九年制义务教育或者国家教育规划，可以不经著作权人许可，使用其已经发表作品的片断或者短小的文字作品、音乐作品或者单幅的美术作品、摄影作品制作课件，由制作课件或者依法取得课件的远程教育机构通过信息网络向注册学生提供，但应当向著作权人支付报酬。

第九条 为扶助贫困，通过信息网络向农村地区的公众免费提供中国公民、法人或者其他组织已经发表的种植养殖、防病治病、防灾减灾等与扶助贫困有关的作品和适应基本文化需求的作品，网络服务提供者应当在提供前公告拟提供的作品及其作者、拟支付报酬的标准。自公告之日起 30 日内，著作权人不同意提供的，网络服务提供者不得提供其作品；自公告之日起满 30 日，著作权人没有异议的，网络服务提供者可以提供其作品，并按照公告的标准向著作权人支付报酬。网络服务提供者提供著作权人的作品后，著作权人不同意提供的，网络服务提供者应当立即删除著作权人的作品，并按照公告的标准向著作权人支付提供作品期间的报酬。

依照前款规定提供作品的，不得直接或者间接获得经济利益。

第十条　依照本条例规定不经著作权人许可、通过信息网络向公众提供其作品的，还应当遵守下列规定：

（一）除本条例第六条第一项至第六项、第七条规定的情形外，不得提供作者事先声明不许提供的作品；

（二）指明作品的名称和作者的姓名（名称）；

（三）依照本条例规定支付报酬；

（四）采取技术措施，防止本条例第七条、第八条、第九条规定的服务对象以外的其他人获得著作权人的作品，并防止本条例第七条规定的服务对象的复制行为对著作权人利益造成实质性损害；

（五）不得侵犯著作权人依法享有的其他权利。

第十一条　通过信息网络提供他人表演、录音录像制品的，应当遵守本条例第六条至第十条的规定。

第十二条　属于下列情形的，可以避开技术措施，但不得向他人提供避开技术措施的技术、装置或者部件，不得侵犯权利人依法享有的其他权利：

（一）为学校课堂教学或者科学研究，通过信息网络向少数教学、科研人员提供已经发表的作品、表演、录音录像制品，而该作品、表演、录音录像制品只能通过信息网络获取；

（二）不以营利为目的，通过信息网络以盲人能够感知的独特方式向盲人提供已经发表的文字作品，而该作品只能通过信息网络获取；

（三）国家机关依照行政、司法程序执行公务；

（四）在信息网络上对计算机及其系统或者网络的安全性能进行测试。

第十三条　著作权行政管理部门为了查处侵犯信息网络传播权的行为，可以要求网络服务提供者提供涉嫌侵权的服务对象的姓名（名称）、联系方式、网络地址等资料。

第十四条　对提供信息存储空间或者提供搜索、链接服务的网络服务提供者，权利人认为其服务所涉及的作品、表演、录音录像制品，侵犯自己的信息网络传播权或者被删除、改变了自己的权利管理电子信息的，可以向该网络服务提供者提交书面通知，要求网络服务提供者删除该作品、表演、录音录像制品，或者断开与该作品、表演、录音录像制品的链接。通知书应当包含下列内容：

（一）权利人的姓名（名称）、联系方式和地址；

（二）要求删除或者断开链接的侵权作品、表演、录音录像制品的名称和网络地址；

（三）构成侵权的初步证明材料。

权利人应当对通知书的真实性负责。

第十五条　网络服务提供者接到权利人的通知书后，应当立即删除涉嫌侵权的作品、表演、录音录像制品，或者断开与涉嫌侵权的作品、表演、录音录像制品的链接，并同时将通知书转送提供作品、表演、录音录像制品的服务对象；服务对象网络地址不明、无法转送的，应当将通知书的内容同时在信息网络上公告。

第十六条　服务对象接到网络服务提供者转送的通知书后，认为其提供的作品、表演、录音录像制品未侵犯他人权利的，可以向网络服务提供者提交书面说明，要求恢复被删除的作品、表演、录音录像制品，或者恢复与被断开的作品、表演、录音录像制品的链接。书面说明应当包含下列内容：

（一）服务对象的姓名（名称）、联系方式和地址；

（二）要求恢复的作品、表演、录音录像制品的名称和网络地址；

（三）不构成侵权的初步证明材料。

服务对象应当对书面说明的真实性负责。

第十七条　网络服务提供者接到服务对象的书面说明后，应当立即恢复被删除的作品、表演、录音录像制品，或者可以恢复与被断开的作品、表演、录音录像制品的链接，同时将服务对象的书面说明转送权利人。权利人不得再通知网络服务提供者删除该作品、表演、录音录像制品，或者断开与该作品、表演、录音录像制品的链接。

第十八条　违反本条例规定，有下列侵权行为之一的，根据情况承担停止侵害、消除影响、赔礼道歉、赔偿损失等民事责任；同时损害公共利益的，可以由著作权行政管理部门责令停止侵权行为，没收违法所得，非法经营额5万元以上的，可处非法经营额1倍以上5倍以下的罚款；没有非法经营额或者非法经营额5万元以下的，根据情节轻重，可处25万元以下的罚款；情节严重的，著作权行政管理部门可以没收主要用于提供网络服务的计算机等设备；构成犯罪的，依法追究刑事责任：

（一）通过信息网络擅自向公众提供他人的作品、表演、录音录像制品的；

（二）故意避开或者破坏技术措施的；

（三）故意删除或者改变通过信息网络向公众提供的作品、表演、录音录像制品的权利管理电子信息，或者通过信息网络向公众提供明知或者应知未经权利人许可而被删除或者改变权利管理电子信息的作品、表演、录音录像制品的；

（四）为扶助贫困通过信息网络向农村地区提供作

品、表演、录音录像制品超过规定范围,或者未按照公告的标准支付报酬,或者在权利人不同意提供其作品、表演、录音录像制品后未立即删除的;

(五)通过信息网络提供他人的作品、表演、录音录像制品,未指明作品、表演、录音录像制品的名称或者作者、表演者、录音录像制作者的姓名(名称),或者未支付报酬,或者未依照本条例规定采取技术措施防止服务对象以外的其他人获得他人的作品、表演、录音录像制品,或者未防止服务对象的复制行为对权利人利益造成实质性损害的。

第十九条　违反本条例规定,有下列行为之一的,由著作权行政管理部门予以警告,没收违法所得,没收主要用于避开、破坏技术措施的装置或者部件;情节严重的,可以没收主要用于提供网络服务的计算机等设备;非法经营额 5 万元以上的,可处非法经营额 1 倍以上 5 倍以下的罚款;没有非法经营额或者非法经营额 5 万元以下的,根据情节轻重,可处 25 万元以下的罚款;构成犯罪的,依法追究刑事责任:

(一)故意制造、进口或者向他人提供主要用于避开、破坏技术措施的装置或者部件,或者故意为他人避开或者破坏技术措施提供技术服务的;

(二)通过信息网络提供他人的作品、表演、录音录像制品,获得经济利益的;

(三)为扶助贫困通过信息网络向农村地区提供作品、表演、录音录像制品,未在提供前公告作品、表演、录音录像制品的名称和作者、表演者、录音录像制作者的姓名(名称)以及报酬标准的。

第二十条　网络服务提供者根据服务对象的指令提供网络自动接入服务,或者对服务对象提供的作品、表演、录音录像制品提供自动传输服务,并具备下列条件的,不承担赔偿责任:

(一)未选择并且未改变所传输的作品、表演、录音录像制品;

(二)向指定的服务对象提供该作品、表演、录音录像制品,并防止指定的服务对象以外的其他人获得。

第二十一条　网络服务提供者为提高网络传输效率,自动存储从其他网络服务提供者获得的作品、表演、录音录像制品,根据技术安排自动向服务对象提供,并具备下列条件的,不承担赔偿责任:

(一)未改变自动存储的作品、表演、录音录像制品;

(二)不影响提供作品、表演、录音录像制品的原网络服务提供者掌握服务对象获取该作品、表演、录音录像

制品的情况;

(三)在原网络服务提供者修改、删除或者屏蔽该作品、表演、录音录像制品时,根据技术安排自动予以修改、删除或者屏蔽。

第二十二条　网络服务提供者为服务对象提供信息存储空间,供服务对象通过信息网络向公众提供作品、表演、录音录像制品,并具备下列条件的,不承担赔偿责任:

(一)明确标示该信息存储空间是为服务对象所提供,并公开网络服务提供者的名称、联系人、网络地址;

(二)未改变服务对象所提供的作品、表演、录音录像制品;

(三)不知道也没有合理的理由应当知道服务对象提供的作品、表演、录音录像制品侵权;

(四)未从服务对象提供作品、表演、录音录像制品中直接获得经济利益;

(五)在接到权利人的通知书后,根据本条例规定删除权利人认为侵权的作品、表演、录音录像制品。

第二十三条　网络服务提供者为服务对象提供搜索或者链接服务,在接到权利人的通知书后,根据本条例规定断开与侵权的作品、表演、录音录像制品的链接的,不承担赔偿责任;但是,明知或者应知所链接的作品、表演、录音录像制品侵权的,应当承担共同侵权责任。

第二十四条　因权利人的通知导致网络服务提供者错误删除作品、表演、录音录像制品,或者错误断开与作品、表演、录音录像制品的链接,给服务对象造成损失的,权利人应当承担赔偿责任。

第二十五条　网络服务提供者无正当理由拒绝提供或者拖延提供涉嫌侵权的服务对象的姓名(名称)、联系方式、网络地址等资料的,由著作权行政管理部门予以警告;情节严重的,没收主要用于提供网络服务的计算机等设备。

第二十六条　本条例下列用语的含义:

信息网络传播权,是指以有线或者无线方式向公众提供作品、表演或者录音录像制品,使公众可以在其个人选定的时间和地点获得作品、表演或者录音录像制品的权利。

技术措施,是指用于防止、限制未经权利人许可浏览、欣赏作品、表演、录音录像制品的或者通过信息网络向公众提供作品、表演、录音录像制品的有效技术、装置或者部件。

权利管理电子信息,是指说明作品及其作者、表演及其表演者、录音录像制品及其制作者的信息,作品、表演、

录音录像制品权利人的信息和使用条件的信息,以及表示上述信息的数字或者代码。

第二十七条　本条例自 2006 年 7 月 1 日起施行。

计算机软件保护条例

· 2001 年 12 月 20 日中华人民共和国国务院令第 339 号公布
· 根据 2011 年 1 月 8 日《国务院关于废止和修改部分行政法规的决定》第一次修订
· 根据 2013 年 1 月 30 日《国务院关于修改〈计算机软件保护条例〉的决定》第二次修订

第一章　总　则

第一条　为了保护计算机软件著作权人的权益,调整计算机软件在开发、传播和使用中发生的利益关系,鼓励计算机软件的开发与应用,促进软件产业和国民经济信息化的发展,根据《中华人民共和国著作权法》,制定本条例。

第二条　本条例所称计算机软件(以下简称软件),是指计算机程序及其有关文档。

第三条　本条例下列用语的含义:

(一)计算机程序,是指为了得到某种结果而可以由计算机等具有信息处理能力的装置执行的代码化指令序列,或者可以被自动转换成代码化指令序列的符号化指令序列或者符号化语句序列。同一计算机程序的源程序和目标程序为同一作品。

(二)文档,是指用来描述程序的内容、组成、设计、功能规格、开发情况、测试结果及使用方法的文字资料和图表等,如程序设计说明书、流程图、用户手册等。

(三)软件开发者,是指实际组织开发、直接进行开发,并对开发完成的软件承担责任的法人或者其他组织;或者依靠自己具有的条件独立完成软件开发,并对软件承担责任的自然人。

(四)软件著作权人,是指依照本条例的规定,对软件享有著作权的自然人、法人或者其他组织。

第四条　受本条例保护的软件必须由开发者独立开发,并已固定在某种有形物体上。

第五条　中国公民、法人或者其他组织对其所开发的软件,不论是否发表,依照本条例享有著作权。

外国人、无国籍人的软件首先在中国境内发行的,依照本条例享有著作权。

外国人、无国籍人的软件,依照其开发者所属国或者经常居住地国同中国签订的协议或者依照中国参加的国际条约享有的著作权,受本条例保护。

第六条　本条例对软件著作权的保护不延及开发软件所用的思想、处理过程、操作方法或者数学概念等。

第七条　软件著作权人可以向国务院著作权行政管理部门认定的软件登记机构办理登记。软件登记机构发放的登记证明文件是登记事项的初步证明。

办理软件登记应当缴纳费用。软件登记的收费标准由国务院著作权行政管理部门会同国务院价格主管部门规定。

第二章　软件著作权

第八条　软件著作权人享有下列各项权利:

(一)发表权,即决定软件是否公之于众的权利;

(二)署名权,即表明开发者身份,在软件上署名的权利;

(三)修改权,即对软件进行增补、删节,或者改变指令、语句顺序的权利;

(四)复制权,即将软件制作一份或者多份的权利;

(五)发行权,即以出售或者赠与方式向公众提供软件的原件或者复制件的权利;

(六)出租权,即有偿许可他人临时使用软件的权利,但是软件不是出租的主要标的的除外;

(七)信息网络传播权,即以有线或者无线方式向公众提供软件,使公众可以在其个人选定的时间和地点获得软件的权利;

(八)翻译权,即将原软件从一种自然语言文字转换成另一种自然语言文字的权利;

(九)应当由软件著作权人享有的其他权利。

软件著作权人可以许可他人行使其软件著作权,并有权获得报酬。

软件著作权人可以全部或者部分转让其软件著作权,并有权获得报酬。

第九条　软件著作权属于软件开发者,本条例另有规定的除外。

如无相反证明,在软件上署名的自然人、法人或者其他组织为开发者。

第十条　由两个以上的自然人、法人或者其他组织合作开发的软件,其著作权的归属由合作开发者签订书面合同约定。无书面合同或者合同未作明确约定,合作开发的软件可以分割使用的,开发者对各自开发的部分可以单独享有著作权;但是,行使著作权时,不得扩展到合作开发的软件整体的著作权。合作开发的软件不能分割使用的,其著作权由各合作开发者共同享有,通过协商一致行使;不能协商一致,又无正当理由的,任何一方不得阻止他方行使除转让权以外的其他权利,但是所得收益应当合理分配给所有合作开发者。

第十一条　接受他人委托开发的软件,其著作权的归属由委托人与受托人签订书面合同约定;无书面合同或者合同未作明确约定的,其著作权由受托人享有。

第十二条　由国家机关下达任务开发的软件,著作权的归属与行使由项目任务书或者合同规定;项目任务书或者合同中未作明确规定的,软件著作权由接受任务的法人或者其他组织享有。

第十三条　自然人在法人或者其他组织中任职期间所开发的软件有下列情形之一的,该软件著作权由该法人或者其他组织享有,该法人或者其他组织可以对开发软件的自然人进行奖励:

(一)针对本职工作中明确指定的开发目标所开发的软件;

(二)开发的软件是从事本职工作活动所预见的结果或者自然的结果;

(三)主要使用了法人或者其他组织的资金、专用设备、未公开的专门信息等物质技术条件所开发并由法人或者其他组织承担责任的软件。

第十四条　软件著作权自软件开发完成之日起产生。

自然人的软件著作权,保护期为自然人终生及其死亡后50年,截止于自然人死亡后第50年的12月31日;软件是合作开发的,截止于最后死亡的自然人死亡后第50年的12月31日。

法人或者其他组织的软件著作权,保护期为50年,截止于软件首次发表后第50年的12月31日,但软件自开发完成之日起50年内未发表的,本条例不再保护。

第十五条　软件著作权属于自然人的,该自然人死亡后,在软件著作权的保护期内,软件著作权的继承人可以依照《中华人民共和国继承法》的有关规定,继承本条例第八条规定的除署名权以外的其他权利。

软件著作权属于法人或者其他组织的,法人或者其他组织变更、终止后,其著作权在本条例规定的保护期内由承受其权利义务的法人或者其他组织享有;没有承受其权利义务的法人或者其他组织的,由国家享有。

第十六条　软件的合法复制品所有人享有下列权利:

(一)根据使用的需要把该软件装入计算机等具有信息处理能力的装置内;

(二)为了防止复制品损坏而制作备份复制品。这些备份复制品不得通过任何方式提供给他人使用,并在所有人丧失该合法复制品的所有权时,负责将备份复制品销毁;

(三)为了把该软件用于实际的计算机应用环境或者改进其功能、性能而进行必要的修改;但是,除合同另有约定外,未经该软件著作权人许可,不得向任何第三方提供修改后的软件。

第十七条　为了学习和研究软件内含的设计思想和原理,通过安装、显示、传输或者存储软件等方式使用软件的,可以不经软件著作权人许可,不向其支付报酬。

第三章　软件著作权的许可使用和转让

第十八条　许可他人行使软件著作权的,应当订立许可使用合同。

许可使用合同中软件著作权人未明确许可的权利,被许可人不得行使。

第十九条　许可他人专有行使软件著作权的,当事人应当订立书面合同。

没有订立书面合同或者合同中未明确约定为专有许可的,被许可行使的权利应当视为非专有权利。

第二十条　转让软件著作权的,当事人应当订立书面合同。

第二十一条　订立许可他人专有行使软件著作权的许可合同,或者订立转让软件著作权合同,可以向国务院著作权行政管理部门认定的软件登记机构登记。

第二十二条　中国公民、法人或者其他组织向外国人许可或者转让软件著作权的,应当遵守《中华人民共和国技术进出口管理条例》的有关规定。

第四章　法律责任

第二十三条　除《中华人民共和国著作权法》或者本条例另有规定外,有下列侵权行为的,应当根据情况,承担停止侵害、消除影响、赔礼道歉、赔偿损失等民事责任:

(一)未经软件著作权人许可,发表或者登记其软件的;

(二)将他人软件作为自己的软件发表或者登记的;

(三)未经合作者许可,将与他人合作开发的软件作为自己单独完成的软件发表或者登记的;

(四)在他人软件上署名或者更改他人软件上的署名的;

(五)未经软件著作权人许可,修改、翻译其软件的;

(六)其他侵犯软件著作权的行为。

第二十四条　除《中华人民共和国著作权法》、本条例或者其他法律、行政法规另有规定外，未经软件著作权人许可，有下列侵权行为的，应当根据情况，承担停止侵害、消除影响、赔礼道歉、赔偿损失等民事责任；同时损害社会公共利益的，由著作权行政管理部门责令停止侵权行为，没收违法所得，没收、销毁侵权复制品，可以并处罚款；情节严重的，著作权行政管理部门并可以没收主要用于制作侵权复制品的材料、工具、设备等；触犯刑律的，依照刑法关于侵犯著作权罪、销售侵权复制品罪的规定，依法追究刑事责任：

（一）复制或者部分复制著作权人的软件的；

（二）向公众发行、出租、通过信息网络传播著作权人的软件的；

（三）故意避开或者破坏著作权人为保护其软件著作权而采取的技术措施的；

（四）故意删除或者改变软件权利管理电子信息的；

（五）转让或者许可他人行使著作权人的软件著作权的。

有前款第一项或者第二项行为的，可以并处每件100元或者货值金额1倍以上5倍以下的罚款；有前款第三项、第四项或者第五项行为的，可以并处20万元以下的罚款。

第二十五条　侵犯软件著作权的赔偿数额，依照《中华人民共和国著作权法》第四十九条的规定确定。

第二十六条　软件著作权人有证据证明他人正在实施或者即将实施侵犯其权利的行为，如不及时制止，将会使其合法权益受到难以弥补的损害的，可以依照《中华人民共和国著作权法》第五十条的规定，在提起诉讼前向人民法院申请采取责令停止有关行为和财产保全的措施。

第二十七条　为了制止侵权行为，在证据可能灭失或者以后难以取得的情况下，软件著作权人可以依照《中华人民共和国著作权法》第五十一条的规定，在提起诉讼前向人民法院申请保全证据。

第二十八条　软件复制品的出版者、制作者不能证明其出版、制作有合法授权的，或者软件复制品的发行者、出租者不能证明其发行、出租的复制品有合法来源的，应当承担法律责任。

第二十九条　软件开发者开发的软件，由于可供选用的表达方式有限而与已经存在的软件相似的，不构成对已经存在的软件的著作权的侵犯。

第三十条　软件的复制品持有人不知道也没有合理理由应当知道该软件是侵权复制品的，不承担赔偿责任；

但是，应当停止使用、销毁该侵权复制品。如果停止使用并销毁该侵权复制品将给复制品使用人造成重大损失的，复制品使用人可以在向软件著作权人支付合理费用后继续使用。

第三十一条　软件著作权侵权纠纷可以调解。

软件著作权合同纠纷可以依据合同中的仲裁条款或者事后达成的书面仲裁协议，向仲裁机构申请仲裁。

当事人没有在合同中订立仲裁条款，事后又没有书面仲裁协议的，可以直接向人民法院提起诉讼。

第五章　附　则

第三十二条　本条例施行前发生的侵权行为，依照侵权行为发生时的国家有关规定处理。

第三十三条　本条例自2002年1月1日起施行。1991年6月4日国务院发布的《计算机软件保护条例》同时废止。

网络出版服务管理规定

· 2016年2月4日国家新闻出版广电总局、工业和信息化部令第5号公布
· 自2016年3月10日起施行

第一章　总　则

第一条　为了规范网络出版服务秩序，促进网络出版服务业健康有序发展，根据《出版管理条例》、《互联网信息服务管理办法》及相关法律法规，制定本规定。

第二条　在中华人民共和国境内从事网络出版服务，适用本规定。

本规定所称网络出版服务，是指通过信息网络向公众提供网络出版物。

本规定所称网络出版物，是指通过信息网络向公众提供的，具有编辑、制作、加工等出版特征的数字化作品，范围主要包括：

（一）文学、艺术、科学等领域内具有知识性、思想性的文字、图片、地图、游戏、动漫、音视频读物等原创数字化作品；

（二）与已出版的图书、报纸、期刊、音像制品、电子出版物等内容相一致的数字化作品；

（三）将上述作品通过选择、编排、汇集等方式形成的网络文献数据库等数字化作品；

（四）国家新闻出版广电总局认定的其他类型的数字化作品。

网络出版服务的具体业务分类另行制定。

第三条　从事网络出版服务,应当遵守宪法和有关法律、法规,坚持为人民服务、为社会主义服务的方向,坚持社会主义先进文化的前进方向,弘扬社会主义核心价值观,传播和积累一切有益于提高民族素质、推动经济发展、促进社会进步的思想道德、科学技术和文化知识,满足人民群众日益增长的精神文化需要。

第四条　国家新闻出版广电总局作为网络出版服务的行业主管部门,负责全国网络出版服务的前置审批和监督管理工作。工业和信息化部作为互联网行业主管部门,依据职责对全国网络出版服务实施相应的监督管理。

地方人民政府各级出版行政主管部门和各省级电信主管部门依据各自职责对本行政区域内网络出版服务及接入服务实施相应的监督管理工作并做好配合工作。

第五条　出版行政主管部门根据已经取得的违法嫌疑证据或者举报,对涉嫌违法从事网络出版服务的行为进行查处时,可以检查与涉嫌违法行为有关的物品和经营场所;对有证据证明是与违法行为有关的物品,可以查封或者扣押。

第六条　国家鼓励图书、音像、电子、报纸、期刊出版单位从事网络出版服务,加快与新媒体的融合发展。

国家鼓励组建网络出版服务行业协会,按照章程,在出版行政主管部门的指导下制定行业自律规范,倡导网络文明,传播健康有益内容,抵制不良有害内容。

第二章　网络出版服务许可

第七条　从事网络出版服务,必须依法经过出版行政主管部门批准,取得《网络出版服务许可证》。

第八条　图书、音像、电子、报纸、期刊出版单位从事网络出版服务,应当具备以下条件:

(一)有确定的从事网络出版业务的网站域名、智能终端应用程序等出版平台;

(二)有确定的网络出版服务范围;

(三)有从事网络出版服务所需的必要的技术设备,相关服务器和存储设备必须存放在中华人民共和国境内。

第九条　其他单位从事网络出版服务,除第八条所列条件外,还应当具备以下条件:

(一)有确定的、不与其他出版单位相重复的、从事网络出版服务主体的名称及章程;

(二)有符合国家规定的法定代表人和主要负责人,法定代表人必须是在境内长久居住的具有完全行为能力的中国公民,法定代表人和主要负责人至少1人应当具有中级以上出版专业技术人员职业资格;

(三)除法定代表人和主要负责人外,有适应网络出版服务范围需要的8名以上具有国家新闻出版广电总局认可的出版及相关专业技术职业资格的专职编辑出版人员,其中具有中级以上职业资格的人员不得少于3名;

(四)有从事网络出版服务所需的内容审校制度;

(五)有固定的工作场所;

(六)法律、行政法规和国家新闻出版广电总局规定的其他条件。

第十条　中外合资经营、中外合作经营和外资经营的单位不得从事网络出版服务。

网络出版服务单位与境内中外合资经营、中外合作经营、外资经营企业或境外组织及个人进行网络出版服务业务的项目合作,应当事前报国家新闻出版广电总局审批。

第十一条　申请从事网络出版服务,应当向所在地省、自治区、直辖市出版行政主管部门提出申请,经审核同意后,报国家新闻出版广电总局审批。国家新闻出版广电总局应当自受理申请之日起60日内,作出批准或者不予批准的决定。不批准的,应当说明理由。

第十二条　从事网络出版服务的申报材料,应该包括下列内容:

(一)《网络出版服务许可证申请表》;

(二)单位章程及资本来源性质证明;

(三)网络出版服务可行性分析报告,包括资金使用、产品规划、技术条件、设备配备、机构设置、人员配备、市场分析、风险评估、版权保护措施等;

(四)法定代表人和主要负责人的简历、住址、身份证明文件;

(五)编辑出版等相关专业技术人员的国家认可的职业资格证明和主要从业经历及培训证明;

(六)工作场所使用证明;

(七)网站域名注册证明、相关服务器存放在中华人民共和国境内的承诺。

本规定第八条所列单位从事网络出版服务的,仅提交前款(一)、(六)、(七)项规定的材料。

第十三条　设立网络出版服务单位的申请者应自收到批准决定之日起30日内办理注册登记手续:

(一)持批准文件到所在地省、自治区、直辖市出版行政主管部门领取并填写《网络出版服务许可登记表》;

(二)省、自治区、直辖市出版行政主管部门对《网络出版服务许可登记表》审核无误后,在10日内向申请者发放《网络出版服务许可证》;

（三）《网络出版服务许可登记表》一式三份，由申请者和省、自治区、直辖市出版行政主管部门各存一份，另一份由省、自治区、直辖市出版行政主管部门在 15 日内报送国家新闻出版广电总局备案。

第十四条　《网络出版服务许可证》有效期为 5 年。有效期届满，需继续从事网络出版服务活动的，应于有效期届满 60 日前按本规定第十一条的程序提出申请。出版行政主管部门应当在该许可有效期届满前作出是否准予延续的决定。批准的，换发《网络出版服务许可证》。

第十五条　网络出版服务经批准后，申请者应持批准文件、《网络出版服务许可证》到所在地省、自治区、直辖市电信主管部门办理相关手续。

第十六条　网络出版服务单位变更《网络出版服务许可证》许可登记事项、资本结构，合并或者分立，设立分支机构的，应依据本规定第十一条办理审批手续，并应持批准文件到所在地省、自治区、直辖市电信主管部门办理相关手续。

第十七条　网络出版服务单位中止网络出版服务的，应当向所在地省、自治区、直辖市出版行政主管部门备案，并说明理由和期限；网络出版服务单位中止网络出版服务不得超过 180 日。

网络出版服务单位终止网络出版服务的，应当自终止网络出版服务之日起 30 日内，向所在地省、自治区、直辖市出版行政主管部门办理注销手续后到省、自治区、直辖市电信主管部门办理相关手续。省、自治区、直辖市出版行政主管部门将相关信息报国家新闻出版广电总局备案。

第十八条　网络出版服务单位自登记之日起满 180 日未开展网络出版服务的，由原登记的出版行政主管部门注销登记，并报国家新闻出版广电总局备案。同时，通报相关省、自治区、直辖市电信主管部门。

因不可抗力或者其他正当理由发生上述所列情形的，网络出版服务单位可以向原登记的出版行政主管部门申请延期。

第十九条　网络出版服务单位应当在其网站首页上标明出版行政主管部门核发的《网络出版服务许可证》编号。

互联网相关服务提供者在为网络出版服务单位提供人工干预搜索排名、广告、推广等服务时，应当查验服务对象的《网络出版服务许可证》及业务范围。

第二十条　网络出版服务单位应当按照批准的业务范围从事网络出版服务，不得超出批准的业务范围从事网络出版服务。

第二十一条　网络出版服务单位不得转借、出租、出卖《网络出版服务许可证》或以任何形式转让网络出版服务许可。

网络出版服务单位允许其他网络信息服务提供者以其名义提供网络出版服务，属于前款所称禁止行为。

第二十二条　网络出版服务单位实行特殊管理股制度，具体办法由国家新闻出版广电总局另行制定。

第三章　网络出版服务管理

第二十三条　网络出版服务单位实行编辑责任制度，保障网络出版物内容合法。

网络出版服务单位实行出版物内容审核责任制度、责任编辑制度、责任校对制度等管理制度，保障网络出版物出版质量。

在网络上出版其他出版单位已在境内合法出版的作品且不改变原出版物内容的，须在网络出版物的相应页面显著标明原出版单位名称以及书号、刊号、网络出版物号或者网址信息。

第二十四条　网络出版物不得含有以下内容：

（一）反对宪法确定的基本原则的；

（二）危害国家统一、主权和领土完整的；

（三）泄露国家秘密、危害国家安全或者损害国家荣誉和利益的；

（四）煽动民族仇恨、民族歧视，破坏民族团结，或者侵害民族风俗、习惯的；

（五）宣扬邪教、迷信的；

（六）散布谣言，扰乱社会秩序，破坏社会稳定的；

（七）宣扬淫秽、色情、赌博、暴力或者教唆犯罪的；

（八）侮辱或者诽谤他人，侵害他人合法权益的；

（九）危害社会公德或者民族优秀文化传统的；

（十）有法律、行政法规和国家规定禁止的其他内容的。

第二十五条　为保护未成年人合法权益，网络出版物不得含有诱发未成年人模仿违反社会公德和违法犯罪行为的内容，不得含有恐怖、残酷等妨害未成年人身心健康的内容，不得含有披露未成年人个人隐私的内容。

第二十六条　网络出版服务单位出版涉及国家安全、社会安定等方面重大选题的内容，应当按照国家新闻出版广电总局有关重大选题备案管理的规定办理备案手续。未经备案的重大选题内容，不得出版。

第二十七条　网络游戏上网出版前，必须向所在地省、自治区、直辖市出版行政主管部门提出申请，经审核同意后,报国家新闻出版广电总局审批。

第二十八条　网络出版物的内容不真实或不公正,致使公民、法人或者其他组织合法权益受到损害的,相关网络出版服务单位应当停止侵权,公开更正,消除影响,并依法承担其他民事责任。

第二十九条　国家对网络出版物实行标识管理,具体办法由国家新闻出版广电总局另行制定。

第三十条　网络出版物必须符合国家的有关规定和标准要求,保证出版物质量。

网络出版物使用语言文字,必须符合国家法律规定和有关标准规范。

第三十一条　网络出版服务单位应当按照国家有关规定或技术标准,配备应用必要的设备和系统,建立健全各项管理制度,保障信息安全、内容合法,并为出版行政主管部门依法履行监督管理职责提供技术支持。

第三十二条　网络出版服务单位在网络上提供境外出版物,应当取得著作权合法授权。其中,出版境外著作权人授权的网络游戏,须按本规定第二十七条办理审批手续。

第三十三条　网络出版服务单位发现其出版的网络出版物含有本规定第二十四条、第二十五条所列内容的,应当立即删除,保存有关记录,并向所在地县级以上出版行政主管部门报告。

第三十四条　网络出版服务单位应记录所出版作品的内容及其时间、网址或者域名,记录应当保存60日,并在国家有关部门依法查询时,予以提供。

第三十五条　网络出版服务单位须遵守国家统计规定,依法向出版行政主管部门报送统计资料。

第四章　监督管理

第三十六条　网络出版服务的监督管理实行属地管理原则。

各地出版行政主管部门应当加强对本行政区域内的网络出版服务单位及其出版活动的日常监督管理,履行下列职责:

(一)对网络出版服务单位进行行业监管,对网络出版服务单位违反本规定的情况进行查处并报告上级出版行政主管部门;

(二)对网络出版服务进行监管,对违反本规定的行为进行查处并报告上级出版行政主管部门;

(三)对网络出版物内容和质量进行监管,定期组织内容审读和质量检查,并将结果向上级出版行政主管部门报告;

(四)对网络出版从业人员进行管理,定期组织岗位、业务培训和考核;

(五)配合上级出版行政主管部门、协调相关部门、指导下级出版行政主管部门开展工作。

第三十七条　出版行政主管部门应当加强监管队伍和机构建设,采取必要的技术手段对网络出版服务进行管理。出版行政主管部门依法履行监督检查等执法职责时,网络出版服务单位应当予以配合,不得拒绝、阻挠。

各省、自治区、直辖市出版行政主管部门应当定期将本行政区域内的网络出版服务监督管理情况向国家新闻出版广电总局提交书面报告。

第三十八条　网络出版服务单位实行年度核验制度,年度核验每年进行一次。省、自治区、直辖市出版行政主管部门负责对本行政区域内的网络出版服务单位实施年度核验并将有关情况报国家新闻出版广电总局备案。年度核验内容包括网络出版服务单位的设立条件、登记项目、出版经营情况、出版质量、遵守法律规范、内部管理情况等。

第三十九条　年度核验按照以下程序进行:

(一)网络出版服务单位提交年度自检报告,内容包括:本年度政策法律执行情况,奖惩情况,网站出版、管理、运营绩效情况,网络出版物目录,对年度核验期内的违法违规行为的整改情况,编辑出版人员培训管理情况等;并填写由国家新闻出版广电总局统一印制的《网络出版服务年度核验登记表》,与年度自检报告一并报所在地省、自治区、直辖市出版行政主管部门;

(二)省、自治区、直辖市出版行政主管部门对本行政区域内的网络出版服务单位的设立条件、登记项目、开展业务及执行法规等情况进行全面审核,并在收到网络出版服务单位的年度自检报告和《网络出版服务年度核验登记表》等年度核验材料的45日内完成全面审核查验工作。对符合年度核验要求的网络出版服务单位予以登记,并在其《网络出版服务许可证》上加盖年度核验章;

(三)省、自治区、直辖市出版行政主管部门应于完成全面审核查验工作的15日内将年度核验情况及有关书面材料报国家新闻出版广电总局备案。

第四十条　有下列情形之一的,暂缓年度核验:

(一)正在停业整顿的;

(二)违反出版法规规章,应予处罚的;

(三)未按要求执行出版行政主管部门相关管理规定的;

(四)内部管理混乱,无正当理由未开展实质性网络

出版服务活动的;

(五)存在侵犯著作权等其他违法嫌疑需要进一步核查的。

暂缓年度核验的期限由省、自治区、直辖市出版行政主管部门确定,报国家新闻出版广电总局备案,最长不得超过180日。暂缓年度核验期间,须停止网络出版服务。

暂缓核验期满,按本规定重新办理年度核验手续。

第四十一条　已经不具备本规定第八条、第九条规定条件的,责令限期改正;逾期仍未改正的,不予通过年度核验,由国家新闻出版广电总局撤销《网络出版服务许可证》,所在地省、自治区、直辖市出版行政主管部门注销登记,并通知当地电信主管部门依法处理。

第四十二条　省、自治区、直辖市出版行政主管部门可根据实际情况,对本行政区域内的年度核验事项进行调整,相关情况报国家新闻出版广电总局备案。

第四十三条　省、自治区、直辖市出版行政主管部门可以向社会公布年度核验结果。

第四十四条　从事网络出版服务的编辑出版等相关专业技术人员及其负责人应当符合国家关于编辑出版等相关专业技术人员职业资格管理的有关规定。

网络出版服务单位的法定代表人或主要负责人应按照有关规定参加出版行政主管部门组织的岗位培训,并取得国家新闻出版广电总局统一印制的《岗位培训合格证书》。未按规定参加岗位培训或培训后未取得《岗位培训合格证书》的,不得继续担任法定代表人或主要负责人。

第五章　保障与奖励

第四十五条　国家制定有关政策,保障、促进网络出版服务业的发展与繁荣。鼓励宣传科学真理、传播先进文化、倡导科学精神、塑造美好心灵、弘扬社会正气等有助于形成先进网络文化的网络出版服务,推动健康文化、优秀文化产品的数字化、网络化传播。

网络出版服务单位依法从事网络出版服务,任何组织和个人不得干扰、阻止和破坏。

第四十六条　国家支持、鼓励下列优秀的、重点的网络出版物的出版:

(一)对阐述、传播宪法确定的基本原则有重大作用的;

(二)对弘扬社会主义核心价值观,进行爱国主义、集体主义、社会主义和民族团结教育以及弘扬社会公德、职业道德、家庭美德、个人品德有重要意义的;

(三)对弘扬民族优秀文化,促进国际文化交流有重大作用的;

(四)具有自主知识产权和优秀文化内涵的;

(五)对推进文化创新,及时反映国内外新的科学文化成果有重大贡献的;

(六)对促进公共文化服务有重大作用的;

(七)专门以未成年人为对象、内容健康的或者其他有利于未成年人健康成长的;

(八)其他具有重要思想价值、科学价值或者文化艺术价值的。

第四十七条　对为发展、繁荣网络出版服务业作出重要贡献的单位和个人,按照国家有关规定给予奖励。

第四十八条　国家保护网络出版物著作权人的合法权益。网络出版服务单位应当遵守《中华人民共和国著作权法》、《信息网络传播权保护条例》、《计算机软件保护条例》等著作权法律法规。

第四十九条　对非法干扰、阻止和破坏网络出版物出版的行为,出版行政主管部门及其他有关部门,应当及时采取措施,予以制止。

第六章　法律责任

第五十条　网络出版服务单位违反本规定的,出版行政主管部门可以采取下列行政措施:

(一)下达警示通知书;

(二)通报批评、责令改正;

(三)责令公开检讨;

(四)责令删除违法内容。

警示通知书由国家新闻出版广电总局制定统一格式,由出版行政主管部门下达给相关网络出版服务单位。

本条所列的行政措施可以并用。

第五十一条　未经批准,擅自从事网络出版服务,或者擅自上网出版网络游戏(含境外著作权人授权的网络游戏),根据《出版管理条例》第六十一条、《互联网信息服务管理办法》第十九条的规定,由出版行政主管部门、工商行政管理部门依照法定职权予以取缔,并由所在地省级电信主管部门依据有关部门的通知,按照《互联网信息服务管理办法》第十九条的规定给予责令关闭网站等处罚;已经触犯刑法的,依法追究刑事责任;尚不够刑事处罚的,删除全部相关网络出版物,没收违法所得和从事违法出版活动的主要设备、专用工具,违法经营额1万元以上的,并处违法经营额5倍以上10倍以下的罚款;违法经营额不足1万元的,可以处5万元以下的罚款;侵犯他人合法权益的,依法承担民事责任。

第五十二条　出版、传播含有本规定第二十四条、第二十五条禁止内容的网络出版物的,根据《出版管理条例》第六十二条、《互联网信息服务管理办法》第二十条的规定,由出版行政主管部门责令删除相关内容并限期改正,没收违法所得,违法经营额 1 万元以上的,并处违法经营额 5 倍以上 10 倍以下罚款;违法经营额不足 1 万元的,可以处 5 万元以下罚款;情节严重的,责令限期停业整顿或者由国家新闻出版广电总局吊销《网络出版服务许可证》,由电信主管部门依据出版行政主管部门的通知吊销其电信业务经营许可或者责令关闭网站;构成犯罪的,依法追究刑事责任。

为从事本条第一款行为的网络出版服务单位提供人工干预搜索排名、广告、推广等相关服务的,由出版行政主管部门责令其停止提供相关服务。

第五十三条 违反本规定第二十一条的,根据《出版管理条例》第六十六条的规定,由出版行政主管部门责令停止违法行为,给予警告,没收违法所得,违法经营额 1 万元以上的,并处违法经营额 5 倍以上 10 倍以下的罚款;违法经营额不足 1 万元的,可以处 5 万元以下的罚款;情节严重的,责令限期停业整顿或者由国家新闻出版广电总局吊销《网络出版服务许可证》。

第五十四条 有下列行为之一的,根据《出版管理条例》第六十七条的规定,由出版行政主管部门责令改正,给予警告;情节严重的,责令限期停业整顿或者由国家新闻出版广电总局吊销《网络出版服务许可证》:

(一)网络出版服务单位变更《网络出版服务许可证》登记事项、资本结构,超出批准的服务范围从事网络出版服务,合并或者分立,设立分支机构,未依据本规定办理审批手续的;

(二)网络出版服务单位未按规定出版涉及重大选题出版物的;

(三)网络出版服务单位擅自中止网络出版服务超过 180 日的;

(四)网络出版物质量不符合有关规定和标准的。

第五十五条 违反本规定第三十四条的,根据《互联网信息服务管理办法》第二十一条的规定,由省级电信主管部门责令改正;情节严重的,责令停业整顿或者暂时关闭网站。

第五十六条 网络出版服务单位未依法向出版行政主管部门报送统计资料的,依据《新闻出版统计管理办法》处罚。

第五十七条 网络出版服务单位违反本规定第二章规定,以欺骗或者贿赂等不正当手段取得许可的,由国家

新闻出版广电总局撤销其相应许可。

第五十八条 有下列行为之一的,由出版行政主管部门责令改正,予以警告,并处 3 万元以下罚款:

(一)违反本规定第十条,擅自与境内外中外合资经营、中外合作经营和外资经营的企业进行涉及网络出版服务业务的合作的;

(二)违反本规定第十九条,未标明有关许可信息或者未核验有关网站的《网络出版服务许可证》的;

(三)违反本规定第二十三条,未按规定实行编辑责任制度等管理制度的;

(四)违反本规定第三十一条,未按规定或标准配备应用有关系统、设备或未健全有关管理制度的;

(五)未按本规定要求参加年度核验的;

(六)违反本规定第四十四条,网络出版服务单位的法定代表人或主要负责人未取得《岗位培训合格证书》的;

(七)违反出版行政主管部门关于网络出版其他管理规定的。

第五十九条 网络出版服务单位违反本规定被处以吊销许可证行政处罚的,其法定代表人或者主要负责人自许可证被吊销之日起 10 年内不得担任网络出版服务单位的法定代表人或者主要负责人。

从事网络出版服务的编辑出版等相关专业技术人员及其负责人违反本规定,情节严重的,由原发证机关吊销其资格证书。

第七章 附 则

第六十条 本规定所称出版物内容审核责任制度、责任编辑制度、责任校对制度等管理制度,参照《图书质量保障体系》的有关规定执行。

第六十一条 本规定自 2016 年 3 月 10 日起施行。原国家新闻出版总署、信息产业部 2002 年 6 月 27 日颁布的《互联网出版管理暂行规定》同时废止。

互联网著作权行政保护办法

· 2005 年 4 月 29 日国家版权局、信息产业部令 2005 年第 5 号公布
· 自 2005 年 5 月 30 日起施行

第一条 为了加强互联网信息服务活动中信息网络传播权的行政保护,规范行政执法行为,根据《中华人民共和国著作权法》及有关法律、行政法规,制定本办法。

第二条　本办法适用于互联网信息服务活动中根据互联网内容提供者的指令，通过互联网自动提供作品、录音录像制品等内容的上载、存储、链接或搜索等功能，且对存储或传输的内容不进行任何编辑、修改或选择的行为。

互联网信息服务活动中直接提供互联网内容的行为，适用著作权法。

本办法所称"互联网内容提供者"是指在互联网上发布相关内容的上网用户。

第三条　各级著作权行政管理部门依照法律、行政法规和本办法对互联网信息服务活动中的信息网络传播权实施行政保护。国务院信息产业主管部门和各省、自治区、直辖市电信管理机构依法配合相关工作。

第四条　著作权行政管理部门对侵犯互联网信息服务活动中的信息网络传播权的行为实施行政处罚，适用《著作权行政处罚实施办法》。

侵犯互联网信息服务活动中的信息网络传播权的行为由侵权行为实施地的著作权行政管理部门管辖。侵权行为实施地包括提供本办法第二条所列的互联网信息服务活动的服务器等设备所在地。

第五条　著作权人发现互联网传播的内容侵犯其著作权，向互联网信息服务提供者或者其委托的其他机构（以下统称"互联网信息服务提供者"）发出通知后，互联网信息服务提供者应当立即采取措施移除相关内容，并保留著作权人的通知6个月。

第六条　互联网信息服务提供者收到著作权人的通知后，应当记录提供的信息内容及其发布的时间、互联网地址或者域名。互联网接入服务提供者应当记录互联网内容提供者的接入时间、用户账号、互联网地址或者域名、主叫电话号码等信息。

前款所称记录应当保存60日，并在著作权行政管理部门查询时予以提供。

第七条　互联网信息服务提供者根据著作权人的通知移除相关内容的，互联网内容提供者可以向互联网信息服务提供者和著作权人一并发出说明被移除内容不侵犯著作权的反通知。反通知发出后，互联网信息服务提供者即可恢复被移除的内容，且对该恢复行为不承担行政法律责任。

第八条　著作权人的通知应当包含以下内容：

（一）涉嫌侵权内容所侵犯的著作权权属证明；

（二）明确的身份证明、住址、联系方式；

（三）涉嫌侵权内容在信息网络上的位置；

（四）侵犯著作权的相关证据；

（五）通知内容的真实性声明。

第九条　互联网内容提供者的反通知应当包含以下内容：

（一）明确的身份证明、住址、联系方式；

（二）被移除内容的合法性证明；

（三）被移除内容在互联网上的位置；

（四）反通知内容的真实性声明。

第十条　著作权人的通知和互联网内容提供者的反通知应当采取书面形式。

著作权人的通知和互联网内容提供者的反通知不具备本办法第八条、第九条所规定内容的，视为未发出。

第十一条　互联网信息服务提供者明知互联网内容提供者通过互联网实施侵犯他人著作权的行为，或者虽不明知，但接到著作权人通知后未采取措施移除相关内容，同时损害社会公共利益的，著作权行政管理部门可以根据《中华人民共和国著作权法》第四十七条的规定责令停止侵权行为，并给予下列行政处罚：

（一）没收违法所得；

（二）处以非法经营额3倍以下的罚款；非法经营额难以计算的，可以处10万元以下的罚款。

第十二条　没有证据表明互联网信息服务提供者明知侵权事实存在的，或者互联网信息服务提供者接到著作权人通知后，采取措施移除相关内容的，不承担行政法律责任。

第十三条　著作权行政管理部门在查处侵犯互联网信息服务活动中的信息网络传播权案件时，可以按照《著作权行政处罚实施办法》第十二条规定要求著作权人提交必备材料，以及向互联网信息服务提供者发出的通知和该互联网信息服务提供者未采取措施移除相关内容的证明。

第十四条　互联网信息服务提供者有本办法第十一条规定的情形，且经著作权行政管理部门依法认定专门从事盗版活动，或有其他严重情节的，国务院信息产业主管部门或者省、自治区、直辖市电信管理机构依据相关法律、行政法规的规定处理；互联网接入服务提供者应当依据国务院信息产业主管部门或者省、自治区、直辖市电信管理机构的通知，配合实施相应的处理措施。

第十五条　互联网信息服务提供者未履行本办法第六条规定的义务，由国务院信息产业主管部门或者省、自治区、直辖市电信管理机构予以警告，可以并处3万元以下罚款。

第十六条　著作权行政管理部门在查处侵犯互联网信息服务活动中的信息网络传播权案件过程中，发现互联网信息服务提供者的行为涉嫌构成犯罪的，应当依照国务院《行政执法机关移送涉嫌犯罪案件的规定》将案件移送司法部门，依法追究刑事责任。

第十七条　表演者、录音录像制作者等与著作权有关的权利人通过互联网向公众传播其表演或者录音录像制品的权利的行政保护适用本办法。

第十八条　本办法由国家版权局和信息产业部负责解释。

第十九条　本办法自 2005 年 5 月 30 日起施行。

计算机软件著作权登记办法

· 2002 年 2 月 20 日国家版权局令第 1 号发布
· 自发布之日起施行

第一章　总　则

第一条　为贯彻《计算机软件保护条例》（以下简称《条例》）制定本办法。

第二条　为促进我国软件产业发展，增强我国信息产业的创新能力和竞争能力，国家著作权行政管理部门鼓励软件登记，并对登记的软件予以重点保护。

第三条　本办法适用于软件著作权登记、软件著作权专有许可合同和转让合同登记。

第四条　软件著作权登记申请人应当是该软件的著作权人以及通过继承、受让或者承受软件著作权的自然人、法人或者其他组织。

软件著作权合同登记的申请人，应当是软件著作权专有许可合同或者转让合同的当事人。

第五条　申请人或者申请人之一为外国人、无国籍人的，适用本办法。

第六条　国家版权局主管全国软件著作权登记管理工作。

国家版权局认定中国版权保护中心为软件登记机构。

经国家版权局批准，中国版权保护中心可以在地方设立软件登记办事机构。

第二章　登记申请

第七条　申请登记的软件应是独立开发的，或者经原著作权人许可对原有软件修改后形成的在功能或者性能方面有重要改进的软件。

第八条　合作开发的软件进行著作权登记的，可以由全体著作权人协商确定一名著作权人作为代表办理。著作权人协商不一致的，任何著作权人均可在不损害其他著作权人利益的前提下申请登记，但应当注明其他著作权人。

第九条　申请软件著作权登记的，应当向中国版权保护中心提交以下材料：

（一）按要求填写的软件著作权登记申请表；

（二）软件的鉴别材料；

（三）相关的证明文件。

第十条　软件的鉴别材料包括程序和文档的鉴别材料。

程序和文档的鉴别材料应当由源程序和任何一种文档前、后各连续 30 页组成。整个程序和文档不到 60 页的，应当提交整个源程序和文档。除特定情况外，程序每页不少于 50 行，文档每页不少于 30 行。

第十一条　申请软件著作权登记的，应当提交以下主要证明文件：

（一）自然人、法人或者其他组织的身份证明；

（二）有著作权归属书面合同或者项目任务书的，应当提交合同或者项目任务书；

（三）经原软件著作权人许可，在原有软件上开发的软件，应当提交原著作权人的许可证明；

（四）权利继承人、受让人或者承受人，提交权利继承、受让或者承受的证明。

第十二条　申请软件著作权登记的，可以选择以下方式之一对鉴别材料作例外交存：

（一）源程序的前、后各连续的 30 页，其中的机密部分用黑色宽斜线覆盖，但覆盖部分不得超过交存源程序的 50%；

（二）源程序连续的前 10 页，加上源程序的任何部分的连续的 50 页；

（三）目标程序的前、后各连续的 30 页，加上源程序的任何部分的连续的 20 页。

文档作例外交存的，参照前款规定处理。

第十三条　软件著作权登记时，申请人可以申请将源程序、文档或者样品进行封存。除申请人或者司法机关外，任何人不得启封。

第十四条　软件著作权转让合同或者专有许可合同当事人可以向中国版权保护中心申请合同登记。申请合同登记时，应当提交以下材料：

（一）按要求填写的合同登记表；

（二）合同复印件；

（三）申请人身份证明。

第十五条　申请人在登记申请批准之前，可以随时请求撤回申请。

第十六条　软件著作权登记人或者合同登记人可以对已经登记的事项作变更或者补充。申请登记变更或者补充时，申请人应当提交以下材料：

（一）按照要求填写的变更或者补充申请表；

（二）登记证书或者证明的复印件；

（三）有关变更或者补充的材料。

第十七条　登记申请应当使用中国版权保护中心制定的统一表格，并由申请人盖章（签名）。

申请表格应当使用中文填写。提交的各种证件和证明文件是外文的，应当附中文译本。

申请登记的文件应当使用国际标准 A4 型 297mm×210mm（长×宽）纸张。

第十八条　申请文件可以直接递交或者挂号邮寄。申请人提交有关申请文件时，应当注明申请人、软件的名称，有受理号或登记号的，应当注明受理号或登记号。

第三章　审查和批准

第十九条　对于本办法第九条和第十四条所指的申请，以收到符合本办法第二章规定的材料之日为受理日，并书面通知申请人。

第二十条　中国版权保护中心应当自受理日起 60 日内审查完成所受理的申请，申请符合《条例》和本办法规定的，予以登记，发给相应的登记证书，并予以公告。

第二十一条　有下列情况之一的，不予登记并书面通知申请人：

（一）表格内容填写不完整、不规范，且未在指定期限内补正的；

（二）提交的鉴别材料不是《条例》规定的软件程序和文档的；

（三）申请文件中出现的软件名称、权利人署名不一致，且未提交证明文件的；

（四）申请登记的软件存在权属争议的。

第二十二条　中国版权保护中心要求申请人补正其他登记材料的，申请人应当在 30 日内补正，逾期未补正的，视为撤回申请。

第二十三条　国家版权局根据下列情况之一，可以撤销登记：

（一）最终的司法判决；

（二）著作权行政管理部门作出的行政处罚决定。

第二十四条　中国版权保护中心可以根据申请人的申请，撤销登记。

第二十五条　登记证书遗失或损坏的，可申请补发或换发。

第四章　软件登记公告

第二十六条　除本办法另有规定外，任何人均可查阅软件登记公告以及可公开的有关登记文件。

第二十七条　软件登记公告的内容如下：

（一）软件著作权的登记；

（二）软件著作权合同登记事项；

（三）软件登记的撤销；

（四）其他事项。

第五章　费　用

第二十八条　申请软件登记或者办理其他事项，应当交纳下列费用：

（一）软件著作权登记费；

（二）软件著作权合同登记费；

（三）变更或补充登记费；

（四）登记证书费；

（五）封存保管费；

（六）例外交存费；

（七）查询费；

（八）撤销登记申请费；

（九）其他需交纳的费用。

具体收费标准由国家版权局会同国务院价格主管部门规定并公布。

第二十九条　申请人自动撤回申请或者登记机关不予登记的，所交费用不予退回。

第三十条　本办法第二十八条规定的各种费用，可以通过邮局或银行汇付，也可以直接向中国版权保护中心交纳。

第六章　附　则

第三十一条　本办法规定的、中国版权保护中心指定的各种期限，第一日不计算在内。期限以年或者月计算的，以最后一个月的相应日为届满日；该月无相应日的，以该月的最后一日为届满日。届满日是法定节假日的，以节假日后的第一个工作日为届满日。

第三十二条　申请人向中国版权保护中心邮寄的各种文件，以寄出的邮戳日为递交日。信封上寄出的邮戳日不清晰的，除申请人提出证明外，以收到日为递交日。中国版权保护中心邮寄的各种文件，送达地是省会、自治区首府及直辖市的，自文件发出之日满十五日，其他地区满二十一日,推定为收件人收到文件之日。

第三十三条 申请人因不可抗力或其他正当理由,延误了本办法规定或者中国版权保护中心指定的期限,在障碍消除后三十日内,可以请求顺延期限。

第三十四条 本办法由国家版权局负责解释和补充修订。

第三十五条 本办法自发布之日起实施。

最高人民法院关于审理侵害信息网络传播权民事纠纷案件适用法律若干问题的规定

· 2012 年 11 月 26 日最高人民法院审判委员会第 1561 次会议通过
· 根据 2020 年 12 月 23 日最高人民法院审判委员会第 1823 次会议通过的《最高人民法院关于修改〈最高人民法院关于审理侵犯专利权纠纷案件应用法律若干问题的解释(二)〉等十八件知识产权类司法解释的决定》修正
· 2020 年 12 月 29 日最高人民法院公告公布
· 自 2021 年 1 月 1 日起施行
· 法释〔2020〕19 号

为正确审理侵害信息网络传播权民事纠纷案件,依法保护信息网络传播权,促进信息网络产业健康发展,维护公共利益,根据《中华人民共和国民法典》《中华人民共和国著作权法》《中华人民共和国民事诉讼法》等有关法律规定,结合审判实际,制定本规定。

第一条 人民法院审理侵害信息网络传播权民事纠纷案件,在依法行使裁量权时,应当兼顾权利人、网络服务提供者和社会公众的利益。

第二条 本规定所称信息网络,包括以计算机、电视机、固定电话机、移动电话机等电子设备为终端的计算机互联网、广播电视网、固定通信网、移动通信网等信息网络,以及向公众开放的局域网络。

第三条 网络用户、网络服务提供者未经许可,通过信息网络提供权利人享有信息网络传播权的作品、表演、录音录像制品,除法律、行政法规另有规定外,人民法院应当认定其构成侵害信息网络传播权行为。

通过上传到网络服务器、设置共享文件或者利用文件分享软件等方式,将作品、表演、录音录像制品置于信息网络中,使公众能够在个人选定的时间和地点以下载、浏览或者其他方式获得的,人民法院应当认定其实施了前款规定的提供行为。

第四条 有证据证明网络服务提供者与他人以分工合作等方式共同提供作品、表演、录音录像制品,构成共同侵权行为的,人民法院应当判令其承担连带责任。网络服务提供者能够证明其仅提供自动接入、自动传输、信息存储空间、搜索、链接、文件分享技术等网络服务,主张其不构成共同侵权行为的,人民法院应予支持。

第五条 网络服务提供者以提供网页快照、缩略图等方式实质替代其他网络服务提供者向公众提供相关作品的,人民法院应当认定其构成提供行为。

前款规定的提供行为不影响相关作品的正常使用,且未不合理损害权利人对该作品的合法权益,网络服务提供者主张其未侵害信息网络传播权的,人民法院应予支持。

第六条 原告有初步证据证明网络服务提供者提供了相关作品、表演、录音录像制品,但网络服务提供者能够证明其仅提供网络服务,且无过错的,人民法院不应认定为构成侵权。

第七条 网络服务提供者在提供网络服务时教唆或者帮助网络用户实施侵害信息网络传播权行为的,人民法院应当判令其承担侵权责任。

网络服务提供者以言语、推介技术支持、奖励积分等方式诱导、鼓励网络用户实施侵害信息网络传播权行为的,人民法院应当认定其构成教唆侵权行为。

网络服务提供者明知或者应知网络用户利用网络服务侵害信息网络传播权,未采取删除、屏蔽、断开链接等必要措施,或者提供技术支持等帮助行为的,人民法院应当认定其构成帮助侵权行为。

第八条 人民法院应当根据网络服务提供者的过错,确定其是否承担教唆、帮助侵权责任。网络服务提供者的过错包括对于网络用户侵害信息网络传播权行为的明知或者应知。

网络服务提供者未对网络用户侵害信息网络传播权的行为主动进行审查的,人民法院不应据此认定其具有过错。

网络服务提供者能够证明已采取合理、有效的技术措施,仍难以发现网络用户侵害信息网络传播权行为的,人民法院应当认定其不具有过错。

第九条 人民法院应当根据网络用户侵害信息网络传播权的具体事实是否明显,综合考虑以下因素,认定网络服务提供者是否构成应知:

(一)基于网络服务提供者提供服务的性质、方式及其引发侵权的可能性大小,应当具备的管理信息的能力;

(二)传播的作品、表演、录音录像制品的类型、知名

度及侵权信息的明显程度;

（三）网络服务提供者是否主动对作品、表演、录音录像制品进行了选择、编辑、修改、推荐等;

（四）网络服务提供者是否积极采取了预防侵权的合理措施;

（五）网络服务提供者是否设置便捷程序接收侵权通知并及时对侵权通知作出合理的反应;

（六）网络服务提供者是否针对同一网络用户的重复侵权行为采取了相应的合理措施;

（七）其他相关因素。

第十条　网络服务提供者在提供网络服务时,对热播影视作品等以设置榜单、目录、索引、描述性段落、内容简介等方式进行推荐,且公众可以在其网页上直接以下载、浏览或者其他方式获得的,人民法院可以认定其应知网络用户侵害信息网络传播权。

第十一条　网络服务提供者从网络用户提供的作品、表演、录音录像制品中直接获得经济利益的,人民法院应当认定其对该网络用户侵害信息网络传播权的行为负有较高的注意义务。

网络服务提供者针对特定作品、表演、录音录像制品投放广告获取收益,或者获取与其传播的作品、表演、录音录像制品存在其他特定联系的经济利益,应当认定为前款规定的直接获得经济利益。网络服务提供者因提供网络服务而收取一般性广告费、服务费等,不属于本款规定的情形。

第十二条　有下列情形之一的,人民法院可以根据案件具体情况,认定提供信息存储空间服务的网络服务提供者应知网络用户侵害信息网络传播权:

（一）将热播影视作品等置于首页或者其他主要页面等能够为网络服务提供者明显感知的位置的;

（二）对热播影视作品等的主题、内容主动进行选择、编辑、整理、推荐,或者为其设立专门的排行榜的;

（三）其他可以明显感知相关作品、表演、录音录像制品为未经许可提供,仍未采取合理措施的情形。

第十三条　网络服务提供者接到权利人以书信、传真、电子邮件等方式提交的通知及构成侵权的初步证据,未及时根据初步证据和服务类型采取必要措施的,人民法院应当认定其明知相关侵害信息网络传播权行为。

第十四条　人民法院认定网络服务提供者转送通知、采取必要措施是否及时,应当根据权利人提交通知的形式,通知的准确程度,采取措施的难易程度,网络服务的性质,所涉作品、表演、录音录像制品的类型、知名度、

数量等因素综合判断。

第十五条　侵害信息网络传播权民事纠纷案件由侵权行为地或者被告住所地人民法院管辖。侵权行为地包括实施被诉侵权行为的网络服务器、计算机终端等设备所在地。侵权行为地和被告住所地均难以确定或者在境外的,原告发现侵权内容的计算机终端等设备所在地可以视为侵权行为地。

第十六条　本规定施行之日起,《最高人民法院关于审理涉及计算机网络著作权纠纷案件适用法律若干问题的解释》（法释〔2006〕11号）同时废止。

本规定施行之后尚未终审的侵害信息网络传播权民事纠纷案件,适用本规定。本规定施行前已经终审,当事人申请再审或者按照审判监督程序决定再审的,不适用本规定。

最高人民法院关于做好涉及网吧著作权纠纷案件审判工作的通知

· 2010 年 11 月 25 日
· 法发〔2010〕50 号

各省、自治区、直辖市高级人民法院,新疆维吾尔自治区高级人民法院生产建设兵团分院:

近年来,各级人民法院审理的网吧因提供影视作品被诉侵权的相关案件大幅增加,出现了一些新情况和新问题,引起有关方面的高度关注。为解决当前审理涉及网吧著作权纠纷案件中存在的突出问题,依法妥善审理好此类案件,现就有关事项通知如下:

一、各级人民法院要认真研究分析当前涉及网吧著作权纠纷案件急剧上升的成因和现状,在此类案件的审理中,在积极支持当事人依法维权的同时,也要注意防止滥用权利情形的发生。要注意处理好依法保护与适度保护的关系,既要依法保护当事人的著作权,有效制止侵权行为,又要正确确定网吧经营者和相关影视作品提供者的责任承担,注意把握司法导向和利益平衡,积极促进信息传播和规范传播秩序,推动相关互联网文化产业健康发展。

二、要积极探索有效解决纠纷的途径,认真贯彻"调解优先,调判结合"的工作原则。在加强诉讼调解的同时,积极推动建立诉讼与非诉讼相衔接的矛盾纠纷解决机制,发挥行业主管部门和行业协会的作用,采取各种措施引导网吧经营者规范经营行为,以减少诉讼,维护社会和谐稳定。

三、网吧经营者未经许可,通过网吧自行提供他人享有著作权的影视作品,侵犯他人信息网络传播权等权利的,应当根据原告的诉讼请求判决其停止侵权和赔偿损失。赔偿数额的确定要合理和适度,要符合网吧经营活动的特点和实际,除应考虑涉案影视作品的市场影响、知名度、上映档期、合理的许可使用费外,还应重点考虑网吧的服务价格、规模、主观过错程度以及侵权行为的性质、持续时间、对侵权作品的点击或下载数量、当地经济文化发展状况等因素。

法律、行政法规对网吧经营者承担侵权责任的情形另有规定的,按其规定执行。

四、网吧经营者能证明涉案影视作品是从有经营资质的影视作品提供者合法取得,根据取得时的具体情形不知道也没有合理理由应当知道涉案影视作品侵犯他人信息网络传播权等权利的,不承担赔偿损失的民事责任。但网吧经营者经权利人通知后,未及时采取必要措施的,应对损害的扩大部分承担相应的民事责任。

五、网吧经营者请求追加涉案影视作品提供者为共同被告的,可根据案件的具体情况决定是否追加其参加诉讼。

本通知自下发之日起执行。执行中如有问题和新情况,请及时层报最高人民法院。

(三)著作权报酬

广播电台电视台播放录音制品支付报酬暂行办法

· 2009 年 11 月 10 日中华人民共和国国务院令第 566 号公布
· 根据 2011 年 1 月 8 日《国务院关于废止和修改部分行政法规的决定》修订

第一条　为了保障著作权人依法行使广播权,方便广播电台、电视台播放录音制品,根据《中华人民共和国著作权法》(以下称著作权法)第四十四条的规定,制定本办法。

第二条　广播电台、电视台可以就播放已经发表的音乐作品向著作权人支付报酬的方式、数额等有关事项与管理相关权利的著作权集体管理组织进行约定。

广播电台、电视台播放已经出版的录音制品,已经与著作权人订立许可使用合同的,按照合同约定的方式和标准支付报酬。

广播电台、电视台依照著作权法第四十四条的规定,未经著作权人的许可播放已经出版的录音制品(以下称

播放录音制品)的,依照本办法向著作权人支付报酬。

第三条　本办法所称播放,是指广播电台、电视台以无线或者有线的方式进行的首播、重播和转播。

第四条　广播电台、电视台播放录音制品,可以与管理相关权利的著作权集体管理组织约定每年向著作权人支付固定数额的报酬;没有就固定数额进行约定或者约定不成的,广播电台、电视台与管理相关权利的著作权集体管理组织可以以下列方式之一为基础,协商向著作权人支付报酬:

(一)以本台或者本台各频道(频率)本年度广告收入扣除 15% 成本费用后的余额,乘以本办法第五条或者第六条规定的付酬标准,计算支付报酬的数额;

(二)以本台本年度播放录音制品的时间总量,乘以本办法第七条规定的单位时间付酬标准,计算支付报酬的数额。

第五条　以本办法第四条第(一)项规定方式确定向著作权人支付报酬的数额的,自本办法施行之日起 5 年内,按照下列付酬标准协商支付报酬的数额:

(一)播放录音制品的时间占本台或者本频道(频率)播放节目总时间的比例(以下称播放时间比例)不足 1% 的,付酬标准为 0.01%;

(二)播放时间比例为 1% 以上不足 3% 的,付酬标准为 0.02%;

(三)播放时间比例为 3% 以上不足 6% 的,相应的付酬标准为 0.09% 到 0.15%,播放时间比例每增加 1%,付酬标准相应增加 0.03%;

(四)播放时间比例为 6% 以上 10% 以下的,相应的付酬标准为 0.24% 到 0.4%,播放时间比例每增加 1%,付酬标准相应增加 0.04%;

(五)播放时间比例超过 10% 不足 30% 的,付酬标准为 0.5%;

(六)播放时间比例为 30% 以上不足 50% 的,付酬标准为 0.6%;

(七)播放时间比例为 50% 以上不足 80% 的,付酬标准为 0.7%;

(八)播放时间比例为 80% 以上的,付酬标准为 0.8%。

第六条　以本办法第四条第(一)项规定方式确定向著作权人支付报酬的数额的,自本办法施行届满 5 年之日起,按照下列付酬标准协商支付报酬的数额:

(一)播放时间比例不足 1% 的,付酬标准为 0.02%;

(二)播放时间比例为 1% 以上不足 3% 的,付酬标准

为 0.03%；

（三）播放时间比例为 3% 以上不足 6% 的，相应的付酬标准为 0.12% 到 0.2%，播放时间比例每增加 1%，付酬标准相应增加 0.04%；

（四）播放时间比例为 6% 以上 10% 以下的，相应的付酬标准为 0.3% 到 0.5%，播放时间比例每增加 1%，付酬标准相应增加 0.05%；

（五）播放时间比例超过 10% 不足 30% 的，付酬标准为 0.6%；

（六）播放时间比例为 30% 以上不足 50% 的，付酬标准为 0.7%；

（七）播放时间比例为 50% 以上不足 80% 的，付酬标准为 0.8%；

（八）播放时间比例为 80% 以上的，付酬标准为 0.9%。

第七条　以本办法第四条第（二）项规定的方式确定向著作权人支付报酬的数额的，按照下列付酬标准协商支付报酬的数额：

（一）广播电台的单位时间付酬标准为每分钟 0.30 元；

（二）电视台的单位时间付酬标准自本办法施行之日起 5 年内为每分钟 1.50 元，自本办法施行届满 5 年之日起为每分钟 2 元。

第八条　广播电台、电视台播放录音制品，未能依照本办法第四条的规定与管理相关权利的著作权集体管理组织约定支付报酬的固定数额，也未能协商确定应支付报酬的，应当依照本办法第四条第（一）项规定的方式和第五条、第六条规定的标准，确定向管理相关权利的著作权集体管理组织支付报酬的数额。

第九条　广播电台、电视台转播其他广播电台、电视台播放的录音制品的，其播放录音制品的时间按照实际播放时间的 10% 计算。

第十条　中部地区的广播电台、电视台依照本办法规定方式向著作权人支付报酬的数额，自本办法施行之日起 5 年内，按照依据本办法规定计算出的数额的 50% 计算。

西部地区的广播电台、电视台以及全国专门对少年儿童、少数民族和农村地区等播出的专业频道（频率），依照本办法规定方式向著作权人支付报酬的数额，自本办法施行之日起 5 年内，按照依据本办法规定计算出的数额的 10% 计算；自本办法施行届满 5 年之日起，按照依据本办法规定计算出的数额的 50% 计算。

第十一条　县级以上人民政府财政部门将本级人民政府设立的广播电台、电视台播放录音制品向著作权人支付报酬的支出作为核定其收支的因素，根据本地区财政情况综合考虑，统筹安排。

第十二条　广播电台、电视台向著作权人支付报酬，以年度为结算期。

广播电台、电视台应当于每年度第一季度将其上年度应当支付的报酬交由著作权集体管理组织转付给著作权人。

广播电台、电视台通过著作权集体管理组织向著作权人支付报酬时，应当提供其播放作品的名称、著作权人姓名或者名称、播放时间等情况，双方已有约定的除外。

第十三条　广播电台、电视台播放录音制品，未向管理相关权利的著作权集体管理组织会员以外的著作权人支付报酬的，应当按照本办法第十二条的规定将应支付的报酬送交管理相关权利的著作权集体管理组织；管理相关权利的著作权集体管理组织应当向著作权人转付。

第十四条　著作权集体管理组织向著作权人转付报酬，除本办法已有规定外，适用《著作权集体管理条例》的有关规定。

第十五条　广播电台、电视台依照本办法规定将应当向著作权人支付的报酬交给著作权集体管理组织后，对著作权集体管理组织与著作权人之间的纠纷不承担责任。

第十六条　广播电台、电视台与著作权人或者著作权集体管理组织因依照本办法规定支付报酬产生纠纷的，可以依法向人民法院提起民事诉讼，或者根据双方达成的书面仲裁协议向仲裁机构申请仲裁。

第十七条　本办法自 2010 年 1 月 1 日起施行。

使用文字作品支付报酬办法

· 2014 年 9 月 23 日国家版权局、国家发展和改革委员会令第 11 号公布
· 自 2014 年 11 月 1 日起施行

第一条　为保护文字作品著作权人的著作权，规范使用文字作品的行为，促进文字作品的创作与传播，根据《中华人民共和国著作权法》及相关行政法规，制定本办法。

第二条　除法律、行政法规另有规定外，使用文字作品支付报酬由当事人约定；当事人没有约定或者约定不明的，适用本办法。

第三条　以纸介质出版方式使用文字作品支付报酬可以选择版税、基本稿酬加印数稿酬或者一次性付酬等方式。

版税，是指使用者以图书定价×实际销售数或者印数×版税率的方式向著作权人支付的报酬。

基本稿酬,是指使用者按作品的字数,以千字为单位向著作权人支付的报酬。

印数稿酬,是指使用者根据图书的印数,以千册为单位按基本稿酬的一定比例向著作权人支付的报酬。

一次性付酬,是指使用者根据作品的质量、篇幅、作者的知名度、影响力以及使用方式、使用范围和授权期限等因素,一次性向著作权人支付的报酬。

第四条　版税率标准和计算方法:

(一)原创作品:3%—10%

(二)演绎作品:1%—7%

采用版税方式支付报酬的,著作权人可以与使用者在合同中约定,在交付作品时或者签订合同时由使用者向著作权人预付首次实际印数或者最低保底发行数的版税。

首次出版发行数不足千册的,按千册支付版税,但在下次结算版税时对已经支付版税部分不再重复支付。

第五条　基本稿酬标准和计算方法:

(一)原创作品:每千字 80-300 元,注释部分参照该标准执行。

(二)演绎作品:

1. 改编:每千字 20-100 元

2. 汇编:每千字 10-20 元

3. 翻译:每千字 50-200 元

支付基本稿酬以千字为单位,不足千字部分按千字计算。

支付报酬的字数按实有正文计算,即以排印的版面每行字数乘以全部实有的行数计算。占行题目或者末尾排不足一行的,按一行计算。

诗词每十行按一千字计算,作品不足十行的按十行计算。

辞书类作品按双栏排版的版面折合的字数计算。

第六条　印数稿酬标准和计算方法:

每印一千册,按基本稿酬的 1% 支付。不足一千册的,按一千册计算。

作品重印时只支付印数稿酬,不再支付基本稿酬。

采用基本稿酬加印数稿酬的付酬方式的,著作权人可以与使用者在合同中约定,在交付作品时由使用者支付基本稿酬的 30%-50%。除非合同另有约定,作品一经使用,使用者应当在 6 个月内付清全部报酬。作品重印的,应在重印后 6 个月内付清印数稿酬。

第七条　一次性付酬的,可以参照本办法第五条规定的基本稿酬标准及其计算方法。

第八条　使用演绎作品,除合同另有约定或者原作品已进入公有领域外,使用者还应当取得原作品著作权人的许可并支付报酬。

第九条　使用者未与著作权人签订书面合同,或者签订了书面合同但未约定付酬方式和标准,与著作权人发生争议的,应当按本办法第四条、第五条规定的付酬标准的上限分别计算报酬,以较高者向著作权人支付,并不得以出版物抵作报酬。

第十条　著作权人许可使用者通过转授权方式在境外出版作品,但对支付报酬没有约定或约定不明的,使用者应当将所得报酬扣除合理成本后的 70% 支付给著作权人。

第十一条　报刊刊载作品只适用一次性付酬方式。

第十二条　报刊刊载未发表的作品,除合同另有约定外,应当自刊载后 1 个月内按每千字不低于 100 元的标准向著作权人支付报酬。

报刊刊载未发表的作品,不足五百字的按千字作半计算;超过五百字不足千字的按千字计算。

第十三条　报刊依照《中华人民共和国著作权法》的相关规定转载、摘编其他报刊已发表的作品,应当自报刊出版之日起 2 个月内,按每千字 100 元的付酬标准向著作权人支付报酬,不足五百字的按千字作半计算,超过五百字不足千字的按千字计算。

报刊出版者未按前款规定向著作权人支付报酬的,应当将报酬连同邮资以及转载、摘编作品的有关情况送交中国文字著作权协会代为收转。中国文字著作权协会收到相关报酬后,应当按相关规定及时向著作权人转付,并编制报酬收转记录。

报刊出版者按前款规定将相关报酬转交给中国文字著作权协会后,对著作权人不再承担支付报酬的义务。

第十四条　以纸介质出版方式之外的其他方式使用文字作品,除合同另有约定外,使用者应当参照本办法规定的付酬标准和付酬方式付酬。

在数字或者网络环境下使用文字作品,除合同另有约定外,使用者可以参照本办法规定的付酬标准和付酬方式付酬。

第十五条　教科书法定许可使用文字作品适用《教科书法定许可使用作品支付报酬办法》。

第十六条　本办法由国家版权局会同国家发展和改革委员会负责解释。

第十七条　本办法自 2014 年 11 月 1 日起施行。国家版权局 1999 年 4 月 5 日发布的《出版文字作品报酬规定》同时废止。

(四)邻接权

出版管理条例

· 2001 年 12 月 25 日中华人民共和国国务院令第 343 号公布
· 根据 2011 年 3 月 19 日《国务院关于修改〈出版管理条例〉的决定》第一次修订
· 根据 2013 年 7 月 18 日《国务院关于废止和修改部分行政法规的决定》第二次修订
· 根据 2014 年 7 月 29 日《国务院关于修改部分行政法规的决定》第三次修订
· 根据 2016 年 2 月 6 日《国务院关于修改部分行政法规的决定》第四次修订
· 根据 2020 年 11 月 29 日《国务院关于修改和废止部分行政法规的决定》第五次修订

第一章　总　则

第一条　为了加强对出版活动的管理,发展和繁荣有中国特色社会主义出版产业和出版事业,保障公民依法行使出版自由的权利,促进社会主义精神文明和物质文明建设,根据宪法,制定本条例。

第二条　在中华人民共和国境内从事出版活动,适用本条例。

本条例所称出版活动,包括出版物的出版、印刷或者复制、进口、发行。

本条例所称出版物,是指报纸、期刊、图书、音像制品、电子出版物等。

第三条　出版活动必须坚持为人民服务、为社会主义服务的方向,坚持以马克思列宁主义、毛泽东思想、邓小平理论和"三个代表"重要思想为指导,贯彻落实科学发展观,传播和积累有益于提高民族素质、有益于经济发展和社会进步的科学技术和文化知识,弘扬民族优秀文化,促进国际文化交流,丰富和提高人民的精神生活。

第四条　从事出版活动,应当将社会效益放在首位,实现社会效益与经济效益相结合。

第五条　公民依法行使出版自由的权利,各级人民政府应当予以保障。

公民在行使出版自由的权利的时候,必须遵守宪法和法律,不得反对宪法确定的基本原则,不得损害国家的、社会的、集体的利益和其他公民的合法的自由和权利。

第六条　国务院出版行政主管部门负责全国的出版活动的监督管理工作。国务院其他有关部门按照国务院规定的职责分工,负责有关的出版活动的监督管理工作。

县级以上地方各级人民政府负责出版管理的部门(以下简称出版行政主管部门)负责本行政区域内出版活动的监督管理工作。县级以上地方各级人民政府其他有关部门在各自的职责范围内,负责有关的出版活动的监督管理工作。

第七条　出版行政主管部门根据已经取得的违法嫌疑证据或者举报,对涉嫌违法从事出版物出版、印刷或者复制、进口、发行等活动的行为进行查处时,可以检查与涉嫌违法活动有关的物品和经营场所;对有证据证明是与违法活动有关的物品,可以查封或者扣押。

第八条　出版行业的社会团体按照其章程,在出版行政主管部门的指导下,实行自律管理。

第二章　出版单位的设立与管理

第九条　报纸、期刊、图书、音像制品和电子出版物等应当由出版单位出版。

本条例所称出版单位,包括报社、期刊社、图书出版社、音像出版社和电子出版物出版社等。

法人出版报纸、期刊,不设立报社、期刊社的,其设立的报纸编辑部、期刊编辑部视为出版单位。

第十条　国务院出版行政主管部门制定全国出版单位总量、结构、布局的规划,指导、协调出版产业和出版事业发展。

第十一条　设立出版单位,应当具备下列条件:

(一)有出版单位的名称、章程;

(二)有符合国务院出版行政主管部门认定的主办单位及其主管机关;

(三)有确定的业务范围;

(四)有 30 万元以上的注册资本和固定的工作场所;

(五)有适应业务范围需要的组织机构和符合国家规定的资格条件的编辑出版专业人员;

(六)法律、行政法规规定的其他条件。

审批设立出版单位,除依照前款所列条件外,还应当符合国家关于出版单位总量、结构、布局的规划。

第十二条　设立出版单位,由其主办单位向所在地省、自治区、直辖市人民政府出版行政主管部门提出申请;省、自治区、直辖市人民政府出版行政主管部门审核同意后,报国务院出版行政主管部门审批。设立的出版单位为事业单位的,还应当办理机构编制审批手续。

第十三条　设立出版单位的申请书应当载明下列事项:

(一)出版单位的名称、地址;

(二)出版单位的主办单位及其主管机关的名称、地址;

（三）出版单位的法定代表人或者主要负责人的姓名、住址、资格证明文件；

（四）出版单位的资金来源及数额。

设立报社、期刊社或者报纸编辑部、期刊编辑部的，申请书还应当载明报纸或者期刊的名称、刊期、开版或者开本、印刷场所。

申请书应当附具出版单位的章程和设立出版单位的主办单位及其主管机关的有关证明材料。

第十四条　国务院出版行政主管部门应当自受理设立出版单位的申请之日起60日内，作出批准或者不批准的决定，并由省、自治区、直辖市人民政府出版行政主管部门书面通知主办单位；不批准的，应当说明理由。

第十五条　设立出版单位的主办单位应当自收到批准决定之日起60日内，向所在地省、自治区、直辖市人民政府出版行政主管部门登记，领取出版许可证。登记事项由国务院出版行政主管部门规定。

出版单位领取出版许可证后，属于事业单位法人的，持出版许可证向事业单位登记管理机关登记，依法领取事业单位法人证书；属于企业法人的，持出版许可证向工商行政管理部门登记，依法领取营业执照。

第十六条　报社、期刊社、图书出版社、音像出版社和电子出版物出版社等应当具备法人条件，经核准登记后，取得法人资格，以其全部法人财产独立承担民事责任。

依照本条例第九条第三款的规定，视为出版单位的报纸编辑部、期刊编辑部不具有法人资格，其民事责任由其主办单位承担。

第十七条　出版单位变更名称、主办单位或者其主管机关、业务范围、资本结构，合并或者分立，设立分支机构，出版新的报纸、期刊，或者报纸、期刊变更名称的，应当依照本条例第十二条、第十三条的规定办理审批手续。出版单位属于事业单位法人的，还应当持批准文件到事业单位登记管理机关办理相应的登记手续；属于企业法人的，还应当持批准文件到工商行政管理部门办理相应的登记手续。

出版单位除前款所列变更事项外的其他事项的变更，应当经主办单位及其主管机关审查同意，向所在地省、自治区、直辖市人民政府出版行政主管部门申请变更登记，并报国务院出版行政主管部门备案。出版单位属于事业单位法人的，还应当持批准文件到事业单位登记管理机关办理变更登记；属于企业法人的，还应当持批准文件到工商行政管理部门办理变更登记。

第十八条　出版单位中止出版活动的，应当向所在地省、自治区、直辖市人民政府出版行政主管部门备案并说明理由和期限；出版单位中止出版活动不得超过180日。

出版单位终止出版活动的，由主办单位提出申请并经主管机关同意后，由主办单位向所在地省、自治区、直辖市人民政府出版行政主管部门办理注销登记，并报国务院出版行政主管部门备案。出版单位属于事业单位法人的，还应当持批准文件到事业单位登记管理机关办理注销登记；属于企业法人的，还应当持批准文件到工商行政管理部门办理注销登记。

第十九条　图书出版社、音像出版社和电子出版物出版社自登记之日起满180日未从事出版活动的，报社、期刊社自登记之日起满90日未出版报纸、期刊的，由原登记的出版行政主管部门注销登记，并报国务院出版行政主管部门备案。

因不可抗力或者其他正当理由发生前款所列情形的，出版单位可以向原登记的出版行政主管部门申请延期。

第二十条　图书出版社、音像出版社和电子出版物出版社的年度出版计划及涉及国家安全、社会安定等方面的重大选题，应当经所在地省、自治区、直辖市人民政府出版行政主管部门审核后报国务院出版行政主管部门备案；涉及重大选题，未在出版前报备案的出版物，不得出版。具体办法由国务院出版行政主管部门制定。

期刊社的重大选题，应当依照前款规定办理备案手续。

第二十一条　出版单位不得向任何单位或者个人出售或者以其他形式转让本单位的名称、书号、刊号或者版号、版面，并不得出租本单位的名称、刊号。

出版单位及其从业人员不得利用出版活动谋取其他不正当利益。

第二十二条　出版单位应当按照国家有关规定向国家图书馆、中国版本图书馆和国务院出版行政主管部门免费送交样本。

第三章　出版物的出版

第二十三条　公民可以依照本条例规定，在出版物上自由表达自己对国家事务、经济和文化事业、社会事务的见解和意愿，自由发表自己从事科学研究、文学艺术创作和其他文化活动的成果。

合法出版物受法律保护，任何组织和个人不得非法干扰、阻止、破坏出版物的出版。

第二十四条　出版单位实行编辑责任制度，保障出版物刊载的内容符合本条例的规定。

第二十五条　任何出版物不得含有下列内容：

（一）反对宪法确定的基本原则的；

（二）危害国家统一、主权和领土完整的；

（三）泄露国家秘密、危害国家安全或者损害国家荣誉和利益的；

（四）煽动民族仇恨、民族歧视，破坏民族团结，或者侵害民族风俗、习惯的；

（五）宣扬邪教、迷信的；

（六）扰乱社会秩序，破坏社会稳定的；

（七）宣扬淫秽、赌博、暴力或者教唆犯罪的；

（八）侮辱或者诽谤他人，侵害他人合法权益的；

（九）危害社会公德或者民族优秀文化传统的；

（十）有法律、行政法规和国家规定禁止的其他内容的。

第二十六条　以未成年人为对象的出版物不得含有诱发未成年人模仿违反社会公德的行为和违法犯罪的行为的内容，不得含有恐怖、残酷等妨害未成年人身心健康的内容。

第二十七条　出版物的内容不真实或者不公正，致使公民、法人或者其他组织的合法权益受到侵害的，其出版单位应当公开更正，消除影响，并依法承担其他民事责任。

报纸、期刊发表的作品内容不真实或者不公正，致使公民、法人或者其他组织的合法权益受到侵害的，当事人有权要求有关出版单位更正或者答辩，有关出版单位应当在其近期出版的报纸、期刊上予以发表；拒绝发表的，当事人可以向人民法院提起诉讼。

第二十八条　出版物必须按照国家的有关规定载明作者、出版者、印刷者或者复制者、发行者的名称、地址，书号、刊号或者版号，在版编目数据，出版日期、刊期以及其他有关事项。

出版物的规格、开本、版式、装帧、校对等必须符合国家标准和规范要求，保证出版物的质量。

出版物使用语言文字必须符合国家法律规定和有关标准、规范。

第二十九条　任何单位和个人不得伪造、假冒出版单位名称或者报纸、期刊名称出版出版物。

第三十条　中学小学教科书由国务院教育行政主管部门审定；其出版、发行单位应当具有适应教科书出版、发行业务需要的资金、组织机构和人员等条件，并取得国务院出版行政主管部门批准的教科书出版、发行资质。

纳入政府采购范围的中学小学教科书，其发行单位按照《中华人民共和国政府采购法》的有关规定确定。其他任何单位或者个人不得从事中学小学教科书的出版、发行业务。

第四章　出版物的印刷或者复制和发行

第三十一条　从事出版物印刷或者复制业务的单位，应当向所在地省、自治区、直辖市人民政府出版行政主管部门提出申请，经审核许可，并依照国家有关规定到工商行政管理部门办理相关手续后，方可从事出版物的印刷或者复制。

未经许可并办理相关手续的，不得印刷报纸、期刊、图书，不得复制音像制品、电子出版物。

第三十二条　出版单位不得委托未取得出版物印刷或者复制许可的单位印刷或者复制出版物。

出版单位委托印刷或者复制单位印刷或者复制出版物的，必须提供符合国家规定的印刷或者复制出版物的有关证明，并依法与印刷或者复制单位签订合同。

印刷或者复制单位不得接受非出版单位和个人的委托印刷报纸、期刊、图书或者复制音像制品、电子出版物，不得擅自印刷、发行报纸、期刊、图书或者复制、发行音像制品、电子出版物。

第三十三条　印刷或者复制单位经所在地省、自治区、直辖市人民政府出版行政主管部门批准，可以承接境外出版物的印刷或者复制业务；但是，印刷或者复制的境外出版物必须全部运输出境，不得在境内发行。

境外委托印刷或者复制的出版物的内容，应当经省、自治区、直辖市人民政府出版行政主管部门审核。委托人应当持有著作权人授权书，并向著作权行政管理部门登记。

第三十四条　印刷或者复制单位应当自完成出版物的印刷或者复制之日起 2 年内，留存一份承接的出版物样本备查。

第三十五条　单位从事出版物批发业务的，须经省、自治区、直辖市人民政府出版行政主管部门审核许可，取得《出版物经营许可证》。

单位和个体工商户从事出版物零售业务的，须经县级人民政府出版行政主管部门审核许可，取得《出版物经营许可证》。

第三十六条　通过互联网等信息网络从事出版物发行业务的单位或者个体工商户，应当依照本条例规定取得《出版物经营许可证》。

提供网络交易平台服务的经营者应当对申请通过网

络交易平台从事出版物发行业务的单位或者个体工商户的经营主体身份进行审查，验证其《出版物经营许可证》。

第三十七条　从事出版物发行业务的单位和个体工商户变更《出版物经营许可证》登记事项，或者兼并、合并、分立的，应当依照本条例第三十五条的规定办理审批手续。

从事出版物发行业务的单位和个体工商户终止经营活动的，应当向原批准的出版行政主管部门备案。

第三十八条　出版单位可以发行本出版单位出版的出版物，不得发行其他出版单位出版的出版物。

第三十九条　国家允许设立从事图书、报纸、期刊、电子出版物发行业务的外商投资企业。

第四十条　印刷或者复制单位、发行单位或者个体工商户不得印刷或者复制、发行有下列情形之一的出版物：

（一）含有本条例第二十五条、第二十六条禁止内容的；

（二）非法进口的；

（三）伪造、假冒出版单位名称或者报纸、期刊名称的；

（四）未署出版单位名称的；

（五）中学小学教科书未经依法审定的；

（六）侵犯他人著作权的。

第五章　出版物的进口

第四十一条　出版物进口业务，由依照本条例设立的出版物进口经营单位经营；其他单位和个人不得从事出版物进口业务。

第四十二条　设立出版物进口经营单位，应当具备下列条件：

（一）有出版物进口经营单位的名称、章程；

（二）有符合国务院出版行政主管部门认定的主办单位及其主管机关；

（三）有确定的业务范围；

（四）具有进口出版物内容审查能力；

（五）有与出版物进口业务相适应的资金；

（六）有固定的经营场所；

（七）法律、行政法规和国家规定的其他条件。

第四十三条　设立出版物进口经营单位，应当向国务院出版行政主管部门提出申请，经审查批准，取得国务院出版行政主管部门核发的出版物进口经营许可证后，持证到工商行政管理部门依法领取营业执照。

设立出版物进口经营单位，还应当依照对外贸易法律、行政法规的规定办理相应手续。

第四十四条　出版物进口经营单位变更名称、业务范围、资本结构、主办单位或者其主管机关，合并或者分立，设立分支机构，应当依照本条例第四十二条、第四十三条的规定办理审批手续，并持批准文件到工商行政管理部门办理相应的登记手续。

第四十五条　出版物进口经营单位进口的出版物，不得含有本条例第二十五条、第二十六条禁止的内容。

出版物进口经营单位负责对其进口的出版物进行内容审查。省级以上人民政府出版行政主管部门可以对出版物进口经营单位进口的出版物直接进行内容审查。出版物进口经营单位无法判断其进口的出版物是否含有本条例第二十五条、第二十六条禁止内容的，可以请求省级以上人民政府出版行政主管部门进行内容审查。省级以上人民政府出版行政主管部门应出版物进口经营单位的请求，对其进口的出版物进行内容审查的，可以按照国务院价格主管部门批准的标准收取费用。

国务院出版行政主管部门可以禁止特定出版物的进口。

第四十六条　出版物进口经营单位应当在进口出版物前将拟进口的出版物目录报省级以上人民政府出版行政主管部门备案；省级以上人民政府出版行政主管部门发现有禁止进口的或者暂缓进口的出版物的，应当及时通知出版物进口经营单位并通报海关。对通报禁止进口或者暂缓进口的出版物，出版物进口经营单位不得进口，海关不得放行。

出版物进口备案的具体办法由国务院出版行政主管部门制定。

第四十七条　发行进口出版物的，必须从依法设立的出版物进口经营单位进货。

第四十八条　出版物进口经营单位在境内举办境外出版物展览，必须报经国务院出版行政主管部门批准。未经批准，任何单位和个人不得举办境外出版物展览。

依照前款规定展览的境外出版物需要销售的，应当按照国家有关规定办理相关手续。

第六章　监督与管理

第四十九条　出版行政主管部门应当加强对本行政区域内出版单位出版活动的日常监督管理；出版单位的主办单位及其主管机关对所属出版单位出版活动负有直接管理责任，并应当配合出版行政主管部门督促所属出版单位执行各项管理规定。

出版单位和出版物进口经营单位应当按照国务院出

版行政主管部门的规定,将从事出版活动和出版物进口活动的情况向出版行政主管部门提出书面报告。

第五十条　出版行政主管部门履行下列职责:

(一)对出版物的出版、印刷、复制、发行、进口单位进行行业监管,实施准入和退出管理;

(二)对出版活动进行监管,对违反本条例的行为进行查处;

(三)对出版物内容和质量进行监管;

(四)根据国家有关规定对出版从业人员进行管理。

第五十一条　出版行政主管部门根据有关规定和标准,对出版物的内容、编校、印刷或者复制、装帧设计等方面质量实施监督检查。

第五十二条　国务院出版行政主管部门制定出版单位综合评估办法,对出版单位分类实施综合评估。

出版物的出版、印刷或者复制、发行和进口经营单位不再具备行政许可的法定条件的,由出版行政主管部门责令限期改正;逾期仍未改正的,由原发证机关撤销行政许可。

第五十三条　国家对在出版单位从事出版专业技术工作的人员实行职业资格制度;出版专业技术人员通过国家专业技术人员资格考试取得专业技术资格。具体办法由国务院人力资源社会保障主管部门、国务院出版行政主管部门共同制定。

第七章　保障与奖励

第五十四条　国家制定有关政策,保障、促进出版产业和出版事业的发展与繁荣。

第五十五条　国家支持、鼓励下列优秀的、重点的出版物的出版:

(一)对阐述、传播宪法确定的基本原则有重大作用的;

(二)对弘扬社会主义核心价值体系,在人民中进行爱国主义、集体主义、社会主义和民族团结教育以及弘扬社会公德、职业道德、家庭美德有重要意义的;

(三)对弘扬民族优秀文化,促进国际文化交流有重大作用的;

(四)对推进文化创新,及时反映国内外新的科学文化成果有重大贡献的;

(五)对服务农业、农村和农民,促进公共文化服务有重大作用的;

(六)其他具有重要思想价值、科学价值或者文化艺术价值的。

第五十六条　国家对教科书的出版发行,予以保障。

国家扶持少数民族语言文字出版物和盲文出版物的出版发行。

国家对在少数民族地区、边疆地区、经济不发达地区和在农村发行出版物,实行优惠政策。

第五十七条　报纸、期刊交由邮政企业发行的,邮政企业应当保证按照合同约定及时、准确发行。

承运出版物的运输企业,应当对出版物的运输提供方便。

第五十八条　对为发展、繁荣出版产业和出版事业作出重要贡献的单位和个人,按照国家有关规定给予奖励。

第五十九条　对非法干扰、阻止和破坏出版物出版、印刷或者复制、进口、发行的行为,县级以上各级人民政府出版行政主管部门及其他有关部门,应当及时采取措施,予以制止。

第八章　法律责任

第六十条　出版行政主管部门或者其他有关部门的工作人员,利用职务上的便利收受他人财物或者其他好处,批准不符合法定条件的申请人取得许可证、批准文件,或者不履行监督职责,或者发现违法行为不予查处,造成严重后果的,依法给予降级直至开除的处分;构成犯罪的,依照刑法关于受贿罪、滥用职权罪、玩忽职守罪或者其他罪的规定,依法追究刑事责任。

第六十一条　未经批准,擅自设立出版物的出版、印刷或者复制、进口单位,或者擅自从事出版物的出版、印刷或者复制、进口、发行业务,假冒出版单位名称或者伪造、假冒报纸、期刊名称出版出版物的,由出版行政主管部门、工商行政管理部门依照法定职权予以取缔;依照刑法关于非法经营罪的规定,依法追究刑事责任;尚不够刑事处罚的,没收出版物、违法所得和从事违法活动的专用工具、设备,违法经营额 1 万元以上的,并处违法经营额 5 倍以上 10 倍以下的罚款,违法经营额不足 1 万元的,可以处 5 万元以下的罚款;侵犯他人合法权益的,依法承担民事责任。

第六十二条　有下列行为之一,触犯刑律的,依照刑法有关规定,依法追究刑事责任;尚不够刑事处罚的,由出版行政主管部门责令限期停业整顿,没收出版物、违法所得,违法经营额 1 万元以上的,并处违法经营额 5 倍以上 10 倍以下的罚款;违法经营额不足 1 万元的,可以处 5 万元以下的罚款;情节严重的,由原发证机关吊销许可证:

(一)出版、进口含有本条例第二十五条、第二十六条禁止内容的出版物的;

（二）明知或者应知出版物含有本条例第二十五条、第二十六条禁止内容而印刷或者复制、发行的；

（三）明知或者应知他人出版含有本条例第二十五条、第二十六条禁止内容的出版物而向其出售或者以其他形式转让本出版单位的名称、书号、刊号、版号、版面，或者出租本单位的名称、刊号的。

第六十三条　有下列行为之一的，由出版行政主管部门责令停止违法行为，没收出版物、违法所得，违法经营额 1 万元以上的，并处违法经营额 5 倍以上 10 倍以下的罚款；违法经营额不足 1 万元的，可以处 5 万元以下的罚款；情节严重的，责令限期停业整顿或者由原发证机关吊销许可证：

（一）进口、印刷或者复制、发行国务院出版行政主管部门禁止进口的出版物的；

（二）印刷或者复制走私的境外出版物的；

（三）发行进口出版物未从本条例规定的出版物进口经营单位进货的。

第六十四条　走私出版物的，依照刑法关于走私罪的规定，依法追究刑事责任；尚不够刑事处罚的，由海关依照海关法的规定给予行政处罚。

第六十五条　有下列行为之一的，由出版行政主管部门没收出版物、违法所得，违法经营额 1 万元以上的，并处违法经营额 5 倍以上 10 倍以下的罚款；违法经营额不足 1 万元的，可以处 5 万元以下的罚款；情节严重的，责令限期停业整顿或者由原发证机关吊销许可证：

（一）出版单位委托未取得出版物印刷或者复制许可的单位印刷或者复制出版物的；

（二）印刷或者复制单位未取得印刷或者复制许可而印刷或者复制出版物的；

（三）印刷或者复制单位接受非出版单位和个人的委托印刷或者复制出版物的；

（四）印刷或者复制单位未履行法定手续印刷或者复制境外出版物的，印刷或者复制的境外出版物没有全部运输出境的；

（五）印刷或者复制单位、发行单位或者个体工商户印刷或者复制、发行未署出版单位名称的出版物的；

（六）印刷或者复制单位、发行单位或者个体工商户印刷或者复制、发行伪造、假冒出版单位名称或者报纸、期刊名称的出版物的；

（七）出版、印刷、发行单位出版、印刷、发行未经依法审定的中学小学教科书，或者非依照本条例规定确定的单位从事中学小学教科书的出版、发行业务的。

第六十六条　出版单位有下列行为之一的，由出版行政主管部门责令停止违法行为，给予警告，没收违法经营的出版物、违法所得，违法经营额 1 万元以上的，并处违法经营额 5 倍以上 10 倍以下的罚款；违法经营额不足 1 万元的，可以处 5 万元以下的罚款；情节严重的，责令限期停业整顿或者由原发证机关吊销许可证：

（一）出售或者以其他形式转让本出版单位的名称、书号、刊号、版号、版面，或者出租本单位的名称、刊号的；

（二）利用出版活动谋取其他不正当利益的。

第六十七条　有下列行为之一的，由出版行政主管部门责令改正，给予警告；情节严重的，责令限期停业整顿或者由原发证机关吊销许可证：

（一）出版单位变更名称、主办单位或者其主管机关、业务范围，合并或者分立，出版新的报纸、期刊，或者报纸、期刊改变名称，以及出版单位变更其他事项，未依照本条例的规定到出版行政主管部门办理审批、变更登记手续的；

（二）出版单位未将其年度出版计划和涉及国家安全、社会安定等方面的重大选题备案的；

（三）出版单位未依照本条例的规定送交出版物的样本的；

（四）印刷或者复制单位未依照本条例的规定留存备查的材料的；

（五）出版进口经营单位未将其进口的出版物目录报送备案的；

（六）出版单位擅自中止出版活动超过 180 日的；

（七）出版物发行单位、出版物进口经营单位未依照本条例的规定办理变更审批手续的；

（八）出版物质量不符合有关规定和标准的。

第六十八条　未经批准，举办境外出版物展览的，由出版行政主管部门责令停止违法行为，没收出版物、违法所得；情节严重的，责令限期停业整顿或者由原发证机关吊销许可证。

第六十九条　印刷或者复制、批发、零售、出租、散发含有本条例第二十五条、第二十六条禁止内容的出版物或者其他非法出版物的，当事人对非法出版物的来源作出说明、指认，经查证属实的，没收出版物、违法所得，可以减轻或者免除其他行政处罚。

第七十条　单位违反本条例被处以吊销许可证行政处罚的，其法定代表人或者主要负责人自许可证被吊销之日起 10 年内不得担任出版、印刷或者复制、进口、发行单位的法定代表人或者主要负责人。

出版从业人员违反本条例规定,情节严重的,由原发证机关吊销其资格证书。

第七十一条　依照本条例的规定实施罚款的行政处罚,应当依照有关法律、行政法规的规定,实行罚款决定与罚款收缴分离;收缴的罚款必须全部上缴国库。

第九章　附　则

第七十二条　行政法规对音像制品和电子出版物的出版、复制、进口、发行另有规定的,适用其规定。

接受境外机构或者个人赠送出版物的管理办法、订户订购境外出版物的管理办法、网络出版审批和管理办法,由国务院出版行政主管部门根据本条例的原则另行制定。

第七十三条　本条例自 2002 年 2 月 1 日起施行。1997 年 1 月 2 日国务院发布的《出版管理条例》同时废止。

音像制品管理条例

· 2001 年 12 月 25 日中华人民共和国国务院令第 341 号公布
· 根据 2011 年 3 月 19 日《国务院关于修改〈音像制品管理条例〉的决定》第一次修订
· 根据 2013 年 12 月 7 日《国务院关于修改部分行政法规的决定》第二次修订
· 根据 2016 年 2 月 6 日《国务院关于修改部分行政法规的决定》第三次修订
· 根据 2020 年 11 月 29 日《国务院关于修改和废止部分行政法规的决定》第四次修订

第一章　总　则

第一条　为了加强音像制品的管理,促进音像业的健康发展和繁荣,丰富人民群众的文化生活,促进社会主义物质文明和精神文明建设,制定本条例。

第二条　本条例适用于录有内容的录音带、录像带、唱片、激光唱盘和激光视盘等音像制品的出版、制作、复制、进口、批发、零售、出租等活动。

音像制品用于广播电视播放的,适用广播电视法律、行政法规。

第三条　出版、制作、复制、进口、批发、零售、出租音像制品,应当遵守宪法和有关法律、法规,坚持为人民服务和为社会主义服务的方向,传播有益于经济发展和社会进步的思想、道德、科学技术和文化知识。

音像制品禁止载有下列内容:

(一)反对宪法确定的基本原则的;

(二)危害国家统一、主权和领土完整的;

(三)泄露国家秘密、危害国家安全或者损害国家荣誉和利益的;

(四)煽动民族仇恨、民族歧视,破坏民族团结,或者侵害民族风俗、习惯的;

(五)宣扬邪教、迷信的;

(六)扰乱社会秩序,破坏社会稳定的;

(七)宣扬淫秽、赌博、暴力或者教唆犯罪的;

(八)侮辱或者诽谤他人,侵害他人合法权益的;

(九)危害社会公德或者民族优秀文化传统的;

(十)有法律、行政法规和国家规定禁止的其他内容的。

第四条　国务院出版行政主管部门负责全国音像制品的出版、制作、复制、进口、批发、零售和出租的监督管理工作;国务院其他有关行政部门按照国务院规定的职责分工,负责有关的音像制品经营活动的监督管理工作。

县级以上地方人民政府负责出版管理的行政主管部门(以下简称出版行政主管部门)负责本行政区域内音像制品的出版、制作、复制、进口、批发、零售和出租的监督管理工作;县级以上地方人民政府其他有关行政部门在各自的职责范围内负责有关的音像制品经营活动的监督管理工作。

第五条　国家对出版、制作、复制、进口、批发、零售音像制品,实行许可制度;未经许可,任何单位和个人不得从事音像制品的出版、制作、复制、进口、批发、零售等活动。

依照本条例发放的许可证和批准文件,不得出租、出借、出售或者以其他任何形式转让。

第六条　国务院出版行政主管部门负责制定音像业的发展规划,确定全国音像出版单位、音像复制单位的总量、布局和结构。

第七条　音像制品经营活动的监督管理部门及其工作人员不得从事或者变相从事音像制品经营活动,并不得参与或者变相参与音像制品经营单位的经营活动。

第二章　出　版

第八条　设立音像出版单位,应当具备下列条件:

(一)有音像出版单位的名称、章程;

(二)有符合国务院出版行政主管部门认定的主办单位及其主管机关;

(三)有确定的业务范围;

(四)有适应业务范围需要的组织机构和符合国家规定的资格条件的音像出版专业人员;

(五)有适应业务范围需要的资金、设备和工作场所;

（六）法律、行政法规规定的其他条件。

审批设立音像出版单位，除依照前款所列条件外，还应当符合音像出版单位总量、布局和结构的规划。

第九条　申请设立音像出版单位，由所在地省、自治区、直辖市人民政府出版行政主管部门审核同意后，报国务院出版行政主管部门审批。国务院出版行政主管部门应当自受理申请之日起60日内作出批准或者不批准的决定，并通知申请人。批准的，发给《音像制品出版许可证》，由申请人持《音像制品出版许可证》到工商行政管理部门登记，依法领取营业执照；不批准的，应当说明理由。

申请书应当载明下列内容：

（一）音像出版单位的名称、地址；

（二）音像出版单位的主办单位及其主管机关的名称、地址；

（三）音像出版单位的法定代表人或者主要负责人的姓名、住址、资格证明文件；

（四）音像出版单位的资金来源和数额。

第十条　音像出版单位变更名称、主办单位或者其主管机关、业务范围，或者兼并其他音像出版单位，或者因合并、分立而设立新的音像出版单位的，应当依照本条例第九条的规定办理审批手续，并到原登记的工商行政管理部门办理相应的登记手续。

音像出版单位变更地址、法定代表人或者主要负责人，或者终止出版经营活动的，应当到原登记的工商行政管理部门办理变更登记或者注销登记，并向国务院出版行政主管部门备案。

第十一条　音像出版单位的年度出版计划和涉及国家安全、社会安定等方面的重大选题，应当经所在地省、自治区、直辖市人民政府出版行政主管部门审核后报国务院出版行政主管部门备案；重大选题音像制品未在出版前报备案的，不得出版。

第十二条　音像出版单位应当在其出版的音像制品及其包装的明显位置，标明出版单位的名称、地址和音像制品的版号、出版时间、著作权人等事项；出版进口音像制品，还应当标明进口批准文号。

音像出版单位应当按照国家有关规定向国家图书馆、中国版本图书馆和国务院出版行政主管部门免费送交样本。

第十三条　音像出版单位不得向任何单位或者个人出租、出借、出售或者以其他任何形式转让本单位的名称，不得向任何单位或者个人出售或者以其他形式转让

本单位的版号。

第十四条　任何单位和个人不得以购买、租用、借用、擅自使用音像出版单位的名称或者购买、伪造版号等形式从事音像制品出版活动。

图书出版社、报社、期刊社、电子出版物出版社，不得出版非配合本版出版物的音像制品；但是，可以按照国务院出版行政主管部门的规定，出版配合本版出版物的音像制品，并参照音像出版单位享有权利、承担义务。

第十五条　音像出版单位可以与香港特别行政区、澳门特别行政区、台湾地区或者外国的组织、个人合作制作音像制品。具体办法由国务院出版行政主管部门制定。

第十六条　音像出版单位实行编辑责任制度，保证音像制品的内容符合本条例的规定。

第十七条　音像出版单位以外的单位设立的独立从事音像制品制作业务的单位（以下简称音像制作单位）申请从事音像制品制作业务，由所在地省、自治区、直辖市人民政府出版行政主管部门审批。省、自治区、直辖市人民政府出版行政主管部门应当自受理申请之日起60日内作出批准或者不批准的决定，并通知申请人。批准的，发给《音像制品制作许可证》；不批准的，应当说明理由。广播、电视节目制作经营单位的设立，依照有关法律、行政法规的规定办理。

申请书应当载明下列内容：

（一）音像制作单位的名称、地址；

（二）音像制作单位的法定代表人或者主要负责人的姓名、住址、资格证明文件；

（三）音像制作单位的资金来源和数额。

审批从事音像制品制作业务申请，除依照前款所列条件外，还应当兼顾音像制作单位总量、布局和结构。

第十八条　音像制作单位变更名称、业务范围，或者兼并其他音像制作单位，或者因合并、分立而设立新的音像制作单位的，应当依照本条例第十七条的规定办理审批手续。

音像制作单位变更地址、法定代表人或者主要负责人，或者终止制作经营活动的，应当向所在地省、自治区、直辖市人民政府出版行政主管部门备案。

第十九条　音像出版单位不得委托未取得《音像制品制作许可证》的单位制作音像制品。

音像制作单位接受委托制作音像制品的，应当按照国家有关规定，与委托的出版单位订立制作委托合同；验证委托的出版单位的《音像制品出版许可证》或者本版

出版物的证明及由委托的出版单位盖章的音像制品制作委托书。

音像制作单位不得出版、复制、批发、零售音像制品。

第三章　复　制

第二十条　申请从事音像制品复制业务应当具备下列条件：

（一）有音像复制单位的名称、章程；

（二）有确定的业务范围；

（三）有适应业务范围需要的组织机构和人员；

（四）有适应业务范围需要的资金、设备和复制场所；

（五）法律、行政法规规定的其他条件。

审批从事音像制品复制业务申请，除依照前款所列条件外，还应当符合音像复制单位总量、布局和结构的规划。

第二十一条　申请从事音像制品复制业务，由所在地省、自治区、直辖市人民政府出版行政主管部门审批。省、自治区、直辖市人民政府出版行政主管部门应当自受理申请之日起20日内作出批准或者不批准的决定，并通知申请人。批准的，发给《复制经营许可证》；不批准的，应当说明理由。

申请书应当载明下列内容：

（一）音像复制单位的名称、地址；

（二）音像复制单位的法定代表人或者主要负责人的姓名、住址；

（三）音像复制单位的资金来源和数额。

第二十二条　音像复制单位变更业务范围，或者兼并其他音像复制单位，或者因合并、分立而设立新的音像复制单位的，应当依照本条例第二十一条的规定办理审批手续。

音像复制单位变更名称、地址、法定代表人或者主要负责人，或者终止复制经营活动的，应当向所在地省、自治区、直辖市人民政府出版行政主管部门备案。

第二十三条　音像复制单位接受委托复制音像制品的，应当按照国家有关规定，与委托的出版单位订立复制委托合同；验证委托的出版单位的《音像制品出版许可证》、营业执照副本、盖章的音像制品复制委托书以及出版单位取得的授权书；接受委托复制的音像制品属于非卖品的，应当验证委托单位的身份证明和委托单位出具的音像制品非卖品复制委托书。

音像复制单位应当自完成音像制品复制之日起2年内，保存委托合同和所复制的音像制品的样本以及验证

的有关证明文件的副本，以备查验。

第二十四条　音像复制单位不得接受非音像出版单位或者个人的委托复制经营性的音像制品；不得自行复制音像制品；不得批发、零售音像制品。

第二十五条　从事光盘复制的音像复制单位复制光盘，必须使用蚀刻有国务院出版行政主管部门核发的激光数码储存片来源识别码的注塑模具。

第二十六条　音像复制单位接受委托复制境外音像制品的，应当经省、自治区、直辖市人民政府出版行政主管部门批准，并持著作权人的授权书依法到著作权行政管理部门登记；复制的音像制品应当全部运输出境，不得在境内发行。

第四章　进　口

第二十七条　音像制品成品进口业务由国务院出版行政主管部门批准的音像制品成品进口经营单位经营；未经批准，任何单位或者个人不得经营音像制品成品进口业务。

第二十八条　进口用于出版的音像制品，以及进口用于批发、零售、出租等的音像制品成品，应当报国务院出版行政主管部门进行内容审查。

国务院出版行政主管部门应当自收到音像制品内容审查申请书之日起30日内作出批准或者不批准的决定，并通知申请人。批准的，发给批准文件；不批准的，应当说明理由。

进口用于出版的音像制品的单位、音像制品成品进口经营单位应当持国务院出版行政主管部门的批准文件到海关办理进口手续。

第二十九条　进口用于出版的音像制品，其著作权事项应当向国务院著作权行政管理部门登记。

第三十条　进口供研究、教学参考的音像制品，应当委托音像制品成品进口经营单位依照本条例第二十八条的规定办理。

进口用于展览、展示的音像制品，经国务院出版行政主管部门批准后，到海关办理临时进口手续。

依照本条规定进口的音像制品，不得进行经营性复制、批发、零售、出租和放映。

第五章　批发、零售和出租

第三十一条　申请从事音像制品批发、零售业务，应当具备下列条件：

（一）有音像制品批发、零售单位的名称、章程；

（二）有确定的业务范围；

（三）有适应业务范围需要的组织机构和人员；

（四）有适应业务范围需要的资金和场所；

（五）法律、行政法规规定的其他条件。

第三十二条　申请从事音像制品批发业务，应当报所在地省、自治区、直辖市人民政府出版行政主管部门审批。申请从事音像制品零售业务，应当报县级地方人民政府出版行政主管部门审批。出版行政主管部门应当自受理申请书之日起 30 日内作出批准或者不批准的决定，并通知申请人。批准的，应当发给《出版物经营许可证》；不批准的，应当说明理由。

《出版物经营许可证》应当注明音像制品经营活动的种类。

第三十三条　音像制品批发、零售单位变更名称、业务范围，或者兼并其他音像制品批发、零售单位，或者因合并、分立而设立新的音像制品批发、零售单位的，应当依照本条例第三十二条的规定办理审批手续。

音像制品批发、零售单位变更地址、法定代表人或者主要负责人或者终止经营活动，从事音像制品零售经营活动的个体工商户变更业务范围、地址或者终止经营活动的，应当向原批准的出版行政主管部门备案。

第三十四条　音像出版单位可以按照国家有关规定，批发、零售本单位出版的音像制品。从事非本单位出版的音像制品的批发、零售业务的，应当依照本条例第三十二条的规定办理审批手续。

第三十五条　国家允许设立从事音像制品发行业务的外商投资企业。

第三十六条　音像制品批发单位和从事音像制品零售、出租等业务的单位或者个体工商户，不得经营非音像出版单位出版的音像制品或者非音像复制单位复制的音像制品，不得经营未经国务院出版行政主管部门批准进口的音像制品，不得经营侵犯他人著作权的音像制品。

第六章　罚　则

第三十七条　出版行政主管部门或者其他有关行政部门及其工作人员，利用职务上的便利收受他人财物或者其他好处，批准不符合法定条件的申请人取得许可证、批准文件，或者不履行监督职责，或者发现违法行为不予查处，造成严重后果的，对负有责任的主管人员和其他直接责任人员依法给予降级直至开除的处分；构成犯罪的，依照刑法关于受贿罪、滥用职权罪、玩忽职守罪或者其他罪的规定，依法追究刑事责任。

第三十八条　音像制品经营活动的监督管理部门的工作人员从事或者变相从事音像制品经营活动，参与或者变相参与音像制品经营单位的经营活动的，依法给予撤职或者开除的处分。

音像制品经营活动的监督管理部门有前款所列行为的，对负有责任的主管人员和其他直接责任人员依照前款规定处罚。

第三十九条　未经批准，擅自设立音像制品出版、进口单位，擅自从事音像制品出版、制作、复制业务或者进口、批发、零售经营活动的，由出版行政主管部门、工商行政管理部门依照法定职权予以取缔；依照刑法关于非法经营罪的规定，依法追究刑事责任；尚不够刑事处罚的，没收违法经营的音像制品和违法所得以及进行违法活动的专用工具、设备；违法经营额 1 万元以上的，并处违法经营额 5 倍以上 10 倍以下的罚款；违法经营额不足 1 万元的，可以处 5 万元以下的罚款。

第四十条　出版含有本条例第三条第二款禁止内容的音像制品，或者制作、复制、批发、零售、出租、放映明知或者应知含有本条例第三条第二款禁止内容的音像制品的，依照刑法有关规定，依法追究刑事责任；尚不够刑事处罚的，由出版行政主管部门、公安部门依据各自职权责令停业整顿，没收违法经营的音像制品和违法所得；违法经营额 1 万元以上的，并处违法经营额 5 倍以上 10 倍以下的罚款；违法经营额不足 1 万元的，可以处 5 万元以下的罚款；情节严重的，并由原发证机关吊销许可证。

第四十一条　走私音像制品的，依照刑法关于走私罪的规定，依法追究刑事责任；尚不够刑事处罚的，由海关依法给予行政处罚。

第四十二条　有下列行为之一的，由出版行政主管部门责令停止违法行为，给予警告，没收违法经营的音像制品和违法所得；违法经营额 1 万元以上的，并处违法经营额 5 倍以上 10 倍以下的罚款；违法经营额不足 1 万元的，可以处 5 万元以下的罚款；情节严重的，并责令停业整顿或者由原发证机关吊销许可证：

（一）音像出版单位向其他单位、个人出租、出借、出售或者以其他任何形式转让本单位的名称，出售或者以其他形式转让本单位的版号的；

（二）音像出版单位委托未取得《音像制品制作许可证》的单位制作音像制品，或者委托未取得《复制经营许可证》的单位复制音像制品的；

（三）音像出版单位出版未经国务院出版行政主管部门批准擅自进口的音像制品的；

（四）音像制作单位、音像复制单位未依照本条例的规定验证音像出版单位的委托书、有关证明的；

（五）音像复制单位擅自复制他人的音像制品，或者接受非音像出版单位、个人的委托复制经营性的音像制品，或者自行复制音像制品的。

第四十三条　音像出版单位违反国家有关规定与香港特别行政区、澳门特别行政区、台湾地区或者外国的组织、个人合作制作音像制品，音像复制单位违反国家有关规定接受委托复制境外音像制品，未经省、自治区、直辖市人民政府出版行政主管部门审核同意，或者未将复制的境外音像制品全部运输出境的，由省、自治区、直辖市人民政府出版行政主管部门责令改正，没收违法经营的音像制品和违法所得；违法经营额1万元以上的，并处违法经营额5倍以上10倍以下的罚款；违法经营额不足1万元的，可以处5万元以下的罚款；情节严重的，并由原发证机关吊销许可证。

第四十四条　有下列行为之一的，由出版行政主管部门责令改正，给予警告；情节严重的，并责令停业整顿或者由原发证机关吊销许可证：

（一）音像出版单位未将其年度出版计划和涉及国家安全、社会安定等方面的重大选题报国务院出版行政主管部门备案的；

（二）音像制品出版、制作、复制、批发、零售单位变更名称、地址、法定代表人或者主要负责人、业务范围等，未依照本条例规定办理审批、备案手续的；

（三）音像出版单位未在其出版的音像制品及其包装的明显位置标明本条例规定的内容的；

（四）音像出版单位未依照本条例的规定送交样本的；

（五）音像复制单位未依照本条例的规定留存备查的材料的；

（六）从事光盘复制的音像复制单位复制光盘，使用未蚀刻国务院出版行政主管部门核发的激光数码储存片来源识别码的注塑模具的。

第四十五条　有下列行为之一的，由出版行政主管部门责令停止违法行为，给予警告，没收违法经营的音像制品和违法所得；违法经营额1万元以上的，并处违法经营额5倍以上10倍以下的罚款；违法经营额不足1万元的，可以处5万元以下的罚款；情节严重的，并责令停业整顿或者由原发证机关吊销许可证：

（一）批发、零售、出租、放映非音像出版单位出版的音像制品或者非音像复制单位复制的音像制品的；

（二）批发、零售、出租或者放映未经国务院出版行政主管部门批准进口的音像制品的；

（三）批发、零售、出租、放映供研究、教学参考或者用于展览、展示的进口音像制品的。

第四十六条　单位违反本条例的规定，被处以吊销许可证行政处罚的，其法定代表人或者主要负责人自许可证被吊销之日起10年内不得担任音像制品出版、制作、复制、进口、批发、零售单位的法定代表人或者主要负责人。

从事音像制品零售业务的个体工商户违反本条例的规定，被处以吊销许可证行政处罚的，自许可证被吊销之日起10年内不得从事音像制品零售业务。

第四十七条　依照本条例的规定实施罚款的行政处罚，应当依照有关法律、行政法规的规定，实行罚款决定与罚款收缴分离；收缴的罚款必须全部上缴国库。

第七章　附　则

第四十八条　除本条例第三十五条外，电子出版物的出版、制作、复制、进口、批发、零售等活动适用本条例。

第四十九条　依照本条例发放许可证，除按法定标准收取成本费外，不得收取其他任何费用。

第五十条　本条例自2002年2月1日起施行。1994年8月25日国务院发布的《音像制品管理条例》同时废止。

印刷业管理条例

· 2001年8月2日中华人民共和国国务院令第315号公布
· 根据2016年2月6日《国务院关于修改部分行政法规的决定》第一次修订
· 根据2017年3月1日《国务院关于修改和废止部分行政法规的决定》第二次修订
· 根据2020年11月29日《国务院关于修改和废止部分行政法规的决定》第三次修订

第一章　总　则

第一条　为了加强印刷业管理，维护印刷业经营者的合法权益和社会公共利益，促进社会主义精神文明和物质文明建设，制定本条例。

第二条　本条例适用于出版物、包装装潢印刷品和其他印刷品的印刷经营活动。

本条例所称出版物，包括报纸、期刊、书籍、地图、年画、图片、挂历、画册及音像制品、电子出版物的装帧封面等。

本条例所称包装装潢印刷品，包括商标标识、广告宣传品及作为产品包装装潢的纸、金属、塑料等的印刷品。

本条例所称其他印刷品,包括文件、资料、图表、票证、证件、名片等。

本条例所称印刷经营活动,包括经营性的排版、制版、印刷、装订、复印、影印、打印等活动。

第三条　印刷业经营者必须遵守有关法律、法规和规章,讲求社会效益。

禁止印刷含有反动、淫秽、迷信内容和国家明令禁止印刷的其他内容的出版物、包装装潢印刷品和其他印刷品。

第四条　国务院出版行政部门主管全国的印刷业监督管理工作。县级以上地方各级人民政府负责出版管理的行政部门(以下简称出版行政部门)负责本行政区域内的印刷业监督管理工作。

县级以上各级人民政府公安部门、工商行政管理部门及其他有关部门在各自的职责范围内,负责有关的印刷业监督管理工作。

第五条　印刷业经营者应当建立、健全承印验证制度、承印登记制度、印刷品保管制度、印刷品交付制度、印刷活动残次品销毁制度等。具体办法由国务院出版行政部门制定。

印刷业经营者在印刷经营活动中发现违法犯罪行为,应当及时向公安部门或者出版行政部门报告。

第六条　印刷行业的社会团体按照其章程,在出版行政部门的指导下,实行自律管理。

第七条　印刷企业应当定期向出版行政部门报送年度报告。出版行政部门应当依法及时将年度报告中的有关内容向社会公示。

第二章　印刷企业的设立

第八条　国家实行印刷经营许可制度。未依照本条例规定取得印刷经营许可证的,任何单位和个人不得从事印刷经营活动。

第九条　企业从事印刷经营活动,应当具备下列条件:

(一)有企业的名称、章程;

(二)有确定的业务范围;

(三)有适应业务范围需要的生产经营场所和必要的资金、设备等生产经营条件;

(四)有适应业务范围需要的组织机构和人员;

(五)有关法律、行政法规规定的其他条件。

审批从事印刷经营活动申请,除依照前款规定外,还应当符合国家有关印刷企业总量、结构和布局的规划。

第十条　企业申请从事出版物印刷经营活动,应当持营业执照向所在地省、自治区、直辖市人民政府出版行政部门提出申请,经审核批准的,发给印刷经营许可证。

企业申请从事包装装潢印刷品和其他印刷品印刷经营活动,应当持营业执照向所在地设区的市级人民政府出版行政部门提出申请,经审核批准的,发给印刷经营许可证。

个人不得从事出版物、包装装潢印刷品印刷经营活动;个人从事其他印刷品印刷经营活动的,依照本条第二款的规定办理审批手续。

第十一条　出版行政部门应当自收到依据本条例第十条提出的申请之日起 60 日内作出批准或者不批准的决定。批准申请的,应当发给印刷经营许可证;不批准申请的,应当通知申请人并说明理由。

印刷经营许可证应当注明印刷企业所从事的印刷经营活动的种类。

印刷经营许可证不得出售、出租、出借或者以其他形式转让。

第十二条　印刷业经营者申请兼营或者变更从事出版物、包装装潢印刷品或者其他印刷品印刷经营活动,或者兼并其他印刷业经营者,或者因合并、分立而设立新的印刷业经营者,应当依照本条例第九条的规定办理手续。

印刷业经营者变更名称、法定代表人或者负责人、住所或者经营场所等主要登记事项,或者终止印刷经营活动,应当报原批准设立的出版行政部门备案。

第十三条　出版行政部门应当按照国家社会信用信息平台建设的总体要求,与公安部门、工商行政管理部门或者其他有关部门实现对印刷企业信息的互联共享。

第十四条　国家允许外国投资者与中国投资者共同投资设立从事出版物印刷经营活动的企业,允许设立从事包装装潢印刷品和其他印刷品印刷经营活动的外商投资企业。

第十五条　单位内部设立印刷厂(所),必须向所在地县级以上地方人民政府出版行政部门办理登记手续;单位内部设立的印刷厂(所)印刷涉及国家秘密的印件的,还应当向保密工作部门办理登记手续。

单位内部设立的印刷厂(所)不得从事印刷经营活动;从事印刷经营活动的,必须依照本章的规定办理手续。

第三章　出版物的印刷

第十六条　国家鼓励从事出版物印刷经营活动的企业及时印刷体现国内外新的优秀文化成果的出版物,重视印刷传统文化精品和有价值的学术著作。

第十七条　从事出版物印刷经营活动的企业不得印刷国家明令禁止出版的出版物和非出版单位出版的出版物。

第十八条　印刷出版物的，委托印刷单位和印刷企业应当按照国家有关规定签订印刷合同。

第十九条　印刷企业接受出版单位委托印刷图书、期刊的，必须验证并收存出版单位盖章的印刷委托书，并在印刷前报出版单位所在地省、自治区、直辖市人民政府出版行政部门备案；印刷企业接受所在地省、自治区、直辖市以外的出版单位的委托印刷图书、期刊的，印刷委托书还必须事先报印刷企业所在地省、自治区、直辖市人民政府出版行政部门备案。印刷委托书由国务院出版行政部门规定统一格式，由省、自治区、直辖市人民政府出版行政部门统一印制。

印刷企业接受出版单位委托印刷报纸的，必须验证报纸出版许可证；接受出版单位的委托印刷报纸、期刊的增版、增刊的，还必须验证主管的出版行政部门批准出版增版、增刊的文件。

第二十条　印刷企业接受委托印刷内部资料性出版物的，必须验证县级以上地方人民政府出版行政部门核发的准印证。

印刷企业接受委托印刷宗教内容的内部资料性出版物的，必须验证省、自治区、直辖市人民政府宗教事务管理部门的批准文件和省、自治区、直辖市人民政府出版行政部门核发的准印证。

出版行政部门应当自收到印刷内部资料性出版物或者印刷宗教内容的内部资料性出版物的申请之日起30日内作出是否核发准印证的决定，并通知申请人；逾期不作出决定的，视为同意印刷。

第二十一条　印刷企业接受委托印刷境外的出版物的，必须持有关著作权的合法证明文件，经省、自治区、直辖市人民政府出版行政部门批准；印刷的境外出版物必须全部运输出境，不得在境内发行、散发。

第二十二条　委托印刷单位必须按照国家有关规定在委托印刷的出版物上刊载出版单位的名称、地址，书号、刊号或者版号，出版日期或者刊期，接受委托印刷出版物的企业的真实名称和地址，以及其他有关事项。

印刷企业应当自完成出版物的印刷之日起2年内，留存一份接受委托印刷的出版物样本备查。

第二十三条　印刷企业不得盗印出版物，不得销售、擅自加印或者接受第三人委托加印受委托印刷的出版物，不得将接受委托印刷的出版物纸型及印刷底片等出售、出租、出借或者以其他形式转让给其他单位或者个人。

第二十四条　印刷企业不得征订、销售出版物，不得假冒或者盗用他人名义印刷、销售出版物。

第四章　包装装潢印刷品的印刷

第二十五条　从事包装装潢印刷品印刷的企业不得印刷假冒、伪造的注册商标标识，不得印刷容易对消费者产生误导的广告宣传品和作为产品包装装潢的印刷品。

第二十六条　印刷企业接受委托印刷注册商标标识的，应当验证商标注册人所在地县级工商行政管理部门签章的《商标注册证》复印件，并核查委托人提供的注册商标图样；接受注册商标被许可使用人委托，印刷注册商标标识的，印刷企业还应当验证注册商标使用许可合同。印刷企业应当保存其验证、核查的工商行政管理部门签章的《商标注册证》复印件、注册商标图样、注册商标使用许可合同复印件2年，以备查验。

国家对注册商标标识的印刷另有规定的，印刷企业还应当遵守其规定。

第二十七条　印刷企业接受委托印刷广告宣传品、作为产品包装装潢的印刷品的，应当验证委托印刷单位的营业执照或者个人的居民身份证；接受广告经营者的委托印刷广告宣传品的，还应当验证广告经营资格证明。

第二十八条　印刷企业接受委托印刷包装装潢印刷品的，应当将印刷品的成品、半成品、废品和印板、纸型、底片、原稿等全部交付委托印刷单位或者个人，不得擅自留存。

第二十九条　印刷企业接受委托印刷境外包装装潢印刷品的，必须事先向所在地省、自治区、直辖市人民政府出版行政部门备案；印刷的包装装潢印刷品必须全部运输出境，不得在境内销售。

第五章　其他印刷品的印刷

第三十条　印刷标有密级的文件、资料、图表等，按照国家有关法律、法规或者规章的规定办理。

第三十一条　印刷布告、通告、重大活动工作证、通行证、在社会上流通使用的票证的，委托印刷单位必须向印刷企业出具主管部门的证明。印刷企业必须验证主管部门的证明，并保存主管部门的证明副本2年，以备查验；并且不得再委托他人印刷上述印刷品。

印刷机关、团体、部队、企业事业单位内部使用的有价票证或者无价票证，或者印刷有单位名称的介绍信、工作证、会员证、出入证、学位证书、学历证书或者其他学业证件等专用证件的，委托印刷单位必须出具委托印刷证明。印刷企业必须验证委托印刷证明。

印刷企业对前两款印件不得保留样本、样张；确因业务参考需要保留样本、样张的，应当征得委托印刷单位同意，在所保留印件上加盖"样本"、"样张"戳记，并妥善保管，不得丢失。

第三十二条　印刷企业接受委托印刷宗教用品的，必须验证省、自治区、直辖市人民政府宗教事务管理部门的批准文件和省、自治区、直辖市人民政府出版行政部门核发的准印证；省、自治区、直辖市人民政府出版行政部门应当自收到印刷宗教用品的申请之日起10日内作出是否核发准印证的决定，并通知申请人；逾期不作出决定的，视为同意印刷。

第三十三条　从事其他印刷品印刷经营活动的个人不得印刷标有密级的文件、资料、图表等，不得印刷布告、通告、重大活动工作证、通行证、在社会上流通使用的票证，不得印刷机关、团体、部队、企业事业单位内部使用的有价或者无价票证，不得印刷有单位名称的介绍信、工作证、会员证、出入证、学位证书、学历证书或者其他学业证书等专用证件，不得印刷宗教用品。

第三十四条　接受委托印刷境外其他印刷品的，必须事先向所在地省、自治区、直辖市人民政府出版行政部门备案；印刷的其他印刷品必须全部运输出境，不得在境内销售。

第三十五条　印刷企业和从事其他印刷品印刷经营活动的个人不得盗印他人的其他印刷品，不得销售、擅自加印或者接受第三人委托加印委托印刷的其他印刷品，不得将委托印刷的其他印刷品的纸型及印刷底片等出售、出租、出借或者以其他形式转让给其他单位或者个人。

第六章　罚　则

第三十六条　违反本条例规定，擅自设立从事出版物印刷经营活动的企业或者擅自从事印刷经营活动的，由出版行政部门、工商行政管理部门依据法定职权予以取缔，没收印刷品和违法所得以及进行违法活动的专用工具、设备，违法经营额1万元以上的，并处违法经营额5倍以上10倍以下的罚款；违法经营额不足1万元的，并处1万元以上5万元以下的罚款；构成犯罪的，依法追究刑事责任。

单位内部设立的印刷厂（所）未依照本条例第二章的规定办理手续，从事印刷经营活动的，依照前款的规定处罚。

第三十七条　印刷业经营者违反本条例规定，有下列行为之一的，由县级以上地方人民政府出版行政部门责令停止违法行为，责令停业整顿，没收印刷品和违法所得，违法经营额1万元以上的，并处违法经营额5倍以上10倍以下的罚款；违法经营额不足1万元的，并处1万元以上5万元以下的罚款；情节严重的，由原发证机关吊销许可证；构成犯罪的，依法追究刑事责任：

（一）未取得出版行政部门的许可，擅自兼营或者变更从事出版物、包装装潢印刷品或者其他印刷品印刷经营活动，或者擅自兼并其他印刷业经营者的；

（二）因合并、分立而设立新的印刷业经营者，未依照本条例的规定办理手续的；

（三）出售、出租、出借或者以其他形式转让印刷经营许可证的。

第三十八条　印刷业经营者印刷明知或者应知含有本条例第三条规定禁止印刷内容的出版物、包装装潢印刷品或者其他印刷品的，或者印刷国家明令禁止出版的出版物或者非出版单位出版的出版物的，由县级以上地方人民政府出版行政部门、公安部门依据法定职权责令停业整顿，没收印刷品和违法所得，违法经营额1万元以上的，并处违法经营额5倍以上10倍以下的罚款；违法经营额不足1万元的，并处1万元以上5万元以下的罚款；情节严重的，由原发证机关吊销许可证；构成犯罪的，依法追究刑事责任。

第三十九条　印刷业经营者有下列行为之一的，由县级以上地方人民政府出版行政部门、公安部门依据法定职权责令改正，给予警告；情节严重的，责令停业整顿或者由原发证机关吊销许可证：

（一）没有建立承印验证制度、承印登记制度、印刷品保管制度、印刷品交付制度、印刷活动残次品销毁制度等的；

（二）在印刷经营活动中发现违法犯罪行为没有及时向公安部门或者出版行政部门报告的；

（三）变更名称、法定代表人或者负责人、住所或者经营场所等主要登记事项，或者终止印刷经营活动，不向原批准设立的出版行政部门备案的；

（四）未依照本条例的规定留存备查的材料的。

单位内部设立印刷厂（所）违反本条例的规定，没有向所在地县级以上地方人民政府出版行政部门、保密工作部门办理登记手续的,由县级以上地方人民政府出版行政部门、保密工作部门依据法定职权责令改正,给予警告;情节严重的,责令停业整顿。

第四十条　从事出版物印刷经营活动的企业有下列行为之一的,由县级以上地方人民政府出版行政部门给予警告,没收违法所得,违法经营额 1 万元以上的,并处违法经营额 5 倍以上 10 倍以下的罚款;违法经营额不足 1 万元的,并处 1 万元以上 5 万元以下的罚款;情节严重的,责令停业整顿或者由原发证机关吊销许可证;构成犯罪的,依法追究刑事责任:

(一)接受他人委托印刷出版物,未依照本条例的规定验证印刷委托书、有关证明或者准印证,或者未将印刷委托书报出版行政部门备案的;

(二)假冒或者盗用他人名义,印刷出版物的;

(三)盗印他人出版物的;

(四)非法加印或者销售受委托印刷的出版物的;

(五)征订、销售出版物的;

(六)擅自将出版单位委托印刷的出版物纸型及印刷底片等出售、出租、出借或者以其他形式转让的;

(七)未经批准,接受委托印刷境外出版物的,或者未将印刷的境外出版物全部运输出境。

第四十一条　从事包装装潢印刷品印刷经营活动的企业有下列行为之一的,由县级以上地方人民政府出版行政部门给予警告,没收违法所得,违法经营额 1 万元以上的,并处违法经营额 5 倍以上 10 倍以下的罚款;违法经营额不足 1 万元的,并处 1 万元以上 5 万元以下的罚款;情节严重的,责令停业整顿或者由原发证机关吊销许可证;构成犯罪的,依法追究刑事责任:

(一)接受委托印刷注册商标标识,未依照本条例的规定验证、核查工商行政管理部门签章的《商标注册证》复印件、注册商标图样或者注册商标使用许可合同复印件的;

(二)接受委托印刷广告宣传品、作为产品包装装潢的印刷品,未依照本条例的规定验证委托印刷单位的营业执照或者个人的居民身份证的,或者接受广告经营者的委托印刷广告宣传品,未验证广告经营资格证明的;

(三)盗印他人包装装潢印刷品的;

(四)接受委托印刷境外包装装潢印刷品未依照本条例的规定向出版行政部门备案的,或者未将印刷的境外包装装潢印刷品全部运输出境的。

印刷企业接受委托印刷注册商标标识、广告宣传品,违反国家有关注册商标、广告印刷管理规定的,由工商行政管理部门给予警告,没收印刷品和违法所得,违法经营额 1 万元以上的,并处违法经营额 5 倍以上 10 倍以下的罚款;违法经营额不足 1 万元的,并处 1 万元以上 5 万元以下的罚款。

第四十二条　从事其他印刷品印刷经营活动的企业和个人有下列行为之一的,由县级以上地方人民政府出版行政部门给予警告,没收印刷品和违法所得,违法经营额 1 万元以上的,并处违法经营额 5 倍以上 10 倍以下的罚款;违法经营额不足 1 万元的,并处 1 万元以上 5 万元以下的罚款;情节严重的,责令停业整顿或者由原发证机关吊销许可证;构成犯罪的,依法追究刑事责任:

(一)接受委托印刷其他印刷品,未依照本条例的规定验证有关证明的;

(二)擅自将接受委托印刷的其他印刷品再委托他人印刷的;

(三)将委托印刷的其他印刷品的纸型及印刷底片出售、出租、出借或者以其他形式转让的;

(四)伪造、变造学位证书、学历证书等国家机关公文、证件或者企业事业单位、人民团体公文、证件的,或者盗印他人的其他印刷品的;

(五)非法加印或者销售委托印刷的其他印刷品的;

(六)接受委托印刷境外其他印刷品未依照本条例的规定向出版行政部门备案的,或者未将印刷的境外其他印刷品全部运输出境的;

(七)从事其他印刷品印刷经营活动的个人超范围经营的。

第四十三条　有下列行为之一的,由出版行政部门给予警告,没收印刷品和违法所得,违法经营额 1 万元以上的,并处违法经营额 5 倍以上 10 倍以下的罚款;违法经营额不足 1 万元的,并处 1 万元以上 5 万元以下的罚款;情节严重的,责令停业整顿或者吊销印刷经营许可证;构成犯罪的,依法追究刑事责任:

(一)印刷布告、通告、重大活动工作证、通行证、在社会上流通使用的票证,印刷企业没有验证主管部门的证明的,或者再委托他人印刷上述印刷品的;

(二)印刷业经营者伪造、变造学位证书、学历证书等国家机关公文、证件或者企业事业单位、人民团体公文、证件的。

印刷布告、通告、重大活动工作证、通行证、在社会上流通使用的票证,委托印刷单位没有取得主管部门证明的,由县级以上人民政府出版行政部门处以 500 元以上

5000 元以下的罚款。

第四十四条　印刷业经营者违反本条例规定,有下列行为之一的,由县级以上地方人民政府出版行政部门责令改正,给予警告;情节严重的,责令停业整顿或者由原发证机关吊销许可证:

(一)从事包装装潢印刷品印刷经营活动的企业擅自留存委托印刷的包装装潢印刷品的成品、半成品、废品和印板、纸型、印刷底片、原稿等的;

(二)从事其他印刷品印刷经营活动的企业和个人擅自保留其他印刷品的样本、样张的,或者在所保留的样本、样张上未加盖"样本"、"样张"戳记的。

第四十五条　印刷企业被处以吊销许可证行政处罚的,其法定代表人或者负责人自许可证被吊销之日起 10 年内不得担任印刷企业的法定代表人或者负责人。

从事其他印刷品印刷经营活动的个人被处以吊销许可证行政处罚的,自许可证被吊销之日起 10 年内不得从事印刷经营活动。

第四十六条　依照本条例的规定实施罚款的行政处罚,应当依照有关法律、行政法规的规定,实行罚款决定与罚款收缴分离;收缴的罚款必须全部上缴国库。

第四十七条　出版行政部门、工商行政管理部门或者其他有关部门违反本条例规定,擅自批准不符合法定条件的申请人取得许可证、批准文件,或者不履行监督职责,或者发现违法行为不予查处,造成严重后果的,对负责的主管人员和其他直接责任人员给予降级或者撤职的处分;构成犯罪的,依法追究刑事责任。

第七章　附　则

第四十八条　本条例施行前已经依法设立的印刷企业,应当自本条例施行之日起 180 日内,到出版行政部门换领《印刷经营许可证》。

依据本条例发放许可证,除按照法定标准收取成本费外,不得收取其他任何费用。

第四十九条　本条例自公布之日起施行。1997 年 3 月 8 日国务院发布的《印刷业管理条例》同时废止。

图书、期刊、音像制品、电子出版物
重大选题备案办法

·2019 年 10 月 25 日
·国新出发〔2019〕35 号

第一条　为加强和改进出版物重大选题备案工作,根据中央有关精神和《出版管理条例》相关规定,制定本办法。

第二条　列入备案范围内的重大选题,图书、期刊、音像制品、电子出版物出版单位在出版之前,应当依照本办法报国家新闻出版署备案。未经备案批准的,不得出版发行。

第三条　本办法所称重大选题,指涉及国家安全、社会稳定等方面内容选题,具体包括:

(一)有关党和国家重要文件、文献选题。

(二)有关现任、曾任党和国家领导人讲话、著作、文章及其工作和生活情况的选题,有关现任党和国家主要领导人重要讲话学习读物类选题。

(三)涉及中国共产党历史、中华人民共和国历史上重大事件、重大决策过程、重要人物选题。

(四)涉及国防和军队建设及我军各个历史时期重大决策部署、重要战役战斗、重要工作、重要人物选题。

(五)集中介绍党政机构设置和领导干部情况选题。

(六)专门或集中反映、评价"文化大革命"等历史和重要事件、重要人物选题。

(七)专门反映国民党重要人物和其他上层统战对象的选题。

(八)涉及民族宗教问题选题。

(九)涉及中国国界地图选题。

(十)反映香港特别行政区、澳门特别行政区和台湾地区经济、政治、历史、文化、重要社会事务等选题。

(十一)涉及苏联、东欧等社会主义时期重大事件和主要领导人选题。

(十二)涉及外交方面重要工作选题。

有关重大选题范围,国家新闻出版署根据情况适时予以调整并另行公布。

第四条　编辑制作出版反映党和国家领导人生平、业绩、工作和生活经历的重大题材作品,实行统筹规划、归口审批,按照中央和国家有关文件要求办理立项手续。经批准立项的选题,出版前按规定履行重大选题备案程序。

第五条　图书、音像制品和电子出版物重大选题备案中有以下情况的,由相关单位出具选题审核意见报国家新闻出版署,国家新闻出版署根据审核意见直接核批。

(一)中央和国家机关有关部门组织编写的主要涉及本部门工作领域的选题,由本部门出具审核意见。

(二)中央统战部、中央党史和文献研究院、外交部、国家民委等部门所属出版单位出版的只涉及本部门工作

领域的选题,由本部门出具审核意见。

(三)解放军和武警部队出版单位出版的只涉及军事军史内容的选题,由中央军委政治工作部出具审核意见。

(四)各地编写的只涉及本地区党史事件、人物和本地区民族问题的选题,不涉及敏感、复杂内容和全局工作的,由所在地省级出版管理部门组织审读把关,出具审核意见。

(五)涉及中国国界地图选题,不涉及其他应备案内容的,由出版单位在报备时出具国务院测绘地理信息行政主管部门的审核意见。

第六条　期刊重大选题备案中有以下情况的,按本条相关要求执行。

(一)期刊首发涉及本办法第三条第二、三、四项内容的文章,经期刊主管主办单位审核同意,报国家新闻出版署备案。转载或摘要刊发已正式出版的图书、期刊以及人民日报、新华社刊发播发的涉及上述内容的文章,经期刊主管单位审核同意后出版。

(二)中央各部门各单位主管的期刊刊发涉及重大选题备案范围的文章,主要反映本领域工作,不涉及敏感、复杂内容的,经本部门审核同意后出版。

(三)中央党史和文献研究院、人民日报社、求是杂志社、新华社主管的期刊,刊发涉及重大选题备案范围的文章,经主管单位审核同意后出版。

(四)解放军和武警部队期刊刊发涉及重大选题备案范围的文章,经所在大单位或中央军委机关部门审核同意后出版。

(五)地方期刊刊发文章涉及本办法第五条第四项内容的文章,由所在地省级出版管理部门组织审读把关,审核同意后出版。

由期刊主管单位或有关部门审核同意出版的,审核意见应存档备查。

第七条　出版单位申报重大选题备案,应当通过所在地省级出版管理部门或主管单位进行。

(一)地方出版单位申报材料经主管主办单位审核同意后报所在地省级出版管理部门,非在京的中央各部门各单位出版单位申报材料经主管主办单位审核同意后报所在地省级出版管理部门,由所在地省级出版管理部门报国家新闻出版署。

(二)在京的中央各部门各单位出版单位申报材料经主管主办单位审核同意后,由主管单位报国家新闻出版署。

(三)解放军和武警部队出版单位申报材料经中央军委政治工作部审核同意后报国家新闻出版署。

第八条　申报重大选题备案时,应当如实、完整、规范填报并提交如下材料:

(一)省级出版管理部门或主管单位的备案申请报告。报告应当对申报备案的重大选题有明确审核意见。

(二)重大选题备案申报表。应当清楚填写涉及重大选题备案范围,需审核问题,需审核的具体章节、页码和待审核的人物、事件、文献、图片等内容。

(三)书稿、文章、图片或者样片、样盘、样带。书稿应当"齐清定"、经过编辑排版并装订成册,文字符合国家语言文字规范,引文注明出处。

(四)出版物"三审"意见复印件。

(五)备案需要的其他材料。包括有关部门同意立项的材料,送审照片(图片)样稿,相关部门保密审核意见等。

第九条　国家新闻出版署对申报备案的重大选题进行审核,必要时转请有关部门或组织专家协助审核。

第十条　国家新闻出版署自备案受理之日起20日内(不含有关部门或专家协助审核时间),对备案申请予以答复或提出意见。

第十一条　国家新闻出版署审核同意的备案批复文件,两年内有效;备案批复文件超出有效期及出版物修订再版的,应当重新履行备案程序。

第十二条　出版单位应当按照出版专业分工安排重大选题出版计划,对不具备相关出版资质和编辑能力的选题,不得报备和出版;应当严格履行出版物内容把关主体责任,坚持优化结构、提高质量,严格执行选题论证、"三审三校"制度,确保政治方向、出版导向、价值取向正确。

第十三条　各地出版管理部门和主管主办单位是落实重大选题备案制度的前置把关部门,应当严格落实属地管理和主管主办责任。主要职责是:负责审核所属出版单位申请备案选题的内容导向质量及出版单位出版资质,对不符合备案条件的不予受理,对思想倾向不好、内容平庸、题材重复、超业务范围等不具备出版要求的选题予以撤销;对由地方出版管理部门和主管单位审核把关的选题,组织相关单位认真做好内容审核和保密审查,提出具体审核意见;对审核部门提出的意见,督促出版单位认真修改并做好复核工作;对应履行重大选题备案程序但未按要求备案的出版单位进行处理、追责问责。

第十四条　出版单位违反本办法,未经备案出版涉及重大选题范围出版物的,由国家新闻出版署或省级出版管理部门责成其主管单位对出版单位的主要负责人员给予行政处分;停止出版、发行该出版物;违反《出版管理条例》和有关规定的,依照有关规定处罚。

第十五条　国家新闻出版署对重大选题备案执行情况开展年度检查和考核评估,视情况予以奖惩。

第十六条　本办法由国家新闻出版署负责解释。

第十七条　本办法自印发之日起施行。《图书、期刊、音像制品、电子出版物重大选题备案办法》(新出图〔1997〕860号)同时废止。

出版物市场管理规定

· 2016年5月31日国家新闻出版广电总局、商务部令第10号公布
· 自2016年6月1日起施行

第一章　总　则

第一条　为规范出版物发行活动及其监督管理,建立全国统一开放、竞争有序的出版物市场体系,满足人民群众精神文化需求,推进社会主义文化强国建设,根据《出版管理条例》和有关法律、行政法规,制定本规定。

第二条　本规定适用于出版物发行活动及其监督管理。

本规定所称出版物,是指图书、报纸、期刊、音像制品、电子出版物。

本规定所称发行,包括批发、零售以及出租、展销等活动。

批发是指供货商向其他出版物经营者销售出版物。

零售是指经营者直接向消费者销售出版物。

出租是指经营者以收取租金的形式向消费者提供出版物。

展销是指主办者在一定场所、时间内组织出版物经营者集中展览、销售、订购出版物。

第三条　国家对出版物批发、零售依法实行许可制度。从事出版物批发、零售活动的单位和个人凭出版物经营许可证开展出版物批发、零售活动;未经许可,任何单位和个人不得从事出版物批发、零售活动。

任何单位和个人不得委托非出版物批发、零售单位或者个人销售出版物或者代理出版物销售业务。

第四条　国家新闻出版广电总局负责全国出版物发行活动的监督管理,负责制定全国出版物发行业发展规划。

省、自治区、直辖市人民政府出版行政主管部门负责本行政区域内出版物发行活动的监督管理,制定本省、自治区、直辖市出版物发行业发展规划。省级以下各级人民政府出版行政主管部门负责本行政区域内出版物发行活动的监督管理。

制定出版物发行业发展规划须经科学论证,遵循合法公正、符合实际、促进发展的原则。

第五条　国家保障、促进发行业的发展与转型升级,扶持实体书店、农村发行网点、发行物流体系、发行业信息化建设等,推动网络发行等新兴业态发展,推动发行业与其他相关产业融合发展。对为发行业发展作出重要贡献的单位和个人,按照国家有关规定给予奖励。

第六条　发行行业的社会团体按照其章程,在出版行政主管部门的指导下,实行自律管理。

第二章　申请从事出版物发行业务

第七条　单位从事出版物批发业务,应当具备下列条件:

(一)已完成工商注册登记,具有法人资格;

(二)工商登记经营范围含出版物批发业务;

(三)有与出版物批发业务相适应的设备和固定的经营场所,经营场所面积合计不少于50平方米;

(四)具备健全的管理制度并具有符合行业标准的信息管理系统。

本规定所称经营场所,是指企业在工商行政主管部门注册登记的住所。

第八条　单位申请从事出版物批发业务,可向所在地地市级人民政府出版行政主管部门提交申请材料,地市级人民政府出版行政主管部门在接受申请材料之日起10个工作日内完成审核,审核后报省、自治区、直辖市人民政府出版行政主管部门审批;申请单位也可直接报所在地省、自治区、直辖市人民政府出版行政主管部门审批。

省、自治区、直辖市人民政府出版行政主管部门自受理申请之日起20个工作日内作出批准或者不予批准的决定。批准的,由省、自治区、直辖市人民政府出版行政主管部门颁发出版物经营许可证,并报国家新闻出版广电总局备案。不予批准的,应当向申请人书面说明理由。

申请材料包括下列书面材料:

(一)营业执照正副本复印件;

(二)申请书,载明单位基本情况及申请事项;

(三)企业章程;

(四)注册资本数额、来源及性质证明;

（五）经营场所情况及使用权证明；

（六）法定代表人及主要负责人的身份证明；

（七）企业信息管理系统情况的证明材料。

第九条　单位、个人从事出版物零售业务，应当具备下列条件：

（一）已完成工商注册登记；

（二）工商登记经营范围含出版物零售业务；

（三）有固定的经营场所。

第十条　单位、个人申请从事出版物零售业务，须报所在地县级人民政府出版行政主管部门审批。

县级人民政府出版行政主管部门应当自受理申请之日起20个工作日内作出批准或者不予批准的决定。批准的，由县级人民政府出版行政主管部门颁发出版物经营许可证，并报上一级出版行政主管部门备案；其中门店营业面积在5000平方米以上的应同时报省级人民政府出版行政主管部门备案。不予批准的，应当向申请单位、个人书面说明理由。

申请材料包括下列书面材料：

（一）营业执照正副本复印件；

（二）申请书，载明单位或者个人基本情况及申请事项；

（三）经营场所的使用权证明。

第十一条　单位从事中小学教科书发行业务，应取得国家新闻出版广电总局批准的中小学教科书发行资质，并在批准的区域范围内开展中小学教科书发行活动。单位从事中小学教科书发行业务，应当具备下列条件：

（一）以出版物发行为主营业务的公司制法人；

（二）有与中小学教科书发行业务相适应的组织机构和发行人员；

（三）有能够保证中小学教科书储存质量要求的、与其经营品种和规模相适应的储运能力，在拟申请从事中小学教科书发行业务的省、自治区、直辖市、计划单列市的仓储场所面积在5000平方米以上，并有与中小学教科书发行相适应的自有物流配送体系；

（四）有与中小学教科书发行业务相适应的发行网络。在拟申请从事中小学教科书发行业务的省、自治区、直辖市、计划单列市的企业所属出版物发行网点覆盖不少于当地70%的县（市、区），且以出版物零售为主营业务，具备相应的中小学教科书储备、调剂、添货、零售及售后服务能力；

（五）具备符合行业标准的信息管理系统；

（六）具有健全的管理制度及风险防控机制和突发

事件处置能力；

（七）从事出版物批发业务五年以上。最近三年内未受到出版行政主管部门行政处罚，无其他严重违法违规记录。

审批中小学教科书发行资质，除依照前款所列条件外，还应当符合国家关于中小学教科书发行单位的结构、布局宏观调控和规划。

第十二条　单位申请从事中小学教科书发行业务，须报国家新闻出版广电总局审批。

国家新闻出版广电总局应当自受理之日起20个工作日内作出批准或者不予批准的决定。批准的，由国家新闻出版广电总局作出书面批复并颁发中小学教科书发行资质证。不予批准的，应当向申请单位书面说明理由。

申请材料包括下列书面材料：

（一）申请书，载明单位基本情况及申请事项；

（二）企业章程；

（三）出版物经营许可证和企业法人营业执照正副本复印件；

（四）法定代表人及主要负责人的身份证明，有关发行人员的资质证明；

（五）最近三年的企业法人年度财务会计报告及证明企业信誉的有关材料；

（六）经营场所、发行网点和储运场所的情况及使用权证明；

（七）企业信息管理系统情况的证明材料；

（八）企业发行中小学教科书过程中能够提供的服务和相关保障措施；

（九）企业法定代表人签署的企业依法经营中小学教科书发行业务的承诺书；

（十）拟申请从事中小学教科书发行业务的省、自治区、直辖市、计划单列市人民政府出版行政主管部门对企业基本信息、经营状况、储运能力、发行网点等的核实意见；

（十一）其他需要的证明材料。

第十三条　单位、个人从事出版物出租业务，应当于取得营业执照后15日内到当地县级人民政府出版行政主管部门备案。

备案材料包括下列书面材料：

（一）营业执照正副本复印件；

（二）经营场所情况；

（三）法定代表人或者主要负责人情况。

相关出版行政主管部门应在10个工作日内向申请

备案单位、个人出具备案回执。

第十四条　国家允许外商投资企业从事出版物发行业务。

设立外商投资出版物发行企业或者外商投资企业从事出版物发行业务，申请人应向地方商务主管部门报送拟设立外商投资出版物发行企业的合同、章程，办理外商投资审批手续。地方商务主管部门在征得出版行政主管部门同意后，按照有关法律、法规的规定，作出批准或者不予批准的决定。予以批准的，颁发外商投资企业批准证书，并在经营范围后加注"凭行业经营许可开展"；不予批准的，书面通知申请人并说明理由。

申请人持外商投资企业批准证书到所在地工商行政主管部门办理营业执照或者在营业执照企业经营范围后加注相关内容，并按照本规定第七条至第十条及第十三条的有关规定到所在地出版行政主管部门履行审批或备案手续。

第十五条　单位、个人通过互联网等信息网络从事出版物发行业务的，应当依照本规定第七条至第十条的规定取得出版物经营许可证。

已经取得出版物经营许可证的单位、个人在批准的经营范围内通过互联网等信息网络从事出版物发行业务的，应自开展网络发行业务后15日内到原批准的出版行政主管部门备案。

备案材料包括下列书面材料：

（一）出版物经营许可证和营业执照正副本复印件；

（二）单位或者个人基本情况；

（三）从事出版物网络发行所依托的信息网络的情况。

相关出版行政主管部门应在10个工作日内向备案单位、个人出具备案回执。

第十六条　书友会、读者俱乐部或者其他类似组织申请从事出版物零售业务，按照本规定第九条、第十条的有关规定到所在地出版行政主管部门履行审批手续。

第十七条　从事出版物发行业务的单位、个人可在原发证机关所辖行政区域一定地点设立临时零售点开展其业务范围内的出版物销售活动。设立临时零售点时间不得超过10日，应提前到设点所在地县级人民政府出版行政主管部门备案并取得备案回执，并应遵守所在地其他有关管理规定。

备案材料包括下列书面材料：

（一）出版物经营许可证和营业执照正副本复印件；

（二）单位、个人基本情况；

（三）设立临时零售点的地点、时间、销售出版物品种；

（四）其他相关部门批准设立临时零售点的材料。

第十八条　出版物批发单位可以从事出版物零售业务。

出版物批发、零售单位设立不具备法人资格的发行分支机构，或者出版单位设立发行本版出版物的不具备法人资格的发行分支机构，不需单独办理出版物经营许可证，但应依法办理分支机构工商登记，并于领取营业执照后15日内到原发证机关和分支机构所在地出版行政主管部门备案。

备案材料包括下列书面材料：

（一）出版物经营许可证或者出版单位的出版许可证及分支机构营业执照正本复印件；

（二）单位基本情况；

（三）单位设立不具备法人资格的发行分支机构的经营场所、经营范围等情况。

相关出版行政主管部门应在10个工作日内向备案单位、个人出具备案回执。

第十九条　从事出版物发行业务的单位、个人变更出版物经营许可证登记事项，或者兼并、合并、分立的，应当依照本规定到原批准的出版行政主管部门办理审批手续。出版行政主管部门自受理申请之日起20个工作日内作出批准或者不予批准的决定。批准的，由出版行政主管部门换发出版物经营许可证；不予批准的，应当向申请单位、个人书面说明理由。

申请材料包括下列书面材料：

（一）出版物经营许可证和营业执照正副本复印件；

（二）申请书，载明单位或者个人基本情况及申请变更事项；

（三）其他需要的证明材料。

从事出版物发行业务的单位、个人终止经营活动的，应当于15日内持出版物经营许可证和营业执照向原批准的出版行政主管部门备案，由原批准的出版行政主管部门注销出版物经营许可证。

第三章　出版物发行活动管理

第二十条　任何单位和个人不得发行下列出版物：

（一）含有《出版管理条例》禁止内容的违禁出版物；

（二）各种非法出版物，包括：未经批准擅自出版、印刷或者复制的出版物，伪造、假冒出版单位或者报刊名称出版的出版物，非法进口的出版物；

（三）侵犯他人著作权或者专有出版权的出版物；

（四）出版行政主管部门明令禁止出版、印刷或者复制、发行的出版物。

第二十一条　内部发行的出版物不得公开宣传、陈列、展示、征订、销售或面向社会公众发送。

第二十二条　从事出版物发行业务的单位和个人在发行活动中应当遵循公平、守法、诚实、守信的原则，依法订立供销合同，不得损害消费者的合法权益。

从事出版物发行业务的单位、个人，必须遵守下列规定：

（一）从依法取得出版物批发、零售资质的出版发行单位进货；发行进口出版物的，须从依法设立的出版物进口经营单位进货；

（二）不得超出出版行政主管部门核准的经营范围经营；

（三）不得张贴、散发、登载有法律、法规禁止内容的或者有欺诈性文字、与事实不符的征订单、广告和宣传画；

（四）不得擅自更改出版物版权页；

（五）出版物经营许可证应在经营场所明显处张挂；利用信息网络从事出版物发行业务的，应在其网站主页面或者从事经营活动的网页醒目位置公开出版物经营许可证和营业执照登载的有关信息或链接标识；

（六）不得涂改、变造、出租、出借、出售或者以其他任何形式转让出版物经营许可证和批准文件。

第二十三条　从事出版物发行业务的单位、个人，应查验供货单位的出版物经营许可证并留存复印件或电子文件，并将出版物发行进销货清单等有关非财务票据至少保存两年，以备查验。

进销货清单应包括进销出版物的名称、数量、折扣、金额以及发货方和进货方单位公章（签章）。

第二十四条　出版物发行从业人员应接受出版行政主管部门组织的业务培训。出版物发行单位应建立职业培训制度，积极组织本单位从业人员参加依法批准的职业技能鉴定机构实施的发行员职业技能鉴定。

第二十五条　出版单位可以发行本出版单位出版的出版物。发行非本出版单位出版的出版物的，须按照从事出版物发行业务的有关规定办理审批手续。

第二十六条　为出版物发行业务提供服务的网络交易平台应向注册地省、自治区、直辖市人民政府出版行政主管部门备案，接受出版行政主管部门的指导与监督管理。

备案材料包括下列书面材料：

（一）营业执照正副本复印件；

（二）单位基本情况；

（三）网络交易平台的基本情况。

省、自治区、直辖市人民政府出版行政主管部门应于10个工作日内向备案的网络交易平台出具备案回执。

提供出版物发行网络交易平台服务的经营者，应当对申请通过网络交易平台从事出版物发行业务的经营主体身份进行审查，核实经营主体的营业执照、出版物经营许可证，并留存证照复印件或电子文档备查。不得向无证无照、证照不齐的经营者提供网络交易平台服务。

为出版物发行业务提供服务的网络交易平台经营者应建立交易风险防控机制，保留平台内从事出版物发行业务经营主体的交易记录两年以备查验。对在网络交易平台内从事各类违法出版物发行活动的，应当采取有效措施予以制止，并及时向所在地出版行政主管部门报告。

第二十七条　省、自治区、直辖市出版行政主管部门和全国性出版、发行行业协会，可以主办全国性的出版物展销活动和跨省专业性出版物展销活动。主办单位应提前2个月报国家新闻出版广电总局备案。

市、县级出版行政主管部门和省级出版、发行协会可以主办地方性的出版物展销活动。主办单位应提前2个月报上一级出版行政主管部门备案。

备案材料包括下列书面材料：

（一）展销活动主办单位；

（二）展销活动时间、地点；

（三）展销活动的场地、参展单位、展销出版物品种、活动筹备等情况。

第二十八条　从事中小学教科书发行业务，必须遵守下列规定：

（一）从事中小学教科书发行业务的单位必须具备中小学教科书发行资质；

（二）纳入政府采购范围的中小学教科书，其发行单位须按照《中华人民共和国政府采购法》的有关规定确定；

（三）按照教育行政主管部门和学校选定的中小学教科书，在规定时间内完成发行任务，确保"课前到书，人手一册"。因自然灾害等不可抗力导致中小学教科书发行受到影响的，应及时采取补救措施，并报告所在地出版行政和教育行政主管部门；

（四）不得在中小学教科书发行过程中擅自征订、搭售教学用书目录以外的出版物；

（五）不得将中小学教科书发行任务向他人转让和

分包;

(六)不得涂改、倒卖、出租、出借中小学教科书发行资质证书;

(七)中小学教科书发行费率按照国家有关规定执行,不得违反规定收取发行费用;

(八)做好中小学教科书的调剂、添货、零售和售后服务等相关工作;

(九)应于发行任务完成后 30 个工作日内向国家新闻出版广电总局和所在地省级出版行政主管部门书面报告中小学教科书发行情况。

中小学教科书出版单位应在规定时间内向依法确定的中小学教科书发行单位足量供货,不得向不具备中小学教科书发行资质的单位供应中小学教科书。

第二十九条　任何单位、个人不得从事本规定第二十条所列出版物的征订、储存、运输、邮寄、投递、散发、附送等活动。

从事出版物储存、运输、投递等活动,应当接受出版行政主管部门的监督检查。

第三十条　从事出版物发行业务的单位、个人应当按照出版行政主管部门的规定接受年度核验,并按照《中华人民共和国统计法》《新闻出版统计管理办法》及有关规定如实报送统计资料,不得以任何借口拒报、迟报、虚报、瞒报以及伪造和篡改统计资料。

出版物发行单位、个人不再具备行政许可的法定条件的,由出版行政主管部门责令限期改正;逾期仍未改正的,由原发证机关撤销出版物经营许可证。

中小学教科书发行单位不再具备中小学教科书发行资质的法定条件的,由出版行政主管部门责令限期改正;逾期仍未改正的,由原发证机关撤销中小学教科书发行资质证。

第四章　法律责任

第三十一条　未经批准,擅自从事出版物发行业务的,依照《出版管理条例》第六十一条处罚。

第三十二条　发行违禁出版物的,依照《出版管理条例》第六十二条处罚。

发行国家新闻出版广电总局禁止进口的出版物,或者发行未从依法批准的出版物进口经营单位进货的进口出版物,依照《出版管理条例》第六十三条处罚。

发行其他非法出版物和出版行政主管部门明令禁止出版、印刷或者复制、发行的出版物的,依照《出版管理条例》第六十五条处罚。

发行违禁出版物或者非法出版物的,当事人对其来源作出说明、指认,经查证属实的,没收出版物和非法所得,可以减轻或免除其他行政处罚。

第三十三条　违反本规定发行侵犯他人著作权或者专有出版权的出版物的,依照《中华人民共和国著作权法》和《中华人民共和国著作权法实施条例》的规定处罚。

第三十四条　在中小学教科书发行过程中违反本规定,有下列行为之一的,依照《出版管理条例》第六十五条处罚:

(一)发行未经依法审定的中小学教科书的;

(二)不具备中小学教科书发行资质的单位从事中小学教科书发行活动的;

(三)未按照《中华人民共和国政府采购法》有关规定确定的单位从事纳入政府采购范围的中小学教科书发行活动的。

第三十五条　出版物发行单位未依照规定办理变更审批手续的,依照《出版管理条例》第六十七条处罚。

第三十六条　单位、个人违反本规定被吊销出版物经营许可证的,其法定代表人或者主要负责人自许可证被吊销之日起 10 年内不得担任发行单位的法定代表人或者主要负责人。

第三十七条　违反本规定,有下列行为之一的,由出版行政主管部门责令停止违法行为,予以警告,并处 3 万元以下罚款:

(一)未能提供近两年的出版物发行进销货清单等有关非财务票据或者清单、票据未按规定载明有关内容的;

(二)超出出版行政主管部门核准的经营范围经营的;

(三)张贴、散发、登载有法律、法规禁止内容的或者有欺诈性文字、与事实不符的征订单、广告和宣传画的;

(四)擅自更改出版物版权页的;

(五)出版物经营许可证未在经营场所明显处张挂或者未在网页醒目位置公开出版物经营许可证和营业执照登载的有关信息或者链接标识的;

(六)出售、出借、出租、转让或者擅自涂改、变造出版物经营许可证的;

(七)公开宣传、陈列、展示、征订、销售或者面向社会公众发送规定应由内部发行的出版物的;

(八)委托无出版物批发、零售资质的单位或者个人销售出版物或者代理出版物销售业务的;

(九)未从依法取得出版物批发、零售资质的出版发行单位进货的;

（十）提供出版物网络交易平台服务的经营者未按本规定履行有关审查及管理责任的；

（十一）应按本规定进行备案而未备案的；

（十二）不按规定接受年度核验的。

第三十八条 在中小学教科书发行过程中违反本规定，有下列行为之一的，由出版行政主管部门责令停止违法行为，予以警告，并处 3 万元以下罚款：

（一）擅自调换已选定的中小学教科书的；

（二）擅自征订、搭售教学用书目录以外的出版物的；

（三）擅自将中小学教科书发行任务向他人转让和分包的；

（四）涂改、倒卖、出租、出借中小学教科书发行资质证书的；

（五）未在规定时间内完成中小学教科书发行任务的；

（六）违反国家有关规定收取中小学教科书发行费用的；

（七）未按规定做好中小学教科书的调剂、添货、零售和售后服务的；

（八）未按规定报告中小学教科书发行情况的；

（九）出版单位向不具备中小学教科书发行资质的单位供应中小学教科书的；

（十）出版单位未在规定时间内向依法确定的中小学教科书发行企业足量供货的；

（十一）在中小学教科书发行过程中出现重大失误，或者存在其他干扰中小学教科书发行活动行为的。

第三十九条 征订、储存、运输、邮寄、投递、散发、附送本规定第二十条所列出版物的，按照本规定第三十二条进行处罚。

第四十条 未按本规定第三十条报送统计资料的，按照《新闻出版统计管理办法》有关规定处理。

第五章　附　则

第四十一条 允许香港、澳门永久性居民中的中国公民依照内地有关法律、法规和行政规章，在内地各省、自治区、直辖市设立从事出版物零售业务的个体工商户，无需经过外资审批。

第四十二条 本规定所称中小学教科书，是指经国务院教育行政主管部门审定和经授权审定的义务教育教学用书（含配套教学图册、音像材料等）。

中小学教科书发行包括中小学教科书的征订、储备、配送、分发、调剂、添货、零售、结算及售后服务等。

第四十三条 出版物经营许可证和中小学教科书发行资质证的设计、印刷、制作与发放等，按照《新闻出版许可证管理办法》有关规定执行。

第四十四条 本规定由国家新闻出版广电总局会同商务部负责解释。

第四十五条 本规定自 2016 年 6 月 1 日起施行，原新闻出版总署、商务部 2011 年 3 月 25 日发布的《出版物市场管理规定》同时废止。本规定施行前与本规定不一致的其他规定不再执行。

最高人民法院关于审理非法出版物刑事案件具体应用法律若干问题的解释

· 1998 年 12 月 11 日最高人民法院审判委员会第 1032 次会议通过
· 1998 年 12 月 17 日最高人民法院公告公布
· 自 1998 年 12 月 23 日起施行
· 法释〔1998〕30 号

为依法惩治非法出版物犯罪活动，根据刑法的有关规定，现对审理非法出版物刑事案件具体应用法律的若干问题解释如下：

第一条 明知出版物中载有煽动分裂国家、破坏国家统一或者煽动颠覆国家政权、推翻社会主义制度的内容，而予以出版、印刷、复制、发行、传播的，依照刑法第一百零三条第二款或者第一百零五条第二款的规定，以煽动分裂国家罪或者煽动颠覆国家政权罪定罪处罚。

第二条 以营利为目的，实施刑法第二百一十七条所列侵犯著作权行为之一，个人违法所得数额在 5 万元以上，单位违法所得数额在 20 万元以上的，属于"违法所得数额较大"；具有下列情形之一的，属于"有其他严重情节"：

（一）因侵犯著作权曾经两次以上被追究行政责任或者民事责任，两年内又实施刑法第二百一十七条所列侵犯著作权行为之一的；

（二）个人非法经营数额在 20 万元以上，单位非法经营数额在 100 万元以上的；

（三）造成其他严重后果的。

以营利为目的，实施刑法第二百一十七条所列侵犯著作权行为之一，个人违法所得数额在 20 万元以上，单位违法所得数额在 100 万元以上的，属于"违法所得数额巨大"；具有下列情形之一的，属于"有其他特别严重情节"：

（一）个人非法经营数额在 100 万元以上，单位非法经营数额在 500 万元以上的；

（二）造成其他特别严重后果的。

第三条 刑法第二百一十七条第（一）项中规定的"复制发行"，是指行为人以营利为目的，未经著作权人许可而实施的复制、发行或者既复制又发行其文字作品、音乐、电影、电视、录像作品、计算机软件及其他作品的行为。

第四条 以营利为目的，实施刑法第二百一十八条规定的行为，个人违法所得数额在 10 万元以上，单位违法所得数额在 50 万元以上的，依照刑法第二百一十八条的规定，以销售侵权复制品罪定罪处罚。

第五条 实施刑法第二百一十七条规定的侵犯著作权行为，又销售该侵权复制品，违法所得数额巨大的，只定侵犯著作权罪，不实行数罪并罚。

实施刑法第二百一十七条规定的侵犯著作权的犯罪行为，又明知是他人的侵权复制品而予以销售，构成犯罪的，应当实行数罪并罚。

第六条 在出版物中公然侮辱他人或者捏造事实诽谤他人，情节严重的，依照刑法第二百四十六条的规定，分别以侮辱罪或者诽谤罪定罪处罚。

第七条 出版刊载歧视、侮辱少数民族内容的作品，情节恶劣，造成严重后果的，依照刑法第二百五十条的规定，以出版歧视、侮辱少数民族作品罪定罪处罚。

第八条 以牟利为目的，实施刑法第三百六十三条第一款规定的行为，具有下列情形之一的，以制作、复制、出版、贩卖、传播淫秽物品牟利罪定罪处罚：

（一）制作、复制、出版淫秽影碟、软件、录像带 50 至 100 张（盒）以上，淫秽音碟、录音带 100 至 200 张（盒）以上，淫秽扑克、书刊、画册 100 至 200 副（册）以上，淫秽照片、画片 500 至 1000 张以上的；

（二）贩卖淫秽影碟、软件、录像带 100 至 200 张（盒）以上，淫秽音碟、录音带 200 至 400 张（盒）以上，淫秽扑克、书刊、画册 200 至 400 副（册）以上，淫秽照片、画片 1000 至 2000 张以上的；

（三）向他人传播淫秽物品达 200 至 500 人次以上，或者组织播放淫秽影、像达 10 至 20 场次以上的；

（四）制作、复制、出版、贩卖、传播淫秽物品，获利 5000 至 1 万元以上的。

以牟利为目的，实施刑法第三百六十三条第一款规定的行为，具有下列情形之一的，应当认定为制作、复制、出版、贩卖、传播淫秽物品牟利罪"情节严重"：

（一）制作、复制、出版淫秽影碟、软件、录像带 250 至 500 张（盒）以上，淫秽音碟、录音带 500 至 1000 张（盒）以上，淫秽扑克、书刊、画册 500 至 1000 副（册）以上，淫秽照片、画片 2500 至 5000 张以上的；

（二）贩卖淫秽影碟、软件、录像带 500 至 1000 张（盒）以上，淫秽音碟、录音带 1000 至 2000 张（盒）以上，淫秽扑克、书刊、画册 1000 至 2000 副（册）以上，淫秽照片、画片 5000 至 1 万张以上的；

（三）向他人传播淫秽物品达 1000 至 2000 人次以上，或者组织播放淫秽影、像达 50 至 100 场次以上的；

（四）制作、复制、出版、贩卖、传播淫秽物品，获利 3 万至 5 万元以上的。

以牟利为目的，实施刑法第三百六十三条第一款规定的行为，其数量（数额）达到前款规定的数量（数额）5 倍以上的，应当认定为制作、复制、出版、贩卖、传播淫秽物品牟利罪"情节特别严重"。

第九条 为他人提供书号、刊号，出版淫秽书刊的，依照刑法第三百六十三条第二款的规定，以为他人提供书号出版淫秽书刊罪定罪处罚。

为他人提供版号，出版淫秽音像制品的，依照前款规定定罪处罚。

明知他人用于出版淫秽书刊而提供书号、刊号的，依照刑法第三百六十三条第一款的规定，以出版淫秽物品牟利罪定罪处罚。

第十条 向他人传播淫秽的书刊、影片、音像、图片等出版物达 300 至 600 人次以上或者造成恶劣社会影响的，属于"情节严重"，依照刑法第三百六十四条第一款的规定，以传播淫秽物品罪定罪处罚。

组织播放淫秽的电影、录像等音像制品达 15 至 30 场次以上或者造成恶劣社会影响的，依照刑法第三百六十四条第二款的规定，以组织播放淫秽音像制品罪定罪处罚。

第十一条 违反国家规定，出版、印刷、复制、发行本解释第一条至第十条规定以外的其他严重危害社会秩序和扰乱市场秩序的非法出版物，情节严重的，依照刑法第二百二十五条第（三）项的规定，以非法经营罪定罪处罚。

第十二条 个人实施本解释第十一条规定的行为，具有下列情形之一的，属于非法经营行为"情节严重"：

（一）经营数额在 5 万元至 10 万元以上的；

（二）违法所得数额在 2 万元至 3 万元以上的；

（三）经营报纸 5000 份或者期刊 5000 本或者图书

2000 册或者音像制品、电子出版物 500 张（盒）以上的。

具有下列情形之一的，属于非法经营行为"情节特别严重"：

（一）经营数额在 15 万元至 30 万元以上的；

（二）违法所得数额在 5 万元至 10 万元以上的；

（三）经营报纸 1.5 万份或者期刊 1.5 万本或者图书 5000 册或者音像制品、电子出版物 1500 张（盒）以上的。

第十三条 单位实施本解释第十一条规定的行为，具有下列情形之一的，属于非法经营行为"情节严重"：

（一）经营数额在 15 万元至 30 万元以上的；

（二）违法所得数额在 5 万元至 10 万元以上的；

（三）经营报纸 1.5 万份或者期刊 1.5 万本或者图书 5000 册或者音像制品、电子出版物 1500 张（盒）以上的。

具有下列情形之一的，属于非法经营行为"情节特别严重"：

（一）经营数额在 50 万元至 100 万元以上的；

（二）违法所得数额在 15 万元至 30 万元以上的；

（三）经营报纸 5 万份或者期刊 5 万本或者图书 1.5 万册或者音像制品、电子出版物 5000 张（盒）以上的。

第十四条 实施本解释第十一条规定的行为，经营数额、违法所得数额或者经营数量接近非法经营行为"情节严重"、"情节特别严重"的数额、数量起点标准，并具有下列情形之一的，可以认定为非法经营行为"情节严重"、"情节特别严重"：

（一）两年内因出版、印刷、复制、发行非法出版物受过行政处罚两次以上的；

（二）因出版、印刷、复制、发行非法出版物造成恶劣社会影响或者其他严重后果的。

第十五条 非法从事出版物的出版、印刷、复制、发行业务，严重扰乱市场秩序，情节特别严重，构成犯罪的，可以依照刑法第二百二十五条第（三）项的规定，以非法经营罪定罪处罚。

第十六条 出版单位与他人事前通谋，向其出售、出租或者以其他形式转让该出版单位的名称、书号、刊号、版号，他人实施本解释第二条、第四条、第八条、第九条、第十条、第十一条规定的行为，构成犯罪的，对该出版单位应当以共犯论处。

第十七条 本解释所称"经营数额"，是指以非法出版物的定价数额乘以行为人经营的非法出版物数量所得的数额。

本解释所称"违法所得数额"，是指获利数额。

非法出版物没有定价或者以境外货币定价的，其单价数额应当按照行为人实际出售的价格认定。

第十八条 各省、自治区、直辖市高级人民法院可以根据本地的情况和社会治安状况，在本解释第八条、第十条、第十二条、第十三条规定的有关数额、数量标准的幅度内，确定本地执行的具体标准，并报最高人民法院备案。

· 文书范本

图书出版合同①

（标准样式）

甲方(著作权人)：　　　　　　　　　地址：

乙方(出版者)：　　　　　　　　　　地址：

作品名称：

作品署名：

甲乙双方就上述作品的出版达成如下协议：

第一条 甲方授予乙方在合同有效期内，在(中国大陆、中国香港、中国台湾、或其他国家和地区、全世界)*以图书形式出版发行上述作品(汉文、×文)*文本的专有使用权。

第二条 根据本合同出版发行的作品不得含有下列内容：

（一）反对宪法确定的基本原则；

---

① 仅供参考。

(二)危害国家统一、主权和领土完整;

(三)危害国家安全、荣誉和利益;

(四)煽动民族分裂,侵害少数民族风俗习惯,破坏民族团结;

(五)泄露国家机密;

(六)宣扬淫秽、迷信或者渲染暴力,危害社会公德和民族优秀文化传统;

(七)侮辱或者诽谤他人;

(八)法律、法规规定禁止的其他内容。

第三条 甲方保证拥有第一条授予乙方的权利。因上述权利的行使侵犯他人著作权的,甲方承担全部责任并赔偿因此给乙方造成的损失,乙方可以终止合同。

第四条 甲方的上述作品含有侵犯他人名誉权、肖像权、姓名权等人身权内容的,甲方承担全部责任并赔偿因此给乙方造成的损失,乙方可以终止合同。

第五条 上述作品的内容、篇幅、体例、图表、附录等应符合下列要求:

第六条 甲方应于_____年____月____日前将上述作品的誊清稿交付乙方。甲方不能按时交稿的,应在交稿期限届满前____日通知乙方,双方另行约定交稿日期。甲方到期仍不能交稿的,应按本合同第十一条约定报酬的____%向乙方支付违约金,乙方可以终止合同。甲方交付的稿件应有作者的签章。

第七条 乙方应于_____年____月____日前出版上述作品,最低印数为_____册。乙方不能按时出版的,应在出版期限届满前____日通知甲方,并按本合同第十一条约定报酬的____%向甲方支付违约金,双方另行约定出版日期。乙方在另行约定期限内仍不出版的,除非因不可抗力所致,乙方应按本合同第十一条约定向甲方支付报酬和归还作品原件,并按该报酬的____%向甲方支付赔偿金,甲方可以终止合同。

第八条 在合同有效期内,未经双方同意,任何一方不得将第一条约定的权利许可第三方使用。如有违反,另一方有权要求经济赔偿并终止合同。一方经对方同意许可第三方使用上述权利,应将所得报酬的____%交付对方。

第九条 乙方尊重甲方确定的署名方式。乙方如需更动上述作品的名称,对作品进行修改、删节、增加图表及前言、后记,应征得甲方同意,并经甲方书面认可。

第十条 上述作品的校样由乙方审校。

(上述作品的校样由甲方审样。甲方应在____日内签字后退还乙方。甲方未按期审校,乙方可自行审校,并按计划付印。因甲方修改造成版面改动超过____%或未能按期出版,甲方承担改版费用或推迟出版的责任。)*

第十一条 乙方采用下列方式及标准之一向甲方支付报酬:

(一)基本稿酬加印数稿酬:_____元/每千字×千字+印数(以千册为单位)×基本稿酬____%。或

(二)一次性酬酬:_____元。或

(三)版税:_____元(图书定价)×____%(版税率)×印数。

第十二条 以基本稿酬加印数稿酬方式付酬的,乙方应在上述作品出版后____日内向甲方支付报酬,但最长不得超过半年。

或以一次性支付方式付酬的,乙方在甲方交稿后____日内向甲方付清。

或以版税方式付酬的,乙方在出版后____日内向甲方付清。

乙方在合同签字后____日内,向甲方预付上述报酬的____%(_____元)。*

乙方未在约定期限内支付报酬的,甲方可以终止合同并要求乙方继续履行付酬的义务。

第十三条 甲方交付的稿件未达到合同第五条约定的要求,乙方有权要求甲方进行修改,如甲方拒绝按照合同的约定修改,乙方有权终止合同并要求甲方返还本合同第十二条约定的预付报酬。如甲方同意修改,且反复修改仍未达到合同第五条的要求,预付报酬不返还乙方;如未支付预付报酬,乙方按合同第十一条约定报酬的____%向甲方支付酬金,并有权终止合同。

第十四条 上述作品首次出版____年内,乙方可以自行决定重印。首次出版____年后,乙方重印应事先通知甲方。如果甲方需要对作品进行修改,应于收到通知后____日内答复乙方,否则乙方可按原版重印。

第十五条 乙方重印、再版,应将印数通知甲方,并在重印、再版____日内按第十一条的约定向甲方支付报酬。

第十六条 甲方有权核查乙方应向甲方支付报酬的账目。如甲方指定第三方进行核查,需提供书面授权书。如乙方故意少付甲方应得的报酬,除向甲方补齐应付报酬外,还应支付全部报酬____%的赔偿金并承担核查费用。如核查结果与乙方提供的应付报酬相符,核查费用由甲方承担。

第十七条 在合同有效期内,如图书脱销,甲方有权要求乙方重印、再版。如甲方收到乙方拒绝重印、再版的书面答复,或乙方收到甲方重印、再版的书面要求后____月内未重印、再版,甲方可以终止合同。

第十八条 上述作品出版后____日内乙方应将作品原稿退还甲方。如有损坏,应赔偿甲方_____元;如有遗失,赔偿_____元。

第十九条 上述作品首次出版后____日内,乙方向甲方赠样书_____册,并以____折价售予甲方图书_____册。每次再版后____日内,乙方向甲方赠样书_____册。

第二十条 在合同有效期内乙方按本合同第十一条(一)基本稿酬加印数稿酬方式,或者按本合同第十一条(二)一次性付酬方式向甲方支付报酬的,出版上述作品的修订本、缩编本的付酬的方式和标准应由双方另行约定。

第二十一条 在合同有效期内,甲方许可第三方出版包含上述作品的选集、文集、全集的,须取得乙方许可。

在合同有效期内,乙方出版包含上述作品的选集、文集、全集或者许可第三方出版包含上述作品的选集、文集、全集的,须另行取得甲方书面授权。乙方取得甲方授权的,应及时将出版包含上述作品选集、文集、全集的情况通知甲方,并将所得报酬的____%交付甲方。

第二十二条 在合同有效期内,甲方许可第三方出版上述作品的电子版的,须取得乙方的许可。

在合同有效期内,乙方出版上述作品电子版或者许可第三方出版上述作品电子版的,须另行取得甲方书面授权。乙方取得甲方授权的,应及时将出版上述作品电子版的情况通知甲方,并将所得报酬的____%交付甲方。

第二十三条 未经甲方书面许可,乙方不得使本合同第一条授权范围以外的权利。

(甲方授权乙方代理行使(本合同第一条授权范围以外)*使用上述作品的权利,其使用所得报酬甲乙双方按比例分成。)

第二十四条 双方因合同的解释或履行发生争议,由双方协商解决。协商不成将争议提交仲裁机构仲裁(向人民法院提起诉讼。)*

第二十五条 合同的变更、续签及其他未尽事宜,由双方另得商定。

第二十六条 本合同自签字之日起生效,有效期为____年。

第二十七条 本合同一式两份,双方各执一份为凭。

注:带*的为选择性内容。

甲方:　　　　　　　　　　　　　　　　乙方:

(签章)　　　　　　　　　　　　　　　 (签章)

　年　　月　　日　　　　　　　　　　　年　　月　　日

· 典型案例

1. 张晓燕诉雷献和、赵琪、山东爱书人音像图书有限公司著作权侵权纠纷案①

【裁判要点】

1. 根据同一历史题材创作的作品中的题材主线、整体线索脉络,是社会共同财富,属于思想范畴,不能为个别人垄断,任何人都有权对此类题材加以利用并创作作品。

2. 判断作品是否构成侵权,应当从被诉侵权作品作者是否接触过权利人作品、被诉侵权作品与权利人作品之间是否构成实质相似等方面进行。在判断是否构成实质相似时,应比较作者在作品表达中的取舍、选择、安排、设计等是否相同或相似,不应从思想、情感、创意、对象等方面进行比较。

3. 按照著作权法保护作品的规定,人民法院应保护作者具有独创性的表达,即思想或情感的表现形式。对创意、素材、公有领域信息、创作形式、必要场景,以及具有唯一性或有限性的表达形式,则不予保护。

【相关法条】

《中华人民共和国著作权法》第二条
《中华人民共和国著作权法实施条例》第二条

【基本案情】

原告张晓燕诉称:其于1999年12月开始改编创作《高原骑兵连》剧本,2000年8月根据该剧本筹拍20集电视连续剧《高原骑兵连》(以下将该剧本及其电视剧简称"张剧"),2000年12月该剧摄制完成,张晓燕系该剧著作权人。被告雷献和作为《高原骑兵连》的名誉制片人参与了该剧的摄制。被告雷献和作为第一编剧和制片人、被告赵琪作为第二编剧拍摄了电视剧《最后的骑兵》(以下将该电视剧及其剧本简称"雷剧")。2009年7月1日,张晓燕从被告山东爱书人音像图书有限公司购得《最后的骑兵》DVD光盘,发现与"张剧"有很多雷同之处,主要人物关系、故事情节及其他方面相同或近似,"雷剧"对"张剧"剧本及电视剧构成侵权。故请求法院判令:三被告停止侵权,雷献和在《齐鲁晚报》上公开发表致歉声明并赔偿张晓燕剧本稿酬损失、剧本出版发行及改编费损失共计80万元。

被告雷献和辩称:"张剧"剧本根据张冠林的长篇小说《雪域河源》改编而成,"雷剧"最初由雷献和根据师永刚的长篇小说《天苍茫》改编,后由赵琪参照其小说《骑马挎

枪走天涯》重写剧本定稿。2000年上半年,张晓燕找到雷献和,提出合拍反映骑兵生活的电视剧。雷献和向张晓燕介绍了改编《天苍茫》的情况,建议合拍,张晓燕未同意。2000年8月,雷献和与张晓燕签订了合作协议,约定拍摄制作由张晓燕负责,雷献和负责军事保障,不参与艺术创作,雷献和没有看到张晓燕的剧本。"雷剧"和"张剧"创作播出的时间不同,"雷剧"不可能影响"张剧"的发行播出。

法院经审理查明:"张剧""雷剧"、《骑马挎枪走天涯》《天苍茫》,均系以二十世纪八十年代中期精简整编中骑兵部队撤(缩)编为主线展开的军旅、历史题材作品。短篇小说《骑马挎枪走天涯》发表于《解放军文艺》1996年第12期总第512期;长篇小说《天苍茫》于2001年4月由解放军文艺出版社出版发行;"张剧"于2004年5月17日至5月21日由中央电视台第八套节目在上午时段以每天四集的速度播出;"雷剧"于2004年5月19日至29日由中央电视台第一套节目在晚上黄金时段以每天两集的速度播出。

《骑马挎枪走天涯》通过对骑兵连被撤销前后连长、指导员和一匹神骏的战马的描写,叙述了骑兵在历史上的辉煌、骑兵连被撤销、骑兵连官兵特别是骑兵连长对骑兵、战马的痴迷。《骑马挎枪走天涯》存在如下描述:神马(15号军马)出身来历中透着的神秘、连长与军马的水乳交融、指导员孔越华的人物形象、连长作诗、父亲当过骑兵团长、骑兵在未来战争中发挥的重要作用、连长为保留骑兵连所做的努力、骑兵连最后被撤销、结尾处连长与神马的悲壮。"雷剧"中天马的来历也透着神秘,除了连长常问天的父亲曾为骑兵师长外,上述情节内容与《骑马挎枪走天涯》基本相似。

《天苍茫》是讲述中国军队最后一支骑兵连充满传奇与神秘历史的书,书中展示草原与骑兵的生活,如马与人的情感、最后一匹野马的基因价值,以及研究马语的老人、神秘的预言者,最后的野马在香港赛马场胜出的传奇故事。《天苍茫》中连长成天的父亲是原骑兵师的师长,司令员是山南骑兵连的第一任连长,成天父亲的老部下,成天从小暗恋司令员女儿兰静,指导员王青衣与兰静相爱,并促进成天与基因学者刘可可的爱情。最后连长为救被困沼泽的研究人员牺牲。"雷剧"中高波将前指导员跑得又

---

① 案例来源:最高人民法院指导案例81号。

快又稳性子好的"大喇嘛"牵来交给常问天作为临时坐骑。结尾连长为完成抓捕任务而牺牲。"雷剧"中有关指导员孔越华与连长常问天之间关系的描述与《天苍茫》中指导员王青衣与连长成天关系的情节内容有相似之处。

法院依法委托中国版权保护中心版权鉴定委员会对"张剧"与"雷剧"进行鉴定,结论如下:1.主要人物设置及关系部分相似;2.主要线索脉络即骑兵部队缩编(撤销)存在相似之处;3.存在部分相同或者近似的情节,但除一处语言表达基本相同之外,这些情节的具体表达基本不同。语言表达基本相同的情节是指双方作品中男主人公表达"愿做牧马人"的话语的情节。"张剧"电视剧第四集秦冬季说:"草原为家,以马为伴,做个牧马人";"雷剧"第十八集常问天说:"以草原为家,以马为伴,你看过电影《牧马人》吗? 做个自由的牧马人"。

【裁判结果】

山东省济南市中级人民法院于 2011 年 7 月 13 日作出(2010)济民三初字第 84 号民事判决:驳回张晓燕的全部诉讼请求。张晓燕不服,提起上诉。山东省高级人民法院于 2012 年 6 月 14 日作出(2011)鲁民三终字第 194 号民事判决:驳回上诉,维持原判。张晓燕不服,向最高人民法院申请再审。最高人民法院经审查,于 2014 年 11 月 28 日作出(2013)民申字第 1049 号民事裁定:驳回张晓燕的再审申请。

【裁判理由】

法院生效裁判认为:本案的争议焦点是"雷剧"的剧本及电视剧是否侵害"张剧"的剧本及电视剧的著作权。

判断作品是否构成侵权,应当从被诉侵权作品的作者是否"接触"过要求保护的权利人作品、被诉侵权作品与权利人的作品之间是否构成"实质相似"两个方面进行判断。本案各方当事人对雷献和接触"张剧"剧本及电视剧并无争议,本案的核心问题在于两部作品是否构成实质相似。

我国著作权法所保护的是作品中作者具有独创性的表达,即思想或情感的表现形式,不包括作品中所反映的思想或情感本身。这里指的思想,包括对物质存在、客观事实、人类情感、思维方法的认识,是被描述、被表现的对象,属于主观范畴。思想者借助物质媒介,将构思诉诸形式表现出来,将意象转化为形象、将抽象转化为具体、将主观转化为客观、将无形转化为有形,为他人感知的过程即为创作,创作形成的有独创性的表达属于受著作权法保护的作品。著作权法保护的表达不仅指文字、色彩、线条等符号的最终形式,当作品的内容被用于体现作者的思想、情感时,内容也属于受著作权法保护的表达,但创意、素材或公有领域的信息、创作形式、必要场景或表达唯一或

有限则被排除在著作权法的保护范围之外。必要场景,指选择某一类主题进行创作时,不可避免而必须采取某些事件、角色、布局、场景,这种表现特定主题不可或缺的表达方式不受著作权法保护;表达唯一或有限,指一种思想只有唯一一种或有限的表达形式,这些表达视为思想,也不给予著作权法保护。在判断"雷剧"与"张剧"是否构成实质相似时,应比较两部作品中对于思想和情感的表达,将两部作品表达中作者的取舍、选择、安排、设计是否相同或相似,而不是离开表达看思想、情感、创意、对象等其他方面。结合张晓燕的主张,从以下几个方面进行分析判断:

关于张晓燕提出"雷剧"与"张剧"题材主线相同的主张,因"雷剧"与《骑马挎枪走天涯》都通过紧扣"英雄末路、骑兵绝唱"这一主题和情境描述了"最后的骑兵"在撤编前后发生的故事,可以认定"雷剧"题材主线及整体线索脉络来自《骑马挎枪走天涯》。"张剧""雷剧"以及《骑马挎枪走天涯》《天苍茫》4 部作品均系以二十世纪八十年代中期精简整编中骑兵部队撤(缩)编为主线展开的军旅历史题材作品,是社会的共同财富,不能为个别人所垄断,故 4 部作品的作者都有权以自己的方式对此类题材加以利用并创作作品。因此,即便"雷剧"与"张剧"题材主线存在一定的相似性,因题材主线不受著作权法保护,且"雷剧"的题材主线系来自最早发表的《骑马挎枪走天涯》,不能认定"雷剧"抄袭自"张剧"。

关于张晓燕提出"雷剧"与"张剧"人物设置与人物关系相同、相似的主张,鉴于前述 4 部作品均系以特定历史时期骑兵部队撤(缩)编为主线展开的军旅题材作品,除了《骑马挎枪走天涯》受短篇小说篇幅的限制,没有三角恋爱关系或军民关系外,其他 3 部作品中都包含三角恋爱关系、官兵上下关系、军民关系等人物设置和人物关系,这样的表现方式属于军旅题材作品不可避免地采取的必要场景,因表达方式有限,不受著作权法保护。

关于张晓燕提出"雷剧"与"张剧"语言表达及故事情节相同、相似的主张,从语言表达看,如"雷剧"中"做个自由的'牧马人'"与"张剧"中"做个牧马人"语言表达基本相同,但该语言表达属于特定语境下的惯用语,非独创性表达。从故事情节看,用于体现作者的思想与情感的故事情节属于表达的范畴,具有独创性的故事情节应受著作权法保护,但是,故事情节中仅部分元素相同、相似并不能当然得出故事情节相同、相似的结论。前述 4 部作品相同、相似的部分多属于公有领域素材或缺乏独创性的素材,有的仅为故事情节中的部分元素相同,但情节所展开的具体内容和表达的意义并不相同。二审法院认定"雷

剧"与"张剧"6处相同、相似的故事情节,其中老部下关系、临时指定马匹等在《天苍茫》中也有相似的情节内容,其他部分虽在情节设计方面存在相同、相似之处,但有的仅为情节表达中部分元素的相同、相似,情节内容相同、相似的部分少且微不足道。

整体而言,"雷剧"与"张剧"具体情节展开不同、描写的侧重点不同、主人公性格不同、结尾不同,二者相同、相似的故事情节在"雷剧"中所占比例极低,且在整个故事情节中处于次要位置,不构成"雷剧"中的主要部分,不会导致读者和观众对两部作品产生相同、相似的欣赏体验,不能得出两部作品实质相似的结论。根据《最高人民法院关于审理著作权民事纠纷案件适用法律若干问题的解释》第十五条"由不同作者就同一题材创作的作品,作品的表达系独立完成并且有创作性的,应当认定作者各自享有独立著作权"的规定,"雷剧"与"张剧"属于由不同作者就同一题材创作的作品,两剧都有独创性,各自享有独立著作权。

2. 北京风行在线技术有限公司侵害作品信息网络传播权纠纷抗诉案①

一、案件事实

《天天向上》《快乐大本营》《百变大咖秀》《我们约会吧》《我是歌手》是湖南卫视制作播出的综艺节目。经授权,湖南快乐阳光互动娱乐传媒有限公司(以下简称"快乐阳光公司")取得了上述综艺节目的独家开发经营权和信息网络传播权。2013年12月31日,快乐阳光公司就上述综艺节目分别出具《授权书》,将2014年度湖南卫视电视播出的上述综艺节目的视频内容独家授权给北京奇艺世纪科技有限公司(以下简称"奇艺公司"),授权性质为独家信息网络传播权,含转授权和维权权利。授权期限为二年,即自2014年1月1日至2015年12月31日。

2013年6月30日,快乐阳光公司与北京风行在线技术有限公司(以下简称"风行公司")签订《许可协议》,约定快乐阳光公司将其享有信息网络传播权的湖南卫视电视节目内容,以非独家方式授予风行公司使用,授权内容为2013年湖南卫视播出的自有版权节目,授权期限一年,自2013年5月1日至2014年4月30日。协议签订生效后,风行公司向快乐阳光公司支付全部合作款项后5个工作日内,快乐阳光公司须向风行公司提供快乐阳光公司签字盖章的授权书原件,授权风行公司使用协议约定之节目内容。协议附有一份附件《授权书》(以下简称"空白、骑

缝授权书"),内容为快乐阳光公司授予风行公司通过其网站和手机客户端软件对湖南卫视在本授权期限内制作播出的自有版权节目进行互联网点播,授权期限自2013年5月1日至2014年4月30日,该授权书落款处无签字、无盖章、日期空白,但与《许可协议》连在一起、盖有快乐阳光公司和风行公司的骑缝章。"空白、骑缝授权书"后另附有一份内容一样的《授权书》,该授权书为复印件,落款处盖有快乐阳光公司公章,日期空白,不带快乐阳光公司和风行公司的骑缝章。2014年1月起,风行公司在其经营的风行网及风行PC客户端、IPAD客户端、手机客户端等渠道,分别转播上述综艺节目的不同期数,播放页面未见他人上传的痕迹。

2014年1月10日,快乐阳光公司将风行公司起诉至湖南省长沙市中级法院,要求确认上述《许可协议》已解除。长沙中级法院经审理查明,2013年12月3日,快乐阳光公司以电子邮件的形式向风行公司发出《解除合同及删除节目视频的通知函》,函中载明风行公司第一次、第二次付款均出现迟延情形,且第二次付款迟延超过30日,依据协议约定,快乐阳光公司通知风行公司自2013年12月31日起解除《许可协议》。长沙中级法院认定,因风行公司迟延付款,快乐阳光公司享有解除权,于2015年3月17日判决确认快乐阳光公司与风行公司的《许可协议》于2013年12月31日解除。风行公司不服并上诉至湖南省高级法院,湖南省高级法院于2015年8月27日作出判决:驳回上诉,维持原判。

二、诉讼过程

2014年1月、5月,奇艺公司分别就上述综艺节目先后向北京市海淀区法院起诉了十件案件,请求判令风行公司停止播放相关节目并予以赔偿。海淀区法院经审查认为,风行公司提交的《许可协议》的授权内容仅包括2013年度涉案节目,不包括2014年度涉案节目,奇艺公司是2014年度涉案综艺节目的独家信息网络传播权人,风行公司未经许可提供涉案综艺节目的在线播放服务,侵犯了奇艺公司享有的信息网络传播权,于2014年7至8月分别对该十案作出判决,判决风行公司承担停止侵权、赔偿损失的法律责任。

风行公司不服一审判决,向北京市第一中级法院提起上诉,请求法院撤销原审判决,发回重审或依法改判。北京市第一中级法院经审查认为,风行公司获得授权内容的期限应为2013年5月1日至2014年4月30日,故风行公

---

① 案例来源:最高检发布2018年度检察机关保护知识产权典型案例十四。

司播放涉案综艺节目并未超出其获得授权的范围。一审判决的相关认定有误，故该院于2015年1至2月对十案作出二审判决，改判撤销一审判决，驳回奇艺公司的全部诉讼请求。

奇艺公司不服二审判决，向北京市高级法院申请再审，请求撤销二审判决，支持其全部诉讼请求，北京市高级法院于2015年12月裁定驳回再审申请。

奇艺公司向北京市检察院第一分院申请监督，第一分院经审查认为，二审法院认定的基本事实缺乏证据证明，且有新证据足以推翻原判决，提请北京市检察院抗诉。

2017年6月30日，北京市检察院审查后以"现有新的证据足以推翻原判决"为由，向北京市高级法院提出抗诉。北京市高级法院作出民事裁定，指令北京市第一中级法院再审。北京市第一中级法院经过审理，完全采纳了北京市检察院的抗诉意见，于2018年6月27日对该十案作出再审判决，依法改判了奇艺公司与风行公司侵害作品信息网络传播权纠纷十件案件。

三、评析意见

该系列案件是著作权民事侵权领域经检察机关法律监督后予以改判的典型案例，是检察机关高度重视知识产权专业化办案工作，实现精准监督和类案监督，积极履行知识产权检察监督职能的重要体现，彰显了检察机关对知识产权的司法保护力度。考虑到著作权侵权案件的办理具有专业性强、权属情况复杂、媒体关注度高等特点，检察机关多管齐下、扎实工作，确保了监督实效。

（一）对事实证据"全问诊"，将"另案情况"作为审查本案新的争议焦点。该系列案件中，由于《许可协议》及附件《授权书》对授权内容约定不一致，一审法院和二审法院均将其作为案件焦点进行审理，一审法院认为应以合同正文确定授权内容，二审法院认为授权书对于理解和解释合同条款能够起到重要作用，故作出了不同的事实认定，最终作出了完全相反的判决。检察官受理该系列案件后，通过向当事人调查核实案件情况、上下级院一体联动等多种方式全面审查案件证据，对风行公司的授权内容作出了全面判断，进一步厘清了案件事实。检察官发现，快乐阳光公司在2014年1月已在湖南省长沙市中级法院起诉风行公司，要求确认《许可协议》于2013年12月31日解除，该案在一、二审法院审理过程中尚未作出生效判决。但《许可协议》是否解除将直接影响到风行公司是否取得合法授权，影响到奇艺公司的诉讼请求是否可以实现。鉴于此，

检察官及时调整了思路，认为案件的焦点不在于《许可协议》及附件《授权书》对授权内容约定应如何认定，而是应首先查明长沙市中级法院审理的案件结果，判断《许可协议》的效力。

（二）经联席会议"共把脉"，以另案生效判决认定作为本案"再审新证据"。经查，长沙市中级法院判决确认《许可协议》已于2013年12月31日解除，湖南省高级法院判决予以维持，且风行公司未在六个月内向法院申请再审。因此，风行公司在2014年播放涉案节目没有合法授权，本案二审判决结果与之相悖。如何正确认定"新的证据"是准确启动再审程序、确保监督实效的关键。针对另案生效判决能否作为"现有新的证据足以推翻原判决"，检察机关通过召开检察官联席会议的形式，聚焦证据认定和法律适用进行深入研判，从以下两个方面进行了综合分析：一是当事人提供的新的证据，是否能够证明原判决、裁定认定基本事实或者裁判结果错误。二是当事人逾期提供证据是否具有正当理由。该系列案件中，湖南省高级法院2015年8月27日民事判决形成于原审庭审结束之后，判决确认的《许可协议》是否已解除将直接影响到风行公司是否取得合法授权，影响到奇艺公司的诉讼请求是否可以实现。因此，该民事判决符合本案再审新证据的条件，检察机关决定予以采纳。

（三）为程序与实体"双开方"，另案情况应当作为本案"中止审理"必要条件。检察机关在办理监督案件过程中，不仅对生效裁判结果进行实体审查，还充分尊重程序的独立价值，对审判程序进行了审查。在该系列案件二审判决作出时，快乐阳光公司起诉风行公司，要求确认《许可协议》解除一案尚未作出生效判决，而《许可协议》的法律效力对该系列案件判决结果将产生实质性影响，因此，该系列案的审理应以另案情况对《许可协议》效力的认定为依据，符合应当中止审理的条件。该系列案中，二审法院明知存在上述情况却未予中止审理，直接依据法律效力处于不确定状态的《许可协议》作出了二审判决，属于审判程序违法，并直接导致了该系列案实体处理结果的错误。检察机关一方面在对该系列案件的抗诉书中明确指出了"应中止而未中止导致裁判结果错误"的程序问题，另一方面还将该问题纳入了向北京市高级法院发送的年度诉讼监督通报中，建议对需要中止的案件严格按照《民事诉讼法》的规定进行审查，树立程序监督与实体监督并重的理念，实现了个案和类案监督并举的良好效果。

3. 明河社出版有限公司、完美世界(北京)软件有限公司与北京火谷网络科技股份有限公司、昆仑乐享网络技术有限公司、昆仑万维科技股份有限公司侵害改编权及不正当竞争纠纷案①

【案情摘要】

明河社出版有限公司(简称明河社)是《射雕英雄传》《神雕侠侣》《倚天屠龙记》《笑傲江湖》等作品在中国境内的专有使用权人。经明河社同意,查良镛(金庸)将上述作品部分区域和期间内移动终端游戏软件改编权及后续软件的商业开发权独家授予完美世界(北京)软件有限公司(简称完美世界公司)。被诉侵权的武侠Q传游戏由北京火谷网络科技股份有限公司(简称火谷网)开发,昆仑乐享网络技术有限公司(简称昆仑乐享公司)经授权可在中国大陆等多个国家和地区独家运营该游戏。昆仑万维科技股份有限公司(简称昆仑万维公司)为涉案游戏的运营者。涉案游戏共有人物卡牌、武功卡牌、配饰卡牌和阵法卡牌等四类卡牌,经比对,涉案游戏在人物描述、武功描述、配饰描述、阵法描述、关卡设定等多个方面与涉案武侠小说中的相应内容存在对应关系或相似性。火谷网认可开发时借鉴和参考了权利人作品中的元素。一审法院认为,现有证据不能证明涉案游戏软件构成对权利人任意一部作品的改编。但火谷网、昆仑乐享公司和昆仑万维公司的行为构成对明河社及完美世界公司的不正当竞争。据此判令火谷网、昆仑乐享公司和昆仑万维公司停止侵权、消除影响,并赔偿明河社等经济损失16319658元。双方当事人均不服一审判决,提起上诉。北京市高级人民法院二审认定涉案游戏构成对权利人作品的改编,火谷网构成对明河社和完美世界公司享有权利作品移动终端游戏软件改编权的侵害。火谷网作为开发者,昆仑乐享公司、昆仑万维公司作为游戏运营者,三者应共同承担侵权责任。由于已经认定涉案游戏构成对权利人改编权的侵害,故不再适用反不正当竞争法对被诉侵权行为进行评述。据此判决驳回上诉,维持一审判决。

【典型意义】

本案是涉及作品游戏改编权的典型案例。《射雕英雄传》《倚天屠龙记》《神雕侠侣》《笑傲江湖》是金庸先生创作的四部知名武侠小说。被诉侵权卡牌游戏对权利人作品的改编方式,不同于通常形式上的抄袭剽窃,侵权人在改编时并未完整使用权利人作品中的故事情节,而是对人物角色、人物特征、人物关系、武功招式以及武器、阵法、场景等创作要素进行了截取式、组合式的使用。二审法院明确,在游戏改编过程中,未经许可对他人作品中人物角色、人物特征、人物关系、武功招式以及武器、阵法、场景等具体创作要素进行截取式、组合式使用,且由此所表现出的人物特征、人物关系以及其他要素间的组合关系与原作品中的选择、安排、设计不存在实质性差别,未形成脱离于原作品独创性表达的新表达,即构成对他人作品改编权的侵犯,进一步厘清了侵害改编权与合理借鉴的行为边界。此外,二审判决在充分考虑权利人作品市场价值的基础上,判令三被告承担1600余万元的赔偿责任,坚持了知识产权侵权赔偿的市场价值导向,切实保障权利人获得了充分赔偿。

4. 苏州蜗牛数字科技股份有限公司与成都天象互动科技有限公司、北京爱奇艺科技有限公司侵害著作权纠纷案②

【案情摘要】

苏州蜗牛数字科技股份有限公司(简称蜗牛公司)开发的手机游戏《太极熊猫》于2014年10月31日上线,成都天象互动科技有限公司(简称天象公司)、北京爱奇艺科技有限公司(简称爱奇艺公司)开发的手机游戏《花千骨》最早版本于2015年6月19日上线。蜗牛公司向江苏省苏州市中级人民法院提起诉讼,主张《花千骨》手机游戏"换皮"抄袭了《太极熊猫》游戏,即仅更换了《花千骨》游戏中的角色图片形象、配音配乐等,而在游戏的玩法规则、数值策划、技能体系、操作界面等方面与《太极熊猫》游戏完全相同或者实质性相似,侵害其著作权。一审法院确认,《花千骨》游戏与《太极熊猫》游戏相比,其中有29个玩法在界面布局和玩法规则上基本一致或构成实质性相似;另外《花千骨》游戏中47件装备的24个属性数值与《太极熊猫》游戏呈现相同或者同比例微调的对应关系;《花千骨》V1.0版游戏软件的计算机软件著作权登记存档资料中,功能模块结构图、功能流程图以及封印石系统入口等全部26张UI界面图所使用的均为《太极熊猫》游戏的元素和界面。同时,在新浪微博以及IOS系统《花千骨》游戏用户评论中,亦有大量游戏玩家评论两游戏非常相似。一审法

① 案例来源:北京市高级人民法院(2018)京民终226号民事判决书。
② 案例来源:江苏省高级人民法院(2018)苏民终1054号民事判决书。

院遂判令天象公司、爱奇艺公司停止侵权行为、消除影响，并赔偿蜗牛公司经济损失3000万元。天象公司、爱奇艺公司不服，提起上诉。江苏省高级人民法院二审判决驳回上诉，维持一审判决。

【典型意义】

"互联网+"产业方兴未艾，新技术和新业态的发展不断对知识产权审判工作提出新的挑战。本案是网络游戏产业领域知识产权保护的典型案例。二审法院在本案中明确，网络游戏"换皮"抄袭可能构成侵害著作权的行为，并在此基础上全额支持了权利人3000万元的诉讼请求，体现了严格保护知识产权的裁判理念。本案裁判是"互联网+"环境下司法裁判积极回应技术发展与产业需求的例证，在充分考虑网络游戏作品的知识产权价值、侵权手段的多样性与隐蔽性等因素的前提下，以有利于促进创新、有利于公平竞争、有利于消费者长远利益为指引，对网络游戏知识产权保护问题进行了有益探索，对保护新兴产业发展壮大、推动产业健康发展均具有重要意义。

5. 左尚明舍家居用品(上海)有限公司诉 北京中融恒盛木业有限公司、南京梦阳 家具销售中心侵害著作权纠纷案①

【关键词】

民事/侵害著作权/实用艺术作品/实用性/艺术性

【裁判要点】

对于具有独创性、艺术性、实用性、可复制性，且艺术性与实用性能够分离的实用艺术品，可以认定为实用艺术作品，并作为美术作品受著作权法的保护。受著作权法保护的实用艺术作品必须具有艺术性，著作权法保护的是实用艺术作品的艺术性而非实用性。

【相关法条】

《中华人民共和国著作权法实施条例》第2条、第4条

【基本案情】

2009年1月，原告左尚明舍家居用品(上海)有限公司(以下简称左尚明舍公司)设计了一款名称为"唐韵衣帽间家具"的家具图。同年7月，左尚明舍公司委托上海傲世摄影设计有限公司对其制作的系列家具拍摄照片。2011年9月、10月，左尚明舍公司先后在和家网、搜房网进行企业及产品介绍与宣传，同时展示了其生产的"唐韵衣帽间家具"产品照片。2013年12月10日，左尚明舍公

司申请对"唐韵衣帽间组合柜"立体图案进行著作权登记。

被告南京梦阳家具销售中心(以下简称梦阳销售中心)为被告北京中融恒盛木业有限公司(以下简称中融公司)在南京地区的代理经销商。左尚明舍公司发现梦阳销售中心门店销售品牌为"越界"的"唐韵红木衣帽间"与"唐韵衣帽间组合柜"完全一致。左尚明舍公司认为，"唐韵衣帽间组合柜"属于实用艺术作品，中融公司侵犯了左尚明舍公司对该作品享有的复制权、发行权；梦阳销售中心侵犯了左尚明舍公司对该作品的发行权。2013年11月29日至2014年1月13日，左尚明舍公司对被诉侵权产品申请保全证据，并提起了本案诉讼。

将左尚明舍公司的"唐韵衣帽间家具"与被诉侵权产品"唐韵红木衣帽间"进行比对，二者相似之处在于：整体均呈L形，衣柜门板布局相似，配件装饰相同，板材花色纹路、整体造型相似等，上述相似部分主要体现在艺术方面；不同之处主要在于L形拐角角度和柜体内部空间分隔，体现于实用功能方面，且对整体视觉效果并无影响，不会使二者产生明显差异。

【裁判结果】

江苏省南京市中级人民法院于2014年12月16日作出(2014)宁知民初字第126号民事判决：驳回左尚明舍公司的诉讼请求。左尚明舍公司不服一审判决，提起上诉。江苏省高级人民法院于2016年8月30日作出(2015)苏知民终字第00085号民事判决：一、撤销江苏省南京市中级人民法院(2014)宁知民初字第126号民事判决；二、中融公司立即停止生产、销售侵害左尚明舍公司"唐韵衣帽间家具"作品著作权的产品的行为；三、梦阳销售中心立即停止销售侵害左尚明舍公司"唐韵衣帽间家具"作品著作权的产品的行为；四、中融公司于本判决生效之日起十日内赔偿左尚明舍公司经济损失(包括合理费用)30万元；五、驳回左尚明舍公司的其他诉讼请求。中融公司不服，向最高人民法院申请再审。最高人民法院于2018年12月29日作出(2018)最高法民申6061号裁定，驳回中融公司的再审申请。

【裁判理由】

最高人民法院认为，本案主要争议焦点为：

一、关于左尚明舍公司的"唐韵衣帽间家具"是否构成受我国著作权法保护作品的问题

《中华人民共和国著作权法实施条例》(以下简称《实

---

① 案例来源：最高人民法院指导案例157号。

施条例》)第二条规定："著作权法所称作品,是指文学、艺术和科学领域内具有独创性并能以某种有形形式复制的智力成果。"《实施条例》第四条第八项规定："美术作品,是指绘画、书法、雕塑等以线条、色彩或者其他方式构成的具有审美意义的平面或者立体的造型艺术作品。"我国著作权法所保护的是作品中作者具有独创性的表达,而不保护作品中所反映的思想本身。实用艺术品本身既具有实用性,又具有艺术性。实用功能属于思想范畴不应受著作权法保护,作为实用艺术作品受到保护的仅仅在于其艺术性,即保护实用艺术作品上具有独创性的艺术造型或艺术图案,亦即该艺术品的结构或形式。作为美术作品中受著作权法保护的实用艺术作品,除同时满足关于作品的一般构成要件及其美术作品的特殊构成条件外,还应满足其实用性与艺术性可以相互分离的条件。在实用艺术品的实用性与艺术性不能分离的情况下,不能成为受著作权法保护的美术作品。

左尚明舍公司的"唐韵衣帽间家具"具备可复制性的特点,双方当事人对此并无争议。本案的核心问题在于"唐韵衣帽间家具"上是否具有具备独创性高度的艺术造型或艺术图案,该家具的实用功能与艺术美感能否分离。

首先,关于左尚明舍公司是否独立完成"唐韵衣帽间家具"的问题。左尚明舍公司向一审法院提交的设计图稿、版权登记证书、产品照片、销售合同、宣传报道等证据已经形成完整的证据链,足以证明该公司已于 2009 年独立完成"唐韵衣帽间家具"。中融公司主张左尚明舍公司的"唐韵衣帽间家具"系抄袭自他人的配件设计,并使用通用花色和通用设计,因其未提交足以证明其主张的证据,法院对其上述主张不予支持。

其次,关于左尚明舍公司完成的"唐韵衣帽间家具"是否具有独创性的问题。从板材花色设计方面看,左尚明舍公司"唐韵衣帽间家具"的板材花色系由其自行设计完成,并非采用木材本身的纹路,而是提取传统中式家具的颜色与元素用抽象手法重新设计,将传统中式与现代风格融合,在颜色的选择、搭配、纹理走向及深浅变化上均体现了其独特的艺术造型或艺术图案;从配件设计方面看,"唐韵衣帽间家具"使用纯手工黄铜配件,包括正面柜门及抽屉把手及抽屉四周镶有黄铜角花,波浪的斜边及镂空的设计。在家具上是否使用角花镶边,角花选用的图案,镶边的具体位置,均体现了左尚明舍公司的取舍、选择、设计、布局等创造性劳动;从中式家具风格看,"唐韵衣帽间家具"右边采用了中式——对称设计,给人以和谐的美感。因此,"唐韵衣帽间家具"具有审美意义,具备美术作品的艺术创作高度。

最后,关于左尚明舍公司"唐韵衣帽间家具"的实用功能是否能与艺术美感分离的问题。"唐韵衣帽间家具"之实用功能主要在于柜体内置物空间设计,使其具备放置、陈列衣物等功能,以及柜体 L 形拐角设计,使其能够匹配具体家居环境进行使用。该家具的艺术美感主要体现在板材花色纹路、金属配件搭配、中式对称等设计上,通过在中式风格的基础上加入现代元素,产生古典与现代双重审美效果。改动"唐韵衣帽间家具"的板材花色纹路、金属配件搭配、中式对称等造型设计,其作为衣帽间家具放置、陈列衣物的实用功能并不会受到影响。因此,"唐韵衣帽间家具"的实用功能与艺术美感能够进行分离并独立存在。

因此,左尚明舍公司的"唐韵衣帽间家具"作为兼具实用功能和审美意义的立体造型艺术作品,属于受著作权法保护的美术作品。

二、关于中融公司是否侵害了左尚明舍公司主张保护涉案作品著作权的问题

判断被诉侵权产品是否构成侵害他人受著作权法保护的作品,应当从被诉侵权人是否"接触"权利人主张保护的作品、被诉侵权产品与权利人主张保护的作品之间是否构成"实质相似"两个方面进行判断。本案中,首先,根据二审法院查明的事实,中融公司提供的相关设计图纸不能完全反映被诉侵权产品"唐韵红木衣帽间"的设计元素,亦缺乏形成时间、设计人员组成等信息,不能充分证明被诉侵权产品由其自行设计且独立完成。左尚明舍公司的"唐韵衣帽间家具"作品形成及发表时间早于中融公司的被诉侵权产品。中融公司作为家具行业的经营者,具备接触左尚明舍公司"唐韵衣帽间家具"作品的条件。其次,如前所述,对于兼具实用功能和审美意义的美术作品,著作权法仅保护其具有艺术性的方面,而不保护其实用功能。判断左尚明舍公司的"唐韵衣帽间家具"作品与中融公司被诉侵权产品"唐韵红木衣帽间"是否构成实质性相似时,应从艺术性方面进行比较。将"唐韵衣帽间家具"与被诉侵权产品"唐韵红木衣帽间"进行比对,二者相似之处在于:整体均呈 L 形,衣柜门板布局相似,配件装饰相同,板材花色纹路、整体造型相似等,上述相似部分主要体现在艺术方面;不同之处主要在于 L 形拐角角度和柜体内部空间分隔,体现于实用功能方面,且对整体视觉效果并无影响,不会使二者产生明显差异。因此,中融公司的被诉侵权产品与左尚明舍公司的"唐韵衣帽间家具"作品构成实质性相似、中融公司侵害了左尚明舍公司涉案作品的著作权。

6. 中国杂技团有限公司诉吴桥县桑园镇张硕杂技团等著作权权属、侵权纠纷案①

【案例要旨】

以杂技动作作为主要表现形式,在动作衔接和编排上存在个性化安排、取舍和设计,具有一定艺术表现力和独创性的,可以认定为著作权法上的杂技艺术作品。公有领域中常规杂技动作的简单组合及重复因独创性不足,不属于著作权法保护范围。

以杂技动作设计为主要内容,融入一定舞蹈动作设计的作品,可一体按杂技艺术作品予以保护。对于杂技节目中的配乐、服装、舞美设计,应根据其具体表现形式判断能否构成音乐或美术等其他类型作品,再认定是否予以独立保护。

原告:中国杂技团有限公司,住所地:北京市北京经济技术开发区建安街。

法定代表人:齐红,该公司董事长。

被告:吴桥县桑园镇张硕杂技团,经营场所:河北省沧州市吴桥县桑园镇。

经营者:张硕,男,1989年10月18日出生,汉族,住河北省沧州市吴桥县。

被告:深圳市腾讯计算机系统有限公司,住所地:广东省深圳市南山区粤海街道麻岭社区科技中一路。

法定代表人:马化腾,该公司董事长。

被告:许昌市建安区广播电视台,住所地:河南省许昌市新许路。

法定代表人:王宗兆,该电视台主任。

原告中国杂技团有限公司(以下简称中国杂技团)因与被告吴桥县桑园镇张硕杂技团(以下简称张硕杂技团)、深圳市腾讯计算机系统有限公司(以下简称腾讯公司)、许昌市建安区广播电视台(以下简称建安区电视台)发生著作权权属、侵权纠纷,向北京市西城区人民法院提起诉讼。

原告中国杂技团诉称:中国杂技团系杂技节目《俏花旦—集体空竹》的著作权人。被告张硕杂技团在2017年许昌县春节联欢晚会展演的杂技节目《俏花旦》,在动作组合、背景音乐、演员服装等方面均抄袭《俏花旦—集体空竹》,构成著作权侵权。《俏花旦》节目视频在域名为V. QQ. COM的网站及"映像许昌"微信公众号上均可点播,被告建安区电视台制作、播出节目视频,被告腾讯公司对视频在其网站传播一节未尽审查义务,亦构成著作权侵权。据此,要求张硕杂技团、腾讯公司、建安区电视台停止

侵权、赔偿损失等。

被告张硕杂技团辩称:原告中国杂技团的《俏花旦—集体空竹》抄袭了"王氏天桥杂技",我方从来没有见到过中国杂技团的节目,只看过沧州杂技团的《俏花旦抖空竹》,我方是按照沧州杂技团的节目排演。抖空竹是民间传统文化,决不允许任何单位和个人注册,直到2010年著作权法颁布之前,并没有法律规定杂技能进行著作权注册。杂技是一个特殊的行业,杂技表演需要多年练功,如果一个杂技演员苦练了十几年的节目被别人抢注了就被判侵权,明显不合理。

被告腾讯公司辩称:一、原告中国杂技团起诉的权利基础及其是否属于著作权法意义上的杂技作品均难以确定;二、微信公众号服务及腾讯视频服务均系向公众号所有者、注册用户使用者等提供信息存储空间服务,供其通过信息网络向公众提供各类信息。腾讯公司未对上传者提供的涉案视频做任何修改、删减,根据腾讯公司后台记录显示,涉案视频已于腾讯公司收到中国杂技团起诉状之前被上传者删除。腾讯公司作为网络服务提供者,不知道也没有合理理由应当知道涉案视频侵权。即使涉案视频侵权,腾讯公司也不应当承担赔偿责任。

被告建安区电视台辩称:我方的节目录制有合法授权,被告张硕杂技团的节目与原告中国杂技团主张的节目有一定的相似性,包括背景音乐相同、名称相似。但我方在录制节目时并不知情、没有过错,不应当承担赔偿责任。根据我国著作权法的相关规定,我方的行为不构成侵权。如果涉案节目构成侵权,也是因张硕杂技团的节目模仿中国杂技团所导致,应当由张硕杂技团承担责任。我方愿意配合中国杂技团消除影响,但现在涉案网络上已经没有了涉案侵权节目传播,因此中国杂技团主张停止侵权已经没有了事实依据。综上,请求法院驳回中国杂技团全部诉讼请求。

北京市西城区人民法院一审查明:

编号为00008667《著作权登记证书》载明:申请人中国杂技团提交的文件符合规定要求,对由其于2004年创作完成(编导何晓彬、张瑞静,作曲杜鸣,服装宋立),并于2005年2月公演的杂技作品《俏花旦—集体空竹(法国版)》,申请人以著作权人身份依法享有著作权(作者署名权除外),登记号为:2007—L—08667,发证日期为2007年8月31日。

原告中国杂技团(甲方)与何晓彬、张瑞静(乙方)分

别签订了《中国杂技团有限公司杂技作品〈滕韵—十三人顶碗〉和〈俏花旦—集体空竹〉编导著作权归属协议》，约定甲方对委托作品享有著作权，著作权的财产权全部归甲方，上述委托作品著作权的人身权中，乙方享有署名权，其他权利乙方同意由甲方行使。

原告中国杂技团（甲方）与杜鸣（乙方）签订了《中国杂技团有限公司杂技作品〈俏花旦—集体空竹〉音乐创作著作权归属协议》，约定甲方对委托作品享有著作权，著作权的财产权全部归甲方，上述委托作品著作权的人身权中，乙方享有署名权，其他权利乙方同意由甲方行使。

原告中国杂技团（甲方）与北京金舞服装制作中心（乙方）签订了《中国杂技团有限公司杂技作品〈俏花旦—集体空竹〉和〈圣斗·地圈〉服装制作合同书》，约定甲方委托乙方完成 2013 年摩纳哥参赛节目《俏花旦—集体空竹》的服装制作，甲方对委托乙方制作的服装成品享有著作权。

杂技节目《俏花旦—集体空竹》曾获得 2004 年第六届中国武汉光谷国际杂技艺术节"黄鹤金奖"、2005 年"第二十六届法国明日国际杂技节"最高奖"法兰西共和国总统奖"、2007 年中央电视台春节联欢晚会"观众最喜爱的春晚节目（戏曲曲艺类）"评选中一等奖、2010 年世界知识产权组织金奖（中国）作品奖、2013 年第三十七届摩纳哥蒙特卡罗国际马戏节"金小丑"奖。

2017 年 1 月 17 日，许昌县电视台（后并入本案被告建安区电视台）举办了标题为《2017 年许昌县春节联欢晚会万里灯火幸福年》的晚会，为此，许昌县电视台（甲方）与被告张硕杂技团（乙方）签订了《商业演出合同》，约定，许昌县电视台邀请张硕杂技团演出杂技节目《俏花旦》，演出时间为 2017 年 1 月 17 日，甲方共付乙方演出费 17 000 元（税后），演出地点河南许昌。

北京市信德公证处于 2017 年 2 月 20 日出具的（2017）京信德内经证字第 00041 号《公证书》显示，通过手机登录微信在"公众号"中搜索"映像许昌"，可查找到名为"映像许昌"的公众号，其备案主体为许昌县电视台。在该公众号历史消息中，可以查找到"2017 年许昌县春节联欢晚会（下）"，进入界面后可播放相应视频，在该视频"43:06/54:50"处可以看到标有"舞蹈杂技《俏花旦》表演中国吴桥杂技艺术中心"的被诉侵权节目。

北京市信德公证处于 2017 年 2 月 20 日出具的（2017）京信德内经证字第 00042 号公证书显示，在计算机浏览器网页地址栏中输入"V.QQ.COM"，进入该网站后在搜索栏中输入"2017 许昌县春节联欢晚会"，点击其中"2017 许昌县春节联欢晚会（上）""2017 许昌县春节联欢

晚会（下）"，相应视频可正常播放。视频片头标注有"许昌电视台 2017 年 1 月 25 日""2017 年许昌县春节联欢晚会万家灯火幸福年"字样，视频播放框右上角出现"腾讯视频"图标字样。

被告建安区电视台认可上述视频系其上传，但均已被删除，"映像许昌"公众号亦已关闭。

原告中国杂技团《俏花旦—集体空竹》法国版录像视频总时长 14 分 12 秒，其中杂技节目表演时长计 9 分 48 秒。被告张硕杂技团《俏花旦》在"2017 许昌县春节联欢晚会（下）"视频系自 9 分 2 秒到 14 分 9 秒处，时长 5 分 8 秒。将中国杂技团《俏花旦—集体空竹》法国版与张硕杂技团《俏花旦》进行比对，二者使用的背景音乐相同，在具体动作上，二者均以"抖空竹"自身的技术特性为基础，造型为中国戏曲"旦角"形象，舞台动作将中国戏曲"跑圆场"等元素融入进行表达；"出场"桥段部分，在剔除舞台环境的不同后，二者表演桥段核心表达动作近似；二者在部分标志性集体动作连贯性系列动作的表达上相同或高度近似。此外，二者舞台形式不同，具体杂技动作上存在部分差异。

将原告中国杂技团《俏花旦—集体空竹》摩纳哥版录像视频中的演出服装与被告张硕杂技团《俏花旦》节目中的服装相比对，二者色彩、造型高度近似，其中领部均为围领设计、短裙上均有粉红色荷花、短裙上均呈蓝白线条相间图案，差异点在于中国杂技团《俏花旦—集体空竹》摩纳哥版的演出服上身胸部蓝色色彩渐变为心形，张硕杂技团《俏花旦》节目的演出服上身齐胸以上均为蓝色。

另，原告中国杂技团提供了《委托协议》、增值税专用发票及差旅费票据，其中发票分别载明收取中国杂技团律师费 15 000 元、公证费 6000 元。

北京市西城区人民法院一审认为：

一个杂技节目是否属于杂技艺术作品，首先应满足构成作品的一般构成要件，即，应属于文学、艺术和科学技术领域内的智力成果；应当是具有一定有形方式的表达，而非单纯的思想；其表达内容应当具有独创性。根据杂技艺术作品的上述定义、构成要件，具备一定艺术表现力的独创性杂技形体动作和技巧才可能构成著作权法（2010 年修正）意义上的杂技艺术作品。杂技艺术作品所表现的"竞技性"不属于杂技艺术作品的必备要件，杂技表演的场地、场所、器械、表演模式等亦不属于著作权法保护范围。

本案中，原告中国杂技团主张权利的杂技节目《俏花旦—集体空竹》的主要表达内容为"集体抖空竹"，其中穿插、融合的戏曲动作、舞蹈动作，已经与"抖空竹"技能动作密不可分，形成一个艺术表达整体。"俏花旦抖空竹"舞台

艺术形象富有感染力，杂技动作鲜活灵动，与编导作者、著作权人之间形成特定化联系，构成著作权法意义上的作品，该作品区别于既有的"抖空竹"民间技艺，应当受到我国著作权法保护。根据各方举证情况，可以认定中国杂技团享有杂技艺术作品《俏花旦—集体空竹》除各作者的署名权之外的著作权。

将被告张硕杂技团表演的《俏花旦》与《俏花旦—集体空竹》相比，二者在开场表演桥段高度相似，舞蹈动作与抖空竹动作之间的衔接、舞蹈脚步律动编排上的部分内容一致，部分演出环节及演员在演出场地的走位编排等设计相似，以时长计，占比约为三分之一。一审法院认定张硕杂技团对《俏花旦—集体空竹》构成部分作品内容的抄袭，其涉案演出行为侵犯了原告中国杂技团享有的表演权。此外，《俏花旦》与《俏花旦—集体空竹》的背景音乐基本相同，服装高度相似，亦构成侵权。被告建安区电视台制作包含《俏花旦》的晚会节目通过广播信号播出，并将节目视频通过信息网络向公众传播，侵犯了中国杂技团享有的广播权、信息网络传播权。被告腾讯公司作为网络服务提供者就被诉侵权行为不存在过错，不应承担赔偿责任。

据此，北京市西城区人民法院依照《中华人民共和国侵权责任法》第八条、第十二条、第十三条，《中华人民共和国著作权法》第一条、第三条、第十条、第十七条、第四十七条第(五)项、第四十八条第(一)项、第四十九条，《中华人民共和国著作权法实施条例》第四条、第二十七条，《最高人民法院关于审理著作权民事纠纷案件适用法律若干问题的解释》第二十五条、第二十六条，《信息网络传播权保护条例》第十四条、第二十二条，《中华人民共和国民事诉讼法》第六十四第一款之规定，于2019年6月25日判决如下：

一、被告吴桥县桑园镇张硕杂技团于判决生效之日起停止侵犯原告中国杂技团有限公司《俏花旦—集体空竹》的涉案行为；

二、被告吴桥县桑园镇张硕杂技团于本判决生效之日起30日内，就其涉案侵权行为在《人民法院报》上登报声明消除影响(刊登内容需经法院审核，逾期不履行，法院将依据原告中国杂技团有限公司的申请在相关媒体公布本判决书主要内容，费用由被告吴桥县桑园镇张硕杂技团负担)；

三、被告许昌市建安区广播电视台于本判决生效之日起30日内，就其涉案侵权行为在《人民法院报》上登报声明消除影响(刊登内容需经法院审核，逾期不履行，法院将依据原告中国杂技团有限公司的申请在相关媒体公布本

判决书主要内容，费用由被告许昌市建安区广播电视台负担)；

四、被告吴桥县桑园镇张硕杂技团于本判决生效之日起七日内赔偿原告中国杂技团有限公司经济损失40 000元，被告许昌市建安区广播电视台在10 000元数额内对被告吴桥县桑园镇张硕杂技团承担连带责任；

五、被告许昌市建安区广播电视台于本判决生效之日起七日内赔偿原告中国杂技团有限公司经济损失10 000元；

六、被告吴桥县桑园镇张硕杂技团、被告许昌市建安区广播电视台于本判决生效之日起七日内赔偿原告中国杂技团有限公司合理支出(含律师费、公证费、差旅费)28 239元；

七、驳回原告中国杂技团有限公司的其他诉讼请求。

张硕杂技团不服一审判决，向北京知识产权法院提起上诉。张硕杂技团上诉称：被上诉人中国杂技团在起诉时自述涉案杂技节目《俏花旦—集体空竹》源于"王氏天桥杂技"，由此可见，《俏花旦—集体空竹》并不具有独创性，而根据著作权法的规定，只有具有艺术性和独创性的杂技艺术作品才能成为著作权法的保护对象。此外，中国杂技团的《俏花旦—集体空竹》节目时长为9分48秒，而张硕杂技团演出的《俏花旦》时长为5分8秒，二者虽然使用同一背景音乐，但杂技动作不同，向观众表达的含义不同。著作权法并未明确杂技艺术模仿哪些因素或模仿什么程度属于侵权，法无禁止即为合法。据此，张硕杂技团演出的《俏花旦》不构成侵权，无需承担侵权责任。

被上诉人中国杂技团答辩称：一审判决认定事实清楚，适用法律正确，中国杂技团同意一审判决结论。上诉人张硕杂技团演出《俏花旦》的行为侵犯了中国杂技团就杂技作品《俏花旦—集体空竹》享有的表演权，其上诉理由无事实与法律依据，应予以驳回。

被上诉人腾讯公司答辩称：腾讯公司仅为网络服务提供者，未对涉案视频进行编辑、整理及推荐，被上诉人中国杂技团未向腾讯公司发出删除通知，腾讯公司已尽到相应义务，不应承担责任。

被上诉人建安区电视台答辩称：同意上诉人张硕杂技团关于被上诉人中国杂技团《俏花旦—集体空竹》节目不属于受著作权法保护的作品，以及张硕杂技团《俏花旦》节目与其不构成实质性相似的意见。建安区电视台播出该节目未侵犯中国杂技团的著作权。关于背景音乐，建安区电视台有合法授权，亦不应承担侵权责任。关于赔偿损失，即便构成侵权，赔偿数额应当按照张硕杂技团从建安区电视台收取的费用计算，而不应当予以酌定。

北京知识产权法院经二审,确认了一审查明的事实。

北京知识产权法院二审认为:

一、被上诉人中国杂技团主张权利的《俏花旦—集体空竹》法国版是否属于著作权法上的杂技艺术作品

我国著作权法将杂技艺术作品与音乐、戏剧、曲艺、舞蹈等作品并列,规定为单独的一类作品,说明杂技艺术作品属于区别与戏剧、舞蹈等作品的独立类型作品。杂技艺术作品包括杂技、魔术、马戏等具体类型,是"通过形体动作和技巧表现的作品",其作品内容不是技巧本身。

(一)杂技艺术作品的单独保护

将杂技艺术作品单独保护,要注意到杂技艺术作品与相近作品的差异,其中最典型的为舞蹈作品。舞蹈作品与杂技艺术作品均系主要通过人体动作进行表现的作品,但二者仍存在一定差异。杂技艺术作品中的动作主要强调技巧性,而且是通过高难度的、普通人难以掌握的身体或道具控制来实现相应动作,一般公众可以认知到这类动作主要属于杂技中的特定门类;舞蹈作品中的动作往往是用于传情达意、塑造角色的有节奏的肢体语言,常配合音乐进行表演,相较于前者对技巧、难度的重视,其更注重情感表现乃至角色塑造。

需要注意的是,现阶段,诸多杂技吸收舞蹈元素进行动作设计和编排,包括杂技动作之中融入舞蹈动作,杂技动作的衔接之间引入舞蹈动作等。此种情形下,强行将连贯动作分割为支离破碎的舞蹈动作与杂技动作,将舞蹈元素剔除,将使得原作的美感大打折扣,分离后的动作编排亦难以单独作为舞蹈或杂技作品保护。因此,以杂技动作设计为主要内容,又融入一定舞蹈动作设计的作品,仍可按杂技艺术作品予以保护。

此外,杂技艺术作品在实际表演过程中,往往在动作之外加入配乐,表演者着专门服装并有相应舞台美术设计。但立法已明确限定杂技艺术作品系通过形体动作和技巧予以表现,并非如视听作品属于可以涵盖音乐、美术作品等予以整体保护的复合型作品。因此,即便上述配乐构成音乐作品,服装、舞美设计构成美术作品,其仍不属于杂技艺术作品的组成部分,不能将之纳入杂技艺术作品的内容予以保护,而应作为不同类型作品分别独立保护。

(二)杂技艺术作品独创性的主要因素:动作的编排设计

杂技艺术作品以动作为基本元素,技巧也通过具体动作展现,但杂技艺术作品并不保护技巧本身,通常也不保护特定的单个动作,而是保护连贯动作的编排设计,其载体类似于舞蹈作品中的舞谱。当然,杂技艺术作品所保护的动作的编排设计应当具备艺术性,达到一定的独创性高度。如果仅仅是公有领域常规杂技动作的简单组合、重复,则独创性不足,不应受到著作权法的保护。

(三)涉案《俏花旦—集体空竹》法国版是否构成杂技艺术作品

本案中,从《俏花旦—集体空竹》法国版内容看,其诸多"抖空竹"动作额外融入了包含我国传统戏曲元素、舞蹈元素的动作乃至表情设计,例如其中以大跨度单腿提拉舞步、脚下三步舞步同时加上双手左右或上下抖空竹的整体动作。此外,其在具体走位、连续动作的衔接和编排上亦存在个性化安排,使得相应连贯动作在展示高超身体技巧的同时传递着艺术美感。在此基础上,上诉人张硕杂技团并未向法院举证证明上述设计、编排主要来自公有领域或属于有限表达,故对其前述主张,法院不予采纳。法院认为,《俏花旦—集体空竹》法国版中的形体动作编排设计体现了创作者的个性化选择,属于具备独创性的表达,构成著作权法规定的杂技艺术作品。

二、一审法院关于实质性相似的判定是否得当

关于《俏花旦—集体空竹》法国版作为杂技艺术作品与上诉人张硕杂技团演出的《俏花旦》的比对,法院认为,并非对原作不经裁剪的原样照搬方构成抄袭,在表演权侵权认定中,如认定未经许可表演的内容与权利作品的部分相对完整的独创性表达构成实质性相似,被诉侵权人存在接触权利作品的可能且排除其独立创作后,同样可以认定侵权成立。《俏花旦》在开场部分的走位、动作衔接安排,以及多次出现的标志性集体动作等动作的编排设计,与《俏花旦—集体空竹》法国版相应内容构成实质性相似,而上述内容属于《俏花旦—集体空竹》法国版独创性表达的部分。因此,一审法院关于张硕杂技团构成抄袭及表演权侵权的认定结论无误,张硕杂技团的前述理由缺乏法律依据,法院不予采纳。

综上,北京知识产权法院依照《中华人民共和国民事诉讼法》第一百七十条第一款第一项之规定,于2021年11月1日判决如下:

驳回上诉,维持原判。

三、专　利

（一）综合

中华人民共和国专利法

· 1984 年 3 月 12 日第六届全国人民代表大会常务委员会第四次会议通过
· 根据 1992 年 9 月 4 日第七届全国人民代表大会常务委员会第二十七次会议《关于修改〈中华人民共和国专利法〉的决定》第一次修正
· 根据 2000 年 8 月 25 日第九届全国人民代表大会常务委员会第十七次会议《关于修改〈中华人民共和国专利法〉的决定》第二次修正
· 根据 2008 年 12 月 27 日第十一届全国人民代表大会常务委员会第六次会议《关于修改〈中华人民共和国专利法〉的决定》第三次修正
· 根据 2020 年 10 月 17 日第十三届全国人民代表大会常务委员会第二十二次会议《关于修改〈中华人民共和国专利法〉的决定》第四次修正

目　录

第一章　总　则

第一条　为了保护专利权人的合法权益，鼓励发明创造，推动发明创造的应用，提高创新能力，促进科学技术进步和经济社会发展，制定本法。

第二条　本法所称的发明创造是指发明、实用新型和外观设计。

发明，是指对产品、方法或者其改进所提出的新的技术方案。

实用新型，是指对产品的形状、构造或者其结合所提出的适于实用的新的技术方案。

外观设计，是指对产品的整体或者局部的形状、图案或者其结合以及色彩与形状、图案的结合所作出的富有美感并适于工业应用的新设计。

第三条　国务院专利行政部门负责管理全国的专利工作；统一受理和审查专利申请，依法授予专利权。

省、自治区、直辖市人民政府管理专利工作的部门负责本行政区域内的专利管理工作。

第四条　申请专利的发明创造涉及国家安全或者重大利益需要保密的，按照国家有关规定办理。

第五条　对违反法律、社会公德或者妨害公共利益的发明创造，不授予专利权。

对违反法律、行政法规的规定获取或者利用遗传资源，并依赖该遗传资源完成的发明创造，不授予专利权。

第六条　执行本单位的任务或者主要是利用本单位的物质技术条件所完成的发明创造为职务发明创造。职务发明创造申请专利的权利属于该单位，申请被批准后，该单位为专利权人。该单位可以依法处置其职务发明创造申请专利的权利和专利权，促进相关发明创造的实施和运用。

非职务发明创造，申请专利的权利属于发明人或者设计人；申请被批准后，该发明人或者设计人为专利权人。

利用本单位的物质技术条件所完成的发明创造，单位与发明人或者设计人订有合同，对申请专利的权利和专利权的归属作出约定的，从其约定。

第七条　对发明人或者设计人的非职务发明创造专利申请，任何单位或者个人不得压制。

第八条　两个以上单位或者个人合作完成的发明创造、一个单位或者个人接受其他单位或者个人委托所完成的发明创造，除另有协议的以外，申请专利的权利属于完成或者共同完成的单位或者个人；申请被批准后，申请的单位或者个人为专利权人。

第九条　同样的发明创造只能授予一项专利权。但是，同一申请人同日对同样的发明创造既申请实用新型专利又申请发明专利，先获得的实用新型专利权尚未终止，且申请人声明放弃该实用新型专利权的，可以授予发明专利权。

两个以上的申请人分别就同样的发明创造申请专利的,专利权授予最先申请的人。

第十条　专利申请权和专利权可以转让。

中国单位或者个人向外国人、外国企业或者外国其他组织转让专利申请权或者专利权的,应当依照有关法律、行政法规的规定办理手续。

转让专利申请权或者专利权的,当事人应当订立书面合同,并向国务院专利行政部门登记,由国务院专利行政部门予以公告。专利申请权或者专利权的转让自登记之日起生效。

第十一条　发明和实用新型专利权被授予后,除本法另有规定的以外,任何单位或者个人未经专利权人许可,都不得实施其专利,即不得为生产经营目的制造、使用、许诺销售、销售、进口其专利产品,或者使用其专利方法以及使用、许诺销售、销售、进口依照该专利方法直接获得的产品。

外观设计专利权被授予后,任何单位或者个人未经专利权人许可,都不得实施其专利,即不得为生产经营目的制造、许诺销售、销售、进口其外观设计专利产品。

第十二条　任何单位或者个人实施他人专利的,应当与专利权人订立实施许可合同,向专利权人支付专利使用费。被许可人无权允许合同规定以外的任何单位或者个人实施该专利。

第十三条　发明专利申请公布后,申请人可以要求实施其发明的单位或者个人支付适当的费用。

第十四条　专利申请权或者专利权的共有人对权利的行使有约定的,从其约定。没有约定的,共有人可以单独实施或者以普通许可方式许可他人实施该专利;许可他人实施该专利的,收取的使用费应当在共有人之间分配。

除前款规定的情形外,行使共有的专利申请权或者专利权应当取得全体共有人的同意。

第十五条　被授予专利权的单位应当对职务发明创造的发明人或者设计人给予奖励;发明创造专利实施后,根据其推广应用的范围和取得的经济效益,对发明人或者设计人给予合理的报酬。

国家鼓励被授予专利权的单位实行产权激励,采取股权、期权、分红等方式,使发明人或者设计人合理分享创新收益。

第十六条　发明人或者设计人有权在专利文件中写明自己是发明人或者设计人。

专利权人有权在其专利产品或者该产品的包装上标明专利标识。

第十七条　在中国没有经常居所或者营业所的外国人、外国企业或者外国其他组织在中国申请专利的,依照其所属国同中国签订的协议或者共同参加的国际条约,或者依照互惠原则,根据本法办理。

第十八条　在中国没有经常居所或者营业所的外国人、外国企业或者外国其他组织在中国申请专利和办理其他专利事务的,应当委托依法设立的专利代理机构办理。

中国单位或者个人在国内申请专利和办理其他专利事务的,可以委托依法设立的专利代理机构办理。

专利代理机构应当遵守法律、行政法规,按照被代理人的委托办理专利申请或者其他专利事务;对被代理人发明创造的内容,除专利申请已经公布或者公告的以外,负有保密责任。专利代理机构的具体管理办法由国务院规定。

第十九条　任何单位或者个人将在中国完成的发明或者实用新型向外国申请专利的,应当事先报经国务院专利行政部门进行保密审查。保密审查的程序、期限等按照国务院的规定执行。

中国单位或者个人可以根据中华人民共和国参加的有关国际条约提出专利国际申请。申请人提出专利国际申请的,应当遵守前款规定。

国务院专利行政部门依照中华人民共和国参加的有关国际条约、本法和国务院有关规定处理专利国际申请。

对违反本条第一款规定向外国申请专利的发明或者实用新型,在中国申请专利的,不授予专利权。

第二十条　申请专利和行使专利权应当遵循诚实信用原则。不得滥用专利权损害公共利益或者他人合法权益。

滥用专利权,排除或者限制竞争,构成垄断行为的,依照《中华人民共和国反垄断法》处理。

第二十一条　国务院专利行政部门应当按照客观、公正、准确、及时的要求,依法处理有关专利的申请和请求。

国务院专利行政部门应当加强专利信息公共服务体系建设,完整、准确、及时发布专利信息,提供专利基础数据,定期出版专利公报,促进专利信息传播与利用。

在专利申请公布或者公告前,国务院专利行政部门的工作人员及有关人员对其内容负有保密责任。

第二章　授予专利权的条件

第二十二条　授予专利权的发明和实用新型,应当具备新颖性、创造性和实用性。

新颖性，是指该发明或者实用新型不属于现有技术；也没有任何单位或者个人就同样的发明或者实用新型在申请日以前向国务院专利行政部门提出过申请，并记载在申请日以后公布的专利申请文件或者公告的专利文件中。

创造性，是指与现有技术相比，该发明具有突出的实质性特点和显著的进步，该实用新型具有实质性特点和进步。

实用性，是指该发明或者实用新型能够制造或者使用，并且能够产生积极效果。

本法所称现有技术，是指申请日以前在国内外为公众所知的技术。

第二十三条　授予专利权的外观设计，应当不属于现有设计；也没有任何单位或者个人就同样的外观设计在申请日以前向国务院专利行政部门提出过申请，并记载在申请日以后公告的专利文件中。

授予专利权的外观设计与现有设计或者现有设计特征的组合相比，应当具有明显区别。

授予专利权的外观设计不得与他人在申请日以前已经取得的合法权利相冲突。

本法所称现有设计，是指申请日以前在国内外为公众所知的设计。

第二十四条　申请专利的发明创造在申请日以前六个月内，有下列情形之一的，不丧失新颖性：

（一）在国家出现紧急状态或者非常情况时，为公共利益目的首次公开的；

（二）在中国政府主办或者承认的国际展览会上首次展出的；

（三）在规定的学术会议或者技术会议上首次发表的；

（四）他人未经申请人同意而泄露其内容的。

第二十五条　对下列各项，不授予专利权：

（一）科学发现；

（二）智力活动的规则和方法；

（三）疾病的诊断和治疗方法；

（四）动物和植物品种；

（五）原子核变换方法以及用原子核变换方法获得的物质；

（六）对平面印刷品的图案、色彩或者二者的结合作出的主要起标识作用的设计。

对前款第（四）项所列产品的生产方法，可以依照本法规定授予专利权。

第三章　专利的申请

第二十六条　申请发明或者实用新型专利的，应当提交请求书、说明书及其摘要和权利要求书等文件。

请求书应当写明发明或者实用新型的名称，发明人的姓名，申请人姓名或者名称、地址，以及其他事项。

说明书应当对发明或者实用新型作出清楚、完整的说明，以所属技术领域的技术人员能够实现为准；必要的时候，应当有附图。摘要应当简要说明发明或者实用新型的技术要点。

权利要求书应当以说明书为依据，清楚、简要地限定要求专利保护的范围。

依赖遗传资源完成的发明创造，申请人应当在专利申请文件中说明该遗传资源的直接来源和原始来源；申请人无法说明原始来源的，应当陈述理由。

第二十七条　申请外观设计专利的，应当提交请求书、该外观设计的图片或者照片以及对该外观设计的简要说明等文件。

申请人提交的有关图片或者照片应当清楚地显示要求专利保护的产品的外观设计。

第二十八条　国务院专利行政部门收到专利申请文件之日为申请日。如果申请文件是邮寄的，以寄出的邮戳日为申请日。

第二十九条　申请人自发明或者实用新型在外国第一次提出专利申请之日起十二个月内，或者自外观设计在外国第一次提出专利申请之日起六个月内，又在中国就相同主题提出专利申请的，依照该外国同中国签订的协议或者共同参加的国际条约，或者依照相互承认优先权的原则，可以享有优先权。

申请人自发明或者实用新型在中国第一次提出专利申请之日起十二个月内，或者自外观设计在中国第一次提出专利申请之日起六个月内，又向国务院专利行政部门就相同主题提出专利申请的，可以享有优先权。

第三十条　申请人要求发明、实用新型专利优先权的，应当在申请的时候提出书面声明，并且在第一次提出申请之日起十六个月内，提交第一次提出的专利申请文件的副本。

申请人要求外观设计专利优先权的，应当在申请的时候提出书面声明，并且在三个月内提交第一次提出的专利申请文件的副本。

申请人未提出书面声明或者逾期未提交专利申请文件副本的，视为未要求优先权。

第三十一条　一件发明或者实用新型专利申请应当

限于一项发明或者实用新型。属于一个总的发明构思的两项以上的发明或者实用新型，可以作为一件申请提出。

一件外观设计专利申请应当限于一项外观设计。同一产品两项以上的相似外观设计，或者用于同一类别并且成套出售或者使用的产品的两项以上外观设计，可以作为一件申请提出。

第三十二条　申请人可以在被授予专利权之前随时撤回其专利申请。

第三十三条　申请人可以对其专利申请文件进行修改，但是，对发明和实用新型专利申请文件的修改不得超出原说明书和权利要求书记载的范围，对外观设计专利申请文件的修改不得超出原图片或者照片表示的范围。

第四章　专利申请的审查和批准

第三十四条　国务院专利行政部门收到发明专利申请后，经初步审查认为符合本法要求的，自申请日起满十八个月，即行公布。国务院专利行政部门可以根据申请人的请求早日公布其申请。

第三十五条　发明专利申请自申请日起三年内，国务院专利行政部门可以根据申请人随时提出的请求，对其申请进行实质审查；申请人无正当理由逾期不请求实质审查的，该申请即被视为撤回。

国务院专利行政部门认为必要的时候，可以自行对发明专利申请进行实质审查。

第三十六条　发明专利的申请人请求实质审查的时候，应当提交在申请日前与其发明有关的参考资料。

发明专利已经在外国提出过申请的，国务院专利行政部门可以要求申请人在指定期限内提交该国为审查其申请进行检索的资料或者审查结果的资料；无正当理由逾期不提交的，该申请即被视为撤回。

第三十七条　国务院专利行政部门对发明专利申请进行实质审查后，认为不符合本法规定的，应当通知申请人，要求其在指定的期限内陈述意见，或者对其申请进行修改；无正当理由逾期不答复的，该申请即被视为撤回。

第三十八条　发明专利申请经申请人陈述意见或者进行修改后，国务院专利行政部门仍然认为不符合本法规定的，应当予以驳回。

第三十九条　发明专利申请经实质审查没有发现驳回理由的，由国务院专利行政部门作出授予发明专利权的决定，发给发明专利证书，同时予以登记和公告。发明专利权自公告之日起生效。

第四十条　实用新型和外观设计专利申请经初步审查没有发现驳回理由的，由国务院专利行政部门作出授予实用新型专利权或者外观设计专利权的决定，发给相应的专利证书，同时予以登记和公告。实用新型和外观设计专利权自公告之日起生效。

第四十一条　专利申请人对国务院专利行政部门驳回申请的决定不服的，可以自收到通知之日起三个月内向国务院专利行政部门请求复审。国务院专利行政部门复审后，作出决定，并通知专利申请人。

专利申请人对国务院专利行政部门的复审决定不服的，可以自收到通知之日起三个月内向人民法院起诉。

第五章　专利权的期限、终止和无效

第四十二条　发明专利权的期限为二十年，实用新型专利权的期限为十年，外观设计专利权的期限为十五年，均自申请日起计算。

自发明专利申请日起满四年，且自实质审查请求之日起满三年后授予发明专利权的，国务院专利行政部门应专利权人的请求，就发明专利在授权过程中的不合理延迟给予专利权期限补偿，但由申请人引起的不合理延迟除外。

为补偿新药上市审评审批占用的时间，对在中国获得上市许可的新药相关发明专利，国务院专利行政部门应专利权人的请求给予专利权期限补偿。补偿期限不超过五年，新药批准上市后总有效专利权期限不超过十四年。

第四十三条　专利权人应当自被授予专利权的当年开始缴纳年费。

第四十四条　有下列情形之一的，专利权在期限届满前终止：

（一）没有按照规定缴纳年费的；

（二）专利权人以书面声明放弃其专利权的。

专利权在期限届满前终止的，由国务院专利行政部门登记和公告。

第四十五条　自国务院专利行政部门公告授予专利权之日起，任何单位或者个人认为该专利权的授予不符合本法有关规定的，可以请求国务院专利行政部门宣告该专利权无效。

第四十六条　国务院专利行政部门对宣告专利权无效的请求应当及时审查和作出决定，并通知请求人和专利权人。宣告专利权无效的决定，由国务院专利行政部门登记和公告。

对国务院专利行政部门宣告专利权无效或者维持专利权的决定不服的，可以自收到通知之日起三个月内向人民法院起诉。人民法院应当通知无效宣告请求程序的对方当事人作为第三人参加诉讼。

第四十七条　宣告无效的专利权视为自始即不存在。

宣告专利权无效的决定，对在宣告专利权无效前人民法院作出并已执行的专利侵权的判决、调解书，已经履行或者强制执行的专利侵权纠纷处理决定，以及已经履行的专利实施许可合同和专利权转让合同，不具有追溯力。但是因专利权人的恶意给他人造成的损失，应当给予赔偿。

依照前款规定不返还专利侵权赔偿金、专利使用费、专利权转让费，明显违反公平原则的，应当全部或者部分返还。

第六章　专利实施的特别许可

第四十八条　国务院专利行政部门、地方人民政府管理专利工作的部门应当会同同级相关部门采取措施，加强专利公共服务，促进专利实施和运用。

第四十九条　国有企业事业单位的发明专利，对国家利益或者公共利益具有重大意义的，国务院有关主管部门和省、自治区、直辖市人民政府报经国务院批准，可以决定在批准的范围内推广应用，允许指定的单位实施，由实施单位按照国家规定向专利权人支付使用费。

第五十条　专利权人自愿以书面方式向国务院专利行政部门声明愿意许可任何单位或者个人实施其专利，并明确许可使用费支付方式、标准的，由国务院专利行政部门予以公告，实行开放许可。就实用新型、外观设计专利提出开放许可声明的，应当提供专利权评价报告。

专利权人撤回开放许可声明的，应当以书面方式提出，并由国务院专利行政部门予以公告。开放许可声明被公告撤回的，不影响在先给予的开放许可的效力。

第五十一条　任何单位或者个人有意愿实施开放许可的专利的，以书面方式通知专利权人，并依照公告的许可使用费支付方式、标准支付许可使用费后，即获得专利实施许可。

开放许可实施期间，对专利权人缴纳专利年费相应给予减免。

实行开放许可的专利权人可以与被许可人就许可使用费进行协商后给予普通许可，但不得就该专利给予独占或者排他许可。

第五十二条　当事人就实施开放许可发生纠纷的，由当事人协商解决；不愿协商或者协商不成的，可以请求国务院专利行政部门进行调解，也可以向人民法院起诉。

第五十三条　有下列情形之一的，国务院专利行政部门根据具备实施条件的单位或者个人的申请，可以给予实施发明专利或者实用新型专利的强制许可：

（一）专利权人自专利权被授予之日起满三年，且自提出专利申请之日起满四年，无正当理由未实施或者未充分实施其专利的；

（二）专利权人行使专利权的行为被依法认定为垄断行为，为消除或者减少该行为对竞争产生的不利影响的。

第五十四条　在国家出现紧急状态或者非常情况时，或者为了公共利益的目的，国务院专利行政部门可以给予实施发明专利或者实用新型专利的强制许可。

第五十五条　为了公共健康目的，对取得专利权的药品，国务院专利行政部门可以给予制造并将其出口到符合中华人民共和国参加的有关国际条约规定的国家或者地区的强制许可。

第五十六条　一项取得专利权的发明或者实用新型比前已经取得专利权的发明或者实用新型具有显著经济意义的重大技术进步，其实施又有赖于前一发明或者实用新型的实施的，国务院专利行政部门根据后一专利权人的申请，可以给予实施前一发明或者实用新型的强制许可。

在依照前款规定给予实施强制许可的情形下，国务院专利行政部门根据前一专利权人的申请，也可以给予实施后一发明或者实用新型的强制许可。

第五十七条　强制许可涉及的发明创造为半导体技术的，其实施限于公共利益的目的和本法第五十三条第（二）项规定的情形。

第五十八条　除依照本法第五十三条第（二）项、第五十五条规定给予的强制许可外，强制许可的实施应当主要为了供应国内市场。

第五十九条　依照本法第五十三条第（一）项、第五十六条规定申请强制许可的单位或者个人应当提供证据，证明其以合理的条件请求专利权人许可其实施专利，但未能在合理的时间内获得许可。

第六十条　国务院专利行政部门作出的给予实施强制许可的决定，应当及时通知专利权人，并予以登记和公告。

给予实施强制许可的决定，应当根据强制许可的理由规定实施的范围和时间。强制许可的理由消除并不再发生时，国务院专利行政部门应当根据专利权人的请求，经审查后作出终止实施强制许可的决定。

第六十一条　取得实施强制许可的单位或者个人不

享有独占的实施权，并且无权允许他人实施。

第六十二条　取得实施强制许可的单位或者个人应当付给专利权人合理的使用费，或者依照中华人民共和国参加的有关国际条约的规定处理使用费问题。付给使用费的，其数额由双方协商；双方不能达成协议的，由国务院专利行政部门裁决。

第六十三条　专利权人对国务院专利行政部门关于实施强制许可的决定不服的，专利权人和取得实施强制许可的单位或者个人对国务院专利行政部门关于实施强制许可的使用费的裁决不服的，可以自收到通知之日起三个月内向人民法院起诉。

第七章　专利权的保护

第六十四条　发明或者实用新型专利权的保护范围以其权利要求的内容为准，说明书及附图可以用于解释权利要求的内容。

外观设计专利权的保护范围以表示在图片或者照片中的该产品的外观设计为准，简要说明可以用于解释图片或者照片所表示的该产品的外观设计。

第六十五条　未经专利权人许可，实施其专利，即侵犯其专利权，引起纠纷的，由当事人协商解决；不愿协商或者协商不成的，专利权人或者利害关系人可以向人民法院起诉，也可以请求管理专利工作的部门处理。管理专利工作的部门处理时，认定侵权行为成立的，可以责令侵权人立即停止侵权行为，当事人不服的，可以自收到处理通知之日起十五日内依照《中华人民共和国行政诉讼法》向人民法院起诉；侵权人期满不起诉又不停止侵权行为的，管理专利工作的部门可以申请人民法院强制执行。进行处理的管理专利工作的部门应当事人的请求，可以就侵犯专利权的赔偿数额进行调解；调解不成的，当事人可以依照《中华人民共和国民事诉讼法》向人民法院起诉。

第六十六条　专利侵权纠纷涉及新产品制造方法的发明专利的，制造同样产品的单位或者个人应当提供其产品制造方法不同于专利方法的证明。

专利侵权纠纷涉及实用新型专利或者外观设计专利的，人民法院或者管理专利工作的部门可以要求专利权人或者利害关系人出具由国务院专利行政部门对相关实用新型或者外观设计进行检索、分析和评价后作出的专利权评价报告，作为审理、处理专利侵权纠纷的证据；专利权人、利害关系人或者被控侵权人也可以主动出具专利权评价报告。

第六十七条　在专利侵权纠纷中，被控侵权人有证据证明其实施的技术或者设计属于现有技术或者现有设计的，不构成侵犯专利权。

第六十八条　假冒专利的，除依法承担民事责任外，由负责专利执法的部门责令改正并予公告，没收违法所得，可以处违法所得五倍以下的罚款；没有违法所得或者违法所得在五万元以下的，可以处二十五万元以下的罚款；构成犯罪的，依法追究刑事责任。

第六十九条　负责专利执法的部门根据已经取得的证据，对涉嫌假冒专利行为进行查处时，有权采取下列措施：

（一）询问有关当事人，调查与涉嫌违法行为有关的情况；

（二）对当事人涉嫌违法行为的场所实施现场检查；

（三）查阅、复制与涉嫌违法行为有关的合同、发票、账簿以及其他有关资料；

（四）检查与涉嫌违法行为有关的产品；

（五）对有证据证明是假冒专利的产品，可以查封或者扣押。

管理专利工作的部门应专利权人或者利害关系人的请求处理专利侵权纠纷时，可以采取前款第（一）项、第（二）项、第（四）项所列措施。

负责专利执法的部门、管理专利工作的部门依法行使前两款规定的职权时，当事人应当予以协助、配合，不得拒绝、阻挠。

第七十条　国务院专利行政部门可以应专利权人或者利害关系人的请求处理在全国有重大影响的专利侵权纠纷。

地方人民政府管理专利工作的部门应专利权人或者利害关系人请求处理专利侵权纠纷，对在本行政区域内侵犯其同一专利权的案件可以合并处理；对跨区域侵犯其同一专利权的案件可以请求上级地方人民政府管理专利工作的部门处理。

第七十一条　侵犯专利权的赔偿数额按照权利人因被侵权所受到的实际损失或者侵权人因侵权所获得的利益确定；权利人的损失或者侵权人获得的利益难以确定的，参照该专利许可使用费的倍数合理确定。对故意侵犯专利权，情节严重的，可以在按照上述方法确定数额的一倍以上五倍以下确定赔偿数额。

权利人的损失、侵权人获得的利益和专利许可使用费均难以确定的，人民法院可以根据专利权的类型、侵权行为的性质和情节等因素，确定给予三万元以上五百万元以下的赔偿。

赔偿数额还应当包括权利人为制止侵权行为所支付的合理开支。

人民法院为确定赔偿数额，在权利人已经尽力举证，而与侵权行为相关的账簿、资料主要由侵权人掌握的情况下，可以责令侵权人提供与侵权行为相关的账簿、资料；侵权人不提供或者提供虚假的账簿、资料的，人民法院可以参考权利人的主张和提供的证据判定赔偿数额。

第七十二条 专利权人或者利害关系人有证据证明他人正在实施或者即将实施侵犯专利权、妨碍其实现权利的行为，如不及时制止将会使其合法权益受到难以弥补的损害的，可以在起诉前依法向人民法院申请采取财产保全、责令作出一定行为或者禁止作出一定行为的措施。

第七十三条 为了制止专利侵权行为，在证据可能灭失或者以后难以取得的情况下，专利权人或者利害关系人可以在起诉前依法向人民法院申请保全证据。

第七十四条 侵犯专利权的诉讼时效为三年，自专利权人或者利害关系人知道或者应当知道侵权行为以及侵权人之日起计算。

发明专利申请公布后至专利权授予前使用该发明未支付适当使用费的，专利权人要求支付使用费的诉讼时效为三年，自专利权人知道或者应当知道他人使用其发明之日起计算，但是，专利权人于专利权授予之日前即已知道或者应当知道的，自专利权授予之日起计算。

第七十五条 有下列情形之一的，不视为侵犯专利权：

（一）专利产品或者依照专利方法直接获得的产品，由专利权人或者经其许可的单位、个人售出后，使用、许诺销售、销售、进口该产品的；

（二）在专利申请日前已经制造相同产品、使用相同方法或者已经作好制造、使用的必要准备，并且仅在原有范围内继续制造、使用的；

（三）临时通过中国领陆、领水、领空的外国运输工具，依照其所属国同中国签订的协议或者共同参加的国际条约，或者依照互惠原则，为运输工具自身需要而在其装置和设备中使用有关专利的；

（四）专为科学研究和实验而使用有关专利的；

（五）为提供行政审批所需要的信息，制造、使用、进口专利药品或者专利医疗器械的，以及专门为其制造、进口专利药品或者专利医疗器械的。

第七十六条 药品上市审评审批过程中，药品上市许可申请人与有关专利权人或者利害关系人，因申请注册的药品相关的专利权产生纠纷的，相关当事人可以向人民法院起诉，请求就申请注册的药品相关技术方案是否落入他人药品专利权保护范围作出判决。国务院药品监督管理部门在规定的期限内，可以根据人民法院生效裁判作出是否暂停批准相关药品上市的决定。

药品上市许可申请人与有关专利权人或者利害关系人也可以就申请注册的药品相关的专利权纠纷，向国务院专利行政部门请求行政裁决。

国务院药品监督管理部门会同国务院专利行政部门制定药品上市许可审批与药品上市许可申请阶段专利权纠纷解决的具体衔接办法，报国务院同意后实施。

第七十七条 为生产经营目的的使用、许诺销售或者销售不知道是未经专利权人许可而制造并售出的专利侵权产品，能证明该产品合法来源的，不承担赔偿责任。

第七十八条 违反本法第十九条规定向外国申请专利，泄露国家秘密的，由所在单位或者上级主管机关给予行政处分；构成犯罪的，依法追究刑事责任。

第七十九条 管理专利工作的部门不得参与向社会推荐专利产品等经营活动。

管理专利工作的部门违反前款规定的，由其上级机关或者监察机关责令改正，消除影响，有违法收入的予以没收；情节严重的，对直接负责的主管人员和其他直接责任人员依法给予处分。

第八十条 从事专利管理工作的国家机关工作人员以及其他有关国家机关工作人员玩忽职守、滥用职权、徇私舞弊，构成犯罪的，依法追究刑事责任；尚不构成犯罪的，依法给予处分。

第八章 附 则

第八十一条 向国务院专利行政部门申请专利和办理其他手续，应当按照规定缴纳费用。

第八十二条 本法自 1985 年 4 月 1 日起施行。

中华人民共和国专利法实施细则

· 2001 年 6 月 15 日中华人民共和国国务院令第 306 号公布
· 根据 2002 年 12 月 28 日《国务院关于修改〈中华人民共和国专利法实施细则〉的决定》第一次修订
· 根据 2010 年 1 月 9 日《国务院关于修改〈中华人民共和国专利法实施细则〉的决定》第二次修订
· 根据 2023 年 12 月 11 日《国务院关于修改〈中华人民共和国专利法实施细则〉的决定》第三次修订

第一章 总 则

第一条 根据《中华人民共和国专利法》（以下简称

专利法),制定本细则。

第二条　专利法和本细则规定的各种手续,应当以书面形式或者国务院专利行政部门规定的其他形式办理。以电子数据交换等方式能够有形地表现所载内容,并可以随时调取查用的数据电文(以下统称电子形式),视为书面形式。

第三条　依照专利法和本细则规定提交的各种文件应当使用中文;国家有统一规定的科技术语的,应当采用规范词;外国人名、地名和科技术语没有统一中文译文的,应当注明原文。

依照专利法和本细则规定提交的各种证件和证明文件是外文的,国务院专利行政部门认为必要时,可以要求当事人在指定期限内附送中文译文;期满未附送的,视为未提交该证件和证明文件。

第四条　向国务院专利行政部门邮寄的各种文件,以寄出的邮戳日为递交日;邮戳日不清晰的,除当事人能够提出证明外,以国务院专利行政部门收到日为递交日。

以电子形式向国务院专利行政部门提交各种文件的,以进入国务院专利行政部门指定的特定电子系统的日期为递交日。

国务院专利行政部门的各种文件,可以通过电子形式、邮寄、直接送交或者其他方式送达当事人。当事人委托专利代理机构的,文件送交专利代理机构;未委托专利代理机构的,文件送交请求书中指明的联系人。

国务院专利行政部门邮寄的各种文件,自文件发出之日起满15日,推定为当事人收到文件之日。当事人提供证据能够证明实际收到文件的日期的,以实际收到日为准。

根据国务院专利行政部门规定应当直接送交的文件,以交付日为送达日。

文件送达地址不清,无法邮寄的,可以通过公告的方式送达当事人。自公告之日起满1个月,该文件视为已经送达。

国务院专利行政部门以电子形式送达的各种文件,以进入当事人认可的电子系统的日期为送达日。

第五条　专利法和本细则规定的各种期限开始的当日不计算在期限内,自下一日开始计算。期限以年或者月计算的,以其最后一月的相应日为期限届满日;该月无相应日的,以该月最后一日为期限届满日;期限届满日是法定休假日的,以休假日后的第一个工作日为期限届满日。

第六条　当事人因不可抗拒的事由而延误专利法或

者本细则规定的期限或者国务院专利行政部门指定的期限,导致其权利丧失的,自障碍消除之日起2个月内且自期限届满之日起2年内,可以向国务院专利行政部门请求恢复权利。

除前款规定的情形外,当事人因其他正当理由延误专利法或者本细则规定的期限或者国务院专利行政部门指定的期限,导致其权利丧失的,可以自收到国务院专利行政部门的通知之日起2个月内向国务院专利行政部门请求恢复权利;但是,延误复审请求期限的,可以自复审请求期限届满之日起2个月内向国务院专利行政部门请求恢复权利。

当事人依照本条第一款或者第二款的规定请求恢复权利的,应当提交恢复权利请求书,说明理由,必要时附具有关证明文件,并办理权利丧失前应当办理的相应手续;依照本条第二款的规定请求恢复权利的,还应当缴纳恢复权利请求费。

当事人请求延长国务院专利行政部门指定的期限的,应当在期限届满前,向国务院专利行政部门提交延长期限请求书,说明理由,并办理有关手续。

本条第一款和第二款的规定不适用专利法第二十四条、第二十九条、第四十二条、第七十四条规定的期限。

第七条　专利申请涉及国防利益需要保密的,由国防专利机构受理并进行审查;国务院专利行政部门受理的专利申请涉及国防利益需要保密的,应当及时移交国防专利机构进行审查。经国防专利机构审查没有发现驳回理由的,由国务院专利行政部门作出授予国防专利权的决定。

国务院专利行政部门认为其受理的发明或者实用新型专利申请涉及国防利益以外的国家安全或者重大利益需要保密的,应当及时作出按照保密专利申请处理的决定,并通知申请人。保密专利申请的审查、复审以及保密专利权无效宣告的特殊程序,由国务院专利行政部门规定。

第八条　专利法第十九条所称在中国完成的发明或者实用新型,是指技术方案的实质性内容在中国境内完成的发明或者实用新型。

任何单位或者个人将在中国完成的发明或者实用新型向外国申请专利的,应当按照下列方式之一请求国务院专利行政部门进行保密审查:

(一)直接向外国申请专利或者向有关国外机构提交专利国际申请的,应当事先向国务院专利行政部门提出请求,并详细说明其技术方案;

（二）向国务院专利行政部门申请专利后拟向外国申请专利或者向有关国外机构提交专利国际申请的，应当在向外国申请专利或者向有关国外机构提交专利国际申请前向国务院专利行政部门提出请求。

向国务院专利行政部门提交专利国际申请的，视为同时提出了保密审查请求。

第九条　国务院专利行政部门收到依照本细则第八条规定递交的请求后，经过审查认为该发明或者实用新型可能涉及国家安全或者重大利益需要保密的，应当在请求递交日起2个月内向申请人发出保密审查通知；情况复杂的，可以延长2个月。

国务院专利行政部门依照前款规定通知进行保密审查的，应当在请求递交日起4个月内作出是否需要保密的决定，并通知申请人；情况复杂的，可以延长2个月。

第十条　专利法第五条所称违反法律的发明创造，不包括仅其实施为法律所禁止的发明创造。

第十一条　申请专利应当遵循诚实信用原则。提出各类专利申请应当以真实发明创造活动为基础，不得弄虚作假。

第十二条　除专利法第二十八条和第四十二条规定的情形外，专利法所称申请日，有优先权的，指优先权日。

本细则所称申请日，除另有规定的外，是指专利法第二十八条规定的申请日。

第十三条　专利法第六条所称执行本单位的任务所完成的职务发明创造，是指：

（一）在本职工作中作出的发明创造；

（二）履行本单位交付的本职工作之外的任务所作出的发明创造；

（三）退休、调离原单位后或者劳动、人事关系终止后1年内作出的，与其在原单位承担的本职工作或者原单位分配的任务有关的发明创造。

专利法第六条所称本单位，包括临时工作单位；专利法第六条所称本单位的物质技术条件，是指本单位的资金、设备、零部件、原材料或者不对外公开的技术信息和资料等。

第十四条　专利法所称发明人或者设计人，是指对发明创造的实质性特点作出创造性贡献的人。在完成发明创造过程中，只负责组织工作的人、为物质技术条件的利用提供方便的人或者从事其他辅助工作的人，不是发明人或者设计人。

第十五条　除依照专利法第十条规定转让专利权

外，专利权因其他事由发生转移的，当事人应当凭有关证明文件或者法律文书向国务院专利行政部门办理专利权转移手续。

专利权人与他人订立的专利实施许可合同，应当自合同生效之日起3个月内向国务院专利行政部门备案。

以专利权出质的，由出质人和质权人共同向国务院专利行政部门办理出质登记。

第十六条　专利工作应当贯彻党和国家知识产权战略部署，提升我国专利创造、运用、保护、管理和服务水平，支持全面创新，促进创新型国家建设。

国务院专利行政部门应当提升专利信息公共服务能力，完整、准确、及时发布专利信息，提供专利基础数据，促进专利相关数据资源的开放共享、互联互通。

第二章　专利的申请

第十七条　申请专利的，应当向国务院专利行政部门提交申请文件。申请文件应当符合规定的要求。

申请人委托专利代理机构向国务院专利行政部门申请专利和办理其他专利事务的，应当同时提交委托书，写明委托权限。

申请人有2人以上且未委托专利代理机构的，除请求书中另有声明的外，以请求书中指明的第一申请人为代表人。

第十八条　依照专利法第十八条第一款的规定委托专利代理机构在中国申请专利和办理其他专利事务的，涉及下列事务，申请人或者专利权人可以自行办理：

（一）申请要求优先权的，提交第一次提出的专利申请（以下简称在先申请）文件副本；

（二）缴纳费用；

（三）国务院专利行政部门规定的其他事务。

第十九条　发明、实用新型或者外观设计专利申请的请求书应当写明下列事项：

（一）发明、实用新型或者外观设计的名称；

（二）申请人是中国单位或者个人的，其名称或者姓名、地址、邮政编码、统一社会信用代码或者身份证件号码；申请人是外国人、外国企业或者外国其他组织的，其姓名或者名称、国籍或者注册的国家或者地区；

（三）发明人或者设计人的姓名；

（四）申请人委托专利代理机构的，受托机构的名称、机构代码以及该机构指定的专利代理师的姓名、专利代理师资格证号码、联系电话；

（五）要求优先权的，在先申请的申请日、申请号以及原受理机构的名称；

（六）申请人或者专利代理机构的签字或者盖章；

（七）申请文件清单；

（八）附加文件清单；

（九）其他需要写明的有关事项。

第二十条　发明或者实用新型专利申请的说明书应当写明发明或者实用新型的名称，该名称应当与请求书中的名称一致。说明书应当包括下列内容：

（一）技术领域：写明要求保护的技术方案所属的技术领域；

（二）背景技术：写明对发明或者实用新型的理解、检索、审查有用的背景技术；有可能的，并引证反映这些背景技术的文件；

（三）发明内容：写明发明或者实用新型所要解决的技术问题以及解决其技术问题采用的技术方案，并对照现有技术写明发明或者实用新型的有益效果；

（四）附图说明：说明书有附图的，对各幅附图作简略说明；

（五）具体实施方式：详细写明申请人认为实现发明或者实用新型的优选方式；必要时，举例说明；有附图的，对照附图。

发明或者实用新型专利申请人应当按照前款规定的方式和顺序撰写说明书，并在说明书每一部分前面写明标题，除非其发明或者实用新型的性质用其他方式或者顺序撰写能节约说明书的篇幅并使他人能够准确理解其发明或者实用新型。

发明或者实用新型说明书应当用词规范、语句清楚，并不得使用"如权利要求……所述的……"一类的引用语，也不得使用商业性宣传用语。

发明专利申请包含一个或者多个核苷酸或者氨基酸序列的，说明书应当包括符合国务院专利行政部门规定的序列表。

实用新型专利申请说明书应当有表示要求保护的产品的形状、构造或者其结合的附图。

第二十一条　发明或者实用新型的几幅附图应当按照"图1，图2，……"顺序编号排列。

发明或者实用新型说明书文字部分中未提及的附图标记不得在附图中出现，附图中未出现的附图标记不得在说明书文字部分中提及。申请文件中表示同一组成部分的附图标记应当一致。

附图中除必需的词语外，不应当含有其他注释。

第二十二条　权利要求书应当记载发明或者实用新型的技术特征。

权利要求书有几项权利要求的，应当用阿拉伯数字顺序编号。

权利要求书中使用的科技术语应当与说明书中使用的科技术语一致，可以有化学式或者数学式，但是不得有插图。除绝对必要的外，不得使用"如说明书……部分所述"或者"如图……所示"的用语。

权利要求中的技术特征可以引用说明书附图中相应的标记，该标记应当放在相应的技术特征后并置于括号内，便于理解权利要求。附图标记不得解释为对权利要求的限制。

第二十三条　权利要求书应当有独立权利要求，也可以有从属权利要求。

独立权利要求应当从整体上反映发明或者实用新型的技术方案，记载解决技术问题的必要技术特征。

从属权利要求应当用附加的技术特征，对引用的权利要求作进一步限定。

第二十四条　发明或者实用新型的独立权利要求应当包括前序部分和特征部分，按照下列规定撰写：

（一）前序部分：写明要求保护的发明或者实用新型技术方案的主题名称和发明或者实用新型主题与最接近的现有技术共有的必要技术特征；

（二）特征部分：使用"其特征是……"或者类似的用语，写明发明或者实用新型区别于最接近的现有技术的技术特征。这些特征和前序部分写明的特征合在一起，限定发明或者实用新型要求保护的范围。

发明或者实用新型的性质不适于用前款方式表达的，独立权利要求可以用其他方式撰写。

一项发明或者实用新型应当只有一个独立权利要求，并写在同一发明或者实用新型的从属权利要求之前。

第二十五条　发明或者实用新型的从属权利要求应当包括引用部分和限定部分，按照下列规定撰写：

（一）引用部分：写明引用的权利要求的编号及其主题名称；

（二）限定部分：写明发明或者实用新型附加的技术特征。

从属权利要求只能引用在前的权利要求。引用两项以上权利要求的多项从属权利要求，只能以择一方式引用在前的权利要求，并不得作为另一项多项从属权利要求的基础。

第二十六条　说明书摘要应当写明发明或者实用新型专利申请所公开内容的概要，即写明发明或者实用新型的名称和所属技术领域,并清楚地反映所要解决的技术问题、解决该问题的技术方案的要点以及主要用途。

说明书摘要可以包含最能说明发明的化学式;有附图的专利申请,还应当在请求书中指定一幅最能说明该发明或者实用新型技术特征的说明书附图作为摘要附图。摘要中不得使用商业性宣传用语。

第二十七条　申请专利的发明涉及新的生物材料,该生物材料公众不能得到,并且对该生物材料的说明不足以使所属领域的技术人员实施其发明的,除应当符合专利法和本细则的有关规定外,申请人还应当办理下列手续:

(一)在申请日前或者最迟在申请日(有优先权的,指优先权日),将该生物材料的样品提交国务院专利行政部门认可的保藏单位保藏,并在申请时或者最迟自申请日起4个月内提交保藏单位出具的保藏证明和存活证明;期满未提交证明的,该样品视为未提交保藏;

(二)在申请文件中,提供有关该生物材料特征的资料;

(三)涉及生物材料样品保藏的专利申请应当在请求书和说明书中写明该生物材料的分类命名(注明拉丁文名称)、保藏该生物材料样品的单位名称、地址、保藏日期和保藏编号;申请时未写明的,应当自申请日起4个月内补正;期满未补正的,视为未提交保藏。

第二十八条　发明专利申请人依照本细则第二十七条的规定保藏生物材料样品的,在发明专利申请公布后,任何单位或者个人需要将该专利申请所涉及的生物材料作为实验目的使用的,应当向国务院专利行政部门提出请求,并写明下列事项:

(一)请求人的姓名或者名称和地址;

(二)不向其他任何人提供该生物材料的保证;

(三)在授予专利权前,只作为实验目的使用的保证。

第二十九条　专利法所称遗传资源,是指取自人体、动物、植物或者微生物等含有遗传功能单位并具有实际或者潜在价值的材料和利用此类材料产生的遗传信息;专利法所称依赖遗传资源完成的发明创造,是指利用了遗传资源的遗传功能完成的发明创造。

就依赖遗传资源完成的发明创造申请专利的,申请人应当在请求书中予以说明,并填写国务院专利行政部门制定的表格。

第三十条　申请人应当就每件外观设计产品所需要保护的内容提交有关图片或者照片。

申请局部外观设计专利的,应当提交整体产品的视图,并用虚线与实线相结合或者其他方式表明所需要保护部分的内容。

申请人请求保护色彩的,应当提交彩色图片或者照片。

第三十一条　外观设计的简要说明应当写明外观设计产品的名称、用途,外观设计的设计要点,并指定一幅最能表明设计要点的图片或者照片。省略视图或者请求保护色彩的,应当在简要说明中写明。

对同一产品的多项相似外观设计提出一件外观设计专利申请的,应当在简要说明中指定其中一项作为基本设计。

申请局部外观设计专利的,应当在简要说明中写明请求保护的部分,已在整体产品的视图中用虚线与实线相结合方式表明的除外。

简要说明不得使用商业性宣传用语,也不得说明产品的性能。

第三十二条　国务院专利行政部门认为必要时,可以要求外观设计专利申请人提交使用外观设计的产品样品或者模型。样品或者模型的体积不得超过30厘米×30厘米×30厘米,重量不得超过15公斤。易腐、易损或者危险品不得作为样品或者模型提交。

第三十三条　专利法第二十四条第(二)项所称中国政府承认的国际展览会,是指国际展览会公约规定的在国际展览局注册或者由其认可的国际展览会。

专利法第二十四条第(三)项所称学术会议或者技术会议,是指国务院有关主管部门或者全国性学术团体组织召开的学术会议或者技术会议,以及国务院有关主管部门认可的由国际组织召开的学术会议或者技术会议。

申请专利的发明创造有专利法第二十四条第(二)项或者第(三)项所列情形的,申请人应当在提出专利申请时声明,并自申请日起2个月内提交有关发明创造已经展出或者发表,以及展出或者发表日期的证明文件。

申请专利的发明创造有专利法第二十四条第(一)项或者第(四)项所列情形的,国务院专利行政部门认为必要时,可以要求申请人在指定期限内提交证明文件。

申请人未依照本条第三款的规定提出声明和提交证明文件的,或者未依照本条第四款的规定在指定期限内提交证明文件的,其申请不适用专利法第二十四条的规定。

第三十四条　申请人依照专利法第三十条的规定要求外国优先权的,申请人提交的在先申请文件副本应当经原受理机构证明。依照国务院专利行政部门与该受理机构签订的协议,国务院专利行政部门通过电子交换等途径获得在先申请文件副本的,视为申请人提交了经该受理机构证明的在先申请文件副本。要求本国优先权,申请人在请求书中写明在先申请的申请日和申请号的,视为提交了在先申请文件副本。

要求优先权,但请求书中漏写或者错写在先申请的申请日、申请号和原受理机构名称中的一项或者两项内容的,国务院专利行政部门应当通知申请人在指定期限内补正;期满未补正的,视为未要求优先权。

要求优先权的申请人的姓名或者名称与在先申请文件副本中记载的申请人姓名或者名称不一致的,应当提交优先权转让证明材料,未提交该证明材料的,视为未要求优先权。

外观设计专利申请人要求外国优先权,其在先申请未包括对外观设计的简要说明,申请人按照本细则第三十一条规定提交的简要说明未超出在先申请文件的图片或者照片表示的范围的,不影响其享有优先权。

第三十五条　申请人在一件专利申请中,可以要求一项或者多项优先权;要求多项优先权的,该申请的优先权期限从最早的优先权日起计算。

发明或者实用新型专利申请人要求本国优先权,在先申请是发明专利申请的,可以就相同主题提出发明或者实用新型专利申请;在先申请是实用新型专利申请的,可以就相同主题提出实用新型或者发明专利申请。外观设计专利申请人要求本国优先权,在先申请是发明或者实用新型专利申请的,可以就附图显示的设计提出相同主题的外观设计专利申请;在先申请是外观设计专利申请的,可以就相同主题提出外观设计专利申请。但是,提出后一申请时,在先申请的主题有下列情形之一的,不得作为要求本国优先权的基础:

（一）已经要求外国优先权或者本国优先权的;

（二）已经被授予专利权的;

（三）属于按照规定提出的分案申请的。

申请人要求本国优先权的,其在先申请自后一申请提出之日起即视为撤回,但外观设计专利申请人要求以发明或者实用新型专利申请作为本国优先权基础的除外。

第三十六条　申请人超出专利法第二十九条规定的期限,向国务院专利行政部门就相同主题提出发明或者实用新型专利申请,有正当理由的,可以在期限届满之日起2个月内请求恢复优先权。

第三十七条　发明或者实用新型专利申请人要求了优先权的,可以自优先权日起16个月内或者自申请日起4个月内,请求在请求书中增加或者改正优先权要求。

第三十八条　在中国没有经常居所或者营业所的申请人,申请专利或者要求外国优先权的,国务院专利行政部门认为必要时,可以要求其提供下列文件:

（一）申请人是个人的,其国籍证明;

（二）申请人是企业或者其他组织的,其注册的国家或者地区的证明文件;

（三）申请人的所属国,承认中国单位和个人可以按照该国国民的同等条件,在该国享有专利权、优先权和其他与专利有关的权利的证明文件。

第三十九条　依照专利法第三十一条第一款规定,可以作为一件专利申请提出的属于一个总的发明构思的两项以上的发明或者实用新型,应当在技术上相互关联,包含一个或者多个相同或者相应的特定技术特征,其中特定技术特征是指每一项发明或者实用新型作为整体,对现有技术作出贡献的技术特征。

第四十条　依照专利法第三十一条第二款规定,将同一产品的多项相似外观设计作为一件申请提出的,对该产品的其他设计应当与简要说明中指定的基本设计相似。一件外观设计专利申请中的相似外观设计不得超过10项。

专利法第三十一条第二款所称同一类别并且成套出售或者使用的产品的两项以上外观设计,是指各产品属于分类表中同一大类,习惯上同时出售或者同时使用,而且各产品的外观设计具有相同的设计构思。

将两项以上外观设计作为一件申请提出的,应当将各项外观设计的顺序编号标注在每件外观设计产品各幅图片或者照片的名称之前。

第四十一条　申请人撤回专利申请的,应当向国务院专利行政部门提出声明,写明发明创造的名称、申请号和申请日。

撤回专利申请的声明在国务院专利行政部门做好公布专利申请文件的印刷准备工作后提出的,申请文件仍予公布;但是,撤回专利申请的声明应当在以后出版的专利公报上予以公告。

第三章　专利申请的审查和批准

第四十二条　在初步审查、实质审查、复审和无效宣告程序中,实施审查和审理的人员有下列情形之一的,应

当自行回避,当事人或者其他利害关系人可以要求其回避:

(一)是当事人或者其代理人的近亲属的;

(二)与专利申请或者专利权有利害关系的;

(三)与当事人或者其代理人有其他关系,可能影响公正审查和审理的;

(四)复审或者无效宣告程序中,曾参与原申请的审查的。

第四十三条 国务院专利行政部门收到发明或者实用新型专利申请的请求书、说明书(实用新型必须包括附图)和权利要求书,或者外观设计专利申请的请求书、外观设计的图片或者照片和简要说明后,应当明确申请日、给予申请号,并通知申请人。

第四十四条 专利申请文件有下列情形之一的,国务院专利行政部门不予受理,并通知申请人:

(一)发明或者实用新型专利申请缺少请求书、说明书(实用新型无附图)或者权利要求书的,或者外观设计专利申请缺少请求书、图片或者照片、简要说明的;

(二)未使用中文的;

(三)申请文件的格式不符合规定的;

(四)请求书中缺少申请人姓名或者名称,或者缺少地址的;

(五)明显不符合专利法第十七条或者第十八条第一款的规定的;

(六)专利申请类别(发明、实用新型或者外观设计)不明确或者难以确定的。

第四十五条 发明或者实用新型专利申请缺少或者错误提交权利要求书、说明书或者权利要求书、说明书的部分内容,但申请人在递交日要求了优先权的,可以自递交日起2个月内或者在国务院专利行政部门指定的期限内以援引在先申请文件的方式补交。补交的文件符合有关规定的,以首次提交文件的递交日为申请日。

第四十六条 说明书中写有对附图的说明但无附图或者缺少部分附图的,申请人应当在国务院专利行政部门指定的期限内补交附图或者声明取消对附图的说明。申请人补交附图的,以向国务院专利行政部门提交或者邮寄附图之日为申请日;取消对附图的说明的,保留原申请日。

第四十七条 两个以上的申请人同日(指申请日;有优先权的,指优先权日)分别就同样的发明创造申请专利的,应当在收到国务院专利行政部门的通知后自行协商确定申请人。

同一申请人在同日(指申请日)对同样的发明创造既申请实用新型专利又申请发明专利的,应当在申请时分别说明对同样的发明创造已申请了另一专利;未作说明的,依照专利法第九条第一款关于同样的发明创造只能授予一项专利权的规定处理。

国务院专利行政部门公告授予实用新型专利权,应当公告申请人已依照本条第二款的规定同时申请了发明专利的说明。

发明专利申请经审查没有发现驳回理由,国务院专利行政部门应当通知申请人在规定期限内声明放弃实用新型专利权。申请人声明放弃的,国务院专利行政部门应当作出授予发明专利权的决定,并在公告授予发明专利权时一并公告申请人放弃实用新型专利权声明。申请人不同意放弃的,国务院专利行政部门应当驳回该发明专利申请;申请人期满未答复的,视为撤回该发明专利申请。

实用新型专利权自公告授予发明专利权之日起终止。

第四十八条 一件专利申请包括两项以上发明、实用新型或者外观设计的,申请人可以在本细则第六十条第一款规定的期限届满前,向国务院专利行政部门提出分案申请;但是,专利申请已经被驳回、撤回或者视为撤回的,不能提出分案申请。

国务院专利行政部门认为一件专利申请不符合专利法第三十一条和本细则第三十九条或者第四十条的规定的,应当通知申请人在指定期限内对其申请进行修改;申请人期满未答复的,该申请视为撤回。

分案的申请不得改变原申请的类别。

第四十九条 依照本细则第四十八条规定提出的分案申请,可以保留原申请日,享有优先权的,可以保留优先权日,但是不得超出原申请记载的范围。

分案申请应当依照专利法及本细则的规定办理有关手续。

分案申请的请求书中应当写明原申请的申请号和申请日。

第五十条 专利法第三十四条和第四十条所称初步审查,是指审查专利申请是否具备专利法第二十六条或者第二十七条规定的文件和其他必要的文件,这些文件是否符合规定的格式,并审查下列各项:

(一)发明专利申请是否明显属于专利法第五条、第二十五条规定的情形,是否不符合专利法第十七条、第十八条第一款、第十九条第一款或者本细则第十一条、第十九条、第二十九条第二款的规定,是否明显不符合专利法

第二条第二款、第二十六条第五款、第三十一条第一款、第三十三条或者本细则第二十条至第二十四条的规定;

（二）实用新型专利申请是否明显属于专利法第五条、第二十五条规定的情形,是否不符合专利法第十七条、第十八条第一款、第十九条第一款或者本细则第十一条、第十九条至第二十二条、第二十四条至第二十六条的规定,是否明显不符合专利法第二条第三款、第二十二条、第二十六条第三款、第二十六条第四款、第三十一条第一款、第三十三条或者本细则第二十三条、第四十九条第一款的规定,是否依照专利法第九条规定不能取得专利权;

（三）外观设计专利申请是否明显属于专利法第五条、第二十五条第一款第（六）项规定的情形,是否不符合专利法第十七条、第十八条第一款或者本细则第十一条、第十九条、第三十条、第三十一条的规定,是否明显不符合专利法第二条第四款、第二十三条第一款、第二十三条第二款、第二十七条第二款、第三十一条第二款、第三十三条或者本细则第四十九条第一款的规定,是否依照专利法第九条规定不能取得专利权;

（四）申请文件是否符合本细则第二条、第三条第一款的规定。

国务院专利行政部门应当将审查意见通知申请人,要求其在指定期限内陈述意见或者补正;申请人期满未答复的,其申请视为撤回。申请人陈述意见或者补正后,国务院专利行政部门仍然认为不符合前款所列各项规定的,应当予以驳回。

第五十一条　除专利申请文件外,申请人向国务院专利行政部门提交的与专利申请有关的其他文件有下列情形之一的,视为未提交:

（一）未使用规定的格式或者填写不符合规定的;

（二）未按照规定提交证明材料的。

国务院专利行政部门应当将视为未提交的审查意见通知申请人。

第五十二条　申请人请求早日公布其发明专利申请的,应当向国务院专利行政部门声明。国务院专利行政部门对该申请进行初步审查后,除予以驳回的外,应当立即将申请予以公布。

第五十三条　申请人写明使用外观设计的产品及其所属类别的,应当使用国务院专利行政部门公布的外观设计产品分类表。未写明使用外观设计的产品所属类别或者所写的类别不确切的,国务院专利行政部门可以予以补充或者修改。

第五十四条　自发明专利申请公布之日起至公告授予专利权之日止,任何人均可以对不符合专利法规定的专利申请向国务院专利行政部门提出意见,并说明理由。

第五十五条　发明专利申请人因有正当理由无法提交专利法第三十六条规定的检索资料或者审查结果资料的,应当向国务院专利行政部门声明,并在得到有关资料后补交。

第五十六条　国务院专利行政部门依照专利法第三十五条第二款的规定对专利申请自行进行审查时,应当通知申请人。

申请人可以对专利申请提出延迟审查请求。

第五十七条　发明专利申请人在提出实质审查请求时以及在收到国务院专利行政部门发出的发明专利申请进入实质审查阶段通知书之日起的3个月内,可以对发明专利申请主动提出修改。

实用新型或者外观设计专利申请人自申请日起2个月内,可以对实用新型或者外观设计专利申请主动提出修改。

申请人在收到国务院专利行政部门发出的审查意见通知书后对专利申请文件进行修改的,应当针对通知书指出的缺陷进行修改。

国务院专利行政部门可以自行修改专利申请文件中文字和符号的明显错误。国务院专利行政部门自行修改的,应当通知申请人。

第五十八条　发明或者实用新型专利申请的说明书或者权利要求书的修改部分,除个别文字修改或者增删外,应当按照规定格式提交替换页。外观设计专利申请的图片或者照片的修改,应当按照规定提交替换页。

第五十九条　依照专利法第三十八条的规定,发明专利申请经实质审查应当予以驳回的情形是指:

（一）申请属于专利法第五条、第二十五条规定的情形,或者依照专利法第九条规定不能取得专利权的;

（二）申请不符合专利法第二条第二款、第十九条第一款、第二十二条、第二十六条第三款、第二十六条第四款、第二十六条第五款、第三十一条第一款或者本细则第十一条、第二十三条第二款规定的;

（三）申请的修改不符合专利法第三十三条规定,或者分案的申请不符合本细则第四十九条第一款的规定的。

第六十条　国务院专利行政部门发出授予专利权的通知后,申请人应当自收到通知之日起2个月内办理登记手续。申请人按期办理登记手续的,国务院专利行部门应当授予专利权,颁发专利证书,并予以公告。

期满未办理登记手续的,视为放弃取得专利权的权利。

第六十一条　保密专利申请经审查没有发现驳回理由的,国务院专利行政部门应当作出授予保密专利权的决定,颁发保密专利证书,登记保密专利权的有关事项。

第六十二条　授予实用新型或者外观设计专利权的决定公告后,专利法第六十六条规定的专利权人、利害关系人、被控侵权人可以请求国务院专利行政部门作出专利权评价报告。申请人可以在办理专利权登记手续时请求国务院专利行政部门作出专利权评价报告。

请求作出专利权评价报告的,应当提交专利权评价报告请求书,写明专利申请号或者专利号。每项请求应当限于一项专利申请或者专利权。

专利权评价报告请求书不符合规定的,国务院专利行政部门应当通知请求人在指定期限内补正;请求人期满未补正的,视为未提出请求。

第六十三条　国务院专利行政部门应当自收到专利权评价报告请求书后2个月内作出专利权评价报告,但申请人在办理专利权登记手续时请求作出专利权评价报告的,国务院专利行政部门应当自公告授予专利权之日起2个月内作出专利权评价报告。

对同一项实用新型或者外观设计专利权,有多个请求人请求作出专利权评价报告的,国务院专利行政部门仅作出一份专利权评价报告。任何单位或者个人可以查阅或者复制该专利权评价报告。

第六十四条　国务院专利行政部门对专利公告、专利单行本中出现的错误,一经发现,应当及时更正,并对所作更正予以公告。

第四章　专利申请的复审与专利权的无效宣告

第六十五条　依照专利法第四十一条的规定向国务院专利行政部门请求复审的,应当提交复审请求书,说明理由,必要时还应当附具有关证据。

复审请求不符合专利法第十八条第一款或者第四十一条第一款规定的,国务院专利行政部门不予受理,书面通知复审请求人并说明理由。

复审请求书不符合规定格式的,复审请求人应当在国务院专利行政部门指定的期限内补正;期满未补正的,该复审请求视为未提出。

第六十六条　请求人在提出复审请求或者在对国务院专利行政部门的复审通知书作出答复时,可以修改专利申请文件;但是,修改应当仅限于消除驳回决定或者复审通知书指出的缺陷。

第六十七条　国务院专利行政部门进行复审后,认为复审请求不符合专利法和本细则有关规定或者专利申请存在其他明显违反专利法和本细则有关规定情形的,应当通知复审请求人,要求其在指定期限内陈述意见。期满未答复的,该复审请求视为撤回;经陈述意见或者进行修改后,国务院专利行政部门认为仍不符合专利法和本细则有关规定的,应当作出驳回复审请求的复审决定。

国务院专利行政部门进行复审后,认为原驳回决定不符合专利法和本细则有关规定的,或者认为经过修改的专利申请文件消除了原驳回决定和复审通知书指出的缺陷的,应当撤销原驳回决定,继续进行审查程序。

第六十八条　复审请求人在国务院专利行政部门作出决定前,可以撤回其复审请求。

复审请求人在国务院专利行政部门作出决定前撤回其复审请求的,复审程序终止。

第六十九条　依照专利法第四十五条的规定,请求宣告专利权无效或者部分无效的,应当向国务院专利行政部门提交专利权无效宣告请求书和必要的证据一式两份。无效宣告请求书应当结合提交的所有证据,具体说明无效宣告请求的理由,并指明每项理由所依据的证据。

前款所称无效宣告请求的理由,是指被授予专利的发明创造不符合专利法第二条、第十九条第一款、第二十二条、第二十三条、第二十六条第三款、第二十六条第四款、第二十七条第二款、第三十三条或者本细则第十一条、第二十三条第二款、第四十九条第一款的规定,或者属于专利法第五条、第二十五条规定的情形,或者依照专利法第九条规定不能取得专利权。

第七十条　专利权无效宣告请求不符合专利法第十八条第一款或者本细则第六十九条规定的,国务院专利行政部门不予受理。

在国务院专利行政部门就无效宣告请求作出决定之后,又以同样的理由和证据请求无效宣告的,国务院专利行政部门不予受理。

以不符合专利法第二十三条第三款的规定为理由请求宣告外观设计专利权无效,但是未提交证明权利冲突的证据的,国务院专利行政部门不予受理。

专利权无效宣告请求书不符合规定格式的,无效宣告请求人应当在国务院专利行政部门指定的期限内补正;期满未补正的,该无效宣告请求视为未提出。

第七十一条　在国务院专利行政部门受理无效宣告

请求后，请求人可以在提出无效宣告请求之日起1个月内增加理由或者补充证据。逾期增加理由或者补充证据的，国务院专利行政部门可以不予考虑。

第七十二条　国务院专利行政部门应当将专利权无效宣告请求书和有关文件的副本送交专利权人，要求其在指定的期限内陈述意见。

专利权人和无效宣告请求人应当在指定期限内答复国务院专利行政部门发出的转送文件通知书或者无效宣告请求审查通知书；期满未答复的，不影响国务院专利行政部门审理。

第七十三条　在无效宣告请求的审查过程中，发明或者实用新型专利的专利权人可以修改其权利要求书，但是不得扩大原专利的保护范围。国务院专利行政部门在修改后的权利要求基础上作出维持专利权有效或者宣告专利权部分无效的决定的，应当公告修改后的权利要求。

发明或者实用新型专利的专利权人不得修改专利说明书和附图，外观设计专利的专利权人不得修改图片、照片和简要说明。

第七十四条　国务院专利行政部门根据当事人的请求或者案情需要，可以决定对无效宣告请求进行口头审理。

国务院专利行政部门决定对无效宣告请求进行口头审理的，应当向当事人发出口头审理通知书，告知举行口头审理的日期和地点。当事人应当在通知书指定的期限内作出答复。

无效宣告请求人对国务院专利行政部门发出的口头审理通知书在指定的期限内未作答复，并且不参加口头审理的，其无效宣告请求视为撤回；专利权人不参加口头审理的，可以缺席审理。

第七十五条　在无效宣告请求审查程序中，国务院专利行政部门指定的期限不得延长。

第七十六条　国务院专利行政部门对无效宣告的请求作出决定前，无效宣告请求人可以撤回其请求。

国务院专利行政部门作出决定之前，无效宣告请求人撤回其请求或者其无效宣告请求被视为撤回的，无效宣告请求审查程序终止。但是，国务院专利行政部门认为根据已进行的审查工作能够作出宣告专利权无效或者部分无效的决定的，不终止审查程序。

第五章　专利权期限补偿

第七十七条　依照专利法第四十二条第二款的规定请求给予专利权期限补偿的，专利权人应当自公告授予

专利权之日起3个月内向国务院专利行政部门提出。

第七十八条　依照专利法第四十二条第二款的规定给予专利权期限补偿的，补偿期限按照发明专利在授权过程中不合理延迟的实际天数计算。

前款所称发明专利在授权过程中不合理延迟的实际天数，是指自发明专利申请日起满4年且自实质审查请求之日起满3年之日至公告授予专利权之日的间隔天数，减去合理延迟的天数和由申请人引起的不合理延迟的天数。

下列情形属于合理延迟：

（一）依照本细则第六十六条的规定修改专利申请文件后被授予专利权的，因复审程序引起的延迟；

（二）因本细则第一百零三条、第一百零四条规定情形引起的延迟；

（三）其他合理情形引起的延迟。

同一申请人同日对同样的发明创造既申请实用新型专利又申请发明专利，依照本细则第四十七条第四款的规定取得发明专利权的，该发明专利权的期限不适用专利法第四十二条第二款的规定。

第七十九条　专利法第四十二条第二款规定的由申请人引起的不合理延迟包括以下情形：

（一）未在指定期限内答复国务院专利行政部门发出的通知；

（二）申请延迟审查；

（三）因本细则第四十五条规定情形引起的延迟；

（四）其他由申请人引起的不合理延迟。

第八十条　专利法第四十二条第三款所称新药相关发明专利是指符合规定的新药产品专利、制备方法专利、医药用途专利。

第八十一条　依照专利法第四十二条第三款的规定请求给予新药相关发明专利权期限补偿的，应当符合下列要求，自该新药在中国获得上市许可之日起3个月内向国务院专利行政部门提出：

（一）该新药同时存在多项专利的，专利权人只能请求对其中一项专利给予专利权期限补偿；

（二）一项专利同时涉及多个新药的，只能对一个新药就该专利提出专利权期限补偿请求；

（三）该专利在有效期内，且尚未获得过新药相关发明专利权期限补偿。

第八十二条　依照专利法第四十二条第三款的规定给予专利权期限补偿的，补偿期限按照该专利申请日至该新药在中国获得上市许可之日的间隔天数减去5年，

在符合专利法第四十二条第三款规定的基础上确定。

第八十三条　新药相关发明专利在专利权期限补偿期间，该专利的保护范围限于该新药及其经批准的适应症相关技术方案；在保护范围内，专利权人享有的权利和承担的义务与专利权期限补偿前相同。

第八十四条　国务院专利行政部门对依照专利法第四十二条第二款、第三款的规定提出的专利权期限补偿请求进行审查后，认为符合补偿条件的，作出给予期限补偿的决定，并予以登记和公告；不符合补偿条件的，作出不予期限补偿的决定，并通知提出请求的专利权人。

第六章　专利实施的特别许可

第八十五条　专利权人自愿声明对其专利实行开放许可的，应当在公告授予专利权后提出。

开放许可声明应当写明以下事项：

（一）专利号；

（二）专利权人的姓名或者名称；

（三）专利许可使用费支付方式、标准；

（四）专利许可期限；

（五）其他需要明确的事项。

开放许可声明内容应当准确、清楚，不得出现商业性宣传用语。

第八十六条　专利权有下列情形之一的，专利权人不得对其实行开放许可：

（一）专利权处于独占或者排他许可有效期限内的；

（二）属本细则第一百零三条、第一百零四条规定的中止情形的；

（三）没有按照规定缴纳年费的；

（四）专利权被质押，未经质权人同意的；

（五）其他妨碍专利权有效实施的情形。

第八十七条　通过开放许可达成专利实施许可的，专利权人或者被许可人应当凭能够证明达成许可的书面文件向国务院专利行政部门备案。

第八十八条　专利权人不得通过提供虚假材料、隐瞒事实等手段，作出开放许可声明或者在开放许可实施期间获得专利年费减免。

第八十九条　专利法第五十三条第（一）项所称未充分实施其专利，是指专利权人及其被许可人实施其专利的方式或者规模不能满足国内对专利产品或者专利方法的需求。

专利法第五十五条所称取得专利权的药品，是指解决公共健康问题所需的医药领域中的任何专利产品或者依照专利方法直接获得的产品，包括取得专利权的制造该产品所需的活性成分以及使用该产品所需的诊断用品。

第九十条　请求给予强制许可的，应当向国务院专利行政部门提交强制许可请求书，说明理由并附具有关证明文件。

国务院专利行政部门应当将强制许可请求书的副本送交专利权人，专利权人应当在国务院专利行政部门指定的期限内陈述意见；期满未答复的，不影响国务院专利行政部门作出决定。

国务院专利行政部门在作出驳回强制许可请求的决定或者给予强制许可的决定前，应当通知请求人和专利权人拟作出的决定及其理由。

国务院专利行政部门依照专利法第五十五条的规定作出给予强制许可的决定，应当同时符合中国缔结或者参加的有关国际条约关于为了解决公共健康问题而给予强制许可的规定，但中国作出保留的除外。

第九十一条　依照专利法第六十二条的规定，请求国务院专利行政部门裁决使用费数额的，当事人应当提出裁决请求书，并附具双方不能达成协议的证明文件。国务院专利行政部门应当自收到请求书之日起 3 个月内作出裁决，并通知当事人。

第七章　对职务发明创造的发明人或者设计人的奖励和报酬

第九十二条　被授予专利权的单位可以与发明人、设计人约定或者在其依法制定的规章制度中规定专利法第十五条规定的奖励、报酬的方式和数额。鼓励被授予专利权的单位实行产权激励，采取股权、期权、分红等方式，使发明人或者设计人合理分享创新收益。

企业、事业单位给予发明人或者设计人的奖励、报酬，按照国家有关财务、会计制度的规定进行处理。

第九十三条　被授予专利权的单位未与发明人、设计人约定也未在其依法制定的规章制度中规定专利法第十五条规定的奖励的方式和数额的，应当自公告授予专利权之日起 3 个月内发给发明人或者设计人奖金。一项发明专利的奖金最低不少于 4000 元；一项实用新型专利或者外观设计专利的奖金最低不少于 1500 元。

由于发明人或者设计人的建议被其所属单位采纳而完成的发明创造，被授予专利权的单位应当从优发给奖金。

第九十四条　被授予专利权的单位未与发明人、设计人约定也未在其依法制定的规章制度中规定专利法第十五条规定的报酬的方式和数额的，应当依照《中华人民共和国促进科技成果转化法》的规定,给予发明人或者设计人合理的报酬。

第八章　专利权的保护

第九十五条　省、自治区、直辖市人民政府管理专利工作的部门以及专利管理工作量大又有实际处理能力的地级市、自治州、盟、地区和直辖市的区人民政府管理专利工作的部门,可以处理和调解专利纠纷。

第九十六条　有下列情形之一的,属于专利法第七十条所称的在全国有重大影响的专利侵权纠纷:

(一)涉及重大公共利益的;

(二)对行业发展有重大影响的;

(三)跨省、自治区、直辖市区域的重大案件;

(四)国务院专利行政部门认为可能有重大影响的其他情形。

专利权人或者利害关系人请求国务院专利行政部门处理专利侵权纠纷,相关案件不属于在全国有重大影响的专利侵权纠纷的,国务院专利行政部门可以指定有管辖权的地方人民政府管理专利工作的部门处理。

第九十七条　当事人请求处理专利侵权纠纷或者调解专利纠纷的,由被请求人所在地或者侵权行为地的管理专利工作的部门管辖。

两个以上管理专利工作的部门都有管辖权的专利纠纷,当事人可以向其中一个管理专利工作的部门提出请求;当事人向两个以上有管辖权的管理专利工作的部门提出请求的,由最先受理的管理专利工作的部门管辖。

管理专利工作的部门对管辖权发生争议的,由其共同的上级人民政府管理专利工作的部门指定管辖;无共同上级人民政府管理专利工作的部门的,由国务院专利行政部门指定管辖。

第九十八条　在处理专利侵权纠纷过程中,被请求人提出无效宣告请求并被国务院专利行政部门受理的,可以请求管理专利工作的部门中止处理。

管理专利工作的部门认为被请求人提出的中止理由明显不能成立的,可以不中止处理。

第九十九条　专利权人依照专利法第十六条的规定,在其专利产品或者该产品的包装上标明专利标识的,应当按照国务院专利行政部门规定的方式予以标明。

专利标识不符合前款规定的,由县级以上负责专利执法的部门责令改正。

第一百条　申请人或者专利权人违反本细则第十一条、第八十八条规定的,由县级以上负责专利执法的部门予以警告,可以处10万元以下的罚款。

第一百零一条　下列行为属于专利法第六十八条规定的假冒专利的行为:

(一)在未被授予专利权的产品或者其包装上标注专利标识,专利权被宣告无效后或者终止后继续在产品或者其包装上标注专利标识,或者未经许可在产品或者产品包装上标注他人的专利号;

(二)销售第(一)项所述产品;

(三)在产品说明书等材料中将未被授予专利权的技术或者设计称为专利技术或者专利设计,将专利申请称为专利,或者未经许可使用他人的专利号,使公众将所涉及的技术或者设计误认为是专利技术或者专利设计;

(四)伪造或者变造专利证书、专利文件或者专利申请文件;

(五)其他使公众混淆,将未被授予专利权的技术或者设计误认为是专利技术或者专利设计的行为。

专利权终止前依法在专利产品、依照专利方法直接获得的产品或者其包装上标注专利标识,在专利权终止后许诺销售、销售该产品的,不属于假冒专利行为。

销售不知道是假冒专利的产品,并且能够证明该产品合法来源的,由县级以上负责专利执法的部门责令停止销售。

第一百零二条　除专利法第六十五条规定的外,管理专利工作的部门应当事人请求,可以对下列专利纠纷进行调解:

(一)专利申请权和专利权归属纠纷;

(二)发明人、设计人资格纠纷;

(三)职务发明创造的发明人、设计人的奖励和报酬纠纷;

(四)在发明专利申请公布后专利权授予前使用发明而未支付适当费用的纠纷;

(五)其他专利纠纷。

对于前款第(四)项所列的纠纷,当事人请求管理专利工作的部门调解的,应当在专利权被授予之后提出。

第一百零三条　当事人因专利申请权或者专利权的归属发生纠纷,已请求管理专利工作的部门调解或者向人民法院起诉的,可以请求国务院专利行政部门中止有关程序。

依照前款规定请求中止有关程序的,应当向国务院专利行政部门提交请求书,说明理由,并附具管理专利工作的部门或者人民法院的写明申请号或者专利号的有关受理文件副本。国务院专利行政部门认为当事人提出的中止理由明显不能成立的,可以不中止有关程序。

管理专利工作的部门作出的调解书或者人民法院作出的判决生效后,当事人应当向国务院专利行政部门办理恢复有关程序的手续。自请求中止之日起1年内,有关专利申请权或者专利权归属的纠纷未能结案,需要继续中止有关程序的,请求人应当在该期限内请求延长中止。期满未请求延长的,国务院专利行政部门自行恢复有关程序。

第一百零四条 人民法院在审理民事案件中裁定对专利申请权或者专利权采取保全措施的,国务院专利行政部门应当在收到写明申请号或者专利号的裁定书和协助执行通知书之日中止被保全的专利申请权或者专利权的有关程序。保全期限届满,人民法院没有裁定继续采取保全措施的,国务院专利行政部门自行恢复有关程序。

第一百零五条 国务院专利行政部门根据本细则第一百零三条和第一百零四条规定中止有关程序,是指暂停专利申请的初步审查、实质审查、复审程序,授予专利权程序和专利权无效宣告程序;暂停办理放弃、变更、转移专利权或者专利申请权手续,专利权质押手续以及专利权期限届满前的终止手续等。

第九章 专利登记和专利公报

第一百零六条 国务院专利行政部门设置专利登记簿,登记下列与专利申请和专利权有关的事项:

(一)专利权的授予;

(二)专利申请权、专利权的转移;

(三)专利权的质押、保全及其解除;

(四)专利实施许可合同的备案;

(五)国防专利、保密专利的解密;

(六)专利权的无效宣告;

(七)专利权的终止;

(八)专利权的恢复;

(九)专利权期限的补偿;

(十)专利实施的开放许可;

(十一)专利实施的强制许可;

(十二)专利权人的姓名或者名称、国籍和地址的变更。

第一百零七条 国务院专利行政部门定期出版专利公报,公布或者公告下列内容:

(一)发明专利申请的著录事项和说明书摘要;

(二)发明专利申请的实质审查请求和国务院专利行政部门对发明专利申请自行进行实质审查的决定;

(三)发明专利申请公布后的驳回、撤回、视为撤回、视为放弃、恢复和转移;

(四)专利权的授予以及专利权的著录事项;

(五)实用新型专利的说明书摘要,外观设计专利的一幅图片或者照片;

(六)国防专利、保密专利的解密;

(七)专利权的无效宣告;

(八)专利权的终止、恢复;

(九)专利权期限的补偿;

(十)专利权的转移;

(十一)专利实施许可合同的备案;

(十二)专利权的质押、保全及其解除;

(十三)专利实施的开放许可事项;

(十四)专利实施的强制许可的给予;

(十五)专利权人的姓名或者名称、国籍和地址的变更;

(十六)文件的公告送达;

(十七)国务院专利行政部门作出的更正;

(十八)其他有关事项。

第一百零八条 国务院专利行政部门应当提供专利公报、发明专利申请单行本以及发明专利、实用新型专利、外观设计专利单行本,供公众免费查阅。

第一百零九条 国务院专利行政部门负责按照互惠原则与其他国家、地区的专利机关或者区域性专利组织交换专利文献。

第十章 费 用

第一百一十条 向国务院专利行政部门申请专利和办理其他手续时,应当缴纳下列费用:

(一)申请费、申请附加费、公布印刷费、优先权要求费;

(二)发明专利申请实质审查费、复审费;

(三)年费;

(四)恢复权利请求费、延长期限请求费;

(五)著录事项变更费、专利权评价报告请求费、无效宣告请求费、专利文件副本证明费。

前款所列各种费用的缴纳标准,由国务院发展改革部门、财政部门会同国务院专利行政部门按照职责分工规定。国务院财政部门、发展改革部门可以会同国务院专利行政部门根据实际情况对申请专利和办理其他手续应当缴纳的费用种类和标准进行调整。

第一百一十一条 专利法和本细则规定的各种费用,应当严格按照规定缴纳。

直接向国务院专利行政部门缴纳费用的,以缴纳当日为缴费日;以邮局汇付方式缴纳费用的,以邮局汇出的邮戳日为缴费日;以银行汇付方式缴纳费用的,以银行实际汇出日为缴费日。

多缴、重缴、错缴专利费用的,当事人可以自缴费日起3年内,向国务院专利行政部门提出退款请求,国务院专利行政部门应当予以退还。

第一百一十二条　申请人应当自申请日起2个月内或者在收到受理通知书之日起15日内缴纳申请费、公布印刷费和必要的申请附加费;期满未缴纳或者未缴足的,其申请视为撤回。

申请人要求优先权的,应当在缴纳申请费的同时缴纳优先权要求费;期满未缴纳或者未缴足的,视为未要求优先权。

第一百一十三条　当事人请求实质审查或者复审的,应当在专利法及本细则规定的相关期限内缴纳费用;期满未缴纳或者未缴足的,视为未提出请求。

第一百一十四条　申请人办理登记手续时,应当缴纳授予专利权当年的年费;期满未缴纳或者未缴足的,视为未办理登记手续。

第一百一十五条　授予专利权当年以后的年费应当在上一年度期满前缴纳。专利权人未缴纳或者未缴足的,国务院专利行政部门应当通知专利权人自应当缴纳年费期满之日起6个月内补缴,同时缴纳滞纳金;滞纳金的金额按照每超过规定的缴费时间1个月,加收当年全额年费的5%计算;期满未缴纳的,专利权自应当缴纳年费期满之日起终止。

第一百一十六条　恢复权利请求费应当在本细则规定的相关期限内缴纳;期满未缴纳或者未缴足的,视为未提出请求。

延长期限请求费应当在相应期限届满之日前缴纳;期满未缴纳或者未缴足的,视为未提出请求。

著录事项变更费、专利权评价报告请求费、无效宣告请求费应当自提出请求之日起1个月内缴纳;期满未缴纳或者未缴足的,视为未提出请求。

第一百一十七条　申请人或者专利权人缴纳本细则规定的各种费用有困难的,可以按照规定向国务院专利行政部门提出减缴的请求。减缴的办法由国务院财政部门会同国务院发展改革部门、国务院专利行政部门规定。

第十一章　关于发明、实用新型国际申请的特别规定

第一百一十八条　国务院专利行政部门根据专利法第十九条规定,受理按照专利合作条约提出的专利国际申请。

按照专利合作条约提出并指定中国的专利国际申请(以下简称国际申请)进入国务院专利行政部门处理阶段(以下称进入中国国家阶段)的条件和程序适用本章的规定;本章没有规定的,适用专利法及本细则其他各章的有关规定。

第一百一十九条　按照专利合作条约已确定国际申请日并指定中国的国际申请,视为向国务院专利行政部门提出的专利申请,该国际申请日视为专利法第二十八条所称的申请日。

第一百二十条　国际申请的申请人应当在专利合作条约第二条所称的优先权日(本章简称优先权日)起30个月内,向国务院专利行政部门办理进入中国国家阶段的手续;申请人未在该期限内办理该手续的,在缴纳宽限费后,可以在自优先权日起32个月内办理进入中国国家阶段的手续。

第一百二十一条　申请人依照本细则第一百二十条的规定办理进入中国国家阶段的手续的,应当符合下列要求:

(一)以中文提交进入中国国家阶段的书面声明,写明国际申请号和要求获得的专利权类型;

(二)缴纳本细则第一百一十条第一款规定的申请费、公布印刷费,必要时缴纳本细则第一百二十条规定的宽限费;

(三)国际申请以外文提出的,提交原始国际申请的说明书和权利要求书的中文译文;

(四)在进入中国国家阶段的书面声明中写明发明创造的名称,申请人姓名或者名称、地址和发明人的姓名,上述内容应当与世界知识产权组织国际局(以下简称国际局)的记录一致;国际申请中未写明发明人的,在上述声明中写明发明人的姓名;

(五)国际申请以外文提出的,提交摘要的中文译文,有附图和摘要附图的,提交附图副本并指定摘要附图,附图中有文字的,将其替换为对应的中文文字;

(六)在国际阶段向国际局已办理申请人变更手续的,必要时提供变更后的申请人享有申请权的证明材料;

(七)必要时缴纳本细则第一百一十条第一款规定的申请附加费。

符合本条第一款第(一)项至第(三)项要求的,国务院专利行政部门应当给予申请号,明确国际申请进入中国国家阶段的日期(以下简称进入日),并通知申请人其国际申请已进入中国国家阶段。

国际申请已进入中国国家阶段,但不符合本条第一款第(四)项至第(七)项要求的,国务院专利行政部门应

当通知申请人在指定期限内补正;期满未补正的,其申请视为撤回。

第一百二十二条 国际申请有下列情形之一的,其在中国的效力终止:

(一)在国际阶段,国际申请被撤回或者被视为撤回,或者国际申请对中国的指定被撤回的;

(二)申请人未在优先权日起 32 个月内按照本细则第一百二十条规定办理进入中国国家阶段手续的;

(三)申请人办理进入中国国家阶段的手续,但自优先权日起 32 个月期限届满仍不符合本细则第一百二十一条第(一)项至第(三)项要求的。

依照前款第(一)项的规定,国际申请在中国的效力终止的,不适用本细则第六条的规定;依照前款第(二)项、第(三)项的规定,国际申请在中国的效力终止的,不适用本细则第六条第二款的规定。

第一百二十三条 国际申请在国际阶段作过修改,申请人要求以经修改的申请文件为基础进行审查的,应当自进入日起 2 个月内提交修改部分的中文译文。在该期间内未提交中文译文的,对申请人在国际阶段提出的修改,国务院专利行政部门不予考虑。

第一百二十四条 国际申请涉及的发明创造有专利法第二十四条第(二)项或者第(三)项所列情形之一,在提出国际申请时作过声明的,申请人应当在进入中国国家阶段的书面声明中予以说明,并自进入日起 2 个月内提交本细则第三十三条第三款规定的有关证明文件;未予说明或者期满未提交证明文件的,其申请不适用专利法第二十四条的规定。

第一百二十五条 申请人按照专利合作条约的规定,对生物材料样品的保藏已作出说明的,视为已经满足了本细则第二十七条第(三)项的要求。申请人应当在进入中国国家阶段声明中指明记载生物材料样品保藏事项的文件以及在该文件中的具体记载位置。

申请人在原始提交的国际申请的说明书中已记载生物材料样品保藏事项,但是没有在进入中国国家阶段声明中指明的,应当自进入日起 4 个月内补正。期满未补正的,该生物材料视为未提交保藏。

申请人自进入日起 4 个月内向国务院专利行政部门提交生物材料样品保藏证明和存活证明的,视为在本细则第二十七条第(一)项规定的期限内提交。

第一百二十六条 国际申请涉及的发明创造依赖遗传资源完成的,申请人应当在国际申请进入中国国家阶段的书面声明中予以说明,并填写国务院专利行政部门制定的表格。

第一百二十七条 申请人在国际阶段已要求一项或者多项优先权,在进入中国国家阶段时该优先权要求继续有效的,视为已经依照专利法第三十条的规定提出了书面声明。

申请人应当自进入日起 2 个月内缴纳优先权要求费;期满未缴纳或者未缴足的,视为未要求该优先权。

申请人在国际阶段已依照专利合作条约的规定,提交过在先申请文件副本的,办理进入中国国家阶段手续时不需要向国务院专利行政部门提交在先申请文件副本。申请人在国际阶段未提交在先申请文件副本的,国务院专利行政部门认为必要时,可以通知申请人在指定期限内补交;申请人期满未补交的,其优先权要求视为未提出。

第一百二十八条 国际申请的申请日在优先权期限届满之后 2 个月内,在国际阶段受理局已经批准恢复优先权的,视为已经依照本细则第三十六条的规定提出了恢复优先权请求;在国际阶段申请人未请求恢复优先权,或者提出了恢复优先权请求但受理局未批准,申请人有正当理由的,可以自进入日起 2 个月内向国务院专利行政部门请求恢复优先权。

第一百二十九条 在优先权日起 30 个月期满前要求国务院专利行政部门提前处理和审查国际申请的,申请人除应当办理进入中国国家阶段手续外,还应当依照专利合作条约第二十三条第二款规定提出请求。国际局尚未向国务院专利行政部门传送国际申请的,申请人应当提交经确认的国际申请副本。

第一百三十条 要求获得实用新型专利权的国际申请,申请人可以自进入日起 2 个月内对专利申请文件主动提出修改。

要求获得发明专利权的国际申请,适用本细则第五十七条第一款的规定。

第一百三十一条 申请人发现提交的说明书、权利要求书或者附图中的文字的中文译文存在错误的,可以在下列规定期限内依照原始国际申请文本提出改正:

(一)在国务院专利行政部门做好公布发明专利申请或者公告实用新型专利权的准备工作之前;

(二)在收到国务院专利行政部门发出的发明专利申请进入实质审查阶段通知书之日起 3 个月内。

申请人改正译文错误的,应当提出书面请求并缴纳规定的译文改正费。

申请人按照国务院专利行政部门的通知书的要求改

正译文的,应当在指定期限内办理本条第二款规定的手续;期满未办理规定手续的,该申请视为撤回。

第一百三十二条 对要求获得发明专利权的国际申请,国务院专利行政部门经初步审查认为符合专利法和本细则有关规定的,应当在专利公报上予以公布;国际申请以中文以外的文字提出的,应当公布申请文件的中文译文。

要求获得发明专利权的国际申请,由国际局以中文进行国际公布的,自国际公布日或者国务院专利行政部门公布之日起适用专利法第十三条的规定;由国际局以中文以外的文字进行国际公布的,自国务院专利行政部门公布之日起适用专利法第十三条的规定。

对国际申请,专利法第二十一条和第二十二条中所称的公布是指本条第一款所规定的公布。

第一百三十三条 国际申请包含两项以上发明或者实用新型的,申请人可以自进入日起,依照本细则第四十八条第一款的规定提出分案申请。

在国际阶段,国际检索单位或者国际初步审查单位认为国际申请不符合专利合作条约规定的单一性要求时,申请人未按照规定缴纳附加费,导致国际申请某些部分未经国际检索或者未经国际初步审查,在进入中国国家阶段时,申请人要求将所述部分作为审查基础,国务院专利行政部门认为国际检索单位或者国际初步审查单位对发明单一性的判断正确的,应当通知申请人在指定期限内缴纳单一性恢复费。期满未缴纳或者未足额缴纳的,国际申请中未经检索或者未经国际初步审查的部分视为撤回。

第一百三十四条 国际申请在国际阶段被有关国际单位拒绝给予国际申请日或者宣布视为撤回的,申请人在收到通知之日起2个月内,可以请求国际局将国际申请档案中任何文件的副本转交国务院专利行政部门,并在该期限内向国务院专利行政部门办理本细则第一百二十条规定的手续,国务院专利行政部门应当在接到国际局传送的文件后,对国际单位作出的决定是否正确进行复查。

第一百三十五条 基于国际申请授予的专利权,由于译文错误,致使依照专利法第六十四条规定确定的保护范围超出国际申请的原文所表达的范围的,以依据原文限制后的保护范围为准;致使保护范围小于国际申请的原文所表达的范围的,以授权时的保护范围为准。

第十二章　关于外观设计国际申请的特别规定

第一百三十六条 国务院专利行政部门根据专利法第十九条第二款、第三款规定,处理按照工业品外观设计国际注册海牙协定(1999年文本)(以下简称海牙协定)提出的外观设计国际注册申请。

国务院专利行政部门处理按照海牙协定提出并指定中国的外观设计国际注册申请(简称外观设计国际申请)的条件和程序适用本章的规定;本章没有规定的,适用专利法及本细则其他各章的有关规定。

第一百三十七条 按照海牙协定已确定国际注册日并指定中国的外观设计国际申请,视为向国务院专利行政部门提出的外观设计专利申请,该国际注册日视为专利法第二十八条所称的申请日。

第一百三十八条 国际局公布外观设计国际申请后,国务院专利行政部门对外观设计国际申请进行审查,并将审查结果通知国际局。

第一百三十九条 国际局公布的外观设计国际申请中包括一项或者多项优先权的,视为已经依照专利法第三十条的规定提出了书面声明。

外观设计国际申请的申请人要求优先权的,应当自外观设计国际申请公布之日起3个月内提交在先申请文件副本。

第一百四十条 外观设计国际申请涉及的外观设计有专利法第二十四条第(二)项或者第(三)项所列情形的,应当在提出外观设计国际申请时声明,并自外观设计国际申请公布之日起2个月内提交本细则第三十三条第三款规定的有关证明文件。

第一百四十一条 一件外观设计国际申请包括两项以上外观设计的,申请人可以自外观设计国际申请公布之日起2个月内,向国务院专利行政部门提出分案申请,并缴纳费用。

第一百四十二条 国际局公布的外观设计国际申请中包括含设计要点的说明书的,视为已经依照本细则第三十一条的规定提交了简要说明。

第一百四十三条 外观设计国际申请经国务院专利行政部门审查后没有发现驳回理由的,由国务院专利行政部门作出给予保护的决定,通知国际局。

国务院专利行政部门作出给予保护的决定后,予以公告,该外观设计专利权自公告之日起生效。

第一百四十四条 已在国际局办理权利变更手续的,申请人应当向国务院专利行政部门提供有关证明材料。

第十三章　附　则

第一百四十五条 经国务院专利行政部门同意,任何人均可以查阅或者复制已经公布或者公告的专利申请的案卷和专利登记簿,并可以请求国务院专利行政部门出具专利登记簿副本。

已视为撤回、驳回和主动撤回的专利申请的案卷,自该专利申请失效之日起满 2 年后不予保存。

已放弃、宣告全部无效和终止的专利权的案卷,自该专利权失效之日起满 3 年后不予保存。

第一百四十六条　向国务院专利行政部门提交申请文件或者办理各种手续,应当由申请人、专利权人、其他利害关系人或者其代表人签字或者盖章;委托专利代理机构的,由专利代理机构盖章。

请求变更发明人姓名、专利申请人和专利权人的姓名或者名称、国籍和地址、专利代理机构的名称、地址和专利代理师姓名的,应当向国务院专利行政部门办理著录事项变更手续,必要时应当提交变更理由的证明材料。

第一百四十七条　向国务院专利行政部门邮寄有关申请或者专利权的文件,应当使用挂号信函,不得使用包裹。

除首次提交专利申请文件外,向国务院专利行政部门提交各种文件、办理各种手续的,应当标明申请号或者专利号、发明创造名称和申请人或者专利权人姓名或者名称。

一件信函中应当只包含同一申请的文件。

第一百四十八条　国务院专利行政部门根据专利法和本细则制定专利审查指南。

第一百四十九条　本细则自 2001 年 7 月 1 日起施行。1992 年 12 月 12 日国务院批准修订、1992 年 12 月 21 日中国专利局发布的《中华人民共和国专利法实施细则》同时废止。

国防专利条例

· 2004 年 9 月 17 日中华人民共和国国务院、中华人民共和国中央军事委员会令第 418 号公布
· 自 2004 年 11 月 1 日起施行

第一章　总　则

第一条　为了保护有关国防的发明专利权,确保国家秘密,便利发明创造的推广应用,促进国防科学技术的发展,适应国防现代化建设的需要,根据《中华人民共和国专利法》,制定本条例。

第二条　国防专利是指涉及国防利益以及对国防建设具有潜在作用需要保密的发明专利。

第三条　国家国防专利机构(以下简称国防专利机构)负责受理和审查国防专利申请。经国防专利机构审查认为符合本条例规定的,由国务院专利行政部门授予国防专利权。

国务院国防科学技术工业主管部门和中国人民解放军总装备部(以下简称总装备部)分别负责地方系统和军队系统的国防专利管理工作。

第四条　涉及国防利益或者对国防建设具有潜在作用被确定为绝密级国家秘密的发明不得申请国防专利。

国防专利申请以及国防专利的保密工作,在解密前依照《中华人民共和国保守国家秘密法》和国家有关规定进行管理。

第五条　国防专利权的保护期限为 20 年,自申请日起计算。

第六条　国防专利在保护期内,因情况变化需要变更密级、解密或者国防专利权终止后需要延长保密期限的,国防专利机构可以作出变更密级、解密或者延长保密期限的决定;但是对在申请国防专利前已被确定为国家秘密的,应当征得原确定密级和保密期限的机关、单位或者其上级机关的同意。

被授予国防专利权的单位或者个人(以下统称国防专利权人)可以向国防专利机构提出变更密级、解密或者延长保密期限的书面申请;属于国有企业事业单位或者军队单位的,应当附送原确定密级和保密期限的机关、单位或者其上级机关的意见。

国防专利机构应当将变更密级、解密或者延长保密期限的决定,在该机构出版的《国防专利内部通报》上刊登,并通知国防专利权人,同时将解密的国防专利报送国务院专利行政部门转为普通专利。国务院专利行政部门应当及时将解密的国防专利向社会公告。

第七条　国防专利申请权和国防专利权经批准可以向国内的中国单位和个人转让。

转让国防专利申请权或者国防专利权,应当确保国家秘密不被泄露,保证国防和军队建设不受影响,并向国防专利机构提出书面申请,国防专利机构进行初步审查后依照本条例第三条第二款规定的职责分工,及时报送国务院国防科学技术工业主管部门、总装备部审批。

国务院国防科学技术工业主管部门、总装备部应当自国防专利机构受理申请之日起 30 日内作出批准或者不批准的决定;作出不批准决定的,应当书面通知申请人并说明理由。

经批准转让国防专利申请权或者国防专利权的，当事人应当订立书面合同，并向国防专利机构登记，由国防专利机构在《国防专利内部通报》上刊登。国防专利申请权或者国防专利权的转让自登记之日起生效。

第八条　禁止向国外的单位和个人以及在国内的外国人和外国机构转让国防专利申请权和国防专利权。

第九条　需要委托专利代理机构申请国防专利和办理其他国防专利事务的，应当委托国防专利机构指定的专利代理机构办理。专利代理机构及其工作人员对在办理国防专利申请和其他国防专利事务过程中知悉的国家秘密，负有保密义务。

第二章　国防专利的申请、审查和授权

第十条　申请国防专利的，应当向国防专利机构提交请求书、说明书及其摘要和权利要求书等文件。

国防专利申请人应当按照国防专利机构规定的要求和统一格式撰写申请文件，并亲自送交或者经过机要通信以及其他保密方式传交国防专利机构，不得按普通函件邮寄。

国防专利机构收到国防专利申请文件之日为申请日；申请文件通过机要通信邮寄的，以寄出的邮戳日为申请日。

第十一条　国防专利机构定期派人到国务院专利行政部门查看普通专利申请，发现其中有涉及国防利益或者对国防建设具有潜在作用需要保密的，经国务院专利行政部门同意后转为国防专利申请，并通知申请人。

普通专利申请转为国防专利申请后，国防专利机构依照本条例的有关规定对该国防专利申请进行审查。

第十二条　授予国防专利权的发明，应当具备新颖性、创造性和实用性。

新颖性，是指在申请日之前没有同样的发明在国外出版物上公开发表过、在国内出版物上发表过、在国内使用过或者以其他方式为公众所知，也没有同样的发明由他人提出过申请并在申请日以后获得国防专利权。

创造性，是指同申请日之前已有的技术相比，该发明有突出的实质性特点和显著的进步。

实用性，是指该发明能够制造或者使用，并且能够产生积极效果。

第十三条　申请国防专利的发明在申请日之前6个月内，有下列情形之一的，不丧失新颖性：

（一）在国务院有关主管部门、中国人民解放军有关主管部门举办的内部展览会上首次展出的；

（二）在国务院有关主管部门、中国人民解放军有关主管部门召开的内部学术会议或者技术会议上首次发表的；

（三）他人未经国防专利申请人同意而泄露其内容的。

有前款所列情形的，国防专利申请人应当在申请时声明，并自申请日起2个月内提供有关证明文件。

第十四条　国防专利机构对国防专利申请进行审查后，认为不符合本条例规定的，应当通知国防专利申请人在指定的期限内陈述意见或者对其国防专利申请进行修改、补正；无正当理由逾期不答复的，该国防专利申请即被视为撤回。

国防专利申请人在自申请日起6个月内或者在对第一次审查意见通知书进行答复时，可以对其国防专利申请主动提出修改。

申请人对其国防专利申请文件进行修改不得超出原说明书和权利要求书记载的范围。

第十五条　国防专利申请人陈述意见或者对国防专利申请进行修改、补正后，国防专利机构认为仍然不符合本条例规定的，应当予以驳回。

第十六条　国防专利机构设立国防专利复审委员会，负责国防专利的复审和无效宣告工作。

国防专利复审委员会由技术专家和法律专家组成，其主任委员由国防专利机构负责人兼任。

第十七条　国防专利申请人对国防专利机构驳回申请的决定不服的，可以自收到通知之日起3个月内，向国防专利复审委员会请求复审。国防专利复审委员会复审并作出决定后，通知国防专利申请人。

第十八条　国防专利申请经审查认为没有驳回理由或者驳回后经过复审认为不应当驳回的，由国务院专利行政部门作出授予国防专利权的决定，并委托国防专利机构颁发国防专利证书，同时在国务院专利行政部门出版的专利公报上公告该国防专利的申请日、授权日和专利号。国防专利机构应当将该国防专利的有关事项予以登记，并在《国防专利内部通报》上刊登。

第十九条　任何单位或者个人认为国防专利权的授予不符合本条例规定的，可以向国防专利复审委员会提出宣告该国防专利权无效的请求。

第二十条　国防专利复审委员会对宣告国防专利权无效的请求进行审查并作出决定后，通知请求人和国防专利权人。宣告国防专利权无效的决定，国防专利机构应当予以登记并在《国防专利内部通报》上刊登，国务院专利行政部门应当在专利公报上公布。

第三章 国防专利的实施

第二十一条 国防专利机构应当自授予国防专利权之日起3个月内,将该国防专利有关文件副本送交国务院有关主管部门或者中国人民解放军有关主管部门。收到文件副本的部门,应当在4个月内就该国防专利的实施提出书面意见,并通知国防专利机构。

第二十二条 国务院有关主管部门、中国人民解放军有关主管部门,可以允许其指定的单位实施本系统或者本部门内的国防专利;需要指定实施本系统或者本部门以外的国防专利的,应当向国防专利机构提出书面申请,由国防专利机构依照本条例第三条第二款规定的职责分工报国务院国防科学技术工业主管部门、总装备部批准后实施。

国防专利机构对国防专利的指定实施予以登记,并在《国防专利内部通报》上刊登。

第二十三条 实施他人国防专利的单位应当与国防专利权人订立书面实施合同,依照本条例第二十五条的规定向国防专利权人支付费用,并报国防专利机构备案。实施单位不得允许合同规定以外的单位实施该国防专利。

第二十四条 国防专利权人许可国外的单位或者个人实施其国防专利的,应当确保国家秘密不被泄露,保证国防和军队建设不受影响,并向国防专利机构提出书面申请,由国防专利机构进行初步审查后依照本条例第三条第二款规定的职责分工,及时报送国务院国防科学技术工业主管部门、总装备部审批。

国务院国防科学技术工业主管部门、总装备部应当自国防专利机构受理申请之日起30日内作出批准或者不批准的决定;作出不批准决定的,应当书面通知申请人并说明理由。

第二十五条 实施他人国防专利的,应当向国防专利权人支付国防专利使用费。实施使用国家直接投入的国防科研经费或者其他国防经费进行科研活动所产生的国防专利,符合产生该国防专利的经费使用目的的,可以只支付必要的国防专利实施费;但是,科研合同另有约定或者科研任务书另有规定的除外。

前款所称国防专利实施费,是指国防专利实施中发生的为提供技术资料、培训人员以及进一步开发技术等所需的费用。

第二十六条 国防专利指定实施的实施费或者使用费的数额,由国防专利权人与实施单位协商确定;不能达成协议的,由国防专利机构裁决。

第二十七条 国家对国防专利权人给予补偿。国防专利机构在颁发国防专利证书后,向国防专利权人支付国防专利补偿费,具体数额由国防专利机构确定。属于职务发明的,国防专利权人应当将不少于50%的补偿费发给发明人。

第四章 国防专利的管理和保护

第二十八条 国防专利机构出版的《国防专利内部通报》属于国家秘密文件,其知悉范围由国防专利机构确定。

《国防专利内部通报》刊登下列内容:

(一)国防专利申请中记载的著录事项;

(二)国防专利的权利要求书;

(三)发明说明书的摘要;

(四)国防专利权的授予;

(五)国防专利权的终止;

(六)国防专利权的无效宣告;

(七)国防专利申请权、国防专利权的转移;

(八)国防专利的指定实施;

(九)国防专利实施许可合同的备案;

(十)国防专利的变更密级、解密;

(十一)国防专利保密期限的延长;

(十二)国防专利权人的姓名或者名称、地址的变更;

(十三)其他有关事项。

第二十九条 国防专利权被授予后,有下列情形之一的,经国防专利机构同意,可以查阅国防专利说明书:

(一)提出宣告国防专利权无效请求的;

(二)需要实施国防专利的;

(三)发生国防专利纠纷的;

(四)因国防科研需要的。

查阅者对其在查阅过程中知悉的国家秘密负有保密义务。

第三十条 国务院有关主管部门、中国人民解放军有关主管部门和各省、自治区、直辖市的国防科学技术工业管理部门应当指定一个机构管理国防专利工作,并通知国防专利机构。该管理国防专利工作的机构在业务上受国防专利机构指导。

承担国防科研、生产任务以及参与军事订货的军队单位、国务院履行出资人职责的企业和国务院直属事业单位,应当指定相应的机构管理本单位的国防专利工作。

第三十一条 国防专利机构应当事人请求,可以对下列国防专利纠纷进行调解:

（一）国防专利申请权和国防专利权归属纠纷；

（二）国防专利发明人资格纠纷；

（三）职务发明的发明人的奖励和报酬纠纷；

（四）国防专利使用费和实施费纠纷。

第三十二条　除《中华人民共和国专利法》和本条例另有规定的以外，未经国防专利权人许可实施其国防专利，即侵犯其国防专利权，引起纠纷的，由当事人协商解决；不愿协商或者协商不成的，国防专利权人或者利害关系人可以向人民法院起诉，也可以请求国防专利机构处理。

第三十三条　违反本条例规定，泄露国家秘密的，依照《中华人民共和国保守国家秘密法》和国家有关规定处理。

第五章　附　则

第三十四条　向国防专利机构申请国防专利和办理其他手续，应当按照规定缴纳费用。

第三十五条　《中华人民共和国专利法》和《中华人民共和国专利法实施细则》的有关规定适用于国防专利，但本条例有专门规定的依照本条例的规定执行。

第三十六条　本条例自2004年11月1日起施行。1990年7月30日国务院、中央军事委员会批准的《国防专利条例》同时废止。

专利权质押登记办法

·2021年11月15日国家知识产权局公告第461号发布
·自发布之日起施行

第一条　为了促进专利权运用和资金融通，保障相关权利人合法权益，规范专利权质押登记，根据《中华人民共和国民法典》《中华人民共和国专利法》及有关规定，制定本办法。

第二条　国家知识产权局负责专利权质押登记工作。

第三条　以专利权出质的，出质人与质权人应当订立书面合同。

质押合同可以是单独订立的合同，也可以是主合同中的担保条款。

出质人和质权人应共同向国家知识产权局办理专利权质押登记，专利权质权自国家知识产权局登记时设立。

第四条　以共有的专利权出质的，除全体共有人另有约定的以外，应当取得其他共有人的同意。

第五条　在中国没有经常居所或者营业所的外国人、外国企业或者外国其他组织办理专利权质押登记手续的，应当委托依法设立的专利代理机构办理。

中国单位或者个人办理专利权质押登记手续的，可以委托依法设立的专利代理机构办理。

第六条　当事人可以通过互联网在线提交电子件、邮寄或窗口提交纸件等方式办理专利权质押登记相关手续。

第七条　申请专利权质押登记的，当事人应当向国家知识产权局提交下列文件：

（一）出质人和质权人共同签字或盖章的专利权质押登记申请表；

（二）专利权质押合同；

（三）双方当事人的身份证明，或当事人签署的相关承诺书；

（四）委托代理的，注明委托权限的委托书；

（五）其他需要提供的材料。

专利权经过资产评估，当事人还应当提交资产评估报告。

除身份证明外，当事人提交的其他各种文件应当使用中文。身份证明是外文的，当事人应当附送中文译文；未附送的，视为未提交。

当事人通过互联网在线办理专利权质押登记手续的，应当对所提交电子件与纸件原件的一致性作出承诺，并于事后补交纸件原件。

第八条　当事人提交的专利权质押合同应当包括以下与质押登记相关的内容：

（一）当事人的姓名或名称、地址；

（二）被担保债权的种类和数额；

（三）债务人履行债务的期限；

（四）专利权项数以及每项专利权的名称、专利号、申请日、授权公告日；

（五）质押担保的范围。

第九条　除本办法第八条规定的事项外，当事人可以在专利权质押合同中约定下列事项：

（一）质押期间专利权年费的缴纳；

（二）质押期间专利权的转让、实施许可；

（三）质押期间专利权被宣告无效或者专利权归属发生变更时的处理；

（四）实现质权时，相关技术资料的交付；

（五）已办理质押登记的同一申请人的实用新型有同样的发明创造于同日申请发明专利、质押期间该发明申请被授予专利权的情形处理。

第十条　国家知识产权局收到当事人提交的质押登记申请文件，应当予以受理，并自收到之日起5个工作日内进行审查，决定是否予以登记。

通过互联网在线方式提交的，国家知识产权局在2个工作日内进行审查并决定是否予以登记。

第十一条　专利权质押登记申请经审查合格的，国家知识产权局在专利登记簿上予以登记，并向当事人发送《专利权质押登记通知书》。经审查发现有下列情形之一的，国家知识产权局作出不予登记的决定，并向当事人发送《专利权质押不予登记通知书》：

（一）出质人不是当事人申请质押登记时专利登记簿记载的专利权人的；

（二）专利权已终止或者已被宣告无效的；

（三）专利申请尚未被授予专利权的；

（四）专利权没有按照规定缴纳年费的；

（五）因专利权的归属发生纠纷已请求国家知识产权局中止有关程序，或者人民法院裁定对专利权采取保全措施，专利权的质押手续被暂停办理的；

（六）债务人履行债务的期限超过专利权有效期的；

（七）质押合同不符合本办法第八条规定的；

（八）以共有专利权出质但未取得全体共有人同意且无特别约定的；

（九）专利权已被申请质押登记且处于质押期间的；

（十）请求办理质押登记的同一申请人的实用新型有同样的发明创造已于同日申请发明专利的，但当事人被告知该情况后仍声明同意继续办理专利权质押登记的除外；

（十一）专利权已被启动无效宣告程序的，但当事人被告知该情况后仍声明同意继续办理专利权质押登记的除外；

（十二）其他不符合出质条件的情形。

第十二条　专利权质押期间，国家知识产权局发现质押登记存在本办法第十一条所列情形并且尚未消除的，或者发现其他应当撤销专利权质押登记的情形的，应当撤销专利权质押登记，并向当事人发出《专利权质押登记撤销通知书》。

专利权质押登记被撤销的，质押登记的效力自始无效。

第十三条　专利权质押期间，当事人的姓名或者名称、地址更改的，应当持专利权质押登记变更申请表、变更证明或当事人签署的相关承诺书，向国家知识产权局办理专利权质押登记变更手续。

专利权质押期间，被担保的主债权种类及数额或者质押担保的范围发生变更的，当事人应当自变更之日起30日内持专利权质押登记变更申请表以及变更协议，向国家知识产权局办理专利权质押登记变更手续。

国家知识产权局收到变更登记申请后，经审核，向当事人发出《专利权质押登记变更通知书》，审核期限按照本办法第十条办理登记手续的期限执行。

第十四条　有下列情形之一的，当事人应当持专利权质押登记注销申请表、注销证明或当事人签署的相关承诺书，向国家知识产权局办理质押登记注销手续：

（一）债务人按期履行债务或者出质人提前清偿所担保的债务的；

（二）质权已经实现的；

（三）质权人放弃质权的；

（四）因主合同无效、被撤销致使质押合同无效、被撤销的；

（五）法律规定质权消灭的其他情形。

国家知识产权局收到注销登记申请后，经审核，向当事人发出《专利权质押登记注销通知书》，审核期限按照本办法第十条办理登记手续的期限执行。专利权质押登记的效力自注销之日起终止。

第十五条　专利登记簿记录专利权质押登记的以下事项，并在定期出版的专利公报上予以公告：出质人、质权人、主分类号、专利号、授权公告日、质押登记日、变更项目、注销日等。

第十六条　出质人和质权人以合理理由提出请求的，可以查阅或复制专利权质押登记手续办理相关文件。

专利权人以他人未经本人同意而办理专利权质押登记手续为由提出查询和复制请求的，可以查阅或复制办理专利权质押登记手续过程中提交的申请表、含有出质人签字或盖章的文件。

第十七条　专利权质押期间，出质人未提交质权人同意其放弃该专利权的证明材料的，国家知识产权局不予办理专利权放弃手续。

第十八条　专利权质押期间，出质人未提交质权人同意转让或者许可实施该专利权的证明材料的，国家知识产权局不予办理专利权转让登记手续或者专利实施许可合同备案手续。

出质人转让或者许可他人实施出质的专利权的，出质人所得的转让费、许可费应当向质权人提前清偿债务或者提存。

第十九条 专利权质押期间，出现以下情形的，国家知识产权局应当及时通知质权人：

（一）被宣告无效或者终止的；

（二）专利年费未按照规定时间缴纳的；

（三）因专利权的归属发生纠纷已请求国家知识产权局中止有关程序，或者人民法院裁定对专利权采取保全措施的。

第二十条 当事人选择以承诺方式办理专利权质押登记相关手续的，国家知识产权局必要时对当事人的承诺内容是否属实进行抽查，发现承诺内容与实际情况不符的，应当向当事人发出通知，要求限期整改。逾期拒不整改或者整改后仍不符合条件的，国家知识产权局按照相关规定采取相应的失信惩戒措施。

第二十一条 本办法由国家知识产权局负责解释。

第二十二条 本办法自发布之日起施行。

关于施行修改后专利法的
相关审查业务处理暂行办法

· 2023 年 1 月 4 日
· 国家知识产权局第 510 号

第一条 专利申请人自 2021 年 6 月 1 日（含该日，下同）起，可以通过纸件形式或电子形式，依照专利法第二条第四款提交请求保护产品的局部的外观设计专利申请。

申请局部外观设计专利的，应当提交整体产品的视图，并用虚实线相结合或者其他方式表明所需要保护的内容，要求保护的局部包含立体形状的，提交的视图中应当包括能清楚显示该局部的立体图；未在整体产品的视图中用虚实线相结合方式表明所需要保护的内容的，应当在简要说明中写明请求保护的局部。

第二条 自本办法施行之日起，对于申请日为 2021 年 6 月 1 日后的专利申请，申请人认为存在专利法第二十四条第一项规定情形的，可以通过纸件形式或电子形式提出请求。国家知识产权局将在新修改的专利法实施细则施行后对上述申请进行审查。

第三条 对于申请日为 2021 年 6 月 1 日后的外观设计专利申请，申请人可以依照专利法第二十九条第二款提交请求外观设计专利本国优先权的书面声明。

外观设计专利申请人要求本国优先权，在先申请是外观设计专利申请的，可以就相同主题提出外观设计专利申请；在先申请是发明或者实用新型专利申请的，可以就附图显示的设计提出相同主题的外观设计专利申请。

外观设计专利申请人要求本国优先权的，其在先申请自后一申请提出之日即视为撤回，但外观设计专利申请人要求以发明或者实用新型专利申请作为本国优先权基础的除外。

第四条 对于申请日为 2021 年 6 月 1 日后的专利申请，申请人可以依照专利法第三十条提交第一次提出的专利申请文件的副本。

第五条 对自 2021 年 6 月 1 日起公告授权的发明专利，专利权人可以依照专利法第四十二条第二款，自专利权授权公告之日起三个月内，通过纸件形式提出专利权期限补偿请求，后续再按照国家知识产权局发出的缴费通知缴纳相关费用。国家知识产权局将在新修改的专利法实施细则施行后对上述请求进行审查。

第六条 专利权人自 2021 年 6 月 1 日起，可以依照专利法第四十二条第三款，自新药上市许可请求获得批准之日起三个月内，通过纸件形式提出专利权期限补偿请求，后续再按照国家知识产权局发出的缴费通知要求缴纳相关费用。国家知识产权局将在新修改的专利法实施细则施行后对上述请求进行审查。

第七条 自本办法施行之日起，专利权人可以依照专利法第五十条第一款，以纸件形式或电子形式自愿声明对其专利实施开放许可。国家知识产权局将在新修改的专利法实施细则施行后对 2021 年 6 月 1 日后提交的上述声明进行审查。

第八条 自本办法施行之日起，被控侵权人可以依照专利法第六十六条，通过纸件形式或电子形式请求国家知识产权局出具专利权评价报告。

第九条 自 2021 年 6 月 1 日起，国家知识产权局依照专利法第二十条第一款、专利法第二十五条第一款第（五）项对初步审查、实质审查和复审程序中的专利申请进行审查。

第十条 申请人对于国家知识产权局依照本办法作出的有关决定不服的，可以依法提出行政复议申请、复审请求或者提起行政诉讼。

第十一条 申请日为 2021 年 5 月 31 日（含该日）之前的外观设计专利权的保护期限为十年，自申请日起算。

第十二条 本办法自 2023 年 1 月 11 日起施行。2021 年 6 月 1 日起施行的《关于施行修改后专利法的相关审查业务处理暂行办法》（国家知识产权局第四二三号公告）同时废止。

专利优先审查管理办法

· 2017 年 6 月 27 日国家知识产权局令第 76 号公布
· 自 2017 年 8 月 1 日起施行

第一条　为了促进产业结构优化升级，推进国家知识产权战略实施和知识产权强国建设，服务创新驱动发展，完善专利审查程序，根据《中华人民共和国专利法》和《中华人民共和国专利法实施细则》（以下简称专利法实施细则）的有关规定，制定本办法。

第二条　下列专利申请或者案件的优先审查适用本办法：

（一）实质审查阶段的发明专利申请；

（二）实用新型和外观设计专利申请；

（三）发明、实用新型和外观设计专利申请的复审；

（四）发明、实用新型和外观设计专利的无效宣告。

依据国家知识产权局与其他国家或者地区专利审查机构签订的双边或者多边协议开展优先审查的，按照有关规定处理，不适用本办法。

第三条　有下列情形之一的专利申请或者专利复审案件，可以请求优先审查：

（一）涉及节能环保、新一代信息技术、生物、高端装备制造、新能源、新材料、新能源汽车、智能制造等国家重点发展产业；

（二）涉及各省级和设区的市级人民政府重点鼓励的产业；

（三）涉及互联网、大数据、云计算等领域且技术或者产品更新速度快；

（四）专利申请人或者复审请求人已经做好实施准备或者已经开始实施，或者有证据证明他人正在实施其发明创造；

（五）就相同主题首次在中国提出专利申请又向其他国家或者地区提出申请的该中国首次申请；

（六）其他对国家利益或者公共利益具有重大意义需要优先审查。

第四条　有下列情形之一的无效宣告案件，可以请求优先审查：

（一）针对无效宣告案件涉及的专利发生侵权纠纷，当事人已请求地方知识产权局处理、向人民法院起诉或者请求仲裁调解组织仲裁调解；

（二）无效宣告案件涉及的专利对国家利益或者公共利益具有重大意义。

第五条　对专利申请、专利复审案件提出优先审查请求，应当经全体申请人或者全体复审请求人同意；对无效宣告案件提出优先审查请求，应当经无效宣告请求人或者全体专利权人同意。

处理、审理涉案专利侵权纠纷的地方知识产权局、人民法院或者仲裁调解组织可以对无效宣告案件提出优先审查请求。

第六条　对专利申请、专利复审案件、无效宣告案件进行优先审查的数量，由国家知识产权局根据不同专业技术领域的审查能力、上一年度专利授权量以及本年度待审案件数量等情况确定。

第七条　请求优先审查的专利申请或者专利复审案件应当采用电子申请方式。

第八条　申请人提出发明、实用新型、外观设计专利申请优先审查请求的，应当提交优先审查请求书、现有技术或者现有设计信息材料和相关证明文件；除本办法第三条第五项的情形外，优先审查请求书应当由国务院相关部门或者省级知识产权局签署推荐意见。

当事人提出专利复审、无效宣告案件优先审查请求的，应当提交优先审查请求书和相关证明文件；除在实质审查或者初步审查程序中已经进行优先审查的专利复审案件外，优先审查请求书应当由国务院相关部门或者省级知识产权局签署推荐意见。

地方知识产权局、人民法院、仲裁调解组织提出无效宣告案件优先审查请求的，应当提交优先审查请求书并说明理由。

第九条　国家知识产权局受理和审核优先审查请求后，应当及时将审核意见通知优先审查请求人。

第十条　国家知识产权局同意进行优先审查的，应当自同意之日起，在以下期限内结案：

（一）发明专利申请在四十五日内发出第一次审查意见通知书，并在一年内结案；

（二）实用新型和外观设计专利申请在两个月内结案；

（三）专利复审案件在七个月内结案；

（四）发明和实用新型专利无效宣告案件在五个月内结案，外观设计专利无效宣告案件在四个月内结案。

第十一条　对于优先审查的专利申请，申请人应当尽快作出答复或者补正。申请人答复发明专利审查意见通知书的期限为通知书发文日起两个月，申请人答复实用新型和外观设计专利审查意见通知书的期限为通知书发文日起十五日。

第十二条　对于优先审查的专利申请，有下列情形之一的，国家知识产权局可以停止优先审查程序，按普通

程序处理,并及时通知优先审查请求人:

(一)优先审查请求获得同意后,申请人根据专利法实施细则第五十一条第一、二款对申请文件提出修改;

(二)申请人答复期限超过本办法第十一条规定的期限;

(三)申请人提交虚假材料;

(四)在审查过程中发现为非正常专利申请。

第十三条　对于优先审查的专利复审或者无效宣告案件,有下列情形之一的,专利复审委员会可以停止优先审查程序,按普通程序处理,并及时通知优先审查请求人:

(一)复审请求人延期答复;

(二)优先审查请求获得同意后,无效宣告请求人补充证据和理由;

(三)优先审查请求获得同意后,专利权人以删除以外的方式修改权利要求书;

(四)专利复审或者无效宣告程序被中止;

(五)案件审理依赖于其他案件的审查结论;

(六)疑难案件,并经专利复审委员会主任批准。

第十四条　本办法由国家知识产权局负责解释。

第十五条　本办法自 2017 年 8 月 1 日起施行。2012 年 8 月 1 日起施行的《发明专利申请优先审查管理办法》同时废止。

专利申请集中审查管理办法(试行)

· 2019 年 8 月 30 日
· 国知发法字〔2019〕47 号

第一条　为了落实《国务院关于新形势下加快知识产权强国建设的若干意见》(国发〔2015〕71 号)要求,支持培育核心专利,加快产业专利布局,推进国家知识产权战略实施和知识产权强国建设,服务创新驱动发展战略,制定本办法。

第二条　集中审查是指为了加强对专利申请组合整体技术的理解,提高审查意见通知书的有效性,提升审查质量和审查效率,国家知识产权局依申请人或省级知识产权管理部门等提出的请求,围绕同一项关键技术的专利申请组合集中进行审查的专利审查模式。

第三条　请求进行集中审查的专利申请应当符合以下条件:

(一)实质审查请求已生效且未开始审查的发明专利申请。对于同一申请人同日对同样的发明创造既申请

实用新型专利又申请发明专利的,该发明专利申请暂不纳入集中审查范围。

(二)涉及国家重点优势产业,或对国家利益、公共利益具有重大意义。

(三)同一批次内申请数量不低于 50 件,且实质审查请求生效时间跨度不超过一年。

(四)未享受过优先审查等其他审查政策。

第四条　提出集中审查的请求人需向国家知识产权局专利局审查业务管理部(下称"审查业务管理部")提交集中审查请求材料,材料中应详细说明请求集中审查的具体理由,专利申请清单以及每一件专利申请与专利申请组合的对应关系,全部专利申请人的签字或盖章以及联系人和联系方式。专利申请清单同时还应当提交一份电子件。

第五条　专利申请集中审查工作由审查业务管理部和国家知识产权局专利局审查部门单位(下称"审查部门单位")共同组织开展。

第六条　审查业务管理部负责集中审查工作的统筹与协调,主要包括以下内容:

(一)对集中审查请求进行受理、审核。

(二)综合考虑申请人需求、案源审序和所属技术领域的审查能力等因素,集中审查的启动时间一般在实审生效已满 3 个月后,并在案源系统中对集中审查案件进行标记。

(三)组织相关审查部门单位实施集中审查。

(四)其他需要统筹与协调的工作。

第七条　审查部门单位负责案件的集中审查,主要包括以下内容:

(一)成立集中审查工作管理小组,组织协调本部门单位的集中审查工作。

(二)组织审查质量高、经验丰富、责任心强的优秀审查员承担集中审查工作。

(三)根据需要组织开展技术说明会、会晤、调研、巡回审查等。

(四)其他与集中审查有关工作。

第八条　经审批同意进行集中审查的,专利申请人应当积极配合集中审查实施,主要包括以下内容:

(一)根据审查部门单位的要求,提供相关技术资料。

(二)积极配合审查部门单位提出的技术说明会、会晤、调研、巡回审查等。

(三)及时对集中审查开展过程中的问题、经验、效

果和价值等情况进行反馈。

（四）其他需要配合的工作。

第九条　正在实施集中审查的专利申请，有下列情形之一的，审查业务管理部或审查部门单位可以终止同批次集中审查程序：

（一）申请人提交虚假材料。

（二）申请人不履行本办法第八条相关义务。

（三）在审查过程中发现存在非正常专利申请。

（四）申请人主动提出终止集中审查程序。

（五）其他应终止集中审查程序的情形。

第十条　本办法由国家知识产权局专利局审查业务管理部负责解释。

第十一条　本办法自公布之日起施行。

专利收费减缴办法

· 2016 年 7 月 27 日
· 财税〔2016〕78 号

第一条　为贯彻落实国务院《关于新形势下加快知识产权强国建设的若干意见》（国发〔2015〕71 号）要求，根据《中华人民共和国专利法实施细则》有关规定，制定本办法。

第二条　专利申请人或者专利权人可以请求减缴下列专利收费：

（一）申请费（不包括公布印刷费、申请附加费）；

（二）发明专利申请实质审查费；

（三）年费（自授予专利权当年起六年内的年费）；

（四）复审费。

第三条　专利申请人或者专利权人符合下列条件之一的，可以向国家知识产权局请求减缴上述收费：

（一）上年度月均收入低于 3500 元（年 4.2 万元）的个人；

（二）上年度企业应纳税所得额低于 30 万元的企业；

（三）事业单位，社会团体、非营利性科研机构。

两个或者两个以上的个人或者单位为共同专利申请人或者共有专利权人的，应当分别符合前款规定。

第四条　专利申请人或者专利权人为个人或者单位的，减缴本办法第二条规定收费的 85%。

两个或者两个以上的个人或者单位为共同专利申请人或者共有专利权人的，减缴本办法第二条规定收费的 70%。

第五条　专利申请人或者专利权人只能请求减缴尚

未到期的收费。减缴申请费的请求应当与专利申请同时提出，减缴其他收费的请求可以与专利申请同时提出，也可以在相关收费缴纳期限届满日两个半月之前提出。未按规定时限提交减缴请求的，不予减缴。

第六条　专利申请人或者专利权人请求减缴专利收费的，应当提交收费减缴请求书及相关证明材料。专利申请人或者专利权人通过专利事务服务系统提交专利收费减缴请求并经审核批准备案的，在一个自然年度内再次请求减缴专利收费，仅需提交收费减缴请求书，无需再提交相关证明材料。

第七条　个人请求减缴专利收费的，应当在收费减缴请求书中如实填写本人上年度收入情况，同时提交所在单位出具的年度收入证明；无固定工作的，提交户籍所在地或者经常居住地县级民政部门或者乡镇人民政府（街道办事处）出具的关于其经济困难情况证明。

企业请求减缴专利收费的，应当在收费减缴请求书中如实填写经济困难情况，同时提交上年度企业所得税年度纳税申报表复印件。在汇算清缴期内，企业提交上上年度企业所得税年度纳税申报表复印件。

事业单位、社会团体、非营利性科研机构请求减缴专利收费的，应当提交法人证明材料复印件。

第八条　国家知识产权局收到收费减缴请求书后，应当进行审查，作出是否批准减缴请求的决定，并通知专利申请人或者专利权人。

第九条　专利收费减缴请求有下列情形之一的，不予批准：

（一）未使用国家知识产权局制定的收费减缴请求书的；

（二）收费减缴请求书未签字或者盖章的；

（三）收费减缴请求不符合本办法第二条或者第三条规定的；

（四）收费减缴请求的个人或者单位未提供符合本办法第七条规定的证明材料的；

（五）收费减缴请求书中的专利申请人或者专利权人的姓名或者名称，或者发明创造名称，与专利申请书或者专利登记簿中的相应内容不一致的。

第十条　经国家知识产权局批准的收费减缴请求，专利申请人或者专利权人应当在规定期限内，按照批准后的应缴数额缴纳专利费。收费减缴请求批准后，专利申请人或者专利权人发生变更的，对于尚未缴纳的收费，变更后的专利申请人或者专利权人应当重新提交收费减缴请求。

第十一条　专利收费减缴请求审批决定作出后,国家知识产权局发现该决定存在错误的,应予更正,并将更正决定及时通知专利申请人或者专利权人。

专利申请人或者专利权人在专利收费减缴请求时提供虚假情况或者虚假证明材料的,国家知识产权局应当在查实后撤销减缴专利收费决定,通知专利申请人或者专利权人在指定期限内补缴已经减缴的收费,并取消其自本年度起五年内收费减缴资格,期满未补缴或者补缴额不足的,按缴费不足依法作出相应处理。

专利代理机构或者专利代理人帮助、指使、引诱专利申请人或者专利权人实施上述行为的,依照有关规定进行处理。

第十二条　本办法自 2016 年 9 月 1 日起施行。此前有关规定与本办法不一致的,以本办法为准。

专利标识标注办法

· 2012 年 3 月 8 日国家知识产权局令第 63 号公布
· 自 2012 年 5 月 1 日起施行

第一条　为了规范专利标识的标注方式,维护正常的市场经济秩序,根据《中华人民共和国专利法》(以下简称专利法)和《中华人民共和国专利法实施细则》的有关规定,制定本办法。

第二条　标注专利标识的,应当按照本办法予以标注。

第三条　管理专利工作的部门负责在本行政区域内对标注专利标识的行为进行监督管理。

第四条　在授予专利权之后的专利权有效期内,专利权人或者经专利权人同意享有专利标识标注权的被许可人可以在其专利产品、依照专利方法直接获得的产品、该产品的包装或者该产品的说明书等材料上标注专利标识。

第五条　标注专利标识的,应当标明下述内容:

(一)采用中文标明专利权的类别,例如中国发明专利、中国实用新型专利、中国外观设计专利;

(二)国家知识产权局授予专利权的专利号。

除上述内容之外,可以附加其他文字、图形标记,但附加的文字、图形标记及其标注方式不得误导公众。

第六条　在依照专利方法直接获得的产品、该产品的包装或者该产品的说明书等材料上标注专利标识的,应当采用中文标明该产品系依照专利方法所获得的产品。

第七条　专利权被授予前在产品、该产品的包装或者该产品的说明书等材料上进行标注的,应当采用中文标明中国专利申请的类别、专利申请号,并标明"专利申请,尚未授权"字样。

第八条　专利标识的标注不符合本办法第五条、第六条或者第七条规定的,由管理专利工作的部门责令改正。

专利标识标注不当,构成假冒专利行为的,由管理专利工作的部门依照专利法第六十三条的规定进行处罚。

第九条　本办法由国家知识产权局负责解释。

第十条　本办法自 2012 年 5 月 1 日起施行。2003 年 5 月 30 日国家知识产权局令第二十九号发布的《专利标记和专利号标注方式的规定》同时废止。

最高人民法院关于审理技术合同纠纷案件适用法律若干问题的解释

· 2004 年 11 月 30 日最高人民法院审判委员会第 1335 次会议通过
· 根据 2020 年 12 月 23 日最高人民法院审判委员会第 1823 次会议通过的《最高人民法院关于修改〈最高人民法院关于审理侵犯专利权纠纷案件应用法律若干问题的解释(二)〉等十八件知识产权类司法解释的决定》修正
· 2020 年 12 月 29 日最高人民法院公告公布
· 自 2021 年 1 月 1 日起施行
· 法释〔2020〕19 号

为了正确审理技术合同纠纷案件,根据《中华人民共和国民法典》《中华人民共和国专利法》和《中华人民共和国民事诉讼法》等法律的有关规定,结合审判实践,现就有关问题作出以下解释。

一、一般规定

第一条　技术成果,是指利用科学技术知识、信息和经验作出的涉及产品、工艺、材料及其改进等的技术方案,包括专利、专利申请、技术秘密、计算机软件、集成电路布图设计、植物新品种等。

技术秘密,是指不为公众所知悉、具有商业价值并经权利人采取相应保密措施的技术信息。

第二条　民法典第八百四十七条第二款所称"执行法人或者非法人组织的工作任务",包括:

(一)履行法人或者非法人组织的岗位职责或者承担其交付的其他技术开发任务;

(二)离职后一年内继续从事与其原所在法人或者非法人组织的岗位职责或者交付的任务有关的技术开发工作,但法律、行政法规另有规定的除外。

法人或者非法人组织与其职工就职工在职期间或者

离职以后所完成的技术成果的权益有约定的,人民法院应当依约定确认。

第三条　民法典第八百四十七条第二款所称"物质技术条件",包括资金、设备、器材、原材料、未公开的技术信息和资料等。

第四条　民法典第八百四十七条第二款所称"主要是利用法人或者非法人组织的物质技术条件",包括职工在技术成果的研究开发过程中,全部或者大部分利用了法人或者非法人组织的资金、设备、器材或者原材料等物质条件,并且这些物质条件对形成该技术成果具有实质性的影响;还包括该技术成果实质性内容是在法人或者非法人组织尚未公开的技术成果、阶段性技术成果基础上完成的情形。但下列情况除外:

(一)对利用法人或者非法人组织提供的物质技术条件,约定返还资金或者交纳使用费的;

(二)在技术成果完成后利用法人或者非法人组织的物质技术条件对技术方案进行验证、测试的。

第五条　个人完成的技术成果,属于执行原所在法人或者非法人组织的工作任务,又主要利用了现所在法人或者非法人组织的物质技术条件的,应当按照该自然人原所在和现所在法人或者非法人组织达成的协议确认权益。不能达成协议的,根据对完成该项技术成果的贡献大小由双方合理分享。

第六条　民法典第八百四十七条所称"职务技术成果的完成人"、第八百四十八条所称"完成技术成果的个人",包括对技术成果单独或者共同作出创造性贡献的人,也即技术成果的发明人或者设计人。人民法院在对创造性贡献进行认定时,应当分解其所涉及技术成果的实质性技术构成。提出实质性技术构成并由此实现技术方案的人,是作出创造性贡献的人。

提供资金、设备、材料、试验条件,进行组织管理,协助绘制图纸、整理资料、翻译文献等人员,不属于职务技术成果的完成人、完成技术成果的个人。

第七条　不具有民事主体资格的科研组织订立的技术合同,经法人或者非法人组织授权或者认可的,视为法人或者非法人组织订立的合同,由法人或者非法人组织承担责任;未经法人或者非法人组织授权或者认可的,由该科研组织成员共同承担责任,但法人或者非法人组织因该合同受益的,应当在其受益范围内承担相应责任。

前款所称不具有民事主体资格的科研组织,包括法人或者非法人组织设立的从事技术研究开发、转让等活动的课题组、工作室等。

第八条　生产产品或者提供服务依法须经有关部门审批或者取得行政许可,而未经审批或者许可的,不影响当事人订立的相关技术合同的效力。

当事人对办理前款所称审批或者许可的义务没有约定或者约定不明确的,人民法院应当判令由实施技术的一方负责办理,但法律、行政法规另有规定的除外。

第九条　当事人一方采取欺诈手段,就其现有技术成果作为研究开发标的与他人订立委托开发合同收取研究开发费用,或者就同一研究开发课题先后与两个或者两个以上的委托人分别订立委托开发合同重复收取研究开发费用,使对方在违背真实意思的情况下订立的合同,受损害方依照民法典第一百四十八条规定请求撤销合同的,人民法院应当予以支持。

第十条　下列情形,属于民法典第八百五十条所称的"非法垄断技术":

(一)限制当事人一方在合同标的技术基础上进行新的研究开发或者限制其使用所改进的技术,或者双方交换改进技术的条件不对等,包括要求一方将其自行改进的技术无偿提供给对方、非互惠性转让给对方、无偿独占或者共享该改进技术的知识产权;

(二)限制当事人一方从其他来源获得与技术提供方类似技术或者与其竞争的技术;

(三)阻碍当事人一方根据市场需求,按照合理方式充分实施合同标的技术,包括明显不合理地限制技术接受方实施合同标的技术生产产品或者提供服务的数量、品种、价格、销售渠道和出口市场;

(四)要求技术接受方接受并非实施技术必不可少的附带条件,包括购买非必需的技术、原材料、产品、设备、服务以及接收非必需的人员等;

(五)不合理地限制技术接受方购买原材料、零部件、产品或者设备等的渠道或者来源;

(六)禁止技术接受方对合同标的的技术知识产权的有效性提出异议或者对提出异议附加条件。

第十一条　技术合同无效或者被撤销后,技术开发合同研究开发人、技术转让合同让与人、技术许可合同许可人、技术咨询合同和技术服务合同的受托人已经履行或者部分履行了约定的义务,并且造成合同无效或者被撤销的过错在对方的,对其已履行部分应当收取的研究开发经费、技术使用费、提供咨询服务的报酬,人民法院可以认定为因对方原因导致合同无效或者被撤销给其造成的损失。

技术合同无效或者被撤销后,因履行合同所完成新的技术成果或者在他人技术成果基础上完成后续改进技术成果的权利归属和利益分享，当事人不能重新协议确定的，人民法院可以判决由完成技术成果的一方享有。

第十二条　根据民法典第八百五十条的规定，侵害他人技术秘密的技术合同被确认无效后，除法律、行政法规另有规定的以外，善意取得该技术秘密的一方当事人可以在其取得时的范围内继续使用该技术秘密，但应当向权利人支付合理的使用费并承担保密义务。

当事人双方恶意串通或者一方知道或者应当知道另一方侵权仍与其订立或者履行合同的，属于共同侵权，人民法院应当判令侵权人承担连带赔偿责任和保密义务，因此取得技术秘密的当事人不得继续使用该技术秘密。

第十三条　依照前条第一款规定可以继续使用技术秘密的人与权利人就使用费支付发生纠纷的，当事人任何一方都可以请求人民法院予以处理。继续使用技术秘密但又拒不支付使用费的，人民法院可以根据权利人的请求判令使用人停止使用。

人民法院在确定使用费时，可以根据权利人通常对外许可该技术秘密的使用费或者使用人取得该技术秘密所支付的使用费，并考虑该技术秘密的研究开发成本、成果转化和应用程度以及使用人的使用规模、经济效益等因素合理确定。

不论使用人是否继续使用技术秘密，人民法院均应当判令其向权利人支付已使用期间的使用费。使用人已向无效合同的让与人或者许可人支付的使用费应当由让与人或者许可人负责返还。

第十四条　对技术合同的价款、报酬和使用费，当事人没有约定或者约定不明确的，人民法院可以按照以下原则处理：

（一）对于技术开发合同和技术转让合同、技术许可合同，根据有关技术成果的研究开发成本、先进性、实施转化和应用的程度，当事人享有的权益和承担的责任，以及技术成果的经济效益等合理确定；

（二）对于技术咨询合同和技术服务合同，根据有关咨询服务工作的技术含量、质量和数量，以及已经产生和预期产生的经济效益等合理确定。

技术合同价款、报酬、使用费中包含非技术性款项的，应当分项计算。

第十五条　技术合同当事人一方迟延履行主要债务，经催告后在30日内仍未履行，另一方依据民法典第五百六十三条第一款第（三）项的规定主张解除合同的，人民法院应当予以支持。

当事人在催告通知中附有履行期限且该期限超过30日的，人民法院应当认定该履行期限为民法典第五百六十三条第一款第（三）项规定的合理期限。

第十六条　当事人以技术成果向企业出资但未明确约定权属，接受出资的企业主张该技术成果归其享有的，人民法院一般应当予以支持，但是该技术成果价值与该技术成果所占出资额比例明显不合理损害出资人利益的除外。

当事人对技术成果的权属约定有比例的，视为共同所有，其权利使用和利益分配，按共有技术成果的有关规定处理，但当事人另有约定的，从其约定。

当事人对技术成果的使用权约定有比例的，人民法院可以视为当事人对实施该项技术成果所获收益的分配比例，但当事人另有约定的，从其约定。

二、技术开发合同

第十七条　民法典第八百五十一条第一款所称"新技术、新产品、新工艺、新品种或者新材料及其系统"，包括当事人在订立技术合同时尚未掌握的产品、工艺、材料及其系统等技术方案，但对技术上没有创新的现有产品的改型、工艺变更、材料配方调整以及对技术成果的验证、测试和使用除外。

第十八条　民法典第八百五十一条第四款规定的"当事人之间就具有实用价值的科技成果实施转化订立的"技术转化合同，是指当事人之间就具有实用价值但尚未实现工业化应用的科技成果包括阶段性技术成果，以实现该科技成果工业化应用为目标，约定后续试验、开发和应用等内容的合同。

第十九条　民法典第八百五十五条所称"分工参与研究开发工作"，包括当事人按照约定的计划和分工，共同或者分别承担设计、工艺、试验、试制等工作。

技术开发合同当事人一方仅提供资金、设备、材料等物质条件或者承担辅助协作事项，另一方进行研究开发工作的，属于委托开发合同。

第二十条　民法典第八百六十一条所称"当事人均有使用和转让的权利"，包括当事人均有不经对方同意而自己使用或者以普通使用许可的方式许可他人使用技术秘密，并独占由此所获利益的权利。当事人一方将技术秘密成果的转让权让与他人，或者以独占或者排他使用许可的方式许可他人使用技术秘密，未经对方当事人同意或者追认的，应当认定该让与或者许可行为无效。

第二十一条　技术开发合同当事人依照民法典的规定或者约定自行实施专利或使用技术秘密，但因其不具备独立实施专利或者使用技术秘密的条件,以一个普通许可方式许可他人实施或者使用的,可以准许。

三、技术转让合同和技术许可合同

第二十二条　就尚待研究开发的技术成果或者不涉及专利、专利申请或者技术秘密的知识、技术、经验和信息所订立的合同,不属于民法典第八百六十二条规定的技术转让合同或者技术许可合同。

技术转让合同中关于让与人向受让人提供实施技术的专用设备、原材料或者提供有关的技术咨询、技术服务的约定,属于技术转让合同的组成部分。因此发生的纠纷,按照技术转让合同处理。

当事人以技术入股方式订立联营合同,但技术入股人不参与联营体的经营管理,并且以保底条款形式约定联营体或者联营对方支付其技术价款或者使用费的,视为技术转让合同或者技术许可合同。

第二十三条　专利申请权转让合同当事人以专利申请被驳回或者被视为撤回为由请求解除合同,该事实发生在依照专利法第十条第三款的规定办理专利申请权转让登记之前的,人民法院应当予以支持;发生在转让登记之后的,不予支持,但当事人另有约定的除外。

专利申请因专利申请权转让合同成立时即存在尚未公开的同样发明创造的在先专利申请被驳回,当事人依据民法典第五百六十三条第一款第(四)项的规定请求解除合同的,人民法院应当予以支持。

第二十四条　订立专利权转让合同或者专利申请权转让合同前,让与人自己已经实施发明创造,在合同生效后,受让人要求让与人停止实施的,人民法院应当予以支持,但当事人另有约定的除外。

让与人与受让人订立的专利权、专利申请权转让合同,不影响在合同成立前让与人与他人订立的相关专利实施许可合同或者技术秘密转让合同的效力。

第二十五条　专利实施许可包括以下方式:

(一)独占实施许可,是指许可人在约定许可实施专利的范围内,将该专利仅许可一个被许可人实施,许可人依约定不得实施该专利;

(二)排他实施许可,是指许可人在约定许可实施专利的范围内,将该专利仅许可一个被许可人实施,但许可人依约定可以自行实施该专利;

(三)普通实施许可,是指许可人在约定许可实施专利的范围内许可他人实施该专利,并且可以自行实施该专利。

当事人对专利实施许可方式没有约定或者约定不明

确的,认定为普通实施许可。专利实施许可合同约定被许可人可以再许可他人实施专利的,认定该再许可为普通实施许可,但当事人另有约定的除外。

技术秘密的许可使用方式,参照本条第一、二款的规定确定。

第二十六条　专利实施许可合同许可人负有在合同有效期内维持专利权有效的义务,包括依法缴纳专利年费和积极应对他人提出宣告专利权无效的请求,但当事人另有约定的除外。

第二十七条　排他实施许可合同许可人不具备独立实施其专利的条件,以一个普通许可的方式许可他人实施专利的,人民法院可以认定为许可人自己实施专利,但当事人另有约定的除外。

第二十八条　民法典第八百六十四条所称"实施专利或者使用技术秘密的范围",包括实施专利或者使用技术秘密的期限、地域、方式以及接触技术秘密的人员等。

当事人对实施专利或者使用技术秘密的期限没有约定或者约定不明确的,受让人、被许可人实施专利或者使用技术秘密不受期限限制。

第二十九条　当事人之间就申请专利的技术成果所订立的许可使用合同,专利申请公开以前,适用技术秘密许可合同的有关规定;发明专利申请公开以后、授权以前,参照适用专利实施许可合同的有关规定;授权以后,原合同即为专利实施许可合同,适用专利实施许可合同的有关规定。

人民法院不以当事人就已经申请专利但尚未授权的技术订立专利实施许可合同为由,认定合同无效。

四、技术咨询合同和技术服务合同

第三十条　民法典第八百七十八条第一款所称"特定技术项目",包括有关科学技术与经济社会协调发展的软科学研究项目,促进科技进步和管理现代化、提高经济效益和社会效益等运用科学知识和技术手段进行调查、分析、论证、评价、预测的专业性技术项目。

第三十一条　当事人对技术咨询合同委托人提供的技术资料和数据或者受托人提出的咨询报告和意见未约定保密义务,当事人一方引用、发表或者向第三人提供的,不认定为违约行为,但侵害对方当事人对此享有的合法权益的,应当依法承担民事责任。

第三十二条　技术咨询合同受托人发现委托人提供的资料、数据等有明显错误或者缺陷,未在合理期限内通知委托人的,视为其对委托人提供的技术资料、数据等予以认可。委托人在接到受托人的补正通知后未在合理期限内答复并予补正的,发生的损失由委托人承担。

第三十三条 民法典第八百七十八条第二款所称"特定技术问题",包括需要运用专业技术知识、经验和信息解决的有关改进产品结构、改良工艺流程、提高产品质量、降低产品成本、节约资源能耗、保护资源环境、实现安全操作、提高经济效益和社会效益等专业技术问题。

第三十四条 当事人一方以技术转让或者技术许可的名义提供已进入公有领域的技术,或者在技术转让合同、技术许可合同履行过程中合同标的技术进入公有领域,但是技术提供方进行技术指导、传授技术知识,为对方解决特定技术问题符合约定条件的,按照技术服务合同处理,约定的技术转让费、使用费可以视为提供技术服务的报酬和费用,但是法律、行政法规另有规定的除外。

依照前款规定,技术转让费或者使用费视为提供技术服务的报酬和费用明显不合理的,人民法院可以根据当事人的请求合理确定。

第三十五条 技术服务合同受托人发现委托人提供的资料、数据、样品、材料、场地等工作条件不符合约定,未在合理期限内通知委托人的,视为其对委托人提供的工作条件予以认可。委托人在接到受托人的补正通知后未在合理期限内答复并予补正的,发生的损失由委托人承担。

第三十六条 民法典第八百八十七条规定的"技术培训合同",是指当事人一方委托另一方对指定的学员进行特定项目的专业技术训练和技术指导所订立的合同,不包括职业培训、文化学习和按照行业、法人或者非法人组织的计划进行的职工业余教育。

第三十七条 当事人对技术培训必需的场地、设施和试验条件等工作条件的提供和管理责任没有约定或者约定不明确的,由委托人负责提供和管理。

技术培训合同委托人派出的学员不符合约定条件,影响培训质量的,由委托人按照约定支付报酬。

受托人配备的教员不符合约定条件,影响培训质量,或者受托人未按照计划和项目进行培训,导致不能实现约定培训目标的,应当减收或者免收报酬。

受托人发现学员不符合约定条件或者委托人发现教员不符合约定条件,未在合理期限内通知对方,或者接到通知的一方未在合理期限内按约定改派的,应当由负有履行义务的当事人承担相应的民事责任。

第三十八条 民法典第八百八十七条规定的"技术中介合同",是指当事人一方以知识、技术、经验和信息为另一方与第三人订立技术合同进行联系、介绍以及对履行合同提供专门服务所订立的合同。

第三十九条 中介人从事中介活动的费用,是指中介人在委托人和第三人订立技术合同前,进行联系、介绍活动所支出的通信、交通和必要的调查研究等费用。中介人的报酬,是指中介人为委托人与第三人订立技术合同以及对履行该合同提供服务应当得到的收益。

当事人对中介人从事中介活动的费用负担没有约定或者约定不明确的,由中介人承担。当事人约定该费用由委托人承担但未约定具体数额或者计算方法的,由委托人支付中介人从事中介活动支出的必要费用。

当事人对中介人的报酬数额没有约定或者约定不明确的,应当根据中介人所进行的劳务合理确定,并由委托人承担。仅在委托人与第三人订立的技术合同中约定中介条款,但未约定给付中介人报酬或者约定不明确的,应当支付的报酬由委托人和第三人平均承担。

第四十条 中介人未促成委托人与第三人之间的技术合同成立的,其要求支付报酬的请求,人民法院不予支持;其要求委托人支付其从事中介活动必要费用的请求,应当予以支持,但当事人另有约定的除外。

中介人隐瞒与订立技术合同有关的重要事实或者提供虚假情况,侵害委托人利益的,应当根据情况免收报酬并承担赔偿责任。

第四十一条 中介人对造成委托人与第三人之间的技术合同的无效或者被撤销没有过错,并且该技术合同的无效或者被撤销不影响有关中介条款或者技术中介合同继续有效,中介人要求按照约定或者本解释的有关规定给付从事中介活动的费用和报酬的,人民法院应当予以支持。

中介人收取从事中介活动的费用和报酬不应当被视为委托人与第三人之间的技术合同纠纷中一方当事人的损失。

五、与审理技术合同纠纷有关的程序问题

第四十二条 当事人将技术合同和其他合同内容或者将不同类型的技术合同内容订立在一个合同中的,应当根据当事人争议的权利义务内容,确定案件的性质和案由。

技术合同名称与约定的权利义务关系不一致的,应当按照约定的权利义务内容,确定合同的类型和案由。

技术转让合同或者技术许可合同中约定让与人或者许可人负责包销或者回购受让人、被许可人实施合同标的的技术制造的产品,仅因让与人或者许可人不履行或者

不能全部履行包销或者回购义务引起纠纷,不涉及技术问题的,应当按照包销或者回购条款约定的权利义务内容确定案由。

第四十三条　技术合同纠纷案件一般由中级以上人民法院管辖。

各高级人民法院根据本辖区的实际情况并报经最高人民法院批准,可以指定若干基层人民法院管辖第一审技术合同纠纷案件。

其他司法解释对技术合同纠纷案件管辖另有规定的,从其规定。

合同中既有技术合同内容,又有其他合同内容,当事人就技术合同内容和其他合同内容均发生争议的,由具有技术合同纠纷案件管辖权的人民法院受理。

第四十四条　一方当事人以诉讼争议的技术合同侵害他人技术成果为由请求确认合同无效,或者人民法院在审理技术合同纠纷中发现可能存在该无效事由的,人民法院应当依法通知有关利害关系人,其可以作为有独立请求权的第三人参加诉讼或者依法向有管辖权的人民法院另行起诉。

利害关系人在接到通知后 15 日内不提起诉讼的,不影响人民法院对案件的审理。

第四十五条　第三人向受理技术合同纠纷案件的人民法院就合同标的技术提出权属或者侵权请求时,受诉人民法院对此也有管辖权的,可以将权属或者侵权纠纷与合同纠纷合并审理;受诉人民法院对此没有管辖权的,应当告知其向有管辖权的人民法院另行起诉或者将已经受理的权属或者侵权纠纷案件移送有管辖权的人民法院。权属或者侵权纠纷另案受理后,合同纠纷应当中止诉讼。

专利实施许可合同诉讼中,被许可人或者第三人向国家知识产权局请求宣告专利权无效的,人民法院可以不中止诉讼。在案件审理过程中专利权被宣告无效的,按照专利法第四十七条第二款和第三款的规定处理。

六、其　他

第四十六条　计算机软件开发等合同争议,著作权法以及其他法律、行政法规另有规定的,依照其规定;没有规定的,适用民法典第三编第一分编的规定,并可以参照民法典第三编第二分编第二十章和本解释的有关规定处理。

第四十七条　本解释自 2005 年 1 月 1 日起施行。

（二）专利申请与代理

专利代理条例

· 1991 年 3 月 4 日中华人民共和国国务院令第 76 号发布
· 2018 年 9 月 6 日国务院第 23 次常务会议修订通过
· 2018 年 11 月 6 日中华人民共和国国务院令第 706 号公布
· 自 2019 年 3 月 1 日起施行

第一章　总　则

第一条　为了规范专利代理行为,保障委托人、专利代理机构和专利代理师的合法权益,维护专利代理活动的正常秩序,促进专利代理行业健康发展,根据《中华人民共和国专利法》,制定本条例。

第二条　本条例所称专利代理,是指专利代理机构接受委托,以委托人的名义在代理权限范围内办理专利申请、宣告专利权无效等专利事务的行为。

第三条　任何单位和个人可以自行在国内申请专利和办理其他专利事务,也可以委托依法设立的专利代理机构办理,法律另有规定的除外。

专利代理机构应当按照委托人的委托办理专利事务。

第四条　专利代理机构和专利代理师执业应当遵守法律、行政法规,恪守职业道德、执业纪律,维护委托人的合法权益。

专利代理机构和专利代理师依法执业受法律保护。

第五条　国务院专利行政部门负责全国的专利代理管理工作。

省、自治区、直辖市人民政府管理专利工作的部门负责本行政区域内的专利代理管理工作。

第六条　专利代理机构和专利代理师可以依法成立和参加专利代理行业组织。

专利代理行业组织应当制定专利代理行业自律规范。专利代理行业自律规范不得与法律、行政法规相抵触。

国务院专利行政部门依法对专利代理行业组织进行监督、指导。

第二章　专利代理机构和专利代理师

第七条　专利代理机构的组织形式应当为合伙企业、有限责任公司等。

第八条　合伙企业、有限责任公司形式的专利代理机构从事专利代理业务应当具备下列条件:

(一)有符合法律、行政法规规定的专利代理机构名称;

（二）有书面合伙协议或者公司章程；

（三）有独立的经营场所；

（四）合伙人、股东符合国家有关规定。

第九条 从事专利代理业务，应当向国务院专利行政部门提出申请，提交有关材料，取得专利代理机构执业许可证。国务院专利行政部门应当自受理申请之日起20日内作出是否颁发专利代理机构执业许可证的决定。

专利代理机构合伙人、股东或者法定代表人等事项发生变化的，应当办理变更手续。

第十条 具有高等院校理工科专业专科以上学历的中国公民可以参加全国专利代理师资格考试；考试合格的，由国务院专利行政部门颁发专利代理师资格证。专利代理师资格考试办法由国务院专利行政部门制定。

第十一条 专利代理师执业应当取得专利代理师资格证，在专利代理机构实习满1年，并在一家专利代理机构从业。

第十二条 专利代理师首次执业，应当自执业之日起30日内向专利代理机构所在地省、自治区、直辖市人民政府管理专利工作的部门备案。

省、自治区、直辖市人民政府管理专利工作的部门应当为专利代理师通过互联网备案提供方便。

第三章 专利代理执业

第十三条 专利代理机构可以接受委托，代理专利申请、宣告专利权无效、转让专利申请权或者专利权以及订立专利实施许可合同等专利事务，也可以应当事人要求提供专利事务方面的咨询。

第十四条 专利代理机构接受委托，应当与委托人订立书面委托合同。专利代理机构接受委托后，不得就同一专利申请或者专利权的事务接受有利益冲突的其他当事人的委托。

专利代理机构应当指派在本机构执业的专利代理师承办专利代理业务，指派的专利代理师本人及其近亲属不得与其承办的专利代理业务有利益冲突。

第十五条 专利代理机构解散或者被撤销、吊销执业许可证的，应当妥善处理各种尚未办结的专利代理业务。

第十六条 专利代理师应当根据专利代理机构的指派承办专利代理业务，不得自行接受委托。

专利代理师不得同时在两个以上专利代理机构从事专利代理业务。

专利代理师对其签名办理的专利代理业务负责。

第十七条 专利代理机构和专利代理师对其在执业过程中了解的发明创造的内容，除专利申请已经公布或者公告的以外，负有保守秘密的义务。

第十八条 专利代理机构和专利代理师不得以自己的名义申请专利或者请求宣告专利权无效。

第十九条 国务院专利行政部门和地方人民政府管理专利工作的部门的工作人员离职后，在法律、行政法规规定的期限内不得从事专利代理工作。

曾在国务院专利行政部门或者地方人民政府管理专利工作的部门任职的专利代理师，不得对其审查、审理或者处理过的专利申请或专利案件进行代理。

第二十条 专利代理机构收费应当遵循自愿、公平和诚实信用原则，兼顾经济效益和社会效益。

国家鼓励专利代理机构和专利代理师为小微企业以及无收入或者低收入的发明人、设计人提供专利代理援助服务。

第二十一条 专利代理行业组织应当加强对会员的自律管理，组织开展专利代理师业务培训和职业道德、执业纪律教育，对违反行业自律规范的会员实行惩戒。

第二十二条 国务院专利行政部门和省、自治区、直辖市人民政府管理专利工作的部门应当采取随机抽查等方式，对专利代理机构和专利代理师的执业活动进行检查、监督，发现违反本条例规定的，及时依法予以处理，向社会公布检查、处理结果。检查不得收取任何费用。

第二十三条 国务院专利行政部门和省、自治区、直辖市人民政府管理专利工作的部门应当加强专利代理公共信息发布，为公众了解专利代理机构经营情况、专利代理师执业情况提供查询服务。

第四章 法律责任

第二十四条 以隐瞒真实情况、弄虚作假手段取得专利代理机构执业许可证、专利代理师资格证的，由国务院专利行政部门撤销专利代理机构执业许可证、专利代理师资格证。

专利代理机构取得执业许可证后，因情况变化不再符合本条例规定的条件的，由国务院专利行政部门责令限期整改；逾期未改正或者整改不合格的，撤销执业许可证。

第二十五条 专利代理机构有下列行为之一的，由省、自治区、直辖市人民政府管理专利工作的部门责令限期改正，予以警告，可以处10万元以下的罚款；情节严重或者逾期未改正的，由国务院专利行政部门责令停止承接新的专利代理业务6个月至12个月，直至吊销专利代理机构执业许可证：

（一）合伙人、股东或者法定代表人等事项发生变化未办理变更手续；

（二）就同一专利申请或者专利权的事务接受有利益冲突的其他当事人的委托；

（三）指派专利代理师承办与其本人或者其近亲属有利益冲突的专利代理业务；

（四）泄露委托人的发明创造内容，或者以自己的名义申请专利或请求宣告专利权无效；

（五）疏于管理，造成严重后果。

专业代理机构在执业过程中泄露委托人的发明创造内容，涉及泄露国家秘密、侵犯商业秘密的，或者向有关行政、司法机关的工作人员行贿，提供虚假证据的，依照有关法律、行政法规的规定承担法律责任；由国务院专利行政部门吊销专利代理机构执业许可证。

第二十六条　专利代理师有下列行为之一的，由省、自治区、直辖市人民政府管理专利工作的部门责令限期改正，予以警告，可以处 5 万元以下的罚款；情节严重或者逾期未改正的，由国务院专利行政部门责令停止承办新的专利代理业务 6 个月至 12 个月，直至吊销专利代理师资格证：

（一）未依照本条例规定进行备案；

（二）自行接受委托办理专利代理业务；

（三）同时在两个以上专利代理机构从事专利代理业务；

（四）违反本条例规定对其审查、审理或者处理过的专利申请或专利案件进行代理；

（五）泄露委托人的发明创造内容，或者以自己的名义申请专利或请求宣告专利权无效。

专利代理师在执业过程中泄露委托人的发明创造内容，涉及泄露国家秘密、侵犯商业秘密的，或者向有关行政、司法机关的工作人员行贿，提供虚假证据的，依照有关法律、行政法规的规定承担法律责任；由国务院专利行政部门吊销专利代理师资格证。

第二十七条　违反本条例规定擅自开展专利代理业务的，由省、自治区、直辖市人民政府管理专利工作的部门责令停止违法行为，没收违法所得，并处违法所得 1 倍以上 5 倍以下的罚款。

第二十八条　国务院专利行政部门或者省、自治区、直辖市人民政府管理专利工作的部门的工作人员违反本条例规定，滥用职权、玩忽职守、徇私舞弊的，依法给予处分；构成犯罪的，依法追究刑事责任。

第五章　附　则

第二十九条　外国专利代理机构在中华人民共和国境内设立常驻代表机构，须经国务院专利行政部门批准。

第三十条　律师事务所可以依据《中华人民共和国律师法》《中华人民共和国民事诉讼法》等法律、行政法规开展与专利有关的业务，但从事代理专利申请、宣告专利权无效业务应当遵守本条例规定，具体办法由国务院专利行政部门商国务院司法行政部门另行制定。

第三十一条　代理国防专利事务的专利代理机构和专利代理师的管理办法，由国务院专利行政部门商国家国防专利机构主管机关另行制定。

第三十二条　本条例自 2019 年 3 月 1 日起施行。

本条例施行前依法设立的专利代理机构以及依法执业的专利代理人，在本条例施行后可以继续以专利代理机构、专利代理师的名义开展专利代理业务。

专利代理管理办法

· 2019 年 4 月 4 日国家市场监督管理总局令第 6 号公布
· 自 2019 年 5 月 1 日起施行

第一章　总　则

第一条　为了规范专利代理行为，保障委托人、专利代理机构以及专利代理师的合法权益，维护专利代理行业的正常秩序，促进专利代理行业健康发展，根据《中华人民共和国专利法》《专利代理条例》以及其他有关法律、行政法规的规定，制定本办法。

第二条　国家知识产权局和省、自治区、直辖市人民政府管理专利工作的部门依法对专利代理机构和专利代理师进行管理和监督。

第三条　国家知识产权局和省、自治区、直辖市人民政府管理专利工作的部门应当按照公平公正公开、依法有序、透明高效的原则对专利代理执业活动进行检查和监督。

第四条　专利代理机构和专利代理师可以依法成立和参加全国性或者地方性专利代理行业组织。专利代理行业组织是社会团体，是专利代理师的自律性组织。

专利代理行业组织应当制定专利代理行业自律规范，行业自律规范不得与法律、行政法规、部门规章相抵触。专利代理机构、专利代理师应当遵守行业自律规范。

第五条　专利代理机构和专利代理师执业应当遵守法律、行政法规和本办法，恪守职业道德、执业纪律，诚实守信，规范执业，提升专利代理质量，维护委托人的合法权益和专利代理行业正常秩序。

第六条　国家知识产权局和省、自治区、直辖市人民政府管理专利工作的部门可以根据实际情况,通过制定政策、建立机制等措施,支持引导专利代理机构为小微企业以及无收入或者低收入的发明人、设计人提供专利代理援助服务。

鼓励专利代理行业组织和专利代理机构利用自身资源开展专利代理援助工作。

第七条　国家知识产权局和省、自治区、直辖市人民政府管理专利工作的部门应当加强电子政务建设和专利代理公共信息发布,优化专利代理管理系统,方便专利代理机构、专利代理师和公众办理事务、查询信息。

第八条　任何单位、个人未经许可,不得代理专利申请和宣告专利权无效等业务。

第二章　专利代理机构

第九条　专利代理机构的组织形式应当为合伙企业、有限责任公司等。合伙人、股东应当为中国公民。

第十条　合伙企业形式的专利代理机构申请办理执业许可证的,应当具备下列条件:

(一)有符合法律、行政法规和本办法第十四条规定的专利代理机构名称;

(二)有书面合伙协议;

(三)有独立的经营场所;

(四)有两名以上合伙人;

(五)合伙人具有专利代理师资格证,并有两年以上专利代理师执业经历。

第十一条　有限责任公司形式的专利代理机构申请办理执业许可证的,应当具备下列条件:

(一)有符合法律、行政法规和本办法第十四条规定的专利代理机构名称;

(二)有书面公司章程;

(三)有独立的经营场所;

(四)有五名以上股东;

(五)五分之四以上股东以及公司法定代表人具有专利代理师资格证,并有两年以上专利代理师执业经历。

第十二条　律师事务所申请办理执业许可证的,应当具备下列条件:

(一)有独立的经营场所;

(二)有两名以上合伙人或者专职律师具有专利代理师资格证。

第十三条　有下列情形之一的,不得作为专利代理机构的合伙人、股东:

(一)不具有完全民事行为能力;

(二)因故意犯罪受过刑事处罚;

(三)不能专职在专利代理机构工作;

(四)所在专利代理机构解散或者被撤销、吊销执业许可证,未妥善处理各种尚未办结的专利代理业务。

专利代理机构以欺骗、贿赂等不正当手段取得执业许可证,被依法撤销、吊销的,其合伙人、股东、法定代表人自处罚决定作出之日起三年内不得在专利代理机构新任合伙人或者股东、法定代表人。

第十四条　专利代理机构只能使用一个名称。除律师事务所外,专利代理机构的名称中应当含有“专利代理”或者“知识产权代理”等字样。专利代理机构分支机构的名称由专利代理机构全名称、分支机构所在城市名称或者所在地区名称和“分公司”或者“分所”等组成。

专利代理机构的名称不得在全国范围内与正在使用或者已经使用过的专利代理机构的名称相同或者近似。

律师事务所申请办理执业许可证的,可以使用该律师事务所的名称。

第十五条　申请专利代理机构执业许可证的,应当通过专利代理管理系统向国家知识产权局提交申请书和下列申请材料:

(一)合伙企业形式的专利代理机构应当提交营业执照、合伙协议和合伙人身份证件扫描件;

(二)有限责任公司形式的专利代理机构应当提交营业执照、公司章程和股东身份证件扫描件;

(三)律师事务所应当提交律师事务所执业许可证和具有专利代理师资格证的合伙人、专职律师身份证件扫描件。

申请人应当对其申请材料实质内容的真实性负责。必要时,国家知识产权局可以要求申请人提供原件进行核实。法律、行政法规和国务院决定另有规定的除外。

第十六条　申请材料不符合本办法第十五条规定的,国家知识产权局应当自收到申请材料之日起五日内一次告知申请人需要补正的全部内容,逾期未告知的,自收到申请材料之日起视为受理;申请材料齐全、符合法定形式,或者申请人按照要求提交全部补正申请材料的,应当受理该申请。受理或者不予受理申请的,应当书面通知申请人并说明理由。

国家知识产权局应当自受理之日起十日内予以审核,对符合规定条件的,予以批准,向申请人颁发专利代理机构执业许可证;对不符合规定条件的,不予批准,书面通知申请人并说明理由。

第十七条　专利代理机构名称、经营场所、合伙协议或者公司章程、合伙人或者执行事务合伙人、股东或者法定代表人发生变化的，应当自办理企业变更登记之日起三十日内向国家知识产权局申请办理变更手续；律师事务所具有专利代理师资格证的合伙人或者专职律师等事项发生变化的，应当自司法行政部门批准之日起三十日内向国家知识产权局申请办理变更手续。

国家知识产权局应当自申请受理之日起十日内作出相应决定，对符合本办法规定的事项予以变更。

第十八条　专利代理机构在国家知识产权局登记的信息应当与其在市场监督管理部门或者司法行政部门的登记信息一致。

第十九条　专利代理机构解散或者不再办理专利代理业务的，应当在妥善处理各种尚未办结的业务后，向国家知识产权局办理注销专利代理机构执业许可证手续。

专利代理机构注销营业执照，或者营业执照、执业许可证被撤销、吊销的，应当在营业执照注销三十日前或者接到撤销、吊销通知书之日起三十日内通知委托人解除委托合同，妥善处理尚未办结的业务，并向国家知识产权局办理注销专利代理机构执业许可证的手续。未妥善处理全部专利代理业务的，专利代理机构的合伙人、股东不得办理专利代理师执业备案变更。

第二十条　专利代理机构设立分支机构办理专利代理业务的，应当具备下列条件：

（一）办理专利代理业务时间满两年；

（二）有十名以上专利代理师执业，拟设分支机构应当有一名以上专利代理师执业，并且分支机构负责人应当具有专利代理师资格证；

（三）专利代理师不得同时在两个以上的分支机构担任负责人；

（四）设立分支机构前三年内未受过专利代理行政处罚；

（五）设立分支机构时未被列入经营异常名录或者严重违法失信名单。

第二十一条　专利代理机构的分支机构不得以自己的名义办理专利代理业务。专利代理机构应当对其分支机构的执业活动承担法律责任。

第二十二条　专利代理机构设立、变更或者注销分支机构的，应当自完成分支机构相关企业或者司法登记手续之日起三十日内，通过专利代理管理系统向分支机构所在地的省、自治区、直辖市人民政府管理专利工作的部门进行备案。

备案应当填写备案表并上传下列材料：

（一）设立分支机构的，上传分支机构营业执照或者律师事务所分所执业许可证扫描件；

（二）变更分支机构注册事项的，上传变更以后的分支机构营业执照或者律师事务所分所执业许可证扫描件；

（三）注销分支机构的，上传妥善处理完各种事项的说明。

第二十三条　专利代理机构应当建立健全质量管理、利益冲突审查、投诉处理、年度考核等执业管理制度以及人员管理、财务管理、档案管理等运营制度，对专利代理师在执业活动中遵守职业道德、执业纪律的情况进行监督。

专利代理机构的股东应当遵守国家有关规定，恪守专利代理职业道德、执业纪律，维护专利代理行业正常秩序。

第二十四条　专利代理机构通过互联网平台宣传、承接专利代理业务的，应当遵守《中华人民共和国电子商务法》等相关规定。

前款所述专利代理机构应当在首页显著位置持续公示并及时更新专利代理机构执业许可证等信息。

第三章　专利代理师

第二十五条　专利代理机构应当依法按照自愿和协商一致的原则与其聘用的专利代理师订立劳动合同。专利代理师应当受专利代理机构指派承办专利代理业务，不得自行接受委托。

第二十六条　专利代理师执业应当符合下列条件：

（一）具有完全民事行为能力；

（二）取得专利代理师资格证；

（三）在专利代理机构实习满一年，但具有律师执业经历或者三年以上专利审查经历的人员除外；

（四）在专利代理机构担任合伙人、股东，或者与专利代理机构签订劳动合同；

（五）能专职从事专利代理业务。

符合前款所列全部条件之日为执业之日。

第二十七条　专利代理实习人员进行专利代理业务实习，应当接受专利代理机构的指导。

第二十八条　专利代理师首次执业的，应当自执业之日起三十日内通过专利代理管理系统向专利代理机构所在地的省、自治区、直辖市人民政府管理专利工作的部门进行执业备案。

备案应当填写备案表并上传下列材料：

（一）本人身份证件扫描件；

（二）与专利代理机构签订的劳动合同；

（三）实习评价材料。

专利代理师应当对其备案材料实质内容的真实性负责。必要时，省、自治区、直辖市人民政府管理专利工作的部门可以要求提供原件进行核实。

第二十九条　专利代理师从专利代理机构离职的，应当妥善办理业务移交手续，并自离职之日起三十日内通过专利代理管理系统向专利代理机构所在地的省、自治区、直辖市人民政府管理专利工作的部门提交解聘证明等，进行执业备案变更。

专利代理师转换执业专利代理机构的，应当自转换执业之日起三十日内进行执业备案变更，上传与专利代理机构签订的劳动合同或者担任股东、合伙人的证明。

未在规定时间内变更执业备案的，视为逾期未主动履行备案变更手续，省、自治区、直辖市人民政府管理专利工作的部门核实后可以直接予以变更。

第四章　专利代理行业组织

第三十条　专利代理行业组织应当严格行业自律，组织引导专利代理机构和专利代理师依法规范执业，不断提高行业服务水平。

第三十一条　国家知识产权局和省、自治区、直辖市人民政府管理专利工作的部门根据国家有关规定对专利代理行业组织进行监督和管理。

第三十二条　专利代理行业组织应当依法履行下列职责：

（一）维护专利代理机构和专利代理师的合法权益；

（二）制定行业自律规范，加强行业自律，对会员实施考核、奖励和惩戒，及时向社会公布其吸纳的会员信息和对会员的惩戒情况；

（三）组织专利代理机构、专利代理师开展专利代理援助服务；

（四）组织专利代理师实习培训和执业培训，以及职业道德、执业纪律教育；

（五）按照国家有关规定推荐专利代理师担任诉讼代理人；

（六）指导专利代理机构完善管理制度，提升专利代理服务质量；

（七）指导专利代理机构开展实习工作；

（八）开展专利代理行业国际交流；

（九）其他依法应当履行的职责。

第三十三条　专利代理行业组织应当建立健全非执业会员制度，鼓励取得专利代理师资格证的非执业人员参加专利代理行业组织、参与专利代理行业组织事务，加强非执业会员的培训和交流。

第五章　专利代理监管

第三十四条　国家知识产权局组织指导全国的专利代理机构年度报告、经营异常名录和严重违法失信名单的公示工作。

第三十五条　专利代理机构应当按照国家有关规定提交年度报告。年度报告应当包括以下内容：

（一）专利代理机构通信地址、邮政编码、联系电话、电子邮箱等信息；

（二）执行事务合伙人或者法定代表人、合伙人或者股东、专利代理师的姓名，从业人数信息；

（三）合伙人、股东的出资额、出资时间、出资方式等信息；

（四）设立分支机构的信息；

（五）专利代理机构通过互联网等信息网络提供专利代理服务的信息网络平台名称、网址等信息；

（六）专利代理机构办理专利申请、宣告专利权无效、转让、许可、纠纷的行政处理和诉讼、质押融资等业务信息；

（七）专利代理机构资产总额、负债总额、营业总收入、主营业务收入、利润总额、净利润、纳税总额等信息；

（八）专利代理机构设立境外分支机构、其从业人员获得境外专利代理从业资质的信息；

（九）其他应当予以报告的信息。

律师事务所可仅提交其从事专利事务相关的内容。

第三十六条　国家知识产权局以及省、自治区、直辖市人民政府管理专利工作的部门的工作人员应当对专利代理机构年度报告中不予公示的内容保密。

第三十七条　专利代理机构有下列情形之一的，按照国家有关规定列入经营异常名录：

（一）未在规定的期限提交年度报告；

（二）取得专利代理机构执业许可证或者提交年度报告时提供虚假信息；

（三）擅自变更名称、办公场所、执行事务合伙人或者法定代表人、合伙人或者股东；

（四）分支机构设立、变更、注销未按照规定办理备案手续；

（五）不再符合执业许可条件，省、自治区、直辖市人民政府管理专利工作的部门责令其整改，期限届满仍不符合条件；

(六)专利代理机构公示信息与其在市场监督管理部门或者司法行政部门的登记信息不一致;

(七)通过登记的经营场所无法联系。

第三十八条　专利代理机构有下列情形之一的,按照国家有关规定列入严重违法失信名单:

(一)被列入经营异常名录满三年仍未履行相关义务;

(二)受到责令停止承接新的专利代理业务、吊销专利代理机构执业许可证的专利代理行政处罚。

第三十九条　国家知识产权局指导省、自治区、直辖市人民政府管理专利工作的部门对专利代理机构和专利代理师的执业活动情况进行检查、监督。

专利代理机构跨省设立分支机构的,其分支机构应当由分支机构所在地的省、自治区、直辖市人民政府管理专利工作的部门进行检查、监督。该专利代理机构所在地的省、自治区、直辖市人民政府管理专利工作的部门应当予以协助。

第四十条　国家知识产权局和省、自治区、直辖市人民政府管理专利工作的部门应当采取书面检查、实地检查、网络监测等方式对专利代理机构和专利代理师进行检查、监督。

在检查过程中应当随机抽取检查对象,随机选派执法检查人员。发现违法违规情况的,应当及时依法处理,并向社会公布检查、处理结果。对已被列入经营异常名录或者严重违法失信名单的专利代理机构,省、自治区、直辖市人民政府管理专利工作的部门应当进行实地检查。

第四十一条　省、自治区、直辖市人民政府管理专利工作的部门应当重点对下列事项进行检查、监督:

(一)专利代理机构是否符合执业许可条件;

(二)专利代理机构合伙人、股东以及法定代表人是否符合规定;

(三)专利代理机构年度报告的信息是否真实、完整、有效,与其在市场监督管理部门或者司法行政部门公示的信息是否一致;

(四)专利代理机构是否存在本办法第三十七条规定的情形;

(五)专利代理机构是否建立健全执业管理制度和运营制度等情况;

(六)专利代理师是否符合执业条件并履行备案手续;

(七)未取得专利代理执业许可的单位或者个人是否存在擅自开展专利代理业务的违法行为。

第四十二条　省、自治区、直辖市人民政府管理专利工作的部门依法进行检查监督时,应当将检查监督的情况和处理结果予以记录,由检查监督人员签字后归档。

当事人应当配合省、自治区、直辖市人民政府管理专利工作的部门的检查监督,接受询问,如实提供有关情况和材料。

第四十三条　国家知识产权局和省、自治区、直辖市人民政府管理专利工作的部门对存在违法违规行为的机构或者人员,可以进行警示谈话、提出意见,督促及时整改。

第四十四条　国家知识产权局和省、自治区、直辖市人民政府管理专利工作的部门应当督促专利代理机构贯彻实施专利代理相关服务规范,引导专利代理机构提升服务质量。

第四十五条　国家知识产权局应当及时向社会公布专利代理机构执业许可证取得、变更、注销、撤销、吊销等相关信息,以及专利代理师的执业备案、撤销、吊销等相关信息。

国家知识产权局和省、自治区、直辖市人民政府管理专利工作的部门应当及时向社会公示专利代理机构年度报告信息,列入或者移出经营异常名录、严重违法失信名单信息,行政处罚信息,以及对专利代理执业活动的检查情况。行政处罚、检查监督结果纳入国家企业信用信息公示系统向社会公布。

律师事务所、律师受到专利代理行政处罚的,应当由国家知识产权局和省、自治区、直辖市人民政府管理专利工作的部门将信息通报相关司法行政部门。

第六章　专利代理违法行为的处理

第四十六条　任何单位或者个人认为专利代理机构、专利代理师的执业活动违反专利代理管理有关法律、行政法规、部门规章规定,或者认为存在擅自开展专利代理业务情形的,可以向省、自治区、直辖市人民政府管理专利工作的部门投诉和举报。

省、自治区、直辖市人民政府管理专利工作的部门收到投诉和举报后,应当依据市场监督管理投诉举报处理办法、行政处罚程序等有关规定进行调查处理。本办法另有规定的除外。

第四十七条　对具有重大影响的专利代理违法违规行为,国家知识产权局可以协调或者指定有关省、自治区、直辖市人民政府管理专利工作的部门进行处理。对于专利代理违法行为的处理涉及两个以上省、自治区、直辖市人民政府管理专利工作的部门的,可以报请国家知识产权局组织协调处理。

对省、自治区、直辖市人民政府管理专利工作的部门专利代理违法行为处理工作，国家知识产权局依法进行监督。

第四十八条　省、自治区、直辖市人民政府管理专利工作的部门可以依据本地实际，要求下一级人民政府管理专利工作的部门协助处理专利代理违法违规行为；也可以依法委托有实际处理能力的管理公共事务的事业组织处理专利代理违法违规行为。

委托方应当对受托方的行为进行监督和指导，并承担法律责任。

第四十九条　省、自治区、直辖市人民政府管理专利工作的部门应当及时、全面、客观、公正地调查收集与案件有关的证据。可以通过下列方式对案件事实进行调查核实：

（一）要求当事人提交书面意见陈述；

（二）询问当事人；

（三）到当事人所在地进行现场调查，可以调阅有关业务案卷和档案材料；

（四）其他必要、合理的方式。

第五十条　案件调查终结后，省、自治区、直辖市人民政府管理专利工作的部门认为应当对专利代理机构作出责令停止承接新的专利代理业务、吊销执业许可证，或者对专利代理师作出责令停止承办新的专利代理业务、吊销专利代理师资格证行政处罚的，应当及时报送调查结果和处罚建议，提请国家知识产权局处理。

第五十一条　专利代理机构有下列情形之一的，属于《专利代理条例》第二十五条规定的"疏于管理，造成严重后果"的违法行为：

（一）因故意或者重大过失给委托人、第三人利益造成损失，或者损害社会公共利益；

（二）从事非正常专利申请行为，严重扰乱专利工作秩序；

（三）诋毁其他专利代理师、专利代理机构，以不正当手段招揽业务，存在弄虚作假行为，严重扰乱行业秩序，受到有关行政机关处罚；

（四）严重干扰专利审查工作或者专利行政执法工作正常进行；

（五）专利代理师从专利代理机构离职未妥善办理业务移交手续，造成严重后果；

（六）专利代理机构执业许可证信息与市场监督管理部门、司法行政部门的登记信息或者实际情况不一致，

未按照要求整改，给社会公众造成重大误解；

（七）分支机构设立、变更、注销不符合规定的条件或者没有按照规定备案，严重损害当事人利益；

（八）默许、指派专利代理师在未经其本人撰写或者审核的专利申请等法律文件上签名，严重损害当事人利益；

（九）涂改、倒卖、出租、出借专利代理机构执业许可证，严重扰乱行业秩序。

第五十二条　有下列情形之一的，属于《专利代理条例》第二十七条规定的"擅自开展专利代理业务"的违法行为：

（一）通过租用、借用等方式利用他人资质开展专利代理业务；

（二）未取得专利代理机构执业许可证或者不符合专利代理师执业条件，擅自代理专利申请、宣告专利权无效等相关业务，或者以专利代理机构、专利代理师的名义招揽业务；

（三）专利代理机构执业许可证或者专利代理师资格证被撤销或者吊销后，擅自代理专利申请、宣告专利权无效等相关业务，或者以专利代理机构、专利代理师的名义招揽业务。

第五十三条　专利代理师对其签名办理的专利代理业务负责。对于非经本人办理的专利事务，专利代理师有权拒绝在相关法律文件上签名。

专利代理师因专利代理质量等原因给委托人、第三人利益造成损失或者损害社会公共利益的，省、自治区、直辖市人民政府管理专利工作的部门可以对签名的专利代理师予以警告。

第五十四条　国家知识产权局按照有关规定，对专利代理领域严重失信主体开展联合惩戒。

第五十五条　法律、行政法规对专利代理机构经营活动违法行为的处理另有规定的，从其规定。

第七章　附　则

第五十六条　本办法由国家市场监督管理总局负责解释。

第五十七条　本办法中二十日以内期限的规定是指工作日，不含法定节假日。

第五十八条　本办法自 2019 年 5 月 1 日起施行。2015 年 4 月 30 日国家知识产权局令第 70 号发布的《专利代理管理办法》、2002 年 12 月 12 日国家知识产权局令第 25 号发布的《专利代理惩戒规则（试行）》同时废止。

国家知识产权局关于印发《专利代理信用评价管理办法（试行）》的通知

· 2023 年 3 月 31 日
· 国知发运字〔2023〕10 号

各省、自治区、直辖市和新疆生产建设兵团知识产权局，四川省知识产权服务促进中心，各地方有关中心，中华全国专利代理师协会，各有关单位：

现将《专利代理信用评价管理办法（试行）》印发给你们，请认真贯彻执行。本办法实施后，仍处于被责令停止承接新的专利代理业务处罚期内的专利代理机构和专利代理师，按照本办法规定的规则进行信用计分。

特此通知。

专利代理信用评价管理办法（试行）

第一章　总　则

第一条　为了深入贯彻落实中共中央、国务院印发的《知识产权强国建设纲要（2021—2035 年）》和国务院印发的《"十四五"知识产权保护和运用规划》的决策部署，加强专利代理分级分类信用监管，促进专利代理机构、专利代理师依法诚信执业，维护专利代理行业秩序，依据《中华人民共和国专利法》《专利代理条例》等法律法规，以及《国务院办公厅关于进一步完善失信约束制度构建诚信建设长效机制的指导意见》《国务院办公厅关于加快推进社会信用体系建设构建以信用为基础的新型监管机制的指导意见》等文件，制定本办法。

第二条　专利代理信用评价，是指知识产权管理部门对专利代理机构、专利代理师从事专利代理服务的执业信用状况进行计分和等级评价。

第三条　国家知识产权局主管全国专利代理信用评价管理工作。省、自治区、直辖市人民政府管理专利工作的部门负责本行政区域内专利代理信用评价工作的组织和实施。

国家知识产权局和省、自治区、直辖市人民政府管理专利工作的部门联合开展专利代理信用评价管理工作，实现信息共享。

第四条　国家知识产权局和省、自治区、直辖市人民政府管理专利工作的部门根据社会信用体系建设需要，建立与相关行业主管部门和专利代理行业协会等行业组织的工作联系制度和信息交换制度，完善专利代理信用评价机制，推送相关信用信息，推进部门信息共享、部门联合守信激励和失信惩戒。

第二章　信用等级评价

第五条　专利代理机构和专利代理师信用等级按照从高到低顺序分为"A"、"B"、"C"、"D"级，按计分情况评价。计分满分为 100 分，根据负面信息予以扣减。负面信息包括不规范经营或执业行为、机构经营异常情况、受行政或刑事处罚、行业惩戒等情况。等级标准如下：

（一）A 级为信用积分 90 分以上（含）100 分以下（含）的；

（二）B 级为信用积分 80 分以上（含）不满 90 分的；

（三）C 级为信用积分 60 分以上（含）不满 80 分的；

（四）D 级为信用积分不满 60 分的。

根据荣誉奖励、社会贡献等，适当设置附加加分项，并增设"A+"等级，等级标准为超过 100 分的。

第六条　国家知识产权局和省、自治区、直辖市人民政府管理专利工作的部门按照《专利代理机构信用评价指标体系及评价规则》和《专利代理师信用评价指标体系及评价规则》，依据书面证明材料，对专利代理机构、专利代理师进行信用计分，形成专利代理机构和专利代理师的信用等级。全国性专利代理行业组织产生的信用信息汇集至国家知识产权局统一进行信用计分，地方性专利代理行业组织产生的信用信息汇集至行业组织所在地的省、自治区、直辖市人民政府管理专利工作的部门统一进行信用计分。

专利代理评价的信用信息采集、信用计分、等级确定、结果公示通过专利代理管理系统进行。

第七条　专利代理信用信息依托专利代理管理系统，从以下渠道采集：

（一）国家知识产权局和地方知识产权管理部门在行政管理过程中产生的信息，以及专利代理监管工作过程中产生的信息；

（二）各专利代理行业组织在日常工作中产生的信息；

（三）专利代理机构和专利代理师报送的信息；

（四）其他行业主管部门和行业协会公开的信息，以及能够反映专利代理机构和专利代理师信用状况的其他信息。

专利代理机构跨区域开展业务的信息，以及分支机构的相关信用信息，由业务开展或分支机构所在地采集，归集到机构所在地的省、自治区、直辖市人民政府管理专利工作的部门。

第八条　专利代理机构、专利代理师信用计分和等级实施动态管理，国家知识产权局和省、自治区、直辖市人民政府管理专利工作的部门自收到信用变更信息 7 个工作日内更新信用计分及信用等级。除另有规定外，信用计分因相关情形被扣减或增加满 12 个月后，扣减或增加的分数清零，引起信用等级变化的，随之更新。

第三章　信用信息的公示、查询、异议和信用修复

第九条　国家知识产权局和省、自治区、直辖市人民政府管理专利工作的部门可以在政府网站、专利业务网上办理平台、专利代办处、知识产权业务受理窗口等场所公示专利代理机构信用等级。

国家知识产权局通过专利代理管理系统提供专利代理信用信息查询服务。社会公众可以查询专利代理机构和专利代理师的信用等级；专利代理机构可以查询本机构的信用计分明细和本机构执业的专利代理师的信用等级；专利代理师可以查询本人的信用计分明细。

第十条　专利代理机构和专利代理师对信用等级和计分有异议的，可以通过专利代理管理系统向所在地的省、自治区、直辖市人民政府管理专利工作的部门申请核查，并提供相关资料或者证明材料。省、自治区、直辖市人民政府管理专利工作的部门于收到申请之日起 15 个工作日内对异议申请完成核查，并将核查结果、理由告知提出异议的申请人。异议请求获得支持的，予以恢复信用计分和等级，异议期的信用计分和等级不影响信用评价结果运用。

第十一条　专利代理机构和专利代理师被扣减信用计分满 6 个月后，履行相关义务纠正相关行为且已完成纠正的，可以通过专利代理管理系统向所在地的省、自治区、直辖市人民政府管理专利工作的部门提供相关资料或者证明材料，申请信用修复。省、自治区、直辖市人民政府管理专利工作的部门于收到申请之日起 15 个工作日内对修复申请进行审核，并将审核结果、理由告知修复申请的申请人。修复申请通过的，所扣分数不再计算。

具有下列情形之一的，不予信用修复：

（一）距离上一次信用修复时间不足 12 个月；

（二）申请信用修复过程中存在弄虚作假、故意隐瞒事实等行为；

（三）法律、行政法规和党中央、国务院政策文件明确规定不可修复的。

对于存在前款第（二）种情形的，自发现之日起 2 年内不得再次申请信用修复，并重新计算信用计分扣分期限。

第十二条　专利代理机构和专利代理师对国家知识产权局作出的信用计分结果提出异议或申请信用修复的，由所在地的省、自治区、直辖市人民政府管理专利工作的部门统一受理，并通过专利代理管理系统向国家知识产权局报请审核。相关审核结果、理由由所在地的省、自治区、直辖市人民政府管理专利工作的部门负责告知申请人。

第四章　结果运用

第十三条　国家知识产权局和省、自治区、直辖市人民政府管理专利工作的部门建立专利代理信用管理联动机制，根据专利代理机构和专利代理师信用状况，实施分类服务和监管。

第十四条　对于达到"A+"、"A"级的专利代理机构和专利代理师，国家知识产权局和省、自治区、直辖市人民政府管理专利工作的部门可以减少日常检查频次，在有关行政审批等工作中为其提供便利化服务，在财政性资金项目申请、有关审查便利化措施备案中优先受理和审核。

第十五条　对于"B"级的专利代理机构和专利代理师，国家知识产权局和省、自治区、直辖市人民政府管理专利工作的部门，实施常规监管，适时进行业务指导，并视信用等级变化，实施相应的激励和分类监管措施。

第十六条　对于"C"级的专利代理机构和专利代理师，国家知识产权局和省、自治区、直辖市人民政府管理专利工作的部门列为重点检查对象，提高检查频次，进行业务指导和政策宣讲。在财政性资金项目申请、有关审查便利化措施备案中从严受理和审核。

第十七条　对于"D"级的专利代理机构和专利代理师，国家知识产权局和地方知识产权管理部门，以及各类专利代理协会、知识产权服务业协会实行分类管理，列为重点监管对象，提高检查频次，依法严格监管，限制其适用告知承诺制等便利措施，在各类优惠政策、财政性资金项目申请、有关审查便利化措施备案、评优评先评奖、各类活动参加单位筛查、诉讼代理人推荐、有关专家和人才推荐中予以协同限制。

第五章　附　则

第十八条　省、自治区、直辖市人民政府管理专利工作的部门可以依据本办法制定具体实施办法。

第十九条　本办法由国家知识产权局负责解释。

第二十条　本办法自 2023 年 5 月 1 日起试行。

附件：1. 专利代理机构信用评价指标体系及评价规则（略）

2. 专利代理师信用评价指标体系及评价规则（略）

关于规范申请专利行为的办法

· 2021 年 3 月 11 日
· 国家知识产权局公告第 411 号

第一条 为坚决打击违背专利法立法宗旨、违反诚实信用原则的各类非正常申请专利行为，依据专利法及其实施细则、专利代理条例等有关法律法规，制定本办法。对于非正常申请专利行为及非正常专利申请，按照本办法严格审查和处理。

第二条 本办法所称非正常申请专利行为是指任何单位或者个人，不以保护创新为目的，不以真实发明创造活动为基础，为牟取不正当利益或者虚构创新业绩、服务绩效，单独或者勾联提交各类专利申请、代理专利申请、转让专利申请权或者专利权等行为。

下列各类行为属于本办法所称非正常申请专利行为：

（一）同时或者先后提交发明创造内容明显相同、或者实质上由不同发明创造特征或要素简单组合变化而形成的多件专利申请的；

（二）所提交专利申请存在编造、伪造或变造发明创造内容、实验数据或技术效果，或者抄袭、简单替换、拼凑现有技术或现有设计等类似情况的；

（三）所提交专利申请的发明创造与申请人、发明人实际研发能力及资源条件明显不符的；

（四）所提交多件专利申请的发明创造内容系主要利用计算机程序或者其他技术随机生成的；

（五）所提交专利申请的发明创造系规避可专利性审查目的而故意形成的明显不符合技术改进或设计常理，或者无实际保护价值的变劣、堆砌、非必要缩限保护范围的发明创造，或者无任何检索和审查意义的内容的；

（六）为逃避打击非正常申请专利行为监管措施而将实质上与特定单位、个人或地址关联的多件专利申请分散、先后或异地提交的；

（七）不以实施专利技术、设计或其他正当目的倒买倒卖专利申请权或专利权，或者虚假变更发明人、设计人的；

（八）专利代理机构、专利代理师，或者其他机构或个人，代理、诱导、教唆、帮助他人或者与之合谋实施各类非正常申请专利行为的；

（九）违反诚实信用原则、扰乱正常专利工作秩序的其他非正常申请专利行为及相关行为。

第三条 国家知识产权局在专利申请受理、初审、实审、复审程序或者国际申请的国际阶段程序中发现或者根据举报得知，并初步认定存在本办法所称非正常申请专利行为的，可以组成专门审查工作组或者授权审查员依据本办法启动专门审查程序，批量集中处理，通知申请人，要求其立即停止有关行为，并在指定的期限内主动撤回相关专利申请或法律手续办理请求，或者陈述意见。

申请人对于非正常申请专利行为初步认定不服的，应当在指定期限内陈述意见，并提交充分证明材料。无正当理由逾期不答复的，相关专利申请被视为撤回，相关法律手续办理请求被视为未提出。

经申请人陈述意见后，国家知识产权局仍然认为属于本办法所称非正常申请专利行为的，可以依法驳回相关专利申请，或者不予批准相关法律手续办理请求。

申请人对于国家知识产权局上述决定不服的，可以依法提出行政复议申请、复审请求或者提起行政诉讼。

第四条 对于被认定的非正常专利申请，国家知识产权局可以视情节不予减缴专利费用；已经减缴的，要求补缴已经减缴的费用。

对于屡犯等情节严重的申请人，自认定非正常申请专利行为之日起五年内对其专利申请不予减缴专利费用。

第五条 对于存在本办法第二条第二款第（八）项所述非正常申请专利行为的专利代理机构或者专利代理师，由中华全国专利代理师协会采取自律措施，对于屡犯等情节严重的，由国家知识产权局或者管理专利工作的部门依法依规进行处罚。

对于存在上述行为的其他机构或个人，由管理专利工作的部门依据查处无资质专利代理行为的有关规定进行处罚，违反其他法律法规的，依法移送有关部门进行处理。

第六条 管理专利工作的部门和专利代办处发现或者根据举报得知非正常申请专利行为线索的，应当及时向国家知识产权局报告。

管理专利工作的部门对于被认定存在非正常申请专利行为的单位或者个人应当按照有关政策文件要求执行有关措施。

第七条 对于存在第二条所述行为的单位或者个人，依据《中华人民共和国刑法》涉嫌构成犯罪的，依法移送有关机关追究刑事责任。

第八条 本办法自发布之日起施行。

专利代理师资格考试办法

· 2019 年 4 月 23 日国家市场监督管理总局令第 7 号公布
· 自 2019 年 6 月 1 日起施行

第一章　总　则

第一条　为了规范专利代理师资格考试工作,根据《中华人民共和国专利法》和《专利代理条例》,制定本办法。

第二条　专利代理师资格考试(以下简称考试)是全国统一的专利代理师执业准入资格考试。

第三条　国家知识产权局负责考试组织工作,制定考试政策和考务管理制度,指导省、自治区、直辖市人民政府管理专利工作的部门的考务工作,负责考试命题、专利代理师资格证书颁发、组织巡考、考试安全保密、全国范围内重大突发事件的应急处理、应试人员和考试工作人员的违规违纪行为处理等工作。

国家知识产权局成立专利代理师考试委员会。考试委员会审定考试大纲和确定考试合格分数线,其成员由国家知识产权局、国务院有关部门、专利代理行业组织的有关人员和专利代理师代表组成,主任由国家知识产权局局长担任。考试委员会办公室负责考试各项具体工作。

第四条　省、自治区、直辖市人民政府管理专利工作的部门负责本行政区域内的考务工作,执行国家知识产权局制定的考试政策和考务管理制度。省、自治区、直辖市人民政府管理专利工作的部门成立考试工作领导小组,负责本行政区域内考务组织、考试安全保密、突发事件应急处理和上报、应试人员和考试工作人员违规违纪行为处理等工作。

第五条　考试每年举行一次,实行全国统一命题,命题范围以考试大纲为准。考试包括以下科目:

(一)专利法律知识;

(二)相关法律知识;

(三)专利代理实务。

第六条　考试为闭卷考试,采用计算机化考试方式。

第七条　考试实行全国统一评卷。阅卷的组织协调工作由考试委员会办公室承担。

第八条　应试人员在三年内全部科目考试合格的,经审核后由国家知识产权局颁发专利代理师资格证。

第九条　国家知识产权局和省、自治区、直辖市人民政府管理专利工作的部门应当做好考试的保密工作。保密工作应当坚持统一领导、分级管理、逐级负责、积极防范、突出重点的原则。

第十条　国家知识产权局和省、自治区、直辖市人民政府管理专利工作的部门应当及时预防和有效应对考试过程中的突发事件。突发事件应急处理工作应当遵循统一指挥、分级负责、有效控制、依法处理的原则,做到预防为主、常备不懈。

第十一条　国家知识产权局和省、自治区、直辖市人民政府管理专利工作的部门依据本办法对应试人员和考试工作人员的违规违纪行为进行处理时,应当事实清楚、证据确凿、程序规范、适用规定准确。

第十二条　国家知识产权局可以根据专利代理行业发展的需要,在符合条件的地区实施考试优惠政策。符合考试优惠政策的考生,由国家知识产权局颁发允许在本省、自治区、直辖市内执业的专利代理师资格证。

第二章　考试组织

第十三条　国家知识产权局每年在举行考试四个月前向社会发布考试有关事项公告,公布考点城市、报名程序、考试时间和资格授予等相关安排。

第十四条　省、自治区、直辖市人民政府管理专利工作的部门符合规定条件的,可以向国家知识产权局申请在本行政区域内设置考点。

第十五条　国家知识产权局可以委托计算机化考试服务方(以下简称考试服务方)执行部分考务工作。

考试服务方应当接受国家知识产权局和在本行政区域内设有考点的省、自治区、直辖市人民政府管理专利工作的部门(以下简称考点局)的监督和指导。

第十六条　国家知识产权局向考点局指派巡考人员。巡考人员监督、协调考点局和考试服务方的考务工作,发现问题及时向国家知识产权局上报。

全部科目考试结束后,巡考人员应当将考点局回收的考场情况记录表复印件、违规情况报告单和相关资料带回,交至考试委员会办公室。

第十七条　考点局监督和指导考试服务方落实本地区考站和考场,组织对本地区考站和考场情况进行检查,监督和指导考试服务方承办考务工作,并应当在考试前召开监考职责说明会。

考点局应当指派考站负责人。

第十八条　考点局应当监督和指导考试服务方按照集中、便利的原则选择考场。考场应当符合下列要求:

(一)消防设施齐全、疏散通道畅通、安静、通风良好、光线充足;

(二)硬件、软件和网络配置符合规定;

（三）具备暂时存放考生随身携带物品的区域或者设施。

第十九条　考点局应当在每个考站设置考务办公室，作为处理考试相关事务的场所，并根据需要安排、配备保卫和医务人员，协助维护考试秩序，提供医疗救助服务。

第二十条　考试工作人员应当具有较高政治素质，遵守考试纪律，熟悉考试业务，工作认真负责。有配偶或者直系亲属参加当年考试的，应当主动回避。

第三章　考试报名

第二十一条　符合以下条件的中国公民，可以报名参加考试：

（一）具有完全民事行为能力；

（二）取得国家承认的理工科大专以上学历，并获得毕业证书或者学位证书。

香港特别行政区、澳门特别行政区永久性居民中的中国公民和台湾地区居民可以报名参加考试。

第二十二条　从事专利审查等工作满七年的中国公民，可以申请免予专利代理实务科目考试。

第二十三条　有下列情形之一的，不得报名参加考试：

（一）因故意犯罪受过刑事处罚，自刑罚执行完毕之日起未满三年；

（二）受吊销专利代理师资格证的处罚，自处罚决定之日起未满三年。

第二十四条　报名参加考试的人员，应当选择适合的考点城市之一，在规定的时间内报名。报名人员应当填写、上传下列材料，并缴纳相关费用：

（一）报名表、专利代理师资格预申请表及照片；

（二）有效身份证件扫描件；

（三）学历或者学位证书扫描件。持香港特别行政区、澳门特别行政区、台湾地区或者国外高等学校学历学位证书报名的，须上传教育部留学服务中心的学历学位认证书扫描件；

（四）专利代理师资格申请承诺书扫描件。

申请免予专利代理实务科目考试的人员报名时还应当填写、上传免试申请书，证明从事专利审查等工作情况的材料。

第二十五条　国家知识产权局考试委员会办公室统一制作准考证，并发放给符合报名条件的考试报名人员。

第四章　考场规则

第二十六条　应试人员应当持本人准考证和与报名信息一致的有效身份证件原件，在每科考试开始前的指定时间进入考场，接受身份查验后在指定位置参加考试。

第二十七条　应试人员不得携带下列物品进入考场：

（一）任何书籍、期刊、笔记以及带有文字的纸张；

（二）任何具有通讯、存储、录放等功能的电子产品。

应试人员携带前款所述物品或者其他与考试无关的物品的，应当在各科考试开始前交由监考人员代为保管。

第二十八条　应试人员在考试期间应当严格遵守考场纪律，保持考场肃静，不得相互交谈、随意站立或者走动，不得查看或者窥视他人答题，不得传递任何信息，不得在考场内喧哗、吸烟、饮食或者有其他影响考场秩序的行为。

第二十九条　考试开始30分钟后，应试人员不得进入考场。考试开始60分钟后，应试人员方可交卷离场。

第三十条　应试人员入座后，不得擅自离开座位和考场。考试结束前，应试人员有特殊情况需要暂时离开考场的，应当由监考人员陪同，返回考场时应当重新接受身份查验。

应试人员因突发疾病不能继续考试的，应当立即停止考试，离开考场。

第三十一条　考试期间出现考试机故障、网络故障或者供电故障等异常情况，导致应试人员无法正常考试的，应试人员应当听从监考人员的安排。

因前款所述客观原因导致应试人员答题时间出现损失的，应试人员可以当场向监考人员提出补时要求，由监考人员依据本办法第三十九条的规定予以处理。

第三十二条　考试结束时，应试人员应当听从监考人员指令，立即停止考试，将草稿纸整理好放在桌面上，等候监考人员清点回收。监考人员宣布退场后，应试人员方可退出考场。应试人员离开考场后不得在考场附近逗留、喧哗。

第三十三条　应试人员不得抄录、复制、传播和扩散试题内容，不得将草稿纸带出考场。

第五章　监考规则

第三十四条　监考人员由国家知识产权局委托的考试服务方选派，并报国家知识产权局和考点局备案。

第三十五条　监考人员进入考场应当佩戴统一制发的监考标志。

第三十六条　考试开始前，监考人员应当完成下列工作：

（一）考试开始前90分钟，进入考场，检查考场管理

机、考试服务器和考试机是否正常运行;

(二)考试开始前60分钟,到考务办公室领取考务相关表格和草稿纸;

(三)考试开始前40分钟,组织应试人员进入考场,核对准考证和身份证件,查验应试人员身份,要求应试人员本人在考场情况记录表中签名并拍照。对没有同时携带准考证和身份证件的应试人员,不得允许其进入考场;

(四)考试开始前10分钟,向应试人员宣读或者播放应试人员考场守则;

(五)考试开始前5分钟,提醒应试人员登录考试界面、核对考试相关信息,并向应试人员发放草稿纸,做好考试准备;

(六)考试开始时,准时点击考场管理机上的"开始考试"按钮。

第三十七条　考试期间,监考人员应当逐一核对应试人员准考证和身份证件上的照片是否与本人一致。

发现应试人员本人与证件上照片不一致的,监考人员应当在考场管理机上与报名数据库中信息进行核对。经核对确认不一致的,监考人员应当报告考站负责人,由其决定该应试人员是否能够继续参加考试,并及时做好相应处理。

第三十八条　考试期间出现考试机故障、网络故障或者供电故障等异常情况,导致应试人员无法正常考试的,监考人员应当维持考场秩序,安抚应试人员,立即请技术支持人员排除故障。重要情况应当及时向考站负责人报告。考站负责人应当做好相应处理,必要时应当逐级上报国家知识产权局,并根据国家知识产权局指令进行相应处理。

第三十九条　因考试机故障等客观原因导致个别应试人员答题时间出现损失,应当向应试人员补时,补时应当等于应试人员实际损失时间。补时不超过10分钟的,经监考人员批准给予补时;补时10分钟以上30分钟以下的,报经考站负责人批准,给予补时;补时超过30分钟的,应当逐级上报国家知识产权局,并根据国家知识产权局指令进行相应处理。

第四十条　监考人员应当恪尽职守,不得在考场内吸烟、阅读书报、闲谈、接打电话或者有其他与监考要求无关的行为。监考人员不得对试题内容作任何解释或者暗示。应试人员对试题的正确性提出质疑的,监考人员应当及时上报,并根据国家知识产权局指令进行相应处理。

第四十一条　发现应试人员违规违纪行为的,监考人员应当及时报告考站负责人并做好以下工作:

(一)要求该应试人员立即停止答题;

(二)收缴违规物品,填写违规物品暂扣和退还表;

(三)对应试人员违规违纪行为进行认定,并在违规情况报告单中记录其违规情况和交卷时间,由两名监考人员签字确认;

(四)将记录的内容告知应试人员,并要求其签字确认。应试人员拒不签字的,监考人员应当在违规情况报告单中注明;

(五)在考场情况记录表中记录该应试人员姓名、准考证号、违规违纪情形等内容;

(六)及时向考站负责人报告应试人员违规违纪情况,并将考务相关表格及违规物品等证据材料一并上交考站负责人。确认应试人员有抄袭作弊行为的,监考人员应当提交相关证明材料。

第四十二条　考试结束后,监考人员应当清点、回收草稿纸,检查所有考试机是否交卷成功,确认成功后按照要求上传本考场考试数据。

第四十三条　考试期间监考人员应当如实填写考务相关表格。应试人员退出考场后,监考人员应当将考场情况记录表、违规情况报告单、违规物品暂扣和退还表、工作程序记录表和草稿纸交考站负责人验收。

第四十四条　每科考试结束后,监考人员应当清理考场并对考场进行封闭,考场钥匙由考站指定的专人管理。

第六章　成绩公布与资格授予

第四十五条　考试成绩及考试合格分数线由考试委员会办公室公布。考试成绩公布前,任何人不得擅自泄露分数情况。

第四十六条　应试人员认为其考试成绩有明显异常的,可以自考试成绩公布之日起十五日内向考试委员会办公室提出书面复查申请,逾期提出的复查申请不予受理。考试成绩复查仅限于重新核对各题得分之和相加是否有误。应试人员不得自行查阅本人试卷。

第四十七条　考试委员会办公室应当指定两名以上工作人员共同完成复查工作。复查结果由考试委员会办公室书面通知提出复查请求的应试人员。

复查发现分数确有错误需要予以更正的,经考试委员会办公室负责人审核同意,报考试委员会主任批准后,方可更正分数。

第四十八条　国家知识产权局在考试合格分数线公布后一个月内向通过考试并经过审核的应试人员颁发专利代理师资格证。

第七章　保密与应急处理

第四十九条　未启用的考试试题为机密级国家秘密,考试试题题库为秘密级国家秘密,按照《中华人民共和国保守国家秘密法》的规定管理。

第五十条　命审题人员信息、试题命制工作方案、参考答案、评分标准、考试合格标准、应试人员的考试成绩和其他有关数据,属于工作秘密,未经国家知识产权局批准不得公开。

第五十一条　国家知识产权局组织成立考试保密工作领导小组,负责制定考试保密管理有关工作方案,指导、检查和监督考点局的考试安全保密工作,对命审题、巡考、阅卷等相关涉密人员进行保密教育和业务培训,在发生失泄密事件时会同国家知识产权局保密委员会采取有效措施进行处置。

国家知识产权局组织成立考试突发事件应急处理领导小组,指导考点局的突发事件应急处理工作,组织处理全国范围内的重大突发事件。

第五十二条　考点局应当会同同级保密工作部门成立地方考试保密工作领导小组,负责制定本行政区域内考试保密制度的具体实施方案,监督、检查保密制度的执行情况,对参与考试工作的涉密人员进行审核并向国家知识产权局备案,对相关涉密考试工作人员进行保密教育和业务培训。

考点局应当成立考试突发事件应急处理领导小组,负责制定本行政区域内的考试突发事件应急处理预案,负责突发事件的处理和上报工作。

第五十三条　考试服务方接受国家知识产权局委托,执行相应部分考务工作时应当接受国家知识产权局的监督和检查,严格遵守保密法律法规、本办法及委托合同中的具体要求,并对涉及考试的相关人员进行严格管理。

第五十四条　考试保密工作管理具体办法和考试应急处理具体预案由国家知识产权局制定。

第八章　违规违纪行为的处理

第五十五条　应试人员有下列情形之一的,由监考人员给予其口头警告,并责令其改正;经警告仍不改正的,监考人员应当报告考站负责人,由其决定责令违规违纪人员离开考场:

(一)随身携带本办法第二十七条禁止携带的物品进入考场;

(二)有本办法第二十八条禁止的行为;

(三)故意损坏考试设备;

(四)有其他违规违纪行为。

第五十六条　应试人员有下列情形之一的,监考人员应当报告考站负责人,由其决定责令违规违纪人员离开考场,并报国家知识产权局决定给予其本场考试成绩无效的处理:

(一)夹带或者查看与考试有关资料;

(二)违规使用具有通讯、存储、录放等功能的电子产品;

(三)抄袭他人答案或者同意、默许、帮助他人抄袭;

(四)以口头、书面或者肢体语言等方式传递答题信息;

(五)协助他人作弊;

(六)将考试内容带出考场;

(七)有其他较为严重的违规违纪行为。

第五十七条　应试人员有下列情形之一的,监考人员应当报告考站负责人,由其决定责令违规违纪人员离开考场,并报国家知识产权局决定给予其当年考试成绩无效的处理:

(一)与其他考场应试人员或者考场外人员串通作弊;

(二)以打架斗殴等方式严重扰乱考场秩序;

(三)以威胁、侮辱、殴打等方式妨碍考试工作人员履行职责;

(四)有其他严重的违规违纪行为。

应试人员以及其他人员有前款规定情形,构成违反治安管理行为的,移交公安机关处理;构成犯罪的,移交司法机关处理。

第五十八条　应试人员有下列情形之一的,监考人员应当报告考站负责人,由其决定责令违规违纪人员离开考场,并报国家知识产权局决定给予其当年考试成绩无效、三年不得报名参加专利代理师资格考试的处理:

(一)由他人冒名代替或者代替他人参加考试;

(二)参与有组织作弊情节严重;

(三)有其他特别严重的违规违纪行为。

应试人员以及其他人员有前款规定情形,构成违反治安管理行为的,移交公安机关处理;构成犯罪的,移交司法机关处理。

第五十九条　通过提供虚假证明材料或者以其他违法手段获得准考证并参加考试的,由国家知识产权局决定给予其当年考试成绩无效的处理。已经取得专利代理师资格证的,由国家知识产权局决定给予撤销专利代理师资格证的处理。

第六十条　考试工作人员有下列行为之一的，由国家知识产权局或者考点局决定停止其参加当年考务工作，并视情节轻重给予或者建议其所在单位给予相应处理：

（一）有应当回避考试工作的情形而未回避；

（二）发现报名人员有提供虚假证明或者证件等行为而隐瞒不报；

（三）因资料审核、考场巡检或者发放准考证等环节工作失误，致使应试人员未能如期参加考试或者使考试工作受到重大影响；

（四）擅自变更考试时间、地点或者其他考试安排；

（五）因未认真履行职责，造成所负责的考场秩序混乱；

（六）擅自将试题等与考试有关内容带出考场或者传递给他人；

（七）命题人员在保密期内从事与专利代理师考试有关的授课、答疑、辅导等活动；

（八）阅卷人员在评卷中擅自更改评分标准，或者不按评分标准进行评卷；

（九）偷换或者涂改应试人员答卷、考试成绩或者考场原始记录材料。

第六十一条　考试工作人员有下列情形之一的，由国家知识产权局或者考点局决定停止其参加当年考务工作，并视情节轻重给予或者建议其所在单位给予相应处分；构成犯罪的，移交司法机关处理：

（一）组织或者参与组织考试作弊；

（二）纵容、包庇或者帮助应试人员作弊；

（三）丢失、泄露、窃取未启用的考试试题、参考答案和评分标准；

（四）未按规定履行职责或者有其他违规违纪行为。

第六十二条　国家知识产权局依据本办法对应试人员给予本场考试成绩无效、当年考试成绩无效、三年不得报名参加专利代理师考试、撤销专利代理师资格证的处理的，应当以书面方式作出处理决定并通知本人，按照有关规定实施失信联合惩戒。

对考试工作人员违规违纪行为进行处理的，应当以书面方式作出处理决定并通知本人，并将有关证据材料存档备查。

第六十三条　对于应试人员或者考试工作人员因违规违纪行为受到处理的有关情况，国家知识产权局或者考点局认为必要时可以通报其所在单位。

第六十四条　应试人员对处理决定不服的，可以依法申请行政复议或者提起行政诉讼。

第九章　附　则

第六十五条　本办法中的考站是指实施考试的学校或者机构，考场是指举行考试的机房，考试机是指应试人员考试用计算机，考试工作人员是指参与考试命审题、试卷制作、监考、巡考、阅卷和考试保密管理等相关工作的人员。

第六十六条　本办法施行之前国家知识产权局颁发的专利代理人资格证书继续有效。

第六十七条　本办法自 2019 年 6 月 1 日起施行。2008 年 8 月 25 日国家知识产权局令第 47 号发布的《专利代理人资格考试实施办法》、第 48 号发布的《专利代理人资格考试考务规则》和 2008 年 9 月 26 日国家知识产权局令第 49 号发布的《专利代理人资格考试违纪行为处理办法》同时废止。

国家知识产权局关于专利侵权纠纷案件申请中止有关问题的批复

· 2022 年 7 月 8 日
· 国知发保函字〔2022〕101 号

江西省知识产权局：

《江西省知识产权局关于专利侵权纠纷案件申请中止有关问题的请示》（赣知保〔2022〕8 号）收悉。经研究，现批复如下：

一、无效宣告请求受理通知书是执法办案部门决定中止案件的必要条件

《专利侵权纠纷行政裁决办案指南》规定"被请求人以申请宣告涉案专利权无效为由提出中止处理的，应当满足以下条件：提起宣告专利权无效申请的是被请求人或者利害关系人；宣告专利权无效申请已被受理；有明确的无效宣告理由和相关证据"，并规定"被请求人提出中止申请的，应当提交以下材料：书面《专利侵权纠纷案件中止处理申请书》；无效宣告请求受理通知书；影响涉案专利权稳定性的有关证据"。

因此，无效宣告请求受理通知书是执法办案部门决定中止案件的必要条件。

二、相关电子文件提交回执和缴费凭证不能证明无效宣告请求已被受理

首先，电子文件提交回执仅代表国家知识产权局收到了请求人提交的相关电子文件。其次,根据《专利法实施细则》第六十条、第六十六条有关专利申请的复审、专利权无效宣告审查的相关要求,国家知识产权局收到复审、无效宣告请求书后,应当进行形式审查,审查内容包括请求人客体、请求人资格、无效宣告请求范围以及理由和证据等,如不符合相关规定,复审、无效宣告请求不予受理或视为未提出。一般来讲,该形式审查在复审、无效宣告请求人缴费后进行。

因此,复审、无效宣告过程中电子文件提交回执和无效宣告请求缴费凭证同时提供,不能证明无效宣告请求已被受理。

特此批复。

(三)专利实施许可

专利实施强制许可办法

· 2012 年 3 月 15 日国家知识产权局令第 64 号公布
· 自 2012 年 5 月 1 日起施行

第一章　总　则

第一条　为了规范实施发明专利或者实用新型专利的强制许可(以下简称强制许可)的给予、费用裁决和终止程序,根据《中华人民共和国专利法》(以下简称专利法)、《中华人民共和国专利法实施细则》及有关法律法规,制定本办法。

第二条　国家知识产权局负责受理和审查强制许可请求、强制许可使用费裁决请求和终止强制许可请求并作出决定。

第三条　请求给予强制许可、请求裁决强制许可使用费和请求终止强制许可,应当使用中文以书面形式办理。

依照本办法提交的各种证件、证明文件是外文的,国家知识产权局认为必要时,可以要求当事人在指定期限内附送中文译文;期满未附送的,视为未提交该证件、证明文件。

第四条　在中国没有经常居所或者营业所的外国人、外国企业或者外国其他组织办理强制许可事务的,应当委托依法设立的专利代理机构办理。

当事人委托专利代理机构办理强制许可事务的,应当提交委托书,写明委托权限。一方当事人有两个以上且未委托专利代理机构的,除另有声明外,以提交的书面文件中指明的第一当事人为该方代表人。

第二章　强制许可请求的提出与受理

第五条　专利权人自专利权被授予之日起满 3 年,且自提出专利申请之日起满 4 年,无正当理由未实施或者未充分实施其专利的,具备实施条件的单位或者个人可以根据专利法第四十八条第一项的规定,请求给予强制许可。

专利权人行使专利权的行为被依法认定为垄断行为的,为消除或者减少该行为对竞争产生的不利影响,具备实施条件的单位或者个人可以根据专利法第四十八条第二项的规定,请求给予强制许可。

第六条　在国家出现紧急状态或者非常情况时,或者为了公共利益的目的,国务院有关主管部门可以根据专利法第四十九条的规定,建议国家知识产权局给予其指定的具备实施条件的单位强制许可。

第七条　为了公共健康目的,具备实施条件的单位可以根据专利法第五十条的规定,请求给予制造取得专利权的药品并将其出口到下列国家或者地区的强制许可:

(一)最不发达国家或者地区;

(二)依照有关国际条约通知世界贸易组织表明希望作为进口方的该组织的发达成员或者发展中成员。

第八条　一项取得专利权的发明或者实用新型比前已经取得专利权的发明或者实用新型具有显著经济意义的重大技术进步,其实施又有赖于前一发明或者实用新型的实施的,该专利权人可以根据专利法第五十一条的规定请求给予实施前一专利的强制许可。国家知识产权局给予实施前一专利的强制许可的,前一专利权人也可以请求给予实施后一专利的强制许可。

第九条　请求给予强制许可的,应当提交强制许可请求书,写明下列各项:

(一)请求人的姓名或者名称、地址、邮政编码、联系人及电话;

(二)请求人的国籍或者注册的国家或者地区;

(三)请求给予强制许可的发明专利或者实用新型专利的名称、专利号、申请日、授权公告日,以及专利权人的姓名或者名称;

(四)请求给予强制许可的理由和事实、期限;

(五)请求人委托专利代理机构的,受托机构的名称、机构代码以及该机构指定的代理人的姓名、执业证号码、联系电话;

(六)请求人的签字或者盖章;委托专利代理机构的,还应当有该机构的盖章;

(七)附加文件清单;

（八）其他需要注明的事项。

请求书及其附加文件应当一式两份。

第十条　强制许可请求涉及两个或者两个以上的专利权人的，请求人应当按专利权人的数量提交请求书及其附加文件副本。

第十一条　根据专利法第四十八条第一项或者第五十一条的规定请求给予强制许可的，请求人应当提供证据，证明其以合理的条件请求专利权人许可其实施专利，但未能在合理的时间内获得许可。

根据专利法第四十八条第二项的规定请求给予强制许可的，请求人应当提交已经生效的司法机关或者反垄断执法机构依法将专利权人行使专利权的行为认定为垄断行为的判决或者决定。

第十二条　国务院有关主管部门根据专利法第四十九条建议给予强制许可的，应当指明下列各项：

（一）国家出现紧急状态或者非常情况，或者为了公共利益目的需要给予强制许可；

（二）建议给予强制许可的发明专利或者实用新型专利的名称、专利号、申请日、授权公告日，以及专利权人的姓名或者名称；

（三）建议给予强制许可的期限；

（四）指定的具备实施条件的单位名称、地址、邮政编码、联系人及电话；

（五）其他需要注明的事项。

第十三条　根据专利法第五十条的规定请求给予强制许可的，请求人应当提供进口方及其所需药品和给予强制许可的有关信息。

第十四条　强制许可请求有下列情形之一的，不予受理并通知请求人：

（一）请求给予强制许可的发明专利或者实用新型专利的专利号不明确或者难以确定；

（二）请求文件未使用中文；

（三）明显不具备请求强制许可的理由；

（四）请求给予强制许可的专利权已经终止或者被宣告无效。

第十五条　请求文件不符合本办法第四条、第九条、第十条规定的，请求人应当自收到通知之日起15日内进行补正。期满未补正的，该请求视为未提出。

第十六条　国家知识产权局受理强制许可请求的，应当及时将请求书副本送交专利权人。除另有指定的外，专利权人应当自收到通知之日起15日内陈述意见；期满未答复的，不影响国家知识产权局作出决定。

第三章　强制许可请求的审查和决定

第十七条　国家知识产权局应当对请求人陈述的理由、提供的信息和提交的有关证明文件以及专利权人陈述的意见进行审查；需要实地核查的，应当指派两名以上工作人员实地核查。

第十八条　请求人或者专利权人要求听证的，由国家知识产权局组织听证。

国家知识产权局应当在举行听证7日前通知请求人、专利权人和其他利害关系人。

除涉及国家秘密、商业秘密或者个人隐私外，听证公开进行。

举行听证时，请求人、专利权人和其他利害关系人可以进行申辩和质证。

举行听证时应当制作听证笔录，交听证参加人员确认无误后签字或者盖章。

根据专利法第四十九条或者第五十条的规定建议或者请求给予强制许可的，不适用听证程序。

第十九条　请求人在国家知识产权局作出决定前撤回其请求的，强制许可请求的审查程序终止。

在国家知识产权局作出决定前，请求人与专利权人订立了专利实施许可合同的，应当及时通知国家知识产权局，并撤回其强制许可请求。

第二十条　经审查认为强制许可请求有下列情形之一的，国家知识产权局应当作出驳回强制许可请求的决定：

（一）请求人不符合本办法第四条、第五条、第七条或者第八条的规定；

（二）请求给予强制许可的理由不符合专利法第四十八条、第五十条或者第五十一条的规定；

（三）强制许可请求涉及的发明创造是半导体技术的，其理由不符合专利法第五十二条的规定；

（四）强制许可请求不符合本办法第十一条或者第十三条的规定；

（五）请求人陈述的理由、提供的信息或者提交的有关证明文件不充分或者不真实。

国家知识产权局在作出驳回强制许可请求的决定前，应当通知请求人拟作出的决定及其理由。除另有指定的外，请求人可以自收到通知之日起15日内陈述意见。

第二十一条　经审查认为请求给予强制许可的理由成立的，国家知识产权局应当作出给予强制许可的决定。在作出给予强制许可的决定前，应当通知请求人和专利权人拟作出的决定及其理由。除另有指定的外，双方当事人可以自收到通知之日起 15 日内陈述意见。

国家知识产权局根据专利法第四十九条作出给予强制许可的决定前,应当通知专利权人拟作出的决定及其理由。

第二十二条　给予强制许可的决定应当写明下列各项:

(一)取得强制许可的单位或者个人的名称或者姓名、地址;

(二)被给予强制许可的发明专利或者实用新型专利的名称、专利号、申请日及授权公告日;

(三)给予强制许可的范围和期限;

(四)决定的理由、事实和法律依据;

(五)国家知识产权局的印章及负责人签字;

(六)决定的日期;

(七)其他有关事项。

给予强制许可的决定应当自作出之日起 5 日内通知请求人和专利权人。

第二十三条　国家知识产权局根据专利法第五十条作出给予强制许可的决定的,还应当在该决定中明确下列要求:

(一)依据强制许可制造的药品数量不得超过进口方所需的数量,并且必须全部出口到该进口方;

(二)依据强制许可制造的药品应当采用特定的标签或者标记明确注明该药品是依据强制许可而制造的;在可行并且不会对药品价格产生显著影响的情况下,应当对药品本身采用特殊的颜色或者形状,或者对药品采用特殊的包装;

(三)药品装运前,取得强制许可的单位应当在其网站或者世界贸易组织的有关网站上发布运往进口方的药品数量以及本条第二项所述的药品识别特征等信息。

第二十四条　国家知识产权局根据专利法第五十条作出给予强制许可的决定的,由国务院有关主管部门将下列信息通报世界贸易组织:

(一)取得强制许可的单位的名称和地址;

(二)出口药品的名称和数量;

(三)进口方;

(四)强制许可的期限;

(五)本办法第二十三条第三项所述网址。

第四章　强制许可使用费裁决请求的审查和裁决

第二十五条　请求裁决强制许可使用费的,应当提交强制许可使用费裁决请求书,写明下列各项:

(一)请求人的姓名或者名称、地址;

(二)请求人的国籍或者注册的国家或者地区;

(三)给予强制许可的决定的文号;

(四)被请求人的姓名或者名称、地址;

(五)请求裁决强制许可使用费的理由;

(六)请求人委托专利代理机构的,受托机构的名称、机构代码以及该机构指定的代理人的姓名、执业证号码、联系电话;

(七)请求人的签字或者盖章;委托专利代理机构的,还应当有该机构的盖章;

(八)附加文件清单;

(九)其他需要注明的事项。

请求书及其附加文件应当一式两份。

第二十六条　强制许可使用费裁决请求有下列情形之一的,不予受理并通知请求人:

(一)给予强制许可的决定尚未作出;

(二)请求人不是专利权人或者取得强制许可的单位或者个人;

(三)双方尚未进行协商或者经协商已经达成协议。

第二十七条　国家知识产权局受理强制许可使用费裁决请求的,应当及时将请求书副本送交对方当事人。除另有指定的外,对方当事人应当自收到通知之日起 15 日内陈述意见;期满未答复的,不影响国家知识产权局作出决定。

强制许可使用费裁决过程中,双方当事人可以提交书面意见。国家知识产权局可以根据案情需要听取双方当事人的口头意见。

第二十八条　请求人在国家知识产权局作出决定前撤回其裁决请求的,裁决程序终止。

第二十九条　国家知识产权局应当自收到请求书之日起 3 个月内作出强制许可使用费的裁决决定。

第三十条　强制许可使用费裁决决定应当写明下列各项:

(一)取得强制许可的单位或者个人的名称或者姓名、地址;

(二)被给予强制许可的发明专利或者实用新型专利的名称、专利号、申请日及授权公告日;

(三)裁决的内容及其理由;

(四)国家知识产权局的印章及负责人签字;

(五)决定的日期;

(六)其他有关事项。

强制许可使用费裁决决定应当自作出之日起 5 日内通知双方当事人。

第五章　终止强制许可请求的审查和决定

第三十一条　有下列情形之一的,强制许可自动终止:

(一)给予强制许可的决定规定的强制许可期限届满;

(二)被给予强制许可的发明专利或者实用新型专利终止或者被宣告无效。

第三十二条　给予强制许可的决定中规定的强制许可期限届满前,强制许可的理由消除并不再发生的,专利权人可以请求国家知识产权局作出终止强制许可的决定。

请求终止强制许可的,应当提交终止强制许可请求书,写明下列各项:

(一)专利权人的姓名或者名称、地址;

(二)专利权人的国籍或者注册的国家或者地区;

(三)请求终止的给予强制许可决定的文号;

(四)请求终止强制许可的理由和事实;

(五)专利权人委托专利代理机构的,受托机构的名称、机构代码以及该机构指定的代理人的姓名、执业证号码、联系电话;

(六)专利权人的签字或者盖章;委托专利代理机构的,还应当有该机构的盖章;

(七)附加文件清单;

(八)其他需要注明的事项。

请求书及其附加文件应当一式两份。

第三十三条　终止强制许可的请求有下列情形之一的,不予受理并通知请求人:

(一)请求人不是被给予强制许可的发明专利或者实用新型专利的专利权人;

(二)未写明请求终止的给予强制许可决定的文号;

(三)请求文件未使用中文;

(四)明显不具备终止强制许可的理由。

第三十四条　请求文件不符合本办法第三十二条规定的,请求人应当自收到通知之日起 15 日内进行补正。期满未补正的,该请求视为未提出。

第三十五条　国家知识产权局受理终止强制许可请求的,应当及时将请求书副本送交取得强制许可的单位或者个人。除另有指定的外,取得强制许可的单位或者个人应当自收到通知之日起 15 日内陈述意见;期满未答复的,不影响国家知识产权局作出决定。

第三十六条　国家知识产权局应当对专利权人陈述的理由和提交的有关证明文件以及取得强制许可的单位或者个人陈述的意见进行审查;需要实地核查的,应当指派两名以上工作人员实地核查。

第三十七条　专利权人在国家知识产权局作出决定前撤回其请求的,相关程序终止。

第三十八条　经审查认为请求终止强制许可的理由不成立的,国家知识产权局应当作出驳回终止强制许可请求的决定。在作出驳回终止强制许可请求的决定前,应当通知专利权人拟作出的决定及其理由。除另有指定的外,专利权人可以自收到通知之日起 15 日内陈述意见。

第三十九条　经审查认为请求终止强制许可的理由成立的,国家知识产权局应当作出终止强制许可的决定。在作出终止强制许可的决定前,应当通知取得强制许可的单位或者个人拟作出的决定及其理由。除另有指定的外,取得强制许可的单位或者个人可以自收到通知之日起 15 日内陈述意见。

终止强制许可的决定应当写明下列各项:

(一)专利权人的姓名或者名称、地址;

(二)取得强制许可的单位或者个人的名称或者姓名、地址;

(三)被给予强制许可的发明专利或者实用新型专利的名称、专利号、申请日及授权公告日;

(四)给予强制许可的决定的文号;

(五)决定的事实和法律依据;

(六)国家知识产权局的印章及负责人签字;

(七)决定的日期;

(八)其他有关事项。

终止强制许可的决定应当自作出之日起 5 日内通知专利权人和取得强制许可的单位或者个人。

第六章　附　则

第四十条　已经生效的给予强制许可的决定和终止强制许可的决定,以及强制许可自动终止的,应当在专利登记簿上登记并在专利公报上公告。

第四十一条　当事人对国家知识产权局关于强制许可的决定不服的,可以依法申请行政复议或者提起行政诉讼。

第四十二条　本办法由国家知识产权局负责解释。

第四十三条　本办法自 2012 年 5 月 1 日起施行。2003 年 6 月 13 日国家知识产权局令第三十一号发布的《专利实施强制许可办法》和 2005 年 11 月 29 日国家知识产权局令第三十七号发布的《涉及公共健康问题的专利实施强制许可办法》同时废止。

专利实施许可合同备案办法

· 2011 年 6 月 27 日国家知识产权局令第 62 号公布
· 自 2011 年 8 月 1 日起施行

第一条 为了切实保护专利权,规范专利实施许可行为,促进专利权的运用,根据《中华人民共和国专利法》、《中华人民共和国合同法》和相关法律法规,制定本办法。

第二条 国家知识产权局负责全国专利实施许可合同的备案工作。

第三条 专利实施许可的许可人应当是合法的专利权人或者其他权利人。

以共有的专利权订立专利实施许可合同的,除全体共有人另有约定或者《中华人民共和国专利法》另有规定的外,应当取得其他共有人的同意。

第四条 申请备案的专利实施许可合同应当以书面形式订立。

订立专利实施许可合同可以使用国家知识产权局统一制订的合同范本;采用其他合同文本的,应当符合《中华人民共和国合同法》的规定。

第五条 当事人应当自专利实施许可合同生效之日起 3 个月内办理备案手续。

第六条 在中国没有经常居所或者营业所的外国人、外国企业或者外国其他组织办理备案相关手续的,应当委托依法设立的专利代理机构办理。

中国单位或者个人办理备案相关手续的,可以委托依法设立的专利代理机构办理。

第七条 当事人可以通过邮寄、直接送交或者国家知识产权局规定的其他方式办理专利实施许可合同备案相关手续。

第八条 申请专利实施许可合同备案的,应当提交下列文件:

(一)许可人或者其委托的专利代理机构签字或者盖章的专利实施许可合同备案申请表;

(二)专利实施许可合同;

(三)双方当事人的身份证明;

(四)委托专利代理机构的,注明委托权限的委托书;

(五)其他需要提供的材料。

第九条 当事人提交的专利实施许可合同应当包括以下内容:

(一)当事人的姓名或者名称、地址;

(二)专利权项数以及每项专利权的名称、专利号、申请日、授权公告日;

(三)实施许可的种类和期限。

第十条 除身份证明外,当事人提交的其他各种文件应当使用中文。身份证明是外文的,当事人应当附送中文译文;未附送的,视为未提交。

第十一条 国家知识产权局自收到备案申请之日起 7 个工作日内进行审查并决定是否予以备案。

第十二条 备案申请经审查合格的,国家知识产权局应当向当事人出具《专利实施许可合同备案证明》。

备案申请有下列情形之一的,不予备案,并向当事人发送《专利实施许可合同不予备案通知书》:

(一)专利权已经终止或者被宣告无效的;

(二)许可人不是专利登记簿记载的专利权人或者有权授予许可的其他权利人的;

(三)专利实施许可合同不符合本办法第九条规定的;

(四)实施许可的期限超过专利权有效期的;

(五)共有专利权人违反法律规定或者约定订立专利实施许可合同的;

(六)专利权处于年费缴纳滞纳期的;

(七)因专利权的归属发生纠纷或者人民法院裁定对专利权采取保全措施,专利权的有关程序被中止的;

(八)同一专利实施许可合同重复申请备案的;

(九)专利权被质押的,但经质权人同意的除外;

(十)与已经备案的专利实施许可合同冲突的;

(十一)其他不应当予以备案的情形。

第十三条 专利实施许可合同备案后,国家知识产权局发现备案申请存在本办法第十二条第二款所列情形并且尚未消除的,应当撤销专利实施许可合同备案,并向当事人发出《撤销专利实施许可合同备案通知书》。

第十四条 专利实施许可合同备案的有关内容由国家知识产权局在专利登记簿上登记,并在专利公报上公告以下内容:许可人、被许可人、主分类号、专利号、申请日、授权公告日、实施许可的种类和期限、备案日期。

专利实施许可合同备案后变更、注销以及撤销的,国家知识产权局予以相应登记和公告。

第十五条 国家知识产权局建立专利实施许可合同备案数据库。公众可以查询专利实施许可合同备案的法律状态。

第十六条 当事人延长实施许可的期限的,应当在原实施许可的期限届满前 2 个月内,持变更协议、备案证明和其他有关文件向国家知识产权局办理备案变更手续。

变更专利实施许可合同其他内容的,参照前款规定办理。

第十七条　实施许可的期限届满或者提前解除专利实施许可合同的,当事人应当在期限届满或者订立解除协议后 30 日内持备案证明、解除协议和其他有关文件向国家知识产权局办理备案注销手续。

第十八条　经备案的专利实施许可合同涉及的专利权被宣告无效或者在期限届满前终止的,当事人应当及时办理备案注销手续。

第十九条　经备案的专利实施许可合同的种类、期限、许可使用费计算方法或者数额等,可以作为管理专利工作的部门对侵权赔偿数额进行调解的参照。

第二十条　当事人以专利申请实施许可合同申请备案的,参照本办法执行。

申请备案时,专利申请被驳回、撤回或者视为撤回的,不予备案。

第二十一条　当事人以专利申请实施许可合同申请备案的,专利申请被批准授予专利权后,当事人应当及时将专利申请实施许可合同名称及有关条款作相应变更;专利申请被驳回、撤回或者视为撤回的,当事人应当及时办理备案注销手续。

第二十二条　本办法自 2011 年 8 月 1 日起施行。2001 年 12 月 17 日国家知识产权局令第十八号发布的《专利实施许可合同备案管理办法》同时废止。

(四)专利侵权

国家知识产权局、司法部关于加强新时代专利侵权纠纷行政裁决工作的意见

· 2023 年 9 月 11 日
· 国知发保字〔2023〕39 号

各省、自治区、直辖市和新疆生产建设兵团知识产权局,司法厅(局):

专利侵权纠纷行政裁决制度是中国特色知识产权制度的重要组成部分,在全面加强知识产权保护、推进创新型国家建设、推动高质量发展、扩大高水平对外开放中发挥着重要作用。党的十八大以来,我国专利侵权纠纷行政裁决工作实现了重大跨越和快速发展,取得了显著成效,但同时存在法治保障相对滞后、制度作用发挥不够充分、体制机制尚不健全等问题。为加强新时代专利侵权纠纷行政裁决工作,现提出如下意见。

一、总体要求

(一)指导思想。坚持以习近平新时代中国特色社会主义思想为指导,全面贯彻党的二十大和二十届二中全会精神,认真落实《法治政府建设实施纲要(2021—2025 年)》《知识产权强国建设纲要(2021—2035 年)》《"十四五"国家知识产权保护和运用规划》和《关于健全行政裁决制度加强行政裁决工作的意见》《关于强化知识产权保护的意见》,全面加强专利侵权纠纷行政裁决法治保障,充分发挥行政裁决制度作用,完善行政裁决体制机制,更好更快依法保护专利权人和社会公众合法权益,构建法治健全、实施高效、有机衔接、执行有力的专利侵权纠纷行政裁决工作体系,为加快建设知识产权强国、推动高质量发展提供有力支撑。

(二)基本原则。

——坚持服务大局,发挥制度优势。准确把握专利侵权纠纷行政裁决工作在国家经济社会发展大局中的功能定位,走好中国特色知识产权发展之路,全面落实知识产权保护属地责任,充分发挥行政裁决制度保护创新、激发创造作用。

——坚持依法行政,强化法治保障。将加强专利侵权纠纷行政裁决工作作为法治政府建设重要内容,建设有力支持全面创新的行政裁决法治保障体系,严格依法行政,落实执法责任制,全面推进行政裁决规范化建设,提高裁决执行力和公信力。

——坚持系统协同,突出便捷高效。牢固树立系统观念,健全专利侵权纠纷行政裁决与调解、司法审判等的衔接协调机制,强化部门协同、上下联动、区域协作、体系支撑,发挥行政裁决便捷高效优势,最大程度为创新主体和人民群众提供便利。

——坚持改革引领,注重能力提升。围绕破除专利侵权纠纷行政裁决体制机制障碍,着力强化改革思维,注重顶层设计和基层探索相结合,推进行政裁决制度创新、技术创新和路径创新,发挥改革试点示范引领作用,全面提升现代化行政裁决能力水平。

(三)主要目标。

——到 2025 年,专利侵权纠纷行政裁决法治保障不断完善,行政裁决法定职责得到切实履行,行政裁决体制机制进一步健全,行政裁决与调解、司法审判等的衔接协调更加顺畅,行政裁决工作体系更加完备,行政裁决能力得到显著增强,省级行政裁决规范化建设试点基本完成,市域、县域规范化建设试点应试尽试,专利侵权纠纷行政裁决作用充分彰显。

——到2030年,支持全面创新的专利侵权纠纷行政裁决基础制度基本形成,行政裁决体制机制运行顺畅,行政裁决制度作用充分发挥,行政裁决能力全面提升,市域、县域行政裁决规范化建设试点全部达标,行政裁决工作法治化、便利化水平显著提高,新时代专利侵权纠纷行政裁决工作格局基本形成。

二、强化专利侵权纠纷行政裁决法治保障

(四)健全行政裁决法律规范。推动专利法律、法规制修订工作,推进修行政裁决部门规章,完善专利侵权纠纷行政裁决相关制度。各地起草、修改知识产权地方性法规、规章时,积极推动统一行政裁决规范表述,引入行政裁决具体条款,加快构建较为完备的行政裁决法律规范体系。经全国人大常委会授权立法的地方,加大立法先行先试力度,鼓励引入简易程序、独任审理等制度。

(五)细化行政裁决程序规定。各地应及时适应性修改行政裁决规定办法,完善行政裁决办案指南,进一步细化规范行政裁决各环节程序,推动行政裁决与司法审判实体认定标准协调统一,确保行政裁决工作在法治轨道上运行。鼓励有条件的地方出台行政裁决专门规定,明确繁简分流和快速处理机制,细化取证、固证等证据规则和技术调查、检验鉴定等举措。

(六)完善行政裁决执行制度。对重复侵犯专利权、拒不履行生效行政裁决等行为,依法采用行政处罚、列入严重违法失信名单等手段,强化行政裁决执行保障。严格落实相关执行措施,对医药集中采购、电子商务等领域行政裁决认定侵权行为成立的,会同相关部门依法依规采取不予挂网或撤网、删除链接等措施,及时制止侵权行为。督促当事人及时履行生效行政裁决决定;对拒不履行的,依法申请人民法院强制执行。

三、严格履行专利侵权纠纷行政裁决法定职责

(七)明确行政裁决属地责任。各地应将行政裁决事项纳入权力清单,通过清单目录式管理,明确行政裁决事项、机构、办案人员及程序流程。省级知识产权管理部门通过指定管辖等措施,统筹省内重大或跨区域行政裁决案件管辖权。对有需要并有实际处理能力的县(市、区),积极推动赋予行政裁决权。鼓励县(市、区)负有知识产权保护职责部门的派出机构,参与立案、取证、送达等行政裁决案件办理。支持各地委托依法成立并具有管理公共事务职能的组织,开展行政裁决工作。

(八)切实履行行政裁决法定职责。各地知识产权管理部门强化行政裁决主责主业,落实专人专岗,对行政裁决请求做到应受尽受、应办必办、及时办理。依法履行现场调查、勘验等职责,对当事人确因客观原因不能自行收集证据且提出书面申请的,可根据情况决定是否调查收集有关证据。各地司法行政机关深化行政裁决协调和监督工作,推进行政裁决工作严格规范公正文明。

(九)落实行政裁决公开制度。各地应依法通过政府或部门网站、政务新媒体等,向社会公布行政裁决相关法律、法规、规章及规范性文件,公开办理行政裁决案件的条件、程序、管辖、时限以及需提交材料的目录和申请书样式等。对作出行政裁决的专利侵权纠纷案件,依法及时予以公开,公开信息应便于公众查询,推动行政裁决工作公开透明。

四、加大专利侵权纠纷行政裁决办案力度

(十)畅通案件受理渠道。加快构建现场立案、网上立案、跨域立案等立体化受理渠道,为权利人提供灵活多样、便捷高效的立案服务。各地除法定受理渠道外,可依托知识产权保护中心、快速维权中心、专利代办处等,设立行政裁决立案服务窗口。积极宣传行政裁决制度及优势特点,在诉讼、公证、鉴定、调解等领域,引导当事人自愿选择行政裁决途径解决纠纷。

(十一)优化案件审理模式。积极探索差异化办案模式,鼓励各地开展简案快办,推广适用简易程序。对举证充分、事实清楚、权利义务关系明确以及涉案专利经无效宣告维持有效的案件,推行快审快结。对疑难、复杂并有一定社会影响的案件,实行精审细办。加强行政裁决与专利确权程序联动,积极开展专利侵权纠纷、专利权无效宣告联合审理。探索构建跨区域联合审理机制。聚焦创新主体反映强烈、社会舆论关注、侵权多发的重点领域和重点区域,适时组织集中受理、并案审理、公开裁决。

(十二)突出案件办理质效。强化案件办理和案卷管理,规范办案主体、事实与证据认定、办案程序和文书制作,提高案件办理质量。加强对新承担行政裁决职能的地方指导,上级知识产权管理部门可采取联合办案、专案指导等方式,带动整体裁决水平提升。积极回应民营企业、外资企业等创新主体保护需求,依法依规通过重大专利侵权纠纷行政裁决等途径,合力裁决一批在全国有影响力的大案要案。

五、完善专利侵权纠纷行政裁决支撑体系

(十三)健全专业技术支撑体系。完善技术调查官制度,出台技术调查官管理办法。专利保护诉求量大的地区,加快建立公开透明、动态调整的专兼职技术调查官库。有条件的地区可充分利用专利审查协作中心、知识产权保护中心等，建设省级或跨区域技术调查中心。推动将技术调查官工作经费纳入执法办案专项经费预算。发挥知识产权鉴定机构协助解决专业技术事实认定作用，推动知识产权鉴定机构专业化、规范化建设。贯彻实施知识产权鉴定相关标准，建立知识产权鉴定机构名录库并动态调整。

（十四）完善跨部门跨区域协同机制。强化行政裁决与调解、司法审判等的工作衔接，建立健全调解裁决结合、裁决诉讼对接机制。探索重大行政裁决案件引入行政司法联合技术事实查明机制。省级知识产权管理部门会同有关部门深化行政调解协议司法确认机制，明确司法确认范围，规范和简化司法确认流程。推进行政裁决跨部门跨区域协作，深化信息共享、联合取证、结果互认、协助执行等机制，实现协作机制规范化、制度化。

六、推进专利侵权纠纷行政裁决改革试点

（十五）强化行政裁决改革创新。鼓励各地聚焦行政裁决工作重点难点，改革创新、大胆探索，及时对基层创造的行之有效的行政裁决创新做法加以总结、提炼和推广。鼓励以数字化手段优化行政裁决业务，积极推行行政裁决在线提出、在线立案、在线审理和在线送达。推动建立行政裁决行为动态监测机制。加快推进跨部门、跨层级、跨区域数据交换，推动行政裁决与确权程序、司法判决等数据信息共享、业务流程贯通。

（十六）深化行政裁决规范化建设试点。构建国家统筹省级试点、省级统筹市域和县域试点，以点带面、示范引领、辐射带动、全域提升的行政裁决规范化建设试点工作体系，重点开展行政裁决制度试点，不断推动完善行政裁决体制机制。市域、县域国家级专利侵权纠纷行政裁决规范化建设试点工作，由通过行政裁决规范化建设试点验收的省（自治区、直辖市），提出具体实施方案，报经国家知识产权局、司法部同意后组织开展。

七、加强专利侵权纠纷行政裁决能力建设

（十七）强化行政裁决能力提升。加强辖区内行政裁决案件指导和监督。完善书面答复、办案指导等机制，构建分层分级、上下联动、高效运转的行政裁决指导体系。组织开展行政裁决案卷本级自查、同级互查、上级评查。上级知识产权管理部门建立行政裁决专家团队，统一研判办案中疑难问题，重点支持力量薄弱地区稳妥开展行政裁决工作。定期开展案卷评比、优秀案例评选、执法人员评优、技能比武等活动。

（十八）加强行政裁决队伍建设。加快推进行政

决队伍专业化建设，配强行政裁决专门人员。在案件较为集中、办案量较大的地区，可探索设立知识产权行政裁决委员会，建设知识产权行政裁决庭、知识产权行政裁决所等。优先配备取得国家统一法律职业资格和专利代理师资格、具备法学和理工学科背景人员从事行政裁决工作。积极推动将行政裁决专业人才纳入党委和政府人才计划，制定相应配套人才政策，完善职级晋升相关制度。实施行政裁决办案人员轮训，通过分级分层培训、跨部门跨区域交流等方式，提升行政裁决队伍专业能力和业务水平。

八、组织保障

（十九）加强组织领导。各地要把加强专利侵权纠纷行政裁决工作作为全面加强知识产权保护、优化创新环境和营商环境、推进法治政府建设的重要抓手，切实加大人员配备、队伍建设、经费投入等保障力度，确保各项工作任务顺利推进。要结合本地实际，制定切实可行的实施方案，明确责任部门，建立协调机制，共同推进落实各项任务。工作推进中遇到的重大问题、重要情况，及时向国家知识产权局、司法部报告。

（二十）加强督促检查。国家知识产权局、司法部加强对各地工作落实的督促、指导和检查，对工作成效显著的地区和成绩突出的人员给予通报表扬。司法部引导各地将行政裁决工作纳入法治政府建设考核评价和法治政府示范创建指标体系，并作为正向指标予以加分。国家知识产权局将各地工作落实情况，纳入年度知识产权行政保护绩效考核范围。

（二十一）加强宣传引导。各地司法行政机关将行政裁决工作纳入法治宣传教育计划，保障行政裁决普法工作有序推进。各地知识产权管理部门认真落实"谁执法谁普法"责任制，开展形式多样、内容丰富的普法用法活动。充分利用重要时段、重要时机，定期发布典型案例和经验做法，大力宣传行政裁决成效，为加强新时代专利侵权纠纷行政裁决工作营造良好氛围。

重大专利侵权纠纷行政裁决办法

· 2021 年 5 月 26 日
· 国家知识产权局公告第 426 号

第一条 为贯彻落实党中央、国务院关于全面加强知识产权保护的决策部署，切实维护公平竞争的市场秩序，保障专利权人和社会公众的合法权益，根据《中华人民共和国专利法》（以下简称《专利法》）和有关法律、法

规、规章,制定本办法。

第二条　本办法适用于国家知识产权局处理专利法第七十条第一款所称的在全国有重大影响的专利侵权纠纷(以下简称重大专利侵权纠纷)。

第三条　有以下情形之一的,属于重大专利侵权纠纷:

(一)涉及重大公共利益的;

(二)严重影响行业发展的;

(三)跨省级行政区域的重大案件;

(四)其他可能造成重大影响的专利侵权纠纷。

第四条　请求对重大专利侵权纠纷进行行政裁决的,应当符合第三条所述的情形,并具备下列条件:

(一)请求人是专利权人或者利害关系人;

(二)有明确的被请求人;

(三)有明确的请求事项和具体事实、理由;

(四)人民法院未就该专利侵权纠纷立案。

第五条　请求对重大专利侵权纠纷进行行政裁决的,应当依据《专利行政执法办法》的有关规定提交请求书及有关证据材料,同时还应当提交被请求人所在地或者侵权行为地省、自治区、直辖市管理专利工作的部门出具的符合本办法第三条所述情形的证明材料。

第六条　请求符合本办法第四条规定的,国家知识产权局应当自收到请求书之日起5个工作日内立案并通知请求人,同时指定3名或者3名以上单数办案人员组成合议组办理案件。案情特别复杂或者有其他特殊情况的,经批准,立案期限可以延长5个工作日。

请求不符合本办法第四条规定的,国家知识产权局应当在收到请求书之日起5个工作日内通知请求人不予立案,并说明理由。

对于不属于重大专利侵权纠纷的请求,国家知识产权局不予立案,并告知请求人可以向有管辖权的地方管理专利工作的部门请求处理。

第七条　省、自治区、直辖市管理专利工作的部门对于辖区内专利侵权纠纷处理请求,认为案情属于重大专利侵权纠纷的,可以报请国家知识产权局进行行政裁决。

第八条　办案人员应当持有国家知识产权局配发的办案证件。

第九条　办案人员有下列情形之一的应当自行回避:

(一)是当事人或者其代理人的近亲属的;

(二)与专利申请或者专利权有利害关系的;

(三)与当事人或者其代理人有其他关系,可能影响公正办案的。

当事人也有权申请办案人员回避。当事人申请回避的,应当说明理由。

办案人员的回避,由负责办案的部门决定。

第十条　国家知识产权局应当在立案之日起5个工作日内向被请求人发出请求书及其附件的副本,要求其在收到之日起15日内提交答辩书,并按照请求人的数量提供答辩书副本。被请求人逾期不提交答辩书的,不影响案件处理。

被请求人提交答辩书的,国家知识产权局应当在收到之日起5个工作日内将答辩书副本转送请求人。

国家知识产权局可以对侵犯其同一专利权的案件合并处理。

第十一条　案件办理过程中,请求人提出申请追加被请求人的,如果符合共同被请求人条件,国家知识产权局应当裁定追加并通知其他当事人,不符合共同被请求人条件但符合请求条件的,应当驳回追加申请,告知请求人另案提出请求。对于被请求人提出追加其他当事人为被请求人的,应当告知请求人。请求人同意追加的,裁定准许追加。请求人不同意的,可以追加其他当事人为第三人。追加被请求人或第三人的请求应当在口头审理前提出,否则不予支持。

第十二条　当事人对自己提出的主张,有责任提供证据。当事人因客观原因不能收集的证据,可以提交初步证据和理由,书面申请国家知识产权局调查或者检查。根据查明案件事实的需要,国家知识产权局也可以依法调查或者检查。

办案人员在调查或者检查时不得少于两人,并应当向当事人或者有关人员出示办案证件。

第十三条　办案人员在调查或者检查时,可以行使下列职权:

(一)询问有关当事人及其他有关单位和个人,调查与涉嫌专利侵权行为有关的情况;

(二)对当事人涉嫌专利侵权行为的场所实施现场检查;

(三)检查与涉嫌专利侵权行为有关的产品。

在调查或者检查时,当事人或者有关人员应当予以协助、配合,不得拒绝、阻挠。

根据工作需要和实际情况,国家知识产权局可以将相关案件调查工作委托地方管理专利工作的部门进行。

第十四条　专利侵权纠纷涉及复杂技术问题,需要进行检验鉴定的,国家知识产权局可以应当事人请求委托有关单位进行检验鉴定。当事人请求检验鉴定的,检验鉴定单位可以由双方当事人协商确定;协商不成的,由国家知识产权局指定。检验鉴定意见未经质证,不得作为定案依据。

当事人对鉴定费用有约定的,从其约定。没有约定的,鉴定费用由申请鉴定方先行支付,结案时由责任方承担。

第十五条　国家知识产权局可以指派技术调查官参与案件处理,提出技术调查意见。相关技术调查意见可以作为合议组认定技术事实的参考。技术调查官管理办法另行规定。

第十六条　国家知识产权局根据案情需要决定是否进行口头审理。进行口头审理的,应当至少在口头审理5个工作日前将口头审理的时间、地点通知当事人。当事人无正当理由拒不参加的,或者未经许可中途退出的,对请求人按撤回请求处理,对被请求人按缺席处理。

第十七条　有以下情形之一的,当事人可以申请中止案件办理,国家知识产权局也可以依职权决定中止案件办理:

(一)被请求人申请宣告涉案专利权无效并被国家知识产权局受理的;

(二)一方当事人死亡,需要等待继承人表明是否参加处理的;

(三)一方当事人丧失民事行为能力,尚未确定法定代理人的;

(四)作为一方当事人的法人或者其他组织终止,尚未确定权利义务承受人的;

(五)一方当事人因不可抗拒的事由,不能参加审理的;

(六)该案必须以另一案的审理结果为依据,而另一案尚未审结的;

(七)其他需要中止处理的情形。

第十八条　有下列情形之一的,国家知识产权局可以不中止案件处理:

(一)请求人出具的检索报告或专利权评价报告未发现实用新型或者外观设计专利权存在不符合授予专利权条件的缺陷;

(二)无效宣告程序已对该实用新型或者外观设计专利作出维持有效决定的;

(三)当事人提出的中止理由明显不成立。

第十九条　有下列情形之一时,国家知识产权局可以撤销案件:

(一)立案后发现不符合受理条件的;

(二)请求人撤回处理请求的;

(三)请求人死亡或注销,没有继承人,或者继承人放弃处理请求的;

(四)被请求人死亡或注销,或者没有应当承担义务的人的;

(五)其他需要撤销案件的情形。

第二十条　在行政裁决期间,有关专利权被国家知识产权局宣告无效的,可以终止案件办理。有证据证明宣告上述权利无效的决定被生效的行政判决撤销的,权利人可以另行提起请求。

第二十一条　国家知识产权局可以组织当事人进行调解。双方当事人达成一致的,由国家知识产权局制作调解书,加盖公章,并由双方当事人签名或者盖章。调解不成的,应当及时作出行政裁决。

第二十二条　国家知识产权局处理专利侵权纠纷,应当自立案之日起三个月内结案。因案件复杂或者其他原因,不能在规定期限内结案的,经批准,可以延长一个月。案情特别复杂或者有其他特殊情况,经延期仍不能结案的,经批准继续延期的,应当同时确定延长的合理期限。

案件处理过程中,中止、公告、检验鉴定等时间不计入前款所指的案件办理期限。变更请求、追加共同被请求人、第三人的,办案期限从变更请求、确定共同被请求人、第三人之日起重新计算。

第二十三条　国家知识产权局作出行政裁决,应当制作行政裁决书,并加盖公章。行政裁决认定专利侵权行为成立的,应当责令立即停止侵权行为,并根据需要通知有关主管部门、地方人民政府有关部门协助配合及时制止侵权行为。当事人不服的,可以自收到行政裁决书之日起15日内,依照《中华人民共和国行政诉讼法》向人民法院起诉。除法律规定的情形外,诉讼期间不停止行政裁决的执行。被请求人期满不起诉又不停止侵权行为的,国家知识产权局可以向人民法院申请强制执行。

行政裁决作出后,应当按照《政府信息公开条例》及有关规定向社会公开。行政裁决公开时,应当删除涉及商业秘密的信息。

第二十四条　办案人员以及其他工作人员滥用职权、玩忽职守、徇私舞弊或者泄露办案过程中知悉的商业秘密,尚不构成犯罪的,依法给予政务处分;涉嫌犯罪的,移送司法机关处理。

第二十五条　本办法未作规定的,依照《专利行政执法办法》以及国家知识产权局关于专利侵权纠纷行政裁决有关规定执行。

第二十六条　本办法由国家知识产权局负责解释。

第二十七条　本办法自 2021 年 6 月 1 日起施行。

药品专利纠纷早期解决机制行政裁决办法

· 2021 年 7 月 5 日
· 国家知识产权局公告第 435 号

第一条　为依法办理涉药品上市审评审批过程中的专利纠纷行政裁决（以下简称药品专利纠纷行政裁决）案件，根据《中华人民共和国专利法》（以下简称专利法）和有关法律、法规、规章，制定本办法。

第二条　国家知识产权局负责专利法第七十六条所称的行政裁决办理工作。

国家知识产权局设立药品专利纠纷早期解决机制行政裁决委员会，组织和开展药品专利纠纷早期解决机制行政裁决相关工作。

第三条　案件办理人员有下列情形之一的，应当自行回避：

（一）是当事人或者其代理人的近亲属的；

（二）与专利申请或者专利权有利害关系的；

（三）与当事人或者其代理人有其他关系，可能影响公正办案的。

当事人也有权申请案件办理人员回避。当事人申请回避的，应当说明理由。

案件办理人员的回避，由案件办理部门决定。

第四条　当事人请求国家知识产权局对药品专利纠纷进行行政裁决的，应当符合下列条件：

（一）请求人是专利法第七十六条所称的药品上市许可申请人与有关专利权人或者利害关系人，其中的利害关系人是指相关专利的被许可人或者登记的药品上市许可持有人；

（二）有明确的被请求人；

（三）有明确的请求事项和具体的事实、理由；

（四）相关专利信息已登记在中国上市药品专利信息登记平台上，且符合《药品专利纠纷早期解决机制实施办法》的相关规定；

（五）人民法院此前未就该药品专利纠纷立案；

（六）药品上市许可申请人提起行政裁决请求的，自国家药品审评机构公开药品上市许可申请之日起四十五日内，专利权人或者利害关系人未就该药品专利纠纷向

人民法院起诉或者提起行政裁决请求；

（七）一项行政裁决请求应当仅限于确认一个申请上市许可的药品技术方案是否落入某一项专利权的保护范围。

第五条　专利权人或者利害关系人请求确认申请上市许可的药品相关技术方案落入相关专利权的保护范围的，应当以药品上市许可申请人作为被请求人。

专利权属于多个专利权人共有的，应当由全体专利权人提出请求，部分共有专利权人明确表示放弃有关实体权利的除外。

药品上市许可持有人或者独占实施许可合同的被许可人可以自己的名义提出请求；排他实施许可合同的被许可人在专利权人不提出请求的情况下，可以自己的名义提出请求。

第六条　药品上市许可申请人请求确认申请上市许可的药品相关技术方案不落入相关专利权的保护范围的，应当以专利权人作为被请求人。

第七条　请求国家知识产权局对药品专利纠纷进行行政裁决的，应当提交请求书及下列材料：

（一）主体资格证明；

（二）中国上市药品专利信息登记平台对相关专利的登记信息、国家药品审评机构信息平台公示的药品上市许可申请及其未落入相关专利权保护范围的声明和声明依据；

（三）请求人是药品上市许可申请人的，还应当提交申请注册的药品相关技术方案，该技术方案涉及保密信息的，需要单独提交并声明。

第八条　请求书应当载明以下内容：

（一）请求人的姓名或者名称、地址，法定代表人或者主要负责人的姓名、联系电话，委托代理人的，代理人的姓名和代理机构的名称、地址、联系电话；

（二）被请求人的姓名或名称、地址，法定代表人的姓名、联系电话及其他事项；

（三）中国上市药品专利信息登记平台登记的相关专利信息，包括专利号、专利类型、专利状态、专利权人、专利保护期届满日，以及请求认定是否落入保护范围的具体权利要求项；

（四）国家药品审评机构信息平台公示的申请注册药品的相关信息及声明类型；

（五）关于申请注册的药品技术方案是否落入相关专利权保护范围的理由；

（六）证据材料清单；

（七）请求人或者获得授权的代理人的签名（自然

人)或者盖章(法人和其他组织)。有关证据和证明材料可以以请求书附件的形式提交。

第九条 国家知识产权局收到请求书及相关材料后,应当进行登记并对请求书等材料进行审查。请求书及相关材料不齐全、请求书未使用规定的格式或者填写不符合规定的,应通知请求人在五个工作日内补正。期满未补正或者补正后仍存在同样缺陷的,该行政裁决请求不予受理。

第十条 药品专利纠纷行政裁决请求有下列情形之一的,国家知识产权局不予受理并通知请求人:

(一)请求书中缺少请求人姓名或名称,联系地址等基本信息,或者缺少专利权信息的;

(二)被请求人不明确的;

(三)请求人和被请求人的主体资格不符合本办法第四、五、六条相关规定的;

(四)涉案专利不属于中国上市药品专利信息登记平台登记的专利主题类型,或者与第四类声明中专利不一致的;

(五)涉案专利所涉及的权利要求被国家知识产权局宣告无效的;

(六)请求书中未明确所涉及的专利权利要求以及请求行政裁决具体事项的;

(七)请求人未具体说明行政裁决理由,或者未结合提交的证据具体说明行政裁决理由的;

(八)一项行政裁决请求涉及一个以上申请上市许可的药品技术方案或者一项以上专利权的;

(九)同一药品专利纠纷已被人民法院立案的。

第十一条 当事人的请求符合本办法第四条规定的,国家知识产权局应当在五个工作日内立案并通知请求人和被请求人。

第十二条 国家知识产权局根据当事人的申请,或者根据案件办理需要可以向药品监督管理部门核实有关证据。

第十三条 国家知识产权局应当组成合议组审理案件。根据当事人的请求和案件情况,合议组可以进行口头审理或者书面审理。

相同当事人针对同一药品相关的多项专利权提出多项行政裁决请求的,国家知识产权局可以合并审理。

国家知识产权局决定进行口头审理的,应当至少在口头审理五个工作日前将口头审理的时间、地点通知当事人。请求人无正当理由拒不参加或者未经许可中途退出的,其请求视为撤回;被请求人无正当理由拒不参加或者未经许可中途退出的,缺席审理。

第十四条 药品专利纠纷行政裁决案件办理中,涉案专利所涉及的部分权利要求被国家知识产权局宣告无效的,根据维持有效的权利要求为基础作出行政裁决;涉案专利所涉及的权利要求被国家知识产权局全部宣告无效的,驳回行政裁决请求。

第十五条 国家知识产权局办理药品专利纠纷行政裁决案件时,可以根据当事人的意愿进行调解。经调解,当事人达成一致意见的,国家知识产权局可以应当事人的请求制作调解书。调解不成的,国家知识产权局应当及时作出行政裁决。

第十六条 有以下情形之一的,当事人可以申请中止案件办理,国家知识产权局也可以依职权决定中止案件办理:

(一)一方当事人死亡,需要等待继承人表明是否参加办理的;

(二)一方当事人丧失请求行政裁决的行为能力,尚未确定法定代理人的;

(三)作为一方当事人的法人或者其他组织终止,尚未确定权利义务承受人的;

(四)一方当事人因不可抗拒的事由,不能参加审理的;

(五)其他需要中止办理的情形。

当事人对涉案专利提出无效宣告请求的,国家知识产权局可以不中止案件办理。

第十七条 国家知识产权局作出行政裁决之前,请求人可以撤回其请求。请求人撤回其请求或者其请求视为撤回的,药品专利纠纷行政裁决程序终止。

请求人在行政裁决的结论作出后撤回其请求的,不影响行政裁决的效力。

第十八条 国家知识产权局作出行政裁决的,应当就申请上市药品技术方案是否落入相关专利权保护范围作出认定,并说明理由和依据。

行政裁决作出后,应当送达当事人并抄送国家药品监督管理部门,同时按照《政府信息公开条例》及有关规定向社会公开。行政裁决公开时,应当删除涉及商业秘密的信息。

第十九条 当事人对国家知识产权局作出的药品专利纠纷行政裁决不服的,可以依法向人民法院起诉。

第二十条 当事人对其提供的证据或者证明材料的真实性负责。

当事人对其在行政裁决程序中知悉的商业秘密负有保密义务,擅自披露、使用或者允许他人使用该商业秘密的,应当承担相应法律责任。

第二十一条　药品专利纠纷行政裁决案件办理人员以及其他工作人员滥用职权、玩忽职守、徇私舞弊或者泄露办理过程中知悉的商业秘密,尚不构成犯罪的,依法给予政务处分;涉嫌犯罪的,移送司法机关处理。

第二十二条　本办法未作规定的,依照《专利行政执法办法》以及国家知识产权局关于专利侵权纠纷行政裁决有关规定执行。

第二十三条　本办法由国家知识产权局负责解释。

第二十四条　本办法自发布之日起施行。

药品专利纠纷早期解决机制实施办法(试行)

· 2021年7月4日
· 国家药监局、国家知识产权局公告2021年第89号

第一条　为了保护药品专利权人合法权益,鼓励新药研究和促进高水平仿制药发展,建立药品专利纠纷早期解决机制,制定本办法。

第二条　国务院药品监督管理部门组织建立中国上市药品专利信息登记平台,供药品上市许可持有人登记在中国境内注册上市的药品相关专利信息。

未在中国上市药品专利信息登记平台登记相关专利信息的,不适用本办法。

第三条　国家药品审评机构负责建立并维护中国上市药品专利信息登记平台,对已获批上市药品的相关专利信息予以公开。

第四条　药品上市许可持有人在获得药品注册证书后30日内,自行登记药品名称、剂型、规格、上市许可持有人、相关专利号、专利名称、专利权人、专利被许可人、专利授权日期及保护期限届满日、专利状态、专利类型、药品与相关专利权利要求的对应关系、通讯地址、联系人、联系方式等内容。相关信息发生变化的,药品上市许可持有人应当在信息变更生效后30日内完成更新。

药品上市许可持有人对其登记的相关信息的真实性、准确性和完整性负责,对收到的相关异议,应当及时核实处理并予以记录。登记信息与专利登记簿、专利公报以及药品注册证书相关信息应当一致;医药用途专利权与获批上市药品说明书的适应症或者功能主治应当一致;相关专利保护范围覆盖获批上市药品的相应技术方案。相关信息修改应当说明理由并予以公开。

第五条　化学药上市许可持有人可在中国上市药品专利信息登记平台登记药物活性成分化合物专利、含活性成分的药物组合物专利、医药用途专利。

第六条　化学仿制药申请人提交药品上市许可申请时,应当对照已在中国上市药品专利信息登记平台公开的专利信息,针对被仿制药每一件相关的药品专利作出声明。声明分为四类:

一类声明:中国上市药品专利信息登记平台中没有被仿制药的相关专利信息;

二类声明:中国上市药品专利信息登记平台收录的被仿制药相关专利权已终止或者被宣告无效,或者仿制药申请人已获得专利权人相关专利实施许可;

三类声明:中国上市药品专利信息登记平台收录有被仿制药相关专利,仿制药申请人承诺在相应专利权有效期届满之前所申请的仿制药暂不上市;

四类声明:中国上市药品专利信息登记平台收录的被仿制药相关专利权应当被宣告无效,或者其仿制药未落入相关专利权保护范围。

仿制药申请人对相关声明的真实性、准确性负责。仿制药申请被受理后10个工作日内,国家药品审评机构应当在信息平台向社会公开申请信息和相应声明;仿制药申请人应当将相应声明及声明依据通知上市许可持有人,上市许可持有人非专利权人的,由上市许可持有人通知专利权人。其中声明未落入相关专利权保护范围的,声明依据应当包括仿制药技术方案与相关专利的相关权利要求对比表及相关技术资料。除纸质资料外,仿制药申请人还应当向上市许可持有人在中国上市药品专利信息登记平台登记的电子邮箱发送声明及声明依据,并留存相关记录。

第七条　专利权人或者利害关系人对四类专利声明有异议的,可以自国家药品审评机构公开药品上市许可申请之日起45日内,就申请上市药品的相关技术方案是否落入相关专利权保护范围向人民法院提起诉讼或者向国务院专利行政部门请求行政裁决。当事人对国务院专利行政部门作出的行政裁决不服的,可以在收到行政裁决书后依法向人民法院起诉。

专利权人或者利害关系人如在规定期限内提起诉讼或者请求行政裁决的,应当自人民法院立案或者国务院专利行政部门受理之日起15个工作日内将立案或受理通知书副本提交国家药品审评机构,并通知仿制药申请人。

第八条　收到人民法院立案或者国务院专利行政部门受理通知书副本后,国务院药品监督管理部门对化学仿制药注册申请设置9个月的等待期。等待期自人民法院立案或者国务院专利行政部门受理之日起,只设置一

次。等待期内国家药品审评机构不停止技术审评。

专利权人或者利害关系人未在规定期限内提起诉讼或者请求行政裁决的，国务院药品监督管理部门根据技术审评结论和仿制药申请人提交的声明情形，直接作出是否批准上市的决定；仿制药申请人可以按相关规定提起诉讼或者请求行政裁决。

第九条 对引发等待期的化学仿制药注册申请，专利权人或者利害关系人、化学仿制药申请人应当自收到判决书或者决定书等 10 个工作日内将相关文书报送国家药品审评机构。

对技术审评通过的化学仿制药注册申请，国家药品审评机构结合人民法院生效判决或者国务院专利行政部门行政裁决作出相应处理：

（一）确认落入相关专利权保护范围的，待专利权期限届满前将相关化学仿制药注册申请转入行政审批环节；

（二）确认不落入相关专利权保护范围或者双方和解的，按照程序将相关化学仿制药注册申请转入行政审批环节；

（三）相关专利权被依法无效的，按照程序将相关化学仿制药注册申请转入行政审批环节；

（四）超过等待期，国务院药品监督管理部门未收到人民法院的生效判决或者调解书，或者国务院专利行政部门的行政裁决，按照程序将相关化学仿制药注册申请转入行政审批环节；

（五）国务院药品监督管理部门在行政审批期间收到人民法院生效判决或者国务院专利行政部门行政裁决，确认落入相关专利权保护范围的，将相关化学仿制药注册申请交由国家药品审评机构按照本条第二款第一项的规定办理。

国务院药品监督管理部门作出暂缓批准决定后，人民法院推翻原行政裁决的、双方和解的、相关专利权被宣告无效的，以及专利权人、利害关系人撤回诉讼或者行政裁决请求的，仿制药申请人可以向国务院药品监督管理部门申请批准仿制药上市，国务院药品监督管理部门可以作出是否批准的决定。

第十条 对一类、二类声明的化学仿制药注册申请，国务院药品监督管理部门依据技术审评结论作出是否批准上市的决定；对三类声明的化学仿制药注册申请，技术审评通过的，作出批准上市决定，相关药品在相应专利权有效期和市场独占期届满之后方可上市。

第十一条 对首个挑战专利成功并首个获批上市的化学仿制药，给予市场独占期。国务院药品监督管理部门在该药品获批之日起 12 个月内不再批准同品种仿制药上市，共同挑战专利成功的除外。市场独占期限不超过被挑战药品的原专利权期限。市场独占期内国家药品审评机构不停止技术审评。对技术审评通过的化学仿制药注册申请，待市场独占期到期前将相关化学仿制药注册申请转入行政审批环节。

挑战专利成功是指化学仿制药申请人提交四类声明，且根据其提出的宣告专利权无效请求，相关专利权被宣告无效，因而使仿制药可获批上市。

第十二条 中药、生物制品上市许可持有人，按照本办法第二条、第三条、第四条、第七条，进行相关专利信息登记等。中药可登记中药组合物专利、中药提取物专利、医药用途专利，生物制品可登记活性成分的序列结构专利、医药用途专利。

中药同名同方药、生物类似药申请人按照本办法第六条进行相关专利声明。

第十三条 对中药同名同方药和生物类似药注册申请，国务院药品监督管理部门依据技术审评结论，直接作出是否批准上市的决定。对于人民法院或者国务院专利行政部门确认相关技术方案落入相关专利权保护范围的，相关药品在相应专利权有效期届满之后方可上市。

第十四条 化学仿制药、中药同名同方药、生物类似药等被批准上市后，专利权人或者利害关系人认为相关药品侵犯其相应专利权，引起纠纷的，依据《中华人民共和国专利法》等法律法规相关规定解决。已经依法批准的药品上市许可决定不予撤销，不影响其效力。

第十五条 提交不实声明等弄虚作假的、故意将保护范围与已获批上市药品无关或者不属于应当登记的专利类型的专利登记至中国上市药品专利信息登记平台、侵犯专利权人相关专利权或者其他给当事人造成损失的，依法承担相应责任。

第十六条 本办法自发布之日起施行。

最高人民法院关于审理申请注册的药品相关的专利权纠纷民事案件适用法律若干问题的规定

· 2021 年 5 月 24 日最高人民法院审判委员会第 1839 次会议通过
· 2021 年 7 月 4 日最高人民法院公告公布
· 自 2021 年 7 月 5 日起施行
· 法释〔2021〕13 号

为正确审理申请注册的药品相关的专利权纠纷民事

案件,根据《中华人民共和国专利法》《中华人民共和国民事诉讼法》等有关法律规定,结合知识产权审判实际,制定本规定。

第一条 当事人依据专利法第七十六条规定提起的确认是否落入专利权保护范围纠纷的第一审案件,由北京知识产权法院管辖。

第二条 专利法第七十六条所称相关的专利,是指适用国务院有关行政部门关于药品上市许可审批与药品上市许可申请阶段专利权纠纷解决的具体衔接办法(以下简称衔接办法)的专利。

专利法第七十六条所称利害关系人,是指前款所称专利的被许可人、相关药品上市许可持有人。

第三条 专利权人或者利害关系人依据专利法第七十六条起诉的,应当按照民事诉讼法第一百一十九条第三项的规定提交下列材料:

(一)国务院有关行政部门依据衔接办法所设平台中登记的相关专利信息,包括专利名称、专利号、相关的权利要求等;

(二)国务院有关行政部门依据衔接办法所设平台中公示的申请注册药品的相关信息,包括药品名称、药品类型、注册类别以及申请注册药品与所涉及的上市药品之间的对应关系等;

(三)药品上市许可申请人依据衔接办法作出的四类声明及声明依据。

药品上市许可申请人应当在一审答辩期内,向人民法院提交其向国家药品审评机构申报的、与认定是否落入相关专利权保护范围对应的必要技术资料副本。

第四条 专利权人或者利害关系人在衔接办法规定的期限内未向人民法院提起诉讼的,药品上市许可申请人可以向人民法院起诉,请求确认申请注册药品未落入相关专利权保护范围。

第五条 当事人以国务院专利行政部门已经受理专利法第七十六条所称行政裁决请求为由,主张不应当受理专利法第七十六条所称诉讼或者申请中止诉讼的,人民法院不予支持。

第六条 当事人依据专利法第七十六条起诉后,以国务院专利行政部门已经受理宣告相关专利权无效的请求为由,申请中止诉讼的,人民法院一般不予支持。

第七条 药品上市许可申请人主张具有专利法第六十七条、第七十五条第二项等规定情形的,人民法院经审查属实,可以判决确认申请注册的药品相关技术方案未落入相关专利权保护范围。

第八条 当事人对其在诉讼中获取的商业秘密或者其他需要保密的商业信息负有保密义务,擅自披露或者在该诉讼活动之外使用、允许他人使用的,应当依法承担民事责任。构成民事诉讼法第一百一十一条规定情形的,人民法院应当依法处理。

第九条 药品上市许可申请人向人民法院提交的申请注册的药品相关技术方案,与其向国家药品审评机构申报的技术资料明显不符,妨碍人民法院审理案件的,人民法院依照民事诉讼法第一百一十一条的规定处理。

第十条 专利权人或者利害关系人在专利法第七十六条所称诉讼中申请行为保全,请求禁止药品上市许可申请人在相关专利权有效期内实施专利法第十一条规定的行为的,人民法院依照专利法、民事诉讼法有关规定处理;请求禁止药品上市申请行为或者审评审批行为的,人民法院不予支持。

第十一条 在针对同一专利权和申请注册药品的侵害专利权或者确认不侵害专利权诉讼中,当事人主张依据专利法第七十六条所称诉讼的生效判决认定涉案药品技术方案是否落入相关专利权保护范围的,人民法院一般予以支持。但是,有证据证明被诉侵权药品技术方案与申请注册的药品相关技术方案不一致或者新主张的事由成立的除外。

第十二条 专利权人或者利害关系人知道或者应当知道其主张的专利权应当被宣告无效或者申请注册药品的相关技术方案未落入专利权保护范围,仍提起专利法第七十六条所称诉讼或者请求行政裁决的,药品上市许可申请人可以向北京知识产权法院提起损害赔偿之诉。

第十三条 人民法院依法向当事人在国务院有关行政部门依据衔接办法所设平台登载的联系人、通讯地址、电子邮件等进行的送达,视为有效送达。当事人向人民法院提交送达地址确认书后,人民法院也可以向该确认书载明的送达地址送达。

第十四条 本规定自2021年7月5日起施行。本院以前发布的相关司法解释与本规定不一致的,以本规定为准。

最高人民法院关于审理专利纠纷案件
适用法律问题的若干规定

· 2001 年 6 月 19 日最高人民法院审判委员会第 1180 次会议通过
· 根据 2013 年 2 月 25 日最高人民法院审判委员会第 1570 次会议通过的《最高人民法院关于修改〈最高人民法院关于审理专利纠纷案件适用法律问题的若干规定〉的决定》第一次修正
· 根据 2015 年 1 月 19 日最高人民法院审判委员会第 1641 次会议通过的《最高人民法院关于修改〈最高人民法院关于审理专利纠纷案件适用法律问题的若干规定〉的决定》第二次修正
· 根据 2020 年 12 月 23 日最高人民法院审判委员会第 1823 次会议通过的《最高人民法院关于修改〈最高人民法院关于审理侵犯专利权纠纷案件应用法律若干问题的解释（二）〉等十八件知识产权类司法解释的决定》第三次修正
· 2020 年 12 月 29 日最高人民法院公告公布
· 自 2021 年 1 月 1 日起施行
· 法释〔2020〕19 号

为了正确审理专利纠纷案件，根据《中华人民共和国民法典》《中华人民共和国专利法》《中华人民共和国民事诉讼法》和《中华人民共和国行政诉讼法》等法律的规定，作如下规定：

第一条 人民法院受理下列专利纠纷案件：

1. 专利申请权权属纠纷案件；
2. 专利权权属纠纷案件；
3. 专利合同纠纷案件；
4. 侵害专利权纠纷案件；
5. 假冒他人专利纠纷案件；
6. 发明专利临时保护期使用费纠纷案件；
7. 职务发明创造发明人、设计人奖励、报酬纠纷案件；
8. 诉前申请行为保全纠纷案件；
9. 诉前申请财产保全纠纷案件；
10. 因申请行为保全损害责任纠纷案件；
11. 因申请财产保全损害责任纠纷案件；
12. 发明创造发明人、设计人署名权纠纷案件；
13. 确认不侵害专利权纠纷案件；
14. 专利权宣告无效后返还费用纠纷案件；
15. 因恶意提起专利权诉讼损害责任纠纷案件；
16. 标准必要专利使用费纠纷案件；
17. 不服国务院专利行政部门维持驳回申请复审决定案件；
18. 不服国务院专利行政部门专利权无效宣告请求决定案件；
19. 不服国务院专利行政部门实施强制许可决定案件；
20. 不服国务院专利行政部门实施强制许可使用费裁决案件；
21. 不服国务院专利行政部门行政复议决定案件；
22. 不服国务院专利行政部门作出的其他行政决定案件；
23. 不服管理专利工作的部门行政决定案件；
24. 确认是否落入专利权保护范围纠纷案件；
25. 其他专利纠纷案件。

第二条 因侵犯专利权行为提起的诉讼，由侵权行为地或者被告住所地人民法院管辖。

侵权行为地包括：被诉侵犯发明、实用新型专利权的产品的制造、使用、许诺销售、销售、进口等行为的实施地；专利方法使用行为的实施地，依照该专利方法直接获得的产品的使用、许诺销售、销售、进口等行为的实施地；外观设计专利产品的制造、许诺销售、销售、进口等行为的实施地；假冒他人专利的行为实施地。上述侵权行为的侵权结果发生地。

第三条 原告仅对侵权产品制造者提起诉讼，未起诉销售者，侵权产品制造地与销售地不一致的，制造地人民法院有管辖权；以制造者与销售者为共同被告起诉的，销售地人民法院有管辖权。

销售者是制造者分支机构，原告在销售地起诉侵权产品制造者制造、销售行为的，销售地人民法院有管辖权。

第四条 对申请日在 2009 年 10 月 1 日前（不含该日）的实用新型专利提起侵犯专利权诉讼，原告可以出具由国务院专利行政部门作出的检索报告；对申请日在 2009 年 10 月 1 日以后的实用新型或者外观设计专利提起侵犯专利权诉讼，原告可以出具由国务院专利行政部门作出的专利权评价报告。根据案件审理需要，人民法院可以要求原告提交检索报告或者专利权评价报告。原告无正当理由不提交的，人民法院可以裁定中止诉讼或者判令原告承担可能的不利后果。

侵犯实用新型、外观设计专利权纠纷案件的被告请求中止诉讼的，应当在答辩期内对原告的专利权提出宣告无效的请求。

第五条 人民法院受理的侵犯实用新型、外观设计

专利权纠纷案件,被告在答辩期间内请求宣告该项专利权无效的,人民法院应当中止诉讼,但具备下列情形之一的,可以不中止诉讼:

(一)原告出具的检索报告或者专利权评价报告未发现导致实用新型或者外观设计专利权无效的事由的;

(二)被告提供的证据足以证明其使用的技术已经公知的;

(三)被告请求宣告该项专利权无效所提供的证据或者依据的理由明显不充分的;

(四)人民法院认为不应当中止诉讼的其他情形。

第六条　人民法院受理的侵犯实用新型、外观设计专利权纠纷案件,被告在答辩期间届满后请求宣告该项专利权无效的,人民法院不应当中止诉讼,但经审查认为有必要中止诉讼的除外。

第七条　人民法院受理的侵犯发明专利权纠纷案件或者经国务院专利行政部门审查维持专利权的侵犯实用新型、外观设计专利权纠纷案件,被告在答辩期间内请求宣告该项专利权无效的,人民法院可以不中止诉讼。

第八条　人民法院决定中止诉讼,专利权人或者利害关系人请求责令被告停止有关行为或者采取其他制止侵权损害继续扩大的措施,并提供了担保,人民法院经审查符合有关法律规定的,可以在裁定中止诉讼的同时一并作出有关裁定。

第九条　人民法院对专利权进行财产保全,应当向国务院专利行政部门发出协助执行通知书,载明要求协助执行的事项,以及对专利权保全的期限,并附人民法院作出的裁定书。

对专利权保全的期限一次不得超过六个月,自国务院专利行政部门收到协助执行通知书之日起计算。如果仍然需要对该专利权继续采取保全措施的,人民法院应当在保全期限届满前向国务院专利行政部门另行送达继续保全的协助执行通知书。保全期限届满前未送达的,视为自动解除对该专利权的财产保全。

人民法院对出质的专利权可以采取财产保全措施,质权人的优先受偿权不受保全措施的影响;专利权人与被许可人已经签订的独占实施许可合同,不影响人民法院对该专利权进行财产保全。

人民法院对已经进行保全的专利权,不得重复进行保全。

第十条　2001年7月1日以前利用本单位的物质技术条件所完成的发明创造,单位与发明人或者设计人订有合同,对申请专利的权利和专利权的归属作出约定的,

从其约定。

第十一条　人民法院受理的侵犯专利权纠纷案件,涉及权利冲突的,应当保护在先依法享有权利的当事人的合法权益。

第十二条　专利法第二十三条第三款所称的合法权利,包括就作品、商标、地理标志、姓名、企业名称、肖像,以及有一定影响的商品名称、包装、装潢等享有的合法权利或者权益。

第十三条　专利法第五十九条第一款所称的"发明或者实用新型专利权的保护范围以其权利要求的内容为准,说明书及附图可以用于解释权利要求的内容",是指专利权的保护范围应当以权利要求记载的全部技术特征所确定的范围为准,也包括与该技术特征相等同的特征所确定的范围。

等同特征,是指与所记载的技术特征以基本相同的手段,实现基本相同的功能,达到基本相同的效果,并且本领域普通技术人员在被诉侵权行为发生时无需经过创造性劳动就能够联想到的特征。

第十四条　专利法第六十五条规定的权利人因被侵权所受到的实际损失可以根据专利权人的专利产品因侵权所造成销售量减少的总数乘以每件专利产品的合理利润所得之积计算。权利人销售量减少的总数难以确定的,侵权产品在市场上销售的总数乘以每件专利产品的合理利润所得之积可以视为权利人因被侵权所受到的实际损失。

专利法第六十五条规定的侵权人因侵权所获得的利益可以根据该侵权产品在市场上销售的总数乘以每件侵权产品的合理利润所得之积计算。侵权人因侵权所获得的利益一般按照侵权人的营业利润计算,对于完全以侵权为业的侵权人,可以按照销售利润计算。

第十五条　权利人的损失或者侵权人获得的利益难以确定,有专利许可使用费可以参照的,人民法院可以根据专利权的类型、侵权行为的性质和情节、专利许可的性质、范围、时间等因素,参照该专利许可使用费的倍数合理确定赔偿数额;没有专利许可使用费可以参照或者专利许可使用费明显不合理的,人民法院可以根据专利权的类型、侵权行为的性质和情节等因素,依照专利法第六十五条第二款的规定确定赔偿数额。

第十六条　权利人主张其为制止侵权行为所支付合理开支的,人民法院可以在专利法第六十五条确定的赔偿数额之外另行计算。

第十七条　侵犯专利权的诉讼时效为三年,自专利

权人或者利害关系人知道或者应当知道权利受到损害以及义务人之日起计算。权利人超过三年起诉的，如果侵权行为在起诉时仍在继续，在该项专利权有效期内，人民法院应当判决被告停止侵权行为，侵权损害赔偿数额应当自权利人向人民法院起诉之日起向前推算三年计算。

第十八条　专利法第十一条、第六十九条所称的许诺销售，是指以做广告、在商店橱窗中陈列或者在展销会上展出等方式作出销售商品的意思表示。

第十九条　人民法院受理的侵犯专利权纠纷案件，已经过管理专利工作的部门作出侵权或者不侵权认定的，人民法院仍应当就当事人的诉讼请求进行全面审查。

第二十条　以前的有关司法解释与本规定不一致的，以本规定为准。

最高人民法院关于审理侵犯专利权纠纷案件应用法律若干问题的解释（二）

· 2016 年 1 月 25 日最高人民法院审判委员会第 1676 次会议通过
· 根据 2020 年 12 月 23 日最高人民法院审判委员会第 1823 次会议通过的《最高人民法院关于修改〈最高人民法院关于审理侵犯专利权纠纷案件应用法律若干问题的解释（二）〉等十八件知识产权类司法解释的决定》修正
· 2020 年 12 月 29 日最高人民法院公告公布
· 自 2021 年 1 月 1 日起施行
· 法释〔2020〕19 号

为正确审理侵犯专利权纠纷案件，根据《中华人民共和国民法典》《中华人民共和国专利法》《中华人民共和国民事诉讼法》等有关法律规定，结合审判实践，制定本解释。

第一条　权利要求书有两项以上权利要求的，权利人应当在起诉状中载明据以起诉被诉侵权人侵犯其专利权的权利要求。起诉状对此未记载或者记载不明的，人民法院应当要求权利人明确。经释明，权利人仍不予明确的，人民法院可以裁定驳回起诉。

第二条　权利人在专利侵权诉讼中主张的权利要求被国务院专利行政部门宣告无效的，审理侵犯专利权纠纷案件的人民法院可以裁定驳回权利人基于该无效权利要求的起诉。

有证据证明宣告上述权利要求无效的决定被生效的行政判决撤销的，权利人可以另行起诉。

专利权人另行起诉的，诉讼时效期间从本条第二款

所称行政判决书送达之日起计算。

第三条　因明显违反专利法第二十六条第三款、第四款导致说明书无法用于解释权利要求，且不属于本解释第四条规定的情形，专利权因此被请求宣告无效的，审理侵犯专利权纠纷案件的人民法院一般应当裁定中止诉讼；在合理期限内专利权未被请求宣告无效的，人民法院可以根据权利要求的记载确定专利权的保护范围。

第四条　权利要求书、说明书及附图中的语法、文字、标点、图形、符号等存有歧义，但本领域普通技术人员通过阅读权利要求书、说明书及附图可以得出唯一理解的，人民法院应当根据该唯一理解予以认定。

第五条　在人民法院确定专利权的保护范围时，独立权利要求的前序部分、特征部分以及从属权利要求的引用部分、限定部分记载的技术特征均有限定作用。

第六条　人民法院可以运用与涉案专利存在分案申请关系的其他专利及其专利审查档案、生效的专利授权确权裁判文书解释涉案专利的权利要求。

专利审查档案，包括专利审查、复审、无效程序中专利申请人或者专利权人提交的书面材料，国务院专利行政部门制作的审查意见通知书、会晤记录、口头审理记录、生效的专利复审请求审查决定书和专利权无效宣告请求审查决定书等。

第七条　被诉侵权技术方案在包含封闭式组合物权利要求全部技术特征的基础上增加其他技术特征的，人民法院应当认定被诉侵权技术方案未落入专利权的保护范围，但该增加的技术特征属于不可避免的常规数量杂质的除外。

前款所称封闭式组合物权利要求，一般不包括中药组合物权利要求。

第八条　功能性特征，是指对于结构、组分、步骤、条件或其之间的关系等，通过其在发明创造中所起的功能或者效果进行限定的技术特征，但本领域普通技术人员仅通过阅读权利要求即可直接、明确地确定实现上述功能或者效果的具体实施方式的除外。

与说明书及附图记载的实现前款所称功能或者效果不可缺少的技术特征相比，被诉侵权技术方案的相应技术特征是以基本相同的手段，实现相同的功能，达到相同的效果，且本领域普通技术人员在被诉侵权行为发生时无需经过创造性劳动就能够联想到的，人民法院应当认定该相应技术特征与功能性特征相同或者等同。

第九条　被诉侵权技术方案不能适用于权利要求中使用环境特征所限定的使用环境的，人民法院应当认定

被诉侵权技术方案未落入专利权的保护范围。

第十条　对于权利要求中以制备方法界定产品的技术特征，被诉侵权产品的制备方法与其不相同也不等同的，人民法院应当认定被诉侵权技术方案未落入专利权的保护范围。

第十一条　方法权利要求未明确记载技术步骤的先后顺序，但本领域普通技术人员阅读权利要求书、说明书及附图后直接、明确地认为该技术步骤应当按照特定顺序实施的，人民法院应当认定该步骤顺序对于专利权的保护范围具有限定作用。

第十二条　权利要求采用"至少""不超过"等用语对数值特征进行界定，且本领域普通技术人员阅读权利要求书、说明书及附图后认为专利技术方案特别强调该用语对技术特征的限定作用，权利人主张与其不相同的数值特征属于等同特征的，人民法院不予支持。

第十三条　权利人证明专利申请人、专利权人在专利授权确权程序中对权利要求书、说明书及附图的限缩性修改或者陈述被明确否定的，人民法院应当认定该修改或者陈述未导致技术方案的放弃。

第十四条　人民法院在认定一般消费者对于外观设计所具有的知识水平和认知能力时，一般应当考虑被诉侵权行为发生时授权外观设计所属相同或者相近种类产品的设计空间。设计空间较大的，人民法院可以认定一般消费者通常不容易注意到不同设计之间的较小区别；设计空间较小的，人民法院可以认定一般消费者通常更容易注意到不同设计之间的较小区别。

第十五条　对于成套产品的外观设计专利，被诉侵权设计与其一项外观设计相同或者近似的，人民法院应当认定被诉侵权设计落入专利权的保护范围。

第十六条　对于组装关系唯一的组件产品的外观设计专利，被诉侵权设计与其组合状态下的外观设计相同或者近似的，人民法院应当认定被诉侵权设计落入专利权的保护范围。

对于各构件之间无组装关系或者组装关系不唯一的组件产品的外观设计专利，被诉侵权设计与其全部单个构件的外观设计均相同或者近似的，人民法院应当认定被诉侵权设计落入专利权的保护范围；被诉侵权设计缺少其单个构件的外观设计或者与之不相同也不近似的，人民法院应当认定被诉侵权设计未落入专利权的保护范围。

第十七条　对于变化状态产品的外观设计专利，被诉侵权设计与变化状态图所示各种使用状态下的外观设计均相同或者近似的，人民法院应当认定被诉侵权设计

落入专利权的保护范围；被诉侵权设计缺少其一种使用状态下的外观设计或者与之不相同也不近似的，人民法院应当认定被诉侵权设计未落入专利权的保护范围。

第十八条　权利人依据专利法第十三条诉请在发明专利申请公布日至授权公告日期间实施该发明的单位或者个人支付适当费用的，人民法院可以参照有关专利许可使用费合理确定。

发明专利申请公布时申请人请求保护的范围与发明专利公告授权时的专利权保护范围不一致，被诉技术方案均落入上述两种范围的，人民法院应当认定被告在前款所称期间内实施了该发明；被诉技术方案仅落入其中一种范围的，人民法院应当认定被告在前款所称期间内未实施该发明。

发明专利公告授权后，未经专利权人许可，为生产经营目的使用、许诺销售、销售在本条第一款所称期间内已由他人制造、销售、进口的产品，且该他人已支付或者书面承诺支付专利法第十三条规定的适当费用的，对于权利人关于上述使用、许诺销售、销售行为侵犯专利权的主张，人民法院不予支持。

第十九条　产品买卖合同依法成立的，人民法院应当认定属于专利法第十一条规定的销售。

第二十条　对于将依照专利方法直接获得的产品进一步加工、处理而获得的后续产品，进行再加工、处理的，人民法院应当认定不属于专利法第十一条规定的"使用依照该专利方法直接获得的产品"。

第二十一条　明知有关产品系专门用于实施专利的材料、设备、零部件、中间物等，未经专利权人许可，为生产经营目的将该产品提供给他人实施了侵犯专利权的行为，权利人主张该提供者的行为属于民法典第一千一百六十九条规定的帮助他人实施侵权行为的，人民法院应予支持。

明知有关产品、方法被授予专利权，未经专利权人许可，为生产经营目的积极诱导他人实施了侵犯专利权的行为，权利人主张该诱导者的行为属于民法典第一千一百六十九条规定的教唆他人实施侵权行为的，人民法院应予支持。

第二十二条　对于被诉侵权人主张的现有技术抗辩或者现有设计抗辩，人民法院应当依照专利申请日时施行的专利法界定现有技术或者现有设计。

第二十三条　被诉侵权技术方案或者外观设计落入在先的涉案专利权的保护范围，被诉侵权人以其技术方案或者外观设计被授予专利权为由抗辩不侵犯涉案专利

权的,人民法院不予支持。

第二十四条　推荐性国家、行业或者地方标准明示所涉必要专利的信息,被诉侵权人以实施该标准无需专利权人许可为由抗辩不侵犯该专利权的,人民法院一般不予支持。

推荐性国家、行业或者地方标准明示所涉必要专利的信息,专利权人、被诉侵权人协商该专利的实施许可条件时,专利权人故意违反其在标准制定中承诺的公平、合理、无歧视的许可义务,导致无法达成专利实施许可合同,且被诉侵权人在协商中无明显过错的,对于权利人请求停止标准实施行为的主张,人民法院一般不予支持。

本条第二款所称实施许可条件,应当由专利权人、被诉侵权人协商确定。经充分协商,仍无法达成一致的,可以请求人民法院确定。人民法院在确定上述实施许可条件时,应当根据公平、合理、无歧视的原则,综合考虑专利的创新程度及其在标准中的作用、标准所属的技术领域、标准的性质、标准实施的范围和相关的许可条件等因素。

法律、行政法规对实施标准中的专利另有规定的,从其规定。

第二十五条　为生产经营目的使用、许诺销售或者销售不知道是未经专利权人许可而制造并售出的专利侵权产品,且举证证明该产品合法来源的,对于权利人请求停止上述使用、许诺销售、销售行为的主张,人民法院应予支持,但被诉侵权产品的使用者举证证明其已支付该产品的合理对价的除外。

本条第一款所称不知道,是指实际不知道且不应当知道。

本条第一款所称合法来源,是指通过合法的销售渠道、通常的买卖合同等正常商业方式取得产品。对于合法来源,使用者、许诺销售者或者销售者应当提供符合交易习惯的相关证据。

第二十六条　被告构成对专利权的侵犯,权利人请求判令其停止侵权行为的,人民法院应予支持,但基于国家利益、公共利益的考量,人民法院可以不判令被告停止被诉行为,而判令其支付相应的合理费用。

第二十七条　权利人因被侵权所受到的实际损失难以确定的,人民法院应当依照专利法第六十五条第一款的规定,要求权利人对侵权人因侵权所获得的利益进行举证;在权利人已经提供侵权人所获利益的初步证据,而与专利侵权行为相关的账簿、资料主要由侵权人掌握的情况下,人民法院可以责令侵权人提供该账簿、资料;侵权人无正当理由拒不提供或者提供虚假的账簿、资料的,

人民法院可以根据权利人的主张和提供的证据认定侵权人因侵权所获得的利益。

第二十八条　权利人、侵权人依法约定专利侵权的赔偿数额或者赔偿计算方法,并在专利侵权诉讼中主张依据该约定确定赔偿数额的,人民法院应予支持。

第二十九条　宣告专利权无效的决定作出后,当事人根据该决定依法申请再审,请求撤销专利权无效宣告前人民法院作出但未执行的专利侵权的判决、调解书的,人民法院可以裁定中止再审审查,并中止原判决、调解书的执行。

专利权人向人民法院提供充分、有效的担保,请求继续执行前款所称判决、调解书的,人民法院应当继续执行;侵权人向人民法院提供充分、有效的反担保,请求中止执行的,人民法院应当准许。人民法院生效裁判未撤销宣告专利权无效的决定的,专利权人应当赔偿因继续执行给对方造成的损失;宣告专利权无效的决定被人民法院生效裁判撤销,专利权仍有效的,人民法院可以依据前款所称判决、调解书直接执行上述反担保财产。

第三十条　在法定期限内对宣告专利权无效的决定不向人民法院起诉或者起诉后生效裁判未撤销该决定,当事人根据该决定依法申请再审,请求撤销宣告专利权无效前人民法院作出但未执行的专利侵权的判决、调解书的,人民法院应当再审。当事人根据该决定,依法申请终结执行宣告专利权无效前人民法院作出但未执行的专利侵权的判决、调解书的,人民法院应当裁定终结执行。

第三十一条　本解释自2016年4月1日起施行。最高人民法院以前发布的相关司法解释与本解释不一致的,以本解释为准。

最高人民法院关于审理侵犯专利权纠纷案件应用法律若干问题的解释

· 2009年12月21日最高人民法院审判委员会第1480次会议通过
· 2009年12月28日最高人民法院公告公布
· 自2010年1月1日起施行
· 法释〔2009〕21号

为正确审理侵犯专利权纠纷案件,根据《中华人民共和国专利法》、《中华人民共和国民事诉讼法》等有关法律规定,结合审判实际,制定本解释。

第一条　人民法院应当根据权利人主张的权利要求,依据专利法第五十九条第一款的规定确定专利权的

保护范围。权利人在一审法庭辩论终结前变更其主张的权利要求的,人民法院应当准许。

权利人主张以从属权利要求确定专利权保护范围的,人民法院应当以该从属权利要求记载的附加技术特征及其引用的权利要求记载的技术特征,确定专利权的保护范围。

第二条 人民法院应当根据权利要求的记载,结合本领域普通技术人员阅读说明书及附图后对权利要求的理解,确定专利法第五十九条第一款规定的权利要求的内容。

第三条 人民法院对于权利要求,可以运用说明书及附图、权利要求书中的相关权利要求、专利审查档案进行解释。说明书对权利要求用语有特别界定的,从其特别界定。

以上述方法仍不能明确权利要求含义的,可以结合工具书、教科书等公知文献以及本领域普通技术人员的通常理解进行解释。

第四条 对于权利要求中以功能或者效果表述的技术特征,人民法院应当结合说明书和附图描述的该功能或者效果的具体实施方式及其等同的实施方式,确定该技术特征的内容。

第五条 对于仅在说明书或者附图中描述而在权利要求中未记载的技术方案,权利人在侵犯专利权纠纷案件中将其纳入专利权保护范围的,人民法院不予支持。

第六条 专利申请人、专利权人在专利授权或者无效宣告程序中,通过对权利要求、说明书的修改或者意见陈述而放弃的技术方案,权利人在侵犯专利权纠纷案件中又将其纳入专利权保护范围的,人民法院不予支持。

第七条 人民法院判定被诉侵权技术方案是否落入专利权的保护范围,应当审查权利人主张的权利要求所记载的全部技术特征。

被诉侵权技术方案包含与权利要求记载的全部技术特征相同或者等同的技术特征的,人民法院应当认定其落入专利权的保护范围;被诉侵权技术方案的技术特征与权利要求记载的全部技术特征相比,缺少权利要求记载的一个以上的技术特征,或者有一个以上技术特征不相同也不等同的,人民法院应当认定其没有落入专利权的保护范围。

第八条 在与外观设计专利产品相同或者相近种类产品上,采用与授权外观设计相同或者近似的外观设计的,人民法院应当认定被诉侵权设计落入专利法第五十九条第二款规定的外观设计专利权的保护范围。

第九条 人民法院应当根据外观设计产品的用途,认定产品种类是否相同或者相近。确定产品的用途,可以参考外观设计的简要说明、国际外观设计分类表、产品的功能以及产品销售、实际使用的情况等因素。

第十条 人民法院应当以外观设计专利产品的一般消费者的知识水平和认知能力,判断外观设计是否相同或者近似。

第十一条 人民法院认定外观设计是否相同或者近似时,应当根据授权外观设计、被诉侵权设计的设计特征,以外观设计的整体视觉效果进行综合判断;对于主要由技术功能决定的设计特征以及对整体视觉效果不产生影响的产品的材料、内部结构等特征,应当不予考虑。

下列情形,通常对外观设计的整体视觉效果更具有影响:

(一)产品正常使用时容易被直接观察到的部位相对于其他部位;

(二)授权外观设计区别于现有设计的设计特征相对于授权外观设计的其他设计特征。

被诉侵权设计与授权外观设计在整体视觉效果上无差异的,人民法院应当认定两者相同;在整体视觉效果上无实质性差异的,应当认定两者近似。

第十二条 将侵犯发明或者实用新型专利权的产品作为零部件,制造另一产品的,人民法院应当认定属于专利法第十一条规定的使用行为;销售该另一产品的,人民法院应当认定属于专利法第十一条规定的销售行为。

将侵犯外观设计专利权的产品作为零部件,制造另一产品并销售的,人民法院应当认定属于专利法第十一条规定的销售行为,但侵犯外观设计专利权的产品在该另一产品中仅具有技术功能的除外。

对于前两款规定的情形,被诉侵权人之间存在分工合作的,人民法院应当认定为共同侵权。

第十三条 对于使用专利方法获得的原始产品,人民法院应当认定为专利法第十一条规定的依照专利方法直接获得的产品。

对于将上述原始产品进一步加工、处理而获得后续产品的行为,人民法院应当认定属于专利法第十一条规定的使用依照该专利方法直接获得的产品。

第十四条 被诉落入专利权保护范围的全部技术特征,与一项现有技术方案中的相应技术特征相同或者无实质性差异的,人民法院应当认定被诉侵权人实施的技术属于专利法第六十二条规定的现有技术。

被诉侵权设计与一个现有设计相同或者无实质性差

异的,人民法院应当认定被诉侵权人实施的设计属于专利法第六十二条规定的现有设计。

第十五条 被诉侵权人以非法获得的技术或者设计主张先用权抗辩的,人民法院不予支持。

有下列情形之一的,人民法院应当认定属于专利法第六十九条第(二)项规定的已经作好制造、使用的必要准备:

(一)已经完成实施发明创造所必需的主要技术图纸或者工艺文件;

(二)已经制造或者购买实施发明创造所必需的主要设备或者原材料。

专利法第六十九条第(二)项规定的原有范围,包括专利申请日前已有的生产规模以及利用已有的生产设备或者根据已有的生产准备可以达到的生产规模。

先用权人在专利申请日后将其已经实施或作好实施必要准备的技术或设计转让或者许可他人实施,被诉侵权人主张该实施行为属于在原有范围内继续实施的,人民法院不予支持,但该技术或设计与原有企业一并转让或者承继的除外。

第十六条 人民法院依据专利法第六十五条第一款的规定确定侵权人因侵权所获得的利益,应当限于侵权人因侵犯专利权行为所获得的利益;因其他权利所产生的利益,应当合理扣除。

侵犯发明、实用新型专利权的产品系另一产品的零部件的,人民法院应当根据该零部件本身的价值及其在实现成品利润中的作用等因素合理确定赔偿数额。

侵犯外观设计专利权的产品为包装物的,人民法院应当按照包装物本身的价值及其在实现被包装产品利润中的作用等因素合理确定赔偿数额。

第十七条 产品或者制造产品的技术方案在专利申请日以前为国内外公众所知的,人民法院应当认定该产品不属于专利法第六十一条第一款规定的新产品。

第十八条 权利人向他人发出侵犯专利权的警告,被警告人或者利害关系人经书面催告权利人行使诉权,自权利人收到该书面催告之日起一个月内或者自书面催告发出之日起二个月内,权利人不撤回警告也不提起诉讼,被警告人或者利害关系人向人民法院提起请求确认其行为不侵犯专利权的诉讼,人民法院应当受理。

第十九条 被诉侵犯专利权行为发生在2009年10月1日以前的,人民法院适用修改前的专利法;发生在2009年10月1日以后的,人民法院适用修改后的专利法。

被诉侵犯专利权行为发生在2009年10月1日以前且持续到2009年10月1日以后,依据修改前和修改后的专利法的规定侵权人均应承担赔偿责任的,人民法院适用修改后的专利法确定赔偿数额。

第二十条 本院以前发布的有关司法解释与本解释不一致的,以本解释为准。

国家知识产权局关于专利侵权纠纷行政裁决案件信息公开有关问题的批复

· 2022年6月14日
· 国知发保函字〔2022〕87号

山东省知识产权局:

《山东省知识产权局关于专利侵权纠纷行政裁决案件信息公开有关问题的请示》收悉。经研究,现批复如下:

《国务院办公厅关于全面推行行政执法公示制度执法全过程记录制度重大执法决定法制审核制度的指导意见》(国办发〔2018〕118号)聚焦规范"行政处罚、行政强制、行政检查、行政征收征用、行政许可等行为",未明确涉及行政裁决行为。

《中华人民共和国政府信息公开条例》(国务院令第711号)(以下简称《公开条例》)第五条规定"行政机关公开政府信息,应当坚持以公开为常态、不公开为例外,遵循公正、公平、合法、便民的原则",第十三条规定"除本条例第十四条、第十五条、第十六条规定的政府信息外,政府信息应当公开"。

根据《公开条例》及你局请示材料,我局认为"认定不侵权的专利侵权纠纷行政裁决案件"如果不属于《公开条例》第十四条、第十五条、第十六条规定的政府信息,应当进行政府信息公开。

特此批复。

(五)专利行政执法
专利行政执法办法

· 2010年12月29日国家知识产权局令第60号公布
· 根据2015年5月29日《国家知识产权局关于修改〈专利行政执法办法〉的决定》修订

第一章 总 则

第一条 为深入推进依法行政,规范专利行政执法行为,保护专利权人和社会公众的合法权益,维护社会主义市场经济秩序,根据《中华人民共和国专利法》《中华人民共和国专利法实施细则》以及其他有关法律法规,制定本办法。

第二条　管理专利工作的部门开展专利行政执法,即处理专利侵权纠纷、调解专利纠纷以及查处假冒专利行为,适用本办法。

第三条　管理专利工作的部门处理专利侵权纠纷应当以事实为依据、以法律为准绳,遵循公正、及时的原则。

管理专利工作的部门调解专利纠纷,应当遵循自愿、合法的原则,在查明事实、分清是非的基础上,促使当事人相互谅解,达成调解协议。

管理专利工作的部门查处假冒专利行为,应当以事实为依据、以法律为准绳,遵循公正、公开的原则,给予的行政处罚应当与违法行为的事实、性质、情节以及社会危害程度相当。

第四条　管理专利工作的部门应当加强专利行政执法力量建设,严格行政执法人员资格管理,落实行政执法责任制,规范开展专利行政执法。

专利行政执法人员(以下简称"执法人员")应当持有国家知识产权局或者省、自治区、直辖市人民政府颁发的行政执法证件。执法人员执行公务时应当严肃着装。

第五条　对有重大影响的专利侵权纠纷案件、假冒专利案件,国家知识产权局在必要时可以组织有关管理专利工作的部门处理、查处。

对于行为发生地涉及两个以上省、自治区、直辖市的重大案件,有关省、自治区、直辖市管理专利工作的部门可以报请国家知识产权局协调处理或者查处。

管理专利工作的部门开展专利行政执法遇到疑难问题的,国家知识产权局应当给予必要的指导和支持。

第六条　管理专利工作的部门可以依据本地实际,委托有实际处理能力的市、县级人民政府设立的专利管理部门查处假冒专利行为、调解专利纠纷。

委托方应当对受托方查处假冒专利和调解专利纠纷的行为进行监督和指导,并承担法律责任。

第七条　管理专利工作的部门指派的执法人员与当事人有直接利害关系的,应当回避,当事人有权申请其回避。当事人申请回避的,应当说明理由。

执法人员的回避,由管理专利工作部门的负责人决定。是否回避的决定作出前,被申请回避的人员应当暂停参与本案的工作。

第八条　管理专利工作的部门应当加强展会和电子商务领域的行政执法,快速调解、处理展会期间和电子商务平台上的专利侵权纠纷,及时查处假冒专利行为。

第九条　管理专利工作的部门应当加强行政执法信息化建设和信息共享。

第二章　专利侵权纠纷的处理

第十条　请求管理专利工作的部门处理专利侵权纠纷的,应当符合下列条件:

(一)请求人是专利权人或者利害关系人;

(二)有明确的被请求人;

(三)有明确的请求事项和具体事实、理由;

(四)属于受案管理专利工作的部门的受案和管辖范围;

(五)当事人没有就该专利侵权纠纷向人民法院起诉。

第一项所称利害关系人包括专利实施许可合同的被许可人、专利权人的合法继承人。专利实施许可合同的被许可人中,独占实施许可合同的被许可人可以单独提出请求;排他实施许可合同的被许可人在专利权人不请求的情况下,可以单独提出请求;除合同另有约定外,普通实施许可合同的被许可人不能单独提出请求。

第十一条　请求管理专利工作的部门处理专利侵权纠纷的,应当提交请求书及下列证明材料:

(一)主体资格证明,即个人应当提交居民身份证或者其他有效身份证件,单位应当提交有效的营业执照或者其他主体资格证明文件副本及法定代表人或者主要负责人的身份证明;

(二)专利权有效的证明,即专利登记簿副本,或者专利证书和当年缴纳专利年费的收据。

专利侵权纠纷涉及实用新型或者外观设计专利的,管理专利工作的部门可以要求请求人出具由国家知识产权局作出的专利权评价报告(实用新型专利检索报告)。

请求人应当按照被请求人的数量提供请求书副本及有关证据。

第十二条　请求书应当记载以下内容:

(一)请求人的姓名或者名称、地址,法定代表人或者主要负责人的姓名、职务,委托代理人的,代理人的姓名和代理机构的名称、地址;

(二)被请求人的姓名或者名称、地址;

(三)请求处理的事项以及事实和理由。

有关证据和证明材料可以以请求书附件的形式提交。

请求书应当由请求人签名或者盖章。

第十三条　请求符合本办法第十条规定条件的,管理专利工作的部门应当在收到请求书之日起5个工作日内立案并通知请求人,同时指定3名或者3名以上单数执法人员处理该专利侵权纠纷;请求不符合本办法第十条规定条件的,管理专利工作的部门应当在收到请求书之日起 5 个工作日内通知请求人不予受理,并说明理由。

第十四条　管理专利工作的部门应当在立案之日起 5 个工作日内将请求书及其附件的副本送达被请求人,要求其在收到之日起 15 日内提交答辩书并按照请求人的数量提供答辩书副本。被请求人逾期不提交答辩书的,不影响管理专利工作的部门进行处理。

被请求人提交答辩书的,管理专利工作的部门应当在收到之日起 5 个工作日内将答辩书副本送请求人。

第十五条　管理专利工作的部门处理专利侵权纠纷案件时,可以根据当事人的意愿进行调解。双方当事人达成一致的,由管理专利工作的部门制作调解协议书,加盖其公章,并由双方当事人签名或者盖章。调解不成的,应当及时作出处理决定。

第十六条　管理专利工作的部门处理专利侵权纠纷,可以根据案情需要决定是否进行口头审理。管理专利工作的部门决定进行口头审理的,应当至少在口头审理 3 个工作日前将口头审理的时间、地点通知当事人。当事人无正当理由拒不参加的,或者未经允许中途退出的,对请求人按撤回请求处理,对被请求人按缺席处理。

第十七条　管理专利工作的部门举行口头审理的,应当将口头审理的参加人和审理要点记入笔录,经核对无误后,由执法人员和参加人签名或者盖章。

第十八条　专利法第五十九条第一款所称的"发明或者实用新型专利权的保护范围以其权利要求的内容为准",是指专利权的保护范围应当以其权利要求记载的技术特征所确定的范围为准,也包括与记载的技术特征相等同的特征所确定的范围。等同特征是指与记载的技术特征以基本相同的手段,实现基本相同的功能,达到基本相同的效果,并且所属领域的普通技术人员无需经过创造性劳动就能够联想到的特征。

第十九条　除达成调解协议或者请求人撤回请求之外,管理专利工作的部门处理专利侵权纠纷应当制作处理决定书,写明以下内容:

(一)当事人的姓名或者名称、地址;

(二)当事人陈述的事实和理由;

(三)认定侵权行为是否成立的理由和依据;

(四)处理决定认定侵权行为成立并需要责令侵权人立即停止侵权行为的,应当明确写明责令被请求人立即停止的侵权行为的类型、对象和范围;认定侵权行为不成立的,应当驳回请求人的请求;

(五)不服处理决定提起行政诉讼的途径和期限。

处理决定书应当加盖管理专利工作的部门的公章。

第二十条　管理专利工作的部门或者人民法院作出认定侵权成立并责令侵权人立即停止侵权行为的处理决定或者判决之后,被请求人就同一专利权再次作出相同类型的侵权行为,专利权人或者利害关系人请求处理的,管理专利工作的部门可以直接作出责令立即停止侵权行为的处理决定。

第二十一条　管理专利工作的部门处理专利侵权纠纷,应当自立案之日起 3 个月内结案。案件特别复杂需要延长期限的,应当由管理专利工作的部门负责人批准。经批准延长的期限,最多不超过 1 个月。

案件处理过程中的公告、鉴定、中止等时间不计入前款所述案件办理期限。

第三章　专利纠纷的调解

第二十二条　请求管理专利工作的部门调解专利纠纷的,应当提交请求书。

请求书应当记载以下内容:

(一)请求人的姓名或者名称、地址,法定代表人或者主要负责人的姓名、职务,委托代理人的,代理人的姓名和代理机构的名称、地址;

(二)被请求人的姓名或者名称、地址;

(三)请求调解的具体事项和理由。

单独请求调解侵犯专利权赔偿数额的,应当提交有关管理专利工作的部门作出的认定侵权行为成立的处理决定书副本。

第二十三条　管理专利工作的部门收到调解请求书后,应当及时将请求书副本通过寄交、直接送交或者其他方式送达被请求人,要求其在收到之日起 15 日内提交意见陈述书。

第二十四条　被请求人提交意见陈述书并同意进行调解的,管理专利工作的部门应当在收到意见陈述书之日起 5 个工作日内立案,并通知请求人和被请求人进行调解的时间和地点。

被请求人逾期未提交意见陈述书,或者在意见陈述书中表示不接受调解的,管理专利工作的部门不予立案,并通知请求人。

第二十五条　管理专利工作的部门调解专利纠纷可以邀请有关单位或者个人协助,被邀请的单位或者个人应当协助进行调解。

第二十六条　当事人经调解达成协议的,由管理专利工作的部门制作调解协议书,加盖其公章,并由双方当事人签名或者盖章;未能达成协议的,管理专利工作的部门以撤销案件的方式结案,并通知双方当事人。

第二十七条　因专利申请权或者专利权的归属纠纷请求调解的,当事人可以持管理专利工作的部门的受理通知书请求国家知识产权局中止该专利申请或者专利权的有关程序。

经调解达成协议的,当事人应当持调解协议书向国家知识产权局办理恢复手续;达不成协议的,当事人应当持管理专利工作的部门出具的撤销案件通知书向国家知识产权局办理恢复手续。自请求中止之日起满1年未请求延长中止的,国家知识产权局自行恢复有关程序。

第四章　假冒专利行为的查处

第二十八条　管理专利工作的部门发现或者接受举报、投诉发现涉嫌假冒专利行为的,应当自发现之日起5个工作日内或者收到举报、投诉之日起10个工作日内立案,并指定两名或者两名以上执法人员进行调查。

第二十九条　查处假冒专利行为由行为发生地的管理专利工作的部门管辖。

管理专利工作的部门对管辖权发生争议的,由其共同的上级人民政府管理专利工作的部门指定管辖;无共同上级人民政府管理专利工作的部门的,由国家知识产权局指定管辖。

第三十条　管理专利工作的部门查封、扣押涉嫌假冒专利产品的,应当经其负责人批准。查封、扣押时,应当向当事人出具有关通知书。

管理专利工作的部门查封、扣押涉嫌假冒专利产品,应当当场清点,制作笔录和清单,由当事人和执法人员签名或者盖章。当事人拒绝签名或者盖章的,由执法人员在笔录上注明。清单应当交当事人一份。

第三十一条　案件调查终结,经管理专利工作的部门负责人批准,根据案件情况分别作如下处理:

(一)假冒专利行为成立应当予以处罚的,依法给予行政处罚;

(二)假冒专利行为轻微并已及时改正的,免予处罚;

(三)假冒专利行为不成立的,依法撤销案件;

(四)涉嫌犯罪的,依法移送公安机关。

第三十二条　管理专利工作的部门作出行政处罚决定前,应当告知当事人作出处罚决定的事实、理由和依据,并告知当事人依法享有的权利。

管理专利工作的部门作出较大数额罚款的决定之前,应当告知当事人有要求举行听证的权利。当事人提出听证要求的,应当依法组织听证。

第三十三条　当事人有权进行陈述和申辩,管理专利工作的部门不得因当事人申辩而加重行政处罚。

管理专利工作的部门对当事人提出的事实、理由和证据应当进行核实。当事人提出的事实属实、理由成立的,管理专利工作的部门应当予以采纳。

第三十四条　对情节复杂或者重大违法行为给予较重的行政处罚的,应当由管理专利工作的部门负责人集体讨论决定。

第三十五条　经调查,假冒专利行为成立应当予以处罚的,管理专利工作的部门应当制作处罚决定书,写明以下内容:

(一)当事人的姓名或者名称、地址;

(二)认定假冒专利行为成立的证据、理由和依据;

(三)处罚的内容以及履行方式;

(四)不服处罚决定申请行政复议和提起行政诉讼的途径和期限。

处罚决定书应当加盖管理专利工作的部门的公章。

第三十六条　管理专利工作的部门查处假冒专利案件,应当自立案之日起1个月内结案。案件特别复杂需要延长期限的,应当由管理专利工作的部门负责人批准。经批准延长的期限,最多不超过15日。

案件处理过程中听证、公告等时间不计入前款所述案件办理期限。

第五章　调查取证

第三十七条　在专利侵权纠纷处理过程中,当事人因客观原因不能自行收集部分证据的,可以书面请求管理专利工作的部门调查取证。管理专利工作的部门根据情况决定是否调查收集有关证据。

在处理专利侵权纠纷、查处假冒专利行为过程中,管理专利工作的部门可以根据需要依职权调查收集有关证据。

执法人员调查收集有关证据时,应当向当事人或者有关人员出示其行政执法证件。当事人和有关人员应当协助、配合,如实反映情况,不得拒绝、阻挠。

第三十八条　管理专利工作的部门调查收集证据可以查阅、复制与案件有关的合同、账册等有关文件;询问当事人和证人;采用测量、拍照、摄像等方式进行现场勘验。涉嫌侵犯制造方法专利权的,管理专利工作的部门可以要求被调查人进行现场演示。

管理专利工作的部门调查收集证据应当制作笔录。笔录应当由执法人员、被调查的单位或者个人签名或者盖章。被调查的单位或者个人拒绝签名或者盖章的,由执法人员在笔录上注明。

第三十九条 管理专利工作的部门调查收集证据可以采取抽样取证的方式。

涉及产品专利的,可以从涉嫌侵权的产品中抽取一部分作为样品;涉及方法专利的,可以从涉嫌依照该方法直接获得的产品中抽取一部分作为样品。被抽取样品的数量应当以能够证明事实为限。

管理专利工作的部门进行抽样取证应当制作笔录和清单,写明被抽取样品的名称、特征、数量以及保存地点,由执法人员、被调查的单位或者个人签字或者盖章。被调查的单位或者个人拒绝签名或者盖章的,由执法人员在笔录上注明。清单应当交被调查人一份。

第四十条 在证据可能灭失或者以后难以取得,又无法进行抽样取证的情况下,管理专利工作的部门可以进行登记保存,并在 7 日内作出决定。

经登记保存的证据,被调查的单位或者个人不得销毁或者转移。

管理专利工作的部门进行登记保存应当制作笔录和清单,写明被登记保存证据的名称、特征、数量以及保存地点,由执法人员、被调查的单位或者个人签名或者盖章。被调查的单位或者个人拒绝签名或者盖章的,由执法人员在笔录上注明。清单应当交被调查人一份。

第四十一条 管理专利工作的部门需要委托其他管理专利工作的部门协助调查收集证据的,应当提出明确的要求。接受委托的部门应当及时、认真地协助调查收集证据,并尽快回复。

第四十二条 海关对被扣留的侵权嫌疑货物进行调查,请求管理专利工作的部门提供协助的,管理专利工作的部门应当依法予以协助。

管理专利工作的部门处理涉及进出口货物的专利案件的,可以请求海关提供协助。

第六章　法律责任

第四十三条 管理专利工作的部门认定专利侵权行为成立,作出处理决定,责令侵权人立即停止侵权行为的,应当采取下列制止侵权行为的措施:

(一)侵权人制造专利侵权产品的,责令其立即停止制造行为,销毁制造侵权产品的专用设备、模具,并且不得销售、使用尚未售出的侵权产品或者以任何其他形式将其投放市场;侵权产品难以保存的,责令侵权人销毁该产品;

(二)侵权人未经专利权人许可使用专利方法的,责令侵权人立即停止使用行为,销毁实施专利方法的专用设备、模具,并且不得销售、使用尚未售出的依照专利方法所直接获得的侵权产品或者以任何其他形式将其投放市场;侵权产品难以保存的,责令侵权人销毁该产品;

(三)侵权人销售专利侵权产品或者依照专利方法直接获得的侵权产品的,责令其立即停止销售行为,并且不得使用尚未售出的侵权产品或者以任何其他形式将其投放市场;尚未售出的侵权产品难以保存的,责令侵权人销毁该产品;

(四)侵权人许诺销售专利侵权产品或者依照专利方法直接获得的侵权产品的,责令其立即停止许诺销售行为,消除影响,并且不得进行任何实际销售行为;

(五)侵权人进口专利侵权产品或者依照专利方法直接获得的侵权产品的,责令侵权人立即停止进口行为;侵权产品已经入境的,不得销售、使用该侵权产品或者以任何其他形式将其投放市场;侵权产品难以保存的,责令侵权人销毁该产品;侵权产品尚未入境的,可以将处理决定通知有关海关;

(六)责令侵权的参展方采取从展会上撤出侵权展品、销毁或者封存相应的宣传材料、更换或者遮盖相应的展板等撤展措施;

(七)停止侵权行为的其他必要措施。

管理专利工作的部门认定电子商务平台上的专利侵权行为成立,作出处理决定的,应当通知电子商务平台提供者及时对专利侵权产品或者依照专利方法直接获得的侵权产品相关网页采取删除、屏蔽或者断开链接等措施。

第四十四条 管理专利工作的部门作出认定专利侵权行为成立并责令侵权人立即停止侵权行为的处理决定后,被请求人向人民法院提起行政诉讼的,在诉讼期间不停止决定的执行。

侵权人对管理专利工作的部门作出的认定侵权行为成立的处理决定期满不起诉又不停止侵权行为的,管理专利工作的部门可以申请人民法院强制执行。

第四十五条 管理专利工作的部门认定假冒专利行为成立的,应当责令行为人采取下列改正措施:

(一)在未被授予专利权的产品或者其包装上标注专利标识、专利权被宣告无效后或者终止后继续在产品或者其包装上标注专利标识或者未经许可在产品或者产品包装上标注他人的专利号的,立即停止标注行为,消除尚未售出的产品或者其包装上的专利标识;产品上的专利标识难以消除的,销毁该产品或者包装;

(二)销售第(一)项所述产品的,立即停止销售行为;

（三）在产品说明书等材料中将未被授予专利权的技术或者设计称为专利技术或者专利设计，将专利申请称为专利，或者未经许可使用他人的专利号，使公众将所涉及的技术或者设计误认为是他人的专利技术或者专利设计的，立即停止发放该材料，销毁尚未发出的材料，并消除影响；

（四）伪造或者变造专利证书、专利文件或者专利申请文件的，立即停止伪造或者变造行为，销毁伪造或者变造的专利证书、专利文件或者专利申请文件，并消除影响；

（五）责令假冒专利的参展方采取从展会上撤出假冒专利展品、销毁或者封存相应的宣传材料、更换或者遮盖相应的展板等撤展措施；

（六）其他必要的改正措施。

管理专利工作的部门认定电子商务平台上的假冒专利行为成立的，应当通知电子商务平台提供者及时对假冒专利产品相关网页采取删除、屏蔽或者断开链接等措施。

第四十六条　管理专利工作的部门作出认定专利侵权行为成立并责令侵权人立即停止侵权行为的决定，或者认定假冒专利行为成立并作出处罚决定的，应当自作出决定之日起20个工作日内予以公开，通过政府网站等途径及时发布执法信息。

第四十七条　管理专利工作的部门认定假冒专利行为成立的，可以按照下列方式确定行为人的违法所得：

（一）销售假冒专利的产品的，以产品销售价格乘以所销售产品的数量作为其违法所得；

（二）订立假冒专利的合同的，以收取的费用作为其违法所得。

第四十八条　管理专利工作的部门作出处罚决定后，当事人申请行政复议或者向人民法院提起行政诉讼的，在行政复议或者诉讼期间不停止决定的执行。

第四十九条　假冒专利行为的行为人应当自收到处罚决定书之日起15日内，到指定的银行缴纳处罚决定书写明的罚款；到期不缴纳的，每日按罚款数额的百分之三加处罚款。

第五十条　拒绝、阻碍管理专利工作的部门依法执行公务的，由公安机关根据《中华人民共和国治安管理处罚法》的规定给予处罚；情节严重构成犯罪的，由司法机关依法追究刑事责任。

第七章　附　则

第五十一条　管理专利工作的部门可以通过寄交、直接送交、留置送达、公告送达或者其他方式送达有关法律文书和材料。

第五十二条　本办法由国家知识产权局负责解释。

第五十三条　本办法自2011年2月1日起施行。2001年12月17日国家知识产权局令第十九号发布的《专利行政执法办法》同时废止。

国家知识产权局关于印发《专利纠纷行政调解办案指南》《查处假冒专利行为和办理专利标识标注不规范案件指南》《专利行政保护复议与应诉指引》的通知

·2020年7月13日
·国知发保字〔2020〕26号

各省、自治区、直辖市及新疆生产建设兵团知识产权局：

为贯彻落实党中央、国务院关于强化知识产权保护的决策部署，切实维护专利权人和社会公众合法权益，进一步提高专利行政执法保护工作效率和水平，根据《中华人民共和国专利法》《中华人民共和国专利法实施细则》《专利行政执法办法》和有关法律法规，重新修订了《专利纠纷行政调解办案指南》《查处假冒专利行为和办理专利标识标注不规范案件指南》《专利行政保护复议与应诉指引》。现予印发，请遵照执行。

在执行中遇到的新情况、新问题和有关建议，请及时报告。此前发布的其他有关规定与本次修订后的规定不一致的，依照新的规定执行。

特此通知。

专利纠纷行政调解办案指南

第一章　概　述

为规范专利纠纷行政调解行为，充分发挥管理专利工作的部门相对于其他调解组织具有的特定优势，化解社会矛盾，维护专利权人和社会公众的合法权益，营造良好法制环境，构建美好和谐社会，根据《中华人民共和国专利法》（以下简称《专利法》）、《中华人民共和国专利法实施细则》（以下简称《专利法实施细则》）、《专利行政执法办法》和有关法律、法规，制定本指南。

第一节　基本概念

一、发明创造

专利法所称的发明创造是指发明、实用新型和外观设计。

发明，是指对产品、方法或者其改进所提出的新的技术方案。

实用新型，是指对产品的形状、构造或者其结合提出的适于实用的新的技术方案。

外观设计，是指对产品的形状、图案或者其结合以及色彩与形状、图案的结合所作出的富有美感并适于工业应用的新设计。

二、专利申请权

专利申请权是指从发明创造被提交专利申请之后到被授予专利权之前，申请人享有的处置该专利申请的权利，包括修改申请文件、决定是否继续进行申请程序等权利，其指向的是已经提出专利申请但尚未被授权的发明创造。

三、专利权

专利权是指发明创造被公告授予专利权之后，专利权人享有的对该发明创造进行处置的权利，包括放弃其专利、转让其专利、许可他人实施其专利、制止他人未经专利权人许可以生产经营为目的实施其专利的权利等，其指向的是已经被授予专利权的发明创造。

四、专利权属纠纷

专利权属纠纷，是指双方或多方当事人之间就专利申请权和专利权的归属问题产生争议进而引起的纠纷。

五、发明人或设计人

发明人或设计人，是指对发明创造的实质性特点作出创造性贡献的人。在完成发明创造过程中，只负责组织工作的人、为物质技术条件的利用提供方便的人或者从事其他辅助工作的人，不是发明人或设计人。

六、行政调解

行政调解是指在行政机关的主持下，以当事人双方自愿为基础，以法律、法规及政策为依据，通过对争议双方的说服与劝导，促使双方当事人互让互谅，平等协商，达成协议，以解决有关争议的活动。

七、专利纠纷

专利纠纷是指在涉及专利的各种民事法律关系中，各方当事人对于权利和义务的分配发生分歧后所产生的纠纷。管理专利工作的部门在对专利侵权纠纷行政作出裁决的过程中，可以进行调解，对侵犯专利权的赔偿数额纠纷也可以应当事人的请求进行调解。本指南中的专利纠纷调解主要是指除专利侵权纠纷以外的其他专利纠纷调解。

八、专利纠纷行政调解

专利纠纷行政调解是指管理专利工作的部门对于涉及专利且不属于专利侵权纠纷的争议，在各方当事人自愿的基础上，以《专利法》及相关法律、法规为依据，以当事人自愿为原则，通过对当事人的说服和疏导，促使当事人平等协商，互谅互让，达成调解协议，以快速解决纠纷的行为。

九、专利纠纷行政调解案件的执行

专利纠纷行政调解是在管理专利工作的部门主持下，对当事人之间的专利民事纠纷作出的行政调解，不是行政裁决。专利纠纷行政调解协议达成后应由当事人自愿自觉履行。调解不成或者达成调解协议后又反悔的，有关当事人可以依照《中华人民共和国民事诉讼法》（以下简称《民事诉讼法》）的规定，以对方当事人为被告向人民法院提起民事诉讼。在开展专利纠纷行政调解协议司法确认的区域，调解协议达成后，双方当事人可以向有管辖权的人民法院申请司法确认。经司法确认的有效的调解协议，当事人一方不履行协议的，另一方可以申请人民法院强制执行。

十、调解专利纠纷与处理专利侵权纠纷的区别

虽然两种行政行为的对象都是专利纠纷，但二者存在以下区别。（1）性质不同。处理专利侵权纠纷行为属行政裁决，当事人双方不服行政裁决结果，可以向人民法院提起行政诉讼；调解专利纠纷行为属行政调解，不能申请行政复议，也不能提起诉讼。（2）处理对象不同。处理专利侵权纠纷的对象是专利侵权民事纠纷；调解专利纠纷的对象包括专利申请权和专利权归属纠纷，发明人、设计人资格纠纷，职务发明创造的发明人、设计人的奖励和报酬纠纷、在发明专利申请公布后专利权授予前使用发明而未支付适当费用的纠纷以及其他专利纠纷。（3）程序不同。处理专利侵权纠纷程序依请求启动后，请求人可以撤销申请，被请求人不能撤销；调解专利纠纷依申请启动后，任何一方拒绝调解或无法达成调解协议，调解即可终止。（4）处理结果效力不同。专利侵权纠纷行政裁决具有强制性，当事人不服专利侵权纠纷处理决定，可以向人民法院提起诉讼，期满不起诉又不履行的，管理专利工作的部门可以申请人民法院强制执行；专利纠纷调解的结果不具强制性，当事人不履行调解协议的，可以通过其他途径解决纠纷。

第二节 法律依据、管辖及受理范围

一、法律依据

管理专利工作的部门受理专利纠纷行政调解的法律依据为《专利法》第六十条和《专利法实施细则》第八十五条。

《专利法》第六十条中规定："进行处理的管理专

工作的部门应当事人的请求,可以就侵犯专利权的赔偿数额进行调解;调解不成的,当事人可以依照《中华人民共和国民事诉讼法》向人民法院起诉。"

《专利法实施细则》第八十五条规定:"除专利法第六十条规定的外,管理专利工作的部门应当事人请求,可以对下列专利纠纷进行调解:(一)专利申请权和专利权归属纠纷;(二)发明人、设计人资格纠纷;(三)职务发明创造的发明人、设计人的奖励和报酬纠纷;(四)在发明专利申请公布后专利权授予前使用发明而未支付适当费用的纠纷;(五)其他专利纠纷。对于前款第(四)项所列的纠纷,当事人请求管理专利工作的部门调解的,应当在专利权被授予之后提出。"该条第一款第(五)项为兜底条款,其意义是指所有涉及专利的纠纷,只要应当事人的请求和同意,管理专利工作的部门都可以进行行政调解。

二、基本原则

专利纠纷行政调解除遵循专利行政执法的基本原则外,还应当遵循以下原则:

1. 自愿原则。调解应当充分尊重当事人意愿,不得强迫当事人接受调解方式或者调解协议。

2. 合法原则。调解应当符合法律、法规、规章及政策,不得损害国家利益、公共利益和他人合法权益。

3. 保密原则。除双方当事人均明确表示可以公开进行外,调解应当在保密状态下进行,调解内容和文件材料不得对外公开。

4. 无偿原则。管理专利工作的部门调解专利纠纷,不得收取任何费用。

三、专利纠纷行政调解的特点

管理专利工作的部门调解专利纠纷是《专利法》和《专利法实施细则》中规定的法定职权,因此与其他类型的调解有一定区别。其具备以下特点:

1. 具有严格的程序。国家知识产权局发布的《专利行政执法办法》中对调解专利纠纷有严格的程序性规定,包括受理、意见陈述、调解、结案等。

2. 具有一定的法律效力。在专利申请权纠纷、专利权属纠纷、发明人和设计人资格纠纷中,当事人以地方管理专利工作的部门作出的调解协议为依据,可以直接到国家知识产权局进行著录项目变更,如变更专利申请人、专利权人、发明人和设计人。对于一些已经开展专利纠纷行政调解协议司法确认的地区,如果该调解协议经过司法确认,当事人一方不履行协议时,另一方有权向人民法院申请强制执行。

3. 按照当事人意愿进行调解。管理专利工作的部门调解专利纠纷,应当尊重各方当事人意愿,不能达成调解协议或者一方明确表示不愿调解的,未立案的应当不予立案,已经立案的应当及时撤案。对于当事人之间自愿达成的协议内容,管理专利工作部门不应加以干涉。

4. 不能违反法律、法规的强制性规定。管理专利工作的部门在调解专利纠纷的时候,应当遵守法律、法规的强制性规定,即调解程序和调解协议的实体内容都不应违反法律、法规的强制性规定。

四、调解请求的管辖

当事人请求调解专利纠纷的,应向被请求人所在地的管理专利工作的部门请求予以调解。管理专利工作的部门认为请求调解的案件不属于本部门管辖的,应当告知当事人向有管辖权的部门请求调解。

管理专利工作的部门对管辖权发生争议的,应由其共同的上级人民政府管理专利工作的部门指定管辖;无共同上级人民政府管理专利工作的部门的,由国家知识产权局指定管辖。

五、调解请求受理范围

除对专利侵权赔偿额可以调解之外,管理专利工作的部门还可以对下列专利纠纷进行调解:

1. 专利申请权和专利权归属纠纷(以下简称"专利权属纠纷");

2. 发明人、设计人资格纠纷;

3. 职务发明创造的发明人、设计人的奖励和报酬纠纷(以下简称"奖酬纠纷");

4. 在发明专利申请公布后专利权授予前使用发明而未支付适当费用的纠纷(以下简称"发明专利临时保护期使用费纠纷");

5. 其他专利纠纷。

第三节　专利纠纷的类型

管理专利工作的部门依申请可以调解的专利纠纷的类型主要包括专利申请权归属纠纷,专利权归属纠纷,发明人、设计人资格纠纷,奖酬纠纷,发明专利临时保护期使用费纠纷,侵犯专利权的赔偿数额纠纷及其他纠纷等。

一、专利申请权归属纠纷

专利申请权归属纠纷是指在专利申请过程中,各方当事人对于哪一方应是合法的申请人而产生的纠纷。专利申请权归属纠纷主要包括职务发明创造与非职务发明创造的纠纷和涉及合作完成或接受委托完成发明创造后专利申请权归属的纠纷。

职务发明创造是指执行本单位的任务,或者主要是利用本单位的资金、设备、零部件、原材料或者不对外公开的技术资料等物质技术条件所完成的发明创造。其他不属于上述职务发明创造的,都为非职务发明创造。职务发明创造申请专利的权利应该属于该单位,非职务发明创造申请专利的权利属于发明人或者设计人。

职务发明创造与非职务发明创造的纠纷主要是由发明人或设计人与其单位就哪一方有权对一项发明创造申请专利而产生的纠纷。利用本单位的物质技术条件所完成的发明创造,单位与发明人或者设计人订有合同,对申请专利的权利作出约定的,从其约定。

合作完成或接受委托完成发明创造后发生专利申请权归属纠纷的,除另有协议外,申请专利的权利属于完成或者共同完成的单位或者个人。

二、专利权归属纠纷

专利权归属纠纷是指发明创造被授予专利权后,各方当事人对于哪一方才是合法的专利权人所产生的纠纷。专利权属纠纷主要包括:

1. 属于职务发明创造,但被发明人或设计人作为非职务发明申请专利并获得了专利权而引起的纠纷;

2. 属于非职务发明创造,但被单位作为职务发明创造申请专利并获得专利权而引起的纠纷;

3. 委托开发完成的发明创造,在当事人未明确约定的情况下,该发明创造的委托开发方申请专利并获得专利权而引起的纠纷;

4. 合作开发所完成的发明创造,在无合同约定又无其他各方声明放弃其所共有的专利申请权的情况下,该发明创造被共有人中的一方申请专利并获得专利权而引起的纠纷。

三、发明人、设计人资格纠纷

发明人资格纠纷是指对于发明专利文件、实用新型专利文件中注明的发明人是否属实产生的纠纷。设计人资格纠纷是指对于外观设计专利文件中注明的设计人是否属实产生的纠纷。

《专利法》第十七条第一款规定:"发明人或者设计人有权在专利文件中写明自己是发明人或者设计人。"这里所称发明人或者设计人,是指对发明创造的实质性特点作出创造性贡献的人。在完成发明创造过程中,只负责组织工作的人、为物质技术条件的利用提供方便的人或者从事其他辅助工作的人,不是发明人或者设计人。

四、奖酬纠纷

奖酬纠纷是指对于职务发明创造的发明人、设计人在专利权授予后,以及在专利实施后是否给予奖励和报酬及奖励和报酬金额是否合理产生的纠纷。

《专利法》第十六条规定:"被授予专利权的单位应当对职务发明创造的发明人或者设计人给予奖励;发明创造专利实施后,根据其推广应用的范围和取得的经济效益,对发明人或者设计人给予合理的报酬。"

《专利法实施细则》第七十七条规定:"被授予专利权的单位未与发明人、设计人约定也未在其依法制定的规章制度中规定专利法第十六条规定的奖励的方式和数额的,应当自专利权公告之日起3个月内发给发明人或者设计人奖金。一项发明专利的奖金最低不少于3000元;一项实用新型专利或者外观设计专利的奖金最低不少于1000元。由于发明人或者设计人的建议被其所属单位采纳而完成的发明创造,被授予专利权的单位应当从优发给奖金。"

《专利法实施细则》第七十八条规定:"被授予专利权的单位未与发明人、设计人约定也未在其依法制定的规章制度中规定专利法第十六条规定的报酬的方式和数额的,在专利权有效期限内,实施发明创造专利后,每年应当从实施该项发明或者实用新型专利的营业利润中提取不低于2%或者从实施该项外观设计专利的营业利润中提取不低于0.2%,作为报酬给予发明人或者设计人,或者参照上述比例,给予发明人或者设计人一次性报酬;被授予专利权的单位许可其他单位或者个人实施其专利的,应当从收取的使用费中提取不低于10%,作为报酬给予发明人或者设计人。"

五、发明专利临时保护期使用费纠纷

发明专利临时保护期使用费纠纷是指发明专利申请在公布以后授权之前,他人实施专利申请的技术方案,在专利授权之后,专利权人与实施人因这一期间的适当费用发生争议而产生的纠纷。

对于发明专利临时保护期使用费纠纷,当事人请求管理专利工作的部门调解的,应当在专利权被授予之后提出。

六、侵犯专利权的赔偿数额纠纷

处理专利侵权纠纷的管理专利工作的部门应当事人请求,在裁定侵权成立后,可以就侵犯专利权的赔偿数额进行调解;调解不成的,当事人可以依照《民事诉讼法》的规定向人民法院起诉。权利人与被控侵权人就侵犯专利权的赔偿数额或者计算方式有约定的,管理专利工作的部门应当按照约定确定赔偿数额;没有约定的,管理专利工作的部门应当在根据《专利法》第六十五条的规定确定的赔偿数额基础上,本着公平、合理的原则组织双方就赔偿数额进行调解。

第二章　调解专利纠纷的程序
第一节　受理及立案

调解专利纠纷案件的立案与查处假冒专利案件以及处理专利侵权案件都不相同。假冒专利案件是管理专利工作的部门主动查处，即使案件来源为举报投诉，是否立案完全由管理专利工作的部门决定，不需要举报人和投诉人同意，也不需要通知举报人和投诉人。处理专利侵权案件是依据当事人的请求立案，当事人的请求只要符合条件，管理专利工作的部门就应当立案，并且立案后应当通知请求人，同时将请求书及其附件的副本送达被请求人。调解专利纠纷案件是依当事人请求，由管理专利工作的部门受理后通知另一方当事人进行调解，调解立案的前提条件是双方当事人都同意参加调解，一方当事人提出调解请求并不能立案，只能先行受理，在另一方当事人同意调解后，管理专利工作的部门才能正式立案。

一、请求调解专利纠纷的条件

行政调解可以由一方当事人或者双方当事人共同提出请求。请求调解专利纠纷，应当符合以下条件：

1. 请求人是专利权人或者与利害关系人；

2. 有明确的被请求人；

3. 有具体的请求事项和具体事实、理由；

4. 属于受案管理专利工作的部门的受案范围和管辖范围；

5. 当事人没有就该专利纠纷向人民法院起诉，也没有仲裁约定。

专利权属纠纷的当事人包括专利权人或专利申请人、其他主张对专利或专利申请享有权利的人。

发明人、设计人资格纠纷的当事人包括发明人或设计人、主张自己为发明人或设计人的人以及专利申请人或专利权人。专利文件上列有多个发明人或设计人，部分发明人主张其中某一个或某一些发明人或设计人未对发明创造的实质性特点作出创造性贡献的，主张者和被主张者均为当事人。

奖酬纠纷的当事人包括专利权人、发明人或设计人或其权利继受人，主张自己为发明人或设计人的人。

发明专利临时保护期使用费纠纷的当事人包括发明专利技术使用者和专利权人或其权利继受人，但不包括专利实施许可合同的被许可人。

侵犯专利权的赔偿数额纠纷的当事人包括管理专利工作的部门在处理专利侵权纠纷案件过程中的请求人与被请求人。

对于当事人提出的下列专利纠纷的行政调解请求，管理专利工作的部门不予受理：

1. 请求人已向仲裁机构申请仲裁的；

2. 已向人民法院起诉的；

3. 不属于该管理专利工作的部门的受案和管辖范围；

4. 管理专利工作的部门认为不应受理的其他情形。

二、请求调解时应当提交的材料

当事人请求管理专利工作的部门调解专利纠纷，应提交以下材料：

1. 专利纠纷调解请求书。请求管理专利工作的部门调解专利纠纷的，应当提交书面请求书。书面请求书格式应当按照国家知识产权局印发的《专利行政执法文书表格》中的专利纠纷调解请求书填写。请求书为正本一份，并按被请求人人数提供副本。

在专利纠纷调解请求书填写时应当记载以下内容：

(1)请求人的姓名或者名称、地址、法定代表人或者主要负责人的姓名和职务，委托代理人的，代理人的姓名和代理机构的名称、地址；

(2)被请求人姓名或者名称、地址、法定代表人或者主要负责人的姓名和职务；

(3)请求调解的事项、事实、理由和依据。

请求书应当由请求人签名或者盖章。

2. 请求人身份证明文件。主要包括：

(1)主体资格证明文件(自然人身份证件、法人或其他组织营业执照副本或其他主体资格证明文件)，法人当事人提交复印件并加盖公章，自然人当事人提交复印件并在复印件上签字确认；

(2)法定代表人或者主要负责人身份证明，要求必须加盖公章；

(3)代理人身份证件，应当提交复印件并在复印件上签字确认。

在要求其提交证明材料的复印件(各一份)时，应当同时提供原件予以核对，原件核对后退还，在复印件上注明"经核对与原件一致"。

3. 与纠纷相关的证据、材料。无论是请求人还是被请求人提供证据，都应当提交证据材料的原件及复印件。提交的复印件份数按照管理专利工作的部门一份、所有被请求人各一份的数量提供。

上述证据包括发明创造完成过程中的原始档案材料，双方签订的委托合同、合作合同，在职证明，专利权实施后产生的利润证明等。

单独请求调解侵犯专利权赔偿数额的,应当提交有关管理专利工作的部门作出的认定侵权行为成立的专利侵权纠纷案件行政裁决书副本。

4. 授权委托书。请求人可以委托 1~2 人作为代理人。管理专利工作的部门应当要求代理人提交由委托人签名或者盖章的授权委托书,授权委托书必须记载委托事项和权限。代理人代为承认、放弃、变更请求,进行和解,代为签署有关法律文件等,必须有委托人的特别授权。授权委托书记载的委托权限为全权委托的,应当要求请求人明确委托权限。

三、材料的送达

管理专利工作的部门收到专利纠纷调解请求书及其附件后,应当审查专利纠纷调解请求书格式是否符合要求、主体是否适格、主体资格证明文件是否合法有效、证据材料是否合法有效等。

符合要求的,管理专利工作的部门应及时将专利纠纷调解请求书副本及其附件、专利纠纷调解意见陈述通知书、送达回证等文书送达被请求人,要求其在收到之日起 15 日内提交意见陈述书,表明是否同意调解,如同意调解,并就请求人提出的调解事项陈述意见并说明理由,提交相应证据。

在收到专利纠纷调解请求书及其附件后,管理专利工作的部门可以参照专利侵权纠纷案件处理的时限(即 5 个工作日内)将其送达给被请求人。如果为邮寄送达,理解为在 5 个工作日内将专利纠纷调解请求书及其附件寄出,而非被请求人收到。地方相关法规或者规章对此有特别规定的,从其规定。

四、正式立案

被请求人同意进行调解,并提交意见陈述书就请求人提出的调解事项说明理由的,管理专利工作的部门应当及时立案,并向双方当事人发出立案通知书,通知请求人和被请求人调解的时间和地点。

专利纠纷涉及第三人的,应当通知第三人参加,一并进行调解。

被请求人逾期未提交意见陈述书,或者在意见陈述书中表示不接受调解的,管理专利工作的部门应当在期限届满或者收到意见陈述书之日起 5 个工作日内制作专利纠纷行政调解不予立案通知书,并送达请求人。

五、证据审查

管理专利工作的部门应当安排执法人员对请求人提交的材料、被请求人提交的意见陈述书及材料进行审查。

1. 当事人提交证据材料的,执法人员应当要求其对证据材料进行逐一分类编号,对证据材料的来源、证明对象和内容作简要说明,签名或者盖章,注明提交日期。

2. 当事人提交证据材料时,执法人员应当填写接收当事人提交证据材料清单,并交当事人签名确认。接收当事人提交证据材料清单一式二联,一联附卷,一联交当事人。

3. 当事人提供证据材料的,应当提供原件或者原物。如保存证据原件、原物或者提供原件、原物确有困难的,可以提供经核对无异的复制件或者复制品。执法人员在接收当事人提交的证据材料后,应当审查其是否为原件;不是原件的,应当将复印件与原件校对后,在复印件上注明"经核对与原件一致"字样,并由校对人签章。

4. 域外证据。请求人是在中华人民共和国领域内没有住所或者营业场所的外国主体,其提交的请求人身份证明文件、授权委托书等证据材料是在中华人民共和国领域外形成的,该证据材料应当经所在国公证机关予以公证,并经中华人民共和国驻该国使领馆予以认证,或者履行中华人民共和国与该所在国订立的有关条约中规定的证明手续。

5. 港澳台证据。请求人提供的证据是在香港特别行政区、澳门特别行政区、台湾地区形成的,应当要求其履行相关的证明手续。

6. 执法人员在接收当事人提交的外文证据时,应当审查其是否提供中文译本;未能提供中文译本的,退回其外文证据并通知其在指定期限内将中文译本和外文证据原件一并提交。

7. 执法人员应当要求当事人在指定的期限内提交所有的证据材料。当事人因特殊原因无法按期提交且要求延期提交的,由其提出书面申请并说明原因,经办案处(科)室负责人审定后,报管理专利工作的部门负责人审批。当事人无故逾期提交的,可以不予接收。

8. 对于应当保密的证据,承办案件的执法人员负有保密义务。

六、举证责任

调解专利纠纷,由当事人对其主张负全部举证责任。下列事实,当事人无须举证证明:

1. 自然规律及定理;

2. 众所周知的事实;

3. 根据法律规定或者已知事实和日常生活经验法则,能推定出的另一事实;

4. 已为人民法院发生效力的裁判所确认的事实;

5. 已为仲裁机构的生效裁决所确认的事实;

6. 已为有效公证文书所证明的事实。

上述第 2～6 项，当事人有相反证据足以推翻的除外。一方当事人对另一方当事人陈述的案件事实明确表示承认的，另一方当事人无须举证。

第二节　调解工作

管理专利工作的部门调解专利纠纷时要以双方当事人自愿为原则，依照实体法、程序法的规定，维护双方当事人的合法利益。各方当事人在调解过程中作出的让步或者对某些正当权利的放弃应确实出自其自愿，管理专利工作的部门不强迫当事人作出让步。

一、调解员

管理专利工作的部门受理专利纠纷行政调解请求后，应当在收到被请求人同意调解的意见陈述书之日起5 个工作日内指定执法人员担任纠纷调解员。事实清楚、情形简单的纠纷，可以由 1 名调解员现场组织调解；其他情形的纠纷，可以由 3 名以上调解员组成合议组进行调解。

执法人员担任纠纷调解员，有下列情况之一的，应当回避：

1. 是本案当事人、代理人或者与当事人、代理人有直系血亲、三代以内旁系血亲及近姻亲关系的；

2. 本人或者其近亲属与本案有利害关系的；

3. 与本案当事人、代理人有其他关系，可能影响案件公正调解的。

当事人认为调解员有上述应当回避情形之一的，可以向管理专利工作的部门口头或者书面申请其回避；调解员有上述情形之一的，应当主动回避。

调解员的回避，由管理专利工作的部门负责人决定；负责人的回避，由主要负责人决定；主要负责人的回避，由管理专利工作的部门负责人集体讨论决定，主要负责人不参加会议。

二、调解方式

专利纠纷案件正式立案后，管理专利工作的部门应当及时开展调解工作。调解方式主要包括以下几种：

1. 现场调解：是指执法人员与纠纷各方当事人都到场的调解方式。这种方式由于其能够面对面沟通，最有利于纠纷的解决，因此是最主要的调解方式。

2. 电话调解：是指执法人员与纠纷各方当事人电话沟通进行调解。通过电话调解很多时候难以解决问题，因此大多数时候只作为现场调解的一种辅助方式。

3. 书面调解：是指执法人员与纠纷各方当事人针对纠纷焦点或者调解协议的内容以书面的形式进行沟通交流的一种调解方式。

4. 执法人员调解后当事人之间自行沟通：在执法人员进行调解后，当事人之间可以自行沟通，达成调解协议。

执法人员应当根据具体选择调解方式。同一件案件中可以综合使用多种调解方式。

三、中止调解

有下列情形影响案件处理的，当事人可以提出中止处理请求；是否中止，由管理专利工作的部门决定：

1. 一方当事人死亡，需要等待继承人表明是否参加案件处理的；

2. 一方当事人丧失民事行为能力，尚未确定法定代理人的；

3. 作为一方当事人的法人或者其他组织终止，尚未确定权利义务承受人的；

4. 一方当事人因不可抗拒的事由，不能参加案件处理的；

5. 本案必须以另一案的处理结果为依据，而另一案尚未处结的；

6. 其他应当中止处理的情形。

中止的原因消除后，依当事人的申请可恢复行政调解。中止时间不计入调解期限。

四、现场调解程序

(一)通知

执法人员通知各方当事人参加现场调解应当制作专利纠纷调解通知书，以通知请求人和被请求人进行调解的时间和地点。当事人不能参加的，应当提前 3 日申请改期进行调解。

当事人各方应当在收到专利纠纷调解通知书后，于调解日 3 个工作日前填写专利纠纷调解回执，将出席调解人员的姓名、职务，以及是否申请调解员回避等事项的书面材料提交管理专利工作的部门。

管理专利工作的部门调解专利纠纷可以邀请与当事人有特定关系或者与案件有一定联系的单位，以及具有专门知识、特定社会经验、与当事人有特定关系并有利于促成调解的个人，参与和协助调解。

(二)陈述与质证

参加现场调解时，各方当事人应当持有效的身份证件。调解可按照以下顺序进行：(1)由请求人陈述有关事实和证据。(2)由被请求人陈述有关事实和证据。(3)出示当事人所有证据，由当事人质证；未经质证的证据，不能作为认定案件事实的依据。(4)执法人员总结争议焦点。

（三）辩论

1. 如果组成合议组，经合议组组长许可，当事人可以互相发问，合议组成员可以询问当事人。

2. 在专利纠纷调解调查后，当事人双方进行口头辩论。

案件的同一事实，除举证责任倒置外，由提出主张的一方当事人首先举证，然后由另一方当事人举证。另一方当事人不能提出足以推翻前一事实的证据的，对这一事实可以认定；提出足以推翻前一事实的证据的，再转由提出主张的当事人继续举证。

在双方当事人对案件证据和事实无争议的情况下，可以在双方当事人对证据和事实予以确认的基础上，直接进行口头辩论。由当事人就证据所表明的事实，争议的问题和适用的法律、法规各自陈述其意见，并进行辩论。辩论一般先由请求人发言。

3. 在双方当事人的辩论意见表达完毕后，执法人员宣布辩论终结，由双方当事人作最后意见陈述。

（四）调解

当事人可以自行提出调解方案，执法人员也可以依据双方当事人意见结合自身专业意见提出调解方案供当事人协商参考。执法人员应当对调解过程中获悉的商业秘密、个人隐私及其他依法不应公开的信息保守秘密。

（五）调解笔录

管理专利工作的部门调解专利纠纷，应当制作调解笔录，简要记载调解时间、地点、参加人员、协商事项、当事人意见和调解结果，由当事人和主持调解的执法人员核对无误后签名或者盖章。

第三节　结　案

经调解，专利纠纷案件可以以达成调解协议、撤销案件等方式结案。

一、调解结案

当事人通过调解达成协议的，可以签订调解协议书。当事人认为不需要签订调解协议书的，由调解员将协议内容记入笔录，并交双方当事人签字或盖章。

调解协议书应当载明下列事项：（1）当事人及其委托代理人的相关情况，包括姓名或者名称、性别、年龄、职业、工作单位、住所、法定代表人或者主要负责人姓名和职务；（2）争议的主要事实；（3）当事人达成调解协议的内容、履行的方式和期限；（4）当事人违反调解协议的责任；（5）调解协议书的生效条件和生效时间；（6）其他相关事项。

调解协议书应当由当事人及调解员签字或盖章，并加盖管理专利工作的部门印章。调解协议书未明确具体的生效时间的，自双方当事人签字或盖章之日起生效。

当事人应当自觉履行调解协议，不得擅自变更或者解除调解协议。

有下列情形之一的，调解协议无效：（1）违反法律、法规强制性规定的；（2）侵害国家利益、社会公共利益的；（3）侵害他人合法权益的。

二、撤销案件

有下列情形之一的，行政调解终止：

1. 调解过程中至少一方不同意继续进行调解的；

2. 调解过程中至少一方无正当理由在规定的时间不参加调解活动的；

3. 经调解未能在合理期限内达成调解协议的。

管理专利工作的部门遇有上述情形之一的，应终止调解，以撤销案件的方式结案，向当事人发出专利纠纷调解案件终止调解通知书，并告知当事人其他纠纷解决途径。

三、调解时限

管理专利工作的部门调解专利权属纠纷，应当在立案之日起2个月内结案。案件特别复杂需要延长期限的，应当由管理专利工作的部门负责人批准。经批准延长的期限，最多不超过1个月。

其他类型专利纠纷调解时限，地方性法规、规章有规定的，从其规定。

四、案卷管理

管理专利工作的部门受理专利纠纷案件的，应当按照一案一号、一案一卷的原则建立案卷。执法人员应将调解专利纠纷案件过程中形成的文书、档案及时归档，统一管理。

案件结案后，执法人员应当及时将专利纠纷调解案卷移交本部门档案管理机构归档。

第三章　专利权属纠纷的行政调解

根据《专利法实施细则》第八十五条第一款第（一）项的规定，管理专利工作的部门应当事人请求，可以对专利申请权和专利权归属纠纷进行调解。

第一节　职务发明创造引起的专利权属纠纷的行政调解

执行本单位的任务或者主要是利用本单位的物质技术条件所完成的发明创造为职务发明创造。职务发明创造申请专利的权利属于该单位；申请被批准后，该单位为专利权人。

利用本单位的物质技术条件所完成的发明创造,单位与发明人或者设计人订有合同,对申请专利的权利和专利权的归属作出约定的,从其约定。

本单位,是指发明人或设计人所在的,能够以自己的名义从事民事活动,独立享有民事权利,独立承担民事责任和义务的组织,既包括法人单位,也包括能够独立从事民事活动的非法人单位,如个人独资企业、个人合伙企业等。本单位包括临时工作单位,以及在作出发明创造之前1年内发明人或设计人办理退休、调离手续或者劳动、人事关系终止的单位。

本单位的物质技术条件,是指本单位的资金、设备、零部件、原材料或者不对外公开的技术资料等。

一、职务发明专利权属纠纷调解案件的类型

因职务发明创造引发的权属纠纷调解请求通常由发明人或设计人或者其所在单位提起。其类型包括:

1. 发明人或设计人认为归属于其所在单位的发明创造属于非职务发明创造;

2. 发明人或设计人将研发成果以个人名义申请专利,其所在单位认为该发明创造属于职务发明创造;

3. 发明人或设计人从原单位退休、调离原单位后或者与原单位终止劳动、人事关系后1年内,其作为发明人或设计人的发明创造由其本人、其他单位或个人提交专利申请,原单位认为该发明创造与发明人或设计人在原单位承担的本职工作或者原单位分配的任务有关联,属于发明人或设计人在原单位的职务发明创造;

4. 主张自己为发明人或设计人的自然人在提起发明人或设计人资格纠纷调解请求的同时,主张所述发明创造为非职务发明创造而提起专利权属纠纷调解请求。

二、职务发明创造的判断

下列发明创造属于职务发明创造:

1. 在本职工作中作出的发明创造;

2. 履行本单位在本职工作之外分配的任务所作出的发明创造;

3. 退休、调离原单位后或者劳动、人事关系终止后1年内作出的,与其在原单位承担的本职工作或者原单位分配的任务有关的发明创造;

4. 主要是利用本单位的资金、设备、零部件、原材料或者不对外公开的技术资料等物质技术条件所完成的发明创造。

判断是否属于职务发明创造,不取决于发明创造是在单位内还是在单位外作出,也不取决于是在工作时间之内还是在工作时间之外的业余时间作出,只要属于执行本单位的任务或者主要是利用了本单位的物质技术条件,均属于职务发明创造。

(一)在本职工作中作出的发明创造

"本职工作"是指根据劳动合同、聘用合同等确定的工作人员的工作职责。本职工作即发明人或设计人的职务范围,属日常工作职责,既不是指单位的业务范围,也不是指个人所学专业的范围。

本职工作的性质是判断发明创造的作出是否为执行本单位的任务的首要因素。原则上,一个单位研发部门工作人员的本职工作即为从事研究、开发、设计等,他们在执行相应的研究、开发、设计任务中完成的发明创造属于在本职工作中作出的发明创造。如果发明人或设计人的本职工作并非研发,而是其他不涉及发明创造的工作,例如行政管理、秘书、人力资源管理等,其没有从事发明创造的义务,如果其在完成相应职责工作之余作出了与本单位相关的发明创造,则不属于在本职工作中完成的发明创造。

【案例3-1】

余某是某汽车公司专门从事发动机开发的工程师,其在工作中发明了一种节能发动机,该发明应当属于职务发明创造;丁某是该汽车公司的修理工,其针对某款汽车油耗较高的缺陷发明了一种节油装置,因为其本职工作是修理汽车而非改进汽车性能,因此该发明不应当属于职务发明创造。

【案例3-2】

孔某为某公司的技术研发人员,其接受该公司的指派研制出一种高速水雾喷头技术。后该公司将该喷头申请专利并获得授权,孔某是发明人之一。孔某认为该技术发明不是在工作时间完成,而是其本人利用休息时间在晚上构思完成的,属于非职务发明,专利权应归其个人所有。

分析与评述

一般而言,单位研发部门的工作人员的本职工作就是从事研究、开发、设计等工作,他们执行相应的研究、开发、设计任务完成的发明创造属于在本职工作中作出的发明创造。这是职务发明创造最典型、最常见的情形。该案中,孔某的本职工作就是技术研发,涉案专利高速水雾喷头是孔某接受公司委派的研制任务而开发完成的技术,应当属于孔某在本职工作中作出的发明创造,属于职务发明创造。

孔某所主张的该设计由其一人在业余时间构思,属于非职务发明的观点,不能成立。不能仅以技术构思是在业余时间完成而当然认定有关发明创造即为非职务发明创造。发明创造是人的智力活动成果，而智力活动与体力劳动最大的不同之处就在于智力活动具有一定的连续性。一个人在上班时间进行的技术构思不会因为下班而完全停止。因此，只要是执行本单位任务或者主要是利用本单位的物质技术条件完成的发明创造，不论其技术构思是在上班时间还是业余时间完成，均应属于职务发明创造。

【案例 3-3】

某工具厂的生产经营范围为汽车修理专用可调铰刀、板牙架等。余某在任该厂厂长期间，以个人名义申请了名为"气门座圈拉器"的实用新型专利并被授予专利权。余某在获得该专利权后，将该专利技术无偿投入到该工具厂的生产中。余某退休后，双方对该专利权的归属产生纠纷。

分析与评述

厂长具有作出与本厂业务有关的非职务发明创造的权利。但是，厂长是企业的法定代表人，全权负责企业各方面的工作，厂长的本职工作一般不能理解为仅仅是行政领导，而与业务和技术问题无关。在认定厂长的发明创造是否为执行本单位的任务时，应着重从两个方面予以审查：一是发明创造技术方案的完成时间是否在其任职期内，二是该发明创造是否在该企业的生产经营范围之内。

该案中，涉案专利的技术方案为余某在其任厂长期间完成的，且涉案专利产品是在该工具厂原有产品基础上的完善和改进。因不断研制开发这类新产品与工具厂的生存息息相关，因此涉案专利技术属于该工具厂的生产经营范围。该工具厂为小规模企业，其内部对新产品研制开发工作并无明确具体的分工，也无专职的新产品研制开发部门或人员，而余某任该工具厂厂长时对该厂的管理和技术开发工作均承担着主要职责。因此，余某对涉案专利技术的研制，属于执行本单位的任务，涉案专利应为职务发明创造，专利申请权和专利权均应属于该工具厂。

假定涉案专利技术方案是余某在其任厂长之前完成的，则需要确定完成该专利技术方案时余某的本职工作是什么。如果在完成该专利技术方案时余某根本不在该工具厂任职，则余某对该专利技术方案的研发不可能属于"本职工作中的发明创造"；如果其在任厂长之前负责或者参与该厂的技术开发，则余某对该专利的研制仍属于"本职工作中的发明创造"；如果在完成该专利时余某

并不负责或者参与该厂的技术开发，则余某对该专利的研发不属于"本职工作中的发明创造"。至于该专利是否属于职务发明创造，还要从其是否在履行单位在本职工作之外分配的任务、是否主要利用了本单位的资金、设备、零部件、原材料或者不对外公开的技术资料等物质技术条件等方面进行考量。

(二)履行本单位交付的其他任务作出的发明创造

履行本单位交付的其他任务过程中完成的发明创造，属于职务发明创造。

认定一项任务是否为单位分配给工作人员的在其本职工作之外的其他任务，应当有明确、具体的依据，包括单位与工作人员之间签订的协议、单位有关部门发出的书面通知、办理的有关手续等。

【案例 3-4】

肇某是某果树研究所的研究人员，其本职工作是果树栽培技术研究。1984 年，肇某与其他三人共同受该果树研究所委派，成立课题组进行长效复合肥研制，四人均由果树研究所人事部门通过便函等手续调到课题组。1989 年，该果树研究所申请了"长效复合肥"发明专利并获得授权，肇某等为发明人。肇某认为该技术方案不是其本职工作，是其与他人合作完成，专利权应归其四人所有。

分析与评述

如果单位能够提供明确、具体的证据用以证明一项任务是单位分配给工作人员的其本职工作之外的其他任务，例如单位与工作人员之间签订的协议、单位有关部门发出的有关书面通知、办理的有关手续等，则应当认定履行该任务所作出的发明创造是职务发明创造。

该案中，"长效复合肥"发明专利是肇某在果树研究所任职期间完成的。肇某的本职工作是果树栽培技术研究，长效复合肥研制通常不被认为是肇某的本职工作。要证明该发明创造属于肇某的职务发明，果树研究所负有更重的举证责任。其要么举证证明长效复合肥的研制属于单位交付给肇某的除本职工作之外的其他任务，要么证明肇某在完成该项发明创造时主要利用了单位的物质技术条件。该案中，根据果树研究所提供的人事部门出具的便函，可以证明肇某从事该项工作完全是单位的安排和要求。虽然肇某作为发明人，对长效复合肥专利的研制作出了创造性贡献，但长效复合肥研制的申请立项、试验、推广等都是以果树研究所的名义进行的，肇某作为长效复合肥研究项目的主持人主持研发，完全是为了完成果树研究所交付的工作任务，其据此作

出的发明创造属于职务发明创造,专利权应当归属果树研究所。

（三）一定期限内与原单位有关联的发明创造

发明人或设计人退休、调离原单位后或者劳动、人事关系终止后1年内作出的,与其在原单位承担的本职工作或者原单位分配的任务有关的发明创造,属于职务发明创造。

"退休、调离原单位后或者劳动、人事关系终止后1年内",应当从发明人或设计人办理退休、离职手续,正式与原单位解除劳动关系之日起算。

"作出"发明创造的日期应当是发明创造的实际完成日,而非发明创造提交专利申请的申请日。如果在1年内申请专利的,可以推定该专利申请日为作出发明创造的最迟日期;如果在1年后申请专利的,不能直接推定该发明创造是在1年后作出的,需要原单位（主张该发明创造为职务发明创造的当事人）提供其他证据证明该发明创造的实际作出日期。原单位不能证明该发明创造的实际作出日期的,推定专利申请日为实际作出日期。

"与其在原单位承担的本职工作或者原单位分配的任务有关",应理解为该发明创造在发明人或设计人在原单位具体承担的本职工作之内,或者在原单位分配的其他任务范围之内。如果发明创造只是在原单位的业务范围内,但与发明人或设计人在原单位的本职工作或被分配的其他任务无关,则不属于"一定期限内与原单位有关联的职务发明创造"。

【案例3-5】

瑞昌公司成立于1994年1月,经营范围主要为设计、开发、生产、销售并安装石油化工、节能环保设备等。该公司先后研发并申报了多项涉及"换热器"领域的实用新型或发明专利,其中包括名为"一种弧形板式换热器"的实用新型专利。该专利技术主要应用于石油化工行业,促进冷、热流体的热量交换。2016年5月11日,某石化公司向国家知识产权局申请了名为"一种U形流道板式换热器"发明专利,该公司为专利权人,发明人为程某某。该专利于2017年12月1日获得授权公告。该专利证书记载,该专利解决了"一种弧形板式换热器"实用新型专利存在的问题。瑞昌公司请求确认该发明专利权归其所有。

经查,涉案专利证书中所记载的发明人程某某及第三人程某锋、王某,均曾就职于瑞昌公司,后就职于某石化公司。在瑞昌公司工作期间,程某某主要从事销售工作;程某锋、王某等人主要从事研发工作,参与了与涉案

专利相关联的研发项目。程某某没有参与研发过与涉案专利相关的研发工作,不具备涉案专利研发的经验。涉案专利申请人距离王某从瑞昌公司离职未满1年内,距离程某锋从瑞昌公司离职超过1年未满2年,但程某锋曾作出"离职两年内,取得的专利应归瑞昌公司所有"的承诺。因此,涉案专利应系王某执行瑞昌公司的任务所完成的职务发明创造,涉案专利权归瑞昌公司所有。

分析与评述

发明创造是复杂的智力劳动,不是一朝一夕就能够完成的,要经历从提出构思、进行研究开发到实验验证的整个过程。一个承担单位研发项目的员工在离开原单位后的一段时间内,其作出的发明创造往往与其在原单位承担的工作有密切的联系,这是《专利法》规定员工惹原单位离职1年内,与其在原单位所承担工作任务有关的发明创造归原单位所有的原因。该案中,程某锋、王某作为瑞昌公司的前工作人员,在原单位从事与涉案诉争专利具有一定关联的技术研发工作,在离开原单位不满1年或在承诺的保密期内,作出的与在原单位所从事的研发工作具有关联性的发明创造应归属原单位。

【案例3-6】

郭某和黄某是A公司的技术研发人员,是A公司1996年获得授权的发明专利"链条炉排生活垃圾炉"的发明人。B公司于1997年申请"竖井式两段链条炉排垃圾焚烧炉"实用新型专利,在请求书中将本公司职工赵某、余某列为发明人。

1998年1月,郭某和黄某离开A公司,前往B公司工作。1998年4月,郭某、黄某、赵某、余某和B公司签订了《关于转让专利设计人的合同》,合同中约定:对于B公司已申请的上述实用新型专利,确认赵某、余某完成了该专利的总体设计,但因他们提出辞职,B公司决定将该专利的发明人由赵某、余某变更为郭某、黄某,B公司一次性向赵某、余某每人支付5000元报酬。在合同签订之前,B公司已经向国家知识产权局提交了著录项目变更申报书,请求将该专利的发明人变更为郭某、黄某。1998年12月,该实用新型专利获得授权,授权公告文本上公布的设计人是郭某和黄某。A公司认为,根据国家知识产权局公告公布的发明人,郭某和黄某离开A公司不到1年就成为B公司涉案实用新型专利的发明人,因此该实用新型专利应为郭某和黄某的职务发明,专利权应归A公司所有。

分析与评述

法律之所以规定发明人或设计人从原单位离职后一

定期限内作出的与其在原单位的本职工作或执行的工作任务有关联的发明创造属于原单位的职务发明创造，原因在于，智力活动从产生到完善具有连续性，一个熟知单位业务的员工从原单位离职后，其在原单位积累的知识和经验、属于原单位的技术秘密等不会因其离职而消失，其在离职后一定时期内作出发明创造往往与其在原单位承担的工作任务密切相关。如果不将其纳入原单位的职务发明，将会损害原单位的合法利益。另外，这段"脱密期"又不能太长而损害发明人或设计人重新选择就业的权利。为了平衡原单位与发明人或设计人的利益，《专利法》将这一"脱密期"规定为1年。

该案中，郭某和黄某原本是A公司的技术研发人员，在离开A公司1年内就成为B公司涉案实用新型专利的发明人。A公司要证明涉案实用新型专利为郭某和黄某在A公司的职务发明，应当举证证明涉案实用新型专利与郭某和黄某在A公司工作期间承担的本职工作或者A公司分配的任务有关。如果A公司不能完成该项举证责任，A公司不可能拥有该项专利。该案中，A公司未能证明上述内容，且B公司提供的证据表明，在郭某和黄某到B公司工作之前，B公司已经申请了涉案专利，且请求书中表明发明人为赵某和余某，也就是说，在郭某和黄某到B公司工作之前，B公司已经掌握了涉案专利技术。因此，涉案专利不可能属于A公司的职务发明。

需要说明的是，该案例旨在说明一定期限内与原单位有关联的发明创造的专利权属纠纷，案中《关于转让专利设计人的合同》所涉及的发明人署名资格转让并不符合相关法律、法规的规定。

（四）主要是利用本单位的物质技术条件完成的发明创造

"主要是利用本单位的物质技术条件完成的发明创造"，是指发明人或设计人在本职工作或本单位交付的其他任务以外，按照自己的意志主动完成的发明创造，在该发明创造的完成过程中，全部或者大部分利用了单位的资金、设备、器材或者原材料等物质条件，或者发明创造的实质性内容基于该单位尚未公开的技术成果、阶段性技术成果或者关键技术。对利用本单位提供的物质技术条件，约定返还资金或者交纳使用费的除外。

判断发明创造的作出是否主要利用了本单位的物质技术条件，要考虑本单位的物质技术条件是否属于完成发明创造不可或缺或不可替代的前提条件，或者所利用的本单位的物质技术条件是否对发明创造的完成具有实质性贡献或起到决定性作用。在研究开发过程中利用本单位已公开或者已为本领域普通技术人员公知的技术信息，或者仅在发明创造完成后利用本单位的物质技术条件对技术方案进行验证、测试的，不属于主要利用本单位的物质技术条件。

如果对本单位的物质技术条件的利用只是少量的、可有可无的，或者所述物质技术条件对发明创造的完成没有起到实质性帮助，则不被认为达到"主要是利用本单位的物质技术条件"的程度。

【案例3-7】

孙某为某医院的退休职工，其在该医院工作期间的本职工作是临床工作。孙某在该医院工作期间，作为主要完成人员参与了该医院研制的新药"癌灵1号注射液"的临床与试验研究项目组的工作，负责临床研究。在此过程中，孙某对该药物的剂型及处方组成的改进提出了构思和建议。后该医院将该药物申请了专利并获得授权，孙某是发明人之一。孙某认为该专利是其本人独立完成的，且其对处方的改进不属于本职工作，因此该专利应属于非职务发明，专利权应归其个人所有。

分析与评述

该案中，孙某的本职工作是临床工作，该医院交付给孙某的除本职工作之外的任务是"癌灵1号注射液"的临床与试验研究项目组的临床研究工作。因此，孙某对药物处方的改进并不是执行本单位的任务。

但是，新药的研制开发是由医院的项目组完成的，孙某是项目组成员之一，该项发明创造由医院提出研究方向、项目要求等，并提供临床观察等研究条件，研究过程体现的是该单位的意志。孙某提出技术方案的构思或想法虽对专利的完成具有重要的意义，但中药药物的研制完成不仅仅包括确定处方的组成，还包括后续的一系列药学、药物制备、药理、药效、毒性、临床试验等研究，药品研发的各个阶段形成复方药品研制的有机整体。没有证据表明孙某作为临床医师完成了临床工作以外的药品研制的其他工作，其对处方组成的改进主要是利用了医院的资金、设备、原材料或者不对外公开的技术资料等物质技术条件，且也仅为构思和建议，不足以形成一个完整的发明专利，因此其发明创造属于职务发明创造。通常情况下，执行本单位的任务客观上应当主要利用本单位的物质技术条件，在执行本单位任务的情况下，对本单位物质技术条件的利用应当被认为属于执行本单位任务的情形，直接判定相关发明创造属于职务发明创造，无须另行认定其是否属于"主要是利用本单位的物质技术条件"的情形。

【案例 3-8】

吴某经过长期研究，开发出一种能源转换技术和设备，并提供图纸委托他人加工制造了一台能源转换设备。1999 年 1 月，吴某以该设备为固定资产作实物出资，与雷某一起注册成立 A 公司。A 公司于 1999 年 8 月申请了名称为"一种可燃性垃圾的处理方法"的发明专利并获得授权，发明人为吴某。2001 年 1 月，吴某与 B 公司的田某共同申请了名称为"无害化处理垃圾的高温裂解炉及回收装置"的实用新型专利并获得授权，专利权人和发明人均为吴某和田某。A 公司认为该实用新型专利的设备即为 A 公司的能源转换设备，是为实施 A 公司的发明专利专门设计的，其在 A 公司成立之前就已研制成功，吴某以该设备出资后，该设备就成为 A 公司的固定资产，因此，利用该设备形成的实用新型专利应该是 A 公司发明专利的从属专利，属于吴某在 A 公司的职务发明创造，专利权应当归 A 公司所有。

分析与评述

"主要是利用本单位的物质技术条件"强调的是本单位的物质技术条件在发明创造完成过程中的作用和比重。在此类纠纷案件中，若单位主张发明创造的作出主要是利用本单位的物质技术条件，应当提供明确、具体的证据，例如协议、财务文件等，以证明发明创造的作出全部或者大部分利用了单位的资金、设备、器材、原材料和/或阶段性技术成果或关键技术。若所涉及的本单位的物质技术条件为本单位尚未公开的技术成果，则职工应当负有证明该技术成果已经公开的举证责任。

该案中，A 公司主张所述实用新型专利应该归其所有基于两项理由：一是该实用新型专利保护的就是其拥有的固定资产"能源转换设备"，或者说是在其能源转换设备上完成的，因此，该实用新型专利的完成主要利用了 A 公司的物质技术条件，应当为职务发明创造；二是该能源转换设备是专门为实施其发明专利设计的专用设备，该实用新型专利作为涉案发明专利的从属专利，理应归 A 公司所有。

1. 关于以上第一项理由

A 公司成立时拥有一台吴某在 A 公司成立之前提供技术制作的能源转换设备作为公司的固定资产，A 公司要证明所述实用新型专利为吴某在 A 公司所作的职务发明创造，应当举证证明：(1) 其拥有的能源转换设备与涉案实用新型专利的技术方案相同或等同；吴某在以所述能源转换设备出资时，将该能源转换设备相应的知识产权一并转移给 A 公司；(2) 在所述能源转换设备与所述

实用新型专利技术方案不相同也不等同的情况下，证明所述能源转换设备技术属于 A 公司的技术秘密，完成所述实用新型专利必须利用或者借助于所述能源转换设备。该案中，A 公司既未能证明该实用新型专利技术属于 A 公司拥有的成果或申报的专利权，也未能证明涉案实用新型专利是吴某执行 A 公司的任务或者主要是利用了 A 公司的物质技术条件所完成的发明创造，因此不能证明该实用新型专利是吴某在 A 公司的职务发明创造。

2. 关于上述第二项理由

所谓基本专利，指的是不依附于任何其他专利的最原始的专利；从属专利则是在基本专利的基础上进行改进所获得的专利，该专利的技术方案包括了基本专利的必要技术特征，其实施必然会落入基本专利的保护范围或者覆盖基本专利的技术特征，也必然有赖于基本专利技术的实施。从属专利的形式主要有：(1) 在原有产品专利技术特征的基础上，增加了新的技术特征；(2) 在原有产品专利技术特征的基础上，发现了原来未曾发现的新的用途；(3) 在原有方法专利技术方案的基础上，发现了新的未曾发现的新的用途。该案中，首先，A 公司并未充分证明 B 公司的实用新型专利的实施依赖于 A 公司的发明专利，所述实用新型专利是在发明专利基础上的改进；其次，实现方法发明技术方案的设备通常并不唯一，即使实现该案 A 公司方法发明的设备只能是该案实用新型专利所指向的设备，也不能否定发明专利与实用新型专利两个技术方案各自独立、非基本专利和从属专利的关系，因此无法证明涉案实用新型专利的权属问题。

(五) 单位与发明人、设计人就权利归属作出合同约定

单位与发明人或设计人之间可以对发明创造的权利归属作出约定，这种约定应当采用书面合同的形式。在对专利权属纠纷进行行政调解时，应首先考察双方当事人是否就专利申请权或专利权归属存在合同约定。有合同约定的，应首先确定合同的有效性。在合同有效的情况下，遵从合同约定确定权利归属。在合同无效的情况下，视为无合同约定，按照《专利法》第六条第一款的规定确定权利归属。

【案例 3-9】

姚某于 1998 年与他人合资成立 A 公司，姚某提供本人专利及技术并负责新产品开发。2001 年，姚某个人申请了名称为"一种带中药蒸汽产生装置的洗浴设备"的实用新型专利，并于 2002 年获得授权。2004 年，姚某与 A 公司签订了《专利实施许可协议》，该协议认可姚某是

该实用新型专利的专利权人,姚某同意 A 公司使用该专利技术用以开发可以自动煎中药的足浴盆产品,协议还约定"在该专利的基础上一切扩展、涵盖的专利权归姚某所有"。2005 年,姚某又申请了"一种液体制取方法和装置"的发明专利并获得授权。经查明,该发明专利的技术方案涵盖并扩展了上述实用新型专利的技术方案。A 公司认为,姚某作为公司的总工程师,分管技术研发等工作,该发明专利应属执行本单位的任务所完成的职务发明,其专利权应当归 A 公司所有;执行本单位的任务所完成的职务发明依法不允许通过订立合同的方式约定归属,《专利实施许可协议》中的约定违反了法律,应当认定无效。

分析与评述

在专利权属纠纷的调解中应当遵从合同优先的原则,在合同有效的情况下,按照合同约定确定权属。

该案中,姚某作为 A 公司的技术负责人,其工作职责是研发、设计足浴盆产品,因此涉案发明专利是其在本职工作中作出的发明创造,属于执行本单位的任务所完成的职务发明创造。但是,因双方通过合同,对在涉案实用新型专利基础上的改进专利权的归属进行了约定,在合同真实有效的情况下,应当按照《专利实施许可协议》来认定争议专利的权属,涉案发明专利的专利权应归姚某所有。

对于 A 公司所提出的"执行本单位的任务所完成的职务发明依法不允许通过订立合同的方式约定归属"的问题,一种观点认为,按照《专利法》第六条第三款的字面含义,单位与发明人、设计人之间订立的合同应当限于"利用本单位的物质技术条件所完成的发明创造"的情形,对于"执行本单位的任务所完成的发明创造",不适用《专利法》第六条第三款的规定,即"执行本单位的任务所完成的发明创造"只能作为职务发明创造归属于单位所有,不能通过合同进行约定;如果对这种类型的发明创造的权利归属也允许约定的话,不仅有可能扰乱单位内部的管理秩序,影响单位组织创新的积极性,还有可能导致国有资产的流失。另一种观点则认为,鉴于参与市场竞争的主体复杂多样,企业可以采取多种方式调动职工的创新积极性,单位与发明人或设计人之间基于真实的意思表示,对"执行本单位的任务所完成的发明创造"的权利归属作出约定并不损害社会及他人利益,如果将这种约定均认定无效的话,有悖于当事人的真实意思表示。

综上,专利申请权和专利权本质上还是一种民事权利,对《专利法》第六条第三款的理解不应仅限于其字面含义,当事人在不损害其他合法利益的情况下,基于双方真实的意思表示对自身民事权利进行处置应当予以尊重。在单位与发明人或设计人订立了合同,就其专利申请权和专利权约定归属的情况下,只要合同真实、符合双方当事人的真实意思表示,无论其中约定的是"利用本单位的物质技术条件所完成的发明创造",还是"执行本单位的任务所完成的发明创造",约定内容都应当被允许,管理专利工作的部门应遵从合同约定确定权利归属。

第二节 委托开发与合作开发引起的专利权属纠纷的行政调解

技术开发合同是指当事人之间就新技术、新产品、新工艺或者新材料及其系统的研究开发所订立的合同。技术开发合同包括委托开发合同和合作开发合同。根据《专利法》第八条的规定,委托或合作开发过程中完成的发明创造,专利申请权和专利权的归属取决于双方是否就该发明创造的归属另有协议约定。双方约定专利申请权和专利权的归属的,从其约定。

一、委托开发完成的发明创造

委托开发完成的发明创造,是指一个单位或个人提出研究开发任务并提供经费和报酬,由其他单位或者个人进行研究开发所完成的发明创造。委托开发合同的标的是一项新的技术或者设计,通常表现为一项新的技术方案,既可以是技术方案本身,也可以是体现技术方案的产品、工艺、材料或者其组合。

一个单位或者个人接受其他单位或者个人委托所完成的发明创造,双方就该发明创造的归属另有协议约定的,专利申请权属于协议约定的一方;双方没有协议约定归属的,专利申请权属于完成的单位或者个人;申请被批准后,申请的单位或者个人为专利权人。

【案例 3-10】

1983 年起,李某自己立项开始研究治疗乙型肝炎的配方。1986 年,李某与某制药厂签订委托加工协议书,其中约定:制药厂根据李某提供的配方和要求加工"肝病药物",李某向制药厂支付加工费。协议书签订后,制药厂进行了不同剂型选择实验后建议"肝病药物"采用冲剂型,之后,制药厂加工出"肝病冲剂"初试药品,该药品在某医院临床应用,显示出较好的临床疗效。为将该药物推向市场,1988 年,双方签订了补充协议,约定:李某负责药物研发,包括配方改进、毒性试验、药效试验、提供临床疗效资料等;制药厂负责提供试验费用、生产、销售等。1993 年,李某以个人名义申请了"肝病冲剂"发明专

利。制药厂认为该专利申请权及随后的专利权应由双方
共享。

分析与评述

由于技术开发合同的性质影响到最终权利的归属，
因此，在判断权利归属之前，应当首先确定双方当事人之
间的合同究竟属于委托开发合同还是合作开发合同。属
于委托开发合同的，管理专利工作的部门应考察合同条
款，看其中是否就委托开发的技术成果归属存在约定。
如果存在权属约定条款，以约定条款的内容为准判定权
利归属；如果不存在权属约定，受托方拥有专利申请权和
专利权。

该案中，根据双方补充协议，制药厂为出资方，李某
为研发方，二者之间应当属于委托开发关系。由于双方
的协议和补充协议中均未对涉案技术的专利申请权和专
利权作出约定，因此根据《专利法》第八条的规定，涉案
技术申请专利的权利属于完成该项技术发明创造的李某
所有。

二、合作开发完成的发明创造

合作开发完成的发明创造，是指两个以上单位或者
个人共同进行投资、共同参与研究开发工作所完成的发
明创造。

两个以上单位或者个人合作完成的发明创造，合作
各方就发明创造的归属订有协议的，按照协议确定权利
归属。没有订立协议的，专利申请权和专利权属于完成
或者共同完成的单位或者个人。

所述完成或者共同完成的单位，是指完成发明创造
的发明人或设计人所在的单位。所述完成或者共同完成
的单位或者个人，是指对发明创造的实质性特点作出了
创造性贡献的合作方。

如果发明创造的完成是基于对某一合作方提供的特
有的技术、设施或试验数据等的运用，则该合作方应视为
对发明创造的实质性特点作出了创造性贡献。在没有协
议的情况下，如果各方派出的人员对发明创造的完成都
作出了创造性贡献，各方就是共同完成发明创造的单位
或者个人，应当共同享有权利；如果只有一方的发明人或
设计人对发明创造的完成作出了创造性贡献，其他合作
方虽然参加了研究开发，但是没有作出创造性贡献，就只
有该发明人或设计人所代表的一方享有权利。

【案例3-11】

A公司拥有保健药品"灵仙化石胶囊"的研究开发成
果，其于1996年获得了省卫生厅同意批量生产灵仙化石
胶囊的批准文号。1997年，A公司与B公司签订了《合

作协议书》，协议约定：在卫生部门许可条件下，A公司将
该药品的批准文号从A公司变更至B公司名下；A公司、
B公司双方共同研制、开发、生产该药品，A公司提供
20%的资金，主要负责提供配方、技术、生产工艺、技术指
导等工作，并将上述工作的成果交由B公司保管，B公司
派员参与药品研发，并负责提供该药品生产所需的厂房、
设备、80%的资金和经营管理；对该药品继续研究的成果
由A公司、B公司共享。《合作协议书》签订后，双方依
约履行，进行了该药品的研制开发，B公司生产销售了该
药品。2001年，B公司申请了名称为"复方威灵仙制剂制
备工艺"的发明专利，并承认"复方威灵仙制剂制备工
艺"是在A公司的"灵仙化石胶囊"研究成果原配方的基
础上研究出来的。A公司认为，复方威灵仙制剂制备工
艺与灵仙化石胶囊制备工艺完全相同，B公司违反合作
协议的约定，窃取了A公司的研究成果并申请专利，该专
利的专利申请权应归A公司所有。

分析与评述

A公司与B公司签订了《合作协议书》，明确约定了
双方共同研制、开发、生产"灵仙化石胶囊"药品，并对该
药品继续研究和开发，继续研究的成果由双方共享。因
此该案属于有合同约定的合作开发的情形。

复方威灵仙制剂制备工艺是A公司和B公司签订
《合作协议书》之后，在灵仙化石胶囊原配方的基础上
研究开发出来的，因此可以认定复方威灵仙制剂制备工
艺属于《合作协议书》里约定的"继续研究的成果"。根
据双方在《合作协议书》中的约定，在没有相反证据表
明A公司未依约履行其合同义务的情况下，应当认定A
公司和B公司对复方威灵仙制剂制备工艺的取得均作
出了贡献，涉案专利的专利申请权应归A公司和B公
司共同享有。B公司单独以其名义申请专利的行为不
应被支持。

对于A公司认为B公司违反合作协议的约定，窃取
其研究成果并申请专利，该专利的专利申请权应归A公
司所有的主张：首先，A公司提出的这一主张实质上是认
为B公司申请的"复方威灵仙制剂"与其"灵仙化石胶
囊"相同。为此，A公司需要举证证明二者技术方案之间
的关系，即"复方威灵仙制剂"与"灵仙化石胶囊"究竟是
相同还是对"灵仙化石胶囊"作出了实质性改进。经对
比发现，二者存在诸多区别，并非完全相同，因此不能证
明B公司窃取了A公司灵仙化石胶囊的研究成果，而是
应当认定涉案专利申请的技术方案是利用了原中药复方
的研究成果并在合作之后进行继续研究所取得的研究成

果,相对于原中药制备工艺具有实质性的改进,属于双方合作期间的共同研究成果。

三、委托开发与合作开发的判断

委托开发合同与合作开发合同都是当事人之间就新技术、新产品、新工艺和新材料及其组合的研究开发所订立的合同。有合同约定权利归属的,无须区分合同的性质究竟是委托开发合同还是合作开发合同,应按照约定确定权利归属;双方没有约定权利归属的,需要判断双方是合作关系还是委托关系,以及发明创造究竟是双方共同完成的还是某一方独自完成的。

判断究竟是合作开发合同还是委托开发合同,除了考察合同的名称之外,还可以根据二者的不同特点来判断,主要包括:

1. 当事人之间的权利义务关系。合作开发合同,双方当事人享有和承担着类似的权利和义务;委托开发合同,除保密义务等双方均承担的义务以外,双方当事人之间的权利义务一般是相对的,委托方的义务是受托方(开发方)的权利,而受托方的义务则是委托方的权利。

2. 当事人参与研究开发工作的方式。合作开发合同的当事人共同参加研究开发工作,双方既可以共同进行全部的研究开发工作,也可以约定不同的分工,分别承担不同阶段或不同部分的研究开发工作;委托开发合同则不同,当事人一方主要负责物资或经费投入,一般不参与实体研究,即使参与研究,也仅起辅助或检查的作用,而另一方则主要从事研究开发工作。

3. 合同主体的能力。合作开发合同的当事人双方一般都具有研究开发能力,而委托开发合同的当事人,一般受托方具有科研能力。

判断合同双方究竟属于委托开发还是合作开发,主要依据两点:一是双方是否都进行了投资,二是双方是否都派出了人员参与研究开发。如果仅有一方投资,另一方进行研究开发,则一般属于委托开发;如果双方都进行了投资,且双方派出的人员对发明创造的完成都作出了创造性贡献,则应当属于合作开发。如果双方都进行了投资,但只有一方派出的人员对发明创造的完成作出了创造性贡献,尽管仍属于合作关系,但完成的发明创造只能由完成方享有权利。

【案例 3-12】

2015 年 8 月,B 公司委托 A 公司开发定制化 360°全景镜头模组,双方签订了《360°全景镜头模组委托开发协议》。协议签订后,A 公司全面履行了协议并交付了全景镜头模组产品及相关技术资料。2015 年 9 月 18 日,B 公

司向国家知识产权局提出包含专利名称为"全景图像采集装置"的发明专利在内的 4 项专利申请。专利获得授权后,A 公司认为 B 公司的上述专利是履行涉案协议开发的技术成果,请求认定涉案专利的专利权归 A 公司所有,并对该专利的发明人予以变更。经查,涉案专利的实质性技术特征是由 B 公司提出,且 A 公司在缔约之时就已明确知晓并接受 B 公司有利用合同技术成果并添附技术特征申请专利的可能,B 公司申请涉案专利没有恶意。

分析与评述

该案涉及利用技术开发合同的技术成果申请的专利归属如何认定的问题。依据《专利法》第八条的规定,合作完成或者委托完成发明创造的权利归属,有约定的从约定;无约定、约定不明的,申请专利的权利属于完成的单位或者个人,申请被批准后,申请的单位或者个人为专利权人。按照"谁创造谁保护"的原则确认专利权归属更符合专利制度鼓励创新的基本原则,故除另有约定外,对专利的"实质性特点"作出了创造性贡献的单位或个人,应当认定为专利权人。此外,即使合同相对人参与了专利技术的开发,但其能够预期并接受专利申请人利用合同技术成果申请专利的,不应当分享专利权,故 A 公司的请求应予驳回。

四、发明创造的内容与合同标的的关系

判断基于合同的发明创造的归属,还应当考虑所涉及的专利或专利申请的技术方案与双方合同标的之间的关系。在双方存在委托或合作合同的情况下,如果涉案专利申请的技术方案与合同标的不具有关联性,则不能认为涉案专利申请是基于合同完成的发明创造。

【案例 3-13】

2006 年 9 月,A 公司与 B 公司就城市轨道交通自动售票机项目达成合作意向并签订了保密协议,其间,A 公司提供图纸委托 B 公司加工城市轨道交通自动售票机样机。样机验收合格后,2007 年 9 月 19 日,双方就该项目签订正式的《委托加工制造合同》,合同中约定:"A 公司委托 B 公司加工制造并由 A 公司按照合同价款和条件全部购买用于某市××线轨道交通的自动售票机","本合同的整机知识产权归 A 公司所有,组件知识产权归 A、B 双方共有"。之后,A 公司发现 B 公司在 2007 年 8 月 21 日至 9 月 11 日期间,申请了"一种硬币循环处理机"等 8 项专利,申请人均为 B 公司和 C 公司。A 公司认为,该 8 项专利中"一种硬币循环处理机"属于整机,专利权应归 A 公司所有,其余 7 项专利属于组件,专利权应归 A 公司和 B 公司共有。

B公司和C公司辩称，涉案8项专利源于B公司于
2006年5月1日至2007年12月31日所承担的某市科
委的"自助服务装备关键技术研究与应用"项目，该项目
中包含"自助铁路售票装备系统应用研究"子课题，在该
项目的《项目任务书》中载明"本项目研究的有关技术成
果归某市科委、项目主持单位、课题承担单位所有"。
2006年12月18日，B公司与C公司签订技术开发合同，
就"自助铁路售票装备系统应用研究"课题的技术开发
进行合作。随后，对该课题的合作成果申请了该8项涉
案专利。在该8项专利的申请日跨度期间，B公司和A
公司尚未形成技术合作开发关系。

分析与评述

实践中，经常会出现一个单位同时受托多个不同项
目的情况，这些项目主题类似，来源于不同的委托单位。
涉案研究成果究竟来源于哪一个项目往往是这类纠纷的
关键。为此，需要判断涉案专利或专利申请的技术方案
与相同委托事项或合同标的是否相同或高度关联。

该案中，B公司先后承接某市科委委托的"自助服务
装备关键技术研究与应用"课题和A公司委托的城市轨
道交通自动售票机加工项目，前者的研发时间为2006年
5月1日至2007年12月31日，后者签订合作意向的时
间是2006年9月，签订委托加工合同的时间是2007年9
月19日。从两合同的委托时间和项目完成时间看，二者
项目完成时间重叠，涉案8项专利的申请日（2007年8月
21日至9月11日）恰好处于两合同的完成期间。判断
所述专利是B公司完成某市科委委托项目中完成的发明
创造，还是在完成A公司委托加工项目中完成的发明创
造，关键在于看涉案发明专利与两合同标的之间的关系。
经查，前一合同（某市科委项目）主要涉及用于铁路售票
系统的自动售票机，其项目研发内容未包括有关硬币处
理设备的内容；而后一合同（A公司委托项目）主要涉及
用于城市轨道交通（地铁和城铁）的自动售票机。众所
周知，相比铁路票价来说，地铁票价相对较低，前者多用
纸钞而后者多用硬币；从某市科委的委托项目书来看，也
未包括要对硬币处理单元进行研发的内容，因此，尽管在
某市科委委托项目的课题验收时，B公司将所述8项专
利作为前一课题的研究成果，但尚不能确定涉案8项专
利就属于B公司在执行某市科委委托项目中完成的发明
创造。

第三节　技术转让引起的专利权属纠纷的行政调解

技术转让是指转让方将自己所拥有的技术转让给受
让方的行为。广义上的技术转让包括专利权转让、专利

申请权转让、技术秘密转让、专利实施许可、技术秘密使
用许可等形式。

技术转让中的技术是制造产品和提供服务的系统知
识，主要以专利技术和技术秘密（非专利技术）形式存
在。技术转让实质上是知识产权的转让，转让的是具有
权属性质的技术。本领域普通技术人员已经掌握的技
术、专利期满的技术等社会公众可以自由使用的技术，通
常不能成为技术转让的标的。

技术转让的当事人应当签订书面合同。技术转让合
同一般针对的是现有的特定的专利、专利申请、技术秘密
等，通常不包括转让尚待研究开发的技术成果或者传授
不涉及专利或者技术秘密成果权属的知识、技术、经验和
信息订立的合同。

通常情况下，专利实施许可转让的仅仅是专利技术
的实施权，不涉及权属转移，很少引起专利权属纠纷。由
技术转让引起的专利权属纠纷一般包括专利申请权转让
和专利权转让（以下统称"权利转让"）引起的专利权属
纠纷、技术秘密转让引起的专利权属纠纷，以及技术秘密
使用许可引起的专利权属纠纷。

一、权利转让

转让专利申请权或者专利权的，当事人应当订立书
面合同，并向国务院专利行政部门登记，由国务院专利行
政部门予以公告。专利申请权或者专利权的转让自登记
之日起生效。中国单位或者个人向外国人、外国企业或
者外国其他组织转让专利申请权或者专利权的，应当依
照有关法律、行政法规的规定办理手续。

在调解由于权利转让引起的专利权属纠纷时，管理
专利工作的部门应确定转让合同是否有效以及转让是否
已经生效。签订转让合同并向国务院专利行政部门申请
登记的，专利申请权或者专利权归属转让后的当事
人；签订转让合同但未向国务院专利行政部门申请登记
的，专利申请权或者专利权未发生转移。调解相关纠纷
时，确认相关的专利申请权和专利权是归转让前的当事
人还是归转让后的当事人，要视转让合同的具体情况具
体分析。

【案例3-14】

1994年，A公司与B公司签订转让合同，约定将其
拥有的两项实用新型专利转让给B公司，但未在国务院
专利行政部门办理转让登记手续。1997年，B公司又与
C公司订立转让合同，约定将上述两项实用新型专利转
让给C公司，仍未在国务院专利行政部门办理转让登记
手续。其后，三家公司对该两项实用新型专利权的归属

产生纠纷。相关部门经审查后认为，A 公司与 B 公司签订的合同和 B 公司与 C 公司签订的合同均为双方当事人的真实意思表示，合同均有效，转让合同自合同成立之日生效。基于上述理由认为两项专利权应当归 C 公司所有，A 公司和 B 公司应配合 C 公司尽快完成登记和公告手续。

【案例 3-15】

张某申请了一项发明专利并获得授权。1999 年 10 月，张某与王某订立专利权转让合同，但在王某就该转让事项向国务院专利行政部门进行登记之前，张某又与李某就同一专利权订立了转让合同并就这一转让向国务院专利行政部门进行了登记，并被公告。相关部门经审查后认为，尽管张某与李某的转让合同在后，但合同本身有效且该转让行为已经登记并公告，因此该在后转让合同能够产生专利权转让的效力，专利权归李某所有。

分析与评述

根据《专利法》第十条第三款的规定，专利权的转让应当经国务院专利行政部门登记和公告，其生效日是专利权转让的登记日。该条款明确，登记并公告是专利权或专利申请权转让生效的必要条件。

在案例 3-14 中，A 公司与 B 公司之间的转让行为和 B 公司与 C 公司之间的转让行为均未履行《专利法》所要求的登记和公告程序，因此合同虽然成立但均未生效，专利权应当视为未从 A 公司转让给 B 公司，更谈不上从 B 公司转让给 C 公司，专利权应当归 A 公司所有。但该案中，相关部门经审查后认为，A 公司与 B 公司签订的合同和 B 公司与 C 公司签订的合同均为双方当事人的真实意思表示，合同均有效，转让合同自合同成立之日生效。基于上述理由认为两项专利权应当归 C 公司所有，A 公司和 B 公司应配合 C 公司尽快完成登记和公告手续。

在案例 3-15 中，张某就同一专利权先与王某签订转让合同，之后又将专利权转让给李某。虽然张某与李某的转让合同在后，但经登记并公告后已经成就合同生效的条件，专利权由张某转移到李某。虽然张某与王某的转让合同成立在先，但其不能对抗在法律上已经生效的在后转让合同。王某可以要求张某承担违约责任。

二、技术秘密转让

技术秘密是一种未申请专利的技术成果，不受专利法保护，企业一般通过保密措施进行保护。

技术秘密可以完全让与他人。技术秘密转让后，受让人有完全处置该技术秘密的权利，包括将其申请专利。技术秘密转让后，将该技术申请专利的权利属于受让人，

合同中另有约定的除外。

由于技术秘密转让引起的专利权属纠纷，在进行行政调解时应确定技术秘密转让合同是否有效。

【案例 3-16】

2008 年 6 月，A 公司与 B 公司签订技术秘密转让合同，双方约定：A 公司将其拥有的一项技术秘密转让给 B 公司，B 公司付给 A 公司 300 万元转让费，其中 50% 转让费在合同签订当天给付，剩余 50% 转让费在 6 个月后给付。B 公司于 2008 年 11 月将该技术秘密申请了专利，但逾期未给付剩余的 50% 转让费。A 公司以 B 公司未给付余款导致合同无效为由，主张该技术秘密的专利申请权应归 A 公司所有。

分析与评述

该案中，A 公司与 B 公司签订的合同为双方当事人的真实意思表示，该转让合同为有效合同，转让合同自合同成立之日生效。合同生效后，B 公司对涉案技术秘密拥有完全处置权，该专利申请权应归 B 公司所有。至于合同余款，A 公司可以要求 B 公司承担违约赔偿责任。

对于技术秘密转让合同，合同有效存在的基础是作为合同标的的技术客观上处于秘密状态。在合同签订前该技术处于保密状态，且合同的签订是双方当事人的真实意思表示的情况下，应当认定合同有效。至于合同签订后受让方未付全款或者转让方泄密等，与合同的有效性无关，属于未履行或违反合同义务，应当由违反合同的当事人承担违约责任或赔偿责任。

三、技术秘密使用许可

技术秘密使用许可可以分为独占许可、排他许可和普通许可。独占许可是指被许可方在合同规定的区域内享有使用技术秘密的独占权，即使是许可方（技术秘密的权利人）也无权使用该技术。排他许可是指在合同规定的区域内，许可方仅能给予被许可方使用技术秘密的权利，不得再许可第三方使用，但是许可方自己可以保留使用该技术秘密的权利。普通许可是指在合同规定的区域内，许可方既能给予被许可方使用技术秘密的权利，也能保留自己使用该技术秘密的权利，还可以将该技术秘密以同样的方式许可给第三方使用。

无论是许可方还是被许可方，都负有对技术秘密的保密义务，不应当将其申请专利。但是，当一方当事人违背保密协议和合同约定，将技术秘密申请专利的，无论哪一种许可方式，专利申请权和专利权均应当归许可方（即技术秘密的权利人）所有。如果许可方申请了专利，其应当承担违约和赔偿责任，且被许可方有权继续按照技术

秘密使用许可协议的约定使用该专利；如果是被许可方申请了专利，其不仅要承担违约和赔偿责任，还要归还专利申请权和专利权。

【案例 3-17】

1994 年 1 月，A 公司获得"AFS-230 型全自动双道原子荧光光度计"发明专利。1994 年 8 月，A 公司与其他两个公司共同出资成立 B 公司。三方签订的《合资企业合同》中写明：A 公司以 2 万美元现金、0.8 万美元的设备、3 万美元的专利技术使用权作为出资；A 公司提供以AFS-230 型为基础的改进型主机、接口、软件等全部技术及断续流动装置；B 公司的主要经营范围是生产和经营AFS 原子荧光光谱仪等产品，B 公司在经营中，每销售一台 AFS 仪器向 A 公司支付 3% 的技术提成费。1998 年，B公司申请了"用于原子荧光光度计的断续流动装置"实用新型专利，2000 年获得授权。A 公司认为该实用新型专利应当归其所有，双方因此产生争议。B 公司认为，A公司以 AFS-230 型为基础的改进型主机、接口、软件等全部技术及断续流动装置作为投入转让给了 B 公司，因此 B 公司从 A 公司处受让取得了断续流动装置的全部权利，有权申请专利。

分析与评述

该案中，双方发生专利权属纠纷，应当归咎于合同就涉案实用新型专利技术的归属约定不明确。涉案实用新型专利技术的研制开发是 A 公司的任务范围，在共同投资成立 B 公司的合同中，三方当事人也约定向 B 公司提供涉案断续流动装置技术是 A 公司的义务之一，其性质类似技术秘密使用许可，表明该技术是 B 公司从 A 公司受让取得的，B 公司有权使用该项技术并生产相关的产品。但该合同并未约定 A 公司将该项技术申请专利的权利同时予以转让，即并未约定 B 公司享有以该技术申请专利的权利。因此，不能推定为 A 公司同意同时将专利申请权转让，只能认定作为 A 公司的一项合同义务，其应当许可 B 公司使用该项技术和产品。

需要指出的是，当事人以技术入股的方式订立联营合同，但技术入股人不参与联营体的经营管理，并且以保底条款形式约定联营体或者联营对方支付技术价款或者使用费的，视为技术转让合同。

第四章　发明人或设计人署名权纠纷的行政调解

一项发明创造的发明人或设计人有权在专利申请文件中写明自己是发明人或设计人。当事人因发明人或设计人资格或专利申请文件上的署名权发生纠纷的，可以请求管理专利工作的部门进行调解。

第一节　发明人或设计人资格的构成要件

发明人或设计人，是指对发明创造的实质性特点作出创造性贡献的人。对发明与实用新型的实质性特点作出创造性贡献的人，称为发明人；对于外观设计的实质性特点作出创造性贡献的人，称为设计人。在完成发明创造过程中，只负责组织工作的人、为物质技术条件的利用提供方便的人或者从事其他辅助工作的人，不是发明人或设计人。

发明人或设计人有权在一项发明、实用新型或外观设计专利申请文件中署名，其通常应具备以下几个要件：

1. 存在专利法意义上的发明创造，包括发明、实用新型或外观设计专利或专利申请；

2. 发明人或设计人应当是所述发明创造的实际参与人；

3. 发明人或设计人对发明创造的实质性特点作出了创造性贡献。

一、存在专利法意义上的发明创造

存在一项专利法意义上的发明创造是判断是否具备发明人或设计人资格的前提条件。专利法意义上的发明创造包括发明、实用新型和外观设计，既可以是经授权公告的专利，也可以是尚未授权的专利申请。

发明或实用新型专利或专利申请所涉及的发明创造应当是指专利文件或专利申请文件中记载的技术方案，其中不仅包括权利要求书记载的技术方案，也包括仅记载在说明书中而未记载在权利要求书中的技术方案，但记载在说明书摘要而未记载在说明书或权利要求书中的技术方案不能作为专利法意义上的发明创造。

【案例 4-1】

仇某向当地管理专利工作的部门提出调解请求，认为其应为专利号为 20001××××.× 发明名称为"一种发动机用燃油添加剂"的发明专利申请的发明人，A 单位认为仇某不符合《专利法》第十七条第一款的规定，未将其写在专利申请文件中。仇某称，该发明同时涉及发动机燃油及该燃油用添加剂，虽然其未参与添加剂的开发，但是具体参与了将添加剂加入燃油中调整燃油配方的工作，不将其作为发明人对待是不公平的。A 单位辩称，该发明名称为"一种发动机用燃油添加剂"，权利要求中也仅保护燃油添加剂，并未要求保护添加了添加剂的燃油，因此未将仇某作为该发明专利申请的发明人。经查，该专利说明书中不仅包括燃油添加剂的配方，也包括添加了添加剂的燃油的配方，以及对燃油的使用效果进行验证的实施例。

分析与评述

有资格作为发明人或设计人写在专利文件或专利申请文件中的人应当是实际参与了发明创造的人，其所参与的发明创造应当包括所有出现在说明书中的技术方案，而不是局限于权利要求中要求保护的技术方案。这是因为，一方面，在专利文件或专利申请文件中的发明人或设计人是对发明人或设计人参与发明创造在精神层面上的肯定，而专利文件或专利申请文件不仅包括权利要求书，还包括说明书，社会公众在看到专利文件或专利申请文件扉页上的发明人或设计人时，不会仅将其与权利要求联系起来；另一方面，在专利审批过程中，专利申请人可能会对申请文件作出修改，仅出现在说明书中的技术方案可能会因修改而作为权利要求书要求保护的技术方案，如果仅将发明人或设计人的署名权界定在基于权利要求书的技术方案上的话，将会导致发明人或设计人的署名权随着权利要求的变化发生变化，这显然是不合理的。

该案中，A单位仅以专利权利要求中未请求保护燃油而不将仇某作为发明人的理由不能被接受。判断仇某是否有资格作为发明人，管理专利工作的部门还应审查仇某在具有添加剂的燃油的发明过程中是否作出了创造性贡献。

二、是发明创造的实际参与人

有资格作为发明人或设计人的人应当实际参与到发明创造的形成过程中，未实际参与发明创造的人不能作为发明人或设计人。根据发明创造性质的不同，实际参与的表现形式可能会有差异。

【案例4-2】

王某于2007年向国家知识产权局提交名称为"智能门锁"的实用新型专利申请，其本人既是发明人，又是专利申请人。该专利授权后，李某向当地知识产权局提交调解请求，认为该项专利权所涉及的"智能门锁"是他发明的，他才是这种智能门锁的发明人。李某主张，其与王某在一次展览会上结识，二人就该展览会上展出的一种门锁讨论后，均认为这种门锁不够智能。展览会结束后，李某给王某发了一封邮件，其在邮件中提出，如果把锁芯控制改为自动控制，就可以将门锁改为智能门锁。王某辩称，智能控制锁芯的移动是门锁智能化的必经过程，在收到李某的邮件之前，自己已经在尝试采用各种方法来控制锁芯的移动，并且在涉案专利智能门锁的发明过程中，李某根本没有参与任何工作。

分析与评述

在头脑中产生一个概念与亲自参与发明创造是两个完全不同的过程。尽管某些发明，尤其是开拓性发明的作出，新概念或新原理的突破起着非常重要的作用，但是这种新的概念与能够最终获得知识产权的技术构思存在很大程度的差异。前者仅仅是智慧的灵光，非常抽象，是否能够形成技术方案具有太多的不确定性；后者则是发明创造的起点，更加具体。虽然从技术构思演变成能够给予知识产权保护的具体技术方案可能也需要试验、修改、再试验、再修改，但具体的技术构思对于发明创造的作出具有非常强的指导性，形成技术构思应当属于亲历发明创造。

该案中，锁芯是门锁的关键部件，将锁芯由机械控制改为自动控制，自然会影响到门锁的智能化程度，关键是如何将这种抽象的概念实际应用到门锁结构中。李某显然只是提出智能化这样一个抽象的概念，其没有具体参与到采用何种方式实现智能化控制锁芯移动的研究开发过程中，因此，不能被认为是涉案"智能门锁"真正的发明人。

【案例4-3】

吴某称，赵某以唯一发明人身份提交涉案专利申请，该发明专利申请所涉技术方案系赵某在执行某公司的任务时与吴某共同完成的职务发明创造，赵某将该项发明创造以唯一发明人的身份申请发明专利的行为违反了有关法律规定。吴某提交了关于涉案专利申请的技术鉴定资料，其中有吴某参与署名的相应技术文档，该文档中详细记载了涉案发明专利申请的技术方案的细节。管理专利工作的部门认为，吴某证明自己为发明人的证据为在相应技术文档中有其署名的技术鉴定资料。根据相关法律规定，如无相反的证据，在作品上署名的人即为作者，并以此享有相关的权利。基于该技术文档中详细记载了涉案发明专利申请的技术方案的细节，因此可推定吴某参与了对所涉的技术方案进行的研究。吴某主张其具有涉案发明专利申请的发明人资格的请求应当得到支持。

分析与评述

该案中，吴某证明自己具有涉案专利申请的发明人资格所依赖的证据为涉案专利申请的技术鉴定资料，其中有吴某参与署名的相应技术文档。在判断所述技术鉴定资料能否证明吴某为涉案专利的发明人时，要解决以下两个问题：一是所述技术鉴定资料与涉案专利申请的关系，二是在技术鉴定资料中吴某的身份。该案中，首先，所述技术鉴定资料中吴某参与署名的技术文档中记载的技术方案的细节与涉案专利申请技术方案一致；其次,所述技术鉴定资料中记载,吴某为参与研发人员,而非出具鉴定意见的评委。在无相反证据表明所述技术鉴定资料不能被采信的情况下,技术鉴定资料中记载的研发人员应当是对该技术的形成作出了创造性贡献的人,吴某应当为涉案发明创造的发明人。

三、对发明创造的实质性特点作出创造性贡献

(一)实质性特点

理论上,发明创造的实质性特点,对于发明和实用新型而言,是指与作出发明创造时已有的技术相比,发明创造在技术方案的构成上所具有的本质区别,它不是在已有的技术基础上通过逻辑分析、推理或者简单试验就能够自然而然得出的结果,而是必须经过创造性思维活动才能获得的结果。对于外观设计而言,是指外观设计与现有设计或者现有设计特征的组合相比,应当具有明显的区别。

实践中,发明创造的实质性特点应理解为专利申请文件或者专利文件中当事人声称的技术改进,对这一技术改进作出创造性贡献的人都应当认定为发明人或设计人。在根据专利文件或专利申请文件无法确定所述技术改进之处时,以整体技术方案为准,对在技术方案的任何一部分作出创造性贡献的人,均为发明人或设计人。

(二)创造性贡献

创造性贡献,不同于《专利法》第二十二条第三款规定的"创造性"。对发明创造的实质性特点作出"创造性贡献",是指发明创造的参与人对于该发明创造相比已有技术的改进的作出起主要作用,例如提出技术构思、提出验证构思可行性的方案、提出修改构思的方案等。

在对创造性贡献作出认定时,应当分解所涉及专利技术方案的实质性技术构成。提出实质性技术构成并由此实现技术方案的人,是对发明创造的实质性特点作出创造性贡献的人。

判断当事人是否对发明创造作出创造性贡献,应当基于技术本身,仅仅负责项目组织、人员调配、资金划拨、实验操作、设备购买、资料收集、文献检索等,不能认为对实质性特点作出了创造性贡献。

【案例4-4】

张某某认为,其具有某涉案专利的署名权,并提交《××项目可行性研究报告》、长胜项目和新鑫项目的技术资料作为涉案专利申请的主要技术资料。管理专利工作的部门认为,张某某在案件处理过程中始终未能提交或说明《××项目可行性研究报告》等技术资料的原始文档

或文件来源;除《××项目可行性研究报告》外,涉及长胜项目和新鑫项目的技术资料本身也未体现出张某某个人对涉案专利的技术贡献。同时,在执法人员反复就涉案专利技术的内容要求双方当事人陈述意见的情况下,张某某未能就涉案专利技术的形成、研发和其他技术细节问题给予清晰的阐释。鉴于张某某未能充分说明并提交证据证明其对涉案专利技术的实质性特点作出了创造性贡献,因此不能认定其具有涉案专利的署名权。

分析与评述

根据《专利法实施细则》第十三条的规定,发明人是指对发明创造的实质性特点作出创造性贡献的人。只负责组织工作或从事其他辅助工作的人,不是发明人。该案中,只有在张某某能够证明其对涉案专利技术作出了创造性贡献而非一般性的辅助工作的情况下,其发明人身份才能够得以确认。但在该案处理过程中,张某某既无法对涉案专利技术的技术细节和技术构思进行清晰的阐释,也怠于对关键的证据予以举证,因此需要承担不利的后果。相关部门认定张某某并非涉案专利技术方案的主要参与者,非涉案专利的发明人并无不妥。

【案例4-5】

某公司向国家知识产权局申请名称为"过氧乙酸灭菌器"的实用新型专利,获得授权并公告。专利证书记载的专利权人为该公司,发明人为毕某、李某、孙某、高某。原告高某认为该公司已经实施了该专利并取得了营业利润,应当按照《专利法实施细则》规定向其支付奖金和报酬。该公司辩称,高某在涉案专利申请过程中所从事的工作内容和性质是组织申请材料和办理申请手续,对发明创造的实质性特点并未作出创造性贡献,不是涉案专利的职务发明人。经查,在涉案专利申请期间,高某作为该公司的知识产权专员,负责组织申请材料和办理申请手续,且其所学为法律专业,并无与涉案专利相关的学习经历。

分析与评述

该案涉及职务发明创造的发明人身份认定问题。处理时不能简单地径行以专利权证书作为认定发明人的唯一依据,而应当以是否对涉案发明创造作出创造性贡献作为标准,将利用职务之便列自己为发明人的行为进行甄别。该案中,鉴于高某所处岗位的特殊性,在其不能举证证明其在完成发明创造过程中所作出的贡献的情况下,应认定其仅从事了辅助工作,不是涉案实用新型的发明人,其要求获得职务发明创造报酬的理由不成立。

第二节　判断发明人或设计人资格的考虑因素

判断谁有资格作为发明人或设计人,需要综合考虑多方面的因素,如当事人提交的证据、当事人对技术方案的细节及其形成过程的了解程度,以及当事人在发明创造的形成中所承担的角色。

一、当事人提交的证据

一般来说,无论职务发明还是非职务发明,一项发明创造从构思、试验、改进到形成最终的技术方案乃至专利申请文件的过程中,都会留有相关资料。这些资料是确定发明人或设计人资格的关键证据。

当事人之间就发明人或设计人资格产生争议时,发明创造应当已经完成,而确定某人是否实际参与发明创造的作出,属于对之前发生事件的事后判断,一定程度上依赖于当事人提供的证据。尤其是当专利申请文件或专利文件中记载了某人为发明人或设计人,请求人欲推翻这一法律事实,认为某人不是真正的发明人或设计人时,与证明其为发明人或设计人相比负有更重的举证责任。

【案例4-6】

在案例4-3中,判定吴某是否具备发明人资格的证据为涉案专利申请的技术鉴定资料,其中有吴某参与署名的相应技术文档。一般情况下,纠纷发生前形成的与案件事实有关的证据具有较大的可信度。在记载有涉案专利技术的技术鉴定资料中署名一般有两类情况:一类是参与研发人员,另一类是出具鉴定意见的评委。若无相反证据,技术鉴定资料中记载的研发人员应当是事发当时被认为对该技术的形成作出了创造性贡献的人。在赵某没有相反证据证明吴某未实际参与技术研发的情况下,可以认定吴某是对涉案发明创造作出创造性贡献的人,应当属于发明人。

二、当事人对技术方案的细节及其形成过程的了解程度

一般情况下,发明创造的主要完成者对技术构思的起源、项目研发时的技术状况、研发过程中遇到的主要困难、发明创造的解决方式以及效果等各个方面应当会有详细的了解。调解署名权纠纷时,除了客观证据外,争议双方对发明创造完成过程各阶段的了解程度也可以辅助确定真正的发明人或设计人。

【案例4-7】

张某以《××项目可行性研究报告》一文为主要技术基础申请了涉案发明专利并获得授权,发明人为张某和王某。王某称,自己是《××项目可行性研究报告》的唯一作者,张某受公司委托负责申请专利,但其申请时私自添加自己的名字,因此请求确认涉案专利的唯一发明人为王某。管理专利工作的部门认为,《××项目可行性研究报告》是打印稿,该作品体现了一定的虚拟性,在两个主体对该份打印稿都主张权利的情况下,必须认定作者与虚拟作品的对应关系,确定真正的作者。《××项目可行性研究报告》是申请发明专利的基础文件,真正的作者必然对报告中所涉及的复杂技术了然于胸。处理过程中相关部门多次要求双方对《××项目可行性研究报告》中涉及的技术原理予以解释,但张某以各种理由拒绝解释。鉴于张某无法对《××项目可行性研究报告》中的相关技术作出合理的解释,同时其他证据也不足以证明其对涉案发明专利的实质性特点作出创造性贡献,因此张某不是该案的发明人,王某的主张能够得到支持。

分析与评述

发明人或设计人的署名权保护的是那些真正在技术上对发明创造作出贡献的人,而真正的发明人或设计人,因为实际参与了发明创造的萌芽、试验和形成的整个过程,一般来说,相比未实际参与发明创造的人来说,必然会对涉案专利的技术细节有更多的了解。因此,在调解过程中应充分调查双方当事人对于技术细节的掌握。该案中,通过在处理过程中了解涉案当事人对技术原理的掌握情况,确定《××项目可行性研究报告》的真正作者,最终结合其他证据确定涉案专利的发明人,给出了一种有效且可操作的判断方式。

三、当事人在发明创造过程中承担的角色

未从技术角度对发明创造的作出起到主要作用的人不能作为发明人或设计人。这类人员通常包括研究项目的组织人、为物质技术条件的利用提供方便的人、从事其他辅助性工作的人。

(一)组织人

组织人通常包括研究课题或研发项目的牵头人、负责人,合作项目的联系人等,其在课题或项目研发过程中仅仅起到确定项目、筹措经费、调配人员、提供各种后勤保障的作用。既组织领导整个课题或项目的全部进程,又实际参与课题或项目的具体研究工作的人,不应当被排除到发明人或设计人之外。

【案例4-8】

金某认为其在某专利申请中的发明创造中作出的贡献巨大,是该专利项目组的负责人,应当享有该专利的发明人署名权。另一方当事人则认为,金某是其所在公司的总经理,负责公司的管理,并未参与涉案发明创造的具体研发。管理专利工作的部门经调查认为,涉案专利属

于实用新型专利,其创新在于产品结构的适应性改造,并不包括改造前产品的制造、加工工艺。金某在涉案专利形成前的产品制造方法方面的贡献以及其在涉案专利申请中的贡献均不等同于《专利法实施细则》中规定的"对发明创造的创造性贡献",故金某以其对重要零部件的加工工艺、制作工艺的贡献以及专利申请资料的整理为由主张其享有涉案专利的发明人署名权,不能得到支持。

分析与评述

专利法之所以将发明人或设计人的署名权界定在那些从技术角度对发明创造相对于已有技术的改进作出主要贡献的人,原因在于,通过允许发明人或设计人在专利申请文件或专利文件上署名而从精神层面上对其发明创造的能力予以肯定,从而在更大程度上鼓励技术人员的发明创造积极性。从事牵头、组织工作的人未在技术层面作出贡献,不能冠之以发明人或设计人,其贡献可以从职务、收入等方面得以体现。该案中,金某以其在涉案专利项目组中作为负责人的身份主张署名权,不能被支持。

(二)提供物质条件便利的人

一项发明创造从形成技术构思到具体技术方案的完成需要诸多物质条件的保障,例如购买设备、提供原材料、保养维修仪器与设备等。仅为发明创造的完成提供物质条件便利的人不能认定为发明人或设计人。

【案例4-9】

某公司拥有一项发明专利,该专利涉及一种由原料A经氧化成盐制备药物B的方法,专利文件中载明的发明人为刘某、田某。专利授权后,李某向当地管理专利工作的部门提出调解请求,主张其也是发明人之一。李某提出的理由是,该专利发明创造所用到的原料A是由其所在课题组合成并提供给刘某的,如果没有原料A,刘某就不可能制备得到药物B,不可能获得该专利。某公司和刘某辩称,尽管实验过程中使用的原料A确实来源于李某,但原料A是一种市售商品,即使不从李某处获得,也可以从其他公司购得到。

分析与评述

是否具有发明人或设计人资格,最关键的是要考察其对发明创造的完成是否作出主要的技术贡献。涉案专利技术的核心在于将原料A转化为产品B,其中对产品B的结构设计和形成产品B的方法步骤的设计是该专利技术的重中之重。李某由于方便而向课题组提供一种市售的已知原料,尽管对发明创造的形成具有一定的作用,

但其仅仅是为发明创造的完成提供了物质便利,并非对该发明创造作出了技术贡献。因此,李某不能被认为具有涉案专利发明人的资格。

该案中,假定原料A是一种由李某发明的新物质,从其他任何单位和已知的文献都不能获得该物质,那么,没有李某提供原料A,涉案专利就不可能完成,此时,应当认为李某对涉案专利的作出具有主要的技术贡献,是涉案专利的发明人。

(三)辅助人

辅助人是指研究项目组中不参与大量实质性、创造性的工作,仅根据主要参与人员的指示提供辅助性外围劳动的人。辅助人通常包括实验操作人员、文献检索人员、数据分析人员、产品检测人员、资料管理人员等。

【案例4-10】

某催化剂公司提交一项沸石催化剂的发明专利申请,专利申请文件中载明的发明人为樊某、祁某。王某、任某向当地知识产权局提出调解请求。王某称其为课题组的一员,与祁某一起负责催化剂的合成,既然祁某是该专利申请的发明人,其也应当具有发明人资格;任某称其在该公司测试中心工作,负责物理吸附仪的做样和日常维护,樊某课题组的每批催化剂样品都由其测试,其会将测试结果反馈课题组,样品的测试是催化剂研发不可缺少的一部分。催化剂公司辩称,王某虽然是课题组的一员,但其日常工作任务是根据樊某设计的配方和条件合成沸石催化剂。祁某除参与催化剂的合成外,每次都对实验的现象、结果进行分析,并提出配方修改方案。另外,每批催化剂制备结束后,课题组都会取样送测试中心进行吸附性能测试,任某仅是根据樊某拟定的条件对样品进行测试,并将原始结果反馈课题组,由樊某对测试结果进行分析。为证明其主张,催化剂公司提交实验报告、课题组会议纪要和测试报告等证据。

分析与评述

一项发明创造从构思到方案完善,至最终形成适合于知识产权保护的技术方案,往往需要很多人的配合,其中既需要实验室小型试验,又可能需要中试,有些情况下还需要在工业化装置上予以测试;既需要主要负责技术构思及方案设计的技术人员,又需要将设计方案付诸具体实施的操作工,还需要对产品进行测试的仪器操作工。如果所有参与发明创造的人,无论角色如何、分工是什么,都能作为发明人或者设计人的话,从技术贡献角度对发明人或设计人给予精神奖励的初衷将失去意义,同时也无助于鼓励真正对发明创造付出智力劳动的人的积极

性。这正是专利法不将那些仅仅做辅助性工作的人作为发明人或设计人对待的原因。该案中,祁某和王某虽然都参与催化剂的合成,但二人对催化剂的配方完善的技术性贡献却完全不同,前者显然对发明创造贡献了更多的智力,而后者仅是日常的机械劳动,将前者作为发明人而将后者作为从事辅助性工作的人对待并无不妥。另外,任某对样品的测试虽然对催化剂的开发不可或缺,但其也仅仅是根据设定的条件进行机械的重复劳动,对测试结果的分析与利用完全依靠樊某而非任某,因此,任某的工作对于涉案专利来说也仅仅是辅助性工作。

第三节　判断发明人或设计人资格的注意事项

一、发明人或设计人署名权的性质

发明人或设计人署名权属于一种依附于发明人或设计人之自然人身份的精神权利,是法律规定对于发明人或设计人就发明创造的作出给予的精神层面的肯定和奖励。其具有以下特征:

1. 专有性,也称排他性。署名权只能由发明人或设计人本人享有,未对发明创造的实质性特点作出创造性贡献的其他任何人都不能享有。

2. 不可让与性。署名权与发明人或设计人本身不可分离,与专利权或专利申请权归属的变化无关,既不依协议的规定而发生变化,也不能被继承。

【案例4-11】

某案中,丁某称:叶某为A公司所属实用新型专利授权时署名的发明人,后经丁某与A公司交涉,A公司将其发明人变更为丁某、叶某以及案外人陶某。但涉案专利是由丁某独自完成,而非由丁某、叶某和陶某共同完成的。A公司将发明人变更为丁某、叶某和陶某,侵犯了丁某作为涉案专利唯一发明人的署名权利,请求相关部门确认其为涉案专利的唯一发明人,叶某不具有涉案专利发明人资格。丁某用以支持其主张的重要证据有:叶某以A公司总经理名义向丁某出具的承诺书一份,其中载明多功能小型履带式拖拉机项目设计署名权应为丁某;丁某与案外人某机械厂签订的补充协议一份,该协议载明丁某同意将某机械厂开发试制的小履带拖拉机项目的知识产权及经营权转入A公司。相关部门认为:丁某依据其与某机械厂签订的协议书、A公司(叶某以A公司的名义)出具的承诺书主张其是涉案专利的唯一发明人,于法无据。虽然丁某提交的其他证据证明其参与了涉案专利部分技术内容的设计,但不是涉案专利的全部内容。因此,丁某主张其是涉案专利的唯一发明人缺乏事实依据。

分析与评述

发明人的署名权具有人身权的性质。有权在专利文件上署以发明人的人应当是对发明创造作出创造性贡献的人。究竟是谁实际参与发明创造的作出、承担何种分工并起到何种作用是已经发生的事实,在专利文件上署以其名是对过去发生事实的一种客观描述,它不因时间的推移发生变化,也不因事后当事人之间的约定而发生转移。

该案中,丁某虽然参与了涉案专利在开发阶段的一部分工作,但要想证明其为唯一的发明人,必须用充分的证据证明叶某、陶某未参与该项工作,推翻专利文件中已经记载叶某、陶某为发明人的法律事实。为证明这一主张,丁某提供的证据仅是A公司出具的承诺书、其与案外人某机械厂签订的协议。但是,根据署名权依附于自然人身份的这一性质,即使叶某或A公司承诺丁某是涉案专利的唯一发明人,也无法排除其他人(例如陶某)在涉案专利中的署名权;而且,具有利害关系的当事人之间所作出的对第三人不利的承诺本身属于无权处分的范畴,丁某之外的对涉案专利作出创造性贡献的其他人(陶某)的署名权不会因该承诺而失去。另外,丁某与某机械厂之间的协议仅仅表明丁某有权代表某机械厂转让专利权,并不能说明其就是所述实用新型专利的唯一发明人。

【案例4-12】

郭某和黄某原为A公司的技术研发人员。B公司申请涉案专利,将本公司职工赵某、余某列为发明人。后郭某和黄某离开A公司,前往B公司工作。郭某、黄某、赵某、余某和B公司签订了《关于转让专利设计人的合同》,合同中约定:对于B公司已申请的上述专利,确认赵某、余某完成了该专利的总体设计,但因他们提出辞职,B公司决定将该专利的发明人由赵某、余某变更为郭某、黄某,B公司一次性向赵某、余某每人支付5000元报酬。后该专利获得授权,授权公告文本上公布的设计人是郭某和黄某。A公司认为,根据国家知识产权局的公告公布的发明人,郭某和黄某在离开A公司不到1年就成为B公司涉案专利的发明人,因此该专利应为郭某和黄某在A公司的职务发明,该专利权应归A公司所有。

分析与评述

虽然该案中主要争议焦点在于专利权属,但A公司之所以可以主张涉案专利的专利权,根源在于其上载明的发明人郭某和黄某原为A公司的员工。因此,问题的核心在于,B公司基于《关于转让专利设计人的合同》,约定将涉案专利的发明人变更为郭某和黄某。发明人的署名权属于人身权和精神权,依附于对发明创造的实质性特点作出创造性贡献的自然人,不能通过协议的方式转让。《关于转让专利设计人的合同》中约定将发明人由赵某、余某变更为郭某、黄某这一行为没有法律依据。

二、发明人或设计人署名权纠纷中的举证

未将真正的发明人或设计人写入专利文件或专利申请文件中,或者将不是发明人或设计人的人写入专利文件或专利申请文件中,都是对发明人或设计人署名权的侵犯。

主张自己是发明人或设计人的,被请求人可以是专利申请人或专利权人,也可以是专利申请文件或专利文件中载明的发明人或设计人;主张专利文件或专利申请文件中载明的发明人或设计人非真正的发明人或设计人的,被请求人应当是被控不具备发明人或设计人资格的人。

请求人主张自己为发明人或设计人,或者主张在专利申请文件或专利文件中的发明人或设计人不具备发明人或设计人资格的,应当提供相应的证据。主张自己为发明人、设计人的,应当举证证明自己对发明创造的实质性特点作出了创造性贡献;主张专利申请文件或专利文件中载明的发明人或设计人非真正的发明人或设计人的,应当举证证明该自然人未参与发明创造的完成或者未对发明创造的实质性特点作出创造性贡献。请求人举证不能的,应当承担对自己不利的后果。

【案例4-13】

马某与赵某就谁是涉案专利的设计人产生纠纷,马某请求确认其是涉案专利的唯一设计人。相关部门认为,为了证明该主张,马某需要就以下两个问题进行举证:一是其对涉案专利作出了创造性的贡献,二是赵某对涉案专利没有创造性贡献。关于马某对涉案专利的研制及设计是否作出了创造性贡献的问题,经查,双方合作之初,由马某负责提供的技术尚不能生产出《合作协议》所约定的产品,需要进行研发设计后,才能将各种部件组合成成品,将马某提供的样品变为商品。从马某提交的证据研判,马某确实在研发上做了创造性工作,有资格成为涉案专利的设计人。对于其是涉案专利唯一设计人的主张,马某也应当承担法定举证义务。但马某并未对此举证。相反,其出示了一个赵某曾经制作的类似样品,说明赵某为产品的外形进行过设计和构思,因此不能否定赵某参与了涉案专利的设计工作。

分析与评述

该案主要涉及证明己方是设计人或者证明对方不是

设计人的举证方式。根据谁主张谁举证的原则,马某应当对其主张的"唯一"性承担法定举证义务,其不仅要证明自己在涉案专利的开发中作出了创造性贡献,还要证明赵某没有对涉案专利的开发作出创造性贡献。

第五章　奖酬纠纷的行政调解

被授予专利权的单位应当对职务发明创造的发明人或设计人给予奖励;发明创造专利实施后,根据其推广应用的范围和取得的经济效益,被授予专利权的单位应当对发明人或设计人给予合理的报酬。

发明人或设计人就职务发明创造的奖励或报酬与所在单位发生纠纷的,可以请求管理专利工作的部门进行调解。

第一节　基本概念

一、奖励和报酬

奖励是指给予发明人或设计人金钱或物品奖励,以对其进行勉励。奖励可以表现为货币形式的奖金或物品形式的奖品,也可以是期权或股权等方式,通常表现为奖金。

报酬是作为报偿付给发明人或设计人的金钱或实物等。报酬通常表现为货币形式的金钱,即一定比例的营业利润提成,也可以是期权或股权等方式。

【案例5-1】

某案中,发明人要求所在单位支付职务发明人奖励和报酬。所在单位主张,发给发明人的季度奖金和年度奖金中,已包含了给予职务发明人的奖励和报酬,并提交了原告工资通知单、员工评价表等证据。

分析与评述

给予发明人的奖励和报酬应当是单位对发明人作出的创造性贡献另行支付的金钱或实物等,与发明人获得的工资收入、奖金等通常收入不同,除非单位对工资收入、奖金的具体分割有明确规定,且其中包括对于发明人就职务发明创造给予的奖励和报酬,否则通常不认为二者是包含关系,不能认定奖金中必然包括了职务发明人的奖励和报酬。该案中,是否已向发明人支付职务发明人的奖励和报酬,应由发明人所在单位承担举证责任。尽管单位所提交的工资单等证据能够说明单位向发明人支付过季度和年度奖金,但并未说明季度和年度奖金中已经包括了给予职务发明人的奖励和报酬,因此其主张不能成立。

二、被授予专利权的单位

向职务发明人或设计人支付奖励和报酬的主体是被授予专利权的单位。

被授予专利权的单位是指中国大陆境内的单位,包括法人单位和非法人单位,具体可以是国有企事业单位、民营企业、外商投资企业。所述单位不限于发明人或设计人正式工作的单位,还包括临时工作的单位。

将在国外完成的发明创造向中国申请专利并在中国获得专利授权的单位,不负有《专利法》第十六条规定的支付奖励和报酬的义务。

单位将员工完成或参与完成的职务发明创造按照技术转让合同、委托开发合同或合作开发合同的约定移转给受让方,并由受让方获得专利权的,该单位视为被授予专利权的单位,有义务向发明人或涉及人支付奖励。

【案例 5-2】

某案中,职务发明人要求所在单位支付职务发明人的奖励、报酬。所在单位认为,其为民营企业,没有向职务发明人支付奖励和报酬的义务。

分析与评述

支付奖励和报酬的义务主体是被授予专利权的单位,不仅包括国有企事业单位,也包括民营企业,这是各类市场主体平等参与竞争应遵循的一致规则。根据《专利法》及《专利法实施细则》的规定,该案中,民营企业同样负有向职务发明人支付奖励、报酬的义务,所在单位以其为民营企业为由拒绝向职务发明人支付奖励与报酬的主张缺乏法律依据,不应得到支持。

三、职务发明人或设计人

有权获得奖励和报酬的人是职务发明创造的发明人或设计人。

适格的发明人或设计人应同时符合以下两个条件:(1)是所在单位的工作人员或临时工作人员。包括从其他单位借调、聘请来的人员和劳务派遣人员;(2)要对职务发明创造的实质性特点作出创造性贡献。在完成发明创造过程中,只负责组织工作的人、为物质技术条件的利用提供方便的人或者从事其他辅助工作的人,不是发明人或设计人。

尽管作为单位员工就职于某一单位,但其完成的发明创造不属于职务发明创造的,发明人或设计人不应当被认为是职务发明人或设计人。利用本单位的物质技术条件所完成的发明创造,单位与发明人或设计人订有合同,约定申请专利的权利和专利权属于发明人或设计人,由发明人或设计人返还研发资金或者支付使用费的,该发明创造不属于职务发明创造,发明人或设计人不属于职务发明人或设计人。

除有相反证据外,在专利文件中写明的发明人或设

计人通常应视为职务发明创造的发明人或设计人,推定其对发明创造的实质性特点作出了创造性贡献,有权获得奖励和报酬。发明人或设计人经过合法变更的,应当以变更后的发明人或设计人作为有权获得奖励和报酬的主体。

职务发明人或设计人与原单位解除或者终止劳动关系或者人事关系后,除与原单位另有约定外,其从原单位获得奖励和报酬的权利不受影响;职务发明人或设计人死亡的,其获得奖金和报酬的权利由其继承人继承。

【案例 5-3】

某案中,请求人要求所在公司支付职务发明人奖励和报酬。该公司主张请求人不属于发明人。经查,请求人在该公司工作时负责研发部的管理工作并从事技术研发,其间该公司提交了 11 项专利申请并获得授权,发明人一栏的署名均为请求人。该公司未能提交其他证据证明请求人不属于发明人。

分析与评述

除有相反证据证明外,专利文件上列明的发明人均是专利法意义上的发明人,有权获得职务发明创造的奖励和报酬。该案中,请求人以专利授权文件证明其发明人身份,尽到了初步举证义务。请求人所在公司不认可请求人为这 11 项专利技术的发明人,应对其主张负举证责任。由于该公司提出的现有证据并不充分,故其提出的请求人不是涉案专利技术发明人的主张事实依据不足,不能成立。

四、约定优先原则

职务发明人或设计人与所在单位事先约定奖励和报酬的数额、支付方式以及支付时间的,单位应当按照约定支付奖励和报酬。单位与发明人或设计人之间没有约定或约定不明时,按照《专利法》《专利法实施细则》以及其他相关法律、法规的规定支付奖励和报酬。

单位与发明人或设计人之间的这种约定可以采用单独订立合同的形式,也可以作为劳动合同的一部分。这种约定可以在项目研发之前作出,也可以在发明创造完成后作出。

单位在规章制度中规定有关奖励和报酬事项的,其性质相当于有关奖励、报酬的格式合同。单位在与员工签订劳动合同时,对于该部分内容,应当明确告知员工。未明确告知且规定的奖励和报酬低于法定标准的,该部分内容对该员工不具有约束力。

单位与职务发明人或设计人之间的奖励、报酬约定

应当合法、有效。单位与员工的约定或者其规章制度的规定不合理地限制或剥夺发明人或设计人根据《专利法》和《专利法实施细则》享有的获得奖励、报酬的权利的，不得作为确定奖励和报酬的依据。

按照约定优先原则，奖励、报酬的形式可以多种多样。除了采取货币形式之外，还可以采取股票、期权等其他物质形式，只要能达到《专利法》和《专利法实施细则》规定的合理的原则要求即可。

约定的奖励和报酬采用货币形式予以支付的，约定的数额可以比法定标准高，也可以比法定标准低。单位可以自主地根据自身的行业特性、生产研发状况、知识产权战略发展需求等制定相应的具体标准。

【案例5-4】

某案中，请求人要求所在单位支付职务发明人奖励和报酬。该单位根据其制定的《企业职工奖惩条例》主张，请求人就其第一项职务发明专利获得一次报酬后，将无权就其后的专利获得奖励和报酬。经查，该单位《企业职工奖惩条例》第五条规定："取得多项成果的员工仅享受一次报酬申请的权利；除此之外任何员工不得向公司提出其他任何形式的报酬请求。"

分析与评述

单位可以与员工约定职务发明创造的奖励和报酬，但是该约定应当以避免不合理地限制或剥夺员工获得奖励和报酬的权利为限。对职务发明人或设计人给予适当的奖励，目的在于充分调动单位与员工的创新积极性，鼓励更多的发明创造。该案中，根据该单位《企业职工奖惩条例》的规定，无论员工作出多少职务发明创造，也仅能享受获得一次报酬的权利，这实际上是对发明人或设计人获得奖励和报酬的权利的不合理限制，明显与《专利法》第十六条规定的初衷不相吻合，因此是无效的。

【案例5-5】

某案中，请求人要求某大学就其作为发明人的发明专利支付奖励8000元。经查明，就职务发明的奖励标准，该校与请求人并未作出约定。该校正式发布的《××大学专利管理办法》虽然明确了该校应当对职务发明的发明人给予奖励，但并未就具体奖励标准作出规定。另外，该校正式发布的《××大学校内津贴分配方案》中明确规定：基于发明专利的科研分值为50分，科研工作量的奖励标准为每月每分10元，学校按10个月发放。管理专利工作的部门参照《××大学校内津贴分配方案》，结合《专利法实施细则》第七十七条所规定的一项发明专利的奖金最低不少于3000元的规定，确定该案发明专利的奖励标准为5000元。

分析与评述

职务发明人或设计人与单位就职务发明创造奖励、报酬作出约定的，应当按照约定处理；单位发布的规章制度有规定的，所述规章制度具有相同的法律效力。该案中的《××大学校内津贴分配方案》实质上已就奖励、报酬数额与发放方式作出了规定，且标准不低于《专利法》和《专利法实施细则》规定的标准，应当作为确定发明人奖励的依据。

第二节　奖励纠纷的行政调解

发明人或设计人就职务发明创造奖励纠纷向管理专利工作的部门提出调解请求的，管理专利工作的部门应当审查发明人或设计人是否满足应当给予奖励的条件。满足奖励条件的，管理专利工作的部门应当审查发明人或设计人与被请求人是否就职务发明奖励存在约定。如果双方有约定，根据约定确定支付奖励的数额与方式；如果没有约定，根据法定标准确定支付奖励的数额与方式。

除与职务发明人另有约定的以外，单位应当在公告授予专利权之日起三个月内发放奖金。单位对于请求人的发明人或设计人资格有争议的，应当先按照有关规定确定职务发明创造的发明人或设计人。经审查，如果请求人不具有职务发明人或设计人资格，管理专利工作的部门应当对调解请求不予受理；如果请求人具有职务发明人或设计人资格，则按照相关规定确定奖励的数额和方式。

一、获得奖励的条件

发明人或设计人获得奖励应当符合以下条件：

1. 其完成或参与完成的发明创造属于职务发明创造，申请专利的权利归单位所有；

2. 单位就该发明创造在中国获得了专利权；

3. 被授予的专利权未被宣告无效。

利用本单位的物质技术条件所完成的发明创造，单位与发明人或设计人订有合同，约定申请专利的权利和专利权属于发明人或设计人，由发明人或设计人返还研发资金或者支付使用费的，发明人或设计人不属于职务发明人或设计人，无权获得奖励。

单位明确表示放弃有关职务发明创造的权益，由发明人或设计人申请并获得专利权的，发明人或设计人无权获得奖励。

被授予的专利权在单位支付奖励前被依法宣告无效的，单位不再负有支付奖励的义务。支付奖励后专利权被依法宣告无效的，职务发明人或设计人可以不予返还奖励。

【案例5-6】

某案中，A公司委托B公司研究开发一个项目，委托合同约定，项目研发成果包括专利申请权归A公司所有。B公司安排其员工C研发该项目。研发成果移交A公司后，A公司就研发成果申请了发明专利并获得授权。后C辞职，向管理专利工作的部门提出职务发明奖励调解请求，将A公司和B公司列为被请求人，要求其支付奖励。A公司主张，C并非其单位员工，向其主张职务发明奖励没有法律依据。B公司主张，自己并非被授予专利权的专利权人，员工C无权向B公司主张职务发明奖励。

分析与评述

根据《专利法》的规定，支付奖励的主体是被授予专利权的单位，有权获得奖励的主体是本单位作为职务发明人或设计人的员工。该案中，C与A公司之间不存在民事法律关系，与B公司存在劳动合同关系，因此，C只能向B公司主张支付奖励请求。但是，B公司并没有获得专利授权，其只是根据委托开发合同完成了研发项目。对此，有人认为，专利被授权后，受托方因不享有专利权而不涉及职务发明创造奖励和报酬支付；委托方虽享有专利权，但发明人、设计人不是委托方的职工，故亦不涉及职务发明创造奖励和报酬支付。这种处理方式不利于维护职务发明人和设计人的合法权益，激励职务发明人和设计人的创新积极性，有悖于《专利法》第十六条的立法精神。对于这种情形，合理的解释是，由于《专利法》没有明确规定职务发明人或设计人的奖励和报酬应当如何支付，因此在处理这种纠纷时，有必要寻求其他的法律依据。例如，当时《合同法》第三百二十六条中规定，"职务技术成果的使用权、转让权属于法人或者其他组织的，法人或者其他组织应当从使用和转让该项职务技术成果所取得的收益中提取一定比例，对完成该项职务技术成果的个人给予奖励或者报酬"。该案中，职务发明创造归属于B公司所有，并由B公司根据合同约定转让给A公司。B公司因为该项技术成果的转让获得了收益，应当从收益中提取一定比例作为职务发明人或设计人的奖励。

二、奖励的方式和数额

(一)约定标准

发明人或设计人获得奖励的具体方式和数额可以由发明人或设计人与所在单位通过合同或其他适当的形式约定，如在单位制定的各项规章制度中有所规定的。有约定的，奖励的具体方式和数额根据约定来确定。约定的数额应当合理。

如果发明创造的完成归功于发明人或设计人提出的建议，所在单位采纳该建议后才得以完成该发明的，所在单位应当从优给予奖励。这种建议是指，对发明、实用新型专利技术方案的实质性内容带来了创造性贡献，或者给外观设计带来了明显区别于现有设计的美感，尤其是带来了独特的视觉效果，对完成发明创造具有积极意义或作用。从优发给奖金是指比约定标准要高，具体可以由单位根据所述发明创造对单位生产经营的影响、单位的经济情况等因素决定。

(二)法定标准

被授予专利权的单位未与发明人或设计人约定奖励的具体数额和方式的，应当按照法定方式和标准对发明人或设计人进行奖励。根据《专利法实施细则》第七十七条的规定，法定方式为奖金，一项发明专利的奖金最低不少于3000元，一项实用新型专利或者外观设计专利的奖金最低不少于1000元。

在适用法定标准时，如果发明创造的完成主要源于发明人或设计人提出的建议，而该建议的采纳又被认为对发明创造的实质性内容作出了创造性贡献，则对该发明人或设计人的奖金应适当高于上述法定标准。

【案例5-7】

2011年底，张某某进入某汽车公司工作，与汽车公司签订的劳动合同书未约定职务发明奖励和报酬事项。2012年底，汽车公司任命张某某为技术部部长。2013年至2015年期间，汽车公司向国家知识产权局申请了一系列专利，上述专利文件均记载：发明人张某某，专利权人汽车公司。张某某2016年向汽车公司要求支付其涉案专利的奖励和报酬。汽车公司提交证据认为部分专利来源于对外委托设计成果。

分析与评述

张某某系涉案专利的发明人或设计人，且在专利申请期间，张某某系汽车公司的技术部长，其有权依据法律规定或约定主张职务发明创造的奖励及报酬。虽然汽车公司提交的证据表明部分专利可能来源于对外委托设计的成果，但涉案专利均系汽车公司作为专利申请人申请，在专利申请期间张某某担任其公司的技术部长，参与项目的部分研发过程。虽然张某某可能并未参与相关专利发明研发的全过程，但将张某某作为发明人或设计人进行专利申请是汽车公司对自身权利处分的结果，国家知识产权局的专利权利证书具有公示公信的效力，在汽车公司未提供证据证明其进行的专利申请有误，或者张某某未参与发明创造研发的情况下，应以专利权利证书登记的发明人或设计人为准。应当根据《中专利法》第十六条以及《专利法实施细则》的相关规定，发给张某某发明人或设计人奖金。

第三节　报酬纠纷的行政调解

单位、发明人或设计人就职务发明创造报酬纠纷向管理专利工作的部门提出调解请求的，管理专利工作的部门应当审查发明人或设计人是否满足应当给予报酬的条件。满足条件的，管理专利工作的部门应当审查发明人或设计人与单位是否就职务发明创造报酬存在约定。如果双方有约定，根据约定确定支付报酬的数额与方式；如果没有约定，根据法定标准确定支付报酬的数额与方式。

除与职务发明人或设计人另有约定的以外，单位许可他人实施或者转让专利的，应当在许可费、转让费到账后3个月内支付报酬；单位自行实施专利且以现金形式逐年支付报酬的，应当在每个会计年度结束后3个月内支付报酬。以股权形式支付报酬的，应当按法律、法规和单位规章制度的规定予以分红。单位应当在自行实施专利权之日或者许可合同、转让合同生效之日起的合理期限内，将自行实施、许可他人实施或者转让专利权等有关情况通报给相关的职务发明人或设计人。

一、支付报酬的条件

同时满足以下条件的，单位应当向职务发明人或设计人支付报酬：

1. 发明创造被授予专利权且在纠纷发生时专利权处于有效状态；

2. 专利已被转让、实施或被许可实施；

3. 单位因专利转让、实施或许可实施获得了转让费、许可使用费等经济效益。

"实施"是指《专利法》第十一条规定的实施，即为生产经营目的制造、使用、许诺销售、销售、进口发明或实用新型专利产品，或者使用专利方法以及使用、许诺销售、销售、进口依照该专利方法直接获得的产品，或者为生产经营目的制造、许诺销售、销售、进口外观设计专利产品。判断专利权人（即单位）是否实施了发明或实用新型专利，应以其制造、使用的产品或使用的方法是否落入了专利权利要求的保护范围为准；判断专利权人是否实施了外观设计专利，应以其制造的产品的外观设计是否与专利外观设计相同或实质相同为准。具体的判断标准应当与专利侵权判断标准一致。在专利技术方案的基础上进行一些改进，如果改进后的技术方案仍然落入专利权保护范围内，仍应认定为实施该专利。

专利权人许可他人实施或者将专利权转让给他人的，应当视为专利权人（即单位）实施了该专利，无论被许可方或者受让方是否实际实施。发明人或设计人有权从专利权人获得的许可费或转让费中提取一定比例的数额作为报。职务发明人或设计人只能向所在单位主张报酬，不能直接向专利被许可方或受让方主张报酬。

他人为生产经营目的非法实施专利，同样属于专利实施行为。专利权人起诉他人侵权获得的侵权赔偿减去合理的诉讼成本后，应当按照约定或法律规定向发明人或设计人支付报酬。

利用本单位的物质技术条件所完成的发明创造，单位与发明人订有合同，约定申请专利的权利和专利权属于发明人或设计人，由发明人或设计人返还研发资金或者支付使用费的，不属于职务发明创造，单位不负有向发明人或设计人支付报酬的义务。

单位明确表示放弃有关职务发明创造的权益，由发明人或设计人申请并获得专利权的，不负有向发明人或设计人支付报酬的义务。

【案例5-8】

某发明专利报酬纠纷案中，请求人要求所在公司支付职务发明人报酬。该公司认为，涉案专利"一种摩托车用高能点火系统"只是个理想化的名称，其核心为磁电机和点火器，点火线圈和火花塞只是摩托车点火系统的常规部件，不涉及技术创新。而磁电机和点火器均非该公司生产，该公司只是按市场价采购了零部件磁电机和点火器后，安装于涉案摩托车上，安装程序及方式均为固有程序，不涉及专利权利要求书中所述的技术特征，故公司并未实施涉案专利。另外，该公司还以涉案专利"存在重大技术瑕疵"为由，主张"专利产品生产者实际未按涉案专利的权利要求实施"。

分析与评述

发明专利权的保护范围以其权利要求的内容为准，判断是否实施了该专利也应以实施的技术方案是否落入权利要求的保护范围为准。如果单位实施的技术方案落入了职务发明专利的保护范围，则应当认为单位实施了该专利。该案中，根据权利要求书的记载，涉案专利的独立权利要求为：顺序电连接的磁电机、点火器、点火线圈与火花塞，其特征是将磁电机点火绕阻串联或并联后并联在点火器的两个不接地的输入端上。故涉案专利并非仅包括磁电机和点火器，而应指由上述四项组成要素联接成的整体。公司按照专利技术所述方式将磁电机、点火器与点火线圈、火花塞联接成高能点火系统后安装于摩托车的行为涉及制造、使用涉案专利产品,属于实施专利的行为。涉案专利存在技术缺陷的事实仅证明单位实施专利过程中曾因技术的不完善而影响效益,不能证明其未实施涉案专利。

【案例5-9】

某案中,单位主张其未曾实施过涉案专利。请求人提交由单位生产的产品包装盒作为证据。包装盒上标注了涉案专利的专利号和所在单位的公司名称等字样。

分析与评述

单位在产品上标注专利号和单位名称,其性质应当属于当事人对事实的一种自认,即该单位承认其在制造所述产品时使用了所标注专利号指代的专利技术。除非产品制造单位提供相反证据证明其在制造所述产品时未使用所标注的专利,否则应当认为单位实施了该专利,免除发明人或设计人举证证明单位存在具体实施行为的义务。该案中,涉案产品包装盒可以初步证明涉案专利已被实施的事实。在被请求人未提出相反证据证明其实际上并未实施该专利的情况下,应认定其已经实施了该专利。

【案例5-10】

某案中,请求人为一项发明专利的发明人,其要求所在单位支付职务发明人报酬。该单位辩称其未实施涉案专利,不应向发明人支付报酬。经查明,虽然该单位未自行实施,但该专利已经由其许可他人实施。

分析与评述

职务发明专利的实施既包括专利权人自行实施,也包括专利权人许可他人实施。专利权人许可他人实施专利的,单位作为专利权人通过专利获得了经济效益,应当给予发明人合理的报酬。按照《专利法实施细则》的规定,没有约定的,其数额应当是从许可费中提取不低于10%的比例。该案中单位已经许可他人实施,故其主张涉案专利未被实施,与事实不符。

【案例5-11】

某案中,请求人原为A公司的技术人员,现已离职。请求人称A公司已实施的某重大项目采用了其在职期间所作出的发明专利技术方案,依据法律规定,要求公司按照该项目的实施收益支付其发明人报酬。经查明,A公司涉案项目所实施的技术方案与涉案专利并不相同,具体包括:二者所涉及技术主题不同、工艺处理对象不同、涉案项目采用的关键设备未包含涉案专利的所有技术特征。

分析与评述

针对职务发明人报酬纠纷,首先需要确定单位是否实施了涉案专利。如果没有实施专利,则单位并未通过专利获得经济效益,不应负有支付报酬的义务。判断单位是否实施了涉案专利,要以单位所实施的技术是否落入涉案专利权保护范围内为基准。如果其既未字面落入,也未以等同方式落入涉案专利权保护范围,则不能认为单位实施了涉案专利。该案中,A公司提供的证据表明其所实施的项目未覆盖涉案专利权利要求的全部特征。这一举证已经证明,A公司未实施涉案专利,请求人要求就涉案专利获得职务发明人报酬,缺少事实依据,不应得到支持。

二、支付报酬的数额

(一)约定标准

发明人或设计人获得报酬的具体数额和方式可以由发明人或设计人与所在单位通过合同或其他适当的形式约定,如在单位制定的规章制度中规定。有约定的,应当根据约定来确定报酬的数额和支付方式。约定的报酬数额应当合理。

单位与员工没有就职务发明创造报酬签订协议或者单位未在其规章制度中规定该事项的,可以在事后补充签订协议。补充签订的协议同样应当优先适用。

约定报酬的数额是否合理,应当考虑单位通过职务发明创造获得的经济效益和职务发明人或设计人对职务发明创造完成的贡献程度等因素。

(二)法定标准

如果被授予专利权的单位未与发明人或设计人约定支付报酬的方式和数额的,报酬的数额应当适用法定标准,即每年应当从实施该项发明或实用新型专利的营业利润中提取不低于2%,或者从实施该项外观设计专利的营业利润中提取不低于0.2%作为报酬给予发明人或设计人,或者参照上述比例,给予发明人或设计人一次性报酬。

发明人或设计人获得报酬的数额应当与专利对营业利润的贡献正相关。

所述营业利润是指所在单位在一定时间内实施专利后获得的营业收入相对于未实施专利时的营业收入增加的利润,减去相应比例的营业费用、管理费用以及财务费用后所剩余的数额。这里的营业利润相当于会计学上的税后利润。如果其他条件不变,实施专利后获得的营业利润减少,则不应当向发明人或设计人支付报酬。

在未与职务发明人约定也未在单位规章制度中规定报酬的情形下,国有企事业单位和军队单位自行实施其发明专利权的,给予全体职务发明人的报酬总额不低于实施该发明专利的营业利润的3%;转让、许可他人实施发明专利权或者以发明专利权出资入股的,给予全体职务发明人的报酬总额不低于转让费、许可费或者出资比例的20%。

在核算报酬数额时,应当考虑每项职务发明对整个产品或者工艺经济效益的贡献,以及每位职务发明人对每项职务发明的贡献等因素。因单位经营策略或者发展模式的需要而低价、无偿转让或者许可他人实施职务发明专利或者相关知识产权时,应当参照相关技术的市场价格,合理确定对职务发明人的报酬数额。

在报酬纠纷的行政调解中,报酬的提成比例可以根据专利对营业利润的贡献来确定,但一般不应低于法定标准。

【案例5-12】

某案中,请求人主张将使用了涉案专利的产品与未使用涉案专利的产品的价差作为涉案专利为整车所带来的利润。单位则以其近3年生产销售涉案产品税后利润为负数为由,主张其不应向请求人支付报酬。相关部门认为,不同摩托车价差受多方面因素的综合影响制约,除了涉案专利的影响外,还可能包括多种专利的组合应用、不同的功能配置、消费者对产品的偏好、产品在不同时期的价格策略、广告投入等因素。在无法通过审计评估确定涉案专利摩托车及点火系统利润的情况下,应当以产品本身的利润率为基础,再参考其技术的先进性及对整车价值的提升而酌情确定职务发明专利报酬。单位提交的会计师事务所审计报告不能直接、完整反映涉案产品的税后利润,同时,单位未提供其他确切的证据证明其关于税后利润的主张,故不确认涉案专利摩托车税后利润为负。

分析与评述

在确定营业利润时,应当合理确定职务发明创造专利对利润增长的贡献。由于市场营销等产品以外的因素引起的利润下滑,不应当成为发明人或设计人不应获得报酬的理由。该案中,没有证据证明实施涉案专利后营业利润为负,相反,相比未采用专利技术的产品,采用专利技术的产品无论在销售价格还是销售数量上,均能体现出专利技术的影响,因此可以作为专利对营业利润增长有贡献的依据。

【案例5-13】

某案中,关于应付报酬比例,请求人根据《xx市专利促进与保护条例》的规定主张按照6%计算。单位则认为应当按照《专利法实施细则》规定的2%计算。根据《x

×市专利促进与保护条例》的规定,实施实用新型专利的报酬提取比例不得低于税后利润的5%。

分析与评述

该案的争议点在于确定报酬数额的依据。一般情况下,当地方性法规对职务发明人提取报酬比例标准有规定时,如果其不低于《专利法实施细则》中规定的标准,从保护发明人利益出发,应当优先适用地方标准。该案发生在xx市,根据《xx市专利促进与保护条例》的规定,实施实用新型专利的报酬提取比例不得低于税后利润的5%。这与《专利法实施细则》的规定亦不抵触,应当优先适用,即按照不低于5%的比例计算报酬。

【案例5-14】

黄某某原系某化工公司员工。1999年5月14日,化工公司和黄某某所在的该公司研发部签订《×××中试合成技术开发项目合同书》,约定由研发部进行×××中试合成技术开发。2000年12月,以黄某某为代表的课题组向化工公司提交了《×××合成工艺研究总结报告》。该总结报告提出的工艺技术与涉案专利具有高度一致性,涉案专利属于该工艺技术的一部分。2004年2月4日,化工公司因黄某某在×××项目开发中的突出贡献向黄某某支付2003年度1~12月绩效奖励10万元。2004年5月11日,上级主管单位下发《关于对某化工公司资产重组方案的批复》,同意对化工公司的经营及技术团队实施股权奖励,奖励股权合计8.631%。2004~2006年,化工公司根据上述批复对该公司经营和技术团队实施股权激励,奖励和转让的主要对象为"对×××的工业化生产技术(即该案争议专利技术)无形资产作出贡献的经营及技术团队"。在实施股权激励后,黄某某因为对技术研发的特殊贡献获得了化工公司1%的股权,其中出售的股权为0.315%,免费赠送的股权为0.685%。2006年9月22日,化工公司向国家知识产权局申请名称为"一种新型除草剂的合成方法"的发明专利,该合成方法于2008年12月17日通过授权公告,专利号为ZL20061×××××.×,发明人为黄某某,专利权人为该化工公司。黄某某请求化工公司支付其专利实施报酬1090.5万元。

分析与评述

对于职务发明,被授予专利权的单位在发明专利实施后应当对发明人给予合理的报酬。如果单位和发明人对专利实施后的报酬无约定,即使单位在专利申请前已向发明人发放过奖金、股权等奖励,在专利实施后,单位仍然应向发明人支付专利实施报酬。该案中,无论是化工公司于2004年2月4日因黄某某在×××项目开发中的突出贡献给予其 2003 年度 1~12 月绩效奖励 10 万元，还是化工公司于 2004 年根据上级主管单位的批复，对化工公司经营及技术团队实施股权奖励，给予黄某某 1% 的公司股权，均发生在涉案专利获得授权之前，上述奖励不属于化工公司基于专利法的相关规定对黄某某主张的涉案专利的奖励或者报酬。

根据法律规定，职务发明创造的发明人或者设计人依法享有专利奖励请求权和专利实施报酬请求权。法律、法规允许当事人对奖励和报酬的方式和数额进行约定，其目的在于以更灵活的手段更充分地保障职务发明创造者的合法权益，鼓励和激励科技人员创新的积极性，促进科技成果的转化。因此，给予职务发明人或设计人以奖励系发明人或设计人所在的被授予专利权的单位的法定义务，这种义务具有强制性。虽然用人单位对于奖励的方式和数额拥有一定的自主权，但是《专利法》及《专利法实施细则》均不允许用人单位以任何理由免除履行或者变相免除履行该义务。虽然该案中某化工公司在涉案专利申请前曾与发明人签订过技术研发合同，公司内部也制定了相关技术管理办法，但无论是双方签订的研发合同，还是技术管理办法，对涉案技术获得专利授权后的实施报酬并没有明确的约定或者规定，故该化工公司认为在专利申请前，其已经就同一技术向发明人发放了奖金、股权等奖励，无须再另行支付专利实施报酬的抗辩理由不能成立，其应当综合考虑涉案专利的创造性高度、黄某某对涉案专利所作的贡献以及涉案专利实施所产生的营业利润等情况，向黄某某支付涉案专利实施报酬。

（三）许可与转让专利权报酬支付

单位许可其他单位或者个人实施其专利或者转让其专利，获得收益的，可以与职务发明人或设计人约定支付报酬的数额、比例与方式。单位应当按照约定支付报酬。没有约定的，应当从收取的使用费或转让费中提取不低于 10%，作为报酬给予发明人或设计人。

单位以专利权出资的，应当按照转让专利权处理，专利权资产折算占比金额视同专利权转让收入。

因单位经营策略或者发展模式的需要而低价、无偿转让或者许可他人实施职务发明创造专利的，应当参照相关技术的市场价格，合理确定对职务发明人或设计人的报酬。

被授予的专利权在单位支付报酬前被依法宣告无效的，单位不再负有支付报酬的义务。支付报酬后专利权被依法宣告无效的，职务发明人或设计人可以不予返还报酬。

【案例 5-15】

某案中，请求人要求单位支付职务发明人报酬。单位将涉案专利许可给其作为大股东的另一公司使用，主张应当按照许可费的一定比例确定报酬。请求人认为许可费明显偏低，不予认可。

分析与评述

单位许可他人实施职务发明创造专利的，如果没有约定，发明人或设计人报酬应为许可费的 10%。但许可费应当为按照市场行情确定的许可费。该案中，由于许可人是被许可人的股东，二者之间存在直接投资关系，且代表许可人和被许可人签订专利实施许可合同的是同一个人，因此，在没有同类专利许可使用费作为参照的情况下，仅以两个关联公司约定的专利许可使用费作为发明人报酬的计算依据并不客观。许可费明显偏低，损害了发明人的利益。由于双方当事人均未提供证据证明按照市场行情确定的许可费的具体数额，因此相关部门可以根据涉案专利产品的销售情况酌情确定合理的许可费，并在此基础上确定应付报酬的金额。

第四节　多个发明人或设计人之间的奖酬纠纷的调解原则

职务发明人或设计人有 2 个或 2 个以上的，奖励和报酬应当按照各发明人或设计人的贡献大小在发明人或设计人之间分配。奖励或报酬视为发明人或设计人之间按份共有。对发明创造贡献大的，所占份额大；贡献小的，所占份额也小。

主张自己贡献大应当多分的发明人或设计人负有举证证明其贡献较其他发明人或设计人大的责任。如果主张应该多分的请求缺乏证据支持，则发明人或设计人的贡献应当视为同等大小，由全体发明人或设计人平均分配奖励、报酬。

对职务发明创造作出创造性贡献的大小与发明人或设计人在专利申请文件上的排名、在单位中的职位高低等没有必然联系。

发明人或设计人之间存在分配比例协议的，应当按照分配协议进行分配。

部分发明人或设计人放弃获得奖励、报酬的权利，其他发明人或设计人有权获得全部奖励或报酬。

【案例 5-16】

某案中，请求人与另一员工作为共同发明人研发完成并获得了一项实用新型专利，并由所在公司实施。请求人要求该公司支付报酬，并与另一发明人平分。该公司认为，请求人在申请文件上的排名靠后，职务比另一发明人低,不应平分报酬。

分析与评述

职务发明创造有多个发明人或设计人的,所得报酬
应当按照各发明人或设计人的创造性贡献大小来确定报
酬的份额。发明人或设计人之间就报酬分配达成协议
的,应当视为证明贡献大小的证据。发明人或设计人排
序、职位高低、由谁立项研发等不能直接反映各发明人或
设计人在该专利研发、设计过程中所做的具体工作和业
绩,不必然表明相应的贡献大小。在没有足够证据证明
各发明人或设计人的贡献大小时,应依法推定各发明人
或设计人具有相同的贡献,应当平分专利报酬。该案中,
该公司没有证据证明请求人的贡献小,其依发明人排名
的前后等确定两位发明人对专利贡献的大小缺少事实和
法律依据。

第六章　发明专利临时保护期使用费纠纷的行政调解

发明专利申请从提交到授权经历三个效力完全不同
的阶段:(1)申请日到公布日;(2)公布日到专利授权公
告日;(3)专利授权公告后。第二个阶段又被称为发明
专利临时保护期。

发明专利申请授权后,专利权人有权要求在临时保
护期内实施其发明的单位或者个人支付适当的费用。双
方当事人就临时保护期使用费产生纠纷的,可以请求管
理专利工作的部门进行调解。

第一节　临时保护的构成条件

请求人(通常是专利权人或其利害关系人)向被请求
人(涉嫌实施发明专利的单位或个人)主张发明专利
临时保护期使用费,应当符合以下构成要件:

1. 涉案专利应仅限于发明专利;

2. 涉案专利被授予专利权,且请求人是在专利授权
后提出调解请求;

3. 被请求人实施专利的行为发生在临时保护期内;

4. 被请求人的实施行为落入专利权保护范围。

一、涉案专利仅限于发明专利

被请求支付临时保护期使用费的专利应当仅限于发
明专利。请求人以实用新型专利或外观设计专利主张临
时保护期使用费的,管理专利工作的部门不予支持。

【案例6-1】

郑某于2007年5月9日提交一项名称为"一种混凝
土板桩"的实用新型专利申请,该申请于2008年1月3
日授权公告。2007年9月16日,郑某发现同市某建筑公
司工地使用的混凝土板桩与其专利申请的混凝土板桩产

品完全相同。郑某向该建筑公司协商索要专利使用费未
果,于2008年4月15日向当地管理专利工作的部门提
出调解请求,请求该建筑公司支付专利使用费5万元。
该建筑公司辩称,其使用的混凝土板桩是自己研发的,并
未窃取郑某的技术,而且相关工程于2007年12月已经
完工。

分析与评述

该案中,建筑公司支付专利使用费只能基于两种行
为:一是其实施专利的行为发生在专利授权之后,因侵犯
专利权而应支付侵权赔偿;二是其实施专利的行为发生
在发明专利申请的临时保护期内,基于《专利法》第十三
条的规定支付临时保护期使用费。而该案不具备上述条
件:首先,郑某请求建筑公司支付专利使用费所基于的事
实是建筑公司在郑某提出专利申请后到该专利被授予专
利权之前的时间段内使用与专利产品相同的混凝土板
桩,因建筑公司实施行为发生在专利授权之前,并未侵犯
专利权,不应当支付侵权赔偿;其次,涉案专利为实用新
型专利。由于我国仅对发明专利申请实行"早期公开、延
迟审查"的制度,对于实用新型和外观设计专利申请仅进
行初步审查,初步审查合格符合授权条件的,即行授权公
告,因此,对于实用新型专利和外观设计专利来说不存在
所谓的临时保护期,郑某请求建筑公司支付专利使用费
没有法律依据。

二、涉案专利被授予专利权,且请求人在专利授权后
提出调解请求

发明专利申请被授予专利权,且请求人提出的调解
请求在专利授权公告之后是构成临时保护的必要条件。
提出请求时专利申请尚未被授予专利权的,管理专利工
作的部门对请求人请求他人支付临时保护期使用费的主
张不予支持。

【案例6-2】

张某于2007年8月2日提交一项发明专利申请,该
申请于2009年2月3日公开,并于2010年10月20日授
权公告。张某于2009年5月发现同市的李某生产的产
品与其所提交专利申请要求保护的产品完全相同,遂于
2009年5月30日向当地管理专利工作的部门提出要求
李某支付专利使用费的行政调解请求。

分析与评述

根据《专利法实施细则》第八十五条的规定,因临时
保护期内的实施行为未支付使用费发生纠纷,当事人请
求管理专利工作的部门调解的,应当在专利被授予之
后提出。这一规定的出发点在于,发明专利申请在公布

后进入实质审查程序,完成实质审查后的发明专利申请可能有两种结果:一是被授予专利权,二是被驳回申请。如果不作出上述规定,可能会导致某些被驳回的发明专利申请也被赋予了临时保护,这对社会公众是不公平的。另外,在实质审查过程中,无论是主动还是依审查员的要求,申请人均可能会对权利要求书进行修改,由此可能会导致被授予专利权的申请,其授权后权利要求书的范围与其公布时权利要求书的范围不同,从而导致在确定临时保护范围时的不确定性。

该案中,张某于 2009 年 5 月 30 日向当地管理专利工作的部门提出要求李某支付发明专利临时保护期使用费行政调解请求时,其专利申请尚处于审查阶段,并未获得专利权。因此,尽管张某发现他人使用的产品与其专利申请中要求保护的产品相同,将来可能涉嫌侵犯其专利权,但也只能在 2010 年 10 月 20 日获得专利权之后才可以向管理专利工作的部门提出行政调解请求。

三、他人的实施行为发生在临时保护期

请求支付临时保护期使用费是一种在专利授权之后,专利权人或其利害关系人请求管理专利工作的部门对他人在发明专利临时保护期内实施发明的行为予以追溯的权利。他人实施发明的行为发生在临时保护期内是构成临时保护不可或缺的另一要件。

在发明专利临时保护期内实施发明的行为包括:未经专利申请人许可,以生产经营为目的,制造、使用、许诺销售、销售、进口专利产品,或者使用专利方法以及使用、许诺销售、销售、进口依照该专利方法直接获得的产品。

如果他人实施发明的行为发生在发明专利申请日至公布日之间,请求人依此行为主张临时保护期使用费的请求,管理专利工作的部门将不予支持;如果他人实施发明的行为发生在发明专利授权后,请求人应当提出专利侵权纠纷处理或调解请求而非临时保护期使用费纠纷调解请求。当请求人未明确其究竟主张临时保护期使用费,还是侵权损害赔偿时,管理专利工作的部门应当释明二者的含义,由请求人根据侵权行为发生的时间确定是请求侵权纠纷处理还是请求支付临时保护期使用费行政调解;在请求人不能正确选择的情况下,由管理专利工作的部门根据当事人提出的理由和提供的证据综合予以确定。当被请求人的实施行为从临时保护期内一直持续到专利授权之后,管理专利工作的部门应当分别予以认定。

【案例 6-3】

涉案发明专利的名称为"制备高纯度二氧化氯的设备",申请日为 2006 年 1 月 19 日。该专利申请于 2006 年 7 月 19 日公布,2009 年 1 月 21 日授权公告,专利权人为 A 公司。2008 年 10 月 20 日,B 自来水公司与 C 公司签订《购销合同》购买二氧化氯发生器一套,C 公司于 2008 年 12 月 30 日就上述产品销售款委托税务机关代统一发票。上述产品一直由 B 自来水公司使用,C 公司为该产品的正常运转提供维修、保养等技术支持。A 公司认为 C 公司生产、销售和 B 自来水公司使用的二氧化氯生产设备落入涉案发明专利保护范围,请求 B 公司和 C 公司停止侵权并赔偿经济损失 30 万元,而没有提出支付发明专利临时保护期使用费的诉讼请求。

分析与评述

该案中,C 公司制造、销售被控侵权产品的行为发生在涉案发明专利申请公布之后、授权公告之前,B 自来水公司使用被控侵权产品的行为从专利授权之前一直持续到专利授权之后。该案值得讨论的问题包括:(1)C 公司制造、销售被控侵权产品的行为和 B 自来水公司在专利授权之前使用被控侵权产品的行为是否构成侵权?如果不构成侵权的话,是否需要支付临时保护期使用费?(2)A 公司没有提出支付发明专利临时保护期使用费的诉讼请求,管理专利工作的部门应当如何处理?

关于第一个问题,对于发明专利而言,虽然专利授权之后,专利权回溯到自申请日起有效,但是其能够真正获得保护的时间是自授权公告之日起计算。C 公司制造、销售被控侵权产品的行为发生在专利授权之前,因此不构成侵权;同样,B 自来水公司在专利授权之前使用被控侵权产品的行为也不构成侵权。C 公司和 B 自来水公司均不应当承担侵权损害赔偿。如果 A 公司请求支付临时保护期使用费的话,其请求应当被支持。

关于第二个问题,发明专利临时保护期使用费与专利侵权损害赔偿并不属于同一诉因,管理专利工作的部门应当向当事人释明二者的区别。在已经释明的情况下,如果当事人依然坚持请求侵权损害赔偿而不主张临时保护期使用费补偿,管理专利工作的部门应当明确告知请求人其侵权损害赔偿主张得不到支持;但基于行政调解的性质,在双方当事人同意的情况下,可以变更为临时保护期使用费补偿请求进行行政调解。

四、他人的实施行为落入专利保护范围

构成临时保护的第四个必要条件是他人的实施行为要落入专利保护范围。所述"专利保护范围"应当以请求人指定的权利要求的保护范围为准。

（一）专利文本的确定

请求人在提出支付发明专利临时保护期使用费调解请求时，应当提交发明专利申请公布文本和提出调解请求时有效的专利文本。如果专利授权公告后未经历无效宣告程序，所述有效的专利文本即为专利授权公告文本；如果专利授权公告后经历过无效宣告程序，所述有效的专利文本应当是生效的无效宣告请求审查决定最终维持有效的专利文本。

请求人应当明确提出请求所依据文本的权利要求。无论针对公布文本还是最终有效的专利文本，如果请求人未明确具体的权利要求，管理专利工作的部门应当向请求人释明，要求其指定具体的权利要求；经释明，请求人仍然未明确的，则应以相应的独立权利要求为准。对于权利要求书中包括多项独立权利要求的，管理专利工作的部门应当向请求人释明，要求其指定具体的权利要求；经释明，请求人仍然未明确具体的权利要求的，管理专利工作的部门根据请求人在请求书中的具体理由选定最相关的独立权利要求作为比对基础。

（二）专利保护范围的确定

根据发明专利申请公布时权利要求保护范围（范围A）和提起调解请求时有效的权利要求保护范围（范围B）的关系，存在如下不同的情形：（1）范围A＝范围B；（2）范围A＞范围B；（3）范围A＜范围B；（4）范围A与范围B完全不同。

如果被请求人的实施行为同时落入上述两个保护范围，应当认定被请求人在临时保护期内实施了该发明，应当支付临时保护期使用费；如果被请求人的实施行为未落入任何一个保护范围或者仅落入其中一个保护范围，应当认定被请求人在临时保护期内未实施该发明。

（三）被请求人的行为是否落入专利保护范围的确定

判断被请求人的实施行为是否落入范围A或范围B的方法与专利侵权判定方法完全相同，要首先判定被请求人的实施行为是否字面落入范围A或范围B，即二者完全相同，在未构成字面落入的情况下，再判断二者的区别是否构成等同。

根据案件的具体情况，管理专利工作的部门既可以先对比范围A与范围B的大小，判断案件属于如上哪种情形，然后再判断被请求人的实施行为是否落入专利保护范围；也可以先判断被请求人的实施行为是否落入范围B，之后再根据需要判断其是否落入范围A。

（四）注意事项

在处理专利纠纷行政调解请求时，管理专利工作的部门应当注意针对涉案专利是否存在未审结的无效宣告程序。如果相关无效宣告程序尚未结案，同时双方当事人就被请求人的行为是否落入专利权保护范围存在争议的，管理专利工作的部门可以中止临时保护期使用费纠纷的调解。

【案例6-4】

蒋某于1994年12月26日提出了一项名为"有线电视机上变频器的制作法"的发明专利申请。1996年7月31日，该申请被公布，权利要求只有一项，为"一种有线电视机上变频器的制作方法……"。1999年9月29日，该发明专利被授权公告，公告发明名称为"有线电视终端信号的处理方法及其装置"，权利要求有2项，分别为："1.一种有线电视终端信号的处理方法……2.一种有线电视终端信号的处理装置，它包括……。"

1996年9月，蒋某发现李某、金某未经其同意，以生产经营为目的，使用其专利技术制造、销售有线电视增台器。直至专利授权公告之日，二人从未向其支付临时保护期使用费。蒋某要求李某、金某支付其发明专利临时保护期使用费160万元。

经查，李某、金某生产、销售的有线电视增台器的结构、组成及其制作方法与蒋某申请公布文件的变频器的制作方法及结构相同，与授权公告的专利中的处理方法以及实施该处理方法得到的装置也均一致。

分析与评述

该案中，对比专利申请公布的权利要求和授权后的权利要求的保护范围，可以看出公布文本权利要求的主题是"变频器的制作方法"，其权利要求所阐述的实际上是有线电视终端信号的处理方法；授权后的权利要求1保护的是有线电视终端信号的处理方法，权利要求2保护的是有线电视终端信号的处理装置，同时对许多技术特征作了非常明确的限定。在公布的权利要求的基础上，授权专利权利要求缩小了专利保护范围。基于李某、金某生产、销售的有线电视增台器既落入公布的权利要求的保护范围，又落入授权公告的权利要求1和权利要求2的保护范围，因此，可以认定其落入专利权保护范围，李某、金某应支付专利权人蒋某合理的临时保护期使用费。

第二节　临时保护期使用费的确定

临时保护期使用费是在专利授权后对专利权人利益的一种事后补偿。在确定临时保护期使用费时，综合考虑实施行为的性质、情节、后果，实施行为人的技术来源、主观是否具有故意、生产能力及规模、产品价格等因素。

一、确定补偿费用的原则

发明专利申请的"临时保护"和专利授权公告后的"正式保护"是两种不同性质的保护。被请求人在专利授权后未经许可实施发明的,应当支付侵权损害赔偿,但其在临时保护期内实施发明的,仅需支付适当的补偿即可。补偿数额的"适当"是指不应超过相应期间的专利许可使用费,如果依照专利侵权赔偿数额的计算方法计算的,补偿数额较相同情节的侵权赔偿数额低为合适。

二、确定补偿费用的考虑因素

在确定临时保护期使用费时,应当综合考虑各种因素:

1. 专利权人已经许可他人实施的,可参照专利许可使用费确定。

2. 专利权人尚未许可他人实施的,可根据实施发明专利的收益和发明专利的贡献大小确定合适的数额。专利权人实施发明专利所获得的收益越大,发明本身的贡献在所述收益中所占的比重越大,临时保护期使用费应越高。

3. 他人实施行为的技术来源。他人实施的专利可能源于自我研发,也可能源于专利申请的公布。对于自我研发的技术而言,虽然实施人并未利用专利申请人的智力劳动成果,但为鼓励发明创造的公开以推动整体社会进步,也可以要求实施人支付临时保护费,但一般应当少于利用专利申请公布而需要支付的临时保护费。

4. 考虑实施人主观故意程度。如果专利申请人在临时保护期间内对相关实施人提出过相关警告,而相关实施人并不理睬或扩大实施范围等,则可参照侵犯专利权的赔偿来确定临时保护期使用费。

【案例6-5】

A公司于1996年12月28日提出了名称为"分隔系统及其装配方法"的发明专利申请。该申请于1997年8月27日公布,于2000年6月7日授权公告。专利授权后,A公司要求B公司支付其专利公布期间临时保护期使用费50万元以及因专利侵权造成的经济损失50万元。

经查明,1999年3月18日,A公司与C公司签订了一份专利许可合同,许可标的是涉案发明专利,许可类型是独占许可。根据该合同约定,许可费采用入门费加销售额提成的方式,入门费共80万元人民币。合同签订后,被许可方先向A公司支付40万元,专利授权后,再支付40万元,提成按专利产品销售额的5%向A公司缴纳。A公司未提交该合同的履行情况。

根据B公司提供的KW屏风出货明细表,1999年4~9月B公司的KW屏风出货金额为164576.9元,2001年1月B公司的KW屏风出货金额为14976元,2001年3月B公司的KW屏风出货金额为6552.84元。

B公司最终被判令向A公司支付发明专利临时保护期间的使用费15万元。

分析与评述

该案涉及确定临时保护期使用费时要考虑的两个问题:一是被请求人在专利授权前与授权后的收益,二是参照专利许可使用费。

由于发明专利临时保护与发明专利权保护的性质并不相同,因此发明专利临时保护期使用费的补偿数额应当与侵犯专利权的损害赔偿数额有所差异。该案中,在确定补偿额时,需同时考虑B公司在专利授权前后被控侵权产品的相应生产、销售状况。涉案专利公布期间,1999年4~9月被控侵权产品的出货金额为164576.9元;专利授权后,2001年1月、3月B公司的被控侵权产品的出货金额14976元、6552.84元。最终判令B公司支付发明专利临时保护期使用费15万元是综合考虑两方面收益后折中的结果。

另外,参照专利许可使用费赔偿与参考专利许可使用费赔偿的依据是不同的。根据《专利法》及《最高人民法院关于审理专利纠纷案件适用法律问题的若干规定》的规定,在被侵权人的损失或者侵权人获得的利益难以确定时,有专利许可使用费可以参照的,参照该专利许可使用费的1~3倍合理确定赔偿数额。如果是参照赔偿,额度至少为许可使用费。该案中,A公司提交的许可合同约定的许可费在80万元以上,考虑到该许可合同的实际情况,不宜参照其约定的该案专利"许可使用费"确定B公司的赔偿额。

在实践中,确定临时保护期使用费时,侵权损害赔偿是一个非常重要的参考依据。

根据《专利法》的相关规定,侵权赔偿的数额确定除参照专利许可使用费外,还有权利人因被侵权所受到的损失或者侵权人因侵权获得的利益以及法定赔偿。在专利权人主张以自己所受到的损失作为赔偿数额的依据时,应提供自己单位产品获利情况的财务审计报告,以及专利权人因被侵权造成销售量减少的总数或者制造的侵权产品的数量,二者相乘之积就是专利权人的损失数额的依据;在专利权人主张以侵权人的获利作为赔偿的依据时,专利权人通常要申请保全侵权人的财务会计账册,经独立的第三方审计后,以审计结论确定侵权获利情况,从而明确赔偿的依据。

在确定临时保护期使用费补偿金数额时，可以参考会计师事务所对有关当事人的财务凭证、账目审计后出具的审核验证报告确定侵权获利情况，并酌情考虑当事人实施专利的情况，比如产品数量、生产专利产品的时间段以及专利技术在产品中所起的作用等。

第七章　专利侵权损害赔偿额的计算

管理专利工作的部门在处理专利侵权纠纷时，应当事人的请求，可以就侵犯专利权的赔偿数额进行调解。

权利人与被控侵权人就专利侵权赔偿数额或者计算方式有约定的，管理专利工作的部门应当按照约定确定赔偿数额；没有约定的，管理专利工作的部门应当在根据《专利法》第六十五条的规定确定的赔偿数额的基础上，本着公平、合理的原则组织双方就赔偿数额达成调解协议。

按照《专利法》第六十五条的规定，侵犯专利权的赔偿数额按照权利人因被侵权所受到的实际损失确定；实际损失难以确定的，可以按照侵权人因侵权所获得的利益确定。权利人的损失或者侵权人获得的利益难以确定的，参照该专利许可使用费的倍数合理确定。赔偿数额还应当包括权利人为制止侵权行为所支付的合理开支。权利人的损失、侵权人获得的利益和专利许可使用费均难以确定的，可以根据专利权的类型、侵权行为的性质和情节等因素，依据《专利法》规定的法定赔偿数额予以确定。

第一节　权利人的实际损失

权利人的实际损失是指权利人因侵权人的侵权行为而减少的利润。权利人未实施专利技术或专利设计的，不得按照权利人的实际损失确定赔偿数额。

一、权利人实际损失的计算

权利人的实际损失可以按照专利权人的专利产品因侵权所造成销售量减少的总数乘以每件专利产品的合理利润所得之积计算。

专利权人的专利产品因侵权所造成销售量减少的总数不能确定的，可以按照侵权产品在市场上销售的总数予以确定。

每件专利产品的合理利润可以按照专利权人销售全部专利产品的平均利润计算，即销售收入减去生产、销售成本后除以销售数量，也可以直接参照专项审计报告所载明的项目利润计算表确定。

权利人应当对其主张的实际损失和侵权与损失之间具有直接因果关系承担举证责任，也应当对每件专利产品的合理利润承担举证责任。对于权利人主张的合理利润，经明示，被控侵权人没有异议的，权利人可以免于举证。

【案例 7-1】

某案中，经查明，B 公司生产并销售侵权产品数量为 1 套，专利权人 A 公司销售成套控制机专利产品的价格为 58680 元，且 A 公司与第三方 C 公司均确认涉案产品的利润为 50% 左右，B 公司对此不持异议。因此，审理部门认为，专利权人 A 公司因 B 公司侵权而造成专利产品销售的减少量应当是 1 套，专利权人的实际损失应当为：58680 元／套×50%×1 套＝29340 元。结合 A 公司为制止该案侵权行为客观上支出了相应的公证费、律师费用等因素，酌情确定该案赔偿额为 3 万元。

【案例 7-2】

A 公司享有"防火隔热卷帘用耐火纤维复合卷帘及其应用"的发明专利权。在确定侵权损害赔偿额时，A 公司提交了 B 会计师事务所出具的关于 A 公司承建某大厦防火卷帘及挡烟垂壁供应及安装工程项目利润的专项审计报告、A 公司在招投标过程中取得的某博览会主场馆各层消防平面图作为其经济损失赔偿数额的计算依据。经查证，B 会计师事务所出具的专项审计报告载明，A 公司提供的项目利润计算表系按照《企业会计准则》和《企业会计制度》的规定编制，反映了相关工程项目的主要经济指标。因此，该专项审计报告可以作为确定 A 公司实际损失的依据。

二、确定权利人实际损失时的考虑因素

在确定权利人的实际损失时，要考虑专利对于整个产品利润的贡献、与专利产品相关的配件及零部件的销售损失以及其他因素。

（一）专利对于整个产品利润的贡献

侵犯发明、实用新型专利权的产品系另一产品的零部件时，如果专利产品有单独的销售价格和利润，应当按基于该产品的全部利润确定合理利润，计算损害赔偿金额；如果专利产品没有单独的销售价格和利润，则应当根据成品的利润乘以该零部件在实现成品利润中的作用比重来确定合理利润。

侵犯外观设计专利权的产品为包装物时，应当按照包装物本身的价值及其在实现被包装产品利润中的作用等因素确定专利产品的合理利润。

权利人应当举证证明专利产品在实现成品利润中的作用比重；作用比重无法确定的，由管理专利工作的部门酌定。

【案例 7-3】

A 公司拥有名称为"车辆运输车上层踏板举升机构"的实用新型专利。B 公司生产、销售的五种型号的车辆运输车中，车辆上层踏板的举升机构落入涉案专利权的保护范围，侵权行为成立。A 公司主张赔偿损失利润为 5606480 元，其计算方法是按照被控侵权车辆的销售数量 506 辆乘以 A 公司销售车辆的利润（128000 − 116920 = 11080 元）而得出的。

分析与评述

涉案专利的专利产品并非车辆运输车，而是车辆运输车的上层踏板举升机构，11080 元/辆的单车利润并非该专利产品的单件利润。在计算赔偿额的时候应考虑该专利产品在整个车辆运输车中所占的价值比例，因此 11080 元/辆的单车利润可以作为计算该专利产品合理利润的重要依据。该专利的发明目的在于设计一种上层踏板高度可调节的、便于操作的车辆运输车上层踏板举升机构。考虑到该专利在实现车辆运输车用途中所起到的作用，以及安装该专利产品的车辆运输车相对于其他车辆运输车而言具有的市场竞争优势，并结合 A 公司车辆运输车本身的销售利润，酌定归属涉案专利的利润贡献占车辆运输车利润的比例。

（二）与专利产品相关的配件及零部件的销售损失

权利人的实际损失不仅包括因侵权失去的专利产品的销售额，也包括对专利产品相关配件和零部件失去的销售额。如果权利人能够证明其专利产品之前是与非专利零配件一同销售的，那么专利侵权损害赔偿额的计算也应当包括和专利产品相关的配件以及零部件所失去的销售额。

（三）其他因素

确定权利人的实际损失时，还应当考虑其他因素，例如市场对专利产品的需求、权利人是否具有开发这种需求的生产和市场销售能力、权利人是否有获得这种利润的可能性、侵权行为和侵权结果之间是否存在因果关系（不包括其他原因导致权利人销售额的下降或增长的停滞）等因素。

权利人应对这些因素的存在负有举证责任。管理专利工作的部门可以应用"四步检验法"判断权利人是否充分举证，即考察权利人是否举证证明：（1）市场对专利产品的需求；（2）不存在可接受的非侵权替代产品；（3）权利人具有开发这种需求的生产和市场营销能力；（4）如果没有侵权产品的话，权利人本可能获得的利润额。如果以上所有四个要件得到证明，则权利人的利润损失可以得到赔偿；如果其中任何一个要件没有得到证明，则应当按照其他法定方式确定赔偿。

可以通过其他合理方式确定权利人合理损失的，管理专利工作的部门应当在综合考量全部证据后予以确定。

【案例 7-4】

B 公司大量仿造 A 公司已获得外观设计专利权的几种"窗花粘贴"产品。由于 B 公司销售侵权产品的时间长，数量无法查清，获利无从知晓，因此 A 公司根据自己在 1993 年 2 月至 1995 年 4 月间专利产品的销售量由于 B 公司侵权而降价产生的损失 1041624.79 元，请求 B 公司予以赔偿。

经查明，窗花粘贴作为一种新型的装饰材料，最初上市时比较受欢迎，但该产品工艺简单，生产厂家较多，随着市场的饱和，人们的审美意识也发生了变化，尤其是产品销售好坏与产品图案设计变化有直接的关系，生产厂家根据市场需求降价是必然选择。因此，审理部门认为，A 公司将产品降价完全归责于 B 公司是不合理的。但 B 公司在两年多时间里，在同一地区大量仿造 A 公司拥有外观设计专利权的产品，对 A 公司专利产品的销售带来了重大影响，A 公司不得不通过降价方法对抗 B 公司的侵权行为，由此带来损失也是必然的结果。经过分析，审理部门最终采纳了 A 公司的请求，按照其请求额的 1/3，确定 B 公司赔偿 A 公司经济损失的数额为 347208.23 元。

【案例 7-5】

乙公司生产的仿制药 B 涉嫌侵犯甲公司原研药 A 的专利权。针对乙公司的仿制药 B 上市后对甲公司利润的影响，甲公司依照权利人的利润损失要求赔偿。甲公司的具体计算过程如下：

（1）原研药 A 的市场需求

原研药 A 从上市销售时就产生了巨大的市场需求。原研药 A 每季度都能为甲公司带来 2 亿美元左右的收益，并已成为近年来甲公司最能盈利的药品。在甲公司的所有药品中其利润率最高，每一美元的销售几乎能保证 85% ~ 90% 的盈利。

（2）替代品

原研药 A 并不存在真正的可替代品。原研药 A 本身被认为是最好的抗焦虑处方药。其他以苯二氮族的抗焦虑药为代表的"可能"的代替品，由于会产生依赖性，都有极大的风险，它们只会被医生用于前两到三周的治疗。相反，原研药 A 不会产生依赖性，而且对减轻由焦虑紊乱而产生的情绪和身体方面的症状也是安全有效的。

（3）市场营销和生产能力

甲公司通过其下属部门和子公司构建了一个庞大的生产和销售药品、营养品、医疗器械和美容产品的网络。作为拥有一定资本实力的公司，甲公司具有所需要的营销和生产能力。

（4）利润损失

甲公司2001年第二季度和第三季度的财报显示，因为竞争者乙公司的仿制药B，甲公司的收入已经出现了巨大的损失。在2001年第二季度，原研药A的销量已经从2000年第三季度的1.75亿美元下滑到8900万美元，这主要是由于竞争者乙公司的仿制药B造成的。在2001年第三季度，原研药A的销售额比上一年同期下降了84%，从1.75亿美元下滑至2800万美元，这同样是由于仿制药品的竞争导致的，而这些仿制药品中大部分是由乙公司生产的仿制药B。考虑到原研药A对甲公司的重要作用，这些收入的减少肯定会影响甲公司现在和将来的利润。从数据来看，甲公司2002年利润增长率的预期是2001年的一半左右，原研药A的利润下滑是其中一个重要的原因。

甲公司的举证满足"四步检验法"的要求，可以作为计算权利人实际损失的依据。

第二节　侵权人获得的利益

侵权人获得的利益是指侵权人因侵犯专利权人的专利权而直接获得的利益。该利益应当限于侵权人因侵犯专利权行为所获得的利益，不包含因其他原因所产生的利益。

一、侵权人获得的利益的计算

侵权人获得的利益可以按照侵权产品在市场上销售的数量乘以每件侵权产品的合理利润所得之积计算，或者按照侵权产品的销售总额乘以该时间段的营业利润率计算。

每件侵权产品的合理利润是指被控侵权人销售全部侵权产品的平均利润，即销售收入减去生产、销售成本后除以销售数量。每件侵权产品的合理利润可以按照侵权人的平均营业利润计算；对于完全以侵权产品为主业的侵权人，可以按照平均销售利润计算。平均营业利润是指营业收入减去营业成本的差额除以销售量，营业成本一般包括管理费、广告费、租金等。平均销售利润是指销售收入减去销售成本的差额除以销售量。

营业利润率是指营业利润除以营业收入。营业利润率难以确定的，可以按照该行业或领域通常的利润率计算。

上述利润、成本、费用、销售数量等可以根据审计报告、咨询报告或者发票予以确定，也可参照侵权人订货合同中载明的进货成本以及销售合同中载明的销售价格或者通过进货单、报价单等证据予以确定。

【案例7-6】

A公司生产的汽车后保险杠产品涉嫌侵犯B公司的"汽车保险杠"外观设计专利。被控侵权的后保险杠产品是安装于涉案汽车上的零部件。涉案汽车的整车制造者A公司设计确定了被控侵权产品的外观，且该产品是由A公司委托他人定制，专门用于组装涉案汽车。A公司将安装有被控侵权产品的涉案汽车以整车的形式进行销售，构成对被控侵权产品的销售。

在举证过程中，A公司提交了一份由某会计师事务所出具的《审计报告》及一份由某资产评估事务所作出的《A公司因专利侵权纠纷造成利润损失评估咨询报告书》（以下简称《咨询报告书》）。《审计报告》中载明A公司制造的某车自2003年10月至2007年3月共销售了16442辆。《咨询报告书》中载明了2004年2月至5月A公司汽车损益情况表，以2004年2月为例，其销量为1218辆，销售收入9743万元，销售成本为7045万元，最终每辆车的利润损失为2.21万元。

审理部门经审理后认为，根据A公司提交的《审计报告》及《咨询报告书》，可以确定每辆车的销售成本、整车利润及销售数量；同时，根据A公司提交的由第三人C公司向A公司开具的发票，后保险杠单价为286.32元，由此可以确定该产品在整车中所占比重。据此，确定A公司制造销售侵权产品所获得的利润为172万元。

【案例7-7】

某进出口贸易有限公司和某地毯有限公司（以下简称"被请求人"）涉嫌侵犯许某的外观设计专利权。经查证，被请求人为履行出口合同生产并销售出口侵权产品，挤占了许某本应享有的市场份额，应就其给许某造成的实际损失承担相应的赔偿责任。

审理部门认为，根据已被海关扣押的侵权产品共计6930个、价款约11万美元可知，每件侵权产品的价格约为19美元，约合132元人民币。扣除许某提交的经审计的成本78元人民币左右，每件侵权产品的利润约为54元人民币，利润率为41%。另外，双方均认可被请求人实际已出口的侵权产品为36万美元左右。据此确定被请求人因侵权所获得的利润应为122万元人民币左右。

【案例7-8】

A公司主张，B医院、C公司侵犯了其外观设计专利权。经查证,B 医院与 C 公司先后签订并已实际履行了两份《铸铁花饰栏杆加工制作安装合同》。根据合同中的约定可推算出 C 公司的合同利益,该合同约定可以作为依据确定 C 公司具体的赔偿数额。

二、确定侵权人获得的利益时的考虑因素

在确定侵权人获得的利益时,也要考虑专利对于整个产品利润的贡献,排除侵权人因侵权行为之外的其他原因,如广告宣传或市场地位等获得的利益,并从侵权人的侵权产品总销售金额中扣除管理费、广告费、租金等费用。

(一)专利对于整个产品利润的贡献

侵犯发明、实用新型专利权的产品系另一产品的零部件时,如果该产品有单独的销售价格和利润,应当按该产品的全部利润确定合理利润,并据此计算损害赔偿金额;如果该产品没有单独的销售价格和利润,则应当根据成品的利润乘以该零部件在实现成品利润中的作用比重确定合理利润。

侵犯外观设计专利权的产品为包装物时,应当按照包装物本身的价值及其在实现被包装产品利润中的作用等因素确定专利产品的合理利润。

权利人应当举证证明专利产品在实现成品利润中的作用比重;作用比重无法确定的,由管理专利工作的部门酌定。

【案例 7-9】

A 公司为"一种蚊香盒"实用新型专利的独占被许可人。B 公司生产、销售的盒装蚊香产品被控构成专利侵权。A 公司没有提供有效证据证明其在被侵权期间因侵权所受到的具体损失,以侵权人 B 公司在侵权期间因侵权所获得的具体利益来确定赔偿数额。

审理部门经审理,通过以下步骤计算 B 公司的非法获利:

(1)B 公司共生产了被控产品 1500 万只;

(2)经查明,B 公司出售的被控产品每盒单价为 1.475 元;

(3)因 B 公司并没有提供被控产品的利润情况,按照通常商品利润为 10%~20% 计算,B 公司生产销售 1500 万只蚊香及蚊香盒可获得的利润为 2212500~4425000 元;

(4)被控产品中的利润包括被控侵权产品蚊香盒及蚊香两部分,应排除蚊香盒中所包含的蚊香利润比例,酌情裁量,最终确定赔偿非法获利 220 万元。

【案例 7-10】

A 公司涉嫌侵犯 B 公司的专利权。在确定侵权人获

得的利益时,审理部门认定,A 公司的"防火卷帘"实际包括被控侵权产品"无机布基特级防火卷帘产品"及与涉案专利无关的"无机布基防火卷帘产品"两部分,在以侵权人因侵权所获得的利益来确定赔偿时,应当排除防火卷帘中"无机布基防火卷帘产品"的利润比例。故应当从经审计的产品毛利 1079251.61 元中扣除非侵权产品的销售毛利 168416.8 元,最终确定 A 公司销售被控侵权产品所得毛利为 899163.1 元。

(二)需要扣除的费用

侵权人获得的利益应当从侵权人的侵权产品总销售金额中扣除管理费、广告费、租金等费用。

【案例 7-11】

A 公司销售的淋浴喷头侵犯了 B 公司享有专利权的喷雾嘴。经查明,A 公司订购了在某地预先包装的淋浴喷头,然后在甲国进行销售和提供售后服务。

司法机关适用"侵权人获得的利益"法计算侵权赔偿,具体的计算方法是:分别计算出 A 公司的总销售额(收入)和可扣除的成本,由"收入"减去"成本"得出"净利润"。计算过程如下:

(1)总收入:1020873.30 元。

(2)可扣除的成本:

生产成本:450570.57 元;

管理成本:6737.76 元;

可变销售成本(如雇员福利、差旅、广告、印刷以及一般开支):4931.42 元;

财政支出(银行借贷利息、进口及销售侵权产品所支付的利息):19647.38 元;

销售回扣:24191.33 元;

运输成本:1153.31 元;

维修部成本(劳动、监管、航运、退货的运输、修理部件和设施):1466.71 元;

合作广告:143.80 元。

(3)不可扣除的成本:

法律费用、模具成本、打印成本、生产被销毁的侵权产品的成本、海运成本。

(4)最终确定 A 公司的净利润额为:512031.02 元。

三、侵权人获得的利益的举证责任分配

原则上,权利人应当对其主张的侵权人获得的利益,以及侵权与所获利益之间存在的直接因果关系承担举证责任。

为确定侵权人获得的利益,在权利人已经尽力举证,但与专利侵权行为相关的账簿、资料主要由侵权人掌握

的情况下，管理专利工作的部门可以责令侵权人提供与专利侵权行为相关的账簿、资料。侵权人无正当理由拒不提供或者提供虚假的账簿、资料的，可以根据权利人的主张和提供的证据认定赔偿数额。

【案例 7-12】

2012 年 8 月，A 公司以侵犯专利权为由，要求 B 公司停止生产被控侵权产品，并赔偿损失 100 万元。经查明，指定的会计师事务所出具的审计报告核定了 B 公司的销售额，但该审计报告没有确定 B 公司的实际利润。A 公司根据有关证据主张 B 公司的利润率在 20% 以上，遂增加索赔额至 230 万元。

审理部门经审理认为，可以根据 B 公司于 2010 年 8 月至 2012 年 7 月期间销售侵权产品所获得的营业利润来确定赔偿数额，该营业利润可以根据各时间段的侵权产品销售额乘以该时间段的营业利润率所得之积计算。因 B 公司拒绝提供成本账目，无法直接得出 B 公司销售涉案侵权产品的营业利润率，故可将 B 公司销售全部产品的平均营业利润率认定为可作计算依据的营业利润率，得出 350 万元的侵权所获利益数额。由于这一数额高于 A 公司请求的 230 万元，故以 A 公司主张的赔偿数额为依据，确定 B 公司的赔偿数额为 230 万元。

【案例 7-13】

某公司涉嫌侵犯某太阳能研究所的专利权。审理部门认为，由于某公司没有在规定的期限内提交自己生产、销售侵权产品的财务资料，因此视为其放弃了对某太阳能研究所提出的赔偿数额的抗辩权，最终参考某太阳能研究所的主张，确定了赔偿数额。

第三节　专利许可使用费的合理倍数

专利许可使用费是指侵权行为发生时或相近时期，权利人许可他人实施其专利获得的报酬。在参照专利许可使用费的倍数为依据确定侵权赔偿数额时，侵权赔偿数额通常为专利许可使用费的 1~3 倍。

一、许可使用费的确定

权利人提供的向国家知识产权局备案的专利实施许可合同约定的许可使用费，通常可以直接认定为专利许可使用费。同一时期存在多项许可使用费的，按照许可使用费的平均值计算赔偿数额。

【案例 7-14】

A 公司自 2010 年 10 月起取得了 B 公司"液体分配器"外观设计专利的独占实施许可权，并于 2011 年 1 月 12 日在国家知识产权局对该专利的独占许可进行了备案，许可期限至 2015 年 10 月 11 日，许可费为 5 万美元加

上每季度销售额的 5%。后 A 公司发现杨某生产、销售的产品涉嫌侵权。

在举证过程中，A 公司提供了向国家知识产权局备案的上述专利实施许可协议，并参照其中确定的专利许可使用费，主张侵权人杨某应当向其赔偿 15 万元人民币。A 公司的这一主张得到了司法机关的支持。

【案例 7-15】

A 公司于 2000 年 12 月 20 日向国家知识产权局申请了名称为"童车的轮毂"的外观设计专利，2001 年 6 月 30 日获得授权。后 A 公司在市场上发现，B 公司生产的产品与 A 公司的该专利相似，侵犯了其外观设计专利权，故要求 B 公司赔偿相关损失。

关于赔偿损失的数额，A 公司主张以专利许可他人的使用费作为赔偿依据。经查证，A 公司提交的《专利实施许可合同》在国家知识产权局已备案并实际履行，且该合同与专利实施许可使用费银行进账单、发票、纳税凭证等可以相互印证。司法机关认定，该《专利实施许可合同》签订于诉讼发生前，且在国家知识产权局办理了备案并已实际履行，因此，其中约定的许可费用可以作为确定赔偿数额的依据，故据此确定赔偿数额为 50 万元。

二、以许可使用费为依据确定赔偿数额时的注意事项

（一）专利实施许可合同的当事人与权利人的关联关系

如果专利实施许可合同的一方当事人为权利人的关联方，不宜将其中约定的许可使用费直接作为专利许可使用费用于计算侵权赔偿数额。

【案例 7-16】

2006 年 6 月 6 日，C 公司与 A 公司签订《专利实施许可合同》，约定由 A 公司独占许可使用涉案专利，许可使用费为 90000 美元，合同有效期为 2006 年 6 月 6 日至 2014 年 3 月 12 日。2007 年 6 月 14 日，双方将上述合同报国家知识产权局备案。A 公司依据与专利权人的实施许可合同，享有涉案实用新型专利的独占许可使用权。

在合同有效期内，A 公司认为 B 公司侵犯该专利权。B 公司举证证明合同双方 C 公司与 A 公司有关联关系，故对合同的真实性提出异议。经查证，A 公司为 C 公司的子公司，二者存在密切关联关系，故司法机关未将《专利实施许可合同》中约定的许可使用费 90000 美元作为确定赔偿数额的依据。

（二）专利实施许可合同是否实际履行

《专利实施许可合同》未实际履行的，不宜将其中约定的许可使用费直接作为专利许可使用费用于计算侵权

赔偿数额。

【案例7-17】

A公司和B公司涉嫌侵犯叶某某的"食物绞碎机"外观设计专利权。经查明,叶某某提交的专利实施许可合同中虽然约定了专利许可费用,但是没有证据证明该合同约定的费用合理并已实际履行,故不能据此确定赔偿数额。

(三)专利实施许可合同中约定的许可使用费是否合理

专利实施许可合同中约定的许可使用费明显低于或高于正常的许可使用费的,不宜将其中约定的许可使用费直接作为专利许可使用费用于计算侵权赔偿数额。

(四)确定合理倍数时需要考虑多个因素

确定具体的合理倍数时,应当结合考虑专利权的类别,侵权人侵权的性质、规模、持续时间、地域范围,专利许可的性质、范围、时间、使用费数额等因素。

对于恶意侵权、重复侵权或者侵权情节严重的,可酌情加重适用专利许可使用费的倍数。对于专利实施许可合同中一次性地或者包含多年专利使用费的,需要考察专利许可使用费的使用年限。

【案例7-18】

林某获得"组合式钢床"的实用新型专利权后,将该专利独占许可给A公司进行使用,许可使用费为225万元。B公司涉嫌侵犯该专利权。在确定侵权赔偿数额时,林某和A公司并无证据加以证明因被侵权所受到的损失。经查实,B公司与某大学曾经签订《销售合同书》,由该合同书可以认定B公司此次销售的侵权产品组合式钢床的数量、单价和总价。由于B公司未提供确凿的证据证明其所获利润,因此,其因侵权所获得的利益难以确定。另查实,林某和A公司曾于2006年将涉案专利普通许可给C公司生产组合式钢床6000位、许可使用费为500800元,且为一次许可生产。B公司此前已被判定侵犯过涉案专利权,当时所确定的赔偿标准是按产品数量的比例并参照许可使用费的1倍。

综合以上事实,审理部门认为,该案中的B公司的侵权行为属于重复侵权。考虑到该案专利权的类别、专利许可使用费的数额以及该案侵权行为的性质等具体情况,根据B公司销售侵权产品的数量占涉案专利一次许可生产的产品数量的比例,以专利许可使用费的3倍为准酌定B公司赔偿90144元。

【案例7-19】

陈某拥有名称为"自推进式水翼装置"的发明专利。

2009年3月,国家知识产权局对陈某与A公司的实施许可合同出具备案证明,其中载明许可合同的有效期为2009年2月19日至2023年11月25日,使用费总计25万元,分期付款。2009年5月,B公司销售涉嫌侵权产品。关于赔偿的具体数额,陈某主张参照上述许可合同中专利许可可使用费25万元的1~3倍进行赔偿,但因该案的专利许可使用费的使用年限为涉案专利的剩余期限,使用年限超过14年,如赔偿数额直接参照专利许可使用费总数的1~3倍确定赔偿数额,明显不合理。从公平角度考虑,赔偿数额应当参照每年平均的专利许可使用费以及侵权时间。

第四节　法定赔偿

权利人直接主张适用《专利法》第六十五条第二款确定赔偿数额,或者权利人的损失、侵权人获得的利益和专利许可可使用费均难以确定的,可以根据专利权的类型、侵权行为的性质和情节、专利技术或设计的市场价值等因素,依据《专利法》规定的法定赔偿数额予以确定。

一、确定法定赔偿数额的方法

(一)市场法

市场法,是指利用市场上相同或类似专利技术或设计的近期交易价格为参照,结合其他相关影响因素对专利技术或设计的市场价值进行评估。

采用该方法对侵权损害赔偿数额进行评估时,可以按照以下程序进行:

(1)选择参照物;

(2)在评估对象与参照物之间选择比较因素;

(3)指标对比、量化差异;

(4)在各参照物成交价格的基础上调整已经量化的对比指标差异;

(5)综合分析确定评估结果;

(6)运用市场法估计单项专利权应考虑的可比因素;

(7)将通过市场法评估出来的相关专利权价值与该专利可能的损害赔偿数额进行比较,确定二者是等同还是有差异,最终确定法定赔偿额。

运用市场法确定法定赔偿额时,通常可以根据经济发展程度相类似地区对类似性质的被请求人企业就类似专利产品价值的侵权损害赔偿判决,或者参考类似请求人在本地区对类似性质被请求人的相类似产品的损害赔偿数额的判决先例,确定最终的损害赔偿额。

(二)收益法

专利技术或设计已经用于商业经营的,可以通过估算专利技术或设计在相同期限的经营中的收益比例,确定赔偿数额。

采用该方法进行评估时,可以按照以下程序进行:

(1)收集验证与评估对象未来预期收益有关的数据资料,包括经营前景、财务状况、市场形势以及经营风险等;

(2)分析测算评估对象未来预期收益;

(3)确定折现率或资本化率;

(4)以所确定折现率将被评估专利预测收益折算成现值;

(5)分析确定评估结果;

(6)将通过收益法评估出来的相关专利权价值与该专利可能的损害赔偿数额进行比较,确定二者是等同还是有差异,最终确定法定赔偿额。

(三)成本法

专利技术或设计的研发成本可以确定的,可以根据该成本的合理比例确定赔偿数额。

二、需要考虑的其他因素

除上述市场法、收益法、成本法外,对专利技术进行评估需综合考虑以下因素:

(1)权利人可能的实际损失,或者侵权人可能的侵权所得。即对权利人的实际损失或侵权人的侵权所得的数额有一个合理的估计,其是确定法定赔偿额的基础,可有效防止自由裁量的随意性。

(2)专利权的类型和创新程度。即需考虑专利属于发明、实用新型还是外观设计专利。一般来说,专利的创新程度和技术含量越高,对生产效率和质量的影响越大;发明专利的侵权赔偿额应为最高,实用新型专利次之,外观设计专利再次。

(3)专利权的价值。即需考虑专利技术的创造性、显著性、技术研发成本、技术实施情况、市场上同类产品的平均利润等因素。

(4)侵权行为的性质。即考虑是直接侵权还是间接侵权、是生产过程中的侵权还是销售过程中的侵权、是初次侵权还是重复侵权等因素。

(5)侵权行为的情节。即考虑侵权行为的次数、侵权行为持续的时间和空间程度、权利人发出侵权警告后侵权人的行为表现、侵权行为的组织化程度等因素。

(6)侵权行为的损害后果。即应根据侵权行为对权利人的商业利润、商业声誉、社会评价的影响等进行衡量。

(7)侵权人的主观过错程度。主观因素决定过错程度,并影响责任的大小和归属;过错越大,对权利人造成的损失可能越严重。

(8)作为部件的专利产品在整个产品中所起的作用。通常专利产品在整个产品中的作用越大,价值越高。

(9)同类专利的合理转让费、许可使用费。

(10)其他可能影响确定赔偿数额的因素。例如,专利是否经过无效宣告程序,并且已被国家知识产权局维持有效;专利属于基础专利还是从属专利,从属专利的价值往往低于基础专利;市场上是否有可替代产品或更新产品。

【案例7-20】

陆某于2005年5月18日就其设计的"鼠标"向国家知识产权局提出外观设计专利申请,2006年5月3日授权公告。A公司涉嫌侵犯权利人陆某的外观设计专利权。在确定损害赔偿额时,鉴于权利人陆某因被侵权所受到的损失、侵权人A公司因侵权所获得的利益均难以确定,也没有专利许可使用费可以参照,因此,应综合考虑该案的下列因素确定侵权人A公司的赔偿数额:

(1)该案所涉的专利为外观设计专利。

(2)该案被控侵权产品是在A公司的住所地公证购买的,因此A公司存在销售被控侵权产品的行为。

(3)A公司的经营范围包括电脑、手机周边产品的生产及销售,即A公司具有生产包括鼠标在内的电脑、手机周边产品的资质和能力;公证购买时取得的A公司法定代表人陈某的名片上明确记载"某市A电子有限公司,工厂地址:某市某区某镇某村学生工业园C栋4楼";A公司没有提供任何证据证明其销售的被控侵权产品具有合法来源。综合分析上述证据,可以推定该案被控侵权产品是由侵权人A公司制造的。

(4)被控侵权产品的销售价格。

(5)陆某为维护自己的合法权益所支出的合理的公证费、律师费、差旅费等。

经综合考虑上述因素后,审理部门酌情确定A公司赔偿陆某经济损失及合理的维权费用共计8万元。

【案例7-21】

某公司涉嫌侵犯范某的专利权。审理部门在确定法定赔偿额时综合考虑了以下几个因素:(1)被控侵权产品的利润。被控侵权产品的销售价为2800元/只,该公司自称该产品利润为销售价的20%,故推算出被控侵权产品的利润为每只560元左右。(2)被控侵权产品的生产规模。根据该公司陈述,该公司每人每天可以做2~3只支架,据此推算,该公司每人每年至少可以生产400~600只支架。(3)侵权行为可能的持续时间。因被控侵权产品上标注的检验日期为2002年8月25日,没有证据证明该公司在纠纷处理期间已停止被控侵权产品的生产,由此可以推定其生产被控侵权产品持续时间较长。综合上述各因素,酌情确定赔偿数额为30万元。

【案例7-22】

B公司涉嫌侵犯A公司的专利权。审理部门依据A公司提交的B公司的资产负债表、损益表等证据材料,以及A公司与C公司、D公司签订的涉案专利技术许可协议中规定的许可使用费数额分别为150万元和60万元,综合B公司实施侵权行为的性质、规模、产品价格、一般市场利润、A公司的专利许可使用费等多种因素,酌情确定B公司赔偿A公司经济损失100万元。

【案例7-23】

B公司涉嫌侵犯A公司的专利权。在确定损害赔偿数额时,审理部门综合考虑了以下四个因素:

(1)A公司专利的类别为外观设计专利,市场价值相对较低;

(2)A公司的酒瓶享有瓶贴、瓶形、瓶盖共三项外观设计专利,赔偿数额应考虑其他外观设计的份额;

(3)B公司的主观过错,即B公司在接到了酿酒专业协会的通知后立即对涉嫌侵权的瓶贴进行了回收;

(4)B公司侵权持续的时间较短。

根据以上因素酌情确定赔偿数额为5万元。

第五节　合理开支

合理开支是指权利人为制止侵权行为所必要而遭受的直接损失,一般包括公证费、调查取证费、交通食宿费、误工费、材料印制费等,不应包括上述费用在支付后获得赔偿前期间的利息等间接损失。

权利人应当举证证明其合理开支的数额,说明开支合理的理由并提交相关证据。不合理的开支或者合理但缺乏证据支持的开支,不应由侵权人赔偿。

权利人直接主张法定赔偿的,管理专利工作的部门确定的赔偿数额不得包括权利人为制止侵权行为所支付的合理开支。

【案例7-24】

孙某是名称为"灯罩(水晶腰鼓)"的外观设计的专利权人。A厂和张某未经同意,擅自制造、销售该专利产品,侵害了孙某的外观设计专利权。孙某除要求A厂和张某赔偿其经济损失外,还要求赔偿其合理费用,包含:为公证保全涉案证据支付的公证费2100元、照片冲洗费130元,以及购买侵权产品的费用1100元,合计3330元。在判定损害赔偿数额时,审理部门综合考虑了涉案专利权的类型、A厂和张某的主观过错、侵权行为情节以及侵权的时间等因素,确定A厂和张某应赔偿孙某的经济损失为

4万元。此外,鉴于孙某在进行证据公证保全时确实需要支付购买被诉侵权产品的费用、公证费等,而且其实际上也已经有费用支出,结合该案实际需要和公证机关的相关收费标准规定,综合确定孙某在该案中为制止侵权应支付的合理费用为1800元,该费用由A厂和张某予以支付。

附录(略)

查处假冒专利行为和办理专利标识标注不规范案件指南

第一章　概　述

为规范专利行政执法工作,提升执法能力,更好保护创新者合法权益,构建公平竞争、公平监管的营商环境,根据《中华人民共和国专利法》(以下简称《专利法》)、《中华人民共和国专利法实施细则》(以下简称《专利法实施细则》)、《专利行政执法办法》和有关法律、法规、规章,制定本指南。

第一节　基本概念

假冒专利行为,是指以非专利产品(方法)冒充、假冒专利产品(方法)的行为。如果行为人实施了《专利法实施细则》第八十四条第一款规定的行为,则构成假冒专利行为。

查处假冒专利行为,是指专利执法部门依据《专利法》第六十三条的规定,对假冒专利行为依职权开展行政检查,并根据情形给予行政处罚的行为。

专利标识标注不规范行为,是指行为人违反了《专利法实施细则》第八十三条第一款的规定,没有按照《专利标识标注办法》(国家知识产权局第63号令)的规定正确标注专利标识的行为。

查处专利标识标注不规范行为,是指专利执法部门依据《专利标识标注办法》第三条、第八条的规定,对专利标识标注不规范行为依职权开展行政检查,并对不规范的标注行为责令改正的行为。

其中,专利标识,是指与专利权有关的文字、数字或者图形等表明专利身份的标记,如专利号、专利权类别、与专利权有关的宣传用语等。专利标识标注,是指在专利产品、产品包装、产品说明书等载体上标注专利标识的行为。专利权被授予前,有关专利申请的文字、数字、图形等标记在本指南中统一称为专利申请标记。

第二节　管　辖

一、级别管辖

国家知识产权局负责专利执法工作的业务指导。

省、自治区、直辖市人民政府以及专利管理工作量大
又有实际处理能力的设区的市人民政府设立的管理专利
工作的部门负责本行政区内专利行政执法工作的指导、
管理和监督,负责处理本行政区内重大、复杂、有较大影
响的假冒专利案件。对于跨市(地、州、盟)的重大假冒
专利案件,省、自治区管理专利工作的部门在必要时可以
协调办理。

根据地方性法规规定,不设区的市、县(市、区、旗)
管理专利工作的部门按法规授权办理本行政区内的假冒
专利案件和专利标识标注不规范案件。

地方性法规授权县级管理专利工作的部门办理假冒
专利案件和专利标识标注不规范案件的,县级管理专利
工作的部门派出机构在县级管理专利工作的部门确定的
权限范围内以县级管理专利工作的部门的名义查处假冒
专利案件和专利标识标注不规范案件,法律、法规、规章
授权以派出机构名义实施行政处罚的除外。

地方性法规授权县级管理专利工作的部门办理假冒
专利案件和专利标识标注不规范案件的,县级以上管理
专利工作的部门可以在法定权限内委托符合《中华人民
共和国行政处罚法》(以下简称《行政处罚法》)规定条件
的组织查处假冒专利案件和专利标识标注不规范案件。
受委托组织在委托范围内,以委托行政机关名义查处假
冒专利案件和专利标识标注不规范案件;不得再委托其
他任何组织或者个人实施。

需要说明的是,关于查处假冒专利行为和办理专利
标识标注不规范案件的承办机关,现行《专利法》《专利
法实施细则》规定由管理专利工作的部门负责,但2018
年党和国家机构改革后,按照2018年11月26日中办、
国办印发的《关于深化市场监管综合行政执法改革的指
导意见》(中办发〔2018〕62号)规定,商标侵权、假冒专利
行为的行政检查、行政强制、行政处罚等行政执法职责由
市场监管综合执法队伍承担。因此,各地假冒专利案件
和专利标识标注不规范案件的具体办理机构根据各地机
构改革后的情况予以确定,本指南中以下统称"专利执法
部门"。

二、地域管辖

假冒专利行为和专利标识标注不规范行为由违法行
为发生地的专利执法部门管辖。

电子商务平台经营者和通过自建网站、其他网络服
务销售商品或者提供服务的电子商务经营者的假冒专利
行为和专利标识标注不规范行为由其住所地专利执法部
门管辖。

平台内经营者的假冒专利行为和专利标识标注不规
范行为由其实际经营地管理专利工作的部门管辖。电子
商务平台经营者住所地专利执法部门先行发现违法线索
或者收到投诉、举报的,也可以进行管辖。

三、移送管辖和指定管辖

对当事人的同一违法行为,两个以上专利执法部门
都有管辖权的,由先立案的专利执法部门管辖。

两个以上专利执法部门因管辖权发生争议的,应当
自发生争议之日起7个工作日内协商解决;协商不成的,
报请共同的上一级专利执法部门指定管辖。无共同上一
级专利执法部门的,由国家知识产权局指定管辖。

专利执法部门发现所查处的案件不属于本部门管辖
的,应当将案件移送有管辖权的专利执法部门。受移送
的专利执法部门对管辖权有异议的,应当报请共同的上
一级专利执法部门指定管辖,不得再自行移送。

上级专利执法部门认为必要时,可以直接查处下级
专利执法部门管辖的案件,也可以将本部门管辖的案件
交由下级专利执法部门管辖。法律、法规、规章明确规定
案件应当由上级专利执法部门管辖的,上级专利执法部
门不得将案件交由下级专利执法部门管辖。

下级专利执法部门认为依法由其管辖的案件存在特
殊原因,难以办理的,可以报请上一级专利执法部门管辖
或者指定管辖;报请上一级专利执法部门管辖或者指定
管辖的,上一级专利执法部门应当在收到报送材料之日
起7个工作日内确定案件的管辖部门。

专利执法部门发现所查处的案件属于其他行政管理
部门管辖的,应当依法移送其他有关部门。

专利执法部门发现违法行为涉嫌犯罪的,应当依照
有关规定将案件移送公安机关。

四、管辖权异议

当事人对管辖权有异议的,立案的专利执法部门应
当在收到管辖权异议书之日起5日内作出决定。异议成
立的,作出将案件移送有管辖权的专利执法部门办理的
决定;异议不成立的,作出驳回管辖权异议的决定。

对专利执法部门作出的管辖权异议决定不服的,可
以申请行政复议或者提起行政诉讼。

第三节 回 避

一、自行回避

承办假冒专利行为案件和专利标识标注不规范行为
案件的人员(以下简称"办案人员")有下列情形之一的,
应当自行回避:

①是案件的当事人或者与当事人有直系血亲、三代以内旁系血亲及近姻亲关系的；

②本人或者其近亲属与案件有利害关系的；

③担任过案件的证人、鉴定人、代理人的；

④与案件当事人有其他关系，可能影响公正查处或处理案件的。

二、请求回避

办案人员有以上情形之一的，当事人有权以口头或书面形式申请其回避。当事人提出回避申请的，专利执法部门应当要求其说明理由。当事人以口头形式提出回避申请的，应当制作陈述笔录并由回避申请人签名。专利执法部门应当自申请回避之日起 3 日内决定是否回避，并以口头或者书面形式通知当事人。

被申请回避的办案人员在专利执法部门作出是否回避的决定前，应当暂停参与该案工作，但需要采取紧急措施的除外。

当事人对决定不服的，可以申请复议一次。对复议申请应当在 3 日内作出复议决定，并通知当事人。

复议期间，被申请回避的办案人员不停止参与案件办理工作。

三、回避的审批

办案人员的回避，由专利执法部门负责人决定；负责人的回避，由主要负责人决定；主要负责人的回避，由专利执法部门负责人集体讨论决定，主要负责人不参加会议。

第四节　送　达

一、送达和送达回证

受送达人指依照法律、法规、规章的规定，需要将有关法律文书送达的案件当事人或者与案件有关的人员或组织。

送达文书必须有送达回证，由受送达人在送达回证上记明收到日期，并签名或者盖章。

受送达人在送达回证上的签收日期为送达日期。

专利执法部门可以要求受送达人签署送达地址确认书，送达至受送达人确认的地址，即视为送达。受送达人送达地址发生变更的，应当及时书面告知专利执法部门；未及时告知的，专利执法部门按原地址送达，视为依法送达。

因受送达人提供的送达地址不准确、送达地址变更未书面告知专利执法部门，导致执法文书未能被受送达人实际接收的，直接送达的，执法文书留在该地址之日为送达之日；邮寄送达的，执法文书被退回之日为送达之日。

二、送达方式

（一）直接送达

送达文书，应当直接送交受送达人。受送达人是公民的，本人不在时交他的同住成年家属签收；受送达人是法人或者其他组织的，应当由法人的法定代表人、其他组织的主要负责人或者该法人、组织负责收件的人签收；受送达人有代理人的，可以送交其代理人签收；受送达人已向专利执法部门指定代收人的，送交代收人签收。

受送达人的同住成年家属、法人或者其他组织的负责收件的人、代理人或者代收人在送达回证上签收的日期为送达日期。

（二）留置送达

受送达人或者他的同住成年家属拒绝接收文书的，送达人可以邀请有关基层组织或者所在单位的代表到场见证，说明情况，在送达回证上记明拒收事由和日期，由送达人、见证人签名或者以其他方式确认，将文书留在受送达人的住所；也可以将文书留在受送达人的住所，并采用拍照、摄像等方式记录送达过程，即视为送达。

（三）邮寄送达

直接送达文书有困难或者当事人要求邮寄送达的，可以邮寄送达。邮寄送达应当通过中国邮政并采用给据邮件方式，以从邮局查询的受送达人实际收到日期为送达日期。

邮寄送达受送达人没有寄回送达回证的，应当另行制作送达回证，将给据邮件寄人存单粘贴在送达回证上，并在备注栏由案件承办人员写明情况，签名并注明日期。

（四）电子送达

除行政处罚决定书外，经受送达人同意，可以采用手机短信、传真、电子邮件、即时通信账号等能够确认其收悉的电子方式送达文书，同时应当通过拍照、截屏、录音、录像等方式予以记录，手机短信、传真、电子邮件、即时通信信息等到达受送达人特定系统的日期为送达日期。

（五）公告送达

受送达人下落不明，或者用本节规定的其他方式无法送达的，可以公告送达。自发出公告之日起，经过 60 日，即视为送达。

公告送达，可以在专利执法部门公告栏、官方网站、受送达人原住所地张贴公告，也可以在当地主要报纸上刊登公告；对公告送达方式有特殊要求的，应按要求的方式进行公告。

公告送达时,应当制作送达回证,将公告文书和相关载体(报纸原件等;如果是网站公告的,应当将公告网页页面采用带日期、带网址的方式全部打印,由案件承办人员在上面签名并注明日期)粘贴在送达回证上,并在备注栏由案件承办人员写明情况,签名并注明日期。

第二章　查处假冒专利行为办案程序
第一节　立　案

一、案件来源

专利执法部门查处假冒专利行为的来源有:①举报、投诉;②发现;③移送、交办。

(一)举报、投诉

专利执法部门应当根据政务公开的要求向社会公布举报、投诉假冒专利行为的途径和方式。

举报人、投诉人向专利执法部门举报假冒专利行为的,应当如实提供假冒专利案件线索。

负责接待举报、投诉的工作人员应当对举报人、投诉人提供的假冒专利案件线索和材料进行登记,填写案件来源登记表。

举报、投诉登记材料应当及时移交给办案机构。

(二)发现

专利执法部门应当加强市场监督管理工作,定期对本行政区域内的生产制造、商品流通领域进行检查,查处假冒专利行为。

(三)移送、交办

移送是指由其他部门移送违法行为线索,由受移送部门查处的情形。移送部门既可能是其他行政区域专利执法部门,也可能是其他行政机关。

专利执法部门发现已立案的案件或者正在核查的违法线索不属于自己管辖的,应当依法移送案件。对当事人涉嫌违法行为进行调查时发现当事人还有违反其他行政管理秩序线索的,应当移送违法线索。

交办是指上级指定管辖或者交办违法行为线索,指定部门查处的情形。对符合管辖规定的交办案件,被指定的专利执法部门不得再移交。

二、立案条件

专利执法部门决定立案查处假冒专利行为应当符合以下条件:

①有明确的涉嫌假冒专利行为人;

②有构成假冒专利行为的初步线索;

③属于该专利执法部门管辖;

④涉嫌假冒专利行为从发生之日起在 2 年内被发

现;涉嫌假冒专利行为有连续或者继续状态的,从行为终止之日起计算。

三、立案时限与立案审批

对依据监督检查职权或者通过投诉、举报、其他部门移送、上级交办等途径发现的违法行为线索,应当自发现线索或者收到材料之日起 15 个工作日内予以核查,提出是否立案的意见或者建议,并填写立案/不予立案审批表,经办案机构负责人审定,由专利执法部门负责人决定是否立案;特殊情况下,经专利执法部门负责人批准,可以延长 15 个工作日。法律、法规、规章另有规定的除外。检测、检验、检疫、鉴定等所需时间,不计入上述规定期限。

决定立案的,由办案机构负责人指定 2 名以上办案人员负责调查处理。

第二节　调查取证

一、证据类型及表现形式

(一)假冒专利案件中的证据类型

根据证据提交主体的不同,查处假冒专利行为过程中常见的证据可以分为两种类型:一是当事人提供的证据材料,二是专利执法部门调查收集及保存的证据。

1. 当事人提供的证据材料

(1)涉及当事人主体资格的证据

当事人为自然人的,应当提供身份证件;当事人为法人或者其他组织的,应当提供主体资格证明文件,如营业执照副本或事业单位登记证。当事人为外国主体的,应当提供相关证明文件。

(2)涉案专利权利的证据

如果涉案产品或其包装、产品说明书等材料、合同等载体上只标注专利的文字说明,而未标注专利号,办案人员可以要求当事人提供下列与专利权利相关的证据。当事人在陈述、申辩时,也可以主动提供下列证据。

①专利证书。用于证明专利授权时的权属状况。

②专利登记簿副本。用于证明专利权的变更以及现实归属。

③专利授权公告文本。发明或实用新型专利的授权公告文本为权利要求书、说明书及附图、说明书摘要及摘要附图;外观设计专利的授权公告文本为公告授权的图片或照片及简要说明。用于证明涉案专利标识所涉及的技术或设计与产品一致。

④专利年费收据。用于证明专利权持续有效。在权利人提供了次年年费缴纳期后制作的专利登记簿副本的情况下,该证据可以不提供。

⑤被许可人还应当提供有关专利实施许可合同及其在国家知识产权局备案的证明材料，未经备案的应当提交专利权人的证明，或者证明其享有权利的其他证据。

⑥专利财产权利的继承人应当提交已经继承或者正在继承的证据材料。

需要注意的是，如果涉案产品或其包装、产品说明书等材料、合同等载体上标注了专利号或专利申请号，上述证明专利权属、专利技术方案或设计、专利法律状态等事实的证据则需要办案人员主动调查。

（3）涉及假冒专利行为的证据

因假冒专利行为与制造、销售、许诺销售、宣传、技术转让、招投标等行为有关联，因此，部分案件还需要当事人提供下列材料：

①与涉案产品有关的销售合同、生产加工合同、出库/入库单、技术转让合同、招投标文件、生产记录等能证明生产日期、合法来源、行为事实等的证据材料；

②与涉嫌假冒行为有关的账簿、发票、收据、流水等能证明违法事实和情节的证据材料；

③其他与假冒专利行为有关的证据材料。

2. 专利执法部门调查收集及保存的证据

专利执法部门依职权主动调查收集的证据通常包括：

①专利登记簿副本；

②专利授权公告文本；

③查阅、复制的与案件有关的合同、账册、生产记录等书证；

④采用拍照、摄像等方式对涉嫌假冒专利产品、包装、其他材料等进行保全形成的视听资料证据；

⑤采用复制计算机数据、电子文档等方式形成的电子证据；

⑥以抽样取证、查封扣押、登记保存等方式提取的证据；

⑦在相关现场进行检查、或对相关人员进行询问等形成的各类笔录、视听资料；

⑧能证明办案人员依法定程序进行执法的通知、决定、笔录、送达回证等各类书证、物证、视听资料等。

（二）证据的表现形式

根据证据的不同表现形式，假冒专利案件涉及的证据一般包括以下法定形式。

1. 书证

书证是指用文字、符号或图形所表达的思想内容来证明案件事实的证据。凡是以文字、符号、图案来表达人的思想和行为，其内容对待证事实具有证明作用的物品都是书证。书证形式上取决于它所采用的书面形式，内容上取决于它所记载或表达的思想内涵与案情具有关联性。

假冒专利案件中常见的书证包括专利权利文书、公证书、宣传资料、发票、单据、合同等。

2. 物证

物证，即以物品、痕迹等客观物质实体的外形、性状、质地、规格等证明案件事实的证据，如涉嫌假冒专利产品及包装等。

3. 视听资料

视听资料是指以音响、图像等方式记录有信息的载体。视听资料一般可分为三种类型：

①视觉资料，也称无声录像资料，包括图片、摄影胶卷、幻灯片、投影片、无声录像带、无声影片、无声机读件等。

②听觉资料，也称录音资料，包括唱片、录音带等。

③声像资料，也称音像资料或音形资料，包括电影片、电视片、录音录像片、声像光盘等。

4. 证人证言

证人证言，是指证人就其所感知的案件情况所作的陈述。以本人所知道的情况对案件事实作证的人，称为证人。

证言有口头形式与书面形式、录音形式、视听资料形式等，无论以何种形式表现的证言，都应按照内容划为证言，而不应按照载体来划分为书证、视听资料等。

5. 当事人陈述

当事人陈述是指当事人就案件事实向办案人员所作的陈述。广义上，当事人陈述还包括当事人所作的与案件有关的其他事实的陈述以及关于案件性质和法律问题的陈述。

作为证据形式的当事人陈述是以询问当事人本人为手段所获得的关于案件事实的证据。

代理人的承认视为当事人的承认。但是，未经特别授权的代理人对事实的承认直接导致承认对方请求的除外；当事人在场但对其代理人的承认不作否认表示的，视为当事人的承认。

6. 鉴定意见

鉴定意见，是指具有某方面知识的专家凭自己的专业知识、技能、工艺以及各种科学仪器、设备等，对特定事实及专门性问题进行分析鉴别后所作的专门性意见。该证据的产生依赖科学技术方法而不是对有关情况的回忆。

7. 电子证据

"电子证据"是指基于电子技术生成、以数字化形式存在于磁盘、光盘、存储卡、手机等各种电子设备载体,其内容可与载体分离,并可多次复制到其他载体的文件。

"电子证据"可以分为以下几种类型:

①文字处理文件:通过文字处理系统形成的文件,由文字、标点、表格、各种符号或其他编码文本组成。

②图形处理文件:由专门的计算机软件系统辅助设计或辅助制造的图形数据,通过图形人们可以直观地了解非连续性数据间的关系,使得复杂的信息变得生动明晰。

③数据库文件:由若干原始数据记录所组成的文件。数据库系统的功能是输入和存储数据、查询记录以及按照指令输出结果,它具有很高的信息价值,但只有经过整理汇总之后,才具有实际的用途和价值。

④程序文件:计算机进行人机交流的工具,软件就是由若干个程序文件组成的。

⑤影、音、像文件:即通常所说的"多媒体"文件,通常经过扫描识别、视频捕捉、音频录入等综合编辑而成。

二、调查取证的实施

调查取证是指由2名以上办案人员,为查证违法行为人,查明违法事实,采取法定方式和措施固定、收集证据的工作。按照《专利法》第六十四条的规定,办案人员对涉嫌假冒专利行为进行查处时,可以询问有关当事人,调查与涉嫌违法行为有关的情况;对当事人涉嫌违法行为的场所实施现场检查;查阅、复制与涉嫌违法行为有关的合同、发票、账簿以及其他有关资料;检查与涉嫌违法行为有关的产品,对有证据证明是假冒专利的产品,可以查封或者扣押。专利执法部门依法行使上述职权时,应当遵守《中华人民共和国行政强制法》(以下简称《行政强制法》)、《中华人民共和国行政诉讼法》(以下简称《行政诉讼法》)等法律的相关规定。

(一)调查取证的准备

在调查取证前,办案人员应当完成下列工作:

①对有关专利进行检索,初步确定涉案专利情况;阅读和研究案卷,了解案情,掌握需要调查的主要事实。

②举行现场检查前准备会;确定现场检查的时间和内容,应当重点查清的问题,以及可能出现的各种情况及处置方案。明确检查组成员的分工,可以根据实际情况考虑是否需要分组行动,如需分组行动的,要明确各组的任务及负责人。

③准备必需的文书、工具和执法装备如相机、摄像机、录音笔等。

④现场检查过程如需要其他部门配合的,要事先与有关部门取得联系,并明确各部门工作内容。

办案人员调查取证时,应当严肃着装,主动向当事人或者有关人员出示行政执法证,表明身份,说明来意,调取所需证据。

(二)调查收集证据的途径

1. 现场检查

现场检查,是指专利执法部门对涉嫌假冒专利的行为人的生产经营场所进行实地勘察,采取法定方式固定、采集证据的工作。

(1)现场检查重点事项

对有违法嫌疑的物品或者场所进行检查时,应当通知当事人到场。检查时,办案人员应当对当事人的生产场地、储存仓库、陈列展示等有关场所进行现场检查,围绕案情,运用各种手段全面、客观、公正地收集相关证据。具体应当对以下事项进行重点检查:

①根据举报人举报、其他部门移交、自行检查发现的线索进行检查;

②对标注有专利号的产品进行检查;

③对标注有"专利产品仿冒必究"等字样的产品进行检查;

④对标注有"已申请专利"等字样的产品进行检查;

⑤对宣称运用专利技术的产品或方法进行检查;

⑥对标注有专利号的说明书等材料进行检查;

⑦其他涉嫌假冒专利的产品或行为。

(2)提取书证、物证、视听资料

现场检查时,可以调查收集与案件有关的书证、物证、视听资料。

书证可以是原件,也可以是经核对无误的副本或者复制件,办案人员应当要求当事人在该书证上签名或盖章,并在现场笔录中载明来源和取证情况。经过核实的副本或复制件,除当事人签名、盖章、写明日期外,办案人员也要在书证上签字,并写明经核对与原件无异,注明日期。

物证应当是原物。被调查人提供原物确有困难的,应当要求其提供复制品。提供复制品的,办案人员应当在现场笔录中说明取证情况。

视听资料证据可以通过办案人员拍照、摄像获得,拍照、摄像应当通过拍摄手段,充分记录当事人从事假冒专利的生产经营情况、涉案产品的有关情况以及办案人员现场执法的情况。拍照和摄像的情况应当在现场笔录中

予以记载。

同时,办案人员也可调查收集录音、录像等视听资料,办案人员应当要求被调查人提供有关资料的原始载体。提供原始载体确有困难的,可以提供复制件。提供复制件的,在现场笔录中应当载明其来源和制作经过。

（3）现场笔录

现场检查时,应当制作现场笔录,全面客观记录与案件有关的事实。笔录应用规范语言,在笔录中记录的当事人名称或姓名要注意与当事人企业营业执照或身份证件进行核对。现场笔录的制作须由 2 名以上办案人员在场,载明时间、地点、事件等内容。

当事人对笔录进行核对的,检查人员选择"请核对",由当事人在笔录最后处写上"已核对,属实、无误",并应签名、盖章或者以其他方式确认。当事人阅读有困难的,应当向其宣读笔录,检查人员选择"已向你宣读",由当事人签名、盖章或者以其他方式确认宣读情况。

笔录应当由当事人逐页签名、盖章或者以其他方式确认。检查人员也应当在笔录上逐页签名。笔录有涂改的,涂改部分要由当事人以签名、盖章或者以其他方式确认。

当事人一栏应由当事人本人、委托代理人、法定代理人、负责人、检查现场的员工或者现场负责人员签名。如果无法通知当事人,当事人不到场或者拒绝接受调查,当事人拒绝签名、盖章或者以其他方式确认的,办案人员应当在笔录上注明情况,并采取录音、录像等方式记录,必要时可邀请有关人员作为见证人。邀请见证人到场的,在"通知当事人到场情况"栏填写见证人身份信息,并由见证人逐页签名。

如在"现场情况"最后一行文字后有空白,应当在最后一行文字后加上"以下空白"字样。

现场笔录需记载的重要事项包括:

①当事人的基本情况,包括单位的名称、法定代表人或者经营者的姓名、地址等;

②生产经营的基本情况,包括涉案产品的名称、型号、库存情况;

③涉案产品标注专利号或专利标记的有关情况,包括是否拥有或被许可使用相关的专利权、标注专利号或专利标记的目的等;

④涉案产品专利号或专利标记与模具有关的,还应当记录涉案产品模具的基本情况,如模具的名称、型号、数量、存放地点等;

⑤证据采集情况;

⑥采取行政强制措施的,还应记录告知当事人采取行政强制措施的理由、依据以及当事人依法享有的权利、救济途径的情况,以及当事人当场进行陈述、申辩或者不提出陈述、申辩的情况。

2. 询问

询问,是指办查涉嫌违法案件过程中,为查明案件事实,要求当事人或者相关人员接受询问、提供材料的工作。

询问应当个别进行,并制作询问笔录。首次询问当事人的,需由被询问人提供身份证或者其他有效身份证件;当事人属于单位或者个体工商户的,还应当由当事人提供营业执照或者其他主体资格证照。

笔录应当由当事人签名,具体要求同现场笔录。笔录应当制作副本送达当事人。

询问笔录需记载的重要事项包括:

①被询问人的基本情况,包括姓名、身份证件号码、职务和所负责的工作;

②询问时间、地点;

③告知其享有陈述权、申辩权以及申请回避的权利,但被询问人不是当事人或者当事人的委托代理人的除外;

④生产、销售涉案产品的时间、数量、价格等;

⑤涉案专利权的相关情况;

⑥要求提供材料的相关情况。

询问的同时可以要求当事人或者相关人员提供有关材料,并记入笔录。当场没有要求提供材料,或者无法当场提供的,应当制发限期提供材料通知书,要求其限期提供。

办案人员要求当事人及其他有关单位、个人提供证明材料或者与违法行为有关的其他材料的,应由材料提供人在有关材料上签名或者盖章。

被询问人不在场的,可以制发询问通知书,通知其限期接受询问调查,如果要求其接受询问的同时提供有关材料,可直接使用询问通知书,一般不需同时制发限期提供材料通知书。

3. 抽样取证

办案人员对涉嫌违法的物品可以采取抽样取证的方式收集证据。涉及产品专利的,可以从涉嫌假冒专利的产品中抽取一部分作为样品;涉及方法专利的,可以从涉嫌依照该方法直接获得的产品中抽取一部分作为样品。被抽取样品的数量应当以能够证明事实为限。

采取抽样取证的方式调查收集证据时,应当制作抽样记录,完整、准确地填写被抽样产品及抽样情况。同时,应当载明被抽样品的规格、生产日期、批号、执行标准、专利标识标注情况等。上述内容应按照抽样物品或者其外包装、说明书上记载的内容填写;没有或无法确定其中某项内容的,应当注明。抽取样品数量包括检验样品数量以及备用样品数量,抽样基数是被抽样产品的总量。对抽样取证的方式、标准等有特别规定的,应当按照特别规定执行。样品封样情况写明被抽样品加封情况、备用样品封存地点。

办案人员实施抽样取证时,应当通知当事人到场。抽样记录应当由当事人签名或者盖章,具体要求同现场笔录。同时应当制作副本送达当事人。

4. 登记保存

登记保存,是指行政机关在证据可能灭失或者以后难以取得的情况下,将其临时就地或异地保存的工作。例如,当场核实不了涉案专利的法律状态,又不能采用其他取证手段将该证据固定时,可以采取登记保存的方式。登记保存只是具体行政行为中的一个环节,不能算是独立的具体行政行为,当事人不可由此申请行政复议或提起行政诉讼。

拟采取登记保存措施的,办案人员应当填写行政处罚案件有关事项审批表,报专利执法部门负责人批准。登记保存时,保存的证据一般应当就地保存,由当事人或其他有关人员妥为保管。对被登记保存物品状况应在所附的财物清单中详细记录,登记保存地点要明确、清楚。同时,制作先行登记保存证据通知书,注明有关内容、事项,并由办案人员和当事人及其他有关人员签字或者盖章后送达当事人及其他有关人员。

办案人员应当告知当事人或者有关人员不得擅自撕毁封条、不得销毁或转移登记保存的物品。

专利执法部门应当在 7 日内,对被登记保存的物品作出处理决定。拟解除登记保存的,办案人员应当填写行政处罚案件有关事项审批表,报专利执法部门负责人批准后,制作解除先行登记保存证据通知书,写明解除登记保存物品的名称、规格、型号及数量等,并由办案人员和当事人在财物清单上签名或者盖章后送达当事人或其他有关人员。部分解除先行登记保存措施的,应当另行制作财物清单。

5. 行政强制措施

专利执法部门可以对有证据证明是假冒专利的产品采取查封、扣押等强制措施。

(1)查封与扣押

查封,是指为了防止假冒专利产品流入市场,将有证据证明是假冒专利的产品封存在原地,粘贴封条,保持物品原有状态的工作。办案人员应当告知当事人或者有关人员不得擅自撕毁封条、不得销毁或转移查封的物品,当事人对查封物品负责。

扣押,是指为了防止假冒专利产品流入市场,将有证据证明是假冒专利的产品转移其他地方封存的工作。执法部门对扣押的物品负责。

查封、扣押不得委托其他组织或者个人实施。

查封、扣押限于有证据证明是假冒专利的产品,不得查封、扣押与假冒专利行为无关的场所、设施或者财物,不得查封、扣押公民个人及其所扶养家属的生活必需品。

(2)实施查封扣押

办案人员应当根据案情,提出是否采取查封、扣押措施的意见,经办案机构负责人审定,报专利执法部门负责人审批。负责人批准实施查封、扣押措施的,应当制作实施行政强制措施决定书,当场送达当事人,并告知当事人采取行政强制措施的理由、依据以及当事人依法享有的权利、救济途径,上述告知情况应当记入现场笔录。当事人当场进行陈述、申辩的,要如实记载当事人陈述、申辩的情况;如当事人在现场检查时不提出陈述、申辩的,应当记载当事人未提出陈述、申辩的情况。

查封、扣押时应当当场清点被查封、扣押的物品,被查封模具应当拆开核对。确定查封、扣押物品存放地点,在加贴封条后拍照和录像,同时制作财物清单。被查封、扣押的物品应当指定有关人员负责妥善保管,以防损毁、被盗或者被转移。

因查封、扣押发生的保管费用由专利执法部门承担。

(3)解除、延长查封扣押

查封、扣押的期限不得超过 30 日;情况复杂的,经专利执法部门负责人批准,可以延长,但是延长期限不得超过,30 日。法律行政法规另有规定的除外。

有下列情形之一的,可以解除查封或者扣押等强制措施:

①当事人违法行为不成立的;

②查封、扣押的场所、设施或者财物与违法行为无关;

③当事人违法行为成立,专利执法部门已经作出决定,不再需要查封、扣押;

④查封、扣押期限已经届满;

⑤其他应当解除查封、扣押的情况。

专利执法部门根据案情需要,认为可以解除强制措施的,经办案机构负责人同意并报专利执法部门负责人批准后,制作解除行政强制措施决定书,由办案人员负责解封。执行解封时不得少于2名办案人员。办案人员解封时,应当填写财物清单,并交由当事人签名或者盖章。当事人拒绝签名或者盖章的,办案人员应当在笔录上注明。

因情况复杂需要延长实施行政强制措施期限的,经办案机构负责人同意并报专利执法部门负责人批准后,制作延长行政强制措施期限决定书送达当事人,并由当事人签名或者盖章。当事人拒绝签名或者盖章的,办案人员应当在笔录上注明。

第三节　案件法制审核

案件调查终结,办案机构应当撰写调查终结报告,并将案件报送法制审核机构进行审核。

一、调查终结报告

案件调查终结报告包括以下内容:

(1)当事人的基本情况

包括姓名或者名称、地址等。当事人有主体资格证照的,按照当事人主体资格证照记载事项写明主体资格证照名称、统一社会信用代码(注册号)、住所(住址)、法定代表人(负责人、经营者)等信息。当事人是个体工商户且有字号的,以字号名称为当事人名称,同时写明经营者姓名、身份证(其他有效证件)名称及号码。当事人主体资格证照未加载统一社会信用代码的,写明注册号或者其他编号。当事人是自然人的,按照身份证(其他有效证件)记载事项写明姓名、住址、号码等信息。

(2)案件来源、调查经过及采取行政强制措施的情况

应当写明案件线索来源、核查及立案的时间,以及采取的先行登记保存、行政强制措施、现场检查、抽样取证等案件调查情况。

(3)调查认定的事实及主要证据

当事人实施违法行为的具体事实,包括从事违法行为的时间、地点、目的、手段、情节、违法所得、危害结果等。所描述的事实要客观真实,必须得到相关证据的支持,内容全面,重点突出。要将认定案件事实所依据的证据列举清楚,所列举的证据要符合证据的基本要素,根据证据规则应当能够认定案件事实。必要时可以将证据与所证明的事实对应列明。

(4)违法行为性质

包括假冒专利行为的种类、法律适用等。

(5)处理意见及依据

包括建议给予行政处罚、不予行政处罚、违法事实不能成立予以撤销案件、移送其他行政管理部门处理、移送公安机关等。

(6)自由裁量的理由等其他需要说明的事项

应当说明影响行政处罚裁量的事实和理由,从违法案件的具体事实、性质、情节、社会危害程度、主观过错以及公平公正要求等方面,结合自由裁量规则进行表述。

调查终结报告作出后,连同案件材料交由审核机构审核。

二、法制审核

对假冒专利案件作出决定之前,应当经过法制审核。法制审核机构应当与办案机构相分离,一般由本单位法制机构审核;没有法制审核机构的,由负责法制工作的机构指定专职或者兼职法制员审核。初次从事案件审核的人员,应当通过国家统一法律职业资格考试取得法律职业资格。

(一)审核内容

案件审核的主要内容包括:

①是否具有管辖权;

②当事人的基本情况是否清楚;

③案件事实是否清楚,证据是否充分;

④定性是否准确;

⑤适用依据是否正确;

⑥程序是否合法;

⑦处理是否适当。

(二)审核意见

审核机构经对案件进行审核,区别不同情况提出书面意见和建议:

①对事实清楚、证据充分、定性准确、适用依据正确、程序合法、处理适当的案件,同意案件处理意见;

②对定性不准、适用依据错误、程序不合法、处理不当的案件,建议纠正;

③对事实不清、证据不足的案件,建议补充调查;

④认为有必要提出的其他意见和建议。

审核机构应当自接到审核材料之日起10个工作日内完成审核。特殊情况下,经管理专利的工作部门负责人批准可以延长。

审核机构完成审核并退回案件材料后,对于拟给予行政处罚的案件,办案机构应当将案件材料、行政处罚建议及审核意见报专利执法部门负责人批准,并依法履行告知等程序;对于建议给予其他行政处理的案件,办案机构应当将案件材料、审核意见报专利执法部门负责人审查决定。

第四节　处罚告知和听证

一、行政处罚告知

经专利执法部门负责人批准,当事人违法事实成立,拟对其进行处罚的,在作出行政处罚决定前,应当向其发出行政处罚告知书。

行政处罚告知书应当包括以下内容:

①当事人的违法事实和证据;

②行政处罚的理由、依据和拟作出的行政处罚决定;

③当事人享有陈述和申辩的权利、提出陈述和申辩的期限(一般定为收到告知书之日起3日内,根据具体情况可以延长)、逾期提出或未提出陈述和申辩的后果。

行政处罚告知书应当加盖专利执法部门的公章。

二、当事人的陈述和申辩

当事人要求陈述和申辩的,应当要求其以书面形式提交陈述和申辩。当事人口头陈述和申辩的,由办案人员记录在案。当事人自告知书送达之日起3日内(或指定期限内),未行使陈述、申辩权,未要求举行听证的,不影响办案人员的处理。

办案机构应当对当事人提出的事实、理由和证据进行复核。当事人提出的事实、理由或者证据成立的,办案机构应当予以采纳,不得因当事人陈述、申辩或者申请听证而加重行政处罚。

三、听证

达到听证条件的案件,当事人提出听证要求的,专利执法部门应当按规定组织听证。

专利执法部门对于应当听证而未按规定组织听证的,其作出的行政处罚决定无效。

（一）听证的含义

听证,是指行政机关对适用听证程序的行政处罚案件,在作出行政处罚决定之前,根据当事人申请,以听证会的形式,依法听取当事人的陈述、申辩和质证的程序。

（二）适用听证程序的案件

专利执法部门拟对当事人作出下列行政处罚决定前,当事人提出听证要求的,适用本节所述的听证程序:

①对个人处以较大数额的罚款("较大数额"额度依据各地关于行政处罚听证的法规、规章确定);

②对法人或者其他组织处以较大数额罚款("较大数额"额度依据各地关于行政处罚听证的法规、规章确定);

③法律、法规规定其他可以要求举行听证的具体行政行为。

（三）听证的告知和提出

1. 听证的告知

对适用听证程序的行政处罚案件,在作出行政处罚决定前,专利执法部门应当向当事人送达行政处罚听证告知书,告知其有要求听证的权利。

行政处罚听证告知书内容包括:

①当事人的违法事实和证据;

②行政处罚的理由、依据和拟作出的行政处罚决定;

③当事人享有陈述、申辩和要求举行听证的权利;提出陈述、申辩的期限;提出听证要求的形式和期限;逾期提出或未提出陈述、申辩和听证要求的后果。

行政处罚听证告知书应当加盖专利执法部门的公章。

2. 听证要求的提出

当事人提出听证要求的,专利执法部门应当对提出听证要求的主体的资格、是否在法定期限内提出、是否符合书面形式的要求等几个方面进行审核。对符合听证条件的,应当组织听证。

当事人逾期未提出听证要求或者明确提出放弃听证的,视为放弃申请听证的权利,不得就同一案件再次提出听证要求。

当事人提出听证要求超过期限或者不符合听证条件的,办案机构应当自收到听证要求后3日内书面告知当事人不予听证。

（1）可以提出听证要求的主体

当事人提交的提出听证要求的书面材料,应当有当事人的签名或者盖章。当事人授权或委托他人提出听证要求的,提出听证要求的书面材料应当有被授权人、受委托人的签名或者盖章,同时应当有当事人授权、委托其代为提出听证要求的书面证明。

（2）提出听证要求的期限

当事人要求听证的,应当在收到行政处罚听证告知书之日起3日内向专利执法部门提出。

当事人因不可抗力的原因,不能在规定期限内提出听证要求的,经听证机关同意,可以延长申请听证期限。

当事人以邮寄方式提出听证要求的,以寄出的邮戳日期为准。

（3）提出听证要求的形式

当事人向专利执法部门提出听证要求应当采用书面形式。

4. 听证的组织

听证由拟作出适用听证程序的行政处罚的专利执法部门组织。

专利执法部门组织听证的具体工作包括：

①办案机构应当在3日内将行政处罚认定的主要违法事实、证据的复印件、照片以及证据目录、证人名单移送本单位负责听证的部门；

②负责听证的部门接到移送的案卷材料后，应当在3日内确定听证会组成人员。

5. 听证会组成人员

听证会由听证主持人、听证员组成。

听证主持人、听证员由专利执法部门负责人指定。专利执法部门可以聘请本单位以外的人员参加听证。涉及疑难、复杂、重大案件，由专利执法部门主要负责人指定听证会组成人员。

听证员为1名以上4名以下，协助听证主持人组织听证。

听证会组成人员为单数。

听证会应当设书记员1名，负责听证笔录的制作和其他事务。

听证会组成人员不得由该案办案人员担任。

（1）听证主持人及其职责

听证主持人应当具有从事专利行政执法工作3年以上的经历。

听证主持人履行下列职责：

①决定举行听证的时间、地点并通知听证参加人；

②审查听证参加人的资格；

③主持听证，并就案件的事实、证据或者与之相关的法律问题进行询问，要求听证参加人提供或者补充证据；

④维护听证的秩序，对违反听证纪律的行为进行警告或者采取必要的措施予以制止，情节严重的，可以责令其退场；

⑤对听证笔录进行审阅，并提出听证报告及处理建议；

⑥决定中止、终止或者延期听证，宣布结束听证；

⑦法律、法规、规章规定的其他职责。

（2）听证员的职责

①阅读案卷、查阅有关证据，熟悉案情；

②参加听证主持人召集的讨论会，拟定听证会要点；

③参加听证会，就案件的事实、证据或者与之相关的法律问题进行询问；

④阅读听证笔录并在听证笔录上签名；

⑤参加听证结束后的合议，讨论决定听证报告的内容。

6. 听证参加人及其职责或权利

（1）听证参加人

听证参加人是指参加听证会并对听证会产生实体和程序影响的有关人员，包括：

①办案人员；

②当事人及其代理人；

③与案件处理结果有直接利害关系的第三人及其代理人；

④证人、鉴定人、翻译人员；

⑤其他有关的人员。

第三人参加听证的可以自行申请并由听证主持人决定，也可以由听证主持人通知其作为第三人参加听证会。

当事人、第三人可以亲自参加听证，也可以委托1~2名代理人参加听证。当事人、第三人是法人的，由其法定代表人参加听证；当事人是其他组织的，由其主要负责人参加听证。当事人、第三人是无民事行为能力人或者限制民事行为能力人的，由其法定代理人代为参加听证。委托代理人参加听证的，应当要求其提交由委托人签名（盖章）的授权委托书，授权委托书应当写明委托事项和权限。

（2）办案人员在听证中的职责

①查阅案卷、核实有关证据，详细了解案件的有关内容；

②向负责听证的机构和听证主持人提交有关的案件材料；

③拟定听证会的发言材料；

④参加听证会，在听证会上提出当事人违法的事实、证据、拟作出的行政处罚建议及法律依据，向其他听证参加人发问，回答听证主持人和听证员的提问，回答当事人及其代理人的提问，参加质证和辩论，发表最后意见；

⑤核对听证笔录，在听证笔录中签名。

（3）当事人在听证中的权利

①要求或者放弃听证；

②申请回避；

③出席听证会或者委托1~2名代理人参加听证，并出具委托代理书，明确代理人权限；

④进行陈述、申辩和质证；

⑤核对听证笔录。

无民事行为能力或者限制民事行为能力的人，法定代理人享有上述权利。

7. 听证会

（1）听证会前的准备

听证会举行的时间由听证主持人确定，一般可以在当事人提出听证之日起15日内举行。

听证会举行前，听证主持人应当召集听证人员阅读案卷、查阅有关证据，熟悉案情，对案件事实、证据、适用法律等进行讨论，拟定听证要点，并通知办案人员准备相关事项。

听证主持人确定听证举行的时间、地点后，应当在听证会举行7日前将制作的行政处罚听证通知书送达当事人，并要求当事人在行政处罚听证通知书上签字或者盖章；将听证时间、地点等事项通知其他参加人。

行政处罚听证通知书内容包括：

①听证会举行的时间、地点；

②听证会组成人员的姓名；

③告知当事人有权申请回避；

④告知当事人准备证据、通知证人等事项。

行政处罚听证通知书应当加盖专利执法部门的公章。

公开听证的案件应当在听证会举行3日以前公告案由、当事人姓名或者名称、听证举行时间和地点。

（2）听证会的延期

听证会应当按期举行。专利执法部门因特殊情况，可以决定延期举行听证会并书面通知听证参加人。当事人符合延期举行听证会的情形的，应当及时书面告知听证主持人，请求延期举行听证会。由听证主持人决定是否延期，并书面通知听证参加人。

可以延期举行听证会的情形：

①当事人因不可抗力的事由不能按时参加听证的；

②当事人提出回避申请理由成立，需重新确定听证人员的；

③其他应当延期的情形。

（3）听证会的举行

听证会按照行政处罚听证通知书中确定的时间、地点举行。

听证会应当公开举行，但根据国家法律、法规等规定保密的除外。

听证会举行当日，听证会开始前，书记员应当查明当事人和其他参加人是否到会，并宣布听证纪律：

①服从听证主持人的指挥，未经听证主持人允许，不得发言、提问；

②未经听证主持人允许，不得录音、拍照、摄像；

③听证参加人未经听证主持人允许不得中途退场；

④旁听人员要保持肃静，不得议论、喧哗、哄闹或者进行其他妨碍听证秩序的活动。

听证主持人对违反听证纪律的参加人或参加人的不当辩论，有权予以制止；对违反听证纪律的旁听人员，听证主持人有权责令其退席，严重妨害听证正常进行的由公安机关依法处理。

1）听证主持人组织听证顺序

①听证主持人宣布听证开始，介绍案由；

②听证主持人宣布听证组成人员、书记员、翻译人员名单；

③听证主持人核对听证参加人身份；

④听证主持人告知当事人有关的权利和义务，询问是否提出回避申请；

⑤听证会调查，由案件调查人提出当事人违法的事实、证据、法律依据和拟作出行政处罚建议，由当事人、第三人及其代理人进行陈述和申辩；

⑥听证会质证，由办案人员、当事人和第三人及其代理人在听证主持人的组织下出示证据，宣读证人证言，并相互质证；

⑦听证会辩论，由办案人员、当事人及其代理人、第三人及其代理人进行；

⑧听证主持人按照案件办案人员、当事人、第三人及其代理人的先后顺序征询各方最后意见；

⑨听证主持人宣布听证会延期、中止、终止或者结束。

2）回避

听证主持人、听证员、书记员有下列情形之一的，应当自行回避，当事人及其代理人也有权申请其回避：

①是该案的办案人员；

②是当事人、该案办案人员的近亲属；

③担任过该案的证人、鉴定人；

④与该案的处理结果有利害关系的。

上述规定，也适用于翻译人员、鉴定人、检查人。

3）听证会调查

听证会调查首先由办案人员提出当事人违法的事实、证据、拟作出的行政处罚建议及法律依据。

其次由当事人、第三人及其代理人进行陈述和申辩。

办案人员可以向当事人提问。

当事人可以向办案人员提问。当事人的代理人经听证主持人同意，可以向办案人员、当事人提问。

听证会组成人员可以向办案人员、当事人提问。

当事人无正当理由不按时参加听证或者在听证过程中未经听证主持人允许中途退场的，视为放弃听证。

4)听证会质证

办案人员在案件调查过程中采集并作为拟作出行政处罚事实依据的证据,应当在听证会上出示、宣读、辨认并经质证。未经质证的证据不能作为定案的证据。

当事人向听证会提交的证据也应当在听证会上出示、宣读、辨认并经质证,未经质证的证据不能作为定案的证据。

当事人和办案人员可以就有关证据相互质证和提问,当事人的代理人经听证主持人同意,可以向办案人员、当事人提问。当事人和办案人员经听证主持人允许,也可以向到场的证人、鉴定人、检查人发问。听证会组成人员可以向办案人员、当事人及其代理人提问。

听证会主持人认为证据有疑问,可能影响行政处罚的准确性,可以宣布中止听证,由办案人员对证据进行调查核实后再继续听证或者另行安排时间听证。

办案人员、当事人及其代理人有权申请通知新的证人到会,调取新的证据,申请重新鉴定或者检查。对于上述申请,听证主持人应当作出是否同意的决定。申请重新鉴定或者检查的费用由申请人支付。

对涉及国家秘密、商业秘密和个人隐私的证据应当保密,由听证会验证,不得在公开听证时出示。

5)听证笔录

听证会的全部过程应当制作听证笔录。

听证笔录应当作为专利执法部门作出行政处罚决定的依据。

听证笔录应当载明下列事项:

①案由;

②听证参加人姓名或者名称、地址;

③听证主持人、听证员、书记员姓名;

④举行听证的时间、地点和方式;

⑤办案人员提出的事实、证据和拟作出的行政处罚建议;

⑥当事人、第三人及其代理人陈述、申辩和质证的内容;

⑦证人证言;

⑧翻译人员、鉴定人、检查人发言;

⑨听证参加人最后陈述;

⑩其他有关听证的内容。

听证笔录应当交给当事人和其他参加人员审核无误后签字或者盖章。当事人拒绝签名或者盖章的,由听证主持人在听证笔录中注明。

听证笔录经听证主持人审阅后,由听证会组成人员

和书记员签字或盖章。

(4)听证的中止

有下列情形之一的,听证主持人应当中止听证:

①当事人死亡或者终止,需要等待权利义务继承人的;

②当事人或者办案人员因不可抗力事件,不能参加听证的;

③在听证过程中,需要对有关证据重新鉴定或者检查的;

④出现其他需要中止听证情形的。

中止听证的情形消除后,应当恢复听证。恢复听证时,听证主持人应当在听证会举行7日前依照上述规定将行政处罚听证通知书送达当事人,将听证时间、地点等事项通知其他参加人。

(5)听证的终止

有下列情形之一的,专利执法部门应当终止听证:

①当事人撤回听证申请或者明确放弃听证权利的;

②当事人无正当理由拒不到场参加听证的;

③当事人未经听证主持人允许中途退场的;

④当事人死亡或者终止,并且无权利义务承受人的;

⑤其他需要终止听证的情形。

书记员应当将当事人缺席的事实载入听证笔录,由听证主持人签字或者盖章。

8. 听证报告

听证结束后,听证主持人应当组织听证会组成人员依法对案件作出独立、客观、公正的判断,并在听证会结束后及时制作听证报告,连听证笔录一并报告专利执法部门负责人。听证会组成人员有不同意见的,应当如实报告。

听证报告内容包括:

①听证案由;

②听证会组成人员和听证参加人的基本情况;

③听证举行的时间、地点和方式;

④听证会的基本情况;

⑤处理意见和建议。

根据申辩不加重处罚的原则,听证主持人不应当采纳行政处罚当事人提供的对其不利的证据认定案件事实,更不能作出比拟作出行政处罚更重的行政处罚建议。

9. 听证后案件的处理

听证会结束后,案件的处理工作由承办案件的机构负责。

专利执法部门负责人可以根据听证报告的意见和听证笔录,按照事先告知当事人的拟作出的行政处罚决定,

根据实际情况,提出同意、改变、撤销拟作出的行政处罚决定的建议,也可以提出重新进行研究、提交部门负责人集体讨论决定等建议。

专利执法部门应当在听证会结束后 15 日内依法向当事人作出行政处罚或者不予行政处罚的决定。

作出行政处罚或不予行政处罚的决定,应当以听证笔录和听证程序中认定的证据作为依据。

10. 其他事项

听证费用由专利执法部门负责,不向当事人收取。专利执法部门应当提供组织听证所需的场地、设备及其他便利条件。

第五节   行政处理决定审批

一、审批

办案机构应当在案件调查终结之后,提出最终处理建议,填写行政处理决定审批表后,连同案件调查终结报告、法制审核意见、当事人陈述和申辩意见或者听证报告、案卷等材料,一起提请专利执法部门负责人审批。

经审核机构审核的,应当由办案机构在行政处理决定审批表备注栏注明"本案已由审核机构于_____年____月____日出具审核意见,审核意见为_____。"

专利执法部门负责人对办案机构的处理意见,主要对以下内容进行审查:

①违法行为的事实是否清楚。办案人员是否收集到了足以确认当事人有无违法行为、违法行为后果轻重的基本事实。对于事实的审查重点在于当事人对处罚的意见和办案人员的意见是否一致,对双方认为事实不一致的地方,办案人员是否有足够的证据支持自己的观点。

②违法行为的证据是否合法、充分和确凿。包括收集证据的行为是否合法,证据与案件事实是否有联系。证据充分是指在调查取证过程中所掌握的证据具体、全面,证据性质明显,已能为认定违法事实是否存在及其轻重提供足够的依据。

③办案人员的调查程序是否合法,有无违反处罚程序规定的行为。即审查办案人员是否依照法定程序进行调查,是否告知当事人所享有的权利,以及处罚的依据、事实和理由;办案人员是否认真听取了当事人的陈述和申辩,对当事人提出的事实、理由和证据是否进行了复核。审查过程中发现违反法定程序的做法,必须及时纠正。

④行政违法行为的处罚依据是否合法以及处罚规定是否明确。即审查办案人员给予违法行为的行政处罚是否符合法律、法规或者规章的规定,适用法律、法规或者规章的规定是否适当;发现有不适当的地方的,应当依照

法律、法规或者规章的规定办理。

专利执法部门负责人根据不同情况,可批准分别作出以下决定:

①确有依法应当给予行政处罚的违法行为的,根据情节轻重及具体情况,作出行政处罚决定;

②有从轻或者减轻处罚情节的,予以从轻或者减轻处罚;

③确有违法行为,但违法行为轻微并已及时纠正,依法可以不予行政处罚的,不予行政处罚;

④违法事实不能成立的,不得给予行政处罚,并撤销案件;

⑤不属于专利执法部门管辖的,移送其他行政管理部门处理;

⑥违法行为涉嫌犯罪的,移送公安机关。

二、集体讨论

对下列情节复杂或者重大违法行为给予较重行政处罚的案件,应当由专利执法部门负责人集体讨论决定:

①拟罚款、没收违法所得数额较大的案件;

②涉及重大安全问题或者有重大社会影响的案件;

③调查处理意见与审核意见存在重大分歧的案件;

④专利执法部门负责人认为应当提交集体讨论的其他案件。

经专利执法部门负责人集体讨论的,应当制作重大案件集体讨论笔录,且讨论决定在行政处理决定审批表中应当予以记载,可表述为"经于_____年____月____日集体讨论决定,同意"。

第六节   责令改正与处罚

一、责令改正

(一)责令改正程序及性质

假冒专利行为成立的,应当责令当事人改正或限期改正违法行为。

责令改正可以单独制作通知书,也可以作为当事人需要改正的内容体现在行政处罚决定书或不予行政处罚决定书中。

(二)责令改正的方式

专利执法部门认定假冒专利成立的,应当责令行为人采取下列改正措施:

①在未被授予专利权的产品或者其包装上标注专利标识、专利权被宣告无效后或者终止后继续在产品或者其包装上标注专利标识、未经许可在产品或者产品包装上标注他人的专利号的,立即停止标注行为,消除尚未售出的产品或者其包装上的专利标识;产品上的专利标识

难以消除的,销毁该产品或者包装;

②销售第①项所述产品的,立即停止销售行为;

③在产品说明书等材料中将未被授予专利权的技术或者设计称为专利技术或者专利设计,将专利申请称为专利,或者未经许可使用他人的专利号,使公众将所涉及的技术或者设计误认为是他人的专利技术或者专利设计的,立即停止发放该材料,销毁尚未发出的材料,并消除影响;

④伪造或者变造专利证书、专利文件或者专利申请文件的,立即停止伪造或者变造行为,销毁伪造或者变造的专利证书、专利文件或者专利申请文件,并消除影响;

⑤责令假冒专利的参展方采取从展会上撤出假冒专利展品、销毁或者封存相应的宣传材料、更换或者遮盖相应的展板等撤展措施;

⑥其他必要的改正措施。

专利执法部门认定电子商务平台上的假冒专利行为成立的,应当通知电子商务平台提供者及时对假冒专利产品相关网页采取删除、屏蔽或者断开链接等措施。

(三)责令改正应注意的事项

(1)责令改正并非前置程序

认定假冒专利行为成立的,"责令改正"这一行政行为并非给予没收违法所得或者罚款等行政处罚的前置条件,因此责令改正通知并非对假冒专利行为进行行政处罚前的前置必经程序。

(2)责令改正并非行政处罚

责令改正通知书中表述的内容应是责令当事人停止或纠正违法行为的意思表示,以及当事人如果未在限定期限内改正可能引起的法律后果。责令改正的法律属性既不是行政处罚,也不是行政强制措施,而是一种行政管理措施,其本意是要求相对人有错必纠,本质上是教育性的,而不是惩罚性的。应当避免将责令改正表述为行政处罚、行政强制措施等其他行政行为。

(3)责令改正并不是最终决定

由于责令改正只是行政处罚程序中的一个环节,并不是对假冒专利行为的最终决定,因此,责令改正通知书只能作为中间文书,或者体现在行政处罚/不予行政处罚决定书中,不能作为体现行政处理决定的最终法律文书。

二、行政处罚

(一)假冒专利行为的处罚种类

1. 没收违法所得

专利执法部门认定假冒专利行为成立,当事人有违法所得的,应当没收违法所得。

专利执法部门认定假冒专利行为成立的,可以按照下列方式确定行为人的违法所得:

①销售假冒他人专利的产品的,以产品销售价格乘以所销售产品的数量作为其违法所得;

②订立假冒他人专利的合同的,以收取的费用作为其违法所得。

2. 罚款

对应当进行行政处罚的假冒专利行为,专利执法部门可以责令改正并予以公告,没收违法所得,并处违法所得4倍以下的罚款;没有违法所得的,可以处20万元以下的罚款。

对当事人的同一项违法行为,不得给予2次以上罚款的行政处罚。

(二)自由裁量权

专利执法部门可以结合当地实际,自行制定行政处罚自由裁量办法,也可参照表1执行。

1. 从轻、减轻处罚

当事人有下列情形之一的,应当依法从轻或减轻行政处罚:

①已满14周岁不满18周岁的人有违法行为的;

②主动消除或者减轻违法行为危害后果的;

③在共同违法行为中起次要或辅助作用的;

④积极配合行政机关查处违法行为,有立功表现的;

⑤受他人胁迫实施违法行为的;

⑥其他依法应当从轻或者减轻处罚的。

2. 从重处罚

当事人有下列情形之一的,应当依法从重行政处罚:

①违法行为恶劣,造成严重后果的;

②在共同违法行为中起主要作用的;

③隐匿、销毁违法行为证据,或擅自启封、转移被查封、扣押物品的;

④妨碍、拒绝或者以暴力、威胁等手段抗拒办案人员执法尚未构成犯罪的;

⑤实施扰乱社会公共秩序,妨害公共安全,侵犯人身权利、财产权利,妨害社会管理等违法行为,具有较大社会危害性但尚未构成犯罪的;

⑥违法手段恶劣或者多次违法,屡教不改的;

⑦其他依法应当从重处罚的。

表1　假冒专利行政处罚裁量参考基准

违法行为	处罚依据	违法程度	违法情节	处罚裁量标准
假冒专利的行为： （一）在未被授予专利权的产品或者其包装上标注专利标识，专利权被宣告无效后或者终止后继续在产品或者其包装上标专利标识，或者未经许可在产品或者品包装标注他人的专利号； （二）销售第（一）项所述产品； （三）在产品说明书等材料中将未被授予专利权的技术或者设计称为专利技术或者专利设计，将专利申请称为专利，或者未经许可使用他人的专利号，使公众将所涉及的技者设计认为是专利技术或者专利设计； （四）伪造或者变造专利证书、专利文件或者专利申请文件； （五）其他使公众混淆，将未被授予专利权的者设计认为专利者专利设计。	《专利法》第六十三条（假冒专利的，除依法承担民事责任外，由管理专利工作的部门责令改正并予公告，没收违法所得，可以并处违法所得4倍以下的罚款；没有违法所得的，可以处20万元以下的罚款；构成犯罪的，依法追究刑事责任。）《专利法实施细则》第八十四条	轻微	1. 销售不知是假冒专利的产品，并且能够证明该产品合法来源的； 2. 专利申请尚未授予专利权而标注专利标识； 3. 非法经营数额不足0.5万元的； 4. 其他依法属于情节轻微的情形。	责令改正并予公告，没收违法所得，免除罚款。
		较轻	1. 非法经营数额在0.5万元以上不满5万元的，或者违法所得数额不满2万元的； 2. 给权利人造成直接经济损失不足10万元的； 3. 专利权被宣告全部无效、专利权期满、专利权人声明放弃专利权或专利权因未缴年费终止，逾期但不满6个月而标称或标注专利的； 4. 其他依法属于情节较轻的情形。	责令改正并予公告，没收违法所得，并处违法所得1倍以下罚款；没有违法所得的，处5万元以下罚款。
		较重	1. 非法经营数额在5万元以上不满10万元的，或者违法所得数额在2万元以上不满5万元的； 2. 给权利人造成直接经济损失10万元以上不满25万元的； 3. 专利权被宣告全部无效、专利权期满、专利权人声明放弃专利权或专利权因未缴年费终止，逾期6个月以上不满12个月而标称或标注专利的； 4. 其他依法不属于从轻、减轻或从重处罚的情形。	责令改正并予公告，没收违法所得，并处违法所得1倍以上2倍以下罚款；没有违法所得的，处5万元以上10万元以下罚款。

违法行为	处罚依据	违法程度	违法情节	处罚裁量标准
		严重	1. 非法经营数额在 10 万元不满 15 万元的,或者违法所得数额在 5 万元以上不满 8 万元的; 2. 给权利人造成直接经济损失 25 万元以上不满 40 万元的; 3. 专利权被宣告全部无效、专利权期满、专利权人声明放弃专利权或专利权因未缴年费终止,逾期 12 个月以上而标称或标注专利的; 4. 伪造或者变造专利证书、专利文件或者专利申请文件,份数较少,或份数较多尚未使用的,但都尚未给他人和社会造成实际损害的; 5. 假冒 2 项以上专利,非法经营额不满 5 万元以下的,或者违法所得数额不满 2.5 万元的; 6. 其他依法应当从重处罚的情形。	责令改正并予公告,没收违法所得,并处违法所得 2 倍以上 3 倍以下罚款;没有违法所得的,处 10 万元以上 15 万元以下罚款。
		特别严重	1. 非法经营数额在 15 万元以上不满 20 万元的,或者违法所得数额在 8 万元以上不满 10 万元的; 2. 给权利人造成直接经济损失 40 万元以上不满 50 万元的; 3. 伪造或者变造专利证书、专利文件或者专利申请文件,已使用,并给和社会造成实际损害的; 4. 假冒 2 项以上他人专利,非法经营在 5 万元以上不满 10 万元的,或者违法所得数额在 2.5 万元以上不满 5 万元的; 5. 违法情节恶劣,屡教不改的; 6. 其他依法属于特别严重的情形。	责令改正并予公告,没收违法所得,并处违法所得 3 倍以上 4 倍以下罚款;没有违法所得的,处 15 万元以 20 万元以下罚款。

（三）处罚决定

作出行政处罚决定，应当做到认定违法事实清楚，定案证据确凿充分，违法行为定性准确，适用法律正确，办案程序合法，处罚幅度合理适当。

经专利执法部门负责人审批，决定对当事人实施行政处罚的，应当制作行政处罚决定书，并加盖本部门的公章。行政处罚决定书的内容包括：

①当事人的姓名或者名称、地址等基本情况；

②违反法律、法规或者规章的事实和证据；

③当事人陈述、申辩的采纳情况及理由；

④行政处罚的内容和依据；

⑤行政处罚的履行方式、期限；

⑥不服行政处罚决定，申请行政复议或者提起行政诉讼的途径和期限；

⑦作出行政处罚决定的专利执法部门名称和作出决定的日期。

行政处罚决定书应当在宣告后当场交付当事人；当事人不在场的，行政机关应当在 7 日内将行政处罚决定书送达当事人。行政处罚决定书送达即生效。

行政处罚决定书一经送达，专利执法部门不得随意变更。

（四）其他处理方式

1. 撤销案件

违法行为不成立的，不予行政处罚，发还有关物品、解除查封和扣押等强制措施。专利执法部门应当向当事人发出撤销案件通知书，以撤销案件的方式结案。

2. 不予行政处罚

违法行为成立，但依法可以不予行政处罚的，专利执法部门应当向当事人发出不予行政处罚决定书。

需要注意的是，作出不予行政处罚决定的，只是因为案件符合法定不予处罚的情形，但当事人的违法行为仍然成立，应当责令其改正。

当事人有下列情形之一的，不予行政处罚：

①不满 14 周岁的人有违法行为的。

②精神病人在不能辨认或者不能控制自己行为时有违法行为的。

③违法行为轻微并及时纠正，没有造成危害后果的。

④除法律另有规定外，假冒专利行为在 2 年内未被发现的。该期限从违法行为发生之日起计算；违法行为有连续或者继续状态的，从行为终了之日起计算。

⑤其他依法不予处罚的情形。

3. 移送公安机关

行为人的违法行为已涉嫌构成犯罪的，应当移送公安机关。假冒专利行为涉嫌构成犯罪的情形主要有以下两种。

（1）假冒他人专利涉嫌构成犯罪

根据《最高人民法院、最高人民检察院关于办理侵犯知识产权刑事案件具体应用法律若干问题的解释》（法释〔2004〕19 号）第十条的规定，实施下列行为之一的，属于《中华人民共和国刑法》（以下简称《刑法》）第二百一十六条规定的"假冒他人专利"的行为：

①未经许可，在其制造或者销售的产品、产品的包装上标注他人专利号的；

②未经许可，在广告或者其他宣传材料中使用他人的专利号，使人将所涉及的技术误认为是他人专利技术的；

③未经许可，在合同中使用他人的专利号，使人将合同涉及的技术误认为是他人专利技术的；

④伪造或者变造他人的专利证书、专利文件或者专利申请文件的。

根据《最高人民检察院、公安部关于公安机关管辖的刑事案件立案追诉标准的规定（二）》第七十二条的规定，假冒他人专利行为具有下列情形之一的，应当移送公安机关：

①非法经营数额在 20 万元以上或者违法所得数额在 10 万元以上的；

②给专利权人造成直接经济损失在 50 万元以上的；

③假冒两项以上他人专利，非法经营数额在 10 万元以上或者违法所得数额在 5 万元以上的；

④其他情节严重的情形。

其中非法经营数额，是指行为人在实施假冒他人专利行为过程中，制造、储存、运输、销售假冒他人专利产品的价值。已销售的产品的价值，按照实际销售的价格计算。制造、储存、运输和未销售的产品的价值，按照标价或者已经查清的产品的实际销售平均价格计算。产品没有标价或者无法查清其实际销售价格的，按照市场中间价格计算。

其中违法所得数额与查处假冒专利行为过程中的违法所得计算方式不同，这里所指为利润。多次实施假冒他人专利行为，未经行政处理或者刑事处罚的，非法经营数额、违法所得数额累计计算。

（2）伪造、变造证书涉嫌构成犯罪

伪造或者变造专利证书，涉嫌构成《刑法》第二百八十条规定的伪造、变造、买卖国家机关公文、证件、印章罪的，由专利执法部门移送公安机关追究刑事责任。

办案人员认为行为人已涉嫌构成犯罪的，应当依据《行政执法机关移送涉嫌犯罪案件的规定》（中华人民共和国国务院第 310 号令）向办案机构负责人提出移交公安机关处理的意见，经法制审核，专利执法部门负责人审批通过后方能移送。

对公安机关决定不予立案的案件，专利执法部门应当依法作出行政处罚。

三、时限

专利执法部门查处假冒专利案件,适用一般程序办理的案件应当自立案之日起90日内作出处理决定。因案情复杂或者其他原因,不能在规定期限内作出处理决定的,经专利执法部门负责人批准,可以延长30日。案情特别复杂或者有其他特殊情况,经延期仍不能作出处理决定,应当由专利执法部门负责人集体讨论决定是否继续延期;决定继续延期的,应当同时确定延长的合理期限。

案件处理过程中听证、公告等时间不计入上述案件办理期限。

第七节　处罚的执行、公开和结案

一、执行的一般程序

(一)立即停止违法行为和采取改正措施的执行

专利执法部门认定假冒专利行为成立的,应当责令行为人采取改正措施。具体改正措施见本章第六节"责令改正"部分。

(二)假冒专利产品的处理

对假冒专利产品应当予以返还,以便其根据行政决定进行改正。对于既不提起行政诉讼或者行政复议,也不执行处罚决定的,专利执法部门可以申请人民法院强制执行。

(三)罚款和没收违法所得的执行

1. 罚款的缴纳

收到行政处罚决定书后15日内,被处罚人应当持专利执法部门开具的罚款缴款通知书(统一格式,一式三联)到指定的金融机构缴纳罚款。

2. 罚款的延期/分期缴纳

被处罚人确有经济困难,需要延期或者分期缴纳罚款的,经被处罚人申请和专利执法部门批准,可以延期或者分期缴纳。

①必须是被处罚人确实有经济困难,有需要暂缓或者分期缴纳罚款的情况。例如,被处罚人被处罚后因遭受灾害造成财产损失,无法按时缴纳罚款,需要暂缓或者延期缴纳的。必须区分被处罚人故意拒绝或拖延缴纳罚款的情形,如果被处罚人有能力履行罚款决定,而故意不履行,或者拖延履行,专利执法部门应当对其加处罚款或者申请人民法院强制执行。

②被处罚人应当向专利执法部门申请,并且得到专利执法部门的批准。被处罚人应当向专利执法部门提出申请,阐述其不能按期缴纳罚款的理由,并提出申请延期的期限或者需要分成几次来缴纳罚款。专利执法部门在收到被处罚人的申请之后,应当进行严格审查,调查清楚被处罚人目前的经济状况,从而确定其是否有缴纳罚款的能力。如经审查,认为被处罚人的申请理由不成立的,予以驳回;认为申请理由成立的,应当向被处罚人发送延期/分期缴纳罚款通知书。

二、执行的特殊情形

(一)申请强制执行

被处罚人在收到行政处罚决定书后,没有在60日内申请行政复议,也没有在6个月内向人民法院起诉,又不履行行政处罚决定的,专利执法部门可以申请人民法院强制执行。申请人民法院强制执行所需费用,由当事人承担。

专利执法部门申请人民法院强制执行前,应当制作行政处罚决定履行催告书,催告当事人履行义务。催告书应当载明下列事项:

①履行期限;

②履行方式;

③当事人依法享有的陈述权和申辩权。

催告书送达10日后当事人仍未履行义务的,专利执法部门可以申请人民法院强制执行。

对拒不执行处罚决定的,专利执法部门可以将其纳入社会诚信体系。

申请强制执行的,应当报专利执法部门负责人审批后,制作行政处罚强制执行申请书,提交有强制执行权的人民法院。

(二)加处罚款

根据《行政处罚法》第五十一条和《行政强制法》第四十五条第二款的规定,被处罚人没有正当理由,逾期不缴纳罚款的,专利执法部门可以每日按罚款数额的3%加处罚款,加处罚款的数额不得超出应缴罚款的数额。

(三)执行的停止

行政复议或者行政诉讼期间,不停止行政处罚决定的执行。有下列情形之一的,应当停止执行:

①法律规定停止执行的;

②人民法院裁定停止执行的;

③行政复议机关认为需要停止执行的;

④专利执法部门认为需要停止执行的。

三、结果公开

(一)公开的主体与权限

各省(自治区、直辖市)人民政府以及各设区的市的人民政府设立的专利执法部门负责公开本单位行政执法案件信息。

受委托开展专利行政执法工作的地区(自治州、盟)、县(区)人民政府设立的专利执法部门办理的行政执法案件,由委托单位负责公开相应案件信息。

地方性法规授权具有专利行政执法职责的地区(自治州、盟)、县(区)人民政府设立的专利执法部门负责公开本单位行政执法案件信息。

(二)公开的内容

作出行政处罚/不予行政处罚决定的假冒专利案件,公开内容应当包括:行政处罚/不予行政处罚决定书文号、案件名称、违法企业名称或自然人姓名、违法企业社会信用代码、法定代表人姓名、主要违法事实、行政处罚的种类和依据、行政处罚的履行方式和期限、作出处罚决定的机关名称和日期。

公开的假冒专利行为行政处罚决定因行政复议或行政诉讼发生变更或撤销的,应当及时公开相关信息。

(三)公开的时限

对于假冒专利行为行政处罚案件,自作出行政处罚/不予行政处罚决定之日起7日内依法主动公开相关信息;因行政复议或行政诉讼发生变更或撤销的,要在处罚决定变更或撤销之日起20个工作日内公开有关变更或撤销的信息。

(四)公开的方式

专利执法部门应当主要通过本单位官方网站公开行政执法案件信息,也可以选择公告栏、新闻发布会以及报刊、广播、电视等便于公众知晓的方式予以公开。公开的案件信息应以适当方式便于公众查询。

四、结案

(一)结案审批

适用一般程序的案件有以下情形之一的,办案机构应当在15个工作日内填写结案审批表,经专利执法部门负责人批准后,予以结案:

①行政处罚决定执行完毕的;

②人民法院裁定终结执行的;

③案件终止调查的;

④撤销、作出不予处罚决定、移送到其他单位的;

⑤其他应予结案的情形。

(二)案件材料的归档

结案后,办案人员应当将案件材料按照档案管理的有关规定立卷归档。案卷归档应当一案一卷,材料齐全,规范有序。

案卷可以分正卷、副卷。正卷按照下列顺序归档:

①立案审批表;

②行政处罚/不予行政处罚决定书及送达回证;

③对当事人制发的其他法律文书及送达回证;

④证据材料;

⑤听证笔录;

⑥财物处理单据;

⑦其他有关材料。

副卷按照下列顺序归档:

①案源材料;

②调查终结报告;

③审核意见;

④听证报告;

⑤结案审批表;

⑥其他有关材料。

案卷的保管和查阅,按照档案管理的有关规定执行。

第三章　查处专利标识标注不规范行为办案程序
第一节　办案程序

专利标识标注不规范行为是指违反《专利标识标注办法》有关专利标识标注的规定而影响专利行政管理秩序的行为。因此,专利执法部门按照《专利标识标注办法》第三条、第八条的规定,对该种行为进行监管和查处,是对行政管理相对人的单方面具体行政行为。查处专利标识标注不规范行为的程序可以参考本书第二章"查处假冒专利行为程序"中的相关程序进行。但需要注意以下几点:

①专利标识标注不规范行为不适用行政处罚。根据《专利法实施细则》第八十三条、《专利标识标注办法》第八条规定,对专利标识标注不规范行为,专利执法部门只能责令改正,无诸如查处假冒专利案件时的没收违法所得或者罚款的职权,因此,本指南第二章"查处假冒专利行为程序"第四节、第六节、第七节(结案部分除外)不适用于查处专利标识标注不规范行为。

②专利标识标注不规范行为不适用行政强制措施。查处专利标识标注不规范行为时,专利执法部门没有采取查封、扣押等行政强制措施的职权,因此,本指南第二章"查处假冒专利行为程序"第二节中的"行政强制措施"不适用于查处专利标识标注不规范行为。

③查处专利标识标注不规范行为的最终决定为责令改正决定。由于查处专利标识标注不规范行为,专利执法部门只能责令改正,没有行政处罚的职权,因此,与假冒专利案件中责令改正只是中间文书或行政处罚/不予行政处罚决定书中的部分内容不同,责令改正决定是查处专利标识标注不规范行为的最终决定文书,当事人针

对该责令改正决定可以申请行政复议或提起行政诉讼。同理，不能认为专利标识标注不规范行为是情节轻微的违规行为，就作出不予行政处罚的决定。

除上述不适用的章节及内容外，第二章第一节、第二节（行政强制措施除外）、第三节、第五节、第七节中的结案部分、第八节都适用于查处专利标识标注不规范行为案件。

第二节　责令改正决定

一、责令改正决定书

专利执法部门认定专利标识标注不规范行为成立的，虽然只是责令改正，不予行政处罚，但仍需要履行告知程序。告知可以采用书面告知（参考本指南第二章第四节假冒专利案件中的处罚告知程序），也可以采用口头告知。采用口头告知的，应当将告知当事人违法事实，责令其改正的理由、依据，当事人依法享有的权利、救济途径，以及当事人陈述、申辩/放弃陈述、申辩的有关情况记入

现场笔录。

经专利执法部门批准后，向当事人发出专利标识标注不规范责令改正决定书。专利标识标注不规范责令改正决定书应当包括下列内容：

①当事人的姓名或者名称、地址；

②违反法律、法规或者规章的事实和证据；

③责令改正的依据；

④改正方式和期限；

⑤不服责令改正决定，申请行政复议或者提起行政诉讼的途径和期限；

⑥作出责令改正决定的行政机关名称和作出决定的日期；

⑦加盖专利执法部门的公章。

专利标识标注不规范责令改正决定书应当在宣告后当场交付当事人；当事人不在场的，专利执法部门应当在7个工作日内送达当事人。专利标识标注不规范责令改正决定书送达即生效。

专利标识标注不规范责令改正决定书一经送达，专利执法部门不得随意变更。

二、责令改正措施

专利执法部门认定专利标识标注不规范行为成立的，可以责令行为人采取下列改正措施：

①在产品或者其包装上标注不规范的专利标识或专利申请标记的，立即停止错误的标注行为，消除或者修正尚未售出的产品或者其包装上的专利标识或者专利申请

标记；

②销售、许诺销售第①项所述产品的，立即消除或者修正尚未售出的产品或者其包装上的专利标识或者专利申请标记；产品上的专利标识或者专利申请标记难以消除或者修正的，停止销售、许诺销售行为；

③在产品说明书等材料中标注不规范的专利标识或者专利申请标记的，立即停止错误的标注行为，消除或者修正尚未发出的材料上的专利标识或者专利申请标记；难以消除或者修正的，销毁尚未发出的材料；

④责令标注不规范的参展方采取从展会上撤出专利展品、消除或者修正相应的宣传材料、更换或者遮盖相应的展板等措施；

⑤其他必要的改正措施。

专利执法部门认定电子商务平台上的专利标识标注不规范行为成立的，应当通知电子商务平台提供者及时通知相关商户，对标注不规范的网页及时进行更正；拒不更正的，采取删除、屏蔽或者断开链接等措施。

第四章　假冒专利行为认定

第一节　假冒专利行为概述

一、假冒专利行为的概念

根据《专利法实施细则》第八十四条第一款的规定，下列行为属于《专利法》第六十三条规定的假冒专利的行为：

"（一）在未被授予专利权的产品或者其包装上标注专利标识，专利权被宣告无效后或者终止后继续在产品或者其包装上标注专利标识，或者未经许可在产品或者产品包装上标注他人的专利号；

（二）销售第（一）项所述产品；

（三）在产品说明书等材料中将未被授予专利权的技术或者设计称为专利技术或者专利设计，将专利申请称为专利，或者未经许可使用他人的专利号，使公众将所涉及的技术或者设计误认为是专利技术或者专利设计；

（四）伪造或者变造专利证书、专利文件或者专利申请文件；

（五）其他使公众混淆，将未被授予专利权的技术或者设计误认为是专利技术或者专利设计的行为。"

上述《专利法实施细则》第八十四条第一款第（一）项至第（四）项列举了属于假冒专利行为的四种情形，第（五）项为兜底性条款。

《专利法实施细则》第八十四条第二款则规定了不属于假冒专利行为的情形："专利权终止前依法在专利产品、依照专利方法直接获得的产品或者其包装上标注专

利标识,在专利权终止后许诺销售、销售该产品的,不属于假冒专利行为。"

二、假冒专利的行为方式

标注专利标识的行为方式主要包括:在产品或产品的包装上标注专利标识、销售标注了专利标识的产品、在产品说明书等材料中宣称专利等,如果上述行为中涉及的专利权未授权、已终止、或被宣告无效或者是未经许可标注的他人的专利权,则构成假冒专利行为;另外,伪造或者变造专利证书等文件、使公众混淆或误认为有专利权等行为,也构成假冒专利行为。

(一)在产品或者产品的包装上标注专利标识

按照《专利标识标注办法》的规定,专利标识应当采用中文标明专利权的类别,例如中国发明专利、中国实用新型专利、中国外观设计专利;同时还应标明由国家知识产权局授予该专利权的专利号。除上述内容之外,还可以附加其他文字、图形标记,但附加的文字、图形标记及其标注方式不得误导公众。

在产品或者产品的包装上标注专利标识是最常见的引发假冒专利行为的情形,主要包括两种情况:一是产品本身并没有被授予专利权或者是在"专利权被宣告无效或者终止后"即不具有任何有效的专利权的情况下,行为人在该产品或者该产品包装上标注专利标识;二是标注的专利号虽然合法有效,但标注专利标识的行为人并不是专利权人或经专利权人同意享有专利标识标注权的被许可人。

在以上两种情况下,标注专利标识的行为人一般为产品制造者,而构成假冒专利行为的方式既有可能发生在产品的制造过程中,也可能发生在产品的销售、流通过程中,无论发生在哪个环节,其行为均构成假冒专利行为。

(二)销售标注了专利标识的产品

根据社会分工的不同,市场主体除制造方外,还存在大量只负责销售、不负责制造的销售商,如果仅仅限定在非专利产品上标注专利标识的制造行为才构成假冒专利行为,则销售者就会逃脱法律责任,因此,销售标注有专利标记的非专利产品的行为,同样构成假冒专利行为。

但是,基于合理性的考虑,如果销售者所销售产品或其包装上的专利标识系在专利权有效期内标注,那么即便该专利权终止后,销售者继续销售该产品也不构成假冒专利行为(见《专利法实施细则》第八十四条第二款)。同时,为了减少不知情销售者的责任,《专利法实施细则》第八十四条第三款规定,销售不知道是假冒专利产品,并且能够证明该产品合法来源的,管理专利工作的部门责令其停止销售,但免除罚款的处罚。该款虽然对该种行

为免除了罚款的处罚,但该行为仍然构成假冒专利行为,需承担除罚款以外的行政处罚。

(三)在产品说明书等材料中宣称专利

涉嫌构成假冒专利行为的情况还包括在产品说明书、产品宣传资料等材料中将未被授予专利权的技术或者设计称为专利技术或者专利设计,将专利申请称为专利,或者未经许可使用他人的专利号,使公众将所涉及的技术或者设计误认为是专利技术或者专利设计。在产品说明书等材料中将非专利技术或者设计宣称为专利技术或者专利设计也是常见的构成假冒专利行为的方式。

(四)伪造或者变造专利证书、专利文件或者专利申请文件

专利证书是专利申请经审查合格后,由国家知识产权局发给专利权人的法律证明文件。专利证书记载了发明创造的名称、专利权人姓名或名称、专利权起始日期、申请号及专利号等。

伪造专利证书、专利文件或者专利申请文件,是指行为人编造国家知识产权局未颁发过的专利证书、没有公告过的专利文件、并未受理过的专利申请文件。

变造专利证书、专利文件或者专利申请文件,是指行为人以篡改方式变造国家知识产权局颁发的专利证书、公告的专利文件、受理的专利申请文件。

(五)其他假冒专利行为

《专利法实施细则》第八十四条第一款第(一)至(四)项规定了假冒专利行为的多种表现形式,考虑到实践中还存在形式比较特殊的其他违法行为,为有效打击假冒专利行为,《专利法实施细则》第八十四条第一款设置一项兜底性条款,以涵盖该款第(一)~(四)项未能涵盖的其他假冒专利行为。其他使公众混淆,将未被授予专利权的技术或者设计误认为是专利技术或者专利设计的行为也应当被认为是假冒专利的行为。

对于带有国外专利标识的商品,不能因为标注了国外专利标识就认定为属于假冒专利行为,而是应该审查所述国外专利的真实性,区别对待。

三、假冒专利行为的法律责任

假冒专利的行为直接欺骗消费者,假冒他人专利在侵害社会公共利益的同时也侵害专利权人的利益,扰乱专利管理秩序和社会经济秩序。根据《专利法》第六十三条的规定,假冒专利行为的法律责任包括行政责任、民事责任和刑事责任。

(一)行政责任

假冒专利行为是一种破坏市场正常竞争秩序、违反

行政管理秩序的行为,应当承担行政责任。根据《专利法》第六十三条的规定,假冒专利行为需要承担的行政责任主要包括以下几种。

（1）责令改正

根据《专利法》第六十三条的规定,假冒专利的,除依法承担民事责任外,由专利执法部门责令改正并予公告。

（2）行政处罚

根据《专利法》第六十三条的规定,假冒专利行为成立的,应当接受行政处罚,具体处罚种类包括没收违法所得和罚款。假冒专利行为有违法所得的,应当没收违法所得,可以并处罚款;没有违法所得的,可以处以罚款。关于违法所得的计算方式,《专利行政执法办法》第四十七条作出明确规定:销售假冒专利的产品的,以产品销售价格乘以所销售产品的数量作为其违法所得;订立假冒专利的合同的,以收取的费用作为其违法所得。

需要注意的是,《专利法实施细则》第八十四条第三款对不知情销售假冒专利产品,并且能够证明该产品合法来源的行为免除了罚款的行政处罚。但是,罚款只是假冒专利行为需要承担的行政处罚种类之一,即便该款规定免除了罚款的行政处罚,但若该违法行为存在违法所得,则仍然需要承担没收违法所得的行政处罚。

（二）民事责任

未经许可在产品上标注他人专利标记和专利号,该行为不但违反了行政管理秩序,还直接侵害了专利权人拥有的专利标注权(对该行为本节以下简称假冒他人专利行为)。即使假冒专利的产品实际上并没有使用他人的专利技术,不具备专利产品应有的功能,这样的产品在市场上出售,也必然会影响专利产品的声誉,损害专利权人通过制造、销售专利产品获益的权利。因此假冒他人专利行为构成对专利权人标注权的侵犯,是一种民事侵权行为,专利权人或经专利权人同意享有专利标识标注权的被许可人可以要求标注者承担民事责任。

该种情形下承担民事责任存在两种情形。一种情形是违法行为人不但标注了他人享有标注权的专利标识,同时其产品还采用了与专利技术或设计相同(等同或相似)的技术或设计,在这种情形下,专利权人或者利害关系人可以根据《专利法》第六十条、第六十五条的规定主张其承担相应的民事责任;另一种情形是违法行为人只标注了他人享有标注权的专利标识,但其产品未采用与专利技术或设计相同(等同或相似)的技术或设计,《专利法》对这种情形下需承担的民事责任未作具体规定,因此只能依据其他法律的有关规定。

（三）刑事责任

假冒他人专利的行为,不但侵犯专利权人的利益,而且侵犯公众利益,破坏社会经济秩序,如果情节严重具有社会危害性,就构成了犯罪,应当承担刑事责任。假冒他人专利的行为是否情节严重,要由人民法院依据行为的具体情况予以认定。《刑法》第二百一十六条规定了假冒专利罪的刑事责任:"假冒他人专利,情节严重的,处三年以下有期徒刑或者拘役,并处或者单处罚金。"

在认定假冒他人专利行为是否需要承担刑事责任时,需要对"假冒他人专利"和"情节严重"作出解释和认定。具体认定见本指南第二章第六节"移送公安机关"部分。

第二节　假冒专利行为认定

一、认定构成假冒专利的要素

假冒专利行为是在制造、销售、许诺销售、宣传某产品(或技术),或者实施专利许可、签订技术合同等商业活动中,将非专利产品(或方法)冒充专利产品(或方法)的行为,该违法行为本质上是因错误的专利标识标注而引发的,因此,某行为是否构成假冒专利行为与标注的专利标识有直接关系。一项合法的专利标识应当满足以下条件:第一,行为主体应当是有权主体;第二,行为载体应当是专利产品、依照专利方法直接获得的产品、产品包装、产品说明书等资料,以及专利证书、专利文件或者专利申请文件;第三,行为形式合规;第四,标注时间合法。

凡不符合上述条件之一的,均属于不规范的专利标识标注,并有可能构成假冒专利的行为。判断一个专利标识标注行为是否属于假冒专利行为,应当从以下几方面因素来考虑。

（一）行为主体

合规的行为主体应当是有权在产品或产品包装等载体上标注专利标识的主体,一般指专利权人或者经专利权人同意享有专利标识标注权的被许可人。这一行为主体应具有民事权利能力和民事行为能力。

因此,实施假冒专利行为的主体应当是具有责任能力的行政管理相对人。参照《行政处罚法》第三条的规定,违反专利行政管理秩序的行政管理相对人是专利权人或者经专利权人同意享有专利标识标注权的被许可人之外的其他公民、法人或者其他组织。

个体工商户涉及假冒专利行为的,应以营业执照上登记的业主当当事人。有字号的,应在法律文书中注明登记的字号。营业执照上登记的业主与实际经营者不一致的,以业主和实际经营者为共同当事人。

【案例4-1】

某市知识产权局到甲药店进行市场检查,发现其销售的一种药品上标注有"本品外观专利:20093××××××.×"字样。经与国家知识产权局专利登记簿副本核对,20093×××××××.×号专利权因未在规定期限内缴纳年费已终止。经查,药品包装上标明生产时间晚于专利终止时间,甲药店是乙公司一家连锁分店,在工商部门领取了营业执照。

分析与评述

甲药店销售专利权已终止的上述产品的行为,已构成《专利法实施细则》第八十四条第一款第(二)项规定的"销售第(一)项所述产品"的假冒专利行为,依法应当予以处罚。甲药店虽是乙公司设立的连锁机构,但由于其依法领取营业执照经营,故以甲药店为处罚对象,下达处罚决定书。

【案例4-2】

某公立医院在宣传中称其实施的手术采用了专利技术,在某知识产权局对其立案调查的过程中,该医院提供不了任何拥有有效专利权的证明。该医院主张,其为全额拨款的事业单位,经营活动具有公益性质,不以营利为目的,故不构成假冒专利行为。

分析与评述

该案涉及以下问题,即行为主体以营利为目的是否是构成假冒专利行为的必要条件。

首先,以营利为目的并非《专利法》及《专利法实施细则》认定假冒专利行为的必要条件。其次,公立医院即便不营利,其宣传行为亦误导公众认为其拥有专利权,该行为同样扰乱了专利管理秩序。

另外,生产经营活动也不是构成假冒专利行为的必要条件。利用专利标识进行宣传的行为通常与生产、经营有关,故即便当事人以此理由进行抗辩,也不能否定假冒专利行为的成立。

【案例4-3】

甲于1996年12月向国家知识产权局申请了"组合式墙体结构"的发明专利申请,申请号为961×××××.×。该申请于1999年10月15日进入实质审查,由于不符合《专利法》的有关规定,没有获得专利权。2002年4月9日乙与甲签订了《合资建厂合同书》,合同约定"组合式板块结构墙板"专利技术折价10万元。2002年8月20日甲单方提出解除合资建厂合同,合资双方因此产生纠纷。2005年6月6日,乙向某知识产权局举报甲"以非专利产品冒充专利产品、以非专利技术冒充专利技术进行违法活动",请求查处。案件调查中,甲承认在《合资建厂合同书》将"专利申请技术"称作"专利技术",同时辩称,在谈判记录中自己一再强调是"专利申请技术",在合同中打印成"专利技术"是笔误,没有假冒专利的故意。

分析与评述

该案涉及以下问题,即行为主体具有主观过错是否是构成假冒专利行为的必要条件。

《专利法》及其实施细则并未要求当事人必须具有故意或过失的心理状态,但故意或过失的心理状态是法律责任的要素,人要对受自己意识支配的行为负责,对无意识的行为不承担责任。就假冒专利行为而言,其法律责任的承担应以故意为主观要件。

需要强调的是,故意是追究其法律责任的构成要素,不是违法行为的构成要素。当事人违法时的心态如何,只是决定其应否承担法律责任或法律责任轻重的问题。对于无过错或明显为过失的行为,只要其具备假冒专利行为的构成要件,就应当认定为假冒专利行为。但是,不宜对其进行行政处罚,应责令其停止违法行为并予以改正。

对于将"专利申请技术"说成"专利技术",通常有两种情形,一是故意而为的假冒行为,二是因过失而产生的笔误。基于故意的假冒专利行为,行为人的主观恶意明显,故意隐瞒申请未授权事实,谎称已经授权,以使对方发生错误认识为目的,应当予以严厉处罚。就该案而言,甲在《合资建厂合同书》中,将正在申请中的发明专利称为"专利技术"是不规范的。但是根据该案事实,乙在订立合同时也知道该技术是申请中的技术,且双方都在合同中签字盖章,这说明双方对合同标的并无异议。由此可见,甲在主观上不存在欺诈的故意。合同中的"专利技术"一词,应属于笔误,应根据案情减轻或不予行政处罚。

(二)行为形式

假冒专利行为的表现形式一般与专利标识标注字样、专利标识与标注载体的关联度有关。

1.专利标识标注字样

专利标识标注形式通常有:标注专利号,标注专利发明创造名称,标注"专利产品仿冒必究""专利技术""专利保护""中国专利""国家专利""国际专利""发明专利""已申请专利"等字样以及其他宣称采用了专利技术或设计的形式。未经许可使用他人专利标识、伪造专利标识构成假冒专利行为,采用虚构的专利权人名称、假冒其他专利权人名称也构成假冒专利行为。

【案例4-4】

张某为农具产品生产商,其在产品上标注"中国专利名称:轻便推车式多功能农具"。经核实,张某并未申请过任何专利,"轻便推车式多功能农具"是李某的实用新型专利名称,张某未获得李某的许可。

分析与评述

张某在未取得许可的情况下,在产品上标注他人合法有效专利的名称,造成社会公众误以为其产品为专利产品的后果,该行为属于《专利法实施细则》第八十四条第一款第(一)项规定的"在未被授予专利权的产品上标注专利标识"的情形,构成假冒专利行为。

【案例4-5】

甲公司在其锁具产品上标注有"专利权人李某专利产品"。经核实,专利权人李某拥有一项锁具专利,但并未许可甲公司使用该专利以及进行专利标注。

分析与评述

甲公司未经许可,称其产品为他人专利产品,使社会公众误以为甲公司产品具有他人专利技术,该行为属于《专利法实施细则》第八十四条第一款第(五)项规定的"其他使公众混淆,将未被授予专利权的技术或者设计误认为是专利技术或者专利设计"的情形,构成假冒专利行为。

2. 专利标识与标注载体的关联度

对于专利权人本人或经其同意标注专利标识的被许可人标注合法有效的专利标识时,需要考虑标注专利标识的产品与该专利标识所代表的专利技术方案(设计)的差异程度。对于产品与专利技术完全不相关或差异较大的情形,应认定为假冒专利行为;如果产品与专利技术(设计)虽有差别,但是两者极其相似,或者专利标识涉及的专利技术虽不是整体产品,但属于该标注产品的核心零部件,则不宜认定为假冒专利行为。

【案例4-6】

某市知识产权局执法人员到当地某商场进行假冒专利检查,发现甲公司生产的四款款式不同的玩具上都标有同一专利标识"外观设计专利号:20093×××××××.×"。通过国家知识产权局网站检索查明,该专利虽然属于甲公司所有,且处于有效期内,但其主题是一个抱枕,并不是这四款玩具产品。

分析与评述

甲公司虽拥有标注的专利权,但由于其标注的产品并非专利产品,该标注行为仍使社会公众误以为该等产品为专利产品。同时,这一行为损害了专利管理秩序,属于在未被授予专利权的产品上进行专利标注,构成了假冒专利行为。

同样,被许可人获得专利权人的许可,可以在产品上标注专利号,但如果其实际生产的产品与专利技术不相对应,也有可能涉嫌构成假冒专利行为。

【案例4-7】

某企业生产的芦荟胶产品上标注有"芦荟提取中国发明专利号 ZL972×××××.×""独家专利技术生产"等专利标识。经查,涉案专利的专利权人为黄某,黄某授权该企业标注专利标识,标注亦在专利权有效期内。同时,涉案专利涉及的是芦荟脱皮机。

分析与评述

该案中,该企业经黄某授权享有专利标识标注权,涉案专利涉及的是芦荟脱皮机,而非芦荟胶产品,该专利标识只能标注于芦荟脱皮机产品或者其包装上,而不能标注于芦荟胶产品上。即使该芦荟胶产品是通过该芦荟脱皮机获得的,也不能在其上标注有关芦荟脱皮机专利的标识,以避免社会公众误认为该芦荟胶产品本身是专利产品。该企业的行为属于《专利法实施细则》第八十四条第一款第(一)项规定的"在未被授予专利权的产品或者其包装上标注专利标识"的情形,构成假冒专利行为。

(三)行为载体

假冒专利行为的载体通常有:产品、产品包装、产品说明书、产品宣传资料、广告、专利文件、专利申请文件、专利证书、产品买卖合同、技术转让合同、技术许可合同及合同要约、投标文件等,也包括新闻网站、网上商城、个人网站、博客及微博等网络载体。这些载体在《专利法实施细则》第八十四条中并未穷举,但只要能够使公众获知行为人的宣传行为,即属于假冒专利行为。

【案例4-8】

某市知识产权局行政执法人员在某电器商场检查时,发现该商场在销售宣传板上书写有"××热水器,专利产品;中国专利号:20091000××××",经专利检索后确认,该专利号不存在。

分析与评述

某商场虽然未制作书面的广告宣传资料,但其书写在销售宣传板上的内容实质上已经构成了广告宣传行为,能够使公众误认为××热水器产品为专利产品,因此该行为属于《专利法实施细则》第八十四条第一款第(三)项规定的"在产品说明书等材料中将未被授予专利权的技术或者设计称为专利技术或者专利设计,将专利申请称为专利"的情形,构成假冒专利行为。

（四）时间性要求

符合规定的专利标识标注行为在时间上必须发生在专利授权之后专利权效力终止之前。与之对应，专利标识标注行为发生在专利授权之前或者专利权效力终止之后的，均构成假冒专利行为。此外，专利申请标记虽然可以在专利申请被受理后、授权前标注，但应当符合《专利标识标注办法》的要求，否则，也有可能构成假冒专利行为。

1. 专利权终止

（1）专利权期满终止

发明专利权的期限为 20 年，实用新型专利权和外观设计专利权期限为 10 年，均自申请日起计算。例如，一件实用新型专利的申请日是 2009 年 9 月 6 日，该专利权的期限为 2009 年 9 月 6 日至 2019 年 9 月 5 日，专利权期满终止日为 2019 年 9 月 6 日（遇节假日不顺延）。专利权期满后在专利登记簿和专利公报上分别予以登记和公告，并进行失效处理。

（2）专利权人没有按照规定缴纳年费的终止

专利年费滞纳期满仍未缴纳或者未缴足专利年费或者滞纳金的，如专利权人未启动恢复程序或者恢复权利请求未被批准的，国家知识产权局将在专利权终止通知书发出 4 个月后进行失效处理，并在专利公报上公告。专利权自应当缴纳年费期满之日起终止。

（3）专利权人放弃专利权

授予专利权后，专利权人随时可以主动要求放弃专利权。放弃专利权声明经审查符合规定的，有关事项在专利登记簿和专利公报上登记和公告。放弃专利权声明的生效日为手续合格通知书的发文日，放弃的专利权自该日起终止。

申请人依据《专利法》第九条第一款和《专利法实施细则》第四十一条第四款声明放弃实用新型专利权的，国家知识产权局在公告授予发明专利权时对放弃实用新型专利权的声明予以登记和公告。在无效宣告程序中声明放弃实用新型专利权的，国家知识产权局及时登记和公告该声明。放弃实用新型专利权声明的生效日为发明专利权的授权公告日，放弃的实用新型专利权自该日起终止。

【案例 4-9】

某市知识产权局 2009 年在对友谊商厦进行专利行政执法检查时，发现其销售的"心相印盒抽"产品外包装上印有"ZL20063×××××××.×"专利标识。经检索，国家知识产权局网站法律状态栏公告 ZL20063×××××××.×因未缴纳年费已于 2008 年 8 月 27 日终止。根据《专利法》第六十三条、《专利法实施细则》第八十四条的规定，友谊商厦涉嫌假冒专利行为，该知识产权局决定立案处理，对友谊商厦下了行政处罚前告知书，告知其如对违法事实及处罚意见有不同意见，在收到处罚前告知书的 7 日内提出申辩。在申辩期内，友谊商厦出具了"心相印盒抽"的生产商"恒安（中国）纸业有限公司"提供的 ZL20063×××××××.×号专利的国家知识产权局专利收费收据影印件（补缴时间为 2008 年 10 月），以及在国家知识产权局网站上查询到的 ZL20063×××××××.×号专利缴费信息的证明。

分析与评述

根据恒安（中国）纸业有限公司提供的收据和国家知识产权局网站上的缴费信息，可以证明涉案专利 ZL20063×××××××.×续缴专利年费成功，为合法有效专利。

国家知识产权局网站上的专利法律状态是判断专利是否合法有效的主要依据之一。但由于国家知识产权局网站上专利法律状态和专利缴费信息有时并不同步，因此地方知识产权局在查处假冒专利时，对法律状态显示专利权失效的情况，应给予当事人充分辩解和提交证据的机会，综合作出判断。

2. 专利权被宣告无效

根据《专利法》第四十五条规定，国家知识产权局对专利权无效宣告请求案件进行审查并作出决定。宣告专利权无效包括宣告专利权全部无效和部分无效两种情形。根据《专利法》第四十七条的规定，宣告无效的专利权视为自始即不存在。

专利权被宣告无效后，当事人如果仍然在有关载体上标注专利标识，则构成假冒专利。需要注意的是，与专利权终止前依法在有关载体上标注专利标识，在终止后许诺销售、销售的行为不构成假冒专利行为不同的是，对于专利权被宣告无效前标注的，如果被宣告无效后继续销售的行为，仍然构成假冒专利行为。

【案例 4-10】

某市知识产权局接到社会公众举报，称某公司在产品上标注专利号 911××××.×，该专利号对应的专利权已被国家知识产权局宣布全部无效，该公司的宣传行为涉嫌假冒专利行为。经查询，国家知识产权局已作出宣告该专利权全部无效的决定，并且决定已生效。

分析与评述

该案中，专利权人对无效决定作出的时间和结论均无争议，应当认定该专利权已经被宣告无效，该公司的行为构成假冒专利行为。

二、假冒专利行为的认定

在授予专利权之后的专利权有效期内,专利权人或者经专利权人同意享有专利标识标注权的被许可人可以在其专利产品、依照专利方法直接获得的产品、该产品的包装或者产品说明书等材料上标注专利标识。但是,标注应当按照《专利标识标注办法》的相关规定进行。

行使专利标识标注权最常见、最直接的方式是在相关产品或者其包装上或产品说明书等材料中标注专利标识,销售上述产品。假冒专利的行为也往往发生在生产、销售环节。未获得专利权而标注专利标识、不处于专利权有效期内而标注专利标识、未获得专利权人授权而标注专利标识等行为,都可能构成假冒专利行为。

(一)在产品或者其包装上标注专利标识

对于在产品或者包装上标注专利标识的情形,涉案专利(或专利申请)的法律状态包括已申请专利但未获得授权、获得授权至有效期届满期间、专利权有效期届满之后三种情形。

1. 已申请专利但未获得授权

【案例 4-11】

甲公司在其生产的豆浆机上标注专利号。经查,相关发明专利申请在公布后视为撤回。

分析与评述

甲公司曾向国家知识产权局提出过发明专利申请,但在发明专利申请公开后,申请人放弃该申请实质审查,该申请被视为撤回,因而该申请并未被授予专利权。该案在未被授予专利权的产品或者其包装上标注专利号,属于《专利法实施细则》第八十四条第一款第(一)项规定的情形,构成假冒专利行为。

【案例 4-12】

乙公司在其生产销售的电暖袋产品的包装盒上标注有"专利防爆技术"字样,但没有标注专利号。随后,乙公司提供了申请号为 20112×××××××.×的专利申请受理通知书,但未能提供该专利获得授权的相关证据。经查,该专利申请尚未获得授权。

分析与评述

在产品包装盒等材料中将未被授予专利权的技术或者设计称为专利技术或者专利设计,将专利申请称为专利,使公众将所涉及的技术或者设计误认为是专利技术或者专利设计,属于《专利法实施细则》第八十四条第一款第(三)项规定的情形,构成假冒专利行为。

【案例 4-13】

2010 年 5 月,某市知识产权局在例行检查中发现,某企业制造并出售的电饭锅上标注有"中国专利,专利号 20093×××××××.×"。经查,该专利的授权公告日为 2010年 2 月,而该产品的生产日期为 2009 年 10 月。该企业辩称,该专利的申请日为 2009 年 5 月,根据《专利法》第四十二条的规定,发明专利权的期限为 20 年,实用新型专利权和外观设计专利权的期限为 10 年,均自申请日起计算,因此,2009 年 10 月的标注行为不构成假冒专利行为。

分析与评述

该企业的辩解混淆了专利权的保护期限和专利权的生效时间。根据《专利法》第三十九条、第四十条的规定,专利权自公告之日起生效。由此可知,专利标识的合法标注应在专利权授权之后而不是专利申请日之后进行,即便该专利最终获得了授权,在其授权公告日之前的标注行为仍构成假冒专利行为。

该案当事人在提出专利申请之后,在未授权之前已经开始进行专利标识标注,该标注行为属于假冒专利行为。鉴于该专利申请最终获得授权,且该行为是在专利授权后才被执法人员发现的,客观危害性较小,处罚不宜过重。

2. 获得授权至有效期届满期间

标注行为发生在授权之后至有效期届满期间,进一步细分为如下情形。

(1)专利权存在并处于有效状态

【案例 4-14】

某企业获得了一项发明专利权,但其在相关产品上仅标注了专利号,未用中文标明专利类型。

分析与评述

该案中,专利权是存在并处于有效期内的,可以在产品上标注专利标识。并且当事人拥有发明专利权,并无故意混淆、隐瞒专利类型的主观意图,因此不应认定为假冒专利行为。但是,未用中文标明该专利类型,不符合《专利标识标注办法》第五条的规定,应责令其限期改正。

【案例 4-15】

某企业获得了一项发明专利权,但其在产品上仅用中文标明专利类型,而未标注专利号。

分析与评述

该企业未标注专利号的行为属于不规范的专利标识标注行为,由于其拥有与产品相应的专利权,因此未构成假冒专利行为,但这种标注不符合《专利标识标注办法》第五条的规定,应责令其限期改正。

对于该种只标注专利标记而未标注专利号的情形,办案人员应当要求其提供涉案产品获得专利的证据,包括专利证书等。如果当事人提供的专利证明文件表明该产品确实拥有专利,则可以按标注不规范要求其改正;如果当事人提供不出获得专利的相关证据,或者提供的专利文件与产品不符,则应以假冒专利论处。

【案例 4-16】

某企业获得了一项发明专利权,其在产品上用中文标明了专利类型,亦标注了专利号。经查,所标注的专利号与真实专利号相差一位,导致产品上所标注的专利号并不存在。

分析与评述

该企业标注的专利号不存在,不符合《专利标识标注办法》第五条的规定,构成假冒专利行为;但从该案的客观事实来看,专利权人的标注错误明显出于过失而非故意,当事人也没有利用这一结果欺骗公众的意图,因此仅需责令其限期改正,不必进行处罚。

【案例 4-17】

某市知识产权局在检查中,发现甲公司生产的产品上标注某专利号。经查,该专利的专利权人是乙公司,甲公司对该专利号的使用并未获得乙公司的许可。

分析与评述

该案中,甲公司未经许可在其产品上标注乙公司的专利号,属于《专利法实施细则》第八十四条第一款第(一)项规定的"未经许可在产品或者产品包装上标注他人的专利号"的情形,构成假冒专利行为。

(2)专利权因欠费而终止

获得专利权后,专利权人应按规定缴纳年费,如未缴纳或未缴足,则专利权将因欠费而终止。此后,专利权人不得再在其生产、销售的产品或其包装等载体上标注该专利标识。

【案例 4-18】

2011年,某门店销售的由甲公司生产的空调上标注专利号011××××.×。经查,涉案专利因未缴纳年费,该专利权已于2009年终止。甲公司在规定期限内未能按要求提供相关证明材料。

分析与评述

涉案专利因未缴费而终止,专利权终止之后,继续在产品或者其包装上标注专利标识,属于《专利法实施细则》第八十四条第一款第(一)项规定的情形,构成假冒专利行为。

(3)专利权人主动放弃专利权

专利申请获得授权,但被专利权人主动放弃的,专利权人也不应再在所生产、销售的产品或其包装等载体上标注专利标识。

【案例 4-19】

甲公司2011年在自己生产的产品上标注专利号。经查,甲公司已于2009年主动放弃该专利权。

分析与评述

该案中,涉案专利权已被放弃,甲公司之后在产品上标识该专利的专利标识属于《专利法实施细则》第八十四条第一款第(一)项规定的情形,构成假冒专利行为。

【案例 4-20】

甲公司在自己的产品上标注专利号。经查,专利号对应的专利权仍在有效期内,但是涉案专利权包括多项并列的技术方案,该产品与其中一个技术方案相对应,而该技术方案已在无效宣告请求审查过程中被甲公司主动删除,该技术方案的放弃已被国家知识产权局接受。

分析与评述

尽管该专利号对应的专利权仍然有效,但该产品所对应的技术方案已经被专利权人主动放弃,之后再在产品上标识该专利的专利标识属于《专利法实施细则》第八十四条第一款第(一)项规定的情形,构成假冒专利行为。

【案例 4-21】

2013年10月,某市知识产权局在某商场进行检查时,发现甲公司2013年5月生产的产品上标注了中国实用新型专利20092×××××××.×、中国发明专利20091×××××××.×。经查,20092×××××××.×号实用新型专利的法律状态为"避免重复授权放弃专利权",与该实用新型技术相对应的20091×××××××.×号发明专利授权公告日为2012年7月18日。

分析与评述

专利权人依据《专利法》第九条第一款和《专利法实施细则》第四十一条第四款规定,一般会在发明专利即将被授权时声明放弃实用新型专利权,放弃的实用新型专利权自发明专利权的授权公告日起终止。因此,2012年7月18日,20092×××××××.×号实用新型专利权已经终止,甲公司在专利权终止后仍然标注实用新型专利标识、某商场销售上述产品的行为属于《专利法实施细则》第八十四条第一款第(一)项规定的情形,构成假冒专利行为。

(4)专利权被宣告无效

专利申请获得授权后,任何人均可以对该专利提起无效宣告请求。如果专利权被宣告无效,其后不得继续在产品或者其包装等载体上标注专利标识。

【案例 4-22】

某门店销售甲公司生产的空调,该空调上标注有专利号。经查,该专利权已被国家知识产权局宣告全部无效,无效宣告请求审查决定已生效。

分析与评述

该案中,涉案专利权已经被宣告无效,该专利权视为自始即不存在。专利权被宣告无效后,甲公司继续在产品或者其包装上标注专利标识属于《专利法实施细则》第八十四条第一款第(一)项规定的情形,构成假冒专利行为。该销售门店的销售行为属于《专利法实施细则》第八十四条第一款第(二)项规定的情形,也构成假冒专利行为。

3. 专利权有效期届满

在专利权有效期届满之后,专利权人不得再在其所生产、销售的产品或其包装等载体上标注专利标识。

【案例 4-23】

2011 年,某经销处销售的由甲公司 2010 年生产的天然碎石漆,包装上标注外观设计专利号 983×××××.×。经查,天然碎石漆包装的生产日期为 2010 年。

分析与评述

外观设计专利权的有效期为 10 年,该漆包装的外观设计专利权已于 2008 年届满。在专利权有效期届满之后,甲公司继续在产品或者其包装上标注专利标识,属于《专利法实施细则》第八十四条第一款第(一)项规定的情形,构成假冒专利行为。

(二)销售标注专利标识的产品

对于销售标注专利标识的产品的情形,涉案专利(或专利申请)的法律状态除了包括上节中涉及的已申请专利但未获得授权、获得授权至有效期届满期间、专利权有效期届满的三种情形外,还有以下几种情形值得注意。

1. 专利权终止后的销售行为

根据《专利法实施细则》第八十四条第二款的规定,专利权终止前依法在专利产品、依照专利方法直接获得的产品或者其包装上标注专利标识,在专利权终止后许诺销售、销售该产品的,不属于假冒专利行为。因此,办案人员在执法过程中应该查明涉案产品的生产日期及专利的法律状态日,据以判断销售者的行为是否属于《专利法实施细则》第八十四条第二款规定的情形。

【案例 4-24】

2016 年 1 月,执法人员在执法中发现,甲商场销售的退热仪产品上标注有"产品专利:20132×××××××.×"。经查,涉案专利权因未缴年费终止,终止日期为 2015 年 10 月 21 日。该产品盒内合格证载明"出厂日期 2015 年 5 月 10 日"。

分析与评述

该案中,涉案产品的出厂日期在专利权终止日之前,可见其生产日期也在专利权终止日之前,

生产者该标注行为属于在专利权有效期内依法标注。虽然甲商场的销售行为发生在专利权终止日之后,但该行为符合《专利法实施细则》第八十四条第二款规定的情形,依法不构成假冒专利行为。

2. 专利权被宣告无效后的销售行为

专利权被宣告无效后,该专利权自始视为不存在。因此,无论是生产环节还是销售环节,都不可以在产品或者其包装上标注专利标识。对于专利权被宣告无效后许诺销售、销售该产品的,《专利法实施细则》第八十四条第二款并没有将该情形排除在假冒专利行为之外。因此,专利权被宣告无效后,无论制造者是在专利权被宣告无效后还是被宣告无效前标注专利标识的,销售者都不得再销售,否则构成假冒专利行为。

【案例 4-25】

2018 年 2 月,执法人员发现甲商场销售的气泡水机产品上标注有"实用新型专利:ZL20132×××××××.×"。经查,涉案专利权被宣告全部无效,无效决定日为 2017 年 9 月 13 日。该产品生产日期为 2017 年 3 月 2 日。

分析与评述

涉案专利已于 2017 年 9 月 13 日被宣告无效,无论产品生产日期是在无效决定日之前还是之后,都不得继续销售。甲商场在专利权被宣告无效后销售标注专利标识的产品,属于《专利法实施细则》第八十四条第一款第(二)项规定的情形,构成假冒专利行为。

3. 善意销售者的法律责任认定

根据《专利法实施细则》第八十四条第三款的规定,销售不知道是假冒专利的产品,并且能够证明该产品合法来源的,由管理专利工作的部门责令停止销售,但免除罚款的处罚。该款规定减轻了善意销售者的法律责任,但销售假冒专利产品的行为仍然构成假冒专利行为,需要承担除罚款以外的法律责任。

【案例 4-26】

甲药店销售的健胃茶产品外包装上标注有 ZL931×××××.×,生产日期为 2014 年 5 月。经查,该专利申请日为 1993 年 12 月 20 日。甲药店销售了 30 盒,每盒售价 35 元。在随后的陈述申辩环节,甲药店提供了涉案产品的进货发票、入库单等材料。

分析与评述

该案中,涉案专利为发明专利,保护期限 20 年,该专

利权已于 2013 年 12 月 20 日届满终止。甲药店销售专利权终止后仍然标注专利标识的产品，属于《专利法实施细则》第八十四条第一款第（二）项规定的情形，构成假冒专利行为。根据《专利法》第六十三条的规定，专利执法部门应当责令其改正并予公告，没收违法所得，可以并处违法所得 4 倍以下的罚款。甲药店提供了其有合法来源的证明材料，根据《专利法实施细则》第八十四条第三款的规定，可以免除其罚款，但是由于其有违法所得，因此仍然需要没收其 1050 元的违法所得。

（三）在产品说明书等材料中标注专利标识

除在产品或其包装上标注专利标识之外，为了打开销路、宣传品牌或者提高产品价格等，在产品说明书等材料（例如广告、网页、宣传册等）中标注专利标识也较为常见。

1. 将专利申请称为专利

仅提交了专利申请，尚未获得授权，此时不得在产品说明书等材料中标注为"专利"，根据《专利标识标注办法》第七条的规定，应明确标明"专利申请，尚未授权"字样。

【案例 4-27】

甲公司在其网站上发布"我公司研发的矫正系统及教材喜获国家专利"的新闻，当地知识产权局执法人员前往该公司进行调查取证，该公司负责人对公司网站涉及专利的新闻宣传事实予以认可。经查，国家知识产权局仅受理了该公司"矫正系统"实用新型专利申请和"课本"外观设计专利申请，但尚未授权。

分析与评述

该案中，甲公司申请实用新型和外观设计两项专利，尚未获得授权便在公司网站新闻中宣称已获得专利。在产品说明书等材料中将专利申请称为专利，属于《专利法实施细则》第八十四条第一款第（三）项规定的情形，构成假冒专利行为。

【案例 4-2-30】

甲公司与乙公司签订合同，合同中注明，乙公司将从甲公司购买一定数量的某专利产品，该产品上标注某专利号。经查，该专利号所对应的专利申请仅处于申请阶段，尚未获得授权。

分析与评述

甲公司在合同中将尚未被授予专利权的专利申请称为专利，进行销售或许诺销售，属于《专利法实施细则》第八十四条第一款第（三）项规定的情形，构成假冒专利行为。

2. 将未被授予专利权的技术或者设计称为专利技术或者专利设计

当事人如未获得专利权，不应在说明书等材料中标注专利标识。未获得专利权，除未曾获得专利授权的情形，还包括授权后该专利权被宣告无效、授权后该专利权期限届满或因欠费而终止、授权后主动放弃该专利权等情形。

【案例 4-29】

某商场的热水器销售宣传板上标有专利标识"全球专利号 2005A000037"，经查，该专利号不存在。

分析与评述

在宣传板上标注并不存在的专利号，是将未被授予专利权的技术或者设计称为专利技术或者专利设计，使公众将所涉及的技术或者设计误认为是专利技术或者专利设计，属于《专利法实施细则》第八十四条第一款第（三）项规定的情形，构成假冒专利行为。

【案例 4-30】

2011 年 1 月，某市知识产权局接到举报，甲公司在其散发的广告宣传册上称"某人造大理石荣获国家专利"并标注专利号。经查，该专利号所对应的发明专利因未缴费已经终止。

分析与评述

该案中，涉案专利因未缴费而终止，专利权终止之后，专利权已不存在，其效力与未被授予专利权的技术或者设计在本质上相同，继续在宣传册上以专利来宣传产品，属于《专利法实施细则》第八十四条第一款第（三）项规定的情形，构成假冒专利行为。

【案例 4-31】

甲公司在自己网站"公司简介"页面宣称"集团董事长是公司所有专利技术产品的发明人"，其"拥有二十余项美国和中国发明专利"，并在"我们的资质"页面附上 A、B、C 三项专利证书。经查，A 专利权因未缴费而终止，B 专利权已放弃，C 专利处于有效状态。

分析与评述

在网站上传专利证书属于在产品说明书等材料中使用专利进行宣传的行为。虽然 C 专利处于有效状态，但 A 专利权已终止，B 专利权已放弃，A、B 专利权均已不存在，其效力与未被授予专利权的技术或者设计在本质上相同。在网站上将未被授予专利权的技术或者设计称为专利技术或者专利设计，使公众将所涉及的技术或者设计误认为是专利技术或者专利设计，属于《专利法实施细则》第八十四条第一款第（三）项规定的情形。因此，甲公司的宣传行为属于假冒专利行为。综上，对于某一标有多个专利号的产品，即便多个专利号对应的专利均涉及该产品，但是，如果所标注的专利号对应的专利权中存在终止或无效的情况，同样应认定该行为属于假冒专利行为。

类似地,对于某一标注有多个专利号的产品,如果多项专利中有涉及该产品的,也有不涉及该产品的,即便与该产品相对应的专利权有效,无论其他专利权是否有效,均应认定该行为属于假冒专利行为。

【案例4-32】

2018年10月,甲公司发布采购公告,所列招标项目评分标准包括"投标人每有一项垃圾压缩站(设备)专利的得2分,最多得6分"。乙公司在投标文件中称其拥有证书号为第1620×××号、专利号为ZL20092×××××××.×的实用新型专利。经查,该专利权已于2014年6月因未缴年费终止。

分析与评述

乙公司为了中标甲公司的招标项目,在投标文件中记载已经终止的专利标识,使招标方误认为乙公司仍然拥有有效的专利权,这一宣传行为属于《专利法实施细则》第八十四条第一款第(三)项规定的"在产品说明书等材料中将未被授予专利权的技术或者设计称为专利技术或者专利设计"的情形,构成假冒专利行为。

(四)未经许可使用他人的专利号

未经许可在产品或者其包装上标注他人的专利标识、未经许可在说明书等材料上标注他人的专利标识,使公众将所涉及的技术或者设计误认为是标注者拥有的专利技术或者专利设计,构成假冒专利行为。

1. 他人的专利权在有效期内

【案例4-33】

甲公司在网页上称公司拥有多项专利,并公开了多个专利号。经查,网页上所列专利号的专利权人并不是甲公司,而是姜某。经查,姜某为甲公司的法定代表人,姜某未许可甲公司以任何形式使用其专利号。

分析与评述

甲公司使用公司法定代表人姜某拥有的专利权进行宣传。尽管涉案专利的专利权人为甲公司法定代表人姜某,但并不意味着甲公司拥有这些专利权。未经姜某许可,甲公司不得标注姜某拥有的专利权。未经许可使用他人专利号,使公众将所涉及的技术或者设计误认为是标注者拥有的专利技术或者设计,属于《专利法实施细则》第八十四条第一款第(三)项规定的情形,构成假冒专利行为。

2. 他人的专利权已终止或无效

【案例4-34】

甲公司生产的产品上标注有"实用新型专利,专利号:ZL20132×××××××.×"。经查,ZL20132×××××××.×

号专利的专利权人为乙公司,乙公司并未许可甲公司使用其专利标识,且该专利已因未缴年费终止。

分析与评述

未经乙公司许可,甲公司无权在其产品上标注涉案专利权专利标识。同时,由于涉案专利已未缴年费被终止,即该专利权已不存在,乙公司亦无标注权,因此,虽然甲公司的行为属于《专利法实施细则》第八十四条第一款第(一)项规定的情形,但不能以"未经许可在产品上标注他人的专利号"来定性(因假冒他人专利情节严重的还需负刑事责任),应当以"专利权终止后继续在产品上标注专利标识"来定性。

3. 未经许可以他人的名义进行标注

【案例4-35】

甲公司在其产品上标注"乙公司专利,专利号:ZL20152×××××××.×",经查,甲公司的标注行为并未取得乙公司的许可。

分析与评述

虽然甲公司在其产品上并没有只标注他人的专利号,而是同时标注了专利权人,但是该标注行为并未获得专利权人许可,容易使公众误认为甲公司的产品涉及的技术是乙公司的专利技术,并获得了乙公司的许可,属于《专利法实施细则》第八十四条第一款第(一)项规定的情形,构成假冒专利行为。

(五)伪造或者变造专利法律文书

专利证书、专利文件和专利申请文件均是专利法律文书,专利证书和专利文件可证明专利权的所有权或者证明专利权保护范围等,专利申请文件则可以作为预期获得专利权的佐证。

伪造专利法律文书,是指仿照真实法律文书特征使用各种方法制作专利法律文书的行为。变造专利法律文书,是指无变更权限的人对真实专利法律文书进行处理,改变专利法律文书内容的行为。

伪造或变造专利法律文书均属于假冒专利行为。

1. 伪造专利法律文书

【案例4-36】

甲公司在招投标活动中,向招标方提供了表明该公司授权专利的发明专利证书,专利号为20051×××××××,经查,上述专利号和相关专利权均不存在。

分析与评述

甲公司的行为是典型的伪造专利证书的行为,属于《专利法实施细则》第八十四条第一款第(四)项规定的情形,构成假冒专利行为。

【案例 4-37】

甲与乙进行合作洽谈，洽谈中甲宣称获得了某项技术的专利权，并提供了相关专利授权公告文本复印件。后乙举报甲涉嫌假冒专利。经查，甲提供的专利授权公告文本是伪造的，该专利权并不存在。

分析与评述

该案当事人的行为是典型的伪造专利文件的行为，属于《专利法实施细则》第八十四条第一款第（四）项规定的情形，构成假冒专利行为。

【案例 4-38】

甲和乙在进行洽谈合作研发某产品过程中，甲向乙出示若干份专利证书，并宣称自己已就该产品提交多项发明专利申请，其中一部分在短期内有望获得授权。经乙要求，甲提供了相关专利申请的权利要求书等文件。经查，上述申请文件均系伪造。

分析与评述

该案当事人的行为是典型的伪造专利申请文件的行为，属于《专利法实施细则》第八十四条第一款第（四）项规定的情形，构成假冒专利行为。

2. 变造专利法律文书

【案例 4-39】

A 公司经理为公司开展业务的便利，变造专利证书，将某中国发明专利证书的发明名称由"远红外线杀菌除臭鞋垫"篡改为"远红外线杀菌除臭材料及制作方法和杀菌除臭卫生巾"，并将专利权人由"张某某"篡改为"A 公司"。

分析与评述

A 公司经理的行为是典型的变造专利证书的行为，属于《专利法实施细则》第八十四条第一款第（四）项规定的情形，构成假冒专利行为。

【案例 4-40】

甲在参加展会时将外观设计专利授权公告文本摆放在展台上招揽顾客，授权公告文本中专利权人是甲本人，专利权均在有效期内。经查，所展示的产品外观设计图片或者照片并非该专利的图片，甲也并非该专利的专利权人，申请日与该专利的实际申请日不同。

分析与评述

甲的行为是典型的变造专利文件的行为，属于《专利法实施细则》第八十四条第一款第（四）项规定的情形，构成假冒专利行为。

【案例 4-41】

甲向乙推销某产品，甲宣称自己已就该产品提交了实用新型专利和外观设计专利申请，即将获得授权，并在

乙要求下提供了实用新型专利申请权利要求书、外观设计专利申请图片等申请文件，实用新型专利申请的权利要求书内容、外观设计专利申请图片均与甲所推销的产品完全相同。经查，上述实用新型和外观设计专利申请的确存在，但甲提供的专利申请文件相关内容与实用新型专利申请的权利要求书、外观设计专利申请图片均不同，甲提供的申请文件系变造。

分析与评述

该案当事人的行为是典型的变造专利申请文件的行为，属于《专利法实施细则》第八十四条第一款第（四）项规定的情形，构成属于假冒专利行为。

（六）其他假冒专利行为

假冒专利行为的后果是造成公众混淆，将未被授予专利权的技术或者设计误认为是专利技术或者专利设计。除上述情形，实践中还可能遇到下述情形。

1. 错误标注专利类型

通过错误标注专利类型（主要是将实用新型专利或外观设计专利称为发明专利）使得公众混淆其内容，例如，使公众将产品包装的外观设计专利误认为是涉及产品本身的发明专利。

【案例 4-42】

某企业代理商为推广销售某产品，在某晚报上刊登广告，宣称该产品为"国家发明专利"，标注专利号为20103×××××××.×，并以该专利权宣传该产品疗效。

分析与评述

根据相关规定，专利申请号（与专利号相同）第 3 位（采取 8 位数编码时）或第 5 位（采取 12 位数编码时）表明该专利的类型，其中"1"或"8"代表发明，"2"或"9"代表实用新型，"3"则代表外观设计。该案中，该企业代理商未按照《专利法实施细则》第八十三条以及《专利标识标注办法》规定标注专利标识，虽如实标注专利号，但错误标注专利类型。这种行为使得公众混淆销售产品与外观设计专利的关系，将产品包装的外观设计专利误认为是涉及产品本身的发明专利，属于《专利法实施细则》第八十四条第一款第（三）项规定的"将未被授予发明专利权的产品称为发明专利，使公众将所涉及的技术误认为是发明专利"的情形，构成假冒专利行为。

2. 在改变的产品上标注原专利标识

【案例 4-43】

某公司在一系列形状相同而图案、色彩不同的异形玻璃杯外包装上都标有同一专利标识"外观设计专利号：20093×××××××.×"。经查，该外观设计专利权处于有效

期内,但其所保护的玻璃杯上图案、色彩与上述系列玻璃杯并不相同,并且该外观专利要求保护色彩。

分析与评述

按照《专利法》第二条第四款的规定,外观设计,是指对产品的形状、图案或者其结合以及色彩与形状、图案的结合所作出的富有美感并适于工业应用的新设计。该案中,尽管都是玻璃杯且形状相同,但其上的图案、色彩不同,在同类但与其不同的其他产品上标注该专利权的专利号,其效力与在未被授予专利权的产品或者其包装上标注专利标识在本质上相同,属于《专利法实施细则》第八十四条第一款第(一)项规定的情形,构成假冒专利行为。

3. 实际产品与标注的专利标识不一致

【案例4-44】

某公司生产的颈椎牵引器上标注有专利号。经查,该专利号对应的专利名称为"腰带包装盒",并非"颈椎牵引器"。

分析与评述

在某一产品上标注其他产品的专利号,尽管"腰带包装盒""颈椎牵引器"是同一生产单位,但其内容使公众混淆,其效力与将未被授予专利权的技术或者设计误认为是专利技术或者专利设计在本质上是相同的,属于《专利法实施细则》第八十四条第一款第(一)项规定的情形,构成假冒专利行为。

【案例4-45】

某美容院在网站上宣称其掌握"专利开眼角技术""专利去皱技术"专利并标有相关实用新型专利号。经查,该美容院的确有多项实用新型专利权,但均为美容仪器或其部件。

分析与评述

该美容院虽然拥有实用新型专利权,但其在网站上并未明确标明其专利权类型,美容院的经营项目是提供美容服务,其做广告的意图也是招揽顾客、推销其美容服务,上述标注行为是容易造成公众混淆,将其拥有的美容产品专利权误认为美容方法专利权,导致公众将未被授予专利权的技术或者设计误认为是专利技术或者专利设计,属于假冒专利行为。

(七)假冒专利行为与专利侵权行为

对于专利侵权行为而言,《专利法》第十一条规定了"未经专利权人许可,实施其专利"的判断标准。与《专利法实施细则》第八十四条规定的假冒专利行为相比,二者的判断标准不同,对两者的认定应根据各自法条独立

进行。假冒专利行为与侵犯专利权行为并无必然联系,假冒专利行为成立不以侵犯专利权为必要条件,单纯侵犯专利权的行为也不能被认定为假冒专利行为或构成假冒专利罪。

【案例4-46】

某市知识产权局在例行检查中发现,甲企业制造并出售的某种电饭锅上标注有专利号 20093×××××××.×。经核查,该专利号所对应的专利为一种微波炉,其专利权人是乙企业,且该专利权处于有效状态。经询问当事人,甲企业称其随意捏造了一个专利号并加以标注,并未刻意使用他人专利号。

分析与评述

假冒专利行为的认定应严格依照法条的规定进行,当未经许可使用他人合法有效的专利号时,即构成假冒专利行为.这一判断标准中并未将落入专利保护范围作为必要条件。该案中,甲企业制造的电饭锅并未落入乙企业微波炉专利的保护范围,未构成专利侵权,但构成假冒专利行为。

在有些情况下,当事人在假冒专利的同时,还实施了他人的专利技术,即假冒专利行为与专利侵权行为出现了事实上的竞合。此时,当事人须分别承担假冒专利的责任和侵犯专利权的责任。

【案例4-47】

甲公司拥有一项手电筒的专利,并生产与之相应的产品。乙公司见该产品技术性能优越,便予以仿制,并在产品外标注甲公司的专利号。在地方知识产权局执法人员对其进行查处的过程中,乙公司辩称,其产品完全落入甲公司专利权的保护范围,两者技术性能完全一致,消费者购买乙公司的产品并未上当受骗,故乙公司的行为不应构成假冒专利行为。

分析与评述

乙公司的产品虽非价高质低之次品,但乙公司的行为侵犯了甲公司的专利标识标注权,同时扰乱了专利管理和市场经济秩序,具有一定的社会危害性,应予以处罚。在判断是否构成假冒专利行为时,只需考虑是否获得专利权人的许可,无需考虑是否落入他人专利的保护范围。如未获得许可,可直接认定为假冒专利行为。

第三节　当事人申辩

专利执法部门作出行政处罚决定前,应告知当事人作出处罚决定的事实、理由和依据,并告知当事人依法享有陈述、申辩、举行听证的权利。在当事人的陈述、申辩中,有以下几种常见的申辩理由。

一、专利权有效证明

【案例4-48】

2011年，某市知识产权局执法人员发现辖地甲公司生产的热水器被标注为专利产品（发明专利：热水器内胆专利号20061××××××.×），该批次产品的生产日期为2010年10月。经检索发现，该专利申请尚处于实质审查阶段，甲公司存在假冒专利的嫌疑。甲公司向市知识产权局提交了该产品专利证书复印件以及2010年年费缴纳收据，证明该发明专利申请已于2010年1月被授予专利权，甲公司的热水器生产日期均在授权之后。

分析与评述

甲公司向国家知识产权局提交了发明专利申请。在假冒专利行为查处过程中，甲公司提交了专利证书复印件、缴纳专利年费的证明，以及涉案产品出厂日期证明等证据，证明涉案专利已被授予专利权，且涉案产品出厂日期在涉案专利授权之后的专利权有效期内。甲公司的标注行为不属于《专利法实施细则》第八十四条第一款第（一）项规定的情形，不构成假冒专利行为。

二、专利权有效期内标注

【案例4-49】

2012年，某商厦销售的盒装抽纸产品外包装上印有"ZL20063×××××××.×"专利标识，该产品生产日期为2012年1月。经检索发现，该外观设计专利因未缴费于2011年8月终止，这种专利标注行为存在假冒专利的嫌疑。该商厦在指定期限内，向当地知识产权局提交了由盒装抽纸生产商提供的涉案专利的专利收费收据复印件。当地知识产权局核查属实，该专利仍为合法有效专利。

分析与评述

涉案盒装抽纸生产日期在专利权因欠费终止之后，专利权人及时续费，续接了专利有效期，因此盒装抽纸包装的外观设计专利权仍处于有效状态。在专利权有效期内依法在专利产品、依照专利方法直接获得的产品或者其包装上标注专利标识，不属于假冒专利行为。

【案例4-50】

某市知识产权局2011年1月对某商场进行专利执法检查，查出甲公司酸奶机上标注专利标识所对应的实用新型专利权已于2010年9月22日终止。因其继续在包装上标注涉嫌假冒专利行为，执法人员向该商场和甲公司发出行政处罚告知书。随后，甲公司提交了上述批次酸奶机的生产及标注日期为2010年4月的证明。

分析与评述

甲公司能够提供该批次酸奶机的生产和标注日期在

专利权终止之前的证明，因此甲公司的专利标注行为属于《专利法实施细则》第八十四条第二款规定的情形，不构成假冒专利行为。

【案例4-51】

2011年3月，某市知识产权局接到举报称，发现某商场出售标注有专利号的自动铅笔，相关专利权已于2009年10月到期，该商场涉嫌假冒专利。该局执法人员对该商场出售的自动铅笔抽样取证，并要求该商场在规定时间内提供该产品的进货、销售情况证明。相关铅笔供应商提供了相关证据，证明2009年5月该商场开业时供应了一批铅笔，因销售情况不佳，该商场后来再未进货。经核实，供应商所述属实。

分析与评述

商场及供应商并非专利权的拥有主体，但其购买产品的时间早于专利权终止时间，显然，专利标识的标注时间不晚于产品的出厂时间，因此，可以推定上述标注行为发生于专利权终止之前，不属于假冒专利行为。

三、不知情销售

《专利法实施细则》第八十四条第三款规定，销售不知道是假冒专利的产品，并且能够证明该产品合法来源的，由专利执法部门责令停止销售，但免除罚款的处罚。

【案例4-52】

某商场销售的水杯上标注有专利标识。经查，所标识的专利号对应的专利并非水杯，而是铁锅。该商场涉嫌假冒专利，执法人员向该商场发出行政处罚告知书。该商场提交了进货合同、发票等证据，证明产品具有合法来源，并称事先不知道该产品为假冒专利产品。

分析与评述

销售商能够提供产品的合法来源证明，其对该产品是假冒专利的事实也并不知情，因此，仅责令其停止销售该产品，免除对其罚款。

停止销售能够避免假冒专利产品进一步侵犯消费者的合法权益，防止不当得利。若当事人拒不停止销售，则当事人具有主观故意，可以对其罚款。

【案例4-53】

某市知识产权局对某商场进行检查，查出甲公司豆浆机上标注的专利号并不存在，涉嫌假冒专利行为。执法人员向该商场发出行政处罚告知书，该商场提交了购买上述豆浆机的发票，证明产品具有合法来源，并称事先不知道为假冒产品。该市知识产权局责令其停止销售该产品，但该商场未停止。

分析与评述

该案中,销售商虽能够提供产品的合法来源证明,但其被责令停止销售后不停止销售的行为,反映出其对销售假冒专利商品具有主观故意,因此不能适用《专利法实施细则》第八十四条第三款的规定,应认定其行为属于假冒专利行为,并给予罚款处罚。

第五章　专利标识标注不规范行为认定

在查处假冒专利行为的执法实践中,经常会遇到某些产品或包装、产品宣传册等载体上标注了专利标识,虽然标注主体适格,专利权也合法有效,依照《专利法实施细则》第八十四条的规定构不成假冒专利行为,但没有按照《专利标识标注办法》的规定予以标注,扰乱了专利标识标注管理秩序,需要予以纠正。

第一节　专利标识标注不规范行为概述

一、相关概念

(一)专利标识标注权

专利标识标注权,是指在授予专利权之后的专利权有效期内,专利权人在其专利产品、依照专利方法直接获得的产品、该产品的包装或者该产品的说明书等材料上标注专利标识的权利。他人经专利权人同意,可享有专利标识标注权。

(二)专利申请标记标注权

专利申请人在其已提交专利申请的产品、产品包装或者产品说明书等载体上如实标注该产品已提交专利申请等信息的权利称为专利申请标记标注权。他人经专利申请人同意,可享有专利申请标记标注权。

(三)专利申请号、公开号、专利号以及授权公告号

专利申请号,是指专利申请人提交专利申请后,由国家知识产权局按一定编码规则给出的编号。专利申请号通常用 12 位阿拉伯数字表示,第 1~4 位数字表示受理专利申请的年号,第 5 位数字表示专利申请的种类(1 和 8 为发明,2 和 9 为实用新型,3 为外观设计),第 6~12 位数字为申请流水号,在流水号后面通过"."随跟校位。例如 201110012018. X。

专利公开号,是指发明专利申请尚未获得专利授权之前,国家知识产权局依法公开专利申请时的编号,其标识组成方式为"国别号+种类号+流水号+标识代码"。例如 CN1340998A,其中,CN 为国别,1 表示发明,340998 表示流水号,A 为标识代码,整体表示中国的第 340998 号发明专利。

专利号,是授予专利权时国家知识产权局给出的编号,记载在专利证书上。专利号的编码通常是在申请号前面加 ZL,例如 ZL201110012018. X。

授权公告号,是指专利申请在获得授权后,国家知识产权局对授权专利进行公告时的编号。对于发明专利、实用新型专利、对于外观设计专利,公告号最后一位字母分别为 B、U、S。

(四)利害关系人

本章中,经专利权人同意享有专利标识标注权的被许可人以及经专利申请人同意享有专利申请标记标注权的被许可人,统称为利害关系人。

二、标注行为规范

(一)相关法律依据

《专利法》第十七条第二款规定:"专利权人有权在其专利产品或者该产品的包装上标明专利标识。"

《专利法实施细则》第八十三条第一款规定:"专利权人依照专利法第十七条的规定,在其专利产品或者该产品的包装上标明专利标识的,应当按照国务院专利行政部门规定的方式予以标明。"

国家知识产权局作为国务院专利行政部门,在其发布的《专利标识标注办法》第二条中规定:"标注专利标识的,应当按照本办法予以标注。"该办法第八条第一款中规定:"专利标识的标注不符合本办法第五条、第六条或者第七条规定的,由管理专利工作的部门责令改正。"

(二)标注规范

标注专利标识的,应当标明下列内容:

①采用中文标明专利权的类别,例如中国发明专利、中国实用新型专利、中国外观设计专利;

②国家知识产权局授予专利权的专利号。

除上述必须标明的事项外,标注时可以附加其他文字、图形标记,但附加的文字、图形标记及其标注方式不得误导公众。

在依照专利方法直接获得的产品、该产品的包装或者该产品的说明书等材料上标注专利标识的,应当采用中文标明该产品系依照专利方法所获得的产品。

标注专利申请标记的,应当采用中文标明中国专利申请的类别、专利申请号,并标明"专利申请,尚未授权"字样。

专利申请人或者专利权人针对某一产品,在国外提交专利申请或者获得授权,或者提交 PCT 专利申请的,应当参照前述要求如实标明专利或者专利申请相关信息。

(三)标注不规范行为的法律责任

专利标识或者专利申请标记标注不规范行为(以下

简称"标注不规范行为")违反专利行政管理秩序的,根据《专利标识标注办法》第八条第一款的规定,由管理专利工作的部门责令改正,即停止标注不规范专利标识或者专利申请标记。

标注国外专利或者专利申请、PCT 专利申请标记构成假冒专利行为的,专利执法部门应当按照假冒专利行为的认定标准和执法程序进行查处;上述标注行为不构成假冒专利行为,但标注内容存在误导公众嫌疑的,应当按照涉嫌虚假宣传移送相关部门处理。

第二节　标注不规范行为的认定

一、合规标注行为的构成要件

合规专利标识或专利申请标记标注行为应当具备下列四个构成要件:

①行为主体应当是有权主体;

②行为载体应当是产品、依照专利方法直接获得的产品、产品包装、产品说明书等材料;

③行为形式合规;

④标注时间合法。

(一)行为主体

合规的专利标识标注行为主体应当是专利权人或者经专利权人同意享有专利标识标注权的被许可人,合规的专利申请标记标注行为主体应当是专利申请人或者经专利申请人同意享有专利申请标记标注权的被许可人。标注主体不享有所标识专利或者专利申请的标注权的,无论标注的专利标识或者专利申请标记是否符合有关规定,标注行为均构成假冒专利行为,而非标注不规范行为。

销售商销售或者许诺销售带有不合规专利标识或者专利申请标记产品,或者发放带有不合规专利标识或者专利申请标记宣传材料的,应当承担相应责任。

(二)行为载体

标注专利标识或者专利申请标记的载体通常有:产品、产品包装、产品说明书、产品宣传资料等。随着互联网技术的发展,标注行为载体扩展到电子载体,包括但不限于新闻网站、网上商城、个人或者企业网站等。

(三)行为形式

合规的专利标识或者专利申请标记标注行为形式通常包括:①存在标注实施行为;②所标注的专利标识或者专利申请标记在形式上符合《专利标识标注办法》的要求;③产品与所标注的专利或者专利申请在内容上具有关联性。

1. 标注实施行为

标注实施行为,通常是指在产品或者产品包装上标

注专利标识或者专利申请标记,销售、许诺销售前项所述产品,在产品说明书等材料中标注专利标识或者专利申请标记。

【案例 5-1】

甲商场销售的由乙公司生产的玻璃杯上标注有"仿冒必究专利号 20112×××××××.×"。经查,所述专利标识系专利权人乙公司在专利权有效期内标注,专利技术内容与产品相一致。

分析与评述

乙公司为专利权人,其在专利权被授予后的有效期内标注专利标识,产品与专利技术相一致。但是,上述标注内容没有标注专利权类别和正确的专利号,不符合《专利标识标注办法》第五条的规定。乙公司的行为构成专利标识标注不规范行为。

甲商场销售了专利标识标注不规范的产品,同样构成专利标识标注不规范行为,应当责令其改正,即责令其停止销售标有上述字样的玻璃杯。

【案例 5-2】

甲电器商城在其柜台上摆放有某品牌热水器的宣传册,该宣传册上标注有"本产品获国家专利,专利号 20133×××××××.×"。经查,该宣传册系专利权人热水器生产厂家乙公司印制,印制时间在专利权有效期内,专利技术内容与其宣传的产品相一致。

分析与评述

乙公司为专利权人,其有权在专利权被授予后的有效期内,在其专利产品宣传册上标注专利标识,但是上述标注内容没有标注专利权类别和正确的专利号,不符合《专利标识标注办法》第五条的规定。乙公司的行为构成标注不规范行为。

甲电器商城发放标注有不规范专利标识的产品宣传册,同样构成专利标识标注不规范行为,应当责令其停止发放标注有上述字样的宣传册。

2. 标注字样

按照《专利标识标注办法》的相关规定标注专利字样,如专利权类别、专利号、附加文字、图形、专利申请标记等,是规范标注专利标识或者专利申请标记的必要条件。在标注形式上不符合《专利标识标注办法》相关规定的,构成标注不规范行为。

【案例 5-3】

甲中药有限公司在其生产的口炎清颗粒产品包装上标注有"中国专利号:ZL20071×××××××.×"。经查,甲中药有限公司为涉案专利的专利权人,专利标识系该公司

在专利权有效期内标注,专利技术内容与产品相一致。

分析与评述

该公司在专利权被授予后的有效期内标注了专利标识,产品与专利技术相一致,标注实施人为专利权人。但上述标注内容没有标注专利权类别,不符合《专利标识标注办法》第五条的规定。甲中药有限公司的这一标注行为构成专利标识标注不规范行为,应当责令其改正。正确的标注应当是"中国发明专利,专利号 ZL20071××××××××.×"。

3. 产品与专利的关联性

标注的专利号所涉及的技术方案或者外观设计与产品不一致的,无论标注形式是否规范,标注行为都构成假冒专利行为,而非专利标识标注不规范行为。

【案例5-4】

某企业生产的芦荟胶产品上标注有"芦荟提取中国发明专利号 ZL972×××××.×""独家专利技术生产"等专利标识。经查,涉案专利的专利权人为黄某,黄某授权该企业标注专利标识,标注亦在专利权有效期内。同时,涉案专利涉及的是芦荟脱皮机。

分析与评述

该案中,该企业经黄某授权享有专利标识标注权,是合规的标注主体,标注亦在专利权有效期内,所标注的专利标识也包括专利权类别、专利号等信息,在形式上符合《专利标识标注办法》第五条的规定。但涉案专利涉及的是芦荟脱皮机,而非芦荟胶产品,该专利标识只能标注于芦荟脱皮机产品或者其包装上,而不能标注于芦荟胶产品上。即使该芦荟胶产品是通过该芦荟脱皮机获得的,也不能在其上标注有关芦荟脱皮机专利的标识,以避免社会公众误认为该芦荟胶产品本身是专利产品。该企业的行为属于《专利法实施细则》第八十四条第一款第(一)项规定的"在未被授予专利权的产品上标注专利标识"的情形,构成假冒专利行为,而非标注不规范行为。

产品上标注的专利标识或者专利申请标记对应的是零部件而非整个产品时,只要产品与所标注的专利标识或者专利申请标记有关联性,就不宜将其认定为假冒专利行为;是否属于标注不规范行为,需根据合规标注的四个构成要件加以判断。

【案例5-5】

某加气站的加气设备上标注有"中国实用新型专利,专利号 ZL20062×××××××.×"。经查,该加气设备是甲公司生产,甲公司拥有 ZL20062×××××××.×号专利权,并在专利权有效期内在其加气设备上标注了上述专利标识。同时查证,ZL20062×××××××.×号专利涉及的是压缩气缸,该压缩气缸属于加气设备中的核心部件。

分析与评述

该案中,甲公司拥有压缩气缸的实用新型专利权。虽然根据《专利法》第十七条第二款的规定,专利权人原则上只能在其专利产品(压缩气缸)或者该产品包装上标注专利标识,而不能在包含该产品的另一产品(加气设备)上标注专利标识,但由于压缩气缸是加气设备的核心部件,二者在工作时紧密关联,尤其是所述压缩气缸安装于加气设备的内部,如果将甲公司在其生产的加气设备上标注压缩气缸专利标识的行为认定为假冒专利行为,将难以达到鼓励规范标注专利标识的目的。该案中,在标注字样符合《专利标识标注办法》相关规定的情况下,不宜将甲公司的标注行为认定为标注不规范行为。

(四)时间性要件

在专利权被授予后标注专利标识的,标注行为应当在专利权有效期内,即专利授权之后到专利权终止之前。在专利授权之前或者专利权终止之后标注专利标识的,构成假冒专利行为。

标注专利申请标记的,标注行为应当在专利申请日之后到专利授权之前。

【案例5-6】

甲商场销售的"心相印随盒抽"产品外包装上标注有"ZL20063×××××××.×"专利标识。经查,该专利已因未缴纳年费而终止。在调查过程中,甲商场出具了补缴涉案专利年费的收据,执法人员随后调取登记簿副本,显示该专利法律状态为有效(下一年度年费及滞纳金已缴纳)。

分析与评述

在甲商场申辩前,执法人员收集的证据表明涉案专利因未缴纳年费而终止,生产企业在专利权终止后继续在产品上标注专利标识以及甲商场销售相关产品的行为,属于《专利法实施细则》第八十四条第一款第(一)项、第(二)项规定的情形,无论专利标识的标注形式是否符合要求,甲商场的行为都构成假冒专利行为。

随后,甲商场提供补缴专利年费的收据,专利登记簿副本亦显示涉案专利因年费和滞纳金已缴纳而恢复到有效状态。在此情况下,甲商场假冒专利行为不再成立。但涉案产品上仅标注了专利号,未标注专利权类别,不符合《专利标识标注办法》第五条的规定,构成专利标识标注不规范行为,应当责令其改正。

二、标注不规范的认定

对标注不规范行为进行监督管理,应当从合规标注的四个构成要件加以判断,重点核查标注字样是否符合《专利标识标注办法》第五条至第七条的相关规定。

（一）专利权类别标注不规范

标注专利标识的,应当采用中文标明专利权的类别。

1. 未标注专利权类别

未用中文标注专利权类别,如发明、实用新型或者外观设计的,属于专利权类别标注不规范的情形。

【案例5-7】

某企业获得了一项发明专利权,其在相关产品上仅标注了专利号"ZL018××××.×",未用中文标明专利权类别。

分析与评述

该案中,专利权存在并处于有效期内,专利权人有权在其产品上标注相关专利标识,以表明其拥有发明专利权,但其未按照《专利标识标注办法》第五条的规定用中文标注专利权类别,构成专利标识标注不规范行为,应责令其限期改正。正确的标注应当是"中国发明专利,专利号 ZL018××××.×"。

2. 错误标注专利权类别

行为主体标注的专利权类别和专利号不一致的,属于"在未被授予专利权的产品或者其包装、产品说明书上标注专利标识"的情形,构成假冒专利行为,不属于标注不规范行为。

【案例5-8】

某企业在其销售的产品上标注"具有国家发明专利、专利号 ZL20123×××××××.×",在产品说明书上有"本产品获国家专利,具有……功能"的表述。

分析与评述

该案中,某企业未按照《专利法实施细则》第八十三条以及《专利标识标注办法》第五条的规定标注专利标识,其虽如实标注专利号,但错误标注了专利权类别,使得公众对产品所获得的专利权类别产生混淆,将产品包装的外观设计专利误认为是涉及产品本身的发明专利,属于《专利法实施细则》第八十四条第一款第(五)项规定的"使公众混淆,将未被授予专利的技术误认为是专利技术"的情形,构成假冒专利行为,不能将其认定为标注不规范行为。

实践中,某一产品涉及的专利技术为实用新型专利,但权利人在产品上标注发明专利的,也属于在未被授予发明专利权的产品上标注发明专利标识的情形,构成《专利法实施细则》第八十四条第一款第(一)项所列的假冒专利行为。

3. 产品外包装专利或者专利申请的标注不规范

专利权人拥有产品包装的外观设计专利权,不拥有产品本身的专利权,专利权人或者其利害关系人在产品包装上只标注专利号,未标明专利权类别,或者附加"专利产品仿冒必究""本产品已申请专利,侵权必究"等字样的,应当认定为标注不规范行为,不宜认定为假冒专利行为。

【案例5-9】

某企业销售的烫伤膏外包装上标有"专利产品专利号:ZL20133×××××××.×"。

分析与评述

该案中,专利权存在并处于有效期内,类别为外观设计专利权,专利权人有权在其产品上标注相关专利标识,以表明其拥有外观设计专利权。但是,其未按照《专利标识标注办法》第五条的规定用中文标注专利权类别,容易使公众误认为产品本身是专利产品。因此,该企业的行为属于专利标识标注不规范的情形,应责令其限期改正。正确的标注应当是"中国外观设计专利,专利号 ZL20133×××××××.×"。

4. 多国专利或者专利申请的标注不规范

权利人拥有国外专利或者专利申请、PCT 专利申请的,其应当参照《专利标识标注办法》第五条至第七条的要求,如实标注所拥有专利权的类别、国家及该国专利号。如"德国发明专利,专利号 GE×××××××"。

【案例5-10】

甲企业在我国拥有一项发明专利权,其同时也递交PCT 申请并在多个国家获得专利权。该企业在其产品上标注"国际专利,中国发明专利,专利号 20141×××××××.×"的字样。

分析与评述

专利具有地域性,不存在所谓"国际专利""全球专利"等术语。该案中,甲企业拥有与产品相对应的中国发明专利权,其有权在相关产品上如实标注中国发明专利及相应的专利号。同时,其也拥有多国的专利权,在产品上标注"国际专利"并没有夸大宣传、误导公众,只是措辞不严谨。因为即便有国外专利,也应当标注国外专利类别和专利号,而不是标注"国际专利"。因此这种标注不符合《专利标识标注办法》第五条的规定,属于标注不规范行为,可以责令其改正。正确的标注方法是分别标注各国专利权类别和专利号。例如,标记"德国发明专利,

专利号×××××;美国发明专利,专利号×××××"等,连同
"中国发明专利,专利号ZL20141×××××××.×"一起,在
产品或者产品包装上进行标注。

但是,如果该企业在只获得中国专利权,或者只是通
过国际组织递交了申请,尚未被其他国家授予专利权的
产品上标注"国际专利""全球专利"等字样,使公众将
未被其他国家授予专利权的技术或者设计误认为获得了
其他国家授权的专利技术或者设计,则相关标注行为属
于《专利法实施细则》第八十四条第一款第(五)项所列
假冒专利的行为,应当以涉嫌假冒专利行为立案查处。

5. 同时存在标注不规范和假冒专利行为

既存在专利标识标注不规范的行为,也存在假冒专
利的行为的,应当以涉嫌假冒专利行为进行查处。

【案例5-11】

执法人员执法检查时,发现甲药店销售的由乙公司
生产的腰间盘突出三蛇磁波透骨贴产品外包装上标注有
"中华人民共和国国家专利专利号20133×××××××.×"专
利标识。经查,20133×××××××.×号专利真实有效,产品
生产日期在专利授权公告日之后,但该专利的专利权人
为王某,而非乙公司。调查中,甲药店未能提供王某同意
乙公司享有专利标识标注权的相关证明文件,执法机关
遂以假冒专利案件立案并进行了处理。

分析与评述

该案中,单从标注的字样、标注的时间及专利号的法
律状态来看,其瑕疵仅在于没有标注专利权类别以及没
在专利申请号前加注"ZL",属于专利标识标注不规范的
情形,正确的标注应当是:"中国外观设计专利,专利号
ZL20133×××××××.×"。

但是,该案最大的问题是,专利权人与涉案标注主体
不一致,如果王某未同意乙公司享有专利标识标注权,则
乙公司标注专利标识的行为属于《专利法实施细则》第八
十四条第一款第(一)项"未经许可在产品或者包装上标
注他人的专利号"的情形。甲药店销售上述产品,属于
《专利法实施细则》第八十四条第一款第(二)项的情形,
构成假冒专利行为,应以涉嫌假冒专利而非专利标识标
注不规范行为进行查处。

(二)专利号标注不规范

标注专利标识的,除了应当采用中文标注专利权类
别外,还应当标明国家知识产权局授予专利权的专利号。
只标注专利权类别而未标注专利号、标注专利号时未在
数字前加注"ZL"、标注授权公告号而非专利号等,均属
于专利号标注不规范的情形,但《专利法》《专利法实施

细则》等法律、法规另有规定的除外。

【案例5-12】

某商场销售的健康走毯上标注有"中国实用新型专
利产品仿冒必究"。由于该标注不能反映涉案产品是否
拥有合法有效的专利权,执法人员遂要求商场提供该产
品拥有专利权的证明。商场随后提供了专利证书。经
查,该专利权真实有效,标注者也是专利权人,执法人员
以专利标识标注不规范为由责令该商场进行改正。

分析与评述

健康走毯的生产企业在其产品上只标注了专利权类
别,未标注专利号,经查证其拥有相应的专利权,因此不
构成假冒专利的行为。但是,这种标注不符合《专利标识
标注办法》第五条第一款第(二)项的规定,属于标注不
规范的行为,应责令其改正。

当发现产品没有标注专利号时,办案人员不能一概
以标注不规范行为查处,而是应当首先核实涉案产品拥
有专利权的情况。如果经查证,标注主体、标注载体、所
标注的专利权及相应技术方案都符合合法标注要件,才
应考虑以专利标识标注不规范行为进行查处。当存在标
注主体不适格、专利号所对应的技术方案与产品无关联
性等情形时,应当以假冒专利行为进行查处。

【案例5-13】

某药店销售的黄皮肤乳膏外包装上标注有"本包装
已获专利仿冒必究专利号20093×××××××.×"。经查,该
专利标识的标注日期在专利权有效期内,专利权真实有
效,专利权人与产品制造商一致。

分析与评述

产品制造商(专利权人)未按照《专利标识标注办
法》第五条第一款的规定用中文标注专利类别,并且专利
号前缺少"ZL"标记。根据相关规定,当事人提交专利申
请后就会取得专利申请号,授权后专利号的数字位与申
请号相同,但是规范的专利号应在数字位前加注"ZL"标
记,以便与专利申请号相区分。

该案中,涉案产品上没有按照规定标注专利权类别
和专利号。正规的标注应当是"中国外观设计专利,专利
号ZL20093×××××××.×",产品制造商将标识修改为例如
"本包装已获中国外观设计专利,仿冒必究,专利号
ZL20093×××××××.×"也是可以接受的。该药店销售专
利标识标注不规范的产品,应当责令其改正。

【案例5-14】

某药店销售的膏药产品上标注有"中国发明专利专
利号CN101×××××××"。

分析与评述

该案中,CN101××××××并非专利号,而是专利授权公告号。经查,公告号为 CN101××××××的专利与涉案产品完全一致,相关标注行为并未构成假冒专利行为。但这种标注不符合《专利标识标注办法》第五条第一款第(二)项的规定,属于专利标识标注不规范的行为,应当责令其改正。

【案例 5-15】

某企业在其生产销售的保健枕上标注了"中国外观设计专利,专利号 ZL20073×××××.×"。经查,所标注的专利号与真实专利号相差一位,导致产品上所标注的专利号不存在。当事人提供其拥有合法专利权的证明,经查,与该产品对应的专利号应为 ZL20073××××××.×,执法时真实有效。

分析与评述

该案中,专利权人拥有真实有效的专利权,且其专利权技术内容与产品一致,其标注缺少一个数位为明显笔误,但仍属于假冒专利行为,因为主观过错是追究其法律责任的构成要素,而不是违法行为的构成要素。不管当事人是否具有主观故意,只要标注了不存在的专利号,其行为就构成假冒专利。但是,因其没有主观故意,故可以责令改正,减轻或不予处罚。

实践中也存在标注的专利号某一数位错误或者错位,导致与他人的专利号恰巧重合的情形,该情形下构成假冒专利行为,而非标注不规范行为。如果当事人能够提供其拥有合法专利权的证明,且所述专利权与涉案产品技术内容或者外观设计相一致,此时可以将专利号标识中数位错误或者错位归结为明显笔误,减轻或不予处罚,责令其改正。

(三)附加文字、图形标记、方法类专利权标注不规范

除了采用中文标注专利权类别和标注专利号外,标注时还可以附加其他文字、图形标记,但所附加的文字、图形标记及标注方式不得误导公众。

下列情形属于附加文字、图形标记、方法类专利权标注不规范行为:

①只附加文字或者图形,未标注专利权类别和专利号;

②附加文字或者图形将会误导社会公众;

③在依照专利方法获得的产品或者包装上未标注"系依照专利方法所获得的产品"。

【案例 5-16】

某企业在其生产销售的按摩仪上标注了"专利产品仿冒必究"。经查,该企业拥有与标注产品技术相一致的有效实用新型专利权。

分析与评述

该企业只标注了"专利产品仿冒必究"的附加文字,没有标注专利权类别、专利号。但因其拥有相应的专利权,因此不能认为构成假冒专利行为。根据《专利标识标注办法》第五条第二款的规定,附加文字只能作为专利权类别、专利号等专利标识的附加标记进行标注,不能在不标注专利权类别和专利号的情况下只标注附加文字。该企业的标注行为构成专利标识标注不规范行为,应当责令其改正。

【案例 5-17】

某药店销售的皮肤乳膏上标注有"国家专利专利质量中国外观设计专利号:ZL20133××××××.×"。

分析与评述

该产品上除了按规定标注专利权类别和专利号外,还标注有"国家专利专利质量"的附加文字。经查,该专利是涉案产品包装的外观设计专利,但对社会公众而言,看到"国家专利专利质量"的附加文字表述后,容易将产品本身(皮肤乳膏)误认为有专利技术。因此这一标注违反了《专利标识标注办法》第五条第二款关于附加文字不得误导公众的规定,该药店销售这种专利标识标注不规范的产品,应承担相应的责任,消除误导公众的附加文字。

【案例 5-18】

某药店销售的"清开灵颗粒"产品外包装上标注有"发明专利号:ZL991×××××.×"。经查,991×××××.×号专利技术是"用环糊精包合胆酸及动物浸膏制备清开灵颗粒的工艺",所述"清开灵颗粒"系用该专利方法直接获得的产品。

分析与评述

该药店销售的"清开灵颗粒"产品实际是按照 991××××××.×号专利所述方法直接获得的产品,但该产品仅标注了专利权类别和专利号,没有标注"该产品系依照专利方法所获得的产品",不符合《专利标识标注办法》第六条的规定,构成专利标识标注不规范行为,应当责令其改正。

(四)专利申请标记标注不规范

专利权被授予前,专利申请人有权在其相应的产品、产品的包装或者产品的说明书等材料上如实标注专利申请信息,但在标注时应当采用中文标明中国专利申请的类别、专利申请号,并标明"专利申请,尚未授权"字样。

专利申请号、专利申请的类别和"专利申请,尚未授

权"的标记字样须同时标注。在专利申请被驳回或者被视为撤回后仍标注专利申请标记，或者专利授权后已终止或者被宣告无效后依然标注专利申请标记的，属于专利申请标记不规范的行为。

【案例5-19】

某医疗器械专卖店销售的充气式床垫外包装上标注有"已申请国家专利侵权必究专利申请号：20132×××××××.×"。经查，在产品生产日期之前该专利申请尚未授权。

分析与评述

专利权被授予前标注专利申请标记的，应当按照《专利标识标注办法》第七条的规定，用中文标明中国专利申请的类别、专利申请号、"专利申请，尚未授权"字样，三者缺一不可。该案中，涉案产品的专利申请尚未授权，没有标注专利申请的类别，也没有标注"专利申请，尚未授权"字样，属于专利申请标记标注不规范行为，应当责令其改正。正确标注应为"中国实用新型专利申请，专利申请号20132×××××××.×，专利申请，尚未授权"。

同时，涉案专利申请尚未授权，是否可获得授权也未可知，而根据《专利法》第十一条的规定，专利授权后未经专利权人许可实施其专利才构成侵权行为，在专利申请未被授予专利权之前不存在侵权的情形，标记"侵权必究"容易误导公众，也属于标注不规范的行为，应当责令其消除该附加文字。

另外，如果行为主体在标注专利申请标记的同时还附加"仿冒必究""专利申请已获保护""未经授权不得仿制"等文字，也属于容易误导社会公众的情形，应当责令其消除相应表述。

【案例5-20】

某商场销售的口罩外包装上标注有"发明专利申请号：021×××××.×"。经查，该口罩生产日期之前涉案专利申请的法律状态为"发明专利申请公布后的视为撤回"。

分析与评述

根据《专利标识标注办法》第七条的规定，专利申请人可以在专利权被授予前标注专利申请标记。"专利权被授予前"，一方面指专利申请已经提交（即专利申请真实存在），但尚未被授权，另一方面指专利申请存在被授权的可能性。因此，《专利标识标注办法》第七条隐含的含义是标注者在标注专利申请标记时，该专利申请的法律状态应为正在申请中，尚不存在被驳回、被视为撤回、主动放弃等情况。该案中，生产企业在标注上述专利申请标记时，涉案专利申请已被视为撤回。生产企业在明

知不可能获得授权的情况下仍然标注专利申请标记，且未如实标注相应法律状态，不符合《专利标识标注办法》第七条的规定，构成专利申请标记标注不规范行为，应当责令其改正。

附录（略）

专利行政保护复议与应诉指引

第一部分　专利行政保护复议指引
第一章　专利执法行政复议概述

专利执法行政复议，是指公民、法人或者其他组织不服管理专利工作的部门在专利执法过程中作出的具体行政行为，认为该行为侵犯其合法权益，依照法定的程序和条件，向特定的行政机关提出申请，由受理该复议申请的行政机关依法对原具体行政行为的合法性和适当性进行审理，并最终作出行政复议决定的行政行为。

在专利执法过程中，行政相对人对于管理专利工作的部门作出的具体行政行为不服的，可以依法选择行政复议作为救济手段。

第一节　专利执法行政复议的范围

专利执法行政复议的范围，是指申请人可以申请行政复议的事项范围。这既是申请人提出行政复议申请的范围，同时也是行政复议机关有权审查的行政行为或处理的行政争议的范围。

专利执法行政复议的事项可分为以下几种：

1. 对查处假冒专利行为时作出的责令改正、罚款、没收违法所得等行政处罚不服的；

2. 对查处假冒专利行为时作出的财产的查封、扣押等强制措施不服的；

3. 认为管理专利工作的部门在专利执法过程中侵犯合法的经营自主权的；

4. 申请管理专利工作的部门履行专利执法法定职责，管理专利工作的部门没有依法履行的，主要包括请求处理专利侵权纠纷，管理专利工作的部门未受理或者驳回处理请求，或者举报假冒专利行为，管理专利工作的部门不予立案处理的；

5. 认为管理专利工作的部门在执法信息公开中的具体行政行为侵犯其合法权益的，或者申请执法信息公开，管理专利工作的部门依法应公开而不公开或逾期不答复的；

6. 认为管理专利工作的部门的其他具体行政行为侵犯其合法权益的。

根据《中华人民共和国行政复议法》(以下简称《行政复议法》)第八条第二款、《中华人民共和国专利法》(以下简称《专利法》)第六十条规定,当事人对管理专利工作的部门作出的专利侵权纠纷行政裁决不服的,应当直接依照《中华人民共和国行政诉讼法》(以下简称《行政诉讼法》)向人民法院提起行政诉讼,不能提起行政复议。当事人对管理专利工作的部门作出的调解不服的,应当依照《中华人民共和国民事诉讼法》(以下简称《民事诉讼法》)相关规定向人民法院提起民事诉讼,不能提起行政复议。

由各知识产权保护中心、知识产权快速维权中心等单位协助办理的电商、展会领域专利案件,以调解形式结案的,不属于本指引所称的专利执法范畴。当事人对处理结果不服的,可以依照《民事诉讼法》相关规定向人民法院提起民事诉讼,不能申请行政复议。

第二节 专利执法行政复议机关

专利执法行政复议机关,是指依照《行政复议法》、《中华人民共和国行政复议法实施条例》(以下简称《行政复议法实施条例》)、《专利法》及《中华人民共和国专利法实施细则》的有关规定,对专利执法的行政复议申请进行受理,并审查原专利执法行为合法性和适当性的行政机关。

一、专利执法行政复议机关的确定

专利执法行政复议机关按照以下原则确定:

1. 对县级以上地方各级人民政府管理专利工作的部门作出的具体行政行为不服的,申请人可以选择该部门的本级人民政府或者上一级主管部门申请行政复议;

2. 对由综合执法单位承担专利执法工作中的具体行政行为不服的,申请人可以向管理专利工作的部门的本级人民政府或者上一级主管部门申请行政复议;

3. 对被撤销的管理专利工作的部门在撤销前作出的具体行政行为不服的,申请人可以向继续行使其职权的部门的本级人民政府或者上一级主管部门申请行政复议。

中央全面依法治国委员会《行政复议体制改革方案》中对地方行政复议机关有所调整的,从其规定。

二、专利执法行政复议机关的职责

管理专利工作的部门作为行政复议机关时,应按照《行政复议法》的规定履行行政复议职责。一般由负责法制工作的处(科)室[以下简称"复议处(科)室"]具体办理行政复议事项,以行政复议机关的名义履行行政复议职责。在涉及专利执法的行政复议工作中,复议处(科)室主要包括以下职责:

1. 接收并审查专利执法行政复议申请,对于不符合受理条件的不予受理,符合受理条件的予以受理;

2. 向执法部门及人员调查取证,调阅有关文档和资料;

3. 审查申请复议的具体行政行为是否合法与适当;

4. 办理一并请求的行政赔偿事项;

5. 申请人对专利执法过程中作出的具体行政行为申请复议的同时,对该执法行为所依据的规定提出审查申请的,由复议处(科)室对该申请进行处理或转送;

6. 拟订、制作和发送行政复议法律文书;

7. 办理因不服专利执法行政复议决定而提起行政诉讼的行政应诉事项;

8. 按照职责权限,督促下级专利执法行政复议机关受理符合规定的复议申请,以及督促被申请人或申请人履行生效的行政复议决定;

9. 统计专利执法行政复议、行政应诉案件,以及办理重大行政复议决定备案事项;

10. 研究专利执法行政复议工作中发现的问题,及时向有关单位或部门提出改进意见或建议,对于重大问题及时向行政复议机关报告;

11. 法律、法规规定的其他职责。

行政复议机关中初次从事行政复议的人员,应当通过国家统一法律职业资格考试取得法律职业资格。

第二章 专利执法行政复议的应对

专利执法行政复议程序启动后,管理专利工作的部门作为被申请人,应当做好应对工作。

第一节 专利执法行政复议程序的启动

一、专利执法行政复议的期限

申请人认为与专利执法相关的具体行政行为侵犯其合法权益的,可以自知道该具体行政行为之日起60日内提出专利执法行政复议申请。

对于上述60日的期限,按照以下规定进行计算:

1. 专利执法中的具体行政行为是当场作出的,自具体行政行为作出之日起计算。

2. 载明具体行政行为的文书直接送达的,自被送达人签收之日起计算。

3. 载明具体行政行为的文书通过邮局以给据邮件形式邮寄送达的,自被送达人在邮政签收单上签收之日起计算;没有邮政签收单的,自受送达人在送达回执上签名之日起计算。

4. 载明具体行政行为的文书留置送达的,自送达人和见证人在送达回证上签注的留置送达之日起计算。

5. 具体行政行为依法通过公告形式告知被送达人的,自公告规定的期限届满之日起计算。

6. 被申请人在专利执法中的具体行政行为未当场告知申请人,事后补充告知的,自该申请人收到补充告知通知之日起计算。

7. 有证据证明申请人知道具体行政行为的,自申请人知道具体行政行为之日起计算。

8. 申请人曾申请管理专利工作的部门履行处理专利侵权纠纷或查处假冒专利行为等法定职责,管理专利工作的部门未履行的,行政复议申请期限计算如下:

(1)有履行期限规定的,自履行期限届满之日起计算;

(2)没有履行期限规定的,自管理专利工作的部门收到申请满 60 日起计算。

9. 因不可抗力或者其他正当理由耽误法定申请期限的,申请期限自障碍消除之日起继续计算。

二、专利执法行政复议申请的提出

(一)专利执法行政复议申请的条件

专利执法行政复议申请应当符合下列条件:

1. 复议申请人是专利执法中的具体行政行为的相对人或者其他利害关系人;

2. 有符合规定的被申请人;

3. 有具体的行政复议请求和理由;

4. 属于专利执法行政复议的范围;

5. 属于行政复议机关的行政复议职责范围;

6. 在法定申请期限内提出;

7. 人民法院尚未受理同一主体就同一事实提起的行政诉讼;

8. 其他有权的专利执法复议机关尚未受理同一主体就同一事实提起的行政复议。

(二)专利执法行政复议申请书的内容

申请人书面申请专利执法行政复议的,可以采取面交、邮寄或者传真等方式。专利执法行政复议申请书应当载明以下内容:

1. 申请人的基本情况,包括:申请人是自然人的,写明姓名、身份证件号码、住所、邮政编码等;申请人是法人或者其他组织的,写明名称、住所、邮政编码和法定代表人或者主要负责人的姓名、职务等。申请人有委托代理人的,还应当写明委托代理人的基本情况,包括委托代理人的姓名、工作单位、住所、联系方式等内容。

2. 被申请人的正式名称,不能使用简称。

3. 专利执法行政复议请求、申请专利执法行政复议的主要事实和理由。其中,复议请求要写明申请人的复议目的,如要求撤销或变更具体行政行为、确认具体行政行为违法、申请行政赔偿或者要求履行法定职责等。事实和理由部分主要写明:(1)被申请人专利执法中作出具体行政行为的时间、地点、事实和法律依据;(2)与复议请求相关的事实和法律依据,如要求撤销被申请人的具体行政行为,是否有证据,依据哪些法律、法规等。

4. 申请人签名或者盖章。

5. 申请专利执法行政复议的日期。

申请人口头申请行政复议的,专利执法行政复议机关应当依照上述内容制作专利执法行政复议申请笔录,并将笔录交申请人核对或向其宣读后由申请人签字确认。

三、申请专利执法行政复议应提交的证据

专利执法行政复议中,被申请人承担主要的举证责任。有下列情形之一的,申请人应当提供证明材料:

1. 认为被申请人不履行法定职责的,应提供材料证明曾经向被申请人申请履行法定职责的事实。例如,申请人提出专利执法行政复议申请,要求管理专利工作的部门履行处理专利侵权纠纷的法定职责的,应当提供证据证明自己曾经向管理专利工作的部门提出过请求,而相关部门未予受理。

2. 申请专利执法行政复议时一并提出行政赔偿请求的,应提供材料证明被申请人的具体行政行为侵犯其合法的人身、财产权益,对于造成损失的数额也应提供证据。

3. 需要申请人提供证明材料的其他情形,例如申请人因不可抗力或者其他正当理由耽误申请专利执法行政复议的法定期限的,应当提供发生不可抗力或有其他正当理由的证明材料。

四、代理人委派

申请人委托代理人的,应当向专利执法行政复议机关提交由委托人签名或盖章的授权委托书。

授权委托书上应当载明委托事项、权限和日期。授权委托书如果是在国外或者我国港澳台地区形成的,应按照我国法律的规定办理公证、认证或其他证明手续。授权委托书为外文的,应当附中文译文。

五、专利执法行政复议参加人

(一)申请人

专利执法行政复议的申请人应当是利害关系人。针对假冒专利行为的查处，复议申请人可以是举报假冒专利行为的举报人、投诉人、被查处人等行政相对人；针对执法信息的公开，复议申请人可以是信息公开的申请人，以及认为专利执法信息公开行为侵犯其合法权益的行政相对人。

专利执法行政复议申请人的资格可以因发生法定情形而被继承或变更。继承的情形是指，有专利执法行政复议申请权的自然人死亡的，其近亲属可以作为申请人申请行政复议。这里的近亲属主要是指父母、配偶、子女和兄弟姐妹等。变更的情形是指，有专利执法行政复议申请权的法人或者其他组织终止的，承受其权利的法人或者其他组织可以申请行政复议。

同一行政复议案件有 5 个以上申请人的，由申请人推选 1~5 名代表参加专利执法行政复议。

（二）被申请人

可以按照以下原则来确定专利执法行政复议申请的被申请人：

1. 公民、法人或者其他组织对专利执法中的具体行政行为不服申请行政复议的，作出该具体行政行为的管理专利工作的部门为被申请人，这是确定复议被申请人的一般原则。

2. 专利执法中作出具体行政行为的部门是由法律、法规授予其专利执法权的，该部门作为被申请人。

3. 受管理专利工作的部门委托进行专利执法的组织作出具体行政行为的，委托的部门是被申请人。

4. 被撤销的管理专利工作的部门在撤销前作出具体行政行为的，继续行使其职权的部门为被申请人。

申请人提出行政复议申请时错列被申请人的，行政复议机关应当告知申请人变更被申请人。

（三）第三人

第三人，是指除专利执法行政复议申请人外，同被申请行政复议的专利执法行为有利害关系的其他公民、法人或者其他组织。例如，管理专利工作的部门在查处假冒他人专利行为时，被假冒的专利权人认为对假冒人的处罚过轻的，可以作为第三人。

第三人参加专利执法行政复议有两种形式：一种是第三人主动向行政复议机关申请，另一种是行政复议机关依职权主动通知第三人参加复议。

第二节　被申请人的答复

答复内容是行政复议机关判断专利执法行为是否合法、适当的重要依据。管理专利工作的部门作为被申请人，应重视对行政复议申请书的答复。

一、答复材料的内容

被申请人的答复材料主要包括以下几个方面的内容：

1. 书面答复意见。答复意见应当包括作出被申请复议的专利执法行为的事实和理由、反驳申请人请求的理由，以及被申请人向行政复议机关提出的主张和请求。

2. 表明被申请复议的专利执法行为存在的书面材料。如查处假冒专利行为时作出的限期整改通知书、处罚决定书等。

3. 法律依据、证据和其他有关材料。法律依据是指作出被申请复议的专利执法行为所依据的法律、法规、条例、地方性法规、地方政府规章、国务院部门规章、规范性文件等。证据是指专利执法过程中，当事人提供和管理专利工作的部门依职权获得的证据，具体包括书证、物证、视听资料、证人证言、当事人的陈述、鉴定意见、勘验笔录和现场笔录、电子数据等。上述证据必须经行政复议机关查证属实，才能成为作出行政复议决定的根据。

二、答复时应注意的事项

被申请人答复时需要注意：（1）应当提交作出被申请复议的专利执法行为的全部证据、依据和其他有关材料；（2）提交的应当是作出被申请复议的专利执法行为时的证据，不能是执法行为作出后再补充的证据，更不能在复议过程中自行取证；（3）应在收到答复通知 10 日内提出书面答复，并提交相应的证据、依据等有关材料。

三、申请人、第三人对答复材料的查阅

对于被申请人提供的答复材料，申请人和第三人可以依法申请查阅。如果被申请人提供的证据和其他材料涉及国家秘密、商业秘密和个人隐私等内容，行政复议机关可以拒绝申请人、第三人的查阅请求。

第三节　专利执法行政复议决定的履行

对生效的专利执法行政复议决定，被申请人应当履行。根据行政复议决定类型的不同，被申请人的履行方式可分为以下几种：

1. 行政复议机关作出维持决定的，被申请人主要义务是保持原具体行政行为确定的状态；如果原具体行政行为还未执行的，应该继续执行。

2. 行政复议机关作出撤销决定的，若原具体行政行为已经执行的，被申请人要恢复原状，如解除对申请人的行政强制措施；若尚未执行，则不再执行。

3. 行政复议机关作出变更决定的，被申请人要协助行政复议机关执行变更后的具体行政行为，如将罚款变更为责令改正的，被申请人不得再对申请人处以罚款，而要以行政复议机关的名义责令申请人改正。

4. 行政复议机关作出确认违法决定的,被申请人不得维持原具体行政行为的效力,并依申请人请求采取相应的行政赔偿措施。

5. 行政复议机关作出责令限期履行决定的,被申请人应在规定期限内履行完毕,并将履行的情况报告行政复议机关。

6. 行政复议机关作出撤销或者确认违法决定的同时,责令被申请人限期重新作出具体行政行为的,被申请人要依照法律的要求,在规定期限内重新作出具体行政行为,并将履行情况报告行政复议机关。

第三章　专利执法行政复议的处理

专利行政执法复议机关应当做好复议申请的审查、复议的审理与决定以及决定的送达等工作。

第一节　专利执法行政复议申请的审查与处理

一、对专利执法行政复议申请的审查

管理专利工作的部门在收到行政复议申请后,应审查该复议申请是否符合法定的受理条件。受理条件包括如下几个方面:

1. 有明确的申请人且申请人与管理专利工作的部门作出的具体行政行为存在利害关系。明确的申请人形式审查事项,关键审查申请人是否明确提出了专利执法行政复议申请,并在申请书上签字或盖章;只要身份核对无误,就满足这一形式要件的要求。申请人与具体行政行为存在利害关系,是资格审查的内容,在审查中需要注意以下两点:一是管理专利工作的部门作出的具体行政行为侵犯的是申请人自身而非他人的合法权益,二是侵犯的权益必须是合法的权益。

2. 有符合规定的被申请人。被申请人的资格审查,适用第二章有关被申请人的规定。如果申请人提出行政复议申请时错列被申请人的,专利执法行政复议机关应当告知其变更被申请人;申请人对被申请人进行更正期间,不计入行政复议审理期限。

3. 有具体的专利执法行政复议请求和理由。

4. 在法定期限内提出。

5. 属于本机关的行政复议管辖范围。

6. 没有重复受理的情况。具体是指不存在以下两种情况:(1)其他行政复议机关已经受理同一主体就同一事实提起的专利执法行政复议申请;(2)人民法院已经受理同一主体就同一事实提起的专利执法行政诉讼。如果上述复议申请或行政诉讼未予受理,只要符合其他法定条件,本行政复议机关可以受理该专利执法行政复议申请。

二、对专利执法行政复议申请的处理

收到申请人提交的专利执法行政复议申请后,行政复议机关应当进行审查,,履行审批程序,并作出受理与否的决定。

(一)专利执法行政复议申请的受理

专利执法行政复议申请符合法定受理条件的,经行政复议机关负责人审批后予以受理。

根据《行政复议法》第十七条第二款的规定,行政复议的受理为推定受理,即只要行政复议机关收到申请5日内未作出补正、告知、不予受理等其他处理,便视为已经受理。专利执法行政复议机关决定受理后,可以制作专利执法行政复议申请受理通知书并发送申请人,告知其行政复议程序已启动。

专利执法行政复议申请人就同一事项向两个或者两个以上有权受理的行政机关申请专利执法行政复议的,由最先收到行政复议申请的行政机关受理;同时收到行政复议申请的,由收到行政复议申请的行政机关在10日内协商确定;协商不成的,由其共同上一级行政机关在10日内指定受理机关。协商确定或者指定受理机关所用时间不计入专利执法行政复议审理期限。

(二)专利执法行政复议申请的不予受理

专利执法行政复议申请不符合法定受理条件的,应由承办人员拟订专利执法行政复议申请不予受理决定书,经复议处(科)室负责人审核后,报行政复议机关负责人审批。专利执法行政复议申请不予受理决定书应自收到该专利执法行政复议申请之日起5日内制作完成,并发送申请人。决定书中应说明不予受理的事实和理由。

(三)专利执法行政复议的告知

对于不属于本行政复议机关受理范围的专利执法行政复议申请,承办人员应拟订专利执法行政复议告知书,经复议处(科)室负责人审核后,报行政复议机关负责人审批。专利执法行政复议告知书应自收到该行政复议申请之日起5日内制作完成,并发送申请人。告知书中需告知申请人应依法向有权管辖的行政复议机关提出专利执法行政复议申请。

(四)专利执法行政复议申请的补正

专利执法行政复议申请材料不齐全或者表述不清楚的,经复议处(科)室负责人审核后,报行政复议机关负责人审批,承办人员自收到该行政复议申请之日起5日内一次性通知申请人补正。书面通知的,应当发出专利执法行政复议申请补正通知书,并载明需要补正的事项和

合理的补正期限。

对补正的专利执法行政复议申请,根据不同的情况,可以作出以下几种处理:

1. 受理。经申请人补正后,专利执法行政复议申请符合受理条件的,受理期限自收到补正材料之日起计算。

2. 不予受理。经申请人补正后,专利执法行政复议申请仍不符合受理条件的,应于5日内作出不予受理决定。

3. 告知。经申请人补正后,专利执法行政复议申请不属于本机关受理范围的,应当告知申请人向有权受理该申请的机关提出。

4. 视为放弃专利执法行政复议申请。申请人无正当理由逾期不补正的,视为放弃该专利执法行政复议申请。

(五)复议期间原具体行政行为停止执行的情形

原则上,在专利执法行政复议期间,被申请复议的具体行政行为不停止执行;但是,有下列情形之一的,可以停止执行:

1. 被申请人认为需要停止执行的;

2. 专利执法行政复议机关认为需要停止执行的;

3. 申请人申请停止执行,专利执法行政复议机关认为其要求合理,决定停止执行的;

4. 法律规定停止执行的。

第二节　专利执法行政复议的审理

专利执法行政复议机关受理行政复议申请后,应当对原具体行政行为进行审查,并作出专利执法行政复议决定书或者以其他方式结案。专利执法行政复议审理程序主要包括以下几个方面。

一、确定审理人员

行政复议机关受理专利执法行政复议申请后,确定2名或者2名以上行政复议人员负责复议案件的审理。

二、通知被申请人答复

行政复议机关在受理专利执法行政复议申请之日起7日内,将专利执法行政复议申请书副本或者专利执法行政复议申请笔录复印件发送被申请人,并同时通知被申请人在规定期限内进行答复。

三、被申请人答复

被申请人在收到答复的通知以及专利执法行政复议申请书副本或者专利执法行政复议申请笔录复印件后,应在10日内提交书面答复,对具体行政行为是否合法、是否适当、是否认同申请人的复议请求作出明确答复,并提交作出具体行政行为的全部证据、依据和其他有关材料。

四、审阅案卷并确定审理方式

行政复议人员在接收专利执法行政复议案件后,主要从以下几方面审阅行政复议相关材料:

1. 了解申请人的复议请求和理由、被申请人的答复意见,确定案件的争议点;

2. 审查申请人提供的证据以及被申请人提交的在专利执法中作出原具体行政行为的证据及其他有关材料,梳理案件事实,决定是否需要作进一步调查取证;

3. 确定适用书面审理、听证审理或者其他审理方式。

根据《行政复议法》第二十二条的规定,专利执法行政复议原则上采取书面审理为主、调查取证为辅的审理方式。申请人提出要求或者有下列情形之一的,行政复议机构可以向有关组织和人员调查情况或听取申请人、被申请人和第三人的意见:

1. 复议申请人对案件主要事实有异议的;

2. 现有证据相互矛盾的;

3. 申请人或者第三人提出新的证据,可能否定被申请人认定的案件主要事实的;

4. 案情复杂,需要当事人当面说明情况的;

5. 其他需要调查情况或听取意见的情形。

五、专利执法行政复议的中止

专利执法行政复议的中止,是指在专利执法行政复议过程中出现法定情形,暂停对行政复议的审理。中止审理的,专利执法行政复议机关应当制作专利执法行政复议中止通知书并发送当事人。中止审理的情形包括以下几种:

1. 作为申请人的自然人死亡,其近亲属尚未确定是否参加行政复议的;

2. 作为申请人的自然人丧失参加行政复议的能力,尚未确定法定代理人参加行政复议的;

3. 作为申请人的法人或者其他组织终止,尚未确定权利义务承受人的;

4. 作为申请人的自然人下落不明或者被宣告失踪的;

5. 申请人、被申请人因不可抗力,不能参加专利执法行政复议的;

6. 案件涉及法律适用问题,需要有权机关作出解释或者确认的;

7. 案件审理需要以其他案件的审理结果为依据,而其他案件尚未审结的;

8. 其他需要中止专利执法行政复议的情形。

专利执法行政复议中止的原因消除后,行政复议机关应及时制作专利执法行政复议恢复审理通知书并发送当事人,行政复议审理期限继续计算。

第三节　专利执法行政复议的结案

一、结案形式

管理专利工作的部门作为行政复议机关处理专利执法行政复议案件,应当在查清事实的基础上,依法及时结案。

根据案件处理结果,结案形式可分为以下三种:

1. 作出专利执法行政复议决定书;

2. 终止审理,发出专利执法行政复议终止决定书;

3. 申请人和被申请人经行政复议机关调解达成协议,作出专利执法行政复议调解书。

二、审理期限

专利执法行政复议的审理期限原则上为 60 日,以复议处(科)室收到专利执法行政复议申请书之日为起算日。

对于情况复杂的案件,办案人员应及时提出延长期限的意见,经行政复议机关负责人批准,审理期限可以延长,但是最多不超过 30 日。办案人员应当及时将延期决定通知申请人、被申请人和第三人。

三、结案形式的具体事项

（一）作出专利执法行政复议决定书

除终止审理和达成调解协议的情形外,行政复议机关应当及时作出专利执法行政复议决定,并制作专利执法行政复议决定书。

专利执法行政复议决定书应当满足以下要求:事实叙述清楚,理由论述充分,法条引用准确,复议决定具体、明确。专利执法行政复议决定书包括以下内容:

1. 参加人的基本情况。申请人与第三人是自然人的,应写明姓名、身份证件号码、住所等;申请人与第三人是法人或其他组织的,应写明其全称、法定代表人或主要负责人的姓名和职务;申请人与第三人委托代理人或者有法定代理人的,还应写明代理人的情况。被申请人应写明全称以及法定代表人或主要负责人的姓名和职务。

2. 行政复议案件的程序,包括案由、立案审查、审理、结案等环节的记载。

3. 申请人的申请内容、被申请人的答复内容;有第三人的,还应写明第三人的陈述内容。

4. 专利执法行政复议机关审理查明的案件事实,以及证明上述事实的证据。

5. 专利执法行政复议机关作出决定的理由和依据。

6. 行政复议决定的最终处理结果。

7. 行政复议决定书的效力及申请人和第三人诉权的告知。

8. 作出专利执法行政复议决定的日期。

专利执法行政复议决定书应加盖行政复议机关公章或行政复议专用章。

（二）终止审理

专利执法行政复议案件出现下列情形之一的,行政复议机关可以终止审理:

1. 申请人要求撤回专利执法行政复议申请,行政复议机关准予撤回的。申请人撤回专利执法行政复议申请的案件后,申请人不能以同样的事实和理由再次申请复议,除非其能证明撤回专利执法行政复议申请违背其真实意思表示。

2. 作为申请人的自然人死亡,没有近亲属或者其近亲属放弃行政复议权利的。

3. 作为申请人的法人或者其他组织终止,其权利义务的承受人放弃行政复议权利的。

4. 对行政机关行使法律、法规规定的自由裁量权作出的具体行政行为不服申请专利执法行政复议的案件,申请人与被申请人在行政复议决定作出前自行达成和解协议,并经行政复议机关准许的。

5. 依照相关规定中止的专利执法行政复议,满 60 日行政复议中止的原因仍未消除的,行政复议终止。

（三）达成调解协议

有下列情形之一的,专利执法行政复议机关可以按照自愿、合法的原则进行调解:

1. 公民、法人或者其他组织对管理专利工作的部门行使法律、法规规定的自由裁量权作出的具体行政行为不服申请专利执法行政复议的;

2. 申请人与被申请人之间的行政赔偿纠纷或者行政补偿纠纷。

申请人与被申请人经调解达成协议的,行政复议机关应当制作专利执法行政复议调解书。调解书应当载明行政复议请求、事实、理由和调解结果,并加盖行政复议机关公章或行政复议专用章。专利执法行政复议调解书经双方签字,即具有法律效力。专利执法行政复议调解书生效后,一方不履行专利执法行政复议调解书的,另一方可以申请强制执行。

调解未达成协议或者调解书生效前一方反悔的,行政复议机关应当及时作出专利执法行政复议决定。

四、结案审批

专利执法行政复议案件依法需要作出行政复议决定书的,办案人员应当制作专利执法行政复议案件结案审批表,拟订专利执法行政复议决定书,经复议处(科)室负责人审核后,报行政复议机关负责人批准。

专利执法行政复议案件依法需要终止审理的,办案人员应当制作专利执法行政复议案件结案审批表,经复议处(科)室负责人审核,报行政复议机关负责人批准后,终止审理。

五、结案后的后续措施

为妥善地解决行政争议,提升行政效能,行政复议机关可以在结案后采取如下三种后续措施:

1. 复议意见书。在行政复议期间,行政复议机关发现被申请人或其他下级行政机关的专利执法行为违法或需要做好善后工作的,可以制作专利执法行政复议意见书。有关机关应当自收到专利执法行政复议意见书之日起 60 日内,将纠正相关专利执法违法行为或做好善后工作的情况通报复议处(科)室。

2. 复议建议书。在复议期间,行政复议机关发现法律、法规、规章实施中带有普遍性的问题,可以制作专利执法行政复议建议书,向有关机关提出完善制度和改进专利执法的建议。

3. 复议备案。下级行政复议机关应当及时将重大专利执法行政复议决定报上级行政复议机关备案。

第四节　专利执法行政复议决定的作出

专利执法行政复议决定是行政复议机关对具体行政行为依法审查后,基于查清的事实,根据法律、法规、规章以及其他规范性文件的规定,以专利执法行政复议决定书的形式作出的结论性意见。

一、专利执法行政复议的审理和决定理由

专利执法行政复议机关作出行政复议决定前,需要对行政复议所针对的专利执法行为的合法性和适当性进行全面的实体审查,并将审查结果作为专利执法行政复议决定的理由。审查内容主要包括以下几个方面。

(一)主体及其职权的审查

主体审查包括两方面:(1)专利执法主体的存在是否有组织法依据;(2)专利执法主体的权限来源是否有法律、法规的明确授权。

职权审查包括对是否超越职权和滥用职权两个方面的审查。

如下几种情形通常被认为超越职权:

1. 下级行政机关非法行使了上级行政机关的职责;

2. 超越地域管辖权限的越权,如专利假冒行为查处案件本应由违法行为发生地的管理专利工作的部门管辖,但却由违法行为人住所地的管理专利工作的部门进行了处理;

3. 行政机关的内设工作机构行使了该行政机关的权限,如管理专利工作的部门内设的执法处(科)室以自己的名义对外作出了执法行为;

4. 法律、法规授权的组织超越了授权范围;

5. 受委托进行专利执法工作的组织超越了委托权限范围。

滥用职权则是指被申请复议的管理专利工作的部门虽然在形式上是在职责范围内作出专利执法行为,但是其在行使职权过程中违背了赋予其权限的法律、法规的宗旨。

(二)事实证据的审查

事实清楚和证据确凿是具体行政行为合法的前提,对事实和证据的判断,直接影响审理的结果。对案件事实的审查,主要看证据是否确凿充分,因此在审理涉及专利执法的行政复议案件时,要对证据的质量和数量进行全面的判断。对于证据,具体有以下几个方面的要求:

1. 证据真实客观,不是由专利执法人员主观臆造出来的;

2. 证据和具体行政行为之间存在关联性,如处罚假冒专利行为依据的应当是能证明行为人存在假冒行为的证据,而不能是与假冒专利无关的证明其存在其他违法经营情况的证据;

3. 取证的主体和程序合法,如在进行现场取证的人员应具有执法权限,符合法定人数,现场收集证据应履行法定程序;

4. 作出具体行政行为依据的全部证据完整充分、确凿,在逻辑上没有冲突,能相互印证,形成完整的证据链。

(三)执法依据的审查

对执法依据的审查,是指审查被复申议的专利执法行为适用法律、法规、规章以及其他规范性文件是否正确。对执法依据的审查主要从如下几个方面进行判断:

1. 该依据是否适用于专利执法行为;

2. 适用法律依据是否正确,如是否本应适用甲依据时,却适用了乙依据;

3. 引用条款是否正确;

4. 适用依据是否全面,如是否为规避某些依据,仅适用了部分依据;

5. 适用依据是否已失效或尚未生效;

6. 适用的法律规范位阶是否正确,如有上位法的不能适用下位法,有法律、法规的不能适用法律、法规以下的规范性文件。

(四)执法程序的审查

对执法程序的审查,是指审查专利执法行为的作出是

否符合法律、法规、规章规定的方式、形式、手续、顺序和时限的要求。对执法程序的审查具体包括如下几个方面:

1. 是否履行法定手续。例如,是否在执法时表明执法身份,是否在处罚前告知了行政相对人其享有的权利,是否依法经领导批准,是否依法完成了送达等。

2. 是否符合法定形式。例如,法律规定采用书面形式的,是否采用了书面形式;是否依法制作笔录等。

3. 是否符合法定步骤和顺序。例如,是否在作最后处理决定前,先听取了处理结果对其不利的当事人的意见。

4. 是否在法定期限内作出具体行政行为。

(五)适当性的审查

对适当性的审查,是指审查在进行专利执法时,是否公正合理地行使其自由裁量权。是否适当可以采取以下三种方法判断:

1. 横向比较的方法。即对于情节性质类似的情形,与所在地区同系统其他行政机关的处理结果是否大体类似;

2. 纵向比较的方法。即对于情节性质类似的情形,与本机关此前作出的处理是否大体类似;

3. 内部比较的方法。如在涉及多名违法行为人的案件中,对于违法性质和情节类似的两名违法行为人,给予处理的结果是否大体类似。

二、专利执法行政复议决定的类型

根据专利执法行政复议的审理结果,行政复议决定的类型主要包括以下几种。

(一)维持决定

行政复议机关对专利执法行为进行审查后,认为该专利执法行为事实清楚、证据确凿、适用依据正确、程序合法、内容适当的,应当作出维持该专利执法行为的行政复议决定。

(二)撤销决定

专利执法行为有下列情形之一的,行政复议机关应当决定撤销该专利执法行为或者确认该专利执法行为违法,并可以决定由被申请人在一定期限内重新作出具体行政行为:

1. 主要事实不清、证据不足的;

2. 适用依据错误的;

3. 违反法定程序的;

4. 超越或滥用职权的;

5. 具体执法行为明显不当的;

6. 被申请人没有提出书面答复,未提交作出专利执法行为的证据、依据和其他有关材料的。

专利执法行政复议撤销决定可以分为两种类型:(1)

全部撤销具体行政行为,如假冒专利的查处决定是没收违法所得,同时处以罚款的,行政复议决定将两种处罚一并撤销;(2)部分撤销具体行政行为,如将前例中的没收违法所得的处罚予以保留,而对罚款的处罚予以撤销。

(三)变更决定

除作出撤销决定外,专利执法行政复议机关还可以作出决定直接变更被申请人的具体行政行为。变更决定主要适用于以下两种情形:

1. 案件事实清楚,证据确凿,程序合法,但具体行政行为明显不当或适用依据错误的;

2. 案件认定事实不清,证据不足,但是经行政复议机关审理查明,事实清楚,证据确凿的。

行政复议机关在作出变更决定时,在申请人的专利执法行政复议请求范围内,不得作出对申请人更为不利的行政复议决定。

(四)确认违法决定

确认违法决定,是指行政复议机关作出的确认被申请复议的专利执法行为违法的行政复议决定。专利执法行为有以下几种情形之一,且不能适用撤销或变更决定的,专利执法行政复议机关可以作出确认该专利执法行为违法的决定:

1. 主要事实不清、证据不足的;

2. 适用依据错误的;

3. 违反法定程序的;

4. 超越或滥用职权的;

5. 具体行政行为明显不当的。

(五)责令重新作出决定

当专利执法行政复议机关作出撤销或确认违法决定的同时,还可以责令被申请人在一定期限内重新作出具体行政行为。

当专利执法行政复议机关责令被申请人重新作出专利执法行为的,被申请人不得以同一事实和理由作出与原具体行政行为相同或者基本相同的专利执法行为。但对于因程序违法而被撤销或确认违法的专利执法行为,如果重新作出的专利执法行为遵循了法定程序,修正了程序瑕疵,则不受上述限制。

专利执法行政复议机关责令被申请人重新作出专利执法行为的,被申请人应当在相关法律、法规、规章规定的期限内重新作出具体行政行为;相关法律、法规、规章没有规定期限的,重新作出具体行政行为的期限为60日。

(六)责令履行决定

当被申请人有不履行法定职责的情形时,专利执法

行政复议机关应当作出责令履行的决定。在专利执法中
责令履行决定主要适用三类案件：

1. 没有履行保护专利权等财产权的法定职责的案件；

2. 没有履行查处假冒专利行为的法定职责的案件；

3. 没有应申请人申请依法公开执法信息的案件。

专利执法行政复议机关作出责令履行的行政复议决
定应当具备以下几个条件：(1)申请人已提供材料证明曾
经申请被申请人履行法定职责的事实；(2)要求作出的具
体行政行为在被申请人的法定职责范围内；(3)被申请人
未履行法定职责且无正当理由；(4)责令被申请人继续履
行法定职责对申请人而言还具有实际意义。

专利执法行政复议机关决定被申请人履行法定职责
的，应当同时明确被申请人履行该职责的期限。

(七)驳回专利执法行政复议申请决定

有下列情形之一的，专利执法行政复议机关应当决
定驳回行政复议申请：

1. 申请人认为管理专利工作的部门不履行法定职责
申请专利执法行政复议，行政复议机关受理后发现该部
门没有相应法定职责或者在受理前已经履行法定职责；

2. 受理专利执法行政复议申请后，发现该专利执法
行政复议申请不符合《行政复议法》和《行政复议法实施
条例》规定的受理条件。

第四章　专利执法行政复议的期间和送达

专利执法行政复议期间的计算和行政复议文书的送
达，依照《民事诉讼法》关于期间和送达的规定执行。

第一节　专利执法行政复议期间

一、期间的计算单位

专利执法行政复议期间的计算以"日"为单位。例
如，公民、法人和其他组织申请专利执法行政复议的期限
为 60 日，行政复议机关对专利执法行政复议申请进行审
查以决定是否受理的期限为 5 日。

根据《行政复议法》第四十条第二款的规定，行政复
议期间有关"5 日""7 日"的规定是指工作日，不含节假
日。除此之外，其他期间的"日"指自然日。

二、期间的计算方法

(一)期间的起算

专利执法行政复议期间开始的第一日不计算在期间
内，即专利执法行政复议期间从法定或指定日期的第二
日开始计算。例如，申请人于 2017 年 3 月 27 日向行政
复议机关提出专利执法行政复议申请，如果行政复议机
关经审决定不予受理的，则其可以作出不予受理决定

的期限为自 2017 年 3 月 28 日开始计算 5 个工作日内。

(二)期间的扣除

"5 日""7 日"的期间不包括节假日，应当扣除节假
日。除此之外，其他期间如"10 日""30 日""60 日"等不能
扣除节假日，但是如果这些期间的最后一日恰好为节假日，
则期间届满的日期也要顺延到节假日后的第一个工作日。

专利执法行政复议法律文书在邮寄过程中所花费的
时间也应当扣除，如行政复议机关邮寄送达专利执法行
政复议决定书的时间、行政复议申请人邮寄递交行政复
议申请书的时间。

第二节　专利执法行政复议文书的送达

一、送达和送达回证

专利执法行政复议文书的送达，是指行政复议机关
按照法定的程序和方式，将依法制作的专利执法行政复
议法律文书交付复议参加人的行为。

根据《民事诉讼法》的相关规定，送达相关文书必须
有送达回证，由受送达人在送达回证上记明收到日期，签
名或者盖章。受送达人在送达回证上的签收日期为送达
日期。

二、法定送达方式

(一)直接送达

直接送达是指将专利执法行政复议法律文书直接送
交受送达人签收的送达方式。原则上直接送达应当由受
送达人本人或其代理人签收。本人不在时，可送交与其
同住的成年家属签收。受送达人为法人或其他组织的，
应当由法人的法定代表人、其他组织的主要负责人或者
法人、其他组织的负责收件的人签收。受送达人向专利
执法行政复议机关指定代收人的，也可以由代收人签收。

(二)留置送达

留置送达是指在受送达人或者其同住的成年家属无
正当理由拒绝签收行政复议法律文书的情况下，送达人
可以邀请有关基层组织或者所在单位的代表到场，说明
情况，在送达回证上注明拒收事由和日期，由送达人、见
证人签名或者盖章，将文书留在受送达人的住所；也可以
把文书留在受送达人的住所，并采用拍照、录像等方式记
录送达过程，即视为送达。

(三)委托送达

委托送达是指在直接送达确有困难的情况下，由专
利执法行政复议机关委托受送达地的行政机关代为送达
的送达方式。

(四)邮寄送达

邮寄送达是指行政复议机关将专利执法行政复议法

律文书交付邮局,由邮局通过寄送邮件的形式送交受送达人的送达方式。

邮寄送达以送达回证上注明的收件日期为送达日期。受送达人没有寄回送达回证的,或送达回证上填写的日期明显错误的,以从邮局查询的受送达人实际收到日期为送达日期。

(五)转送送达

转送送达是指行政复议机关将专利执法行政复议法律文书交由受送达人所在单位转交给受送达人的送达方式。转送送达适用于受送达人是军人和受送达人被监禁等情形。

(六)公告送达

在受送达人下落不明,或者采取其他方式均无法送达的情况下,可以使用公告送达。公告送达可以在管理专利工作的部门公告栏、官方网站、受送达人原住所地张贴公告,也可以采取登报形式公告。

自公告发布之日起,经过60日即视为送达。公告送达的,应当在行政复议案卷中载明原因和经过。

第二部分 专利行政保护应诉指引

第一章 专利执法行政诉讼概述

行政诉讼,是指公民、法人或者其他组织认为行政机关和行政机关工作人员的行政行为侵犯其合法权益,依照法律规定向人民法院提起的诉讼。

专利执法行政诉讼,是指当事人对管理专利工作的部门作出的与行政执法有关的行政行为不服,依法向人民法院提起的行政诉讼。

第一节 专利执法行政诉讼案件的类型

根据专利行政执法的类型,可以将专利执法行政诉讼分为两类。

一、针对专利侵权纠纷裁决提起的行政诉讼

管理专利工作的部门针对请求人提出的专利侵权纠纷处理请求进行的以下处理,当事人不服相应行政裁决的,可以向人民法院提起行政诉讼:

1. 认为不符合立案条件,向请求人发出专利侵权纠纷处理请求不予受理通知书的;

2. 经审理,认为需要作出行政裁决,当事人发出专利侵权纠纷案件行政裁决书的;

3. 管理专利工作的部门认为符合撤案情形,向当事人发出撤销专利侵权纠纷案件决定书的;

4. 管理专利工作的部门在接到请求之日起2个月内不履行法定职责的。

二、针对假冒专利行为查处提起的行政诉讼

管理专利工作的部门针对涉嫌假冒专利行为进行的以下处理,当事人对相应的处理不服的,可以向人民法院提起行政诉讼:

1. 收到举报人、投诉人对涉嫌假冒专利行为的举报,管理专利工作的部门经调查核实,认为不构成假冒专利,向举报人、投诉人发出举报涉嫌假冒专利案件不予立案通知书或者撤销案件通知书的;

2. 有初步证据证明是假冒专利,向当事人发出查封(扣押)决定书,查封或者扣押涉嫌假冒专利的产品的;

3. 经调查核实,认定假冒专利行为成立,向当事人发出责令整改通知书,责令停止假冒专利行为和采取改正措施的;

4. 经调查核实,认定假冒专利行为成立,在当事人有违法所得或者应当进行处罚的情况下,发出行政处罚决定书,没收违法所得、单处或者并处罚款的。

在查处假冒专利案件中,当事人对管理专利工作的部门作出的行政行为不服,依法向上级主管部门申请行政复议的,上级管理专利工作的部门作为复议机关维持原行政行为,当事人对复议决定不服,向人民法院提起行政诉讼时,作出复议决定的上级管理专利工作的部门和作出原行政行为的专利执法部门一起作为共同被告参加行政诉讼。

调查取证、登记保存证据、中止等程序性行为,虽可能影响当事人的利益,但其是案件处理过程中的执法环节,不属于行政诉讼范畴。

第二节 专利执法行政诉讼案件的管辖

依据《中华人民共和国行政诉讼法》(以下简称《行政诉讼法》),专利执法行政诉讼案件实行两审终审制。

最高人民法院知识产权法庭统一受理专利等专业技术性较强的知识产权上诉案件;北京、上海、广州知识产权法院,以及在多个省级行政区设立的若干个知识产权法庭,统一审理专利等专业技术性较强的民事、行政知识产权案件。

一、第一审案件

不服管理专利工作的部门所作行政行为提起的一审行政诉讼案件,由各省、自治区、直辖市人民政府所在地中级人民法院和最高人民法院指定的中级人民法院知识产权法庭管辖。

1. 不服北京市、上海市、广东省(深圳地区除外)各管理专利工作的部门的行政行为提起的行政诉讼,分别由北京知识产权法院、上海知识产权法院、广州知识产权

法院管辖;不服深圳地区管理专利工作的部门的行政行为提起的行政诉讼,由深圳市中级人民法院知识产权法庭管辖;

2. 不服其他省、自治区、直辖市管理专利工作的部门的行政行为提起的行政诉讼,由各省、自治区、直辖市人民政府所在地中级人民法院(知识产权法庭)或者最高人民法院指定的中级人民法院管辖;

3. 受省、自治区、直辖市管理专利工作的部门委托进行执法的县、市级管理专利工作的部门所作的行政行为,当事人对其不服的,通常由各省、自治区、直辖市人民政府所在地中级人民法院或者最高人民法院指定的中级人民法院管辖;

4. 设区的市、由地方性法规授权的县(市)级管理专利工作的部门作出的行政行为,当事人对其不服的,由各省、自治区、直辖市人民政府所在地中级人民法院或者最高人民法院指定的中级人民法院管辖。

管理专利工作的部门作为复议机关的,根据复议决定的类型、当事人的诉讼请求,结合以上管辖原则,由各省、自治区、直辖市人民政府所在地中级人民法院或者最高人民法院指定的中级人民法院管辖。

二、第二审案件

根据《全国人民代表大会常务委员会关于专利等知识产权案件诉讼程序若干问题的决定》(2018年10月26日第十三届全国人民代表大会常务委员会第六次会议通过)、《最高人民法院关于知识产权法庭若干问题的规定》(法释〔2018〕22号)规定,当事人对专利等专业技术性较强的知识产权行政案件第一审判决、裁定不服,提起上诉的,由最高人民法院知识产权法庭管辖。

三、再审案件

当事人对已经发生法律效力的判决、裁定,认为确有错误的,可以向人民法院申请再审,但原判决、裁定不停止执行。

对已经发生法律效力的专利执法行政案件第一审判决、裁定、调解书,依法申请再审、抗诉等,适用审判监督程序的,由最高人民法院知识产权法庭审理。

对于已经发生法律效力的专利执法行政案件第二审判决、裁定、调解书,依法申请再审、抗诉等,适用审判监督程序的,由最高人民法院审理。

第二章　专利执法行政诉讼案件的处理

专利执法行政诉讼案件启动后,管理专利工作的部门应当做好立案建档、代理人指派、开庭前准备、出庭应诉工作。

第一节　案件启动

专利执法行政诉讼案件通常由行政执法案件的当事人向人民法院提起诉讼,管理专利工作的部门作为被告、被上诉人参加诉讼。在第二审程序自行提起上诉或再审申请的案件除外。

一、第一审程序的启动

专利执法行政诉讼案件的第一审程序均由行政决定所涉当事人启动,管理专利工作的部门只能作为被告进行应诉。

(一)起诉期限

通常情况下,当事人启动第一审程序的期限为自知道或者应当知道作出行政行为之日起6个月内。例如,针对假冒专利行为查处中的查封(扣押)通知书,责令停止假冒专利行为和采取改正措施的责令整改通知书,没收违法所得、罚款等的行政处罚决定书提起行政诉讼的,起诉期限为自当事人收到相关法律文书之日起6个月内。

专利执法行政诉讼案件中,有两类案件的第一审程序启动期限为自收到处理通知之日起15日内。一是针对专利侵权纠纷案件中的专利侵权纠纷行政裁决书提起行政诉讼的,起诉期限为自收到处理通知之日起15日内;二是当事人先向上一级管理专利工作的部门申请复议,对行政复议决定不服再向人民法院提起诉讼的,起诉期限为自收到复议决定书之日起15日内。

当事人针对管理专利工作的部门在接到专利侵权纠纷处理请求之日起2个月内不履行法定职责的,2个月期限届满后,当事人即可以向人民法院提起行政诉讼。

(二)当事人地位

当事人针对与专利侵权纠纷案件相关的行政行为提起行政诉讼的,该当事人为原告,管理专利工作的部门为被告,通知书或裁决书中涉及的其他当事人作为第三人。

当事人针对查处假冒专利行为案件中的行政行为提起行政诉讼的,该当事人为原告,管理专利工作的部门为被告。

当事人针对维持原行政行为的复议决定提起行政诉讼的,该当事人为原告,作出原行政行为的管理专利工作的部门和履行复议职能的上级管理专利工作的部门为共同被告。当事人针对改变原行政行为的复议决定提起行政诉讼的,该当事人为原告,履行复议职能的上级管理专利工作的部门为被告。

当事人提出行政复议请求,但履行复议职能的上级管理专利工作的部门在法定期限内未作出复议决定,当事人起诉作出原行政行为的管理专利工作的部门的,该当事人为原告,作出原行政行为的管理专利工作的部门是被告;当事人起诉履行复议职能的上级管理专利工作的部门的,该当事人为原告,履行复议职能的上级管理专利工作的部门为被告。

二、第二审程序的启动

专利执法行政诉讼案件的第二审程序可由第一审程序中的任一方启动,包括原告、被告和第三人。

原告不服一审判决或裁定提起上诉的,该当事人为上诉人,管理专利工作的部门作为被上诉人应诉,其他当事人通常被列为原审第三人。第三人不服一审判决或裁定提起上诉的,该原审第三人为上诉人,原审原告作为被上诉人应诉,管理专利工作的部门通常被列为原审被告。管理专利工作的部门不服一审判决,也可以作为上诉人主动提起上诉,此时原审原告被列为被上诉人,原审第三人仍作为第三人参加诉讼。

针对判决书提起上诉的期限为自一审判决书送达之日起15日内,针对裁定书提起上诉的期限为自裁定书送达之日起10日内。送达之日是指当事人收到人民法院送达的裁判文书的日期,上诉期限从该日期的第二天起算。

三、再审程序的启动

再审程序是对两审终审制的补充。再审程序的启动有三种渠道:当事人申请、法院主动再审和检察院抗诉。

（一）当事人申请再审

任何一方当事人,包括管理专利工作的部门,对已经发生法律效力的判决、裁定不服,均可以向最高人民法院申请再审。申请再审应当在判决、裁定发生法律效力后6个月内提出。

当事人的申请符合下列情形之一的,人民法院应当再审:

1. 不予立案或者驳回起诉确有错误的;

2. 有新的证据,足以推翻原判决、裁定的;

3. 原判决、裁定认定事实的主要证据不足、未经质证或者系伪造的;

4. 原判决、裁定适用法律、法规确有错误的;

5. 违反法律规定的诉讼程序,可能影响公正审判的;

6. 原判决、裁定遗漏诉讼请求的;

7. 据以作出原判决、裁定的法律文书被撤销或者变更的;

8. 审判人员在审理该案件时有贪污受贿、徇私舞弊、枉法裁判行为的。

原告或第三人提出再审申请时,该当事人为再审申请人,管理专利工作的部门为被申请人,另一方当事人通常被列为原审原告或原审第三人。管理专利工作的部门提出再审申请的,原审原告将被列为被申请人,原审第三人仍作为原审第三人参加诉讼。

（二）法院主动再审

各知识产权法院或具有专利行政诉讼案件管辖权的中级人民法院的院长对本院已经发生法律效力的判决、裁定,发现有《行政诉讼法》第九十一条规定情形之一,或者发现调解违反自愿原则或者调解书内容违法,认为需要再审的,应当提交审判委员会讨论决定。

最高人民法院对各知识产权法院或具有专利行政诉讼案件管辖权的中级人民法院已经发生法律效力的判决、裁定,发现有《行政诉讼法》第九十一条规定情形之一,或者发现调解违反自愿原则或者调解书内容违法的,有权提审或者指令法院再审。

最高人民法院对最高人民法院知识产权法庭已经发生法律效力的判决、裁定,发现有《行政诉讼法》第九十一条规定情形之一的,有权再审。

管理专利工作的部门根据人民法院的通知和要求参加诉讼。

（三）检察院抗诉

最高人民检察院对最高人民法院知识产权庭和知识产权法庭、各知识产权法院或具有专利行政诉讼案件管辖权的中级人民法院已经发生法律效力的判决、裁定,发现有《行政诉讼法》第九十一条规定情形之一,或者发现调解书损害国家利益、社会公共利益的,应当提出抗诉。

与各知识产权法院或具有专利行政诉讼案件管辖权的中级人民法院同级的人民检察院对其已经发生法律效力的判决、裁定,发现有《行政诉讼法》第九十一条规定情形之一,或者发现调解书损害国家利益、社会公共利益的,可以向其提出检察建议,并报上级人民检察院备案;也可以提请上级人民检察院抗诉。

第二节　立案建档和代理人指派

一、立案建档

立案建档是行政诉讼案件处理的第一环节。

管理专利工作的部门应当根据实际情况,指定承担法规工作的处（科）室（以下简称"行政诉讼处室"）专门负责行政诉讼工作,并与作出被诉行政行为的处（科）室（以下简称"业务处室"）做好衔接和分工。

行政诉讼处室在收到法院的应诉通知书等材料后,应当签收送达回证并进行登记,注明收到日期,生成诉讼案件编号,制作诉讼案卷。

二、代理人指派

专利执法行政诉讼案件通常应当指派两名代理人参加诉讼，一般应包括一名被诉行政行为的承办人或者熟悉相关案件情况的工作人员。根据工作需要，管理专利工作的部门也可以委托本单位以外的专业人士，例如律师或专利代理人等作为委托代理人参加行政诉讼。两名诉讼代理人的分工应根据实际情况确定。

第三节　诉讼材料准备

管理专利工作的部门在行政诉讼中应依据其在诉讼中的地位不同需要准备材料。

一、当事人启动的行政诉讼案件

针对当事人启动的行政诉讼案件，管理专利工作的部门作为被告、被上诉人或者再审被申请人，需要在自收到应诉通知书及起诉状副本之日起 15 日内提交答辩材料，包括但不限于：统一社会信用代码证书、法定代表人或主要负责人身份证明、授权委托书、答辩状、作出被诉行政行为依据的证据及证据清单、作出被诉行政行为所依据的法律、法规、条例、地方性法规、地方政府规章、国务院部门规章、规范性文件等。

（一）授权委托书

授权委托书应当由单位负责人签批。

出庭前代理人发生变更的，变更后的代理人应向法院提交变更后的授权委托书。

代理人应当在委托代理权限范围内进行诉讼活动。代理人的代理权限包括：

1. 一般代理；

2. 特别授权：代为出庭，提供证据；代为承认、变更、放弃诉讼请求；代为调解；代为签收法律文书等。

（二）答辩状

答辩状是管理专利工作的部门针对起诉状、上诉状或者再审申请书的请求和理由，在法定期限内根据事实和法律进行答复与解释的法律文书。提交答辩状是法律赋予行政机关的权利，有利于保护其正当合法权益。为使人民法院办案法官能够全面客观了解案件情况、总结案件争议焦点、判明是非，作出正确的判决或裁定，管理专利工作的部门应在答辩期内提交答辩状。

代理人应当在收到应诉材料后，针对原告的起诉资格、诉讼时效、诉讼请求及理由等事项提出应诉意见，形成答辩状，连同整理的证据材料和证据清单一起报分管负责人和/或正职负责人审批。并在自收到应诉材料之日起 15 日内向人民法院提交答辩状，并提交作出被诉行政行为的证据和所依据的规范性文件。

1. 答辩状的形式。行政答辩状应当包括首部、正文、尾部及附项三方面的内容。

首部即标题"行政答辩状"。

正文部分由三部分组成：当事人栏、案由部分和答辩部分。

尾部及附项部分包括三方面的内容：（1）致送机关；（2）答辩人及答辩日期；（3）附项，包括答辩状副本份数、证物或书证件数、法律和法规复印件份数。

2. 答辩状的撰写。撰写答辩状时，应当针对原告、上诉人或者再审申请人提出的全部理由并结合证据和法律依据逐一进行答辩，答辩内容具有针对性且不能遗漏。答辩理由应论证详尽、条理清楚，逻辑严密，必要时可以用证据（应主要是行政程序中采用的证据）和相关法律依据予以支持。没有证据或法律依据的答辩理由尽量不要写入答辩状，确保答辩理由符合法律规定。

（1）注意不同审级当事人的正确称呼。一审程序中为原告/被告/第三人，二审程序中为上诉人/被上诉人/原审第三人，再审程序中为再审申请人/再审被申请人等。

（2）针对程序问题进行答辩。包括诉讼主体是否适格、起诉或上诉期限是否超期、当事人是否提交了在行政程序中未出现的新证据或者提出了在行政程序中未提出的新理由等。如果经核实原告、上诉人或者再审申请人不是被诉行政裁决、决定或通知书的当事人或者起诉或上诉期限超出法定期限，则需要在答辩状中说明，请求法院依法裁定驳回其诉讼请求；如果原告、上诉人或者再审申请人提交了在行政程序中没有出现过的新证据，或者提出了在行政程序中没有提出过的新理由，则需要在答辩状中说明，请求法院对该证据不予采信，对该理由不予审理或请求法院准许补充证据。

（3）针对实体问题进行答辩。可以引述被诉行政裁决、决定或通知书中的论述，必要时针对诉讼请求对被诉行政裁决、决定或通知书的理由作进一步解释和论述。对于原告、上诉人或者再审申请人所陈述的案件事实与实际情况不符之处，应明确提出，予以辩驳，并清楚、简要地描述案情，就争议的重点事实进行详细阐述。

可以根据不同案情，采取以下几种答辩技巧：

一是认为被诉行政行为完全正确的。需明确指出原告诉讼请求没有依据。针对原告、上诉人或者再审申请人诉讼请求的论点，提出确实充分的证据证明案情事实，列举有关的法律、法规，并适当摘引其相应的条款进行辩驳，说明作出行政行为所适用的实体法和程序法正确。

二是认为被诉行政行为有欠缺的。可先就行政行为的正确部分，根据事实、证据以及法律、法规进行答辩，然后再实事求是地说明行政行为的瑕疵或不妥之处，并提出改正意见。

三是发现被诉行政行为确属不当的，可不进行答辩。

（4）准确提出答辩请求。在答辩状正文的最后部分，准确提出答辩请求，例如："综上所述，××知识产权局作出的第××号行政裁决认定事实清楚，适用法律法规正确，处理程序合法，决定结论正确，原告的诉讼理由不能成立，请贵院驳回原告诉讼请求。"

（三）证据和证据清单

行政诉讼是法院对行政行为的合法性进行审查的制度。在行政诉讼中，管理专利工作的部门应对其作出的行政行为的合法性负有举证责任；如果管理专利工作的部门不能在举证期限内提交证据，或者无正当理由逾期提交证据证明其行政行为合法，将要承担不利的法律后果，即存在败诉的可能性。因此，管理专利工作的部门应在答辩期内将证据完整的、按逻辑性顺序向人民法院提交。

根据《行政诉讼法》第三十三条规定，证据可分为八类，即书证、物证、视听资料、电子数据、证人证言、当事人的陈述、鉴定意见、勘验笔录和现场笔录。在专利执法行政应诉中，证据应当与答辩状中的内容相对应，以证明专利执法行为合法性为目的，通常包括两种类型：

1. 证明行政行为程序合法的证据。例如受理通知书、答辩通知书、送达登记表、接收当事人证据材料清单、证据登记保存清单、查封（扣押）物品清单、口头审理通知书、听证笔录等。

2. 证明行政行为实体合法的证据。例如被控侵权产品、假冒专利产品、调查取证的照片或录像、现场勘验笔录、口头审理记录等。

对于需要提交的证据，应当制作证据清单，详细列明每个证据的证据名称和证明目的。其中，证明目的可以逐项列出，也可以综合概括。在形成证据清单时，需要注意：（1）被诉裁决、决定或通知书是行政诉讼审查的对象，原告或上诉人没有提交该决定或通知书的，管理专利工作的部门应当将该裁决、决定或通知书以附件的形式提交，不应当将其列为证据；（2）被诉裁决、决定或通知书中依据多份证据的，根据需要可以注明"被诉裁决中的证据××"。

（四）行政行为的法律依据

目前司法实践中，在答辩期内，行政机关应将作出行政行为时所依据的法律、法规、条例、地方性法规、地方政府规章、国务院部门规章、规范性文件等以书面方式向人民法院提交。一般情况下，提供能够证明行政行为程序、实体合法的法律依据的相关条款即可。必要时，可打印或复印相应文件作为诉讼材料的一部分。

二、管理专利工作的部门启动的行政诉讼案件

管理专利工作的部门启动的行政诉讼案件仅限于两种类型：一是管理专利工作的部门不服一审判决或裁定提起上诉的案件，二是管理专利工作的部门不服二审判决或裁定提起再审申请的案件。

（一）上诉案件

管理专利工作的部门决定提起上诉的，应当在收到判决书之日起 15 日内或收到裁定书之日起 10 日内向原审人民法院的上一级人民法院提起上诉。

1. 启动上诉案件前的报批

管理专利工作的部门收到一审判决书或裁定书后，两名代理人应当于收文之日起 3 日内商定是否提起上诉，填写诉讼案件分析表，并报分管负责人审批，决定是否上诉。

2. 上诉材料的准备

管理专利工作的部门决定提起上诉的，应当准备上诉材料，通常包括但不限于：统一社会信用代码证书、法定代表人或主要负责人身份证明、授权委托书、上诉状、证据清单、证据材料、用于供二审法院参考的其他材料等。

3. 上诉状内容的确定

上诉状的内容由两名代理人共同商定。代理人应根据具体分工，在收文之日起 8 日内起草上诉状，准备拟提交的证据材料和证据清单等诉讼材料，报单位负责人或分管负责人审批后，在上诉期限内提交二审法院。

4. 上诉状的撰写

上诉状是当事人不服一审判决或裁定，按照法定程序和期限向上一级人民法院提起上诉时使用的文书。一份完整的上诉状应当包括首部、正文、尾部及附项三方面的内容。

首部即标题"行政上诉状"。

正文通常由三部分组成：当事人栏、诉讼请求、上诉的事实与理由。

（1）当事人栏。除列明上诉人的情况外，还要列出被上诉人的情况。

（2）诉讼请求。诉讼请求部分应当写明上诉人请求二审法院依法撤销或变更原审裁判以及如何解决争议的具体要求。诉讼请求应当明确、具体。

（3）上诉的事实与理由。首先应当概括叙述案情及原审人民法院的处理经过和结果，为论证上诉理由奠定基础。其次针对原审判决或裁定中的错误和问题进行分析论证，表述正确主张，阐明上诉理由，为实现上诉请求提供事实和法律依据；针对判决或裁定中存在的错误和问题的分析应当有理有据。最后概括性地重申诉讼请求的内容，即撤销原审判决或裁定。

通常可以从以下几个方面具体阐述上诉理由：一是事实认定错误的，应当列举证据，否定其认定的全部或部分事实；二是适用法律不当的，应当援引有关法律加以反驳；三是违反法定程序的，应当依据法律指出错误之处。

尾部和附项包括三方面的内容：(1)致送机关；(2)上诉人和上诉日期；(3)附项，包括上诉状副本份数、证物或书证件数、法律和法规复印件份数。

证据材料和证据清单的准备。提起上诉时证据和证据清单的准备与应对当事人启动的行政诉讼案件的相应要求相同。

(二)再审申请案件

管理专利工作的部门申请再审的，应当在判决、裁定发生法律效力后6个月内提出。

1. 启动再审申请前的报批

管理专利工作的部门收到生效判决书或裁定书后，两名代理人应当于收文之日起5日内商定是否提起再审申请，填写诉讼案件分析表，并在收文之日起2周内报相关负责人审批，决定是否提起再审申请。

2. 再审申请材料的准备

管理专利工作的部门决定申请再审的，代理人应当在完成报批程序之日起15日内准备再审申请材料，通常包括但不限于：统一社会信用代码证书、法定代表人或主要负责人身份证明、授权委托书、再审申请书、证据清单、证据材料、用于供再审人民法院参考的其他材料等。

再审申请书内容由两名代理人共同商定。代理人应当根据具体分工起草再审申请书，准备拟提交的证据材料和证据清单等诉讼材料，一并报单位负责人或分管负责人审批后，在法定期限内按照规定将相应的再审申请材料提交人民法院。

3. 再审申请书的撰写

再审申请书针对的是生效判决或裁定中存在的事实认定、法律适用等错误，在撰写格式和行文方式上与上诉状类似。

再审申请书与上诉状的不同之处主要体现在以下几个方面：

(1)当事人地位。再审案件当事人分别为再审申请人、被申请人。

(2)诉讼请求。诉讼请求部分应当写明请求再审人民法院撤销、部分撤销或变更人民法院已经发生法律效力的判决、裁定的具体事项。该部分应当明确具体、简明扼要。

(3)事实与理由。除了针对所涉案件二审判决或裁定中存在的认定事实不清、适用法律不当、违反法定程序等进行分析论证外，再审申请书还可以就该案的争议焦点从更深层次进行详细分析和说明，例如，可以从法律、法规如何适用才更符合立法本意角度进行充分阐释，而不仅限于具体个案情况。

4. 证据材料和证据清单的准备

提起再审申请时证据和证据清单的准备与应对相对人启动的行政诉讼案件的相应要求相同。

第四节　出庭前的准备

开庭前，应当针对庭审中可能遇到的情况进行充分的准备，以确保庭审顺利进行。

一、确定出庭人员

单位负责人或分管负责人应当尽可能出庭应诉；对于涉及重大公共利益、社会高度关注或者可能引发群体性事件的案件，以及人民法院书面建议行政机关负责人出庭的行政诉讼案件，单位负责人或分管负责人应当出庭应诉。

单位负责人或分管负责人不能出庭的，应当委托工作人员出庭。

二、庭前合议

开庭前，两名代理人应当全面阅卷，并就案件情况进行合议。针对起诉状、上诉状或者再审申请书中涉及的内容，分析庭审中可能遇到的问题，并确定应对方案。

庭前合议通常包括以下内容：(1)梳理案件处理过程；(2)熟悉案件中可能涉及的技术问题；(3)讨论起诉状、上诉状或者再审申请书中涉及的主要争议焦点，逐一商议应对方案；(4)讨论庭审中可能出现的其他问题并准备应对预案；(5)确定开庭中的分工以及是否需要准备代理词，例如，可以根据实际情况，由其中一名代理人(以下简称"第一代理人")重点负责程序和法律问题，另一名代理人(以下简称"第二代理人")负责实体问题。

管理专利工作的部门的负责人出庭应诉的，应当参加庭前合议，了解在法院庭审中的应对思路和注意事项，准备预案。

三、根据需要准备代理词

代理词主要用于在人民法院开庭审理中或者开庭后向合议庭陈述意见。代理人可以根据案件的具体情况，决定是否在开庭审理时准备并提交代理词。

对于庭审前确需拟订代理词的，代理词内容由两名代理人共同商定。根据庭审合议中确定的分工，各自起草所负责陈述部分的代理词，汇总后，根据需要提交人民法院。

撰写代理词时，应当将重点放在答辩状、上诉状或再审申请书中遗漏的内容上，对于答辩状、上诉状或再审申请书中已经全面阐述的内容可以不必重复。

四、准备开庭所需材料

开庭前，代理人应当整理好诉讼案卷，将开庭所必需的材料装订入诉讼案卷中。对于需要质证的证据，根据实际情况准备证据原件。必要时，准备庭审中可能涉及的法律、法规及其他相关的规范性文件的复印件。

第五节　出庭应诉

开庭审理是人民法院审判的核心阶段，是人民法院在完成审判前的准备工作后，在人民法院或其他适宜场所设置的法庭内，对案件进行审理的过程。

一、庭审过程

庭审通常主要包括确认出庭人员资格、法庭调查、法庭辩论、最后意见陈述、核对笔录、签字等几个步骤。

1. 确认出庭资格

确认当事人及出庭人员资格是法院庭审的第一阶段。通常由审判长主持，各方介绍当事人姓名或名称、住所地、法定代表人或主要负责人及其职务、出庭人员情况及各代理人代理权限，并核实各方当事人身份。之后，审判长宣布案由和审判人员、书记员名单，告知当事人诉讼权利义务，并询问当事人是否对合议庭组成人员提出回避申请等事项。该阶段通常由第一代理人负责陈述。

2. 法庭调查和法庭辩论

法庭调查和法庭辩论可能分阶段进行，但针对专利行政执法行政诉讼案件，这两个阶段通常合二为一，没有严格的界线。法庭调查开始时，通常先由各方简单陈述诉讼请求或答辩意见、出示证据并与对方当事人进行证据质证；之后，合议庭归纳庭审要点，并由各方围绕每个庭审要点陈述意见。

在法庭调查和法庭辩论阶段，两名代理人应当根据事先确定的分工，分别负责对涉案决定的程序、法律及实体问题陈述意见。二人应当相互配合，必要时相互补充；对于庭审中新出现的、庭审前未准备的其他问题，应当协商后作出答辩。

对于管理专利工作的部门提起上诉或再审申请的案件，管理专利工作的部门处于主动提出诉求的地位，在庭审中需要明确上诉或再审申请请求，并针对在前判决或裁定中存在的问题逐一反驳，必要时结合证据进行论述。

3. 最后意见陈述

最后陈述阶段由诉讼代理人作最后陈述，一般情况下表明坚持当庭陈述意见即可，如有必要，可以对需要补充说明的法律适用等问题再进行陈述。这一阶段通常由第一代理人负责。

4. 核对笔录及签字

庭审结束后，所有出庭人员均需要在开庭笔录上签字。两名代理人需要核对开庭笔录，尤其是本方陈述的意见是否完整、准确，之后再签字确认。

二、出庭注意事项

1. 着装

代理人开庭穿着应当庄重简洁，尽量着正装，避免穿着暴露、过于休闲。

2. 态度

庭审中应当尊重审判人员及对方、第三方出庭人员；庭审前后注意保持行政机关的中立立场，避免与对方、第三方出庭人员有过于密切的行为或者交谈；对对方出庭人员在庭审中的过激言辞要不卑不亢，态度礼貌地提醒法官注意当事人的不当行为，避免直接与对方当事人争论。

3. 表达

庭审中语言表达以沟通为目的。代理人发言要用词礼貌，发言清晰、自信，语速适中，注意根据不同问题掌握发言节奏。对于案情的描述应当客观、完整、清楚、简洁；回应对方当事人的问题时，应当客观阐述，避免使用过激言辞。两名代理人之间要注重沟通，不要独自贸然回答，特别是对案件可能有重要影响的事实，更需要在沟通后再回答。

4. 应对合议庭提问

在专利行政诉讼中，合议庭的提问一般包括两种情形，一是针对具体案件情况进行提问，二是针对法律适用问题进行提问。

合议庭对具体案件情况提问通常意味着相关内容很重要，行政裁决、决定或通知书中针对该部分内容的认定可能影响到判决或裁定的结论，此时应当关注合议庭针对该部分问题的疑惑，重点解释并详细阐述行政裁决、决定或通知书中的观点。

合议庭对法律适用问题所作的一般性提问可能只意味着合议庭希望了解管理专利工作的部门的普遍做法，此时可以简洁、系统地介绍现有的规定和处理方式。对于尚存在争议、部门没有统一结论的问题,可以从不同角度阐述不同观点,切忌将个人观点作为统一观点进行回复,以避免产生不必要的误导。

5. 应对突发情况

庭审中不可避免会遇到一些突发情况。代理人应当冷静面对,及时沟通。

(1)是否需要提出回避请求

根据《行政诉讼法》的相关规定,当事人认为审判人员与本案有利害关系或者有其他关系可能影响公正审判的,有权申请审判人员回避。

(2)对方当事人未到庭或者中途退庭

应当要求法庭明确对方仅是迟到还是无法参加。对于一审程序,如果确定原告经合法传唤未到庭,可以请求人民法院按撤诉处理。

(3)当事人资格或出庭人员身份存在问题

针对对方出庭人员,如果发现其身份资格或者授权委托书存在问题(尤其当对方当事人为境外公司,出庭人员为境外公司职员时),可请求合议庭核实当事人或者委托代理人的出庭手续是否合法有效。

(4)起诉或上诉期限超期

庭审中,如果发现对方当事人可能存在起诉或上诉期限超期的问题,可请求合议庭当庭核实立案信息。

(5)证人、专家辅助人、鉴定人等出庭作证

对于对方当事人在未告知或通知的情况下,有证人出庭作证或者邀请专家辅助人的,应当请求合议庭查核其申请程序是否合法,提请合议庭注意相关出庭人员身份是否适格;在申请程序和资格均无瑕疵的情况下,可以根据具体案情重点针对证人的证言是否与事实相符、是否存在逻辑错误,鉴定人或专家辅助人的陈述是否超出其鉴定范围或专业知识范围等问题陈述意见或发表质证意见。

(6)庭审中对方当事人突然提出新理由和要求提交新证据

对于对方当事人在庭审过程中突然提出新理由、要求提交新证据的情况,代理人一般情况下可以请求合议庭不予接受;对于在起诉状、上诉状或者再审申请书中未涉及的新的诉讼理由,如果确实无法回应,可以要求合议庭再次开庭;对于对方当事人之前未提及、在庭前合议中也未准备的有关行政裁决、决定或通知书中的瑕疵或者缺陷,代理人应当及时沟通,商量应对。如果确实没有把握回答,可以表明坚持决定或通知书中的内容;如果确实需要,可以向合议庭说明情况,请求庭后补交相关资料、补充意见或者提交代理词等。

第三章 结 案
第一节 庭后事务处理

庭审结束后,应人民法院要求或代理人认为确有必要的情况下,可以补交诉讼代理词或者证据,提交程序与答辩材料的提交相同;或者根据案件情况与人民法院进行电话沟通。

一、补交诉讼代理词或证据

当合议庭明确要求代理人针对某些问题提交代理词时,可能意味着合议庭对某些事实的认定尚不明确,需要通过进一步的书面意见更准确地理解案情,促进心证形成。此时需要认真对待,针对所述问题,结合庭审中合议庭关注的事项,逐一详细阐述,论证行政裁决或决定对于该问题认定的合法性与合理性。

合议庭要求当事人庭后补充提交证据,通常是为了通过合议庭的依职权调取证据以突破《行政诉讼法》对被告举证期限的限制,以便于查清事实,解决原告当庭增加诉讼理由而被告对该理由没有机会提交证据的问题。对于合议庭明确要求补充提交证据的,代理人应当按时提交。

二、收到判决书或裁定书后的事务

管理专利工作的部门收到人民法院判决书或裁定书后,由行政诉讼处室负责登记归档,纸件原件装订入诉讼案卷中,复印件转交代理人。

(一)收到一审判决书或裁定书

1. 一审判决或裁定的类型

针对专利执法行政诉讼案件,第一审人民法院经审理后,作出的判决或者裁定主要包括以下几种类型:

(1)原告经合法传唤未到庭,裁定驳回起诉;

(2)行政行为证据确凿,适用法律、法规正确,符合法定程序,判决驳回原告的诉讼请求;

(3)行政行为存在以下情形,如主要证据不足,适用法律、法规错误,违反法定程序,超越职权,滥用职权,明显不当,判决撤销或部分撤销行政行为,由管理专利工作的部门重新作出行政行为;

(4)行政行为程序轻微违法,但对原告实体权利不产生影响,判决确认行政行为违法;

(5)行政处罚明显不当,判决变更。

2. 一审判决或裁定后的报批

管理专利工作的部门收到一审判决书或裁定书后,两名代理人应当于收文之日起3日内商定是否提出上诉,填写诉讼案件分析表,并报相关负责人审批,决定是

否提起上诉。

对于决定不提起上诉的案件，如果确认原告也未提起上诉，代理人应当根据原定分工在判决或裁定生效后1个月内结案。其中，针对判决撤销或部分撤销原行政行为，并同时要求管理专利工作的部门重新作出行政行为的案件，应当重新立案处理。

对于决定提起上诉的案件，按相关要求准备上诉材料。

(二)收到二审判决书或裁定书

1. 二审判决或裁定的类型

针对专利执法行政诉讼案件，第二审人民法院经审理后，作出的判决或者裁定主要包括以下几种类型：

(1)原判决、裁定认定事实清楚，适用法律、法规正确的，判决或者裁定驳回上诉，维持原判决、裁定；

(2)原判决、裁定认定事实错误或者适用法律、法规错误的，依法改判、撤销或者变更原判决、裁定；

(3)原判决认定基本事实不清、证据不足的，或者存在遗漏当事人或者违法缺席判决等严重违反法定程序的情形，裁定发回原审人民法院重审；

(4)原判决认定基本事实不清、证据不足的，在查清事实后直接改判。

2. 二审判决或裁定后的报批

管理专利工作的部门收到二审判决书或裁定书后，两名代理人应当于收文之日5日内商定是否提起再审申请，填写诉讼案件分析表，并在收文之日起2周内报相关负责人审批，决定是否提起再审申请。

对于决定不提起再审申请的案件，如果确认对方当事人也未提起再审申请，代理人应当根据原定分工在判决或裁定生效后1个月内结案。其中，针对二审判决撤销或部分撤销原行政行为，并同时要求管理专利工作的部门重新作出行政行为的案件，应当重新立案处理。

对于决定提起再审申请的案件，按相关要求准备再审申请材料。

第二节　结案归档

一、结案归档

对于决定不提起上诉或再审申请的案件，如果确认对方当事人也未提起上诉或再审申请，代理人应当根据原定分工在判决或裁定生效后1个月内结案。

代理人在结案前，应当整理诉讼案卷，并将下列法律文书归档：(1)应诉通知书原件、起诉状及证据材料副本；

(2)一审答辩状、证据清单及证据材料副本；(3)一审判决书或裁定书原件；(4)其他重要的法律文书，如上诉状、证据清单和证据材料副本、二审判决书或裁定书、诉讼代理词等。

归档时案卷顺序依次为：应诉通知书、起诉状、原告提交的证据、诉讼代理人指派书、统一社会信用代码证书、法定代表人或主要负责人身份证明、授权委托书、答辩状、证据清单、依照证据清单顺序的一套完整的证据副本、第三人的答辩状及证据、传票、诉讼代理词、判决书或裁定书、诉讼案件分析报批表。其余未尽文件依时间顺序排列。

行政诉讼结案归档后，管理专利工作的部门应当对案件情况进行登记，并定期进行统计和分析。管理专利工作的部门可以通过举行行政诉讼案件分析研讨会或案例交流会等形式，组织业务处室和行政诉讼处室共同就行政诉讼中反映出的问题进行讨论交流，进一步规范行政执法，提高执法能力和水平。

二、诉讼程序中其他事宜

1. 送达回证、宣判笔录的签署。送达回证、宣判笔录由代理人根据原定分工签收，签收后及时送达相应人民法院。

2. 诉讼用印的使用管理。需要用印的诉讼文书包括：法定代表人或主要负责人身份证明、授权委托书、答辩状、上诉状、再审申请书、代理词以及必须以管理专利工作的部门名义出具的公函等。

3. 诉讼费用交纳。根据诉讼程序的进展，管理专利工作的部门应当及时向人民法院交纳相应的诉讼费用。需要交纳诉讼费用的，由代理人根据原定分工记录判决编号、书记员姓名以及收到日期，具体办理交费事宜，凭人民法院或者人民法院指定银行开具的收据到财务部门办理诉讼费报销手续。对于一审败诉后管理专利工作的部门提起上诉的案件，二审胜诉发生退费的，代理人依二审法院的退费通知单到财务部门领取收据，再到二审法院换取支票交回财务部门。

4. 同类判例材料。管理专利工作的部门行政诉讼代理人可以根据庭审情况、双方争议焦点、技术判定、法官疑问等情况，进行分析判断，对全国法院同类案件已有判例进行研究，形成材料提交法院，供法官参考判断。

第三部分　办案文书参考文本(略)

·文书范本

1. 发明专利请求书①

请按照"注意事项"正确填写本表各栏				此框内容由国家知识产权局填写	
⑦发明 名称				①申请号	
				②分案提交日	
⑧ 发明人	发明人1		□不公布姓名	③申请日	
	发明人2		□不公布姓名	④费减审批	
	发明人3		□不公布姓名	⑤向外申请审批	
⑨第一发明人国籍或地区		居民身份证件号码		⑥挂号号码	
⑩ 申 请 人	申 请 人 (1)	姓名或名称		申请人类型	
		居民身份证件号码或统一社会信用代码/组织机构代码 □请求费减且已完成费减资格备案		电子邮箱	
		国籍或注册国家(地区)		经常居所地或营业所所在地	
		邮政编码	电话		
		省、自治区、直辖市			
		市县			
		城区(乡)、街道、门牌号			
	申 请 人 (2)	姓名或名称		申请人类型	
		居民身份证件号码或统一社会信用代码/组织机构代码 □请求费减且已完成费减资格备案		电子邮箱	
		国籍或注册国家(地区)		经常居所地或营业所所在地	
		邮政编码	电话		
		省、自治区、直辖市			
		市县			
		城区(乡)、街道、门牌号			
	申 请 人 (3)	姓名或名称		申请人类型	
		居民身份证件号码或统一社会信用代码/组织机构代码 □请求费减且已完成费减资格备案		电子邮箱	
		国籍或注册国家(地区)		经常居所地或营业所所在地	
		邮政编码	电话		
		省、自治区、直辖市			
		市县			
		城区(乡)、街道、门牌号			

---

① 表格来源:国家知识产权局官网。

⑪联系人	姓名		电话		电子邮箱	
	邮政编码					
	省、自治区、直辖市					
	市县					
	城区(乡)、街道、门牌号					

⑫代表人为非第一署名申请人时声明	特声明第____署名申请人为代表人

⑬专利代理机构	□声明已经与申请人签订了专利代理委托书且本表中的信息与委托书中相应信息一致				
	名称			机构代码	
	代理人(1)	姓　名		代理人(2)	姓　名	
		执业证号			执业证号	
		电　话			电　话	

⑭分案申请	原申请号		针对的分案申请号		原申请日　　年　月　日	

⑮生物材料样品	保藏单位代码		地　址		是否存活	□是　□否
	保藏日期　　年　月　日		保藏编号		分类命名	

⑯序列表	□本专利申请涉及核苷酸或氨基酸序列表	⑰遗传资源	□本专利申请涉及的发明创造是依赖于遗传资源完成的

⑱要求优先权声明	原受理机构名称	在先申请日	在先申请号	⑲不丧失新颖性宽限期声明	□已在国家出现紧急状态或者非常情况时,为公共利益目的首次公开 □已在中国政府主办或承认的国际展览会上首次展出 □已在规定的学术会议或技术会议上首次发表 □他人未经申请人同意而泄露其内容
				⑳保密请求	□本专利申请可能涉及国家重大利益,请求按保密申请处理 □已提交保密证明材料

㉑□声明本申请人对同样的发明创造在申请本发明专利的同日申请了实用新型专利	㉒提前公布	□请求早日公布该专利申请

㉓摘要附图	指定说明书附图中的图_____为摘要附图

㉔申请文件清单			㉕附加文件清单			
1.　请求书	份	页	□实质审查请求书	份	共	页
2.　说明书摘要	份	页	□实质审查参考资料	份	共	页
3.　权利要求书	份	页	□优先权转让证明	份	共	页
4.　说明书	份	页	□优先权转让证明中文题录	份	共	页
5.　说明书附图	份	页	□保密证明材料	份	共	页
6.　核苷酸或氨基酸序列表	份	页	□专利代理委托	份	共	页
7.　计算机可读形式的序列表	份		总委托书备案编号(_____)			
			□在先申请文件副本	份		
权利要求的项数　　　　项			□在先申请文件副本中文题录	份	共	页
			□生物材料样品保藏及存活证明	份	共	页
			□生物材料样品保藏及存活证明中文题录	份	共	页
			□向外国申请专利保密审查请求书	份	共	页
			□其他证明文件(注明文件名称)	份	共	页
			□			
㉖全体申请人或专利代理机构签字或者盖章			㉗国家知识产权局审核意见			
年　月　日			年　月　日			

发明专利请求书外文信息表

发明名称		
发明人姓名	发明人 1	
	发明人 2	
	发明人 3	
申请人名称及地址	申请人 1	名称 地址
	申请人 2	名称 地址
	申请人 3	名称 地址

注意事项

一、申请发明专利,应当提交发明专利请求书、权利要求书、说明书、说明书摘要,有附图的应当同时提交说明书附图,并指定其中一幅作为摘要附图。(表格可在国家知识产权局网站 www.cnipa.gov.cn 下载)

二、本表应当使用国家公布的中文简化汉字填写,表中文字应当打字或者印刷,字迹为黑色。外国人姓名、名称、地名无统一译文时,应当同时在请求书外文信息表中注明。

三、本表中方格供填表人选择使用,若有方格后所述内容的,应当在方格内作标记。

四、本表中所有详细地址栏,本国的地址应当包括省(自治区)、市(自治州)、区、街道门牌号码,或者省(自治区)、县(自治县)、镇(乡)、街道门牌号码,或者直辖市、区、街道门牌号码。有邮政信箱的,可以按规定使用邮政信箱。外国的地址应当注明国别、市(县、州),并附具外文详细地址。其中申请人、专利代理机构、联系人的详细地址应当符合邮件能够迅速、准确投递的要求。

五、填表说明

1. 本表第①、②、③、④、⑤、⑥、㉗栏由国家知识产权局填写。

2. 本表第⑦栏发明名称应当简短、准确,一般不得超过25个字。

3. 本表第⑧栏发明人应当是个人。发明人可以请求国家知识产权局不公布其姓名。

4. 本表第⑨栏应当填写第一发明人国籍,第一发明人为中国内地居民的,应当同时填写居民身份证件号码。

5. 本表第⑩栏申请人是个人的,应当填写本人真实姓名,不得使用笔名或者其他非正式姓名;申请人是单位的,应当填写单位正式全称,并与所使用公章上的单位名称一致。申请人是中国内地单位或者个人的,应当填写其名称或者姓名、地址、邮政编码、统一社会信用代码/组织机构代码或者居民身份证件号码;申请人是外国人、外国企业或者外国其他组织的,应当填写其姓名或者名称、国籍或者注册的国家或者地区、经常居所地或者营业所所在地。申请人类型可从下列类型中选择填写:个人,企业,事业单位,机关团体,大专院校,科研单位。申请人请求费用减缴且已完成费减资格备案的,应当在方格内作标记,并在本栏填写证件号码处填写费减备案时使用的证件号码。

6. 本表第⑪栏,申请人是单位且未委托专利代理机构的,应当填写联系人,并同时填写联系人的通信地址、邮政编码、电子邮箱和电话号码,联系人只能填写一人,且应当是本单位的工作人员。

7. 本表第⑫栏,申请人指定非第一署名申请人为代表人时,应当在此栏指明被确定的代表人。

8. 本表第⑬栏,申请人委托专利代理机构的,应当填写此栏。

9. 本表第⑭栏,申请是分案申请的,应当填写此栏。申请是再次分案申请的,还应当填写所针对的分案申请的申请号。

10. 本表第⑮栏,申请涉及生物材料的发明专利,应当填写此栏,并自申请日起四个月内提交生物材料样品保藏及存活证明,对于外国保藏单位出具的生物材料样品保藏及存活证明,还应同时提交生物材料样品保藏及存活证明中文题录。本栏分类命名应填写所保藏生物材料的中文分类名称及拉丁文分类名称。

11. 本表第⑯栏,发明申请涉及核苷酸或氨基酸序列表的,应当填写此栏。

12. 本表第⑰栏,发明创造的完成依赖于遗传资源的,应当填写此栏。

13. 本表第⑱栏,申请人要求优先权的,应当填写此栏。

14. 本表第⑲栏,申请人要求不丧失新颖性宽限期的,应当填写此栏,并自申请日起两个月内提交证明文件。

15. 本表第⑳栏,申请人要求保密处理的,应当填写此栏。

16. 本表第㉑栏,申请人同日对同样的发明创造既申请实用新型专利又申请发明专利的,应当填写此栏。未作说明的,依照专利法第九条第一款关于同样的发明创造只能授予一项专利权的规定处理。(注:申请人应当在同日提交实用新型专利申请文件。)

17. 本表第㉒栏,申请人要求提前公布的,应当填写此栏。若填写此栏,不需要再单独提交发明专利请求提前公布声明。

18. 本表第㉓栏,申请人应当填写说明书附图中的一幅附图的图号。

19. 本表第㉔、㉕栏,申请人应当按实际提交的文件名称、份数、页数及权利要求项数正确填写。

20. 本表第㉖栏,委托专利代理机构的,应当由专利代理机构加盖公章。未委托专利代理机构的,申请人为个人的应当由本人签字或者盖章,申请人为单位的应当加盖单位公章;有多个申请人的由全体申请人签字或者盖章。

21. 本表第⑧、⑩、⑮、⑱栏,发明人、申请人、生物材料样品保藏、要求优先权声明的内容填写不下时,应当使用规定格式的附页续写。

缴费须知

1. 申请人应当在缴纳申请费通知书(或费用减缴审批通知书)中规定的缴费日前缴纳申请费、公布印刷费和申请附加费。申请人要求优先权的,应当在缴纳申请费的同时缴纳优先权要求费。

2. 一件专利申请的权利要求(包括独立权利要求和从属权利要求)数量超过 10 项的,从第 11 项权利要求起,每项权利要求增收附加费 150 元;一件专利申请的说明书页数(包括附图、序列表)超过 30 页的,从第 31 页起,每页增收附加费 50 元,超过 300 页的,从 301 页起,每页增收附加费 100 元。

3. 申请人请求减缴费用的,应当在提交申请文件前完成费减资格备案并在请求书中申请人一栏提出请求。

4. 专利费用可以通过网上缴费、邮局或银行汇款缴纳,也可以到国家知识产权局或代办处面缴。

5. 网上缴费:电子申请注册用户可登陆 http://cponline.cnipa.gov.cn,并按照相关要求使用网上缴费系统缴纳。

6. 邮局汇款:收款人姓名:国家知识产权局专利局收费处,商户客户号:110000860。

7. 银行汇款:开户银行:中信银行北京知春路支行,户名:国家知识产权局专利局,账号:7111710182600166032。

8. 汇款时应当准确写明申请号、费用名称(或简称)及分项金额。未写明申请号和费用名称(或简称)的视为未办理缴费手续。了解更多详细信息及要求,请登陆 http://www.cnipa.gov.cn 查询。

9. 对于只能采用电子联行汇付的,应当向银行付电报费,正确填写并要求银行至少将申请号及费用名称两项列入汇款单附言栏中同时发至国家知识产权局专利局。

10. 应当正确填写申请号 13 位阿拉伯数字(注:最后一位校验位可能是字母),小数点不需填写。

11. 费用名称可以使用下列简称:

印花税——印	发明专利申请费——申
发明专利公布印刷费——公布	发明专利实质审查费——审
发明专利登记费——登	发明专利复审费——复
发明专利公告印刷费——公告	恢复权利请求费——恢
优先权要求费——优	著录事项变更费——变
发明专利权无效宣告请求费——无(无效)	延长费——延
权利要求附加费——权(权附)	说明书附加费——说(说附)
发明专利年费滞纳金——滞(年滞)	

发明专利第 N 年年费——年 N(注:N 为实际年度,例如:发明专利第 8 年年费–年 8)

12. 费用通过邮局或者银行汇付遗漏必要缴费信息的,可以在汇款当天最迟不超过汇款次日补充缴费信息,补充缴费信息的方式如下:登陆专利缴费信息网上补充及管理系统(http://fee.cnipa.gov.cn)进行缴费信息的补充;通过传真(010-62084312/8065)或发送电子邮件(shoufeichu@cnipa.gov.cn)的方式补充缴费信息。补充完整缴费信息的,以补充完整缴费信息日为缴费日。因逾期补充缴费信息或补充信息不符合规定,造成汇款被退回或入暂存的,视为未缴纳费用。

通过传真或电子邮件补充缴费信息的,应当提供邮局或者银行的汇款单复印件、所需费用的申请号(或专利号)及各项费用的名称和金额。同时,应当提供接收收据的地址、邮政编码、接收人姓名或名称等信息。补充缴费信息如不能提供邮局或者银行的汇款单复印件的,还应当提供汇款日期、汇款人姓名或名称、汇款金额、汇款单据号码等信息。

13. 未按上述规定办理缴费手续的,所产生的法律后果由汇款人承担。

2. 实用新型专利请求书①

请按照"注意事项"正确填写本表各栏			此框内容由国家知识产权局填写	
⑦ 实用 新型 名称			① 申请号　　　（实用新型）	
			②分案 提交日	
⑧发 明 人			③申请日	
			④费减审批	
			⑤向外申请审批	
⑨第一发明人国籍　　　居民身份证件号码			⑥挂号号码	
⑩ 申 请 人	申 请 人 (1)	姓名或名称	申请人类型	
		居民身份证件号码或统一社会信用代码/组织机构代码 □请求费减且已完成费减资格备案	电子邮箱	
		国籍或注册国家(地区)　　　　　　经常居所地或营业所所在地		
		邮政编码　　　　　　　电话		
		省、自治区、直辖市		
		市县		
		城区(乡)、街道、门牌号		
	申 请 人 (2)	姓名或名称	申请人类型	
		居民身份证件号码或统一社会信用代码/组织机构代码 □请求费减且已完成费减资格备案		
		国籍或注册国家(地区)　　　　　　经常居所地或营业所所在地		
		邮政编码　　　　　　　电话		
		省、自治区、直辖市		
		市县		
		城区(乡)、街道、门牌号		
	申 请 人 (3)	姓名或名称	申请人类型	
		居民身份证件号码或统一社会信用代码/组织机构代码 □请求费减且已完成费减资格备案		
		国籍或注册国家(地区)　　　　　　经常居所地或营业所所在地		
		邮政编码　　　　　　　电话		
		省、自治区、直辖市		
		市县		
		城区(乡)、街道、门牌号		

---

① 表格来源：国家知识产权局官网。

续　表

<table>
<tr><td rowspan="5">⑪
联
系
人</td><td colspan="2">姓名</td><td>电话</td><td colspan="2">电子邮箱</td></tr>
<tr><td colspan="5">邮政编码</td></tr>
<tr><td colspan="5">省、自治区、直辖市</td></tr>
<tr><td colspan="5">市县</td></tr>
<tr><td colspan="5">城区(乡)、街道、门牌号</td></tr>
<tr><td colspan="6">⑫代表人为非第一署名申请人时声明　　　　特声明第＿＿署名申请人为代表人</td></tr>
<tr><td rowspan="5">⑬
专利
代理
机构</td><td colspan="5">□声明已经与申请人签订了专利代理委托书且本表中的信息与委托书中相应信息一致</td></tr>
<tr><td colspan="2">名称</td><td colspan="3">机构代码</td></tr>
<tr><td rowspan="3">代理
人(1)</td><td>姓　　名</td><td rowspan="3">代理
人(2)</td><td colspan="2">姓　　名</td></tr>
<tr><td>执业证号</td><td colspan="2">执业证号</td></tr>
<tr><td>电　　话</td><td colspan="2">电　　话</td></tr>
<tr><td>⑭分案
申请</td><td colspan="2">原申请号</td><td colspan="2">针对的分案申请号</td><td>原申请日　　年　月　日</td></tr>
<tr><td rowspan="2">⑮
要求
优先权
声明</td><td>原受理机构名称</td><td>在先申请日</td><td>在先申请号</td><td>⑯
不宽
丧限
失期
新声
颖明
性</td><td colspan="2">□已在国家出现紧急状态或者非常情况时,为公共利益目的首次公开
□已在中国政府主办或承认的国际展览会上首次展出
□已在规定的学术会议或技术会议上首次发表
□他人未经申请人同意而泄露其内容</td></tr>
<tr><td></td><td></td><td></td><td>⑰
保密
请求</td><td colspan="2">□本专利申请可能涉及国家重大利益,请求保密处理
□已提交保密证明材料</td></tr>
<tr><td>⑱</td><td colspan="5">□声明本申请人对同样的发明创造在申请本实用新型专利的同日申请了发明专利</td></tr>
<tr><td>⑲</td><td colspan="5">指定说明书附图中的图＿＿＿＿为摘要附图</td></tr>
</table>

续　表

⑳申请文件清单			㉑附加文件清单			
1. 请求书	份	页	□优先权转让证明	份	共	页
2. 说明书摘要	份	页	□优先权转让证明中文题录	份	共	页
3. 权利要求书	份	页	□保密证明材料	份	共	页
4. 说明书	份	页	□专利代理委托书	份	共	页
5. 说明书附图	份	页	总委托书备案编号(编号_____)			
			□在先申请文件副本	份		
权利要求的项数	项		□在先申请文件副本中文题录	份	共	页
			□向外国申请专利保密审查请求书	份	共	页
			□其他证明文件(名称　　　)	份	共	页
			□			
㉒全体申请人或专利代理机构签字或者盖章			㉓国家知识产权局审核意见			
 　 　 　 年　月　日			 　 　 　 年　月　日			

实用新型专利请求书英文信息表

实用新型名称	
发明人姓名	
申请人名称及地址	

注意事项

一、申请实用新型专利,应当提交实用新型专利请求书、权利要求书、说明书、说明书附图、说明书摘要,并指定说明书附图中的一幅作为摘要附图。申请文件应当一式一份。(表格可在国家知识产权局网站 www.cnipa.gov.cn 下载)

二、本表应当使用国家公布的中文简化汉字填写,表中文字应当打字或者印刷,字迹为黑色。外国人姓名、名称、地名无统一译文时,应当同时在请求书英文信息表中注明。

三、本表中方格供填表人选择使用,若有方格后所述内容的,应当在方格内作标记。

四、本表中所有详细地址栏,本国的地址应当包括省(自治区)、市(自治州)、区、街道门牌号码,或者省(自治区)、县(自治县)、镇(乡)、街道门牌号码,或者直辖市、区、街道门牌号码。有邮政信箱的,可以按规定使用邮政信箱。外国的地址应当注明国别、市(县、州),并附具外文详细地址。其中申请人、专利代理机构、联系人的详细地址应当符合邮件能够迅速、准确投递的要求。

五、填表说明

1. 本表第①、②、③、④、⑤、⑥、㉓栏由国家知识产权局填写。

2. 本表第⑦栏实用新型名称应当简短、准确,一般不得超过25个字。

3. 本表第⑧栏发明人应当是个人。发明人有两个以上的应当自左向右顺序填写。发明人姓名之间应当用分号隔开。发明人可以请求国家知识产权局不公布其姓名。若请求不公布姓名,应当在此栏所填写的相应发明人后面注明"(不公布姓名)"。

4. 本表第⑨栏应当填写第一发明人国籍,第一发明人为中国内地居民的,应当同时填写居民身份证件号码。

5. 本表第⑩栏申请人是中国单位或者个人的,应当填写其名称或者姓名、地址、邮政编码、统一社会信用代码/组织机构代码或者居民身份证件号码;申请人是外国人、外国企业或者外国其他组织的,应当填写其姓名或者名称、国籍或者注册的国家或者地区。申请人是个人的,应当填写本人真实姓名,不得使用笔名或者其他非正式的姓名;申请人是单位的,应当填写单位正式全称,并与所使用的公章上的单位名称一致。申请人类型可从下列类型中选择填写:个人,企业,事业单位,机关团体,大专院校,科研单位。申请人请求费用减缴且已完成费减资格备案的,应当在方格内作标记,并在本栏填写证件号码处填写费减备案时使用的证件号码。

6. 本表第⑪栏,申请人是单位且未委托专利代理机构的,应当填写联系人,并同时填写联系人的通信地址、邮政编码、电子邮箱和电话号码,联系人只能填写一人,且应当是本单位的工作人员。申请人为个人且需由他人代收国家知识产权局所发信函的,也可以填写联系人。

7. 本表第⑫栏,申请人指定非第一署名申请人为代表人时,应当在此栏指明被确定的代表人。

8. 本表第⑬栏,申请人委托专利代理机构的,应当填写此栏。

9. 本表第⑭栏,申请是分案申请的,应当填写此栏。申请是再次分案申请的,还应当填写所针对的分案申请的申请号。

10. 本表第⑮栏,申请人要求外国或者本国优先权的,应当填写此栏。

11. 本表第⑯栏,申请人要求不丧失新颖性宽限期的,应当填写此栏,并自申请日起两个月内提交证明文件。

12. 本表第⑰栏,申请人要求保密处理的,应当填写此栏。

13. 本表第⑱栏,申请人同日对同样的发明创造既申请实用新型专利又申请发明专利的,应当填写此栏。未作声明的,依照专利法第九条第一款关于同样的发明创造只能授予一项专利权的规定处理。(注:申请人应当在同日提交发明专利申请文件。)

14. 本表第⑲栏,申请人应当填写说明书附图中的一幅附图的图号。

15. 本表第⑳、㉑栏,申请人应当按实际提交的文件名称、份数、页数及权利要求项数正确填写。

16. 本表第㉒栏,委托专利代理机构的,应当由专利代理机构加盖公章。未委托专利代理机构的,申请人为个人的应当由本人签字或者盖章,申请人为单位的应当加盖单位公章;有多个申请人的由全体申请人签字或者盖章。

17. 本表第⑧、⑩、⑮栏,发明人、申请人、要求优先权声明的内容填写不下时,应当使用规定格式的附页续写。

缴费须知

1. 申请人应当在缴纳申请费通知书(或费用减缴审批通知书)中规定的缴费日前缴纳申请费和申请附加费。申请人要求优先权的,应当在缴纳申请费的同时缴纳优先权要求费。

2. 一件专利申请的权利要求(包括独立权利要求和从属权利要求)数量超过10项的,从第11项权利要求起,每项权利要求增收附加费150元;一件专利申请的说明书页数(包括附图页数)超过30页的,从第31页起,每页增收附加费50元,超过300页的,从301页起,每页增收附加费100元。

3. 申请人请求减缴费用的,应当在提交申请文件前完成费减资格备案并在请求书中申请人一栏提出请求。

4. 各种专利费用可以通过网上缴费、邮局或银行汇款缴纳,也可以到国家知识产权局或代办处面缴。

5. 网上缴费:电子申请注册用户可登陆 http://cponline.cnipa.gov.cn,并按照相关要求使用网上缴费系统缴纳。

6. 邮局汇款:收款人姓名:国家知识产权局专利局收费处,商户客户号:110000860。

7. 银行汇款:开户银行:中信银行北京知春路支行,户名:国家知识产权局专利局,账号:7111710182600166032。

8. 汇款时应当准确写明申请号、费用名称(或简称)及分项金额。未写明申请号和费用名称(或简称)的视为未办理缴费手续。了解更多详细信息及要求,请登陆 http://www.cnipa.gov.cn 查询。

9. 对于只能采用电子联行汇付的,应当向银行付电报费,正确填写并要求银行至少将申请号及费用名称两项列入汇款单附言栏中同时发至国家知识产权局专利局。

10. 应当正确填写申请号13位阿拉伯数字(注:最后一位校验位可能是字母),小数点不需填写。

11. 费用名称可以使用下列简称:

印花税——印	实用新型专利申请费——申
实用新型专利复审费——复	恢复权利请求费——恢
著录事项变更费——变	优先权要求费——优
实用新型专利权无效宣告请求费——无(无效)	实用新型专利登记费——登
实用新型公告印刷费——公告	延长费——延
权利要求附加费——权(权附)	实用新型专利权评价报告请求费——评价
说明书附加费——说(说附)	实用新型专利年费滞纳金——滞(年滞)
实用新型专利第 N 年年费——年 N(注:N 为实际年度,例如:实用新型专利第 8 年年费-年 8)	

12. 费用通过邮局或者银行汇付遗漏必要缴费信息的,可以在汇款当天最迟不超过汇款次日补充缴费信息,补充缴费信息的方式如下:登陆专利缴费信息网上补充及管理系统(http://fee.cnipa.gov.cn)进行缴费信息的补充;通过传真(010-62084312/8065)或发送电子邮件(shoufeichu@cnipa.gov.cn)的方式补充缴费信息。补充完整缴费信息的,以补充完整缴费信息日为缴费日。因逾期补充缴费信息或补充信息不符合规定,造成汇款被退回或入暂存的,视为未缴纳费用。

通过邮件和传真补充缴费信息的,应当提供邮局或者银行的汇款单复印件、所缴费用的申请号(或专利号)及各项费用的名称和金额。同时,应当提供接收收据的地址、邮政编码、接收人姓名或名称等信息。补充缴费信息如不能提供邮局或者银行的汇款单复印件的,还应当提供汇款日期、汇款人姓名或名称、汇款金额、汇款单据号码等信息。

13. 未按上述规定办理缴费手续的,所产生的法律后果由汇款人承担。

3. 外观设计专利请求书①

请按照"注意事项"正确填写本表各栏			此框内容由国家知识产权局填写
⑥使用外观设计的产品名称			① 申请号　　　　（外观设计）
			②分案 提交日
⑦设计人			③申请日
			④费减审批
⑧第一设计人国籍　　　　居民身份证件号码			⑤挂号号码
⑨申请人	申请人（1）	姓名或名称	电话
		居民身份证件号码或统一社会信用代码/组织机构代码 □请求费减且已完成费减资格备案	电子邮箱
		国籍或注册国家（地区）　　　　　　　　经常居所地或营业所所在地	
		邮政编码　　　　　　详细地址	
	申请人（2）	姓名或名称	电话
		居民身份证件号码或统一社会信用代码/组织机构代码 □请求费减且已完成费减资格备案	
		国籍或注册国家（地区）　　　　　　　　经常居所地或营业所所在地	
		邮政编码　　　　　　详细地址	
	申请人（3）	姓名或名称	电话
		居民身份证件号码或统一社会信用代码/组织机构代码 □请求费减且已完成费减资格备案	
		国籍或注册国家（地区）　　　　　　　　经常居所地或营业所所在地	
		邮政编码　　　　　　详细地址	
⑩联系人	姓名	电话	电子邮箱
	邮政编码	详细地址	
⑪代表人为非第一署名申请人时声明　　　特声明第＿＿＿署名申请人为代表人			

---

① 表格来源：国家知识产权局官网。

续 表

⑫专利代理机构	名称				机构代码	
	代理人(1)	姓 名		代理人(2)	姓 名	
		执业证号			执业证号	
		电 话			电 话	

⑬分案申请	原申请号	针对的分案申请号		原申请日　　年　月　日

⑭要求优先权声明	原受理机构名称	在先申请日	在先申请号	⑮不丧失新颖性宽限期声明	□已在国家出现紧急状态或者非常情况时,为公共利益目的首次公开 □已在中国政府主办或承认的国际展览会上首次展出 □已在规定的学术会议或技术会议上首次发表 □他人未经申请人同意而泄露其内容

⑯相似设计	□本案为同一产品的相似外观设计,其所包含的项数为_____项。

⑰成套产品	□本案为成套产品的多项外观设计,其所包含的项数为_____项。

⑱局部设计	□本案请求保护的外观设计为局部外观设计。

⑲延迟审查	□请求对本申请延迟审查,延迟期限为1年。 □请求对本申请延迟审查,延迟期限为2年。 □请求对本申请延迟审查,延迟期限为3年。

⑳申请文件清单 1. 请求书　　　　　　份　　页 2. 图片或照片　　　　份　　页 3. 简要说明　　　　　份　　页 图片或照片　　　　幅	㉑附加文件清单 □优先权转让证明　　　　　　份　共　页 □专利代理委托书　　　　　　份　共　页 　总委托书(编号_____) □在先申请文件副本　　　　　份 □在先申请文件副本中文题录　份 □其他证明文件(名称_____)　份　共　页 □
㉒全体申请人或专利代理机构签字或者盖章 　　　　　年　月　日	㉓国家知识产权局审核意见 　　　　　年　月　日

外观设计专利请求书英文信息表

使用外观 设计的 产品名称	
设计人 姓名	
申请人名称 及地址	

注意事项

一、申请外观设计专利,应当提交外观设计专利请求书、外观设计图片或照片、以及外观设计简要说明。(表格可在国家知识产权局网站 www.cnipa.gov.cn 下载)

二、本表应当使用国家公布的中文简化汉字填写,表中文字应当打字或者印刷,字迹为黑色。外国人姓名、名称、地名无统一译文时,应当同时在请求书英文信息表中注明。

三、本表中方格供填表人选择使用,若有方格后所述内容的,应当在方格内作标记。

四、本表中所有详细地址栏,本国的地址应当包括省(自治区)、市(自治州)、区、街道门牌号码,或者省(自治区)、县(自治县)、镇(乡)、街道门牌号码,或者直辖市、区、街道门牌号码。有邮政信箱的,可以按规定使用邮政信箱。外国的地址应当注明国别、市(县、州),并附具外文详细地址。其中申请人、专利代理机构、联系人的详细地址应当符合邮件能够迅速、准确投递的要求。

五、填表说明

1. 本表第 1、2、3、4、5、23 栏由国家知识产权局填写。

2. 本表第 6 栏使用外观设计的产品名称应当与外观设计图片或者照片中表示的外观设计相符合,准确、简明地表明要求保护的产品的外观设计。产品名称一般应当符合国际外观设计分类表中小类列举的名称。产品名称一般不得超过 20 个字。

3. 本表第 7 栏设计人应当是个人。设计人有两个以上的应当自左向右顺序填写。设计人姓名之间应当用分号隔开。设计人可以请求国家知识产权局不公布其姓名。若请求不公布姓名,应当在此栏所填写的相应设计人后面注明"(不公布姓名)"。

4. 本表第 8 栏应当填写第一设计人国籍,第一设计人为中国内地居民的,应当同时填写居民身份证件号码。

5. 本表第 9 栏申请人是个人的,应当填写本人真实姓名,不得使用笔名或者其他非正式的姓名;申请人是单位的,应当填写单位正式全称,并与所使用的公章上的单位名称一致。申请人是中国单位或者个人的,应当填写其名称或者姓名、地址、邮政编码、统一社会信用代码/组织机构代码或者居民身份证件号码;申请人是外国人、外国企业或者外国其他组织的,应当填写其姓名或者名称、国籍或者注册的国家或者地区、经常居所地或者营业所所在地。申请人请求费用减缴且已完成费减资格备案的,应当在方格内作标记,并在本栏填写证件号码处填写费减备案时使用的证件号码。

6. 本表第 10 栏,申请人是单位且未委托专利代理机构的,应当填写联系人,并同时填写联系人的通信地址、邮政编码、电子邮箱和电话号码,联系人只能填写一人,且应当是本单位的工作人员。申请人为个人且需由他人代收国家知识产权局所发信函的,也可以填写联系人。

7. 本表第 11 栏,申请人指定非第一署名申请人为代表人时,应当在此栏指明被确定的代表人。

8. 本表第 12 栏,申请人委托专利代理机构的,应当填写此栏。

9. 本表第 13 栏,申请是分案申请的,应当填写此栏。申请是再次分案申请的,还应当填写所针对的分案申请的申请号。

10. 本表第 14 栏,申请人要求优先权的,应当填写此栏。

11. 本表第 15 栏,申请人要求不丧失新颖性宽限期的,应当填写此栏,自申请日起两个月内提交证明文件。

12. 本表第 16 栏,同一产品两项以上的相似外观设计,作为一件申请提出时,申请人应当填写相关信息。一件外观设计专利申请中的相似外观设计不得超过 10 项。

13. 本表第 17 栏,用于同一类别并且成套出售或者使用的产品的两项以上外观设计,作为一件申请提出时,申请人应当填写相关信息。成套产品外观设计专利申请中不应包含某一件或者几件产品的相似外观设计。

14. 本表第 18 栏,用于表明请求保护的外观设计为局部外观设计。

15. 本表第 19 栏,申请人请求延迟审查的,应当填写此栏。请注意,延迟审查请求只能选择一项。

16. 本表第 20、21 栏,申请人应当按实际提交的文件名称、份数、页数及图片或照片幅数正确填写。

17. 本表第 22 栏,委托专利代理机构的,应当由专利代理机构加盖公章。未委托专利代理机构的,申请人为个人的应当由本人签字或盖章,申请人为单位的应当加盖单位公章;有多个申请人的由全体申请人签字或者盖章。

18. 本表第 7、9、14 栏,设计人、申请人、要求优先权声明的内容填写不下时,应当使用规定格式的附页续写。

缴费须知

1. 申请人应当在缴纳申请费通知书(或费用减缴审批通知书)中规定的缴费日前缴纳申请费。申请人要求优先权的,应当在缴纳申请费的同时缴纳优先权要求费。

2. 申请人请求减缴费用的,应当在提交申请文件前完成费减资格备案并在请求书中申请人一栏提出请求。

3. 专利费用可以通过网上缴费、邮局或银行汇款缴纳,也可以到国家知识产权局或代办处面缴。

4. 网上缴费:电子申请注册用户可登陆 http://cponline. cnipa. gov. cn,并按照相关要求使用网上缴费系统缴纳。

5. 邮局汇款:收款人姓名:国家知识产权局专利局收费处,商户客户号:110000860。

6. 银行汇款:开户银行:中信银行北京知春路支行,户名:国家知识产权局专利局,账号:7111710182600166032。

7. 汇款时应当准确写明申请号、费用名称(或简称)及分项金额。未写明申请号和费用名称(或简称)的视为未办理缴费手续。了解更多详细信息及要求,请登陆 http://www. cnipa. gov. cn 查询。

8. 对于只能采用电子联行汇付的,应当向银行付电报费,正确填写并要求银行至少将申请号及费用名称两项列入汇款单附言栏中同时发至国家知识产权局专利局。

9. 应当正确填写申请号 13 位阿拉伯数字(注:最后一位校验位可能是字母),小数点不需填写。

10. 费用名称可以使用下列简称:

印花税——印

外观设计专利申请费——申

外观设计专利复审费——复

著录事项变更费——变

优先权要求费——优

恢复权利请求费——恢

外观设计专利权无效宣告请求费——无(无效)

外观设计专利登记费——登

外观设计公告印刷费——公告

延长费——延

外观设计专利年费滞纳金——滞(年滞)

外观专利第 N 年年费——年 N(注:N 为实际年度,例如:外观专利第 8 年年费–年 8)

外观设计专利权评价报告请求费——评价

11. 费用通过邮局或者银行汇付遗漏必要缴费信息的,可以在汇款当天最迟不超过汇款次日补充缴费信息,补充缴费信息的方式如下:登陆专利缴费信息网上补充及管理系统(http://fee. cnipa. gov. cn)进行缴费信息的补充;通过传真(010-62084312/8065)或发送电子邮件(shoufeichu@ cnipa. gov. cn)的方式补充缴费信息。补充完整缴费信息的,以补充完整缴费信息日为缴费日。因逾期补充缴费信息或补充信息不符合规定,造成汇款被退回或入暂存的,视为未缴纳费用。

通过传真和电子邮件补充缴费信息的,应当提供邮局或者银行的汇款单复印件、所缴费用的申请号(或专利号)及各项费用的名称和金额。同时,应当提供接收收据的地址、邮政编码、接收人姓名或名称等信息。补充缴费信息如不能提供邮局或者银行的汇款单复印件的,还应当提供汇款日期、汇款人姓名或名称、汇款金额、汇款单据号码等信息。

12. 未按上述规定办理缴费手续的,所产生的法律后果由汇款人承担。

4. 专利实施许可合同①

(试用)

专利名称_____

专利号_____

许可方名称_____

地址_____

代表人_____

被许可方名称_____

地址_____

代表人_____

合同备案号_____

签订地点

签订日期　　　　年　　　　月　　　　日

有效期限至　　　　年　　　　月　　　　日

国家知识产权局监制

---

① 来源:国家知识产权局官网。

前言 （鉴于条款）

第一条　名词和术语(定义条款)

第二条　专利许可的方式与范围

第三条　专利的技术内容

第四条　技术资料的交付

第五条　使用费及支付方式

第六条　验收的标准与方法

第七条　对技术秘密的保密事项

第八条　技术服务与培训(本条可签从合同)

第九条　后续改进的提供与分享

第十条　违约及索赔

第十一条　侵权的处理

第十二条　专利权被撤销和被宣告无效的处理

第十三条　不可抗力

第十四条　税费

第十五条　争议的解决办法

第十六条　合同的生效、变更与终止

第十七条　其他

　　　　许可方签章　　　　　　　　　　　　　　　　　　被许可方签章

　　　　许可方法人代表签章　　　　　　　　　　　　　被许可方法人代表签章

　　　　年　　月　　日　　　　　　　　　　　　　　　　年　　月　　日

许可方	名称(或姓名)				(签章)
	法人代表		(签章)	委托代理人	(签章)
	联系人				(签章)
	住　所 (通讯地址)				
	电话			电挂	
	开户银行				
	账号			邮政编码	
被许可方	名称(或姓名)				(签章)
	法人代表		(签章)	委托代理人	(签章)
	联系人				(签章)
	住　所 (通讯地址)				
	电话			电挂	
	开户银行				
	账号			邮政编码	
中介方	单位名称				(公章) 年　月　日
	法人代表		(签章)	委托代理人	(签章)
	联系人				(签章)
	住　所 (通讯地址)				
	电话			电挂	
	开户银行				
	账号			邮政编码	

印花税票粘贴处

登记机关审查登记栏：

技术合同登记机关(专用章)

经办人： (签章)   年 月 日

专利实施许可合同签订指南

国家知识产权局制

前言(鉴于条款)

——鉴于许可方(姓名或名称　注:必须与所许可的专利的法律文件相一致)拥有(专利名称　注:必须与专利法律文件相一致)专利,该专利为(职务发明创造或非职务发明创造),专利为(九位),公开号为(八位包括最后一位字母),申请日为＿＿＿年＿＿月＿＿日,授权日为＿＿＿年＿＿月＿＿日,专利的法定届满日为＿＿＿年＿＿月＿＿日。并拥有实施该专利所涉及的技术秘密及工艺;

——鉴于被许可方(姓名或名称)属于＿＿＿＿＿＿领域的企业、事业单位、社会团体或个人等,拥有厂房＿＿＿＿＿＿,＿＿＿＿＿＿设备,人员＿＿＿＿＿＿及其他条件,并对许可方的专利技术有所了解,希望获得许可而实施该专利技术(及所涉及的技术秘密、工艺等);

——鉴于许可方同意向被许可方授予所请求的许可;

双方一致同意签订本合同

第一条　名词和术语(定义条款)

本条所涉及的名词和术语均为签定合同时出现的需要定义的名词和术语。如:

专利——本合同中所指的专利是许可方许可被许可方实施的由中国专利局受理的发明专利(或实用新型专利或外观设计专利)专利号:＿＿＿＿＿＿＿发明创造名称:＿＿＿＿＿＿＿。

技术秘密(know-how)——指实施本合同专利所需要的、在工业化生产中有助于本合同技术的最佳利用、没有进入公共领域的技术。

技术资料——指全部专利申请文件和与实施该专利有关的技术秘密及设计图纸、工艺图纸、工艺配方、工艺流程及制造合同产品所需的工装、设备清单等技术资料。

合同产品——指被许可方使用本合同提供的被许可技术制造的产品,其产品名称为:＿＿＿＿＿＿＿＿＿＿＿＿。

技术服务——指许可方为被许可方实施合同提供的技术所进行的服务,包括传授技术与培训人员。

销售额——指被许可方销售合同产品的总金额。

净销售额——指销售额减去包装费、运输费、税金、广告费、商业折扣。

纯利润——指合同产品销售后,总销售额减去成本、税金后的利润额。

改进技术——指在许可方许可被许可方实施的技术基础上改进的技术。

普通实施许可——指许可方许可被许可方在合同约定的期限、地区、技术领域内实施该专利技术的同时,许可方保留实施该专利技术的权利,并可以继续许可被许可方以外的任何单位或个人实施该专利技术。

排他实施许可——指许可方许可被许可方在合同约定的期限、地区、技术领域内实施该专利技术的同时,许可方保留实施该专利技术的权利,但不得再许可被许可方以外的任何单位或个人实施该专利技术。

独占实施许可——指许可方许可被许可方在合同约定的期限、地区、技术领域内实施该专利技术,许可方和任何被许可方以外的单位或个人都不得实施该专利技术。

　　分许可——被许可方经许可方同意将本合同涉及的专利技术许可给第三方。

　　等等。

第二条　专利许可的方式与范围

　　该专利的许可方式是独占许可,(排他许可、普通许可、交叉许可、分许可);

　　该专利的许可范围是在某地区制造(使用、销售)其专利的产品;(或者)使用其专利方法以及使用、销售依照该专利方法直接获得的产品;(或者)进口其专利产品(或者)进口依照其专利方法直接获得的产品。

第三条　专利的技术内容

　　许可方向被许可方提供专利号为＿＿＿＿＿＿＿,专利名称为＿＿＿＿＿＿＿＿的全部专利文件(见附件1),同时提供为实施该专利而必须的工艺流程文件(见附件2),提供设备清单(或直接提供设备)用于制造该专利产品(见附件3),并提供实施该专利所涉及的技术秘密(见附件4)及其他技术(见附件5)。

第四条　技术资料的交付

　　1. 技术资料的交付时间

　　合同生效后,许可方收到被许可方支付的使用费(入门费)(¥、$ ＿＿＿＿＿万元)后的＿＿＿日内,许可方向被许可方交付合同第三条所述的全部资料,即附件(1~5)中所示的全部资料。

　　自合同生效日起,＿＿＿日内,许可方向被许可方交付合同第三条所述全部(或部分)技术资料,即附件(1~5)中所示的全部资料。

　　2. 技术资料的交付方式和地点

　　许可方将全部技术资料以面交、挂号邮寄、或空运方式递交给被许可方,并将资料清单以面交、邮寄或传真方式递交给被许可方,将空运以面交、邮寄方式递交给被许可方。

　　技术资料交付地点为被许可方所在地或双方约定的地点。

第五条　使用费及支付方式

　　1. 本合同涉及的使用费为(¥、$)＿＿＿＿＿＿＿元。采用一次总付方式,合同生效之日起＿＿＿日内,被许可方将使用费全部汇至许可方账号、或以现金方式支付给许可方。

　　2. 本合同涉及的使用费为(¥、$)＿＿＿＿＿＿＿元。采用分期付款方式,合同生效后,＿＿＿日内,被许可方即支付使用费的＿＿＿%即(¥、$)＿＿＿＿＿＿＿元给许可方,待许可方指导被许可方生产出合格样机＿＿＿台＿＿＿日后再支付＿＿＿%即(¥、$)＿＿＿＿＿＿＿元。直至全部付清。

　　被许可方将使用费按上述期限汇至许可方账号、或以现金方式支付给许可方。

　　3. 使用费总额(¥、$)＿＿＿＿＿＿＿元,采用分期付款方式。

　　合同生效日支付(¥、$)＿＿＿＿＿＿＿元

　　自合同生效日起＿＿＿个月内支付(¥、$)＿＿＿＿＿＿＿元

　　＿＿＿个月内再支付(¥、$)＿＿＿＿＿＿＿元

　　最后于＿＿＿日内支付(¥、$)＿＿＿＿＿＿＿元,直至全部付清。

　　被许可方将使用费按上述期限汇至许可方账号,或以现金方式支付给许可方。

　　4. 该专利使用费由入门费和销售额提成二部分组成。

　　合同生效日支付入门费(¥、$)＿＿＿＿＿＿＿元,

　　销售额提成为＿＿＿%(一般3~5%),每＿＿＿个月(或每半年、每年底)结算一次。

　　被许可方将使用费按上述期限汇至许可方账号,或以现金方式支付给许可方。

　　5. 该专利使用费由入门费和利润提成二部分组成(提成及支付方式同4)。

　　6. 该专利使用费以专利技术入股方式计算,被许可方与许可方共同出资(¥、$)＿＿＿＿＿＿＿万元联合制造该合同产品,许可方以专利技术入股股份占总投资的＿＿＿%(一般不超过20%),第＿＿＿年分红制,分配利润。

　　支付方式采用银行转账(托收、现金总付等)。现金总付地点一般为合同签约地。

7. 在 4、5、6 情况下许可方有权查阅被许可方实施合同技术的有关账目。

第六条 验收的标准与方法

1. 被许可方在许可方指导下,生产完成合同产品____个(件、吨、等单位量词)须达到许可方所提供的各项技术性能及质量指标(具体指标参数见附件 6)并符合

国际_____标准

_____国家_____标准

_____行业_____标准

2. 验收合同产品。由被许可方委托国家(或某一级)检测部门进行,或由被许可方组织验收,许可方参加,并给予积极配合,所需费用由被许可方承担。

3. 如因许可方的技术缺陷,造成验收不合格的,许可方应负责提出措施,消除缺陷。

第二次验收仍不合格,许可方没有能力消除缺陷的,被许可方有权终止合同,许可方返还使用费,并赔偿被许可方的部分损失。

4. 如因被许可责任使合同产品验收不合格的,许可方应协助被许可方,进行补救,经再次验收仍不合格,被许可方无力实施该合同技术的,许可方有权终止合同,且不返还使用费。

5. 合同产品经验收合格后,双方应签署验收合格报告。

第七条 对技术秘密的保密事项

1. 被许可方不仅在合同有效期内而且在有效期后的任何时候都不得将技术秘密(附件 4)泄露给本合同当事双方(及分许可方)以外的任何第三方。

2. 被许可方的具体接触该技术秘密的人员均要同被许可方的法人代表签订保密协议,保证不违反上款要求。

3. 被许可方应将附件 4 妥善保存(如放在保险箱里)

4. 被许可方不得私自复制附件 4,合同执行完毕,或因故终止、变更,被许可方均须把附件 4 退给许可方。

第八条 技术服务与培训(本条可签订从合同)

1. 许可方在合同生效后____日内负责向被许可方传授合同技术,并解答被许可方提出的有关实施合同技术的问题。

2. 许可方在被许可方实施该专利申请技术时,要派出合格的技术人员到被许可方现场进行技术指导,并负责培训被许可方的具体工作人员。

被许可方接受许可方培训的人员应符合许可方提出的合理要求。(确定被培训人员标准)

3. 被许可方可派出人员到许可方接受培训和技术指导。

4. 技术服务与培训的质量,应以被培训人员能够掌握该技术为准。(确定具体标准)

5. 技术服务与培训所发生的一切费用,如差旅费、伙食费等均由被许可方承担。

6. 许可方完成技术服务与培训后,经双方验收合格共同签署验收证明文件。

第九条 后续改进的提供与分享

1. 在合同有效期内,任何一方对合同技术所作的改进应及时通知对方;

2. 有实质性的重大改进和发展,申请专利的权利由合同双方当事人约定。没有约定的,其申请专利的权利归改进方,对方有优先、优价被许可,或者免费使用该技术的权利;

3. 属原有基础上的较小的改进,双方免费互相提供使用;

4. 对改进的技术还未申请专利时,另一方对改进技术承担保密义务,未经许可不得向他人披露、许可或转让该改进技术。

5. 属双方共同作出的重大改进,申请专利的权利归双方共有,另有约定除外。

第十条 违约及索赔

对许可方:

1. 许可方拒不提供合同所规定的技术资料,技术服务及培训,被许可方有权解除合同,要求许可方返还使用费,并支付违约金_____。

2. 许可方无正当理由逾期向被许可方交付技术资料,提供技术服务与培训的,每逾期一周,应向被许可方支付违约金_____,逾期超过_____(具体时间),被许可方有权终止合同,并要求返还使用费。

3. 在排他实施许可中,许可方向被许可方以外的第三方许可该专利技术,被许可方有权终止合同,并要求支付违约金_____。

4. 在独占实施许可中,许可方自己实施或许可被许可方以外的第三方实施该专利技术,被许可方有权要求许可方停止这种实施与许可行为,也有权终止本合同,并要求许可方支付违约金_____。

对被许可方:

1. 被许可方拒付使用费的,许可方有权解除合同,要求返回全部技术资料,并要求赔偿其实际损失,并支付违约金_____。

2. 被许可方延期支付使用费的,每逾期_____(具体时间)要支付给许可方违约金_____;逾期超过_____(具体时间),许可方有权终止合同,并要求支付违约金_____。

3. 被许可方违反合同规定,扩大对被许可技术的许可范围,许可方有权要求被许可方停止侵害行为,并赔偿损失,支付违约金_____;并有权终止合同。

4. 被许可方违反合同的保密义务,致使许可方的技术秘密泄露,许可方有权要求被许可方立即停止违约行为,并支付违约金_____。

第十一条　侵权的处理

1. 对合同有效期内,如有第三方指控被许可方实施的技术侵权,许可方应负一切法律责任;

2. 合同双方任何一方发现第三方侵犯许可方的专利权时,应及时通知对方,由许可方与侵权方进行交涉,或负责向专利管理机关提出请求或向人民法院提起诉讼,被许可方协助。

第十二条　专利权被撤销和被宣告无效的处理

1. 在合同有效期内,许可方的专利权被撤销或被宣告无效时,如无明显违反公平原则,且许可方无恶意给被许可方造成损失,则许可方不必向被许可方返还专利使用费。

2. 在合同有效期内,许可方的专利权被撤销或被宣告无效时,因许可方有意给被许可方造成损失,或明显违反公平原则,许可方应返还全部专利使用费,合同终止。

第十三条　不可抗力

1. 发生不以双方意志为转移的不可抗力事件(如火灾,水灾,地震,战争等)妨碍履行本合同义务时,双方当事人应做到:

(1)采取适当措施减轻损失;

(2)及时通知对方当事人;

(3)在(某种事件)期间,出具合同不能履行的证明;

2. 发生不可抗力事件在(合理时间)内,合同延期履行;

3. 发生不可抗力事件在_____情况下,合同只能履行某一部分(具体条款);

4. 发生不可抗力事件,持续时间超过_____(具体时间),本合同即告终止。

第十四条　税费

1. 对许可方和被许可方均为中国公民或法人的,本合同所涉及的使用费应纳的税,按中华人民共和国税法,由许可方纳税;

2. 对许可方是境外居民或单位的,按中华人民共和国税法及《中华人民共和国外商投资企业和外国企业所得税法》,由许可方纳税;

3. 对许可方是中国公民或法人,而被许可方是境外单位或个人的,则按对方国家或地区税法纳税。

第十五条　争议的解决方法

1. 双方在履行合同中发生争议的,应按合同条款,友好协商,自行解决;

2. 双方不能协商解决争议的,提请_____专利管理机关调处,对调处决定不服的,向人民法院起诉;

3. 双方发生争议,不能和解的,向人民法院起诉;

4. 双方发生争议,不能和解的提请＿＿＿＿＿＿＿＿仲裁委员会仲裁;

注:2、3、4 只能选其一。

第十六条　合同的生效、变更与终止

1. 本合同自双方签字、盖章之日起生效,合同的有效期为＿＿＿＿＿年,(不得超过专利的有效期)

2. (对独占实施许可合同)被许可方无正当理由不实施该专利技术的,在合同生效日后＿＿＿＿＿＿＿＿(时间),本合同自行变更为普通实施许可合同。

3. 由于被许可方的原因,致使本合同不能正常履行的,本合同即告终止,或双方另行约定变更本合同的有关条款。

第十七条　其他

前十六条没有包含,但需要特殊约定的内容,如:

其他特殊约定,包括出现不可预见的技术问题如何解决,出现不可预见的法律问题如何解决等。

5. 专利权质押登记申请表

质押专利	专利名称		专利号		授权公告日	
出质人	名称				电话	
	地址				邮编	
质权人	名称				电话	
	地址				邮编	
代理人	名称				电话	
	地址				邮编	
债务合同信息	合同名称		债务履行期限		年　月　日至　年　月　日	
	债务金额	(人民币) (外汇)	质押金额	(人民币) (外汇)		
	债权人		债务人			
	经济活动简述					
专利权是否经过资产评估	是□	评估单位名称				
	否□					

出质人签章:

年　月　日

质权人签章:

年　月　日

代理人签章:

年　月　日

办理专利权质押登记手续及填表说明

1. 办理专利权质押登记需提交的文件：

(1)专利权质押登记申请表；

(2)专利权质押合同；

(3)出质人、质权人身份证明(中国个人需提交居民身份证复印件,中国单位需提交加盖公章的营业执照复印件或法人证书复印件)或办理专利权质押登记承诺书；

(4)出质人、质押人共同委托代理人办理相关手续的,提交委托书及代理人居民身份证复印件。

2."经济活动简述"是指专利权质押发生的原因。

3. 出质人、质权人为多人以及质押专利为多项的,当事人可自行制作申请表附页,将完整信息填入。

办理专利权质押登记承诺书

出质人与质权人到国家知识产权局办理专利权质押登记手续,现就相关情况承诺如下：

(一)出质人和质权人为依法具备民事权利能力和行为能力的民事主体。

出质人姓名或名称：

居民身份证件号码/统一社会信用代码：

质权人姓名或名称：

居民身份证件号码/统一社会信用代码：

(二)出质人和质权人对出质专利进行了尽职尽责调查,对出质专利权可能存在的风险已经知晓,并愿意承担可能因此产生的风险。

(三)双方提交的申请文件真实有效,签署相关合同的行为系双方真实意思,符合法律规定。

本承诺书中所有承诺是申请人真实的意思表示,承诺人愿意承担不实承诺导致的法律后果及相应法律责任。

承诺人签章(出质人)：　　　　　　　　　　承诺人签章(质权人)：

　　　年　月　日　　　　　　　　　　　　　年　月　日

· 典型案例

1. 华为技术有限公司等与康文森无线许可有限公司确认不侵害专利权及标准必要专利许可纠纷案①

【裁判摘要】

一、对于具有"禁诉令"性质的行为保全申请,人民法院应当依照民事诉讼法第一百条及《最高人民法院关于审查知识产权纠纷行为保全案件适用法律若干问题的规定》第七条的规定予以审查,重点考察被申请人在域外法院起诉或者申请执行域外法院判决对中国诉讼的审理和执行是否会产生实质影响、采取行为保全措施是否符合国际礼让原则等因素。关于被申请人在域外法院起诉或者申请执行域外法院判决对中国诉讼的审理和执行是否会产生实质影响,可以考虑中外诉讼的当事人是否基本相同、审理对象是否存在重叠、被申请人的域外诉讼行为效果是否会对中国诉讼造成干扰等。关于国际礼让原则,可以考虑案件受理时间先后、案件管辖适当与否、对域外法院审理和裁判的影响适度与否等。

二、禁止被申请人为一定行为的行为保全措施具有特殊性,如果被申请人拒不遵守行为保全裁定所确定的不作为义务,违法实施了改变原有状态的行为,则其故意违法行为构成对行为保全裁定的持续性违反和对原有状态的持续性改变,应视为其每日均实施了违法行为,可以视情处以每日罚款并按日累计。

最高人民法院民事裁定书
(2019)最高法知民终 732、733、734 号之二

复议申请人:康文森无线许可有限公司(CONVERSANT WIRELESS LICENSING S. àR. L.)。住所地:卢森堡大公国卢森堡市让简英格灵路 12 号。

授权代表:尼古拉斯·普罗科平科(NICHOLAS PROCOPENKO),该公司管理人。

委托诉讼代理人:彭飞,北京市中咨律师事务所律师。

委托诉讼代理人:王晓静,北京市中咨律师事务所律师。

被申请人:华为技术有限公司。住所地:中华人民共

和国广东省深圳市龙岗区坂田华为总部办公楼。

法定代表人:赵明路,该公司经理。

委托诉讼代理人:赵烨,北京市竞天公诚律师事务所律师。

委托诉讼代理人(732 号案):王斌。

委托诉讼代理人(733 号案):巫晓倩。

上诉人康文森无线许可有限公司(以下简称康文森公司)与被上诉人华为技术有限公司(以下简称华为技术公司)、华为终端有限公司(以下简称华为终端公司)、华为软件技术有限公司(以下简称华为软件公司)确认不侵害专利权及标准必要专利许可纠纷三案,本院于 2020 年 8 月 28 日作出(2019)最高法知民终 732、733、734 号之一行为保全民事裁定(以下简称原裁定)。康文森公司不服,于 2020 年 9 月 2 日向本院提出复议申请。2020 年 9 月 4 日,本院就复议申请举行听证,康文森公司的委托诉讼代理人彭飞、王晓静,华为技术公司的委托诉讼代理人赵烨、王斌、巫晓倩,华为终端公司的委托诉讼代理人陈果到庭参加听证。本三案现已复议审查终结。

康文森公司复议申请称:

(一)原裁定对康文森公司基于德国法所享有的申请执行德国杜塞尔多夫地区法院(以下简称德国法院)就康文森公司诉华为技术公司、华为技术德国有限公司、华为技术杜塞尔多夫有限公司(以下合称华为技术公司及其德国关联公司)侵害标准必要专利权纠纷案件(以下简称德国诉讼)作出的停止侵权判决(以下简称德国判决)的权利进行限制,不仅违反中国法律关于司法裁决效力应限于本国的司法原则,亦构成对德国法律的违反。原裁定如不撤销,将危及国际司法秩序,造成世界上任何国家法院根据本国专利法所作出的侵权判决均可能在本国无法得到执行的后果。

(二)原裁定不应当限制康文森公司向德国法院申请执行判决的合法权利。中国法院对德国专利侵权案件没有管辖权,对于向德国法院申请执行判决相关问题也没有管辖权。德国法院已经确定华为技术公司及其德国关联公司的行为构成侵权并判决其停止侵权,康文森公司申请执行德国判决的请求基于德国诉讼及欧洲专利德国部分,德国法院具有排他管辖权,中国法院没有管辖权。执行德国判决也是德国诉讼的一个重要部分,中国法院也没有管

---

① 案例来源:《最高人民法院公报》2022 年第 1 期。

辖权。因此,行为保全不应限制康文森公司合法权益。

(三)康文森公司向德国法院申请执行德国判决不会造成本三案的判决难以执行。第一,本三案为确权纠纷,即使法院在本三案中判决确定了许可费率,也不因判决产生给付义务,故不存在可执行内容。第二,本三案诉讼与德国诉讼审理内容不重叠。德国判决并非关于标准必要专利许可的判决,并未对双方的公平、合理、无歧视(FRAND)许可条件作出明确认定,只是一个常规的专利侵权判决。因此,德国法院受理的案件与本三案之间没有冲突,德国判决的执行对本三案审理及后续判决不会产生实质性影响。第三,原裁定与最高人民法院于2020年8月21日作出的(2019)最高法知民辖终157号管辖权异议裁定(以下简称第157号管辖权异议裁定)中的观点存在冲突。

(四)康文森公司向德国法院申请执行德国判决不会对华为技术公司的合法权益造成难以弥补的损害。第一,华为技术公司承担德国判决的法律后果属于法律上的义务,并非其所遭受的损失。第二,没有证据证明存在华为技术公司所称的"难以弥补的损害"。第三,康文森公司提供240万欧元担保后申请执行德国判决可以弥补华为技术公司可能受到的损失。最后,即使康文森公司因为原裁定的作出不申请执行德国判决,甚至本三案终审判决后续作出,德国法院也不会考虑中国判决认定的许可费率,德国诉讼不会受中国诉讼的影响。因此,原裁定的作出无法避免华为技术公司所声称的"难以弥补的损害"。

(五)原裁定没有合理地平衡康文森公司与华为技术公司的利益。第一,原裁定未充分考量康文森公司利益。第二,华为技术公司可以通过支付许可费的方式避免其声称的退出德国市场等损害后果,该利益实质上是经济利益。第三,原裁定混淆了华为技术公司在本三案中应受保护的法律利益与其最大商业利益,超越了中国法律所确定的可保护利益范围。

(六)原裁定采取"按日计罚"方式处以罚款,违反了《中华人民共和国民事诉讼法》(以下简称民事诉讼法)第一百一十五条的规定。

(七)原裁定违反了民事诉讼法第一百零四条的规定。康文森公司在德国法院申请临时执行需要交纳保证金,根据民事诉讼法第一百零四条的规定本三案应当解除保全措施。

综上,康文森公司请求撤销原裁定。

华为技术公司答辩称:

(一)原裁定符合国际司法原则及惯例,并不影响德国法院对德国诉讼的管辖权。第一,原裁定既未评价德国法院的判决内容的合法性,也未干涉德国法院的实体审理,其针对的对象是康文森公司的行为。第二,裁定符合国际通行的司法惯例,且符合相关案件的构成要件,不存在影响国际司法秩序的可能性。第三,原裁定已充分考虑了国际礼让因素,对域外法院的影响在适度范围内。第四,从康文森公司的过往诉讼情况可知,其不认为禁诉令会影响他国司法管辖或者危及国际司法秩序。康文森公司在其他案件中申请过类似禁令,显然没有考虑相关禁令对于中国司法管辖以及国际司法秩序的危害和破坏。

(二)原裁定正确且适当地限制了康文森公司申请执行德国禁令的权利。本三案中,康文森公司如果申请德国法院执行相关判决,将导致本三案判决难以执行,进而导致华为技术公司依据中国法院获得裁判的权利受到严重损害。原裁定暂时限制康文森公司相关权利的行使显然正当且必要。

(三)原裁定关于申请执行德国判决将会导致本三案难以执行的认定正确。第一,康文森公司关于本三案判决不具有可执行内容的观点是错误的,本三案涉及确定中国标准必要专利的许可条件及许可费率,具有确定的可执行性。第二,本三案与德国诉讼的审理对象存在重合之处。德国判决虽然是侵权判决,但是评价了涉案双方的谈判行为,以及康文森公司的报价是否符合公平、合理、无歧视(FRAND)原则。如果德国判决得以执行,则华为技术公司不得不接受康文森公司提出的要价,这将使得本三案的判决难以执行。第三,第157号管辖权异议裁定仅明确了域内法院不因域外法院重叠性的诉讼而丧失管辖权,显然无法得出域外重叠性的诉讼对于域内不会产生不当影响的结论。康文森公司显然曲解了前述裁定。

(四)原裁定充分考虑了华为技术公司与康文森公司的相关利益权衡。第一,如不采取行为保全措施,华为技术公司的合法诉权将受到难以弥补的损害。华为技术公司的手机和平板电脑几乎全部在中国生产,根据国际数据公司(IDC)统计,2019年华为全球销售中,中国销售占比64.23%,而德国销售占比仅仅是2.39%。华为技术公司理应有请求中国法院裁判中国标准必要专利许可费率的权利。对于前述诉权的剥夺是对华为技术公司极为严重的伤害。第二,如不采取行为保全措施,将不成比例地损害华为技术公司的合法权利。专利许可费仅占产品成本的一小部分。如果德国判决得以执行,华为技术公司将不得不被迫从德国市场退出,其损失数十倍甚至数百倍于德国诉讼所涉欧洲专利的许可费,该损失显然是任何理性商业主体都难以接受的。第三,原裁定不会对康文森公司造成损害。原裁定并不是使康文森公司永远无法执行禁令,只是暂缓执行。中国法院会在实体审理程序中确认康文森公司在中国应当获取的标准必要专利对价,其合法权益可以依法得到保障。

(五)原裁定符合民事诉讼法等相关法律法规、司法解释的规定。第一,本三案涉及专利侵权以及相关公平、合理、无歧视(FRAND)义务遵循情况的确认与裁判,并非财产纠纷,并且康文森公司在德国法院是否提供担保与本三案无关,原裁定确定的行为保全措施不应解除。第二,本三案行为保全确定的是禁止行为人为特定行为,为行为人设定了禁止义务。行为人若持续多日违反禁止义务显然系多次对于禁止义务的违反。

综上,华为技术公司主张康文森公司的复议申请理由不能成立,请求对其复议申请予以驳回。

本院经审查认为,根据康文森公司的复议请求及华为技术公司的答辩意见,本三案复议程序有如下六个争议焦点:一是原裁定对德国法院裁判的影响是否超出了适度范围;二是康文森公司若申请临时执行德国法院一审判决对本三案审理的影响;三是若不作出原裁定,华为技术公司是否可能面临难以弥补的损害;四是原裁定对双方利益的权衡是否失衡;五是本三案是否符合民事诉讼法第一百零四条规定的解除保全条件;六是原裁定对违反裁定行为采取按日计罚方式处以罚款是否违反法律规定。对此,本院分析如下:

(一)原裁定对德国法院裁判的影响是否超出了适度范围

康文森公司复议主张,原裁定限制了康文森公司基于德国法律所享有的权利,违反了中国法律关于司法裁决效力应限于本国的司法原则,亦构成对德国法律的违反,中国法院对德国诉讼审理及执行没有管辖权;原裁定危及国际司法秩序,致使他国法院判决无法得到执行。对此,本院认为:

第一,原裁定系依据中国法作出,本三案并不受德国法的约束,更不可能违反德国法。本三案审理中,华为技术公司向本院提起行为保全申请,应当适用我国民事诉讼法第一百条之规定予以审查,德国法律对于本三案没有约束力。一国法院依据本国法律行使审判权是司法主权的应有之义。康文森公司主张原裁定构成对德国法律的违反,明显缺乏事实和法律依据。

第二,原裁定亦不存在对德国诉讼行使管辖权的情形。对于在我国领域内发生的民事纠纷案件,我国法院具有司法管辖权。原裁定系在本三案审理中基于当事人申请及我国法律相关规定作出,是本院行使中国司法管辖权的结果。原裁定限制康文森公司在本院就本三案作出终

审判决前申请临时执行德国法院一审判决,既未涉及德国诉讼所涉欧洲专利的侵权认定,又未对德国判决或者执行作出任何评价,更未干涉德国诉讼实体审理及裁判效力。康文森公司将原裁定理解为中国法院对德国诉讼及判决的申请执行行使管辖权,系对管辖权以及原裁定内容的曲解。因此,康文森公司的该项主张不能成立。

第三,原裁定遵循国际礼让原则,符合国际司法惯例。原裁定作出时充分考虑了国际礼让因素,符合国际司法惯例。特别是,原裁定考虑了其可能对德国诉讼产生的影响。本三案受理时间较德国法院在先,原裁定仅仅是暂缓康文森公司申请执行德国法院一审判决,既不影响德国诉讼的后续推进,也不会减损德国判决的法律效力。康文森公司的相应主张,实质上是将暂缓申请执行德国法院一审判决等同于否定德国判决的效力,将原裁定对其个体权益的限制等同于对德国判决及其效力的限制,是错误的。

第四,康文森公司的主张与其既往行为存在一定矛盾。本院注意到,康文森公司在全球开展的诉讼活动中,曾经主动向域外法院提出申请,要求域外法院颁发禁诉令,禁止特定当事人在中国法院提起关联诉讼。康文森公司的上述既往行为似乎没有认为该禁诉令对中国法院司法管辖权及国际诉讼秩序有不利影响。康文森公司关于原裁定作出对德国法院裁判影响超出了适度范围的主张以及其陈述的具体理由,与其既往行为难以自洽。

因此,原裁定对德国诉讼审理和判决的影响并未超出适度范围。康文森公司的上述复议主张均难以成立,本院不予支持。

(二)康文森公司若申请临时执行德国法院一审判决对本三案审理的影响

康文森公司复议主张,申请临时执行德国判决对本三案终审判决不会造成影响,本三案为确认之诉,终审判决将不包含可执行的内容,无法满足使判决难以执行的行为保全措施适用条件;本三案诉讼与德国诉讼审理内容不重合;原裁定与第157号管辖权异议裁定存在冲突,根据第157号管辖权异议裁定内容,德国诉讼即便与本三案在审理对象上存在部分重合,也不会对本三案产生实质消极影响。对此,本院认为:

第一,本三案终审判决具有执行力。首先,在审查行为保全申请时,对于是否可能因当事人一方的行为造成案件判决难以执行等损害这一要件,应当结合行为保全的特点予以理解。行为保全具有保全性和应急性,其目的是确保将来的判决能够获得执行、申请人依据判决确定的权益能够最终得以实现。因此,在行为保全的语境下,考察当

事人一方的行为是否会造成案件判决难以执行时,聚焦的核心是,如果不采取保全措施,一旦当事人实施该行为,能否确保判决对当事人发生拘束力和执行力,申请人依据判决确定的权益能否最终得以实现。至于判决内容本身是否适合直接强制执行,并非判断当事人的行为是否可能造成案件判决难以执行时需要考虑的内容。康文森公司关于本三案终审判决不具有执行力的主张,错误将判决的执行力混同于判决内容是否适合强制执行。其次,本三案终审判决将确定涉案标准必要专利许可费率,该费率对双方均具有约束力,亦具有可执行内容。标准必要专利许可纠纷的核心是诉请法院确定特定许可条件或者内容,促使双方最终达成或者履行许可协议。在本三案判决作出后,各方当事人均有义务遵守判决确定的许可费率标准,非经对方当事人同意,标准必要专利权利人不得要求高于判决确定的许可费率,专利实施者不得支付低于判决确定的许可费率。这是本三案终审判决约束力和执行力的重要表现。最后,如康文森公司申请临时执行德国法院一审判决,华为技术公司可能迫于退出德国市场等严重后果,不得不与康文森公司达成和解,接受远高于本三案一审判决确定的许可费率,导致本院的后续审理和裁判确定的许可费率无法得到遵守,失去意义。

第二,本三案与德国诉讼审理对象存在部分重合。本三案中华为技术公司及其中国关联公司请求就康文森公司的中国标准必要专利确定许可费率。在德国诉讼中,康文森公司主张华为技术公司及其德国关联公司侵害康文森公司的标准必要专利权,请求德国法院判令华为技术公司及其德国关联公司停止侵权。德国法院作出的停止侵权判决以标准必要专利权利人康文森公司在与华为技术公司等协商过程中提出的许可费要约符合公平、合理、无歧视(FRAND)原则为前提。在本三案听证程序中,康文森公司亦认可德国判决评述并认定了该公司提出的包括中国地区在内的许可费要约未违反公平、合理、无歧视(FRAND)原则。因此,原裁定认定本三案与德国诉讼审理对象存在部分重合并无不当。

第三,原裁定与第157号管辖权异议裁定并不存在冲突。首先,第157号管辖权异议裁定与原裁定的性质不同,二者所要解决的争议焦点区别明显。第157号管辖权异议裁定中双方争议焦点在于中国法院是否对该案具有管辖权,而本三案原裁定为禁止特定当事人为一定行为的行为保全裁定,两者处理的是截然不同的法律问题。其次,从第157号管辖权异议裁定中无法得出康文森公司所主张的结论。在第157号管辖权异议裁定中,本院以存在适当联系为管辖标准,认为国外正在进行的平行诉讼不影

响中国法院对案件的管辖权,仅就中国法院对该案是否具有管辖权进行评述,并未涉及实体法律问题,更未涉及国际平行诉讼审理对象存在部分重合时是否会对他国诉讼造成实质消极影响的问题。

因此,康文森公司的上述复议主张均难以成立,本院不予支持。

(三)若不作出原裁定,华为技术公司是否可能面临难以弥补的损害

康文森公司复议主张,德国法院判决华为技术公司承担的法律后果属于法律义务,并不构成其损失;没有证据证明存在华为技术公司所称的"难以弥补的损害";其提供240万欧元担保后申请执行德国判决,足以弥补华为技术公司损失;即使康文森公司在本三案终审判决作出之前不申请执行德国判决,因德国法院不会考虑中国判决认定的专利许可费率,德国诉讼不受中国诉讼的影响,原裁定的作出不能避免华为技术公司所称的"难以弥补的损害"。对此,本院认为:

第一,执行德国判决可能会使华为技术公司遭受难以弥补的损害。首先,在本三案行为保全申请审查中,应该关注的是,在德国法院一审判决作出和本院正在对本三案进行审理的特定时间段内,如果康文森公司申请临时执行德国法院一审判决,可能会给华为技术公司造成的损害。在此时间段内,一旦德国法院一审判决得以执行,则华为技术公司将仅余两种选择:要么被迫退出德国市场,要么被迫接受康文森公司要价并与之达成和解。前一情形下,其将承受相关市场损失和商业机会损失;后一情形下,其将被迫接受康文森公司的超高专利许可费要价,甚至放弃本三案司法救济机会。故此,华为技术公司因康文森公司申请临时执行德国法院一审判决所可能遭受的损害既包括有形的物质损害,又包括商业机会和市场利益等无形损害;既包括经济利益损害,又包括诉讼利益损害;既包括在德利益损害,又包括在华利益损害。其次,由上可知,华为技术公司因康文森公司申请临时执行德国法院一审判决所可能遭受损害的范围超出了德国法院一审判决的范围,与其根据德国法院一审判决应当承担的法律责任并无直接关联性。况且,德国法院一审判决所确定的华为技术公司的法律责任仅仅是一种可能性,该法律责任在当前承担与否取决于康文森公司是否申请临时执行。

第二,原裁定认定华为技术公司可能遭受难以弥补的损害具有证据支持。根据《最高人民法院关于民事诉讼证据的若干规定》第八十六条第二款之规定,与诉讼保全、回避等程序事项有关的事实,人民法院结合当事人的说明及相关证据,认为有关事实存在的可能性较大的,可以认定

该事实存在。华为技术公司申请的行为保全属于诉讼保全范畴，有关事实认定适用优势证据证明标准，而非高度盖然性标准。华为技术公司提供了德国法院一审判决，就临时执行德国法院一审判决可能使其遭受前述难以弥补的损害作出了合理说明，该说明符合一般商业逻辑和既有商业实践，可以初步证明其所称的难以弥补的损害。

第三，康文森公司提供240万欧元担保并不足以弥补华为技术公司可能遭受的损害。首先，前已述及，华为技术公司因康文森公司在当前特定时刻申请临时执行德国法院一审判决所可能遭受的损害包括有形损害和无形损害、经济利益损害和诉讼利益损害、在德利益损害和在华利益损害，其超出了德国判决的范围，与其根据德国判决应当承担的法律责任并无直接关联。其次，即便德国判决认定240万欧元担保足以弥补华为技术公司在德国所可能遭受的损害，亦无法弥补华为技术公司在华诉讼利益的损害。华为技术公司基于本三案寻求确定康文森公司中国标准必要专利许可费率的司法救济，构成其在华诉讼利益。如德国法院一审判决得以临时执行，华为技术公司可能为保留德国市场而被迫接受上述超高要价并与康文森公司达成和解，则其势必将放弃在华司法救济，其诉讼利益将遭受重大损失，本三案的审理亦将难以推进。

第四，德国法院是否考虑中国判决认定的专利许可费率并受中国诉讼影响，与原裁定缺乏关联性。首先，原裁定的意旨在于，根据华为技术公司的申请，暂缓康文森公司申请德国判决的执行，维护本三案的审理秩序和裁决执行，并非影响德国诉讼或者德国判决。德国法院如何看待本三案判决，以及德国诉讼是否受到中国诉讼影响，并非作出原裁定的考虑因素。其次，原裁定法律效力的实现，不取决于其是否得到德国法院的承认与执行，而取决于康文森公司是否遵守原裁定确定的法律义务。最后，原裁定所指向的难以弥补的损害，是康文森公司在本三案终审判决作出之前申请临时执行德国法院一审判决所带来的损害，而非其他。原裁定系针对康文森公司作出，只要康文森公司遵守原裁定确定的法律义务，不得在本三案终审判决作出之前申请临时执行德国法院一审判决，该损害即可以避免。

因此，康文森公司的上述复议主张缺乏事实和法律依据，本院不予支持。

（四）原裁定对双方利益的权衡是否失衡

康文森公司复议主张，原裁定未充分考量和保护其利益；超出华为技术公司诉讼请求范围保护其利益，属于法律适用错误；原裁定混淆华为技术公司应受保护的法律利益与其最大商业利益，超越中国法律确定的可保护利益范围，将其无限扩张为华为技术公司的最大商业利益。对此，本院认为：

第一，行为保全裁定中对于当事人利益的考量以利益受损比较为基本方法，即比较不采取行为保全措施对申请人造成的损害和采取行为保全措施对被申请人造成的损害，两害相权取其轻。本三案中，如前所述，不采取行为保全措施情形下，华为技术公司将遭受难以弥补的损害，包括有形损害和无形损害、经济利益损害和诉讼利益损害、在德利益损害和在华利益损害。本三案听证过程中，康文森公司认可其德国诉讼的核心利益是经济利益，具体而言是德国诉讼所涉标准必要专利的许可使用费。比较华为技术公司的受损利益和康文森公司德国诉讼的核心利益，原裁定认定不采取行为保全措施对华为技术公司造成的损害超过采取行为保全措施对康文森公司造成的损害，并无不当。原裁定综合考虑上述利益衡量的情况，在华为技术公司提供了与康文森公司德国诉讼中专利侵权损害赔偿请求数额相当的担保的前提下，仅限期暂缓康文森公司申请临时执行德国法院一审判决，已经充分考虑了康文森公司的利益。

第二，原裁定的利益衡量范围与华为技术公司的诉讼请求范围并无直接关联。行为保全裁定不同于案件实体判决。行为保全的申请人不限于原告，应予考虑的受损利益也不限于原告诉讼请求。审查行为保全申请时，利益衡量的范围和限度取决于作为行为保全申请对象的行为对申请人和被申请人的影响范围和程度。本三案中，康文森公司申请临时执行德国法院一审判决是行为保全申请的对象，该行为给华为技术公司造成的利益影响均可纳入考量范围。原裁定的利益衡量范围并无不当。

第三，原裁定并未考虑最大化华为技术公司的商业利益。首先，原裁定系基于华为技术公司的申请，依据民事诉讼法关于行为保全的规定作出。作出原裁定所考虑的是，华为技术公司因康文森公司在当前特定时刻申请临时执行德国法院一审判决所可能遭受的损害，而非最大化华为技术公司的商业利益。康文森公司所谓原裁定混淆华为技术公司应受保护的法律利益与其最大商业利益等主张，是对原裁定的曲解。其次，除华为技术公司因康文森公司在当前特定时刻申请临时执行德国法院一审判决所可能遭受的损害外，原裁定更关注的是，康文森公司在当前特定时刻申请临时执行德国法院一审判决可能对本三案审理和执行造成的干扰和妨碍。此外，原裁定还考虑了康文森公司的利益、国际礼让等因素。

因此，康文森公司的上述复议主张缺乏事实和法律依据，本院不予支持。

（五）本三案是否符合民事诉讼法第一百零四条规定的解除保全条件

康文森公司复议主张，因其申请执行德国判决需要提供担保，故其符合民事诉讼法第一百零四条关于"财产纠纷案件，被申请人提供担保的，人民法院应当裁定解除"之规定，本三案有关行为保全措施应当解除。对此，本院认为：

第一，康文森公司向德国法院提供担保不属于民事诉讼法第一百零四条规定的情形，不构成解除原裁定行为保全措施的充分条件。相反，一旦康文森公司向德国法院提供担保申请执行德国判决，将构成对原裁定的违反，应当受到相应处罚。

第二，《最高人民法院关于审查知识产权纠纷行为保全案件适用法律若干问题的规定》第十二条规定，人民法院采取的行为保全措施，一般不因被申请人提供担保而解除，但是申请人同意的除外。据此，即便康文森公司向本院提供相应担保，原裁定所采取的行为保全措施亦不能当然解除。

因此，康文森公司关于有关行为保全措施应予解除的主张缺乏依据，本院不予支持。

（六）原裁定对违反裁定行为采取按日计罚方式处以罚款是否违反法律规定

为确保裁定中的行为保全措施得到有效执行，原裁定明确了康文森公司拒不执行的法律后果："自违反之日起，处每日罚款人民币100万元，按日累计"。康文森公司主张按日计罚处罚方式不符合法律规定。对此，本院认为：

第一，按日计罚处罚方式符合法律规定。民事诉讼法第一百一十五条规定："对单位的罚款金额，为人民币五万元以上一百万元以下。"禁止被申请人为一定行为的行为保全措施具有特殊性，其核心是针对被申请人未来的行为，要求其不得为一定行为，不得违法改变现有状态。倘若被申请人拒不遵守法院裁定确定的义务，改变现有状态，则属于积极、故意违法行为。被申请人此种故意违法行为系持续性地违反裁定和改变现状，该行为与一次性的、已经实施完毕的违法行为具有明显区别，应视为被申请人每日均实施了单独的违法行为。对于该种每日持续发生的妨害民事诉讼的行为，应当以按日计罚的方式确定处罚。

第二，按日计罚处罚方式与本三案违反行为保全措施可能产生的后果相适应。妨害民事诉讼强制措施的强度需要与妨害民事诉讼行为可能产生的后果相适应。本三

案中，康文森公司若故意违反原裁定，申请临时执行德国法院一审判决，不仅可能使华为技术公司德国市场利益受到严重损害，还可能致使其被迫放弃在中国法院寻求司法救济的机会，而且也将使得本三案判决难以执行甚至失去意义。相反，一旦康文森公司申请临时执行德国法院一审判决，则可能在双方后续的许可费谈判中获得显著优势地位，并基于该优势地位获得巨额利益。因此，对于康文森公司可能的故意违反原裁定所确定的义务的行为，采取按日计罚方式，既与该违法行为的恶性程度和损害后果相适应，也为维护原裁定的法律效力所必需。

因此，原裁定对违反裁定行为采取按日计罚方式处以罚款符合法律规定，并无不当。康文森公司的上述复议主张难以成立，本院不予支持。

本院特别指出，华为技术公司与康文森公司因标准必要专利许可纠纷在全球展开诉讼，相关国际平行诉讼的存在使得不同法域的法院在审理中面临复杂的情形。本院尊重双方当事人的诉讼权益以及基于商业考量的处分权，但原裁定作为生效裁定所确定的行为保全措施，理应得到各方当事人的尊重与执行。双方应当正确理解并完全履行原裁定确定的行为保全措施，不得以任何方式否定、规避或妨碍原裁定的执行，特别是不得向德国法院申请禁令，对抗原裁定的执行。本院将结合当事人的具体行为以及对原裁定行为保全措施可能带来的影响判断是否构成对原裁定的违反。构成对原裁定违反的，将依法予以制裁，对主要负责人或者直接责任人员予以罚款、拘留；构成犯罪的，依法追究刑事责任。

综上，原裁定认定事实清楚，适用法律正确，本院予以维持。康文森公司的复议请求缺乏事实和法律依据，本院不予支持。依照《中华人民共和国民事诉讼法》第一百零八条，《最高人民法院关于适用〈中华人民共和国民事诉讼法〉的解释》第一百七十一条之规定，裁定如下：

驳回康文森无线许可有限公司的复议请求。

本裁定立即开始执行。

2. OPPO广东移动通信有限公司等与夏普株式会社等标准必要专利许可纠纷管辖权异议纠纷案①

【裁判摘要】

一、在确定标准必要专利全球许可条件纠纷的管辖时，可以考虑当事人就涉案标准必要专利许可磋商时的意愿范围，许可磋商所涉及的标准必要专利权利授予国及分

① 案例来源：《最高人民法院公报》2022年第2期。

布比例,涉案标准必要专利实施者的主要实施地、主要营业地或者主要营收来源地、许可磋商地,当事人可供扣押或可供执行财产所在地等。

二、在当事人具备达成全球许可的意愿且纠纷与中国具有更密切联系时,即便当事人未达成管辖合意,中国法院仍有权依一方当事人的申请,对标准必要专利全球许可条件作出裁决。

最高人民法院民事裁定书
(2020)最高法知民辖终 517 号

上诉人(原审被告):夏普株式会社(SHARP CORPO-RATION)。

住所地:日本国大阪府堺市堺区匠町 1 番地。

代表人:野村胜明,该株式会社执行副总裁、董事。

委托诉讼代理人:刘庆辉,北京安杰律师事务所律师。

委托诉讼代理人:吴立,北京安杰律师事务所律师。

上诉人(原审被告):赛恩倍吉日本株式会社(JAPAN CORPORATION)。住所地:日本国大阪市阿倍野区西田边町 1 丁目 19-20 号。

代表人:高原直幸,该株式会社法律部部长。

委托诉讼代理人:陈志兴,北京安杰律师事务所律师。

委托诉讼代理人:徐静,北京市金杜律师事务所律师。

被上诉人(原审原告):OPPO 广东移动通信有限公司。住所地:中华人民共和国广东省东莞市长安镇乌沙海滨路 18 号。

法定代表人:刘波,该公司经理兼执行董事。

委托诉讼代理人:赵烨,北京市竞天公诚律师事务所律师。

委托诉讼代理人:余媛芳。

被上诉人(原审原告):OPPO 广东移动通信有限公司深圳分公司。住所地:中华人民共和国广东省深圳市南山区粤海街道海德三道 126 号卓越后海金融中心 7 层。

法定代表人:刘波,该公司负责人。

委托诉讼代理人:黄宇峰。

委托诉讼代理人:王欢。

上诉人夏普株式会社、赛恩倍吉日本株式会社因与被上诉人 OPPO 广东移动通信有限公司(以下简称 OPPO 公司)、OPPO 广东移动通信有限公司深圳分公司(以下简称 OPPO 深圳公司)标准必要专利许可纠纷管辖权异议一案,不服中华人民共和国广东省深圳市中级人民法院(以下简称原审法院)于 2020 年 10 月 16 日作出的(2020)粤03 民初 689 号民事裁定(以下简称原审裁定),向本院提

起上诉。本院于 2020 年 12 月 7 日立案后,依法组成合议庭,并于 2021 年 1 月 14 日询问当事人,夏普株式会社的委托诉讼代理人刘庆辉、吴立,赛恩倍吉日本株式会社的委托诉讼代理人陈志兴、徐静,OPPO 公司的委托诉讼代理人赵烨、余媛芳,OPPO 深圳公司的委托诉讼代理人黄宇峰、王欢均到庭参加询问。

夏普株式会社上诉请求:1. 撤销原审裁定,驳回 OPPO 公司、OPPO 深圳公司的起诉;2. 如以上请求不能全部满足,则依法裁定驳回 OPPO 公司、OPPO 深圳公司关于侵权损害赔偿、裁决 WIFI 标准相关标准必要专利全球许可条件及裁决 3G 标准、4G 标准相关标准必要专利在中国大陆范围外的许可条件的起诉;3. 裁定将涉及 3G 标准、4G 标准相关标准必要专利在中国大陆范围的许可条件纠纷移送中华人民共和国广州知识产权法院(以下简称广州知识产权法院)管辖。事实与理由:

第一,OPPO 公司指控的侵权行为实施地、结果发生地或被告住所地均不在中国大陆,故 OPPO 公司就该侵权纠纷提起的诉讼不属于中国法院管辖的范围,应予驳回。本案涉及侵权和标准必要专利许可,OPPO 公司将两个法律关系合并请求法院审理,没有法律依据。就标准必要专利许可纠纷而言,应当由被告住所地或合同履行地法院管辖,鉴于当事人尚未就本案合同的关键条款达成一致,尚不涉及合同的履行,而且被告住所地也不在中国大陆;就侵权纠纷而言,应当由侵权行为实施地、侵权结果发生地或者被告住所地法院管辖,上述地点均在域外。因此,OPPO 公司在中国法院提起诉讼没有法律依据。

第二,本案不符合标准必要专利许可纠纷立案标准。对于标准必要专利许可纠纷,立案标准应该是"专利权人与专利实施人就许可条件经充分协商,仍无法达成一致"。截至目前,当事人就涉案标准必要专利许可事项,还处于前期谈判阶段,远未达到"充分协商"的程度。

第三,原审法院对本案没有管辖权。1. 夏普株式会社与 OPPO 公司尚未签订合同,不涉及合同履行地的问题,原审法院认定广东省深圳市为涉案标准必要专利实施地,没有事实依据。2. 原审法院错误地将侵权损害赔偿责任纠纷解释为缔约过失责任纠纷,认定事实和适用法律均有错误。本案缔约过失责任纠纷应比照许可合同纠纷处理,本案诉讼标的即夏普株式会社的专利所在地不在广东省深圳市,故原审法院没有管辖权;夏普株式会社在广东省深圳市没有可供扣押的财产,在中国大陆也没有代表机构,原审法院对所谓的缔约过失责任纠纷也没有管辖权。3. 退一步而言,OPPO 深圳公司并非许可谈判主体,夏普株式会社在日本、德国及中国台湾地区提起的侵权诉讼亦

不涉及 OPPO 深圳公司。即便认为涉案侵权行为间接结果发生在中国大陆，也应按 OPPO 公司住所地即广东省东莞市确定管辖，移送广州知识产权法院审理。

第四，即便本案纠纷满足立案条件，原审法院也不应当裁定夏普株式会社的 WIFI 标准、3G 标准以及 4G 标准相关标准必要专利在全球范围内的许可条件作出裁定，该项诉讼请求超出原审法院管辖范围，应予驳回。夏普株式会社在日本、德国和中国台湾地区提出了专利侵权损害赔偿的诉讼，在计算损害赔偿数额时极可能涉及费率问题。这些案件的起诉时间早于本案 OPPO 公司提交《补充民事起诉状》的时间，并且已经处于审理程序中。在此情况下，原审法院应当本着尊重司法主权和国际司法礼让的原则，拒绝处理 OPPO 公司提出的裁决全球许可条件的事项，否则在费率问题上就会形成相互冲突的裁判。

赛恩倍吉日本株式会社上诉称：同意并坚持夏普株式会社的上诉请求、事实和理由。另补充，在案证据不能证成一个可争辩的赛恩倍吉日本株式会社与本案有关的管辖连结点的事实。赛恩倍吉日本株式会社与本案侵权纠纷、专利许可纠纷均无关系，不应成为本案被告，应驳回 OPPO 公司、OPPO 深圳公司对赛恩倍吉日本株式会社的起诉。

OPPO 公司、OPPO 深圳公司共同答辩称：

第一，OPPO 公司、OPPO 深圳公司提出的两个核心诉讼请求，分别是"确认违反公平、合理、无歧视（FRAND）义务，并赔偿损失"和"确认符合 FRAND 原则的许可使用费"，两项诉求属于标准必要专利许可纠纷的一体两面，对两个诉求一并审理可以从根源上彻底、完整地解决许可纠纷。

第二，中国法院就本案享有管辖权。中国法院对于中国专利的实施行为和专利价值具有当然的管辖权。中国法院有权就中国专利的许可费率进行裁判。

第三，原审法院就本案享有管辖权。1. OPPO 公司、OPPO 深圳公司的研发、销售、许诺销售、测试行为有相当一部分都发生在广东省深圳市，广东省深圳市是涉案标准必要专利的主要实施地之一，依据"专利实施地"确认管辖，原审法院依法对本案具有管辖权。2. 广东省深圳市是当事人许可谈判行为的发生地，属于体现合同特征的履行地，原审法院为本案的方便法院。3. 违反 FRAND 义务的行为是违反中国法律所规定的诚实信用原则的行为，是一种广义的民事侵权行为。夏普株式会社与赛恩倍吉日本株式会社违反 FRAND 义务的行为直接导致 OPPO 深圳公司在投入大量的人力、物力之后，仍然无法顺利获得相关专利许可，由此产生了经济损失，广东省深圳市因此也是

本案的侵权结果直接发生地。

第四，中国法院有权就涉案标准必要专利的全球许可条件进行裁判。1. 标准必要专利具有全球分布的特点，中国法院裁判全球许可条件具有事实依据。2. 中国是本案的最密切联系地，中国法院方便管辖。3. 夏普株式会社在其与 OPPO 公司、OPPO 深圳公司启动许可谈判程序之后所提出的许可要约也是全球许可条件，由此表明当事人已达成涉案标准必要专利全球许可的意向与合意。4. 即使在当事人未达成管辖合意的情况下，英国最高法院已于 2020 年 8 月 26 日作出终审裁决，认定英国法院对相关标准必要专利的全球许可条件具有管辖权。5. 提起裁判全球许可条件的诉讼请求没有违反中国任何禁止性的法律规定，中国法律及司法政策也从未明确否定中国法院对标准必要专利全球许可费率的管辖权，裁定全球许可费率具备法理基础，也是一次性解决许可纠纷的客观需要。6. 夏普株式会社在全球范围内提起的专利侵权诉讼均不包含请求法院确认许可条件的诉讼请求，本案诉讼请求的审理范围与其他域外案件不存在直接冲突。

综上，请求驳回上诉，维持原裁定。

OPPO 公司、OPPO 深圳公司向原审法院提起诉讼，原审法院于 2020 年 3 月 25 日立案受理。OPPO 公司、OPPO 深圳公司起诉请求：1. 确认夏普株式会社、赛恩倍吉日本株式会社在许可谈判中的相关行为违反 FRAND 义务或者违反诚实信用原则，包括但不限于不合理拖延谈判进程，拖延保密协议的签署，未按交易习惯向 OPPO 公司、OPPO 深圳公司提供权利要求对照表，隐瞒其曾经做过 FRAND 声明，未经充分协商单方面发起诉讼突袭，以侵权诉讼禁令为威胁逼迫 OPPO 公司、OPPO 深圳公司接受其单方面制定的许可条件，过高定价等行为，OPPO 公司、OPPO 深圳公司保留在诉讼过程中针对夏普株式会社、赛恩倍吉日本株式会社其他 FRAND 义务或者诚信原则的行为进行追诉的权利；2. 就夏普株式会社拥有并有权作出许可的 WIFI 标准、3G 标准以及 4G 标准相关标准必要专利在全球范围内针对 OPPO 公司、OPPO 深圳公司的智能终端产品的许可条件作出判决，包括但不限于许可使用费率；3. 判令夏普株式会社、赛恩倍吉日本株式会社赔偿 OPPO 公司、OPPO 深圳公司因违反 FRAND 义务给 OPPO 公司、OPPO 深圳公司造成的经济损失共计人民币 300 万元。

夏普株式会社在提交答辩状期间，对案件提出管辖权异议，请求：1. 驳回起诉；2. 如果上述请求不能全部满足，则依法裁定驳回该案中侵权纠纷起诉，裁定将涉及中国专利在中国大陆范围的许可条件纠纷移送广州知识产权法院管辖，驳回涉及其他国家或地区的专利许可条件

的起诉。

赛恩倍吉日本株式会社亦提出管辖权异议,同意夏普株式会社意见,并认为其与本案侵权纠纷及专利许可纠纷均无关系,不应成为本案被告。

原审法院根据《中华人民共和国民事诉讼法》(以下简称民事诉讼法)第十八条、第一百二十七条、第二百六十五条之规定裁定:驳回被告夏普株式会社、赛恩倍吉日本株式会社提出的管辖权异议。案件受理费人民币100元,由被告夏普株式会社、赛恩倍吉日本株式会社共同负担。

本院经审查初步查明:

(一)有关本案管辖权争议相关事实

OPPO深圳公司经营项目包括从事移动通信终端设备软、硬件的开发及相关配套服务,从事手机及其周边产品、配件的技术开发服务。

截至2019年12月31日,OPPO公司在中国的销售占比为71.08%,在欧洲的销售占比为0.21%,在日本的销售占比为0.07%。

2018年7月10日,夏普株式会社、赛恩倍吉日本株式会社向OPPO公司、OPPO深圳公司发送专利清单,标准必要专利组合包括645个3G/4G专利族(555CN)、13个WIFI专利族(10CN)、44个HEVC专利族(45CN)。

2019年2月19日,OPPO公司、OPPO深圳公司与夏普株式会社、赛恩倍吉日本株式会社在OPPO深圳公司位于广东省深圳市南山区海德三道126号卓越后海中心的办公室进行会谈。夏普株式会社、赛恩倍吉日本株式会社用以谈判的幻灯片显示,其提议标准必要专利许可的整体首选结构为:期间为5年,许可专利(许可标准)为"期限内拥有的3G/4G/WI-FI/HEVC标准必需专利",许可范围为"全球非独占许可,没有分许可权,仅限于许可标准的实施使用领域"。

(二)有关域外关联诉讼的基本情况

原审法院受理本案纠纷后,OPPO公司、OPPO深圳公司提起行为保全申请,原审法院于2020年10月16日作出(2020)粤03民初689号之一民事裁定,该案中查明如下关联诉讼事实:

2020年1月30日,夏普株式会社向日本东京地方裁判所针对OPPO日本株式会社(系OPPO公司的日本独家代理商)提起专利侵权诉讼,主张OPPO日本株式会社销售的部分OPPO品牌手机侵害其JP5379269号日本专利,并请求判定:禁止OPPO日本株式会社使用、转让、租赁、进口或出口、或申请转让或租赁涉案OPPO手机;责令OPPO日本株式会社销毁涉案OPPO手机并承担诉讼费用。该JP5379269号专利涉及WIFI技术。

2020年3月6日,夏普株式会社在日本东京地方裁判所针对OPPO日本株式会社提起专利侵权之诉,涉案专利为日本专利JP4659895号,请求判定OPPO日本株式会社赔偿3000001750日元及利息并承担诉讼费。该JP4659895号专利涉及LTE技术。

2020年3月9日,夏普株式会社就JP4706071号专利在日本提起了侵权之诉,诉讼请求与前述2020年3月6日就JP4659895号专利提起的侵权之诉相同。该JP4706071号专利涉及LTE技术。

2020年3月6日,夏普株式会社在德国慕尼黑法院起诉OPPO公司生产、销售的OPPO RENO2等手机专利侵权,请求判定OPPO公司专利侵权、赔偿自其专利授权日以来至今的损失并承担相关诉讼费用。涉诉专利为EP2854324B1、EP2312896B1、EP2667676B1,均涉及LTE相关技术。

2020年3月6日,夏普株式会社在德国曼海姆地区法院起诉OPPO公司专利侵权,涉及的被诉侵权产品及诉讼请求与前述2020年3月6日在德国慕尼黑法院起诉的案件相同。涉案专利为EP2154903B1、EP2129181B1,均涉及LTE相关技术。

2020年4月1日,夏普株式会社在中国台湾地区智慧财产法院起诉萨摩亚商新茂环球有限公司(系OPPO公司的中国台湾地区独家代理商),请求判定萨摩亚商新茂环球有限公司支付200万元新台币赔偿金及利息。涉案专利为TWI505663,涉及LTE技术。

2019年6月28日,夏普株式会社曾在德国慕尼黑法院起诉案外人侵害其与LTE相关的标准必要专利,涉案专利为EP2854324B1、EP2312896B1、EP2667676B1。在诉讼过程中,夏普株式会社增加了禁止销售、召回或销毁侵权产品的禁令请求。2020年9月10日,德国慕尼黑法院对EP2667676B1专利颁发了针对案外人产品的禁令。随后,夏普株式会社与案外人达成相关的标准必要专利许可协议。

本院认为,本案系标准必要专利许可纠纷管辖权异议案件。根据当事人的诉辩情况及初步查明的事实,本案二审期间的争议焦点问题有:中国法院对本案是否具有管辖权;如果中国法院对本案具有管辖权,原审法院对本案行使管辖权是否适当;如果原审法院具有管辖权,其在本案中是否适宜对涉案标准必要专利在全球范围内的许可条件作出裁决;赛恩倍吉日本株式会社是否可以作为本案被告。

(一)关于中国法院对本案是否具有管辖权

夏普株式会社、赛恩倍吉日本株式会社系外国企业,且在中国境内没有住所和代表机构。针对在中国境内没有住所和代表机构的被告提起的涉外民事纠纷案件,中国法院是否具有管辖权,取决于该纠纷与中国是否存在适当联系。判断标准必要专利许可纠纷与中国是否存在适当联系,应结合该类纠纷的特点予以考虑。从司法实务可见,该类纠纷具有合同纠纷的某些特点,例如可能需要根据磋商过程确定各方关于包括许可费率在内的许可条件存在的分歧或已达成的部分合意等;又具有专利侵权纠纷的某些特点,例如可能需要判断作为许可标的的专利是否属于标准必要专利或者标准实施者是否实施了该专利、该专利的有效性如何。但是,标准必要专利许可纠纷的核心是诉请法院确定特定许可条件或者内容,促使各方最终达成许可协议或者履行许可协议,因此,可以视为一种相对更具有合同性质的特殊类型纠纷。综合考虑该类纠纷的上述特点,在被告系外国企业且其在中国境内没有住所和代表机构的情况下,该纠纷与中国是否存在适当联系的判断标准,可以考虑专利权授予地、专利实施地、专利许可合同签订地或专利许可磋商地、专利许可合同履行地、可供扣押或可供执行财产所在地等是否在中国领域内。只要前述地点之一在中国领域内,则应认为该案件与中国存在适当联系,中国法院对该案件即具有管辖权。

本案中,作为许可标的的标准必要专利组合涉及多项中国专利,OPPO 公司、OPPO 深圳公司实施涉案标准必要专利的制造行为发生在中国,当事人曾就涉案标准必要专利许可问题在中国深圳进行过磋商,故中国法院无论是作为专利权授予地法院,还是涉案标准必要专利实施地法院,亦或是涉案标准必要专利许可磋商地法院,均对本案依法具有管辖权。夏普株式会社、赛恩倍吉日本株式会社上诉主张本案不属于中国法院管辖范围,理据不足,本院不予支持。

(二)关于原审法院对本案行使管辖权是否适当

如前所述,标准必要专利许可纠纷是兼具合同纠纷和专利侵权纠纷特点的特殊类型纠纷。标准必要专利纠纷应由中国哪个法院管辖,可以根据具体情况考虑专利权授予地、专利实施地、专利许可合同签订地或专利许可磋商地、专利许可合同履行地、可供扣押或可供执行财产所在地等管辖连结点。本案中,当事人尚未达成许可协议,无法以专利许可合同签订地或履行地作为案件管辖连结点。OPPO 深圳公司作为 OPPO 公司的全资子公司,其经营项目包括从事移动通信终端设备软、硬件的开发及相关配套服务,从事手机及其周边产品、配件的技术开发服务,属于涉案标准必要专利的实施主体之一。OPPO 深圳公司位于广东省深圳市,其在该地实施本案所涉标准必要专利,故原审法院作为涉案标准必要专利实施地法院,可以对本案

行使管辖权。同时,当事人曾就涉案标准必要专利许可问题在广东省深圳市进行过磋商,故原审法院作为专利许可磋商地法院,亦可以据此对本案行使管辖权。夏普株式会社、赛恩倍吉日本株式会社关于 OPPO 深圳公司并非本案纠纷主体,不能根据 OPPO 深圳公司的住所地确定管辖,本案标准必要专利在中国大陆范围内的许可纠纷应移送广州知识产权法院管辖的主张,理据不足,本院不予支持。

(三)关于原审法院在本案中是否适宜对涉案标准必要专利在全球范围内的许可条件作出裁决

本案中,OPPO 公司和 OPPO 深圳公司向原审法院起诉,请求就夏普株式会社拥有并有权作出许可的 WIFI 标准、3G 标准、4G 标准相关标准必要专利在全球范围内针对其智能终端产品的许可条件作出判决,包括但不限于许可使用费率。经审查,该诉讼请求符合民事诉讼法关于起诉条件的规定,并非民事诉讼法规定的人民法院不予受理的情形。

夏普株式会社、赛恩倍吉日本株式会社上诉提出,在其驳回 OPPO 公司、OPPO 深圳公司起诉的上诉主张不能全部满足的前提下,则请求依法裁定驳回 OPPO 公司、OPPO 深圳公司关于侵权损害赔偿、裁决 WIFI 标准相关标准必要专利全球许可条件及裁决 3G 标准、4G 标准相关标准必要专利在中国大陆范围外的许可条件的起诉。原审法院在本案中是否适宜对涉案标准必要专利在全球范围内的许可条件作出裁决,应在查明本案有关管辖争议的基本事实基础之上,结合标准必要专利许可纠纷的特殊性,予以综合考量。具体而言,本案已查明与上述管辖争议相关的事实有:

1. 当事人就涉案标准必要专利许可磋商时的意愿范围。在本案所涉标准必要专利许可谈判过程中,夏普株式会社、赛恩倍吉日本株式会社提议许可的整体首选结构为:期间为 5 年,许可专利(许可标准)为期限内拥有的 3G/4G/WI-FI/HEVC 标准必要专利,许可范围为全球非独占许可,没有分许可权,仅限于许可标准的实施使用领域。可见,当事人的谈判内容包含了涉案标准必要专利在全球范围内的许可条件。

2. 许可磋商所涉及的标准必要专利权利授予国及分布比例。根据各方当事人提供的初步证据,本案涉及的标准必要专利较多,大部分是中国专利,也有美国、日本等国家的专利。

3. 涉案标准必要专利实施者的主要实施地、主要营业地或者主要营收来源地。OPPO 公司、OPPO 深圳公司的主要营业地在中国,其涉案智能终端产品的制造地和主要

销售区域在中国。截至 2019 年 12 月 31 日，OPPO 公司在中国的销售占比为 71.08%，在欧洲的销售占比为 0.21%，在日本的销售占比为 0.07%。从以上数据来分析，OPPO 公司智能终端产品在中国的销售比例远高于其在德国、日本等其他国家的销售比例。

4. 当事人专利许可磋商地或专利许可合同签订地。本案 OPPO 公司、OPPO 深圳公司与夏普株式会社、赛恩倍吉日本株式会社在 OPPO 深圳公司所在地广东省深圳市进行过许可谈判，广东省深圳市可视为当事人专利许可磋商地。

5. 当事人可供扣押或可供执行财产所在地。作为专利许可请求方的 OPPO 公司、OPPO 深圳公司，其在中国境内有可供扣押或可供执行的财产。

基于以上事实可知，首先，本案当事人均有就涉案标准必要专利达成全球范围内许可条件的意愿，且对此进行过许可磋商。当事人协商谈判的意愿范围构成本案具备确定涉案标准必要专利全球范围内许可条件的事实基础。其次，本案标准必要专利许可纠纷显然与中国具有更密切的联系。具体表现为：本案中，当事人许可磋商所涉及的标准必要专利大部分是中国专利；中国是涉案标准必要专利实施者的主要实施地、主要营业地或主要营收来源地；中国是当事人专利许可磋商地；中国也是专利许可请求方可供扣押或可供执行财产所在地。由中国法院对涉案标准必要专利在全球范围内的许可条件进行裁决，不仅更有利于查明 OPPO 公司和 OPPO 深圳公司实施涉案标准必要专利的情况，还更便利案件裁判的执行。最后，还需说明的是，如果当事人对于由一国法院裁判标准必要专利全球许可条件能够达成合意，则该国法院当然可以对当事人之间的标准必要专利全球许可条件进行管辖和裁判。但是，管辖合意并非特定法院就标准必要专利全球许可条件进行管辖和处理的必要条件。在当事人具有达成全球许可的意愿且案件与中国法院具有更密切联系的情况下，原审法院在对本案具有管辖权的基础上，认定其适宜对涉案标准必要专利在全球范围内的许可条件作出裁决，并无不当。因此，夏普株式会社、赛恩倍吉日本株式会社前述关于许可费率应分开裁判的上诉理由，理据不足，本院不予支持。

夏普株式会社、赛恩倍吉日本株式会社上诉还认为，夏普株式会社已先行在日本、德国和中国台湾地区针对 OPPO 公司提起了专利侵权损害赔偿诉讼，在计算损害赔偿数额时极可能涉及许可费率问题，本案的受理将与上述在先诉讼形成冲突。本院认为，首先，从已查明的事实来看，上述诉讼所涉及的专利均为其主张的专利侵权行为地

所在法域专利，且纠纷的核心问题为是否构成专利侵权，系典型的专利侵权诉讼，本案标准必要专利组合涉及中国以及美国、日本等多种专利，且纠纷实质主要是所涉标准必要专利全球许可条件的确定，本案诉讼与上述域外诉讼在核心诉争问题上有明显不同，如域外法院在相关专利侵权诉讼中认定构成侵权，一般也只能就已发生的侵权行为作出赔偿判决，而本案需要确定的是专利许可条件，与侵权损害赔偿在性质上明显不同。其次，《最高人民法院关于适用〈中华人民共和国民事诉讼法〉的解释》第五百三十三条第一款规定："中华人民共和国法院和外国法院都有管辖权的案件，一方当事人向外国法院起诉，而另一方当事人向中华人民共和国法院起诉的，人民法院可予受理。判决后，外国法院申请或者当事人请求人民法院承认和执行外国法院对本案作出的判决、裁定的，不予准许；但双方共同缔结或者参加的国际条约另有规定的除外。"根据上述规定，即便某个案件的平行诉讼正在外国法院审理，只要中国法院对该案件依法具有管辖权，外国法院的平行诉讼原则上也不影响中国法院对该案行使管辖权。因此，夏普株式会社、赛恩倍吉日本株式会社的该项上诉理由亦无事实和法律依据，本院不予支持。

（四）关于赛恩倍吉日本株式会社是否可以作为本案被告

根据民事诉讼法第一百一十九条的规定，原告只要能够提供明确的被告，在符合其他受理条件的情况下，人民法院便应当立案受理。本案中，OPPO 公司和 OPPO 深圳公司主张，赛恩倍吉日本株式会社与夏普株式会社在谈判过程中违反 FRAND 义务的行为直接导致 OPPO 深圳公司产生经济损失，构成侵权。根据初步查明的事实，赛恩倍吉日本株式会社与夏普株式会社共同参与了涉案标准必要专利许可的谈判过程，该事实已足以证成赛恩倍吉日本株式会社与本案有关的可争辩的管辖连结点。原审法院裁定赛恩倍吉日本株式会社可以作为本案被告，并无不当。至于赛恩倍吉日本株式会社主张的其并非专利权人、与本案纠纷无关等问题，可留待本案实体审理阶段予以认定。

综上，夏普株式会社、赛恩倍吉日本株式会社的上诉请求均不能成立，应予驳回；原审裁定认定事实清楚，适用法律正确，应予维持。依照《中华人民共和国民事诉讼法》第一百七十条第一款第一项、第一百七十一条之规定，裁定如下：

驳回上诉，维持原裁定。

本裁定为终审裁定。

3. 慈溪市博生塑料制品有限公司与永康市联悦工贸有限公司等侵害实用新型专利权纠纷案①

【裁判摘要】

一、涉电子商务平台知识产权侵权纠纷中，平台内经营者向人民法院申请行为保全，请求责令电子商务平台经营者恢复链接和服务等，人民法院应当予以审查，并综合考虑平台内经营者的请求是否具有事实基础和法律依据，如果不恢复是否会对平台内经营者造成难以弥补的损害，如果恢复对知识产权人可能造成的损害是否会超过维持有关措施对平台内经营者造成的损害，如果恢复是否会损害社会公共利益，是否还存在不宜恢复的其他情形等因素，作出裁决。人民法院责令恢复的，电子商务平台经营者即应对原来采取的措施予以取消。

二、平台内经营者提出前款所称行为保全申请的，应当依法提供担保，人民法院可以责令平台经营者在终审判决作出之前，不得提取其通过电子商务平台销售被诉侵权产品的收款账户中一定数额款项作为担保。该数额可以是平台内经营者的侵权获利，即被诉侵权产品的单价、利润率、涉案专利对产品利润的贡献率以及电子商务平台取消有关措施后的被诉侵权产品销售数量之积。

最高人民法院民事裁定书
(2020)最高法知民终993号

申请人(上诉人、原审被告)：永康市联悦工贸有限公司。住所地：浙江省永康市龙山镇梅陇村。

法定代表人：陈慧亮，该公司执行董事兼经理。

委托诉讼代理人：丁雷，北京市世纪(上海)律师事务所律师。

被申请人(原审被告)：浙江天猫网络有限公司。住所地：浙江省杭州市余杭区五常街道文一西路969号3幢5层506室。

法定代表人：蒋凡，该公司董事长兼总经理。

委托诉讼代理人：孔珊珊，北京嘉润律师事务所律师。

委托诉讼代理人：马卉，北京嘉润律师事务所律师。

被申请人(被上诉人、原审原告)：慈溪市博生塑料制品有限公司。住所地：浙江省慈溪市龙山镇东渡村。

法定代表人：黄春亚，该公司执行董事兼总经理。

委托诉讼代理人：严晓，慈溪方升专利代理事务所(普通合伙)专利代理师。

上诉人永康市联悦工贸有限公司(以下简称联悦公司)、浙江兴昊塑业有限公司(以下简称兴昊公司)与被上诉人慈溪市博生塑料制品有限公司(以下简称博生公司)，原审被告浙江天猫网络有限公司(以下简称天猫公司)、谢辉侵害实用新型专利权纠纷一案，申请人联悦公司于2020年11月5日向本院申请行为保全，请求法院责令天猫公司立即恢复其在"天猫网"上经营的"帮主妇旗舰店"(以下简称涉案网店)中"免手洗拖把家用平板懒人吸水拖布网红一拖净干湿两用抖音拖地神器"(以下简称被诉侵权产品)的销售链接，直至终审判决生效之日。申请人联悦公司同意以其支付宝账户余额632万元作为担保。

本院经听证初步查明：

博生公司系以下两项专利的专利权人：1.专利号为ZL201820084323.7、名称为"具有新型桶体结构的平板拖把清洁工具"的实用新型专利(以下简称涉案专利)。2.专利号为ZL201620853180.2、名称为"一种用于平板拖把挤水和清洗的拖把桶"(以下简称180.2号专利)。2019年10月11日，博生公司以被诉侵权产品侵犯其上述两项专利权为由，向浙江省宁波市中级人民法院分别提起本案及另案诉讼。本案原审案号为(2019)浙02知民初367号；另案案号为(2019)浙02知民初368号(以下简称368号案)。两案均请求法院判令联悦公司、兴昊公司、谢辉立即停止实施制造、销售、许诺销售被诉侵权产品的行为，天猫公司立即删除、断开被诉侵权产品的销售链接，兴昊公司、联悦公司、天猫公司连带赔偿博生公司经济损失316万元。2019年10月15日，博生公司在两案中分别向原审法院申请财产保全。2019年10月29日，原审法院作出财产保全裁定，两案各冻结联悦公司支付宝账户余额或银行存款316万元。目前上述两笔款项仍在冻结中。2019年10月20日、11月25日，博生公司就上述两案向天猫公司发起投诉。联悦公司提出申诉，并于2019年11月10日出具《知识产权保证金承诺函》，同意缴存100万元保证金于其支付宝账户内，并同意支付宝公司及天猫公司冻结其网店自2019年11月10日22点起的全店所有销售收入。

2020年4月10日，原审法院就本案作出判决，判令：谢辉、兴昊公司、联悦公司立即停止实施侵权行为；天猫公司立即删除、断开被诉侵权产品的销售链接；兴昊公司、联悦公司连带赔偿博生公司经济损失316万元。同日，博生公司再次向天猫公司就被诉侵权产品进行投诉。2020年4月17日，天猫公司删除了被诉侵权产品的销售链接。联悦公司、兴昊公司不服原审判决，向本院提起上诉。本案

---

① 案例来源：《最高人民法院公报》2022年第3期。

二审审理期间,国家知识产权局于 2020 年 9 月 9 日就涉案专利作出无效宣告请求审查决定,认为涉案专利权利要求 1-24 均不具备《中华人民共和国专利法》第二十二条第二款规定的新颖性,宣告涉案专利权全部无效。博生公司表示将提起行政诉讼。

另查明,针对同一被诉侵权产品涉嫌侵权的 368 号案仍在浙江省宁波市中级人民法院一审审理中。2020 年 1 月 2 日兴昊公司对该案所涉 180.2 号专利提起无效宣告请求,目前国家知识产权局尚未作出审查决定。

再查明,截至 2020 年 11 月 5 日联悦公司提起本行为保全申请之时,联悦公司支付宝账户余额被冻结 1560 万元。其中,632 万元为原审法院财产保全措施冻结款项;100 万元为联悦公司根据其出具的《知识产权保证金承诺函》同意缴存的款项;828 万元为联悦公司同意支付宝公司及天猫公司冻结的其网店自 2019 年 11 月 10 日 22 点起的全店所有销售收入。

本院经审查认为,针对联悦公司的行为保全申请,重点需要审查如下问题:(一)联悦公司作为被诉侵权人是否具有提起行为保全申请的主体资格;(二)本案应否采取恢复链接行为保全措施;(三)本案担保金额的确定。

(一)关于联悦公司作为被诉侵权人是否具有提起行为保全申请的主体资格

《中华人民共和国民事诉讼法》(以下简称民事诉讼法)第一百条规定:"人民法院对于可能因当事人一方的行为或者其他原因,使判决难以执行或者造成当事人其他损害的案件,根据对方当事人的申请,可以裁定对其财产进行保全、责令其作出一定行为或者禁止其作出一定行为;当事人没有提出申请的,人民法院在必要时也可以裁定采取保全措施。人民法院采取保全措施,可以责令申请人提供担保,申请人不提供担保的,裁定驳回申请。人民法院接受申请后,对情况紧急的,必须在四十八小时内作出裁定;裁定采取保全措施的,应当立即开始执行。"根据上述规定,人民法院采取行为保全措施的要件主要包括:一是因当事人一方的行为或其他原因使判决难以执行或造成当事人的其他损害;二是一方当事人明确提出行为保全申请或者人民法院认为确有必要。显然,行为保全措施的申请人并不限于原告。尤其是在涉电子商务平台知识产权侵权纠纷中,允许被诉侵权的平台内经营者在符合前述民事诉讼法第一百条规定的条件下申请行为保全,要求电子商务平台经营者采取恢复链接等行为保全措施,对于合理平衡知识产权权利人、电子商务平台经营者和平台内经营者的合法利益,促进电子商务市场健康发展具有重要意义。

《中华人民共和国侵权责任法》(以下简称侵权责任法)第三十六条第二款规定:"网络用户利用网络服务实施侵权行为的,被侵权人有权通知网络服务提供者采取删除、屏蔽、断开链接等必要措施。网络服务提供者接到通知后未及时采取必要措施的,对损害的扩大部分与该网络用户承担连带责任。"《中华人民共和国电子商务法》(以下简称电子商务法)第四十二条规定:"知识产权权利人认为其知识产权受到侵害的,有权通知电子商务平台经营者采取删除、屏蔽、断开链接、终止交易和服务等必要措施。通知应当包括构成侵权的初步证据。电子商务平台经营者接到通知后,应当及时采取必要措施,并将该通知转送平台内经营者;未及时采取必要措施的,对损害的扩大部分与平台内经营者承担连带责任。"根据上述规定,电子商务平台经营者在收到知识产权权利人含有侵权初步证据的通知时,具有采取删除、屏蔽、断开链接、终止交易和服务等必要措施的法定义务。而对于电子商务平台经营者在诉讼过程中,何种情况下可以应平台内经营者的申请采取恢复链接等措施,侵权责任法和电子商务法都没有作出相关规定。由于专利权等通过行政授权取得权利的知识产权在民事侵权诉讼过程中,可能因被宣告无效、提起行政诉讼等程序而使权利处于不确定状态,且平台内经营者的经营状况等在诉讼过程中也可能发生重大变化。此时,平台内经营者因情况紧急,不恢复链接将会使其合法利益受到难以弥补的损害,向人民法院申请行为保全,要求电子商务平台经营者采取恢复链接等行为保全措施的,人民法院应当予以受理,并依据民事诉讼法第一百条及相关司法解释的规定予以审查。

本案中,涉案专利为实用新型专利,虽然原审法院认定侵权成立,天猫公司删除了被诉侵权产品的销售链接,但二审中涉案专利权被宣告全部无效,其有效性因博生公司即将提起行政诉讼而处于不确定状态。在此情况下,作为被删除产品链接的联悦公司具有提起恢复链接行为保全申请的主体资格。

(二)关于本案应否采取恢复链接行为保全措施

《最高人民法院关于审查知识产权纠纷行为保全案件适用法律若干问题的规定》(以下简称保全若干规定)第七条规定:"人民法院审查行为保全申请,应当综合考量下列因素:(一)申请人的请求是否具有事实基础和法律依据,包括请求保护的知识产权效力是否稳定;(二)不采取行为保全措施是否会使申请人的合法权益受到难以弥补的损害或者造成案件裁决难以执行等损害;(三)不采取行为保全措施对申请人造成的损害是否超过采取行为保全措施对被申请人造成的损害;(四)采取行为保全措施是否损害社会公共利益;(五)其他应当考量的因素。"根据上述规定,在涉电子商务平台知识产权侵权纠纷中,确定是否依被诉侵权人的申请采取恢复链接行为保全措施应主要考虑以下因素:1. 申请人的请求是否具有事实基础和法律依据;2. 不恢复链接是否会对申请人造成难以弥补的损害;3. 恢复链接对专利权人可能造成的损害是否超过不恢复链接对被诉侵权人造成的损害;4. 恢复链接是否会损害社会公共利益;5. 是否存在不宜恢复链接的其他情形。具体到本案,分析如下:

1. 联悦公司的请求是否具有事实基础和法律依据。本案为侵害实用新型专利权纠纷。我国实用新型专利的授权并不经过实质审查,其权利稳定性较弱。为了平衡专利权人的利益及同业竞争者、社会公众的利益,维护正常、有序的网络运营环境,专利权人要求电子商务平台经营者删除涉嫌侵犯实用新型专利权的产品销售链接时,应当提交由专利行政部门作出的专利权评价报告。专利权人无正当理由不提交的,电子商务平台经营者可以拒绝删除链接,但法院经审理后认定侵权的除外。本案中,天猫公司在原审法院认定侵权成立后及时删除了被诉侵权产品的销售链接,但二审中涉案专利权已被国家知识产权局因缺乏新颖性而被宣告全部无效,博生公司即将提起行政诉讼,专利有效性处于不确定状态。联悦公司因本案诉讼及368号案,截至2020年11月5日支付宝账户余额共被冻结1,560万元,正常生产经营受到严重影响。在此情况下,联悦公司要求天猫公司恢复产品链接具有事实与法律依据。

2. 不恢复链接是否会对申请人造成难以弥补的损害。在涉电子商务平台知识产权侵权纠纷中,删除、屏蔽、断开商品销售链接不仅将使该商品无法在电商平台上销售,而且还将影响该商品之前累积的访问量、搜索权重及账户评级,进而降低平台内经营者的市场竞争优势。因此,确定"难以弥补的损害"应考量是否存在以下情形之一:(1)不采取行为保全措施是否会使申请人的商誉等人身性质的权利受到无法挽回的损害;(2)不采取行为保全措施是否会导致申请人市场竞争优势或商业机会严重丧失,导致即使因错误删除链接等情况可以请求金钱赔偿,但损失非常大或者非常复杂以至于无法准确计算其数额。

本案中,被诉侵权产品主要通过联悦公司在"天猫网"上的涉案网店进行销售,且根据原审查明的事实,2019年11月13日被诉侵权产品累计销量为283,693件;2019年12月4日,原审法院组织各方当事人进行证据交换时的累计销量为352,996件;2020年1月13日,原审庭审时的累计销量为594,347件。这一方面说明被诉侵权产品的销量大,另一方面也说明其累计的访问量及搜索权重较大,断开销售链接对其网络销售利益影响较大。特别是在"双十一"等特定销售时机,是否恢复链接将对被诉侵权人的商业利益产生巨大影响。在涉案专利权效力处于不确定状态的情况下,通过恢复链接行为保全措施使平台内经营者能够在"双十一"等特定销售时机正常上线经营,能够避免其利益受到不可弥补的损害。

3. 恢复链接对专利权人可能造成的损害是否会超过不恢复链接对被诉侵权人造成的损害

本案中,被诉侵权产品与涉案专利产品虽为同类产品,但市场上类似产品众多,并不会导致博生公司的专利产品因恢复链接而被完全替代。而且,本院已经考虑到因恢复链接可能给博生公司带来的损失,并将冻结联悦公司支付宝账户相应金额及恢复链接后继续销售的可得利益,联悦公司也明确表示同意。在此情况下,相较于不恢复链接对联悦公司正常经营的影响,恢复链接对博生公司可能造成的损害较小。

4. 恢复链接是否会损害社会公共利益

在专利侵权纠纷中,社会公共利益一般考量的是公众健康、环保以及其他重大社会利益。本案所涉被诉侵权产品系用于家庭日常生活的拖把桶,恢复链接时考量的重要因素是是否会对公众健康、环保造成影响,特别是需要考虑是否会对消费者的人身财产造成不应有的损害,而本案无证据表明被诉侵权产品存在上述可能损害公共利益的情形。

5. 是否存在不宜恢复链接的其他情形

本案中,博生公司主张不宜恢复链接的主要理由在于被诉侵权产品除涉嫌侵害涉案专利权外,还在368号案中涉嫌侵害博生公司180.2号专利,且180.2号专利目前仍处于有效状态。对此,本院认为,首先,368号案尚在一审审理中,被诉侵权产品是否侵权、现有技术抗辩是否成立尚不确定。其次,368号案中,博生公司赔偿损失的诉请请求已经通过冻结联悦公司支付宝账户余额316万元的财产保全措施予以保障。再次,本院在确定本案行为保全担保金额时,已考虑368号案的情况酌情提高了联悦公司的担保金额并将冻结联悦公司恢复链接后继续销售的可得利益。虽然,因本行为保全措施系针对本案诉讼,担保金额冻结至本案判决生效之日,届时,如果368号案仍在审理中,博生公司可以在该案中通过申请行为保全等措施维护自身合法权益,由法院根据该案情况决定是否采取行为保全措施。因此,不存在博生公司就180.2号专利所享有的权利难以得到保障的情况。综上,被诉侵权产品还因涉嫌侵害180.2号专利权而涉诉的事实不影响本案行为保全措施的采取。本案不存在不宜恢复链接的其他情形。

（三）本案担保金额的确定

行为保全担保金额的确定既要合理又要有效。既要考虑行为保全措施实施后对被申请人可能造成的损害，也要防止过高的担保金额对申请人的生产经营造成不合理影响。在涉电子商务平台专利侵权纠纷中，恢复链接行为保全措施担保金额的确定，一方面应考虑恢复链接后可能给权利人造成的损失，确保权利人就该损失另行主张赔偿的权利得到充分保障；另一方面也应合理确定申请人恢复链接后的可得利益，避免因冻结过多的销售收入不合理影响其资金回笼和后续经营。具体到本案，博生公司在本案及 368 号案中均要求被诉侵权人赔偿经济损失 316 万元，原审法院均已采取财产保全措施。但考虑到被诉侵权产品在删除链接前销售数额较大、恢复链接将可能导致博生公司的损失扩大等因素，为最大限度保护专利权人的利益，本院将综合博生公司在两案中的赔偿主张、恢复链接后联悦公司的可得利益等因素酌定担保金额。鉴于联悦公司的可得利益将随着产品销售而不断增加，除固定担保金外，本院将增加动态担保金。由于联悦公司的销售收入中还含有成本、管理费用等，为防止过高的担保金额对联悦公司的生产经营造成不合理影响，本院在考虑本案及 368 号案所涉专利贡献率的情况下，酌情将动态担保金确定为联悦公司销售额的 50%。

综上，联悦公司要求天猫公司恢复被诉侵权产品销售链接的申请符合法律规定，应予准许。依照《中华人民共和国民事诉讼法》第一百条、第一百零二条，《最高人民法院关于审查知识产权纠纷行为保全案件适用法律若干问题的规定》第七条、第十一条规定，裁定如下：

一、被申请人浙江天猫网络有限公司立即恢复申请人永康市联悦工贸有限公司在"天猫网"购物平台上的被诉侵权产品销售链接；

二、冻结申请人永康市联悦工贸有限公司名下的支付宝账户余额 632 万元，期限至本案判决生效之日；

三、自恢复被诉侵权产品销售链接之日起至本案判决生效之日，如申请人永康市联悦工贸有限公司恢复链接后被诉侵权产品的销售总额的 50% 超过 632 万元，则应将超出部分的销售额的 50% 留存在其支付宝账户内，不得提取。

本裁定立即开始执行。

案件申请费 30 元，由申请人永康市联悦工贸有限公司负担。

---

① 案例来源：《最高人民法院公报》2021 年第 12 期。

如不服本裁定，可以自收到裁定书之日起五日内向本院申请复议一次。复议期间不停止裁定的执行。

4. 乐清市巴顿电子有限公司与胡正宇侵害实用新型专利权纠纷案①

【裁判摘要】

专利侵权纠纷中销售者合法来源抗辩的主观要件为"善意无过失"。过失的证明责任负担应注意保护专利权和维护正常市场交易秩序之间的平衡，如结合销售者的注意能力、接触专利产品信息的可能性、专利产品的市场销售情况、销售行为的情节等因素，专利权人提供的证据能够初步证明销售者知道或应当知道所售产品系未经专利权人许可而制造并售出的事实，则销售者除需证明其遵循合法、正常的市场交易规则外，还应证明其已对所售产品是否经专利权人许可而制造并售出给予必要注意，否则应认定销售者主观上具有过失。

最高人民法院
民事判决书

（2019）最高法知民终 896 号

上诉人（原审被告）：乐清市巴顿电子有限公司。住所地：浙江省乐清市虹桥镇农贸东路 29 号。

法定代表人：田什侠，该公司执行董事。

委托诉讼代理人：郑峰，浙江航英律师事务所律师。

被上诉人（原审原告）：胡正宇，男，1974 年 10 月 14 日出生，汉族，住江苏省常州市武进区。

委托诉讼代理人：崔银春，江苏众泰律师事务所律师。

委托诉讼代理人：杨斌涛，江苏众泰律师事务所律师。

上诉人乐清市巴顿电子有限公司（以下简称巴顿公司）因与被上诉人胡正宇侵害实用新型专利权纠纷一案，不服浙江省杭州市中级人民法院于 2019 年 9 月 11 日作出的（2019）浙 01 民初 929 号民事判决，向本院提起上诉。本院于 2019 年 11 月 27 日立案后，依法组成合议庭进行了审理。本案现已审理终结。

巴顿公司上诉请求：撤销原审判决，依法改判驳回胡正宇对巴顿公司的赔偿请求，或将赔偿调整至合理范围，或将本案发回重审。事实与理由：（一）被诉侵权产品未落入涉案专利权的保护范围,与涉案专利存在以下区别:1.被诉侵权产品不具有"绝缘挡块"这一技术特征。2.涉案专利权利要求记载"公头和母头内各设有一对适于插接相连的电极",可见涉案专利保护一种公头、母头对插的插接件,对插具有唯一性,而被诉侵权产品的公头、母头可以和其他产品搭配使用。3.涉案专利权利要求记载"所述公头和母头中的电极延伸出公头和母头的后端,各对电极的焊线端具有背向设置的缺口"是本领域的通用技术,被诉侵权产品的缺口并非用于焊线,产品用途和设计理念与涉案专利不同。4.涉案专利优于现有技术是因其要求插接的产品必然具备"具有背向设置的缺口"这一技术特征,被诉侵权产品两端的插头对应的插件存在多种可能,不必然具备"具有背向设置的缺口"。(二)巴顿公司并未制造被诉侵权产品,且销售的被诉侵权产品均系从乐清市佳圣电子科技有限公司(以下简称佳圣公司)购买所得,具有合法来源。(三)本案中的合理开支仅有公证费人民币2000元(以下币种同)可以与本案以及(2019)浙01民初930号案件的公证内容对应。委托代理合同显示由胡正宇委托,而律师费发票上载明的委托主体是常州市艾迈斯电子有限公司(以下简称艾迈斯公司),内容无法对应,且胡正宇提起过多起专利诉讼,因此,该律师费发票不能显示是因本案支出,不能证明本案中支出律师费的具体数额。

胡正宇辩称:(一)被诉侵权产品落入了涉案3专利权的保护范围。1.被诉侵权产品具有"绝缘挡块"的技术特征。将绝缘挡块凸出公头前端只是实施例中的优选方案,涉案专利不一定限制挡块的高度,被诉侵权产品存在绝缘挡块,只是没有延伸凸出公头的前端。2.被诉侵权产品满足"公头、母头电极相互插接"这一使用环境特征。巴顿公司在网站都是将公头、母头整套销售,产品XT60详细信息中的"接口类型"显示"对插正负极",其发货单上也显示的是"套",故巴顿公司主张公头、母头不必然对插不成立。3.被诉侵权产品具有"各对电极的焊线端具有背向设置的缺口"技术特征。首先,巴顿公司的销售网站、送货单等证据无法证明其产品不是用来焊线,而是用来焊接PCB线路板。其次,"各对电极的焊线端具有背向设置的缺口"这一技术特征是在电极尾部设置一个背向性缺口,解决电极焊接时产生的焊块过大,造成两个电极过近容易短路的问题。至于焊接的是线材、板材,都会产生这样的技术问题,采用"各对电极的焊线端具有背向设置的缺口"都可以解决同样技术问题,达到同样的技术效果。(二)巴顿公司的合法来源抗辩不成立。1.巴顿公司在被诉侵权产品网页上大篇幅宣传"厂家直销"、生产车间照片、生产规模等,一般消费者足以认定其为生产厂家,不适用合法来源抗

辩。2.巴顿公司主观上明知被诉侵权产品为侵权产品,仍故意实施侵权行为。被诉侵权产品的销售网页上共有6款产品是胡正宇的专利产品,包括XT60、XT30型号,巴顿公司同时宣传大量胡正宇专利产品,足以证明其主观故意。XT30型号产品的照片是从胡正宇及其代理商的正品宣传图片拷贝过来,产品上标注了"AMASS"商标,该商标为艾迈斯公司的注册商标,胡正宇为该公司的法定代表人,名下所有专利都许可给艾迈斯公司使用,进行制造、销售。3.巴顿公司购买的价格明显低于市场上专利产品的价格,不属于合理对价。(三)原审法院认定的赔偿及合理费用40000元符合客观事实和法律规定。(四)巴顿公司以同样理由在另案中提出的上诉已被浙江省高级人民法院二审驳回。

胡正宇向原审法院提起诉讼,原审法院于2019年3月20日立案受理。胡正宇向原审法院起诉请求:1.判令巴顿公司立即停止制造、销售、许诺销售等所有以生产经营为目的的侵犯胡正宇专利权(专利号为ZL200920043518.8)的行为;2.判令巴顿公司赔偿胡正宇经济损失并承担由于调查、制止侵权产生的公证费、律师费、差旅费等合理费用合计50000元;3.判令巴顿公司承担本案的诉讼费。

原审法院认定事实:2009年7月7日,胡正宇向国家知识产权局申请名为"一种电连接插接件"的实用新型专利,于2010年3月3日授权公告,专利号为ZL200920043518.8。该专利的权利要求1为:一种电连接插接件,包括:公头和母头,公头和母头内各设有一对适于插接相连的电极;其特征在于:在公头前端的一对电极孔之间设有防短路用的绝缘挡块,母头的前端内壁设有防反插用的限位块,在公头的侧壁上设有与该限位块相配合的凹槽。权利要求2为:根据权利要求1所述的一种电连接插接件,其特征在于:所述公头和母头中的电极延伸出公头和母头的后端,各对电极的焊线端具有背向设置的缺口。权利要求3为:根据权利要求2所述的一种电连接插接件,其特征在于:所述公头和母头的后端与各电极的配合面之间设有用于设置绝缘套的环形间隙。权利要求4为:根据权利要求1所述的一种电连接插接件,其特征在于:所述公头和母头上设有用于防反插的梯形配合部。

2019年7月6日,胡正宇涉案的ZL200920043518.8"一种电连接插接件"实用新型专利权到期。

胡正宇的委托代理人崔银春向江苏省南京市钟山公证处申请证据保全公证。2018年10月19日,该公证处公证人员签收运单号码为7703252114928的邮件一个。2018年10月25日,在公证人员的监督下,崔银春拆开上述邮件,内有电气插接连接器四袋、巴顿公司发货单一张,发

货单上显示有"XT60/XT30 各一百套"、货品名称 XT60 母头转 T 插母头、数量 100、单价 0.52 元/个、应收金额 228 元(其中包含运费 10 元)等信息,公证人员对邮件及其内物品进行拍照、封存,封存后由公证处保管。2018 年 10 月 26 日,崔银春使用该公证处的电脑及网络,登录阿里巴巴账户,查看"已买到的货品",点击查看订单号为 228879207182935692、日期为 2018-10-18 10:28:09 的订单详情。订单信息显示的内容与上述发货单一致,且货品快照显示有"厂家直销"字样,崔银春点击确认收货并付款。江苏省南京市钟山公证处对上述保全证据公证过程出具了(2018)宁钟证内字第 9515 号公证书。

巴顿公司在阿里巴巴网页店铺中被诉侵权产品的销售页面显示有产品名称 XT60 母头转 T 插母头,起批量 100-4 999 999 个时价格为 0.52 元/个,起批量≥5 000 000 个时价格为 0.38 元/个,产品品牌 PATON/巴顿电子,30 天内 29 160 个成交,7 条评论,88073 537 个可售,厂家直销等被诉侵权产品的详细信息。

巴顿公司系有限责任公司,成立于 2017 年 3 月 9 日,注册资本为 60 万元,经营范围包含电子配件、电机配件、接线端子、气功元件、五金件、塑料件、模具制造、加工、销售;货物进出口、技术进出口等。

原审法院查明,胡正宇为本案诉讼支付了一定的维权合理费用,包括聘请律师、公证费 1000 元。

原审庭审中当庭拆封上述公证购买的被诉侵权产品,胡正宇明确以涉案实用新型专利的权利要求 1-4 作为涉案实用新型专利权的保护范围。经比对,胡正宇认为被诉侵权产品技术特征与涉案实用新型专利构成相同,全部落入涉案实用新型专利权利要求 1-4 的保护范围。巴顿公司认为被诉侵权产品未落入涉案实用新型专利权利要求 3 的保护范围。

原审法院另查明,胡正宇于 2016 年 9 月 10 日针对无效宣告请求提交意见陈述书,修改了权利要求,删除了原权利要求 1,将原权利要求 2 作为新的权利要求 1。2017 年 2 月 4 日,国家知识产权局专利复审委员会作出第 31342 号无效宣告请求审查决定,宣告 ZL200920043518.8 号实用新型专利权部分无效,在权利人于 2016 年 9 月 10 日提交的权利要求 1-3(即原权利要求 2-4)的基础上继续维持该专利有效。故胡正宇仅能基于涉案实用新型专利修改后的权利要求 1-3 请求专利权保护。另,巴顿公司原审当庭否认被诉侵权产品由其制造,确认被诉侵权产品由其销售。

原审法院认为:胡正宇系 ZL200920043518.8"一种电连接插接件"实用新型专利的专利权人。在专利权的受保护期限内,涉案实用新型专利一直处于有效状态。因此,胡正宇作为专利权人,在涉案实用新型专利保护期限内,有权就侵害其专利权的行为提起诉讼。

经比对,原审法院确认被诉侵权产品与涉案实用新型专利修改后的权利要求 1-3 记载的技术方案相同,故被诉侵权产品落入涉案实用新型专利权的保护范围。

胡正宇指控巴顿公司实施了制造、销售、许诺销售被诉侵权产品的行为。关于制造,巴顿公司阿里巴巴网页店铺销售被诉侵权产品页面显示有生产车间、配料库、模具库的照片和"专业高端插座制造商"、"厂家直销"等字样,公司简介为"从事产品开发、生产、销售及代加工服务为一体化生产型实体企业",结合巴顿公司的经营范围,可以认定巴顿公司实施了制造被诉侵权产品的行为。关于销售、许诺销售,公证书中显示有订单号为 228879207182935692 的订单交易成功的信息,且巴顿公司阿里巴巴网页店铺显示有被诉侵权产品的销售页面,可以认定巴顿公司实施了销售、许诺销售被诉侵权产品的行为。巴顿公司未经专利权人许可,以生产经营为目的制造、销售、许诺销售侵权产品,侵犯了涉案实用新型专利权。根据《中华人民共和国专利法》第十一条第一款"发明和实用新型专利权被授予后,除本法另有规定的以外,任何单位或者个人未经专利权人许可,都不得实施其专利,即不得为生产经营目的制造、使用、许诺销售、销售、进口其专利产品"及《中华人民共和国民法通则》第一百一十八条"公民、法人的著作权(版权)、专利权、商标专用权、发现权、发明权和其他科技成果权受到剽窃、篡改、假冒等侵害的,有权要求停止侵害、消除影响、赔偿损失"之规定,在涉案实用新型专利权保护期限内,胡正宇有权要求巴顿公司停止侵害、赔偿损失。因原审庭审时,胡正宇的涉案实用新型专利权已经超出保护期,故对胡正宇要求"判令巴顿公司立即停止侵害胡正宇涉案专利权的行为"的诉讼请求不再支持。胡正宇要求承担赔偿损失及为制止侵权所支出的合理费用的主张,于法有据,原审法院予以支持。

关于赔偿数额,《中华人民共和国专利法》第六十五条规定:"侵犯专利权的赔偿数额按照权利人因被侵权所受到的实际损失确定;实际损失难以确定的,可以按照侵权人因侵权所获得的利益确定。权利人的损失或侵权人获得的利益难以确定的,参照该专利许可使用费的倍数合理确定。赔偿数额还应当包括权利人为制止侵权行为所支付的合理开支。权利人的损失、侵权人获得的利益和专利许可使用费均难以确定的,人民法院可以根据专利权的类型、侵权行为的性质和情节等因素,确定给予一万元以上一百万元以下的赔偿。"本案中,胡正宇未证明权利人损失和侵权人获利的事实,且明确要求适用法定赔偿,故原审法院依照专利法的上述规定,综合考虑各种因素,包括被诉侵权产品销售价格及其销售时间、销售规模、范围、胡正宇为制止侵权所支出的合理费用、涉案专利的授权时间等因素,按照法定赔偿的方式,酌情确定赔偿数额。同时,原审法院注意到如下事实:1. 涉案专利申请日为2009年7月7日,授权公告日为2010年3月3日;2. 巴顿公司实施了制造、销售、许诺销售与涉案实用新型专利相同侵权产品的行为;3. 被诉侵权产品的销售页面显示起批100-4999999个时价格为0.52元/个,起批量≥5 000000个时价格为0.38元/个,30天内29160个成交,7条评论,88073 537个可售;4. 巴顿公司成立于2017年3月9日,注册资本为60万元,其阿里巴巴店铺已经营第3年;5. 胡正宇为本案付出了一定的人力物力,包括公证取证、聘请律师等。

综上,原审法院判决:一、巴顿公司赔偿胡正宇经济损失(包括为制止侵权所支出的合理费用)40000元,于判决生效之日起十日内履行完毕;二、驳回胡正宇的其他诉讼请求。如果未按判决指定的期间履行给付金钱义务,应当依照《中华人民共和国民事诉讼法》第二百五十三条之规定,加倍支付迟延履行期间的债务利息。一审案件受理费1050元,由巴顿公司负担945元,胡正宇负担105元。

二审期间,巴顿公司向本院提交了如下新证据:1. 巴顿公司的工商信息,用以证明巴顿公司设立时间为2017年3月9日;2. 佳圣公司工商信息、"JSO"商标注册信息及商标详情、佳圣公司产品塑封袋照片,用以证明"JSO"商标由佳圣公司的何圣地所有,由佳圣公司使用。3. 佳圣公司于2018年8月15日出具的价格情况说明、巴顿公司的采购订单4张、佳圣公司出具的领款收据4张、佳圣公司的销售清单4张,用以证明XT60产品均从佳圣公司购买,巴顿公司没有制造被诉侵权产品。4. 网页截图,用以证明被诉侵权产品的销售网页中宣传照片等材料由广告公司制作,系不真实宣传,在其他公司商铺界面也有相同宣传照片。5. 乐清市市场监督管理局行政处罚告知书,用以证明乐清市市场监督管理局对于巴顿公司的阿里巴巴网店涉及不实宣传的行为进行处罚,以及对于巴顿公司的实际情况的调查。6. 接线板实物,用以证明被诉侵权产品用于直接焊接PCB线路板,匹配对插插头不具有唯一性。7. 专利申请号为201720207297.8的产品照片、实用新型专利说明书,用以证明被诉侵权产品可以与其他专利产品对插,在接插件的使用上不具有唯一性,不落入涉案专利权的保护范围。8. 专利申请号为201830480864.7的产品照片,用以证明其他专利产品同样具有背向设置的缺口。

本院组织当事人进行了证据交换和质证。胡正宇对

上述证据发表如下质证意见:认可证据1的真实性,不认可关联性。认可证据2中佳圣公司的工商信息和商标详情,不认可产品塑封袋。不认可证据3的真实性,巴顿公司在原审中并未提供该部分证据,且与原审提交的证据矛盾,其中采购清单、销售清单等都存在漏洞,真实性存疑。不认可证据4的三性,即使巴顿公司委托广告公司制作了宣传照片,法律责任也应由巴顿公司承担。认可证据5的真实性,不认可关联性,行政处罚决定书针对的是巴顿公司的另一案件,且时间是2019年10月16日,在原审开庭以后,无法证明是针对本案的侵权行为。不认可证据6的三性。认可证据7、8的真实性,不认可关联性。

本院对上述证据认证如下:因胡正宇认可证据1、证据2中佳圣公司工商信息、商标详情的真实性,本院对上述证据的真实性予以确认。对于证据2中的产品塑封袋,因审理过程中巴顿公司展示了产品塑封袋的原物,故本院对该证据的真实性亦予以认定。对于证据3,因审理中巴顿公司展示了证据原件,本院对真实性予以认定;对其证明目的,本院将结合本案其他事实综合认定。对于证据4,该证据是网页截图,为电子证据,巴顿公司没有提供网页原始内容进行核实,无法确认电子数据被完整打印,且胡正宇对该证据的三性均不认可,本院难以确定网页截图的真实性。此外,其他公司网络店铺的宣传照片与本案亦无关联,故本院对该证据的证明力不予认定。对于证据5,因审理中巴顿公司展示了证据原件,本院对其真实性予以认定。行政处罚告知书的出具日期为2019年10月16日,内容没有显示是针对本案被诉侵权产品的宣传网页而作出,故本院对其关联性不予认定。对于证据6,从实物可以看出接线板中插接了被诉侵权产品的一头,对其证明目的,本院结合本案其他事实综合认定。对于证据7、8,因胡正宇认可其真实性,本院对该两份证据的真实性予以确认;对其证明目的,本院将结合本案其他事实综合认定。

本院补充查明如下事实:

被诉侵权产品的公头、母头上均标注了"JSO"。第9484496号"JSO"注册商标由案外人何圣地所有,商标申请日为2011年5月19日,授权公告日为2012年6月28日,有效期自2012年6月28日至2022年6月27日。巴顿公司提交的产品塑封袋上使用了"JSO"注册商标,并标注了佳圣公司的名称、电话、地址等信息。佳圣公司成立于2015年4月15日,何圣地在公司成立时任执行董事,为佳圣公司法定代表人,持有佳圣公司70%的股份。2015年8月11日,何圣地所持股份转让给陈晓丹,佳圣公司法定代表人同时变更为陈晓丹。巴顿公司明确否认其获得

了注册商标"JSO"的使用许可。在没有相反证据的情况下，本院依据上述证据认定佳圣公司实际使用了"JSO"注册商标。

案外人艾迈斯公司成立于2002年7月25日，自成立至今胡正宇均为该公司股东，并担任法定代表人。胡正宇表示其将涉案专利许可给艾迈斯公司使用，艾迈斯公司开发了包含多种型号的XT系列插头产品，XT60是用于涉案专利产品的型号。艾迈斯公司在阿里巴巴上开设网络店铺销售包括涉案专利产品在内的产品；淘宝店铺"启航模型"经艾迈斯公司授权销售"AMASS"品牌商品，店铺网页中有XT60、XT30型号插头，产品上标注了艾迈斯公司的注册商标AMASS©。

胡正宇同时为"电气插接连接器（XT30）"外观设计专利权人，上述专利于2015年9月17日申请，2015年12月23日授权公告，专利号为ZL201530360458.3。巴顿公司在阿里巴巴网络店铺的销售页面宣传了多种型号的产品，包括XT60、XT30等，其中XT30型号产品上相同位置以较大字号标注了AMASS©。因巴顿公司制造并在阿里巴巴网络店铺销售、许诺销售的XT30型号产品侵害上述外观设计专利权，胡正宇向原审法院提起诉讼。原审法院作出(2019)浙01民初930号民事判决：一、巴顿公司立即停止制造、销售、许诺销售落入专利号为ZL201530360458.3"电气插接连接器（XT30）"外观设计专利权保护范围的产品；二、巴顿公司赔偿胡正宇经济损失（包括为制止侵权所支出的合理费用）20000元，于判决生效之日起十日内履行完毕；三、驳回胡正宇的其他诉讼请求。巴顿公司不服，向浙江省高级人民法院提起上诉。2019年12月23日，浙江省高级人民法院作出(2019)浙民终1670号民事判决：驳回上诉，维持原判。

原审法院查明的其他事实属实，本院予以确认。

本院认为，本案在二审阶段的主要争议焦点问题有三：其一，被诉侵权产品是否落入涉案专利权保护范围；其二，巴顿公司的合法来源抗辩是否成立；其三，原审法院确定的赔偿数额是否适当。

一、关于被诉侵权产品是否落入涉案专利权保护范围

巴顿公司上诉称：XT60型号的被诉侵权产品没有落入涉案专利权利要求1-3的保护范围：1.被诉侵权产品缺少绝缘挡块。2.专利保护的插接件的公、母头仅适用于互相对插，而被诉侵权产品的公、母头是以单头方式出售，具有多种搭配可能，公、母头的对插不具有必然性。3.涉案专利所述"公头和母头中的电极延伸出公头和母头的后端，各对电极的焊线端具有背向设置的缺口"这一技术特征是本领域的通用技术。4.被诉侵权产品两端的插头对

应的插接件有多种可能，并不必然具备"具有背向设置的缺口"这一技术特征。

《中华人民共和国专利法》第五十九条第一款规定："发明或者实用新型专利权的保护范围以其权利要求的内容为准，说明书及附图可以用于解释权利要求的内容。"依据上述规定，权利要求是界定专利权保护范围的依据，说明书及附图可以用于解释权利要求的相关内容，其解释作用体现在帮助本领域普通技术人员准确理解权利要求的内容，但不能代替权利要求在界定专利权保护范围过程中的地位和作用。运用说明书及附图解释权利要求时，由于实施例只是发明的例示，不应当以说明书及附图的例示性描述限制专利权的保护范围。《最高人民法院关于审理侵犯专利权纠纷案件应用法律若干问题的解释》第七条规定："人民法院判定被诉侵权技术方案是否落入专利权的保护范围，应当审查权利人主张的权利要求所记载的全部技术特征。被诉侵权技术方案包含与权利要求记载的全部技术特征相同或者等同的技术特征的，人民法院应当认定其落入专利权的保护范围；被诉侵权技术方案的技术特征与权利要求记载的全部技术特征相比，缺少权利要求记载的一个以上的技术特征，或者有一个以上技术特征不相同也不等同的，人民法院应当认定其没有落入专利权的保护范围。"本院依据上述规定对巴顿公司关于被诉侵权产品没有落入涉案专利权利要求保护范围的主张作如下分析：

首先，关于被诉侵权产品是否具备绝缘挡块这一技术特征，根据说明书记载，绝缘挡块设置在公头前端的一对电极孔之间，以避免电极之间漏电或短路。被诉侵权产品中公头前端的电极孔由塑胶包裹，并形成了适于与母头对插形状的绝缘块，电极孔外端略低于绝缘块的外端，上述电极孔之间的绝缘块构成用于防止公头前端的电极孔漏电或短路的绝缘挡块。虽然专利说明书中具体实施方式附图中的绝缘挡块有一部分突出在绝缘块整体外部，但在权利要求没有对绝缘挡块作出特别限定的情况下，不应以例示性的附图限制权利要求已经界定的保护范围。因此，巴顿公司主张被诉侵权产品缺少绝缘挡块不能成立。

其次，巴顿公司提出被诉侵权产品的公、母头是以单头方式出售，具有多种搭配可能，公、母头的对插不具有必然性。上述主张涉及独立权利要求前序部分内容"一种电连接插接件，包括：公头和母头，公头和母头内各设有一对适于插接相连的电极"，其中"适于插接相连的电极"要求公头和母头中的电极在大小、形状上适于插接，而没有要求两者已经实际插接。虽然巴顿公司提供的证据6、7可

以证明被诉侵权产品的公头、母头可分别与其他产品对插，但专利侵权认定以覆盖专利权利要求的全部技术特征为标准，胡正宇经公证购买的 XT60 型号的被诉侵权产品包括公头、母头，被诉侵权技术方案覆盖了权利要求 1 的全部技术特征以及权利要求 2、3 的附加技术特征，可以用于对插连接，落入了权利要求 1、2、3 的保护范围，两者在使用中是否实际插接，实际插接的部件是否具有背向设置的缺口均不影响侵权判定。

最后，专利技术是由权利要求记载的技术特征构成的技术方案，每一项权利要求构成一个完整的技术方案，专利技术的新颖性、创造性体现在整体技术方案上，而并非体现为某一项技术特征。虽然巴顿公司提供的证据 8 产品照片可以证明背向设置的缺口并非涉案专利所特有，但"公头和母头中的电极延伸出公头和母头的后端，各对电极的焊线端具有背向设置的缺口"这一技术特征是否为涉案专利特有，或为本领域通用技术均不影响被诉侵权产品是否落入涉案专利权保护范围的认定。

综上，巴顿公司关于被诉侵权产品没有落入涉案专利权保护范围的上诉主张不能成立。

二、关于巴顿公司的合法来源抗辩是否成立

（一）巴顿公司是否适用合法来源抗辩

《中华人民共和国专利法》第七十条规定："为生产经营目的的使用、许诺销售或者销售不知道是未经专利权人许可而制造并售出的专利侵权产品，能证明该产品合法来源的，不承担赔偿责任。"依据上述规定，合法来源抗辩仅适用于使用、许诺销售、销售行为，而对制造行为不能适用。巴顿公司上诉提出其没有实际制造被诉侵权产品；胡正宇则主张巴顿公司在被诉侵权产品的销售页面上大幅宣传为"厂家直销"，宣传了生产车间照片、生产规模等，一般消费者足以认定其为生产厂家。

本院认为，胡正宇主张巴顿公司存在未经许可制造、销售、许诺销售被诉侵权产品的行为，其原审提交的公证书可以证明巴顿公司在阿里巴巴网络店铺宣传经营模式为"厂家直销"，可以认定胡正宇完成了对巴顿公司存在制造被诉侵权产品行为的初步证明责任，此时应由巴顿公司提交相反证据否定该事实。胡正宇公证取得的被诉侵权产品上标注了"JSO"，巴顿公司提供的佳圣公司工商信息、商标详情、产品塑封袋表明"JSO"注册商标由何圣地所有，由佳圣公司实际使用，且巴顿公司否认其获得了"JSO"注册商标的使用许可，结合上述证据及巴顿公司的陈述，可以认定被诉侵权产品并非由巴顿公司制造，巴顿公司仅实施了销售、许诺销售被诉侵权产品的行为，可以适用合法来源抗辩。

（二）巴顿公司的合法来源抗辩是否成立

《最高人民法院关于审理侵犯专利权纠纷案件应用法律若干问题的解释（二）》第二十五条规定："为生产经营目的的使用、许诺销售或者销售不知道是未经专利权人许可而制造并售出的专利侵权产品，且举证证明该产品合法来源的，对于权利人请求停止上述使用、许诺销售、销售行为的主张，人民法院应予支持，但被诉侵权产品的使用者举证证明其已支付该产品的合理对价的除外。本条第一款所称不知道，是指实际不知道且不应当知道。本条第一款所称合法来源，是指通过合法的销售渠道、通常的买卖合同等正常商业方式取得产品。对于合法来源，使用者、许诺销售者或者销售者应当提供符合交易习惯的相关证据。"依据上述规定，在侵害专利权纠纷中，销售者主张合法来源抗辩，需要同时满足被诉侵权产品具有合法来源这一客观要件和销售者无主观过错这一主观要件。就客观要件而言，巴顿公司提交的采购订单与领款收据内容相互印证，可以证明巴顿公司从佳圣公司处购买了 XT60 型号的被诉侵权产品，结合巴顿公司提交的有关"JSO"注册商标的相关证据，可以认定巴顿公司已经提交了充分证据证明其销售的被诉侵权产品来自佳圣公司，因此其合法来源抗辩能否成立主要取决于对主观要件的考察。

合法来源抗辩中销售者免于承担赔偿责任的主观要件，在于销售者实际不知道且不应当知道所售产品为未经专利权人许可制造而售出。"不知道"是指销售者实际没有认识到所售产品是未经专利权人许可而制造并售出，表明销售者为善意。"不应当知道"是指销售者已经尽到合理注意义务，对于实际不知道所售产品是未经专利权人许可而制造并售出的事实主观上没有过失。据此，可以将专利侵权纠纷中销售者合法来源抗辩的主观要件归纳为善意且无过失。

关于销售者是否具有过失的证明责任分配，应注意保护专利权和维护正常市场交易秩序之间的平衡，站在诚信经营者的角度，尊重合法、正常的市场交易规则。一般而言，如果销售者能够证明其遵从合法、正常的市场交易规则，取得所售产品的来源清晰、渠道合法、价格合理，其销售行为符合诚信原则、合乎交易惯例，则销售者已经恪尽作为诚信经营者应负的合理注意义务，可推定其主观上无过失。此时，应由专利权人提供相反证据。在此基础上，如果结合销售者的注意能力、接触专利产品信息的可能性、专利产品的市场销售情况、销售行为的情节等因素，专利权人提供的证据能够初步证明销售者知道或应当知道所售产品系未经专利权人许可而制造并售出这一事实具有较高可能性的，则销售者应当进一步举证，此时销售者除应证明其遵循合法、正常的市场交易规则之外,还应证明其已经对所售产品是否为经专利权人许可而制造并售出给予必要注意,否则应认定其主观上具有过失,未能满足合法来源抗辩之"善意无过失"的主观要件。

本案中,首先,涉案专利产品为电连接插接件,巴顿公司是经营电子配件的公司,相对更有可能注意到专利产品信息。其次,胡正宇提交的证据证明巴顿公司在阿里巴巴的网络店铺中销售多种侵害胡正宇专利权的产品,其中XT60 型号侵害了涉案专利权,XT30 型号侵害了胡正宇专利号为 ZL201530360458.3 的外观设计专利权,两种产品照片在同一网页中进行宣传,XT30 型号产品的照片来自于经胡正宇授权的主体,产品的显著位置标注了艾迈斯公司的注册商标。虽然巴顿公司称其网络店铺的宣传图片从淘宝网上搜索得到,由广告公司制作,但巴顿公司对其经营店铺的宣传内容负有审核义务,其应当注意到产品照片上标注的注册商标。虽然标注他人注册商标并非合法来源抗辩是否成立的充分条件,亦非必要条件,但其可以作为认定销售者是否尽到合理注意义务的考虑因素之一。巴顿公司使用专利权人关联公司艾迈斯公司的注册商标以及经专利权人授权制造并售出的产品图片,表明巴顿公司能够接触到涉案专利产品信息。最后,巴顿公司、艾迈斯公司都在阿里巴巴平台开设网络店铺,巴顿公司销售的被诉侵权产品使用的是艾迈斯公司用于专利产品的型号。综合考虑本案中销售者的注意能力、销售者使用了专利产品的型号、在宣传中使用了标注专利权人关联企业注册商标的产品图片等因素,本院认定胡正宇提交的证据可以证明巴顿公司知道或应当知道被诉侵权产品是未经专利权人许可而制造并售出的产品具有较高可能性,巴顿公司应当举证证明其对所售产品是否经专利权人许可而制造并售出尽到了合理注意义务,由于巴顿公司没有对此进行举证,本院认定其主观上具有过失。

综上,虽然巴顿公司提交的证据能够证明被诉侵权产品的来源,但主观上没有尽到作为诚信经营者应负的合理注意义务,具有主观过失,其合法来源抗辩不能成立。

三、关于原审法院确定的赔偿数额是否适当

巴顿公司上诉提出,胡正宇提交的发票均系开具给艾迈斯公司,而非专利权人胡正宇;胡正宇提起过多起专利侵权诉讼,存在一票多案的情况,无法确定发票所显示的律师费是因本案支出。

本院认为,《中华人民共和国专利法》第六十五条第一款规定:"侵犯专利权的赔偿数额按照权利人因被侵权所

受到的实际损失确定;实际损失难以确定的,可以按照侵权人因侵权所获得的利益确定。权利人的损失或者侵权人获得的利益难以确定的,参照该专利许可使用费的倍数合理确定。赔偿数额还应当包括权利人为制止侵权行为所支付的合理开支。"

巴顿公司销售、许诺销售的被诉侵权产品落入了涉案专利权的保护范围,且合法来源抗辩不能成立,应就其侵权行为向胡正宇承担赔偿经济损失的责任。虽然胡正宇因相同专利提起多起诉讼,也存在将多起案件所涉被诉侵权行为同时进行公证取证的情况,但胡正宇为本案维权进行了公证,并实际委托了律师参加诉讼,必然会发生一定的开支,其亦提交了委托代理合同和律师费、公证费发票等证据证明支出的合理费用。原审法院在确定赔偿数额时考虑胡正宇因本案维权支出的费用,符合法律规定,没有证据表明原审法院将数案发生的律师费等合理开支一并判由巴顿公司承担。胡正宇在原审中即明确请求原审法院将损害赔偿和合理开支一并予以酌情确定,原审法院综合考虑侵权产品的销售价格及销售时间、销售规模、范围、胡正宇为制止侵权所支出的合理费用、涉案专利的授权时间等因素,酌情确定巴顿公司赔偿胡正宇包括合理开支在内的经济损失共计 40000 元,并无明显不当,应予维持。

综上所述,巴顿公司的上诉请求不能成立,应予驳回;原审判决认定事实基本清楚,适用法律无误,应予维持。依照《中华人民共和国民事诉讼法》第一百七十条第一款第一项规定,判决如下:

驳回上诉,维持原判。

二审案件受理费 800 元,由乐清市巴顿电子有限公司负担。

本判决为终审判决。

5. 高仪股份公司诉浙江健龙卫浴有限公司侵害外观设计专利权纠纷案①

【关键词】

民事/侵害外观设计专利/设计特征/功能性特征/整体视觉效果

【裁判要点】

1. 授权外观设计的设计特征体现了其不同于现有设计的创新内容,也体现了设计人对现有设计的创造性贡

①案例来源:最高人民法院指导案例 85 号。

献。如果被诉侵权设计未包含授权外观设计区别于现有设计的全部设计特征，一般可以推定被诉侵权设计与授权外观设计不近似。

2. 对设计特征的认定，应当由专利权人对其所主张的设计特征进行举证。人民法院在听取各方当事人质证意见基础上，对证据进行充分审查，依法确定授权外观设计的设计特征。

3. 对功能性设计特征的认定，取决于外观设计产品的一般消费者看来该设计是否仅仅由特定功能所决定，而不需要考虑该设计是否具有美感。功能性设计特征对于外观设计的整体视觉效果不具有显著影响。功能性与装饰性兼具的设计特征对整体视觉效果的影响需要考虑其装饰性的强弱，装饰性越强，对整体视觉效果的影响越大，反之则越小。

【相关法条】

《中华人民共和国专利法》第五十九条第二款

【基本案情】

高仪股份公司（以下简称高仪公司）为"手持淋浴喷头（No. A4284410X2）"外观设计专利的权利人，该外观设计专利现合法有效。2012 年 11 月，高仪公司以浙江健龙卫浴有限公司（以下简称健龙公司）生产、销售和许诺销售的丽雅系列等卫浴产品侵害其"手持淋浴喷头"外观设计专利权为由提起诉讼，请求法院判令健龙公司立即停止被诉侵权行为，销毁库存的侵权产品及专用于生产侵权产品的模具，并赔偿高仪公司经济损失 20 万元。经一审庭审比对，健龙公司被诉侵权产品与高仪公司涉案外观设计专利的相同之处：二者属于同类产品，从整体上看，二者均是由喷头头部和手柄两个部分组成，被诉侵权产品头部出水面的形状与涉案专利相同，均表现为出水孔呈放射状分布在两端圆、中间长方形的区域内，边缘呈圆弧状。两者的不同之处：1. 被诉侵权产品的喷头头部四周为斜面，从背面向出水口倾斜，而涉案专利主视图及左视图中显示其喷头头部四周为圆弧面；2. 被诉侵权产品头部的出水面与面板间仅由一根线条分隔，涉案专利头部的出水面与面板间由两条线条构成的带状分隔；3. 被诉侵权产品头部出水面的出水孔分布方式与涉案专利略有不同；4. 涉案专利的手柄上有长椭圆形的开关设计，被诉侵权产品没有；5. 涉案专利中头部与手柄的连接虽然有一定的斜角，但角度很小，几乎为直线形连接，被诉侵权产品头部与手柄的连接产生的斜角角度较大；6. 从涉案专利的仰视图看，手柄底部为圆形，被诉侵权产品仰视的底部为曲面扇形，涉案专利手柄下端为圆柱体，向与头部连接处方向逐步收缩压扁呈扁椭圆体，被诉侵权产品的手柄下端为扇面柱体，

且向与喷头连接处过渡均为扇面柱体，过渡中的手柄中段有弧度的突起；7. 被诉侵权产品的手柄底端有一条弧形的装饰线，将手柄底端与产品的背面连成一体，涉案专利的手柄底端没有这样的设计；8. 涉案专利头部和手柄的长度比例与被诉侵权产品有所差别，两者的头部与手柄的连接处弧面亦有差别。

【裁判结果】

浙江省台州市中级人民法院于 2013 年 3 月 5 日作出（2012）浙台知民初字第 573 号民事判决，驳回高仪公司诉讼请求。高仪公司不服，提起上诉。浙江省高级人民法院于 2013 年 9 月 27 日作出（2013）浙知终字第 255 号民事判决：1. 撤销浙江省台州市中级人民法院（2012）浙台知民初字第 573 号民事判决；2. 健龙公司立即停止制造、许诺销售、销售侵害高仪公司"手持淋浴喷头"外观设计专利权的产品的行为，销毁库存的侵权产品；3. 健龙公司赔偿高仪公司经济损失（含高仪公司为制止侵权行为所支出的合理费用）人民币 10 万元；4. 驳回高仪公司的其他诉讼请求。健龙公司不服，提起再审申请。最高人民法院于 2015 年 8 月 11 日作出（2015）民提字第 23 号民事判决：1. 撤销二审判决；2. 维持一审判决。

【裁判理由】

法院生效裁判认为，本案的争议焦点在于被诉侵权产品外观设计是否落入涉案外观设计专利权的保护范围。

专利法第五十九条第二款规定："外观设计专利权的保护范围以表示在图片或者照片中的该产品的外观设计为准，简要说明可以用于解释图片或者照片所表示的该产品的外观设计。"《最高人民法院关于审理侵犯专利权纠纷案件应用法律若干问题的解释》（以下简称《侵犯专利权纠纷案件解释》）第八条规定："在与外观设计专利产品相同或者相近种类产品上，采用与授权外观设计相同或者近似的外观设计的，人民法院应当认定被诉侵权设计落入专利法第五十九条第二款规定的外观设计专利权的保护范围"；第十条规定："人民法院应当以外观设计专利产品的一般消费者的知识水平和认知能力，判断外观设计是否相同或者近似。"本案中，被诉侵权产品与涉案外观设计专利产品相同，均为淋浴喷头类产品，因此，本案的关键问题是对于一般消费者而言，被诉侵权产品外观设计与涉案授权外观设计是否相同或者近似，具体涉及以下四个问题：

一、关于涉案授权外观设计的设计特征

外观设计专利制度的立法目的在于保护具有美感的创新性工业设计方案，一项外观设计应当具有区别于现有设计的可识别性创新设计才能获得专利授权，该创新

设计即是授权外观设计的设计特征。通常情况下,外观设计的设计人都是以现有设计为基础进行创新。对于已有产品,获得专利权的外观设计一般会具有现有设计的部分内容,同时具有与现有设计不相同也不近似的设计内容,正是这部分设计内容使得该授权外观设计具有创新性,从而满足专利法第二十三条所规定的实质性授权条件:不属于现有设计也不存在抵触申请,并且与现有设计或者现有设计特征的组合相比具有明显区别。对于该部分设计内容的描述即构成授权外观设计的设计特征,其体现了授权外观设计不同于现有设计的创新内容,也体现了设计人对现有设计的创造性贡献。由于设计特征的存在,一般消费者容易将授权外观设计区别于现有设计,因此,其对外观设计产品的整体视觉效果具有显著影响,如果被诉侵权设计未包含授权外观设计区别于现有设计的全部设计特征,一般可以推定被诉侵权设计与授权外观设计不近似。

对于设计特征的认定,一般来说,专利权人可能将设计特征记载在简要说明中,也可能会在专利授权确权或者侵权程序中对设计特征作出相应陈述。根据"谁主张、谁举证"的证据规则,专利权人应当对其所主张的设计特征进行举证。另外,授权确权程序的目的在于对外观设计是否具有专利性进行审查,因此,该过程中有关审查文档的相关记载对确定设计特征有着重要的参考意义。理想状态下,对外观设计专利的授权确权,应当是在对整个现有设计检索后的基础上确定对比设计来评判其专利性,但是,由于检索数据库的限制、无效宣告请求人检索能力的局限等原因,授权确权程序中有关审查文档所确定的设计特征可能不是在穷尽整个现有设计的检索基础上得出的,因此,无论是专利权人举证证明的设计特征,还是通过授权确权有关审查文档记载确定的设计特征,如果第三人提出异议,都应当允许其提供反证予以推翻。人民法院在听取各方当事人质证意见的基础上,对证据进行充分审查,依法确定授权外观设计的设计特征。

本案中,专利权人高仪公司主张跑道状的出水面为涉案授权外观设计的设计特征,健龙公司对此不予认可。对此,法院生效裁判认为,首先,涉案授权外观设计没有简要说明记载其设计特征,高仪公司在二审诉讼中提交了12份淋浴喷头产品的外观设计专利文件,其中7份记载的公告日早于涉案专利的申请日,其所附图片表示的外观设计均未采用跑道状的出水面。在针对涉案授权外观设计的无效宣告请求审查程序中,专利复审委员会作出第17086号决定,认定涉案授权外观设计与最接近的对比设计证据1相比:"从整体形状上看,与在先公开的设计相比,本专

利喷头及其各面过渡的形状、喷头正面出水区域的设计以及喷头宽度与手柄直径的比例具有较大差别,上述差别均是一般消费者容易关注的设计内容",即该决定认定喷头出水面形状的设计为涉案授权外观设计的设计特征之一。其次,健龙公司虽然不认可跑道状的出水面为涉案授权外观设计的设计特征,但是在本案一、二审诉讼中其均未提交相应证据证明跑道状的出水面为现有设计。本案再审审查阶段,健龙公司提交200630113512.5号淋浴喷头外观设计专利视图拟证明跑道状的出水面已被现有设计所公开,经审查,该外观设计专利公告日早于涉案授权外观设计申请日,可以作为涉案授权外观设计的现有设计,但是其主视图和使用状态参考图所显示的出水面两端呈矩形而非呈圆弧形,其出水面并非跑道状。因此,对于健龙公司关于跑道状出水面不是涉案授权外观设计的设计特征的再审申请理由,本院不予支持。

二、关于涉案授权外观设计产品正常使用时容易被直接观察到的部位

认定授权外观设计产品正常使用时容易被直接观察到的部位,应当以一般消费者的视角,根据产品用途,综合考虑产品的各种使用状态得出。本案中,首先,涉案授权外观设计是淋浴喷头产品外观设计,淋浴喷头产品由喷头、手柄构成,二者在整个产品结构中所占空间比例相差不大。淋浴喷头产品可以手持,也可以挂于墙上使用,在其正常使用状态下,对于一般消费者而言,喷头、手柄及其连接处均是容易被直接观察到的部位。其次,第17086号决定认定在先申请的设计证据2与涉案授权外观设计采用了同样的跑道状出水面,但是基于涉案授权外观设计的"喷头与手柄成一体,喷头及其与手柄连接的各面均为弧面且喷头前倾,此与在先申请的设计相比具有较大的差别,上述差别均是一般消费者容易关注的设计内容",认定二者属于不相同且不相近似的外观设计。可见,淋浴喷头产品容易被直接观察到的部位并不仅限于其喷头头部出水面,在对淋浴喷头产品外观设计的整体视觉效果进行综合判断时,其喷头、手柄及其连接处均应作为容易被直接观察到的部位予以考虑。

三、关于涉案授权外观设计手柄上的推钮是否为功能性设计特征

外观设计的功能性设计特征是指那些在外观设计产品的一般消费者看来,由产品所要实现的特定功能唯一决定而不考虑美学因素的特征。通常情况下,设计人在进行产品外观设计时,会同时考虑功能因素和美学因素。在实现产品功能的前提下,遵循人文规律和法则对产品外观进行改进,即产品必须首先实现其功能,其次还要在视觉上

具有美感。具体到一项外观设计的某一特征，大多数情况下均兼具功能性和装饰性，设计者会在能够实现特定功能的多种设计中选择一种其认为最具美感的设计，而仅由特定功能唯一决定的设计只有在少数特殊情况下存在。因此，外观设计的功能性设计特征包括两种：一是实现特定功能的唯一设计；二是实现特定功能的多种设计之一，但是该设计仅由所要实现的特定功能决定而与美学因素的考虑无关。对功能性设计特征的认定，不在于该设计是否因功能或技术条件的限制而不具有可选择性，而在于外观设计产品的一般消费者看来该设计是否仅仅由特定功能所决定，而不需要考虑该设计是否具有美感。一般而言，功能性设计特征对于外观设计的整体视觉效果不具有显著影响；而功能性与装饰性兼具的设计特征对整体视觉效果的影响需要考虑其装饰性的强弱，装饰性越强，对整体视觉效果的影响相对较大，反之则相对较小。

本案中，涉案授权外观设计与被诉侵权产品外观设计的区别之一在于后者缺乏前者在手柄位置上具有的一类跑道状推钮设计。推钮的功能是控制水流开关，是否设置推钮这一部件是由是否需要在淋浴喷头产品上实现控制水流开关的功能所决定的，但是，只要在淋浴喷头手柄位置设置推钮，该推钮的形状就可以有多种设计。当一般消费者看到淋浴喷头手柄上的推钮时，自然会关注其装饰性，考虑该推钮设计是否美观，而不是仅仅考虑该推钮是否能实现控制水流开关的功能。涉案授权外观设计的设计者选择将手柄位置的推钮设计为类跑道状，其目的也在于与其跑道状的出水面相协调，增加产品整体上的美感。因此，二审判决认定涉案授权外观设计中的推钮为功能性设计特征，适用法律错误，本院予以纠正。

四、关于被诉侵权产品外观设计与涉案授权外观设计是否构成相同或者近似

《侵犯专利权纠纷案件解释》第十一条规定，认定外观设计是否相同或者近似时，应当根据授权外观设计、被诉侵权设计的设计特征，以外观设计的整体视觉效果进行综合判断；对于主要由技术功能决定的设计特征，应当不予考虑。产品正常使用时容易被直接观察到的部位相对于其他部位、授权外观设计区别于现有设计的设计特征相对于授权外观设计的其他设计特征，通常对外观设计的整体视觉效果更具有影响。

本案中，被诉侵权产品外观设计与涉案授权外观设计相比，其出水孔分布在喷头正面跑道状的区域内，虽然出水孔的数量及其在出水面两端的分布与涉案授权外观设计存在些许差别，但是总体上，被诉侵权产品采用了与涉案授权外观设计高度近似的跑道状出水面设计。关于两

者的区别设计特征，一审法院归纳了八个方面，对此双方当事人均无异议。对于这些区别设计特征，首先，如前所述，第17086号决定认定涉案外观设计专利的设计特征有三点：一是喷头及其各面过渡的形状，二是喷头出水面形状，三是喷头宽度与手柄直径的比例。除喷头出水面形状这一设计特征之外，喷头及其各面过渡的形状、喷头宽度与手柄直径的比例等设计特征也对产品整体视觉效果产生显著影响。虽然被诉侵权产品外观设计采用了与涉案授权外观设计高度近似的跑道状出水面，但是，在喷头及其各面过渡的形状这一设计特征上，涉案授权外观设计的喷头、手柄及其连接各面均呈圆弧过渡，而被诉侵权产品外观设计的喷头、手柄及其连接各面均为斜面过渡，从而使得二者在整体设计风格上呈现明显差异。另外，对于非设计特征之外的被诉侵权产品外观设计与涉案授权外观设计相比的区别设计特征，只要其足以使两者在整体视觉效果上产生明显差异，也应予以考虑。其次，淋浴喷头产品的喷头、手柄及其连接处均为其正常使用时容易被直接观察到的部位，在对整体视觉效果进行综合判断时，在上述部位上的设计均应予以重点考查。具体而言，涉案授权外观设计的手柄上设置有一类跑道状推钮，而被诉侵权产品无此设计，因该推钮并非功能性设计特征，推钮的有无这一区别设计特征会对产品的整体视觉效果产生影响；涉案授权外观设计的喷头与手柄连接产生的斜角角度较小，而被诉侵权产品的喷头与手柄连接产生的斜角角度较大，从而使得两者在左视图上呈现明显差异。正是由于被诉侵权产品外观设计未包含涉案授权外观设计的全部设计特征，以及被诉侵权产品外观设计与涉案授权外观设计在手柄、喷头与手柄连接处的设计等区别设计特征，使得两者在整体视觉效果上呈现明显差异，两者既不相同也不近似，被诉侵权产品外观设计未落入涉案外观设计专利权的保护范围。二审判决仅重点考虑了涉案授权外观设计跑道状出水面的设计特征，而对于涉案授权外观设计的其他设计特征，以及淋浴喷头产品正常使用时其他容易被直接观察到的部位上被诉侵权产品外观设计与涉案授权外观设计专利的区别设计特征未予考虑，认定两者构成近似，适用法律错误，本院予以纠正。

综上，健龙公司生产、许诺销售、销售的被诉侵权产品外观设计与高仪公司所有的涉案授权外观设计既不相同也不近似，未落入涉案外观设计专利权保护范围，健龙公司生产、许诺销售、销售被诉侵权产品的行为不构成对高仪公司涉案专利权的侵害。二审判决适用法律错误，本院依法应予纠正。

6. 罗世凯与斯特普尔斯公司、国家知识产权专利复审委员会外观设计专利权无效行政纠纷案①

【关键词】

合法　第三人　反证　保全证据　质证　关联性
证据不足　高度盖然性

【裁判摘要】

1. 专利无效理由可以区分为绝对无效理由和相对无效理由两种类型，两者在被规范的客体本质、立法目的等方面存在重大区别。有关外观设计专利权与他人在先合法权利冲突的无效理由属于相对无效理由。当专利法第四十五条关于请求人主体范围的规定适用于权利冲突的无效理由时，基于相对无效理由的本质属性、立法目的以及法律秩序效果等因素，无效宣告请求人的主体资格应受到限制，原则上只有在先合法权利的权利人及其利害关系人才能主张。

2. 在行政诉讼程序中，人民法院受理相关诉讼后，为保证诉讼程序的稳定和避免诉讼不确定状态的发生，当事人的主体资格不因有关诉讼标的的法律关系随后发生变化而丧失。专利无效宣告行政程序属于准司法程序，当事人恒定原则对于该程序亦有参照借鉴意义。对于无效宣告行政程序启动时符合资格条件的请求人，即便随后有关诉讼标的的法律关系发生变化，其亦不因此当然丧失主体资格。

中华人民共和国最高人民法院
行政裁定书

（2017）最高法行申 8622 号

再审申请人（一审第三人、二审上诉人）：斯特普尔斯公司。住所地：美利坚合众国马萨诸塞州弗雷明汉斯特普尔斯街 500 号。

法定代表人：ErichG. Rhynhart，该公司高级顾问。

委托诉讼代理人：刘军，广东君之泉律师事务所律师。

被申请人（一审原告、二审被上诉人）：罗世凯，男，1969 年 5 月 18 日出生，茂新五金制品（深圳）有限公司总经理，住中国台湾地区台北县。

委托诉讼代理人：张柳坚，北京市金杜（深圳）律师事务所律师。

一审被告：国家知识产权局专利复审委员会。住所

地：中华人民共和国北京市海淀区北四环西路 9 号银谷大厦 10-12 层。

法定代表人：葛树，该委员会副主任。

委托诉讼代理人：杨凤云，该委员会审查员。

委托诉讼代理人：刘新蕾，该委员会审查员。

再审申请人斯特普尔斯公司因与被申请人罗世凯、一审被告国家知识产权局专利复审委员会（以下简称专利复审委员会）外观设计专利权无效行政纠纷一案，不服北京市高级人民法院（2016）京行终 2901 号行政判决，向本院申请再审。本院依法组成合议庭进行了审查，现已审查终结。

斯特普尔斯公司申请再审称，（一）二审判决适用法律错误。1. 关于专利无效宣告程序的请求人主体资格，历版《中华人民共和国专利法》未作限制，均规定为"任何单位或个人"。二审法院在其判决中认为请求人主体资格应限定为权利人或利害关系人，明显违反法律规定，属于变相造法，理应由最高司法机关予以明确此类重大法律适用问题。2. 2010 年修订的《中华人民共和国专利法实施细则》第六十六条的规定是专利复审委会受理案件时对证据的要求，而非对请求人主体资格的限定。二审判决错误依据该条认为请求人应限定为权利人或利害关系人，属于适用法律错误。（二）二审法院在本案中的观点与其在先判决的观点不同，自相矛盾。二审法院在在先生效判决中认为，2000 年修正的《中华人民共和国专利法》（以下简称专利法）第四十五条并未对提出无效宣告请求的主体资格作出限制性规定，并据此推翻专利复审委员会基于请求人主体资格限于权利人或利害关系人而作出的无效宣告请求审查决定。该院在本案中作出相反认定，认为该请求人主体资格应当受到限制，限定为权利人或利害关系人。在法律没有任何修改或调整的情况下，二审法院在相隔不到二年的时间里先后作出两个观点完全相反的生效判决，有违其先例，令公众无所适从。（三）斯特普尔斯公司属于以涉案外观设计专利与在先合法权利相冲突为由提出无效宣告请求的特定请求人主体，一、二审判决认定事实错误。即便二审判决关于请求人主体资格应限定为权利人或利害关系人的认定正确，斯特普尔斯公司也属于权利人或利害关系人。1. 斯特普尔斯公司在提起无效宣告请求时是在先作品的著作权人，专利复审委员会第 20813 号无效宣告请求审查决定（以下称被诉决定）已有明确认定。因此，请求人主体资格问题应以斯特普尔斯公司提出无效宣告

①　案例来源：《最高人民法院公报》2018 年第 5 期。

请求时的权利状态为准。2.在专利无效宣告请求审查过程中，斯特普尔斯公司将其著作权转让给他人，并不意味着将无效宣告请求主体资格也一并转让。3.即便斯特普尔斯公司在权利转让之后不是纯正意义上的著作权人，其对转让后的著作权承担权利瑕疵担保责任，依然与现著作权人存在利害关系，因而属于与现著作权人有密切关系的利害关系人。一、二审判决事实认定错误。综上，请求本院撤销一、二审判决，维持专利复审委员会被诉决定。

罗世凯提交意见称，专利复审委员会受理本案时，斯特普尔斯公司是适格的无效宣告请求人，但其在无效宣告行政程序中将涉案著作权转让给案外人。专利复审委员会未考虑新权利人的意愿，仅依据斯特普尔斯公司的无效宣告请求就作出被诉决定，这种做法是错误的，二审法院对此认定正确。斯特普尔斯公司提交的证据不足以证明其是在先著作权人或利害关系人。请求本院驳回斯特普尔斯公司的再审申请。

专利复审委员会提交意见称，根据斯特普尔斯公司在无效宣告行政程序阶段提交的证据，可以依法认定斯特普尔斯公司在提出无效请求时拥有在先合法有效的著作权，涉案外观设计专利与在先著作权相冲突，不符合专利法第二十三条的规定。二审判决认定事实不清，适用法律法规错误。请求本院撤销二审判决，维持被诉决定。

本院经审查认为，本案适用2000年修正的专利法。根据再审申请人的申请再审理由、被申请人答辩及本案案情，本案在再审审查阶段的焦点问题是：以外观设计专利权与他人在先取得的合法权利相冲突为由提起无效宣告请求的请求人资格问题；无效宣告行政程序启动时符合资格条件的请求人是否因有关诉讼标的的法律关系发生变化而丧失资格；二审判决关于斯特普尔斯公司并非涉案作品著作权人或者利害关系人的事实认定是否正确。

（一）以外观设计专利权与他人在先取得的合法权利相冲突为由提起无效宣告请求的请求人资格问题

专利法第四十五条规定："自国务院专利行政部门公告授予专利权之日起，任何单位或者个人认为该专利权的授予不符合本法有关规定的，可以请求专利复审委员会宣告该专利权无效。"从该条规定的文义来看，其未对提出无效宣告请求的主体范围作出限制。尽管如此，如果法律条文的字面含义涵盖过宽，在特定情形下依其字面解释将导致与被规范的客体本质、立法目的、法律秩序效果等无法协调并造成明显不当的法律效果时，可以在特定情形下对法律条文的字面含义予以限缩解释，自是法理之必然。本案中，无效宣告请求人以专利法第二十三条关于授予专利权的外观设计不得与他人在先取得的合法权利相冲突为

由提出无效请求，对于依据该特定无效理由提出无效宣告的请求人资格问题，本院从被规范的客体本质、立法目的以及法律秩序效果等方面分析如下：

首先，关于被规范的客体本质。无效宣告请求人依据专利法第四十五条提出无效宣告请求时，根据专利法关于专利权授予条件的相关规定，其据以主张的无效理由可以大致分为两类：一是有关可专利性、新颖性、创造性、实用性、充分公开、权利要求得到说明书支持等专利授权实质条件的无效理由；二是有关外观设计专利权与他人在先合法权利冲突的无效理由。由于不同类型无效理由的本质属性存在差异，当专利法第四十五条关于请求人主体范围的规定适用于上述不同类型的无效理由时，其请求人主体资格问题与无效理由本质属性密切相关。专利申请被授权后，专利权人将获得在一定期间内排他性实施该专利的独占权。为保证被授权的专利值得获得这种保护，要求该专利真正符合新颖性、创造性、实用性等专利实质条件，以使其获得的保护与其贡献相匹配。任何不符合专利实质条件的专利申请的授权，均将不当限制社会公众的自由利用与创新。为此，专利法设置了无效宣告制度，意在借助公众的力量，发现和清除不当授予的专利权，以维护有利于创新的公共空间。同时，对于社会公众而言，其亦有能力和机会获得有关可专利性、新颖性、创造性、实用性、充分公开、权利要求得到说明书支持等专利授权实质条件的证据材料，对此并不存在实际障碍。因此，有关专利授权实质条件的前述第一类无效理由属于专利无效的绝对理由，任何人均可主张。对于外观设计专利权而言，其有关新颖性和区别性的无效理由，同样属于任何人均可主张的绝对理由。与第一类无效理由不同，有关外观设计专利权与他人在先合法权利冲突的第二类无效理由具有自身特殊的属性。如果外观设计专利权与他人在先合法权利冲突，直接影响的仅仅是在先合法权益，与公共利益无涉。同时，在实践操作层面上，证明外观设计专利权与他人在先合法权利相冲突的证据通常只有在先权利的权利人或者利害关系人才能掌握，他人难以获知。因此，关于外观设计专利权与他人在先合法权利冲突的无效理由属于相对无效理由，通常只能由在先权利的权利人或者利害关系人主张。主张该无效理由的请求人主体资格受到相对无效理由本质属性的天然限制。

其次，关于专利法第二十三条有关权利冲突规定的立法目的。"授予专利权的外观设计不得与他人在先取得的合法权利相冲突"这一规定系专利法第二次修正时加入，其目的在于解决实践中出现的外观设计专利申请人未经许可将他人享有权利的客体结合自己的产品申请外观设

计专利的问题,为在先权利人请求宣告相应外观设计专利无效提供法律依据。因此,该规定的立法目的本身即为维护在先权利。基于该立法目的,自应由权利人或者利害关系人提出该无效主张。与专利法相配套的《中华人民共和国专利法实施细则》(2001年修订,以下简称实施细则)第六十五条第三款规定:"以授予专利权的外观设计与他人在先取得的合法权利相冲突为理由请求宣告外观设计专利权无效,但是未提交生效的能够证明权利冲突的处理决定或者判决的,专利复审委员会不予受理。"实施细则的上述规定从证据条件的角度规定了以权利冲突为由提出的无效宣告请求的受理条件,从操作层面实质上限制了以权利冲突为由提出的无效宣告的请求人资格,即是在实践层面对上述立法目的的贯彻实施。

最后,关于法律秩序效果。如果任何人均可主张外观设计专利权与他人在先合法权利冲突的无效理由,可能会在法律秩序上造成不良效果。允许任何人均可以外观设计专利权与他人在先合法权利冲突为由提出无效宣告请求,不可避免地会造成违背在先权利人意志的窘境。还应注意的是,外观设计专利权与他人在先合法权利冲突的本质在于外观设计专利权的实施将侵害他人在先权利,该冲突状态将因外观设计专利人获得在先权利人的许可或者同意而消除。因此,在先权利人及其利害关系人之外的社会公众发动无效宣告程序后,其后的行政程序和行政诉讼程序均可能因权利冲突状态的消除而随时归于无效,造成行政和司法资源的浪费。相反,如果仅允许在先权利人及其利害关系人主张权利冲突的无效理由,则可避免上述不良效果。

基于上述理由,当专利法第四十五条关于请求人主体范围的规定适用于有关外观设计专利权与他人在先合法权利冲突的无效理由时,无效宣告请求人的主体资格将因被规范的客体本质、立法目的以及法律秩序效果等而受到限制,原则上只有在先合法权利的权利人及其利害关系人才能主张。二审判决从外观设计专利保护客体的特殊性方面立论,理由虽欠妥当,但认定结论正确,本院予以确认。

(二)无效宣告行政程序启动时符合资格条件的请求人是否因有关诉讼标的的法律关系发生变化而丧失资格

《最高人民法院关于适用〈中华人民共和国民事诉讼法〉的解释》第二百四十九条第一款规定:"在诉讼中,争议的民事权利义务转移的,不影响当事人的诉讼主体资格和诉讼地位。人民法院作出的发生法律效力的判决、裁定对受让人具有拘束力。"该规定体现了民事诉讼中的当事人恒定原则,该原则和精神对于行政诉讼亦有参照作用。

根据该原则和精神,在行政诉讼程序中,人民法院受理相关诉讼后,为保证诉讼程序的稳定和避免诉讼不确定状态的发生,当事人的主体资格不因有关诉讼标的的法律关系随后发生变化而丧失。相反,如果允许当事人的主体资格因随后有关诉讼标的的法律关系发生变化而丧失,导致已经进行的行政诉讼程序归于无效,将对程序的稳定性和结果的确定性产生严重的不利影响,造成司法资源的浪费。同时,有关诉讼标的的法律关系发生变化后,新权利人的利益可以通过程序设计予以保障。例如,新权利人可以申请替代原当事人承担诉讼,人民法院根据案件具体情况决定是否准许。人民法院予以准许的,原当事人已经完成的诉讼行为对新权利人具有拘束力。对于专利无效宣告行政程序而言,其具有双方当事人参与和专利复审委员会原则上居中裁决的特点,属于准司法程序。当事人恒定原则对于该程序亦有参照借鉴意义。否则,同样可能导致专利无效宣告行政程序的不稳定及行政资源的浪费。因此,对于无效宣告行政程序启动时符合资格条件的请求人,即便随后有关诉讼标的的法律关系发生变化,其亦不因此当然丧失主体资格。本案中,假定斯特普尔斯公司在提出无效宣告请求时确实是涉案作品的著作权人或者利害关系人,即便其随后将该作品著作权转让给案外人,亦不会因此而丧失以权利冲突为由提出无效宣告请求的请求人主体资格。二审判决以斯特普尔斯公司所主张的涉案著作权已经转让为由,否定斯特普尔斯公司以涉案外观设计专利与其在先著作权相冲突为由提出无效宣告请求的请求人资格,适用法律错误,应予纠正。

(三)二审判决关于斯特普尔斯公司并非涉案作品著作权人或者利害关系人的事实认定是否正确

本案中,二审判决以斯特普尔斯公司提交的证据4和证据5存在相互冲突、证明同一事实的证据4、证据5、证据8和证据13存在明显矛盾、证据14的电子邮件中提及与涉案外观设计专利型号相同的型号为由,否定斯特普尔斯公司系涉案作品著作权人或者利害关系人。对此,本院认为:

首先,关于证据审查判断的一般原则和方法。《最高人民法院关于行政诉讼证据若干问题的规定》第五十四条规定:"法庭应当对经过庭审质证的证据和无需质证的证据进行逐一审查和对全部证据综合审查,遵循法官职业道德,运用逻辑推理和生活经验,进行全面、客观和公正地分析判断,确定证据材料与案件事实之间的证明关系,排除不具有关联性的证据材料,准确认定案件事实。"在涉案外观设计专利无效宣告行政程序中,斯特普尔斯公司提交了证据1-18,用以证明其享有在先合法有效的涉案著作权。专利复审委员会在综合认定证据6和证据14所证明的相关事实的基础上,结合证据 4、证据 5、证据 13、相关证人出庭作证的证言以及证据 1、证据 3 和证据 12 的声明书,认定斯特普尔斯公司系涉案作品著作权人。二审判决仅以部分证据存在矛盾和冲突为由,维持一审法院对相关证据的采信和事实认定结论,有违证据的综合审查认定原则。

其次,关于证据 14 的审查认定。二审判决确认一审判决对证据 14 不予采信的审查结果,其理由是该证据中显示生成时间为 2007 年 11 月 2 日的电子邮件提及了一年多以后才出现的机器型号,存在明显矛盾。这一认定隐含的逻辑前提在于,该机器型号客观上确实产生于涉案外观设计专利申请日 2008 年 2 月 22 日。事实上,本案没有相关证据能够证明这一逻辑前提成立。二审判决关于证据 14 的上述认定明显有误,应予纠正。

最后,关于证据 6 和证据 14 的审查认定。一审判决以证据 6 和证据 14 均载有"本公证书仅是对当事人现场操作电脑、打印页面过程的客观记载,未对邮件来源、真实性和上述保全证据行为以外的事实予以证明"的内容,认定上述公证书不能独立、当然地对其中所显示的电子邮件的来源和内容真实性予以证明。在审查判断以公证书形式固定的电子邮件等相关电子证据的真实性与证明力时,应综合考虑相关公证书的制作过程、该电子邮件的形成过程、电子邮件的自身内容等因素,结合案件其他证据,对其真实性和证明力作出判断。在审查证据的基础上,如果确信现有证据能够证明待证事实的存在具有高度可能性,对方当事人对相应证据的质疑或者提供的反证不足以实质削弱相关证据的证明力,不能影响相关证据的证明力达到高度盖然性的证明标准的,应该认定待证事实存在。一审判决仅以上述公证书对其自身证明对象的声明内容为依据,排除上述公证书的独立证明力,未结合该电子邮件的形成过程和内容以及其他证据进行审查判断,有失偏颇。同时,如前所述,二审判决对证据 14 中邮件内容的审查又存在明显错误。在此情况下,一、二审判决对于证据 14 和证据 16 的审查认定有所不当,本院特予指出。

综上,二审判决以涉案著作权已经转让为由否定斯特普尔斯公司提出无效宣告请求的请求人资格,适用法律错误;对相关证据的审查认定有违证据规则,应予纠正。本案应该在纠正上述法律适用错误的基础上,综合斯特普尔斯公司以及罗世凯提供的全部相关证据,对在案证据是否足以证明斯特普尔斯公司系涉案作品著作权人或者利害关系人以及被诉决定是否正确,重新作出审查认定。

斯特普尔斯公司的再审申请符合《中华人民共和国行

政诉讼法》第九十一条规定的情形。依照《中华人民共和国行政诉讼法》第九十二条第二款和《最高人民法院关于执行〈中华人民共和国行政诉讼法〉若干问题的解释》第七十四条和第七十七条第二款之规定,裁定如下:

一、指令北京市高级人民法院再审本案;

二、再审期间,中止原判决的执行。

7. 西峡龙成特种材料有限公司与榆林市知识产权局、陕西煤业化工集团神木天元化工有限公司专利侵权纠纷行政处理案①

【关键词】

合法　违法　拒绝履行(不履行)　内部人事管理行为(内部行为)　第三人　合法性　证据确凿　回避　维持原判　提审

【裁判摘要】

1. 已经被明确变更的合议组成员又在被诉行政决定书上署名,实质上等于"审理者未裁决、裁决者未审理",悖离依法行政的宗旨,减损社会公众对行政执法主体的信任。此已经构成对法定程序的严重违反,不受行政相对人主观认知的影响,也不因行政相对人不持异议而改变,不属于"行政行为程序轻微违法,无需撤销行政行为"之情形。

2. 行政执法人员具备相应的执法资格,是行政主体资格合法的应有之义,也是全面推进依法行政的必然要求。原则上,作出被诉行政决定的合议组应由该行政机关具有专利行政执法资格的工作人员组成。即使异地调配执法人员,也应当履行正式、完备的公文手续。

3. 权利要求的内容是划定专利权保护范围的唯一标准,说明书、附图只是用于解释权利要求的内容。在运用说明书和附图解释权利要求时,不能将说明书对具体实施例的具体描述读入权利要求。

中华人民共和国最高人民法院
行政判决书

（2017）最高法行再 84 号

再审申请人(一审原告、二审上诉人):西峡龙成特种材料有限公司。住所地:河南省南阳市西峡县工业大道北

① 案例来源:《最高人民法院公报》2018 年第 5 期。

段 88 号(311 国道北段西侧)。

法定代表人:朱书成,该公司董事长。

委托诉讼代理人:杨存吉,北京市智汇律师事务所律师。

委托诉讼代理人:季发军,男,1979 年 4 月 10 日出生,汉族,郑州知己知识产权代理有限公司专利代理人,住河南省南阳市卧龙区。

被申请人(一审被告、二审被上诉人):榆林市知识产权局。住所地:陕西省榆林市榆阳区常乐路 35 号。

法定代表人:郝康林,该局局长。

委托诉讼代理人:张炜亮,该局科长。

委托诉讼代理人:苟红东,男,1965 年 12 月 6 日出生,汉族,宝鸡市知识产权局副局长,住陕西省宝鸡市渭滨区。

被申请人(一审第三人、二审被上诉人):陕西煤业化工集团神木天元化工有限公司。住所地:陕西省榆林市神木县锦界工业园区。

法定代表人:毛世强,该公司董事长。

委托诉讼代理人:李向东,北京恒都律师事务所律师。

委托诉讼代理人:李嫄,北京恒都律师事务所实习律师。

再审申请人西峡龙成特种材料有限公司(以下简称西峡公司)因与被申请人榆林市知识产权局(以下简称榆林局)、陕西煤业化工集团神木天元化工有限公司(以下简称天元公司)专利侵权纠纷行政处理一案,不服陕西省高级人民法院(2016)陕行终 94 号行政判决,向本院申请再审。本院于 2017 年 9 月 21 日裁定提审本案。提审后,本院依法组成合议庭,于 2017 年 12 月 15 日公开开庭进行了审理,西峡公司的委托诉讼代理人杨存吉、季发军,榆林局的委托诉讼代理人张炜亮、苟红东,天元公司的委托诉讼代理人李向东、李嫄到庭参加诉讼。本案现已审理终结。

2015 年 6 月 10 日,西峡公司以天元公司制造、使用的煤炭分质转化利用设备侵犯其 ZL20102058××××. 2 号"内煤外热式煤物质分解设备"实用新型专利权(以下简称涉案专利)为由,请求榆林局行政处理,责令天元公司停止上述侵权行为。

榆林局认为,西峡公司主张以涉案专利权利要求 1 确定其专利权的保护范围,被诉侵权设备由于体积庞大且正在生产使用中,无法拆解观察内部结构,故根据天元公司提供且经西峡公司认可的被诉侵权设备照片及设备结构简图确定被诉侵权设备的技术特征。经比对,涉案专利的密封窑体与被诉侵权设备的夹套在结构、功能和效果上不同,不构成等同特征。涉案专利的煤物质推进分解管道与被诉侵权设备的回转窑体在结构和工作原理上不同,亦不

等同。涉案专利的煤物质推进分解管道位于密封窑体内被完全包围,该两者之间不能相对转动,被诉侵权设备的回转窑体没有位于夹套内,这两者之间可以相对转动。涉案专利窑体的密封性好,提高了热传递效率,被诉侵权设备在回转窑体外壁套设三个相对独立的加热夹套,将供热与热解过程完全隔绝,提高了安全性,两者的技术效果和目的不同。因此,被诉侵权设备未落入专利权的保护范围,不构成对涉案专利权的侵犯。另,天元公司在口头审理中明确不主张现有技术抗辩。2015 年 9 月 1 日,榆林局作出榆知法处字〔2015〕9 号《专利侵权纠纷案件处理决定书》(以下简称被诉行政决定),驳回西峡公司要求天元公司停止专利侵权行为的请求。

西峡公司不服该被诉行政决定,向陕西省西安市中级人民法院提起诉讼。

西峡公司诉称:1. 被诉侵权设备的夹套是由三块钢板铆接而成,夹套周向包围窑体设置,夹套与窑体密封固定形成密封的容器。在密封容器内通入高温气体,对窑体内的煤粉进行加热。夹套并不是单独使用的独立结构,而是要与窑体配合使用。但是,权利要求 1 没有限定窑体的具体结构,可以是方形、圆形、不规则形状,也可以是夹套结构,只要它构成密封容器,均与权利要求 1 的密封窑体等同。2. 被诉侵权设备采用三段式结构,无论被诉侵权设备的夹套有几个,其实质都是在夹套内设置有窑体,在夹套与窑体形成的密封容器内通入高温气体,并在窑体内通入煤。权利要求 1 并没有限定密封窑体的数量。3. 被诉侵权设备的回转窑体与涉案专利的煤物质推进分解管道等同。被诉侵权设备采用的技术手段(窑体),实现的功能(通入煤粉),达到的效果(使煤粉在窑体内充分加热,升温分解出燃气、焦油气和煤等)与涉案专利的手段、功能和效果等同。4. 被诉侵权设备的三段式夹套包裹窑体,将涉案专利窑体对煤物质分解推进通道全部包裹改成被诉侵权设备三段式夹套对窑体的部分包裹,牺牲了部分热能、降低热交换效率,对涉案专利的技术方案进行改进,理应落入涉案专利的保护范围。综上,榆林局认定天元公司不构成专利侵权,存在错误,请求法院依法撤销被诉行政决定,并由榆林局承担本案的诉讼费用。

榆林局辩称:1. 被诉侵权设备的夹套本身是固定包裹在回转窑体上不转动,只有回转窑体相对于夹套转动,夹套没有全部包裹回转窑体形成一个密封容器。而涉案专利的密封窑体是一个密封容器,并且相对于煤物质推进分解管道是固定的,其通过自身转动并带动内部的煤物质推进分解管道转动,使得物料运动推进,密封窑体与煤物质推进分解管道之间不能相对转动。因此,被诉侵权设备的

夹套与涉案专利的密封窑体不相同也不等同。2. 被诉侵权设备的热交换空间和涉案专利的热交换仓尽管实现的功能都是容纳热气给煤物质加热使其分解，但涉案专利的热交换仓是煤物质推进分解管道与密封窑体内壁之间的一个连续空间，旨在提高热传递效率。而被诉侵权设备为了设备制造的便利和热解过程的安全，将热交换空间由回转窑体和三个夹套之间的三个不连续空间构成，提高了设备工作的安全性。因此，被诉侵权设备的回转窑体与涉案专利的煤物质推进分解管道不相同也不等同。综上，被诉侵权设备未落入专利权的保护范围，不构成对涉案专利权的侵犯。被诉行政决定认定事实清楚，证据充分，请求驳回西峡公司的诉讼请求。

天元公司述称：1. 被诉侵权设备的夹套是包围回转窑体的中空套筒，是非密封的，而涉案专利的窑体是密封结构。夹套的换热效率低于密封窑体，是以牺牲换热效率来简化设备结构、降低爆炸风险。两者在技术手段、效果上不同，不构成等同特征。被诉侵权设备没有涉案专利的"所述窑体内设置煤物质推进分解管道"这一特征。夹套只是作为加热套筒套设于窑体外壁上，不具有涉案专利的封闭密封结构，回转窑也没有处于外夹套之内，回转窑整体结构大于外夹套，无法将回转窑设置于外夹套内。被诉侵权设备不具有涉案专利的管道这样圆而细长的结构，回转窑体是相对于部分包裹外夹套进行转动，而涉案专利的煤物质分解推进管道完全密封于窑体内且未明确如何工作，两者的技术效果不同。2. 被诉侵权技术方案是现有技术。因此，天元公司不构成对涉案专利权的侵犯，被诉行政决定程序合法，适用法律正确，请求维持。

一审法院经审理查明：2010年10月26日，西峡公司向国家知识产权局申请了名称为"内煤外热式煤物质分解设备"实用新型专利。2011年5月11日获得授权，专利号为ZL20102058××××.2。西峡公司在本案中明确表示请求保护权利要求1，其内容为：一种内煤外热式煤物质分解设备，包括一个密封窑体，其特征在于：所述窑体内设置煤物质推进分解管道，所述煤物质推进分解管道设置进煤口、出煤口和分解气收集管，所述煤物质推进分解管道与窑体内壁之间设置热交换仓，所述热交换仓与高温气体加热机构连通，所述热交换仓设置加热气导出管。2014年1月4日，国家知识产权局出具实用新型专利权评价报告，初步结论为，涉案专利全部权利要求未发现存在不符合授予专利权条件的缺陷。

2015年7月2日，河南省南阳市智圣公证处作出的（2015）南智证民字第1893号公证书记载：在360导航栏中输入陕西煤业化工集团神木天元化工有限公司http://

www.tvci.com.cn/SHowNews.asp？id = 8705，点击访问后的页面为陕西煤业化工集团神木天元化工有限公司，内容为，公司低阶粉煤回转热解制取无烟煤工艺技术通过科技成果鉴定。该设计成果由天元公司使用。该低阶粉煤回转热解制取无烟煤装置主要包括以下技术特征：（1）回转窑体；（2）三个夹套分别位于回转窑体外壁上，回转窑体相对于夹套可转动；（3）加热机构；（4）进煤口、出煤口和加热气导出管；（5）回转窑体和夹套之间有热交换空间；（6）热交换空间对回转窑体内煤物质加热使其分解。

经将涉案专利权利要求1记载的技术特征与被诉侵权设备的技术特征比对后，西峡公司对榆林局认定的两者均具有加热机构、进煤口、出煤口和加热气导出管、回转窑体和夹套之间有热交换仓无异议，但对榆林局认定涉案专利的密封窑体与被诉侵权设备的夹套以及涉案专利的煤物质推进分解管道与被诉侵权设备的回转窑体不相同不相同提出异议。

一审庭审中，西峡公司称：被诉行政决定的合议组人员有苟红东，但苟红东作为宝鸡市知识产权局副局长，不能参与对涉案专利侵权纠纷的处理，其对榆林局是否告知合议组人员不清楚，也未提出回避申请。被诉侵权设备图纸与设备实物的技术特征一致，无需到设备现场比对。

榆林局称：因本案案情重大，现有人员力量欠缺，经请示上级主管部门，最终决定由苟红东等与榆林局工作人员组成合议组，第一次口头审理时已将合议组成员的具体身份告知当事人，西峡公司没有提出异议。涉案纠纷是省市联合执法，《中华人民共和国专利法实施细则》第八十条规定了上级部门对下级部门进行业务指导，指导包含全省范围内调配人员进行执法，且行政机关在实践中均是相互调配人员。榆林局已通过陕西省知识产权局向国家知识产权局请示，国家知识产权局复函称，根据全国知识产权系统执法人员数量、能力不均衡的现状，国家知识产权局在全系统推进执法协作调度机制，包括人员、案件调度等内容，属于行政机关内部行为。

天元公司称：榆林局在口头审理之前给其和西峡公司都发出了通知，双方对合议组成员的身份均未提出异议。

一审法院另查明，国家知识产权局制定的《专利行政执法能力提升工程方案》明确要求建立全系统和若干区域专利行政执法协作调度中心，提高执法办案协作水平与效率。选择若干地区开展试点，建立若干区域专利行政执法协作调度中心；推进建立全系统专利行政执法指挥调度中心，加快实现跨地区执法协作的系统化、规范化。陕西省知识产权局按照《专利行政执法能力提升工程方案》的要求，开展了专利行政执法协作调度工作，调度专利行政执法实务经验丰富、执行专利法律法规水平较高的专利行政执法人员,跨市区参与专利行政案件审理。涉案合议组人员苟红东、白龙系宝鸡市知识产权局执法人员,其由陕西省知识产权局调度参加到榆林局的案件合议组,对涉案专利侵权纠纷进行行政处理。

一审法院认为:

1. 关于被诉行政决定的作出是否违反法定程序

西峡公司认为榆林局违反法定程序的行为有:被诉行政决定的合议组成员有苟红东,但苟红东是宝鸡市知识产权局副局长,不能参与对涉案纠纷的处理。对此,考虑到被诉行政决定作出前,因本案案情重大,现有工作人员力量欠缺,榆林局经请示上级主管部门,最终决定由宝鸡市知识产权局派员参加,并与榆林局工作人员共同组成合议组;同时,榆林局口头审理时已将合议组成员告知当事人,西峡公司没有提出异议;榆林局已通过陕西省知识产权局向国家知识产权局提出请示,国家知识产权局复函称,根据全国知识产权系统执法人员数量、能力不均衡的现状,国家知识产权局在全系统推进执法协作调度机制,包括人员、案件调度等内容,属于行政机关内部行为,按照现行人事机关内部规定开展执法人员调度工作,并不违反内部交流制度。由此证明,被诉行政决定的作出并未违反法定程序。

2. 关于被诉行政决定是否证据确凿

被诉侵权设备体积庞大且正在使用中,无法拆解观察内部结构,经西峡公司认可,榆林局使用被诉侵权设备的照片以及设备结构简图确定被诉侵权设备的技术特征,西峡公司、天元公司对此均无异议。在榆林局对技术特征进行比对过程中,西峡公司、天元公司对于涉案专利的密封窑体与被诉侵权设备的夹套、涉案专利的煤物质推进分解管道与被诉侵权设备的回转窑体两组技术特征是否构成等同存在争议,对于其余技术特征均无争议。由此证明,被诉行政决定证据确凿。

3. 关于被诉行政决定适用法律是否正确

(1)被诉侵权设备和涉案专利的主题相同,都属于煤物质分解利用设备,其技术特征为:回转窑体;三个夹套分别位于回转窑体外壁上,回转窑体相对于夹套可转动;加热机构;进煤口、出煤口和加热气导出管;回转窑体和夹套之间有热交换空间;热交换空间对回转窑体内煤物质加热使其分解。榆林局对于被诉侵权设备技术特征的认定正确。(2)涉案专利的窑体是指具有可包容其他物体的一个完整的空间结构,被诉侵权设备的夹套是指具有套筒结构的设备,两者技术手段不同;由于涉案专利密封窑体是一个可以转动的密封容器,不具有夹套的技术特征,而被诉侵权设备具有夹套,且三个夹套分别固定在回转窑体外壁

上,回转窑体相对于夹套转动,两者功能不同;被诉侵权设备采用夹套的换热效率要远低于涉案专利密封窑体的换热效率,两者效果不同。因此,涉案专利的密封窑体与被诉侵权设备的夹套不构成等同特征。西峡公司认为权利要求1中没有限定窑体的具体结构、数量,只要被诉侵权设备构成密封容器,则与权利要求1中的密封窑体构成等同,与事实不符,不予采信。(3)涉案专利的煤物质推进分解管道是指圆而细长中空的结构,被诉侵权设备回转窑体不具有圆而细长的结构,两者的技术手段不同;涉案专利煤物质推进分解管道处于其密封窑体内部,依靠密封窑体内大量高温气体包围煤物质推进分解管道进行热解;被诉侵权设备的回转窑体有三个夹套,回转窑体相对于夹套进行转动,两者的功能不同;涉案专利的煤物质推进分解管道具有防止热量散失、提高热传递效率的效果,回转窑体是以牺牲换热效率来简化设备结构、降低爆炸风险,两者的效果不同。因此,涉案专利的煤物质推进分解管道与被诉侵权设备的回转窑体不构成等同特征。

一审法院认为,被诉行政决定认定事实清楚、证据确凿,适用法律正确,程序合法,于2015年11月30日作出(2015)西中行初字第00267号行政判决,驳回西峡公司的诉讼请求。一审案件受理费50元,由西峡公司负担。

西峡公司不服一审判决,向陕西省高级人民法院提起上诉。

二审法院查明的事实与一审判决认定的事实一致。

二审法院认为,榆林局对涉案专利侵权纠纷进行处理,有《中华人民共和国专利法》第六十条和《中华人民共和国专利法实施细则》第八十一条为依据。行政执法人员在系统内调度,属于行政机关内部行为,不违反内部交流制度。榆林局鉴于现有工作人员欠缺,经请示陕西省知识产权局后,抽调宝鸡市知识产权局工作人员参与案件处理。而且,口头审理时已将合议组成员告知当事人,西峡公司未提出异议。因此,被诉行政决定的作出未违反法定程序。涉案专利的密封窑体与被诉侵权设备的夹套,涉案专利的煤物质推进分解管道与被诉侵权设备的回转窑体,均不构成等同特征,被诉行政决定认定天元公司不构成专利侵权,认定事实清楚,证据确凿,适用法律正确。二审法院于2016年6月6日作出(2016)陕行终94号行政判决,驳回上诉,维持原判。二审案件受理费50元,由西峡公司负担。

西峡公司不服二审判决,向本院申请再审称:(一)被诉行政决定的作出违反法定程序。1. 榆林局辖区内的专利行政处理事务应由榆林局的工作人员处理。苟红东在其担任宝鸡市知识产权局副局长期间,不应当作为主审员

审理涉案专利侵权纠纷。尽管在行政诉讼阶段,榆林局称其得到陕西省知识产权局的口头批准并有国家知识产权局专利管理司的复函,但仍不能证明苟红东参与合议组具有合法性。2.榆林局第二次口头审理时,告知当事人合议组成员中的艾龙变更为冯学良,且冯学良参与了该次口头审理,但在被诉行政决定书上署名的是艾龙,而非冯学良。这种"审者不裁、裁者未审"的情况严重影响行政决定的公信力和公正性。(二)被诉行政决定以及一、二审判决错误地认定被诉侵权设备未落入专利权保护范围。1.涉案专利的煤物质推进分解管道与被诉侵权设备的回转窑体是相同技术特征。二审判决认为涉案专利的密封窑体是具有可包容其它物体的一个完整的空间结构,煤物质推进分解管道是圆而细长中空的结构,但权利要求1并未限定上述具体形状。涉案专利的煤物质推进分解管道和被诉侵权设备的回转窑体,实质都是提供一个煤物质移动和分解的通道,二审判决认定涉案专利煤物质推进分解管道具有防止热量散失、提高热传递效率的效果,以及被诉侵权设备的回转窑体具有降低爆炸风险的效果,均没有依据。2.涉案专利的密封窑体与被诉侵权设备的夹套是等同技术特征。在手段上,两者都是为高温加热气体提供一个聚集的空腔,唯一不同的是被诉侵权设备将该空腔分成依次相邻的三个空腔,但其在实现对被加热物体的加热功能方面并没有实质性差异。在效果上,虽然相对于整体式的加热空腔,三段式加热空腔在加热均匀度上会存在稍许差异,但该差异是本领域技术人员容易想到的。而且,涉案专利说明书未涉及对加热源的换热效率的改进,被诉侵权设备与涉案专利在换热效率上的差异与本案无关,且换热效率的比较缺乏评判标准和事实依据。被诉侵权设备的夹套相对于窑体是否能够转动以及如何转动,不应当作为评价密封窑体和夹套是否相同的依据。又因各方当事人对于权利要求1的其它技术特征与被诉侵权设备的相应技术特征构成相同无争议,故被诉侵权设备落入专利权的保护范围。综上,一、二审判决及被诉行政决定适用法律错误、主要事实认定缺乏证据支持、程序违法,根据《中华人民共和国行政诉讼法》第九十一条第三项、第四项、第五项的规定,请求本院再审撤销被诉行政决定以及一、二审判决,并责令榆林局重新作出行政决定。

榆林局提交意见称:(一)被诉行政决定的作出符合法律规定。1.涉案专利侵权纠纷是跨省区、重大复杂有影响的案件,经请示,陕西省知识产权局决定调配人员参与涉案合议组,且得到国家知识产权局函件批复。合议组所有成员都持有执法证,都具有执法资格。榆林局在第一次口头审理时,告知了当事人合议组成员,并着重对苟红东、白

龙参与合议组的理由进行了说明,西峡公司对此并无异议,也明确表态不提出回避请求。即使本案行政处理程序中的合议组人员组成有瑕疵,但未对西峡公司的权利产生实质影响,属于《中华人民共和国行政诉讼法》第七十四条第二项规定的无需撤销行政行为之情形。2.第二次口头审理时,艾龙因临时有事变更为冯学良,但艾龙参加了第一次口头审理,且考虑到其是榆林局副局长,故艾龙在被诉行政决定书上署名,并无不当。(二)被诉行政决定认定天元公司不构成专利侵权,并无错误。当涉案专利煤物质推进分解管道简化为一个时,专利保护的结构将简化为双层夹套结构,核心结构为外部筒状密封窑体通入加热气体,与工业上早已使用的回转窑没有区别。传统的回转窑结构就是对管道内大块状煤料加热进行干馏的设备,但无法用于涉案专利所要加工的粉煤,故涉案专利采用多个均匀布置的煤物质推进分解管道,增加粉煤的受热面积并提高热解效率,如说明书及附图所述,涉案专利的发明点就是,采用多根平行密排管道组成的煤物质推进分解管道,而被诉侵权设备的煤料分解管道只有一个回转窑体。即使专利的结构变为两个筒体,外部筒体仍为封闭结构,与被诉侵权设备的三段式非封闭结构还是不同。被诉侵权设备的夹套与涉案专利的密封窑体、被诉侵权设备的回转窑体与涉案专利的煤物质推进分解管道在位置关系、安装结构、工作原理、技术效果和目的上均不同,不构成相同或等同特征。

天元公司提交意见称:(一)榆林局在口头审理中向当事人告知了合议组成员,西峡公司并未提出异议。艾龙虽未参加第二次口头审理,但参加过第一次口头审理,故其在被诉行政决定书上署名,不违反法定程序。(二)被诉侵权设备的夹套不等同于涉案专利的密封窑体,被诉侵权设备的夹套只是回转窑部分外壁上的加热套筒,不具有密封结构,其中的回转窑整体结构远大于夹套而且相对于夹套旋转,其旋转传动结构不可能放置于热风高温环境下,无法将回转窑设置于夹套内。涉案专利权利要求1虽然限定了管道上设置进出煤口,但因为管道处于密封的窑体内,实际上其不可能在管道上设置进出煤口,而被诉侵权设备的夹套没有进出煤口。涉案专利的热交换仓是在密封窑体内形成于窑体内壁和煤物质分解推进管道间,被诉侵权设备的夹套换热空间只是局部覆盖于回转窑体外壁,且不可能完全密封,故温度梯度大、热利用效率低,但夹套完全杜绝了热空气与窑体内热解气接触的风险,安全性较高。因此,被诉侵权设备未落入专利权的保护范围,被诉行政决定应予维持。

本案再审查明,一、二审法院查明的事实基本属实。

在本院庭审中，各方当事人对以下情况均予以确认：1. 被诉行政决定和一、二审判决对于涉案专利和被诉侵权设备的特征划分，均不持异议。存在争议的技术特征是，被诉侵权设备的夹套与涉案专利的密封窑体、被诉侵权设备的回转窑体与涉案专利的煤物质推进分解管道。2. 涉案专利的煤物质推进分解管道和被诉侵权设备的回转窑体里均直接装填煤料。3. 被诉侵权设备的每个夹套与管道之间分别形成密封的热交换仓。4. 被诉侵权设备的煤管道总长约 35 米，两个夹套之间的空隙约为 2 米。5. 天元公司在榆林局口头审理时明确表示不主张现有技术抗辩。6.《专利行政执法证》所载的执法地域是持证人工作单位所在行政区划的范围。

另查明，苟红东担任被诉行政决定合议组成员期间，系宝鸡市知识产权局工作人员，没有正式公文决定调其参与涉案纠纷的行政处理；榆林局的口头审理笔录没有记载将苟红东的正式身份及其参与合议组的理由告知西峡公司、天元公司；榆林局对涉案专利侵权纠纷进行了两次口头审理，在第二次口头审理时，告知西峡公司、天元公司合议组成员中的艾龙变更为冯学良。在被诉行政决定书上署名的合议组长是苟红东，审理员是艾龙、张炜亮、白龙、贺小娟。

上述事实，有庭审笔录、榆林局口头审理笔录等在案佐证。

本院认为，本案的争议焦点是：1. 被诉行政决定的作出是否违反法定程序。2. 被诉行政决定及一、二审判决适用法律是否错误。

关于第一个焦点问题，本院认为，被诉行政决定的作出违反法定程序，应予撤销。具体评述如下：

首先，对于西峡公司与天元公司两个平等民事主体之间的专利侵权纠纷，榆林局根据西峡公司的请求判断天元公司是否构成专利侵权，实际上处于居中裁决的地位。对于专利侵权的判断处理，事关专利权权利边界的划定，事关当事人的重大切身利益，事关科技创新和经济社会发展，需要严格、规范的纠纷解决程序予以保障。榆林局在处理涉案专利侵权纠纷时，本应秉持严谨、规范、公开、平等的程序原则。但是，合议组成员艾龙在已经被明确变更为冯学良的情况下，却又在被诉行政决定书上署名，实质上等于"审理者未裁决、裁决者未审理"。此等情形悖离依法行政的宗旨，减损社会公众对行政执法主体的信任。本案历经中、高级法院的审理仍难以案结事了，主要原因亦在于此。对于上述重大的、基本的程序事项，榆林局并未给予应有的、足够的审慎和注意，其在该问题上的错误本身即构成对法定程序的重大且明显违反，显然不属于榆林局所称"行政行为程序轻微违法，无需撤销行政行为"之情形。

其次，本案的被诉行政行为是，榆林局对于专利侵权纠纷的行政处理。该行政处理系以榆林局的名义作出，并由五人合议组具体实施。行政执法人员具备相应的执法资格，是行政主体资格合法的应有之义，也是全面推进依法行政的必然要求。原则上，作出被诉行政决定的榆林局合议组应由该局具有专利行政执法资格的工作人员组成。各方当事人均确认，《专利行政执法证》所载的执法地域是持证人工作单位所在行政区划的范围，此亦可印证上述结论。即使如榆林局所称，其成立时间短、执法人员少、经验不足，需要调配其他地区经验丰富的行政执法人员参与案件审理，这也不意味着"审理者未裁决、裁决者未审理"的情况可以被允许，不意味着调配执法人员可以不履行正式、完备的公文手续。否则，行政执法程序的规范性和严肃性无从保证，既不利于规范行政执法活动，也不利于强化行政执法责任。然而，榆林局在本案中并未提交调苟红东参与涉案纠纷处理的任何正式公文。其在一审中提交的陕西省知识产权局协调保护处的所谓答复（复印件），实为该处写给该局领导的内部请示，既无文号，更无公章，过于简单、随意，本院不认可该材料能够作为苟红东参与被诉行政决定合议组的合法、有效依据。至于国家知识产权局专利管理司给陕西省知识产权局的《关于在个案中调度执法人员的复函》，从形式上看，该复函于 2015 年 11 月 20 日作出，晚于被诉行政决定的作出时间。从内容上看，该复函称执法人员的调度不违反公务员交流的有关规定，与本案争议的执法人员调配手续是否正式、程序是否完备，并无直接关联。因此，该复函亦不能作为苟红东合法参与被诉行政决定合议组的依据。

再次，强化对知识产权行政执法行为的司法监督，大力规范和促进行政机关依法行政，是发挥知识产权司法保护主导作用的重要体现，是加强知识产权领域法治建设的重要内容，对于优化科技创新法治环境具有重要意义。在本案中，榆林局虽主张在口头审理时将苟红东的具体身份以及参与合议组的理由告知过当事人，但其提交的证据并不能证明该项主张。因此，西峡公司是否认可合议组成员身份，并不是本院评判被诉行政行为程序是否合法的前提和要件。需要特别指出的是，合议组成员艾龙变更为冯学良后又在被诉行政决定书上署名，已经构成对法定程序的严重违反，不受行政相对人主观认知的影响，也不因行政相对人不持异议而改变。西峡公司在本案再审中对该问题提出异议及请求，并无不当。因此，对于榆林局和天元公司提出的"西峡公司对于合议组成员不持异议，故程序合法"的主张，本院不予支持。

关于第二个焦点问题，本院认为，被诉行政决定及一、二审判决适用法律错误，应予纠正。具体评述如下：

（一）关于涉案专利密封窑体的解释

被诉行政决定认为，专利说明书第0021段的描述和工作原理显示，涉案专利的密封窑体相对于煤物质推进分解管道是固定的，通过自身转动并带动内部的煤物质推进分解管道转动，而被诉侵权设备的夹套本身不转动，其包裹的回转窑体相对于夹套转动，故两者结构、功能和效果不同。对此，本院认为，依据《中华人民共和国专利法》第五十九条的规定，发明或者实用新型专利权的保护范围以其权利要求的内容为准，说明书及附图可以用于解释权利要求的内容。可见，权利要求的内容是划定专利权保护范围的唯一标准，说明书、附图只是用于解释权利要求的内容。因此，在运用说明书和附图解释权利要求时，不能将说明书对具体实施例的具体描述读入权利要求。否则，会不合理地限缩专利权的保护范围。涉案专利权利要求1并未限定密封窑体和煤物质推进分解管道是否回转，而涉案专利说明书第0021段是专利技术方案的一种具体实施方式，不应当将此段描述的回转窑体限定权利要求1的密封窑体。亦即，被诉侵权设备的窑体是否回转并不影响本案专利侵权的判断。

被诉行政决定还认为，为提高热利用效率和热解效率，涉案专利的密封窑体要求热交换仓是一个连续空间，而被诉侵权设备为了设备制造的便利和热解过程的安全，其热交换仓由三个夹套与窑体之间构成的三个不连续空间，两者的结构、效果和目的不同。对此，本院认为，被诉侵权设备的窑体被三个夹套分段包裹，并与之分别形成三个密封的热交换空间，其主要功能是对管道内的煤料进行加热，此亦是涉案专利所要实现的技术功能。虽然相对于涉案专利一体式的加热空腔，被诉侵权设备的三段式加热空腔在加热效果上有一定差异，但各方当事人均确认"被诉侵权设备的煤管道总长约35米，两个夹套之间的空隙约为2米"，一般而言，煤管道上十分之一左右的空隙应当不会导致煤管道整体的加热功能和效果产生实质性变化。对此，天元公司并未举证证明其设备的热交换效率明显低于涉案专利技术方案。至于被诉行政决定和天元公司主张的被诉侵权设备提高热解过程的安全性问题，亦无相关证据在案佐证。

因此，被诉行政决定对于涉案专利密封窑体的解释，存在错误。

（二）关于涉案专利煤物质推进分解管道的解释

被诉行政决定认为，涉案专利的煤物质推进分解管道固定在密封窑体内，而被诉侵权设备的回转窑体相对于夹套转动，两者的结构和工作原理不同。对此，本院认为，如前所述，涉案专利权利要求1并未限定煤物质推进分解管道是否回转，被诉侵权设备的窑体是否回转并不影响本案专利侵权的判断。

榆林局在本院再审中又称，如说明书第0023段及附图所述，涉案专利的发明点是，采用多根平行密排管道组成的煤物质推进分解管道，而被诉侵权设备的煤料分解管道只有一个回转窑体。对此，本院认为，涉案专利权利要求1并未对煤物质推进分解管道的数量和位置作进一步的限定，反而在其从属权利要求5记载，"如权利要求1或2所述的内煤外热式煤物质分解设备，其特征在于：所述煤物质推进分解管道由多根平行密排管道组成，所述多根平行密排管道一端设置分配盘，所述分配盘与所述进煤口连通，另一端设置汇聚盘，所述汇聚盘与出煤口连通。"根据《中华人民共和国专利法实施细则》规定的权利要求撰写规则，从属权利要求是对其所从属的独立权利要求的进一步限定，独立权利要求的保护范围应当大于其项下的从属权利要求的保护范围。因此，根据涉案权利要求5对于"所述煤物质推进分解管道由多根平行密排管道组成"的限定，可以反推其从属的权利要求1的煤物质推进分解管道并不要求是多根平行密排的。又据当事人均确认的"涉案专利的煤物质推进分解管道和被诉侵权设备的回转窑体里均直接装填煤料"可知，不论被诉侵权设备中直接装填煤料的装置的具体名称为何，其手段、功能和效果与涉案专利的煤物质推进分解管道并无实质性差异。

因此，被诉行政决定对于涉案专利煤物质推进分解管道的解释，存在错误。

综上，被诉行政决定违反法定程序、适用法律错误，一、二审判决对于本案争议的实体和程序问题的认定亦存在错误，依法应予一并撤销。基于我国现行专利法律制度的实际状况，西峡公司与天元公司之间的专利侵权纠纷，通过民事诉讼可以得到更加切实有效的解决。为服判息诉之考虑，本院向西峡公司释明，征询其是否就涉案专利侵权纠纷另行选择向人民法院提起民事诉讼。西峡公司向本院提交书面意见，坚持要求榆林局依法重新作出行政决定。

另，天元公司于2017年12月15日向本院提交书面申请称，国家知识产权局专利复审委员会已受理针对涉案专利的无效宣告请求，涉案专利权利状态不稳定，专利侵权是否成立需以专利有效为前提，请求本院中止审理。对此，本院认为，西峡公司在行政处理程序中提交的实用新型专利权评价报告显示，涉案专利全部权利要求未发现存在不符合授予专利权条件的缺陷。目前，涉案专利权仍属有效。国家知识产权局专利复审委员会受理针对涉案专利的无效宣告请求,并不属于必须中止诉讼之情形。因此,对于天元公司提出的中止本案审理的请求,本院不予支持。

依照《中华人民共和国行政诉讼法》第七十条第二项、第三项、第八十九条第一款第二项、第三款,《最高人民法院关于执行〈中华人民共和国行政诉讼法〉若干问题的解释》第七十六条第一款、第七十八条之规定,判决如下:

一、撤销陕西省高级人民法院(2016)陕行终 94 号行政判决;

二、撤销陕西省西安市中级人民法院(2015)西中行初字第 00267 号行政判决;

三、撤销榆林市知识产权局榆知法处字〔2015〕9 号专利侵权纠纷案件处理决定;

四、责令榆林市知识产权局重新作出行政决定。

一审案件受理费 50 元、二审案件受理费 50 元,均由榆林市知识产权局负担。

本判决为终审判决。

8. 瓦莱奥清洗系统公司诉厦门卢卡斯汽车配件有限公司等侵害发明专利权纠纷案①

【关键词】

民事/发明专利权/功能性特征/先行判决/行为保全

【裁判要点】

1. 如果专利权利要求的某个技术特征已经限定或者隐含了特定结构、组分、步骤、条件或其相互之间的关系等,即使该技术特征同时还限定了其所实现的功能或者效果,亦不属于《最高人民法院关于审理侵犯专利权纠纷案件应用法律若干问题的解释(二)》第八条所称的功能性特征。

2. 在专利侵权诉讼程序中,责令停止被诉侵权行为的行为保全具有独立价值。当事人既申请责令停止被诉侵权行为,又申请先行判决停止侵害,人民法院认为需要作出停止侵害先行判决的,应当同时对行为保全申请予以审查;符合行为保全条件的,应当及时作出裁定。

【基本案情】

瓦莱奥清洗系统公司(以下简称瓦莱奥公司)是涉案"机动车辆的刮水器的连接器及相应的连接装置"发明专利的专利权人,该专利仍在保护期内。瓦莱奥公司于 2016 年向上海知识产权法院提起诉讼称,厦门卢卡斯汽车配件有限公司(以下简称卢卡斯公司)、厦门富可汽车配件有限公司(以下简称富可公司)未经许可制造、销售、许诺销售,陈少强未经许可制造、销售的雨刮器产品落入其专利权保

护范围。瓦莱奥公司请求判令卢卡斯公司、富可公司和陈少强停止侵权,赔偿损失及制止侵权的合理开支暂计 600 万元,并请求人民法院先行判决卢卡斯公司、富可公司和陈少强立即停止侵害涉案专利权的行为。此外,瓦莱奥公司还提出了临时行为保全申请,请求法院裁定卢卡斯公司、富可公司、陈少强立即停止侵权行为。

【裁判结果】

上海知识产权法院于 2019 年 1 月 22 日作出先行判决,判令厦门卢卡斯汽车配件有限公司、厦门富可汽车配件有限公司于判决生效之日起立即停止对涉案发明专利权的侵害。厦门卢卡斯汽车配件有限公司、厦门富可汽车配件有限公司不服上述判决,向最高人民法院提起上诉。最高人民法院于 2019 年 3 月 27 日公开开庭审理本案,作出(2019)最高法知民终 2 号民事判决,并当庭宣判,判决驳回上诉,维持原判。

【裁判理由】

最高人民法院认为:

一、关于"在所述关闭位置,所述安全搭扣面对所述锁定元件延伸,用于防止所述锁定元件的弹性变形,并锁定所述连接器"的技术特征是否属于功能性特征以及被诉侵权产品是否具备上述特征的问题

第一,关于上述技术特征是否属于功能性特征的问题。功能性特征是指不直接限定发明技术方案的结构、组分、步骤、条件或其之间的关系等,而是通过其在发明创造中所起的功能或者效果对结构、组分、步骤、条件或其之间的关系等进行限定的技术特征。如果某个技术特征已经限定或者隐含了发明技术方案的特定结构、组分、步骤、条件或其之间的关系等,即使该技术特征还同时限定了其所实现的功能或者效果,原则上亦不属于《最高人民法院关于审理侵犯专利权纠纷案件应用法律若干问题的解释(二)》第八条所称的功能性特征,不应作为功能性特征进行侵权比对。前述技术特征实际上限定了安全搭扣与锁定元件之间的方位关系并隐含了特定结构——"安全搭扣面对所述锁定元件延伸",该方位和结构所起到的作用是"防止所述锁定元件的弹性变形,并锁定所述连接器"。根据这一方位和结构关系,结合涉案专利说明书及其附图,特别是说明书第【0056】段关于"连接器的锁定由搭扣的垂直侧壁的内表面保证,内表面沿爪外侧表面延伸,因此,搭扣阻止爪向连接器外侧向变形,因此连接器不能从钩形端解脱出来"的记载,本领域普通技术人员可以理解,"安全

① 案例来源:最高人民法院指导案例 115 号。

搭扣面对所述锁定元件延伸"，在延伸部分与锁定元件外表面的距离足够小的情况下，就可以起到防止锁定元件弹性变形并锁定连接器的效果。可见，前述技术特征的特点是，既限定了特定的方位和结构，又限定了该方位和结构的功能，且只有将该方位和结构及其所起到的功能结合起来理解，才能清晰地确定该方位和结构的具体内容。这种"方位或者结构+功能性描述"的技术特征虽有对功能的描述，但是本质上仍是方位或者结构特征，不是《最高人民法院关于审理侵犯专利权纠纷案件应用法律若干问题的解释（二）》第八条意义上的功能性特征。

第二，关于被诉侵权产品是否具备前述技术特征的问题。涉案专利权利要求1的前述技术特征既限定了安全搭扣与锁定元件的方位和结构关系，又描述了安全搭扣所起到的功能，该功能对于确定安全搭扣与锁定元件的方位和结构关系具有限定作用。前述技术特征并非功能性特征，其方位、结构关系的限定和功能限定在侵权判定时均应予以考虑。本案中，被诉侵权产品的安全搭扣两侧壁内表面设有一对垂直于侧壁的凸起，当安全搭扣处于关闭位置时，其侧壁内的凸起朝向弹性元件的外表面，可以起到限制弹性元件变形张开、锁定弹性元件并防止刮水器臂从弹性元件中脱出的效果。被诉侵权产品在安全搭扣处于关闭位置时，安全搭扣两侧壁内表面垂直于侧壁的凸起朝向弹性元件的外表面，属于涉案专利权利要求1所称的"所述安全搭扣面对所述锁定元件延伸"的一种形式，且同样能够实现"防止所述锁定元件的弹性变形，并锁定所述连接器"的功能。因此，被诉侵权产品具备前述技术特征，落入涉案专利权利要求1的保护范围。原审法院在认定上述特征属于功能性特征的基础上，认定被诉侵权产品具有与上述特征等同的技术特征，比对方法及结论虽有偏差，但并未影响本案侵权判定结果。

二、关于本案诉中行为保全申请的具体处理问题

本案需要考虑的特殊情况是，原审法院虽已作出关于责令停止侵害涉案专利权的先行判决，但并未生效，专利权人继续坚持其在一审程序中的行为保全申请。此时，第二审人民法院对于停止侵害专利权的行为保全申请，可以考虑如下情况，分别予以处理：如果情况紧急或者可能造成其他损害，专利权人提出行为保全申请，而第二审人民法院无法在行为保全申请处理期限内作出终审判决的，应当对行为保全申请单独处理，依法及时作出裁定；符合行为保全条件的，应当及时采取保全措施。此时，由于原审判决已经认定侵权成立，第二审人民法院可根据案情对该

行为保全申请进行审查，且不要求必须提供担保。如果第二审人民法院能够在行为保全申请处理期限内作出终审判决的，可以及时作出判决并驳回行为保全申请。本案中，瓦莱奥公司坚持其责令卢卡斯公司、富可公司停止侵害涉案专利权的诉中行为保全申请，但是其所提交的证据并不足以证明发生了给其造成损害的紧急情况，且最高人民法院已经当庭作出判决，本案判决已经发生法律效力，另行作出责令停止侵害涉案专利权的行为保全裁定已无必要。对于瓦莱奥公司的诉中行为保全申请，不予支持。

（生效裁判审判人员：罗东川、王闯、朱理、徐卓斌、任晓兰）

9. 深圳敦骏科技有限公司诉深圳市吉祥腾达科技有限公司等侵害发明专利权纠纷案①

【关键词】民事/侵害发明专利权/多主体实施的方法专利/侵权损害赔偿计算/举证责任/专利技术贡献度

【裁判要点】

1. 如果被诉侵权行为人以生产经营为目的，将专利方法的实质内容固化在被诉侵权产品中，该行为或者行为结果对专利权利要求的技术特征被全面覆盖起到了不可替代的实质性作用，终端用户在正常使用该被诉侵权产品时就能自然再现该专利方法过程，则应认定被诉侵权行为人实施了该专利方法，侵害了专利权人的权利。

2. 专利权人主张以侵权获利计算损害赔偿数额且对侵权规模事实已经完成初步举证，被诉侵权人无正当理由拒不提供有关侵权规模事实的相应证据材料，导致用于计算侵权获利的基础事实无法确定的，对被诉侵权人提出的应考虑涉案专利对其侵权获利的贡献度的抗辩，人民法院可以不予支持。

【相关法条】

《中华人民共和国专利法》（2020年修正）第1条、第11条第1款、第64条第1款（本案适用的是2008年修正的《中华人民共和国专利法》第1条、第11条第1款、第59条第1款）

【基本案情】

原告深圳敦骏科技有限公司（以下简称敦骏公司）诉称：深圳市吉祥腾达科技有限公司（以下简称腾达公司）未经许可制造、许诺销售、销售，济南历下弘康电子产品经营部（以下简称弘康经营部）、济南历下昊威电子产品经营部

---

① 案例来源：最高人民法院指导案例159号。

（以下简称昊威经营部）未经许可销售的多款商用无线路由器（以下简称被诉侵权产品）落入其享有的名称为"一种简易访问网络运营商门户网站的方法"（专利号为ZL02123502.3，以下简称涉案专利）发明专利的专利权保护范围，请求判令腾达公司、弘康经营部、昊威经营部停止侵权，赔偿损失及制止侵权的合理开支共计500万元。

被告腾达公司辩称：1. 涉案专利、被诉侵权产品访问任意网站时实现定向的方式不同，访问的过程亦不等同，腾达公司没有侵害敦骏公司的涉案专利权。并且，涉案专利保护的是一种网络接入认证方法，腾达公司仅是制造了被诉侵权产品，但并未使用涉案专利保护的技术方案，故其制造并销售被诉侵权产品的行为并不构成专利侵权；2. 敦骏公司诉请的赔偿数额过高且缺乏事实及法律依据，在赔偿额计算中应当考虑专利的技术贡献度、涉案专利技术存在替代方案等。

弘康经营部、昊威经营部共同辩称：其所销售的被诉侵权产品是从代理商处合法进货的，其不是被诉侵权产品的生产者，不应承担责任。

法院经审理查明：敦骏公司明确以涉案专利的权利要求1和2为依据主张权利，其内容为：1. 一种简易访问网络运营商门户网站的方法，其特征在于包括以下处理步骤：A. 接入服务器底层硬件对门户业务用户设备未通过认证前的第一个上行HTTP报文，直接提交给"虚拟Web服务器"，该"虚拟Web服务器"功能由接入服务器高层软件的"虚拟Web服务器"模块实现；B. 由该"虚拟Web服务器"虚拟成用户要访问的网站与门户业务用户设备建立TCP连接，"虚拟Web服务器"向接入服务器底层硬件返回含有重定向信息的报文，再由接入服务器底层硬件按正常的转发流程向门户业务用户设备发一个重定向到真正门户网站Portal_Server的报文；C. 收到重定向报文后的门户业务用户设备的浏览器自动发起对真正门户网站Portal_Server的访问。2. 根据权利要求1所述的一种简易访问网络运营商门户网站的方法，其特征在于：所述的步骤A，由门户业务用户在浏览器上输入任何正确的域名、IP地址或任何的数字，形成上行IP报文；所述的步骤B，由"虚拟Web服务器"虚拟成该IP报文的IP地址的网站。

敦骏公司通过公证购买方式从弘康经营部、昊威经营部购得"Tenda路由器W15E""Tenda路由器W20E增强型"各一个，并在公证人员的监督下对"Tenda路由器W15E"访问网络运营商门户网站的过程进行了技术演示，演示结果表明使用"Tenda路由器W15E"过程中具有与涉案专利权利要求1和2相对应的方法步骤。

被诉侵权产品在京东商城官方旗舰店、"天猫"网站腾达旗舰店均有销售，且销量巨大。京东商城官方旗舰店网页显示有"腾达（Tenda）W15E"路由器的图片、京东价199元、累计评价1万+，"腾达（Tenda）W20E"路由器、京东价399元、累计评价1万+，"腾达（Tenda）G1"路由器、京东价359元、累计评价1万+等信息。"天猫"网站腾达旗舰店网页显示有"腾达（Tenda）W15E"路由器的图片、促销价179元、月销量433、累计评价4342、安装说明、技术支持等信息。

2018年12月13日，一审法院依法作出通知书，主要内容为：限令腾达公司10日内向一审法院提交自2015年7月2日以来，关于涉案"路由器"产品生产、销售情况的完整资料和完整的财务账簿。逾期不提交，将承担相应的法律责任。但至二审判决作出时，腾达公司并未提交相关证据。

【裁判结果】

山东省济南市中级人民法院于2019年5月6日作出（2018）鲁01民初1481号民事判决：一、腾达公司立即停止制造、许诺销售、销售涉案的路由器产品；二、弘康经营部、昊威经营部立即停止销售涉案的路由器产品；三、腾达公司于判决生效之日起十日内赔偿敦骏公司经济损失及合理费用共计500万元；四、驳回敦骏公司的其他诉讼请求。一审案件受理费46800元，由腾达公司负担。宣判后，腾达公司向最高人民法院提起上诉。最高人民法院于2019年12月6日作出（2019）最高法知民终147号民事判决，驳回上诉，维持原判。

【裁判理由】

最高人民法院认为：本案焦点问题包括三个方面：

一、关于被诉侵权产品使用过程是否落入涉案专利权利要求的保护范围

首先，涉案专利权利要求1中的"第一个上行HTTP报文"不应解释为用户设备与其要访问的实际网站建立TCP"三次握手"连接过程中的第一个报文，而应当解释为未通过认证的用户设备向接入服务器发送的第一个上行HTTP报文。其次，根据对被诉侵权产品进行的公证测试结果，被诉侵权产品的强制Portal过程与涉案专利权利要求1和2所限定步骤方法相同，三款被诉侵权产品在"Web认证开启"模式下的使用过程，全部落入涉案专利权利要求1和2的保护范围。

二、关于腾达公司的被诉侵权行为是否构成侵权

针对网络通信领域方法的专利侵权判定，应当充分考虑该领域的特点，充分尊重该领域的创新与发展规律，以确保专利权人的合法权利得到实质性保护，实现该行业的可持续创新和公平竞争。如果被诉侵权行为人以生产经

营为目的,将专利方法的实质内容固化在被诉侵权产品中,该行为或者行为结果对专利权利要求的技术特征被全面覆盖起到了不可替代的实质性作用,也即终端用户在正常使用该被诉侵权产品时就能自然再现该专利方法过程的,则应认定被诉侵权行为人实施了该专利方法,侵害了专利权人的权利。本案中:1. 腾达公司虽未实施涉案专利方法,但其以生产经营为目的制造、许诺销售、销售的被诉侵权产品,具备可直接实施专利方法的功能,在终端网络用户利用被诉侵权产品完整再现涉案专利方法的过程中,发挥着不可替代的实质性作用。2. 腾达公司从制造、许诺销售、销售被诉侵权产品的行为中获得不当利益与涉案专利存在密切关联。3. 因终端网络用户利用被诉侵权产品实施涉案专利方法的行为并不构成法律意义上的侵权行为,专利权人创新投入无法从直接实施专利方法的终端网络用户处获得应有回报,如专利权人的利益无法得到补偿,必将导致研发创新活动难以为继。另一方面,如前所述,腾达公司却因涉案专利获得了原本属于专利权人的利益,利益分配严重失衡,有失公平。综合以上因素,在本案的情形下,应当认定腾达公司制造、许诺销售、销售被诉侵权产品的行为具有侵权性质并应承担停止侵权、赔偿损失的民事责任。

三、关于一审判决确定的赔偿数额是否适当

专利权人主张以侵权获利确定赔偿额的,侵权规模即为损害赔偿计算的基础事实。专利权人对此项基础事实承担初步举证责任。在专利权人已经完成初步举证,被诉侵权人无正当理由拒不提供有关侵权规模基础事实的相应证据材料的情况下,对其提出的应考虑涉案专利对其侵权获利的贡献率等抗辩理由可不予考虑。具体到本案中:1. 敦骏公司主张依照侵权人因侵权获利计算赔偿额,并在一审中提交了腾达公司分别在京东网和天猫网的官方旗舰店销售被诉侵权产品数量、售价的证据,鉴于该销售数量和价格均来源于腾达公司自己在正规电商平台的官方旗舰店,数据较为可信,腾达公司虽指出将累计评价作为销量存在重复计算和虚报的可能性,但并未提交确切证据,且考虑到敦骏公司就此项事实的举证能力,应当认定敦骏公司已就侵权规模的基础事实完成了初步举证责任。2. 敦骏公司在一审中,依据其已提交的侵权规模的初步证据,申请腾达公司提交与被诉侵权产品相关的财务账簿、资料等,一审法院也根据本案实际情况,依法责令腾达公司提交能够反映被诉侵权产品生产、销售情况的完整的财务账簿资料等证据,但腾达公司并未提交。在一审法院因

此适用相关司法解释对敦骏公司的 500 万元高额赔偿予以全额支持、且二审中腾达公司就此提出异议的情况下,其仍然未提交相关的财务账簿等资料。由于本案腾达公司并不存在无法提交其所掌握的与侵权规模有关证据的客观障碍,故应认定腾达公司并未就侵权规模的基础事实完成最终举证责任。3. 根据现有证据,有合理理由相信,被诉侵权产品的实际销售数量远超敦骏公司所主张的数量。综上,在侵权事实较为清楚、且已有证据显示腾达公司实际侵权规模已远大于敦骏公司所主张赔偿的范围时,腾达公司如对一审法院确定的全额赔偿持有异议,应先就敦骏公司计算赔偿所依据的基础事实是否客观准确进行实质性抗辩,而不能避开侵权规模的基础事实不谈,另行主张专利技术贡献度等其他抗辩事由,据此对腾达公司二审中关于一审确定赔偿额过高的各项抗辩主张均不予理涉。

(生效裁判审判人员:朱理、傅蕾、张晓阳)

10. 深圳市卫邦科技有限公司诉李坚毅、深圳市远程智能设备有限公司专利权权属纠纷案①

【关键词】民事/专利权权属/职务发明创造/有关的发明创造

【裁判要点】

判断是否属于专利法实施细则第十二条第一款第三项规定的与在原单位承担的本职工作或者原单位分配的任务"有关的发明创造"时,应注重维护原单位、离职员工以及离职员工新任职单位之间的利益平衡,综合考虑以下因素作出认定:一是离职员工在原单位承担的本职工作或原单位分配的任务的具体内容;二是涉案专利的具体情况及其与本职工作或原单位分配的任务的相互关系;三是原单位是否开展了与涉案专利有关的技术研发活动,或者有关的技术是否具有其他合法来源;四是涉案专利(申请)的权利人、发明人能否对专利技术的研发过程或者来源作出合理解释。

【相关法条】

《中华人民共和国专利法》第 6 条

《中华人民共和国专利法实施细则》第 12 条

【基本案情】

深圳市卫邦科技有限公司(以下简称卫邦公司)是一家专业从事医院静脉配液系列机器人产品及配液中心相

---

① 案例来源:最高人民法院指导案例 158 号。

关配套设备的研发、制造、销售及售后服务的高科技公司。2010 年 2 月至 2016 年 7 月期间,卫邦公司申请的多项专利均涉及自动配药设备和配药装置。其中,卫邦公司于 2012 年 9 月 4 日申请的 102847473A 号专利(以下简称 473 专利)主要用于注射科药液自动配置。

李坚毅于 2012 年 9 月 24 日入职卫邦公司生产、制造部门,并与卫邦公司签订《深圳市劳动合同》《员工保密合同》,约定由李坚毅担任该公司生产制造部门总监,主要工作是负责研发"输液配药机器人"相关产品。李坚毅任职期间,曾以部门经理名义在研发部门采购申请表上签字,在多份加盖"受控文件"的技术图纸审核栏处签名,相关技术图纸内容涉及"沙窝复合针装配""蠕动泵输液针""蠕动泵上盖连接板实验""装配体""左夹爪""右夹爪""机械手夹爪 1""机械手夹爪 2"等,系有关自动配药装置的系列设计图。此外,卫邦公司提供的工作邮件显示,李坚毅以工作邮件的方式接收研发测试情况汇报,安排测试工作并对研发测试提出相应要求。且从邮件内容可知,李坚毅多次参与研发方案的会议讨论。

李坚毅与卫邦公司于 2013 年 4 月 17 日解除劳动关系。李坚毅于 2013 年 7 月 12 日向国家知识产权局申请名称为"静脉用药自动配制设备和摆动型转盘式配药装置"、专利号为 201310293690.X 的发明专利(以下简称涉案专利)。李坚毅为涉案专利唯一的发明人。涉案专利技术方案的主要内容是采用机器人完成静脉注射用药配制过程的配药装置。李坚毅于 2016 年 2 月 5 日将涉案专利权转移至其控股的深圳市远程智能设备有限公司(以下简称远程公司)。李坚毅在入职卫邦公司前,并无从事与医疗器械、设备相关的行业从业经验或学历证明。

卫邦公司于 2016 年 12 月 8 日向一审法院提起诉讼,请求:1. 确认涉案专利的发明专利权归卫邦公司所有;2. 判令李坚毅、远程公司共同承担卫邦公司为维权所支付的合理开支 30000 元,并共同承担诉讼费。

【裁判结果】

广东省深圳市中级人民法院于 2018 年 6 月 8 日作出(2016)粤 03 民初 2829 号民事判决:一、确认卫邦公司为涉案专利的专利权人;二、李坚毅、远程公司共同向卫邦公司支付合理支出 3 万元。一审宣判后,李坚毅、远程公司不服,向广东省高级人民法院提起上诉。广东省高级人民法院于 2019 年 1 月 28 日作出(2018)粤民终 2262 号民事判决:驳回上诉,维持原判。李坚毅、远程公司不服,向最高人民法院申请再审。最高人民法院于 2019 年 12 月 30 日作出(2019)最高法民申 6342 号民事裁定,驳回李坚毅和远程公司的再审申请。

【裁判理由】

最高人民法院认为:本案的争议焦点为涉案专利是否属于李坚毅在卫邦公司工作期间的职务发明创造。

专利法第六条规定:"执行本单位的任务或者主要是利用本单位的物质技术条件所完成的发明创造为职务发明创造。职务发明创造申请专利的权利属于该单位。"专利法实施细则第十二条第一款第三项进一步规定:"退休、调离原单位后或者劳动、人事关系终止后 1 年内作出的,与其在原单位承担的本职工作或者原单位分配的任务有关的发明创造属于职务发明创造。"

发明创造是复杂的智力劳动,离不开必要的资金、技术和研发人员等资源的投入或支持,并承担相应的风险。在涉及与离职员工有关的职务发明创造的认定时,既要维护原单位对确属职务发明创造的科学技术成果享有的合法权利,鼓励和支持创新驱动发展,同时也不宜将专利法实施细则第十二条第一款第三项规定的"有关的发明创造"作过于宽泛的解释,导致在没有法律明确规定或者竞业限制协议等合同约定的情况下,不适当地限制研发人员的正常流动,或者限制研发人员在新的单位合法参与或开展新的技术研发活动。因此,在判断涉案发明创造是否属于专利法实施细则第十二条第一款第三项规定的"有关的发明创造"时,应注重维护原单位、离职员工以及离职员工新任职单位之间的利益平衡,综合考虑以下因素:一是离职员工在原单位承担的本职工作或原单位分配的任务的具体内容,包括工作职责、权限,能够接触、控制、获取的与涉案专利有关的技术信息等。二是涉案专利的具体情况,包括其技术领域,解决的技术问题,发明目的和技术效果,权利要求限定的保护范围,涉案专利相对于现有技术的"实质性特点"等,以及涉案专利与本职工作或原单位分配任务的相互关系。三是原单位是否开展了与涉案专利有关的技术研发活动,或者是否对有关技术具有合法的来源。四是涉案专利(申请)的权利人、发明人能否对于涉案专利的研发过程或者技术来源作出合理解释,相关因素包括涉案专利技术方案的复杂程度,需要的研发投入,以及权利人、发明人是否具有相应的知识、经验、技能或物质技术条件,是否有证据证明其开展了有关研发活动等。

结合本案一、二审法院查明的有关事实以及再审申请人提交的有关证据,围绕前述四个方面的因素,就本案争议焦点认定如下:

首先,关于李坚毅在卫邦公司任职期间承担的本职工作或分配任务的具体内容。第一,李坚毅于卫邦公司任职期间担任生产制造总监,直接从事配药设备和配药装置的研发管理等工作。其在再审申请书中,也认可其从事了

"研发管理工作"。第二，李坚毅在卫邦公司任职期间，曾以部门经理名义，在研发部门采购申请表上签字，并在多份与涉案专利技术密切相关且加盖有"受控文件"的技术图纸审核栏处签字。第三，李坚毅多次参与卫邦公司内部与用药自动配药设备和配药装置技术研发有关的会议或讨论，还通过电子邮件接收研发测试情况汇报，安排测试工作，并对研发测试提出相应要求。综上，根据李坚毅在卫邦公司任职期间承担的本职工作或分配的任务，其能够直接接触、控制、获取卫邦公司内部与用药自动配制设备和配药装置技术研发密切相关的技术信息，且这些信息并非本领域普通的知识、经验或技能。因此，李坚毅在卫邦公司承担的本职工作或分配的任务与涉案专利技术密切相关。对于李坚毅有关其仅仅是进行研发管理，没有参与卫邦公司有关静脉配药装置的研发工作，卫邦公司的相关证据都不是真正涉及研发的必要文件等相关申请再审理由，本院均不予支持。

其次，关于涉案专利的具体情况及其与李坚毅的本职工作或分配任务的相互关系。第一，涉案专利涉及"静脉用药自动配制设备和摆动型转盘式配药装置"，其针对的技术问题是："1. 药剂师双手的劳动强度很大，只能进行短时间的工作；2. 由于各药剂师技能不同、配药地点也不能强制固定，造成所配制的药剂药性不稳定；3. 化疗药剂对药剂师健康危害较大。"实现的技术效果是："本发明采用机器人完成静脉注射用药的整个配制过程，采用机电一体化来控制配制的药剂量准确，提高了药剂配制质量；医务人员仅需要将预先的药瓶装入转盘工作盘和母液架，最后将配制好的母液取下，极大地减少了医务人员双手的劳动强度；对人体有害的用药配制（比如化疗用药），由于药剂师可以不直接接触药瓶，采用隔离工具对药瓶进行装夹和取出，可以很大程度地减少化疗药液对人体的健康损害。"在涉案专利授权公告的权利要求1中，主要包括底座、转盘工作台、若干个用于固定药瓶的药瓶夹、具座、转盘座、转盘传动机构和转盘电机、近后侧的转盘工作台两边分别设有背光源和视觉传感器、机器人、夹具体、输液泵、输液管、针具固定座、针具夹头、前后摆动板、升降机构等部件。第二，卫邦公司于2012年9月4日申请的473专利的名称为"自动化配药系统的配药方法和自动化配药系统"，其针对的技术问题是："医院中配制药物的方式均通过医护人员手工操作。……操作时医护人员工作强度高，而且有的药物具有毒性，对医护人员的安全有着较大的威胁。"发明目的是："在于克服上述现有技术的不足，提供一种自动化配药系统的配药方法和自动化配药系统，其可实现自动配药，医护人员无需手动配制药液，大大降低了医

护人员的劳动强度，有利于保障医护人员的健康安全。"实现的技术效果是："提供一种自动化配药系统的配药方法和自动化配药系统，其可快速完成多组药液的配制，提高了配药的效率，大大降低了医护人员的劳动强度，有利于保障医护人员的健康安全。"473专利的说明书中，还公开了"药液输入摇匀装置""卡夹部件""输液软管装填移载及药液分配装置""用于折断安瓿瓶的断瓶装置""母液瓶夹持装置""母液瓶""可一次容纳多个药瓶的输入转盘"等部件的具体结构和附图。将涉案专利与卫邦公司的473专利相比，二者解决的技术问题、发明目的、技术效果基本一致，二者技术方案高度关联。二审法院结合涉案专利的审查意见、引证专利检索，认定473专利属于可单独影响涉案专利权利要求的新颖性或创造性的文件，并无不当。第三，在卫邦公司提供的与李坚毅的本职工作有关的图纸中，涉及"输入模块新盖""沙窝复合针装配""蠕动泵输液针""蠕动泵上盖连接板实验""装配体""左夹爪""右夹爪""机械手夹爪1""机械手夹爪2"等涉案专利密切相关的部件，相关图纸上均加盖"受控文件"章，在"审核"栏处均有李坚毅的签字。第四，在李坚毅与卫邦公司有关工作人员的往来电子邮件中，讨论的内容直接涉及转盘抱爪、母液上料方案、安瓿瓶瓣断测试等与涉案专利技术方案密切相关的研发活动。综上，涉案专利与李坚毅在卫邦公司承担的本职工作或分配的任务密切相关。

再次，卫邦公司在静脉用药自动配制设备领域的技术研发是持续进行的。卫邦公司成立于2002年，经营范围包括医院静脉配液系列机器人产品及配液中心相关配套设备的研发、制造、销售及售后服务。其在2010年2月至2016年7月期间先后申请了60余项涉及医疗设备、方法及系统的专利，其中44项专利是在李坚毅入职卫邦公司前申请，且有多项专利涉及自动配药装置。因此，对于李坚毅主张卫邦公司在其入职前已经完成了静脉配药装置研发工作，涉案专利不属于职务发明创造的相关申请再审理由，本院不予支持。

最后，关于李坚毅、远程公司能否对涉案专利的研发过程或者技术来源作出合理解释。根据涉案专利说明书，涉案专利涉及"静脉用药自动配制设备和摆动型转盘式配药装置"，共有13页附图，约60个部件，技术方案复杂，研发难度大。李坚毅作为涉案专利唯一的发明人，在离职卫邦公司后不到3个月即以个人名义单独申请涉案专利，且不能对技术研发过程或者技术来源做出合理说明，不符合常理。而且，根据二审法院的认定，以及李坚毅一审提交的专利搜索网页打印件及自制专利状况汇总表，李坚毅作为发明人，最早于2013年7月12日申请了涉案专利以及

201320416724.5 号"静脉用药自动配制设备和采用视觉传感器的配药装置"实用新型专利,而在此之前,本案证据不能证明李坚毅具有能够独立研发涉案专利技术方案的知识水平和能力。

综上,综合考虑本案相关事实以及李坚毅、远程公司再审中提交的有关证据,一、二审法院认定涉案专利属于李坚毅在卫邦公司工作期间的职务发明创造并无不当。李坚毅、远程公司的申请再审理由均不能成立。

（生效裁判审判人员:杜微科、吴蓉、张玲玲）

11. 上海环莘电子科技有限公司与广东法瑞纳科技有限公司等侵害实用新型专利权纠纷案①

【裁判要旨】

侵害专利权纠纷案件中,被诉侵权人据以主张现有技术抗辩的现有技术系其本人或者其授意的第三人违反明示或者默示的保密义务而公开的技术方案的,人民法院对其基于该技术方案的现有技术抗辩不予支持。

最高人民法院民事判决书

（2020）最高法知民终 1568 号

上诉人（原审原告）:上海环莘电子科技有限公司。住所地:上海市徐汇区桂平路 481 号 15 幢 5C8-1 室。

法定代表人:赵为,该公司总经理。

委托诉讼代理人:娄俊,上海市君悦律师事务所律师。

被上诉人（原审被告）:广东法瑞纳科技有限公司。住所地:广东省东莞市长安镇长安振安东路 2 号。

法定代表人:房建涛,该公司执行董事和经理。

委托诉讼代理人:黄仁东,广东君熙律师事务所律师。

被上诉人（原审被告）:江苏水乡周庄旅游股份有限公司。住所地:江苏省昆山市周庄镇全福路。

法定代表人:朱丽荣,该公司董事长。

委托诉讼代理人:周彬,上海市金茂（昆山）律师事务所律师。

委托诉讼代理人:倪雪晶,上海市金茂（昆山）律师事务所律师。

被上诉人（原审被告）:北京镇边网络科技股份有限公司。住所地:北京市平谷区平谷镇府前西街 40 号 205 室。

法定代表人:左秀荣,该公司总经理。

委托诉讼代理人:王道宽,北京市振邦律师事务所律师。

上诉人上海环莘电子科技有限公司（以下简称环莘公司）因与被上诉人广东法瑞纳科技有限公司（以下简称法瑞纳公司）、江苏水乡周庄旅游股份有限公司（以下简称周庄旅游公司）、北京镇边网络科技股份有限公司（以下简称镇边公司）侵害实用新型专利权纠纷一案,不服江苏省苏州市中级人民法院于 2020 年 6 月 24 日作出的（2019）苏 05 民初 177 号民事判决,向本院提起上诉。本院于 2020 年 10 月 9 日立案后,依法组成合议庭,并于 2020 年 12 月 3 日、2021 年 3 月 18 日询问当事人,上诉人环莘公司的委托诉讼代理人娄俊,被上诉人法瑞纳公司的委托诉讼代理人黄仁东,被上诉人周庄旅游公司的委托诉讼代理人周彬、倪雪晶,被上诉人镇边公司的委托诉讼代理人王道宽到庭参加询问。本案现已审理终结。

环莘公司上诉请求:撤销原审判决;改判支持环莘公司全部诉讼请求;由法瑞纳公司承担一、二审诉讼费用。事实与理由:（一）原审法院认定涉案连接手柄产品（以下简称被诉侵权产品）使用的是现有技术,认定事实和适用法律错误。1. 专利号为 201820194071.3 号、名称为"一种应用于自动租售终端系统的连接手柄"的实用新型专利（以下简称涉案专利）涉及一种连接手柄。涉案儿童推车租赁设备由童车车身以及童车存储设备（车桩）两部分组成,被诉侵权产品是童车车身的一部分,并未包含在童车存储设备（车桩）之中。环莘公司委托法瑞纳公司生产的仅系童车存储设备（车桩）,不涉及童车车身,因此,法瑞纳公司交付的童车存储设备（车桩）不会导致被诉侵权产品所使用的技术方案（以下简称被诉侵权技术方案）被公开。2. 原审法院关于被诉侵权技术方案因相关产品交付承运人运输后即投入市场而被公开之认定有误。法瑞纳公司仅是将《采购合同》项下的产品交付承运人承运,无论法瑞纳公司实际交付承运的产品中是否包含了被诉侵权产品,该产品仍然处于法瑞纳公司或环莘公司的实际控制之下,仍处于生产制造的中间环节,相关产品并未实际进入市场流通领域。而且,环莘公司于 2018 年 2 月 8 日后（晚于涉案专利申请日）才收到法瑞纳公司交付承运的产品。（二）涉案专利技术方案系环莘公司自行研发,与法瑞纳公司无关。根据环莘公司与法瑞纳公司签订的《采购合同》,法瑞纳公司对儿童推车租赁设备负有严格保密义务。法瑞纳公司因其违约公开涉案专利技术方案的行为而获取

①　案例来源:《最高人民法院公报》2023 年第 5 期（总第 321 期）。

不正当利益,实质损害了环荦公司的合法权益,有违公平原则与合同约定。

法瑞纳公司辩称:(一)被诉侵权产品系由法瑞纳公司设计和打样,并在涉案专利申请日前,分别于 2017 年 12 月 16 日、2018 年 1 月 25 日、2018 年 2 月 4 日三次向环荦公司交付,交付的产品均为"滑槽车桩+蘑菇头手柄"结构,原审法院关于被诉侵权技术方案属于现有技术的认定正确。(二)环荦公司根据《采购合同》第三条的约定认为法瑞纳公司负有保密义务,交付产品在实际运抵环荦公司之前没有公开,不构成现有技术,该主张与环荦公司关于实际交付承运的产品不包括被诉侵权产品的主张相矛盾。(三)被诉侵权技术方案系由法瑞纳公司设计,并应用于法瑞纳公司其他项目的技术方案。环荦公司由于看中了法瑞纳公司的该项技术,抛弃了原合同,转而采购了法瑞纳公司的该项技术,并为此变更了采购产品的价格和交付日期。因此被诉侵权技术方案不属于《采购合同》约定的内容,法瑞纳公司不负有保密义务。(四)法瑞纳公司在涉案专利申请日前已将包括被诉侵权技术方案的产品图片和介绍在须知网上公开,因此被诉侵权产品使用的是现有技术。综上,请求驳回环荦公司的上诉,维持原判。

镇边公司辩称:镇边公司正常购买法瑞纳公司的产品用于周庄旅游景区的经营,无任何侵害知识产权的行为。无论涉案专利技术归属于环荦公司还是法瑞纳公司,镇边公司均不应承担侵权责任。环荦公司阻止镇边公司合法经营并提起诉讼,镇边公司将保留追究赔偿的权利。综上,请求驳回环荦公司的上诉,维持原判。

周庄旅游公司辩称:周庄旅游公司只是提供场地给镇边公司经营,与涉案专利侵权纠纷没有任何联系,请求驳回环荦公司的上诉,维持原判。

环荦公司向原审法院提起诉讼,原审法院于 2019 年 1 月 22 日立案受理,环荦公司起诉请求:1. 周庄旅游公司立即停止侵害环荦公司涉案专利权的行为,停止使用被诉侵权产品;2. 镇边公司立即停止侵害环荦公司涉案专利权的行为,停止使用、许诺销售、销售被诉侵权产品;3. 法瑞纳公司立即停止侵害环荦公司涉案专利权的行为,停止制造、使用、许诺销售、销售被诉侵权产品;4. 周庄旅游公司、镇边公司、法瑞纳公司共同赔偿环荦公司经济损失 50 万元及维权合理费用 20 904.3 元;5. 本案诉讼费用由周庄旅游公司、镇边公司、法瑞纳公司共同承担。事实与理由:环荦公司系涉案专利的专利权人。周庄旅游公司管理的周庄旅游景区内使用的被诉侵权产品并非环荦公司生产且未经该公司同意使用。另据周庄旅游公司称,被诉侵权产品系镇边公司向法瑞纳公司购买。周庄旅游公司、镇边

公司、法瑞纳公司的上述行为侵害了环荦公司的涉案专利权并造成严重经济损失。

周庄旅游公司原审称:(一)被诉侵权产品的权利人为镇边公司,周庄旅游公司不具有独立被告主体资格。(二)周庄旅游景区的童车租赁设备具有从外观设计专利、实用新型专利到软件开发的完整授权,不构成侵权。(三)被诉侵权产品具有合法来源,且未落入涉案专利权的保护范围。综上,请求驳回环荦公司的诉讼请求。

镇边公司原审辩称:其系被诉侵权产品的购买使用者,有合法来源,法瑞纳公司具有相应知识产权,镇边公司无侵权故意。

法瑞纳公司原审辩称:(一)该公司在涉案专利申请日前已经制造和销售被诉侵权产品。(二)在涉案专利申请日前,法瑞纳公司已经将被诉侵权产品销售给北京芭玛科技有限公司(以下简称芭玛公司)、杭州袋鼠街软件科技有限公司(以下简称袋鼠街公司),同时也已交付环荦公司,被诉侵权产品已经投放市场。原审庭审中,环荦公司也已承认这一事实,因此被诉侵权产品使用的是现有技术。(三)环荦公司主张 50 万元的侵权赔偿数额没有法律依据。本案只有一台被诉侵权产品,即便认定侵权,50 万元的赔偿数额也过高。

原审法院认定如下事实:

2018 年 2 月 5 日,环荦公司向国家知识产权局申请涉案专利,并于 2018 年 9 月 4 日获得授权公告。该专利现处有效期内。本案中,环荦公司主张保护涉案专利权利要求 1:一种应用于自动租售终端系统的连接手柄,其特征在于:包括与共享件连接的连接部,所述连接部的上端设有蘑菇状的固定部。所述固定部包括识别头和位于所述识别头与所述连接部之间的锁定颈,所述识别头上设有识别标签;所述连接部上设有握持部。说明书部分载明:本实用新型所要解决的技术问题是提供一种结构简单且能实现共享管理的应用于自动租售终端系统的连接手柄。具体实施方式载明:一种应用于自动租售终端系统的连接手柄,包括与共享件连接的连接部。固定部采用圆形蘑菇头的结构,可以方便地把共享件挂到固定桩内,在保证牢固的同时可以方便地使共享件在固定桩内滑动。所述连接部上设有握持部,握持部与连接部形成 T 形,方便握持。

2018 年 10 月 22 日,上海市东方公证处依环荦公司申请,在周庄旅游景区内对被诉侵权产品进行证据保全公证,并出具(2018)沪东证经字第 18456 号公证书。

原审法院经比对,被诉侵权产品具备涉案专利权利要求 1 的全部技术特征,落入权利要求 1 的保护范围。法瑞纳公司对于被诉侵权产品与涉案专利权利要求 1 的技术

特征相同无异议,但认为涉案专利技术方案系其设计完成并使用在先,提出先用权抗辩和现有技术抗辩。

原审法院据此进一步查明:

2017年11月17日,袋鼠街公司(甲方)与法瑞纳公司(乙方)签订2017111601号《合同》一份,载明:甲方从乙方购买产品:共享儿童手推车设备。法瑞纳公司送货单载明:送货日期为2017年12月30日,合同号为2017111601,产品名称为共享儿童手推车。送货日期为2017年11月25日,合同号为2017111601,产品名称为共享儿童手推车3D打印手柄(带芯片)。

2017年10月24日,芭玛公司(甲方)与法瑞纳公司(乙方)签订2017102401号《采购合同》一份,载明:甲方向乙方购买共享推车设备三台。

2018年2月1日,芭玛公司(甲方)与法瑞纳公司(乙方)签订2018012901号《承揽合同》一份,载明:乙方根据甲方在设计和质量方面的要求,完成甲方共享儿童车手柄模具的制作及首期试用产品的生产。承揽产品名称为共享儿童手推车手柄,备注配备RFID感应片及二维码,产品外观形状。法瑞纳公司送货单载明:送货日期为2018年4月4日,合同号为2018012901,产品名称为共享儿童手推车配件(手柄、二维码)。

2017年10月27日,环莘公司(甲方、采购人)与法瑞纳公司(乙方、成交人)签订《采购合同》,载明:甲方从乙方购买如下产品:儿童推车租赁设备(车桩)50台,供货单价2000元,总价10万元,备注:采用一字直管悬挂方式存放儿童推车。此外,还采购共享雨伞租赁设备(伞桩)、伞柄、物联网卡、共享雨伞扫码借还系统软件、共享儿童推车扫码借还系统软件。产品要求:乙方提供的共享雨伞租赁设备(伞桩)、伞柄、儿童推车租赁设备(车桩)、车手柄,外观颜色、LOGO需按照甲方提供的颜色及LOGO要求进行喷涂。乙方负责雨伞及儿童推车租赁设备的设计,甲方提供儿童推车配合乙方。乙方负责儿童推车手柄的设计及生产,甲方提供儿童推车样品配合乙方。合同金额145650元。保密协议:甲乙双方保证对在讨论、签订、执行本合同过程中所获悉的属于对方的且无法自公开渠道获得的文件及资料(包括公司计划、运营活动、技术信息及其他商业秘密)予以保密。未经该资料和文件的原提供方同意,另一方不得向任何第三方泄露该商业秘密的全部或部分内容。乙方对甲方的儿童推车租赁设备知识产权、产品资料、业务模式、软件功能有绝对保密的义务,禁止以任何形式对外传播。知识产权:本合同中甲方采购的儿童推车租赁设备相关的设计意念、产品设计外形、结构、系统软件功能、业务模式为甲方提供,知识产权属甲方所有,乙方不

得申请儿童推车租赁设备的相关专利。

2017年10月17日,微信名为"环莘-崔钰新"与法瑞纳公司房建涛微信聊天记录显示:2017年10月17日,"环莘-崔钰新"称:绿色是伞桩规格,黄色是车桩规格,并发送图片。法瑞纳公司以此佐证其主张的双方2017年10月27日《采购合同》中关于童车租赁设备约定采用一字直管悬挂方式,所使用的手柄为C型手柄而非本案被诉侵权产品的蘑菇头手柄。

名称为"法瑞纳-环莘共享……供货合作"的微信群聊天记录显示:2017年10月30日,微信名为"环莘周伟宁"称:"@房建涛.法瑞纳房总,手柄的设计开始了吗?什么时候可以给我们确认?"……微信名为"法瑞纳吴秀文-商务部"称:我们结构工程师罗工已经接到这个任务的话,他肯定会尽心尽力去完成的。2017年11月1日,微信名为"环莘-崔钰新"称:刚才已经和房总沟通好了,儿童推车的手柄由贵方设计,我们负责后续的开模及生产。2017年11月3日"法瑞纳吴秀文-商务部"发送设计图片,并称"这是手推车手柄的设计图"。2017年11月3日,微信名为"环莘法人赵为"称:技术上咱们共同进行柄的结构改造吧,目前这款还不行。2017年11月4日微信名为"环莘周伟宁"称:"先让他花十分钟在纸上画下外形,看他的理解是否正确?这个一定要做,别到时发出来不对。"微信名为"法瑞纳吴秀文-商务部"发送设计图片。微信名为"环莘周伟宁":形状对了,继续往前走。跟你们工程师说,手推的杆子尺寸和原车上保持一致。2017年11月6日,微信名为"环莘周伟宁"称:"具体设计文件好了吗?"微信名为"法瑞纳吴秀文-商务部"回复称:"明天过来看看吧"。2017年11月7日,微信名为"法瑞纳罗国云"发送图片。2017年11月9日,微信名为"环莘周伟宁"称:RFID标签采购的钱已经打过去了,希望各位帮忙全力推进。2017年11月10日,微信名为"法瑞纳罗国云"发送产品打样图片。

法瑞纳公司FS2017111401号送货单载明:送货日期为2017年11月14日,收货单位环莘公司,产品名称为花粉伞机、伞柄。法瑞纳公司FS2017121601号送货单载明:送货日期为2017年12月16日,收货单位环莘公司,产品名称为共享儿童手推车1台,合同编号2017102601,备注:配件齐全。法瑞纳公司2018012501号送货单载明:送货日期为2018年1月25日,收货单位环莘公司,产品名称为遛娃宝1台。法瑞纳公司FS2018020502号送货单载明:送货日期为2018年2月5日,收货单位环莘公司,产品名称为遛娃神器20台,合同编号2017102601,备注:有两台在2月4日发出。法瑞纳公司FS2018031401号送货单

载明:送货日期为 2018 年 3 月 14 日,收货单位环莘公司,产品名称为儿童推车租赁设备(车桩),合同编号 2017102601。2018 年 5 月 8 日,环莘公司向法瑞纳公司转账 35 500 元,备注:法瑞纳共享儿童推车合同首付款。2018 年 6 月 11 日,环莘公司向法瑞纳公司转账 10 000 元,备注:第二批采购二期款(部分)。2018 年 6 月 22 日,环莘公司向法瑞纳公司转账 25 500 元,备注:法瑞纳第二批采购合同尾款。

2017 年 12 月 5 日,搜狐网发布文章《一台合格的共享遛娃神器(遛娃小车)所具备的功能特点》记载:设备内置(RFID)电子芯片,记录车辆的全部信息,包括车辆配置、出厂时间以及最近一次的详细租车记录,可实现无卡还车功能。

原审法院认为:涉案专利合法有效,应受法律保护。诉讼中经比对,被诉侵权产品包含涉案专利权利要求 1 的全部技术特征,落入涉案专利权的保护范围。本案主要争议在于法瑞纳公司所提的先用权抗辩、现有设计抗辩能否成立。

(一)关于先用权抗辩

法瑞纳公司主张在涉案专利申请日前,其已经制造与涉案专利技术相同的产品并销售给芭玛公司、袋鼠街公司,但其提交的与袋鼠街公司的合同并未记载产品使用的技术方案,微信聊天记录有相应设计图,但在无其他证据佐证情况下,尚难以据此直接认定合同项下实际交付投入市场的产品使用了涉案专利技术方案;法瑞纳公司提交的 2017 年 10 月 24 日与芭玛公司签订的合同未披露共享推车设备所使用的技术方案,提交的 2018 年 2 月 1 日与芭玛公司签订的承揽合同记载了产品设计图,但仅有正面外观设计图,未完整披露所使用的技术方案,即便合同备注载明配备 RFID 感应片,但未披露识别标签位置技术特征;其次,即便在与袋鼠街公司、芭玛公司签订的合同项下,法瑞纳公司制造和销售了与涉案专利相同的产品,在案证据显示涉案蘑菇头手柄的设计图亦是在其与环莘公司履行《采购合同》过程中所形成的,而依照合同约定,法瑞纳公司对环莘公司的儿童推车租赁设备知识产权、产品资料、业务模式、软件功能有绝对保密的义务,故在违反合同约定情况下,其主张在芭玛公司、袋鼠街公司合同项下的使用亦不构成在先使用。故法瑞纳公司的先用权抗辩不能成立。

(二)关于现有技术抗辩

法瑞纳公司提交证据表明在《采购合同》项下,其于 2017 年 12 月 16 日、2018 年 1 月 25 日、2018 年 2 月 4 日三次向环莘公司交付了使用被诉侵权技术方案的产品,对此尽管环莘公司不予认可,认为仅是外形相似,但首先,双方

微信群聊天记录表明在履行该合同中,双方已就涉案专利有关的技术方案进行了详细论证,2017 年 11 月 7 日的设计图、2017 年 11 月 10 日的产品实物图,清楚揭示了涉案专利的技术特征;其次,环莘公司在诉讼中认可法瑞纳公司前述发货产品用于自动租售终端系统,前述送货单中亦均明确记载了采购合同编号,故综合在案证据可以认定在前述送货单项下,法瑞纳公司交付了使用被诉侵权技术方案的产品,在法瑞纳公司无证据表明其要求环莘公司针对运输中产品采取保密措施情况下,可以推定被诉侵权技术方案于 2018 年 2 月 4 日相关产品交付承运人运输后即因投入市场而被公开,法瑞纳公司的现有技术抗辩成立。据此,环莘公司主张法瑞纳公司、周庄旅游公司、镇边公司实施了侵害涉案专利权的行为无法律依据。

原审法院依照 2008 年修正的《中华人民共和国专利法》(以下简称专利法)第二十二条第五款、第六十二条、第六十九条第一款第二项、《最高人民法院关于审理侵犯专利权纠纷案件应用法律若干问题的解释》第十五条第一款之规定,于 2020 年 6 月 24 日作出(2019)苏 05 民初 177 号民事判决,判决如下:驳回上海环莘电子科技有限公司的诉讼请求。一审案件受理费 9009 元,由环莘公司负担。

二审期间,环莘公司向本院提交了下列证据:

证据 1:环莘公司与案外人永康市涵创模具加工厂(以下简称涵创加工厂)签订的《遛娃车车柄模具制作合同》及对应的付款凭证。内容为环莘公司委托涵创加工厂制作遛娃车车柄模具,合同金额为 11 100 元,约定由环莘公司向涵创加工厂提供 2D、3D 图档等相关资料,合同从双方签订起生效,开模周期 15 天。落款日期为 2017 年 11 月 12 日。付款凭证显示环莘公司于 2017 年 11 月 15 日、2018 年 1 月 4 日分别转账 5500、5600 元给徐勇达,其中第二次付款凭证中注明为"开模尾款"。

证据 2:微信聊天记录。环莘公司主张聊天记录中的"伟宁"为环莘公司员工,"Aa 阿达(涵创塑料模具制造)"为涵创加工厂工作人员。"伟宁"于 2017 年 11 月 7 日向"Aa 阿达(涵创塑料模具制造)"发送了体现涉案专利全部技术特征的车柄图片。

上述证据 1、2 拟证明环莘公司委托案外人涵创加工厂制作遛娃车车柄模具,因此涉案专利技术方案并非由法瑞纳公司完成,更非法瑞纳公司制造,法瑞纳公司不可能就涉案专利产品向环莘公司交付。

证据 3:环莘公司与案外人永康市宜源工贸有限公司(以下简称宜源公司)签订的《遛娃车采购及改造服务合同》及对应的付款凭证。内容为环莘公司提供遛娃车车柄模具,由宜源公司按模具生产遛娃车车柄并适配到环莘公

司提供的遛娃车推车杆上。拟证明环莘公司委托案外人宜源公司制造涉案专利产品，因此涉案专利技术方案并非法瑞纳公司研发，法瑞纳公司也未为此制造溜娃车车柄，法瑞纳公司不可能就涉案专利产品向环莘公司交付。

证据4：环莘公司与专利代理公司的微信聊天记录及相应图片。

证据5：环莘公司在微信聊天记录中发给专利代理公司的涉案专利技术交底书。

上述证据4、5拟证明涉案专利技术方案是环莘公司与专利代理公司在探讨过程中形成的，并非由法瑞纳公司研发，法瑞纳公司不可能就涉案专利产品向环莘公司交付。

证据6：广州知识产权法院（2019）粤73知民初783号、（2019）粤73知民初1211号、（2019）粤73知民初1212号民事判决书。拟证明法瑞纳公司在与环莘公司的合作中恶意抢先申请专利，经环莘公司提起专利权权属诉讼，广州知识产权法院已经判决三案中由法瑞纳公司抢先申请的专利权归属于环莘公司。

证据7：百世快运的邮单复印件及邮单查询、聊天记录。邮单号为10xxx033号，寄送人为"周"，收件人为"马庆勇"，收件地址为"山东聊城湖南路摩天轮观乐城售票中心"，物品栏记载"共享雨架"，件数"1件"，包装"木箱"。查询记录显示2018年2月4日该快件由广东省东莞市长安镇沙头发出，于2月8日被签收。拟证明法瑞纳公司于2018年2月4日交付承运的产品不包括涉案专利产品，而是共享雨架，且产品在运输中严格包装，不构成现有技术。

证据8：须知网网页打印件。该网页显示登录须知网网页（http://www.xuzhi.net/d198/15030620.html）后，仅显示文字而无图片。

证据9：360搜索结果网页打印件。该网页显示通过360搜索"共享遛娃小车"，搜索结果中未见法瑞纳公司主张的须知网文章及图片。

上述证据8、9拟证明法瑞纳公司主张的须知网文章并无相关图片，未公开被诉侵权技术方案，不构成现有技术。

证据10：国家知识产权局于2021年1月6日作出的第47424号无效宣告请求决定（以下简称第47424号决定）。该决定系针对法瑞纳公司就涉案专利提出的无效宣告请求作出。该决定记载，无效宣告程序中，国家知识产权局组织双方当庭演示了须知网的发帖及修改网帖内容再发布的过程，国家知识产权局对上述网帖内容的真实性以及公开日期予以认可，认为该证据可以作为评价涉案专利新颖性的现有技术。该决定认定：涉案专利权利要求1

请求保护的技术方案具备新颖性。拟证明涉案专利权效力稳定。

法瑞纳公司质证意见：对证据1-5的真实性、合法性、关联性均不予认可。即使环莘公司委托案外人制造模具和手柄，也不能证明法瑞纳公司没有交付包含涉案专利技术方案的产品，无法达到其证明目的。法瑞纳公司最早向环莘公司发送显示涉案专利技术图片的时间为2017年11月7日，早于环莘公司委托案外人开模的时间。在案证据可以间接证明法瑞纳公司每次交付均包括被诉侵权产品。认可证据6的真实性，但上述判决并非生效判决。不认可证据7与本案的关联性。认可证据8-10的真实性，但并不能据此推翻法瑞纳公司主张的事实。法瑞纳公司已就证据10的无效决定提起行政诉讼，该无效决定并未生效。

镇边公司、周庄旅游公司质证意见：上述证据的形成时间均早于原审判决，不属于二审新证据，且与本案缺乏关联性。

本院认证意见：根据证据本身的形式并结合法瑞纳公司、镇边公司、周庄旅游公司的质证意见，对证据1-10的真实性予以确认。证据1-3虽可以证明环莘公司委托案外人制作涉案专利产品的模具，并根据模具制造产品。但上述证据不足以否定法瑞纳公司曾基于双方的合同关系制造涉案专利产品并邮寄给环莘公司，故环莘公司提交的证据1-3不足以达到其证明目的。关于证据4-5，环莘公司与专利代理机构的沟通记录及技术交底书，与法瑞纳公司是否制造并向环莘公司邮寄涉案专利产品缺乏关联性。证据6并未涉及涉案专利，与本案侵权认定并无直接关联。证据7邮单的收件人、寄件人、收件地址等信息与原审法院查明的法瑞纳公司于2018年2月4日向环莘公司邮寄的快递缺乏直接的对应关系，不足以达到其证明目的。证据8-9的网页打印件虽未显示相关图片，但国家知识产权局在无效宣告程序中对相关网页内容进行现场演示，且法瑞纳公司据此提供了须知网客服对此问题的答复，该答复具有一定合理性，故环莘公司提交的证据8、9不足以达到其证明目的。证据10系国家知识产权局作出的无效决定，对其真实性、合法性及证明目的予以确认。

二审中，法瑞纳公司亦向本院提交了三份证据：

反证1：（2020）粤莞南华第4872号公证书。2020年4月20日，法瑞纳公司代理人杨小慧委托广东省东莞市南华公证处对须知网（网址http://www.xuzhi.net/d198/15030620.html）浏览过程进行公证，公证网页显示文章题目为《共享遛娃小车系统，崇左共享遛娃小车，法瑞纳共享遛娃小车》，发布时间及主体显示为：2017-12-5 12:08:07，广东法瑞纳科技有限公司。该文章简要回顾了共享儿童推车的发展过程,并介绍了共享儿童推车的模式以及法瑞纳公司情况。该证据内容与第47424号决定中的证据1－1相同。

反证2:(2020)粤莞南华第13799号公证书。2020年8月3日,法瑞纳公司代理人杨小慧委托广东省东莞市南华公证处通过www.so.com网页搜索"共享遛娃小车",在显示的搜索结果中点击"共享遛娃小车系统,崇左共享遛娃小车,法瑞纳共享遛娃小车(须知网)",显示的页面与反证1内容一致。

上述反证1、2拟证明被诉侵权技术方案在申请日前已通过互联网为公众所知,属于现有技术。

反证3:国家知识产权局于2020年5月6日作出的《无效宣告请求受理通知书》,决定对涉案专利的无效宣告请求予以受理。拟证明涉案专利权效力不稳定。

环莘公司质证意见:上述反证系二审庭后提交的证据。对反证1、2的真实性、关联性均不予认可。经网页查询,浏览相关网页显示的页面仅有文字,并未见图片,故两份证据存在伪造可能。即使真实,该网页显示的图片也是平面图,并未公开被诉侵权技术方案的全部技术特征,特别是图片上各个部件并没有文字介绍,本领域技术人员即使看到也无法与被诉侵权技术方案的各个部件产生一一对应关系。特别是,法瑞纳公司曾以该份证据作为对比文件提起无效宣告请求,国家知识产权局作出的第47424号决定明确认定反证1、2未公开涉案专利权利要求1的技术方案。对反证3的真实性予以认可,但是第47424号决定已经维持涉案专利权有效。

镇边公司、周庄旅游公司质证意见:认可上述证据的真实性、合法性。

本院认证意见:反证1、2系公证书,在无相反证据推翻该公证书所记载内容的情况下,本院对该证据的形式和内容的真实性予以确认。反证3系国家知识产权局作出的文件,对其真实性、合法性予以确认。关于上述证据是否能够达到法瑞纳公司的证明目的,将结合全案事实予以综合认定。

原审查明的事实基本属实,本院予以确认。

本院另查明,广州知识产权法院于2019年6月24日立案受理环莘公司与法瑞纳公司就专利号为201820489897.2、名称为"共享儿童推车车桩"实用新型专利权权属纠纷一案,并判决该专利权归环莘公司所有。2020年11月20日,本院作出(2020)最高法知民终1008号民事判决(以下简称1008号判决),驳回上诉,维持原判。该判决认定:"结合涉案合同知识产权条款的字面意思,相关合同条款应理解为涉案合同涉及的儿童推车租赁

设备及相关设计的专利权归属于环莘公司。""法瑞纳公司对环莘公司的儿童推车租赁设备的知识产权、产品资料、业务模式、软件功能负有保密义务。"

还查明,2018年5月7日,镇边公司(甲方)与法瑞纳公司(乙方)签订2018050701号《买卖合同》一份,载明:甲方向乙方采购共享儿童推车设备及儿童推车软件程序。其中,购买共享儿童推车设备50台,单价3500元,总价175000元;购买儿童推车软件程序1套,单价为20000元。2018年12月5日,法瑞纳公司向镇边公司出具确认书一份,载明:"兹确认贵司从我司处购买的外观设计专利产品－－共享儿童手推车设备(专利号:ZL201730601817.9)、共享儿童手推车手柄(专利号:ZL201730603149.3)、共享儿童推车车桩(专利号:ZL201820489897.2)、共享遛娃车分时租赁系统V1.0(计算机软件著作权登记证书登记号:2018SR436374)(具体购买情况以双方实际交易为准)可以运用到贵司运营的花粉共享儿童推车上。本确认书在贵司向我司购买上述外观专利产品期间均有效。"

本案为侵害发明专利权纠纷,因被诉侵权行为发生在2009年10月1日以后、2021年6月1日前,故本案应适用2008年修正的专利法。本院认为,结合本案案情及各方当事人的诉辩意见,本案二审的争议焦点为:法瑞纳公司交付承运的产品是否包括被诉侵权产品;法瑞纳公司主张的现有技术抗辩能否成立;本案法律责任的承担。

(一)关于法瑞纳公司交付承运的产品是否包括被诉侵权产品的问题

环莘公司上诉主张,其委托法瑞纳公司制造的仅系童车存储设备(车桩),不包括被诉侵权产品,因此法瑞纳公司交付承运的产品不包括被诉侵权产品。对此,本院认为:

首先,根据原审法院查明的事实,在法瑞纳公司与环莘公司签订的《采购合同》项下,双方就涉案专利手柄技术方案进行了详细论证。2017年11月7日和10日,双方在工作微信群中先后发送了儿童推车的效果设计图和产品实物图,该图片已清楚揭示了被诉侵权技术方案。随后,法瑞纳公司先后三次向环莘公司交付了儿童推车产品。原审法院据此认定法瑞纳公司向环莘公司交付了使用被诉侵权技术方案的产品。其次,环莘公司二审提交的证据1－5只能证明环莘公司曾经委托案外人制作涉案专利产品模具,并根据模具制造产品,以及涉案专利由环莘公司委托专利代理公司申请等事实,并不能证明法瑞纳公司交付承运的产品中不包括被诉侵权产品。而环莘公司二审提交的证据7虽然记载交付承运的物品为"共享雨架",但是该邮单信息与原审查明的送货单缺乏对应关系,不能证

明法瑞纳公司交付承运的产品不包括被诉侵权产品。因此，环莘公司二审提交的前述证据不足以推翻原审认定的事实，在案证据可以证明法瑞纳公司已根据双方合同约定向环莘公司交付了被诉侵权产品。原审法院的相关认定正确，本院予以维持。环莘公司的该项上诉主张，本院不予支持。

（二）关于法瑞纳公司主张的现有技术抗辩能否成立的问题

专利法第六十二条规定："在专利侵权纠纷中，被诉侵权人有证据证明其实施的技术或者设计属于现有技术或者现有设计的，不构成侵犯专利权。"第二十二条第五款规定："本法所称现有技术，是指申请日以前在国内外为公众所知的技术。"由此可见，现有技术成立的前提是该技术在涉案专利申请日前处于为公众所知的状态。

本案中，法瑞纳公司对于被诉侵权产品包含涉案专利权利要求1的全部技术特征、落入涉案专利保护范围并无异议。其对于不侵权抗辩的主要理由是被诉侵权产品使用的是现有技术，具体包括两项：一是法瑞纳公司在须知网公开的文章及图片导致被诉侵权技术方案为公众所知；二是法瑞纳公司将涉案儿童推车租赁设备交付承运导致被诉侵权技术方案为公众所知。

1. 关于法瑞纳公司在须知网公开的文章及图片是否导致被诉侵权技术方案为公众所知

现有技术抗辩制度一方面可以防止社会公众遭受不当授权的专利权人提出的侵权诉讼的侵扰，在无效宣告行政程序之外提供更为便捷的救济措施；另一方面，其也为善意使用现有技术的社会公众提供一种稳定的合理预期，可以对自身行为进行合理预测和评价。就前者而言，不当授权的专利显然不应获得法律保护，社会公众可以自由使用该项技术。对后者而言，不论被诉侵权产品是否落入涉案专利的保护范围，只要行为人使用的是现有技术，即可以合法使用。因此一般情况下，只要是属于申请日以前在国内外为公众所知的技术（包括但不限于通过公开出版、公开使用方式公开的技术），均可以作为被诉侵权人提出现有技术抗辩的依据。

但是，民事主体从事民事活动，应当遵循诚信原则，同时不得违反法律和公序良俗，这是民法的基本原则。作为一项民事诉讼中的侵权抗辩事由，现有技术抗辩的行使也应遵循上述民法基本原则，被诉侵权人在有关抗辩事由中应当是善意或者无过错的一方，任何人不能因自身违法或不当行为而获得利益。如果被诉侵权人主张现有技术抗辩的现有技术，系由本人或者由其授意的第三人违反明示或者默示保密义务而公开的技术方案，则该被诉侵权人

不得依据该项现有技术主张现有技术抗辩，否则将使得被诉侵权人因自身违法公开行为而获得利益，明显违反民法基本原则和专利法立法精神。

本案中，根据环莘公司与法瑞纳公司于2017年10月27日签订的《采购合同》的约定，环莘公司采购的儿童推车租赁设备及相关设计的专利权属于环莘公司，且法瑞纳公司对儿童推车租赁设备的知识产权、产品资料、业务模式、软件功能负有保密义务。据此，法瑞纳公司在须知网公开文章及图片的行为属于违反合同保密义务的披露行为。法瑞纳公司未经专利权人环莘公司同意而公开涉案专利技术方案，违反合同义务，其行为具有违法性和可责难性，基于前述有关民法基本原则，其不能依据该项现有技术主张现有技术抗辩。法瑞纳公司二审提交的相关反证不能用于支持其所主张的现有技术抗辩，本院对此不予支持。

2. 关于法瑞纳公司将涉案儿童推车租赁设备交付承运是否导致被诉侵权技术方案为公众所知

根据"谁主张谁举证"的原则，法瑞纳公司主张其交付承运的产品使得被诉侵权技术方案公开，其就应当对交付承运导致被诉侵权技术方案为公众所知的状态承担举证责任。但是本案中，法瑞纳公司没有证据证明其交付承运的产品处于公众想获知就能够获知其技术内容的状态。

首先，法瑞纳公司作为寄件人，并未提交证据证明涉案产品交付承运时处于何种包装状态，即没有证据证明其交付承运的产品未经密封包装而处于随时可见的状态；亦未证明儿童手推车类产品在交付承运时通常采用不包装或者透明材料包装的方式。故原审法院以环莘公司无证据表明其要求法瑞纳公司对运输中产品采取保密措施而推定相关产品处于公开状态，既不符合民事举证规则，也缺乏合理性。

其次，即使法瑞纳公司交付承运的产品未经密封包装，也不能就此认为其处于公众想获知就能够获知其技术内容的状态。一般而言，产品只有进入市场销售环节，才可以推定为公众所知。运输、仓储等过程一般相对封闭，在运输、仓储等过程中，产品并不处于公众可以自由接触或观察的状态，并非公众想获知就能获知。而负责运输、仓储的人员，即使对于交付运输、仓储的产品有所接触，甚至对所涉产品的技术方案有一定了解，因其对产品负有法定或者约定的保管、看护义务，也不能认定其属于专利法上的公众，除非有相反证据证明在这一过程中，存在着针对不特定人员的对外展示、宣传等公开产品及其技术内容的事实。本案中，法瑞纳公司提供的证据不能证明在承运过程中，承运人员存在针对不特定人员的对外展

示、宣传等披露产品及其技术内容的行为，进而使得涉案产品及其技术内容处于公众想获知就能够获知的状态。

因此，法瑞纳公司将相关产品交付承运并未导致被诉侵权技术方案为公众所知，原审法院关于相关产品交付承运人运输后即因投入市场而导致被诉侵权技术方案被公开的认定有所不当，本院予以纠正。

综上，法瑞纳公司主张的两项现有技术抗辩均不能成立，环莘公司的相关上诉主张成立，本院予以支持。

（三）关于法律责任的承担问题

1. 关于法瑞纳公司应承担的民事责任

如前所述，法瑞纳公司制造、销售被诉侵权产品的行为侵害了环莘公司的涉案专利权，环莘公司关于请求法瑞纳公司停止制造被诉侵权产品及赔偿损失的请求应予支持。但在案证据不能证明法瑞纳公司存在使用、许诺销售被诉侵权产品等侵权行为，对环莘公司的该项诉请，本院不予支持。

2. 关于镇边公司、周庄旅游公司应承担的民事责任

首先，在案证据不能证明镇边公司存在销售、许诺销售被诉侵权产品的侵权行为，故对环莘公司要求镇边公司停止销售、许诺销售被诉侵权产品的主张，本院不予支持。

其次，根据镇边公司提交的该公司与法瑞纳公司签订的《买卖合同》以及法瑞纳公司向镇边公司出具的确认书，可以证明镇边公司使用的被诉侵权产品来源于法瑞纳公司。同时，根据上述确认书中关于外观设计专利权的授权内容，可以进一步证明镇边公司在本案中已尽合理注意义务、并无侵权故意。故结合在案证据，镇边公司的合法来源抗辩具有事实和法律依据，其可以不承担赔偿损失的民事责任，且因其支付了合理对价，根据《最高人民法院关于审理侵犯专利权纠纷案件应用法律若干问题的解释（二）》第二十五条之规定，其亦无需承担停止使用被诉侵权产品的民事责任。基于相同事实和理由，周庄旅游公司的合法来源抗辩亦成立，其亦无需承担停止使用被诉侵权产品和赔偿损失的民事责任。对环莘公司的相应主张，本院不予支持。

3. 关于经济损失和合理开支

专利法第六十五条规定："侵犯专利权的赔偿数额按照权利人因被侵权所受到的实际损失确定；实际损失难以确定的，可以按照侵权人因侵权所获得的利益确定。权利人的损失或者侵权人获得的利益难以确定的，参照该专利许可使用费的倍数合理确定。赔偿数额还应当包括权利人为制止侵权行为所支付的合理开支。权利人的损失、侵权人获得的利益和专利许可使用费均难以确定的，人民法院可以根据专利权的类型、侵权行为的性质和情节等因

素，确定给予一万元以上一百万元以下的赔偿。"

本案中，在案证据不能证明环莘公司因法瑞纳公司侵权所受到的实际损失或者法瑞纳公司的侵权获利，本案亦缺乏可供参考的专利许可使用费。本院将根据环莘公司的诉讼主张，在综合考虑涉案专利的类型、被诉侵权行为的性质、侵权情节等因素的基础上合理确定赔偿数额。具体来说，本院考虑了以下几方面因素：1. 涉案专利的类型为实用新型；2. 被诉侵权行为发生在旅游景区，人员往来频繁；3. 法瑞纳公司与环莘公司在双方签订的采购合同中，已对儿童推车租赁设备的知识产权归属及保密义务作出明确约定，在此情形下，法瑞纳公司仍然违背民法基本原则和合同保密义务，在互联网上公开了涉案儿童推车租赁设备的图片及功能等信息，并将此作为主张现有技术抗辩的证据。在综合考虑上述因素的情况下，本院对环莘公司主张的经济损失50万元予以全额支持。

关于合理开支，环莘公司为本案诉讼支付的公证费、律师费客观存在，且有相应证据予以佐证，故对其合理开支20 904.3元予以全额支持。虽然镇边公司、周庄旅游公司的合法来源抗辩成立，但合法来源抗辩仅是免除赔偿责任的抗辩，而非不侵权抗辩。合法来源抗辩成立，并未改变使用被诉侵权产品这一行为的侵权性质，而维权合理开支系基于侵权行为而发生，故在合法来源抗辩成立的情况下，镇边公司、周庄旅游公司仍须与法瑞纳公司共同承担环莘公司就本案诉讼支付的合理开支。

综上，环莘公司的上诉请求部分成立。依照2008年修正的《中华人民共和国专利法》第二十二条第五款、第六十二条、第六十五条、第七十条，《最高人民法院关于审理侵犯专利权纠纷案件应用法律若干问题的解释（二）》第二十五条，《中华人民共和国民事诉讼法》第一百七十条第一款第二项之规定，判决如下：

一、撤销江苏省苏州市中级人民法院（2019）苏05民初177号民事判决；

二、广东法瑞纳科技有限公司立即停止侵害第201820194071.3号、名称为"一种应用于自动租售终端系统的连接手柄"实用新型专利权的行为，即立即停止制造、销售被诉侵权产品；

三、广东法瑞纳科技有限公司于本判决书生效之日起十日内赔偿上海环莘电子科技有限公司经济损失50万元及合理开支20 904.3元。北京镇边网络科技股份有限公司、江苏水乡周庄旅游股份有限公司对其中合理开支20 904.3元承担连带责任；

四、驳回上海环莘电子科技有限公司的其他诉讼请求。

如果未按本判决指定的期间履行给付金钱义务，应当依照《中华人民共和国民事诉讼法》第二百五十三条之规定，加倍支付迟延履行期间的债务利息。

一审案件受理费 9009 元，二审案件受理费 9009 元，均由广东法瑞纳科技有限公司负担。

本判决为终审判决。

12. 郑州曳头网络科技有限公司与浙江天猫网络有限公司、丁晓梅等侵害外观设计专利权先予执行案①

【案例要旨】

权利人向电子商务平台投诉平台内销售商侵害其知识产权，电子商务平台根据电子商务法相关规定删除相关商品的销售链接后，销售商可以申请法院裁定要求电子商务平台先予恢复被删除的销售链接。人民法院应综合考虑销售商品侵权的可能性、删除销售链接是否可能会给销售商造成难以弥补的损害、销售商提供担保情况、删除或恢复链接是否有损社会公共利益等因素，裁定是否先予恢复被删除的销售链接。

申请人：郑州曳头网络科技有限公司，住所地：河南省郑州市管城区。

法定代表人：王小龙，该公司执行董事。

被申请人：浙江天猫网络有限公司，住所地：浙江省杭州市余杭区。

法定代表人：蒋凡，该公司董事长。

被申请人：丁晓梅。

被申请人：南通苏奥纺织品有限公司，住所地：江苏省南通市高新区。

法定代表人：王小龙，该公司执行董事。

丁晓梅因与郑州曳头网络科技有限公司（以下简称曳头公司）、南通苏奥纺织品有限公司（以下简称苏奥公司）、浙江天猫网络有限公司（以下简称天猫公司）发生侵害外观设计专利权纠纷，向江苏省南京市中级人民法院提起诉讼。案件审理过程中，曳头公司作为申请人于 2019 年 6 月 10 日申请法院裁定先予恢复被删除的销售链接。

申请人曳头公司申请要求被申请人天猫公司先予恢复被删除的销售链接，理由是：1. 曳头公司认为被诉侵权产品没有落入涉案外观设计专利权的保护范围。被诉侵权产品与涉案外观设计之间的相同点在于蚊帐可折叠骨架的整体形状，不同点在于蚊帐布的形状和图案；其中，相

同点部分为现有设计；不同点部分可以视为涉案外观设计的设计要点，即被诉侵权产品没有使用涉案专利的设计要点部分。因此，曳头公司制造、销售被诉侵权产品的行为不构成侵权。2. 由于被申请人丁晓梅的投诉，天猫公司删除了被诉侵权产品的销售链接，给曳头公司造成了难以弥补的损失。被诉侵权产品为蚊帐，系夏季季节性产品，目前处于销售旺季。在销售链接被删除之前，该产品已经做到同类产品第一名的位置，即将到来的"6.18"活动是继"双 11"之后的第二个大型夏季销售推广活动，删除销售链接严重影响曳头公司的产品销售。且本案审理程序依法会经历一定的时间，不尽快恢复链接将对曳头公司的生产经营活动造成无法估量的损失。因此，为了避免造成难以弥补的损失，曳头公司申请法院裁定要求天猫公司先予恢复被诉侵权产品在其所经营的天猫网购平台上的销售链接。

被申请人丁晓梅答辩称，丁晓梅作为涉案外观设计专利权人向被申请人天猫电子商务平台投诉申请人曳头公司等存在专利侵权行为，并依法向法院起诉曳头公司侵害外观设计专利权，天猫电子商务平台应当根据电子商务法的相关规定删除曳头公司的侵权产品销售链接。因此，曳头公司的申请缺乏事实和法律依据，应当予以驳回。

江苏省南京市中级人民法院经审理查明：

2016 年 1 月 28 日，被申请人丁晓梅向国家知识产权局申请了名称为"便携式婴幼儿折叠蚊帐"的外观设计专利，于 2016 年 6 月 22 日获得授权。同日，丁晓梅申请"一种便携式婴幼儿折叠蚊帐"的实用新型专利，获得授权后，又于 2017 年 3 月被宣告无效。

申请人曳头公司是淘宝店铺"同梦母婴专营店"的经营者，被申请人苏奥公司系曳头公司的关联公司。2019 年 3 月 2 日，被申请人丁晓梅向被申请人天猫公司投诉，称曳头公司、苏奥公司制造和销售的遮光 U 型蚊帐产品和升级 U 型蚊帐产品即涉案被诉侵权产品侵害其外观设计专利权。2019 年 3 月 7 日，曳头公司向天猫公司提供《反通知》《天猫知识产权投诉申诉书》以及相关对比文件材料，承诺其在天猫平台上展示的被投诉的遮光 U 型蚊帐产品和升级 U 型蚊帐产品未侵害丁晓梅的知识产权。在接到投诉后，天猫公司分别于 2019 年 3 月 12 日、3 月 20 日和 4 月 2 日三次委托浙江省知识产权研究与服务中心进行专利侵权鉴定，后者出具三份《专利侵权判定咨询报告》，结论均为专利侵权不成立。天猫公司遂未采取删除

---

① 案例来源：《最高人民法院公报》2023 年第 7 期。

销售链接等措施。

2019年3月26日，被申请人丁晓梅以申请人曳头公司、被申请人苏奥公司、天猫公司为被告，诉至江苏省南京市中级人民法院。2019年4月4日，丁晓梅向天猫公司提出《反申诉及诉讼说明》，认为一方面曳头公司、苏奥公司制造和销售涉案的遮光U型蚊帐产品和升级U型蚊帐产品构成侵权，另一方面其已向法院提起侵害外观设计专利权诉讼，故天猫公司网购平台应当立即采取删除、屏蔽、断开链接、终止交易和服务等必要措施。2019年4月8日，天猫公司删除了被诉侵权产品在天猫网购平台的销售链接。

申请人曳头公司为该申请提供了相应的担保。

江苏省南京市中级人民法院经审理认为：

首先，被申请人天猫公司对被申请人丁晓梅的投诉依规依法进行了处理。接到丁晓梅的投诉后，天猫公司一方面听取了投诉商家和被投诉商家的意见，另一方面又由其关联公司委托第三方对侵权行为能否成立进行评判，且评论意见认为被诉侵权行为不成立，故未对销售链接采取删除等措施。丁晓梅在提起本案诉讼后，再次投诉，坚持认为天猫公司应当采取删除链接等必要措施。天猫公司遂采取了删除销售链接的措施。

其次，申请人曳头公司制造、销售被诉侵权产品构成侵权的可能性较小。根据当事人举证、质证及侵权比对的情况，并结合被申请人丁晓梅另一项"便携式婴幼儿折叠蚊帐"实用新型专利已被宣告无效等事实，法院初步认为构成专利侵权的可能性较小。

第三，不恢复销售链接可能给申请人曳头公司的生产经营造成难以弥补的损失。被诉侵权产品的销售很大程度上依赖于商誉和口碑的积累以及时机的把握，案涉产品销售具有较强的季节性，且构成侵权的可能性较小。因此，若不及时恢复被删除的销售链接可能造成曳头公司及其被诉侵权产品所积累的商誉和口碑的持续消减和损失以及交易机会的丧失，给其生产经营造成难以弥补的损失。

第四，申请人曳头公司提供了一定的担保。曳头公司根据被诉侵权产品之前每月销售额的适当倍数乘以恢复链接后大概的销售月份计算出一个数额，据此提供了现金担保，并保证若被认定侵权成立其可能承担的赔偿责任能够得到实现。被申请人天猫公司亦承诺可以及时提供恢复链接后被诉侵权产品的所有销售记录，以供计算赔偿等使用。

综上，申请人曳头公司的申请符合法律规定。江苏省南京市中级人民法院依照《中华人民共和国民事诉讼法》第一百零六条第（三）项、第一百零七条的规定，于2019年6月14日作出裁定：

浙江天猫网络有限公司立即恢复郑州曳头网络科技有限公司涉案被诉侵权产品"遮光U型蚊帐"和"升级U型蚊帐"在天猫网购平台上的销售链接。

该民事裁定作出后即生效，申请人和被申请人均未提出复议申请。

2019年10月20日，江苏省南京市中级人民法院就丁晓梅诉郑州曳投网络科技有限公司等侵害外观设计专利权案作出判决：驳回丁晓梅的诉讼请求。其后，丁晓梅不服，上诉至江苏省高级人民法院，法院审理过程中，丁晓梅向法院申请撤回上诉。2020年3月19日，江苏省高级人民法院作出裁定：准许丁晓梅撤回上诉。

四、商　标

(一)综合

中华人民共和国商标法

· 1982 年 8 月 23 日第五届全国人民代表大会常务委员会第二十四次会议通过
· 根据 1993 年 2 月 22 日第七届全国人民代表大会常务委员会第三十次会议《关于修改〈中华人民共和国商标法〉的决定》第一次修正
· 根据 2001 年 10 月 27 日第九届全国人民代表大会常务委员会第二十四次会议《关于修改〈中华人民共和国商标法〉的决定》第二次修正
· 根据 2013 年 8 月 30 日第十二届全国人民代表大会常务委员会第四次会议《关于修改〈中华人民共和国商标法〉的决定》第三次修正
· 根据 2019 年 4 月 23 日第十三届全国人民代表大会常务委员会第十次会议《关于修改〈中华人民共和国建筑法〉等八部法律的决定》第四次修正

目　录

第一章　总　则

第一条　【立法宗旨】为了加强商标管理,保护商标专用权,促使生产、经营者保证商品和服务质量,维护商标信誉,以保障消费者和生产、经营者的利益,促进社会主义市场经济的发展,特制定本法。

第二条　【行政主管部门】国务院工商行政管理部门商标局主管全国商标注册和管理的工作。

国务院工商行政管理部门设立商标评审委员会,负责处理商标争议事宜。

第三条　【注册商标及其分类与保护】经商标局核准注册的商标为注册商标,包括商品商标、服务商标和集体商标、证明商标;商标注册人享有商标专用权,受法律保护。

本法所称集体商标,是指以团体、协会或者其他组织名义注册,供该组织成员在商事活动中使用,以表明使用者在该组织中的成员资格的标志。

本法所称证明商标,是指由对某种商品或者服务具有监督能力的组织所控制,而由该组织以外的单位或者个人使用于其商品或者服务,用以证明该商品或者服务的原产地、原料、制造方法、质量或者其他特定品质的标志。

集体商标、证明商标注册和管理的特殊事项,由国务院工商行政管理部门规定。

第四条　【商标注册申请】自然人、法人或者其他组织在生产经营活动中,对其商品或者服务需要取得商标专用权的,应当向商标局申请商标注册。不以使用为目的的恶意商标注册申请,应当予以驳回。

本法有关商品商标的规定,适用于服务商标。

第五条　【注册商标共有】两个以上的自然人、法人或者其他组织可以共同向商标局申请注册同一商标,共同享有和行使该商标专用权。

第六条　【商标强制注册】法律、行政法规规定必须使用注册商标的商品,必须申请商标注册,未经核准注册的,不得在市场销售。

第七条　【诚实信用原则和商品质量】申请注册和使用商标,应当遵循诚实信用原则。

商标使用人应当对其使用商标的商品质量负责。各级工商行政管理部门应当通过商标管理,制止欺骗消费者的行为。

第八条　【商标的构成要素】任何能够将自然人、法人或者其他组织的商品与他人的商品区别开的标志,包括文字、图形、字母、数字、三维标志、颜色组合和声音等,以及上述要素的组合,均可以作为商标申请注册。

第九条　【申请注册的商标应具备的条件】申请注册的商标,应当有显著特征,便于识别,并不得与他人在先取得的合法权利相冲突。

商标注册人有权标明"注册商标"或者注册标记。

第十条　【禁止作为商标使用的标志】下列标志不得作为商标使用：

（一）同中华人民共和国的国家名称、国旗、国徽、国歌、军旗、军徽、军歌、勋章等相同或者近似的，以及同中央国家机关的名称、标志、所在地特定地点的名称或者标志性建筑物的名称、图形相同的；

（二）同外国的国家名称、国旗、国徽、军旗等相同或者近似的，但经该国政府同意的除外；

（三）同政府间国际组织的名称、旗帜、徽记等相同或者近似的，但经该组织同意或者不易误导公众的除外；

（四）与表明实施控制、予以保证的官方标志、检验印记相同或者近似的，但经授权的除外；

（五）同"红十字"、"红新月"的名称、标志相同或者近似的；

（六）带有民族歧视性的；

（七）带有欺骗性，容易使公众对商品的质量等特点或者产地产生误认的；

（八）有害于社会主义道德风尚或者有其他不良影响的。

县级以上行政区划的地名或者公众知晓的外国地名，不得作为商标。但是，地名具有其他含义或者作为集体商标、证明商标组成部分的除外；已经注册的使用地名的商标继续有效。

第十一条　【不得作为商标注册的标志】下列标志不得作为商标注册：

（一）仅有本商品的通用名称、图形、型号的；

（二）仅直接表示商品的质量、主要原料、功能、用途、重量、数量及其他特点的；

（三）其他缺乏显著特征的。

前款所列标志经过使用取得显著特征，并便于识别的，可以作为商标注册。

第十二条　【三维标志申请注册商标的限制条件】以三维标志申请注册商标的，仅由商品自身的性质产生的形状、为获得技术效果而需有的商品形状或者使商品具有实质性价值的形状，不得注册。

第十三条　【驰名商标的保护】为相关公众所熟知的商标，持有人认为其权利受到侵害时，可以依照本法规定请求驰名商标保护。

就相同或者类似商品申请注册的商标是复制、摹仿或者翻译他人未在中国注册的驰名商标，容易导致混淆的，不予注册并禁止使用。

就不相同或者不相类似商品申请注册的商标是复制、摹仿或者翻译他人已经在中国注册的驰名商标，误导公众，致使该驰名商标注册人的利益可能受到损害的，不予注册并禁止使用。

第十四条　【驰名商标的认定】驰名商标应当根据当事人的请求，作为处理涉及商标案件需要认定的事实进行认定。认定驰名商标应当考虑下列因素：

（一）相关公众对该商标的知晓程度；

（二）该商标使用的持续时间；

（三）该商标的任何宣传工作的持续时间、程度和地理范围；

（四）该商标作为驰名商标受保护的记录；

（五）该商标驰名的其他因素。

在商标注册审查、工商行政管理部门查处商标违法案件过程中，当事人依照本法第十三条规定主张权利的，商标局根据审查、处理案件的需要，可以对商标驰名情况作出认定。

在商标争议处理过程中，当事人依照本法第十三条规定主张权利的，商标评审委员会根据处理案件的需要，可以对商标驰名情况作出认定。

在商标民事、行政案件审理过程中，当事人依照本法第十三条规定主张权利的，最高人民法院指定的人民法院根据审理案件的需要，可以对商标驰名情况作出认定。

生产、经营者不得将"驰名商标"字样用于商品、商品包装或者容器上，或者用于广告宣传、展览以及其他商业活动中。

第十五条　【恶意注册他人商标】未经授权，代理人或者代表人以自己的名义将被代理人或者被代表人的商标进行注册，被代理人或者被代表人提出异议的，不予注册并禁止使用。

就同一种商品或者类似商品申请注册的商标与他人在先使用的未注册商标相同或者近似，申请人与该他人具有前款规定以外的合同、业务往来关系或者其他关系而明知该他人商标存在，该他人提出异议的，不予注册。

第十六条　【地理标志】商标中有商品的地理标志，而该商品并非来源于该标志所标示的地区，误导公众的，不予注册并禁止使用；但是，已经善意取得注册的继续有效。

前款所称地理标志，是指标示某商品来源于某地区，该商品的特定质量、信誉或者其他特征，主要由该地区的自然因素或者人文因素所决定的标志。

第十七条　【外国人在中国申请商标注册】外国人

或者外国企业在中国申请商标注册的,应当按其所属国和中华人民共和国签订的协议或者共同参加的国际条约办理,或者按对等原则办理。

第十八条 【商标代理机构】申请商标注册或者办理其他商标事宜,可以自行办理,也可以委托依法设立的商标代理机构办理。

外国人或者外国企业在中国申请商标注册和办理其他商标事宜的,应当委托依法设立的商标代理机构办理。

第十九条 【商标代理机构的行为规范】商标代理机构应当遵循诚实信用原则,遵守法律、行政法规,按照被代理人的委托办理商标注册申请或者其他商标事宜;对在代理过程中知悉的被代理人的商业秘密,负有保密义务。

委托人申请注册的商标可能存在本法规定不得注册情形的,商标代理机构应当明确告知委托人。

商标代理机构知道或者应当知道委托人申请注册的商标属于本法第四条、第十五条和第三十二条规定情形的,不得接受其委托。

商标代理机构除对其代理服务申请商标注册外,不得申请注册其他商标。

第二十条 【商标代理行业组织对会员的管理】商标代理行业组织应当按照章程规定,严格执行吸纳会员的条件,对违反行业自律规范的会员实行惩戒。商标代理行业组织对其吸纳的会员和对会员的惩戒情况,应当及时向社会公布。

第二十一条 【商标国际注册】商标国际注册遵循中华人民共和国缔结或者参加的有关国际条约确立的制度,具体办法由国务院规定。

第二章　商标注册的申请

第二十二条 【商标注册申请的提出】商标注册申请人应当按规定的商品分类表填报使用商标的商品类别和商品名称,提出注册申请。

商标注册申请人可以通过一份申请就多个类别的商品申请注册同一商标。

商标注册申请等有关文件,可以以书面方式或者数据电文方式提出。

第二十三条 【注册申请的另行提出】注册商标需要在核定使用范围之外的商品上取得商标专用权的,应当另行提出注册申请。

第二十四条 【注册申请的重新提出】注册商标需要改变其标志的,应重新提出注册申请。

第二十五条 【优先权及其手续】商标注册申请人自其商标在外国第一次提出商标注册申请之日起六个月内,又在中国就相同商品以同一商标提出商标注册申请的,依照该外国同中国签订的协议或者共同参加的国际条约,或者按照相互承认优先权的原则,可以享有优先权。

依照前款要求优先权的,应当在提出商标注册申请的时候提出书面声明,并且在三个月内提交第一次提出的商标注册申请文件的副本;未提出书面声明或者逾期未提交商标注册申请文件副本的,视为未要求优先权。

第二十六条 【国际展览会中的临时保护】商标在中国政府主办的或者承认的国际展览会展出的商品上首次使用的,自该商品展出之日起六个月内,该商标的注册申请人可以享有优先权。

依照前款要求优先权的,应当在提出商标注册申请的时候提出书面声明,并且在三个月内提交展出其商品的展览会名称、在展出商品上使用该商标的证据、展出日期等证明文件;未提出书面声明或者逾期未提交证明文件的,视为未要求优先权。

第二十七条 【申报事项和材料的真实、准确、完整】为申请商标注册所申报的事项和所提供的材料应当真实、准确、完整。

第三章　商标注册的审查和核准

第二十八条 【初步审定并公告】对申请注册的商标,商标局应当自收到商标注册申请文件之日起九个月内审查完毕,符合本法有关规定的,予以初步审定公告。

第二十九条 【商标注册申请内容的说明和修正】在审查过程中,商标局认为商标注册申请内容需要说明或者修正的,可以要求申请人做出说明或者修正。申请人未做出说明或者修正的,不影响商标局做出审查决定。

第三十条 【商标注册申请的驳回】申请注册的商标,凡不符合本法有关规定或者同他人在同一种商品或者类似商品上已经注册的或者初步审定的商标相同或者近似的,由商标局驳回申请,不予公告。

第三十一条 【申请在先原则】两个或者两个以上的商标注册申请人,在同一种商品或者类似商品上,以相同或者近似的商标申请注册的,初步审定并公告申请在先的商标;同一天申请的,初步审定并公告使用在先的商标,驳回其他人的申请,不予公告。

第三十二条 【在先权利与恶意抢注】申请商标注册不得损害他人现有的在先权利,也不得以不正当手段抢先注册他人已经使用并有一定影响的商标。

第三十三条 【商标异议和核准注册】对初步审定

公告的商标,自公告之日起三个月内,在先权利人、利害关系人认为违反本法第十三条第二款和第三款、第十五条、第十六条第一款、第三十条、第三十一条、第三十二条规定的,或者任何人认为违反本法第四条、第十条、第十一条、第十二条、第十九条第四款规定的,可以向商标局提出异议。公告期满无异议的,予以核准注册,发给商标注册证,并予公告。

第三十四条 【驳回商标申请的处理】对驳回申请、不予公告的商标,商标局应当书面通知商标注册申请人。商标注册申请人不服的,可以自收到通知之日起十五日内向商标评审委员会申请复审。商标评审委员会应当自收到申请之日起九个月内做出决定,并书面通知申请人。有特殊情况需要延长的,经国务院工商行政管理部门批准,可以延长三个月。当事人对商标评审委员会的决定不服的,可以自收到通知之日起三十日内向人民法院起诉。

第三十五条 【商标异议的处理】对初步审定公告的商标提出异议的,商标局应当听取异议人和被异议人陈述事实和理由,经调查核实后,自公告期满之日起十二个月内做出是否准予注册的决定,并书面通知异议人和被异议人。有特殊情况需要延长的,经国务院工商行政管理部门批准,可以延长六个月。

商标局做出准予注册决定的,发给商标注册证,并予公告。异议人不服的,可以依照本法第四十四条、第四十五条的规定向商标评审委员会请求宣告该注册商标无效。

商标局做出不予注册决定,被异议人不服的,可以自收到通知之日起十五日内向商标评审委员会申请复审。商标评审委员会应当自收到申请之日起十二个月内做出复审决定,并书面通知异议人和被异议人。有特殊情况需要延长的,经国务院工商行政管理部门批准,可以延长六个月。被异议人对商标评审委员会的决定不服的,可以自收到通知之日起三十日内向人民法院起诉。人民法院应当通知异议人作为第三人参加诉讼。

商标评审委员会在依照前款规定进行复审的过程中,所涉及的在先权利的确定必须以人民法院正在审理或者行政机关正在处理的另一案件的结果为依据的,可以中止审查。中止原因消除后,应当恢复审查程序。

第三十六条 【有关决定的生效及效力】法定期限届满,当事人对商标局做出的驳回申请决定、不予注册决定不申请复审或者对商标评审委员会做出的复审决定不向人民法院起诉的,驳回申请决定、不予注册决定或者复

审决定生效。

经审查异议不成立而准予注册的商标,商标注册申请人取得商标专用权的时间自初步审定公告三个月期满之日起计算。自该商标公告期满之日起至准予注册决定做出前,对他人在同一种或者类似商品上使用与该商标相同或者近似的标志的行为不具有追溯力;但是,因该使用人的恶意给商标注册人造成的损失,应当给予赔偿。

第三十七条 【及时审查原则】对商标注册申请和商标复审申请应当及时进行审查。

第三十八条 【商标申请文件或注册文件错误的更正】商标注册申请人或者注册人发现商标申请文件或者注册文件有明显错误的,可以申请更正。商标局依法在其职权范围内作出更正,并通知当事人。

前款所称更正错误不涉及商标申请文件或者注册文件的实质性内容。

第四章 注册商标的续展、变更、转让和使用许可

第三十九条 【注册商标的有效期限】注册商标的有效期为十年,自核准注册之日起计算。

第四十条 【续展手续的办理】注册商标有效期满,需要继续使用的,商标注册人应当在期满前十二个月内按照规定办理续展手续;在此期间未能办理的,可以给予六个月的宽展期。每次续展注册的有效期为十年,自该商标上一届有效期满次日起计算。期满未办理续展手续的,注销其注册商标。

商标局应当对续展注册的商标予以公告。

第四十一条 【注册商标的变更】注册商标需要变更注册人的名义、地址或者其他注册事项的,应当提出变更申请。

第四十二条 【注册商标的转让】转让注册商标的,转让人和受让人应当签订转让协议,并共同向商标局提出申请。受让人应当保证使用该注册商标的商品质量。

转让注册商标的,商标注册人对其在同一种商品上注册的近似的商标,或者在类似商品上注册的相同或者近似的商标,应当一并转让。

对容易导致混淆或者有其他不良影响的转让,商标局不予核准,书面通知申请人并说明理由。

转让注册商标经核准后,予以公告。受让人自公告之日起享有商标专用权。

第四十三条 【注册商标的使用许可】商标注册人可以通过签订商标使用许可合同,许可他人使用其注册商标。许可人应当监督被许可人使用其注册商标的商品质量。被许可人应当保证使用该注册商标的商品质量。

经许可使用他人注册商标的,必须在使用该注册商标的商品上标明被许可人的名称和商品产地。

许可他人使用其注册商标的,许可人应当将其商标使用许可报商标局备案,由商标局公告。商标使用许可未经备案不得对抗善意第三人。

第五章　注册商标的无效宣告

第四十四条　【注册不当商标的处理】已经注册的商标,违反本法第四条、第十条、第十一条、第十二条、第十九条第四款规定的,或者是以欺骗手段或者其他不正当手段取得注册的,由商标局宣告该注册商标无效;其他单位或者个人可以请求商标评审委员会宣告该注册商标无效。

商标局做出宣告注册商标无效的决定,应当书面通知当事人。当事人对商标局的决定不服的,可以自收到通知之日起十五日内向商标评审委员会申请复审。商标评审委员会应当自收到申请之日起九个月内做出决定,并书面通知当事人。有特殊情况需要延长的,经国务院工商行政管理部门批准,可以延长三个月。当事人对商标评审委员会的决定不服的,可以自收到通知之日起三十日内向人民法院起诉。

其他单位或者个人请求商标评审委员会宣告注册商标无效的,商标评审委员会收到申请后,应当书面通知有关当事人,并限期提出答辩。商标评审委员会应当自收到申请之日起九个月内做出维持注册商标或者宣告注册商标无效的裁定,并书面通知当事人。有特殊情况需要延长的,经国务院工商行政管理部门批准,可以延长三个月。当事人对商标评审委员会的裁定不服的,可以自收到通知之日起三十日内向人民法院起诉。人民法院应当通知商标裁定程序的对方当事人作为第三人参加诉讼。

第四十五条　【对与他人在先权利相冲突的注册商标的处理】已经注册的商标,违反本法第十三条第二款和第三款、第十五条、第十六条第一款、第三十条、第三十一条、第三十二条规定的,自商标注册之日起五年内,在先权利人或者利害关系人可以请求商标评审委员会宣告该注册商标无效。对恶意注册的,驰名商标所有人不受五年的时间限制。

商标评审委员会收到宣告注册商标无效的申请后,应书面通知有关当事人,并限期提出答辩。商标评审委员会应当自收到申请之日起十二个月内做出维持注册商标或者宣告注册商标无效的裁定,并书面通知当事人。有特殊情况需要延长的,经国务院工商行政管理部门批准,可以延长六个月。当事人对商标评审委员会的裁定不服的,可以自收到通知之日起三十日内向人民法院起诉。人民法院应当通知商标裁定程序的对方当事人作为第三人参加诉讼。

商标评审委员会在依照前款规定对无效宣告请求进行审查的过程中,所涉及的在先权利的确定必须以人民法院正在审理或者行政机关正在处理的另一案件的结果为依据的,可以中止审查。中止原因消除后,应当恢复审查程序。

第四十六条　【有关宣告注册商标无效或维持的决定、裁定生效】法定期限届满,当事人对商标局宣告注册商标无效的决定不申请复审或者对商标评审委员会的复审决定、维持注册商标或者宣告注册商标无效的裁定不向人民法院起诉的,商标局的决定或者商标评审委员会的复审决定、裁定生效。

第四十七条　【宣告注册商标无效的法律效力】依照本法第四十四条、第四十五条的规定宣告无效的注册商标,由商标局予以公告,该注册商标专用权视为自始即不存在。

宣告注册商标无效的决定或者裁定,对宣告无效前人民法院做出并已执行的商标侵权案件的判决、裁定、调解书和工商行政管理部门做出并已执行的商标侵权案件的处理决定以及已经履行的商标转让或者使用许可合同不具有追溯力。但是,因商标注册人的恶意给他人造成的损失,应当给予赔偿。

依照前款规定不返还商标侵权赔偿金、商标转让费、商标使用费,明显违反公平原则的,应当全部或者部分返还。

第六章　商标使用的管理

第四十八条　【商标的使用】本法所称商标的使用,是指将商标用于商品、商品包装或者容器以及商品交易文书上,或者将商标用于广告宣传、展览以及其他商业活动中,用于识别商品来源的行为。

第四十九条　【违法使用注册商标】商标注册人在使用注册商标的过程中,自行改变注册商标、注册人名义、地址或者其他注册事项的,由地方工商行政管理部门责令限期改正;期满不改正的,由商标局撤销其注册商标。

注册商标成为其核定使用的商品的通用名称或者没有正当理由连续三年不使用的,任何单位或者个人可以向商标局申请撤销该注册商标。商标局应当自收到申请之日起九个月内做出决定。有特殊情况需要延长的,经国务院工商行政管理部门批准,可以延长三个月。

第五十条　【对被撤销、宣告无效或者注销的商标的管理】注册商标被撤销、被宣告无效或者期满不再续展的，自撤销、宣告无效或者注销之日起一年内，商标局对与该商标相同或者近似的商标注册申请，不予核准。

第五十一条　【对强制注册商标的管理】违反本法第六条规定的，由地方工商行政管理部门责令限期申请注册，违法经营额五万元以上的，可以处违法经营额百分之二十以下的罚款，没有违法经营额或者违法经营额不足五万元的，可以处一万元以下的罚款。

第五十二条　【对未注册商标的管理】将未注册商标冒充注册商标使用的，或者使用未注册商标违反本法第十条规定的，由地方工商行政管理部门予以制止，限期改正，并可以予以通报，违法经营额五万元以上的，可以处违法经营额百分之二十以下的罚款，没有违法经营额或者违法经营额不足五万元的，可以处一万元以下的罚款。

第五十三条　【违法使用驰名商标的责任】违反本法第十四条第五款规定的，由地方工商行政管理部门责令改正，处十万元罚款。

第五十四条　【对撤销或不予撤销注册商标决定的复审】对商标局撤销或者不予撤销注册商标的决定，当事人不服的，可以自收到通知之日起十五日内向商标评审委员会申请复审。商标评审委员会应当自收到申请之日起九个月内做出决定，并书面通知当事人。有特殊情况需要延长的，经国务院工商行政管理部门批准，可以延长三个月。当事人对商标评审委员会的决定不服的，可以自收到通知之日起三十日内向人民法院起诉。

第五十五条　【撤销注册商标决定的生效】法定期限届满，当事人对商标局做出的撤销注册商标的决定不申请复审或者对商标评审委员会做出的复审决定不向人民法院起诉的，撤销注册商标的决定、复审决定生效。

被撤销的注册商标，由商标局予以公告，该注册商标专用权自公告之日起终止。

第七章　注册商标专用权的保护

第五十六条　【注册商标专用权的保护范围】注册商标的专用权，以核准注册的商标和核定使用的商品为限。

第五十七条　【商标侵权行为】有下列行为之一的，均属侵犯注册商标专用权：

（一）未经商标注册人的许可，在同一种商品上使用与其注册商标相同的商标的；

（二）未经商标注册人的许可，在同一种商品上使用与其注册商标近似的商标，或者在类似商品上使用与其注册商标相同或者近似的商标，容易导致混淆的；

（三）销售侵犯注册商标专用权的商品的；

（四）伪造、擅自制造他人注册商标标识或者销售伪造、擅自制造的注册商标标识的；

（五）未经商标注册人同意，更换其注册商标并将该更换商标的商品又投入市场的；

（六）故意为侵犯他人商标专用权行为提供便利条件，帮助他人实施侵犯商标专用权行为的；

（七）给他人的注册商标专用权造成其他损害的。

第五十八条　【不正当竞争】将他人注册商标、未注册的驰名商标作为企业名称中的字号使用，误导公众，构成不正当竞争行为的，依照《中华人民共和国反不正当竞争法》处理。

第五十九条　【注册商标专用权行使限制】注册商标中含有的本商品的通用名称、图形、型号，或者直接表示商品的质量、主要原料、功能、用途、重量、数量及其他特点，或者含有的地名，注册商标专用权人无权禁止他人正当使用。

三维标志注册商标中含有的商品自身的性质产生的形状、为获得技术效果而需有的商品形状或者使商品具有实质性价值的形状，注册商标专用权人无权禁止他人正当使用。

商标注册人申请商标注册前，他人已经在同一种商品或者类似商品上先于商标注册人使用与注册商标相同或者近似并有一定影响的商标的，注册商标专用权人无权禁止该使用人在原使用范围内继续使用该商标，但可以要求其附加适当区别标识。

第六十条　【侵犯注册商标专用权的责任】有本法第五十七条所列侵犯注册商标专用权行为之一，引起纠纷的，由当事人协商解决；不愿协商或者协商不成的，商标注册人或者利害关系人可以向人民法院起诉，也可以请求工商行政管理部门处理。

工商行政管理部门处理时，认定侵权行为成立的，责令立即停止侵权行为，没收、销毁侵权商品和主要用于制造侵权商品、伪造注册商标标识的工具，违法经营额五万元以上的，可以处违法经营额五倍以下的罚款，没有违法经营额或者违法经营额不足五万元的，可以处二十五万元以下的罚款。对五年内实施两次以上商标侵权行为或者有其他严重情节的，应当从重处罚。销售不知道是侵犯注册商标专用权的商品，能证明该商品是自己合法取得并说明提供者的，由工商行政管理部门责令停止销售。

对侵犯商标专用权的赔偿数额的争议，当事人可以请求进行处理的工商行政管理部门调解，也可以依照《中华人民共和国民事诉讼法》向人民法院起诉。经工商行政管理部门调解，当事人未达成协议或者调解书生效后不履行的，当事人可以依照《中华人民共和国民事诉讼法》向人民法院起诉。

第六十一条　【对侵犯注册商标专用权的处理】对侵犯注册商标专用权的行为，工商行政管理部门有权依法查处；涉嫌犯罪的，应当及时移送司法机关依法处理。

第六十二条　【商标侵权行为的查处】县级以上工商行政管理部门根据已经取得的违法嫌疑证据或者举报，对涉嫌侵犯他人注册商标专用权的行为进行查处时，可以行使下列职权：

（一）询问有关当事人，调查与侵犯他人注册商标专用权有关的情况；

（二）查阅、复制当事人与侵权活动有关的合同、发票、账簿以及其他有关资料；

（三）对当事人涉嫌从事侵犯他人注册商标专用权活动的场所实施现场检查；

（四）检查与侵权活动有关的物品；对有证据证明是侵犯他人注册商标专用权的物品，可以查封或者扣押。

工商行政管理部门依法行使前款规定的职权时，当事人应当予以协助、配合，不得拒绝、阻挠。

在查处商标侵权案件过程中，对商标权属存在争议或者权利人同时向人民法院提起商标侵权诉讼的，工商行政管理部门可以中止案件的查处。中止原因消除后，应当恢复或者终结案件查处程序。

第六十三条　【侵犯商标专用权的赔偿数额的确定】侵犯商标专用权的赔偿数额，按照权利人因被侵权所受到的实际损失确定；实际损失难以确定的，可以按照侵权人因侵权所获得的利益确定；权利人的损失或者侵权人获得的利益难以确定的，参照该商标许可使用费的倍数合理确定。对恶意侵犯商标专用权，情节严重的，可以在按照上述方法确定数额的一倍以上五倍以下确定赔偿数额。赔偿数额应当包括权利人为制止侵权行为所支付的合理开支。

人民法院为确定赔偿数额，在权利人已经尽力举证，而与侵权行为相关的账簿、资料主要由侵权人掌握的情况下，可以责令侵权人提供与侵权行为相关的账簿、资料；侵权人不提供或者提供虚假的账簿、资料的，人民法院可以参考权利人的主张和提供的证据判定赔偿数额。

权利人因被侵权所受到的实际损失、侵权人因侵权所获得的利益、注册商标许可使用费难以确定的，由人民法院根据侵权行为的情节判决给予五百万元以下的赔偿。

人民法院审理商标纠纷案件，应权利人请求，对属于假冒注册商标的商品，除特殊情形外，责令销毁；对主要用于制造假冒注册商标的商品的材料、工具，责令销毁，且不予补偿；或者在特殊情况下，责令禁止前述材料、工具进入商业渠道，且不予补偿。

假冒注册商标的商品不得在仅去除假冒注册商标后进入商业渠道。

第六十四条　【商标侵权纠纷中的免责情形】注册商标专用权人请求赔偿，被控侵权人以注册商标专用权人未使用注册商标提出抗辩的，人民法院可以要求注册商标专用权人提供此前三年内实际使用该注册商标的证据。注册商标专用权人不能证明此前三年内实际使用过该注册商标，也不能证明因侵权行为受到其他损失的，被控侵权人不承担赔偿责任。

销售不知道是侵犯注册商标专用权的商品，能证明该商品是自己合法取得并说明提供者的，不承担赔偿责任。

第六十五条　【诉前临时保护措施】商标注册人或者利害关系人有证据证明他人正在实施或者即将实施侵犯其注册商标专用权的行为，如不及时制止将会使其合法权益受到难以弥补的损害的，可以依法在起诉前向人民法院申请采取责令停止有关行为和财产保全的措施。

第六十六条　【诉前证据保全】为制止侵权行为，在证据可能灭失或者以后难以取得的情况下，商标注册人或者利害关系人可以依法在起诉前向人民法院申请保全证据。

第六十七条　【刑事责任】未经商标注册人许可，在同一种商品上使用与其注册商标相同的商标，构成犯罪的，除赔偿被侵权人的损失外，依法追究刑事责任。

伪造、擅自制造他人注册商标标识或者销售伪造、擅自制造的注册商标标识，构成犯罪的，除赔偿被侵权人的损失外，依法追究刑事责任。

销售明知是假冒注册商标的商品，构成犯罪的，除赔偿被侵权人的损失外，依法追究刑事责任。

第六十八条　【商标代理机构的法律责任】商标代理机构有下列行为之一的，由工商行政管理部门责令限期改正，给予警告，处一万元以上十万元以下的罚款；对直接负责的主管人员和其他直接责任人员给予警告，处五千元以上五万元以下的罚款；构成犯罪的，依法追究刑事责任：

（一）办理商标事宜过程中，伪造、变造或者使用伪造、变造的法律文件、印章、签名的；

（二）以诋毁其他商标代理机构等手段招徕商标代理业务或者以其他不正当手段扰乱商标代理市场秩序的；

（三）违反本法第四条、第十九条第三款和第四款规定的。

商标代理机构有前款规定行为的，由工商行政管理部门记入信用档案；情节严重的，商标局、商标评审委员会并可以决定停止受理其办理商标代理业务，予以公告。

商标代理机构违反诚实信用原则，侵害委托人合法利益的，应当依法承担民事责任，并由商标代理行业组织按照章程规定予以惩戒。

对恶意申请商标注册的，根据情节给予警告、罚款等行政处罚；对恶意提起商标诉讼的，由人民法院依法给予处罚。

第六十九条　【商标监管机构及其人员的行为要求】从事商标注册、管理和复审工作的国家机关工作人员必须秉公执法，廉洁自律，忠于职守，文明服务。

商标局、商标评审委员会以及从事商标注册、管理和复审工作的国家机关工作人员不得从事商标代理业务和商品生产经营活动。

第七十条　【工商行政管理部门的内部监督】工商行政管理部门应当建立健全内部监督制度，对负责商标注册、管理和复审工作的国家机关工作人员执行法律、行政法规和遵守纪律的情况，进行监督检查。

第七十一条　【相关工作人员的法律责任】从事商标注册、管理和复审工作的国家机关工作人员玩忽职守、滥用职权、徇私舞弊，违法办理商标注册、管理和复审事项，收受当事人财物，牟取不正当利益，构成犯罪的，依法追究刑事责任；尚不构成犯罪的，依法给予处分。

第八章　附　则

第七十二条　【商标规费】申请商标注册和办理其他商标事宜的，应当缴纳费用，具体收费标准另定。

第七十三条　【时间效力】本法自1983年3月1日起施行。1963年4月10日国务院公布的《商标管理条例》同时废止；其他有关商标管理的规定，凡与本法抵触的，同时失效。

本法施行前已经注册的商标继续有效。

中华人民共和国商标法实施条例 453

中华人民共和国商标法实施条例

·2002年8月3日中华人民共和国国务院令第358号公布
·2014年4月29日中华人民共和国国务院令第651号修订

第一章　总　则

第一条　根据《中华人民共和国商标法》（以下简称商标法），制定本条例。

第二条　本条例有关商品商标的规定，适用于服务商标。

第三条　商标持有人依照商标法第十三条规定请求驰名商标保护的，应当提交其商标构成驰名商标的证据材料。商标局、商标评审委员会应当依照商标法第十四条的规定，根据审查、处理案件的需要以及当事人提交的证据材料，对其商标驰名情况作出认定。

第四条　商标法第十六条规定的地理标志，可以依照商标法和本条例的规定，作为证明商标或者集体商标申请注册。

以地理标志作为证明商标注册的，其商品符合使用该地理标志条件的自然人、法人或者其他组织可以要求使用该证明商标，控制该证明商标的组织应当允许。以地理标志作为集体商标注册的，其商品符合使用该地理标志条件的自然人、法人或者其他组织，可以要求参加以该地理标志作为集体商标注册的团体、协会或者其他组织，该团体、协会或者其他组织应当依据其章程接纳为会员；不要求参加以该地理标志作为集体商标注册的团体、协会或者其他组织的，也可以正当使用该地理标志，该团体、协会或者其他组织无权禁止。

第五条　当事人委托商标代理机构申请商标注册或者办理其他商标事宜，应当提交代理委托书。代理委托书应当载明代理内容及权限；外国人或者外国企业的代理委托书还应当载明委托人的国籍。

外国人或者外国企业的代理委托书及与其有关的证明文件的公证、认证手续，按照对等原则办理。

申请商标注册或者转让商标，商标注册申请人或者商标转让受让人为外国人或者外国企业的，应当在申请书中指定中国境内接收人负责接收商标局、商标评审委员会后继商标业务的法律文件。商标局、商标评审委员会后继商标业务的法律文件向中国境内接收人送达。

商标法第十八条所称外国人或者外国企业，是指在中国没有经常居所或者营业所的外国人或者外国企业。

第六条　申请商标注册或者办理其他商标事宜，应当使用中文。

依照商标法和本条例规定提交的各种证件、证明文件和证据材料是外文的，应当附送中文译文；未附送的，视为未提交该证件、证明文件或者证据材料。

第七条　商标局、商标评审委员会工作人员有下列情形之一的，应当回避，当事人或者利害关系人可以要求其回避：

（一）是当事人或者当事人、代理人的近亲属的；

（二）与当事人、代理人有其他关系，可能影响公正的；

（三）与申请商标注册或者办理其他商标事宜有利害关系的。

第八条　以商标法第二十二条规定的数据电文方式提交商标注册申请等有关文件，应当按照商标局或者商标评审委员会的规定通过互联网提交。

第九条　除本条例第十八条规定的情形外，当事人向商标局或者商标评审委员会提交文件或者材料的日期，直接递交的，以递交日为准；邮寄的，以寄出的邮戳日为准；邮戳日不清晰或者没有邮戳的，以商标局或者商标评审委员会实际收到日为准，但是当事人能够提出实际邮戳日证据的除外。通过邮政企业以外的快递企业递交的，以快递企业收寄日为准；收寄日不明确的，以商标局或者商标评审委员会实际收到日为准，但是当事人能够提出实际收寄日证据的除外。以数据电文方式提交的，以进入商标局或者商标评审委员会电子系统的日期为准。

当事人向商标局或者商标评审委员会邮寄文件，应当使用给据邮件。

当事人向商标局或者商标评审委员会提交文件，以书面方式提交的，以商标局或者商标评审委员会所存档案记录为准；以数据电文方式提交的，以商标局或者商标评审委员会数据库记录为准，但是当事人确有证据证明商标局或者商标评审委员会档案、数据库记录有错误的除外。

第十条　商标局或者商标评审委员会的各种文件，可以通过邮寄、直接递交、数据电文或者其他方式送达当事人；以数据电文方式送达当事人的，应当经当事人同意。当事人委托商标代理机构的，文件送达商标代理机构视为送达当事人。

商标局或者商标评审委员会向当事人送达各种文件的日期，邮寄的，以当事人收到的邮戳日为准；邮戳日不清晰或者没有邮戳的，自文件发出之日起满15日视为送达当事人，但是当事人能够证明实际收到日的除外；直接

递交的，以递交日为准；以数据电文方式送达的，自文件发出之日起满15日视为送达当事人，但是当事人能够证明文件进入其电子系统日期的除外。文件通过上述方式无法送达的，可以通过公告方式送达，自公告发布之日起满30日，该文件视为送达当事人。

第十一条　下列期间不计入商标审查、审理期限：

（一）商标局、商标评审委员会文件公告送达的期间；

（二）当事人需要补充证据或者补正文件的期间以及因当事人更换需要重新答辩的期间；

（三）同日申请提交使用证据及协商、抽签需要的期间；

（四）需要等待优先权确定的期间；

（五）审查、审理过程中，依案件申请人的请求等待在先权利案件审理结果的期间。

第十二条　除本条第二款规定的情形外，商标法和本条例规定的各种期限开始的当日不计算在期限内。期限以年或者月计算的，以期限最后一月的相应日为期限届满日；该月无相应日的，以该月最后一日为期限届满日；期限届满日是节假日的，以节假日后的第一个工作日为期限届满日。

商标法第三十九条、第四十条规定的注册商标有效期从法定日开始起算，期限最后一月相应日的前一日为期限届满日，该月无相应日的，以该月最后一日为期限届满日。

第二章　商标注册的申请

第十三条　申请商标注册，应当按照公布的商品和服务分类表填报。每一件商标注册申请应当向商标局提交《商标注册申请书》1份、商标图样1份；以颜色组合或者着色图样申请商标注册的，应当提交着色图样，并提交黑白稿1份；不指定颜色的，应当提交黑白图样。

商标图样应当清晰，便于粘贴，用光洁耐用的纸张印制或者用照片代替，长和宽应当不大于10厘米，不小于5厘米。

以三维标志申请商标注册的，应当在申请书中予以声明，说明商标的使用方式，并提交能够确定三维形状的图样，提交的商标图样应当至少包含三面视图。

以颜色组合申请商标注册的，应当在申请书中予以声明，说明商标的使用方式。

以声音标志申请商标注册的，应当在申请书中予以声明，提交符合要求的声音样本，对申请注册的声音商标进行描述，说明商标的使用方式。对声音商标进行描述，

应当以五线谱或者简谱对申请用作商标的声音加以描述并附加文字说明;无法以五线谱或者简谱描述的,应当以文字加以描述;商标描述与声音样本应当一致。

申请注册集体商标、证明商标的,应当在申请书中予以声明,并提交主体资格证明文件和使用管理规则。

商标为外文或者包含外文的,应当说明含义。

第十四条　申请商标注册的,申请人应当提交其身份证明文件。商标注册申请人的名义与所提交的证明文件应当一致。

前款关于申请人提交其身份证明文件的规定适用于向商标局提出的办理变更、转让、续展、异议、撤销等其他商标事宜。

第十五条　商品或者服务项目名称应当按照商品和服务分类表中的类别号、名称填写;商品或者服务项目名称未列入商品和服务分类表的,应当附送对该商品或者服务的说明。

商标注册申请等有关文件以纸质方式提出的,应当打字或者印刷。

本条第二款规定适用于办理其他商标事宜。

第十六条　共同申请注册同一商标或者办理其他共有商标事宜的,应当在申请书中指定一个代表人;没有指定代表人的,以申请书中顺序排列的第一人为代表人。

商标局和商标评审委员会的文件应当送达代表人。

第十七条　申请人变更其名义、地址、代理人、文件接收人或者删减指定的商品的,应当向商标局办理变更手续。

申请人转让其商标注册申请的,应当向商标局办理转让手续。

第十八条　商标注册的申请日期以商标局收到申请文件的日期为准。

商标注册申请手续齐备、按照规定填写申请文件并缴纳费用的,商标局予以受理并书面通知申请人;申请手续不齐备、未按照规定填写申请文件或者未缴纳费用的,商标局不予受理,书面通知申请人并说明理由。申请手续基本齐备或者申请文件基本符合规定,但是需要补正的,商标局通知申请人予以补正,限其自收到通知之日起30日内,按照指定内容补正并交回商标局。在规定期限内补正并交回商标局的,保留申请日期;期满未补正的或者不按照要求进行补正的,商标局不予受理并书面通知申请人。

本条第二款关于受理条件的规定适用于办理其他商标事宜。

第十九条　两个或者两个以上的申请人,在同一种商品或者类似商品上,分别以相同或者近似的商标在同一天申请注册的,各申请人应当自收到商标局通知之日起30日内提交其申请注册前在先使用该商标的证据。同日使用或者均未使用的,各申请人可以自收到商标局通知之日起30日内自行协商,并将书面协议报送商标局;不愿协商或者协商不成的,商标局通知各申请人以抽签的方式确定一个申请人,驳回其他人的注册申请。商标局已经通知但申请人未参加抽签的,视为放弃申请,商标局应当书面通知未参加抽签的申请人。

第二十条　依照商标法第二十五条规定要求优先权的,申请人提交的第一次提出商标注册申请文件的副本应当经受理该申请的商标主管机关证明,并注明申请日期和申请号。

第三章　商标注册申请的审查

第二十一条　商标局对受理的商标注册申请,依照商标法及本条例的有关规定进行审查,对符合规定或者在部分指定商品上使用商标的注册申请符合规定的,予以初步审定,并予以公告;对不符合规定或者在部分指定商品上使用商标的注册申请不符合规定的,予以驳回或者驳回在部分指定商品上使用商标的注册申请,书面通知申请人并说明理由。

第二十二条　商标局对一件商标注册申请在部分指定商品上予以驳回的,申请人可以将该申请中初步审定的部分申请分割成另一件申请,分割后的申请保留原申请的申请日期。

需要分割的,申请人应当自收到商标局《商标注册申请部分驳回通知书》之日起15日内,向商标局提出分割申请。

商标局收到分割申请后,应当将原申请分割为两件,对分割出来的初步审定申请生成新的申请号,并予以公告。

第二十三条　依照商标法第二十九条规定,商标局认为对商标注册申请内容需要说明或者修正的,申请人应当自收到商标局通知之日起15日内作出说明或者修正。

第二十四条　对商标局初步审定予以公告的商标提出异议的,异议人应当向商标局提交下列商标异议材料一式两份并标明正、副本:

(一)商标异议申请书;

(二)异议人的身份证明;

(三)以违反商标法第十三条第二款和第三款、第十五条、第十六条第一款、第三十条、第三十一条、第三十二条规定为由提出异议的,异议人作为在先权利人或者利害关系人的证明。

商标异议申请书应当有明确的请求和事实依据,并附送有关证据材料。

第二十五条　商标局收到商标异议申请书后,经审查,符合受理条件的,予以受理,向申请人发出受理通知书。

第二十六条　商标异议申请有下列情形的,商标局不予受理,书面通知申请人并说明理由:

(一)未在法定期限内提出的;

(二)申请人主体资格、异议理由不符合商标法第三十三条规定的;

(三)无明确的异议理由、事实和法律依据的;

(四)同一异议人以相同的理由、事实和法律依据针对同一商标再次提出异议申请的。

第二十七条　商标局应当将商标异议材料副本及时送交被异议人,限其自收到商标异议材料副本之日起30日内答辩。被异议人不答辩的,不影响商标局作出决定。

当事人需要在提出异议申请或者答辩后补充有关证据材料的,应当在商标异议申请书或者答辩书中声明,并自提交商标异议申请书或者答辩书之日起3个月内提交;期满未提交的,视为当事人放弃补充有关证据材料。但是,在期满后生成或者当事人有其他正当理由未能在期满前提交的证据,在期满后提交的,商标局将证据交对方当事人并质证后可以采信。

第二十八条　商标法第三十五条第三款和第三十六条第一款所称不予注册决定,包括在部分指定商品上不予注册决定。

被异议商标在商标局作出准予注册决定或者不予注册决定前已经刊发注册公告的,撤销该注册公告。经审查异议不成立而准予注册的,在准予注册决定生效后重新公告。

第二十九条　商标注册申请人或者商标注册人依照商标法第三十八条规定提出更正申请的,应当向商标局提交更正申请书。符合更正条件的,商标局核准后更正相关内容;不符合更正条件的,商标局不予核准,书面通知申请人并说明理由。

已经刊发初步审定公告或者注册公告的商标经更正的,刊发更正公告。

第四章　注册商标的变更、转让、续展

第三十条　变更商标注册人名义、地址或者其他注册事项的,应当向商标局提交变更申请书。变更商标注册人名义的,还应当提交有关登记机关出具的变更证明文件。商标局核准的,发给商标注册人相应证明,并予以公告;不予核准的,应当书面通知申请人并说明理由。

变更商标注册人名义或者地址的,商标注册人应当将其全部注册商标一并变更;未一并变更的,由商标局通知其限期改正;期满未改正的,视为放弃变更申请,商标局应当书面通知申请人。

第三十一条　转让注册商标的,转让人和受让人应当向商标局提交转让注册商标申请书。转让注册商标申请手续应当由转让人和受让人共同办理。商标局核准转让注册商标申请的,发给受让人相应证明,并予以公告。

转让注册商标,商标注册人对其在同一种或者类似商品上注册的相同或者近似的商标未一并转让的,由商标局通知其限期改正;期满未改正的,视为放弃转让该注册商标的申请,商标局应当书面通知申请人。

第三十二条　注册商标专用权因转让以外的继承等其他事由发生移转的,接受该注册商标专用权的当事人应当凭有关证明文件或者法律文书到商标局办理注册商标专用权移转手续。

注册商标专用权移转的,注册商标专用权人在同一种或者类似商品上注册的相同或者近似的商标,应当一并移转;未一并移转的,由商标局通知其限期改正;期满未改正的,视为放弃该移转注册商标的申请,商标局应当书面通知申请人。

商标移转申请经核准的,予以公告。接受该注册商标专用权移转的当事人自公告之日起享有商标专用权。

第三十三条　注册商标需要续展注册的,应当向商标局提交商标续展注册申请书。商标局核准商标注册续展申请的,发给相应证明并予以公告。

第五章　商标国际注册

第三十四条　商标法第二十一条规定的商标国际注册,是指根据《商标国际注册马德里协定》(以下简称马德里协定)、《商标国际注册马德里协定有关议定书》(以下简称马德里议定书)及《商标国际注册马德里协定及该协定有关议定书的共同实施细则》的规定办理的马德里商标国际注册。

马德里商标国际注册申请包括以中国为原属国的商标国际注册申请、指定中国的领土延伸申请及其他有关的申请。

第三十五条　以中国为原属国申请商标国际注册的,应当在中国设有真实有效的营业所,或者在中国有住所,或者拥有中国国籍。

第三十六条　符合本条例第三十五条规定的申请人,其商标已在商标局获得注册的,可以根据马德里协定申请办理该商标的国际注册。

符合本条例第三十五条规定的申请人,其商标已在商标局获得注册,或者已向商标局提出商标注册申请并被受理的,可以根据马德里议定书申请办理该商标的国际注册。

第三十七条　以中国为原属国申请商标国际注册的,应当通过商标局向世界知识产权组织国际局(以下简称国际局)申请办理。

以中国为原属国的,与马德里协定有关的商标国际注册的后期指定、放弃、注销,应当通过商标局向国际局申请办理;与马德里协定有关的商标国际注册的转让、删减、变更、续展,可以通过商标局向国际局申请办理,也可以直接向国际局申请办理。

以中国为原属国的,与马德里议定书有关的商标国际注册的后期指定、转让、删减、放弃、注销、变更、续展,可以通过商标局向国际局申请办理,也可以直接向国际局申请办理。

第三十八条　通过商标局向国际局申请商标国际注册及办理其他有关申请的,应当提交符合国际局和商标局要求的申请书和相关材料。

第三十九条　商标国际注册申请指定的商品或者服务不得超出国内基础申请或者基础注册的商品或者服务的范围。

第四十条　商标国际注册申请手续不齐备或者未按照规定填写申请书的,商标局不予受理,申请日不予保留。

申请手续基本齐备或者申请书基本符合规定,但需要补正的,申请人应当自收到补正通知书之日起 30 日内予以补正,逾期未补正的,商标局不予受理,书面通知申请人。

第四十一条　通过商标局向国际局申请商标国际注册及办理其他有关申请的,应当按照规定缴纳费用。

申请人应当自收到商标局缴费通知单之日起 15 日内,向商标局缴纳费用。期满未缴纳的,商标局不受理其申请,书面通知申请人。

第四十二条　商标局在马德里协定或者马德里议定书规定的驳回期限(以下简称驳回期限)内,依照商标法和本条例的有关规定对指定中国的领土延伸申请进行审查,作出决定,并通知国际局。商标局在驳回期限内未发出驳回或者部分驳回通知的,该领土延伸申请视为核准。

第四十三条　指定中国的领土延伸申请人,要求将三维标志、颜色组合、声音标志作为商标保护或者要求保护集体商标、证明商标的,自该商标在国际局国际注册簿登记之日起 3 个月内,应当通过依法设立的商标代理机构,向商标局提交本条例第十三条规定的相关材料。未在上述期限内提交相关材料的,商标局驳回该领土延伸申请。

第四十四条　世界知识产权组织对商标国际注册有关事项进行公告,商标局不再另行公告。

第四十五条　对指定中国的领土延伸申请,自世界知识产权组织《国际商标公告》出版的次月 1 日起 3 个月内,符合商标法第三十三条规定条件的异议人可以向商标局提出异议申请。

商标局在驳回期限内将异议申请的有关情况以驳回决定的形式通知国际局。

被异议人可以自收到国际局转发的驳回通知书之日起 30 日内进行答辩,答辩书及相关证据材料应当通过依法设立的商标代理机构向商标局提交。

第四十六条　在中国获得保护的国际注册商标,有效期自国际注册日或者后期指定日起算。在有效期届满前,注册人可以向国际局申请续展,在有效期内未申请续展的,可以给予 6 个月的宽展期。商标局收到国际局的续展通知后,依法进行审查。国际局通知未续展的,注销该国际注册商标。

第四十七条　指定中国的领土延伸申请办理转让的,受让人应当在缔约方境内有真实有效的营业所,或者在缔约方境内有住所,或者是缔约方国民。

转让人未将其在相同或者类似商品或者服务上的相同或者近似商标一并转让的,商标局通知注册人自发出通知之日起 3 个月内改正;期满未改正或者转让容易引起混淆或者有其他不良影响的,商标局作出该转让在中国无效的决定,并向国际局作出声明。

第四十八条　指定中国的领土延伸申请办理删减,删减后的商品或者服务不符合中国有关商品或者服务分类要求或者超出原指定商品或者服务范围的,商标局作出该删减在中国无效的决定,并向国际局作出声明。

第四十九条　依照商标法第四十九条第二款规定申请撤销国际注册商标,应当自该商标国际注册申请的驳回期限届满之日起满 3 年后向商标局提出申请;驳回期限届满时仍处在驳回复审或者异议相关程序的,应当自商标局或者商标评审委员会作出的准予注册决定生效之日起满 3 年后向商标局提出申请。

依照商标法第四十四条第一款规定申请宣告国际注册商标无效的,应当自该商标国际注册申请的驳回期限届满后向商标评审委员会提出申请;驳回期限届满时仍处在驳回复审或者异议相关程序的,应当自商标局或者商标评审委员会作出的准予注册决定生效后向商标评审委员会提出申请。

依照商标法第四十五条第一款规定申请宣告国际注册商标无效的,应当自该商标国际注册申请的驳回期限届满之日起5年内向商标评审委员会提出申请;驳回期限届满时仍处在驳回复审或者异议相关程序的,应当自商标局或者商标评审委员会作出的准予注册决定生效之日起5年内向商标评审委员会提出申请。对恶意注册的,驰名商标所有人不受5年的时间限制。

第五十条　商标法和本条例下列条款的规定不适用于办理商标国际注册相关事宜:

(一)商标法第二十八条、第三十五条第一款关于审查和审理期限的规定;

(二)本条例第二十二条、第三十条第二款;

(三)商标法第四十二条及本条例第三十一条关于商标转让由转让人和受让人共同申请并办理手续的规定。

第六章　商标评审

第五十一条　商标评审是指商标评审委员会依照商标法第三十四条、第三十五条、第四十四条、第四十五条、第五十四条的规定审理有关商标争议事宜。当事人向商标评审委员会提出商标评审申请,应当有明确的请求、事实、理由和法律依据,并提供相应证据。

商标评审委员会根据事实,依法进行评审。

第五十二条　商标评审委员会审理不服商标局驳回商标注册申请决定的复审案件,应当针对商标局的驳回决定和申请人申请复审的事实、理由、请求及评审时的事实状态进行审理。

商标评审委员会审理不服商标局驳回商标注册申请决定的复审案件,发现申请注册的商标有违反商标法第十条、第十一条、第十二条和第十六条第一款规定情形,商标局并未依据上述条款作出驳回决定的,可以依据上述条款作出驳回申请的复审决定。商标评审委员会作出复审决定前应当听取申请人的意见。

第五十三条　商标评审委员会审理不服商标局不予注册决定的复审案件,应当针对商标局的不予注册决定和申请人申请复审的事实、理由、请求及原异议人提出的意见进行审理。

商标评审委员会审理不服商标局不予注册决定的复审案件,应当通知原异议人参加并提出意见。原异议人的意见对案件审理结果有实质影响的,可以作为评审的依据;原异议人不参加或者不提出意见的,不影响案件的审理。

第五十四条　商标评审委员会审理依照商标法第四十四条、第四十五条规定请求宣告注册商标无效的案件,应当针对当事人申请和答辩的事实、理由及请求进行审理。

第五十五条　商标评审委员会审理不服商标局依照商标法第四十四条第一款规定作出宣告注册商标无效决定的复审案件,应当针对商标局的决定和申请人申请复审的事实、理由及请求进行审理。

第五十六条　商标评审委员会审理不服商标局依照商标法第四十九条规定作出撤销或者维持注册商标决定的复审案件,应当针对商标局作出撤销或者维持注册商标决定和当事人申请复审时所依据的事实、理由及请求进行审理。

第五十七条　申请商标评审,应当向商标评审委员会提交申请书,并按照对方当事人的数量提交相应份数的副本;基于商标局的决定书申请复审的,还应当同时附送商标局的决定书副本。

商标评审委员会收到申请书后,经审查,符合受理条件的,予以受理;不符合受理条件的,不予受理,书面通知申请人并说明理由;需要补正的,通知申请人自收到通知之日起30日内补正。经补正仍不符合规定的,商标评审委员会不予受理,书面通知申请人并说明理由;期满未补正的,视为撤回申请,商标评审委员会应当书面通知申请人。

商标评审委员会受理商标评审申请后,发现不符合受理条件的,予以驳回,书面通知申请人并说明理由。

第五十八条　商标评审委员会受理商标评审申请后应当及时将申请书副本送交对方当事人,限其自收到申请书副本之日起30日内答辩;期满未答辩的,不影响商标评审委员会的评审。

第五十九条　当事人需要在提出评审申请或者答辩后补充有关证据材料的,应当在申请书或者答辩书中声明,并自提交申请书或者答辩书之日起3个月内提交;期满未提交的,视为放弃补充有关证据材料。但是,在期满后生成或者当事人有其他正当理由未能在期满前提交的证据,在期满后提交的,商标评审委员会将证据交对方当事人并质证后可以采信。

第六十条　商标评审委员会根据当事人的请求或者实际需要，可以决定对评审申请进行口头审理。

商标评审委员会决定对评审申请进行口头审理的，应当在口头审理 15 日前书面通知当事人，告知口头审理的日期、地点和评审人员。当事人应当在通知书指定的期限内作出答复。

申请人不答复也不参加口头审理的，其评审申请视为撤回，商标评审委员会应当书面通知申请人；被申请人不答复也不参加口头审理的，商标评审委员会可以缺席评审。

第六十一条　申请人在商标评审委员会作出决定、裁定前，可以书面向商标评审委员会要求撤回申请并说明理由，商标评审委员会认为可以撤回的，评审程序终止。

第六十二条　申请人撤回商标评审申请的，不得以相同的事实和理由再次提出评审申请。商标评审委员会对商标评审申请已经作出裁定或者决定的，任何人不得以相同的事实和理由再次提出评审申请。但是，经不予注册复审程序予以核准注册后向商标评审委员会提起宣告注册商标无效的除外。

第七章　商标使用的管理

第六十三条　使用注册商标，可以在商品、商品包装、说明书或者其他附着物上标明"注册商标"或者注册标记。

注册标记包括⊕和®。使用注册标记，应当标注在商标的右上角或者右下角。

第六十四条　《商标注册证》遗失或者破损的，应当向商标局提交补发《商标注册证》申请书。《商标注册证》遗失的，应当在《商标公告》上刊登遗失声明。破损的《商标注册证》，应当在提交补发申请时交回商标局。

商标注册人需要商标局补发商标变更、转让、续展证明，出具商标注册证明，或者商标申请人需要商标局出具优先权证明文件的，应当向商标局提交相应申请书。符合要求的，商标局发给相应证明；不符合要求的，商标局不予办理，通知申请人并告知理由。

伪造或者变造《商标注册证》或者其他商标证明文件的，依照刑法关于伪造、变造国家机关证件罪或者其他罪的规定，依法追究刑事责任。

第六十五条　有商标法第四十九条规定的注册商标成为其核定使用的商品通用名称情形的，任何单位或者个人可以向商标局申请撤销该注册商标，提交申请时应

当附送证据材料。商标局受理后应当通知商标注册人，限其自收到通知之日起 2 个月内答辩；期满未答辩的，不影响商标局作出决定。

第六十六条　有商标法第四十九条规定的注册商标无正当理由连续 3 年不使用情形的，任何单位或者个人可以向商标局申请撤销该注册商标，提交申请时应当说明有关情况。商标局受理后应当通知商标注册人，限其自收到通知之日起 2 个月内提交该商标在撤销申请提出前使用的证据材料或者说明不使用的正当理由；期满未提供使用的证据材料或者证据材料无效并没有正当理由的，由商标局撤销其注册商标。

前款所称使用的证据材料，包括商标注册人使用注册商标的证据材料和商标注册人许可他人使用注册商标的证据材料。

以无正当理由连续 3 年不使用为由申请撤销注册商标的，应当自该注册商标注册公告之日起满 3 年后提出申请。

第六十七条　下列情形属于商标法第四十九条规定的正当理由：

（一）不可抗力；

（二）政府政策性限制；

（三）破产清算；

（四）其他不可归责于商标注册人的正当事由。

第六十八条　商标局、商标评审委员会撤销注册商标或者宣告注册商标无效，撤销或者宣告无效的理由仅及于部分指定商品的，对在该部分指定商品上使用的商标注册予以撤销或者宣告无效。

第六十九条　许可他人使用其注册商标的，许可人应当在许可合同有效期内向商标局备案并报送备案材料。备案材料应当说明注册商标使用许可人、被许可人、许可期限、许可使用的商品或者服务范围等事项。

第七十条　以注册商标专用权出质的，出质人与质权人应当签订书面质权合同，并共同向商标局提出质权登记申请，由商标局公告。

第七十一条　违反商标法第四十三条第二款规定的，由工商行政管理部门责令限期改正；逾期不改正的，责令停止销售，拒不停止销售的，处 10 万元以下的罚款。

第七十二条　商标持有人依照商标法第十三条规定请求驰名商标保护的，可以向工商行政管理部门提出请求。经商标局依照商标法第十四条规定认定为驰名商标的，由工商行政管理部门责令停止违反商标法第十三条规定使用商标的行为，收缴、销毁违法使用的商标标识；

商标标识与商品难以分离的,一并收缴、销毁。

第七十三条　商标注册人申请注销其注册商标或者注销其商标在部分指定商品上的注册的,应当向商标局提交商标注销申请书,并交回原《商标注册证》。

商标注册人申请注销其注册商标或者注销其商标在部分指定商品上的注册,经商标局核准注销的,该注册商标专用权或者该注册商标专用权在该部分指定商品上的效力自商标局收到其注销申请之日起终止。

第七十四条　注册商标被撤销或者依照本条例第七十三条的规定被注销的,原《商标注册证》作废,并予以公告;撤销该商标在部分指定商品上的注册的,或者商标注册人申请注销其商标在部分指定商品上的注册的,重新核发《商标注册证》,并予以公告。

第八章　注册商标专用权的保护

第七十五条　为侵犯他人商标专用权提供仓储、运输、邮寄、印制、隐匿、经营场所、网络商品交易平台等,属于商标法第五十七条第六项规定的提供便利条件。

第七十六条　在同一种商品或者类似商品上将与他人注册商标相同或者近似的标志作为商品名称或者商品装潢使用,误导公众的,属于商标法第五十七条第二项规定的侵犯注册商标专用权的行为。

第七十七条　对侵犯注册商标专用权的行为,任何人可以向工商行政管理部门投诉或者举报。

第七十八条　计算商标法第六十条规定的违法经营额,可以考虑下列因素:

(一)侵权商品的销售价格;

(二)未销售侵权商品的标价;

(三)已查清侵权商品实际销售的平均价格;

(四)被侵权商品的市场中间价格;

(五)侵权人因侵权所产生的营业收入;

(六)其他能够合理计算侵权商品价值的因素。

第七十九条　下列情形属于商标法第六十条规定的能证明该商品是自己合法取得的情形:

(一)有供货单位合法签章的供货清单和货款收据且经查证属实或者供货单位认可的;

(二)有供销双方签订的进货合同且经查证已真实履行的;

(三)有合法进货发票且发票记载事项与涉案商品对应的;

(四)其他能够证明合法取得涉案商品的情形。

第八十条　销售不知道是侵犯注册商标专用权的商品,能证明该商品是自己合法取得并说明提供者的,由工

商行政管理部门责令停止销售,并将案件情况通报侵权商品提供者所在地工商行政管理部门。

第八十一条　涉案注册商标权属正在商标局、商标评审委员会审理或者人民法院诉讼中,案件结果可能影响案件定性的,属于商标法第六十二条第三款规定的商标权属存在争议。

第八十二条　在查处商标侵权案件过程中,工商行政管理部门可以要求权利人对涉案商品是否为权利人生产或者其许可生产的产品进行辨认。

第九章　商标代理

第八十三条　商标法所称商标代理,是指接受委托人的委托,以委托人的名义办理商标注册申请、商标评审或者其他商标事宜。

第八十四条　商标法所称商标代理机构,包括经工商行政管理部门登记从事商标代理业务的服务机构和从事商标代理业务的律师事务所。

商标代理机构从事商标局、商标评审委员会主管的商标事宜代理业务的,应当按照下列规定向商标局备案:

(一)交验工商行政管理部门的登记证明文件或者司法行政部门批准设立律师事务所的证明文件并留存复印件;

(二)报送商标代理机构的名称、住所、负责人、联系方式等基本信息;

(三)报送商标代理从业人员名单及联系方式。

工商行政管理部门应当建立商标代理机构信用档案。商标代理机构违反商标法或者本条例规定的,由商标局或者商标评审委员会予以公开通报,并记入其信用档案。

第八十五条　商标法所称商标代理从业人员,是指在商标代理机构中从事商标代理业务的工作人员。

商标代理从业人员不得以个人名义自行接受委托。

第八十六条　商标代理机构向商标局、商标评审委员会提交的有关申请文件,应当加盖该代理机构公章并由相关商标代理从业人员签字。

第八十七条　商标代理机构申请注册或者受让其代理服务以外的其他商标,商标局不予受理。

第八十八条　下列行为属于商标法第六十八条第一款第二项规定的以其他不正当手段扰乱商标代理市场秩序的行为:

(一)以欺诈、虚假宣传、引人误解或者商业贿赂等方式招徕业务的;

(二)隐瞒事实,提供虚假证据,或者威胁、诱导他人

隐瞒事实,提供虚假证据的;

(三)在同一商标案件中接受有利益冲突的双方当事人委托的。

第八十九条　商标代理机构有商标法第六十八条规定行为的,由行为人所在地或者违法行为发生地县级以上工商行政管理部门进行查处并将查处情况通报商标局。

第九十条　商标局、商标评审委员会依照商标法第六十八条规定停止受理商标代理机构办理商标代理业务的,可以作出停止受理该商标代理机构商标代理业务6个月以上直至永久停止受理的决定。停止受理商标代理业务的期间届满,商标局、商标评审委员会应当恢复受理。

商标局、商标评审委员会作出停止受理或者恢复受理商标代理的决定应当在其网站予以公告。

第九十一条　工商行政管理部门应当加强对商标代理行业组织的监督和指导。

第十章　附　则

第九十二条　连续使用至1993年7月1日的服务商标,与他人在相同或者类似的服务上已注册的服务商标相同或者近似的,可以继续使用;但是,1993年7月1日后中断使用3年以上的,不得继续使用。

已连续使用至商标局首次受理新放开商品或者服务项目之日的商标,与他人在新放开商品或者服务项目相同或者类似的商品或者服务上已注册的商标相同或者近似的,可以继续使用;但是,首次受理之日后中断使用3年以上的,不得继续使用。

第九十三条　商标注册用商品和服务分类表,由商标局制定并公布。

申请商标注册或者办理其他商标事宜的文件格式,由商标局、商标评审委员会制定并公布。

商标评审委员会的评审规则由国务院工商行政管理部门制定并公布。

第九十四条　商标局设置《商标注册簿》,记载注册商标及有关注册事项。

第九十五条　《商标注册证》及相关证明是权利人享有注册商标专用权的凭证。《商标注册证》记载的注册事项,应当与《商标注册簿》一致;记载不一致的,除有证据证明《商标注册簿》确有错误外,以《商标注册簿》为准。

第九十六条　商标局发布《商标公告》,刊发商标注册及其他有关事项。

《商标公告》采用纸质或者电子形式发布。

除送达公告外,公告内容自发布之日起视为社会公众已经知道或者应当知道。

第九十七条　申请商标注册或者办理其他商标事宜,应当缴纳费用。缴纳费用的项目和标准,由国务院财政部门、国务院价格主管部门分别制定。

第九十八条　本条例自2014年5月1日起施行。

注册商标专用权质押登记程序规定

· 2020年4月22日
· 国家知识产权局公告第358号

第一条　为充分发挥注册商标专用权无形资产的价值,促进经济发展,根据《物权法》、《担保法》、《商标法》和《商标法实施条例》的有关规定,制定本规定。

国家知识产权局负责办理注册商标专用权质权登记。

第二条　自然人、法人或者其他组织以其注册商标专用权出质的,出质人与质权人应当订立书面合同,并向国家知识产权局办理质权登记。

质权登记申请应由质权人和出质人共同提出。质权人和出质人可以直接向国家知识产权局申请,也可以委托商标代理机构代理办理。在中国没有经常居所或者营业所的外国人或者外国企业应当委托代理机构办理。

第三条　办理注册商标专用权质权登记,出质人应当将在相同或者类似商品/服务上注册的相同或者近似商标一并办理质权登记。质权合同和质权登记申请书中应当载明出质的商标注册号。

共有商标办理质权登记的,除全体共有人另有约定的以外,应当取得其他共有人的同意。

第四条　申请注册商标专用权质权登记的,应提交下列文件:

(一)申请人签字或者盖章的《商标专用权质权登记申请书》;

(二)主合同和注册商标专用权质权合同;

(三)申请人签署的承诺书;

(四)委托商标代理机构办理的,还应当提交商标代理委托书。

上述文件为外文的,应当同时提交其中文译文。中文译文应当由翻译单位和翻译人员签字盖章确认。

第五条　注册商标专用权质权合同一般包括以下内容:

(一)出质人、质权人的姓名(名称)及住址;

(二)被担保的债权种类、数额;

(三)债务人履行债务的期限;

(四)出质注册商标的清单(列明注册商标的注册

号、类别及专用期);

(五)担保的范围;

(六)当事人约定的其他事项。

第六条 申请登记书件齐备、符合规定的,国家知识产权局予以受理并登记。质权自登记之日起设立。国家知识产权局自登记之日起2个工作日内向双方当事人发放《商标专用权质权登记证》。

《商标专用权质权登记证》应当载明下列内容:出质人和质权人的名称(姓名)、出质商标注册号、被担保的债权数额、质权登记期限、质权登记日期。

第七条 质权登记申请不符合本办法第二条、第三条、第四条、第五条规定的,国家知识产权局应当通知申请人,并允许其在30日内补正。申请人逾期不补正或者补正不符合要求的,视为其放弃该质权登记申请,国家知识产权局应当通知申请人。

第八条 有下列情形之一的,国家知识产权局不予登记:

(一)出质人名称与国家知识产权局档案所记载的名称不一致,且不能提供相关证明证实其为注册商标权利人的;

(二)合同的签订违反法律法规强制性规定的;

(三)注册商标专用权已经被撤销、被注销或者有效期满未续展的;

(四)注册商标专用权已被人民法院查封、冻结的;

(五)其他不符合出质条件的。

不予登记的,国家知识产权局应当通知当事人,并说明理由。

第九条 质权登记后,有下列情形之一的,国家知识产权局应当撤销登记:

(一)发现有属于本办法第八条所列情形之一的;

(二)质权合同无效或者被撤销;

(三)出质的注册商标因法定程序丧失专用权的;

(四)提交虚假证明文件或者以其他欺骗手段取得注册商标专用权质权登记的。

撤销登记的,国家知识产权局应当通知当事人。

第十条 质权人或出质人的名称(姓名)更改,以及质权合同担保的主债权数额变更的,当事人可以凭下列文件申请办理变更登记:

(一)申请人签字或者盖章的《商标专用权质权登记事项变更申请书》;

(二)主债权数额变更的,双方签订的有关的补充或变更协议;

(三)申请人签署的相关承诺书;

(四)委托商标代理机构办理的,还应当提交商标代理委托书。

出质人名称(姓名)发生变更的,还应当按照《商标法》及《商标法实施条例》的相关规定在国家知识产权局办理变更注册人名义申请。

第十一条 因被担保的主合同履行期限延长、主债权未能按期实现等原因需要延长质权登记期限的,质权人和出质人双方应当在质权登记期限到期前,持以下文件申请办理延期登记:

(一)申请人签字或者盖章的《商标专用权质权登记期限延期申请书》;

(二)当事人双方签署的延期协议;

(三)申请人签署的相关承诺书;

(四)委托商标代理机构办理的,还应当提交商标代理委托书。

主债权未能按期实现,双方又未能达成有关延期协议的,质权人可以出具相关书面保证函,说明债权未能实现的相关情况,申请延期。国家知识产权局予以延期登记的,应当通知出质人。

第十二条 办理质权登记事项变更申请或者质权登记期限延期申请后,由国家知识产权局在2个工作日内重新核发《商标专用权质权登记证》。

第十三条 注册商标专用权质权登记需要注销的,质权人和出质人双方可以持下列文件办理注销申请:

(一)申请人签字或者盖章的《商标专用权质权登记注销申请书》;

(二)申请人签署的相关承诺书;

(三)委托商标代理机构办理的,还应当提交商标代理委托书。

注销登记的,国家知识产权局应当在2个工作日内通知当事人。

质权登记期限届满后,该质权登记自动失效。

第十四条 《商标专用权质权登记证》遗失的,可以向国家知识产权局申请补发。

第十五条 国家知识产权局对注册商标质权登记的相关信息进行公告。

第十六条 反担保及最高额质权适用本规定。

第十七条 本规定自2020年5月1日起施行,原《注册商标专用权质权登记程序规定》(工商标字〔2009〕182号)同日起不再执行。

最高人民法院关于产品侵权案件的受害人能否以产品的商标所有人为被告提起民事诉讼的批复

- 2002 年 7 月 4 日最高人民法院审判委员会第 1229 次会议通过
- 根据 2020 年 12 月 23 日最高人民法院审判委员会第 1823 次会议通过的《最高人民法院关于修改〈最高人民法院关于人民法院民事调解工作若干问题的规定〉等十九件民事诉讼类司法解释的决定》修正
- 2020 年 12 月 29 日最高人民法院公告公布
- 自 2021 年 1 月 1 日起施行
- 法释〔2020〕20 号

北京市高级人民法院:

你院京高法〔2001〕271 号《关于荆其廉、张新荣等诉美国通用汽车公司、美国通用汽车海外公司损害赔偿案诉讼主体确立问题处理结果的请示报告》收悉。经研究,我们认为,任何将自己的姓名、名称、商标或者可资识别的其他标识体现在产品上,表示其为产品制造者的企业或个人,均属于《中华人民共和国民法典》和《中华人民共和国产品质量法》规定的"生产者"。本案中美国通用汽车公司为事故车的商标所有人,根据受害人的起诉和本案的实际情况,本案以通用汽车公司、通用汽车海外公司、通用汽车巴西公司为被告并无不当。

(二)商标注册与评审

商标注册申请快速审查办法(试行)

- 2022 年 1 月 14 日
- 国家知识产权局公告第 467 号

第一条　为了服务国家高质量发展,落实知识产权领域"放管服"改革决策部署,依法快速审查涉及国家利益、社会公共利益或者重大区域发展战略的商标注册申请,根据《中华人民共和国商标法》和《中华人民共和国商标法实施条例》的有关规定,结合商标工作实际,制定本办法。

第二条　有下列情形之一的商标注册申请,可以请求快速审查:

(一)涉及国家或省级重大工程、重大项目、重大科技基础设施、重大赛事、重大展会等名称,且商标保护具有紧迫性的;

(二)在特别重大自然灾害、特别重大事故灾难、特别重大公共卫生事件、特别重大社会安全事件等突发公共事件期间,与应对该突发公共事件直接相关的;

(三)为服务经济社会高质量发展,推动知识产权强国建设纲要实施确有必要的;

(四)其他对维护国家利益、社会公共利益或者重大区域发展战略具有重大现实意义的。

第三条　请求快速审查的商标注册申请,应当同时符合以下条件:

(一)经全体申请人同意;

(二)采用电子申请方式;

(三)所申请注册的商标仅由文字构成;

(四)非集体商标、证明商标的注册申请;

(五)指定商品或服务项目与第二条所列情形密切相关,且为《类似商品和服务区分表》列出的标准名称;

(六)未提出优先权请求。

第四条　请求快速审查商标注册的申请,应当以纸件形式向国家知识产权局提交以下材料:

(一)商标注册申请快速审查请求书;

(二)符合本办法第二条规定的相关材料;

(三)中央和国家机关相关部门、省级人民政府或其办公厅出具的对快速审查请求的推荐意见;或者省级知识产权管理部门出具的对快速审查请求理由及相关材料真实性的审核意见。

第五条　国家知识产权局受理快速审查请求后,对符合本办法规定的,准予快速审查并依法作出审查决定。对不符合本办法规定的,不予快速审查,按照法律规定的一般程序审查。

第六条　国家知识产权局准予快速审查的,应当自同意之日起 20 个工作日内审查完毕。

第七条　在快速审查过程中,发现商标注册申请有下列情形之一的,可以终止快速审查程序,按法律规定的一般程序审查:

(一)商标注册申请依法应进行补正、说明或者修正,以及进行同日申请审查程序的;

(二)商标注册申请人提出快速审查请求后,又提出暂缓审查请求的;

(三)存在其他无法予以快速审查情形的。

第八条　快速审查的商标注册申请在依法作出审查决定后,依照法律有关规定,相关主体可以对初步审定公告的商标注册申请提出异议,对驳回或部分驳回的商标注册申请提出驳回复审。

第九条　国家知识产权局处理商标注册申请快速审

查应当严格依法履职、秉公用权,接受纪检监察部门监督,确保快速审查工作在监督下规范透明运行。

第十条　易产生重大不良影响的商标注册申请的快速处置办法另行规定。

第十一条　本办法由国家知识产权局负责解释。国家知识产权局商标局承担商标注册申请快速审查的具体工作。

第十二条　本办法自发布之日起施行。其他有关商标注册申请快速审查的规定,凡与本办法相抵触的以本办法为准。

委托地方工商和市场监管部门受理商标注册申请暂行规定

· 2016 年 8 月 31 日
· 工商标字〔2016〕168 号

第一条　为方便申请人办理商标注册申请,推进商标注册便利化,加强对委托地方工商和市场监管部门(以下简称受托单位)受理商标注册申请工作的管理,特制定本规定。

第二条　县级以上(以省会城市、地级市为主)工商、市场监管部门受工商总局商标局(以下简称商标局)委托,在地方政务大厅或注册大厅设立商标注册申请受理窗口,代为办理商标注册申请受理等业务。

第三条　县级以上(以省会城市、地级市为主)工商、市场监管部门拟开展商标注册申请受理业务的,须填写《地方工商和市场监管部门开展商标注册申请受理业务审批表》(附表),由省(自治区、直辖市)工商、市场监管部门提出意见后报送商标局。按照便利化原则,兼顾区域分布、商标申请量等因素,经审核确有设立必要且具备运行条件的,经商标局批准并公告后开展受理业务。

第四条　商标局工作职责:

(一)确定受托单位受理业务范围和受理区域范围;

(二)制定工作规程、业务质量标准和业务质量管理办法;

(三)根据业务工作需要,对受托单位工作人员进行业务培训;

(四)对受托单位商标注册申请受理和规费收缴等工作进行指导和检查。

第五条　受托单位工作职责:

(一)负责商标受理业务机构设置、人员安排、网络联通建设、办公场所和相关设备配置;

(二)根据商标局有关规定,制定和落实业务质量管理办法;

(三)加强与商标局业务联系,定期向商标局汇报工作;

(四)办理商标局委托的其他工作。

第六条　受理窗口工作职责:

(一)在政务大厅或注册大厅设置"商标受理业务"的明显标识;

(二)负责指定区域内商标注册申请受理、规费收缴、代发商标注册证等工作。接收、审核商标注册申请文件,对符合受理条件的商标注册申请确定申请日;

(三)做好商标注册申请文件管理工作;

(四)开展商标注册申请相关业务的查询、咨询等服务性工作。

第七条　受托单位及其受理窗口工作人员应当依法行政,廉洁自律,忠于职守,文明服务。

(一)严格遵守有关法律、法规及商标局有关规定,结合自身实际情况,制定相关规章制度。建立优良工作秩序,提供优质高效服务;

(二)严格遵守财务管理制度。加强账务管理,不得超范围、超标准收取费用;收取规费应按期如数上缴,不得擅自挪用、滞留,保证国家规费的安全;

(三)依法行政,公正廉洁。不得泄漏或越权使用未公开的商标注册申请信息,牟取不当利益。

第八条　对违反本规定的受托单位,商标局将对其通报批评,情节严重者,将责令其停止工作进行整顿,直至取消委托业务。

对违反本规定,产生恶劣影响并造成损失的,视具体情况追究受托单位负责人和相关人员行政或法律责任。

第九条　本规定由商标局负责解释。

第十条　本规定自 2016 年 9 月 1 日起施行。

商标评审规则

· 1995 年 11 月 2 日国家工商行政管理局令第 37 号公布
· 根据 2002 年 9 月 17 日国家工商行政管理总局令第 3 号第一次修订
· 根据 2005 年 9 月 26 日国家工商行政管理总局令第 20 号第二次修订
· 根据 2014 年 5 月 28 日国家工商行政管理总局令第 65 号第三次修订

第一章　总　则

第一条　为规范商标评审程序,根据《中华人民共和国商标法》(以下简称商标法)和《中华人民共和国商标法实施条例》(以下简称实施条例),制定本规则。

第二条　根据商标法及实施条例的规定,国家工商行政管理总局商标评审委员会(以下简称商标评审委员会)负责处理下列商标评审案件:

(一)不服国家工商行政管理总局商标局(以下简称商标局)驳回商标注册申请决定,依照商标法第三十四条规定申请复审的案件;

(二)不服商标局不予注册决定,依照商标法第三十五条第三款规定申请复审的案件;

(三)对已经注册的商标,依照商标法第四十四条第一款、第四十五条第一款规定请求无效宣告的案件;

(四)不服商标局宣告注册商标无效决定,依照商标法第四十四条第二款规定申请复审的案件;

(五)不服商标局撤销或者不予撤销注册商标决定,依照商标法第五十四条规定申请复审的案件。

在商标评审程序中,前款第(一)项所指请求复审的商标统称为申请商标,第(二)项所指请求复审的商标统称为被异议商标,第(三)项所指请求无效宣告的商标统称为争议商标,第(四)、(五)项所指请求复审的商标统称为复审商标。本规则中,前述商标统称为评审商标。

第三条　当事人参加商标评审活动,可以以书面方式或者数据电文方式办理。

数据电文方式办理的具体办法由商标评审委员会另行制定。

第四条　商标评审委员会审理商标评审案件实行书面审理,但依照实施条例第六十条规定决定进行口头审理的除外。

口头审理的具体办法由商标评审委员会另行制定。

第五条　商标评审委员会根据商标法、实施条例和本规则做出的决定和裁定,应当以书面方式或者数据电文方式送达有关当事人,并说明理由。

第六条　除本规则另有规定外,商标评审委员会审理商标评审案件实行合议制度,由三名以上的单数商标评审人员组成合议组进行审理。

合议组审理案件,实行少数服从多数的原则。

第七条　当事人或者利害关系人依照实施条例第七条的规定申请商标评审人员回避的,应当以书面方式办理,并说明理由。

第八条　在商标评审期间,当事人有权依法处分自己的商标权与商标评审有关的权利。在不损害社会公共利益、第三方权利的前提下,当事人之间可以自行或者经调解以书面方式达成和解。

对于当事人达成和解的案件,商标评审委员会可以结案,也可以做出决定或者裁定。

第九条　商标评审案件的共同申请人和共有商标的当事人办理商标评审事宜,应当依照实施条例第十六条第一款的规定确定一个代表人。

代表人参与评审的行为对其所代表的当事人发生效力,但代表人变更、放弃评审请求或者承认对方当事人评审请求的,应当有被代表的当事人书面授权。

商标评审委员会的文件应当送达代表人。

第十条　外国人或者外国企业办理商标评审事宜,在中国有经常居所或者营业所的,可以委托依法设立的商标代理机构办理,也可以直接办理;在中国没有经常居所或者营业所的,应当委托依法设立的商标代理机构办理。

第十一条　代理权限发生变更、代理关系解除或者变更代理人的,当事人应当及时书面告知商标评审委员会。

第十二条　当事人及其代理人可以申请查阅本案有关材料。

第二章　申请与受理

第十三条　申请商标评审,应当符合下列条件:

(一)申请人须有合法的主体资格;

(二)在法定期限内提出;

(三)属于商标评审委员会的评审范围;

(四)依法提交符合规定的申请书及有关材料;

(五)有明确的评审请求、事实、理由和法律依据;

(六)依法缴纳评审费用。

第十四条　申请商标评审,应当向商标评审委员会提交申请书;有被申请人的,应当按照被申请人的数量提交相应份数的副本;评审商标发生转让、移转、变更,已向商标局提出申请但是尚未核准公告的,当事人应当提供相应的证明文件;基于商标局的决定书申请复审的,还应当同时附送商标局的决定书。

第十五条　申请书应当载明下列事项:

(一)申请人的名称、通信地址、联系人和联系电话。评审申请有被申请人的,应当载明被申请人的名称和地址。委托商标代理机构办理商标评审事宜的,还应当载明商标代理机构的名称、地址、联系人和联系电话;

(二)评审商标及其申请号或者初步审定号、注册号和刊登该商标的《商标公告》的期号;

(三)明确的评审请求和所依据的事实、理由及法律依据。

第十六条　商标评审申请不符合本规则第十三条第(一)、(二)、(三)、(六)项规定条件之一的,商标评审委员会不予受理,书面通知申请人,并说明理由。

第十七条 商标评审申请不符合本规则第十三条第(四)、(五)项规定条件之一的,或者未按照实施条例和本规则规定提交有关证明文件的,或者有其他需要补正情形的,商标评审委员会应当向申请人发出补正通知,申请人应当自收到补正通知之日起三十日内补正。

经补正仍不符合规定的,商标评审委员会不予受理,书面通知申请人,并说明理由。未在规定期限内补正的,依照实施条例第五十七条规定,视为申请人撤回评审申请,商标评审委员会应当书面通知申请人。

第十八条 商标评审申请经审查符合受理条件的,商标评审委员会应当在三十日内向申请人发出《受理通知书》。

第十九条 商标评审委员会已经受理的商标评审申请,有下列情形之一的,属于不符合受理条件,应当依照实施条例第五十七条规定予以驳回:

(一)违反实施条例第六十二条规定,申请人撤回商标评审申请后,又以相同的事实和理由再次提出评审申请的;

(二)违反实施条例第六十二条规定,对商标评审委员会已经做出的裁定或者决定,以相同的事实和理由再次提出评审申请的;

(三)其他不符合受理条件的情形。

对经不予注册复审程序予以核准注册的商标提起宣告注册商标无效的,不受前款第(二)项规定限制。

商标评审委员会驳回商标评审申请,应当书面通知申请人,并说明理由。

第二十条 当事人参加评审活动,应当按照对方当事人的数量,提交相应份数的申请书、答辩书、意见书、质证意见及证据材料副本,副本内容应当与正本内容相同。不符合前述要求且经补正仍不符合要求的,依照本规则第十七条第二款的规定,不予受理评审申请,或者视为未提交相关材料。

第二十一条 评审申请有被申请人的,商标评审委员会受理后,应当及时将申请书副本及有关证据材料送达被申请人。被申请人应当自收到申请材料之日起三十日内向商标评审委员会提交答辩书及其副本;未在规定期限内答辩的,不影响商标评审委员会的评审。

商标评审委员会审理不服商标局不予注册决定的复审案件,应当通知原异议人参加并提出意见。原异议人应当在收到申请材料之日起三十日内向商标评审委员会提交意见书及其副本;未在规定期限内提出意见的,不影响案件审理。

第二十二条 被申请人参加答辩和原异议人参加不予注册复审程序应当有合法的主体资格。

商标评审答辩书、意见书及有关证据材料应当按照规定的格式和要求填写、提供。

不符合第二款规定或者有其他需要补正情形的,商标评审委员会向被申请人或者原异议人发出补正通知,被申请人或者原异议人应当自收到补正通知之日起三十日内补正。经补正仍不符合规定或者未在法定期限内补正的,视为未答辩或者未提出意见,不影响商标评审委员会的评审。

第二十三条 当事人需要在提出评审申请或者答辩后补充有关证据材料的,应当在申请书或者答辩书中声明,并自提交申请书或者答辩书之日起三个月内一次性提交;未在申请书或者答辩书中声明或者期满未提交的,视为放弃补充证据材料。但是,在期满后生成或者当事人有其他正当理由未能在期满前提交的证据,在期满后提交的,商标评审委员会将证据交对方当事人并质证后可以采信。

对当事人在法定期限内提供的证据材料,有对方当事人的,商标评审委员会应当将该证据材料副本送达给对方当事人。当事人应当在收到证据材料副本之日起三十日内进行质证。

第二十四条 当事人应当对其提交的证据材料逐一分类编号和制作目录清单,对证据材料的来源、待证的具体事实作简要说明,并签名盖章。

商标评审委员会收到当事人提交的证据材料后,应当按目录清单核对证据材料,并由经办人员在回执上签收,注明提交日期。

第二十五条 当事人名称或者通信地址等事项发生变更的,应当及时通知商标评审委员会,并依需要提供相应的证明文件。

第二十六条 在商标评审程序中,当事人的商标发生转让、移转的,受让人或者承继人应当及时以书面方式声明承受相关主体地位,参加后续评审程序并承担相应的评审后果。

未书面声明且不影响评审案件审理的,商标评审委员会可以将受让人或者承继人列为当事人做出决定或者裁定。

第三章 审 理

第二十七条 商标评审委员会审理商标评审案件实行合议制度。但有下列情形之一的案件,可以由商标评审人员一人独任评审：

（一）仅涉及商标法第二十条和第三十一条所指在先商标权利冲突的案件中，评审时权利冲突已消除的；

（二）被请求撤销或者无效宣告的商标已经丧失专用权的；

（三）依照本规则第三十二条规定应当予以结案的；

（四）其他可以独任评审的案件。

第二十八条　当事人或者利害关系人依照实施条例第七条和本规则第七条的规定对商标评审人员提出回避申请的，被申请回避的商标评审人员在商标评审委员会做出是否回避的决定前，应当暂停参与本案的审理工作。

商标评审委员会在做出决定、裁定后收到当事人或者利害关系人提出的回避申请的，不影响评审决定、裁定的有效性。但评审人员确实存在需要回避的情形的，商标评审委员会应当依法做出处理。

第二十九条　商标评审委员会审理商标评审案件，应当依照实施条例第五十二条、第五十三条、第五十四条、第五十五条、第五十六条的规定予以审理。

第三十条　经不予注册复审程序予以核准注册的商标，原异议人向商标评审委员会请求无效宣告的，商标评审委员会应当另行组成合议组进行审理。

第三十一条　依照商标法第三十五条第四款、第四十五条第三款和实施条例第十一条第（五）项的规定，需要等待在先权利案件审理结果的，商标评审委员会可以决定暂缓审理该商标评审案件。

第三十二条　有下列情形之一的，终止评审，予以结案：

（一）申请人死亡或者终止后没有继承人或者继承人放弃评审权利的；

（二）申请人撤回评审申请的；

（三）当事人自行或者经调解达成和解协议，可以结案的；

（四）其他应当终止评审的情形。

商标评审委员会予以结案，应当书面通知有关当事人，并说明理由。

第三十三条　合议组审理案件应当制作合议笔录，并由合议组成员签名。合议组成员有不同意见的，应当如实记入合议笔录。

经审理终结的案件，商标评审委员会依法做出决定、裁定。

第三十四条　商标评审委员会做出的决定、裁定应当载明下列内容：

（一）当事人的评审请求、争议的事实、理由和证据；

（二）决定或者裁定认定的事实、理由和适用的法律依据；

（三）决定或者裁定结论；

（四）可以供当事人选用的后续程序和时限；

（五）决定或者裁定做出的日期。

决定、裁定由合议组成员署名，加盖商标评审委员会印章。

第三十五条　对商标评审委员会做出的决定、裁定，当事人不服向人民法院起诉的，应当在向人民法院递交起诉状的同时或者至迟十五日内将该起诉状副本抄送或者另行将起诉信息书面告知商标评审委员会。

除商标评审委员会做出的准予初步审定或者予以核准注册的决定外，商标评审委员会自发出决定、裁定之日起四个月内未收到来自人民法院应诉通知或者当事人提交的起诉状副本、书面起诉通知的，该决定、裁定移送商标局执行。

商标评审委员会自收到当事人提交的起诉状副本或者书面起诉通知之日起四个月内未收到来自人民法院应诉通知的，相关决定、裁定移送商标局执行。

第三十六条　在一审行政诉讼程序中，若因商标评审决定、裁定所引证的商标已经丧失在先权利导致决定、裁定事实认定、法律适用发生变化的，在原告撤诉的情况下，商标评审委员会可以撤回原决定或者裁定，并依据新的事实，重新做出商标评审决定或者裁定。

商标评审决定、裁定送达当事人后，商标评审委员会发现存在文字错误等非实质性错误的，可以向评审当事人发送更正通知书对错误内容进行更正。

第三十七条　商标评审决定、裁定经人民法院生效判决撤销的，商标评审委员会应当重新组成合议组，及时审理，并做出重审决定、裁定。

重审程序中，商标评审委员会对当事人新提出的评审请求和法律依据不列入重审范围；对当事人补充提交的足以影响案件审理结果的证据可以予以采信，有对方当事人的，应当送达对方当事人予以质证。

第四章　证据规则

第三十八条　当事人对自己提出的评审请求所依据的事实或者反驳对方评审请求所依据的事实有责任提供证据加以证明。

证据包括书证、物证、视听资料、电子数据、证人证言、鉴定意见、当事人的陈述等。

没有证据或者证据不足以证明当事人的事实主张

的,由负有举证责任的当事人承担不利后果。

一方当事人对另一方当事人陈述的案件事实明确表示承认的,另一方当事人无需举证,但商标评审委员会认为确有必要举证的除外。

当事人委托代理人参加评审的,代理人的承认视为当事人的承认。但未经特别授权的代理人对事实的承认直接导致承认对方评审请求的除外;当事人在场但对其代理人的承认不作否认表示的,视为当事人的承认。

第三十九条　下列事实,当事人无需举证证明:

(一)众所周知的事实;

(二)自然规律及定理;

(三)根据法律规定或者已知事实和日常生活经验法则,能推定出的另一事实;

(四)已为人民法院发生法律效力的裁判所确认的事实;

(五)已为仲裁机构的生效裁决所确认的事实;

(六)已为有效公证文书所证明的事实。

前款(一)、(三)、(四)、(五)、(六)项,有相反证据足以推翻的除外。

第四十条　当事人向商标评审委员会提供书证的,应当提供原件,包括原本、正本和副本。提供原件有困难的,可以提供相应的复印件、照片、节录本;提供由有关部门保管的书证原件的复制件、影印件或者抄录件的,应当注明出处,经该部门核对无异后加盖其印章。

当事人向商标评审委员会提供物证的,应当提供原物。提供原物有困难的,可以提供相应的复制件或者证明该物证的照片、录像等其他证据;原物为数量较多的种类物的,可以提供其中的一部分。

一方当事人对另一方当事人所提书证、物证的复制件、照片、录像等存在怀疑并有相应证据支持的,或者商标评审委员会认为有必要的,被质疑的当事人应当提供或者出示有关证据的原件或者经公证的复印件。

第四十一条　当事人向商标评审委员会提供的证据系在中华人民共和国领域外形成,或者在香港、澳门、台湾地区形成,对方当事人对该证据的真实性存在怀疑并有相应证据支持的,或者商标评审委员会认为必要的,应当依照有关规定办理相应的公证认证手续。

第四十二条　当事人向商标评审委员会提供外文书证或者外文说明资料,应当附有中文译文。未提交中文译文的,该外文证据视为未提交。

对方当事人对译文具体内容有异议的,应当对有异议的部分提交中文译文。必要时,可以委托双方当事人认可的单位对全文,或者所使用或者有异议的部分进行翻译。

双方当事人对委托翻译达不成协议的,商标评审委员会可以指定专业翻译单位对全文,或者所使用的或者有异议的部分进行翻译。委托翻译所需费用由双方当事人各承担50%;拒绝支付翻译费用的,视为其承认对方提交的译文。

第四十三条　对单一证据有无证明力和证明力大小可以从下列方面进行审核认定:

(一)证据是否原件、原物,复印件、复制品与原件、原物是否相符;

(二)证据与本案事实是否相关;

(三)证据的形式、来源是否符合法律规定;

(四)证据的内容是否真实;

(五)证人或者提供证据的人,与当事人有无利害关系。

第四十四条　评审人员对案件的全部证据,应当从各证据与案件事实的关联程度、各证据之间的联系等方面进行综合审查判断。

有对方当事人的,未经交换质证的证据不应当予以采信。

第四十五条　下列证据不能单独作为认定案件事实的依据:

(一)未成年人所作的与其年龄和智力状况不相适应的证言;

(二)与一方当事人有亲属关系、隶属关系或者其他密切关系的证人所作的对该当事人有利的证言,或者与一方当事人有不利关系的证人所作的对该当事人不利的证言;

(三)应当参加口头审理作证而无正当理由不参加的证人证言;

(四)难以识别是否经过修改的视听资料;

(五)无法与原件、原物核对的复制件或者复制品;

(六)经一方当事人或者他人改动,对方当事人不予认可的证据材料;

(七)其他不能单独作为认定案件事实依据的证据材料。

第四十六条　一方当事人提出的下列证据,对方当事人提出异议但没有足以反驳的相反证据的,商标评审委员会应当确认其证明力:

(一)书证原件或者与书证原件核对无误的复印件、照片、副本、节录本;

(二)物证原物或者与物证原物核对无误的复制件、

照片、录像资料等;

(三)有其他证据佐证并以合法手段取得的、无疑点的视听资料或者与视听资料核对无误的复制件。

第四十七条　一方当事人委托鉴定部门做出的鉴定结论,另一方当事人没有足以反驳的相反证据和理由的,可以确认其证明力。

第四十八条　一方当事人提出的证据,另一方当事人认可或者提出的相反证据不足以反驳的,商标评审委员会可以确认其证明力。

一方当事人提出的证据,另一方当事人有异议并提出反驳证据,对方当事人对反驳证据认可的,可以确认反驳证据的证明力。

第四十九条　双方当事人对同一事实分别举出相反的证据,但都没有足够的依据否定对方证据的,商标评审委员会应当结合案件情况,判断一方提供证据的证明力是否明显大于另一方提供证据的证明力,并对证明力较大的证据予以确认。

因证据的证明力无法判断导致争议事实难以认定的,商标评审委员会应当依据举证责任分配原则做出判断。

第五十条　评审程序中,当事人在申请书、答辩书、陈述及其委托代理人的代理词中承认的对己方不利的事实和认可的证据,商标评审委员会应当予以确认,但当事人反悔并有相反证据足以推翻的除外。

第五十一条　商标评审委员会就数个证据对同一事实的证明力,可以依照下列原则认定:

(一)国家机关以及其他职能部门依职权制作的公文文书优于其他书证;

(二)鉴定结论、档案材料以及经过公证或者登记的书证优于其他书证、视听资料和证人证言;

(三)原件、原物优于复制件、复制品;

(四)法定鉴定部门的鉴定结论优于其他鉴定部门的鉴定结论;

(五)原始证据优于传来证据;

(六)其他证人证言优于与当事人有亲属关系或者其他密切关系的证人提供的对该当事人有利的证言;

(七)参加口头审理作证的证人证言优于未参加口头审理作证的证人证言;

(八)数个种类不同、内容一致的证据优于一个孤立的证据。

第五章　期间、送达

第五十二条　期间包括法定期间和商标评审委员会指定的期间。期间应当依照实施条例第十二条的规定计算。

第五十三条　当事人向商标评审委员会提交的文件或者材料的日期,直接递交的,以递交日为准;邮寄的,以寄出的邮戳日为准;邮戳日不清晰或者没有邮戳的,以商标评审委员会实际收到日为准,但是当事人能够提出实际邮戳日证据的除外。通过邮政企业以外的快递企业递交的,以快递企业收寄日为准;收寄日不明确的,以商标评审委员会实际收到日为准,但是当事人能够提出实际收寄日证据的除外。以数据电文方式提交的,以进入商标评审委员会电子系统的日期为准。

当事人向商标评审委员会邮寄文件,应当使用给据邮件。

当事人向商标评审委员会提交文件,应当在文件中标明商标申请号或者注册号、申请人名称。提交的文件内容,以书面方式提交的,以商标评审委员会所存档案记录为准;以数据电文方式提交的,以商标评审委员会数据库记录为准,但是当事人确有证据证明商标评审委员会档案、数据库记录有错误的除外。

第五十四条　商标评审委员会的各种文件,可以通过邮寄、直接递交、数据电文或者其他方式送达当事人;以数据电文方式送达当事人的,应当经当事人同意。当事人委托商标代理机构的,文件送达商标代理机构视为送达当事人。

商标评审委员会向当事人送达各种文件的日期,邮寄的,以当事人收到的邮戳日为准;邮戳日不清晰或者没有邮戳的,自文件发出之日起满十五日,视为送达当事人,但当事人能够证明实际收到日的除外;直接递交的,以递交日为准。以数据电文方式送达的,自文件发出之日满十五日,视为送达当事人;文件通过上述方式无法送达的,可以通过公告方式送达当事人,自公告发布之日起满三十日,该文件视为已经送达。

商标评审委员会向当事人邮寄送达文件被退回后通过公告送达的,后续文件均采取公告送达方式,但当事人在公告送达后明确告知通信地址的除外。

第五十五条　依照实施条例第五条第三款的规定,商标评审案件的被申请人或者原异议人是在中国没有经常居所或者营业所的外国人或者外国企业的,由该评审商标注册申请书中载明的国内接收人负责接收商标评审程序的有关法律文件;商标评审委员会将有关法律文件送达该国内接收人,视为送达当事人。

依照前款规定无法确定国内接收人的,由商标局原审程序中的或者最后一个申请办理该商标相关事宜的商标代理机构承担商标评审程序中有关法律文件的签收及转达义务;商标评审委员会将有关法律文件送达该商标代理机构。商标代理机构在有关法律文件送达之前已经与国外当事人解除商标代理关系的,应当以书面形式向商标评审委员会说明有关情况,并自收到文件之日起十日内将有关法律文件交回商标评审委员会,由商标评审委员会另行送达。

马德里国际注册商标涉及国际局转发相关书件的,应当提交相应的送达证据。未提交的,应当书面说明原因,自国际局发文之日起满十五日视为送达。

上述方式无法送达的,公告送达。

第六章 附 则

第五十六条 从事商标评审工作的国家机关工作人员玩忽职守、滥用职权、徇私舞弊、违法办理商标评审事项,收受当事人财物,牟取不正当利益的,依法给予处分。

第五十七条 对于当事人不服商标局做出的驳回商标注册申请决定在 2014 年 5 月 1 日以前向商标评审委员会提出复审申请,商标评审委员会于 2014 年 5 月 1 日以后(含 5 月 1 日,下同)审理的案件,适用修改后的商标法。

对于当事人不服商标局做出的异议裁定在 2014 年 5 月 1 日以前向商标评审委员会提出复审申请,商标评审委员会于 2014 年 5 月 1 日以后审理的案件,当事人提出异议和复审的主体资格适用修改前的商标法,其他程序问题和实体问题适用修改后的商标法。

对于已经注册的商标,当事人在 2014 年 5 月 1 日以前向商标评审委员会提出争议和撤销复审申请,商标评审委员会于 2014 年 5 月 1 日以后审理的案件,相关程序问题适用修改后的商标法,实体问题适用修改前的商标法。

对于当事人在 2014 年 5 月 1 日以前向商标评审委员会提出申请的商标评审案件,应当自 2014 年 5 月 1 日起开始计算审理期限。

第五十八条 办理商标评审事宜的文书格式,由商标评审委员会制定并公布。

第五十九条 本规则由国家工商行政管理总局负责解释。

第六十条 本规则自 2014 年 6 月 1 日起施行。

商标评审案件口头审理办法

· 2017 年 5 月 4 日
· 工商办字〔2017〕65 号

第一条 为了查明商标评审案件的有关事实,依据《中华人民共和国商标法》《中华人民共和国商标法实施条例》《商标评审规则》,制定本办法。

第二条 商标评审委员会根据当事人的请求或者案件审理的需要,可以决定对商标评审案件进行口头审理。

第三条 商标评审案件当事人对案件有关证据存在疑问,认为应当进行当场质证的,可以向商标评审委员会请求进行口头审理。请求应当提出书面申请,并说明理由。商标评审委员会认为确有必要的,可以决定进行口头审理。

当事人请求进行口头审理,但根据案件书面材料已足以查明案件事实的,商标评审委员会可以决定不进行口头审理,并在评审决定、裁定中予以说明。

第四条 申请人请求进行口头审理的,应当在提出评审申请时或者最晚自收到被申请人的答辩书副本之日起三十日内向商标评审委员会提出;被申请人请求进行口头审理的,应当在向商标评审委员会提交答辩书或者补充有关证据材料时一并提出。

第五条 根据审理案件的实际需要,商标评审委员会也可以依职权决定对评审案件进行口头审理。

第六条 商标评审委员会决定进行口头审理的,应当书面通知当事人,告知口头审理的日期、地点、合议组组成人员、口头审理程序、口头审理参加人的权利义务等事项。

当事人应当自收到口头审理通知之日起 10 日内向商标评审委员会提交口头审理回执。申请合议组组成人员回避的,应随回执一并提出,并说明理由。

当事人期满未提交回执的,视为不参加口头审理。有关当事人不参加口头审理的,商标评审委员会可以决定缺席审理或者取消口头审理。

第七条 参加口头审理的各方人员,包括委托代理人,不应超过两人,但经商标评审委员会同意的除外。

第八条 口头审理进行前,商标评审委员会应当在办公场所、官方网站或者报纸、期刊上对口头审理案件的有关信息予以公告。

第九条 口头审理工作由承办案件的合议组负责,合议组应当由三人以上单数组成,设合议组组长一名。

第十条 口头审理开始前,合议组应当核对口头审理参加人员的身份信息,确认其参加口头审理的资格,并宣布口头审理纪律。

第十一条　口头审理由合议组组长主持。合议组长宣布口头审理开始后,口头审理调查按照以下顺序进行:

(一)合议组成员介绍案件基本情况,明确案件争议的主要问题;

(二)申请人陈述评审请求;

(三)被申请人答辩。

第十二条　当事人应将其在评审程序中提交的全部证据在口头审理时出示,由对方当事人质证。

第十三条　当事人在质证时应当围绕证据的真实性、关联性、合法性,对证据证明力有无以及证明力大小,进行质疑、说明与辩驳。

质证按照下列顺序进行:

(一)申请人出示证据,被申请人与申请人进行质证;

(二)被申请人出示证据,申请人与被申请人进行质证。

第十四条　经商标评审委员会同意,口头审理可以请证人到场作证。证人不得旁听口头审理。询问证人时,其他证人不得在场。

第十五条　合议组成员可以就有关事实和证据向当事人或者证人提问,可以要求当事人或者证人作出解释;必要时,可以要求证人进行对质。

当事人经合议组许可,可以询问证人。

第十六条　口头审理结束前,由合议组按照申请人、被申请人的先后顺序征询各方最后意见陈述。最后意见陈述后,口头审理结束。

第十七条　口头审理过程中,有关当事人未经许可中途退出审理的,或者因妨碍口头审理进行被合议组责令退出审理的,合议组可以缺席审理,并就退出审理的事实进行记录,由当事人或者合议组签字确认。各方当事人均退出口头审理的,口头审理终止。

口头审理过程中,双方当事人达成和解协议或者有和解意愿的,口头审理终止。

第十八条　书记员或合议组组长指定的合议组成员应当将口头审理的重要事项记入口头审理笔录。除笔录外,合议组还可以使用录音、录像设备进行记录。

口头审理结束后,合议组应将笔录交当事人核实。对笔录的差错,当事人有权要求更正。笔录核实无误后应当由当事人签字并存入案卷。当事人拒绝签字的,由合议组在口头审理笔录中注明。

第十九条　口头审理时,未经商标评审委员会许可

不得旁听、拍照、录音和录像。

第二十条　本办法所称"当事人"、"被申请人"包括不予注册复审案件中的原异议人。

第二十一条　本办法自发布之日起实施。

商标代理监督管理规定

· 2022 年 10 月 27 日国家市场监督管理总局令第 63 号公布
· 自 2022 年 12 月 1 日起施行

第一章　总　则

第一条　为了规范商标代理行为,提升商标代理服务质量,维护商标代理市场的正常秩序,促进商标代理行业健康发展,根据《中华人民共和国商标法》(以下简称商标法)、《中华人民共和国商标法实施条例》(以下简称商标法实施条例)以及其他有关法律法规,制定本规定。

第二条　商标代理机构接受委托人的委托,可以以委托人的名义在代理权限范围内依法办理以下事宜:

(一)商标注册申请;

(二)商标变更、续展、转让、注销;

(三)商标异议;

(四)商标撤销、无效宣告;

(五)商标复审、商标纠纷的处理;

(六)其他商标事宜。

本规定所称商标代理机构,包括经市场主体登记机关依法登记从事商标代理业务的服务机构和从事商标代理业务的律师事务所。

第三条　商标代理机构和商标代理从业人员应当遵守法律法规和国家有关规定,遵循诚实信用原则,恪守职业道德,规范从业行为,提升商标代理服务质量,维护委托人的合法权益和商标代理市场正常秩序。

本规定所称商标代理从业人员包括商标代理机构的负责人,以及受商标代理机构指派承办商标代理业务的本机构工作人员。

商标代理从业人员应当遵纪守法,有良好的信用状况,品行良好,熟悉商标法律法规,具备依法从事商标代理业务的能力。

第四条　商标代理行业组织是商标代理行业的自律性组织。

商标代理行业组织应当严格行业自律,依照章程规定,制定行业自律规范和惩戒规则,加强业务培训和职业道德、职业纪律教育,组织引导商标代理机构和商标代理从业人员依法规范从事代理业务,不断提高行业服务水平。

知识产权管理部门依法加强对商标代理行业组织的监督和指导,支持商标代理行业组织加强行业自律和规范。

鼓励商标代理机构、商标代理从业人员依法参加商标代理行业组织。

第二章　商标代理机构备案

第五条　商标代理机构从事国家知识产权局主管的商标事宜代理业务的,应当依法及时向国家知识产权局备案。

商标代理机构备案的有效期为三年。有效期届满需要继续从事代理业务的,商标代理机构可以在有效期届满前六个月内办理延续备案。每次延续备案的有效期为三年,自原备案有效期满次日起计算。

第六条　商标代理机构的备案信息包括:

(一)营业执照或者律师事务所执业许可证;

(二)商标代理机构的名称、住所、联系方式、统一社会信用代码、负责人、非上市公司的股东、合伙人姓名;

(三)商标代理从业人员姓名、身份证件号码、联系方式;

(四)法律法规以及国家知识产权局规定应当提供的其他信息。

国家知识产权局能够通过政务信息共享平台获取的相关信息,不得要求商标代理机构重复提供。

第七条　商标代理机构备案信息发生变化的,应当自实际发生变化或者有关主管部门登记、批准之日起三十日内向国家知识产权局办理变更备案,并提交相应材料。

第八条　商标代理机构申请市场主体注销登记,备案有效期届满未办理延续或者自行决定不再从事商标代理业务,被撤销或者被吊销营业执照、律师事务所执业许可证,或者国家知识产权局决定永久停止受理其办理商标代理业务的,应当在妥善处理未办结的商标代理业务后,向国家知识产权局办理注销备案。

商标代理机构存在前款规定情形的,国家知识产权局应当在商标网上服务系统、商标代理系统中进行标注,并不再受理其提交的商标代理业务申请,但处理未办结商标代理业务的除外。

商标代理机构应当在申请市场主体注销登记或者自行决定不再从事商标代理业务前,或者自接到撤销、吊销决定书,永久停止受理其办理商标代理业务决定之日起三十日内,按照法律法规规定和合同约定妥善处理未办结的商标代理业务,通知委托人办理商标代理变更,或者

经委托人同意与其他已经备案的商标代理机构签订业务移转协议。

第九条　商标代理机构提交的备案、变更备案、延续备案或者注销备案材料符合规定的,国家知识产权局应当及时予以办理,通知商标代理机构并依法向社会公示。

第三章　商标代理行为规范

第十条　商标代理机构从事商标代理业务不得采取欺诈、诱骗等不正当手段,不得损害国家利益、社会公共利益和他人合法权益。

商标代理机构不得以其法定代表人、股东、合伙人、实际控制人、高级管理人员、员工等的名义变相申请注册或者受让其代理服务以外的其他商标,也不得通过另行设立市场主体或者通过与其存在关联关系的市场主体等其他方式变相从事上述行为。

第十一条　商标代理机构应当积极履行管理职责,规范本机构商标代理从业人员职业行为,建立健全质量管理、利益冲突审查、恶意申请筛查、投诉处理、保密管理、人员管理、财务管理、档案管理等管理制度,对本机构商标代理从业人员遵守法律法规、行业规范等情况进行监督,发现问题及时予以纠正。

商标代理机构应当加强对本机构商标代理从业人员的职业道德和职业纪律教育,组织开展业务学习,为其参加业务培训和继续教育提供条件。

第十二条　商标代理机构应当在其住所或者经营场所醒目位置悬挂营业执照或者律师事务所执业许可证。

商标代理机构通过网络从事商标代理业务的,应当在其网站首页或者从事经营活动的主页面显著位置持续公示机构名称、经营场所、经营范围等营业执照或者律师事务所执业许可证记载的信息,以及其他商标代理业务备案信息等。

第十三条　商标代理机构从事商标代理业务,应当与委托人以书面形式签订商标代理委托合同,依法约定双方的权利义务以及其他事项。商标代理委托合同不得违反法律法规以及国家有关规定。

第十四条　商标代理机构接受委托办理商标代理业务,应当进行利益冲突审查,不得在同一案件中接受有利益冲突的双方当事人委托。

第十五条　商标代理机构应当按照委托人的要求依法办理商标注册申请或者其他商标事宜;在代理过程中应当遵守关于商业秘密和个人信息保护的有关规定。

委托人申请注册的商标可能存在商标法规定不得注册情形的,商标代理机构应当以书面通知等方式明确告

知委托人。

商标代理机构知道或者应当知道委托人申请注册的商标属于商标法第四条、第十五条和第三十二条规定情形的，不得接受其委托。

商标代理机构应当严格履行代理职责，依据商标法第二十七条，对委托人所申报的事项和提供的商标注册申请或者办理其他商标事宜的材料进行核对，及时向委托人通报委托事项办理进展情况、送交法律文书和材料，无正当理由不得拖延。

第十六条 商标代理从业人员应当根据商标代理机构的指派承办商标代理业务，不得以个人名义自行接受委托。

商标代理从业人员不得同时在两个以上商标代理机构从事商标代理业务。

第十七条 商标代理机构向国家知识产权局提交的有关文件，应当加盖本代理机构公章并由相关商标代理从业人员签字。

商标代理机构和商标代理从业人员对其盖章和签字办理的商标代理业务负责。

第十八条 商标代理机构应当对所承办业务的案卷和有关材料及时立卷归档，妥善保管。

商标代理机构的记录应当真实、准确、完整。

第十九条 商标代理机构收费应当遵守相关法律法规，遵循自愿、公平、合理和诚实信用原则，兼顾经济效益和社会效益。

第四章　商标代理监管

第二十条 知识产权管理部门建立商标代理机构和商标代理从业人员信用档案。

国家知识产权局对信用档案信息进行归集整理，开展商标代理行业分级分类评价。地方知识产权管理部门、市场监督管理部门、商标代理行业组织应当协助做好信用档案信息的归集整理工作。

第二十一条 以下信息应当记入商标代理机构和商标代理从业人员信用档案：

（一）商标代理机构和商标代理从业人员受到行政处罚的信息；

（二）商标代理机构接受监督检查的信息；

（三）商标代理机构和商标代理从业人员加入商标代理行业组织信息，受到商标代理行业组织惩戒的信息；

（四）商标代理机构被列入经营异常名录或者严重违法失信名单的信息；

（五）其他可以反映商标代理机构信用状况的信息。

第二十二条 商标代理机构应当按照国家有关规定报送年度报告。

第二十三条 商标代理机构故意侵犯知识产权，提交恶意商标注册申请，损害社会公共利益，从事严重违法商标代理行为，性质恶劣、情节严重、社会危害较大，受到较重行政处罚的，按照《市场监督管理严重违法失信名单管理办法》等有关规定列入严重违法失信名单。

第二十四条 知识产权管理部门依法对商标代理机构和商标代理从业人员代理行为进行监督检查，可以依法查阅、复制有关材料，询问当事人或者其他与案件有关的单位和个人，要求当事人或者有关人员在一定期限内如实提供有关材料，以及采取其他合法必要合理的措施。商标代理机构和商标代理从业人员应当予以协助配合。

第二十五条 知识产权管理部门应当引导商标代理机构合法从事商标代理业务，提升服务质量。

对存在商标代理违法违规行为的商标代理机构或者商标代理从业人员，知识产权管理部门可以依职责对其进行约谈、提出意见，督促其及时整改。

第二十六条 知识产权管理部门负责商标代理等信息的发布和公示工作，健全与市场监督管理部门之间的信息共享、查处情况通报、业务指导等协同配合机制。

第五章　商标代理违法行为的处理

第二十七条 有下列情形之一的，属于商标法第六十八条第一款第一项规定的办理商标事宜过程中，伪造、变造或者使用伪造、变造的法律文件、印章、签名的行为：

（一）伪造、变造国家机关公文、印章的；

（二）伪造、变造国家机关之外其他单位的法律文件、印章的；

（三）伪造、变造签名的；

（四）知道或者应当知道属于伪造、变造的公文、法律文件、印章、签名，仍然使用的；

（五）其他伪造、变造或者使用伪造、变造的法律文件、印章、签名的情形。

第二十八条 有下列情形之一的，属于以诋毁其他商标代理机构等手段招徕商标代理业务的行为：

（一）编造、传播虚假信息或者误导性信息，损害其他商标代理机构商业声誉的；

（二）教唆、帮助他人编造、传播虚假信息或者误导性信息，损害其他商标代理机构商业声誉的；

（三）其他以诋毁其他商标代理机构等手段招徕商标代理业务的情形。

第二十九条 有下列情形之一的，属于商标法第六十八条第一款第二项规定的以其他不正当手段扰乱商标代理市场秩序的行为：

（一）知道或者应当知道委托人以欺骗手段或者其他不正当手段申请注册，或者利用突发事件、公众人物、舆论热点等信息，恶意申请注册有害于社会主义道德风尚或者有其他不良影响的商标，仍接受委托的；

（二）向从事商标注册和管理工作的人员进行贿赂或者利益输送，或者违反规定获取尚未公开的商标注册相关信息、请托转递涉案材料等，牟取不正当利益的；

（三）违反法律法规和国家有关从业限制的规定，聘用曾从事商标注册和管理工作的人员，经知识产权管理部门告知后，拖延或者拒绝纠正其聘用行为的；

（四）代理不同的委托人申请注册相同或者类似商品或者服务上的相同商标的，申请时在先商标已经无效的除外；

（五）知道或者应当知道转让商标属于恶意申请的注册商标，仍帮助恶意注册人办理转让的；

（六）假冒国家机关官方网站、邮箱、电话等或者以国家机关工作人员的名义提供虚假信息误导公众，或者向委托人提供商标业务相关材料或者收取费用牟取不正当利益的；

（七）知道或者应当知道委托人滥用商标权仍接受委托，或者指使商标权利人滥用商标权牟取不正当利益的；

（八）知道或者应当知道委托人使用的是伪造、变造、编造的虚假商标材料，仍帮助委托人提交，或者与委托人恶意串通制作、提交虚假商标申请等材料的；

（九）虚构事实向主管部门举报其他商标代理机构的；

（十）为排挤竞争对手，以低于成本的价格提供服务的；

（十一）其他以不正当手段扰乱商标代理市场秩序的情形。

第三十条　有下列情形之一的，属于商标法第十九条第三款、第四款规定的行为：

（一）曾经代理委托人申请注册商标或者办理异议、无效宣告以及复审事宜，委托人商标因违反商标法第四条、第十五条或者第三十二条规定，被国家知识产权局生效的决定或者裁定驳回申请、不予核准注册或者宣告无效，仍代理其在同一种或者类似商品上再次提交相同或者近似商标注册申请的；

（二）曾经代理委托人办理其他商标业务，知悉委托人商标存在违反商标法第四条、第十五条或者第三十二

条规定的情形，仍接受委托的；

（三）违反本规定第十条第二款规定的；

（四）其他属于商标法第十九条第三款、第四款规定的情形。

第三十一条　有下列情形之一的，属于以欺诈、虚假宣传、引人误解或者商业贿赂等方式招徕业务的行为：

（一）与他人恶意串通或者虚构事实，诱骗委托人委托其办理商标事宜的；

（二）以承诺结果、夸大自身代理业务成功率等形式误导委托人的；

（三）伪造或者变造荣誉、资质资格，欺骗、误导公众的；

（四）以盗窃、贿赂、欺诈、胁迫或者其他不正当手段获取商标信息，或者披露、使用、允许他人使用以前述手段获取的商标信息，以谋取交易机会的；

（五）明示或者暗示可以通过非正常方式加速办理商标事宜，或者提高办理商标事宜成功率，误导委托人的；

（六）以给予财物或者其他手段贿赂单位或者个人，以谋取交易机会的；

（七）其他以不正当手段招徕商标代理业务的情形。

第三十二条　有下列情形之一的，属于商标法实施条例第八十八条第三项规定的在同一商标案件中接受有利益冲突的双方当事人委托的行为：

（一）在商标异议、撤销、宣告无效案件或者复审、诉讼程序中接受双方当事人委托的；

（二）曾代理委托人申请商标注册，又代理其他人对同一商标提出商标异议、撤销、宣告无效申请的；

（三）其他在同一案件中接受有利益冲突的双方当事人委托的情形。

第三十三条　商标代理机构通过网络从事商标代理业务，有下列行为之一的，《中华人民共和国反垄断法》《中华人民共和国反不正当竞争法》《中华人民共和国价格法》《中华人民共和国广告法》等法律法规有规定的，从其规定；没有规定的，由市场监督管理部门给予警告，可以处五万元以下罚款；情节严重的，处五万元以上十万元以下罚款：

（一）利用其客户资源、平台数据以及其他经营者对其在商标代理服务上的依赖程度等因素，恶意排挤竞争对手的；

（二）通过编造用户评价、伪造业务量等方式进行虚假或者引人误解的商业宣传，欺骗、误导委托人的；

（三）通过电子侵入、擅自外挂插件等方式，影响商

标网上服务系统、商标代理系统等正常运行的；

（四）通过网络展示具有重大不良影响商标的；

（五）其他通过网络实施的违法商标代理行为。

第三十四条　市场监督管理部门依据商标法第六十八条规定对商标代理机构的违法行为进行查处后，依照有关规定将查处情况通报国家知识产权局。国家知识产权局收到通报，或者发现商标代理机构存在商标法第六十八条第一款行为，情节严重的，可以依法作出停止受理其办理商标代理业务六个月以上直至永久停止受理的决定，并予公告。

因商标代理违法行为，两年内受到三次以上行政处罚的，属于前款规定情节严重的情形。

商标代理机构被停止受理商标代理业务的，在停止受理业务期间，或者未按照本规定第八条第三款规定妥善处理未办结商标代理业务的，该商标代理机构负责人、直接责任人员以及负有管理责任的股东、合伙人不得在商标代理机构新任负责人、股东、合伙人。

第三十五条　国家知识产权局作出的停止受理商标代理机构办理商标代理业务决定有期限的，期限届满并且已改正违法行为的，恢复受理该商标代理机构业务，并予公告。

第三十六条　从事商标代理业务的商标代理机构，未依法办理备案、变更备案、延续备案或者注销备案，未妥善处理未办结的商标代理业务，或者违反本规定第十五条第四款规定，损害委托人利益或者扰乱商标代理市场秩序的，由国家知识产权局予以通报，并记入商标代理机构信用档案。

商标代理机构有前款所述情形的，由市场监督管理部门责令限期改正；期满不改正的，给予警告，情节严重的，处十万元以下罚款。

第三十七条　知识产权管理部门应当健全内部监督制度，对从事商标注册和管理工作的人员执行法律法规和遵守纪律的情况加强监督检查。

从事商标注册和管理工作的人员必须秉公执法、廉洁自律，忠于职守，文明服务，不得从事商标代理业务或者违反规定从事、参与营利性活动。从事商标注册和管理工作的人员离职后的从业限制，依照或者参照《中华人民共和国公务员法》等法律法规和国家有关规定执行。

第三十八条　从事商标注册和管理工作的人员玩忽职守、滥用职权、徇私舞弊，违法办理商标注册事项及其他商标事宜，收受商标代理机构或者商标代理从业人员财物，牟取不正当利益的，应当依法进行处理；构成犯罪的，依法追究刑事责任。

第三十九条　知识产权管理部门对违法违纪行为涉及的商标，应当依据商标法以及相关法律法规严格审查和监督管理，并及时处理。

第四十条　法律法规对商标代理机构经营活动违法行为的处理另有规定的，从其规定。

第四十一条　律师事务所和律师从事商标代理业务除遵守法律法规和本规定外，还应当遵守国家其他有关规定。

第四十二条　除本规定第二条规定的商标代理机构外，其他机构或者个人违反本规定从事商标代理业务或者与商标代理业务有关的其他活动，参照本规定处理。

第四十三条　本规定自 2022 年 12 月 1 日起施行。

律师事务所从事商标代理业务管理办法

·2012 年 11 月 6 日
·工商标字〔2012〕192 号

第一章　总　则

第一条　为了规范律师事务所及其律师从事商标代理的执业行为，维护商标代理法律服务秩序，保障委托人的合法权益，根据《中华人民共和国商标法》、《中华人民共和国律师法》等法律、法规、规章的规定，制定本办法。

第二条　律师事务所及其律师从事商标代理业务，适用本办法。

本办法所称律师事务所，是指律师的执业机构。

本办法所称律师，是指依法取得律师执业证书，受律师事务所指派为当事人提供法律服务的执业人员。

第三条　律师事务所及其律师从事商标代理业务，应当依法、诚信、尽责执业，恪守律师职业道德和执业纪律，接受当事人和社会的监督。

第四条　工商行政管理机关和司法行政机关依法对律师事务所及其律师从事商标代理业务活动进行监督管理。

第二章　业务范围及备案

第五条　律师事务所可以接受当事人委托，指派律师办理下列商标代理业务：

（一）代理商标注册申请、变更、续展、转让、补证、质权登记、许可合同备案、异议、注销、撤销以及马德里国际注册等国家工商行政管理总局商标局（以下简称商标局）主管的有关商标事宜；

（二）代理商标注册驳回复审、异议复审、撤销复审

及注册商标争议案件等国家工商行政管理总局商标评审委员会(以下简称商评委)主管的有关商标事宜;

(三)代理其他商标国际注册有关事宜;

(四)代理商标侵权证据调查、商标侵权投诉;

(五)代理商标行政复议、诉讼案件;

(六)代理参加商标纠纷调解、仲裁等活动;

(七)担任商标法律顾问,提供商标法律咨询,代写商标法律事务文书;

(八)代理其他商标法律事务。

律师事务所从事前款第一项、第二项商标代理业务,应当向商标局办理备案。

第六条 律师事务所办理备案,应当向商标局提交下列材料:

(一)备案申请书,其中应当载明律师事务所名称、住所、组织形式、负责人、电话、传真、电子邮箱、邮政编码等信息;

(二)加盖本所印章的律师事务所执业许可证复印件。

申请材料齐备的,商标局应当自收到申请之日起15日内完成备案并予以公告;申请材料不齐备的,应当通知申请人补正后予以备案。

第七条 律师事务所名称、住所、负责人、联系方式等备案事项变更的,应当在变更后30日内向商标局办理变更备案。办理变更备案,应当提交下列材料:

(一)变更备案事项申请书;

(二)律师事务所所在地司法行政机关出具的该所变更事项证明文件;

(三)加盖本所印章的律师事务所执业许可证复印件。

变更除名称、住所、负责人以外备案事项的,可以不提交前款第二项规定的材料。

第八条 办理商标代理业务备案的律师事务所终止的,应当向商标局申请结算和注销备案。申请结算,应当提交下列材料(一式两份):

(一)结算申请书,载明申请事项、开户银行、账号、收款人、经办人及联系方式等;

(二)该所已上报商标局和商评委的商标代理业务清单;

(三)该所出具的授权经办人办理结算手续的证明文件。

商标局应当自收到申请之日起三个月内办结律师事务所结算手续,出具结算证明,注销其从事商标代理业务的备案并予以公告。

第三章　业务规则

第九条 律师承办商标代理业务,应当由律师事务所统一接受委托,与委托人签订书面委托合同,按照国家规定统一收取费用并如实入账。

律师事务所受理商标代理业务,应该依照有关规定进行利益冲突审查,不得违反规定受理与本所承办的法律事务及其委托人有利益冲突的商标代理业务。

第十条 律师承办商标代理业务,应当按照委托合同约定,严格履行代理职责,及时向委托人通报委托事项办理进展情况,无正当理由不得拖延、拒绝代理。

委托事项违法,委托人利用律师提供的服务从事违法活动,委托人故意隐瞒重要事实、隐匿证据或者提供虚假、伪造证据的,律师有权拒绝代理。

第十一条 律师就商标代理出具的法律意见、提供的相关文件,应当符合有关法律、法规、规章的规定,符合商标局、商评委和地方工商行政管理机关的要求,应当真实、准确、完整,并经律师事务所审查无误后盖章出具。

第十二条 向商标局办理备案的律师事务所,应当按规定将商标规费预付款汇至商标局账户。

商标规费预付款余额不足的,由商标局或者商评委按照《商标法实施条例》第十八条第一款的规定,对律师事务所代理的商标申请不予受理。

第十三条 律师事务所及其律师承办商标代理业务,不得委托其他单位或者个人代为办理,不得与非法律服务机构、非商标代理组织合作办理。

第十四条 律师只能在一个律师事务所执业,不得同时在其他商标代理组织从事商标代理业务。

第十五条 律师事务所及其律师承办商标代理业务,应当遵守律师执业保密规定。未经委托人同意,不得将代理事项及相关信息泄露给其他单位或者个人。

第十六条 律师事务所及其律师不得以诋毁其他律师事务所和律师、商标代理组织和商标代理人或者支付介绍费等不正当手段承揽商标代理业务。

第十七条 律师事务所及其律师承办商标代理业务,不得利用提供法律服务的便利牟取当事人争议的权益,不得接受对方当事人的财物或者其他利益,不得与对方当事人或者第三人恶意串通,侵害委托人权益。

第十八条 律师事务所在终止事由发生后,有未办结的商标代理业务的,应当及时与委托人协商终止委托代理关系,或者告知委托人办理变更委托代理手续;委托人为外国人或者外国企业的,应当协助其办理变更委托代理手续。

律师变更执业机构、终止执业或者受到停止执业处罚的,应当在律师事务所安排下,及时办妥其承办但尚未办结的商标代理业务的交接手续。

第十九条　律师事务所应当加强对律师从事商标代理业务的监督,及时纠正律师在商标代理执业活动中的违法违规行为,调处律师在执业中与委托人之间的纠纷。

律师事务所应当组织律师参加商标业务培训,开展经验交流和业务研讨,提高律师商标代理业务水平。

第四章　监督管理

第二十条　律师事务所及其律师从事商标代理业务有违反法律、法规和规章行为,需要给予警告、罚款处罚的,由受理投诉、发现问题的工商行政管理机关、司法行政机关分别依据有关法律、法规和规章的规定实施处罚;需要对律师事务所给予停业整顿或者吊销执业许可证书处罚、对律师给予停止执业或者吊销律师执业证书处罚的,由司法行政机关依法实施处罚;有违反律师行业规范行为的,由律师协会给予相应的行业惩戒。

律师和律师事务所从事商标代理业务的违法行为涉嫌犯罪的,应当移送司法机关处理。

第二十一条　律师事务所及其律师违反本办法第七条、第八条、第十八条的规定,导致商标局或者商评委发出的文件无法按规定时限送达的,其法律后果由律师事务所及其律师承担。

律师事务所及其律师违反本办法第七条、第八条、第十八条的规定,导致送达文件被退回或者被委托人投诉的,经查实,商标局可以按规定予以公开通报。

第二十二条　律师事务所依法受到停业整顿处罚的,在其停业整顿期间,商标局或者商评委可以暂停受理该律师事务所新的商标代理业务。

向商标局办理备案的律师事务所受到停业整顿处罚的,应当及时将受到处罚的情况及处罚期限报告商标局和商评委。

第二十三条　工商行政管理机关和司法行政机关在查处律师事务所和律师从事商标代理业务违法行为的工作中,应当相互配合,互通情况,建立协调协商机制。对于依法应当由对方实施处罚的,及时移送对方处理;一方实施处罚后,应当将处罚结果书面告知另一方。

第五章　附　则

第二十四条　本办法由国家工商行政管理总局和司法部负责解释。

第二十五条　本办法自2013年1月1日起施行。

规范商标申请注册行为若干规定

· 2019年10月11日国家市场监督管理总局令第17号公布
· 自2019年12月1日起施行

第一条　为了规范商标申请注册行为,规制恶意商标申请,维护商标注册管理秩序,保护社会公共利益,根据《中华人民共和国商标法》(以下简称商标法)和《中华人民共和国商标法实施条例》(以下简称商标法实施条例),制定本规定。

第二条　申请商标注册,应当遵守法律、行政法规和部门规章的规定,具有取得商标专用权的实际需要。

第三条　申请商标注册应当遵循诚实信用原则。不得有下列行为:

(一)属于商标法第四条规定的不以使用为目的的恶意申请商标注册的;

(二)属于商标法第十三条规定,复制、摹仿或者翻译他人驰名商标的;

(三)属于商标法第十五条规定,代理人、代表人未经授权申请注册被代理人或者被代表人商标的;基于合同、业务往来关系或者其他关系明知他人在先使用的商标存在而申请注册该商标的;

(四)属于商标法第三十二条规定,损害他人现有的在先权利或者以不正当手段抢先注册他人已经使用并有一定影响的商标的;

(五)以欺骗或者其他不正当手段申请商标注册的;

(六)其他违反诚实信用原则,违背公序良俗,或者有其他不良影响的。

第四条　商标代理机构应当遵循诚实信用原则。知道或者应当知道委托人申请商标注册属于下列情形之一的,不得接受其委托:

(一)属于商标法第四条规定的不以使用为目的的恶意申请商标注册的;

(二)属于商标法第十五条规定的;

(三)属于商标法第三十二条规定的。

商标代理机构除对其代理服务申请商标注册外,不得申请注册其他商标,不得以不正当手段扰乱商标代理市场秩序。

第五条　对申请注册的商标,商标注册部门发现属于违反商标法第四条规定的不以使用为目的的恶意商标注册申请,应当依法驳回,不予公告。

具体审查规程由商标注册部门根据商标法和商标法实施条例另行制定。

第六条　对初步审定公告的商标,在公告期内,因违反本规定的理由被提出异议的,商标注册部门经审查认为异议理由成立,应当依法作出不予注册决定。

对申请驳回复审和不予注册复审的商标,商标注册部门经审理认为属于违反本规定情形的,应当依法作出驳回或者不予注册的决定。

第七条　对已注册的商标,因违反本规定的理由,在法定期限内被提出宣告注册商标无效申请的,商标注册部门经审理认为宣告无效理由成立,应当依法作出宣告注册商标无效的裁定。

对已注册的商标,商标注册部门发现属于违反本规定情形的,应当依据商标法第四十四条规定,宣告该注册商标无效。

第八条　商标注册部门在判断商标注册申请是否属于违反商标法第四条规定时,可以综合考虑以下因素:

(一)申请人或者与其存在关联关系的自然人、法人、其他组织申请注册商标数量、指定使用的类别、商标交易情况等;

(二)申请人所在行业、经营状况等;

(三)申请人被已生效的行政决定或者裁定、司法判决认定曾从事商标恶意注册行为、侵犯他人注册商标专用权行为的情况;

(四)申请注册的商标与他人有一定知名度的商标相同或者近似的情况;

(五)申请注册的商标与知名人物姓名、企业字号、企业名称简称或者其他商业标识等相同或者近似的情况;

(六)商标注册部门认为应当考虑的其他因素。

第九条　商标转让情况不影响商标注册部门对违反本规定第三条情形的认定。

第十条　注册商标没有正当理由连续三年不使用的,任何单位或者个人可以向商标注册部门申请撤销该注册商标。商标注册部门受理后应当通知商标注册人,限其自收到通知之日起两个月内提交该商标在撤销申请提出前使用的证据材料或者说明不使用的正当理由;期满未提供使用的证据材料或者证据材料无效并没有正当理由的,由商标注册部门撤销其注册商标。

第十一条　商标注册部门作出本规定第五条、第六条、第七条所述决定或者裁定后,予以公布。

第十二条　对违反本规定第三条恶意申请商标注册的申请人,依据商标法第六十八条第四款的规定,由申请人所在地或者违法行为发生地县级以上市场监督管理部门根据情节给予警告、罚款等行政处罚。有违法所得的,可以处违法所得三倍最高不超过三万元的罚款;没有违法所得的,可以处一万元以下的罚款。

第十三条　对违反本规定第四条的商标代理机构,依据商标法第六十八条的规定,由行为人所在地或者违法行为发生地县级以上市场监督管理部门责令限期改正,给予警告,处一万元以上十万元以下的罚款;对直接负责的主管人员和其他直接责任人员给予警告,处五千元以上五万元以下的罚款;构成犯罪的,依法追究刑事责任。情节严重的,知识产权管理部门可以决定停止受理该商标代理机构办理商标代理业务,予以公告。

第十四条　作出行政处罚决定的政府部门应当依法将处罚信息通过国家企业信用信息公示系统向社会公示。

第十五条　对违反本规定第四条的商标代理机构,由知识产权管理部门对其负责人进行整改约谈。

第十六条　知识产权管理部门、市场监督管理部门应当积极引导申请人依法申请商标注册、商标代理机构依法从事商标代理业务,规范生产经营活动中使用注册商标的行为。

知识产权管理部门应当进一步畅通商标申请渠道、优化商标注册流程,提升商标公共服务水平,为申请人直接申请注册商标提供便利化服务。

第十七条　知识产权管理部门应当健全内部监督制度,对从事商标注册工作的国家机关工作人员执行法律、行政法规和遵守纪律的情况加强监督检查。

从事商标注册工作的国家机关工作人员玩忽职守、滥用职权、徇私舞弊,违法办理商标注册事项,收受当事人财物,牟取不正当利益的,应当依法给予处分;构成犯罪的,依法追究刑事责任。

第十八条　商标代理行业组织应当完善行业自律规范,加强行业自律,对违反行业自律规范的会员实行惩戒,并及时向社会公布。

第十九条　本规定自2019年12月1日起施行。

商标注册档案管理办法

·2020年8月20日
·国家知识产权局公告第370号

第一条　为加强商标注册档案管理,根据《中华人民共和国档案法》《中华人民共和国商标法》和国家有关规定,制定本办法。

第二条　本办法所称商标注册档案,是指在商标注册申请、异议、撤销、复审、无效等过程中形成的具有保存和利用价值的各种形式和载体的历史记录。

第三条　国家知识产权局监督和指导商标注册档案工作，接受国家档案主管部门对商标注册档案工作的监督、指导和检查。商标注册档案的立档、归档和管理工作由商标局具体承办。

第四条　商标注册档案实行集中统一管理，维护商标注册档案完整与安全，便于社会各方面的利用。

第五条　商标注册文件材料归档范围主要包括：

（一）商标注册申请及后续业务类；

（二）商标异议业务类；

（三）商标撤销业务类；

（四）商标复审业务类；

（五）商标无效业务类；

（六）其他类。

出具商标注册证明材料、补发商标注册证材料、补发商标变更、转让、续展证明材料等可不归档。

第六条　对属于归档范围的商标注册文件材料，商标业务经办部门在案件审结后应当按照归档要求及时整理并归档。

商标注册档案管理部门应当严格审查归档质量。对符合归档要求的，履行交接手续；对不符合归档要求的，退回业务经办部门重新整理。

归档的商标注册文件材料一般应当为原件，确实无法获得原件的，可以是与原件核对无异的复印件，但是应当注明原因。商标业务经办部门应当保证商标注册档案的系统性、完整性、准确性。

第七条　商标电子注册文件归档工作，应当按照国家有关电子文件管理标准执行。

商标电子注册文件应当采用适合长期保存的文件存储格式与元数据一并归档并建立持久有效的关联。

第八条　商标注册档案的管理以卷为保管单位，根据商标业务类型以申请号或者注册号等分别立卷保管。

商标注册档案的建立按照分类、组卷、排列、编号、装订、编目等顺序进行，做到分类清楚、排列有序、目录准确、装订整齐。

第九条　商标注册档案库房应当符合国家有关标准，具备防火、防盗、防高温、防潮、防尘、防光、防磁、防有害生物、防有害气体等保管条件，确保档案的安全。

第十条　商标注册档案的保管期限分为永久和定期两种，具体按照本办法附件《商标注册文件材料归档范围和商标注册档案保管期限表》执行。

对保管期限为永久的商标注册档案，按照国家有关

规定向国家档案馆移交。

第十一条　商标电子注册档案可以采用在线或者离线方式保存，并定期备份。在线存储应当使用档案专用存储服务器，离线存储应当确保载体的耐久性。

商标电子注册档案的保管应当符合国家有关标准，通过数据备份、异地容灾等手段保证数据安全。

第十二条　商标局对保管期限届满的商标注册档案应当及时进行鉴定并形成鉴定报告，对仍有保存价值的档案，应当根据实际延长保管期限继续保存；对不再具有保存价值、确定销毁的档案，应当清点核对并编制档案销毁清册，经报国家知识产权局分管商标工作的领导审批后，按照有关规定销毁，销毁清册永久保存。

第十三条　除涉及国家秘密、商业秘密和个人隐私等内容外，任何人可以依照相关规定查阅、复制商标注册档案。

第十四条　开展商标注册档案的整理、数字化服务以及保管等外包工作应当符合国家有关规定。

第十五条　涉及国家秘密、商业秘密和个人隐私等内容的商标注册档案的保管、利用，应当依照国家有关规定办理。

第十六条　违反国家档案管理规定，造成商标注册档案失真、损毁、泄密、丢失的，依法追究相关人员责任；涉嫌犯罪的，移交司法机关依法追究刑事责任。

第十七条　商标局可以依据本办法，结合商标注册档案管理的工作实际制定档案管理工作规程。

第十八条　本办法自公布之日起施行。

（三）商标使用与管理

商标印制管理办法

· 1996 年 9 月 5 日国家工商行政管理局令第 57 号公布
· 1998 年 12 月 3 日国家工商行政管理局令第 86 号第一次修订
· 2004 年 8 月 19 日国家工商行政管理总局令第 15 号第二次修订
· 2020 年 10 月 23 日国家市场监督管理总局令第 31 号第三次修订

第一条　为了加强商标印制管理，保护注册商标专用权，维护社会主义市场经济秩序，根据《中华人民共和国商标法》、《中华人民共和国商标法实施条例》（以下分别简称《商标法》、《商标法实施条例》）的有关规定，制定本办法。

第二条　以印刷、印染、制版、刻字、织字、晒蚀、印

铁、铸模、冲压、烫印、贴花等方式制作商标标识的,应当遵守本办法。

第三条　商标印制委托人委托商标印制单位印制商标的,应当出示营业执照副本或者合法的营业证明或者身份证明。

第四条　商标印制委托人委托印制注册商标的,应当出示《商标注册证》,并另行提供一份复印件。

签订商标使用许可合同使用他人注册商标,被许可人需印制商标的,还应当出示商标使用许可合同文本并提供一份复印件;商标注册人单独授权被许可人印制商标的,还应当出示授权书并提供一份复印件。

第五条　委托印制注册商标的,商标印制委托人提供的有关证明文件及商标图样应当符合下列要求:

(一)所印制的商标样稿应当与《商标注册证》上的商标图样相同;

(二)被许可人印制商标标识的,应有明确的授权书,或其所提供的《商标使用许可合同》含有许可人允许其印制商标标识的内容;

(三)被许可人的商标标识样稿应当标明被许可人的企业名称和地址;其注册标记的使用符合《商标法实施条例》的有关规定。

第六条　委托印制未注册商标的,商标印制委托人提供的商标图样应当符合下列要求:

(一)所印制的商标不得违反《商标法》第十条的规定;

(二)所印制的商标不得标注"注册商标"字样或者使用注册标记。

第七条　商标印制单位应当对商标印制委托人提供的证明文件和商标图样进行核查。

商标印制委托人未提供本办法第三条、第四条所规定的证明文件,或者其要求印制的商标标识不符合本办法第五条、第六条规定的,商标印制单位不得承接印制。

第八条　商标印制单位承印符合本办法规定的商标印制业务的,商标印制业务管理人员应当按照要求填写《商标印制业务登记表》,载明商标印制委托人所提供的证明文件的主要内容,《商标印制业务登记表》中的图样应当由商标印制单位业务主管人员加盖骑缝章。

商标标识印制完毕,商标印制单位应当在15天内提取标识样品,连同《商标印制业务登记表》、《商标注册证》复印件、商标使用许可合同复印件、商标印制授权书复印件等一并造册存档。

第九条　商标印制单位应当建立商标标识出入库制

度,商标标识出入库应当登记台帐。废次标识应当集中进行销毁,不得流入社会。

第十条　商标印制档案及商标标识出入库台帐应当存档备查,存查期为两年。

第十一条　商标印制单位违反本办法第七条至第十条规定的,由所在地市场监督管理部门责令其限期改正,并视其情节予以警告,处以非法所得额三倍以下的罚款,但最高不超过三万元,没有违法所得的,可以处以一万元以下的罚款。

第十二条　擅自设立商标印刷企业或者擅自从事商标印刷经营活动的,由所在地或者行为地市场监督管理部门依照《印刷业管理条例》的有关规定予以处理。

第十三条　商标印制单位违反第七条规定承接印制业务,且印制的商标与他人注册商标相同或者近似的,属于《商标法实施条例》第七十五条所述的商标侵权行为,由所在地或者行为地市场监督管理部门依《商标法》的有关规定予以处理。

第十四条　商标印制单位的违法行为构成犯罪的,所在地或者行为地市场监督管理部门应及时将案件移送司法机关追究刑事责任。

第十五条　本办法所称"商标印制"是指刷、制作商标标识的行为。

本办法所称"商标标识"是指与商品配套一同进入流通领域的带有商标的有形载体,包括注册商标标识和未注册商标标识。

本办法所称"商标印制委托人"是指要求印制商标标识的商标注册人、未注册商标使用人、注册商标被许可使用人以及符合《商标法》规定的其他商标使用人。

本办法所称"商标印制单位"是指依法登记从事商标印制业务的企业和个体工商户。

本办法所称《商标注册证》包括国家知识产权局所发的有关变更、续展、转让等证明文件。

第十六条　本办法自2004年9月1日起施行。国家工商行政管理局1996年9月5日发布的《商标印制管理办法》同时废止。

集体商标、证明商标注册和管理办法

·2003年4月17日国家工商行政管理总局令第6号发布
·自2003年6月1日起施行

第一条　根据《中华人民共和国商标法》(以下简称《商标法》)第三条的规定,制定本办法。

第二条　集体商标、证明商标的注册和管理,依照商标法、《中华人民共和国商标法实施条例》(以下简称实施条例)和本办法的有关规定进行。

第三条　本办法有关商品的规定,适用于服务。

第四条　申请集体商标注册的,应当附送主体资格证明文件并应当详细说明该集体组织成员的名称和地址;以地理标志作为集体商标申请注册的,应当附送主体资格证明文件并应当详细说明其所具有的或者其委托的机构具有的专业技术人员、专业检测设备等情况,以表明其具有监督使用该地理标志商品的特定品质的能力。

申请以地理标志作为集体商标注册的团体、协会或者其他组织,应当由来自该地理标志标示的地区范围内的成员组成。

第五条　申请证明商标注册的,应当附送主体资格证明文件并应当详细说明其所具有的或者其委托的机构具有的专业技术人员、专业检测设备等情况,以表明其具有监督该证明商标所证明的特定商品品质的能力。

第六条　申请以地理标志作为集体商标、证明商标注册的,还应当附送管辖该地理标志所标示地区的人民政府或者行业主管部门的批准文件。

外国人或者外国企业申请以地理标志作为集体商标、证明商标注册的,申请人应当提供该地理标志以其名义在其原属国受法律保护的证明。

第七条　以地理标志作为集体商标、证明商标注册的,应当在申请书件中说明下列内容:

(一)该地理标志所标示的商品的特定质量、信誉或者其他特征;

(二)该商品的特定质量、信誉或者其他特征与该地理标志所标示的地区的自然因素和人文因素的关系;

(三)该地理标志所标示的地区的范围。

第八条　作为集体商标、证明商标申请注册的地理标志,可以是该地理标志标示地区的名称,也可以是能够标示某商品来源于该地区的其他可视性标志。

前款所称地区无需与该地区的现行行政区划名称、范围完全一致。

第九条　多个葡萄酒地理标志构成同音字或者同形字的,在这些地理标志能够彼此区分且不误导公众的情况下,每个地理标志都可以作为集体商标或者证明商标申请注册。

第十条　集体商标的使用管理规则应当包括:

(一)使用集体商标的宗旨;

(二)使用该集体商标的商品的品质;

(三)使用该集体商标的手续;

(四)使用该集体商标的权利、义务;

(五)成员违反其使用管理规则应当承担的责任;

(六)注册人对使用该集体商标商品的检验监督制度。

第十一条　证明商标的使用管理规则应当包括:

(一)使用证明商标的宗旨;

(二)该证明商标证明的商品的特定品质;

(三)使用该证明商标的条件;

(四)使用该证明商标的手续;

(五)使用该证明商标的权利、义务;

(六)使用人违反该使用管理规则应当承担的责任;

(七)注册人对使用该证明商标商品的检验监督制度。

第十二条　使用他人作为集体商标、证明商标注册的葡萄酒、烈性酒地理标志标示并非来源于该地理标志所标示地区的葡萄酒、烈性酒,即使同时标出了商品的真正来源地,或者使用的是翻译文字,或者伴有诸如某某"种"、某某"型"、某某"式"、某某"类"等表述的,适用《商标法》第十六条的规定。

第十三条　集体商标、证明商标的初步审定公告的内容,应当包括该商标的使用管理规则的全文或者摘要。

集体商标、证明商标注册人对使用管理规则的任何修改,应报经商标局审查核准,并自公告之日起生效。

第十四条　集体商标注册人的成员发生变化的,注册人应当向商标局申请变更注册事项,由商标局公告。

第十五条　证明商标注册人准许他人使用其商标的,注册人应当在一年内报商标局备案,由商标局公告。

第十六条　申请转让集体商标、证明商标的,受让人应当具备相应的主体资格,并符合商标法、实施条例和本办法的规定。

集体商标、证明商标发生移转的,权利继受人应当具备相应的主体资格,并符合商标法、实施条例和本办法的规定。

第十七条　集体商标注册人的集体成员,在履行该集体商标使用管理规则规定的手续后,可以使用该集体商标。

集体商标不得许可非集体成员使用。

第十八条　凡符合证明商标使用管理规则规定条件的,在履行该证明商标使用管理规则规定的手续后,可以使用该证明商标,注册人不得拒绝办理手续。

《实施条例》第六条第二款中的正当使用该地理标志是指正当使用该地理标志中的地名。

第十九条　使用集体商标的,注册人应发给使用人

《集体商标使用证》;使用证明商标的,注册人应发给使用人《证明商标使用证》。

第二十条　证明商标的注册人不得在自己提供的商品上使用该证明商标。

第二十一条　集体商标、证明商标注册人没有对该商标的使用进行有效管理或者控制,致使该商标使用的商品达不到其使用管理规则的要求,对消费者造成损害的,由工商行政管理部门责令限期改正;拒不改正的,处以违法所得 3 倍以下的罚款,但最高不超过 3 万元;没有违法所得的,处以 1 万元以下的罚款。

第二十二条　违反《实施条例》第六条、本办法第十四条、第十五条、第十七条、第十八条、第二十条规定的,由工商行政管理部门责令限期改正;拒不改正的,处以违法所得 3 倍以下的罚款,但最高不超过 3 万元;没有违法所得的,处以 1 万元以下的罚款。

第二十三条　本办法自 2003 年 6 月 1 日起施行。国家工商行政管理局 1994 年 12 月 30 日发布的《集体商标、证明商标注册和管理办法》同时废止。

商标使用许可合同备案办法

· 1997 年 8 月 1 日
· 商标〔1997〕39 号

第一条　为了加强对商标使用许可合同的管理,规范商标使用许可行为,根据《中华人民共和国商标法》及《中华人民共和国商标法实施细则》的有关规定,制订本办法。

第二条　商标注册人许可他人使用其注册商标,必须签订商标使用许可合同。

第三条　订立商标使用许可合同,应当遵循自愿和诚实信用的原则。

任何单位和个人不得利用许可合同从事违法活动,损害社会公共利益和消费者权益。

第四条　商标使用许可合同自签订之日起 3 个月内,许可人应当将许可合同副本报送商标局备案。

第五条　向商标局办理商标使用许可合同备案事宜的,可以委托国家工商行政管理局认可的商标代理组织代理,也可以直接到商标局办理。

许可人是外国人或者外国企业的,应当委托国家工商行政管理局指定的商标代理组织代理。

第六条　商标使用许可合同至少应当包括下列内容:

(一)许可使用的商标及其注册证号;

(二)许可使用的商品范围;

(三)许可使用期限;

(四)许可使用商标的标识提供方式;

(五)许可人对被许可人使用其注册商标的商品质量进行监督的条款;

(六)在使用许可人注册商标的商品上标明被许可人的名称和商品产地的条款。

第七条　申请商标使用许可合同备案,应当提交下列书件:

(一)商标使用许可合同备案表;

(二)商标使用许可合同副本;

(三)许可使用商标的注册证复印件。

人用药品商标使用许可合同备案,应当同时附送被许可人取得的卫生行政管理部门的有效证明文件。

卷烟、雪茄烟和有包装烟丝的商标使用许可合同备案,应当同时附送被许可人取得的国家烟草主管部门批准生产的有效证明文件。

外文书件应当同时附送中文译本。

第八条　商标注册人通过被许可人许可第三方使用其注册商标的,其商标使用许可合同中应当含有允许被许可人许可第三方使用的内容或者出具相应的授权书。

第九条　申请商标使用许可合同备案,应当按照许可使用的商标数量填报商标使用许可合同备案表,并附送相应的使用许可合同副本及《商标注册证》复印件。

通过一份合同许可一个被许可人使用多个商标的,许可人应当按照商标数量报送商标使用许可合同备案表及《商标注册证》复印件,但可以只报送一份使用许可合同副本。

第十条　申请商标使用许可合同备案,许可人应当按照许可使用的商标数量缴纳备案费。

缴纳备案费可以采取直接向商标局缴纳的方式,也可以采取委托商标代理组织缴纳的方式。具体收费标准依照有关商标业务收费的规定执行。

第十一条　有下列情形之一的,商标局不予备案:

(一)许可人不是被许可商标的注册人的;

(二)许可使用的商标与注册商标不一致的;

(三)许可使用商标的注册证号与所提供商标注册证号不符的;

(四)许可使用的期限超过该注册商标的有效期限的;

(五)许可使用的商品超出了该注册商标核定使用的商品范围的;

（六）商标使用许可合同缺少本办法第六条所列内容的；

（七）备案申请缺少本办法第七条所列书件的；

（八）未缴纳商标使用许可合同备案费的；

（九）备案申请中的外文书件未附中文译本的；

（十）其他不予备案的情形。

第十二条　商标使用许可合同备案书件齐备，符合《商标法》及《商标法实施细则》有关规定的，商标局予以备案。

已备案的商标使用许可合同，由商标局向备案申请人发出备案通知书，并集中刊登在每月第 2 期《商标公告》上。

第十三条　不符合备案要求的，商标局予以退回并说明理由。

许可人应当自收到退回备案材料之日起 1 个月内，按照商标局指定的内容补正再报送备案。

第十四条　有下列情形之一的，应当重新申请商标使用许可合同备案：

（一）许可使用的商品范围变更的；

（二）许可使用的期限变更的；

（三）许可使用的商标所有权发生转移的；

（四）其他应当重新申请备案的情形。

第十五条　有下列情形之一的，许可人和被许可人应当书面通知商标局及其各自所在地县级工商行政管理机关：

（一）许可人名义变更的；

（二）被许可人名义变更的；

（三）商标使用许可合同提前终止的；

（四）其他需要通知的情形。

第十六条　对以欺骗手段或者其他不正当手段取得备案的，由商标局注销其商标使用许可合同备案并予以公告。

第十七条　对已备案的商标使用许可合同，任何单位和个人均可以提出书面查询申请，并按照有关规定交纳查询费。

第十八条　按照《商标法实施细则》第三十五条的规定，许可人和被许可人应当在许可合同签订之日起 3 个月内，将许可合同副本交送其所在地工商行政管理机关存查，具体存查办法可以参照本办法执行。

第十九条　县级以上工商行政管理机关依据《商标法》及其他法律、法规和规章的规定，负责对商标使用许可行为的指导、监督和管理。

第二十条　利用商标使用许可合同从事违法活动的，由县级以上工商行政管理机关依据《商标法》及其他法律、法规和规章的规定处理；构成犯罪的，依法追究刑事责任。

第二十一条　本办法所称商标许可人是指商标使用许可合同中许可他人使用其注册商标的人，商标被许可人是指符合《商标法》及《商标法实施细则》有关规定并经商标注册人授权使用其商标的人。

本办法有关商品商标的规定，适用于服务商标。

第二十二条　商标使用许可合同示范文本由商标局制定并公布。

第二十三条　本办法自发布之日起施行。商标局1985 年 2 月 25 日颁发的《商标使用许可合同备案注意事项》同时废止。

附件：商标使用许可合同（示范文本）（略）

商标使用许可合同备案通知书（略）

（四）驰名商标

驰名商标认定和保护规定

· 2003 年 4 月 17 日国家工商行政管理总局令第 5 号发布
· 2014 年 7 月 3 日国家工商行政管理总局令第 66 号修订

第一条　为规范驰名商标认定工作，保护驰名商标持有人的合法权益，根据《中华人民共和国商标法》（以下简称商标法）、《中华人民共和国商标法实施条例》（以下简称实施条例），制定本规定。

第二条　驰名商标是在中国为相关公众所熟知的商标。

相关公众包括与使用商标所标示的某类商品或者服务有关的消费者，生产前述商品或者提供服务的其他经营者以及经销渠道中所涉及的销售者和相关人员等。

第三条　商标局、商标评审委员会根据当事人请求和审查、处理案件的需要，负责在商标注册审查、商标争议处理和工商行政管理部门查处商标违法案件过程中认定和保护驰名商标。

第四条　驰名商标认定遵循个案认定、被动保护的原则。

第五条　当事人依照商标法第三十三条规定向商标局提出异议，并依照商标法第十三条规定请求驰名商标保护的，可以向商标局提出驰名商标保护的书面请求并提交其商标构成驰名商标的证据材料。

第六条 当事人在商标不予注册复审案件和请求无效宣告案件中,依照商标法第十三条规定请求驰名商标保护的,可以向商标评审委员会提出驰名商标保护的书面请求并提交其商标构成驰名商标的证据材料。

第七条 涉及驰名商标保护的商标违法案件由市(地、州)级以上工商行政管理部门管辖。当事人请求工商行政管理部门查处商标违法行为,并依照商标法第十三条规定请求驰名商标保护的,可以向违法行为发生地的市(地、州)级以上工商行政管理部门进行投诉,并提出驰名商标保护的书面请求,提交证明其商标构成驰名商标的证据材料。

第八条 当事人请求驰名商标保护应当遵循诚实信用原则,并对事实及所提交的证据材料的真实性负责。

第九条 以下材料可以作为证明符合商标法第十四条第一款规定的证据材料:

(一)证明相关公众对该商标知晓程度的材料。

(二)证明该商标使用持续时间的材料,如该商标使用、注册的历史和范围的材料。该商标为未注册商标的,应当提供证明其使用持续时间不少于五年的材料。该商标为注册商标的,应当提供证明其注册时间不少于三年或者持续使用时间不少于五年的材料。

(三)证明该商标的任何宣传工作的持续时间、程度和地理范围的材料,如近三年广告宣传和促销活动的方式、地域范围、宣传媒体的种类以及广告投放量等材料。

(四)证明该商标曾在中国或者其他国家和地区作为驰名商标受保护的材料。

(五)证明该商标驰名的其他证据材料,如使用该商标的主要商品在近三年的销售收入、市场占有率、净利润、纳税额、销售区域等材料。

前款所称“三年”、“五年”,是指被提出异议的商标注册申请日期、被提出无效宣告请求的商标注册申请日期之前的三年、五年,以及在查处商标违法案件中提出驰名商标保护请求日期之前的三年、五年。

第十条 当事人依照本规定第五条、第六条规定提出驰名商标保护请求的,商标局、商标评审委员会应当在商标法第三十五条、第三十七条、第四十五条规定的期限内及时作出处理。

第十一条 当事人依照本规定第七条规定请求工商行政管理部门查处商标违法行为的,工商行政管理部门应当对投诉材料予以核查,依照《工商行政管理机关行政处罚程序规定》的有关规定决定是否立案。决定立案的,工商行政管理部门应当对当事人提交的驰名商标保护请

求及相关证据材料是否符合商标法第十三条、第十四条、实施条例第三条和本规定第九条规定进行初步核实和审查。经初步核查符合规定的,应当自立案之日起三十日内将驰名商标认定请示、案件材料副本一并报送上级工商行政管理部门。经审查不符合规定的,应当依照《工商行政管理机关行政处罚程序规定》的规定及时作出处理。

第十二条 省(自治区、直辖市)工商行政管理部门应当对本辖区内市(地、州)级工商行政管理部门报送的驰名商标认定相关材料是否符合商标法第十三条、第十四条、实施条例第三条和本规定第九条规定进行核实和审查。经核查符合规定的,应当自收到驰名商标认定相关材料之日起三十日内,将驰名商标认定请示、案件材料副本一并报送商标局。经审查不符合规定的,应当将有关材料退回原立案机关,由其依照《工商行政管理机关行政处罚程序规定》的规定及时作出处理。

第十三条 商标局、商标评审委员会在认定驰名商标时,应当综合考虑商标法第十四条第一款和本规定第九条所列各项因素,但不以满足全部因素为前提。

商标局、商标评审委员会在认定驰名商标时,需要地方工商行政管理部门核实有关情况的,相关地方工商行政管理部门应当予以协助。

第十四条 商标局经对省(自治区、直辖市)工商行政管理部门报送的驰名商标认定相关材料进行审查,认定构成驰名商标的,应当向报送请示的省(自治区、直辖市)工商行政管理部门作出批复。

立案的工商行政管理部门应当自商标局作出认定批复后六十日内依法予以处理,并将行政处罚决定书抄报所在省(自治区、直辖市)工商行政管理部门。省(自治区、直辖市)工商行政管理部门应当自收到抄报的行政处罚决定书之日起三十日内将案件处理情况及行政处罚决定书副本报送商标局。

第十五条 各级工商行政管理部门在商标注册和管理工作中应当加强对驰名商标的保护,维护权利人和消费者合法权益。商标违法行为涉嫌犯罪的,应当将案件及时移送司法机关。

第十六条 商标注册审查、商标争议处理和工商行政管理部门查处商标违法案件过程中,当事人依照商标法第十三条规定请求驰名商标保护时,可以提供该商标曾在我国作为驰名商标受保护的记录。

当事人请求驰名商标保护的范围与已被作为驰名商标予以保护的范围基本相同,且对方当事人对该商标驰名无异议,或者虽有异议,但异议理由和提供的证据明显

不足以支持该异议的,商标局、商标评审委员会、商标违法案件立案部门可以根据该保护记录,结合相关证据,给予该商标驰名商标保护。

第十七条　在商标违法案件中,当事人通过弄虚作假或者提供虚假证据材料等不正当手段骗取驰名商标保护的,由商标局撤销对涉案商标已作出的认定,并通知报送驰名商标认定请示的省(自治区、直辖市)工商行政管理部门。

第十八条　地方工商行政管理部门违反本规定第十一条、第十二条规定未履行对驰名商标认定相关材料进行核实和审查职责,或者违反本规定第十三条第二款规定未予以协助或者未履行核实职责,或者违反本规定第十四条第二款规定逾期未对商标违法案件作出处理或者逾期未报送处理情况的,由上一级工商行政管理部门予以通报,并责令其整改。

第十九条　各级工商行政管理部门应当建立健全驰名商标认定工作监督检查制度。

第二十条　参与驰名商标认定与保护相关工作的人员,玩忽职守、滥用职权、徇私舞弊,违法办理驰名商标认定有关事项,收受当事人财物,牟取不正当利益的,依照有关规定予以处理。

第二十一条　本规定自公布之日起 30 日后施行。2003 年 4 月 17 日国家工商行政管理总局公布的《驰名商标认定和保护规定》同时废止。

最高人民法院关于审理涉及驰名商标保护的民事纠纷案件应用法律若干问题的解释

· 2009 年 4 月 22 日最高人民法院审判委员会第 1467 次会议通过
· 根据 2020 年 12 月 23 日最高人民法院审判委员会第 1823 次会议通过的《最高人民法院关于修改〈最高人民法院关于审理侵犯专利权纠纷案件应用法律若干问题的解释(二)〉等十八件知识产权类司法解释的决定》修正
· 2020 年 12 月 29 日最高人民法院公告公布
· 自 2021 年 1 月 1 日起施行
· 法释〔2020〕19 号

为在审理侵犯商标权等民事纠纷案件中依法保护驰名商标,根据《中华人民共和国商标法》《中华人民共和国反不正当竞争法》《中华人民共和国民事诉讼法》等有关法律规定,结合审判实际,制定本解释。

第一条　本解释所称驰名商标,是指在中国境内为相关公众所熟知的商标。

第二条　在下列民事纠纷案件中,当事人以商标驰名作为事实根据,人民法院根据案件具体情况,认为确有必要的,对所涉商标是否驰名作出认定:

(一)以违反商标法第十三条的规定为由,提起的侵犯商标权诉讼;

(二)以企业名称与其驰名商标相同或者近似为由,提起的侵犯商标权或者不正当竞争诉讼;

(三)符合本解释第六条规定的抗辩或者反诉的诉讼。

第三条　在下列民事纠纷案件中,人民法院对于所涉商标是否驰名不予审查:

(一)被诉侵犯商标权或者不正当竞争行为的成立不以商标驰名为事实根据的;

(二)被诉侵犯商标权或者不正当竞争行为因不具备法律规定的其他要件而不成立的。

原告以被告注册、使用的域名与其注册商标相同或者近似,并通过该域名进行相关商品交易的电子商务,足以造成相关公众误认为由,提起的侵权诉讼,按照前款第(一)项的规定处理。

第四条　人民法院认定商标是否驰名,应当以证明其驰名的事实为依据,综合考虑商标法第十四条第一款规定的各项因素,但是根据案件具体情况无需考虑该条规定的全部因素即足以认定商标驰名的情形除外。

第五条　当事人主张商标驰名的,应当根据案件具体情况,提供下列证据,证明被诉侵犯商标权或者不正当竞争行为发生时,其商标已属驰名:

(一)使用该商标的商品的市场份额、销售区域、利税等;

(二)该商标的持续使用时间;

(三)该商标的宣传或者促销活动的方式、持续时间、程度、资金投入和地域范围;

(四)该商标曾被作为驰名商标受保护的记录;

(五)该商标享有的市场声誉;

(六)证明该商标已属驰名的其他事实。

前款所涉及的商标使用的时间、范围、方式等,包括其核准注册前持续使用的情形。

对于商标使用时间长短、行业排名、市场调查报告、市场价值评估报告、是否曾被认定为著名商标等证据,人民法院应当结合认定商标驰名的其他证据,客观、全面地进行审查。

第六条　原告以被诉商标的使用侵犯其注册商标专

用权为由提起民事诉讼，被告以原告的注册商标复制、摹仿或者翻译其在先未注册驰名商标为由提出抗辩或者提起反诉的，应当对其在先未注册商标驰名的事实负举证责任。

第七条　被诉侵犯商标权或者不正当竞争行为发生前，曾被人民法院或者行政管理部门认定驰名的商标，被告对该商标驰名的事实不持异议的，人民法院应当予以认定。被告提出异议的，原告仍应当对该商标驰名的事实负举证责任。

除本解释另有规定外，人民法院对于商标驰名的事实，不适用民事诉讼证据的自认规则。

第八条　对于在中国境内为社会公众所熟知的商标，原告已提供其商标驰名的基本证据，或者被告不持异议的，人民法院对该商标驰名的事实予以认定。

第九条　足以使相关公众对使用驰名商标和被诉商标的商品来源产生误认，或者足以使相关公众认为使用驰名商标和被诉商标的经营者之间具有许可使用、关联企业关系等特定联系的，属于商标法第十三条第二款规定的"容易导致混淆"。

足以使相关公众认为被诉商标与驰名商标具有相当程度的联系，而减弱驰名商标的显著性、贬损驰名商标的市场声誉，或者不正当利用驰名商标的市场声誉的，属于商标法第十三条第三款规定的"误导公众，致使该驰名商标注册人的利益可能受到损害"。

第十条　原告请求禁止被告在不相类似商品上使用与原告驰名的注册商标相同或者近似的商标或者企业名称的，人民法院应当根据案件具体情况，综合考虑以下因素后作出裁判：

（一）该驰名商标的显著程度；

（二）该驰名商标在使用被诉商标或者企业名称的商品的相关公众中的知晓程度；

（三）使用驰名商标的商品与使用被诉商标或者企业名称的商品之间的关联程度；

（四）其他相关因素。

第十一条　被告使用的注册商标违反商标法第十三条的规定，复制、摹仿或者翻译原告驰名商标，构成侵犯商标权的，人民法院应当根据原告的请求，依法判决禁止被告使用该商标，但被告的注册商标有下列情形之一的，人民法院对原告的请求不予支持：

（一）已经超过商标法第四十五条第一款规定的请求宣告无效期限的；

（二）被告提出注册申请时，原告的商标并不驰名。

第十二条　当事人请求保护的未注册驰名商标，属于商标法第十条、第十一条、第十二条规定不得作为商标使用或者注册情形的，人民法院不予支持。

第十三条　在涉及驰名商标保护的民事纠纷案件中，人民法院对于商标驰名的认定，仅作为案件事实和判决理由，不写入判决主文；以调解方式审结的，在调解书中对商标驰名的事实不予认定。

第十四条　本院以前有关司法解释与本解释不一致的，以本解释为准。

（五）商标与相关标识

特殊标志管理条例

·1996 年 7 月 13 日中华人民共和国国务院令第 202 号公布
·自公布之日起施行

第一章　总　则

第一条　为了加强对特殊标志的管理，推动文化、体育、科学研究及其他社会公益活动的发展，保护特殊标志所有人、使用人和消费者的合法权益，制定本条例。

第二条　本条例所称特殊标志，是指经国务院批准举办的全国性和国际性的文化、体育、科学研究及其他社会公益活动所使用的，由文字、图形组成的名称及缩写、会徽、吉祥物等标志。

第三条　经国务院工商行政管理部门核准登记的特殊标志，受本条例保护。

第四条　含有下列内容的文字、图形组成的特殊标志，不予登记：

（一）有损于国家或者国际组织的尊严或者形象的；

（二）有害于社会善良习俗和公共秩序的；

（三）带有民族歧视性，不利于民族团结的；

（四）缺乏显著性，不便于识别的；

（五）法律、行政法规禁止的其他内容。

第五条　特殊标志所有人使用或者许可他人使用特殊标志所募集的资金，必须用于特殊标志所服务的社会公益事业，并接受国务院财政部门、审计部门的监督。

第二章　特殊标志的登记

第六条　举办社会公益活动的组织者或者筹备者对其使用的名称、会徽、吉祥物等特殊标志，需要保护的，应当向国务院工商行政管理部门提出登记申请。

登记申请可以直接办理，也可以委托他人代理。

第七条　申请特殊标志登记，应当填写特殊标志登记申请书并提交下列文件：

（一）国务院批准举办该社会公益活动的文件；

（二）准许他人使用特殊标志的条件及管理办法；

（三）特殊标志图样 5 份，黑白墨稿 1 份。图样应当清晰，便于粘贴，用光洁耐用的纸张印制或者用照片代替，长和宽不大于 10 厘米、不小于 5 厘米；

（四）委托他人代理的，应当附代理人委托书，注明委托事项和权限；

（五）国务院工商行政管理部门认为应当提交的其他文件。

第八条　国务院工商行政管理部门收到申请后，按照以下规定处理：

（一）符合本条例有关规定，申请文件齐备无误的，自收到申请之日起 15 日内，发给特殊标志登记申请受理通知书，并在发出通知之日起 2 个月内，将特殊标志有关事项、图样和核准使用的商品和服务项目，在特殊标志登记簿上登记，发给特殊标志登记证书。

特殊标志经核准登记后，由国务院工商行政管理部门公告。

（二）申请文件不齐备或者有误的，自收到申请之日起 10 日内发给特殊标志登记申请补正通知书，并限其自收到通知之日起 15 日内予以补正；期满不补正或者补正仍不符合规定的，发给特殊标志登记申请不予受理通知书。

（三）违反本条例第四条规定的，自收到申请之日起 15 日内发给特殊标志登记申请驳回通知书。申请人对驳回通知不服的，可以自收到驳回通知之日起 15 日内，向国务院工商行政管理部门申请复议。

前款所列各类通知书，由国务院工商行政管理部门送达申请人或者其代理人。因故不能直接送交的，以国务院工商行政管理部门公告或者邮寄之日起的 20 日为送达日期。

第九条　特殊标志有效期为 4 年，自核准登记之日起计算。

特殊标志所有人可以在有效期满前 3 个月内提出延期申请，延长的期限由国务院工商行政管理部门根据实际情况和需要决定。

特殊标志所有人变更地址，应当自变更之日起 1 个月内报国务院工商行政管理部门备案。

第十条　已获准登记的特殊标志有下列情形之一的，任何单位和个人可以在特殊标志公告刊登之日至其有效期满的期间，向国务院工商行政管理部门申明理由并提供相应证据，请求宣告特殊标志登记无效：

（一）同已在先申请的特殊标志相同或者近似的；

（二）同已在先申请注册的商标或者已获得注册的商标相同或者近似的；

（三）同已在先申请外观设计专利或者已依法取得专利权的外观设计专利相同或者近似的；

（四）侵犯他人著作权的。

第十一条　国务院工商行政管理部门自收到特殊标志登记无效申请之日起 10 日内，通知被申请人并限其自收到通知之日起 15 日内作出答辩。

被申请人拒绝答辩或者无正当理由超过答辩期限的，视为放弃答辩的权利。

第十二条　国务院工商行政管理部门自收到特殊标志登记无效申请之日起 3 个月内作出裁定，并通知当事人；当事人对裁定不服的，可以自收到通知之日起 15 日内，向国务院工商行政管理部门申请复议。

第三章　特殊标志的使用与保护

第十三条　特殊标志所有人可以在与其公益活动相关的广告、纪念品及其他物品上使用该标志，并许可他人在国务院工商行政管理部门核准使用该标志的商品或者服务项目上使用。

第十四条　特殊标志的使用人应当是依法成立的企业、事业单位、社会团体、个体工商户。

特殊标志使用人应当同所有人签订书面使用合同。

特殊标志使用人应当自合同签订之日起 1 个月内，将合同副本报国务院工商行政管理部门备案，并报使用人所在地县级以上人民政府工商行政管理部门存查。

第十五条　特殊标志所有人或者使用人有下列行为之一的，由其所在地或者行为发生地县级以上人民政府工商行政管理部门责令改正，可以处 5 万元以下的罚款；情节严重的，由县级以上人民政府工商行政管理部门责令使用人停止使用该特殊标志，由国务院工商行政管理部门撤销所有人的特殊标志登记：

（一）擅自改变特殊标志文字、图形的；

（二）许可他人使用特殊标志，未签订使用合同，或者使用人在规定期限内未报国务院工商行政管理部门备案或者未报所在地县级以上人民政府工商行政管理机关存查的；

（三）超出核准登记的商品或者服务范围使用的。

第十六条　有下列行为之一的，由县级以上人民政府工商行政管理部门责令侵权人立即停止侵权行为，没收侵权商品，没收违法所得，并处违法所得 5 倍以下的罚款，没有违法所得的，处 1 万元以下的罚款：

（一）擅自使用与所有人的特殊标志相同或者近似

的文字、图形或者其组合的;

(二)未经特殊标志所有人许可,擅自制造、销售其特殊标志或者将其特殊标志用于商业活动的;

(三)有给特殊标志所有人造成经济损失的其他行为的。

第十七条 特殊标志所有人或者使用人发现特殊标志所有权或者使用权被侵害时,可以向侵权人所在地或者侵权行为发生地县级以上人民政府工商行政管理部门投诉;也可以直接向人民法院起诉。

工商行政管理部门受理特殊标志侵权案件投诉的,应当依特殊标志所有人的请求,就侵权的民事赔偿主持调解;调解不成的,特殊标志所有人可以向人民法院起诉。

第十八条 工商行政管理部门受理特殊标志侵权案件,在调查取证时,可以行使下列职权,有关当事人应当予以协助,不得拒绝:

(一)询问有关当事人;

(二)检查与侵权活动有关的物品;

(三)调查与侵权活动有关的行为;

(四)查阅、复制与侵权活动有关的合同、账册等业务资料。

第四章 附 则

第十九条 特殊标志申请费、公告费、登记费的收费标准,由国务院财政部门、物价部门会同国务院工商行政管理部门制定。

第二十条 申请特殊标志登记有关文书格式由国务院工商行政管理部门制定。

第二十一条 经国务院批准代表中国参加国际性文化、体育、科学研究等活动的组织所使用的名称、徽记、吉祥物等标志的保护,参照本条例的规定施行。

第二十二条 本条例自发布之日起施行。

奥林匹克标志保护条例

· 2002 年 2 月 4 日中华人民共和国国务院令第 345 号公布
· 2018 年 6 月 28 日中华人民共和国国务院令第 699 号修订

第一条 为了加强对奥林匹克标志的保护,保障奥林匹克标志权利人的合法权益,促进奥林匹克运动发展,制定本条例。

第二条 本条例所称奥林匹克标志,是指:

(一)国际奥林匹克委员会的奥林匹克五环图案标志、奥林匹克旗、奥林匹克格言、奥林匹克徽记、奥林匹克会歌;

(二)奥林匹克、奥林匹亚、奥林匹克运动会及其简称等专有名称;

(三)中国奥林匹克委员会的名称、徽记、标志;

(四)中国境内申请承办奥林匹克运动会的机构的名称、徽记、标志;

(五)在中国境内举办的奥林匹克运动会的名称及其简称、吉祥物、会歌、火炬造型、口号、"主办城市名称+举办年份"等标志,以及其组织机构的名称、徽记;

(六)《奥林匹克宪章》和相关奥林匹克运动会主办城市合同中规定的其他与在中国境内举办的奥林匹克运动会有关的标志。

第三条 本条例所称奥林匹克标志权利人,是指国际奥林匹克委员会、中国奥林匹克委员会和中国境内申请承办奥林匹克运动会的机构、在中国境内举办的奥林匹克运动会的组织机构。

国际奥林匹克委员会、中国奥林匹克委员会和中国境内申请承办奥林匹克运动会的机构、在中国境内举办的奥林匹克运动会的组织机构之间的权利划分,依照《奥林匹克宪章》和相关奥林匹克运动会主办城市合同确定。

第四条 奥林匹克标志权利人依照本条例对奥林匹克标志享有专有权。

未经奥林匹克标志权利人许可,任何人不得为商业目的使用奥林匹克标志。

第五条 本条例所称为商业目的的使用,是指以营利为目的,以下列方式利用奥林匹克标志:

(一)将奥林匹克标志用于商品、商品包装或者容器以及商品交易文书上;

(二)将奥林匹克标志用于服务项目中;

(三)将奥林匹克标志用于广告宣传、商业展览、营业性演出以及其他商业活动中;

(四)销售、进口、出口含有奥林匹克标志的商品;

(五)制造或者销售奥林匹克标志;

(六)其他以营利为目的利用奥林匹克标志的行为。

第六条 除本条例第五条规定外,利用与奥林匹克运动有关的元素开展活动,足以引人误认为与奥林匹克标志权利人之间有赞助或者其他支持关系,构成不正当竞争行为的,依照《中华人民共和国反不正当竞争法》处理。

第七条 国务院市场监督管理部门、知识产权主管部门依据本条例的规定,负责全国的奥林匹克标志保护工作。

县级以上地方市场监督管理部门依据本条例的规

定,负责本行政区域内的奥林匹克标志保护工作。

第八条　奥林匹克标志权利人应当将奥林匹克标志提交国务院知识产权主管部门,由国务院知识产权主管部门公告。

第九条　奥林匹克标志有效期为10年,自公告之日起计算。

奥林匹克标志权利人可以在有效期满前12个月内办理续展手续,每次续展的有效期为10年,自该奥林匹克标志上一届有效期满次日起计算。国务院知识产权主管部门应当对续展的奥林匹克标志予以公告。

第十条　取得奥林匹克标志权利人许可,为商业目的使用奥林匹克标志的,应当同奥林匹克标志权利人订立使用许可合同。奥林匹克标志权利人应当将其许可使用奥林匹克标志的种类、被许可人、许可使用的商品或者服务项目、时限、地域范围等信息及时披露。

被许可人应当在使用许可合同约定的奥林匹克标志种类、许可使用的商品或者服务项目、时限、地域范围内使用奥林匹克标志。

第十一条　本条例施行前已经依法使用奥林匹克标志的,可以在原有范围内继续使用。

第十二条　未经奥林匹克标志权利人许可,为商业目的擅自使用奥林匹克标志,或者使用足以引人误认的近似标志,即侵犯奥林匹克标志专有权,引起纠纷的,由当事人协商解决;不愿协商或者协商不成的,奥林匹克标志权利人或者利害关系人可以向人民法院提起诉讼,也可以请求市场监督管理部门处理。市场监督管理部门处理时,认定侵权行为成立的,责令立即停止侵权行为,没收、销毁侵权商品和主要用于制造侵权商品或者为商业目的擅自制造奥林匹克标志的工具。违法经营额5万元以上的,可以并处违法经营额5倍以下的罚款,没有违法经营额或者违法经营额不足5万元的,可以并处25万元以下的罚款。当事人对处理决定不服的,可以依照《中华人民共和国行政复议法》申请行政复议,也可以直接依照《中华人民共和国行政诉讼法》向人民法院提起诉讼。进行处理的市场监督管理部门应当事人的请求,可以就侵犯奥林匹克标志专有权的赔偿数额进行调解;调解不成的,当事人可以依照《中华人民共和国民事诉讼法》向人民法院提起诉讼。

利用奥林匹克标志进行诈骗等活动,构成犯罪的,依法追究刑事责任。

第十三条　对侵犯奥林匹克标志专有权的行为,市场监督管理部门有权依法查处。

市场监督管理部门根据已经取得的违法嫌疑证据或者举报,对涉嫌侵犯奥林匹克标志专有权的行为进行查处时,可以行使下列职权:

(一)询问有关当事人,调查与侵犯奥林匹克标志专有权有关的情况;

(二)查阅、复制与侵权活动有关的合同、发票、账簿以及其他有关资料;

(三)对当事人涉嫌侵犯奥林匹克标志专有权活动的场所实施现场检查;

(四)检查与侵权活动有关的物品;对有证据证明是侵犯奥林匹克标志专有权的物品,予以查封或者扣押。

市场监督管理部门依法行使前款规定的职权时,当事人应当予以协助、配合,不得拒绝、阻挠。

第十四条　进出口货物涉嫌侵犯奥林匹克标志专有权的,由海关参照《中华人民共和国海关法》和《中华人民共和国知识产权海关保护条例》规定的权限和程序查处。

第十五条　侵犯奥林匹克标志专有权的赔偿数额,按照权利人因被侵权所受到的损失或者侵权人因侵权所获得的利益确定,包括为制止侵权行为所支付的合理开支;被侵权人的损失或者侵权人获得的利益难以确定的,参照该奥林匹克标志许可使用费合理确定。

销售不知道是侵犯奥林匹克标志专有权的商品,能证明该商品是自己合法取得并说明提供者的,不承担赔偿责任。

第十六条　奥林匹克标志除依照本条例受到保护外,还可以依照《中华人民共和国著作权法》、《中华人民共和国商标法》、《中华人民共和国专利法》、《特殊标志管理条例》等法律、行政法规的规定获得保护。

第十七条　对残奥会有关标志的保护,参照本条例执行。

第十八条　本条例自2018年7月31日起施行。

世界博览会标志保护条例

·2004年10月13日国务院第66次常务会议通过
·2004年10月20日中华人民共和国国务院令第422号公布
·自2004年12月1日起施行

第一条　为了加强对世界博览会标志的保护,维护世界博览会标志权利人的合法权益,制定本条例。

第二条　本条例所称世界博览会标志,是指:

(一)中国2010年上海世界博览会申办机构的名称(包括全称、简称、译名和缩写,下同)、徽记或者其他标志;

（二）中国 2010 年上海世界博览会组织机构的名称、徽记或者其他标志；

（三）中国 2010 年上海世界博览会的名称、会徽、会旗、吉祥物、会歌、主题词、口号；

（四）国际展览局的局旗。

第三条　本条例所称世界博览会标志权利人，是指中国 2010 年上海世界博览会组织机构和国际展览局。

中国 2010 年上海世界博览会组织机构为本条例第二条第（一）、（二）、（三）项规定的世界博览会标志的权利人。中国 2010 年上海世界博览会组织机构和国际展览局之间关于本条例第二条第（四）项规定的世界博览会标志的权利划分，依照中国 2010 年上海世界博览会《申办报告》、《注册报告》和国际展览局《关于使用国际展览局局旗的规定》确定。

第四条　世界博览会标志权利人依照本条例享有世界博览会标志专有权。

未经世界博览会标志权利人许可，任何人不得为商业目的（含潜在商业目的，下同）使用世界博览会标志。

第五条　本条例所称为商业目的使用，是指以营利为目的，以下列方式使用世界博览会标志：

（一）将世界博览会标志用于商品、商品包装或者容器以及商品交易文书上；

（二）将世界博览会标志用于服务业中；

（三）将世界博览会标志用于广告宣传、商业展览、营业性演出以及其他商业活动中；

（四）销售、进口、出口含有世界博览会标志的商品；

（五）制造或者销售世界博览会标志；

（六）将世界博览会标志作为字号申请企业名称登记，可能造成市场误认、混淆的；

（七）可能使他人认为行为人与世界博览会标志权利人之间存在许可使用关系而使用世界博览会标志的其他行为。

第六条　国务院工商行政管理部门依照本条例的规定，负责全国的世界博览会标志保护工作。

县级以上地方工商行政管理部门依照本条例的规定，负责本行政区域内的世界博览会标志保护工作。

第七条　世界博览会标志权利人应当将世界博览会标志报国务院工商行政管理部门备案，由国务院工商行政管理部门公告。

第八条　在本条例施行前已经依法使用世界博览会标志的，可以在原有范围内继续使用。

第九条　未经世界博览会标志权利人许可，为商业目的擅自使用世界博览会标志即侵犯世界博览会标志专有权，引起纠纷的，由当事人协商解决；不愿协商或者协商不成的，世界博览会标志权利人或者利害关系人可以依法向人民法院提起诉讼，也可以请求工商行政管理部门处理。

应当事人的请求，工商行政管理部门可以就侵犯世界博览会标志专有权的赔偿数额进行调解；调解不成的，当事人可以依法向人民法院提起诉讼。

第十条　工商行政管理部门根据已经取得的违法嫌疑证据或者举报查处涉嫌侵犯世界博览会标志专有权的行为时，可以行使下列职权：

（一）询问有关当事人，调查与侵犯世界博览会标志专有权有关的情况；

（二）查阅、复制与侵权活动有关的合同、发票、账簿以及其他有关资料；

（三）对当事人涉嫌侵犯世界博览会标志专有权活动的场所实施现场检查；

（四）检查与侵权活动有关的物品；对有证据证明侵犯世界博览会标志专有权的物品，予以查封或者扣押。

工商行政管理部门依法行使前款规定的职权时，当事人应当予以协助、配合，不得拒绝、阻挠。

第十一条　工商行政管理部门处理侵犯世界博览会标志专有权行为时，认定侵权行为成立的，责令立即停止侵权行为，没收、销毁侵权商品和专门用于制造侵权商品或者为商业目的擅自制造世界博览会标志的工具，有违法所得的，没收违法所得，可以并处违法所得 5 倍以下的罚款；没有违法所得的，可以并处 5 万元以下的罚款。

利用世界博览会标志进行诈骗等活动，构成犯罪的，依法追究刑事责任。

第十二条　侵犯世界博览会标志专有权的货物禁止进出口。世界博览会标志专有权海关保护的程序适用《中华人民共和国知识产权海关保护条例》的规定。

第十三条　侵犯世界博览会标志专有权的赔偿数额，按照权利人因被侵权所受到的损失或者侵权人因侵权所获得的利益确定，包括为制止侵权行为所支付的合理开支；被侵权人的损失或者侵权人获得的利益难以确定的，参照该世界博览会标志许可使用费合理确定。

销售不知道是侵犯世界博览会标志专有权的商品，能证明该商品是自己合法取得并说明提供者的，不承担赔偿责任。

第十四条　任何单位或者个人可以向工商行政管理部门或有关行政管理部门举报违反本条例使用世界博览

会标志的行为。

第十五条　世界博览会标志除依照本条例受到保护外,还可以依照《中华人民共和国著作权法》《中华人民共和国商标法》《中华人民共和国专利法》《中华人民共和国反不正当竞争法》《特殊标志管理条例》等法律、行政法规的规定获得保护。

第十六条　本条例自 2004 年 12 月 1 日起施行。

最高人民法院关于审理注册商标、企业名称与在先权利冲突的民事纠纷案件若干问题的规定

- 2008 年 2 月 18 日最高人民法院审判委员会第 1444 次会议通过
- 根据 2020 年 12 月 23 日最高人民法院审判委员会第 1823 次会议通过的《最高人民法院关于修改〈最高人民法院关于审理侵犯专利权纠纷案件应用法律若干问题的解释(二)〉等十八件知识产权类司法解释的决定》修正
- 2020 年 12 月 29 日最高人民法院公告公布
- 自 2021 年 1 月 1 日起施行
- 法释〔2020〕19 号

为正确审理注册商标、企业名称与在先权利冲突的民事纠纷案件,根据《中华人民共和国民法典》《中华人民共和国商标法》《中华人民共和国反不正当竞争法》和《中华人民共和国民事诉讼法》等法律的规定,结合审判实践,制定本规定。

第一条　原告以他人注册商标使用的文字、图形等侵犯其著作权、外观设计专利权、企业名称权等在先权利为由提起诉讼,符合民事诉讼法第一百一十九条规定的,人民法院应当受理。

原告以他人使用在核定商品上的注册商标与其在先的注册商标相同或者近似为由提起诉讼的,人民法院应当根据民事诉讼法第一百二十四条第(三)项的规定,告知原告向有关行政主管机关申请解决。但原告以他人超出核定商品的范围或者以改变显著特征、拆分、组合等方式使用的注册商标,与其注册商标相同或者近似为由提起诉讼的,人民法院应当受理。

第二条　原告以他人企业名称与其在先的企业名称相同或者近似,足以使相关公众对其商品的来源产生混淆,违反反不正当竞争法第六条第(二)项的规定为由提起诉讼,符合民事诉讼法第一百一十九条规定的,人民法院应当受理。

第三条　人民法院应当根据原告的诉讼请求和争议

民事法律关系的性质,按照民事案件案由规定,确定注册商标或者企业名称与在先权利冲突的民事纠纷案件的案由,并适用相应的法律。

第四条　被诉企业名称侵犯注册商标专用权或者构成不正当竞争的,人民法院可以根据原告的诉讼请求和案件具体情况,确定被告承担停止使用、规范使用等民事责任。

(六)商标侵权纠纷

最高人民法院关于审理商标民事纠纷案件适用法律若干问题的解释

- 2002 年 10 月 12 日最高人民法院审判委员会第 1246 次会议通过
- 根据 2020 年 12 月 23 日最高人民法院审判委员会第 1823 次会议通过的《最高人民法院关于修改〈最高人民法院关于审理侵犯专利权纠纷案件应用法律若干问题的解释(二)〉等十八件知识产权类司法解释的决定》修正
- 2020 年 12 月 29 日最高人民法院公告公布
- 自 2021 年 1 月 1 日起施行
- 法释〔2020〕19 号

为了正确审理商标纠纷案件,根据《中华人民共和国民法典》《中华人民共和国商标法》《中华人民共和国民事诉讼法》等法律的规定,就适用法律若干问题解释如下:

第一条　下列行为属于商标法第五十七条第(七)项规定的给他人注册商标专用权造成其他损害的行为:

(一)将与他人注册商标相同或者相近似的文字作为企业的字号在相同或者类似商品上突出使用,容易使相关公众产生误认的;

(二)复制、摹仿、翻译他人注册的驰名商标或其主要部分在不相同或者不相类似商品上作为商标使用,误导公众,致使该驰名商标注册人的利益可能受到损害的;

(三)将与他人注册商标相同或者相近似的文字注册为域名,并且通过该域名进行相关商品交易的电子商务,容易使相关公众产生误认的。

第二条　依据商标法第十三条第二款的规定,复制、摹仿、翻译他人未在中国注册的驰名商标或其主要部分,在相同或者类似商品上作为商标使用,容易导致混淆的,应当承担停止侵害的民事法律责任。

第三条　商标法第四十三条规定的商标使用许可包括以下三类:

（一）独占使用许可，是指商标注册人在约定的期间、地域和以约定的方式，将该注册商标仅许可一个被许可人使用，商标注册人依约定不得使用该注册商标；

（二）排他使用许可，是指商标注册人在约定的期间、地域和以约定的方式，将该注册商标仅许可一个被许可人使用，商标注册人依约定可以使用该注册商标但不得另行许可他人使用该注册商标；

（三）普通使用许可，是指商标注册人在约定的期间、地域和以约定的方式，许可他人使用其注册商标，并可自行使用该注册商标和许可他人使用其注册商标。

第四条　商标法第六十条第一款规定的利害关系人，包括注册商标使用许可合同的被许可人、注册商标财产权利的合法继承人等。

在发生注册商标专用权被侵害时，独占使用许可合同的被许可人可以向人民法院提起诉讼；排他使用许可合同的被许可人可以和商标注册人共同起诉，也可以在商标注册人不起诉的情况下，自行提起诉讼；普通使用许可合同的被许可人经商标注册人明确授权，可以提起诉讼。

第五条　商标注册人或者利害关系人在注册商标续展宽展期内提出续展申请，未获核准前，以他人侵犯其注册商标专用权提起诉讼的，人民法院应当受理。

第六条　因侵犯注册商标专用权行为提起的民事诉讼，由商标法第十三条、第五十七条所规定侵权行为的实施地、侵权商品的储藏地或者查封扣押地、被告住所地人民法院管辖。

前款规定的侵权商品的储藏地，是指大量或者经常性储存、隐匿侵权商品所在地；查封扣押地，是指海关等行政机关依法查封、扣押侵权商品所在地。

第七条　对涉及不同侵权行为实施地的多个被告提起的共同诉讼，原告可以选择其中一个被告的侵权行为实施地人民法院管辖；仅对其中某一被告提起的诉讼，该被告侵权行为实施地的人民法院有管辖权。

第八条　商标法所称相关公众，是指与商标所标识的某类商品或者服务有关的消费者和与前述商品或者服务的营销有密切关系的其他经营者。

第九条　商标法第五十七条第（一）（二）项规定的商标相同，是指被控侵权的商标与原告的注册商标相比较，二者在视觉上基本无差别。

商标法第五十七条第（二）项规定的商标近似，是指被控侵权的商标与原告的注册商标相比较，其文字的字形、读音、含义或者图形的构图及颜色，或者其各要素组合后的整体结构相似，或者其立体形状、颜色组合近似，易使相关公众对商品的来源产生误认或者认为其来源与原告注册商标的商品有特定的联系。

第十条　人民法院依据商标法第五十七条第（一）（二）项的规定，认定商标相同或者近似按照以下原则进行：

（一）以相关公众的一般注意力为标准；

（二）既要进行对商标的整体比对，又要进行对商标主要部分的比对，比对应当在比对对象隔离的状态下分别进行；

（三）判断商标是否近似，应当考虑请求保护注册商标的显著性和知名度。

第十一条　商标法第五十七条第（二）项规定的类似商品，是指在功能、用途、生产部门、销售渠道、消费对象等方面相同，或者相关公众一般认为其存在特定联系、容易造成混淆的商品。

类似服务，是指在服务的目的、内容、方式、对象等方面相同，或者相关公众一般认为存在特定联系、容易造成混淆的服务。

商品与服务类似，是指商品和服务之间存在特定联系，容易使相关公众混淆。

第十二条　人民法院依据商标法第五十七条第（二）项的规定，认定商品或者服务是否类似，应当以相关公众对商品或者服务的一般认识综合判断；《商标注册用商品和服务国际分类表》《类似商品和服务区分表》可以作为判断类似商品或者服务的参考。

第十三条　人民法院依据商标法第六十三条第一款的规定确定侵权人的赔偿责任时，可以根据权利人选择的计算方法计算赔偿数额。

第十四条　商标法第六十三条第一款规定的侵权所获得的利益，可以根据侵权商品销售量与该商品单位利润乘积计算；该商品单位利润无法查明的，按照注册商标商品的单位利润计算。

第十五条　商标法第六十三条第一款规定的因被侵权所受到的损失，可以根据权利人因侵权所造成商品销售减少量或者侵权商品销售量与该注册商标商品的单位利润乘积计算。

第十六条　权利人因被侵权所受到的实际损失、侵权人因侵权所获得的利益、注册商标使用许可费均难以确定的，人民法院可以根据当事人的请求或者依职权适用商标法第六十三条第三款的规定确定赔偿数额。

人民法院在适用商标法第六十三条第三款规定确定赔偿数额时，应当考虑侵权行为的性质、期间、后果，侵权人的主观过错程度,商标的声誉及制止侵权行为的合理开支等因素综合确定。

当事人按照本条第一款的规定就赔偿数额达成协议的,应当准许。

第十七条　商标法第六十三条第一款规定的制止侵权行为所支付的合理开支,包括权利人或者委托代理人对侵权行为进行调查、取证的合理费用。

人民法院根据当事人的诉讼请求和案件具体情况,可以将符合国家有关部门规定的律师费用计算在赔偿范围内。

第十八条　侵犯注册商标专用权的诉讼时效为三年,自商标注册人或者利害权利人知道或者应当知道权利受到损害以及义务人之日起计算。商标注册人或者利害关系人超过三年起诉的,如果侵权行为在起诉时仍在持续,在该注册商标专用权有效期限内,人民法院应当判决被告停止侵权行为,侵权损害赔偿数额应当自权利人向人民法院起诉之日起向前推算三年计算。

第十九条　商标使用许可合同未经备案的,不影响该许可合同的效力,但当事人另有约定的除外。

第二十条　注册商标的转让不影响转让前已经生效的商标使用许可合同的效力,但商标使用许可合同另有约定的除外。

第二十一条　人民法院在审理侵犯注册商标专用权纠纷案件中,依据民法典第一百七十九条、商标法第六十条的规定和案件具体情况,可以判决侵权人承担停止侵害、排除妨碍、消除危险、赔偿损失、消除影响等民事责任,还可以作出罚款,收缴侵权商品、伪造的商标标识和主要用于生产侵权商品的材料、工具、设备等财物的民事制裁决定。罚款数额可以参照商标法第六十条第二款的有关规定确定。

行政管理部门对同一侵犯注册商标专用权行为已经给予行政处罚的,人民法院不再予以民事制裁。

第二十二条　人民法院在审理商标纠纷案件中,根据当事人的请求和案件的具体情况,可以对涉及的注册商标是否驰名依法作出认定。

认定驰名商标,应当依照商标法第十四条的规定进行。

当事人对曾经被行政主管机关或者人民法院认定的驰名商标请求保护的,对方当事人对涉及的商标驰名不持异议,人民法院不再审查。提出异议的,人民法院依照商标法第十四条的规定审查。

第二十三条　本解释有关商品商标的规定,适用于服务商标。

第二十四条　以前的有关规定与本解释不一致的,以本解释为准。

最高人民法院关于审理商标案件有关管辖和法律适用范围问题的解释

· 2001 年 12 月 25 日最高人民法院审判委员会第 1203 次会议通过
· 根据 2020 年 12 月 23 日最高人民法院审判委员会第 1823 次会议通过的《最高人民法院关于修改〈最高人民法院关于审理侵犯专利权纠纷案件应用法律若干问题的解释(二)〉等十八件知识产权类司法解释的决定》修正
· 2020 年 12 月 29 日最高人民法院公告公布
· 自 2021 年 1 月 1 日起施行
· 法释〔2020〕19 号

《全国人民代表大会常务委员会关于修改〈中华人民共和国商标法〉的决定》(以下简称商标法修改决定)已由第九届全国人民代表大会常务委员会第二十四次会议通过,自 2001 年 12 月 1 日起施行。为了正确审理商标案件,根据《中华人民共和国商标法》(以下简称商标法)、《中华人民共和国民事诉讼法》和《中华人民共和国行政诉讼法》(以下简称行政诉讼法)的规定,现就人民法院审理商标案件有关管辖和法律适用范围等问题,作如下解释:

第一条　人民法院受理以下商标案件:

1. 不服国家知识产权局作出的复审决定或者裁定的行政案件;

2. 不服国家知识产权局作出的有关商标的其他行政行为的案件;

3. 商标权权属纠纷案件;

4. 侵害商标权纠纷案件;

5. 确认不侵害商标权纠纷案件;

6. 商标权转让合同纠纷案件;

7. 商标使用许可合同纠纷案件;

8. 商标代理合同纠纷案件;

9. 申请诉前停止侵害注册商标专用权案件;

10. 申请停止侵害注册商标专用权损害责任案件;

11. 申请诉前财产保全案件;

12. 申请诉前证据保全案件;

13. 其他商标案件。

第二条　本解释第一条所列第 1 项第一审案件,由北京市高级人民法院根据最高人民法院的授权确定其辖区内有关中级人民法院管辖。

本解释第一条所列第 2 项第一审案件，根据行政诉讼法的有关规定确定管辖。

商标民事纠纷第一审案件，由中级以上人民法院管辖。

各高级人民法院根据本辖区的实际情况，经最高人民法院批准，可以在较大城市确定 1-2 个基层人民法院受理第一审商标民事纠纷案件。

第三条 商标注册人或者利害关系人向国家知识产权局就侵犯商标权行为请求处理，又向人民法院提起侵害商标权诉讼请求损害赔偿的，人民法院应当受理。

第四条 国家知识产权局在商标法修改决定施行前受理的案件，于该决定施行后作出复审决定或裁定，当事人对复审决定或裁定不服向人民法院起诉的，人民法院应当受理。

第五条 除本解释另行规定外，对商标法修改决定施行前发生，属于修改后商标法第四条、第五条、第八条、第九条第一款、第十条第一款第（二）、（三）、（四）项、第十条第二款、第十一条、第十二条、第十三条、第十五条、第十六条、第二十四条、第二十五条、第三十一条所列举的情形，国家知识产权局于商标法修改决定施行后作出复审决定或者裁定，当事人不服向人民法院起诉的行政案件，适用修改后商标法的相应规定进行审查；属于其他情形的，适用修改前商标法的相应规定进行审查。

第六条 当事人就商标法修改决定施行时已满一年的注册商标发生争议，不服国家知识产权局作出的裁定向人民法院起诉的，适用修改前商标法第二十七条第二款规定的提出申请的期限处理；商标法修改决定施行时商标注册不满一年的，适用修改后商标法第四十一条第二款、第三款规定的提出申请的期限处理。

第七条 对商标法修改决定施行前发生的侵犯商标专用权行为，商标注册人或者利害关系人于该决定施行后在起诉前向人民法院提出申请采取责令停止侵权行为或者保全证据措施的，适用修改后商标法第五十七条、第五十八条的规定。

第八条 对商标法修改决定施行前发生的侵犯商标专用权行为起诉的案件，人民法院于该决定施行时尚未作出生效判决的，参照修改后商标法第五十六条的规定处理。

第九条 除本解释另行规定外，商标法修改决定施行后人民法院受理的商标民事纠纷案件，涉及该决定施行前发生的民事行为的，适用修改前商标法的规定；涉及该决定施行后发生的民事行为的，适用修改后商标法的规定；涉及该决定施行前发生，持续到该决定施行后的民事行为的，分别适用修改前、后商标法的规定。

第十条 人民法院受理的侵犯商标权纠纷案件，已经过行政管理部门处理的，人民法院仍应当就当事人民事争议的事实进行审查。

最高人民法院关于审理商标授权确权行政案件若干问题的规定

· 2016 年 12 月 12 日最高人民法院审判委员会第 1703 次会议通过
· 根据 2020 年 12 月 23 日最高人民法院审判委员会第 1823 次会议通过的《最高人民法院关于修改〈最高人民法院关于审理侵犯专利权纠纷案件应用法律若干问题的解释（二）〉等十八件知识产权类司法解释的决定》修正
· 2020 年 12 月 29 日最高人民法院公告公布
· 自 2021 年 1 月 1 日起施行
· 法释〔2020〕19 号

为正确审理商标授权确权行政案件，根据《中华人民共和国商标法》《中华人民共和国行政诉讼法》等法律规定，结合审判实践，制定本规定。

第一条 本规定所称商标授权确权行政案件，是指相对人或者利害关系人因不服国家知识产权局作出的商标驳回复审、商标不予注册复审、商标撤销复审、商标无效宣告及无效宣告复审等行政行为，向人民法院提起诉讼的案件。

第二条 人民法院对商标授权确权行政行为进行审查的范围，一般应根据原告的诉讼请求及理由确定。原告在诉讼中未提出主张，但国家知识产权局相关认定存在明显不当的，人民法院在各方当事人陈述意见后，可以对相关事由进行审查并作出裁判。

第三条 商标法第十条第一款第（一）项规定的同中华人民共和国的国家名称等"相同或者近似"，是指商标标志整体上与国家名称等相同或者近似。

对于含有中华人民共和国的国家名称等，但整体上并不相同或者不相近似的标志，如果该标志作为商标注册可能导致损害国家尊严的，人民法院可以认定属于商标法第十条第一款第（八）项规定的情形。

第四条 商标标志或者其构成要素带有欺骗性，容易使公众对商品的质量等特点或者产地产生误认，国家知识产权局认定其属于 2001 年修正的商标法第十条第一款第(七)项规定情形的,人民法院予以支持。

　　第五条　商标标志或者其构成要素可能对我国社会公共利益和公共秩序产生消极、负面影响的,人民法院可以认定其属于商标法第十条第一款第(八)项规定的"其他不良影响"。

　　将政治、经济、文化、宗教、民族等领域公众人物姓名等申请注册为商标,属于前款所指的"其他不良影响"。

　　第六条　商标标志由县级以上行政区划的地名或者公众知晓的外国地名和其他要素组成,如果整体上具有区别于地名的含义,人民法院应当认定其不属于商标法第十条第二款所指情形。

　　第七条　人民法院审查诉争商标是否具有显著特征,应当根据商标所指定使用商品的相关公众的通常认识,判断该商标整体上是否具有显著特征。商标标志中含有描述性要素,但不影响其整体具有显著特征的;或者描述性标志以独特方式加以表现,相关公众能够以其识别商品来源的,应当认定其具有显著特征。

　　第八条　诉争商标为外文标志时,人民法院应当根据中国境内相关公众的通常认识,对该外文商标是否具有显著特征进行审查判断。标志中外文的固有含义可能影响其在指定使用商品上的显著特征,但相关公众对该固有含义的认知程度较低,能够以该标志识别商品来源的,可以认定其具有显著特征。

　　第九条　仅以商品自身形状或者自身形状的一部分作为三维标志申请注册商标,相关公众一般情况下不易将其识别为指示商品来源标志的,该三维标志不具有作为商标的显著特征。

　　该形状系申请人所独创或者最早使用并不能当然导致其具有作为商标的显著特征。

　　第一款所称标志经过长期或者广泛使用,相关公众能够通过该标志识别商品来源的,可以认定该标志具有显著特征。

　　第十条　诉争商标属于法定的商品名称或者约定俗成的商品名称的,人民法院应当认定其属于商标法第十一条第一款第(一)项所指的通用名称。依据法律规定或者国家标准、行业标准属于商品通用名称的,应当认定为通用名称。相关公众普遍认为某一名称能够指代一类商品的,应当认定为约定俗成的通用名称。被专业工具书、辞典等列为商品名称的,可以作为认定约定俗成的通用名称的参考。

　　约定俗成的通用名称一般以全国范围内相关公众的通常认识为判断标准。对于由于历史传统、风土人情、地理环境等原因形成的相关市场固定的商品,在该相关市场内通用的称谓,人民法院可以认定为通用名称。

　　诉争商标申请人明知或者应知其申请注册的商标为部分区域内约定俗成的商品名称的,人民法院可以视其申请注册的商标为通用名称。

　　人民法院审查判断诉争商标是否属于通用名称,一般以商标申请日时的事实状态为准。核准注册时事实状态发生变化的,以核准注册时的事实状态判断其是否属于通用名称。

　　第十一条　商标标志只是或者主要是描述、说明所使用商品的质量、主要原料、功能、用途、重量、数量、产地等的,人民法院应当认定其属于商标法第十一条第一款第(二)项规定的情形。商标标志或者其构成要素暗示商品的特点,但不影响其识别商品来源功能的,不属于该项所规定的情形。

　　第十二条　当事人依据商标法第十三条第二款主张诉争商标构成对其未注册的驰名商标的复制、摹仿或者翻译而不应予以注册或者应予无效的,人民法院应当综合考量如下因素以及因素之间的相互影响,认定是否容易导致混淆:

　　(一)商标标志的近似程度;

　　(二)商品的类似程度;

　　(三)请求保护商标的显著性和知名程度;

　　(四)相关公众的注意程度;

　　(五)其他相关因素。

　　商标申请人的主观意图以及实际混淆的证据可以作为判断混淆可能性的参考因素。

　　第十三条　当事人依据商标法第十三条第三款主张诉争商标构成对其已注册的驰名商标的复制、摹仿或者翻译而不应予以注册或者应予无效的,人民法院应当综合考虑如下因素,以认定诉争商标的使用是否足以使相关公众认为其与驰名商标具有相当程度的联系,从而误导公众,致使驰名商标注册人的利益可能受到损害:

　　(一)引证商标的显著性和知名程度;

　　(二)商标标志是否足够近似;

　　(三)指定使用的商品情况;

　　(四)相关公众的重合程度及注意程度;

　　(五)与引证商标近似的标志被其他市场主体合法使用的情况或者其他相关因素。

　　第十四条　当事人主张诉争商标构成对其已注册的驰名商标的复制、摹仿或者翻译而不应予以注册或者应予无效，国家知识产权局依据商标法第三十条规定裁决支持其主张的，如果诉争商标注册未满五年，人民法院在当事人陈述意见之后，可以按照商标法第三十条规定进行审理；如果诉争商标注册已满五年，应当适用商标法第十三条第三款进行审理。

第十五条　商标代理人、代表人或者经销、代理等销售代理关系意义上的代理人、代表人未经授权，以自己的名义将与被代理人或者被代表人的商标相同或者近似的商标在相同或者类似商品上申请注册的，人民法院适用商标法第十五条第一款的规定进行审理。

在为建立代理或者代表关系的磋商阶段，前款规定的代理人或者代表人将被代理人或者被代表人的商标申请注册的，人民法院适用商标法第十五条第一款的规定进行审理。

商标申请人与代理人或者代表人之间存在亲属关系等特定身份关系的，可以推定其商标注册行为系与该代理人或者代表人恶意串通，人民法院适用商标法第十五条第一款的规定进行审理。

第十六条　以下情形可以认定为商标法第十五条第二款中规定的"其他关系"：

（一）商标申请人与在先使用人之间具有亲属关系；

（二）商标申请人与在先使用人之间具有劳动关系；

（三）商标申请人与在先使用人营业地址邻近；

（四）商标申请人与在先使用人曾就达成代理、代表关系进行过磋商，但未形成代理、代表关系；

（五）商标申请人与在先使用人曾就达成合同、业务往来关系进行过磋商，但未达成合同、业务往来关系。

第十七条　地理标志利害关系人依据商标法第十六条主张他人商标不应予以注册或者应予无效，如果诉争商标指定使用的商品与地理标志产品并非相同商品，而地理标志利害关系人能够证明诉争商标使用在该产品上仍然容易导致相关公众误认为该产品来源于该地区并因此具有特定的质量、信誉或者其他特征的，人民法院予以支持。

如果该地理标志已经注册为集体商标或者证明商标，集体商标或者证明商标的权利人或者利害关系人可选择依据该条或者另行依据商标法第十三条、第三十条等主张权利。

第十八条　商标法第三十二条规定的在先权利，包括当事人在诉争商标申请日之前享有的民事权利或者其他应予保护的合法权益。诉争商标核准注册时在先权利已不存在的，不影响诉争商标的注册。

第十九条　当事人主张诉争商标损害其在先著作权的，人民法院应当依照著作权法等相关规定，对所主张的客体是否构成作品、当事人是否为著作权人或者其他有权主张著作权的利害关系人以及诉争商标是否构成对著作权的侵害等进行审查。

商标标志构成受著作权法保护的作品的，当事人提供的涉及商标标志的设计底稿、原件、取得权利的合同、诉争商标申请日之前的著作权登记证书等，均可以作为证明著作权归属的初步证据。

商标公告、商标注册证等可以作为确定商标申请人为有权主张商标标志著作权的利害关系人的初步证据。

第二十条　当事人主张诉争商标损害其姓名权，如果相关公众认为该商标标志指代了该自然人，容易认为标记有该商标的商品系经过该自然人许可或者与该自然人存在特定联系的，人民法院应当认定该商标损害了该自然人的姓名权。

当事人以其笔名、艺名、译名等特定名称主张姓名权，该特定名称具有一定的知名度，与该自然人建立了稳定的对应关系，相关公众以其指代该自然人的，人民法院予以支持。

第二十一条　当事人主张的字号具有一定的市场知名度，他人未经许可申请注册与该字号相同或者近似的商标，容易导致相关公众对商品来源产生混淆，当事人以此主张构成在先权益的，人民法院予以支持。

当事人以具有一定市场知名度并已与企业建立稳定对应关系的企业名称的简称为依据提出主张的，适用前款规定。

第二十二条　当事人主张诉争商标损害角色形象著作权的，人民法院按照本规定第十九条进行审查。

对于著作权保护期限内的作品，如果作品名称、作品中的角色名称等具有较高知名度，将其作为商标使用在相关商品上容易导致相关公众误认为其经过权利人的许可或者与权利人存在特定联系，当事人以此主张构成在先权益的，人民法院予以支持。

第二十三条　在先使用人主张商标申请人以不正当手段抢先注册其在先使用并有一定影响的商标的，如果在先使用商标已经有一定影响，而商标申请人明知或者应知该商标，即可推定其构成"以不正当手段抢先注册"。但商标申请人举证证明其没有利用在先使用商标商誉的恶意的除外。

在先使用人举证证明其在先商标有一定的持续使用时间、区域、销售量或者广告宣传的，人民法院可以认定为有一定影响。

在先使用人主张商标申请人在与其不相类似的商品上申请注册其在先使用并有一定影响的商标，违反商标法第三十二条规定的，人民法院不予支持。

第二十四条　以欺骗手段以外的其他方式扰乱商标注册秩序、损害公共利益、不正当占用公共资源或者谋取不正当利益的，人民法院可以认定其属于商标法第四十四条第一款规定的"其他不正当手段"。

第二十五条　人民法院判断诉争商标申请人是否"恶意注册"他人驰名商标，应综合考虑引证商标的知名度、诉争商标申请人申请诉争商标的理由以及使用诉争商标的具体情形来判断其主观意图。引证商标知名度高、诉争商标申请人没有正当理由的，人民法院可以推定其注册构成商标法第四十五条第一款所指的"恶意注册"。

第二十六条　商标权人自行使用、他人经许可使用以及其他不违背商标权人意志的使用，均可认定为商标法第四十九条第二款所称的使用。

实际使用的商标标志与核准注册的商标标志有细微差别，但未改变其显著特征的，可以视为注册商标的使用。

没有实际使用注册商标，仅有转让或者许可行为；或者仅是公布商标注册信息、声明享有注册商标专用权的，不认定为商标使用。

商标权人有真实使用商标的意图，并且有实际使用的必要准备，但因其他客观原因尚未实际使用注册商标的，人民法院可以认定其有正当理由。

第二十七条　当事人主张国家知识产权局下列情形属于行政诉讼法第七十条第（三）项规定的"违反法定程序"的，人民法院予以支持：

（一）遗漏当事人提出的评审理由，对当事人权利产生实际影响的；

（二）评审程序中未告知合议组成员，经审查确有应当回避事由而未回避的；

（三）未通知适格当事人参加评审，该方当事人明确提出异议的；

（四）其他违反法定程序的情形。

第二十八条　人民法院审理商标授权确权行政案件的过程中，国家知识产权局对诉争商标予以驳回、不予核准注册或者予以无效宣告的事由不复存在的，人民法院可以依据新的事实撤销国家知识产权局相关裁决，并判令其根据变更后的事实重新作出裁决。

第二十九条　当事人依据在原行政行为之后新发现的证据，或者在原行政程序中因客观原因无法取得或在规定的期限内不能提供的证据，或者新的法律依据提出

的评审申请，不属于以"相同的事实和理由"再次提出评审申请。

在商标驳回复审程序中，国家知识产权局以申请商标与引证商标不构成使用在同一种或者类似商品上的相同或者近似商标为由准予申请商标初步审定公告后，以下情形不视为"以相同的事实和理由"再次提出评审申请：

（一）引证商标所有人或者利害关系人依据该引证商标提出异议，国家知识产权局予以支持，被异议商标申请人申请复审的；

（二）引证商标所有人或者利害关系人在申请商标获准注册后依据该引证商标申请宣告其无效的。

第三十条　人民法院生效裁判对于相关事实和法律适用已作出明确认定，相对人或者利害关系人对于国家知识产权局依据该生效裁判重新作出的裁决提起诉讼的，人民法院依法裁定不予受理；已经受理的，裁定驳回起诉。

第三十一条　本规定自 2017 年 3 月 1 日起施行。人民法院依据 2001 年修正的商标法审理的商标授权确权行政案件可参照适用本规定。

最高人民法院关于人民法院对注册商标权进行财产保全的解释

· 2000 年 11 月 22 日最高人民法院审判委员会第 1144 次会议通过
· 根据 2020 年 12 月 23 日最高人民法院审判委员会第 1823 次会议通过的《最高人民法院关于修改〈最高人民法院关于审理侵犯专利权纠纷案件应用法律若干问题的解释（二）〉等十八件知识产权类司法解释的决定》修正
· 2020 年 12 月 29 日最高人民法院公告公布
· 自 2021 年 1 月 1 日起施行
· 法释〔2020〕19 号

为了正确实施对注册商标权的财产保全措施，避免重复保全，现就人民法院对注册商标权进行财产保全有关问题解释如下：

第一条　人民法院根据民事诉讼法有关规定采取财产保全措施时，需要对注册商标权进行保全的，应当向国家知识产权局商标局（以下简称商标局）发出协助执行通知书，载明要求商标局协助保全的注册商标的名称、注册人、注册证号码、保全期限以及协助执行保全的内容，包括禁止转让、注销注册商标、变更注册事项和办理商标权质押登记等事项。

第二条　对注册商标权保全的期限一次不得超过一

年,自商标局收到协助执行通知书之日起计算。如果仍然需要对该注册商标权继续采取保全措施的,人民法院应当在保全期限届满前向商标局重新发出协助执行通知书,要求继续保全。否则,视为自动解除对该注册商标权的财产保全。

第三条　人民法院对已经进行保全的注册商标权,不得重复进行保全。

国家知识产权局关于印发
《商标侵权判断标准》的通知

·2020 年 6 月 15 日
·国知发保字〔2020〕23 号

各省、自治区、直辖市及新疆生产建设兵团知识产权局(知识产权管理部门):

为深入贯彻落实党中央、国务院关于强化知识产权保护的决策部署,加强商标执法指导工作,统一执法标准,提升执法水平,强化商标专用权保护,根据《商标法》《商标法实施条例》的有关规定,制定《商标侵权判断标准》。现予印发,请遵照执行。各地在执行中遇到的新情况、新问题,请及时报告。

商标侵权判断标准

第一条　为加强商标执法指导工作,统一执法标准,提升执法水平,强化商标专用权保护,根据《中华人民共和国商标法》(以下简称商标法)、《中华人民共和国商标法实施条例》(以下简称商标法实施条例)以及相关法律法规、部门规章,制定本标准。

第二条　商标执法相关部门在处理、查处商标侵权案件时适用本标准。

第三条　判断是否构成商标侵权,一般需要判断涉嫌侵权行为是否构成商标法意义上的商标的使用。

商标的使用,是指将商标用于商品、商品包装、容器、服务场所以及交易文书上,或者将商标用于广告宣传、展览以及其他商业活动中,用以识别商品或者服务来源的行为。

第四条　商标用于商品、商品包装、容器以及商品交易文书上的具体表现形式包括但不限于:

(一)采取直接贴附、刻印、烙印或者编织等方式将商标附着在商品、商品包装、容器、标签等上,或者使用在商品附加标牌、产品说明书、介绍手册、价目表等上;

(二)商标使用在与商品销售有联系的交易文书上,包括商品销售合同、发票、票据、收据、商品进出口检验检疫证明、报关单据等。

第五条　商标用于服务场所以及服务交易文书上的具体表现形式包括但不限于:

(一)商标直接使用于服务场所,包括介绍手册、工作人员服饰、招贴、菜单、价目表、名片、奖券、办公文具、信笺以及其他提供服务所使用的相关物品上;

(二)商标使用于和服务有联系的文件资料上,如发票、票据、收据、汇款单据、服务协议、维修维护证明等。

第六条　商标用于广告宣传、展览以及其他商业活动中的具体表现形式包括但不限于:

(一)商标使用在广播、电视、电影、互联网等媒体中,或者使用在公开发行的出版物上,或者使用在广告牌、邮寄广告或者其他广告载体上;

(二)商标在展览会、博览会上使用,包括在展览会、博览会上提供的使用商标的印刷品、展台照片、参展证明及其他资料;

(三)商标使用在网站、即时通讯工具、社交网络平台、应用程序等载体上;

(四)商标使用在二维码等信息载体上;

(五)商标使用在店铺招牌、店堂装饰装潢上。

第七条　判断是否为商标的使用应当综合考虑使用人的主观意图、使用方式、宣传方式、行业惯例、消费者认知等因素。

第八条　未经商标注册人许可的情形包括未获得许可或者超出许可的商品或者服务的类别、期限、数量等。

第九条　同一种商品是指涉嫌侵权人实际生产销售的商品名称与他人注册商标核定使用的商品名称相同的商品,或者二者商品名称不同但在功能、用途、主要原料、生产部门、消费对象、销售渠道等方面相同或者基本相同,相关公众一般认为是同种商品。

同一种服务是指涉嫌侵权人实际提供的服务名称与他人注册商标核定使用的服务名称相同的服务,或者二者服务名称不同但在服务的目的、内容、方式、提供者、对象、场所等方面相同或者基本相同,相关公众一般认为是同种服务。

核定使用的商品或者服务名称是指国家知识产权局在商标注册工作中对商品或者服务使用的名称,包括《类似商品和服务区分表》(以下简称区分表)中列出的商品或者服务名称和未在区分表中列出但在商标注册中接受的商品或者服务名称。

第十条　类似商品是指在功能、用途、主要原料、生产部门、消费对象、销售渠道等方面具有一定共同性的商品。

类似服务是指在服务的目的、内容、方式、提供者、对象、场所等方面具有一定共同性的服务。

第十一条　判断是否属于同一种商品或者同一种服务、类似商品或者类似服务，应当在权利人注册商标核定使用的商品或者服务与涉嫌侵权的商品或者服务之间进行比对。

第十二条　判断涉嫌侵权的商品或者服务与他人注册商标核定使用的商品或者服务是否构成同一种商品或者同一种服务、类似商品或者类似服务，参照现行区分表进行认定。

对于区分表未涵盖的商品，应当基于相关公众的一般认识，综合考虑商品的功能、用途、主要原料、生产部门、消费对象、销售渠道等因素认定是否构成同一种或者类似商品。

对于区分表未涵盖的服务，应当基于相关公众的一般认识，综合考虑服务的目的、内容、方式、提供者、对象、场所等因素认定是否构成同一种或者类似服务。

第十三条　与注册商标相同的商标是指涉嫌侵权的商标与他人注册商标完全相同，以及虽有不同但视觉效果或者声音商标的听觉感知基本无差别、相关公众难以分辨的商标。

第十四条　涉嫌侵权的商标与他人注册商标相比较，可以认定与注册商标相同的情形包括：

（一）文字商标有下列情形之一的：

1. 文字构成、排列顺序均相同的；

2. 改变注册商标的字体、字母大小写、文字横竖排列，与注册商标之间基本无差别的；

3. 改变注册商标的文字、字母、数字等之间的间距，与注册商标之间基本无差别的；

4. 改变注册商标颜色，不影响体现注册商标显著特征的；

5. 在注册商标上仅增加商品通用名称、图形、型号等缺乏显著特征内容，不影响体现注册商标显著特征的；

（二）图形商标在构图要素、表现形式等视觉上基本无差别的；

（三）文字图形组合商标的文字构成、图形外观及其排列组合方式相同，商标在整体视觉上基本无差别的；

（四）立体商标中的显著三维标志和显著平面要素相同，或者基本无差别的；

（五）颜色组合商标中组合的颜色和排列的方式相同，或者基本无差别的；

（六）声音商标的听觉感知和整体音乐形象相同，或者基本无差别的；

（七）其他与注册商标在视觉效果或者听觉感知上基本无差别的。

第十五条　与注册商标近似的商标是指涉嫌侵权的商标与他人注册商标相比较，文字商标的字形、读音、含义近似，或者图形商标的构图、着色、外形近似，或者文字图形组合商标的整体排列组合方式和外形近似，或者立体商标的三维标志的形状和外形近似，或者颜色组合商标的颜色或者组合近似，或者声音商标的听觉感知或者整体音乐形象近似等。

第十六条　涉嫌侵权的商标与他人注册商标是否构成近似，参照现行《商标审查及审理标准》关于商标近似的规定进行判断。

第十七条　判断商标是否相同或者近似，应当在权利人的注册商标与涉嫌侵权商标之间进行比对。

第十八条　判断与注册商标相同或者近似的商标时，应当以相关公众的一般注意力和认知力为标准，采用隔离观察、整体比对和主要部分比对的方法进行认定。

第十九条　在商标侵权判断中，在同一种商品或者同一种服务上使用近似商标，或者在类似商品或者类似服务上使用相同、近似商标的情形下，还应当对是否容易导致混淆进行判断。

第二十条　商标法规定的容易导致混淆包括以下情形：

（一）足以使相关公众认为涉案商品或者服务是由注册商标权利人生产或者提供；

（二）足以使相关公众认为涉案商品或者服务的提供者与注册商标权利人存在投资、许可、加盟或者合作等关系。

第二十一条　商标执法相关部门判断是否容易导致混淆，应当综合考量以下因素以及各因素之间的相互影响：

（一）商标的近似情况；

（二）商品或者服务的类似情况；

（三）注册商标的显著性和知名度；

（四）商品或者服务的特点及商标使用的方式；

（五）相关公众的注意和认知程度；

（六）其他相关因素。

第二十二条　自行改变注册商标或者将多件注册商标组合使用，与他人在同一种商品或者服务上的注册商标相同的,属于商标法第五十七条第一项规定的商标侵权行为。

自行改变注册商标或者将多件注册商标组合使用,与他人在同一种或者类似商品或者服务上的注册商标近似、容易导致混淆的,属于商标法第五十七条第二项规定的商标侵权行为。

第二十三条　在同一种商品或者服务上,将企业名称中的字号突出使用,与他人注册商标相同的,属于商标法第五十七条第一项规定的商标侵权行为。

在同一种或者类似商品或者服务上,将企业名称中的字号突出使用,与他人注册商标近似、容易导致混淆的,属于商标法第五十七条第二项规定的商标侵权行为。

第二十四条　不指定颜色的注册商标,可以自由附着颜色,但以攀附为目的附着颜色,与他人在同一种或者类似商品或者服务上的注册商标近似、容易导致混淆的,属于商标法第五十七条第二项规定的商标侵权行为。

注册商标知名度较高,涉嫌侵权人与注册商标权利人处于同一行业或者具有较大关联性的行业,且无正当理由使用与注册商标相同或者近似标志的,应当认定涉嫌侵权人具有攀附意图。

第二十五条　在包工包料的加工承揽经营活动中,承揽人使用侵犯注册商标专用权商品的,属于商标法第五十七条第三项规定的商标侵权行为。

第二十六条　经营者在销售商品时,附赠侵犯注册商标专用权商品的,属于商标法第五十七条第三项规定的商标侵权行为。

第二十七条　有下列情形之一的,不属于商标法第六十条第二款规定的"销售不知道是侵犯注册商标专用权的商品":

(一)进货渠道不符合商业惯例,且价格明显低于市场价格的;

(二)拒不提供账目、销售记录等会计凭证,或者会计凭证弄虚作假的;

(三)案发后转移、销毁物证,或者提供虚假证明、虚假情况的;

(四)类似违法情形受到处理后再犯的;

(五)其他可以认定当事人明知或者应知的。

第二十八条　商标法第六十条第二款规定的"说明提供者"是指涉嫌侵权人主动提供供货商的名称、经营地址、联系方式等准确信息或者线索。

对于因涉嫌侵权人提供虚假或者无法核实的信息导致不能找到提供者的,不视为"说明提供者"。

第二十九条　涉嫌侵权人属于商标法第六十条第二款规定的销售不知道是侵犯注册商标专用权的商品的,对其侵权商品责令停止销售,对供货商立案查处或者将案件线索移送具有管辖权的商标执法相关部门查处。

对责令停止销售的侵权商品,侵权人再次销售的,应当依法查处。

第三十条　市场主办方、展会主办方、柜台出租人、电子商务平台等经营者怠于履行管理职责,明知或者应知市场内经营者、参展方、柜台承租人、平台内电子商务经营者实施商标侵权行为而不予制止的;或者虽然不知情,但经商标执法相关部门通知或者商标权利人持生效的行政、司法文书告知后,仍未采取必要措施制止商标侵权行为的,属于商标法第五十七条第六项规定的商标侵权行为。

第三十一条　将与他人注册商标相同或者相近似的文字注册为域名,并且通过该域名进行相关商品或者服务交易的电子商务,容易使相关公众产生误认的,属于商标法第五十七条第七项规定的商标侵权行为。

第三十二条　在查处商标侵权案件时,应当保护合法在先权利。

以外观设计专利权、作品著作权抗辩他人注册商标专用权的,若注册商标的申请日先于外观设计专利申请日或者有证据证明的该著作权作品创作完成日,商标执法相关部门可以对商标侵权案件进行查处。

第三十三条　商标法第五十九条第三款规定的"有一定影响的商标"是指国内在先使用并为一定范围内相关公众所知晓的未注册商标。

有一定影响的商标的认定,应当考虑该商标的持续使用时间、销售量、经营额、广告宣传等因素进行综合判断。

使用人有下列情形的,不视为在原使用范围内继续使用:

(一)增加该商标使用的具体商品或者服务;

(二)改变该商标的图形、文字、色彩、结构、书写方式等内容,但以与他人注册商标相区别为目的而进行的改变除外;

(三)超出原使用范围的其他情形。

第三十四条　商标法第六十条第二款规定的"五年内实施两次以上商标侵权行为"指同一当事人被商标执法相关部门、人民法院认定侵犯他人注册商标专用权的行政处罚或者判决生效之日起,五年内又实施商标侵权行为的。

第三十五条　正在国家知识产权局审理或者人民法院诉讼中的下列案件,可以适用商标法第六十二条第三款关于"中止"的规定：

（一）注册商标处于无效宣告中的；

（二）注册商标处于续展宽展期的；

（三）注册商标权属存在其他争议情形的。

第三十六条　在查处商标侵权案件过程中，商标执法相关部门可以要求权利人对涉案商品是否为权利人生产或者其许可生产的商品出具书面辨认意见。权利人应当对其辨认意见承担相应法律责任。

商标执法相关部门应当审查辨认人出具辨认意见的主体资格及辨认意见的真实性。涉嫌侵权人无相反证据推翻该辨认意见的，商标执法相关部门将该辨认意见作为证据予以采纳。

第三十七条　本标准由国家知识产权局负责解释。

第三十八条　本标准自公布之日起施行。

· 文书范本

1. 商标注册申请书①

申请人名称(中文)：

(英文)：

统一社会信用代码：

申请人国籍/地区：

申请人地址(中文)：

(英文)：

邮政编码：

国内申请人联系地址：

邮政编码：

国内申请人电子邮箱：

联系人：　　　　　　　　　　　　电话：

代理机构名称：

外国申请人的国内接收人：

国内接收人地址：

邮政编码：

商标申请声明：□集体商标　　　　　□证明商标

□以三维标志申请商标注册

□以颜色组合申请商标注册

□以声音标志申请商标注册

□两个以上申请人共同申请注册同一商标

要求优先权声明：□基于第一次申请的优先权　□基于展会的优先权　□优先权证明文件后补

申请/展出国家/地区：

申请/展出日期：

申请号：

申请人章戳(签字)：　　　　　　代理机构章戳：

代理人签字：

_____

① 书式来源：国家知识产权局官网。

注:请按说明填写

下框为商标图样粘贴处。图样应当不大于$10×10cm$,不小于$5×5cm$。以颜色组合或者着色图样申请商标注册的,应当提交着色图样并提交黑白稿 1 份;不指定颜色的,应当提交黑白图样。以三维标志申请商标注册的,应当提交能够确定三维形状的图样,提交的商标图样应当至少包含三面视图。以声音标志申请商标注册的,应当以五线谱或者简谱对申请用作商标的声音加以描述并附加文字说明;无法以五线谱或者简谱描述的,应当使用文字进行描述;商标描述与声音样本应当一致。

商标说明:

类别:
商品/服务项目:

类别:
商品/服务项目:

商标注册申请书(附页)

其他共同申请人名称列表:

填写说明

1. 办理商标注册申请,适用本书式。申请书应当打字或者印刷。申请人应当按照规定并使用国家公布的中文简化汉字填写,不得修改格式。

2. "申请人名称"栏:申请人应当填写身份证明文件上的名称。申请人是自然人的,应当在姓名后注明证明文件号码。外国申请人应当同时在英文栏内填写英文名称。共同申请的,应将指定的代表人填写在"申请人名称"栏,其他共同申请人名称应当填写在"商标注册申请书附页——其他共同申请人名称列表"栏。没有指定代表人的,以申请书中顺序排列的第一人为代表人。

3. "统一社会信用代码"栏:此栏供国内申请人填写其证明文件上标注的统一社会信用代码。

4. "申请人国籍/地区"栏:申请人应当如实填写,国内申请人不填写此栏。

5. "申请人地址""邮政编码"栏:申请人应当按照身份证明文件中的地址填写;身份证明文件中的地址未冠有省、市、县等行政区划的,申请人应当增加相应行政区划名称。外国申请人应当同时详细填写英文地址。符合自行办理商标申请事宜条件的外国申请人详细填写其在中国的地址。

6. "国内申请人联系地址""邮政编码"栏:国内申请人填写此栏,用于接收该商标后继商标业务的法律文件;同时,也用于自行办理的国内申请人接收本申请的各种文件。国内申请人未填写联系地址的,文件送达至申请人地址栏填写的地址。国家知识产权局文件无法送达的,通过公告方式送达。

7. "国内申请人电子邮箱""联系人""电话"栏:国内申请人填写此栏。符合自行办理商标申请事宜条件的外国申请人填写其在中国的联系方式。

8.“代理机构名称”栏：申请人委托已备案的商标代理机构代为办理商标申请事宜的，此栏填写商标代理机构名称。申请人自行办理商标申请事宜的，不填写此栏。

9.“外国申请人的国内接收人”“国内接收人地址”“邮政编码”栏：外国申请人应当在申请书中指定国内接收人负责接收国家知识产权局后继商标业务的法律文件。国内接收人地址应当冠以省、市、县等行政区划详细填写。

10.“商标申请声明”栏：申请注册集体商标、证明商标的，以三维标志、颜色组合、声音标志申请商标注册的，两个以上申请人共同申请注册同一商标的，应当在本栏声明。申请人应当按照申请内容进行选择，并附送相关文件。

11.“要求优先权声明”栏：申请人依据《商标法》第二十五条要求优先权的，选择“基于第一次申请的优先权”，并填写“申请/展出国家/地区”“申请/展出日期”“申请号”。申请人依据《商标法》第二十六条要求优先权的，选择“基于展会的优先权”，并填写“申请/展出国家/地区”“申请/展出日期”栏。申请人应当同时提交优先权证明文件(包括原件和中文译文)；优先权证明文件不能同时提交的，应当选择“优先权证明文件后补”，并自申请日起三个月内提交。未提出书面声明或者逾期未提交优先权证明文件的，视为未要求优先权。

12.“申请人章戳(签字)”栏：申请人为法人或其他组织的，应加盖公章。申请人为自然人的，应当由本人签字。所盖章戳或者签字应当完整、清晰。

13.“代理机构章戳”“代理人签字”栏：代为办理申请事宜的商标代理机构应在此栏加盖公章，并由代理人签字。

14.“商标图样”栏：商标图样应当粘贴在图样框内。

15.“商标说明”栏：申请人应当根据实际情况填写。以三维标志、声音标志申请商标注册的，应当说明商标使用方式。以颜色组合申请商标注册的，应当提交文字说明，注明色标，并说明商标使用方式。商标为外文或者包含外文的，应当说明含义。自然人将自己的肖像作为商标图样进行注册申请应当予以说明。申请人将他人肖像作为商标图样进行注册申请应当予以说明，附送肖像人的授权书。

16.“类别”“商品/服务项目”栏：申请人应按《类似商品和服务项目区分表》填写类别、商品/服务项目名称。商品/服务项目应按类别对应填写，每个类别的项目前应分别标明顺序号。类别和商品/服务项目填写不下的，可按本申请书的格式填写在附页上。全部类别和项目填写完毕后应当注明“截止”字样。

17.“商标注册申请书附页——其他共同申请人名称列表”栏：此栏填写其他共同申请人名称，外国申请人应当同时填写中文名称和英文名称。并在空白处按顺序加盖申请人章戳或由申请人本人签字。

18.收费标准：一个类别受理商标注册费300元人民币(限定本类10个商品/服务项目，本类中每超过1个另加收30元人民币)。受理集体商标注册费1500元人民币。受理证明商标注册费1500元人民币。

19.申请事宜并请详细阅读中国商标网(http://sbj.cnipa.gov.cn/)相关栏目。

2. 商标续展注册申请书①

申请人名称(中文)：

　　　　(英文)：

统一社会信用代码：

申请人地址(中文)：

　　　　(英文)：

　　邮政编码：

国内申请人联系地址：

　　邮政编码：

国内申请人电子邮箱：

———————————

① 书式来源：国家知识产权局官网。

　　联系人:
　　电话:
　　代理机构名称:
　　商标注册号:
　　是否共有商标:　□是　　　　　　　　□否
　　类别:

申请人章戳(签字):　　　　　　　　代理机构章戳:

　　　　　　　　　　　　　　　　　代理人签字:

注:请按说明填写

商标续展注册申请书
(附页——其他共有人)

其他共有人

1. 名称(中文):
　　(英文):

　　　　　　　　　　　　　　　　　　　　　　(章戳/签字)

2. 名称(中文):
　　(英文):

　　　　　　　　　　　　　　　　　　　　　　(章戳/签字)

填写说明

　　1. 办理商标续展注册,适用本书式。申请书应当打字或印刷。申请人应当按照规定并使用国家公布的中文简化汉字填写,不得修改格式。

　　2.“申请人名称”栏:申请人应当填写身份证明文件上的名称。申请人是自然人的,应当在姓名后注明证明文件号码。外国申请人应当同时在英文栏内填写英文名称,国内申请人无需填写英文名称。共有商标应将指定的代表人填写在“申请人名称”栏,其他共有人名称应当填写在附页。

　　3.“统一社会信用代码”栏:此栏供国内申请人填写其证明文件上标注的统一社会信用代码。

　　4.“申请人地址”“邮政编码”栏:申请人应当按照身份证明文件中的地址填写。身份证明文件中的地址未冠有省、市、县等行政区划的,申请人应当增加相应行政区划名称。外国申请人应当同时详细填写英文地址。符合自行办理商标申请事宜条件的外国申请人详细填写其在中国的地址。

　　5.“国内申请人联系地址”“邮政编码”栏:自行办理的国内申请人在此栏填写联系地址,国家知识产权局关于**本申请**的各种文件将送达至该地址;申请人未填写联系地址的,文件送达至申请人地址栏填写的地址。国家知识产权局文件无法送达的,通过公告方式送达。

　　6.“国内申请人电子邮箱”“联系人”“电话”栏:国内申请人填写此栏。符合自行办理商标申请事宜条件的外国申请人填写其在中国的联系方式。

　　7.“代理机构名称”栏:申请人委托已备案的商标代理机构代为办理商标事宜的,此栏填写商标代理机构名称。申请人自行办理商标申请事宜的,不填写此栏。

8. "是否共有商标"栏:属于共有商标的,应当选择"是";非共有商标选择"否"。共有商标申请续展,由代表人提出申请,申请书首页的申请人名称/地址/联系地址填写代表人的名称/地址/联系地址。其他共有人依次填写在申请书附页上(可再加附页)。

9. "商标注册号"栏:一份申请书填写一个商标注册号。

10. "类别"栏:类别应按照《商标注册证》上标注的国际分类类别填写,一件注册商标有多个类别的,申请续展的类别应按类别从小到大的升序填写,类别之间用逗号分隔。

11. "申请人章戳"栏:申请人为法人或其他组织的,应加盖公章。申请人为自然人的,应当由本人签字。共有商标的,由代表人在此盖章(签字)。所盖章戳或者签字应当完整、清晰。

12. "代理机构章戳""代理人签字"栏:接受申请人委托办理有关商标事宜的商标代理机构应在此栏加盖公章,并由代理人签字。申请人自行办理的,不填写此栏。

13. "附页——其他共有人":申请续展的商标为共有商标的,申请书首页在"是否共有商标"栏选择"是"的,应填写此页;申请续展的商标不是共有商标的,申请书首页在"是否共有商标"栏选择"否"的,不提交此页,无需填写;国内申请人只需填写中文名称,外国申请人应当同时填写中文和英文。所有的其他共有人均应在对应名称栏右侧空白处按顺序加盖章戳(自然人由申请人本人签字)。

14. 收费标准及其他申请事宜请详细阅读中国商标网(http://sbj.cnipa.gov.cn/)相关栏目。

3. 商标注销申请书①

申请人名称(中文):
　　　　　(英文):
统一社会信用代码:
申请人地址(中文):
　　　　　(英文):
　　　邮政编码:
国内申请人联系地址:
　　　邮政编码:
国内申请人电子邮箱:
　　　　联系人:
　　　　　电话:
　代理机构名称:
　　商标注册号:
　是否共有商标:　□是　　　　　　　　□否
　　　　　类别:

注销商品/服务项目(分类填写):

未交回原注册证原因:

申请人章戳(签字):　　　　　　　　　代理机构章戳:

　　　　　　　　　　　　　　　　　　代理人签字:

---

① 书式来源:国家知识产权局官网。

注:请按说明填写

商标注销申请书
(附页——其他共有人)

其他共有人

1. 名称(中文):
　　(英文):

(章戳/签字)

2. 名称(中文):
　　(英文):

(章戳/签字)

填写说明

1. 办理注销注册商标或者注销注册商标在部分指定商品/服务项目上的注册的,适用本书式。申请书应当打字或印刷。申请人应当按照规定并使用国家公布的中文简化汉字填写,不得修改格式。

2. "申请人名称"栏:申请人应当填写身份证明文件上的名称。申请人是自然人的,应当在姓名后注明证明文件号码。外国申请人应当同时在英文栏内填写英文名称,国内申请人无需填写英文名称。共有商标应将指定的代表人填写在"申请人名称"栏,其他共有人名称应当填写在附页。

3. "统一社会信用代码"栏:此栏供国内申请人填写其证明文件上标注的统一社会信用代码。

4. "申请人地址""邮政编码"栏:申请人应当按照身份证明文件中的地址填写。身份证明文件中的地址未冠有省、市、县等行政区划的,申请人应当增加相应行政区划名称。外国申请人应当同时详细填写英文地址。符合自行办理商标申请事宜条件的外国申请人详细填写其在中国的地址。

5. "国内申请人联系地址""邮政编码"栏:自行办理的国内申请人在此栏填写联系地址,国家知识产权局关于**本申请**的各种文件将送达至该地址;申请人未填写联系地址的,文件送达至申请人地址栏填写的地址。国家知识产权局文件无法送达的,通过公告方式送达。

6. "国内申请人电子邮箱""联系人""电话"栏:国内申请人填写此栏。符合自行办理商标申请事宜条件的外国申请人填写其在中国的联系方式。

7. "代理机构名称"栏:申请人委托已备案的商标代理机构代为办理商标变更申请事宜的,此栏填写商标代理机构名称。申请人自行办理商标申请事宜的,不填写此栏。

8. "是否共有商标"栏:属于共有商标的,应当选择"是";非共有商标选择"否"。共有商标申请注销的,由代表人提出申请,申请书首页的申请人名称/地址/联系地址填写代表人的名称/地址/联系地址。其他共有人依次填写在申请书附页上(可再加附页)。

9. "商标注册号"栏:一份申请书填写一个商标注册号。

10. "注销商品/服务项目""类别":申请注销该注册号下全部类别全部商品/服务项目的,在注销商品/服务项目栏目填写"全部注销"字样,不需填写具体类别和商品名称。申请注销该注册号下某一个类别中全部商品的,商品/服务项目处填写"X类全部商品/服务项目";注销部分商品的,应按类别号分段落(一个类别一个段落)填写,类别应按照从小到大按升序排列。申请注销的商品/服务项目名称,应与注册证上核定使用的商品/服务项目名称相同(填写不下可再加附页)。

11. "未交回原注册证原因"栏:申请注销注册商标或者注销注册商标在部分指定商品/服务项目上的注册的,应同时交回原注册证。未交回原注册证的应在此栏说明原因,已交回的不需填写。

12. "申请人章戳"栏:申请人为法人或其他组织的,应加盖公章。申请人为自然人的,应当由本人签字。共有商标的,由代表人在此盖章(签字)。所盖章戳或者签字应当完整、清晰。

13."代理机构章戳""代理人签字"栏:接受申请人委托代为办理有关商标事宜的商标代理机构应在此栏加盖公章,并由代理人签字。申请人自行办理的,不填写此栏。

14."附页——其他共有人":申请注销的商标为共有商标,申请书首页在"是否共有商标"栏选择"是"的,应填写此页;申请注销的商标不是共有商标,申请书首页在"是否共有商标"栏选择"否"的,不提交此页,无需填写;国内申请人只需填写中文名称,外国申请人应当同时填写中文和英文。所有的其他共有人均应在对应名称栏右侧空白处按顺序加盖章戳(自然人由申请人本人签字)。

15. 注销申请无需缴纳规费,其他申请事宜请详细阅读中国商标网(http://sbj. cnipa. gov. cn/)相关栏目。

4. 商标使用许可备案表①

许可人名称(中文):

　　　　(英文):

统一社会信用代码:

许可人地址(中文):

　　　　(英文):

　　邮政编码:

国内许可人联系地址:

　　邮政编码:

国内许可人电子邮箱:

　　　联系人:

　　　　电话:

被许可人名称(中文):

　　　　(英文):

被许可人地址(中文):

　　　　(英文):

代理机构名称:

商标注册号:

是否共有商标: □是　　　　　　　□否

许可期限:自　　年　月　日至　　年　月　日止

许可使用的商品/服务项目(分类填写):

许可人章戳(签字):　　　　被许可人章戳(签字):　　　　代理机构章戳:

　　　　　　　　　　　　　　　　　　　　　　　　　　代理人签字:

注:请按说明填写

---

① 书式来源:国家知识产权局官网。

商标使用许可备案表
（附页——其他共有人）

其他共有人

1. 名称（中文）：
　　（英文）：

（章戳/签字）

2. 名称（中文）：
　　（英文）：

（章戳/签字）

填写说明

1. 许可人报送注册商标使用许可备案，适用本书式。备案表应当打字或印刷。许可人应当按照规定并使用国家公布的中文简化汉字填写，不得修改格式。

2. "许可人名称"栏：许可人应当填写身份证明文件上的名称。许可人是自然人的，应当在姓名后注明证明文件号码。外国许可人应当同时在英文栏内填写英文名称，国内许可人无需填写英文名称。共有商标应将指定的代表人填写在"许可人名称"栏，其他共有人名称应当填写在附页。

3. "统一社会信用代码"栏：此栏供国内许可人填写其证明文件上标注的统一社会信用代码。

4. "许可人地址""邮政编码"栏：许可人应当按照身份证明文件中的地址填写。身份证明文件中的地址未冠有省、市、县等行政区划的，许可人应当增加相应行政区划名称。外国许可人应当同时详细填写英文地址。符合自行办理商标申请事宜条件的外国许可人详细填写其在中国的地址。

5. "国内许可人联系地址""邮政编码"栏：自行办理的国内许可人在此栏填写联系地址，国家知识产权局关于**本申请**的各种文件将送达至该地址；许可人未填写联系地址的，文件送达至许可人地址栏填写的地址。国家知识产权局文件无法送达的，通过公告方式送达。

6. "国内许可人电子邮箱""联系人""电话"栏：国内许可人填写此栏。符合自行办理商标申请事宜条件的外国许可人填写其在中国的联系方式。

7. "被许可人名称""被许可人地址"：应当填写身份证明文件上的名称、地址。许可人是自然人的，应当在姓名后注明证明文件号码。外国被许可人应当同时在英文栏内填写英文名称、地址，国内被许可人无需填写英文。

8. "代理机构名称"栏：许可人委托已备案的商标代理机构代为办理商标事宜的，此栏填写商标代理机构名称。许可人自行办理的，不填写此栏。

9. "是否共有商标"栏：属于共有商标的，应当选择"是"；非共有商标选择"否"。共有商标备案表首页的许可人名称/地址/联系地址填写代表人的名称/地址/联系地址。其他共有人依次填写在附页上。

10. "商标注册号"栏：一份备案表填写一个商标注册号。

11. "许可期限"栏：许可期限不得超过注册商标的有效期限。

12. "许可使用的商品/服务项目"栏：按类别号分段落填写，许可该注册号下全部类别全部商品/服务项目的，填写"全部商品/服务项目"字样，不需填写具体类别和商品名称。许可该注册号下某一个类别中全部商品的，商品/服务项目处填写"X类全部商品/服务项目"；许可部分商品的，应按类别号分段落（一个类别一个段落）填写，类别应按照从小到大按升序排列。许可使用的商品/服务项目名称，应与注册证上核定使用的该商品/服务项目名称相同（填写不下可再加附页）。

13. "许可人章戳（签字）""被许可人章戳（签字）"栏：许可人/被许可人为法人或其他组织的，应当在此处盖章；许可人/被许可人为自然人的，应当在此处签字。许可商标为共有商标的，由代表人在此盖章（签字）。所盖章戳或签字应当完整清晰。

14. "代理机构章戳""代理人签字"栏:接受许可人委托代为办理有关商标事宜的商标代理机构应在此栏加盖公章,并由代理人签字。许可人自行办理的,不填写此栏。

15. "附页——其他共有人":备案表首页在"是否共有商标"栏选择"是"的,应填写此页;不是共有商标的,备案表首页在"是否共有商标"栏选择"否"的,不提交此页,无需填写;国内许可人只需填写中文名称,外国许可人应当同时填写中文和英文。所有的其他共有人均应在对应名称栏右侧空白处按顺序加盖章戳(自然人由本人签字)。

16. 收费标准及其他备案事宜请详细阅读中国商标网(http://sbj. cnipa. gov. cn/)相关栏目。

5. 商标专用权质权登记申请书

质权人名称(中文):

　　　　(英文):

　　质权人地址:

企业社会统一信用代码/个人身份证号码:

　电话(含地区号):

　　　邮政编码:

　　代理机构名称:

出质人名称(中文):

　　　　(英文):

　　出质人地址:

企业社会统一信用代码/个人身份证号码:

　电话(含地区号):

　　　邮政编码:

　　代理机构名称:

　出质商标注册号:

　担保债权数额:

　质权登记期限:　　　　自　　　　　　至

质权人章戳(签字):　　　　　　出质人章戳(签字):

　代理机构章戳:　　　　　　　　代理机构章戳:

　代理人签字:　　　　　　　　　代理人签字:

填写说明

1. 办理注册商标专用权质权登记,适用本书式。申请书应当打字或印刷。质权人/出质人应当按规定填写,不得修改格式。

2. 注册商标专用权质权登记由质权人和出质人共同提出申请。

3. 质权人/出质人名称、质权人/出质人章戳(签字)处加盖的章戳(签字)应当与身份证明文件中的名称一致。质权人/出质人为企业的,填写社会统一信用代码;自然人的,填写身份证号码;其他类型的,填写证件名称和号码。

4. 质权人/出质人地址应冠以省、市、县等行政区划名称。质权人/出质人应当按照身份证明文件中的地址填写,证明文件中的地址未冠有省、市、县等行政区划的,质权人/出质人应当增加相应行政区划名称。质权人/出质人为自然人的,可以填写通讯地址。

5. 国内质权人/出质人不需填写英文。

6. 多个质权人的,在附页其他共同质权人处依次填写。

7. 共有商标办理质权登记,出质人名称/地址填写代表人的名称/地址。其他共同出质人名称/地址依次填写在申请书附页上(可再加附页)。

8. 委托代理机构申报的,应当填写代理机构名称并在"代理机构章戳/代理人签字"处由代理人签字并加盖代理机构章戳。未委托代理机构的,不需填写。

9. 出质商标为多个的,商标注册号可另加附页填写。

10. 质权人/出质人为法人或其他组织的,应当在"质权人/出质人章戳(签字)"处盖章。质权人/出质人为自然人的,应当在此处签字。所盖章戳或签字应当完整清晰。

11. 办理事宜并请详细阅读"商标申请指南"(www.cnipa.gov.cn)。

商标专用权质权登记申请书(附页)

其他共同质权人

1. 名称(中文):
   (英文):
   地址(中文):
   (英文):
2. 名称(中文):
   (英文):
   地址(中文):
   (英文):

其他共同出质人

1. 名称(中文):
   (英文):
   地址(中文):
   (英文):
2. 名称(中文):
   (英文):
   地址(中文):
   (英文):

办理商标专用权质权登记承诺书

一、申请人

质权人:

出质人:

二、质权人承诺

质权人已经准确、完整地了解和知晓出质商标的权利状况、存在的瑕疵和风险,愿意承担因此可能导致的风险。

上述权利状况、存在的瑕疵和风险包括但不限于以下内容：

1. 在先的转让申请、质权登记、商标许可使用情况；

2. 可能导致出质商标专用权丧失的撤销、宣告无效案件情况；

3. 商标权属纠纷情况；

4. 商标的有效期；

5. 出质人在同一种或者类似商品上申请或初步审定的商标与出质商标相同或者近似的情况；

6. 其他可能导致商标权灭失、价值贬损的情况。

三、出质人承诺

1. 出质人为出质注册商标专用权的合法权利人；

2. 出质的商标为有效的注册商标；

3. 出质的商标不存在被人民法院查封冻结情况；

4. 出质人同意将其在同一种或者类似商品上注册的相同或者近似的商标一并办理质权登记；

5. 在注册商标质权登记有效期内，出质人再次提交的商标注册申请存在与已出质商标相同或者近似情形的，将及时通知质权人；

6. 出质人将尽职尽责维护出质商标权利，并将涉及商标权灭失、价值贬损情况和案件进展进度及时通知质权人。

四、申请人共同作出以下承诺

（一）申请人为依法具备民事权利能力和行为能力的民事主体。

（二）申请人提交的申请文件真实有效。申请人签署相关主合同及商标权质押（质权）合同的行为系双方真实意思，符合法律规定。

（三）本承诺书中所有承诺是申请人真实的意思表示，申请人愿意承担不实承诺的法律责任。

申请人章戳（签字）：　　　　　　　　　　　　申请人章戳（签字）：

　　（出质人）　　　　　　　　　　　　　　　　　（质权人）

日期：　　年 月 日　　　　　　　　　　　日期：　　年 月 日

6. 当事人请求驰名商标保护诚信承诺书①

本人/本单位＿＿＿＿＿＿＿作为第＿＿＿＿号＿＿＿＿＿＿商标（异议/不予注册复审/无效宣告）案件的（异议人/原异议人/申请人），请求驰名商标保护，代理机构为＿＿＿＿＿＿，代理人为＿＿＿＿＿＿，在此郑重承诺：

一、已知悉《商标法》《商标法实施条例》《驰名商标认定和保护规定》等法律法规章关于驰名商标认定和保护的相关规定，并按照要求填写和提交材料，遵循诚实信用原则。

二、保证异议/评审文书中相关信息、证据材料内容真实、准确、完整，不存在伪造、变造、隐匿证据及指使、贿买、胁迫他人作伪证等虚假情形。

三、保证不存在与对方当事人恶意串通等不诚信行为，不存在其他以不正当手段骗取驰名商标保护的行为。

上述情形如有违反，本人/本单位、本代理机构及代理人愿承担不利后果和相应的法律责任。

当事人（签字或盖章）　　　　　　　　　　商标代理机构（盖章）

　　　　　　　　　　　　　　　　　　　　商标代理人（签字）

　　　　年 月 日　　　　　　　　　　　　　　年 月 日

----

① 书式来源：2021 年 8 月 6 日国家知识产权局商标局关于提交《当事人请求驰名商标保护诚信承诺书》的通知。

7. 商标注册流程图①

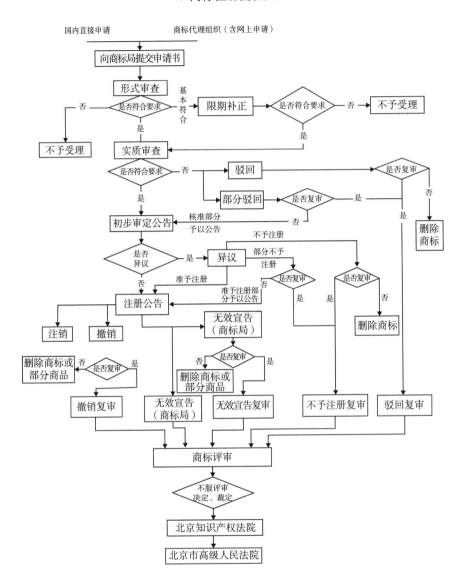

---

①　来源：国家知识产权局商标局官网。

8. 商标注册申请常见问题指南①

一、有关商标注册申请的办理途径、申请书件、规费等

1. 办理商标申请的途径介绍

国内的申请人申请商标注册或者办理其他商标事宜，有两种途径：一是自行办理；二是委托在国家知识产权局商标局备案的商标代理机构办理。自行办理的，可以通过网上服务系统在线提交商标注册申请，提交方法详见"中国商标网>网上申请"栏目，商标网上服务系统网址：https://sbj.cnipa.gov.cn/sbj/wssq/；也可以到国家知识产权局商标局注册大厅、商标局驻中关村国家自主创新示范区办事处、商标局在京外设立的商标审查协作中心，或者商标局委托地方市场监管部门或知识产权部门设立的商标业务受理窗口办理。

外国人或者外国企业在中国申请商标注册和办理其他商标事宜的，应当委托依法设立的商标代理机构办理，但在中国有经常居所或者营业所的外国人或外国企业除外。

2. 自行办理与委托商标代理机构办理有什么区别吗？哪种方式更快些？

两种途径在商标注册申请审查方面并无差别。其主要区别是发生联系的方式、提交的书件、文件递交和送达方式稍有差别。

在发生联系的方式方面，自行办理的，在办理过程中申请人与国家知识产权局商标局直接发生联系；委托商标代理机构办理的，在办理过程中申请人通过商标代理机构与商标局发生联系，而不直接与商标局发生联系。

在提交的书件方面，自行办理的，申请人应按规定提交相关书件；委托商标代理机构办理的，申请人还应提交委托商标代理机构办理商标注册事宜的授权委托书。

在文件递交方式方面，申请人自行办理的，由申请人或经办人直接将申请文件递交到国家知识产权局商标局商标注册大厅（也可到商标局驻中关村国家自主创新示范区办事处，商标局在京外设立的商标审查协作中心，或者商标局委托地方市场监管部门或知识产权部门设立的商标业务受理窗口办理），申请人也可以通过网上申请系统提交；代理机构可以将申请文件直接递交、邮寄递交或通过快递企业递交国家知识产权局，也可以通过网上申请系统提交。

在文件送达方式方面，申请人自行办理的，商标局的各种文件是送达当事人；委托商标代理机构办理的，文件送达商标代理机构。

3. 在商标注册大厅直接办理的流程是怎样的？申请后什么时候拿到商标注册申请受理通知书？

商标注册大厅工作人员会先对申请文件进行审查。申请手续不齐备、未按照规定填写申请文件的，当场退回申请文件；基本符合规定的，接收申请文件。之后商标局会对申请文件进行进一步审查。

经进一步审查合格的，商标局发放缴费通知书，申请人缴费后予以受理，发放《商标注册申请受理通知书》。经进一步审查基本符合规定，但是需要补正的，商标局通知申请人予以补正。申请人应自收到通知之日起 30 日内，按照指定内容补正并交回商标局。在规定期限内补正并交回的，保留申请日期；期满未补正的或者不按照要求进行补正的，商标局不予受理。

《商标注册申请补正通知书》《商标注册申请不予受理通知书》《商标注册申请缴费通知书》《商标注册申请受理通知书》均以邮寄方式送达申请人。申请人填写联系地址的，文件送达至联系地址；未填写联系地址的，文件送达至申请人地址栏填写的地址。

4. 在商标业务受理窗口直接办理的流程是怎样的？申请后什么时候拿到商标注册申请受理通知书？

申请人在商标业务受理窗口采用在线申请方式提交商标注册申请。商标业务受理窗口工作人员会先对申请文件进行审查。基本符合规定的，通过网上服务系统接收申请文件。之后商标局会对申请文件进行进一步审查。

经进一步审查合格的，商标局发放缴费通知书，申请人缴费后予以受理。经进一步审查基本符合规定，但是需要补正的，商标局通知申请人予以补正。申请人应自收到通知之日起 30 日内，按照指定内容通过网上服务系统在线进

---

① 来源：国家知识产权局商标局官网。

行补正。在规定期限内补正并交回的,保留申请日期;期满未补正的或者不按照要求进行补正的,商标局不予受理。

《商标注册申请补正通知书》《商标注册申请不予受理通知书》《商标注册申请缴费通知书》《商标注册申请受理通知书》以电子方式送达申请人,申请人可通过申请时填写的电子邮箱查看。

5. 委托商标代理机构办理的流程是怎样的? 申请后什么时候拿到商标注册申请受理通知书?

商标局在收到商标代理机构递交的申请文件后,会对申请文件进行审查。商标注册申请手续齐备、按照规定填写申请文件并缴纳费用的,商标局予以受理;申请手续不齐备、未按照规定填写申请文件或者未缴纳费用的,商标局不予受理。申请手续基本齐备或者申请文件基本符合规定,但是需要补正的,商标局通知申请人予以补正,限其自收到通知之日起 30 日内,按照指定内容补正并交回国家知识产权局。在规定期限内补正并交回的,保留申请日期;期满未补正的或者不按照要求进行补正的,商标局不予受理。

《商标注册申请补正通知书》《商标注册申请不予受理通知书》《商标注册申请缴费通知书》《商标注册申请受理通知书》将送达商标代理机构。

6. 国内自然人自行办理商标注册申请要求及必备书件

国内自然人直接办理商标注册申请时应当提交以下文件:按照规定填写打印的《商标注册申请书》并由申请人签字、商标图样、个体工商户营业执照复印件、身份证明文件复印件。商标注册申请书和商标图样的具体要求,请查看"中国商标网>商标申请>申请指南"栏目。

农村承包经营户可以以其承包合同签约人的名义提出商标注册申请,商品和服务范围以其自营的农副产品为限。申请时应提交承包合同复印件。

符合上述条件的国内自然人,在办理商标网上申请系统用户注册后,可以自行通过商标网上申请系统提交申请。具体流程请查看"中国商标网>网上申请"栏目。

同一申请人同时办理多件商标的注册申请事宜时,只需要提供一份身份证复印件、个体工商户营业执照复印件或承包合同复印件。

7. 国内法人或者其他组织自行办理商标注册申请必备书件

国内法人或者其他组织直接办理商标注册申请时应当提交以下文件:按照规定填写打印的《商标注册申请书》并加盖申请人公章、商标图样、身份证明文件复印件。提交申请的具体要求,请查看"中国商标网>商标申请>申请指南"栏目。

国内法人或者其他组织在办理商标网上申请系统用户注册后,可以自行通过商标网上申请系统提交申请。具体流程请查看"中国商标网>网上申请"栏目。

同一申请人同时办理多件商标的注册申请事宜时,只需要提供一份身份证明文件(如营业执照副本)复印件。

8. 国内法人或者其他组织申请商标注册的身份证明文件都有哪些?

申请人为国内法人或其他组织的,应当使用标注统一社会信用代码的身份证明文件。企业一般应提交营业执照,非企业可以提交《事业单位法人证书》《社会团体法人登记证书》《民办非企业单位登记证书》《基金会法人登记证书》《律师事务所执业许可证》等身份证明文件。

注意,期刊证、办学许可证、卫生许可证等不能作为申请人身份证明文件。

9. 我们是一家公司在北京的代表处,可以申请商标注册吗?

代表处、办事处不能以自己的名义申请商标注册。

10. 外国人自行办理商标注册申请要求及必备书件

外国人办理商标申请事宜应委托依法设立的商标代理机构办理。在中国有经常居所的外国人,可以自行办理。直接到商标注册大厅办理的,应提交以下文件:按照规定填写打印的《商标注册申请书》并由申请人签字、商标图样、申请人的身份证明文件复印件、公安部门颁发的《外国人永久居留证》或有效期一年以上的《外国人居留许可》的复印件。商标注册申请书和商标图样的具体要求,请查看"中国商标网>商标申请>申请指南"栏目。

在中国有经常居所的外国人,还可以通过商标网上申请系统提交申请。具体流程请查看"中国商标网>网上申请"栏目。

11. 我们是一家外国公司,可以自行办理商标注册申请吗?

在中国没有营业所的外国企业在中国申请商标注册和办理其他商标事宜的,应当委托依法设立的商标代理机构办理。注意:外国企业在中国依法设立的独资分公司为中国企业,并非其在中国的营业所。

12. 我们是一家香港(澳门/台湾)公司,可以自行办理商标注册申请吗?

在内地没有营业所的我国香港特别行政区、澳门特别行政区企业,以及在大陆没有营业所的我国台湾地区企业办理商标申请事宜,应当委托依法设立的商标代理机构办理。在内地设有营业所的我国香港特别行政区、澳门特别行政区企业,以及在大陆设有营业所的我国台湾地区企业可以自行办理商标申请事宜。

13. 香港特别行政区、澳门特别行政区和台湾地区居民直接办理商标注册申请要求及必备书件

我国香港特别行政区、澳门特别行政区和台湾地区居民办理商标申请事宜应委托依法设立的商标代理机构办理。持有在有效期(一年以上)内的《港澳居民来往内地通行证》《台湾居民来往大陆通行证》或《港澳台居民居住证》的港澳台居民,可以自行办理。直接到商标局商标注册大厅办理的,应提交以下文件:按照规定填写打印的《商标注册申请书》并由申请人签字、商标图样、申请人的通行证或居住证复印件。商标注册申请书和商标图样的具体要求,请查看"中国商标网>商标申请>申请指南"栏目。

符合自行办理条件的我国香港特别行政区、澳门特别行政区和台湾地区居民,还可以通过商标网上申请系统提交申请。具体流程请查看"中国商标网>网上申请"栏目。

14. 什么是集体商标?需要提交哪些文件?

集体商标是指以团体、协会或者其他组织名义注册,供该组织成员在商事活动中使用,以表明使用者在该组织中的成员资格的标志。

直接办理集体商标注册申请时,除提交按照规定填写打印的《商标注册申请书》并加盖申请人公章、商标图样、身份证明文件复印件(经申请人盖章确认)外,还应当提交集体商标使用管理规则、集体成员名单等。提交申请的具体要求,请查看"中国商标网>商标申请>申请指南"栏目。

15. 什么是证明商标?需要提交哪些文件?

证明商标是指由对某种商品或者服务具有监督能力的组织所控制,而由该组织以外的单位或者个人使用于其商品或者服务,用以证明该商品或者服务的原产地、原料、制造方法、质量或者其他特定品质的标志。

直接办理证明商标注册申请时,除提交按照规定填写打印的《商标注册申请书》并加盖申请人公章、商标图样、身份证明文件复印件(经申请人盖章确认)外,还应当提交证明商标使用管理规则,并应当详细说明其所具有的或者其委托的机构具有的专业技术人员、专业检测设备等情况,以表明其具有监督证明证明商标所证明的特定商品品质的能力。提交申请的具体要求,请查看"中国商标网>商标申请>申请指南"栏目。

16. 什么是地理标志?需要提交哪些文件?

地理标志是指标示某商品来源于某地区,该商品的特定质量、信誉或者其他特征,主要由该地区的自然因素或者人文因素所决定的标志。

地理标志可以作为证明商标或者集体商标申请注册。提交申请的具体要求,请查看"中国商标网>商标申请>申请指南"栏目。

17. 可以申请注册"＊＊＊"商标吗?

任何能够将自然人、法人或者其他组织的商品与他人的商品区别开的标志,包括文字、图形、字母、数字、三维标志、颜色组合和声音等,以及上述要素的组合,均可以作为商标申请注册。申请人应根据自己的实际情况确定需要注册的商标。提交申请的具体要求,请查看"中国商标网>商标申请>申请指南"栏目。

申请注册的商标,应当有显著特征,便于识别,并不得与他人在先取得的合法权利相冲突。申请注册的商标,凡不符合商标法有关规定或者同他人在同一种商品或者类似商品上已经注册的或者初步审定的商标相同或者近似的,由商标局驳回申请,不予公告。申请人在中国商标网上查阅《商标法》《商标法实施条例》和《商标审查审理指南》等相关规定。

18. 申请商标注册什么时候缴纳费用?领取注册证时还需要再缴纳其他费用吗?

自2019年12月30日起提交的申请,商标申请当事人及代理机构应在收到缴费通知书后的规定时间内,向商标局缴纳费用。领取注册证时不需要再缴纳其他费用。商标注册费的缴纳数额及缴纳方式,请查看"中国商标网>商标申请>申请指南"栏目。

二、有关商标注册申请书的填写

1. "申请人名称"该如何填写?

申请人应当填写身份证明文件上的名称。申请人名称与"申请人章戳(签字)"处所盖章戳(签字)以及所附身份证明文件中的名称应当一致。

申请人是自然人的,还应当在姓名后注明身份证明文件号码。

外国申请人应当同时在英文栏内填写英文名称。

共同申请的,应将指定的代表人填写在"申请人名称"栏,其他共同申请人名称应当填写在"商标注册申请书附页——其他共同申请人名称列表"栏。没有指定代表人的,以申请书中顺序排列的第一人为代表人。

2. "统一社会信用代码"该如何填写?

申请人应当填写其身份证明文件上标注的统一社会信用代码,外国申请人不填写此栏。

3. "申请人国籍/地区"该如何填写?

申请人应当如实填写,国内申请人不填写此栏。

4. "申请人地址"该如何填写?

申请人应当按照身份证明文件中的地址填写。身份证明文件中的地址未冠有省、市、县等行政区划的,申请人应当增加相应行政区划名称。

符合自行办理商标申请事宜条件的外国申请人地址应当冠以省、市、县等行政区划详细填写。

不符合自行办理商标申请事宜条件的外国申请人应当同时详细填写中英文地址。

5. "国内申请人联系地址"该如何填写?

国内申请人填写此栏,用于接收该商标后继商标业务的法律文件;同时,也用于自行办理的国内申请人接收本申请的各种文件。国内申请人未填写联系地址的,文件送达至申请人地址栏填写的地址。国家知识产权局文件无法送达的,通过公告方式送达。

6. "国内接收人""国内接收人地址"是指什么? 该如何填写?

"外国申请人的国内接收人""国内接收人地址""邮政编码"栏供外国申请人填写。外国申请人应当在申请书中指定国内接收人负责接收国家知识产权局后继商标业务的法律文件。国内接收人地址应当冠以省、市、县等行政区划详细填写。

国内申请人不填写此栏。

7. "国内接收人地址"是通讯地址吗? 我们公司能填写吗?

"国内接收人地址"是指外国申请人指定的国内接收人的地址,并非申请人的通讯地址。国内申请人不填写此栏,可填写"国内申请人联系地址"栏目。

8. "商标申请声明"是指什么? 该如何填写?

申请注册集体商标、证明商标的,以三维标志、颜色组合、声音标志申请商标注册的,两个以上申请人共同申请注册同一商标的,应当在本栏声明。申请人应当按照申请内容进行选择,并附送相关文件。

9. 申请时如何区分颜色组合商标和商标指定颜色?

颜色组合商标是指由两种或两种以上颜色构成的商标。以颜色组合申请商标注册的,应当在申请书中予以声明,即在"商标申请声明"栏内勾选"以颜色组合申请商标注册",并且在商标图样框内粘贴着色图样。商标指定颜色的,是指商标图样为着色的文字、图形或其组合,申请时不要勾选"以颜色组合申请商标注册",在商标图样框内粘贴着色图样即可。

以颜色组合申请商标注册的,除应在申请书中予以声明外,还应注意以下几点:

(1)颜色组合商标的构成要素是两种或两种以上的颜色。以颜色组合申请商标注册的,商标图样应当是表示颜色组合方式的色块,或是表示颜色使用位置的图形轮廓。该图形轮廓不是商标构成要素,必须以虚线表示,不得以实线表示。

（2）以颜色组合申请商标注册的,应当提交文字说明,注明色标,并说明商标使用方式。文字说明、色标、商标使用方式应填写在"商标说明"栏。

10. 什么是"基于第一次申请的优先权"? 该如何填写?

《商标法》第二十五条规定,商标注册申请人自其商标在外国第一次提出商标注册申请之日起六个月内,又在中国就相同商品以同一商标提出商标注册申请的,依照该外国同中国签订的协议或者共同参加的国际条约,或者按照相互承认优先权的原则,可以享有优先权。

申请人依据《商标法》第二十五条要求优先权的,选择"基于第一次申请的优先权",并填写"申请/展出国家/地区"、"申请/展出日期"、"申请号"栏。申请人应当同时提交优先权证明文件(包括原件和中文译文);优先权证明文件不能同时提交的,应当选择"优先权证明文件后补",并自申请日起三个月内提交。未提出书面声明或者逾期未提交优先权证明文件的,视为未要求优先权。

优先权证明文件是指申请人提交的第一次提出商标注册申请文件的副本,该副本应当经受理该申请的商标主管机关证明,并注明申请日期和申请号。

11. 在国外的第一次申请是按一标多类申请的,在中国可以按一标一类申请并要求优先权吗? 需要提交几份优先权证明文件?

申请人依据《商标法》第二十五条规定要求优先权时,若申请人的多份商标注册申请均是基于同一份第一次申请要求优先权的,可以在其中一份申请书中提交1份优先权证明文件原件,并在其他申请书中注明优先权证明文件原件所在的具体申请件。如果优先权证明文件是在自申请日起三个月内补充提交的,应附送说明,载明所有基于该份优先权证明文件要求优先权的商标注册申请号。

12. 在国外的第一次申请是按一标一类申请(同一天就同一商标在不同类别提交多份申请)的,在中国可以按一标多类申请并要求优先权吗? 如何填写?

申请人依据《商标法》第二十五条规定要求优先权时,可以基于其在同一国家、同一申请日、同一商标的多份第一次申请一并要求优先权,在"申请号"栏逐一填写第一次申请的申请号,并应附送全部申请号的优先权证明文件。

13. 商标在展览会展出的商品上使用过,可以要求优先权吗? 该如何填写?

《商标法》第二十六条规定,商标在中国政府主办的或者承认的国际展览会展出的商品上首次使用的,自该商品展出之日起六个月内,该商标的注册申请人可以享有优先权。

申请人依据《商标法》第二十六条要求优先权的,选择"基于展会的优先权",并填写"申请/展出国家/地区"、"申请/展出日期"栏。申请人应当同时提交优先权证明文件(包括原件和中文译文);优先权证明文件不能同时提交的,应当选择"优先权证明文件后补",并自申请日起三个月内提交。未提出书面声明或者逾期未提交优先权证明文件的,视为未要求优先权。

优先权证明文件应载有展出其商品的展览会名称、在展出商品上使用该商标的证据、展出日期等。优先权证明文件一般由展会主办出具或证明。

14. "商标说明"如何填写?

申请人应当根据实际情况填写。以三维标志、声音标志申请商标注册的,应当说明商标使用方式。以颜色组合申请商标注册的,应当提交文字说明,注明色标,并说明商标使用方式。商标为外文或者包含外文的,应当说明含义。

申请人认为需要说明的其他事项,也可以在此栏予以说明。

15. 如何填写"类别"、"商品/服务项目"?

商标注册申请人可以通过一份申请就多个类别的商品申请注册同一商标。申请人应按《类似商品和服务项目区分表》填写类别、商品/服务项目名称。商品/服务项目应按类别对应填写,每个类别的项目前应分别标明顺序号。类别和商品/服务项目填写不下的,可按本申请书的格式填写在附页上。全部类别和项目填写完毕后应当注明"截止"字样。

《商标注册申请书》中的商品/服务一栏应当填写具体的商品/服务名称(如《类似商品和服务区分表》中编码为6位数字的项目名称),不能填写类别标题和类似群名称(编码为4位数字的)。

16. 什么是尼斯分类? 什么是《类似商品和服务区分表》?

《商标注册用商品和服务国际分类》(尼斯分类)是根据1957年6月15日由尼斯外交会议达成的一项协定(尼斯协定)制定的。尼斯协定的每个成员国有义务在商标注册中使用尼斯分类,并须在与商标注册有关的官方文件和出版物中标明注册商标所及的商品或服务所在的国际分类的类别号。我国于1994年加入尼斯协定。

《类似商品和服务区分表》是商标主管部门为了商标检索、审查、管理工作的需要,总结多年来的实践工作经验,并广泛征求各部门的意见,把某些存在特定联系、容易造成误认的商品或服务组合到一起,编制而成。《类似商品和服务区分表》可以作为商标审查人员、商标代理人和商标注册申请人判断类似商品或者服务的参考,也可以作为行政机关和司法机关在处理商标案件时判断类似商品或者服务的参考。

17. 要申报"＊＊＊"商品,该申报在哪类? (即如何确定申报类别)

《类似商品和服务区分表》沿用了《商标注册用商品和服务国际分类》(尼斯分类)的体系,区分表中每一类别的标题原则上指出了归入该类的商品或服务的范围,各类的【注释】为确定商品和服务项目的类别提供了思路。申请人可以依据各类的类别标题和注释确定申报类别。

经审查,申请人申报类别不正确或项目名称不规范的,商标局将发放补正通知书要求申请人进行补正。

18. 关于商品的分类原则都有哪些?

《商标注册用商品和服务国际分类》(尼斯分类)中给出了商品和服务大致的分类原则。申请人可以查阅。一般来说,类别标题中所列的商品或服务名称原则上构成这些商品或服务大致所属范围的一般性名称。所以要确定每一种商品或服务的分类,就得查看按字母顺序排列的分类表。如果某一商品按照分类表(类别顺序分类表、注释和字母顺序分类表)无法加以分类,下列说明指出了各项可行的标准:

(1)制成品原则上按其功能或用途进行分类。如果各类类别标题均未涉及某一制成品的功能或用途,该制成品就比照字母顺序分类表中其他的类似制成品分类。如果没有类似的,可以根据辅助标准进行分类,如按制成品的原材料或其操作方式进行分类。

(2)多功能的组合制成品(如钟和收音机的组合产品)可以分在与其各组成部分的功能或用途相应的所有类别里。如果各类类别标题均未涉及这些功能或用途,则可以采用第(1)条中所示的标准。

(3)原料、未加工品或半成品原则上按其组成的原材料进行分类。

(4)商品是构成其他产品的一部分,且该商品在正常情况下不能用于其它用途,则该商品原则上与其所构成的产品分在同一类。其他所有情况均按第(1)条中所示的标准进行分类。

(5)成品或非成品按其组成的原材料分类时,如果是由几种不同原材料制成,原则上按其主要原材料进行分类。

(6)用于盛放商品的专用容器,原则上与该商品分在同一类。

商品和服务项目申报指南请查看"中国商标网>商标申请>商品和服务分类"栏目。

19. 关于服务的分类原则都有哪些?

《商标注册用商品和服务国际分类》(尼斯分类)中给出了商品和服务大致的分类原则。申请人可以查阅。一般来说,类别标题中所列的商品或服务名称原则上构成这些商品或服务大致所属范围的一般性名称。所以要确定每一种商品或服务的分类,就得查看按字母顺序排列的分类表。如果某一服务按照分类表(类别表、注释和字母表)无法加以分类,下列说明指出了各项可行的标准:

(1)服务原则上按照服务类类别标题及其注释所列出的行业进行分类,若未列出,则可以比照字母顺序分类表中其他的类似服务分类。

(2)出租服务,原则上与通过出租物所实现的服务分在同一类别(如出租电话机,分在第三十八类)。租赁服务与出租服务相似,应采用相同的分类原则。但融资租赁是金融服务,分在第三十六类。

(3)提供建议、信息或咨询的服务原则上与提供服务所涉及的事物归于同一类别,例如运输咨询(第三十九类),商业管理咨询(第三十五类),金融咨询(第三十六类),美容咨询(第四十四类)。以电子方式(例如电话、计算机)提供建议、信息或咨询不影响这种服务的分类。

(4)特许经营的服务原则上与特许人所提供的服务分在同一类别(例如,特许经营的商业建议(第三十五类),特许经营的金融服务(第三十六类),特许经营的法律服务(第四十五类))。

商品和服务项目申报指南请查看"中国商标网>商标申请>商品和服务分类"栏目。

20. 分类表中的项目之间有什么关系吗?比如第20类项目中,既有"家具"又有"金属家具",我该如何选择?

在《商标注册用商品和服务国际分类》(尼斯分类)中,虽然同一类别的各项目之间在概念上可能存在包含或者交叉的关系,但尼斯分类并不对项目概念进行界定。各类别项目表中所列的商品服务名称是为了表明不同商品服务的所属类别,以方便申请人在申报商标注册时进行分类参考。以第20类的项目"家具"、"金属家具"为例,由于在尼斯分类中有些商品是按照材质分类的,例如金属建筑材料属于第6类、非金属建筑材料属于第19类,但家具并不是按照材质分类的,各种材质的家具均属于第20类。为了明确表明金属制的家具也属于第20类,因此第20类项目中,除了"家具",还有"金属家具"。

《类似商品和服务区分表》沿用了《商标注册用商品和服务国际分类》(尼斯分类)的体系。申请人可根据实际情况选择申报的项目名称。

21. 要申报的商品项目区分表上没有,怎么办?(即如何确定商品名称)

《类似商品和服务区分表》沿用了《商标注册用商品和服务国际分类》(尼斯分类)的体系,区分表中每一类别的标题原则上指出了归入该类的商品或服务的范围,各类的【注释】为确定商品和服务项目的类别提供了思路。对于没有列在分类表中的商品或者服务项目,申请人可以参照《类似商品和服务区分表》中每一类别的标题和【注释】,先确定申报类别;应按照分类原则、使用具体、准确、规范的名称进行填写,要避免使用含混不清、过于宽泛且不足以划分其类别或类似群的商品或服务项目名称。一方面要注意商品或者服务项目名称本身要表述清晰、准确,符合一般公众的语言习惯和文字使用规则;另一方面要注意足以与其他类别的商品或服务项目相区分,不应产生混淆和误认。

例一:电脑行业中常用"笔记本"指代"笔记本电脑",但这是一种不规范的简称,正常情况下"笔记本"是指纸质文具,属于第16类,在第9类申报应当申报"笔记本电脑"或"笔记本式计算机"。

例二:"电机"。电机是指产生和应用电能的机器,包括发电机和电动机。按照目前的分类原则,"发电机"属于第7类;而"电动机"分为"陆地车辆用电动机"和"非陆地车辆用电动机",前者属于第12类、后者属于第7类。因此"电机"、"电动机"均属不规范的商品名称。

例三:"熟制品"。大多数的熟制品均属于第29类,但分别属于不同的类似群,如熟制猪肉属于2901类似群、熟制鱼属于2902类似群、熟制水果属于2904类似群、熟制蔬菜属于2905类似群等等。因此"熟制品"属不规范的商品名称。

申请人在申报时应使用具体、准确、规范的商品名称。商标局会对申请人申报的商品名称进行审查,不规范的,发放补正通知书,要求申请人进行补正。

商品和服务项目申报指南请查看"中国商标网>商标申请>商品和服务分类"栏目。

22. 对商标图样的要求

在申请书的指定位置打印或粘贴商标图样1张。商标图样应当清晰,长和宽应当不大于10厘米,不小于5厘米。

以颜色组合或者着色图样申请商标注册的,应当提交着色图样,并提交黑白稿1份;不指定颜色的,应当提交黑白图样。对于颜色组合商标和指定颜色的商标所需提供的黑白稿,应另行制版,制作一张清晰的黑白图样,不能简单的复印原图样。该黑白稿在注册申请时可不提交,如审查后续需要时,国家知识产权局将通知申请人另行补充提交。

以颜色组合或者着色图样申请商标注册的,应当提交着色图样,并提交黑白稿1份(在注册申请时可不提交,如审查后续需要时,商标局将通知申请人另行补充提交);不指定颜色的,应当提交黑白图样。

以三维标志申请商标注册的,提交能够确定三维形状的图样,提交的商标图样应当至少包含三面视图。

以声音标志申请商标注册的,应当以五线谱或者简谱对申请用作商标的声音加以描述并附加文字说明;无法以五线谱或者简谱描述的,应当以文字加以描述;商标描述与声音样本应当一致。

23. 申请三维标志商标需要注意哪些地方?

三维标志商标,通常也称为立体商标。以三维标志申请商标注册的,应当在申请书中"商标申请声明"栏选择"以三维标志申请商标注册",在"商标说明"栏内说明商标使用方式,在申请书商标图样框内打印或粘贴商标图样1份。

以三维标志申请商标注册的,该商标图样应能够确定三维形状、并应当至少包含三面视图(正视图、侧视图、仰视图、俯视图等）。报送的多面视图应属于同一个三维标志，包含多面视图的图样整体应当不大于 10×10 厘米，不小于 5 ×5 厘米。

三维标志包含文字的，文字部分应为标识在三维形状视图中的正确位置，不可独立于视图之外。

24. 申请颜色组合商标需要注意哪些地方？

"颜色组合商标"是指由两种或两种以上颜色构成的商标，其构成要素为颜色。以颜色组合申请商标注册的，应当在申请书中"商标申请声明"栏选择"以颜色组合申请商标注册"；在"商标说明"栏内列明颜色名称和色号，并说明商标使用方式；在申请书商标图样框内打印或粘贴着色图样 1 份。

以颜色组合申请商标注册的，该商标图样应当是表示颜色组合方式的色块，或是表示颜色使用位置的图形轮廓。该图形轮廓不是商标构成要素，必须以虚线表示，不得以实线表示。

25. 申请指定颜色商标需要声明吗？怎样填写？

以着色图样申请商标注册的，无需声明。只在申请书商标图样框内打印或粘贴着色图样 1 份即可。

26. 申请声音商标需要注意哪些地方？

以声音标志申请商标注册的，应当在申请书中"商标申请声明"栏选择"以声音标志申请商标注册"，并在"商标说明"栏内说明商标使用方式。

此外，应在申请书商标图样框内打印或粘贴商标图样 1 份，该商标图样应对申请注册的声音商标进行描述。具体为：以五线谱或者简谱对申请用作商标的声音加以描述并附加文字说明；无法以五线谱或者简谱描述的，应当以文字加以描述。注意：整个商标描述（包括五线谱或者简谱，以及文字说明）应制作在 1 份商标图样中。描述应当准确、完整、客观并易于理解。商标描述与声音样本应当一致，例如声音样本中有歌词的，商标描述中也应说明歌词。此外，五线谱或简谱上不要含有乐曲名称。

以声音标志申请商标注册的，还应附送声音样本。声音样本的音频文件应当储存在只读光盘中，且该光盘内应当只有一个音频文件。声音样本的音频文件应小于 5MB，格式为 wav 或 mp3。注意：商标描述与声音样本应当一致。

27. 什么是商标使用方式？哪些情况下要填写？

简单地来说，商标使用方式就是申请人使用该商标的方式，比如申请人是以何种方式或者在何种情形下如何在申请的商品或服务项目上使用该商标。例如申请人生产的糖果的形状都是某一种特殊的三维标志形状，那么申请人在第 30 类商品"糖果"上以三维标志申请商标注册时，商标使用方式就可以填写"该三维标志是使用在糖果的形状上"。

以三维标志、颜色组合、声音标志申请商标注册的，应在"商标说明"栏内说明商标使用方式。

三、有关商标注册申请补正

1. 收到了补正通知书，该怎么补正？还需要再缴纳费用吗？

补正通知书中已列出要求补正的事项，补正通知书背面有详细的"关于商品/服务项目补正的说明"，申请人应当按照补正要求和说明进行填写，并交回国家知识产权局。回复补正不需要缴纳费用。

2. 商标图样报错了，补正时可以重新提交图样吗？

商标注册申请提交后，商标图样不可以修改。如果因为商标图样不清晰、国家知识产权局要求申请人进行补正的，申请人可以重新提交清晰的商标图样，但不可以改变商标图样。

3. 补正要求报送图中文字书写方法出处的复印件，该如何补正？

要求报送图样中文字写法出处复印件的，应当报送该文字在各类字典、字帖等正规出版物的所在页的复印件，复印件上文字的写法应与商标图样中文字的写法一致。

如果该文字是申请人自行设计、无出处的，应当注明。

4. 分类补正说商品名称不规范，该怎么补正？

商品名称力求具体、准确、规范，以便明确指定该商标的保护范围。申请人应尽量使用《商标注册用商品和服务分类表》中现有的商品或服务项目名称。如不使用现有名称，应按照分类原则、使用具体、准确、规范的名称进行填写，要避免使用含混不清、过于宽泛且不足以划分其类别或类似群的商品或服务项目名称。

一方面要注意商品或者服务项目名称本身要表述清晰、准确，符合一般公众的语言习惯和文字使用规则。例如不应使用"不属于别类的"、"属于本类的"、"上述商品的"等词语,也应避免使用"……,即……"的表达方式。不应泛泛申报"×××的附件"、"×××的配件",而应申报具体的商品名称。

另一方面要注意足以与其他类别的商品或服务项目相区分,不应产生混淆和误认。例如"假日野营服务"跨类,其中"假日野营娱乐服务"属于第 41 类,"假日野营住宿服务"属于第 43 类。

5. 申请时,我已经报送了商品说明书,为何还下发补正?

商品说明书有助于商标局判断商品的类别和类似群,但并不是说只要报送了商品说明书,该商品名称就可以被接受。如"家用电器",虽然是人们日常生活中约定俗成的商品称谓,但它包括的范围过大,涉及商品分类表中多个类别的商品,在申请商标注册时是不允许使用的。此外,对于一些多功能产品,可以归入其功能所属的相应类别,至于申报在哪个类别是由申请人根据自己的实际情况来确定的,申请人可以申报在一个或多个类别中。申请商标注册时,商品名称应具体、准确、规范,符合分类原则;要避免使用含糊不清、不具体、外延过泛且不足以划分其类别或类似群的商品或服务名称。

6. 分类补正说商品名称不规范,可行业中就是这样叫的,我该怎么补正?

商品名称力求具体、准确、规范,以便明确指定该商标的保护范围。如电脑行业中常用"笔记本"指代"笔记本电脑",但这是一种不规范的简称,正常情况下"笔记本"是指纸质文具,属于第 16 类,在第 9 类申报应当申报"笔记本电脑"或"笔记本式计算机"。再如"电机",是指产生和应用电能的机器,包括发电机和电动机。按照目前的分类原则,"发电机"属于第 7 类;而"电动机"分为"陆地车辆用电动机"和"陆地车辆用电动机",前者属于第 12 类,后者属于第 7 类。因此,申请人在申报时应使用具体、准确、规范的商品名称。

7. 分类补正说商品名称不规范,我是按以前已核准的名称填写的,为何还补正?

商品分类标准不是一成不变的,尼斯分类专家委员会定期对尼斯分类进行修订。申请人应当按照申请时的尼斯分类版本进行申报。

8. 今年实行了新版分类表,我是去年申请的,分类补正时可以申报新版分类中的项目吗?

在新版分类表实行以前申请商标注册的,所申报的商品和服务项目的分类原则和标准适用旧版分类表。

例如,《类似商品和服务区分表》2015 文本中,"昆虫针"属于第 16 类。尼斯分类第十版 2016 文本第 26 类新增商品"昆虫针"。相应地,《类似商品和服务区分表》2016 文本第 26 类新增"昆虫针",第 16 类删除"昆虫针"。申请人在 2015 年递交了商标注册申请,在 2016 年收到补正通知书,若申请人想申报商品"昆虫针",应仍按 2015 文本在第 16 类申报,不能按 2016 文本在第 26 类申报。

9. 在一份申请书上同时申报了 3 个类别,现在仅有一个类别的项目需要补正。如果补正不合格,对另外两个类别有影响吗?

商标局通知申请人予以补正,但申请人期满未补正的或者不按照要求进行补正的,商标局不予受理。商标局是针对该件商标注册申请做出不予受理决定的,因此该件商标注册申请的另外 2 个类别也不能保留申请日期。

10. 在注册大厅退信窗口领取的补正通知书,补正起始时间该如何计算?

根据《商标法实施条例》的规定,国家知识产权局向当事人送达各种文件的日期,邮寄的,以当事人收到的邮戳日为准;邮戳日不清晰或者没有邮戳的,自文件发出之日起满 15 日视为送达当事人,但是当事人能够证明实际收到日的除外;直接递交的,以递交日为准;以数据电文方式送达的,自文件发出之日起满 15 日视为送达当事人,但是当事人能够证明文件进入其电子系统日期的除外。文件通过上述方式无法送达的,可以通过公告方式送达,自公告发布之日起满 30 日,该文件视为送达当事人。

申请人在注册大厅退信窗口领取补正通知书时,若国家知识产权局尚未刊登送达公告,或虽已刊登送达公告、但自公告发布之日未起满 30 日的,申请人领取退信时视为送达当事人;若国家知识产权局已经刊登送达公告、且自公告发布之日起满 30 日,则自公告发布之日起满 30 日,该文件视为已经送达。

四、其他

1. 有时拿到商标注册申请受理通知书的周期较长,为什么?

商标局在收到商标注册申请文件后,首先对申请手续和申请文件进行审查;基本符合规定的,纸质申请件需要电子化(扫描、录入);然后审查申报的商品服务项目是否规范、是否符合申报的类别;确定商标线索要素(图形和文字)。经审查合格,且申请人缴纳商标规费的,发放受理通知书。经审查需要补正的,商标局将通知申请人予以补正。申请人在规定期限内按要求补正合格后,发放受理通知书。目前商标局正大力推进商标注册便利化改革,受理通知书的发放时间已缩短到1个月。如果存在需要补正的情形,受理通知书的发放时间将会相应延长,希望广大商标申请人予以理解。

2. 收到《商标注册申请不予受理通知书》,可我已经交费了,怎么办?

缴纳规费是商标受理流程的最后一个环节。因申请手续不齐备、未按照规定填写申请文件而不予受理的,尚未收取受理商标注册费。如果申请人委托代理机构代为办理、并将费用交给代理机构的,请与代理机构联系。通过网上申请系统已经在线支付规费的,款项将退到原支付卡或账户。

3. 已经递交了注册申请,可在中国商标网上查询不到,为什么?

这可能存在多种情形。例如申请人申报的商品或服务项目不规范、需要进行补正的;或是申请人委托代理机构代理,但商标局并未收到代理机构提交的申请文件。

如果申请人需要查询商标局是否收到该申请文件,建议申请人来函查询,来函中应当写明申请人名称、代理机构名称、申报类别、商标、递交日期、挂号信或特快专递的编号等详细信息。

4. 拿到受理通知书后是否就可以使用商标了?

受理通知书仅表明商标注册申请已被商标局受理,并不表明所申请商标已获准注册。商标在提出申请之后但尚未核准注册前仍为未注册商标,仍须按未注册商标使用。如果使用该商标侵犯他人商标专用权,不影响有关工商行政管理机关对该行为的查处。

5. 受理通知书丢失,请问能否重新补发?

受理通知书仅表明商标注册申请已被商标局受理,并不表明所申请商标已获准注册,没有补发流程。如果申请人确有特殊情况的,应来函说明原因,商标局将根据实际情况确定是否予以补发。

6. 不予受理的情形有哪些?

一般来说,商标注册申请不予受理的主要情形包括(但不限于)以下几种:

· 申请文件缺少申请书、商标图样、申请人身份证明文件复印件的。

· 申请书以纸质方式提出的,未打字或印刷的。

· 未按要求使用正确申请书式的;擅自修改申请书格式的。

· 申请书上未填写商品/服务项目名称的。

· 申请书未使用中文的;提交的各种证件、证明文件和证据材料是外文的,未附送中文翻译文件并加盖申请人、代理机构或翻译公司公章的。

· 未填写申请书中申请人名称或申请人地址的。

· 申请书上申请人名称、所盖章戳或签字、所附身份证明文件复印件不一致的。

· 未在申请书中图样框内打印或粘贴商标图样的,或者打印或粘贴的商标图样超过规定大小范围的。

· 声明两个以上申请人共同申请注册同一商标,未同时提交填写有共同申请人名称并由其盖章或签字的附页的。

· 申请人为国内自然人的,未提交符合商标法第四条规定的申请文件的。

· 未向商标局缴纳规费的。

· 商标局通知申请人予以补正,但申请人期满未补正的或者不按照要求进行补正的。

7. 想查询一个商标能否注册,请问该怎么查询? ——即事先查询

"中国商标网"提供免费商标查询信息,您可以登录"中国商标网"点击"商标查询"栏目进行商标近似查询。查询方式有六种:汉字、拼音、英文、数字、字头、图形。《商标审查审理指南》也已经在"中国商标网"上公布。

8. 想查询一个商标的注册情况,请问该怎么查询? ——即事后查询

"中国商标网"提供免费商标查询信息,您可以登录"中国商标网"点击"商标查询"栏目通过申请/注册号进行商标状态查询。也可以通申报的类别、申请/注册号、申请人名称等进行商标综合查询。

9. 什么是出具优先权证明文件申请？办理流程和时间是怎样的？

申请人在国内提出商标注册申请后 6 个月内，到《保护工业产权巴黎公约》其他成员国申请注册同一商标要求优先权的，应向商标局申请出具优先权证明文件。申请人应当提交《出具优先权证明文件申请书》，申请人身份证明文件复印件，直接办理有经办人的应当提交经办人身份证件复印件，委托商标代理机构办理的应当提交《商标代理委托书》。手续齐备、按照规定填写申请文件并缴纳费用的，且申请符合规定的，商标局发给申请人《优先权证明文件》。

申请人申请出具优先权证明文件时，若该商标注册申请尚未受理的，商标局将在该商标注册申请予以受理后，出具优先权证明文件。若该商标注册申请经审查不予受理的，商标局不出具优先权证明文件。

10. 中国商标网上显示的商标信息不正确，怎么办？

登陆中国商标网，点击"商标查询"栏目，进入"错误信息反馈"界面。申请人可以在此向商标局反馈有关错误信息。

11. 分类调整后需要重新注册吗？

注册商标的专用权，以核准注册的商标和核定使用的商品（服务）为限。申请人应当根据商标注册证上载明的商品（服务）项目与需要获得商标专用权保护的商品（服务）是否一致，来判断是否需要重新注册。注册商标需要在核定使用范围之外的商品上取得商标专用权的，应当另行提出注册申请。

12. 已取得注册证，现在生产的商品与注册证上的有些不同，会受保护吗？

注册商标的专用权，以核准注册的商标和核定使用的商品为限。注册商标需要在核定使用范围之外的商品上取得商标专用权的，应当另行提出注册申请。

13. 现在使用的商标与注册证不完全一样，需要重新注册吗？

注册商标的专用权，以核准注册的商标和核定使用的商品为限。注册商标需要改变其标志的，应当重新提出注册申请。

14. 递交了网上申请后，还需交纸质件吗？

提交商标注册网上申请，申请人无需提交纸质文件，但申请人要求优先权且声明优先权文件后补的，应按要求向商标局提交纸质的优先权证明文件。商标局正在大力推进网上申请系统建设，请申请人仔细阅读商标网上申请指南，并按照相关要求办理。

15. 商标代理机构报送商标申请件的要求

参见"中国商标网>商标代理>业务指南>报送商标申请件的注意事项"。

· 典型案例

1. 江苏中讯数码电子有限公司与山东比特智能科技股份有限公司因恶意提起知识产权诉讼损害责任纠纷案[①]

【裁判摘要】

行为人在明知系争商标为他人在先使用并具有一定影响力的情况下，抢先注册系争商标并获得的商标权不具有实质上的正当性。行为人据此向在先使用人许可的关联方提起商标侵权诉讼的，该诉讼行为应认定为恶意提起知识产权诉讼，由此造成他人损害的，应当承担损害赔偿责任。

原告：江苏中讯数码电子有限公司，住所地：江苏省宜兴市丁蜀镇汤蜀路。

法定代表人：范晓枫，该公司董事长。

被告：山东比特智能科技股份有限公司，住所地：山东省日照市日照北路。

法定代表人：曹宪贵，该公司董事长。

原告江苏中讯数码电子有限公司（以下简称中讯公司）因与被告山东比特智能科技股份有限公司（以下简称比特公司）发生因恶意提起知识产权诉讼损害责任纠纷，向江苏省无锡市中级人民法院提起诉讼。

原告中讯公司诉称：中讯公司是美国美爵信达有限公司（以下简称美爵信达公司）"TELEMATRIX"品牌的酒店

电话机在中国的代工生产商,被告比特公司也曾是美爵信达公司在中国的代工生产商,其原名为山东比特电子工业有限公司,于 2016 年 2 月 22 日变更为现名。2008 年 1 月,比特公司向中讯公司发送律师函,主张其拥有"TELE-MATRIX"商标专用权(注册号为第 435950 号,核定商品包括电话机),认为中讯公司宣传、生产、销售"TELEMA-TRIX"商标的电话机产品构成商标侵权,要求中讯公司停止上述行为。2008 年 3 月,比特公司向山东省日照市中级人民法院起诉中讯公司侵犯上述注册商标专用权,要求中讯公司停止侵权、赔偿损失。此后该案于 2008 年 11 月移送江苏省无锡市中级人民法院管辖,庭审中比特公司请求索赔 612 万元。比特公司还于 2008 年 8 月向工商部门投诉,要求对中讯公司进行查处。2009 年 11 月,比特公司以需要新证据为由,申请撤诉并获法院准许。迫于比特公司压力,中讯公司被迫终止与美爵信达公司关于"TELE-MATRIX"品牌电话机的代工合作,损耗了大量产品和物料,比特公司上述行为给中讯公司的生产经营造成了巨大损失。此后,北京市高级人民法院在诉讼中依法撤销了比特公司的上述商标注册,并在判决中认定比特公司的注册行为构成以不正当手段抢先注册合作伙伴在先使用并有一定影响的商标,具有不正当性。比特公司向最高人民法院提起再审申请,最高人民法院依法认定其行为违法,驳回了其再审申请。至此,比特公司系以不正当手段注册商标的违法行为已经形成法律事实,其商标专用权自始不存在,其向中讯公司提起诉讼的行为构成恶意诉讼,情节恶劣,破坏了中讯公司在行业内的声誉,致使中讯公司失去了巨大商业机会并造成了巨额经济损失。据此,请求法院判令比特公司:1. 赔偿中讯公司损失 612 万元和合理支出 10 万元,并在全国性媒体上消除影响;2. 承担本案诉讼费用。

被告比特公司辩称:1. 比特公司提起诉讼的行为是正常的民事诉讼,不存在恶意诉讼的任何要件,虽然涉案商标被撤销,但这并不表明商标有效期内提起的商标侵权诉讼就是恶意诉讼;商标被宣告无效后,对此前包括商标侵权诉讼在内的行为一般无溯及力;同时,比特公司是基于当时稳定的商标有效状态提起诉讼,未在诉讼中采取任何保全措施,主观上不存在任何过错,也未给原告中讯公司造成任何损失;2. 中讯公司提交的所有证据均不能证明比特公司有恶意诉讼行为,不具有关联性;中讯公司所称的巨额损失缺乏事实和法律依据,无论其是否产生了经济损失,与比特公司的诉讼行为没有关联。

江苏省无锡市中级人民法院一审查明:

1998 年至 2003 年,比特公司的前身兖矿集团山东比特电子公司(以下简称兖矿比特公司)曾作为美国赛德电子通信技术股份有限公司(以下简称赛德公司)在中国的代工商,接受赛德公司的委托为其加工酒店专用电话机,双方合作未涉及"TELE-MATRIX"商标的电话机。2006 年 3 月 28 日,赛德公司兼并了 TELEMATRIX.INC.(佛罗里达),并使用"TELEMATRIX"作为企业名称,即 TELEMATRIX.INC.(特拉华),此后又更名为美国美爵信达公司,其授权北京美爵信达科技有限公司(以下简称北京美爵信达公司)在中国独家代理销售"TELE-MATRIX"酒店专用电话机产品。2006 年起,中讯公司接受赛德公司委托,为其加工"TELEMATRIX"品牌等酒店电话机产品。中讯公司在诉讼中提交的经营统计表、退税单据显示,2006-2007 年中讯公司代工"TELEMATRIX"品牌酒店电话机的毛利为 12504594 元。

2004 年 11 月 12 日,兖矿比特公司向国家商标局申请注册"TELEMATRIX"商标,核定使用商品为第 9 类电话机、可视电话、手提无线电话机、网络通讯设备、传真机、成套无线电话、手提电话等。2007 年 5 月 28 日,该商标获得注册,有效期限自 2007 年 5 月 28 日至 2017 年 5 月 27 日,注册号为第 4359350 号。此后,兖矿比特公司经过两次变更,现名称为比特公司。比特公司在其网站上有如下宣传内容:"作为国际上与德利达、TELEMATRIX 齐名的三大酒店电话品牌之一,比特在产品和服务上一直追求领先,在很多技术和功能方面都是创新者"。

2008 年 1 月 8 日,比特公司委托律师事务所,向中讯公司发出一份律师函,称中讯公司在《中国酒店采购报》宣传、生产、销售以"TELEMATRIX"为商标的电话机产品,涉嫌侵犯了比特公司的商标专用权及合法利益,要求中讯公司撤销所有相关广告和宣传,并停止其他一切相关的生产、销售、进出口行为,否则将诉诸法律。

2008 年 3 月 28 日,中讯公司向无锡中院提起确认不侵犯比特公司"TELEMATRIX"商标权的诉讼。此后,比特公司即向日照中院提起商标侵权诉讼,请求判令中讯公司立即停止侵犯其注册商标专用权的行为并赔偿经济损失。2008 年 11 月,日照中院将该案移送至无锡中院审理。比特公司在庭审中明确要求中讯公司赔偿经济损失 612 万元。2009 年 10 月 30 日,无锡中院分别作出(2008)锡民三初字第 70 号—1、(2009)锡知民初字第 57 号民事裁定,裁定准许中讯公司、比特公司撤回起诉。

2008 年 8 月 21 日,宜兴市工商部门根据比特公司的举报,对中讯公司的车间、仓库进行了检查,清点了涉嫌商标侵权的电话机产品。中讯公司陈述其在比特公司提起诉讼后停止在产品上使用"TELEMATRIX"商标,更换了模具并产生了电话机外壳报废、商标物料损失及电话机换壳人工费用支出。中讯公司提交的模具合同显示，其于2008年委托第三方制造电话机上盖、下盖的模具，合计支出83000元。

2010年8月，比特公司起诉北京美爵信达公司擅自将"TELEMATRIX"作为商号和电话机名称在网站宣传及销售活动中使用，侵害了上述商标权，要求北京美爵信达公司停止侵权，赔偿损失等。2010年9月6日，北京美爵信达公司向国家商标局评审委员会（以下简称商评委）提出申请，请求撤销比特公司"TELEMATRIX"商标。2013年7月22日，商评委作出裁定，认定在争议商标申请注册日之前，TELEMATRIX. INC. 已在欧盟等地区于电话机等商品上申请了注册了"TELEMATRIX"商标，其"TELEMATRIX"酒店专用电话机商品已为多家全球连锁酒店集团所认可并使用，在世界范围内尤其在美国酒店专用电话机行业领域内具有一定知名度。且在案证据表明2002年"TELE-MATRIX"电话机商品已进入中国酒店市场。比特公司自1998年即与美国美爵信达公司的前身赛德公司开始合作，从事酒店专用电话机的加工生产，虽然合作协议中涉及的商标并非"TELEMATRIX"商标，但其作为同行业合作者对美国美爵信达公司从1998年即获得注册并开始在国际上使用的知名品牌理应知晓。且比特公司在其网站中亦承认"TELEMATRIX"为他人国际知名酒店电话机品牌。比特公司在电话机等相同、类似商品上申请注册文字构成完全相同的争议商标难谓善意，构成商标法第三十一条所指的"以不正当手段抢先注册他人已经使用并有一定影响的商标"之情形，据此裁定撤销争议商标。

比特公司不服上述裁定，向北京市第一中级人民法院提起行政诉讼。2013年12月19日，北京一中院作出（2013）一中知行初字第2956号行政判决，认定比特公司自1998年与美国美爵信达公司的前身开始合作，从事酒店电话机的加工，比特公司作为专业公司，应当对其从事的行业有一定的了解，尤其是其合作对象的产品情况。且比特公司的网站宣传页显示其承认"TELEMATRIX"商标在酒店电话机商品上的知名度。在案证据证明了"TELEMATRIX"商标的影响足以达到比特公司且该商标的影响足以促使比特公司抢先注册以企从中获得利益，故争议商标的注册违反了商标法第三十一条以不正当手段抢先注册他人已经使用并具有一定影响商标的规定，据此判决维持商评委上述裁定。比特公司不服提起上诉，北京高院于2014年3月21日作出（2014）高行终字第799号行政判决书，判决驳回上诉，维持原判。比特公司就上述生效判决向最高人民法院申请再审，最高人民法院于2014年12月

15日裁定驳回比特公司的再审申请。

本案的争议焦点是：比特公司向中讯公司提起商标侵权诉讼的行为是否为恶意诉讼行为。

江苏省无锡市中级人民法院一审认为：

本案为与知识产权有关的恶意诉讼纠纷案件，认定恶意应考虑如下因素：一是无事实依据和正当理由提起民事诉讼，即原告提起知识产权诉讼并没有合法的权利基础；二是以损害他人合法权益为目的，即主观上具有恶意；三是给他人造成了损害，即给他人造成了经济损失或竞争优势的削弱。

关于第一点，比特公司向中讯公司提起诉讼时，虽然获得了"TELEMATRIX"商标注册，但此后国家商评委在申请撤销该商标的程序中，认定比特公司以不正当手段抢先注册他人已经使用并有一定影响的商标，并据此裁定撤销了该商标。比特公司不服提起行政诉讼，人民法院经过一、二审，最终判决维持了上述裁定，"TELEMATRIX"商标至此已被撤销。《中华人民共和国商标法》（2001年修正）第三十一条规定，申请商标注册不得损害他人现有的在先权利，也不得以不正当手段抢先注册他人已经使用并有一定影响的商标。第四十一条规定，已经注册的商标，违反本法第十条、第十一条规定的，或者是以欺骗手段或者其他不正当手段取得注册的，由商标局撤销该注册商标；其他单位或者个人可以请求商评委裁定撤销该注册商标。已经注册的商标，违反本法第十三条、第十五条、第十六条、第三十一条规定的，自商标注册之日起五年内，商标所有人或者利害关系人可以请求商评委裁定撤销该注册商标。对恶意注册的，驰名商标所有人不受五年的时间限制。《中华人民共和国商标法实施条例》（2002年施行）第三十六条第一款规定，依照商标法第四十一条的规定撤销的注册商标，其商标专用权视为自始即不存在。因此，"TELEMATRIX"商标系比特公司用不正当手段获得注册并最终被撤销，在法律效力上属于自始无效，比特公司实质上从该商标获得注册至被最终撤销的期间内并不享有"TELEMATRIX"商标专用权，据此可以认定比特公司在提起第57号诉讼时不具备合法的权利基础。

关于第二点，《中华人民共和国商标实施条例》（2002年施行）第三十六条还规定，有关撤销注册商标的决定或者裁定，对在撤销前人民法院作出并已执行的商标侵权案件的判决、裁定，工商行政管理部门作出并已执行的商标侵权案件的处理决定，以及已经履行的商标转让或者使用许可合同，不具有追溯力；但是，因商标注册人恶意给他人造成的损失，应当给予赔偿。从上述规定可以看出，在"TELEMATRIX"商标被撤销的情形下，比特公司如系出于

恶意提起第 57 号诉讼,则有可能承担损害赔偿责任。所谓恶意是当事人行为时的主观状态,虽无法完全回溯探究当事人当时的内心状态,但人民法院仍可通过当事人的具体行为结合其他事实来综合判断当事人是否具有恶意。就本案而言,如有证据证明比特公司抢先注册了他人已投入商业使用但未及时注册的商标,然后以其注册商标权对在先使用人提起侵权之诉,以商标维权名义损害在先使用人利益,可以认定其提起诉讼行为时主观上具有恶意。首先,根据涉案生效行政判决认定,比特公司系将他人在先使用已有相当知名度及影响力的"TELEMATRIX"商标申请注册为自己的商标,其行为具有明显的不正当性,属于法律规定的可撤销情形之一。同时,比特公司在其网站中也明确"TELEMATRIX"为国际知名酒店电话品牌,从而可以证明其在明知"TELEMATRIX"为他人在先使用的知名商标的情况下将该文字注册为商标,其申请注册行为有违诚信,具有显而易见的恶意。上述恶意行为对于涉案诉讼是否为恶意诉讼的判断及认定具有重要的意义。其次,比特公司在获得商标注册后,向同为美国美爵信达公司代工商的中讯公司发出律师函,要求中讯公司撤销所有"TELEMATRIX"电话机的相关广告和宣传,并停止其他一切相关的生产、销售、进出口行为,否则将诉诸法律。在中讯公司提起不侵权诉讼后,随即另行提起诉讼,要求中讯公司停止侵权及赔偿损失。从上述事实可以看出,比特公司在恶意获得商标注册后,以商标权人的身份威胁中讯公司停止生产、销售相应产品,并最终提起侵权诉讼,试图以此方式迫使中讯公司不再接受相关委托,停止代工生产行为,从而达到控制"TELEMATRIX"商标商品在国内市场的生产、销售并据此获取非法利益的目的。如前所述,"TELEMATRIX"为国际知名酒店电话机品牌,在欧盟等地已经获得注册,中讯公司接受委托加工该品牌电话机产品具有正当性。因此,比特公司虽然在中讯公司提起不侵权诉讼之后提起诉讼,但其实质目的仍然在于损害中讯公司的合法权益,系恶意行使商标权的权利滥用行为,与其恶意注册商标行为一样,亦不具备正当性。本案中,比特公司以违反诚实信用的不正当手段获得了系争商标的注册,并以损害在先使用人的正当权益为目的,利用诉讼恶意行使权利,应当据此认定比特公司提起涉案诉讼行为系权利滥用行为,构成恶意诉讼。

关于第三点,比特公司提起诉讼行为会对中讯公司的生产经营产生负面影响,中讯公司接受委托加工"TELEMATRIX"电话机产品的经营交易机会必然会失去,故涉案诉讼损害了中讯公司的合法权益,造成其经济损失,比特公司应当承担赔偿损失的法律责任。本案的损害赔偿问题可参照适用知识产权法中特有的法定赔偿方式,即由人民法院在一定限额内综合考虑相关因素确定赔偿数额,综合考虑比特公司主观恶意、中讯公司的模具费用支出、物料损失及更换外壳人工费用支出的合理部分、中讯公司为本案支付的律师代理费等因素确定赔偿数额。比特公司的恶意诉讼行为给中讯公司造成了不良影响,中讯公司要求其公开消除影响的诉讼请求,予以支持。

据此,江苏省无锡市中级人民法院依据《中华人民共和国民法通则》第一百零六条第二款、第一百三十四条第一款第(七)、(九)项、第二款,《中华人民共和国民事诉讼法》第一百四十二条的规定,于 2017 年 7 月 26 日判决如下:

一、山东比特智能科技股份有限公司于本判决生效之日起三十日内在《法制日报》上刊登消除影响声明(内容须经法院审核),逾期不履行由法院选择媒体刊登判决书内容,所需费用由山东比特智能科技股份有限公司负担;

二、山东比特智能科技股份有限公司于本判决生效之日起十日内赔偿江苏中讯数码电子有限公司经济损失及合理开支 100 万元;

三、驳回江苏中讯数码电子有限公司的其他诉讼请求。

比特公司不服一审判决,向江苏省高级人民法院提出上诉,请求:1. 撤销一审判决;2. 确认比特公司提起的(2009)锡知初字第 57 号诉讼(以下简称第 57 号诉讼)不属于恶意诉讼,驳回中讯公司的全部诉讼请求;3. 中讯公司承担一、二审诉讼费。理由:1. 一审判决错误认定比特公司在申请注册"TELEMATRIX"商标和提起第 57 号诉讼时具有恶意。判断行为人提起诉讼是否具有恶意,最关键的是考察行为人是否主观上明知其起诉时无合法依据。一审判决忽略了对行为人是否主观上明知进行考量。(1)比特公司在提起第 57 号诉讼时拥有"TELEMATRIX"商标的有效注册证,有理由认为第 57 号诉讼具有合法依据,在主观上没有恶意。(2)比特公司在 2004 年 11 月 12 日申请注册"TELEMATRIX"商标时并不知晓"TELEMATRIX"已经被他人(在中国)使用并有一定影响。比特公司在网站上的宣传只能表明比特公司在当时知晓"TELEMATRIX"是国外品牌,不能证明比特公司申请注册"TELEMATRIX"商标时明知该商标已经被他人(在中国)使用并有一定影响。(3)一审判决因"TELEMATRIX"商标被撤销即反向推定行为人在申请注册和提起诉讼时存在恶意,缺少事实和法律依据。2. 一审判决未考虑中讯公司怠于行使权利,比特公司在诉讼过程中的克制以及双方对诉权的处分等重要因素。(1)中讯公司从"TELEMATRIX"

商标注册到第 57 号诉讼提起之间长达近四年时间未对"TELEMATRIX"商标的权利提出任何质疑,属怠于行使权利,应当承担相应后果。(2)比特公司提起第 57 号诉讼是在中讯公司提起确认不侵权之诉之后,并非比特公司主动提起。向中讯公司发送律师函是基于对"TELEMATRIX"商标的权利基础的合法维权,并非利用诉讼侵害对方合法利益。比特公司在第 57 号诉讼过程中,表现出克制、理性的态度,并非滥用诉权恶意诉讼。(3)一审判决应尊重双方对诉权的自由处分。中讯公司对确认不侵权之诉提出撤诉的同时,比特公司也对第 57 号诉讼提出撤诉,并为无锡中院裁定准许。因此,第 57 号诉讼已经了结,双方当事人之间的纠纷已经得到解决。如果允许一方当事人事后反悔追究此前已撤回的诉讼行为,有损诉讼程序的严肃性。3. 一审判决确定的赔偿数额缺乏事实和法律依据。(1)一审判决未查明中讯公司主张的更换模具费用、物料损失、更换外壳人工费用等损害与第 57 号诉讼的直接因果关系。一审判决仅凭中讯公司提交的模具合同等时间在第 57 号诉讼期间内,就认定该模具费用等支出应当作为因第 57 号诉讼遭受的损失,缺乏事实和法律依据。中讯公司主张的物料损失、更换外壳人工费用从证据的角度而言,不足以与第 57 号诉讼形成较为紧密的关联性,但一审判决仅凭"更换标注有"TELEMATRIX"商标的库存品外壳的可能性",认定该损失属于赔偿数额的一部分,不满足侵权责任法上的因果关系要求。(2)赛德公司与中讯公司签订的合作协议约定模具由赛德公司提供,因此中讯公司并非更换模具产生费用的适格主体。一审判决比特公司赔偿经济损失及合理开支共计 100 万元缺少事实和法律依据,具体赔偿计算方式不明确,数额过高。

被上诉人中讯公司答辩称:比特公司提起第 57 号诉讼的行为构成恶意知识产权诉讼。1. 比特公司提起第 57 号诉讼在事实和法律上没有合法根据。"TELEMATRIX"商标系比特公司以不正当手段获得注册并最终被撤销,在法律效力上属于自始无效,比特公司实质上从该商标获得注册到最终被撤销的期间不享有"TELEMATRIX"商标专用权。2. 比特公司对中讯公司提起第 57 号诉讼具有显而易见的主观恶意。(1)商评委及三级人民法院均已认定,比特公司系以不正当手段抢先注册他人已经使用并有一定影响的商标。同时,比特公司作为同行业的专业公司和经营者,应当对从事的行业有一定的了解,尤其是其合作对象的产品情况。比特公司在网站中明确"TELEMATRIX"为他人国际知名酒店电话品牌。上述事实证明比特公司在申请"TELEMATRIX"商标注册时即已具有非常明显的主观恶意。(2)比特公司在提起第 57 号诉讼时具有

非常明显的恶意。首先,比特公司提起诉讼的主观目的不是基于真正维护合法权益,商标申请时的主观恶意状态对第 57 号诉讼提出时主观心理状态的认定有重要意义,本案证据可以证明比特公司是在明知"TELEMATRIX"商标为他人所有、其并没有取得"TELEMATRIX"商标的实质合法权利的情况下,积极提起诉讼以达到损害竞争对手利益的目的,主观恶意明显。在"TELEMATRIX"商标注册日之前,比特公司对"TELEMATRIX"商标的真正权利人为其前合作伙伴的事实便已经知晓,那么比特公司不仅对中讯公司提起第 57 号诉讼具有明显的主观恶意,其发送律师函以诉诸法律对中讯公司相威胁之时就已经存在主观恶意。此外,比特公司不仅对中讯公司提起了诉讼,而且对真正权利人美国美爵信达公司在中国设立的北京美爵信达公司、在中国的另外一个代工商以及下游两个经销商全部提起了诉讼,还同时采取了工商查处和海关查扣等措施,已经超出了正当维权的合理范畴,而是一系列有计划安排的恶意诉讼。比特公司称其在第 57 号诉讼及相关过程中保持克制和理性,与事实不符。3. 比特公司提起第 57 号诉讼给中讯公司生产和经营造成了巨大损失,中讯公司不得不更换模具、返工成品电话机、报废已生产带有"TELEMATRIX"商标的标贴、说明书、包装盒、包装箱等等,造成了巨大的物料损失和人工费用。比特公司的诉讼行为还致使中讯公司代工量急剧减少,原本可预期的巨大代工利润迅速减少,且持续时间很长。与此同时,比特公司取得"TELEMATRIX"商标注册后,便开始大肆使用,搭便车牟取了巨额不当经济利益,总销售额达近 800 万元。一审法院判决比特公司赔偿中讯公司经济损失及合理开支 100 万元并无不妥。综上,一审判决认定事实清楚,适用法律正确,请求驳回上诉,维持原判。

江苏省高级人民法院经二审,确认了一审查明的事实。

江苏省高级人民法院二审认为:

一、比特公司提起涉案诉讼构成恶意提起知识产权诉讼。1. 比特公司提起诉讼时虽然表面上拥有"TELEMATRIX"商标权,但该商标权是比特公司"以不正当手段抢先注册他人已经使用并有一定影响的商标"而取得的,其并不享有实质上正当的权利基础。人民法院亦作出终审判决撤销了系争商标,比特公司的商标专用权视为自始即不存在。因此,比特公司提起涉案诉讼时实质上并不享有"TELEMATRIX"商标权。2. 比特公司提起涉案诉讼时主观上具有恶意。首先,比特公司明知"TELEMATRIX"商标系他人已经使用并有一定影响的商标,自己是以不正当手段予以抢注,具有恶意,应当知道其以不正当手段抢注"TELEMATRIX"商标违反商标法第三十一条的规定,属于

可被依法撤销的情形,事实也证明系争商标最终被撤销。因此,比特公司提出"该公司申请注册时无恶意"的上诉理由无事实依据。其次,比特公司提起诉讼具有恶意。比特公司提起涉案诉讼前在其公司网站上宣称"作为国际上与德利达、TELEMATRIX 齐名的三大酒店电话机品牌之一,比特在产品和服务上一直追求领先",该事实进一步证实了比特公司申请注册"TELEMATRIX"商标后,一直明知该商标系其抢注他人在先使用并有一定影响的商标,"TELEMATRIX"商标权应当由该商标在先使用并逐步积淀商誉的主体享有,其实质上不应当享有"TELEMATRIX"商标权。同时,由于中讯公司、比特公司同是酒店电话产品的专业生产商,两公司存在竞争关系。比特公司起诉要求中讯公司停止生产、销售、宣传"TELEMATRIX"商标产品,其目的显然是排挤竞争对手中讯公司,以垄断"TELEMA-TRIX"商标相关产品在国内的生产销售,损害中讯公司合法权益,获取非法利益。3. 比特公司提起涉案诉讼造成了中讯公司的损失,且该损失与其诉讼行为之间具有因果关系。

二、一审法院判决比特公司赔偿中讯公司经济损失及合理开支 100 万元,并无不当。本案中,比特公司恶意提起第 57 号诉讼给中讯公司造成了经济损失,应当承担赔偿损失的民事责任。恶意提起知识产权诉讼本质上属于侵权行为的一种,恶意诉讼行为人承担的赔偿数额应当以受害人的损失为限。在受害人的损失难以确定的情况下,可以综合考量相关因素,酌情确定赔偿数额,故一审法院综合考虑中讯公司的经济损失和比特公司的恶意因素等确定赔偿数额,并无不当。

三、比特公司在获得"TELEMATRIX"商标注册后,即在较短的时间内先后向中讯公司发送律师警告函,提起诉讼,进行工商举报。比特公司提出"其在诉讼中保持克制"的上诉理由,无事实依据。双方在前述案件中并非是由于达成和解协议撤回起诉,中讯公司并未放弃追究比特公司恶意诉讼侵权责任,有权依法提起本案诉讼。比特公司提出双方当事人之间的纠纷已经解决的上诉理由,无事实依据。

综上,一审判决认定事实清楚,适用法律正确,应予维持。江苏省高级人民法院依据《中华人民共和国民事诉讼法》第一百七十条第一款第(一)项之规定,于 2018 年 9 月 28 日判决如下:

驳回上诉,维持原判。

本判决为终审判决。

2. 浙江宁波市镇海祥天轴承有限公司、史烈明等假冒注册商标、销售假冒注册商标的商品案①

一、案件事实

2015 年 9 月至 2017 年 5 月,被告单位浙江省宁波市镇海祥天轴承有限公司(以下简称"祥天公司")法定代表人史烈明,在明知未经 RUWH 注册商标所有人宁波人和机械轴承有限公司(以下简称"人和公司")许可的情况下,擅自生产带有 RUWH 商标的轴承,并销售给被告单位宁波市鄞州德菱电梯部件有限公司(以下简称"德菱公司"),销售数量共计 80 万余个,销售金额为 97 万余元。2017 年 5 月 27 日,宁波市市场监督管理局执法人员从祥天公司仓库内查获尚未销售的假冒轴承 6000 余个,货值金额 7000 余元。2017 年 2 月至 5 月间,德菱公司法定代表人杜大海在明知祥天公司向其供货的轴承为假冒注册商标商品的情况下,仍向祥天公司购买轴承共计 29 万余个,并由德菱公司二次加工成铁挂轮后销售给上海盼成金属制品有限公司、上海云鹤机电技术有限公司,共计销售 24 万余个,销售金额 30 万余元。2017 年 5 月 25 日,宁波市市场监督管理局执法人员从德菱公司内查获尚未销售的假冒轴承 5 万余个,货值金额 6 万余元。

二、诉讼过程

浙江省宁波市公安局鄞州分局于 2017 年 6 月 14 日对本案立案侦查。8 月 27 日,宁波市鄞州区检察院以祥天公司、史烈明涉嫌假冒注册商标罪,德菱公司、杜大海涉嫌销售假冒注册商标的商品罪提起公诉。11 月 26 日,宁波市鄞州区法院作出判决,认定祥天公司、史烈明犯假冒注册商标罪,分别判处祥天公司罚金 20 万元、史烈明有期徒刑三年,缓刑四年,并处罚金 10 万元;德菱公司、杜大海犯销售假冒注册商标的商品罪,分别判处德菱公司罚金 15 万元、杜大海有期徒刑三年,缓刑三年,并处罚金 8 万元;判决扣押在案的轴承等均予以没收。一审判决后,被告单位及被告人均未提出上诉,该判决已生效。

三、评析意见

一些不法企业通过仿冒手段,减省了相对较高的研发投入、市场推广费用等,从而获得不该得的利益,但该低端复制模式不仅不利于被告企业的长远发展,而且给正常的市场经济秩序带来严重冲击,直接侵害了知识产权所有人的合法权益,阻碍了民族创新能力的提升,必须依法予以严惩。此案的成功办理在行业领域内起到了警示作用,取

---

① 案例来源:最高检发布 2018 年度检察机关保护知识产权典型案例二。

得了良好的普法宣传效果。

（一）发挥监督职能，依法追诉单位犯罪。侦查机关移送审查起诉后，检察官经审查认为祥天公司、德菱公司均系依法设立，上述轴承业务均以公司名义开展，相关单据、发票均以两家公司名义开具，相应货款均打入对应的对公账户内，系单位整体意志支配下的为单位谋取利益的行为，应评价为单位犯罪，两家公司的行为已分别涉嫌假冒注册商标罪、销售假冒注册商标的商品罪。宁波市鄞州区检察院遂对上述单位进行追诉，后得到法院判决认可。

（二）促使涉案双方矛盾化解，确保办案整体效果。检察官在办案中注重做好矛盾化解工作，对被告人从法律角度进行分析说理，使被告人摒弃了避重就轻的侥幸心理，深刻意识到侵权行为的违法性及给被侵权单位带来的严重影响，表现出了较好的认罪、悔罪态度，并最终与被侵权单位就民事赔偿达成调解协议，如约向被侵权单位赔偿了48万元，获得了被侵权单位谅解。

（三）延伸司法触角展现司法温度，引导非公经济良性发展。两家被告单位均系成立时间不长、规模相对较小的民营企业。为做好企业扶持工作，宁波市鄞州区检察院在本案判决之后走访被告单位，积极引导鼓励被告单位负责人树立品牌意识，提升产品质量，并帮助被告单位咨询商标注册事项。通过多方努力，被告单位祥天公司最终注册了自有轴承品牌，企业竞争力得以提升，公司迈进良性发展轨道。检察机关充分发挥了助力小微企业发展的积极作用。

3. 广东宋飞等二人假冒注册商标案①

一、案件事实

被告人宋飞于2015年6月至2017年5月，未经"恒洁""HEGLL"注册商标权利人许可，在其位于广东省开平市水口镇的中洁洁具厂内生产假冒上述注册商标的卫浴产品，并先后销售给俞某某、张某某、段某某等人，销售金额为6.3万元。其间，被告人卢咏明知宋飞在工厂内生产假冒上述产品，仍接受宋飞的雇请，负责安排生产、发货等工作。2017年5月25日，侦查人员将被告人宋飞、卢咏抓获，还查获一批假冒"恒洁""HEGLL"注册商标的水龙头、花洒、地漏等卫浴产品成品、配件及包装箱等，经鉴定价值22万余元。经审查认定，被告人宋飞、卢咏假冒注册商标的非法经营数额共28万余元。

二、诉讼过程

本案由广东省江门市公安局于2017年5月25日立案侦查，后被告人宋飞、卢咏被逮捕。江门市新会区检察院于同年11月27日以二人涉嫌假冒注册商标罪提起公诉。江门市新会区法院于2018年6月15日作出判决，以假冒注册商标罪判处被告人宋飞有期徒刑三年，缓刑三年，并处罚金18万元；判处被告人卢咏有期徒刑一年二个月，缓刑一年二个月，并处罚金5万元。同时判决扣押在案的假冒注册商标物予以没收、销毁，但未对宋飞、卢咏的违法所得判决追缴或责令退赔。

江门市新会区检察院及时提出抗诉，江门市中级法院于2018年11月7日作出判决，采纳了检察院的抗诉意见，增加追缴宋飞、卢咏违法所得6.3万元，依法予以没收，上缴国库。

三、评析意见

对侵犯知识产权犯罪的打击不仅要体现在对行为人判处应有的刑罚，还要综合运用涉案财物、违法所得的追缴没收、责令退赔等财产处置手段，切实提高其犯罪成本和刑罚震慑力。江门市新会区检察院通过积极履行审判监督职能，对知识产权刑事案件漏判追缴违法所得的判决提出抗诉，纠正了错误判决，在严惩知识产权犯罪、维护司法公正方面具有典型意义。

（一）细致审查判决结果，及时发现漏判。一审判决后，检察官立即对判决进行全面审查，发现该判决没有追缴二人的违法所得。江门市新会区检察院认为应当追缴违法所得，遂决定通过抗诉手段对法院漏判予以纠正。

（二）严格对照法律规定，找准提抗依据。针对法院漏判追缴违法所得是否属于法律适用错误，能否作为提抗理由等问题，检察官仔细对照法律规定，明确提抗依据：一是刑法规定"犯罪分子违法所得的一切财物，应当予以追缴或者责令退赔"。二是司法解释规定"追缴或者责令退赔的具体内容，应当在判决主文中写明"。检察官随即以一审法院法律适用存在错误等建议提请抗诉。该抗诉意见得到了上级检察院的支持，并被江门市中级法院采纳。

（三）准确贯彻立法精神，实现足额追缴。二审中，辩护人提出的违法所得数额应当在销售金额基础上扣除成本的辩护意见，检察官依据现有立法规定和精神予以反驳，明确指出刑法规定的追缴对象是违法所得的一切财物，立法原意是"不让犯罪分子通过实施犯罪获得任何收

---

① 案例来源：最高检发布2018年度检察机关保护知识产权典型案例四。

益"。最终，检察官的意见得到江门市中级法院采纳，将销售金额认定为违法所得并足额追缴。

4. 北京李满仓销售假冒注册商标的商品案①

一、案件事实

北京索吉瑞科技有限公司(以下简称"索吉瑞公司")系经营医疗器械的公司，李满仓系实际控制人。2016 年 4 月至 2017 年 3 月，李满仓担任索吉瑞公司总经理期间，先后从他人处购进假冒"GYRUS"牌高频电刀附件 114 支，并以公司名义对外销售，销售金额 14 万余元，库存金额近 3 万元。李满仓于 2018 年 7 月 9 日接民警电话通知到案，到案后如实供述自己的犯罪事实。

二、诉讼过程

李满仓因涉嫌销售假冒注册商标的商品罪于 2018 年 7 月 9 日被北京市公安局通州分局刑事拘留，后被逮捕。10 月 22 日，北京市通州区检察院以索吉瑞公司、李满仓涉嫌销售假冒注册商标的商品罪提起公诉。同年 11 月 9 日，通州区法院作出判决：认定索吉瑞公司、李满仓犯销售假冒注册商标的商品罪，判处索吉瑞公司罚金 15 万元；判处李满仓有期徒刑一年，并处罚金 8 万元。判决已生效。

三、评析意见

"GYRUS"是英国乃至世界知名商标，其产品是全球先进的医疗器械和耗材。为体现平等保护，通州区检察院积极履职，多措并举，为案件成功办理发挥重要作用。

(一)通过两法衔接机制开展立案监督。该案最初由通州区相关行政执法机关发现并承办，由于售出的产品不具备鉴定条件，执法人员欲将其作为行政违法案件处理，并已对李满仓行政罚款 65 万元。通州区检察院依托行政执法与刑事司法衔接工作机制，开展立案监督，成功监督行政执法机关向侦查机关移送该涉嫌犯罪案件，北京市公安局通州分局予以刑事立案。

(二)察微析疑，追诉单位犯罪。本案最初仅移送李满仓一人涉嫌犯罪，但检察官发现李满仓经营的索吉瑞公司有合法业务，售假行为源于正品购物渠道出现问题，为维护客源，开始购置假货用于销售，且获利金额用于单位运营，遂认定销售假货的行为体现了单位意志，追诉索吉瑞公司构成单位犯罪。

(三)以货审查确定犯罪数额，解决认定难题。本案最大的难题是销售数额认定问题。这类案件由于销售数额难以查实，实践中往往以查扣的数额进行认定，打击力度大打折扣。检察官确立了将非法来源的货品均认定为假货的基本思路，认为本案中查扣的假冒电切均来源于北京华康友联廖某某和北京国邦互利王某某处，而这两处均非授权销售点，故通过调取索吉瑞公司的电子销售记录，最终确定其销售假货的金额。

(四)延伸服务保障职能，促进检企良性互动。通州区检察院没有就案办案，而是助力北京城市副中心建设打造优质、高效、开放的营商环境，结合办案积极拓宽涉知识产权法律服务渠道和形式，如依法保障公司知情权、研究解决案件办理关键问题、促进公司提高自身的证据意识等，为后续办理知识产权犯罪案件提供范本。

5. 河北孟宪辉等三人非法制造注册商标标识案②

一、案件事实

2017 年 6 月初至 7 月，被告人孟宪辉在未经"hp"(惠普)注册商标权利人授权许可的情况下，提供电子模板，委托被告单位河北省廊坊市丰彩印刷有限公司印刷带有注册商标"hp"商标标识的包装盒面纸及不干胶防伪标，该公司经营厂长、业务负责人被告人潘希坡安排公司车间进行制版并印刷。尔后，被告人孟宪辉先后通过物流公司将部分伪造的商标标识发往广州等地。同年 6 月，被告单位廊坊市海赫荣达印刷有限公司受被告人孟宪辉委托，由该公司业务员被告人李梦君安排，将上述印刷带有注册商标"hp"商标标识的包装盒面纸制作成包装盒。

经审查，被告人孟宪辉非法制造注册商标标识共计 111 万余件；被告单位廊坊市丰彩印刷有限公司、被告人潘希坡非法制造注册商标标识 103 万余件；被告单位廊坊市海赫荣达印刷有限公司、被告人李梦君非法制造注册商标标识 3 万余件。

二、诉讼过程

河北省廊坊市公安局安次分局于 2017 年 6 月 22 日对孟宪辉等人立案侦查，后孟宪辉等人被采取逮捕、取保候审等强制措施。2018 年 4 月 9 日，河北省廊坊市安次区检察院以被告单位廊坊市海赫荣达印刷有限公司、廊坊市丰彩印刷有限公司、被告人孟宪辉、李梦君、潘希坡涉嫌非法制造注册商标标识罪提起公诉。同年 9 月 19 日，安次区法院以犯非法制造注册商标标识罪判处被告人孟宪辉有期徒刑四年六个月，并处罚金 6 万元；判处被告人潘希坡

---

① 案例来源：最高检发布 2018 年度检察机关保护知识产权典型案例五。
② 案例来源：最高检发布 2018 年度检察机关保护知识产权典型案例六。

有期徒刑三年缓刑执行四年,并处罚金5万元;判处李梦君有期徒刑六个月缓期执行一年,并处罚金1万元;判处廊坊市丰彩印刷有限公司罚金10万元、判处廊坊市海赫荣达印刷有限公司罚金2万元。判决已生效。

三、评析意见

本案涉案商标标识数量特别巨大,被告单位及被告人的行为严重侵害了惠普公司的合法权益。检察机关充分履行检察职能,在侦查机关移送的犯罪事实基础上,严把质量关口,经过全面细致审查最终增加认定犯罪事实、追诉遗漏犯罪单位,展现了检察机关打击侵犯知识产权犯罪的决心和力度。案件的成功办理,打击了犯罪分子的嚣张气焰,改善了保护知识产权的营商环境。

(一)坚持平等保护理念,优化投资环境。中国惠普公司是一家中美合资的高科技企业,检察机关坚持诉讼地位和诉讼权利平等、法律适用和法律责任平等、法律保护和法律服务平等,平等保护知识产权权利主体的合法权益。在本案中,检察机关严格审查每一起犯罪事实,全力查清侵权产品的全部去向,最大限度地挽回惠普公司的损失。

(二)严把案件质量关,确保案件质效。在审查起诉阶段,检察官不限于公安机关移送审查起诉认定的犯罪事实,而是揪住多个疑点不放,和公安机关密切配合,查清被告人孟宪辉的上线和下线、销售和未销售的侵权产品数量等。经过两次退回补充侦查,全面厘清了被告人在案件中的地位、作用和涉案商标数量等,为之后开庭工作打下了坚实的基础。开庭时,被告人均当庭认罪,取得了良好效果。

(三)全面细致审查,让漏犯无处遁形。针对此类案件中容易发生漏犯的特点,检察官加大审查力度,特别是做好讯问被告人、询问涉案人工作,从被告人供述、关键证人证言中发现疑点和线索,确定追诉漏犯的突破口,经审查认为潘希坡所在的廊坊市丰彩印刷有限公司、李梦君所在的廊坊市海赫荣达印刷有限公司涉嫌单位犯罪,后依法予以追加起诉,做到不枉不纵。

6. 上海陈卫堂等十三人销售非法制造的注册商标标识系列案①

一、案件事实

"Dole""SWEETIO""Zespri""Zespri 4030"均系在我国依法注册的商标,核定使用商品为第31类新鲜水果、新鲜蔬菜等,且均在有效期内。被告人陈卫堂等人明知系假冒上述品牌的水果贴标,仍大量购入并分别在上海市沪南路2000号上海农副产品批发市场、龙吴路3188号华新镇西郊国际农产品教育中心等地的水果店内以及网络上销售。丁立建、祝奀良、季志伟等人也分别按此作案手法销售大量上述品牌的水果贴标。

2017年5月25日,公安机关捣毁涉案的六个窝点,抓获上述十三名被告人,查获印有上述品牌商标的贴标近120万件。

二、诉讼过程

本案由上海市公安局浦东分局立案侦查,2017年6月,上海市浦东新区检察院以涉嫌销售非法制造的注册商标标识罪先后将陈卫堂等十三名犯罪嫌疑人批准逮捕,并于9月11日提起公诉。2018年1月11日,浦东新区法院作出判决,认定上述十三名被告人的行为均构成销售非法制造的注册商标标识罪,判处被告人丁立建、祝奀良、陈卫堂、季志伟有期徒刑二年八个月至八个月不等,并处罚金9000元至1000元不等;判处其余九名被告人有期徒刑二年八个月至拘役五个月不等,并处缓刑、罚金4000元至1000元不等。上述判决均已生效。

三、评析意见

本案是上海检察机关在知识产权保护领域探索行政执法与刑事司法协同保护机制的重要成果,形成了知识产权严保护、大保护的刑事司法新模式。

(一)有效的案件线索发现机制。浦东新区检察院在该区知识产权局派驻检察官办案组,将对知识产权权利人的检察保护延伸至行政执法前端。派驻检察官在日常值班中得知"Zespri"权利人前来反映上海农副产品批发市场等农贸市场上出现大量冒牌"Zespri"品牌的猕猴桃,对权利人造成了很大损失。此类案件往往因为取证难、案值小难以追究刑事责任,而行政处罚对侵权人的打击力度和震慑作用有限,检察官遂立即与行政执法人员一同听取权利人诉求,发现冒牌猕猴桃的数量和金额难以达到假冒注册商标罪的追诉标准,但是大量的商标标识可能构成注册商标类犯罪,于是检察官迅速会同浦东公安分局侦查人员确定侦查方向。

(二)准确的案件引导取证。为更好地指控犯罪,检察官第一时间介入侦查,引导侦查人员围绕定罪的关键环节进行侦查取证。一是该案涉及多种商标,需收集固定每种商标的权利人证明、商标真伪鉴定证明、鉴定人授权委托书等证据。通过反复与权利人沟通,确定商标真假的甄别

---

① 案例来源:最高检发布2018年度检察机关保护知识产权典型案例七。

标准,完善商标权属证明。二是妥善解决管辖问题。检察官发现部分涉案店铺的地址不在辖区内,但上述店铺有通过网络销售的行为,遂引导侦查人员通过网络销售记录查找辖区内的买家,解决案件管辖权问题。三是查明网络销售数量。检察官在批捕过程中发现根据网络销售记录可以查明涉案人已销售数额,故要求侦查人员在继续侦查过程中进一步固定网络销售记录,查明全部销售金额。四是追诉上游犯罪,瓦解非法产业链条。检察官通过细致审查,在案件中发现非法产业链条上家的线索,立即向公安机关发《补充移送起诉通知书》,要求追诉相关人员,增强了打击力度。

(三)高效的案件诉讼进程。检察机关的前期工作夯实了全案证据,提升了诉讼效率。审查起诉阶段,检察官在细致审查案件事实和证据、充分听取辩护人意见后,在一个月内将六起案件十三名被告人全部审查终结,并向法院提起集中公诉。庭审前,公诉人制作详细的出庭预案;庭审中,公诉人紧紧围绕犯罪事实,对案件量刑情节、数额认定以及文字商标"相同性"的判断等庭审焦点进行了深入分析、有力指控。所有被告人均当庭自愿认罪,并均被判有罪。

(四)全面的案件办理效果。浦东新区检察院着力推动创新社会治理。针对办案中发现的某些网络平台在结案后仍销售假冒注册商标标识、网络平台运营商未及时处理售假商户等问题,及时与有关部门及电商平台沟通,督促遏制售假行为,以进一步扩大工作成效。该系列件的办理,对相关农贸市场商户起到了教育、警示作用,增强了商户对知识产权的保护意识,有效遏制了此类犯罪。同时,也获得了权利人的高度认可,新西兰驻上海总领事馆总领事,权利人公司事务总监等一行专程至浦东新区检察院致谢。

7. 广东广州卡门实业有限公司销售假冒注册商标的商品监督撤案案件①

一、案件事实

广东省广州市卡门实业有限公司(以下简称"卡门公司")自 2013 年 3 月开始在服装上使用"KM"商标,并于 2014 年 10 月 30 日向国家商标局申请注册该商标在服装、帽子等范围内使用,被驳回后,于 2016 年 6 月 14 日再次申请在服装、帽子等范围内使用"KM"商标,2017 年 2 月 14 日仅被核准在睡眠用眼罩类别使用。卡门公司继续在服

装、帽子等产品上使用"KM"商标,并逐渐发展为行业内较有名气的企业。

北京锦衣堂企业文化发展有限公司(以下简称"锦衣堂公司")在 2015 年 11 月 20 日向国家商标局申请注册"KM"商标,使用在服装等类别范围,被驳回后于 2016 年 11 月 22 日再次申请在服装等范围内使用"KM"商标,2018 年 1 月 7 日被核准,后锦衣堂公司授权北京京津联行房地产经纪有限公司(以下简称"京津联行公司")使用该商标。2018 年 5 月,京津联行公司向全国多地工商部门举报卡门公司在服装上使用"KM"商标,并以卡门公司涉嫌假冒注册商标罪向广东省佛山市公安局南海分局报案,南海分局于同年 5 月 31 日立案,经侦查发现卡门公司在佛山市南海区里水镇卡门物流仓库存放约 9 万件涉嫌假冒"KM"商标的服装。

二、诉讼过程

广东省佛山市公安局南海分局于 2018 年 5 月 31 日以卡门公司涉嫌销售假冒注册商标的商品罪立案侦查,卡门公司于同年 6 月 8 日向佛山市南海区检察院提出不服公安机关立案决定,申请检察机关监督撤案。南海区检察院于同年 6 月 11 日立案,于 6 月 13 日向公安机关发出《要求说明立案理由通知书》。同年 6 月 18 日,南海区检察院收到《立案理由说明书》,经审查,认为卡门公司对商标具有在先使用权,本案属于经济纠纷,不构成犯罪。同年 8 月 3 日,南海区检察院要求公安机关撤销案件,并将扣押的货物发还卡门公司。2018 年 8 月 10 日,佛山市公安局南海分局撤销立案,并将扣押的货物发还卡门公司。

三、评析意见

对于涉及民营企业的案件,检察机关积极发挥职能作用,根据涉案企业的经营模式及产品特点,把握办案时效和工作节奏,督促公安机关及时将不当扣押的货物发还民营企业,最大限度降低对企业正常生产经营活动的不利影响,为民营经济发展提供强有力的司法保障。

(一)办案不偏不倚,主动多方听取意见。一是南海区检察院及时向公安机关发出《要求说明立案理由通知书》,还多次听取了涉案单位卡门公司及其律师的申诉意见,并积极联系锦衣堂公司征询意见,全面了解"KM"商标争议的始末。二是主动联系广州市工商行政管理局、佛山市南海区市场监督局(工商)的行政执法人员,听取对卡门公司"KM"商标使用权的意见。三是借用"外脑",破解办案难点。本案的难点在于认定卡门公司对"KM"商标是否具有

在先使用权。南海区检察院咨询资深民事法律专家，详细了解商标的认定、近似商标的区分、如何判断在先使用权等，对本案认真研判，最终认定卡门公司在锦衣堂公司取得"KM"注册商标之前已开始使用"KM"商标，并一直沿用"KM"商标，且卡门公司在全国各地有近600家门店，具有一定的影响力，符合《商标法》第五十九条第三款的规定，对"KM"商标具有在先使用权。

（二）探索监督事项案件化办理模式，改"关门监督"为"公开监督"。南海区检察院通过两次召开公开听证会，让办案民警、行政执法人员及卡门公司代理律师等充分表达各自看法，并听取了京津联行公司的意见，这种方式受到各方一致好评，提升了法律监督的实效，增强了法律监督的刚性，树立了检察机关公正执法的良好形象。南海区检察院在会议召集、会场布置、议题讨论方面亦作了积极探索，令流程具有仪式感，为监督事项案件化办理提供了可供参考的样本。

（三）与时间赛跑，为民营企业发展保驾护航。检察官考虑到卡门公司快速消费品行业的商业模式及扣押服装应季性的特点，加快审查，把握时效，仅用53天即办结本案，使扣押的服装仍能应季出售，避免了卡门公司上千万元的损失。

8.湖南彭国成等三人侵犯商业秘密案①

一、案件事实

2015年初，时任三一集团下属的三一港口公司智能研究院院长彭国成、副院长张学文与三一集团负责港口设备销售的营销人员刘某某、方某某等人商量成立一家公司，生产、销售集装箱正面吊运机、堆高机等三一港口公司同类港口设备，并邀请技术人员蒋新强等人作为股东参加。2015年4月2日，湖南智上重工有限公司（以下简称"湖南智上"）注册成立，被告人彭国成为实际控制人；被告人张学文任技术负责人；被告人蒋新强为技术人员，主要负责集装箱正面吊运机的总体设计。

2015年初，张学文违反公司规定，安排蒋新强等技术人员利用工作之便，从服务器上下载三一港口公司采取了保护措施的包括涉案正面吊运机整套技术图纸在内的相关文件，并安排蒋新强利用业余时间，对上述拷贝的图纸通过简单修改，更换图纸编号和"三一重工股份有限公司"的标志，以掩盖使用三一港口公司图纸的痕迹。期间，彭国成对蒋新强修改图纸进行技术指导。2015年4月，"湖

南智上"成立后，蒋新强即将修改后的图纸交"湖南智上"用于生产正面吊运机。同年7月初，被告人蒋新强从三一港口公司离职后入职"湖南智上"，正式作为设计吊运机的核心技术人员负责技术工作。同年12月，"湖南智上"正式生产出正面吊运机用于销售，至案发，共销售12台，获取净利润264万余元，给三一港口公司造成损失384万余元。

二、诉讼过程

2016年8月23日，湖南省长沙市公安局直属分局依法对彭国成等人涉嫌侵犯商业秘密案立案侦查。后彭国成、张学文被批准逮捕，蒋新强被取保候审。2017年3月20日，长沙市公安局直属分局以涉嫌侵犯商业秘密罪将彭国成、张学文、蒋新强移送长沙市检察院审查起诉（长沙市检察院知识产权检察局成立后，对全市知识产权刑事案件集中管辖）。同年9月20日，长沙市检察院将本案移交长沙县检察院办理。10月20日，长沙县检察院以涉嫌侵犯商业秘密罪对被告人彭国成、张学文、蒋新强提起公诉。2018年4月20日，长沙县法院作出一审判决，以犯侵犯商业秘密罪判处被告人彭国成有期徒刑三年六个月，并处罚金50万元；判处被告人张学文有期徒刑三年，并处罚金25万元；判处被告人蒋新强有期徒刑二年，缓刑二年，并处罚金5万元，同时禁止被告人蒋新强在缓刑考验期内到研发、生产、销售集装箱正面吊运机等与三一港口公司2015年4月前生产同类产品的单位工作。一审判决后，被告人彭国成、张学文、蒋新强提出上诉，并提交了认罪认罚申请。2018年11月22日，长沙市中级法院对本案进行不公开开庭审理，鉴于二审期间彭国成、张学文、蒋新强认罪态度好，认罪认罚，并当庭向权利人三一集团公司道歉，以及对于三名上诉人有关自首情节的重新考量，二审对彭国成、张学文、蒋新强三人减轻处罚，以犯侵犯商业秘密罪判处彭国成有期徒刑二年一个月，并处罚金50万元；判处张学文有期徒刑二年，并处罚金25万元；判处蒋新强有期徒刑一年，缓刑一年，并处罚金5万元。

三、评析意见

三一集团作为国内机械装备制造行业的龙头民营企业，其产品享誉世界，一些核心技术处于全球领先地位，这都得益于企业的不断创新和对知识产权的保护。该案系其单位员工离职后对其商业秘密的侵犯，不仅损害了三一集团的市场占有量，更是对企业创新动力的严重挫伤。而技术类商业秘密案件由于存在先进技术的复杂性、审查认定分歧大等情况，使得权利人在维权时常常遭遇困难。

---

① 案例来源：最高检发布2018年度检察机关保护知识产权典型案例十三。

检察机关采取专业化案件专业化办理的方式,及时全面引导侦查,筑牢案件证据基础;以化解矛盾、修复社会关系为目的,提升办案效果。

(一)构建"大控方"工作格局,多举措完善证据体系。一是以审判为中心,倡导"大控方"的构建。长沙市检察院知识产权检察局从本案立案开始即指派检察官提前介入,围绕鉴定意见的审查、证据链条的完善、辩护理由的反驳等,多方位向侦查机关提出侦查取证要求,确保了案件的顺利办结。二是向专业领域汲取力量,提升出庭效果。为确保案件质量,检察官从介入案件开始,就广泛查阅与涉案相关技术信息文献资料,实地查看权利人生产涉案产品的过程和实物,向权利人单位的有关技术人员了解被侵权产品的研发过程及相关技术信息,并向同行业相关技术人员了解其行业内该技术信息的整体状况。针对侵权人就有关商业秘密认定关键点和同一性鉴定提出的异议,检察官向鉴定人员一一请教。正是对涉案技术秘密的深入了解,才使得检察官能够对侵权人的辩解作出准确预判和从容应对。三是以自行补充侦查为抓手,主动弥补指控证据薄弱环节。检察官在详细制定退回补充侦查提纲的同时,进行"亲历性"审查,围绕犯罪构成要件,主动听取涉案人员的意见,自行补充与商业秘密认定及合法来源等方面相关的关键证据,为指控提供有力支撑。

(二)正视损失认定分歧,择优适用计算方法。"侵权损失数额"既是侵犯商业秘密罪的构成要件,直接关系到量刑幅度,又是司法认定的难点。检察官结合本案侵权人的侵权手段、同一性鉴定意见、侵权人的销售人员系来自于权利人的销售团队等案件事实和证据材料,客观公正地选取从权利人损失的角度予以计算,该计算方式得到法院采纳,为同类案件的办理提供了可资借鉴经验。

(三)创新出庭方法,注重审判质效。一是一审围绕举证、质证做文章,确保庭审效果。虽三被告人对基本犯罪事实予以供述,但对于有关情节细节、各自所起作用,以及行为性质,彭田成始终存在辩解,其辩护人也为其进行无罪辩护。检察官抓住争议焦点,制作详细的预案,并进行视频示证,不但提高了庭审效率,也让合议庭更好地了解案件症结。同时,检察官申请鉴定人员出庭,对被告人及辩护人针对技术信息及相关鉴定意见提出的异议作出专业的答辩和解释,为审判人员提供判断依据。最终,起诉书指控的事实被法院全部采信。二是积极面对二审新情况,注重社会关系修复。一审宣判后,三被告人以量刑过重为由上诉。二审开庭前,适逢刑事诉讼法修订,新增了

认罪认罚制度,上诉人提交了认罪认罚申请。关于是否允许上诉人在二审中提出认罪认罚在司法实践中存在争议。检察官认为当事人对于检察机关起诉书指控的基本事实以及一审法院认定的事实并无异议,只是在有关自首及量刑问题上存在异议,二审期间上诉人提交认罪认罚申请既是其权利,也是其悔罪表现。检察官及时将三名上诉人的悔罪表现向权利人单位予以通报,三名上诉人当庭向权利人单位赔礼道歉,权利人单位对二审判决结果亦无异议。案件的办理,取得了政治效果、法律效果和社会效果的有机统一。

9. 克里斯蒂昂迪奥尔香料公司诉国家工商行政管理总局商标评审委员会商标申请驳回复审行政纠纷案①

关键词

行政/商标申请驳回/国际注册/领土延伸保护

裁判要点

1. 商标国际注册申请人完成了《商标国际注册马德里协定》及其议定书规定的申请商标的国际注册程序,申请商标国际注册信息中记载了申请商标指定的商标类型为三维立体商标的,应当视为申请人提出了申请商标为三维立体商标的声明。因国际注册商标的申请人无需在指定国家再次提出注册申请,故由世界知识产权组织国际局向中国商标局转送的申请商标信息,应当是中国商标局据以审查、决定申请商标指定中国的领土延伸保护申请能否获得支持的事实依据。

2. 在申请商标国际注册信息仅欠缺商标法实施条例规定的部分视图等形式要件的情况下,商标行政机关应当秉承积极履行国际公约义务的精神,给予申请人合理的补正机会。

基本案情

涉案申请商标为国际注册第1221382号商标,申请人为克里斯蒂昂迪奥尔香料公司(以下简称迪奥尔公司)。申请商标的原属国为法国,核准注册时间为2014年4月16日,国际注册日期为2014年8月8日,国际注册所有人为迪奥尔公司,指定使用商品为香水、浓香水等。

申请商标

申请商标经国际注册后,根据《商标国际注册马德里协定》《商标国际注册马德里协定有关议定书》的相关规定,迪奥尔公司通过世界知识产权组织国际局(以下简称国际

局),向澳大利亚、丹麦、芬兰、英国、中国等提出领土延伸保护申请。2015年7月13日,国家工商行政管理总局商标局向国际局发出申请商标的驳回通知书,以申请商标缺乏显著性为由,驳回全部指定商品在中国的领土延伸保护申请。在法定期限内,迪奥尔公司向国家工商行政管理总局商标评审委员会(以下简称商标评审委员会)提出复审申请。商标评审委员会认为,申请商标难以起到区别商品来源的作用,缺乏商标应有的显著性,遂以第13584号决定,驳回申请商标在中国的领土延伸保护申请。迪奥尔公司不服,提起行政诉讼。迪奥尔公司认为,首先,申请商标为指定颜色的三维立体商标,迪奥尔公司已经向商标评审委员会提交了申请商标的三面视图,但商标评审委员会却将申请商标作为普通商标进行审查,决定作出的事实基础有误。其次,申请商标设计独特,并通过迪奥尔公司长期的宣传推广,具有了较强的显著性,其领土延伸保护申请应当获得支持。

裁判结果

北京知识产权法院于2016年9月29日作出(2016)京73行初3047号行政判决,判决:驳回克里斯蒂昂迪奥尔香料公司的诉讼请求。克里斯蒂昂迪奥尔香料公司不服一审判决,提起上诉。北京市高级人民法院于2017年5月23日作出(2017)京行终744号行政判决,判决:驳回上诉,维持原判。克里斯蒂昂迪奥尔香料公司不服二审判决,向最高人民法院提出再审申请。最高人民法院于2017年12月29日作出(2017)最高法行申7969号行政裁定,提审本案,并于2018年4月26日作出(2018)最高法行再26号判决,撤销一、二审判决及被诉决定,并判令国家工商行政管理总局商标评审委员会重新作出复审决定。

裁判理由

最高人民法院认为,申请商标国际注册信息中明确记载,申请商标指定的商标类型为"三维立体商标",且对三维形式进行了具体描述。在无相反证据的情况下,申请商标国际注册信息中关于商标具体类型的记载,应当视为迪奥尔公司关于申请商标为三维标志的声明形式。也可合理推定,在申请商标指定中国进行领土延伸保护的过程中,国际局向商标局转送的申请信息与之相符,商标局应知晓上述信息。因国际注册商标的申请人无需在指定国家再次提出注册申请,故由国际局向商标局转送的申请商标信息,应当是商标局据以审查、决定申请商标指定中国的领土延伸保护申请能否获得支持的事实依据。根据现有证据,申请商标请求在中国获得注册的商标类型为"三维立体商标",而非记载于商标局档案并作为商标局、商标评审委员会审查基础的"普通商标"。迪奥尔公司已经在评审程序中明确了申请商标的具体类型为三维立体商标,

并通过补充三面视图的方式提出了补正要求。对此,商标评审委员会既未在第13584号决定中予以如实记载,也未针对迪奥尔公司提出的上述主张,对商标局驳回决定依据的相关事实是否有误予以核实,而仍将申请商标作为"图形商标"进行审查并迳行驳回迪奥尔公司复审申请的作法,违反法定程序,并可能损及行政相对人的合法利益,应当予以纠正。商标局、商标评审委员会应当根据复审程序的规定,以三维立体商标为基础,重新对申请商标是否具备显著特征等问题予以审查。

《商标国际注册马德里协定》《商标国际注册马德里协定有关议定书》制定的主要目的是通过建立国际合作机制,确立和完善商标国际注册程序,减少和简化注册手续,便利申请人以最低成本在所需国家获得商标保护。结合本案事实,申请商标作为指定中国的马德里商标国际注册申请,有关申请材料应当以国际局向商标局转送的内容为准。现有证据可以合理推定,迪奥尔公司已经在商标国际注册程序中对申请商标为三维立体商标这一事实作出声明,说明了申请商标的具体使用方式并提供了申请商标的一面视图。在申请材料仅欠缺《中华人民共和国商标法实施条例》规定的部分视图等形式要件的情况下,商标行政机关应当秉承积极履行国际公约义务的精神,给予申请人合理的补正机会。本案中,商标局并未如实记载迪奥尔公司在国际注册程序中对商标类型作出的声明,且在未给予迪奥尔公司合理补正机会,并欠缺当事人请求与事实依据的情况下,迳行将申请商标类型变更为普通商标并作出不利于迪奥尔公司的审查结论,商标评审委员会对此未予纠正的作法,均缺乏事实与法律依据,且可能损害行政相对人合理的期待利益,对此应予纠正。

综上,商标评审委员会应当基于迪奥尔公司在复审程序中提出的与商标类型有关的复审理由,纠正商标局的不当认定,并根据三维标志是否具备显著特征的评判标准,对申请商标指定中国的领土延伸保护申请是否应予准许的问题重新进行审查。商标局、商标评审委员会在重新审查认定时应重点考量如下因素:一是申请商标的显著性与经过使用取得的显著性,特别是申请商标进入中国市场的时间,在案证据能够证明的实际使用与宣传推广的情况,以及申请商标因此而产生识别商品来源功能的可能性;二是审查标准一致性的原则。商标评审及司法审查程序虽然要考虑个案情况,但审查的基本依据均为商标法及其相关行政法规规定,不能以个案审查为由忽视执法标准的统一性问题。

(生效裁判审判人员:陶凯元、王闯、佟姝)

10.“HONDAKIT”定牌加工侵害商标权纠纷案①

本田技研工业株式会社与重庆恒胜鑫泰贸易有限公司、重庆恒胜集团有限公司侵害商标权纠纷案

【案情摘要】

本田技研工业株式会社(简称本田株式会社)获准注册"**HONDA**"等三枚涉案商标,分别核定使用在第 12 类车辆、摩托车等商品上。后海关查获重庆恒胜鑫泰贸易有限公司(简称恒胜鑫泰公司)委托瑞丽凌云货运代理有限公司申报出口的标有"HONDAKIT"标识的摩托车整车散件 220 辆,申报总价 118360 美元,目的地缅甸,该批货物系由缅甸美华公司授权委托重庆恒胜集团有限公司(简称恒胜集团公司,与恒胜鑫泰公司系母子公司关系,法定代表人均为万迅)加工生产。本田株式会社遂以恒胜鑫泰公司、恒胜集团公司侵害其商标权为由,向云南省德宏傣族景颇族自治州中级人民法院提起诉讼。经审理,一审认定构成侵权,判决恒胜鑫泰公司、恒胜集团公司立即停止侵权行为并连带赔偿本田株式会社经济损失人民币 30 万元。恒胜鑫泰公司及恒胜集团公司不服,提起上诉。云南省高级人民法院二审认为本案被诉行为属于涉外定牌加工行为,故不构成商标侵权,并判决撤销一审判决,驳回本田株式会社的诉讼请求。本田株式会社不服,向最高人民法院申请再审。最高人民法院裁定提审本案后,判决撤销二审判决,维持一审判决。

【典型意义】

长期以来,出口被誉为拉动中国经济增长的"三驾马车"之一,而涉外定牌加工则是重要的出口贸易模式。涉外定牌加工贸易中商标侵权问题备受国内外关注,各地法院涉及此问题的案件较多,判决的结果及理由不尽一致。最高人民法院在本案中明确,商标使用行为是一种客观行为,通常包括许多环节,如物理贴附、市场流通等等,是否构成商标法意义上"商标的使用"应当依据商标法作出整体一致的解释,不应该割裂一个行为而只看某个环节,要防止以单一环节遮蔽行为过程,要克服以单一侧面代替行为整体。在法律适用上,要维护商标法律制度的统一性,遵循商标法上商标侵权判断的基本规则,不能把涉外定牌加工这种贸易方式简单地固化为不侵犯商标权的除外情形。同时,对于没有在中国注册的商标,即使其在外国获得注册,在中国也不享有注册商标专用权,与之相应,中国境内的民事主体所获得的所谓"商标使用授权",也不属于我国商标法保护的商标合法权利,不能作为不侵犯商标权的抗辩事由。本

案判决正确反映了"司法主导、严格保护、分类施策、比例协调"的知识产权司法政策导向,有利于营造高质量发展的知识产权法治环境,对今后类似案件的审理具有借鉴意义。

11.“MLGB”商标权无效宣告请求行政纠纷案②

上海俊客贸易有限公司与原国家工商行政管理总局商标评审委员会、姚洪军商标权无效宣告请求行政纠纷案

【案情摘要】

涉案商标"MLGB"由上海俊客贸易有限公司(简称上海俊客公司)申请注册。在法定期限内,姚洪军针对涉案商标,向原国家工商行政管理总局商标评审委员会(简称商标评审委员会)提起注册商标无效宣告申请。商标评审委员会认为,涉案商标的字母组合在网络等社交平台上广泛使用,含义消极、格调不高,用作商标有害于社会主义道德风尚,易产生不良影响。上海俊客公司虽称涉案商标指称"My life is getting better",但并未提交证据证明该含义已为社会公众熟知,社会公众更易将"MLGB"认知为不文明用语。商标评审委员会据此裁定宣告涉案商标权无效。上海俊客公司不服,向北京知识产权法院提起行政诉讼。北京知识产权法院判决驳回上海俊客公司的诉讼请求。上海俊客公司不服一审判决,提起上诉。北京市高级人民法院认为,网络环境下已有特定群体认为"MLGB"具有不良影响的含义,应认定涉案商标含义消极、格调不高。据此判决驳回上诉,维持一审判决。

【典型意义】

近年来,人民法院坚持在知识产权司法裁判中体现正确的价值导向,增强司法的道德底蕴,提高公众对裁判的认同感,传播知识产权司法保护的正能量。商标法禁止具有不良影响的标志作为商标使用,避免具有不良影响的商标进入市场环境,在知识产权司法裁判中体现正确的价值导向,是人民法院担负的重要职责。本案终审判决的作出,对于净化网络环境、制止以擦边球方式迎合"三俗"行为均具有良好的示范效应,充分发挥了司法裁判对主流文化意识传承和价值观引导的职责作用。此外,二审判决还进一步拓展了此类案件的审理思路,明确了人民法院在判断商标是否具有不良影响的过程中,应当考量的判断主体、时间节点、判断标准以及举证责任等。本案裁判对于人民法院在类似案件审理过程中准确理解和正确适用商

---

① 案例来源:最高人民法院(2019)最高法民再 138 号民事判决书。

② 案例来源:北京市高级人民法院(2018)京行终 137 号行政判决书。

标法第十条第一款第八项关于"其他不良影响"的规定,具有指导意义。

12. 平衡身体公司与永康一恋运动器材有限公司侵害商标权纠纷案①

【案情摘要】

平衡身体公司是核定使用在健身器材等商品上的"MOTR"商标(即涉案商标)的注册人,也是全球从事运动器材生产销售的知名厂商,并在中国拥有多项发明专利及注册商标。永康一恋运动器材有限公司(简称永康一恋公司)在某展览会上推销使用了涉案商标的健身器材,并通过微信商城等多种方式进行实际销售。平衡身体公司以侵害商标权为由,对永康一恋公司提起诉讼,并主张适用惩罚性赔偿。后经法院查明,在本案被诉侵权行为发生前,永康一恋公司就曾侵犯平衡身体公司的知识产权,经平衡身体公司发送警告函后,双方签订和解协议,且永康一恋公司明确承诺不再从事侵权活动。据此,上海市浦东新区人民法院判令永康一恋公司停止侵权行为,并鉴于其重复侵权的情形,适用三倍惩罚性赔偿标准,确定永康一恋公司承担300万元的赔偿责任。该案判决后,双方均未上诉。

【典型意义】

本案系适用知识产权侵权惩罚性赔偿标准的典型案例,体现了人民法院严厉打击重复侵权、持续侵权等恶意侵权行为、加大侵权惩处力度的坚定信心。人民法院在判决中明确指出,被告不信守承诺、无视他人知识产权的行为,是对诚实信用原则的违背,侵权恶意极其严重。为保护商标权人的合法权益,严惩侵权行为,维护市场秩序,对权利人的诉讼请求应当予以全额支持。该案判决后,得到了社会各界的高度评价,《法制日报》更在头版显著位置以"贸易战背景下体现中国'大国担当'"为标题载文称,此案的判决体现了中国打击知识产权违法犯罪的决心,也体现了中国营造良好营商环境的大国自信。

13. 重庆江小白酒业有限公司诉国家知识产权局、第三人重庆市江津酒厂(集团)有限公司商标权无效宣告行政纠纷案②

【关键词】行政/商标权无效宣告/经销关系/被代理人的商标

【裁判要点】

当事人双方同时签订了销售合同和定制产品销售合同,虽然存在经销关系,但诉争商标图样、产品设计等均由代理人一方提出,且定制产品销售合同明确约定被代理人未经代理人授权不得使用定制产品的产品概念、广告用语等,在被代理人没有在先使用行为的情况下,不能认定诉争商标为商标法第十五条所指的"被代理人的商标"。

【相关法条】

《中华人民共和国商标法》第15条

【基本案情】

重庆江小白酒业有限公司(以下简称江小白公司)与国家知识产权局、重庆市江津酒厂(集团)有限公司(以下简称江津酒厂)商标权无效宣告行政纠纷案中,诉争商标系第10325554号"江小白"商标,于2011年12月19日由成都格尚广告有限责任公司申请注册,核定使用在第33类酒类商品上,经核准,权利人先后变更为四川新蓝图商贸有限公司(以下简称新蓝图公司)、江小白公司。

重庆市江津区糖酒有限责任公司(包括江津酒厂等关联单位)与新蓝图公司(包括下属各地子公司、办事处等关联单位)于2012年2月20日签订销售合同和定制产品销售合同。定制产品销售合同明确约定授权新蓝图公司销售的产品为"几江"牌系列酒定制产品,其中并未涉及"江小白"商标,而且定制产品销售合同第一条约定,"甲方(江津酒厂)授权乙方(新蓝图公司)为'几江牌'江津老白干'清香一、二、三号'系列超清纯系列、年份陈酿系列酒定制产品经销商"。第六条之2明确约定,"乙方负责产品概念的创意、产品的包装设计、广告宣传的策划和实施、产品的二级经销渠道招商和维护,甲方给予全力配合。乙方的产品概念、包装设计、广告图案、广告用语、市场推广策划方案,甲方应予以尊重,未经乙方授权,不得用于甲方直接销售或者甲方其它客户销售的产品上使用"。

2016年5月,江津酒厂针对诉争商标向原国家工商行政管理总局商标评审委员会(以下简称商标评审委员会)提出无效宣告请求。商标评审委员会认为,在诉争商标申请日之前,江小白公司对江津酒厂的"江小白"商标理应知晓,诉争商标的注册已构成2001年修正的商标法(以下简称2001年商标法)第十五条所指的不予注册并禁止使用之情形。故裁定对诉争商标予以宣告无效。江小白公司不服,提起行政诉讼。

---

① 案例来源:上海市浦东新区人民法院(2018)沪0115民初53351号民事判决书。

② 案例来源:最高人民法院指导案例162号。

【裁判结果】

北京知识产权法院于 2017 年 12 月 25 日作出（2017）京 73 行初 1213 号行政判决：一、撤销商标评审委员会作出的商评字〔2016〕第 117088 号关于第 10325554 号"江小白"商标无效宣告请求裁定；二、商标评审委员会针对江津酒厂就第 10325554 号"江小白"商标提出的无效宣告请求重新作出裁定。商标评审委员会、江津酒厂不服，上诉至北京市高级人民法院。北京市高级人民法院于 2018 年 11 月 22 日作出（2018）京行终 2122 号行政判决：一、撤销北京知识产权法院（2017）京 73 行初 1213 号行政判决；二、驳回江小白公司的诉讼请求。江小白公司不服，向最高人民法院申请再审。最高人民法院于 2019 年 12 月 26 日作出（2019）最高法行再 224 号行政判决：一、撤销北京市高级人民法院（2018）京行终 2122 号行政判决；二、维持北京知识产权法院（2017）京 73 行初 1213 号行政判决。

【裁判理由】

最高人民法院认为，本案的主要争议焦点在于，诉争商标的申请注册是否违反 2001 年商标法第十五条的规定。2001 年商标法第十五条规定："未经授权，代理人或者代表人以自己的名义将被代理人或者被代表人的商标进行注册，被代理人或者被代表人提出异议的，不予注册并禁止使用。"代理人或者代表人不得申请注册的商标标志，不仅包括与被代理人或者被代表人商标相同的标志，也包括相近似的标志；不得申请注册的商品既包括与被代理人或者被代表人商标所使用的商品相同的商品，也包括类似的商品。本案中，江津酒厂主张，新蓝图公司是其经销商，新蓝图公司是为其设计诉争商标，其在先使用诉争商标，因此诉争商标的申请注册违反了 2001 年商标法第十五条规定。

首先，江津酒厂提供的证据不足以证明其在先使用诉争商标。江津酒厂主张其在先使用诉争商标的证据绝大多数为诉争商标申请之后形成的证据，涉及诉争商标申请日之前相关行为的证据有江津酒厂与重庆森欧酒类销售有限公司（以下简称森欧公司）的销售合同、产品送货单、审计报告。江津酒厂与森欧公司的销售合同已经在诉争商标异议复审程序中提交，因未体现森欧公司的签章、缺乏发票等其他证据佐证而未被商标评审委员会采信。江津酒厂在本案中提交的销售合同虽然有森欧公司的公章，但该合同显示的签订时间早于工商档案显示的森欧公司的成立时间，而且江津酒厂也认可该合同签订时间系倒签。根据江小白公司提交的再审证据即北京盛唐司法鉴定所出具的笔迹鉴定意见，江津酒厂给森欧公司送货单上

的制单人笔迹真实性存在疑点，且没有发票等其他证据佐证，故上述证据无法证明江津酒厂在先使用诉争商标。江津酒厂在一审法院开庭后提交了审计报告作为在先使用证据。但在缺少原始会计凭证的情况下，仅凭在后受江津酒厂委托制作的审计报告中提到"江小白"白酒，不足以证明江津酒厂在诉争商标申请日前使用了"江小白"。此外，江津酒厂提交的其于 2012 年 2 月 15 日与重庆宝兴玻璃制品有限公司签订的购买"我是江小白"瓶的合同金额为 69 万元，远高于审计报告统计的销售额和销售毛利，也进一步表明无法认定审计报告的真实性。

其次，虽然江津酒厂与新蓝图公司存在经销关系，但双方的定制产品销售合同也同时约定定制产品的产品概念、广告用语等权利归新蓝图公司所有。在商标无效宣告和一、二审阶段，江津酒厂提供的证明其与新蓝图公司为经销关系的主要证据是双方于 2012 年 2 月 20 日签订的销售合同和定制产品销售合同。定制产品销售合同明确约定授权新蓝图公司销售的产品为"几江"牌系列酒定制产品，其中并未涉及"江小白"商标，而且定制产品销售合同明确约定，乙方（新蓝图公司）的产品概念、包装设计、广告图案、广告用语、市场推广策划方案，甲方（江津酒厂）应予以尊重，未经乙方授权，不得用于甲方直接销售或者甲方其它客户销售的产品上使用。综上，应当认为，江津酒厂对新蓝图公司定制产品上除"几江"外的产品概念、广告用语等内容不享有知识产权，亦说明新蓝图公司申请注册"江小白"商标未损害江津酒厂的权利。本案证据不足以证明诉争商标是江津酒厂的商标，因此仅根据上述证据尚不能认定诉争商标的申请注册违反了 2001 年商标法第十五条规定。

最后，江津酒厂与新蓝图公司合作期间的往来邮件等证据证明，"江小白"的名称及相关产品设计系由时任新蓝图公司的法定代表人陶石泉在先提出。根据江小白公司向法院提交的相关证据能够证明"江小白"及其相关产品设计是由陶石泉一方在先提出并提供给江津酒厂，而根据双方定制产品销售合同，产品概念及设计等权利属于新蓝图公司所有。现有证据不足以证明新蓝图公司是为江津酒厂设计商标。

综上，在诉争商标申请日前，"江小白"商标并非江津酒厂的商标，根据定制产品销售合同，江津酒厂对定制产品除其注册商标"几江"外的产品概念、广告用语等并不享有知识产权，新蓝图公司对诉争商标的申请注册并未侵害江津酒厂的合法权益，未违反 2001 年商标法第十五条规定。

（生效裁判审判人员：秦元明、郎贵梅、马秀荣）

五、地理标志

地理标志专用标志使用管理办法(试行)

·2020 年 4 月 3 日
·国家知识产权局公告第 354 号

第一条　为加强我国地理标志保护,统一和规范地理标志专用标志使用,依据《中华人民共和国民法总则》《中华人民共和国商标法》《中华人民共和国产品质量法》《中华人民共和国标准化法》《中华人民共和国商标法实施条例》《地理标志产品保护规定》《集体商标、证明商标注册和管理办法》《国外地理标志产品保护办法》,制定本办法。

第二条　本办法所称的地理标志专用标志,是指适用在按照相关标准、管理规范或者使用管理规则组织生产的地理标志产品上的官方标志。

第三条　国家知识产权局负责统一制定发布地理标志专用标志使用管理要求,组织实施地理标志专用标志使用监督管理。地方知识产权管理部门负责地理标志专用标志使用的日常监管。

第四条　地理标志专用标志合法使用人应当遵循诚实信用原则,履行如下义务:

(一)按照相关标准、管理规范和使用管理规则组织生产地理标志产品;

(二)按照地理标志专用标志的使用要求,规范标示地理标志专用标志;

(三)及时向社会公开并定期向所在地知识产权管理部门报送地理标志专用标志使用情况。

第五条　地理标志专用标志的合法使用人包括下列主体:

(一)经公告核准使用地理标志产品专用标志的生产者;

(二)经公告地理标志已作为集体商标注册的注册人的集体成员;

(三)经公告备案的已作为证明商标注册的地理标志的被许可人;

(四)经国家知识产权局登记备案的其他使用人。

第六条　地理标志专用标志的使用要求如下:

(一)地理标志保护产品和作为集体商标、证明商标注册的地理标志使用地理标志专用标志的,应在地理标志专用标志的指定位置标注统一社会信用代码。国外地理标志保护产品使用地理标志专用标志的,应在地理标志专用标志的指定位置标注经销商统一社会信用代码。图样如下①:

(二)地理标志保护产品使用地理标志专用标志的,应同时使用地理标志专用标志和地理标志名称,并在产品标签或包装物上标注所执行的地理标志标准代号或批准公告号。

(三)作为集体商标、证明商标注册的地理标志使用地理标志专用标志的,应同时使用地理标志专用标志和该集体商标或证明商标,并加注商标注册号。

第七条　地理标志专用标志合法使用人可在国家知识产权局官方网站下载基本图案矢量图。地理标志专用标志矢量图可按比例缩放,标注应清晰可识,不得更改专用标志的图案形状、构成、文字字体、图文比例、色值等。

第八条　地理标志专用标志合法使用人可采用的地理标志专用标志标示方法有:

(一)采取直接贴附、刻印、烙印或者编织等方式将地理标志专用标志附着在产品本身、产品包装、容器、标签等上;

(二)使用在产品附加标牌、产品说明书、介绍手册等上;

(三)使用在广播、电视、公开发行的出版物等媒体上,包括以广告牌、邮寄广告或者其他广告方式为地理标志进行的广告宣传;

(四)使用在展览会、博览会上,包括在展览会、博览会上提供的使用地理标志专用标志的印刷品及其他资料;

(五)将地理标志专用标志使用于电子商务网站、微信、微信公众号、微博、二维码、手机应用程序等互联网载

---

① 图略。

体上；

（六）其他合乎法律法规规定的标示方法。

第九条　地理标志专用标志合法使用人未按相应标准、管理规范或相关使用管理规则组织生产的，或者在2年内未在地理标志保护产品上使用专用标志的，知识产权管理部门停止其地理标志专用标志使用资格。

第十条　对于未经公告擅自使用或伪造地理标志专用标志的；或者使用与地理标志专用标志相近、易产生误解的名称或标识及可能误导消费者的文字或图案标志，使消费者将该产品误认为地理标志的行为，知识产权管理部门及相关执法部门依照法律法规和相关规定进行调查处理。

第十一条　省级知识产权管理部门应加强本辖区地理标志专用标志使用日常监管，定期向国家知识产权局报送上一年使用和监管信息。鼓励地理标志专用标志使用和日常监管信息通过地理标志保护信息平台向社会公开。

第十二条　原相关地理标志专用标志使用过渡期至2020年12月31日。在2020年12月31日前生产的使用原标志的产品可以继续在市场流通。

第十三条　本办法由国家知识产权局负责解释。

第十四条　本办法自发布之日起实施。

地理标志产品保护规定

· 2005年6月7日国家质量监督检验检疫总局令第78号公布
· 自2005年7月15日起施行

第一章　总　则

第一条　为了有效保护我国的地理标志产品，规范地理标志产品名称和专用标志的使用，保证地理标志产品的质量和特色，根据《中华人民共和国产品质量法》、《中华人民共和国标准化法》、《中华人民共和国进出口商品检验法》等有关规定，制定本规定。

第二条　本规定所称地理标志产品，是指产自特定地域，所具有的质量、声誉或其他特性本质上取决于该产地的自然因素和人文因素，经审核批准以地理名称进行命名的产品。地理标志产品包括：

（一）来自本地区的种植、养殖产品。

（二）原材料全部来自本地区或部分来自其他地区，并在本地区按照特定工艺生产和加工的产品。

第三条　本规定适用于对地理标志产品的申请受理、审核批准、地理标志专用标志注册登记和监督管理工作。

第四条　国家质量监督检验检疫总局（以下简称"国家质检总局"）统一管理全国的地理标志产品保护工作。各地出入境检验检疫局和质量技术监督局（以下简称各地质检机构）依照职能开展地理标志产品保护工作。

第五条　申请地理标志产品保护，应依照本规定经审核批准。使用地理标志产品专用标志，必须依照本规定经注册登记，并接受监督管理。

第六条　地理标志产品保护遵循申请自愿，受理及批准公开的原则。

第七条　申请地理标志保护的产品应当符合安全、卫生、环保的要求，对环境、生态、资源可能产生危害的产品，不予受理和保护。

第二章　申请及受理

第八条　地理标志产品保护申请，由当地县级以上人民政府指定的地理标志产品保护申请机构或人民政府认定的协会和企业（以下简称申请人）提出，并征求相关部门意见。

第九条　申请保护的产品在县域范围内的，由县级人民政府提出产地范围的建议；跨县域范围的，由地市级人民政府提出产地范围的建议；跨地市范围的，由省级人民政府提出产地范围的建议。

第十条　申请人应提交以下资料：

（一）有关地方政府关于划定地理标志产品产地范围的建议。

（二）有关地方政府成立申请机构或认定协会、企业作为申请人的文件。

（三）地理标志产品的证明材料，包括：

1. 地理标志产品保护申请书；

2. 产品名称、类别、产地范围及地理特征的说明；

3. 产品的理化、感官等质量特色及其与产地的自然因素和人文因素之间关系的说明；

4. 产品生产技术规范（包括产品加工工艺、安全卫生要求、加工设备的技术要求等）；

5. 产品的知名度，产品生产、销售情况及历史渊源的说明；

（四）拟申请的地理标志产品的技术标准。

第十一条　出口企业的地理标志产品的保护申请向本辖区内出入境检验检疫部门提出；按地域提出的地理标志产品的保护申请和其他地理标志产品的保护申请向当地（县级或县级以上）质量技术监督部门提出。

第十二条　省级质量技术监督局和直属出入境检验检疫局，按照分工，分别负责对拟申报的地理标志产品的保护申请提出初审意见，并将相关文件、资料上报国家质检总局。

第三章 审核及批准

第十三条 国家质检总局对收到的申请进行形式审查。审查合格的,由国家质检总局在国家质检总局公报、政府网站等媒体上向社会发布受理公告;审查不合格的,应书面告知申请人。

第十四条 有关单位和个人对申请有异议的,可在公告后的 2 个月内向国家质检总局提出。

第十五条 国家质检总局按照地理标志产品的特点设立相应的专家审查委员会,负责地理标志产品保护申请的技术审查工作。

第十六条 国家质检总局组织专家审查委员会对没有异议或者有异议但被驳回的申请进行技术审查,审查合格的,由国家质检总局发布批准该产品获得地理标志产品保护的公告。

第四章 标准制订及专用标志使用

第十七条 拟保护的地理标志产品,应根据产品的类别、范围、知名度、产品的生产销售等方面的因素,分别制订相应的国家标准、地方标准或管理规范。

第十八条 国家标准化行政主管部门组织草拟并发布地理标志保护产品的国家标准;省级地方人民政府标准化行政主管部门组织草拟并发布地理标志保护产品的地方标准。

第十九条 地理标志保护产品的质量检验由省级质量技术监督部门、直属出入境检验检疫部门指定的检验机构承担。必要时,国家质检总局将组织予以复检。

第二十条 地理标志产品产地范围内的生产者使用地理标志产品专用标志,应向当地质量技术监督局或出入境检验检疫局提出申请,并提交以下资料:

(一)地理标志产品专用标志使用申请书。

(二)由当地政府主管部门出具的产品产自特定地域的证明。

(三)有关产品质量检验机构出具的检验报告。

上述申请经省级质量技术监督局或直属出入境检验检疫局审核,并经国家质检总局审查合格注册登记后,发布公告,生产者即可在其产品上使用地理标志产品专用标志,获得地理标志产品保护。

第五章 保护和监督

第二十一条 各地质检机构依法对地理标志保护产品实施保护。对于擅自使用或伪造地理标志名称及专用标志的;不符合地理标志产品标准和管理规范要求而使用该地理标志产品的名称的;或者使用与专用标志相近、易产生误解的名称或标识及可能误导消费者的文字或图案标志,使消费者将该产品误认为地理标志保护产品的行为,质量技术监督部门和出入境检验检疫部门将依法进行查处。社会团体、企业和个人可监督、举报。

第二十二条 各地质检机构对地理标志产品的产地范围,产品名称,原材料,生产技术工艺,质量特色,质量等级、数量、包装、标识,产品专用标志的印刷、发放、数量、使用情况,产品生产环境、生产设备,产品的标准符合性等方面进行日常监督管理。

第二十三条 获准使用地理标志产品专用标志资格的生产者,未按相应标准和管理规范组织生产的,或者在 2 年内未在受保护的地理标志产品上使用专用标志的,国家质检总局将注销其地理标志产品专用标志使用注册登记,停止其使用地理标志产品专用标志并对外公告。

第二十四条 违反本规定的,由质量技术监督行政部门和出入境检验检疫部门依据《中华人民共和国产品质量法》、《中华人民共和国标准化法》、《中华人民共和国进出口商品检验法》等有关法律予以行政处罚。

第二十五条 从事地理标志产品保护工作的人员应忠于职守,秉公办事,不得滥用职权、以权谋私,不得泄露技术秘密。违反以上规定的,予以行政纪律处分;构成犯罪的依法追究刑事责任。

第六章 附 则

第二十六条 国家质检总局接受国外地理标志产品在中华人民共和国的注册并实施保护。具体办法另外规定。

第二十七条 本规定由国家质检总局负责解释。

第二十八条 本规定自 2005 年 7 月 15 日起施行。原国家质量技术监督局公布的《原产地域产品保护规定》同时废止。原国家出入境检验检疫局公布的《原产地标记管理规定》、《原产地标记管理规定实施办法》中关于地理标志的内容与本规定不一致的,以本规定为准。

农产品地理标志管理办法

· 2007 年 12 月 25 日农业部令第 11 号公布
· 根据 2019 年 4 月 25 日《农业农村部关于修改和废止部分规章、规范性文件的决定》修订

第一章 总 则

第一条 为规范农产品地理标志的使用,保证地理标志农产品的品质和特色,提升农产品市场竞争力,依据《中华人民共和国农业法》、《中华人民共和国农产品质

量安全法》相关规定,制定本办法。

第二条　本办法所称农产品是指来源于农业的初级产品,即在农业活动中获得的植物、动物、微生物及其产品。

本办法所称农产品地理标志,是指标示农产品来源于特定地域,产品品质和相关特征主要取决于自然生态环境和历史人文因素,并以地域名称冠名的特有农产品标志。

第三条　国家对农产品地理标志实行登记制度。经登记的农产品地理标志受法律保护。

第四条　农业部负责全国农产品地理标志的登记工作,农业部农产品质量安全中心负责农产品地理标志登记的审查和专家评审工作。

省级人民政府农业行政主管部门负责本行政区域内农产品地理标志登记申请的受理和初审工作。

农业部设立的农产品地理标志登记专家评审委员会,负责专家评审。农产品地理标志登记专家评审委员会由种植业、畜牧业、渔业和农产品质量安全等方面的专家组成。

第五条　农产品地理标志登记不收取费用。县级以上人民政府农业行政主管部门应当将农产品地理标志管理经费编入本部门年度预算。

第六条　县级以上地方人民政府农业行政主管部门应当将农产品地理标志保护和利用纳入本地区的农业和农村经济发展规划,并在政策、资金等方面予以支持。

国家鼓励社会力量参与推动地理标志农产品发展。

第二章　登　记

第七条　申请地理标志登记的农产品,应当符合下列条件:

(一)称谓由地理区域名称和农产品通用名称构成;

(二)产品有独特的品质特性或者特定的生产方式;

(三)产品品质和特色主要取决于独特的自然生态环境和人文历史因素;

(四)产品有限定的生产区域范围;

(五)产地环境、产品质量符合国家强制性技术规范要求。

第八条　农产品地理标志登记申请人为县级以上地方人民政府根据下列条件择优确定的农民专业合作经济组织、行业协会等组织。

(一)具有监督和管理农产品地理标志及其产品的能力;

(二)具有为地理标志农产品生产、加工、营销提供指导服务的能力;

(三)具有独立承担民事责任的能力。

第九条　符合农产品地理标志登记条件的申请人,可以向省级人民政府农业行政主管部门提出登记申请,并提交下列申请材料:

(一)登记申请书;

(二)产品典型特征特性描述和相应产品品质鉴定报告;

(三)产地环境条件、生产技术规范和产品质量安全技术规范;

(四)地域范围确定性文件和生产地域分布图;

(五)产品实物样品或者样品图片;

(六)其他必要的说明性或者证明性材料。

第十条　省级人民政府农业行政主管部门自受理农产品地理标志登记申请之日起,应当在45个工作日内完成申请材料的初审和现场核查,并提出初审意见。符合条件的,将申请材料和初审意见报送农业部农产品质量安全中心;不符合条件的,应当在提出初审意见之日起10个工作日内将相关意见和建议通知申请人。

第十一条　农业部农产品质量安全中心应当自收到申请材料和初审意见之日起20个工作日内,对申请材料进行审查,提出审查意见,并组织专家评审。

专家评审工作由农产品地理标志登记评审委员会承担。农产品地理标志登记专家评审委员会应当独立做出评审结论,并对评审结论负责。

第十二条　经专家评审通过的,由农业部农产品质量安全中心代表农业部对社会公示。

有关单位和个人有异议的,应当自公示截止日起20日内向农业部农产品质量安全中心提出。公示无异议的,由农业部做出登记决定并公告,颁发《中华人民共和国农产品地理标志登记证书》,公布登记产品相关技术规范和标准。

专家评审没有通过的,由农业部做出不予登记的决定,书面通知申请人,并说明理由。

第十三条　农产品地理标志登记证书长期有效。

有下列情形之一的,登记证书持有人应当按照规定程序提出变更申请:

(一)登记证书持有人或者法定代表人发生变化的;

(二)地域范围或者相应自然生态环境发生变化的。

第十四条　农产品地理标志实行公共标识与地域产品名称相结合的标注制度。公共标识基本图案见附图。农产品地理标志使用规范由农业部另行制定公布。

第三章 标志使用

第十五条 符合下列条件的单位和个人,可以向登记证书持有人申请使用农产品地理标志:

(一)生产经营的农产品产自登记确定的地域范围;

(二)已取得登记农产品相关的生产经营资质;

(三)能够严格按照规定的质量技术规范组织开展生产经营活动;

(四)具有地理标志农产品市场开发经营能力。

使用农产品地理标志,应当按照生产经营年度与登记证书持有人签订农产品地理标志使用协议,在协议中载明使用的数量、范围及相关的责任义务。

农产品地理标志登记证书持有人不得向农产品地理标志使用人收取使用费。

第十六条 农产品地理标志使用人享有以下权利:

(一)可以在产品及其包装上使用农产品地理标志;

(二)可以使用登记的农产品地理标志进行宣传和参加展览、展示及展销。

第十七条 农产品地理标志使用人应当履行以下义务:

(一)自觉接受登记证书持有人的监督检查;

(二)保证地理标志农产品的品质和信誉;

(三)正确规范地使用农产品地理标志。

第四章 监督管理

第十八条 县级以上人民政府农业行政主管部门应当加强农产品地理标志监督管理工作,定期对登记的地理标志农产品的地域范围、标志使用等进行监督检查。

登记的地理标志农产品或登记证书持有人不符合本办法第七条、第八条规定的,由农业部注销其地理标志登记证书并对外公告。

第十九条 地理标志农产品的生产经营者,应当建立质量控制追溯体系。农产品地理标志登记证书持有人和标志使用人,对地理标志农产品的质量和信誉负责。

第二十条 任何单位和个人不得伪造、冒用农产品地理标志和登记证书。

第二十一条 国家鼓励单位和个人对农产品地理标志进行社会监督。

第二十二条 从事农产品地理标志登记管理和监督检查的工作人员滥用职权、玩忽职守、徇私舞弊的,依法给予处分;涉嫌犯罪的,依法移送司法机关追究刑事责任。

第二十三条 违反本办法规定的,由县级以上人民政府农业行政主管部门依照《中华人民共和国农产品质量安全法》有关规定处罚。

第五章 附 则

第二十四条 农业部接受国外农产品地理标志在中华人民共和国的登记并给予保护,具体办法另行规定。

第二十五条 本办法自 2008 年 2 月 1 日起施行。

附图:(略)

六、集成电路布图设计

集成电路布图设计保护条例

· 2001 年 3 月 28 日国务院第 36 次常务会议通过
· 2001 年 4 月 2 日中华人民共和国国务院令第 300 号公布
· 自 2001 年 10 月 1 日起施行

第一章　总　则

第一条　为了保护集成电路布图设计专有权,鼓励集成电路技术的创新,促进科学技术的发展,制定本条例。

第二条　本条例下列用语的含义:

(一)集成电路,是指半导体集成电路,即以半导体材料为基片,将至少有一个是有源元件的两个以上元件和部分或者全部互连线路集成在基片之中或者基片之上,以执行某种电子功能的中间产品或者最终产品;

(二)集成电路布图设计(以下简称布图设计),是指集成电路中至少有一个是有源元件的两个以上元件和部分或者全部互连线路的三维配置,或者为制造集成电路而准备的上述三维配置;

(三)布图设计权利人,是指依照本条例的规定,对布图设计享有专有权的自然人、法人或者其他组织;

(四)复制,是指重复制作布图设计或者含有该布图设计的集成电路的行为;

(五)商业利用,是指为商业目的进口、销售或者以其他方式提供受保护的布图设计、含有该布图设计的集成电路或者含有该集成电路的物品的行为。

第三条　中国自然人、法人或者其他组织创作的布图设计,依照本条例享有布图设计专有权。

外国人创作的布图设计首先在中国境内投入商业利用的,依照本条例享有布图设计专有权。

外国人创作的布图设计,其创作者所属国同中国签订有关布图设计保护协议或者与中国共同参加有关布图设计保护国际条约的,依照本条例享有布图设计专有权。

第四条　受保护的布图设计应当具有独创性,即该布图设计是创作者自己的智力劳动成果,并且在其创作时该布图设计在布图设计创作者和集成电路制造者中不是公认的常规设计。

受保护的由常规设计组成的布图设计,其组合作为整体应当符合前款规定的条件。

第五条　本条例对布图设计的保护,不延及思想、处理过程、操作方法或者数学概念等。

第六条　国务院知识产权行政部门依照本条例的规定,负责布图设计专有权的有关管理工作。

第二章　布图设计专有权

第七条　布图设计权利人享有下列专有权:

(一)对受保护的布图设计的全部或者其中任何具有独创性的部分进行复制;

(二)将受保护的布图设计、含有该布图设计的集成电路或者含有该集成电路的物品投入商业利用。

第八条　布图设计专有权经国务院知识产权行政部门登记产生。

未经登记的布图设计不受本条例保护。

第九条　布图设计专有权属于布图设计创作者,本条例另有规定的除外。

由法人或者其他组织主持,依据法人或者其他组织的意志而创作,并由法人或者其他组织承担责任的布图设计,该法人或者其他组织是创作者。

由自然人创作的布图设计,该自然人是创作者。

第十条　两个以上自然人、法人或者其他组织合作创作的布图设计,其专有权的归属由合作者约定;未作约定或者约定不明的,其专有权由合作者共同享有。

第十一条　受委托创作的布图设计,其专有权的归属由委托人和受托人双方约定;未作约定或者约定不明的,其专有权由受托人享有。

第十二条　布图设计专有权的保护期为 10 年,自布图设计登记申请之日或者在世界任何地方首次投入商业利用之日起计算,以较前日期为准。但是,无论是否登记或者投入商业利用,布图设计自创作完成之日起 15 年后,不再受本条例保护。

第十三条　布图设计专有权属于自然人的,该自然人死亡后,其专有权在本条例规定的保护期内依照继承法的规定转移。

布图设计专有权属于法人或者其他组织的,法人或者其他组织变更、终止后,其专有权在本条例规定的保护期内由承继其权利、义务的法人或者其他组织享有;没有承继其权利、义务的法人或者其他组织的,该布图设计进入公有领域。

第三章　布图设计的登记

第十四条　国务院知识产权行政部门负责布图设计登记工作,受理布图设计登记申请。

第十五条　申请登记的布图设计涉及国家安全或者重大利益,需要保密的,按照国家有关规定办理。

第十六条　申请布图设计登记,应当提交:

(一)布图设计登记申请表;

(二)布图设计的复制件或者图样;

(三)布图设计已投入商业利用的,提交含有该布图设计的集成电路样品;

(四)国务院知识产权行政部门规定的其他材料。

第十七条　布图设计自其在世界任何地方首次商业利用之日起2年内,未向国务院知识产权行政部门提出登记申请的,国务院知识产权行政部门不再予以登记。

第十八条　布图设计登记申请经初步审查,未发现驳回理由的,由国务院知识产权行政部门予以登记,发给登记证明文件,并予以公告。

第十九条　布图设计登记申请人对国务院知识产权行政部门驳回其登记申请的决定不服的,可以自收到通知之日起3个月内,向国务院知识产权行政部门请求复审。国务院知识产权行政部门复审后,作出决定,并通知布图设计登记申请人。布图设计登记申请人对国务院知识产权行政部门的复审决定仍不服的,可以自收到通知之日起3个月内向人民法院起诉。

第二十条　布图设计获准登记后,国务院知识产权行政部门发现该登记不符合本条例规定的,应当予以撤销,通知布图设计权利人,并予以公告。布图设计权利人对国务院知识产权行政部门撤销布图设计登记的决定不服的,可以自收到通知之日起3个月内向人民法院起诉。

第二十一条　在布图设计登记公告前,国务院知识产权行政部门的工作人员对其内容负有保密义务。

第四章　布图设计专有权的行使

第二十二条　布图设计权利人可以将其专有权转让或者许可他人使用其布图设计。

转让布图设计专有权的,当事人应当订立书面合同,并向国务院知识产权行政部门登记,由国务院知识产权行政部门予以公告。布图设计专有权的转让自登记之日起生效。

许可他人使用其布图设计的,当事人应当订立书面合同。

第二十三条　下列行为可以不经布图设计权利人许可,不向其支付报酬:

(一)为个人目的或者单纯为评价、分析、研究、教学等目的而复制受保护的布图设计的;

(二)在依据前项评价、分析受保护的布图设计的基础上,创作出具有独创性的布图设计的;

(三)对自己独立创作的与他人相同的布图设计进行复制或者将其投入商业利用的。

第二十四条　受保护的布图设计、含有该布图设计的集成电路或者含有该集成电路的物品,由布图设计权利人或者经其许可投放市场后,他人再次商业利用的,可以不经布图设计权利人许可,并不向其支付报酬。

第二十五条　在国家出现紧急状态或者非常情况时,或者为了公共利益的目的,或者经人民法院、不正当竞争行为监督检查部门依法认定布图设计权利人有不正当竞争行为而需要给予补救时,国务院知识产权行政部门可以给予使用其布图设计的非自愿许可。

第二十六条　国务院知识产权行政部门作出给予使用布图设计非自愿许可的决定,应当及时通知布图设计权利人。

给予使用布图设计非自愿许可的决定,应当根据非自愿许可的理由,规定使用的范围和时间,其范围应当限于为公共目的非商业性使用,或者限于经人民法院、不正当竞争行为监督检查部门依法认定布图设计权利人有不正当竞争行为而需要给予的补救。

非自愿许可的理由消除并不再发生时,国务院知识产权行政部门应当根据布图设计权利人的请求,经审查后作出终止使用布图设计非自愿许可的决定。

第二十七条　取得使用布图设计非自愿许可的自然人、法人或者其他组织不享有独占的使用权,并且无权允许他人使用。

第二十八条　取得使用布图设计非自愿许可的自然人、法人或者其他组织应当向布图设计权利人支付合理的报酬,其数额由双方协商;双方不能达成协议的,由国务院知识产权行政部门裁决。

第二十九条　布图设计权利人对国务院知识产权行政部门关于使用布图设计非自愿许可的决定不服的,布图设计权利人和取得非自愿许可的自然人、法人或者其他组织对国务院知识产权行政部门关于使用布图设计非自愿许可的报酬的裁决不服的,可以自收到通知之日起3个月内向人民法院起诉。

第五章　法律责任

第三十条　除本条例另有规定的外,未经布图设计权利人许可,有下列行为之一的,行为人必须立即停止侵权行为,并承担赔偿责任:

(一)复制受保护的布图设计的全部或者其中任何具有独创性的部分的;

(二)为商业目的进口、销售或者以其他方式提供受保护的布图设计、含有该布图设计的集成电路或者含有该集成电路的物品的。

侵犯布图设计专有权的赔偿数额,为侵权人所获得的利益或者被侵权人所受到的损失,包括被侵权人为制止侵权行为所支付的合理开支。

第三十一条　未经布图设计权利人许可,使用其布图设计,即侵犯其布图设计专有权,引起纠纷的,由当事人协商解决;不愿协商或者协商不成的,布图设计权利人或者利害关系人可以向人民法院起诉,也可以请求国务院知识产权行政部门处理。国务院知识产权行政部门处理时,认定侵权行为成立的,可以责令侵权人立即停止侵权行为,没收、销毁侵权产品或者物品。当事人不服的,可以自收到处理通知之日起15日内依照《中华人民共和国行政诉讼法》向人民法院起诉;侵权人期满不起诉又不停止侵权行为的,国务院知识产权行政部门可以请求人民法院强制执行。应当事人的请求,国务院知识产权行政部门可以就侵犯布图设计专有权的赔偿数额进行调解;调解不成的,当事人可以依照《中华人民共和国民事诉讼法》向人民法院起诉。

第三十二条　布图设计权利人或者利害关系人有证据证明他人正在实施或者即将实施侵犯其专有权的行为,如不及时制止将会使其合法权益受到难以弥补的损害的,可以在起诉前依法向人民法院申请采取责令停止有关行为和财产保全的措施。

第三十三条　在获得含有受保护的布图设计的集成电路或者含有该集成电路的物品时,不知道也没有合理理由应当知道其中含有非法复制的布图设计,而将其投入商业利用的,不视为侵权。

前款行为人得到其中含有非法复制的布图设计的明确通知后,可以继续将现有的存货或者此前的订货投入商业利用,但应当向布图设计权利人支付合理的报酬。

第三十四条　国务院知识产权行政部门的工作人员在布图设计管理工作中玩忽职守、滥用职权、徇私舞弊,构成犯罪的,依法追究刑事责任;尚不构成犯罪的,依法给予行政处分。

第六章　附　则

第三十五条　申请布图设计登记和办理其他手续,应当按照规定缴纳费用。缴费标准由国务院物价主管部门、国务院知识产权行政部门制定,并由国务院知识产权行政部门公告。

第三十六条　本条例自2001年10月1日起施行。

集成电路布图设计保护条例实施细则

· 2001年9月18日国家知识产权局局长令第11号公布
· 自2001年10月1日起施行

第一章　总　则

第一条　宗旨

为了保护集成电路布图设计(以下简称布图设计)专有权,促进我国集成电路技术的进步与创新,根据《集成电路布图设计保护条例》(以下简称条例),制定本实施细则(以下简称本细则)。

第二条　登记机构

条例所称的国务院知识产权行政部门是指国家知识产权局。

第三条　办理手续需用的形式

条例和本细则规定的各种文件,应当以书面形式或者以国家知识产权局规定的其他形式办理。

第四条　代理机构

中国单位或者个人在国内申请布图设计登记和办理其他与布图设计有关的事务的,可以委托专利代理机构办理。

在中国没有经常居所或者营业所的外国人、外国企业或者外国其他组织在中国申请布图设计登记和办理其他与布图设计有关的事务的,应当委托国家知识产权局指定的专利代理机构办理。

第五条　申请文件和申请日的确定

向国家知识产权局申请布图设计登记的,应当提交布图设计登记申请表和该布图设计的复制件或者图样;布图设计在申请日以前已投入商业利用的,还应当提交含有该布图设计的集成电路样品。

国家知识产权局收到前款所述布图设计申请文件之日为申请日。如果申请文件是邮寄的,以寄出的邮戳日为申请日。

第六条　文件的语言

依照条例和本细则规定提交的各种文件应当使用中

文。国家有统一规定的科技术语的，应当采用规范词；外国人名、地名和科技术语没有统一中文译文的，应当注明原文。

依照条例和本细则规定提交的各种证件和证明文件是外文的，国家知识产权局认为必要时，可以要求当事人在指定期限内附送中文译文；期满未附送的，视为未提交该证件和证明文件。

第七条　文件的递交和送达

向国家知识产权局邮寄的各种文件，以寄出的邮戳日为递交日。邮戳日不清晰的，除当事人能够提出证明外，以国家知识产权局收到文件之日为递交日。

国家知识产权局的各种文件，可以通过邮寄、直接送交或者其他方式送达当事人。当事人委托专利代理机构的，文件送交专利代理机构；未委托专利代理机构的，文件送交申请表中指明的联系人。

国家知识产权局邮寄的各种文件，自文件发出之日起满15日，推定为当事人收到文件之日。

根据国家知识产权局规定应当直接送交的文件，以交付日为送达日。

文件送交地址不清，无法邮寄的，可以通过公告的方式送达当事人。自公告之日起满1个月，该文件视为已经送达。

第八条　期限的计算

条例和本细则规定的各种期限的第一日不计算在期限内。期限以年或者月计算的，以其最后一月的相应日为期限届满日；该月无相应日的，以该月最后一日为期限届满日。

期限届满日是法定节假日的，以节假日后的第一个工作日为期限届满日。

第九条　权利的恢复和期限的延长

当事人因不可抗拒的事由而耽误本细则规定的期限或者国家知识产权局指定的期限，造成其权利丧失的，自障碍消除之日起2个月内，但是最迟自期限届满之日起2年内，可以向国家知识产权局说明理由并附具有关证明文件，请求恢复其权利。

当事人因正当理由而耽误本细则规定的期限或者国家知识产权局指定的期限，造成其权利丧失的，可以自收到国家知识产权局的通知之日起2个月内向国家知识产权局说明理由，请求恢复其权利。

当事人请求延长国家知识产权局指定的期限的，应当在期限届满前，向国家知识产权局说明理由并办理有关手续。

条例规定的期限不得请求延长。

第十条　共有

布图设计是2个以上单位或者个人合作创作的，创作者应当共同申请布图设计登记；有合同约定的，从其约定。

涉及共有的布图设计专有权的，每一个共同布图设计权利人在没有征得其他共同布图设计权利人同意的情况下，不得将其所持有的那一部分权利进行转让、出质或者与他人订立独占许可合同或者排他许可合同。

第十一条　向外国人转让专有权

中国单位或者个人向外国人转让布图设计专有权的，在向国家知识产权局办理转让登记时应当提交国务院有关主管部门允许其转让的证明文件。

布图设计专有权发生转移的，当事人应当凭有关证明文件或者法律文书向国家知识产权局办理著录项目变更手续。

第二章　布图设计登记的申请和审查

第十二条　申请文件

以书面形式申请布图设计登记的，应当向国家知识产权局提交布图设计登记申请表一式两份以及一份布图设计的复制件或者图样。

以国家知识产权局规定的其他形式申请布图设计登记的，应当符合规定的要求。

申请人委托专利代理机构向国家知识产权局申请布图设计登记和办理其他手续的，应当同时提交委托书，写明委托权限。

申请人有2个以上且未委托专利代理机构的，除申请表中另有声明外，以申请表中指明的第一申请人为代表人。

第十三条　申请表

布图设计登记申请表应当写明下列各项：

（一）申请人的姓名或者名称、地址或者居住地；

（二）申请人的国籍；

（三）布图设计的名称；

（四）布图设计创作者的姓名或者名称；

（五）布图设计的创作完成日期；

（六）该布图设计所用于的集成电路的分类；

（七）申请人委托专利代理机构的，应当注明的有关事项；申请人未委托专利代理机构的，其联系人的姓名、地址、邮政编码及联系电话；

（八）布图设计有条例第十七条所述商业利用行为的，该行为的发生日；

（九）布图设计登记申请有保密信息的，含有该保密信息的图层的复制件或者图样页码编号及总页数；

（十）申请人或者专利代理机构的签字或者盖章；

（十一）申请文件清单；

（十二）附加文件及样品清单；

（十三）其他需要注明的事项。

第十四条　复制件或者图样

按照条例第十六条规定提交的布图设计的复制件或者图样应当符合下列要求：

（一）复制件或者图样的纸件应当至少放大到用该布图设计生产的集成电路的 20 倍以上；申请人可以同时提供该复制件或者图样的电子版本；提交电子版本的复制件或者图样的，应当包含该布图设计的全部信息，并注明文件的数据格式；

（二）复制件或者图样有多张纸件的，应当顺序编号并附具目录；

（三）复制件或者图样的纸件应当使用 A4 纸格式；如果大于 A4 纸的，应当折叠成 A4 纸格式；

（四）复制件或者图样可以附具简单的文字说明，说明该集成电路布图设计的结构、技术、功能和其他需要说明的事项。

第十五条　涉及保密信息的申请

布图设计在申请日之前没有投入商业利用的，该布图设计登记申请可以有保密信息，其比例最多不得超过该集成电路布图设计总面积的 50%。含有保密信息的图层的复制件或者图样页码编号及总页数应当与布图设计登记申请表中所填写的一致。

布图设计登记申请有保密信息的，含有该保密信息的图层的复制件或者图样纸件应当置于在另一个保密文档袋中提交。除侵权诉讼或者行政处理程序需要外，任何人不得查阅或者复制该保密信息。

第十六条　集成电路样品

布图设计在申请日之前已投入商业利用的，申请登记时应当提交 4 件含有该布图设计的集成电路样品，并应当符合下列要求：

（一）所提交的 4 件集成电路样品应当置于能保证其不受损坏的专用器具中，并附具填写好的国家知识产权局统一编制的表格；

（二）器具表面应当写明申请人的姓名、申请号和集成电路名称；

（三）器具中的集成电路样品应当采用适当的方式固定，不得有损坏，并能够在干燥器中至少存放 10 年。

第十七条　不予受理

布图设计登记申请有下列情形的，国家知识产权局不予受理，并通知申请人：

（一）未提交布图设计登记申请表或者布图设计的复制件或者图样的，已投入商业利用而未提交集成电路样品的，或者提交的上述各项不一致的；

（二）外国申请人的所属国未与中国签订有关布图设计保护协议或者与中国共同参加有关国际条约的；

（三）所涉及的布图设计属于条例第十二条规定不予保护的；

（四）所涉及的布图设计属于条例第十七条规定不予登记的；

（五）申请文件未使用中文的；

（六）申请类别不明确或者难以确定其属于布图设计的；

（七）未按规定委托代理机构的；

（八）布图设计登记申请表填写不完整的。

第十八条　文件的补正和修改

除本细则第十七条规定不予受理的外，申请文件不符合条例和本细则规定的条件的，申请人应当在收到国家知识产权局的审查意见通知之日起 2 个月内进行补正。补正应当按照审查意见通知书的要求进行。逾期未答复的，该申请视为撤回。

申请人按照国家知识产权局的审查意见补正后，申请文件仍不符合条例和本细则的规定的，国家知识产权局应当作出驳回决定。

国家知识产权局可以自行修改布图设计申请文件中文字和符号的明显错误。国家知识产权局自行修改的，应当通知申请人。

第十九条　申请的驳回

除本细则第十八条第二款另有规定的外，申请登记的布图设计有下列各项之一的，国家知识产权局应当作出驳回决定，写明所依据的理由：

（一）明显不符合条例第二条第（一）、（二）项规定的；

（二）明显不符合条例第五条规定的。

第二十条　布图设计专有权的生效

布图设计登记申请经初步审查没有发现驳回理由的，国家知识产权局应当颁发布图设计登记证书，并在国家知识产权局互联网站和中国知识产权报上予以公告。布图设计专有权自申请日起生效。

第二十一条　登记证书

国家知识产权局颁发的布图设计登记证书应当包括下列各项：

（一）布图设计权利人的姓名或者名称和地址；

（二）布图设计的名称；

（三）布图设计在申请日之前已经投入商业利用的，其首次商业利用的时间；

（四）布图设计的申请日及创作完成日；

（五）布图设计的颁证日期；

（六）布图设计的登记号；

（七）国家知识产权局的印章及负责人签字。

第二十二条　更正

国家知识产权局对布图设计公告中出现的错误，一经发现，应当及时更正，并对所作更正予以公告。

第三章　布图设计登记申请的复审、复议和专有权的撤销

第二十三条　复审和撤销机构

国家知识产权局专利复审委员会（以下简称专利复审委员会）负责对国家知识产权局驳回布图设计登记申请决定不服而提出的复审请求的审查，以及负责对布图设计专有权撤销案件的审查。

第二十四条　复审的请求

向专利复审委员会请求复审的，应当提交复审请求书，说明理由，必要时还应当附具有关证据。复审请求书不符合条例第十九条有关规定的，专利复审委员会不予受理。

复审请求不符合规定格式的，复审请求人应当在专利复审委员会指定的期限内补正；期满未补正的，该复审请求视为未提出。

第二十五条　复审程序中文件的修改

复审请求人在提出复审请求或者在对专利复审委员会的复审通知书作出答复时，可以修改布图设计申请文件；但是修改应当仅限于消除驳回决定或者复审通知书指出的缺陷。

修改的申请文件应当提交一式两份。

第二十六条　复审决定

专利复审委员会进行审查后，认为布图设计登记申请的复审请求不符合条例或者本细则有关规定的，应当通知复审请求人，要求其在指定期限内陈述意见。期满未答复的，该复审请求视为撤回；经陈述意见或者进行修改后，专利复审委员会认为该申请仍不符条例和本细则有关规定的，应当作出维持原驳回决定的复审决定。

专利复审委员会进行复审后，认为原驳回决定不符合条例和本细则有关规定的，或者认为经过修改的申请文件消除了原驳回决定指出的缺陷的，应当撤销原驳回决定，通知原审查部门对该申请予以登记和公告。

专利复审委员会的复审决定，应当写明复审决定的理由，并通知布图设计登记申请人。

第二十七条　复审请求的撤回

复审请求人在专利复审委员会作出决定前，可以撤回其复审请求。

复审请求人在专利复审委员会作出决定前撤回其复审请求的，复审程序终止。

第二十八条　复议请求

当事人对国家知识产权局作出的下列具体行政行为不服或者有争议的，可以向国家知识产权局行政复议部门申请复议：

（一）不予受理布图设计申请的；

（二）将布图设计申请视为撤回的；

（三）不允许恢复有关权利的请求的；

（四）其他侵犯当事人合法权益的具体行政行为。

第二十九条　撤销程序

布图设计登记公告后，发现登记的布图设计专有权不符合集成电路布图设计保护条例第二条第（一）、（二）项、第三条、第四条、第五条、第十二条或者第十七条规定的，由专利复审委员会撤销该布图设计专有权。

撤销布图设计专有权的，应当首先通知该布图设计权利人，要求其在指定期限内陈述意见。期满未答复的，不影响专利复审委员会作出撤销布图设计专有权的决定。

专利复审委员会撤销布图设计专有权的决定应当写明所依据的理由，并通知该布图设计权利人。

第三十条　撤销决定的公告

对专利复审委员会撤销布图设计专有权的决定未在规定期限内向人民法院起诉，或者在人民法院维持专利复审委员会撤销布图设计专有权决定的判决生效后，国家知识产权局应当将撤销该布图设计专有权的决定在国家知识产权局互联网站和中国知识产权报上公告。

被撤销的布图设计专有权视为自始即不存在。

第四章　布图设计专有权的保护

第三十一条　布图设计专有权的放弃

布图设计权利人在其布图设计专有权保护期届满之前，可以向国家知识产权局提交书面声明放弃该专有权。

布图设计专有权已许可他人实施或者已经出质的，该布图设计专有权的放弃应当征得被许可人或质权人的同意。

布图设计专有权的放弃应当由国家知识产权局登记和公告。

第三十二条　国家知识产权局受理侵权纠纷案件的条件

根据条例第三十一条的规定请求国家知识产权局处理布图设计专有权侵权纠纷的，应当符合下列条件：

（一）该布图设计已登记、公告；

（二）请求人是布图设计权利人或者与该侵权纠纷有直接利害关系的单位或者个人；

（三）有明确的被请求人；

（四）有明确的请求事项和具体的事实、理由；

（五）当事人任何一方均未就该侵权纠纷向人民法院起诉。

第三十三条　有关程序的中止和恢复

当事人因布图设计申请权或者布图设计专有权的归属发生纠纷，已经向人民法院起诉的，可以请求国家知识产权局中止有关程序。

依照前款规定请求中止有关程序的，应当向国家知识产权局提交请求书，并附具人民法院的有关受理文件副本。

在人民法院作出的判决生效后，当事人应当向国家知识产权局办理恢复有关程序的手续。自请求中止之日起1年内，有关布图设计申请权或者布图设计专有权归属的纠纷未能结案，需要继续中止有关程序的，请求人应当在该期限内请求延长中止。期满未请求延长的，国家知识产权局自行恢复有关程序。

人民法院在审理民事案件中裁定对布图设计专有权采取保全措施的，国家知识产权局在协助执行时中止被保全的布图设计专有权的有关程序。保全期限届满，人民法院没有裁定继续采取保全措施的，国家知识产权局自行恢复有关程序。

第五章　费　用

第三十四条　应缴纳的费用

向国家知识产权局申请布图设计登记和办理其他手续时，应当缴纳下列费用：

（一）布图设计登记费；

（二）著录事项变更手续费、延长期限请求费、恢复权利请求费；

（三）复审请求费；

（四）非自愿许可请求费、非自愿许可使用费的裁决请求费。

前款所列各种费用的数额，由国务院价格管理部门会同国家知识产权局另行规定。

第三十五条　缴费手续

条例和本细则规定的各种费用，可以直接向国家知识产权局缴纳，也可以通过邮局或者银行汇付，或者以国家知识产权局规定的其他方式缴纳。

通过邮局或者银行汇付的，应当在送交国家知识产权局的汇单上至少写明正确的申请号以及缴纳的费用名称。不符合本款规定的，视为未办理缴费手续。

直接向国家知识产权局缴纳费用的，以缴纳当日为缴费日；以邮局汇付方式缴纳费用的，以邮局汇出的邮戳日为缴费日；以银行汇付方式缴纳费用的，以银行实际汇出日为缴费日。但是自汇出日至国家知识产权局收到日超过15日的，除邮局或者银行出具证明外，以国家知识产权局收到日为缴费日。

多缴、重缴、错缴布图设计登记费用的，当事人可以向国家知识产权局提出退款请求，但是该请求应当自缴费日起1年内提出。

第三十六条　缴费期限

申请人应当在收到受理通知书后2个月内缴纳布图设计登记费；期满未缴纳或者未缴足的，其申请视为撤回。

当事人请求恢复权利或者复审的，应当在条例及本细则规定的相关期限内缴纳费用；期满未缴纳或者未缴足的，视为未提出请求。

著录事项变更手续费、非自愿许可请求费、非自愿许可使用费的裁决请求费应当自提出请求之日起1个月内缴纳；延长期限请求费应当在相应期限届满前缴纳；期满未缴纳或者未缴足的，视为未提出请求。

第六章　附　则

第三十七条　布图设计登记簿

国家知识产权局设置布图设计登记簿，登记下列事项：

（一）布图设计权利人的姓名或者名称、国籍和地址及其变更；

（二）布图设计的登记；

（三）布图设计专有权的转移和继承；

（四）布图设计专有权的放弃；

（五）布图设计专有权的质押、保全及其解除；

（六）布图设计专有权的撤销；

（七）布图设计专有权的终止；

（八）布图设计专有权的恢复；

（九）布图设计专有权实施的非自愿许可。

第三十八条　布图设计公告

国家知识产权局定期在国家知识产权局互联网站和中国知识产权报上登载布图设计登记公报，公布或者公告下列内容：

（一）布图设计登记簿记载的著录事项；

（二）对地址不明的当事人的通知；

（三）国家知识产权局作出的更正；

（四）其他有关事项。

第三十九条　公众查阅和复制

布图设计登记公告后，公众可以请求查阅该布图设计登记簿或者请求国家知识产权局提供该登记簿的副本。公众也可以请求查阅该布图设计的复制件或者图样的纸件。

本细则第十四条所述的电子版本的复制件或者图样，除侵权诉讼或者行政处理程序需要外，任何人不得查阅或者复制。

第四十条　失效案卷的处理

布图设计登记申请被驳回、视为撤回或者驳回的，以及布图设计专有权被声明放弃、撤销或者终止的，与该布图设计申请或者布图设计专有权有关的案卷，自该申请失效或者该专有权失效之日起满 3 年后不予保存。

第四十一条　文件的邮寄

向国家知识产权局邮寄有关申请或者布图设计专有权的文件，应当使用挂号信函，一件信函应当只包含同一申请文件。电子版本的复制件或者图样和集成电路样品的邮寄方式应当保证其在邮寄过程中不受损坏。

第四十二条　本细则的解释

本细则由国家知识产权局负责解释。

第四十三条　本细则的实施日期

本细则自 2001 年 10 月 1 日起施行。

关于技术调查官参与专利、集成电路布图设计侵权纠纷行政裁决办案的若干规定（暂行）

·2021 年 5 月 7 日
·国知办发保字〔2021〕17 号

第一条　为贯彻落实中共中央办公厅、国务院办公厅《关于强化知识产权保护的意见》，规范技术调查官参与知识产权侵权纠纷行政裁决活动，根据《专利法》《行政诉讼法》《集成电路布图设计保护条例》有关规定，结合专利、集成电路布图设计侵权纠纷行政裁决办案工作实际，制定本规定。

第二条　国家知识产权局和地方管理专利工作的部门处理专利、集成电路布图设计侵权纠纷案件，可以指派技术调查官参与行政裁决活动。

第三条　技术调查官属于行政裁决辅助人员，对案件合议结果不具有表决权。

技术调查官根据行政裁决办案人员的指派，为查明案件技术事实提供咨询、出具技术调查意见和其他必要技术协助。

第四条　国家知识产权局负责建设国家技术调查官名录库，选任和管理技术调查官。

各地方管理专利工作的部门可以选任和管理本辖区内的技术调查官。

第五条　技术调查官可以从专利局、行业协会、高等院校、科研机构、企事业单位等相关领域的技术人员中遴选。

第六条　行政裁决涉及重大、疑难、复杂的技术问题，技术调查官难以决断的，还可以从高等院校、科研机构中聘请相关技术领域具有副高以上职称的专家提供咨询。

第七条　根据行政裁决办案人员的指派，技术调查官在行政裁决活动中履行下列职责：

（一）对技术事实的争议焦点以及调查范围、顺序、方法等提出建议；

（二）参与调查取证；

（三）参与询问、口头审理；

（四）提出技术调查意见；

（五）协助行政裁决办案人员组织鉴定人、相关技术领域的专业人员提出意见；

（六）列席合议组有关会议；

（七）完成其他相关工作。

第八条　技术调查官参与调查取证的，应当事先查阅相关技术资料，就调查取证的范围、步骤和注意事项等提出建议。

第九条　技术调查官参与询问、口头审理时，可以向当事人及其他相关人员发问。

第十条　技术调查官应当在案件合议前就案件所涉技术问题提出技术调查意见。

技术调查意见由技术调查官独立出具并签名，不对外公开。

第十一条　技术调查官提出的技术调查意见作为合议组认定技术事实的参考。

合议组对技术事实认定依法承担责任。

第十二条　技术调查官参与行政裁决活动的，应当在裁决文书上署名。

第十三条　参与行政裁决活动的技术调查官确定或者变更后，应当在三个工作日内告知当事人，并依法告知当事人有权申请技术调查官回避。

第十四条　具有下列情形之一的，技术调查官应当自行回避；技术调查官没有回避的，当事人及其代理人有权要求其回避：

（一）是本案当事人或者当事人近亲属的；

（二）本人或者其近亲属与本案有利害关系的；

（三）担任过本案证人、代理人的；

（四）其他可能影响对案件公正办理的。

技术调查官的回避由合议组组长决定。

第十五条　技术调查官对于参与行政裁决活动中知悉的案件信息,包括当事人的商业秘密和其他信息,负有保密义务。

第十六条　技术调查官应当参加国家知识产权局组织的相关培训。

技术调查官可以接受指派或者应相关部门的邀请,对地方管理专利工作的部门人员进行业务培训。

第十七条　地方管理专利工作的部门可以申请从国家技术调查官名录库调派技术调查官,参与其行政裁决活动。

第十八条　技术调查官违反与行政裁决工作有关的法律法规及相关规定,贪污受贿、徇私舞弊、故意出具虚假、误导或者重大遗漏的不实技术调查意见的,应当依纪依法追究责任;构成犯罪的,依法追究刑事责任。

第十九条　本规定由国家知识产权局负责解释。

第二十条　本规定自公布之日起施行。

最高人民法院关于审理涉及计算机网络域名民事纠纷案件适用法律若干问题的解释

· 2001 年 6 月 26 日最高人民法院审判委员会第 1182 次会议通过
· 根据 2020 年 12 月 23 日最高人民法院审判委员会第 1823 次会议通过的《最高人民法院关于修改〈最高人民法院关于审理侵犯专利权纠纷案件应用法律若干问题的解释(二)〉等十八件知识产权类司法解释的决定》修正
· 2020 年 12 月 29 日最高人民法院公告公布
· 自 2021 年 1 月 1 日起施行
· 法释〔2020〕19 号

为了正确审理涉及计算机网络域名注册、使用等行为的民事纠纷案件(以下简称域名纠纷案件),根据《中华人民共和国民法典》《中华人民共和国反不正当竞争法》和《中华人民共和国民事诉讼法》(以下简称民事诉讼法)等法律的规定,作如下解释:

第一条　对于涉及计算机网络域名注册、使用等行为的民事纠纷,当事人向人民法院提起诉讼,经审查符合民事诉讼法第一百一十九条规定的,人民法院应当受理。

第二条　涉及域名的侵权纠纷案件,由侵权行为地或者被告住所地的中级人民法院管辖。对难以确定侵权行为地和被告住所地的,原告发现该域名的计算机终端等设备所在地可以视为侵权行为地。

涉外域名纠纷案件包括当事人一方或者双方是外国人、无国籍人、外国企业或组织、国际组织,或者域名注册地在外国的域名纠纷案件。在中华人民共和国领域内发生的涉外域名纠纷案件,依照民事诉讼法第四编的规定确定管辖。

第三条　域名纠纷案件的案由,根据双方当事人争议的法律关系的性质确定,并在其前冠以计算机网络域名;争议的法律关系的性质难以确定的,可以通称为计算机网络域名纠纷案件。

第四条　人民法院审理域名纠纷案件,对符合以下各项条件的,应当认定被告注册、使用域名等行为构成侵权或者不正当竞争:

(一)原告请求保护的民事权益合法有效;

(二)被告域名或其主要部分构成对原告驰名商标的复制、模仿、翻译或音译;或者与原告的注册商标、域名等相同或近似,足以造成相关公众的误认;

(三)被告对该域名或其主要部分不享有权益,也无注册、使用该域名的正当理由;

(四)被告对该域名的注册、使用具有恶意。

第五条　被告的行为被证明具有下列情形之一的,人民法院应当认定其具有恶意:

(一)为商业目的将他人驰名商标注册为域名的;

(二)为商业目的注册、使用与原告的注册商标、域名等相同或近似的域名,故意造成与原告提供的产品、服务或者原告网站的混淆,误导网络用户访问其网站或其他在线站点的;

(三)曾要约高价出售、出租或者以其他方式转让该域名获取不正当利益的;

(四)注册域名后自己并不使用也未准备使用,而有意阻止权利人注册该域名的;

(五)具有其他恶意情形的。

被告举证证明在纠纷发生前其所持有的域名已经获得一定的知名度,且能与原告的注册商标、域名等相区别,或者具有其他情形足以证明其不具有恶意的,人民法院可以不认定被告具有恶意。

第六条　人民法院审理域名纠纷案件,根据当事人的请求以及案件的具体情况,可以对涉及的注册商标是否驰名依法作出认定。

第七条　人民法院认定域名注册、使用等行为构成侵权或者不正当竞争的,可以判令被告停止侵权、注销域名,或者依原告的请求判令由原告注册使用该域名;给权利人造成实际损害的,可以判令被告赔偿损失。

侵权人故意侵权且情节严重,原告有权向人民法院请求惩罚性赔偿。

· 文书范本

集成电路布图设计专有权登记申请表①

③布图设计名称		①申请号	
		②申请日	
④该布图设计所用于的集成电路的分类:(由申请人确定,并在□内打×) (1)结构:□Bipolar □MOS □Bi-MOS □Optical-IC □其他 (2)技术:□TTL □DTL □ECL □IIL □CMOS □NMOS □PMOS □其他 (3)功能:□逻辑 □存储 □微型计算机 □线性 □其他			
⑤布图设计 　创作人			
⑥创作完成日期____年___月___日		⑦首次商业利用时间_____年___月___日	
⑧代表人为非第一署名申请人时声明　　　　特声明第_____署名申请人为代表人			

⑨申请人	申请人(1)	姓名或名称		国籍	
		证件类型:□居民身份证号码 □统一社会信用代码/组织机构代码 □其他			
		证件号码		申请人类型	
		地址		邮政编码	
	申请人(2)	姓名或名称		国籍	
		证件类型:□居民身份证号码 □统一社会信用代码/组织机构代码 □其他			
		证件号码		申请人类型	
		地址		邮政编码	
⑩联系人		姓名		电话	
		邮政编码		地址	
⑪代理机构		名称		机构代码	
		代理人姓名	执业证号		电话

⑫申请文件清单					
1. 申请表		份	5. 包含有保密信息图层页码含有保密信息的图纸页数		页
2. 代理委托书		页	6. 装有复制件或者图样数据盘		张
3. 复制件或图样的目录		页	7. 样品个数		个
4. 复制件或图样的纸件的页数		页	8. 布图设计结构、技术、功能简要说明		页

⑬申请人或代理机构签章

---

① 表格来源:国家知识产权局官网。

七、植物新品种

中华人民共和国种子法

· 2000 年 7 月 8 日第九届全国人民代表大会常务委员会第十六次会议通过
· 根据 2004 年 8 月 28 日第十届全国人民代表大会常务委员会第十一次会议《关于修改〈中华人民共和国种子法〉的决定》第一次修正
· 根据 2013 年 6 月 29 日第十二届全国人民代表大会常务委员会第三次会议《关于修改〈中华人民共和国文物保护法〉等十二部法律的决定》第二次修正
· 2015 年 11 月 4 日第十二届全国人民代表大会常务委员会第十七次会议修订
· 根据 2021 年 12 月 24 日第十三届全国人民代表大会常务委员会第三十二次会议《关于修改〈中华人民共和国种子法〉的决定》第三次修正

目 录

第一章 总 则

第一条 为了保护和合理利用种质资源,规范品种选育、种子生产经营和管理行为,加强种业科学技术研究,鼓励育种创新,保护植物新品种权,维护种子生产经营者、使用者的合法权益,提高种子质量,发展现代种业,保障国家粮食安全,促进农业和林业的发展,制定本法。

第二条 在中华人民共和国境内从事品种选育、种子生产经营和管理等活动,适用本法。

本法所称种子,是指农作物和林木的种植材料或者繁殖材料,包括籽粒、果实、根、茎、苗、芽、叶、花等。

第三条 国务院农业农村、林业草原主管部门分别主管全国农作物种子和林木种子工作;县级以上地方人民政府农业农村、林业草原主管部门分别主管本行政区域内农作物种子和林木种子工作。

各级人民政府及其有关部门应当采取措施,加强种子执法和监督,依法惩处侵害农民权益的种子违法行为。

第四条 国家扶持种质资源保护工作和选育、生产、更新、推广使用良种,鼓励品种选育和种子生产经营相结合,奖励在种质资源保护工作和良种选育、推广等工作中成绩显著的单位和个人。

第五条 省级以上人民政府应当根据科教兴农方针和农业、林业发展的需要制定种业发展规划并组织实施。

第六条 省级以上人民政府建立种子储备制度,主要用于发生灾害时的生产需要及余缺调剂,保障农业和林业生产安全。对储备的种子应当定期检验和更新。种子储备的具体办法由国务院规定。

第七条 转基因植物品种的选育、试验、审定和推广应当进行安全性评价,并采取严格的安全控制措施。国务院农业农村、林业草原主管部门应当加强跟踪监管并及时公告有关转基因植物品种审定和推广的信息。具体办法由国务院规定。

第二章 种质资源保护

第八条 国家依法保护种质资源,任何单位和个人不得侵占和破坏种质资源。

禁止采集或者采伐国家重点保护的天然种质资源。因科研等特殊情况需要采集或者采伐的,应当经国务院或者省、自治区、直辖市人民政府的农业农村、林业草原主管部门批准。

第九条 国家有计划地普查、收集、整理、鉴定、登记、保存、交流和利用种质资源,重点收集珍稀、濒危、特有资源和特色地方品种,定期公布可供利用的种质资源目录。具体办法由国务院农业农村、林业草原主管部门规定。

第十条 国务院农业农村、林业草原主管部门应当建立种质资源库、种质资源保护区或者种质资源保护地。省、自治区、直辖市人民政府农业农村、林业草原主管部门可以根据需要建立种质资源库、种质资源保护区、种质资源保护地。种质资源库、种质资源保护区、种质资源保护地的种质资源属公共资源,依法开放利用。

占用种质资源库、种质资源保护区或者种质资源保护地的,需经原设立机关同意。

第十一条　国家对种质资源享有主权。任何单位和个人向境外提供种质资源,或者与境外机构、个人开展合作研究利用种质资源的,应当报国务院农业农村、林业草原主管部门批准,并同时提交国家共享惠益的方案。国务院农业农村、林业草原主管部门可以委托省、自治区、直辖市人民政府农业农村、林业草原主管部门接收申请材料。国务院农业农村、林业草原主管部门应当将批准情况通报国务院生态环境主管部门。

从境外引进种质资源的,依照国务院农业农村、林业草原主管部门的有关规定办理。

第三章　品种选育、审定与登记

第十二条　国家支持科研院所及高等院校重点开展育种的基础性、前沿性和应用技术研究以及生物育种技术研究,支持常规作物、主要造林树种育种和无性繁殖材料选育等公益性研究。

国家鼓励种子企业充分利用公益性研究成果,培育具有自主知识产权的优良品种;鼓励种子企业与科研院所及高等院校构建技术研发平台,开展主要粮食作物、重要经济作物育种攻关,建立以市场为导向、利益共享、风险共担的产学研相结合的种业技术创新体系。

国家加强种业科技创新能力建设,促进种业科技成果转化,维护种业科技人员的合法权益。

第十三条　由财政资金支持形成的育种发明专利权和植物新品种权,除涉及国家安全、国家利益和重大社会公共利益的外,授权项目承担者依法取得。

由财政资金支持为主形成的育种成果的转让、许可等应当依法公开进行,禁止私自交易。

第十四条　单位和个人因林业草原主管部门为选育林木良种建立测定林、试验林、优树收集区、基因库等而减少经济收入的,批准建立的林业草原主管部门应当按照国家有关规定给予经济补偿。

第十五条　国家对主要农作物和主要林木实行品种审定制度。主要农作物品种和主要林木品种在推广前应当通过国家级或者省级审定。由省、自治区、直辖市人民政府林业草原主管部门确定的主要林木品种实行省级审定。

申请审定的品种应当符合特异性、一致性、稳定性要求。

主要农作物品种和主要林木品种的审定办法由国务院农业农村、林业草原主管部门规定。审定办法应当体现公正、公开、科学、效率的原则,有利于产量、品质、抗性等的提高与协调,有利于适应市场和生活消费需要的品种的推广。在制定、修改审定办法时,应当充分听取育种者、种子使用者、生产经营者和相关行业代表意见。

第十六条　国务院和省、自治区、直辖市人民政府的农业农村、林业草原主管部门分别设立由专业人员组成的农作物品种和林木品种审定委员会。品种审定委员会承担主要农作物品种和主要林木品种的审定工作,建立包括申请文件、品种审定试验数据、种子样品、审定意见和审定结论等内容的审定档案,保证可追溯。在审定通过的品种依法公布的相关信息中应当包括审定意见情况,接受监督。

品种审定实行回避制度。品种审定委员会委员、工作人员及相关测试、试验人员应当忠于职守,公正廉洁。对单位和个人举报或者监督检查发现的上述人员的违法行为,省级以上人民政府农业农村、林业草原主管部门和有关机关应当及时依法处理。

第十七条　实行选育生产经营相结合,符合国务院农业农村、林业草原主管部门规定条件的种子企业,对其自主研发的主要农作物品种、主要林木品种可以按照审定办法自行完成试验,达到审定标准的,品种审定委员会应当颁发审定证书。种子企业对试验数据的真实性负责,保证可追溯,接受省级以上人民政府农业农村、林业草原主管部门和社会的监督。

第十八条　审定未通过的农作物品种和林木品种,申请人有异议的,可以向原审定委员会或者国家级审定委员会申请复审。

第十九条　通过国家级审定的农作物品种和林木良种由国务院农业农村、林业草原主管部门公告,可以在全国适宜的生态区域推广。通过省级审定的农作物品种和林木良种由省、自治区、直辖市人民政府农业农村、林业草原主管部门公告,可以在本行政区域内适宜的生态区域推广;其他省、自治区、直辖市属于同一适宜生态区的地域引种农作物品种、林木良种的,引种者应当将引种的品种和区域报所在省、自治区、直辖市人民政府农业农村、林业草原主管部门备案。

引种本地区没有自然分布的林木品种,应当按照国家引种标准通过试验。

第二十条　省、自治区、直辖市人民政府农业农村、林业草原主管部门应当完善品种选育、审定工作的区域协作机制,促进优良品种的选育和推广。

第二十一条 审定通过的农作物品种和林木良种出现不可克服的严重缺陷等情形不宜继续推广、销售的,经原审定委员会审核确认后,撤销审定,由原公告部门发布公告,停止推广、销售。

第二十二条 国家对部分非主要农作物实行品种登记制度。列入非主要农作物登记目录的品种在推广前应当登记。

实行品种登记的农作物范围应当严格控制,并根据保护生物多样性、保证消费安全和用种安全的原则确定。登记目录由国务院农业农村主管部门制定和调整。

申请者申请品种登记应当向省、自治区、直辖市人民政府农业农村主管部门提交申请文件和种子样品,并对其真实性负责,保证可追溯,接受监督检查。申请文件包括品种的种类、名称、来源、特性、育种过程以及特异性、一致性、稳定性测试报告等。

省、自治区、直辖市人民政府农业农村主管部门自受理品种登记申请之日起二十个工作日内,对申请者提交的申请文件进行书面审查,符合要求的,报国务院农业农村主管部门予以登记公告。

对已登记品种存在申请文件、种子样品不实的,由国务院农业农村主管部门撤销该品种登记,并将该申请者的违法信息记入社会诚信档案,向社会公布;给种子使用者和其他种子生产经营者造成损失的,依法承担赔偿责任。

对已登记品种出现不可克服的严重缺陷等情形的,由国务院农业农村主管部门撤销登记,并发布公告,停止推广。

非主要农作物品种登记办法由国务院农业农村主管部门规定。

第二十三条 应当审定的农作物品种未经审定的,不得发布广告、推广、销售。

应当审定的林木品种未经审定通过的,不得作为良种推广、销售,但生产确需使用的,应当经林木品种审定委员会认定。

应当登记的农作物品种未经登记的,不得发布广告、推广,不得以登记品种的名义销售。

第二十四条 在中国境内没有经常居所或者营业场所的境外机构、个人在境内申请品种审定或者登记的,应当委托具有法人资格的境内种子企业代理。

第四章 新品种保护

第二十五条 国家实行植物新品种保护制度。对国家植物品种保护名录内经过人工选育或者发现的野生植物加以改良,具备新颖性、特异性、一致性、稳定性和适当命名的植物品种,由国务院农业农村、林业草原主管部门授予植物新品种权,保护植物新品种权所有人的合法权益。植物新品种权的内容和归属、授予条件、申请和受理、审查与批准,以及期限、终止和无效等依照本法、有关法律和行政法规规定执行。

国家鼓励和支持种业科技创新、植物新品种培育及成果转化。取得植物新品种权的品种得到推广应用的,育种者依法获得相应的经济利益。

第二十六条 一个植物新品种只能授予一项植物新品种权。两个以上的申请人分别就同一个品种申请植物新品种权的,植物新品种权授予最先申请的人;同时申请的,植物新品种权授予最先完成该品种育种的人。

对违反法律,危害社会公共利益、生态环境的植物新品种,不授予植物新品种权。

第二十七条 授予植物新品种权的植物新品种名称,应当与相同或者相近的植物属或者种中已知品种的名称相区别。该名称经授权后即为该植物新品种的通用名称。

下列名称不得用于授权品种的命名:

(一)仅以数字表示的;

(二)违反社会公德的;

(三)对植物新品种的特征、特性或者育种者身份等容易引起误解的。

同一植物品种在申请新品种保护、品种审定、品种登记、推广、销售时只能使用同一个名称。生产推广、销售的种子应当与申请植物新品种保护、品种审定、品种登记时提供的样品相符。

第二十八条 植物新品种权所有人对其授权品种享有排他的独占权。植物新品种权所有人可以将植物新品种权许可他人实施,并按照合同约定收取许可使用费;许可使用费可以采取固定价款、从推广收益中提成等方式收取。

任何单位或者个人未经植物新品种权所有人许可,不得生产、繁殖和为繁殖而进行处理、许诺销售、销售、进口、出口以及为实施上述行为储存该授权品种的繁殖材料,不得为商业目的将该授权品种的繁殖材料重复使用于生产另一品种的繁殖材料。本法、有关法律、行政法规另有规定的除外。

实施前款规定的行为,涉及由未经许可使用授权品种的繁殖材料而获得的收获材料的,应当得到植物新品种权所有人的许可;但是,植物新品种权所有人对繁殖材料已有合理机会行使其权利的除外。

对实质性派生品种实施第二款、第三款规定行为的,应当征得原始品种的植物新品种权所有人的同意。

实质性派生品种制度的实施步骤和办法由国务院规定。

第二十九条 在下列情况下使用授权品种的,可以不经植物新品种权所有人许可,不向其支付使用费,但不得侵犯植物新品种权所有人依照本法、有关法律、行政法规享有的其他权利:

(一)利用授权品种进行育种及其他科研活动;

(二)农民自繁自用授权品种的繁殖材料。

第三十条 为了国家利益或者社会公共利益,国务院农业农村、林业草原主管部门可以作出实施植物新品种权强制许可的决定,并予以登记和公告。

取得实施强制许可的单位或者个人不享有独占的实施权,并且无权允许他人实施。

第五章 种子生产经营

第三十一条 从事种子进出口业务的种子生产经营许可证,由国务院农业农村、林业草原主管部门核发。国务院农业农村、林业草原主管部门可以委托省、自治区、直辖市人民政府农业农村、林业草原主管部门接收申请材料。

从事主要农作物杂交种子及其亲本种子、林木良种繁殖材料生产经营的,以及符合国务院农业农村主管部门规定条件的实行选育生产经营相结合的农作物种子企业的种子生产经营许可证,由省、自治区、直辖市人民政府农业农村、林业草原主管部门核发。

前两款规定以外的其他种子的生产经营许可证,由生产经营者所在地县级以上地方人民政府农业农村、林业草原主管部门核发。

只从事非主要农作物种子和非主要林木种子生产的,不需要办理种子生产经营许可证。

第三十二条 申请取得种子生产经营许可证的,应当具有与种子生产经营相适应的生产经营设施、设备及专业技术人员,以及法规和国务院农业农村、林业草原主管部门规定的其他条件。

从事种子生产的,还应当同时具有繁殖种子的隔离和培育条件,具有无检疫性有害生物的种子生产地点或者县级以上人民政府林业草原主管部门确定的采种林。

申请领取具有植物新品种权的种子生产经营许可证的,应当征得植物新品种权所有人的书面同意。

第三十三条 种子生产经营许可证应当载明生产经营者名称、地址、法定代表人、生产种子的品种、地点和种子经营的范围、有效期限、有效区域等事项。

前款事项发生变更的,应当自变更之日起三十日内,向原核发许可证机关申请变更登记。

除本法另有规定外,禁止任何单位和个人无种子生产经营许可证或者违反种子生产经营许可证的规定生产、经营种子。禁止伪造、变造、买卖、租借种子生产经营许可证。

第三十四条 种子生产应当执行种子生产技术规程和种子检验、检疫规程,保证种子符合净度、纯度、发芽率等质量要求和检疫要求。

县级以上人民政府农业农村、林业草原主管部门应当指导、支持种子生产经营者采用先进的种子生产技术,改进生产工艺,提高种子质量。

第三十五条 在林木种子生产基地内采集种子的,由种子生产基地的经营者组织进行,采集种子应当按照国家有关标准进行。

禁止抢采掠青、损坏母树,禁止在劣质林内、劣质母树上采集种子。

第三十六条 种子生产经营者应当建立和保存包括种子来源、产地、数量、质量、销售去向、销售日期和有关责任人员等内容的生产经营档案,保证可追溯。种子生产经营档案的具体载明事项,种子生产经营档案及种子样品的保存期限由国务院农业农村、林业草原主管部门规定。

第三十七条 农民个人自繁自用的常规种子有剩余的,可以在当地集贸市场上出售、串换,不需要办理种子生产经营许可证。

第三十八条 种子生产经营许可证的有效区域由发证机关在其管辖范围内确定。种子生产经营者在种子生产经营许可证载明的有效区域设立分支机构的,专门经营不再分装的包装种子的,或者受具有种子生产经营许可证的种子生产经营者以书面委托生产、代销其种子的,不需要办理种子生产经营许可证,但应当向当地农业农村、林业草原主管部门备案。

实行选育生产经营相结合,符合国务院农业农村、林业草原主管部门规定条件的种子企业的生产经营许可证的有效区域为全国。

第三十九条 销售的种子应当加工、分级、包装。但是不能加工、包装的除外。

大包装或者进口种子可以分装;实行分装的,应当标注分装单位,并对种子质量负责。

第四十条 销售的种子应当符合国家或者行业标准,附有标签和使用说明。标签和使用说明标注的内容应当与销售的种子相符。种子生产经营者对标注内容的真实性和种子质量负责。

标签应当标注种子类别、品种名称、品种审定或者登记编号、品种适宜种植区域及季节、生产经营者及注册地、质量指标、检疫证明编号、种子生产经营许可证编号和信息代码,以及国务院农业农村、林业草原主管部门规定的其他事项。

销售授权品种种子的,应当标注品种权号。

销售进口种子的,应当附有进口审批文号和中文标签。

销售转基因植物品种种子的,必须用明显的文字标注,并应当提示使用时的安全控制措施。

种子生产经营者应当遵守有关法律、法规的规定,诚实守信,向种子使用者提供种子生产者信息、种子的主要性状、主要栽培措施、适应性等使用条件的说明、风险提示与有关咨询服务,不得作虚假或者引人误解的宣传。

任何单位和个人不得非法干预种子生产经营者的生产经营自主权。

第四十一条 种子广告的内容应当符合本法和有关广告的法律、法规的规定,主要性状描述等应当与审定、登记公告一致。

第四十二条 运输或者邮寄种子应当依照有关法律、行政法规的规定进行检疫。

第四十三条 种子使用者有权按照自己的意愿购买种子,任何单位和个人不得非法干预。

第四十四条 国家对推广使用林木良种造林给予扶持。国家投资或者国家投资为主的造林项目和国有林业单位造林,应当根据林业草原主管部门制定的计划使用林木良种。

第四十五条 种子使用者因种子质量问题或者因种子的标签和使用说明标注的内容不真实,遭受损失的,种子使用者可以向出售种子的经营者要求赔偿,也可以向种子生产者或者其他经营者要求赔偿。赔偿额包括购种价款、可得利益损失和其他损失。属于种子生产者或者其他经营者责任的,出售种子的经营者赔偿后,有权向种子生产者或者其他经营者追偿;属于出售种子的经营者责任的,种子生产者或者其他经营者赔偿后,有权向出售种子的经营者追偿。

第六章　种子监督管理

第四十六条 农业农村、林业草原主管部门应当加强对种子质量的监督检查。种子质量管理办法、行业标准和检验方法,由国务院农业农村、林业草原主管部门制定。

农业农村、林业草原主管部门可以采用国家规定的快速检测方法对生产经营的种子品种进行检测,检测结果可以作为行政处罚依据。被检查人对检测结果有异议的,可以申请复检,复检不得采用同一检测方法。因检测结果错误给当事人造成损失的,依法承担赔偿责任。

第四十七条 农业农村、林业草原主管部门可以委托种子质量检验机构对种子质量进行检验。

承担种子质量检验的机构应当具备相应的检测条件、能力,并经省级以上人民政府有关主管部门考核合格。

种子质量检验机构应当配备种子检验员。种子检验员应当具有中专以上有关专业学历,具备相应的种子检验技术能力和水平。

第四十八条 禁止生产经营假、劣种子。农业农村、林业草原主管部门和有关部门依法打击生产经营假、劣种子的违法行为,保护农民合法权益,维护公平竞争的市场秩序。

下列种子为假种子:

(一)以非种子冒充种子或者以此种品种种子冒充其他品种种子的;

(二)种子种类、品种与标签标注的内容不符或者没有标签的。

下列种子为劣种子:

(一)质量低于国家规定标准的;

(二)质量低于标签标注指标的;

(三)带有国家规定的检疫性有害生物的。

第四十九条 农业农村、林业草原主管部门是种子行政执法机关。种子执法人员依法执行公务时应当出示行政执法证件。农业农村、林业草原主管部门依法履行种子监督检查职责时,有权采取下列措施:

(一)进入生产经营场所进行现场检查;

(二)对种子进行取样测试、试验或者检验;

(三)查阅、复制有关合同、票据、账簿、生产经营档案及其他有关资料;

(四)查封、扣押有证据证明违法生产经营的种子,以及用于违法生产经营的工具、设备及运输工具等;

(五)查封违法从事种子生产经营活动的场所。

农业农村、林业草原主管部门依照本法规定行使职权,当事人应当协助、配合,不得拒绝、阻挠。

农业农村、林业草原主管部门所属的综合执法机构或者受其委托的种子管理机构,可以开展种子执法相关工作。

第五十条　种子生产经营者依法自愿成立种子行业协会,加强行业自律管理,维护成员合法权益,为成员和行业发展提供信息交流、技术培训、信用建设、市场营销和咨询等服务。

第五十一条　种子生产经营者可自愿向具有资质的认证机构申请种子质量认证。经认证合格的,可以在包装上使用认证标识。

第五十二条　由于不可抗力原因,为生产需要必须使用低于国家或者地方规定标准的农作物种子的,应当经用种地县级以上地方人民政府批准。

第五十三条　从事品种选育和种子生产经营以及管理的单位和个人应当遵守有关植物检疫法律、行政法规的规定,防止植物危险性病、虫、杂草及其他有害生物的传播和蔓延。

禁止任何单位和个人在种子生产基地从事检疫性有害生物接种试验。

第五十四条　省级以上人民政府农业农村、林业草原主管部门应当在统一的政府信息发布平台上发布品种审定、品种登记、新品种保护、种子生产经营许可、监督管理等信息。

国务院农业农村、林业草原主管部门建立植物品种标准样品库,为种子监督管理提供依据。

第五十五条　农业农村、林业草原主管部门及其工作人员,不得参与和从事种子生产经营活动。

第七章　种子进出口和对外合作

第五十六条　进口种子和出口种子必须实施检疫,防止植物危险性病、虫、杂草及其他有害生物传入境内和传出境外,具体检疫工作按照有关植物进出境检疫法律、行政法规的规定执行。

第五十七条　从事种子进出口业务的,应当具备种子生产经营许可证;其中,从事农作物种子进出口业务的,还应当按照国家有关规定取得种子进出口许可。

从境外引进农作物、林木种子的审定权限,农作物种子的进口审批办法,引进转基因植物品种的管理办法,由国务院规定。

第五十八条　进口种子的质量,应当达到国家标准或者行业标准。没有国家标准或者行业标准的,可以按照合同约定的标准执行。

第五十九条　为境外制种进口种子的,可以不受本法第五十七条第一款的限制,但应当具有对外制种合同,进口的种子只能用于制种,其产品不得在境内销售。

从境外引进农作物或者林木试验用种,应当隔离栽培,收获物也不得作为种子销售。

第六十条　禁止进出口假、劣种子以及属于国家规定不得进出口的种子。

第六十一条　国家建立种业国家安全审查机制。境外机构、个人投资、并购境内种子企业,或者与境内科研院所、种子企业开展技术合作,从事品种研发、种子生产经营的审批管理依照有关法律、行政法规的规定执行。

第八章　扶持措施

第六十二条　国家加大对种业发展的支持。对品种选育、生产、示范推广、种质资源保护、种子储备以及制种大县给予扶持。

国家鼓励推广使用高效、安全制种采种技术和先进适用的制种采种机械,将先进适用的制种采种机械纳入农机具购置补贴范围。

国家积极引导社会资金投资种业。

第六十三条　国家加强种业公益性基础设施建设,保障育种科研设施用地合理需求。

对优势种子繁育基地内的耕地,划入永久基本农田。优势种子繁育基地由国务院农业农村主管部门商所在省、自治区、直辖市人民政府确定。

第六十四条　对从事农作物和林木品种选育、生产的种子企业,按照国家有关规定给予扶持。

第六十五条　国家鼓励和引导金融机构为种子生产经营和收储提供信贷支持。

第六十六条　国家支持保险机构开展种子生产保险。省级以上人民政府可以采取保险费补贴等措施,支持发展种业生产保险。

第六十七条　国家鼓励科研院所及高等院校与种子企业开展育种科技人员交流,支持本单位的科技人员到种子企业从事育种成果转化活动;鼓励育种科研人才创新创业。

第六十八条　国务院农业农村、林业草原主管部门和异地繁育种子所在地的省、自治区、直辖市人民政府应当加强对异地繁育种子工作的管理和协调,交通运输部门应当优先保证种子的运输。

第九章　法律责任

第六十九条　农业农村、林业草原主管部门不依法作出行政许可决定,发现违法行为或者接到对违法行为的举报不予查处,或者有其他未依照本法规定履行职责的行为的,由本级人民政府或者上级人民政府有关部门责令改正,对负有责任的主管人员和其他直接责任人员依法给予处分。

违反本法第五十五条规定,农业农村、林业草原主管部门工作人员从事种子生产经营活动的,依法给予处分。

第七十条　违反本法第十六条规定,品种审定委员会委员和工作人员不依法履行职责,弄虚作假、徇私舞弊的,依法给予处分;自处分决定作出之日起五年内不得从事品种审定工作。

第七十一条　品种测试、试验和种子质量检验机构伪造测试、试验、检验数据或者出具虚假证明的,由县级以上人民政府农业农村、林业草原主管部门责令改正,对单位处五万元以上十万元以下罚款,对直接负责的主管人员和其他直接责任人员处一万元以上五万元以下罚款;有违法所得的,并处没收违法所得;给种子使用者和其他种子生产经营者造成损失的,与种子生产经营者承担连带责任;情节严重的,由省级以上人民政府有关主管部门取消种子质量检验资格。

第七十二条　违反本法第二十八条规定,有侵犯植物新品种权行为的,由当事人协商解决,不愿协商或者协商不成的,植物新品种权所有人或者利害关系人可以请求县级以上人民政府农业农村、林业草原主管部门进行处理,也可以直接向人民法院提起诉讼。

县级以上人民政府农业农村、林业草原主管部门,根据当事人自愿的原则,对侵犯植物新品种权所造成的损害赔偿可以进行调解。调解达成协议的,当事人应当履行;当事人不履行协议或者调解未达成协议的,植物新品种权所有人或者利害关系人可以依法向人民法院提起诉讼。

侵犯植物新品种权的赔偿数额按照权利人因被侵权所受到的实际损失确定;实际损失难以确定的,可以按照侵权人因侵权所获得的利益确定。权利人的损失或者侵权人获得的利益难以确定的,可以参照该植物新品种权许可使用费的倍数合理确定。故意侵犯植物新品种权,情节严重的,可以在按照上述方法确定数额的一倍以上五倍以下确定赔偿数额。

权利人的损失、侵权人获得的利益和植物新品种权许可使用费均难以确定的,人民法院可以根据植物新品种权的类型、侵权行为的性质和情节等因素,确定给予五百万元以下的赔偿。

赔偿数额应当包括权利人为制止侵权行为所支付的合理开支。

县级以上人民政府农业农村、林业草原主管部门处理侵犯植物新品种权案件时,为了维护社会公共利益,责令侵权人停止侵权行为,没收违法所得和种子;货值金额不足五万元的,并处一万元以上二十五万元以下罚款;货值金额五万元以上的,并处货值金额五倍以上十倍以下罚款。

假冒授权品种的,由县级以上人民政府农业农村、林业草原主管部门责令停止假冒行为,没收违法所得和种子;货值金额不足五万元的,并处一万元以上二十五万元以下罚款;货值金额五万元以上的,并处货值金额五倍以上十倍以下罚款。

第七十三条　当事人就植物新品种的申请权和植物新品种权的权属发生争议的,可以向人民法院提起诉讼。

第七十四条　违反本法第四十八条规定,生产经营假种子的,由县级以上人民政府农业农村、林业草原主管部门责令停止生产经营,没收违法所得和种子,吊销种子生产经营许可证;违法生产经营的货值金额不足二万元的,并处二万元以上二十万元以下罚款;货值金额二万元以上的,并处货值金额十倍以上二十倍以下罚款。

因生产经营假种子犯罪被判处有期徒刑以上刑罚的,种子企业或者其他单位的法定代表人、直接负责的主管人员自刑罚执行完毕之日起五年内不得担任种子企业的法定代表人、高级管理人员。

第七十五条　违反本法第四十八条规定,生产经营劣种子的,由县级以上人民政府农业农村、林业草原主管部门责令停止生产经营,没收违法所得和种子;违法生产经营的货值金额不足二万元的,并处一万元以上十万元以下罚款;货值金额二万元以上的,并处货值金额五倍以上十倍以下罚款;情节严重的,吊销种子生产经营许可证。

因生产经营劣种子犯罪被判处有期徒刑以上刑罚的,种子企业或者其他单位的法定代表人、直接负责的主管人员自刑罚执行完毕之日起五年内不得担任种子企业的法定代表人、高级管理人员。

第七十六条　违反本法第三十二条、第三十三条、第三十四条规定,有下列行为之一的,由县级以上人民政府农业农村、林业草原主管部门责令改正,没收违法所得和种子;违法生产经营的货值金额不足一万元的,并处三千元以上三万元以下罚款;货值金额一万元以上的,并处货值金额三倍以上五倍以下罚款;可以吊销种子生产经营许可证：

（一）未取得种子生产经营许可证生产经营种子的；

（二）以欺骗、贿赂等不正当手段取得种子生产经营许可证的；

（三）未按照种子生产经营许可证的规定生产经营种子的；

（四）伪造、变造、买卖、租借种子生产经营许可证的；

（五）不再具有繁殖种子的隔离和培育条件，或者不再具有无检疫性有害生物的种子生产地点或者县级以上人民政府林业草原主管部门确定的采种林，继续从事种子生产的；

（六）未执行种子检验、检疫规程生产种子的。

被吊销种子生产经营许可证的单位，其法定代表人、直接负责的主管人员自处罚决定作出之日起五年内不得担任种子企业的法定代表人、高级管理人员。

第七十七条　违反本法第二十一条、第二十二条、第二十三条规定，有下列行为之一的，由县级以上人民政府农业农村、林业草原主管部门责令停止违法行为，没收违法所得和种子，并处二万元以上二十万元以下罚款：

（一）对应当审定未经审定的农作物品种进行推广、销售的；

（二）作为良种推广、销售应当审定未经审定的林木品种的；

（三）推广、销售应当停止推广、销售的农作物品种或者林木良种的；

（四）对应当登记未经登记的农作物品种进行推广，或者以登记品种的名义进行销售的；

（五）对已撤销登记的农作物品种进行推广，或者以登记品种的名义进行销售的。

违反本法第二十三条、第四十一条规定，对应当审定未经审定或者应当登记未经登记的农作物品种发布广告，或者广告中有关品种的主要性状描述的内容与审定、登记公告不一致的，依照《中华人民共和国广告法》的有关规定追究法律责任。

第七十八条　违反本法第五十七条、第五十九条、第六十条规定，有下列行为之一的，由县级以上人民政府农业农村、林业草原主管部门责令改正，没收违法所得和种子；违法生产经营的货值金额不足一万元的，并处三千元以上三万元以下罚款；货值金额一万元以上的，并处货值金额三倍以上五倍以下罚款；情节严重的，吊销种子生产经营许可证：

（一）未经许可进出口种子的；

（二）为境外制种的种子在境内销售的；

（三）从境外引进农作物或者林木种子进行引种试验的收获物作为种子在境内销售的；

（四）进出口假、劣种子或者属于国家规定不得进出口的种子的。

第七十九条　违反本法第三十六条、第三十八条、第三十九条、第四十条规定，有下列行为之一的，由县级以上人民政府农业农村、林业草原主管部门责令改正，处二千元以上二万元以下罚款：

（一）销售的种子应当包装而没有包装的；

（二）销售的种子没有使用说明或者标签内容不符合规定的；

（三）涂改标签的；

（四）未按规定建立、保存种子生产经营档案的；

（五）种子生产经营者在异地设立分支机构、专门经营不再分装的包装种子或者受委托生产、代销种子，未按规定备案的。

第八十条　违反本法第八条规定，侵占、破坏种质资源，私自采集或者采伐国家重点保护的天然种质资源的，由县级以上人民政府农业农村、林业草原主管部门责令停止违法行为，没收种质资源和违法所得，并处五千元以上五万元以下罚款；造成损失的，依法承担赔偿责任。

第八十一条　违反本法第十一条规定，向境外提供或者从境外引进种质资源，或者与境外机构、个人开展合作研究利用种质资源的，由国务院或者省、自治区、直辖市人民政府的农业农村、林业草原主管部门没收种质资源和违法所得，并处二万元以上二十万元以下罚款。

未取得农业农村、林业草原主管部门的批准文件携带、运输种质资源出境的，海关应当将该种质资源扣留，并移送省、自治区、直辖市人民政府农业农村、林业草原主管部门处理。

第八十二条　违反本法第三十五条规定，抢采掠青、损坏母树或者在劣质林内、劣质母树上采种的，由县级以上人民政府林业草原主管部门责令停止采种行为，没收所采种子，并处所采种子货值金额二倍以上五倍以下罚款。

第八十三条　违反本法第十七条规定，种子企业有造假行为的，由省级以上人民政府农业农村、林业草原主管部门处一百万元以上五百万元以下罚款；不得再依照本法第十七条的规定申请品种审定；给种子使用者和其他种子生产经营者造成损失的，依法承担赔偿责任。

第八十四条　违反本法第四十四条规定，未根据林业草原主管部门制定的计划使用林木良种的，由同级人民政府林业草原主管部门责令限期改正；逾期未改正的，处三千元以上三万元以下罚款。

第八十五条　违反本法第五十三条规定，在种子生产基地进行检疫性有害生物接种试验的，由县级以上人民政府农业农村、林业草原主管部门责令停止试验，处五千元以上五万元以下罚款。

第八十六条　违反本法第四十九条规定，拒绝、阻挠农业农村、林业草原主管部门依法实施监督检查的，处二千元以上五万元以下罚款，可以责令停产停业整顿；构成违反治安管理行为的，由公安机关依法给予治安管理处罚。

第八十七条　违反本法第十三条规定，私自交易育种成果，给本单位造成经济损失的，依法承担赔偿责任。

第八十八条　违反本法第四十三条规定，强迫种子使用者违背自己的意愿购买、使用种子，给使用者造成损失的，应当承担赔偿责任。

第八十九条　违反本法规定，构成犯罪的，依法追究刑事责任。

第十章　附　则

第九十条　本法下列用语的含义是：

（一）种质资源是指选育植物新品种的基础材料，包括各种植物的栽培种、野生种的繁殖材料以及利用上述繁殖材料人工创造的各种植物的遗传材料。

（二）品种是指经过人工选育或者发现并经过改良，形态特征和生物学特性一致，遗传性状相对稳定的植物群体。

（三）主要农作物是指稻、小麦、玉米、棉花、大豆。

（四）主要林木由国务院林业草原主管部门确定并公布；省、自治区、直辖市人民政府林业草原主管部门可以在国务院林业草原主管部门确定的主要林木之外确定其他八种以下的主要林木。

（五）林木良种是指通过审定的主要林木品种，在一定的区域内，其产量、适应性、抗性等方面明显优于当前主栽材料的繁殖材料和种植材料。

（六）新颖性是指申请植物新品种权的品种在申请日前，经申请权人自行或者同意销售、推广其种子，在中国境内未超过一年；在境外，木本或者藤本植物未超过六年，其他植物未超过四年。

本法施行后新列入国家植物品种保护名录的植物的属或者种，从名录公布之日起一年内提出植物新品种权申请的，在境内销售、推广该品种种子未超过四年的，具备新颖性。

除销售、推广行为丧失新颖性外，下列情形视为已丧失新颖性：

1. 品种经省、自治区、直辖市人民政府农业农村、林业草原主管部门依据播种面积确认已经形成事实扩散的；

2. 农作物品种已审定或者登记两年以上未申请植物新品种权的。

（七）特异性是指一个植物品种有一个以上性状明显区别于已知品种。

（八）一致性是指一个植物品种的特性除可预期的自然变异外，群体内个体间相关的特征或者特性表现一致。

（九）稳定性是指一个植物品种经过反复繁殖后或者在特定繁殖周期结束时，其主要性状保持不变。

（十）实质性派生品种是指由原始品种实质性派生，或者由该原始品种的实质性派生品种派生出来的品种，与原始品种有明显区别，并且除派生引起的性状差异外，在表达由原始品种基因型或者基因型组合产生的基本性状方面与原始品种相同。

（十一）已知品种是指已受理申请或者已通过品种审定、品种登记、新品种保护，或者已经销售、推广的植物品种。

（十二）标签是指印制、粘贴、固定或者附着在种子、种子包装物表面的特定图案及文字说明。

第九十一条　国家加强中药材种质资源保护，支持开展中药材育种科学技术研究。

草种、烟草种、中药材种、食用菌菌种的种质资源管理和选育、生产经营、管理等活动，参照本法执行。

第九十二条　本法自2016年1月1日起施行。

中华人民共和国植物新品种保护条例

· 1997年3月20日中华人民共和国国务院令第213号公布
· 根据2013年1月31日《国务院关于修改〈中华人民共和国植物新品种保护条例〉的决定》第一次修订
· 根据2014年7月29日《国务院关于修改部分行政法规的决定》第二次修订

第一章　总　则

第一条　为了保护植物新品种权，鼓励培育和使用植物新品种，促进农业、林业的发展，制定本条例。

第二条　本条例所称植物新品种，是指经过人工培育的或者对发现的野生植物加以开发,具备新颖性、特异性、一致性和稳定性并有适当命名的植物品种。

第三条 国务院农业、林业行政部门(以下统称审批机关)按照职责分工共同负责植物新品种权申请的受理和审查并对符合本条例规定的植物新品种授予植物新品种权(以下称品种权)。

第四条 完成关系国家利益或者公共利益并有重大应用价值的植物新品种育种的单位或者个人,由县级以上人民政府或者有关部门给予奖励。

第五条 生产、销售和推广被授予品种权的植物新品种(以下称授权品种),应当按照国家有关种子的法律、法规的规定审定。

第二章 品种权的内容和归属

第六条 完成育种的单位或者个人对其授权品种,享有排他的独占权。任何单位或者个人未经品种权所有人(以下称品种权人)许可,不得为商业目的生产或者销售该授权品种的繁殖材料,不得为商业目的将该授权品种的繁殖材料重复使用于生产另一品种的繁殖材料;但是,本条例另有规定的除外。

第七条 执行本单位的任务或者主要是利用本单位的物质条件所完成的职务育种,植物新品种的申请权属于该单位;非职务育种,植物新品种的申请权属于完成育种的个人。申请被批准后,品种权属于申请人。

委托育种或者合作育种,品种权的归属由当事人在合同中约定;没有合同约定的,品种权属于受委托完成或者共同完成育种的单位或者个人。

第八条 一个植物新品种只能授予一项品种权。两个以上的申请人分别就同一个植物新品种申请品种权的,品种权授予最先申请的人;同时申请的,品种权授予最先完成该植物新品种育种的人。

第九条 植物新品种的申请权和品种权可以依法转让。

中国的单位或者个人就其在国内培育的植物新品种向外国人转让申请权或者品种权的,应当经审批机关批准。

国有单位在国内转让申请权或者品种权的,应当按照国家有关规定报经有关行政主管部门批准。

转让申请权或者品种权的,当事人应当订立书面合同,并向审批机关登记,由审批机关予以公告。

第十条 在下列情况下使用授权品种的,可以不经品种权人许可,不向其支付使用费,但是不得侵犯品种权人依照本条例享有的其他权利:

(一)利用授权品种进行育种及其他科研活动;

(二)农民自繁自用授权品种的繁殖材料。

第十一条 为了国家利益或者公共利益,审批机关可以作出实施植物新品种强制许可的决定,并予以登记和公告。

取得实施强制许可的单位或者个人应当付给品种权人合理的使用费,其数额由双方商定;双方不能达成协议的,由审批机关裁决。

品种权人对强制许可决定或者强制许可使用费的裁决不服的,可以自收到通知之日起 3 个月内向人民法院提起诉讼。

第十二条 不论授权品种的保护期是否届满,销售该授权品种应当使用其注册登记的名称。

第三章 授予品种权的条件

第十三条 申请品种权的植物新品种应当属于国家植物品种保护名录中列举的植物的属或者种。植物品种保护名录由审批机关确定和公布。

第十四条 授予品种权的植物新品种应当具备新颖性。新颖性,是指申请品种权的植物新品种在申请日前该品种繁殖材料未被销售,或者经育种者许可,在中国境内销售该品种繁殖材料未超过 1 年;在中国境外销售藤本植物、林木、果树和观赏树木品种繁殖材料未超过 6 年,销售其他植物品种繁殖材料未超过 4 年。

第十五条 授予品种权的植物新品种应当具备特异性。特异性,是指申请品种权的植物新品种应当明显区别于在递交申请以前已知的植物品种。

第十六条 授予品种权的植物新品种应当具备一致性。一致性,是指申请品种权的植物新品种经过繁殖,除可以预见的变异外,其相关的特征或者特性一致。

第十七条 授予品种权的植物新品种应当具备稳定性。稳定性,是指申请品种权的植物新品种经过反复繁殖后或者在特定繁殖周期结束时,其相关的特征或者特性保持不变。

第十八条 授予品种权的植物新品种应当具备适当的名称,并与相同或者相近的植物属或者种中已知品种的名称相区别。该名称经注册登记后即为该植物新品种的通用名称。

下列名称不得用于品种命名:

(一)仅以数字组成的;

(二)违反社会公德的;

(三)对植物新品种的特征、特性或者育种者的身份等容易引起误解的。

第四章　品种权的申请和受理

第十九条　中国的单位和个人申请品种权的,可以直接或者委托代理机构向审批机关提出申请。

中国的单位和个人申请品种权的植物新品种涉及国家安全或者重大利益需要保密的,应当按照国家有关规定办理。

第二十条　外国人、外国企业或者外国其他组织在中国申请品种权的,应当按其所属国和中华人民共和国签订的协议或者共同参加的国际条约办理,或者根据互惠原则,依照本条例办理。

第二十一条　申请品种权的,应当向审批机关提交符合规定格式要求的请求书、说明书和该品种的照片。

申请文件应当使用中文书写。

第二十二条　审批机关收到品种权申请文件之日为申请日;申请文件是邮寄的,以寄出的邮戳日为申请日。

第二十三条　申请人自在外国第一次提出品种权申请之日起12个月内,又在中国就该植物新品种提出品种权申请的,依照该外国同中华人民共和国签订的协议或者共同参加的国际条约,或者根据相互承认优先权的原则,可以享有优先权。

申请人要求优先权的,应当在申请时提出书面说明,并在3个月内提交经原受理机关确认的第一次提出的品种权申请文件的副本;未依照本条例规定提出书面说明或者提交申请文件副本的,视为未要求优先权。

第二十四条　对符合本条例第二十一条规定的品种权申请,审批机关应当予以受理,明确申请日、给予申请号,并自收到申请之日起1个月内通知申请人缴纳申请费。

对不符合或者经修改仍不符合本条例第二十一条规定的品种权申请,审批机关不予受理,并通知申请人。

第二十五条　申请人可以在品种权授予前修改或者撤回品种权申请。

第二十六条　中国的单位或者个人将国内培育的植物新品种向国外申请品种权的,应当按照职责分工向省级人民政府农业、林业行政部门登记。

第五章　品种权的审查与批准

第二十七条　申请人缴纳申请费后,审批机关对品种权申请的下列内容进行初步审查:

(一)是否属于植物品种保护名录列举的植物属或者种的范围;

(二)是否符合本条例第二十条的规定;

(三)是否符合新颖性的规定;

(四)植物新品种的命名是否适当。

第二十八条　审批机关应当自受理品种权申请之日起6个月内完成初步审查。对经初步审查合格的品种权申请,审批机关予以公告,并通知申请人在3个月内缴纳审查费。

对经初步审查不合格的品种权申请,审批机关应当通知申请人在3个月内陈述意见或者予以修正;逾期未答复或者修正后仍然不合格的,驳回申请。

第二十九条　申请人按照规定缴纳审查费后,审批机关对品种权申请的特异性、一致性和稳定性进行实质审查。

申请人未按照规定缴纳审查费的,品种权申请视为撤回。

第三十条　审批机关主要依据申请文件和其他有关书面材料进行实质审查。审批机关认为必要时,可以委托指定的测试机构进行测试或者考察业已完成的种植或者其他试验的结果。

因审查需要,申请人应当根据审批机关的要求提供必要的资料和该植物新品种的繁殖材料。

第三十一条　对经实质审查符合本条例规定的品种权申请,审批机关应当作出授予品种权的决定,颁发品种权证书,并予以登记和公告。

对经实质审查不符合本条例规定的品种权申请,审批机关予以驳回,并通知申请人。

第三十二条　审批机关设立植物新品种复审委员会。

对审批机关驳回品种权申请的决定不服的,申请人可以自收到通知之日起3个月内,向植物新品种复审委员会请求复审。植物新品种复审委员会应当自收到复审请求书之日起6个月内作出决定,并通知申请人。

申请人对植物新品种复审委员会的决定不服的,可以自接到通知之日起15日内向人民法院提起诉讼。

第三十三条　品种权被授予后,在自初步审查合格公告之日起至被授予品种权之日止的期间,对未经申请人许可,为商业目的生产或者销售该授权品种的繁殖材料的单位和个人,品种权人享有追偿的权利。

第六章　期限、终止和无效

第三十四条　品种权的保护期限,自授权之日起,藤本植物、林木、果树和观赏树木为20年,其他植物为15年。

第三十五条　品种权人应当自被授予品种权的当年

开始缴纳年费,并且按照审批机关的要求提供用于检测的该授权品种的繁殖材料。

第三十六条　有下列情形之一的,品种权在其保护期限届满前终止:

(一)品种权人以书面声明放弃品种权的;

(二)品种权人未按照规定缴纳年费的;

(三)品种权人未按照审批机关的要求提供检测所需的该授权品种的繁殖材料的;

(四)经检测该授权品种不再符合被授予品种权时的特征和特性的。

品种权的终止,由审批机关登记和公告。

第三十七条　自审批机关公告授予品种权之日起,植物新品种复审委员会可以依据职权或者依据任何单位或者个人的书面请求,对不符合本条例第十四条、第十五条、第十六条和第十七条规定的,宣告品种权无效;对不符合本条例第十八条规定的,予以更名。宣告品种权无效或者更名的决定,由审批机关登记和公告,并通知当事人。

对植物新品种复审委员会的决定不服的,可以自收到通知之日起3个月内向人民法院提起诉讼。

第三十八条　被宣告无效的品种权视为自始不存在。

宣告品种权无效的决定,对在宣告前人民法院作出并已执行的植物新品种侵权的判决、裁定,省级以上人民政府农业、林业行政部门作出并已执行的植物新品种侵权处理决定,以及已经履行的植物新品种实施许可合同和植物新品种权转让合同,不具有追溯力;但是,因品种权人的恶意给他人造成损失的,应当给予合理赔偿。

依照前款规定,品种权人或者品种权转让人不向被许可实施人或者受让人返还使用费或者转让费,明显违反公平原则的,品种权人或者品种权转让人应当向被许可实施人或者受让人返还全部或者部分使用费或者转让费。

第七章　罚　则

第三十九条　未经品种权人许可,以商业目的生产或者销售授权品种的繁殖材料的,品种权人或者利害关系人可以请求省级以上人民政府农业、林业行政部门依据各自的职权进行处理,也可以直接向人民法院提起诉讼。

省级以上人民政府农业、林业行政部门依据各自的职权,根据当事人自愿的原则,对侵权所造成的损害赔偿可以进行调解。调解达成协议的,当事人应当履行;调解

未达成协议的,品种权人或者利害关系人可以依照民事诉讼程序向人民法院提起诉讼。

省级以上人民政府农业、林业行政部门依据各自的职权处理品种权侵权案件时,为维护社会公共利益,可以责令侵权人停止侵权行为,没收违法所得和植物品种繁殖材料;货值金额5万元以上的,可处货值金额1倍以上5倍以下的罚款;没有货值金额或者货值金额5万元以下的,根据情节轻重,可处25万元以下的罚款。

第四十条　假冒授权品种的,由县级以上人民政府农业、林业行政部门依据各自的职权责令停止假冒行为,没收违法所得和植物品种繁殖材料;货值金额5万元以上的,处货值金额1倍以上5倍以下的罚款;没有货值金额或者货值金额5万元以下的,根据情节轻重,处25万元以下的罚款;情节严重,构成犯罪的,依法追究刑事责任。

第四十一条　省级以上人民政府农业、林业行政部门依据各自的职权在查处品种权侵权案件和县级以上人民政府农业、林业行政部门依据各自的职权在查处假冒授权品种案件时,根据需要,可以封存或者扣押与案件有关的植物品种的繁殖材料,查阅、复制或者封存与案件有关的合同、账册及有关文件。

第四十二条　销售授权品种未使用其注册登记的名称的,由县级以上人民政府农业、林业行政部门依据各自的职权责令限期改正,可以处1000元以下的罚款。

第四十三条　当事人就植物新品种的申请权和品种权的权属发生争议的,可以向人民法院提起诉讼。

第四十四条　县级以上人民政府农业、林业行政部门的及有关部门的工作人员滥用职权、玩忽职守、徇私舞弊、索贿受贿,构成犯罪的,依法追究刑事责任;尚不构成犯罪的,依法给予行政处分。

第八章　附　则

第四十五条　审批机关可以对本条例施行前首批列入植物品种保护名录的和本条例施行后新列入植物品种保护名录的植物属或者种的新颖性要求作出变通性规定。

第四十六条　本条例自1997年10月1日起施行。

中华人民共和国植物新品种保护条例
实施细则(农业部分)

· 2007年9月19日农业部令第5号公布
· 根据2011年12月31日《农业部关于修订部分规章和规范性文件的决定》第一次修订
· 根据2014年4月25日《农业部关于修订部分规章的决定》第二次修订

第一章 总 则

第一条 根据《中华人民共和国植物新品种保护条例》(以下简称《条例》),制定本细则。

第二条 农业植物新品种包括粮食、棉花、油料、麻类、糖料、蔬菜(含西甜瓜)、烟草、桑树、茶树、果树(干果除外)、观赏植物(木本除外)、草类、绿肥、草本药材、食用菌、藻类和橡胶树等植物的新品种。

第三条 依据《条例》第三条的规定,农业部为农业植物新品种权的审批机关,依照《条例》规定授予农业植物新品种权(以下简称品种权)。

农业部植物新品种保护办公室(以下简称品种保护办公室),承担品种权申请的受理、审查等事务,负责植物新品种测试和繁殖材料保藏的组织工作。

第四条 对危害公共利益、生态环境的植物新品种不授予品种权。

第二章 品种权的内容和归属

第五条 《条例》所称繁殖材料是指可繁殖植物的种植材料或植物体的其他部分,包括籽粒、果实和根、茎、苗、芽、叶等。

第六条 申请品种权的单位或者个人统称为品种申请人;获得品种权的单位或者个人统称为品种权人。

第七条 《条例》第七条所称执行本单位任务所完成的职务育种是指下列情形之一:

(一)在本职工作中完成的育种;

(二)履行本单位交付的本职工作之外的任务所完成的育种;

(三)退职、退休或者调动工作后,3年内完成的与其在原单位承担的工作或者原单位分配的任务有关的育种。

《条例》第七条所称本单位的物质条件是指本单位的资金、仪器设备、试验场地以及单位所有的尚未允许公开的育种材料和技术资料等。

第八条 《条例》第八条所称完成新品种育种的人是指完成新品种育种的单位或者个人(以下简称育种者)。

第九条 完成新品种培育的人员(以下简称培育人)是指对新品种培育作出创造性贡献的人。仅负责组织管理工作、为物质条件的利用提供方便或者从事其他辅助工作的人不能被视为培育人。

第十条 一个植物新品种只能被授予一项品种权。

一个植物新品种由两个以上申请人分别于同一日内提出品种权申请的,由申请人自行协商确定申请权的归属;协商不能达成一致意见的,品种保护办公室可以要求申请人在指定期限内提供证据,证明自己是最先完成该新品种育种的人。逾期未提供证据的,视为撤回申请;所提供证据不足以作为判定依据的,品种保护办公室驳回申请。

第十一条 中国的单位或者个人就其在国内培育的新品种向外国人转让申请权或者品种权的,应当向农业部申请审批。

转让申请权或者品种权的,当事人应当订立书面合同,向农业部登记,由农业部予以公告,并自公告之日起生效。

第十二条 有下列情形之一的,农业部可以作出实施品种权的强制许可决定:

(一)为了国家利益或者公共利益的需要;

(二)品种权人无正当理由自己不实施,又不许可他人以合理条件实施的;

(三)对重要农作物品种,品种权人虽已实施,但明显不能满足国内市场需求,又不许可他人以合理条件实施的。

申请强制许可的,应当向农业部提交强制许可请求书,说明理由并附具有关证明文件各一式两份。

农业部自收到请求书之日起20个工作日内作出决定。需要组织专家调查论证的,调查论证时间不得超过3个月。同意强制许可请求的,由农业部通知品种权人和强制许可请求人,并予以公告;不同意强制许可请求的,通知请求人并说明理由。

第十三条 依照《条例》第十一条第二款规定,申请农业部裁决使用费数额的,当事人应当提交裁决申请书,并附具未能达成协议的证明文件。农业部自收到申请书之日起3个月内作出裁决并通知当事人。

第三章 授予品种权的条件

第十四条 依照《条例》第四十五条的规定,列入植物新品种保护名录的植物属或者种,从名录公布之日起1年内提出的品种权申请,凡经过育种者许可,申请日前在中国境内销售该品种的繁殖材料未超过4年,符合《条例》规定的特异性、一致性和稳定性及命名要求的,农业部可以授予品种权。

第十五条 具有下列情形之一的,属于《条例》第十四条规定的销售:

(一)以买卖方式将申请品种的繁殖材料转移他人;

(二)以易货方式将申请品种的繁殖材料转移他人;

(三)以入股方式将申请品种的繁殖材料转移他人;

(四)以申请品种的繁殖材料签订生产协议;

(五)以其他方式销售的情形。

具有下列情形之一的,视为《条例》第十四条规定的育种者许可销售:

(一)育种者自己销售;

(二)育种者内部机构销售;

(三)育种者的全资或者参股企业销售;

(四)农业部规定的其他情形。

第十六条 《条例》第十五条所称"已知的植物品种",包括品种权申请初审合格公告、通过品种审定或者已推广应用的品种。

第十七条 《条例》第十六条、第十七条所称"相关的特征或者特性"是指至少包括用于特异性、一致性和稳定性测试的性状或者授权时进行品种描述的性状。

第十八条 有下列情形之一的,不得用于新品种命名:

(一)仅以数字组成的;

(二)违反国家法律或者社会公德或者带有民族歧视性的;

(三)以国家名称命名的;

(四)以县级以上行政区划的地名或者公众知晓的外国地名命名的;

(五)同政府间国际组织或者其他国际国内知名组织及标识名称相同或者近似的;

(六)对植物新品种的特征、特性或者育种者的身份等容易引起误解的;

(七)属于相同或相近植物属或者种的已知名称的;

(八)夸大宣传。

已通过品种审定的品种,或获得《农业转基因生物安全证书(生产应用)》的转基因植物品种,如品种名称符合植物新品种命名规定,申请品种权的品种名称应当与品种审定或农业转基因生物安全审批的品种名称一致。

第四章 品种权的申请和受理

第十九条 中国的单位和个人申请品种权的,可以直接或者委托代理机构向品种保护办公室提出申请。

在中国没有经常居所的外国人、外国企业或其他外国组织,向品种保护办公室提出品种权申请的,应当委托代理机构办理。

申请人委托代理机构办理品种权申请等相关事务时,应当与代理机构签订委托书,明确委托办理事项与权责。代理机构在向品种保护办公室提交申请时,应当同时提交申请人委托书。品种保护办公室在上述申请的受理与审查程序中,直接与代理机构联系。

第二十条 申请品种权的,申请人应当向品种保护办公室提交请求书、说明书和品种照片各一式两份,同时提交相应的请求书和说明书的电子文档。

请求书、说明书按照品种保护办公室规定的统一格式填写。

第二十一条 申请人提交的说明书应当包括下列内容:

(一)申请品种的暂定名称,该名称应当与请求书的名称一致;

(二)申请品种所属的属或者种的中文名称和拉丁文名称;

(三)育种过程和育种方法,包括系谱、培育过程和所使用的亲本或其他繁殖材料来源与名称的详细说明;

(四)有关销售情况的说明;

(五)选择的近似品种及理由;

(六)申请品种特异性、一致性和稳定性的详细说明;

(七)适于生长的区域或者环境以及栽培技术的说明;

(八)申请品种与近似品种的性状对比表。

前款第(五)、(八)项所称近似品种是指在所有已知植物品种中,相关特征或者特性与申请品种最为相似的品种。

第二十二条 申请人提交的照片应当符合以下要求:

(一)照片有利于说明申请品种的特异性;

(二)申请品种与近似品种的同一种性状对比应在同一张照片上;

(三)照片应为彩色,必要时,品种保护办公室可以要求申请人提供黑白照片;

(四)照片规格为8.5厘米×12.5厘米或者10厘米×15厘米;

(五)关于照片的简要文字说明。

第二十三条　品种权申请文件有下列情形之一的，品种保护办公室不予受理：

（一）未使用中文的；

（二）缺少请求书、说明书或者照片之一的；

（三）请求书、说明书和照片不符合本细则规定格式的；

（四）文件未打印的；

（五）字迹不清或者有涂改的；

（六）缺少申请人和联系人姓名（名称）、地址、邮政编码的或者不详的；

（七）委托代理但缺少代理委托书的。

第二十四条　中国的单位或者个人将国内培育的植物新品种向国外申请品种权的，应当向所在地省级人民政府农业行政主管部门申请登记。

第二十五条　申请人依照《条例》第二十三条的规定要求优先权的，应当在申请中写明第一次提出品种权申请的申请日、申请号和受理该申请的国家或组织；未写明的，视为未要求优先权。申请人提交的第一次品种权申请文件副本应当经原受理机关确认。

第二十六条　在中国没有经常居所或者营业所的外国人、外国企业和外国其他组织，申请品种权或者要求优先权的，品种保护办公室认为必要时，可以要求其提供下列文件：

（一）申请人是个人的，其国籍证明；

（二）申请人是企业或者其他组织的，其营业所或者总部所在地的证明；

（三）外国人、外国企业、外国其他组织的所属国，承认中国单位和个人可以按照该国国民的同等条件，在该国享有品种申请权、优先权和其他与品种权有关的权利的证明文件。

第二十七条　申请人在向品种保护办公室提出品种权申请12个月内，又向国外申请品种权的，依照该国或组织同中华人民共和国签订的协议或者共同参加的国际条约，或者根据相互承认优先权的原则，可以请求品种保护办公室出具优先权证明文件。

第二十八条　依照《条例》第十九条第二款规定，中国的单位和个人申请品种权的植物新品种涉及国家安全或者重大利益需要保密的，申请人应当在申请文件中说明，品种保护办公室经过审查后作出是否按保密申请处理的决定，并通知申请人；品种保护办公室认为需要保密而申请人未注明的，仍按保密申请处理，并通知申请人。

第二十九条　申请人送交的申请品种繁殖材料应当与品种权申请文件中所描述的繁殖材料相一致，并符合下列要求：

（一）未遭受意外损害；

（二）未经过药物处理；

（三）无检疫性的有害生物；

（四）送交的繁殖材料为籽粒或果实的，籽粒或果实应当是最近收获的。

第三十条　品种保护办公室认为必要的，申请人应当送交申请品种和近似品种的繁殖材料，用于申请品种的审查和检测。申请品种属于转基因品种的，应当附具生产性试验阶段的《农业转基因生物安全审批书》或《农业转基因生物安全证书(生产应用)》复印件。

申请人应当自收到品种保护办公室通知之日起3个月内送交繁殖材料。送交繁殖材料为籽粒或果实的，应当送至品种保护办公室植物新品种保藏中心（以下简称保藏中心）；送交种苗、种球、块茎、块根等无性繁殖材料的，应当送至品种保护办公室指定的测试机构。

申请人送交的繁殖材料数量少于品种保护办公室规定的，保藏中心或者测试机构应当通知申请人，申请人应自收到通知之日起1个月内补足。特殊情况下，申请人送交了规定数量的繁殖材料后仍不能满足测试或者检测需要时，品种保护办公室有权要求申请人补交。

第三十一条　繁殖材料应当依照有关规定实施植物检疫。检疫不合格或者未经检疫的，保藏中心或者测试机构不予接收。

保藏中心或者测试机构收到申请人送交的繁殖材料后应当出具书面证明，并在收到繁殖材料之日起20个工作日内（有休眠期的植物除外）完成生活力等内容的检测。检测合格的，应当向申请人出具书面检测合格证明；检测不合格的，应当通知申请人自收到通知之日起1个月内重新送交繁殖材料并取回检测不合格的繁殖材料，申请人到期不取回的，保藏中心或者测试机构应当销毁。

申请人未按规定送交繁殖材料的，视为撤回申请。

第三十二条　保藏中心和测试机构对申请品种的繁殖材料负有保密的责任，应当防止繁殖材料丢失、被盗等事故的发生，任何人不得更换检验合格的繁殖材料。发生繁殖材料丢失、被盗、更换的，依法追究有关人员的责任。

第五章　品种权的审查与批准

第三十三条　在初步审查、实质审查、复审和无效宣告程序中进行审查和复审人员有下列情形之一的，应当自行回避，当事人或者其他利害关系人可以要求其回避：

（一）是当事人或者其代理人近亲属的；

（二）与品种权申请或者品种权有直接利害关系的；

（三）与当事人或者其代理人有其他关系，可能影响公正审查和审理的。

审查人员的回避由品种保护办公室决定，复审人员的回避由植物新品种复审委员会主任决定。

第三十四条　一件植物品种权申请包括两个以上新品种的，品种保护办公室应当要求申请人提出分案申请。申请人在指定期限内对其申请未进行分案修正或者期满未答复的，视为撤回申请。

申请人按照品种保护办公室要求提出的分案申请，可以保留原申请日；享有优先权的，可保留优先权日。但不得超出原申请文件已有内容的范围。

分案申请应当依照《条例》及本细则的规定办理相关手续。

分案申请的请求书中应当写明原申请的申请号和申请日。原申请享有优先权的，应当提交原申请的优先权文件副本。

第三十五条　品种保护办公室对品种权申请的下列内容进行初步审查：

（一）是否符合《条例》第二十七条规定；

（二）选择的近似品种是否适当；申请品种的亲本或其他繁殖材料来源是否公开。

品种保护办公室应当将审查意见通知申请人。品种保护办公室有疑问的，可要求申请人在指定期限内陈述意见或者补正；申请人期满未答复的，视为撤回申请。申请人陈述意见或者补正后，品种保护办公室认为仍然不符合规定的，应当驳回其申请。

第三十六条　除品种权申请文件外，任何人向品种保护办公室提交的与品种权申请有关的材料，有下列情形之一的，视为未提出：

（一）未使用规定的格式或者填写不符合要求的；

（二）未按照规定提交证明材料的。

当事人当面提交材料的，受理人员应当当面说明材料存在的缺陷后直接退回；通过邮局提交的，品种保护办公室应当将视为未提出的审查意见和原材料一起退回；邮寄地址不清的，采用公告方式退回。

第三十七条　自品种权申请之日起至授予品种权之日前，任何人均可以对不符合《条例》第八条、第十三至第十八条以及本细则第四条规定的品种权申请，向品种保护办公室提出异议，并提供相关证据和说明理由。未提供相关证据的，品种保护办公室不予受理。

第三十八条　未经品种保护办公室批准，申请人在品种权授予前不得修改申请文件的下列内容：

（一）申请品种的名称、申请品种的亲本或其他繁殖材料名称、来源以及申请品种的育种方法；

（二）申请品种的最早销售时间；

（三）申请品种的特异性、一致性和稳定性内容。

品种权申请文件的修改部分，除个别文字修改或者增删外，应当按照规定格式提交替换页。

第三十九条　品种保护办公室负责对品种权申请进行实质审查，并将审查意见通知申请人。品种保护办公室可以根据审查的需要，要求申请人在指定期限内陈述意见或者补正。申请人期满未答复的，视为撤回申请。

第四十条　依照《条例》和本细则的规定，品种权申请经实质审查应当予以驳回的情形是指：

（一）不符合《条例》第八条、第十三条至第十七条规定之一的；

（二）属于本细则第四条规定的；

（三）不符合命名规定，申请人又不按照品种保护办公室要求修改的；

（四）申请人陈述意见或者补正后，品种保护办公室认为仍不符合规定的。

第四十一条　品种保护办公室发出办理授予品种权手续的通知后，申请人应当自收到通知之日起2个月内办理相关手续和缴纳第1年年费。对按期办理的，农业部授予品种权，颁发品种权证书，并予以公告。品种权自授权公告之日起生效。

期满未办理的，视为放弃取得品种权的权利。

第四十二条　农业部植物新品种复审委员会，负责审理驳回品种权申请的复审案件、品种权无效宣告案件和授权品种更名案件。具体规定由农业部另行制定。

第六章　文件的提交、送达和期限

第四十三条　依照《条例》和本细则规定提交的各种文件应当使用中文，并采用国家统一规定的科学技术术语和规范词。外国人名、地名和科学技术术语没有统一中文译文的，应当注明原文。

依照《条例》和本细则规定提交的各种证件和证明文件是外文的，应当附送中文译文；未附送的，视为未提交该证明文件。

第四十四条　当事人向品种保护办公室提交的各种文件应当打印或者印刷，字迹呈黑色，并整齐清晰。申请文件的文字部分应当横向书写，纸张只限单面使用。

第四十五条　当事人提交的各种文件和办理的其他

手续,应当由申请人、品种权人、其他利害关系人或者其代表人签字或者盖章;委托代理机构的,由代理机构盖章。请求变更培育人姓名、品种权申请人和品种权人的姓名或者名称、国籍、地址、代理机构的名称和代理人姓名的,应当向品种保护办公室办理著录事项变更手续,并附具变更理由的证明材料。

第四十六条　当事人提交各种材料时,可以直接提交,也可以邮寄。邮寄时,应当使用挂号信函,不得使用包裹,一件信函中应当只包含同一申请的相关材料。邮寄的,以寄出的邮戳日为提交日。信封上寄出的邮戳日不清晰的,除当事人能够提供证明外,以品种保护办公室的收到日期为提交日。

品种保护办公室的各种文件,可以通过邮寄、直接送交或者以公告的方式送达当事人。当事人委托代理机构的,文件送交代理机构;未委托代理机构的,文件送交请求书中收件人地址及收件人或者第一署名人或者代表人。当事人拒绝接收文件的,该文件视为已经送达。

品种保护办公室邮寄的各种文件,自文件发出之日起满15日,视为当事人收到文件之日。

根据规定应当直接送交的文件,以交付日为送达日。文件送达地址不清,无法邮寄的,可以通过公告的方式送达当事人。自公告之日起满2个月,该文件视为已经送达。

第四十七条　《条例》和本细则规定的各种期限的第一日不计算在期限内。期限以年或者月计算的,以其最后一月的相应日为期限届满日;该月无相应日的,以该月最后一日为期限届满日。期限届满日是法定节假日的,以节假日后的第一个工作日为期限届满日。

第四十八条　当事人因不可抗力而耽误《条例》或者本细则规定的期限或者品种保护办公室指定的期限,导致其权利丧失的,自障碍消除之日起2个月内,最迟自期限届满之日起2年内,可以向品种保护办公室说明理由并附具有关证明文件,请求恢复其权利。

当事人因正当理由而耽误《条例》或者本细则规定的期限或者品种保护办公室指定的期限,造成其权利丧失的,可以自收到通知之日起2个月内向品种保护办公室说明理由,请求恢复其权利。

当事人请求延长品种保护办公室指定期限的,应当在期限届满前,向品种保护办公室说明理由并办理有关手续。

本条第一款和第二款的规定不适用《条例》第十四条、第二十三条、第三十二条第二、三款、第三十四条、第

三十七条第二款规定的期限。

第四十九条　除《条例》第二十二条的规定外,《条例》所称申请日,有优先权的,指优先权日。

第七章　费用和公报

第五十条　申请品种权和办理其他手续时,应当按照国家有关规定向农业部缴纳申请费、审查费、年费。

第五十一条　《条例》和本细则规定的各种费用,可以直接缴纳,也可以通过邮局或者银行汇付。

通过邮局或者银行汇付的,应当注明品种名称,同时将汇款凭证的复印件传真或者邮寄至品种保护办公室,并说明该费用的申请号或者品种权号、申请人或者品种权人的姓名或名称、费用名称。

通过邮局或者银行汇付的,以汇出日为缴费日。

第五十二条　依照《条例》第二十四条的规定,申请人可以在提交品种权申请的同时缴纳申请费,但最迟自申请之日起1个月内缴纳申请费,期满未缴纳或者未缴足的,视为撤回申请。

第五十三条　经初步审查合格的品种权申请,申请人应当按照品种保护办公室的通知,在规定的期限内缴纳审查费。期满未缴纳或者未缴足的,视为撤回申请。

第五十四条　申请人在领取品种权证书前,应当缴纳授予品种权第1年的年费。以后的年费应当在前1年度期满前1个月内预缴。

第五十五条　品种权人未按时缴纳授予品种权第1年以后的年费,或者缴纳的数额不足的,品种保护办公室应当通知申请人自应当缴纳年费期满之日起6个月内补缴;期满未缴纳的,自应当缴纳年费期满之日起,品种权终止。

第五十六条　品种保护办公室定期发布植物新品种保护公报,公告品种权有关内容。

第八章　附　则

第五十七条　《条例》第四十条、第四十一条所称的假冒授权品种行为是指下列情形之一:

(一)印制或者使用伪造的品种权证书、品种权申请号、品种权号或者其他品种权申请标记、品种权标记;

(二)印制或者使用已经被驳回、视为撤回或者撤回的品种权申请的申请号或者其他品种权申请标记;

(三)印制或者使用已经被终止或者被宣告无效的品种权的品种权证书、品种权号或者其他品种权标记;

(四)生产或者销售本条(一)项、第(二)项和第(三)项所标记的品种;

（五）生产或销售冒充品种权申请或者授权品种名称的品种；

（六）其他足以使他人将非品种权申请或者非授权品种误认为品种权申请或者授权品种的行为。

第五十八条　农业行政部门根据《条例》第四十一条的规定对封存或者扣押的植物品种繁殖材料，应当在三十日内做出处理；情况复杂的，经农业行政部门负责人批准可以延长，延长期限不超过三十日。

第五十九条　当事人因品种申请权或者品种权发生纠纷，向人民法院提起诉讼并且人民法院已受理的，可以向品种保护办公室请求中止有关程序。

依照前款规定申请中止有关程序的，应当向品种保护办公室提交申请书，并附具人民法院的有关受理文件副本。

在人民法院作出的判决生效后，当事人应当向品种保护办公室请求恢复有关程序。自请求中止之日起1年内，有关品种申请权或者品种权归属的纠纷未能结案，需要继续中止有关程序的，请求人应当在该期限内请求延长中止。期满未请求延长的，品种保护办公室可以自行恢复有关程序。

第六十条　已被视为撤回、驳回和主动撤回的品种权申请的案卷，自该品种权申请失效之日起满2年后不予保存。

已被宣告无效的品种权案卷自该品种权无效宣告之日起，终止的品种权案卷自该品种权失效之日起满3年后不予保存。

第六十一条　本细则自2008年1月1日起施行。1999年6月16日农业部发布的《中华人民共和国植物新品种保护条例实施细则（农业部分）》同时废止。

中华人民共和国植物新品种保护条例
实施细则（林业部分）

· 1999年8月10日国家林业局令第3号公布
· 根据2011年1月25日《国家林业局关于废止和修改部分部门规章的决定》修订

第一章　总　则

第一条　根据《中华人民共和国植物新品种保护条例》（以下简称《条例》），制定本细则。

第二条　本细则所称植物新品种，是指符合《条例》第二条规定的林木、竹、木质藤木、木本观赏植物（包括木本花卉）、果树（干果部分）及木本油料、饮料、调料、木本药材等植物品种。

植物品种保护名录由国家林业局确定和公布。

第三条　国家林业局依照《条例》和本细则规定受理、审查植物新品种权的申请并授予植物新品种权（以下简称品种权）。

国家林业局植物新品种保护办公室（以下简称植物新品种保护办公室），负责受理和审查本细则第二条规定的植物新品种的品种权申请，组织与植物新品种保护有关的测试、保藏等业务，按国家有关规定承办与植物新品种保护有关的国际事务等具体工作。

第二章　品种权的内容和归属

第四条　《条例》所称的繁殖材料，是指整株植物（包括苗木）、种子（包括根、茎、叶、花、果实等）以及构成植物体的任何部分（包括组织、细胞）。

第五条　《条例》第七条所称的职务育种是指：

（一）在本职工作中完成的育种；

（二）履行本单位分配的本职工作之外的任务所完成的育种；

（三）离开原单位后3年内完成的与其在原单位承担的本职工作或者分配的任务有关的育种；

（四）利用本单位的资金、仪器设备、试验场地、育种资源和其他繁殖材料及不对外公开的技术资料等所完成的育种。

除前款规定情形之外的，为非职务育种。

第六条　《条例》所称完成植物新品种育种的人、品种权申请人、品种权人，均包括单位或者个人。

第七条　两个以上申请人就同一个植物新品种在同一日分别提出品种权申请的，植物新品种保护办公室可以要求申请人自行协商确定申请权的归属；协商达不成一致意见的，植物新品种保护办公室可以要求申请人在规定的期限内提供证明自己是最先完成该植物新品种育种的证据；逾期不提供证据的，视为放弃申请。

第八条　中国的单位或者个人就其在国内培育的植物新品种向外国人转让申请权或者品种权的，应当报国家林业局批准。

转让申请权或者品种权的，当事人应当订立书面合同，向国家林业局登记，并由国家林业局予以公告。

转让申请权或者品种权的，自登记之日起生效。

第九条　依照《条例》第十一条规定，有下列情形之一的，国家林业局可以作出或者依当事人的请求作出实施植物新品种强制许可的决定：

（一）为满足国家利益或者公共利益等特殊需要；

（二）品种权人无正当理由自己不实施或者实施不完全，又不许可他人以合理条件实施的。

请求植物新品种强制许可的单位或者个人，应当向国家林业局提出强制许可请求书，说明理由并附具有关证明材料各一式两份。

第十条　按照《条例》第十一条第二款规定，请求国家林业局裁决植物新品种强制许可使用费数额的，当事人应当提交裁决请求书，并附具不能达成协议的有关材料。国家林业局自收到裁决请求书之日起3个月内作出裁决并通知有关当事人。

第三章　授予品种权的条件

第十一条　授予品种权的，应当符合《条例》第十三条、第十四条、第十五条、第十六条、第十七条、第十八条和本细则第二条的规定。

第十二条　依照《条例》第四十五条的规定，对《条例》施行前首批列入植物品种保护名录的和《条例》施行后新列入植物品种保护名录的属或者种的植物品种，自名录公布之日起一年内提出的品种权申请，经育种人许可，在中国境内销售该品种的繁殖材料不超过4年的，视为具有新颖性。

第十三条　除《条例》第十八条规定的以外，有下列情形之一的，不得用于植物新品种命名：

（一）违反国家法律、行政法规规定或者带有民族歧视性的；

（二）以国家名称命名的；

（三）以县级以上行政区划的地名或者公众知晓的外国地名命名的；

（四）同政府间国际组织或者其他国际知名组织的标识名称相同或者近似的；

（五）属于相同或者相近植物属或者种的已知名称的。

第四章　品种权的申请和受理

第十四条　中国的单位和个人申请品种权的，可以直接或者委托代理机构向国家林业局提出申请。

第十五条　中国的单位和个人申请品种权的植物品种，如涉及国家安全或者重大利益需要保密的，申请人应当在请求书中注明，植物新品种保护办公室应当按国家有关保密的规定办理，并通知申请人；植物新品种保护办公室认为需要保密而申请人未注明的，按保密申请办理，并通知有关当事人。

第十六条　外国人、外国企业或者其他外国组织向国家林业局提出品种权申请和办理其他品种权事务的，应当委托代理机构办理。

第十七条　申请人委托代理机构向国家林业局申请品种权或者办理其他有关事务的，应当提交委托书，写明委托权限。

申请人为两个以上而未委托代理机构代理的，应当书面确定一方为代表人。

第十八条　申请人申请品种权时，应当向植物新品种保护办公室提交国家林业局规定格式的请求书、说明书以及符合本细则第十九条规定的照片各一式两份。

第十九条　《条例》第二十一条所称的照片，应当符合以下要求：

（一）有利于说明申请品种权的植物品种的特异性；

（二）一种性状的对比应在同一张照片上；

（三）照片应为彩色；

（四）照片规格为8.5厘米×12.5厘米或者10厘米×15厘米。

照片应当附有简要文字说明；必要时，植物新品种保护办公室可以要求申请人提供黑白照片。

第二十条　品种权的申请文件有下列情形之一的，植物新品种保护办公室不予受理：

（一）内容不全或者不符合规定格式的；

（二）字迹不清或者有严重涂改的；

（三）未使用中文的。

第二十一条　植物新品种保护办公室可以要求申请人送交申请品种权的植物品种和对照品种的繁殖材料，用于审查和检测。

第二十二条　申请人应当自收到植物新品种保护办公室通知之日起3个月内送交繁殖材料。送交种子的，申请人应当送至植物新品种保护办公室指定的保藏机构；送交无性繁殖材料的，申请人应当送至植物新品种办公室指定的测试机构。

申请人逾期不送交繁殖材料的，视为放弃申请。

第二十三条　申请人送交的繁殖材料应当依照国家有关规定进行检疫；应检疫而未检疫或者检疫不合格的，保藏机构或者测试机构不予接收。

第二十四条　申请人送交的繁殖材料不能满足测试或者检测需要以及不符合要求的，植物新品种保护办公室可以要求申请人补交。

申请人三次补交繁殖材料仍不符合规定的，视为放弃申请。

第二十五条　申请人送交的繁殖材料应当符合下列

要求：

（一）与品种权申请文件中所描述的该植物品种的繁殖材料相一致；

（二）最新收获或者采集的；

（三）无病虫害；

（四）未进行药物处理。

申请人送交的繁殖材料已经进行了药物处理，应当附有使用药物的名称、使用的方法和目的。

第二十六条　保藏机构或者测试机构收到申请人送交的繁殖材料的，应当向申请人出具收据。

保藏机构或者测试机构对申请人送交的繁殖材料经检测合格的，应当出具检验合格证明，并报告植物新品种保护办公室；经检测不合格的，应当报告植物新品种保护办公室，由其按照有关规定处理。

第二十七条　保藏机构或者测试机构对申请人送交的繁殖材料，在品种权申请的审查期间和品种权的有效期限内，应当保密和妥善保管。

第二十八条　在中国没有经常居所或者营业所的外国人、外国企业或者其他外国组织申请品种权或者要求优先权的，植物新品种保护办公室可以要求其提供下列文件：

（一）国籍证明；

（二）申请人是企业或者其他组织的，其营业所或者总部所在地的证明文件；

（三）外国人、外国企业、外国其他组织的所属国承认中国的单位和个人可以按照该国国民的同等条件，在该国享有植物新品种的申请权、优先权和其他与品种权有关的证明文件。

第二十九条　申请人向国家林业局提出品种权申请之后，又向外国申请品种权的，可以请求植物新品种保护办公室出具优先权证明文件；符合条件的，植物新品种保护办公室应当出具优先权证明文件。

第三十条　申请人撤回品种权申请的，应当向国家林业局提出撤回申请，写明植物品种名称、申请号和申请日。

第三十一条　中国的单位和个人将在国内培育的植物新品种向国外申请品种权的，应当向国家林业局登记。

第五章　品种权的审查批准

第三十二条　国家林业局对品种权申请进行初步审查时，可以要求申请人就有关问题在规定的期限内提出陈述意见或者予以修正。

第三十三条　一件品种权申请包括二个以上品种权申请的，在实质审查前，植物新品种保护办公室应当要求申请人在规定的期限内提出分案申请；申请人在规定的期限内对其申请未进行分案修正或者期满未答复的，该申请视为放弃。

第三十四条　依照本细则第三十三条规定提出的分案申请，可以保留原申请日；享有优先权的，可保留优先权日，但不得超出原申请的范围。

分案申请应当依照《条例》及本细则的有关规定办理各种手续。

分案申请的请求书中应当写明原申请的申请号和申请日。原申请享有优先权的，应当提交原申请的优先权文件副本。

第三十五条　经初步审查符合《条例》和本细则规定条例的品种权申请，由国家林业局予以公告。

自品种权申请公告之日起至授予品种权之日前，任何人均可以对不符合《条例》和本细则规定的品种权申请向国家林业局提出异议，并说明理由。

第三十六条　品种权申请文件的修改部分，除个别文字修改或者增删外，应当按照规定格式提交替换页。

第三十七条　经实质审查后，符合《条例》规定的品种权申请，由国家林业局作出授予品种权的决定，向品种权申请人颁发品种权证书，予以登记和公告。

品种权人应当自收到领取品种权证书通知之日起3个月内领取品种权证书，并按照国家有关规定缴纳第一年年费。逾期未领取品种权证书并未缴纳年费的，视为放弃品种权，有正当理由的除外。

品种权自作出授予品种权的决定之日起生效。

第三十八条　国家林业局植物新品种复审委员会（以下简称复审委员会）由植物育种专家、栽培专家、法律专家和有关行政管理人员组成。

复审委员会主任委员由国家林业局主要负责人指定。

植物新品种保护办公室根据复审委员会的决定办理复审的有关事宜。

第三十九条　依照《条例》第三十二条第二款的规定向复审委员会请求复审的，应当提交符合国家林业局规定格式的复审请求书，并附具有关的证明材料。复审请求书和证明材料应当各一式两份。

申请人申请复审时，可以修改被驳回的品种权申请文件，但修改权限于驳回申请的决定所涉及的部分。

第四十条　复审请求不符合规定要求的，复审请求人可以在复审委员会指定的期限内补正；期满未补正或者补正后仍不符合规定要求的,该复审请求视为放弃。

第四十一条 复审请求人在复审委员会作出决定前,可以撤回其复审请求。

第六章 品种权的终止和无效

第四十二条 依照《条例》第三十六条规定,品种权在其保护期限届满前终止的,其终止日期为:

(一)品种权人以书面声明放弃品种权的,自声明之日起终止;

(二)品种权人未按照有关规定缴纳年费的,自补缴年费期限届满之日起终止;

(三)品种权人未按照要求提供检测所需的该授权品种的繁殖材料或者送交的繁殖材料不符合要求的,国家林业局予以登记,其品种权自登记之日起终止;

(四)经检测该授权品种不再符合被授予品种权时的特征和特性的,自国家林业局登记之日起终止。

第四十三条 依照《条例》第三十七条第一款的规定,任何单位或者个人请求宣告品种权无效的,应当向复审委员会提交国家林业局规定格式的品种权无效宣告请求书和有关材料各一式两份,并说明所依据的事实和理由。

第四十四条 已授予的品种权不符合《条例》第十四条、第十五条、第十六条和第十七条规定的,由复审委员会依据职权或者任何单位或者个人的书面请求宣告品种权无效。

宣告品种权无效,由国家林业局登记和公告,并由植物新品种保护办公室通知当事人。

第四十五条 品种权无效宣告请求书中未说明所依据的事实和理由,或者复审委员会就一项品种权无效宣告请求已审理并决定仍维持品种权的,请求人又以同一事实和理由请求无效宣告的,复审委员会不予受理。

第四十六条 复审委员会应当自收到无效宣告请求书之日起15日内将品种权无效宣告请求书副本和有关材料送达品种权人。品种权人应当在收到后3个月内提出陈述意见;逾期未提出的,不影响复审委员会审理。

第四十七条 复审委员会对授权品种作出更名决定的,由国家林业局登记和公告,并由植物新品种保护办公室通知品种权人,更换品种权证书。

授权品种更名后,不得再使用原授权品种名称。

第四十八条 复审委员会对无效宣告的请求作出决定前,无效宣告请求人可以撤回其请求。

第七章 文件的递交、送达和期限

第四十九条 《条例》和本细则规定的各种事项,应当以书面形式办理。

第五十条 按照《条例》和本细则规定提交的各种文件应当使用中文,并采用国家统一规定的科技术语。

外国人名、地名和没有统一中文译文的科技术语,应当注明原文。

依照《条例》和本细则规定提交的证明文件是外文的,应当附送中文译文;未附送的,视为未提交证明文件。

第五十一条 当事人提交的各种文件可以打印,也可以使用钢笔或者毛笔书写,但要整齐清晰,纸张只限单面使用。

第五十二条 依照《条例》和本细则规定,提交各种文件和有关材料的,当事人可以直接提交,也可邮寄。邮寄时,以寄出的邮戳日为提交日。寄出的邮戳日不清晰的,除当事人能够提供证明外,以收到日为提交日。

依照《条例》和本细则规定,向当事人送达的各种文件和有关材料的,可以直接送交、邮寄或者以公告的方式送达。当事人委托代理机构的,送达代理机构;未委托代理机构的,送达当事人。

依本条第二款规定直接送达的,以交付日为送达日;邮寄送达的,自寄出之日起满15日,视为送达;公告送达的,自公告之日起满2个月,视为送达。

第五十三条 《条例》和本细则规定的各种期限,以年或者月计算的,以其最后一月的相应日为期限届满日;该月无相应日的,以该月最后一日为期限届满日;期限届满日是法定节假日的,以节假日后的第一个工作日为期限届满日。

第五十四条 当事人因不可抗力或者特殊情况耽误《条例》和本细则规定的期限,造成其权利丧失的,自障碍消除之日起2个月内,但是最多不得超过自期限届满之日起2年,可以向国家林业局说明理由并附具有关证明材料,请求恢复其权利。

第五十五条 《条例》和本细则所称申请日,有优先权的,指优先权日。

第八章 费用和公报

第五十六条 申请品种权的,应当按照规定缴纳申请费、审查费;需要测试的,应当缴纳测试费。授予品种权的,应当缴纳年费。

第五十七条 当事人缴纳本细则第五十六条规定费用的,可以向植物新品种保护办公室直接缴纳,也可以通过邮局或者银行汇付,但不得使用电汇。

通过邮局或者银行汇付的,应当注明申请号或者品种权证书号、申请人或者品种权人的姓名或者名称、费用名称以及授权品种名称。

通过邮局或者银行汇付时,以汇出日为缴费日。

第五十八条　依照《条例》第二十四条的规定,申请人可以在提交品种权申请的同时缴纳申请费,也可以在收到缴费通知之日起1个月内缴纳;期满未缴纳或者未缴足的,其申请视为撤回。

按照规定应当缴纳测试费的,自收到缴费通知之日起1个月内缴纳;期满未缴纳或者未缴足的,其申请视为放弃。

第五十九条　第一次年费应当于领取品种权证书时缴纳,以后的年费应当在前一年度期满前1个月内预缴。

第六十条　品种权人未按时缴纳第一年以后的年费或者缴纳数额不足的,植物新品种保护办公室应当通知品种权人自应当缴纳年费期满之日起6个月内补缴,同时缴纳金额为年费的25%的滞纳金。

第六十一条　自本细则施行之日起3年内,当事人缴纳本细则第五十六条规定的费用确有困难的,经申请并由国家林业局批准,可以减缴或者缓缴。

第六十二条　国家林业局定期出版植物新品种保护公报,公告品种权申请、授予、转让、继承、终止等有关事项。

植物新品种保护办公室设置品种权登记簿,登记品种权申请、授予、转让、继承、终止等有关事项。

第九章　附　则

第六十三条　县级以上林业主管部门查处《条例》规定的行政处罚案件时,适用林业行政处罚程序的规定。

第六十四条　《条例》所称的假冒授权品种,是指:

(一)使用伪造的品种权证书、品种权号的;

(二)使用已经被终止或者被宣告无效品种权的品种权证书、品种权号的;

(三)以非授权品种冒充授权品种的;

(四)以此种授权品种冒充他种授权品种的;

(五)其他足以使他人将非授权品种误认为授权品种的。

第六十五条　当事人因植物新品种的申请权或者品种权发生纠纷,已向人民法院提起诉讼并受理的,应当向国家林业局报告并附具人民法院已受理的证明材料。国家林业局按照有关规定作出中止或者终止的决定。

第六十六条　在初步审查、实质审查、复审和无效宣告程序中进行审查和复审的人员,有下列情形之一的,应当申请回避;当事人或者其他有利害关系人也可以要求其回避:

(一)是当事人或者其代理人近亲属的;

(二)与品种权申请或者品种权有直接利害关系的;

(三)与当事人或者其他代理人有其他可能影响公正审查和审理关系的。

审查人员的回避,由植物新品种保护办公室决定;复审委员会人员的回避,由国家林业局决定。在回避申请未被批准前,审查和复审人员不得终止履行职责。

第六十七条　任何人经植物新品种保护办公室同意,可以查阅或者复制已经公告的品种权申请的案卷和品种权登记簿。

依照《条例》和本细则的规定,已被驳回、撤回或者视为放弃品种权申请的材料和已被放弃、无效宣告或者终止品种权的材料,由植物新品种保护办公室予以销毁。

第六十八条　请求变更品种权申请人和品种权人的,应当向植物新品种保护办公室办理著录事项变更手续,并提出变更理由和证明材料。

第六十九条　本细则由国家林业局负责解释。

第七十条　本细则自发布之日起施行。

林业植物新品种保护行政执法办法

· 2015年12月30日
· 林技发〔2015〕176号

第一条　为规范林业植物新品种保护行政执法行为,根据《中华人民共和国种子法》、《中华人民共和国行政处罚法》、《中华人民共和国植物新品种保护条例》和《林业行政处罚程序规定》等相关法律法规章,制定本办法。

第二条　林业行政主管部门查处案件时,应当以事实为依据、以法律为准绳,遵循公开、公平、公正的原则。

第三条　林业行政主管部门对以下侵犯林业植物新品种权行为实施行政执法时,适用本办法。

(一)未经品种权人许可,生产、繁殖或者销售该授权品种的繁殖材料的,为商业目的将该授权品种的繁殖材料重复使用于生产另一品种的繁殖材料的;

(二)假冒授权品种的;

(三)销售授权品种未使用其注册登记的名称的。

有关法律、行政法规另有规定的除外。

第四条　本办法第三条第二项所称假冒授权品种的行为是指:

(一)使用伪造的品种权证书、品种权号;

(二)使用已经被终止或者被宣告无效品种权的品

种权证书、品种权号；

（三）以非授权品种冒充授权品种；

（四）以此种授权品种冒充他种授权品种；

（五）其他足以使他人将非授权品种误认为授权品种。

第五条　林业植物新品种保护行政执法由主要违法行为地的县级以上林业行政主管部门管辖。

国家林业局科技发展中心（植物新品种保护办公室）负责林业植物新品种保护行政执法管理工作。

第六条　林业行政主管部门应当按照《中华人民共和国政府信息公开条例》等的要求，主动公开林业植物新品种保护行政处罚案件信息，接受社会监督。

第七条　林业植物新品种保护行政执法人员应当熟练掌握植物新品种保护的相关法律法规和规章制度，以及相应的执法程序，并持行政执法证件上岗；在林业植物新品种保护行政执法过程中，应当向当事人或者有关人员出示其行政执法证件。

第八条　请求县级以上人民政府林业行政主管部门查处本办法第三条第一项所指案件时，应当符合下列条件：

（一）请求人是品种权人或者利害关系人；

（二）有明确的侵权人和侵权证据；

（三）有明确的请求事项和理由；

（四）侵权案件发生地属于该行政管辖范围内。

前款所称利害关系人，包括植物新品种实施许可合同的被许可人和品种权财产权利的合法继承人等。

独占实施许可合同的被许可人可以单独提出请求；排他实施许可合同的被许可人可以和品种权人共同提出请求，也可以在品种权人不请求时，自行提出请求；普通实施许可合同的被许可人经品种权人明确授权，可以提出请求。

第九条　向县级以上人民政府林业行政主管部门请求查处第三条第一项所指案件时，应当提交请求书以及涉案品种权的《植物新品种权证书》复印件。请求书应当包括以下内容：

（一）请求人的姓名或者名称、居住或者注册地址、有效联系方式，法定代表人或者主要负责人的姓名和职务；有委托代理的，代理人的姓名和代理机构的名称、注册地址；

（二）侵权人相关信息及侵权证据；

（三）请求查处的事项和理由等。

第十条　请求人应当以纸质或者法定电子文件的形

式提交请求书，有关证据和证明材料可以以请求书附件的形式提交。请求书应当由请求人签名或者盖章，并注明请求日期。

第十一条　县级以上人民政府林业行政主管部门在收到请求书后进行审查，对符合本办法第八条、第九条和第十条规定的，应当在七日内予以立案，并以书面形式告知请求人，同时指定两名或者两名以上案件承办人处理该案件；对不符合本办法第八条、第九条和第十条规定的，应当在七日内以书面形式告知请求人不予立案，并说明理由。

第十二条　林业行政主管部门依据职权查处本办法第三条所指案件时，立案应当符合下列条件：

（一）有违法行为发生；

（二）违法行为是应当受处罚的行为；

（三）涉及品种是授权品种；

（四）除本办法第三条第三项所指案件外，涉及品种的品种权应当是有效的；

（五）违法行为发生地属于该行政管辖范围内。

第十三条　林业行政主管部门应当在发现或者接受举报后进行审查，对符合本办法第十二条规定的，在七日内予以立案，同时指定两名或者两名以上案件承办人负责调查和处理。

第十四条　案件承办人在现场取证时，可以根据请求人或者举报人提供的涉案品种所在地点和生长状况等信息，及时取证并鉴定。

第十五条　案件承办人可以采取抽样方法取证；在证据可能灭失或者以后难以取得的情况下，经行政机关负责人批准，可以先行登记保存，填写《林业行政处罚登记保存通知单》，并在七日内做出处理决定；在此期间，当事人或者有关人员不得销毁或者转移证据。

第十六条　对于案件涉及的植物品种，可以采用田间观察检测、基因指纹图谱检测等方法进行鉴定。

第十七条　林业行政主管部门查处本办法第三条第一项、第二项案件，依法做出较大数额罚款的，应当告知当事人有要求举行听证的权利。当事人要求听证的，林业行政主管部门应当按照《林业行政处罚听证规则》相关规定组织听证。

第十八条　县级以上人民政府林业行政主管部门查处本办法第三条第一项案件时，为维护社会公共利益，可以采取下列措施：

（一）责令侵权人立即停止对侵权品种繁殖材料的销售行为，并且不得销售尚未售出的采用侵权品种生产

的繁殖材料;

(二)责令侵权人立即停止对侵权品种的生产行为,对涉及侵权的植物材料消灭活性使其不能再被用作繁殖材料;

(三)对正处于生长期或者销毁侵权植物材料将导致重大不利后果的,可以没收植物品种繁殖材料;

(四)没收违法所得;

(五)涉案货值金额一万元以下的,处以一万元罚款;一万元至三万元以下的,处以二万元至九万元罚款;三万元至四万元以下的,处以十万元至十六万元罚款;四万元至五万元以下的,处以十七万元至二十五万元以下罚款。

涉案货值金额五万元以上的,侵权行为是第一次发生且侵权数量较小的,处以涉案货值金额五至七倍罚款;侵权人明知或者已被告知侵权、数次侵权或者侵权数量较大的,处以涉案货值金额八至九倍罚款;侵权人数次侵权且侵权数量巨大或为逃避处罚提供伪证的,处以涉案货值金额十倍罚款。

第十九条　林业行政主管部门查处本办法第三条第二项案件时,应当采取下列处罚措施:

(一)责令侵权人立即停止伪造行为,销毁伪造的品种权证书或者品种权号;

(二)责令侵权人立即停止侵权标注行为,消除尚未售出的产品或者其包装上的品种权标识;品种权标识难以消除的,销毁该产品或者包装;

(三)责令侵权人立即停止发放载有虚假、未经许可和误导公众品种权信息的说明书或者广告等载体,销毁尚未发出的载体,并通过公告或者广告等形式消除社会影响;

(四)责令侵权人立即停止销售假冒授权品种的繁殖材料,对涉及假冒授权品种的植物材料消灭活性使其不能再被用作繁殖材料;

(五)没收违法所得和植物繁殖材料;

(六)涉案货值金额一万元以下的,处以一万元罚款;一万元至三万元以下的,处以二万元至九万元罚款;三万元至四万元以下的,处以十万元至十六万元罚款;四万元至五万元以下的,处以十七万元至二十五万元以下罚款。

涉案货值金额五万元以上的,假冒行为是第一次发生且数量较小的,处以涉案货值金额五至七倍罚款;涉案人数次假冒、假冒数量较大或者假冒涉及地域较广的,处以涉案货值金额八至九倍罚款;涉案人假冒数量巨大、假

冒涉及地域广大或者为逃避处罚提供伪证的,处以涉案货值金额十倍罚款。

第二十条　林业行政主管部门查处本办法第三条第二项案件时,对涉嫌犯罪的案件,应当依法移送司法机关。

第二十一条　林业行政主管部门查处本办法第三条第三项案件时,应当采取下列处罚措施:

责令限期改正,可以并处罚款。情节轻微者,处以三百元以下罚款;情节一般者,处以三百元至六百元以下罚款;情节较重者,处以六百元至一千元以下罚款。

前款所称情节轻微者是指:侵权行为是第一次发生且影响范围较小的。情节一般者是指:数次发生,影响范围较大的。情节较重者是指:影响范围很大,后果较重的。

第二十二条　林业行政主管部门依据职权在查处本办法第三条第一项、第二项案件时,有权采取下列措施:

(一)进入生产经营场所进行现场检查;

(二)对有关的植物品种繁殖材料进行取样测试、试验或者检验;

(三)查阅、复制有关合同、票据、账簿、生产经营档案及其他有关资料;

(四)查封、扣押有证据证明违法生产经营的植物品种繁殖材料,以及用于违法生产经营的工具、设备及运输工具等;

(五)查封违法从事植物品种繁殖材料生产经营活动的场所。

查封或者扣押时,案件承办人应当履行《中华人民共和国行政强制法》第十八条规定的程序,并按《中华人民共和国行政强制法》第二十四条规定制作并当场交付查封、扣押决定书和清单。查封、扣押清单一式二份,由当事人和行政机关分别保存。

第二十三条　林业行政主管部门作出行政处罚决定时,应当制作林业行政处罚决定书,并在十五日以内予以公告。

第二十四条　林业行政主管部门应当自立案之日起一个月内结案;经行政负责人批准可以延长,但不得超过三个月。案情特别复杂三个月内仍不能结案的,经报上级林业行政主管部门批准,可以延长。

第二十五条　县级以上人民政府林业行政主管部门依据职权,根据当事人自愿的原则,对侵权所造成的损害赔偿可以进行调解。调解达成协议的,当事人应当履行;当事人不履行协议或者调解未达成协议的,品种权人或者利害关系人可以依法向人民法院提起诉讼。

上述调解过程可以邀请有关单位或者个人协助,被邀请的单位或者个人自愿协助进行调解。

第二十六条　林业行政主管部门在处理林业植物新品种权行政处罚案件过程中遇有涉及民事案件纠纷的,案件承办人应当向当事人告知其法律救济途径。

第二十七条　林业行政主管部门在结案时,将全部案件文书整理归档。地方各级林业行政主管部门应当建立林业植物新品种行政执法报告制度。

第二十八条　本办法所称以下包括本数。

第二十九条　本办法自2016年1月1日起施行,有效期至2020年12月31日。2014年8月1日发布的《国家林业局关于印发〈林业植物新品种保护行政执法办法〉的通知》(林技发〔2014〕114号)同时废止。

农业植物新品种权侵权案件处理规定

· 2002年12月30日农业部令第24号发布
· 自2003年2月1日起施行

第一条　为有效处理农业植物新品种权(以下简称品种权)侵权案件,根据《中华人民共和国植物新品种保护条例》(以下简称《条例》),制定本规定。

第二条　本规定所称的品种权侵权案件是指未经品种权人许可,以商业目的生产或销售授权品种的繁殖材料以及将该授权品种的繁殖材料重复使用于生产另一品种的繁殖材料的行为。

第三条　省级以上人民政府农业行政部门负责处理本行政辖区内品种权侵权案件。

第四条　请求省级以上人民政府农业行政部门处理品种权侵权案件的,应当符合下列条件:

(一)请求人是品种权人或者利害关系人;

(二)有明确的被请求人;

(三)有明确的请求事项和具体事实、理由;

(四)属于受案农业行政部门的受案范围和管辖;

(五)在诉讼时效范围内;

(六)当事人没有就该品种权侵权案件向人民法院起诉。

第一项所称利害关系人包括品种权实施许可合同的被许可人、品种权的合法继承人。品种权实施许可合同的被许可人中,独占实施许可合同的被许可人可以单独提出请求;排他实施许可合同的被许可人在品种权人不请求的情况下,可以单独提出请求;除合同另有约定外,普通实施许可合同的被许可人不能单独提出请求。

第五条　请求处理品种权侵权案件的诉讼时效为二年,自品种权人或利害关系人得知或应当得知侵权行为之日起计算。

第六条　请求省级以上人民政府农业行政部门处理品种权侵权案件的,应当提交请求书以及所涉及品种权的品种权证书,并且按照被请求人的数量提供请求书副本。

请求书应当记载以下内容:

(一)请求人的姓名或者名称、地址,法定代表人姓名、职务。委托代理的,代理人的姓名和代理机构的名称、地址;

(二)被请求人的姓名或者名称、地址;

(三)请求处理的事项、事实和理由。

请求书应当由请求人签名或盖章。

第七条　请求符合本办法第六条规定条件的,省级以上人民政府农业行政部门应当在收到请求书之日起7日内立案并书面通知请求人,同时指定3名以上单数承办人员处理该品种权侵权案件;请求不符合本办法第六条规定条件的,省级以上人民政府农业行政部门应当在收到请求书之日起7日内书面通知请求人不予受理,并说明理由。

第八条　省级以上人民政府农业行政部门应当在立案之日起7日内将请求书及其附件的副本通过邮寄、直接送交或者其他方式送被请求人,要求其在收到之日起15日内提交答辩书,并且按照请求人的数量提供答辩书副本。被请求人逾期不提交答辩书的,不影响省级以上人民政府农业行政部门进行处理。

被请求人提交答辩书的,省级以上人民政府农业行政部门应当在收到之日起7日内将答辩书副本通过邮寄、直接送交或者其他方式送请求人。

第九条　省级以上人民政府农业行政部门处理品种权侵权案件一般以书面审理为主。必要时,可以举行口头审理,并在口头审理7日前通知当事人口头审理的时间和地点。当事人无正当理由拒不参加的,或者未经允许中途退出的,对请求人按撤回请求处理,对被请求人按缺席处理。

省级以上人民政府农业行政部门举行口头审理的,应当记录参加人和审理情况,经核对无误后,由案件承办人员和参加人签名或盖章。

第十条　除当事人达成调解、和解协议,请求人撤回请求之外,省级以上人民政府农业行政部门对侵权案件应作出处理决定,并制作处理决定书,写明以下内容:

(一)请求人、被请求人的姓名或者名称、地址,法定

代表人或者主要负责人的姓名、职务,代理人的姓名和代理机构的名称;

(二)当事人陈述的事实和理由;

(三)认定侵权行为是否成立的理由和依据;

(四)处理决定:认定侵权行为成立的,应当责令被请求人立即停止侵权行为,写明处罚内容;认定侵权行为不成立的,应当驳回请求人的请求;

(五)不服处理决定申请行政复议或者提起行政诉讼的途径和期限。

处理决定书应当由案件承办人员署名,并加盖省级以上人民政府农业行政部门的公章。

第十一条 省级以上人民政府农业行政部门认定侵权行为成立并作出处理决定的,可以采取下列措施,制止侵权行为:

(一)侵权人生产授权品种繁殖材料或者直接使用授权品种的繁殖材料生产另一品种繁殖材料的,责令其立即停止生产,并销毁生产中的植物材料;已获得繁殖材料的,责令其不得销售;

(二)侵权人销售授权品种繁殖材料或者销售直接使用授权品种繁殖材料生产另一品种繁殖材料的,责令其立即停止销售行为,并且不得销售尚未售出的侵权品种繁殖材料;

(三)没收违法所得;

(四)处以违法所得5倍以下的罚款;

(五)停止侵权行为的其他必要措施。

第十二条 当事人对省级以上人民政府农业行政部门作出的处理决定不服的,可以依法申请行政复议或者向人民法院提起行政诉讼。期满不申请行政复议或者不起诉又不停止侵权行为的,省级以上人民政府农业行政部门可以申请人民法院强制执行。

第十三条 省级以上人民政府农业行政部门认定侵权行为成立的,可以根据当事人自愿的原则,对侵权所造成的损害赔偿进行调解。必要时,可以邀请有关单位和个人协助调解。

调解达成协议的,省级以上人民政府农业行政部门应当制作调解协议书,写明如下内容:

(一)请求人、被请求人的姓名或者名称、地址,法定代表人的姓名、职务。委托代理人的,代理人的姓名和代理机构的名称、地址;

(二)案件的主要事实和各方应承担的责任;

(三)协议内容以及有关费用的分担。

调解协议书由各方当事人签名或盖章、案件承办人

员签名并加盖省级以上人民政府农业行政部门的公章。调解书送达后,当事人应当履行协议。

调解未达成协议的,当事人可以依法向人民法院起诉。

第十四条 侵犯品种权的赔偿数额,按照权利人因被侵权所受到的损失或者侵权人因侵权所获得的利益确定。权利人的损失或者侵权人获得的利益难以确定的,按照品种权许可使用费的1倍以上5倍以下酌情确定。

第十五条 省级以上人民政府农业行政部门或者人民法院作出认定侵权行为成立的处理决定或者判决之后,被请求人就同一品种权再次作出相同类型的侵权行为,品种权人或者利害关系人请求处理的,省级以上人民政府农业行政部门可以直接作出责令立即停止侵权行为的处理决定并采取相应处罚措施。

第十六条 农业行政部门可以按照以下方式确定品种权案件行为人的违法所得:

(一)销售侵权或者假冒他人品种权的繁殖材料的,以该品种繁殖材料销售价格乘以销售数量作为其违法所得;

(二)订立侵权或者假冒他人品种权合同的,以收取的费用作为其违法所得。

第十七条 省级以上人民政府农业行政部门查处品种权侵权案件和县级以上人民政府农业行政部门查处假冒授权品种案件的程序,适用《农业行政处罚程序规定》。

第十八条 本办法由农业部负责解释。

第十九条 本办法自2003年2月1日起施行。

最高人民法院关于审理植物新品种纠纷案件若干问题的解释

· 2000年12月25日最高人民法院审判委员会第1154次会议通过
· 根据2020年12月23日最高人民法院审判委员会第1823次会议通过的《最高人民法院关于修改〈最高人民法院关于审理侵犯专利权纠纷案件应用法律若干问题的解释(二)〉等十八件知识产权类司法解释的决定》修正
· 2020年12月29日最高人民法院公告公布
· 自2021年1月1日起施行
· 法释〔2020〕19号

为依法受理和审判植物新品种纠纷案件,根据《中华人民共和国民法典》《中华人民共和国种子法》《中华人

民共和国民事诉讼法》《中华人民共和国行政诉讼法》《全国人民代表大会常务委员会关于在北京、上海、广州设立知识产权法院的决定》和《全国人民代表大会常务委员会关于专利等知识产权案件诉讼程序若干问题的决定》的有关规定，现就有关问题解释如下：

第一条 人民法院受理的植物新品种纠纷案件主要包括以下几类：

（一）植物新品种申请驳回复审行政纠纷案件；

（二）植物新品种权无效行政纠纷案件；

（三）植物新品种权更名行政纠纷案件；

（四）植物新品种权强制许可纠纷案件；

（五）植物新品种实施强制许可使用费纠纷案件；

（六）植物新品种申请权权属纠纷案件；

（七）植物新品种权权属纠纷案件；

（八）植物新品种申请权转让合同纠纷案件；

（九）植物新品种权转让合同纠纷案件；

（十）侵害植物新品种权纠纷案件；

（十一）假冒他人植物新品种权纠纷案件；

（十二）植物新品种培育人署名权纠纷案件；

（十三）植物新品种临时保护期使用费纠纷案件；

（十四）植物新品种行政处罚纠纷案件；

（十五）植物新品种行政复议纠纷案件；

（十六）植物新品种行政赔偿纠纷案件；

（十七）植物新品种行政奖励纠纷案件；

（十八）其他植物新品种纠纷案件。

第二条 人民法院在依法审查当事人涉及植物新品种权的起诉时，只要符合《中华人民共和国民事诉讼法》第一百一十九条、《中华人民共和国行政诉讼法》第四十九条规定的民事案件或者行政案件的起诉条件，均应当依法予以受理。

第三条 本解释第一条所列第一至五类案件，由北京知识产权法院作为第一审人民法院审理；第六至十八类案件，由知识产权法院，各省、自治区、直辖市人民政府所在地和最高人民法院指定的中级人民法院作为第一审人民法院审理。

当事人对植物新品种纠纷民事、行政案件第一审判决、裁定不服，提起上诉的，由最高人民法院审理。

第四条 以侵权行为地确定人民法院管辖的侵害植物新品种权的民事案件，其所称的侵权行为地，是指未经品种权所有人许可，生产、繁殖或者销售该授权植物新品种的繁殖材料的所在地，或者为商业目的将该授权品种的繁殖材料重复使用于生产另一品种的繁殖材料的所在地。

第五条 关于植物新品种申请驳回复审行政纠纷案件、植物新品种权无效或者更名行政纠纷案件，应当以植物新品种审批机关为被告；关于植物新品种强制许可纠纷案件，应当以植物新品种审批机关为被告；关于实施强制许可使用费纠纷案件，应当根据原告所请求的事项和所起诉的当事人确定被告。

第六条 人民法院审理侵害植物新品种权纠纷案件，被告在答辩期间内向植物新品种审批机关请求宣告该植物新品种权无效的，人民法院一般不中止诉讼。

最高人民法院关于审理侵害植物新品种权纠纷案件具体应用法律问题的若干规定

· 2006年12月25日最高人民法院审判委员会第1411次会议通过
· 根据2020年12月23日最高人民法院审判委员会第1823次会议通过的《最高人民法院关于修改〈最高人民法院关于审理侵犯专利权纠纷案件应用法律若干问题的解释（二）〉等十八件知识产权类司法解释的决定》修正
· 2020年12月29日最高人民法院公告公布
· 自2021年1月1日起施行
· 法释〔2020〕19号

为正确处理侵害植物新品种权纠纷案件，根据《中华人民共和国民法典》《中华人民共和国种子法》《中华人民共和国民事诉讼法》《全国人民代表大会常务委员会关于在北京、上海、广州设立知识产权法院的决定》和《全国人民代表大会常务委员会关于专利等知识产权案件诉讼程序若干问题的决定》等有关规定，结合侵害植物新品种权纠纷案件的审判经验和实际情况，就具体应用法律的若干问题规定如下：

第一条 植物新品种权所有人（以下称品种权人）或者利害关系人认为植物新品种权受到侵害的，可以依法向人民法院提起诉讼。

前款所称利害关系人，包括植物新品种实施许可合同的被许可人、品种权财产权利的合法继承人等。

独占实施许可合同的被许可人可以单独向人民法院提起诉讼；排他实施许可合同的被许可人可以和品种权人共同起诉，也可以在品种权人不起诉时，自行提起诉讼；普通实施许可合同的被许可人经品种权人明确授权，可以提起诉讼。

第二条 未经品种权人许可，生产、繁殖或者销售授权品种的繁殖材料，或者为商业目的将授权品种的繁殖材料重复使用于生产另一品种的繁殖材料的,人民法院应当认定为侵害植物新品种权。

被诉侵权物的特征、特性与授权品种的特征、特性相同,或者特征、特性的不同是因非遗传变异所致的,人民法院一般应当认定被诉侵权物属于生产、繁殖或者销售授权品种的繁殖材料。

被诉侵权人重复以授权品种的繁殖材料为亲本与其他亲本另行繁殖的,人民法院一般应当认定属于为商业目的将授权品种的繁殖材料重复使用于生产另一品种的繁殖材料。

第三条　侵害植物新品种权纠纷案件涉及的专门性问题需要鉴定的,由双方当事人协商确定的有鉴定资格的鉴定机构、鉴定人鉴定;协商不成的,由人民法院指定的有鉴定资格的鉴定机构、鉴定人鉴定。

没有前款规定的鉴定机构、鉴定人的,由具有相应品种检测技术水平的专业机构、专业人员鉴定。

第四条　对于侵害植物新品种权纠纷案件涉及的专门性问题可以采取田间观察检测、基因指纹图谱检测等方法鉴定。

对采取前款规定方法作出的鉴定意见,人民法院应当依法质证,认定其证明力。

第五条　品种权人或者利害关系人向人民法院提起侵害植物新品种权诉讼前,可以提出行为保全或者证据保全请求,人民法院经审查作出裁定。

人民法院采取证据保全措施时,可以根据案件具体情况,邀请有关专业技术人员按照相应的技术规程协助取证。

第六条　人民法院审理侵害植物新品种权纠纷案件,应当依照民法典第一百七十九条、第一千一百八十五条、种子法第七十三条的规定,结合案件具体情况,判决侵权人承担停止侵害、赔偿损失等民事责任。

人民法院可以根据权利人的请求,按照权利人因被侵权所受实际损失或者侵权人因侵权所得利益确定赔偿数额。权利人的损失或者侵权人获得的利益难以确定的,可以参照该植物新品种权许可使用费的倍数合理确定。权利人为制止侵权行为所支付的合理开支应当另行计算。

依照前款规定难以确定赔偿数额的,人民法院可以综合考虑侵权的性质、期间、后果,植物新品种权许可使用费的数额,植物新品种实施许可的种类、时间、范围及权利人调查、制止侵权所支付的合理费用等因素,在300万元以下确定赔偿数额。

故意侵害他人植物新品种权,情节严重的,可以按照第二款确定数额的一倍以上三倍以下确定赔偿数额。

第七条　权利人和侵权人均同意将侵权物折价抵扣权利人所受损失的,人民法院应当准许。权利人或者侵权人不同意折价抵扣的,人民法院依照当事人的请求,责令侵权人对侵权物作消灭活性等使其不能再被用作繁殖材料的处理。

侵权物正处于生长期或者销毁侵权物将导致重大不利后果的,人民法院可以不采取责令销毁侵权物的方法,而判令其支付相应的合理费用。但法律、行政法规另有规定的除外。

第八条　以农业或者林业种植为业的个人、农村承包经营户接受他人委托代为繁殖侵害品种权的繁殖材料,不知道代繁物是侵害品种权的繁殖材料并说明委托人的,不承担赔偿责任。

最高人民法院关于审理侵害植物新品种权纠纷案件具体应用法律问题的若干规定(二)

· 2021 年 6 月 29 日最高人民法院审判委员会第 1843 次会议通过
· 2021 年 7 月 5 日最高人民法院公告公布
· 自 2021 年 7 月 7 日起施行
· 法释〔2021〕14 号

为正确审理侵害植物新品种权纠纷案件,根据《中华人民共和国民法典》《中华人民共和国种子法》《中华人民共和国民事诉讼法》等法律规定,结合审判实践,制定本规定。

第一条　植物新品种权(以下简称品种权)或者植物新品种申请权的共有人对权利行使有约定的,人民法院按照其约定处理。没有约定或者约定不明的,共有人主张其可以单独实施或者以普通许可方式许可他人实施的,人民法院应予支持。

共有人单独实施该品种权,其他共有人主张该实施收益在共有人之间分配的,人民法院不予支持,但是其他共有人有证据证明其不具备实施能力或者实施条件的除外。

共有人之一许可他人实施该品种权,其他共有人主张收取的许可费在共有人之间分配的,人民法院应予支持。

第二条　品种权转让未经国务院农业、林业主管部门登记、公告,受让人以品种权人名义提起侵害品种权诉讼的,人民法院不予受理。

第三条　受品种权保护的繁殖材料应当具有繁殖能力,且繁殖出的新个体与该授权品种的特征、特性相同。

前款所称的繁殖材料不限于以品种权申请文件所描述的繁殖方式获得的繁殖材料。

第四条　以广告、展陈等方式作出销售授权品种的繁殖材料的意思表示的,人民法院可以以销售行为认定处理。

第五条　种植授权品种的繁殖材料的,人民法院可以根据案件具体情况,以生产、繁殖行为认定处理。

第六条　品种权人或者利害关系人(以下合称权利人)举证证明被诉侵权品种繁殖材料使用的名称与授权品种相同的,人民法院可以推定该被诉侵权品种繁殖材料属于授权品种的繁殖材料;有证据证明不属于该授权品种的繁殖材料的,人民法院可以认定被诉侵权人构成假冒品种行为,并参照假冒注册商标行为的有关规定确定民事责任。

第七条　受托人、被许可人超出与品种权人约定的规模或者区域生产、繁殖授权品种的繁殖材料,或者超出与品种权人约定的规模销售授权品种的繁殖材料,品种权人请求判令受托人、被许可人承担侵权责任的,人民法院依法予以支持。

第八条　被诉侵权人知道或者应当知道他人实施侵害品种权的行为,仍然提供收购、存储、运输、以繁殖为目的的加工处理等服务或者提供相关证明材料等条件的,人民法院可以依据民法典第一千一百六十九条的规定认定为帮助他人实施侵权行为。

第九条　被诉侵权物既可以作为繁殖材料又可以作为收获材料,被诉侵权人主张被诉侵权物系作为收获材料用于消费而非用于生产、繁殖的,应当承担相应的举证责任。

第十条　授权品种的繁殖材料经品种权人或者经其许可的单位、个人售出后,权利人主张他人生产、繁殖、销售该繁殖材料构成侵权的,人民法院一般不予支持,但是下列情形除外:

(一)对该繁殖材料生产、繁殖后获得的繁殖材料进行生产、繁殖、销售;

(二)为生产、繁殖目的将该繁殖材料出口到不保护该品种所属植物属或者种的国家或者地区。

第十一条　被诉侵权人主张对授权品种进行的下列生产、繁殖行为属于科研活动的,人民法院应予支持:

(一)利用授权品种培育新品种;

(二)利用授权品种培育形成新品种后,为品种权申

请、品种审定、品种登记需要而重复利用授权品种的繁殖材料。

第十二条　农民在其家庭农村土地承包经营合同约定的土地范围内自繁自用授权品种的繁殖材料,权利人对此主张构成侵权的,人民法院不予支持。

对前款规定以外的行为,被诉侵权人主张其行为属于种子法规定的农民自繁自用授权品种的繁殖材料的,人民法院应当综合考虑被诉侵权行为的目的、规模、是否营利等因素予以认定。

第十三条　销售不知道也不应当知道是未经品种权人许可而售出的被诉侵权品种繁殖材料,且举证证明具有合法来源的,人民法院可以不判令销售者承担赔偿责任,但应当判令其停止销售并承担权利人为制止侵权行为所支付的合理开支。

对于前款所称合法来源,销售者一般应当举证证明购货渠道合法、价格合理、存在实际的具体供货方、销售行为符合相关生产经营许可制度等。

第十四条　人民法院根据已经查明侵害品种权的事实,认定侵权行为成立的,可以先行判决停止侵害,并可以依据当事人的请求和具体案情,责令采取消灭活性等阻止被诉侵权物扩散、繁殖的措施。

第十五条　人民法院为确定赔偿数额,在权利人已经尽力举证,而与侵权行为相关的账簿、资料主要由被诉侵权人掌握的情况下,可以责令被诉侵权人提供与侵权行为相关的账簿、资料;被诉侵权人不提供或者提供虚假账簿、资料的,人民法院可以参考权利人的主张和提供的证据判定赔偿数额。

第十六条　被诉侵权人有抗拒保全或者擅自拆封、转移、毁损被保全物等举证妨碍行为,致使案件相关事实无法查明的,人民法院可以推定权利人就该证据所涉证明事项的主张成立。构成民事诉讼法第一百一十一条规定情形的,依法追究法律责任。

第十七条　除有关法律和司法解释规定的情形以外,以下情形也可以认定为侵权行为情节严重:

(一)因侵权被行政处罚或者法院裁判承担责任后,再次实施相同或者类似侵权行为;

(二)以侵害品种权为业;

(三)伪造品种权证书;

(四)以无标识、标签的包装销售授权品种;

(五)违反种子法第七十七条第一款第一项、第二项、第四项的规定;

(六)拒不提供被诉侵权物的生产、繁殖、销售和储

存地点。

存在前款第一项至第五项情形的,在依法适用惩罚性赔偿时可以按照计算基数的二倍以上确定惩罚性赔偿数额。

第十八条　品种权终止后依法恢复权利,权利人要求实施品种权的单位或者个人支付终止期间实施品种权的费用的,人民法院可以参照有关品种权实施许可费,结合品种类型、种植时间、经营规模、当时的市场价值等因素合理确定。

第十九条　他人未经许可,自品种权初步审查合格公告之日起至被授予品种权之日止,生产、繁殖或者销售该授权品种的繁殖材料,或者为商业目的将该授权品种的繁殖材料重复使用于生产另一品种的繁殖材料,权利人对此主张追偿利益损失的,人民法院可以按照临时保护期使用费纠纷处理,并参照有关品种权实施许可费,结合品种类型、种植时间、经营规模、当时的市场价值等因素合理确定该使用费数额。

前款规定的被诉行为延续到品种授权之后,权利人对品种权临时保护期使用费和侵权损害赔偿均主张权利的,人民法院可以合并审理,但应当分别计算处理。

第二十条　侵害品种权纠纷案件涉及的专门性问题

需要鉴定的,由当事人在相关领域鉴定人名录或者国务院农业、林业主管部门向人民法院推荐的鉴定人中协商确定;协商不成的,由人民法院从中指定。

第二十一条　对于没有基因指纹图谱等分子标记检测方法进行鉴定的品种,可以采用行业通用方法对授权品种与被诉侵权物的特征、特性进行同一性判断。

第二十二条　对鉴定意见有异议的一方当事人向人民法院申请复检、补充鉴定或者重新鉴定,但未提出合理理由和证据的,人民法院不予准许。

第二十三条　通过基因指纹图谱等分子标记检测方法进行鉴定,待测样品与对照样品的差异位点小于但接近临界值,被诉侵权人主张二者特征、特性不同的,应当承担举证责任;人民法院也可以根据当事人的申请,采取扩大检测位点进行加测或者提取授权品种标准样品进行测定等方法,并结合其他相关因素作出认定。

第二十四条　田间观察检测与基因指纹图谱等分子标记检测的结论不同的,人民法院应当以田间观察检测结论为准。

第二十五条　本规定自 2021 年 7 月 7 日起施行。本院以前发布的相关司法解释与本规定不一致的,按照本规定执行。

·典型案例

1. 人民法院种业知识产权司法保护典型案例①

(1)河南金博士种业股份有限公司诉北京德农种业有限公司、河南省农业科学院侵害植物新品种权纠纷案

申请再审:最高人民法院(2018)最高法民申 4587 号

二审:河南省高级人民法院(2015)豫法知终字第 00356 号

一审:河南省郑州市中级人民法院(2014)郑知民初字第 720 号

【基本案情】

母本"郑 58"与已属于公有领域的父本"昌 7-2"杂交而成"郑单 958"玉米品种。"郑 58"和"郑单 958"的植物新品种权人分别为河南金博士种业股份有限公司(以下简称金博士公司)和河南省农业科学院(以下简称农科院)。农科院与北京德农种业有限公司(以下简称德农公司)签订《玉米杂交种"郑单 958"许可合同》及补充协议,许可德

农公司在一定期限内销售"郑单 958"玉米杂交种,德农公司为履行合同而进行制种生产过程中涉及第三方权益的由德农公司负责。德农公司依据授权,在取得《农作物种子经营许可证》后,在甘肃省开始大量生产、销售"郑单 958"玉米杂交种。金博士公司认为德农公司在授权期限截止后,未经许可使用"郑 58"生产、繁育"郑单 958"玉米杂交种的行为,构成侵权,故诉请德农公司停止侵权、赔偿金博士公司经济损失及合理开支 4952 万元,并要求农科院承担连带责任。

【裁判结果】

河南省郑州市中级人民法院一审认为,德农公司在合同终止后继续使用"郑 58"必须重新取得品种权人许可。德农公司未取得金博士公司授权,在金博士公司发函后仍继续使用"郑 58"生产"郑单 958",构成侵权。考虑到加强植物新品种权保护有助于推动国家三农政策,德农公司已经取得"郑单 958"品种权人的授权许可,并已支付相应的

使用费,为生产"郑单958"杂交种花费了大量的人力物力,若禁止德农公司使用母本"郑58"自交种生产"郑单958"玉米杂交种,将造成巨大的经济损失,可采取支付一定的赔偿费的方式弥补金博士公司的损失,故判决德农公司赔偿损失及合理开支4952万元,农科院在300万元内承担责任,驳回金博士公司的其他诉讼请求。德农公司和农科院均提起上诉。河南省高级人民法院二审认为,农科院和金博士公司实行相互授权模式,德农公司生产过程中涉及第三方权益时应由德农公司负责,与农科院无关,故判决维持一审法院关于赔偿损失和合理支出的判项,撤销一审法院关于农科院承担连带责任的判项。德农公司不服二审判决,向最高人民法院申请再审,最高人民法院驳回了德农公司的再审申请。

【典型意义】

本案对杂交种生产中涉及杂交种及其亲本关系的植物新品种侵权纠纷具有指导意义。法律并不禁止利用授权品种进行育种及其他科研活动,但在新品种获得授权及通过品种审定后,该新品种的权利人及其被许可人面向市场推广该新品种,将他人已授权品种的繁殖材料重复用于生产该新品种的繁殖材料时,仍需经过作为父母本的已授权品种的权利人同意或许可。本案中,考虑到被许可人已经为杂交种繁育推广花费了大量的人力、物力,可以通过支付赔偿费用对亲本权利人的损失予以补偿。因此,在侵权损害赔偿确定时,综合侵权人的主观过错、获利情况、不停止使用亲本生产直至保护期满可以继续获利等因素,对权利人请求的4952万元的赔偿数额和合理支出予以了全额支持。本案判决在依法维护品种权人合法权益的同时,对鼓励培育及推广良种亦起到了积极的促进作用。

(2)江苏省金地种业科技有限公司诉江苏亲耕田农业产业发展有限公司侵害植物新品种权纠纷案

二审:最高人民法院(2021)最高法知民终816号

一审:江苏省南京市中级人民法院(2020)苏01民初773号

【基本案情】

江苏省金地种业科技有限公司(以下简称金地公司)为水稻新品种"金粳818"的独占实施被许可人,江苏亲耕田农业产业发展有限公司(以下简称亲耕田公司)未经许可,以线下门店推广以及在微信群内发布"农业产业链信息匹配"线上宣传等方式,寻找潜在的交易者,并对成为亲耕田公司会员的主体提供具体的侵权种子交易信息,在与买家商定交易价格、数量、交货时间后安排送货收款,对外销售白皮袋包装的"金粳818"稻种。金地公司认为亲耕

田公司的行为构成侵权,故诉请判令亲耕田公司停止侵权并赔偿经济损失300万元。亲耕田公司辩称其仅是向作为农民的种子供需双方提供自留种子信息,由供需双方自行交易,并未销售被诉侵权"金粳818"稻种。

【裁判结果】

江苏省南京市中级人民法院一审认为,亲耕田公司为涉案种子交易的达成提供了积极有效的帮助。亲耕田公司帮助销售种子的过程中,在销售主体、销售地域及销售数量上均不符合农民在当地集贸市场上合法交易个人自繁自用剩余常规种子的情形,构成侵权。综合考虑亲耕田公司侵权行为的情节,适用惩罚性赔偿确定损害赔偿数额,判决亲耕田公司停止侵权并赔偿经济损失及合理开支300万元。亲耕田公司不服,提起上诉。最高人民法院二审认为,亲耕田公司发布侵权种子销售具体信息,与购买者协商确定种子买卖的包装方式、价款和数量、履行期限等交易要素,销售合同已经依法成立,销售行为已经实施,应认定亲耕田公司构成销售侵权,对一审法院认定的帮助侵权予以纠正。亲耕田公司没有获得种子生产经营许可证,违法销售"白皮袋"种子的行为,侵权行为严重,一审法院按照赔偿基数的二倍适用惩罚性赔偿正确,故判令驳回上诉,维持判决。

【典型意义】

本案对于被诉侵权人以通过信息网络途径组织买卖各方,以"农民""种粮大户"等经营主体名义为掩护实施的侵权行为进行了准确定性。亲耕田公司发布侵权种子销售具体信息,与购买方协商确定种子买卖的包装方式、价款和数量、履行期限等交易要素,销售合同已经依法成立,亲耕田公司系被诉侵权种子的交易组织者、决策者,实施了销售行为,构成侵权。亲耕田公司并非农民,其发布和组织交易的种子销售信息所涉种子数量达数万斤,远远超出了农民个人自繁自用的数量和规模。在赔偿数额上,亲耕田公司表示自己不留存有关交易记录,无法提供相关账簿,故人民法院参考亲耕田公司宣传交易额过亿的资料,综合考虑侵权情节,推定其侵权获利超出100万元,并以100万元作为计算本案赔偿基数。亲耕田公司组织销售不标注任何产品信息的白皮袋侵权种子、未取得种子生产经营许可证但生产经营种子,违反种子法相关规定,属于侵权行为情节严重,依法适用惩罚性赔偿制度,在计算基数的二倍以上从高确定惩罚性赔偿数额,实际赔偿总额为补偿性赔偿数额的三倍,最终全额支持权利人的诉讼请求,判令亲耕田公司停止侵权并赔偿经济损失及合理开支300万元。

（3）江苏明天种业科技股份有限公司诉响水金满仓种业有限公司侵害植物新品种权纠纷案

二审：江苏省高级人民法院（2018）苏民终 1492 号

一审：江苏省南京市中级人民法院（2018）苏 01 民初 293 号

【基本案情】

江苏明天种业科技股份有限公司（以下简称明天种业公司）为小麦品种"淮麦33"的被许可人，其代理人与公证人员两次购买响水金满仓种业有限公司（以下简称金满仓公司）销售的"淮麦33"。明天种业公司认为金满仓公司的行为构成侵权，故诉请判令金满仓公司停止侵权并赔偿损失。金满仓公司辩称，其销售的是小麦商品粮，并未销售小麦种子。

【裁判结果】

江苏省南京市中级人民法院一审认为，依据明天种业公司提供的证据材料，金满仓公司销售了被诉侵权产品，且被诉侵权产品的价格明显高于当年小麦商品粮价格，应当认定其销售的是"淮麦33"小麦种子，故判决金满仓公司立即停止销售侵权种子，赔偿明天种业公司经济损失100万元。金满仓公司不服，提起上诉。江苏省高级人民法院二审认为，金满仓公司在公安机关的询问笔录亦承认销售了被诉侵权种子，销售的品种、单价、数量与两份公证书记载的一致，金满仓公司销售的被诉侵权种子价格明显高于当年小麦商品粮的价格，一审法院认定其销售的是"淮麦33"小麦种子并无不当，故判决驳回上诉，维持原判。

【典型意义】

侵害植物新品种权的生产、销售行为极为隐蔽，加之我国法律对于植物新品种的保护范围仅包括繁殖材料而不包括收获材料，对于既是品种权的繁殖材料也是收获材料的被诉侵权植物体，被诉侵权方往往抗辩所涉植物体是收获材料用作商品粮等消费品，试图逃避侵权指控。本案即属此类典型，人民法院在此类案件中作出侵权判定时必须加大事实查明力度，充分利用经验法则和专业常识，适时转移证明责任。小麦作物具有双重属性，既是收获材料又是繁殖材料。作为繁殖材料，小麦种子的纯度、发芽率、含水量等方面的要求均高于普通的商品粮，种子的生产成本和销售价格会明显高于商品粮。本案被诉侵权人否认销售的是种子，主张销售的是商品粮，但两次购买价格明显高于当年小麦商品粮的价格。在公证购买过程中，被诉侵权人的现场销售人员将进入购买现场人员的手机全部收走，具有违反交易惯例的反常行为。综合在案的相关证据和查明的事实，人民法院最终认定被诉侵权人销售的是侵权种子，不是商品粮，属于侵害品种权的侵权行为。

（4）四川绿丹至诚种业有限公司诉泸州泰丰种业有限公司侵害植物新品种权纠纷案

二审：最高人民法院（2020）最高法知民终 793 号

一审：四川省成都市中级人民法院（2018）川 01 民初 1217 号

【基本案情】

四川省绿丹种业有限责任公司、四川农业大学农学院、宜宾市农业科学院联合选育的"宜香优2115"水稻于2012年12月24日通过农业部国家农作物品种审定委员会审定，并于2016年3月1日获得了植物新品种权。四川绿丹至诚种业有限公司（以下简称绿丹公司）获得"宜香优2115"独占生产、经营权以及市场维护、维权打假的权利。2018年，绿丹公司发现泸州泰丰种业有限公司（以下简称泰丰公司）未经许可套牌销售"宜香优2115"稻种，构成侵权，故诉请判令泰丰公司停止侵权，销毁库存侵权稻种，赔偿损失300万元并刊登声明消除影响。

【裁判结果】

四川省成都市中级人民法院一审认为，（2018）农种检报字第 69 号、（2018）农种检报字第 70 号鉴定报告中送检的"宜香5979"来源于泰丰公司库存或销售网点，非来源于公证购买的销售网点，无法确定其送检的种子和被诉侵权的种子以及"宜香优2115"具有一一对应的关系，对上述鉴定报告未予采信。根据法院委托作出的（2019）农种检报字第 0066 号检验报告，泰丰公司生产、销售的"宜香优5979"号水稻和案涉品种权相同，故对绿丹公司关于泰丰公司生产、销售侵害其植物新品种权繁殖材料的主张予以支持，判令泰丰公司停止侵权、赔偿经济损失70万元和合理开支8万余元。泰丰公司不服，提起上诉。最高人民法院二审认为，泸州市农业局行政执法中的检验报告与法院委托鉴定意见，并非针对同一种子批的检验，二者得出不同结论，相互之间并不冲突，泸州市农业局行政执法中检验报告不能排斥法院委托鉴定意见，泰丰公司关于"宜香优5979"未套牌"宜香优2115"，没有侵权行为的上诉主张不成立，故判决驳回上诉，维持原判。

【典型意义】

本案是打击种子套牌侵权的典型案件，在种子行政主管机关送检形成的检验报告与人民法院委托的检测机构作出的检测报告得出不同结论的情况下，采纳人民法院委托检测机构作出的检测结论，认定套牌侵权成立。权利人针对侵害其植物新品种权的行为可以采取行政举报和提起侵权诉讼等不同的维权手段，本案对不同程序中的鉴定报告间的关系进行了明确。行政主管部门根据举报，对被诉侵权人进行执法检查，抽检被诉侵权人的库存种子送检形成的检验报告,本身具有合法性。针对同一侵权行为在行政查处程序中形成的检验报告与民事侵权纠纷案件具有关联性,相关检验报告可以在民事侵权纠纷案件中作为证据使用。针对不同批种子的检验,不同检测机构得出不同的结论,不能认为检验结论之间存在冲突。在没有证据证明多份检测报告系针对同一种子批,且相关证据显示送检样本来源不同、生产日期不同时,应认定多份检测报告并非针对同一种子批的检测,其得出的不同结论相互之间并不冲突。法院委托检测机构作出的检测报告程序规范合法,应予采纳。

(5)厦门华泰五谷种苗有限公司诉酒泉三保种业有限责任公司、甘肃省酒泉市肃州区金佛寺镇观山口村村民委员会侵害植物新品种权纠纷案

二审:最高人民法院(2020)最高法知民终 428 号

一审:甘肃省兰州市中级人民法院(2019)甘 01 知民初 168 号

【基本案情】

厦门华泰五谷种苗有限公司(以下简称厦门华泰公司)为玉米新品种"SBS902"的品种权人。甘肃省酒泉市肃州区金佛寺镇观山口村村民委员会(以下简称观山口村委会)在该村六社、七社组织生产"SBS902"玉米杂交种 400 余亩,该生产行为由酒泉三保种业有限责任公司(以下简称三保种业公司)委托,亲本由三保种业公司提供。厦门华泰公司认为三保种业公司以商业目的生产授权品种的行为侵害了其植物新品种权,观山口村委会明知三保种业公司实施侵权行为而为其掩护,应承担连带责任,故诉请判令三保种业公司停止侵权、赔偿损失,观山口村委会对损失承担连带赔偿责任。

【裁判结果】

甘肃省兰州市中级人民法院一审认为,公证处在保全证据过程中对附近耕作及路上遇到的农户进行询问时,农户均陈述所在地属于观山口六组、七组,委托制种公司为三保种业公司。该陈述与厦门华泰公司委托代理人后期询问的其他农户,六组、七组组长及村委会主任的陈述相互吻合。三保种业公司亦认可其在观山口村六组、七组制种的事实,仅辩称在公证保全的地块并未委托制种,但并未提交证据证明在观山口村实际委托制种情况,故判令三保种业公司停止侵权并赔偿经济损失 50 万元,观山口村委会对经济损失承担连带赔偿责任。三保种业公司不服,提出上诉。最高人民法院二审认为,三保种业公司在一审中并未提交相应的证据证明其答辩所主张的事实,其二审提交的玉米种子生产合同等证据,并未明确种植的具体地块,无法证明三保种业公司实际生产品种及其所主张的实际生产面积,

且缺乏付款和结算证据以及亲本发放、种子收购花名册等附件佐证,同时作为一审共同被告的观山口村委会对于一审判决并未上诉,二审又不出庭应诉,三保种业公司在二审提交的证据,不足以推翻一审法院认定的本案基本事实。故判决驳回上诉,维持原判。

【典型意义】

本案对于植物新品种侵权纠纷中委托制种行为的侵权判定具有指导意义。不签订制种合同、选定代理人发放繁殖材料、通过间接方式给付制种费用等方式,是实践中非法代繁行为所采取的普遍手段。这类侵权行为隐蔽,品种权人往往难以收集有效的直接证据,也难以追究真正侵权人的法律责任。根据案件相关事实和证据,适时转移举证责任,对于一味否定侵权事实但不提供相关证据的当事人,推定侵权事实成立,是降低品种权人维权难度的关键。本案中,品种权人提交种子生产合同、公证书等初步证据以证明制种公司委托制种行为构成侵权,制种公司虽然否认但无法对涉嫌侵权品种种植地块的制种情况进行说明,且未提供上述地块的亲本发放凭证及种子收购花名册等予以佐证,应当认定其行为构成侵害品种权的行为,依法承担侵权责任。

(6)江苏省高科种业科技有限公司诉秦永宏侵害植物新品种权纠纷案

二审:最高人民法院(2019)最高法知民终 407 号

一审:江苏省南京市中级人民法院(2018)苏 01 民初 1453 号

【基本案情】

江苏省高科种业科技有限公司(以下简称高科种业公司)为水稻新品种"南粳 9108"的独占实施许可人,有权以自己名义对侵害水稻"南粳 9108"植物新品种权的单位和个人追究法律责任。高科种业公司认为秦永宏未经许可擅自生产、销售"南粳 9108"水稻种子的行为侵害了其独占实施的被许可权,诉请判令秦永宏停止侵权并赔偿经济损失 50 万元。秦永宏辩称,其利用自留种子生产商品粮的行为属于法律规定的"农民自繁自用"情形,不构成对"南粳 9108"水稻新品种权的侵害。

【裁判结果】

江苏省南京市中级人民法院一审认为,秦永宏通过土地流转,获得经转包的土地经营权达 973.2 亩,已不是以家庭联产承包责任制的形式签订农村土地承包合同的农民,而是一种新型的农业生产经营主体(俗称种粮大户)。该类经营主体将他人享有品种权的授权品种用于生产经营活动的,应当取得品种权人的许可,否则构成侵权。故判令秦

永宏停止侵权并赔偿经济损失。最高人民法院二审认为，秦永宏经营的土地面积高达 900 余亩，其在该面积土地上进行耕种、收获粮食后售出以赚取收益的行为，不再仅仅是为了满足其个人和家庭生活的需要，而是具有商业目的。从秦永宏享有经营权的土地面积、种植规模、粮食产量以及收获粮食的用途来看，其已远远超出普通农民个人以家庭为单位、依照家庭联产承包责任制承包土地来进行种植的范畴，原审法院将其认定为一种新型农业生产经营主体，具有事实依据和法律依据。若允许秦永宏播种上述面积土地所使用的繁殖材料均由自己生产、自己留种而无需向品种权人支付任何费用，无疑会给包括高科种业公司在内的涉案品种权利人造成重大经济损失，损害其合法权益。由于秦永宏在其通过转包获得经营权的 973.2 亩土地上进行耕种，未经许可生产"南粳 9108"水稻种子并留作第二年播种使用的行为，不属于法律规定的"农民自繁自用"情形，应当取得涉案品种权利人的同意，并向品种权人或经授权的企业或个人支付费用。因现有证据仅能证明秦永宏存在生产行为，不能证明其实施了销售侵权种子的行为，故对原审判决赔偿数额予以酌情调整。

【典型意义】

本案进一步细化了"农民自繁自用"的适用条件，有助于解决司法实践中"农民"身份界定难、"自繁自用"行为界定难的问题，对准确适用"农民自繁自用授权品种的繁殖材料"具有指导意义。本案明确了"农民自繁自用"适用的主体应是以家庭联产承包责任制的形式签订农村土地承包合同的农民个人，不包括合作社、种粮大户、家庭农场等新型农业经营主体；适用的土地范围应当是通过家庭联产承包责任制承包的土地，不应包括通过各种流转方式获得经营权的土地；种子用途应以自用为限，除法律规定的可以在当地集贸市场上出售、串换剩余常规种子外，不能通过各种交易形式将生产、留用的种子提供给他人使用。本案中，被诉侵权人享有经营权的土地面积、种植规模、粮食产量以及收获粮食的用途足以表明其远远超出了农民个人以家庭为单位、依照家庭联产承包责任制承包土地来进行种植的范畴，不属于"农民自繁自用"的情形。

(7) 中国农业科学院郑州果树研究所诉郑州市二七区百领水果种植园侵害植物新品种权纠纷案

二审：最高人民法院(2021)最高法知民终 592 号

一审：河南省郑州市中级人民法院(2020)豫 01 知民初 605 号

【基本案情】

中国农业科学院郑州果树研究所(以下简称郑州果树研究所)为梨树新品种"丹霞红"的品种权人，郑州市二七区百领水果种植园(以下简称百领水果种植园)未经许可将其购买的梨树苗进行栽培、出售，且经品种鉴定报告显示编号为 2-7 的梨树样品与"丹霞红"对照差异位点数为 0。郑州果树研究所认为百领水果种植园构成侵权，故诉请判令百领水果种植园停止侵权并赔偿经济损失 50 万元。

【裁判结果】

河南省郑州市中级人民法院一审认为，百领水果种植园在未经得郑州果树研究所许可的情况下，将其购买的梨树苗进行栽苗并出售，且经品种鉴定报告显示编号为 2-7 的梨样品与"丹霞红"对照差异位点数为 0，其行为侵害了郑州果树研究所享有的涉案品种权，构成侵权，应当承担相应的民事责任。据此判令百领水果种植园停止侵权并赔偿郑州果树研究所经济损失 4 万元。最高人民法院二审认为，涉案梨树中部分是百领水果种植园购买"丹霞红"品种苗木后，利用 5 年的梨树作砧木嫁接而来，结合百领水果种植园多次销售"丹霞红"品种苗木的行为及其销售数量，可以证明百领水果种植园存在繁殖"丹霞红"品种的事实。百领水果种植园未证明所购入的"丹霞红"苗木是经品种权人许可售出的，且其在本案中实施的不仅是销售行为，还存在对购入的"丹霞红"苗木进行进一步繁殖，并向他人销售从而获利的行为，显然侵害了品种权人的利益，应当认定属于侵权行为。故判决驳回上诉，维持原判。

【典型意义】

本案对于植物新品种侵权纠纷中合法来源抗辩和权利用尽抗辩的审查认定具有指导意义。被诉侵权人应对其主张的合法来源、权利用尽等不侵权抗辩承担举证责任。对于此类抗辩应作严格审查。被诉侵权人销售"丹霞红"苗木的数量超出其购买数量，足以认定其存在繁殖行为，不能适用合法来源及权利用尽抗辩。品种权通过保护繁殖材料来保护品种权人利益，而品种权的繁殖材料具有繁殖子代的特性。因此，与其他知识产权领域相比，植物新品种领域的权利用尽原则要受到更多限制，对于存在进一步繁殖后销售的行为，不适用权利用尽抗辩，避免出现以权利用尽为名严重影响品种权人利益的后果。

(8) 黑龙江阳光种业有限公司诉植物新品种复审委员会植物新品种申请驳回复审行政纠纷案

二审：最高人民法院(2021)最高法知行终 453 号

一审：北京知识产权法院(2019)京 73 行初 1401 号

【基本案情】

植物新品种复审委员会 2019 年 1 月 17 日作出《关于维持〈哈育 189 品种实质审查驳回决定〉的决定》，认定黑龙江阳光种业有限公司(简称阳光种业公司)于 2015 年 6 月 29 日提交"哈育 189"玉米品种权申请时,"利合 228"品种已于 2015 年 4 月 14 日公告初步审查合格,选择"利合 228"品种作为本申请的近似品种符合《中华人民共和国植物新品种保护条例》规定。经原农业部植物新品种保护办公室前置审查,"哈育 189"品种不符合植物新品种保护条例关于授权的有关规定,阳光种业公司的复审理由不能成立,决定维持品种保护办公室作出的《哈育 189 品种实质审查驳回决定》,驳回阳光种业公司的复审请求。阳光种业公司不服,认为"利合 228"在国内首次申请品种审定或品种权保护的时间均晚于"哈育 189",不能作为评价"哈育 189"特异性的近似品种,诉请判决撤销被诉决定,并判令植物新品种复审委员会重新作出决定。

【裁判结果】

北京知识产权法院一审认为,申请品种权的植物新品种是否具备特异性,其比较对象是递交申请以前的已知植物品种。"利合 228"品种权初审合格公告时间在"哈育 189"递交品种权申请之前,构成"哈育 189"品种权申请递交前已知的植物品种,可以作为判断"哈育 189"品种是否具有特异性的比较对象。本案品种权申请针对的是"哈育 189",其何时申请品种审定对本案已知植物品种的判断不产生影响。综上,被诉决定选择"利合 228"作为"哈育 189"品种权申请的近似品种,符合法律规定。在此基础上,"哈育 189"品种并未明显区别于其递交申请以前已知的植物品种"利合 228",被诉决定关于"哈育 189"品种不具备特异性的认定结论正确,故判决驳回阳光种业公司的诉讼请求。最高人民法院二审认为,"哈育 189"品种在 2015 年 6 月 29 日申请植物新品种权时,"利合 228"品种已经完成了品种权申请初审,被诉决定将"利合 228"玉米品种作为"哈育 189"品种权申请日之前的已知品种,就其相关特征、特性进行测试,与申请品种进行性状对比,于法有据。根据鉴定,"哈育 189""利合 228"有差异性状,但差异不显著,且(2018)甘民终 695 号民事判决已认定,"利合 228"与"哈育 189"属于同一玉米品种,因此申请品种权的"哈育 189"不具有明显区别于已知品种"利合 228"的性状,不具备特异性,被诉决定和原审判决认定并无不当。故判决驳回上诉,维持原判。

【典型意义】

本案是植物新品种授权行政纠纷,判决阐明了植物新品种特异性判定中的已知品种的认定问题。品种特异性要求申请品种权的植物新品种应当明显区别于在递交申请以前已知的植物品种。因此,判断的基准时间是申请品种权的申请日,而非申请品种审定的时间。在特异性的判定中,确定在先的已知品种的目的是为了固定比对对象,即比较该申请品种与递交申请日以前的已知品种是否存在明显的性状区别。申请植物新品种权保护的品种在申请日之前进行品种审定、品种推广的时间,对判断其是否具备新颖性具有意义,但与选择确定作为特异性比较对象的已知品种并无关联,对特异性判断不产生影响。

(9)酒泉某豫农业科技有限公司、王某某生产、销售伪劣产品案

一审:甘肃省酒泉市肃州区人民法院(2020)甘 0902 刑初 160 号

【简要案情】

被告人王某某系酒泉某豫农业科技有限公司的法定代表人。2017 年,该公司将自己繁育的种子及从他人处收购的辣椒籽进行加工、包装后,以"豫椒王"品种向甘肃省酒泉市肃州区种子管理站申请生产经营备案,后因质量问题未能申请成功。2018 年 12 月,该公司将"豫椒王"辣椒种子销售给甘肃某慈生态农业发展有限公司 3500 罐,销售金额共计 245 万元。甘肃某慈生态农业发展有限公司将其中 1626 罐"豫椒王"辣椒种子委托酒泉市肃州区农户种植。2019 年 7 月,农户种植该辣椒种子后出现大量杂株,辣椒产量和质量均受到严重影响。经鉴定,该辣椒种子的纯度为 63.4%,纯度远低于国家标准 95% 和罐体标识 96%,认定为劣种子。经测产,该辣椒平均亩产 1783.2 公斤,其中形成商品价值的辣椒 1382.2 公斤,远低于罐体标识的亩产 3000 公斤至 4000 公斤。案发后,王某某主动向公安机关投案。

【裁判结果】

甘肃省酒泉市肃州区人民法院经审理认为,被告单位酒泉某豫农业科技有限公司、被告人王某某以不合格产品冒充合格产品,销售金额 245 万元,其行为已构成生产、销售伪劣产品罪。王某某具有自首情节,依法可减轻处罚。王某某归案后认罪态度好,有悔罪表现,依法可酌情从轻处罚。据此,以生产、销售伪劣产品罪判处被告单位酒泉某豫农业科技有限公司罚金二百四十五万元;判处被告人王某某有期徒刑十一年,并处罚金一百二十三万元。

【典型意义】

近年来,涉及辣椒、花生等经济作物种子的犯罪案件日益增加,不仅关系到农民增收的"钱袋子",也关系到人民群众的"菜篮子"。被告单位和被告人明知涉案辣椒种子质量不合格,在辣椒种子包装上虚假标注亩产、纯度等重要指标,以不合格种子冒充合格种子销售,并给相关企业和农户造成经济损失,对此类犯罪应依法从严惩处。实践中,生

产、销售伪劣种子案件往往因受制于生产农时、土壤能力、种植水平、天气状况等复杂因素，很多案件难以对生产遭受的损失情况作出准确认定，也就难以生产、销售伪劣种子罪追究被告人的刑事责任。本案中，经相关农业部门测产，造成辣椒减产除了涉案种子原因外，还存在农户移栽时间晚、种植密度大，以及天气影响等因素，因此办案机关未能对农户生产遭受损失情况作出认定。在此情况下，应依法适用生产、销售伪劣产品罪定罪处罚。

依照种子法第四十九条第三款的规定，质量低于国家规定标准或者标签标注指标的，是劣种子。依照刑法第一百四十条的规定，生产者、销售者以不合格产品冒充合格产品，销售金额 5 万元以上的，即构成生产、销售伪劣产品罪。其中，销售金额在 200 万元以上的，应以生产、销售伪劣产品罪定罪，处十五年有期徒刑或者无期徒刑，并处销售金额百分之五十以上二倍以下罚金或者没收财产。人民法院综合考虑被告人具有自首情节和认罪悔罪表现，依法作出判决。

(10)赛某某假冒注册商标案

一审：河南省郑州市中级人民法院（2019）豫 01 刑初 102 号

【简要案情】

2017 年 11 月至 2019 年 2 月，被告人赛某某雇佣齐某某（另案处理）在河南省郑州市惠济区非法从事种子生产、销售。赛某某从甘肃等地购买玉米种子，并在未经注册商标所有人许可的情况下，安排齐某某等人用赛某某所购不同品牌的玉米种子包装袋分装后，分别销往河南、山东、安徽、湖北等地。2019 年 2 月 25 日，公安机关查处赛某某位于河南省郑州市惠济区八堡村的制假窝点时，当场查获假冒北京联创种业有限公司注册的"粒粒金"牌裕丰 303、山西中农赛博种业有限公司注册的"太玉"牌太玉 339、安徽隆平高科种业有限公司注册的"隆平高科"牌隆平 206、山东登海种业股份有限公司注册的"登海"牌登海 605、北京华奥农科玉育种开发有限责任公司注册的"农科王"牌农科玉 368 等注册商标的玉米种子共计 42 袋，总价值共计 85890 元。

【裁判结果】

河南省郑州市中级人民法院经审理认为，被告人赛某某未经注册商标所有人许可，在同一商品上使用与其注册商标相同的商标，情节严重，其行为构成假冒注册商标罪。赛某某归案后能够认罪认罚。据此，以假冒注册商标罪判处被告人赛某某有期徒刑一年，并处罚金八千元。

【典型意义】

种子是农业发展的"芯片"，保护种子的注册商标等知识产权是维护种业健康发展、促进农业科技创新的重要保障。实践中，被告人假冒他人种子注册商标的犯罪，是种业领域典型的侵犯知识产权犯罪，应依法予以严惩。依照刑法第二百一十三条的规定，未经注册商标所有人许可，在同一种商品上使用与其注册商标相同的商标，情节严重的，以假冒注册商品罪定罪处罚。其中，非法经营数额在 5 万元以上不满 25 万元或者违法所得数额在 3 万元以上不满 15 万元的，以及假冒两种以上注册商标，非法经营数额在 3 万元以上不满 15 万元或者违法所得数额在 2 万元以上不满 10 万元的，应在三年以下有期徒刑，并处或者单处罚金的幅度内量刑。

该类刑事案件的审理，往往还涉及罪数认定问题。对于被告人既实施假冒他人注册商标犯罪，又销售该假冒注册商标的商品，构成犯罪的，以假冒注册商标罪定罪处罚；对于采用假冒注册商标的手段生产、销售伪劣产品，既触犯假冒注册商标罪，又触犯生产、销售伪劣产品罪的，按照处罚较重的犯罪定罪处罚。本案即便涉案种子经鉴定属于不合格产品，若以销售伪劣产品罪定罪，销售金额在 5 万元以上不满 20 万元的，应在二年以下有期徒刑或者拘役，并处或者单处销售金额百分之五十以上二倍以下罚金的幅度内量刑。故根据"择一重罪处罚"原则，本案应以假冒注册商标罪定罪处罚。

2. 人民法院种业知识产权司法保护典型案例（第二批）①

(1)陆某某、李某某、赵某某销售伪劣种子案

二审：河南省商丘市中级人民法院（2021）豫 14 刑终 285 号

一审：河南省永城市人民法院（2021）豫 1481 刑初 28 号

【基本案情】2019 年 10 月至 11 月，被告人陆某某以牟利为目的，将其以 16720 元购买、用于做饲料和芽菜苗的 7600 斤豌豆，冒充"中豌九号"豌豆种，先后两次共计 20770 元销售给被告人赵某某。赵某某以牟利为目的，在明知是三无产品假种子的情况下，以 30660 元销售给被告人李某某。李某某以牟利为目的，在明知是三无产品假种子的情况下，冒充"中豌九号"种子以 42500 元销售给肖某某。该

批假豌豆种被 5 农户购买后种植。经鉴定,造成农户损失 14 万余元。陆某某、李某某、赵某某分别获利 4050 元、11840 元、9890 元。案发后,肖某某赔偿 5 农户损失,陆某某归案后退赔 8 万元,由肖某某赔付被害人。

【裁判结果】河南省永城市人民法院一审认为,被告人陆某某、李某某、赵某某以假种子冒充真种子予以销售,使生产造成重大损失,其行为均已构成销售伪劣种子罪。陆某某、李某某、赵某某具有自首情节,依法可从轻或减轻处罚。陆某某主动退赔,酌情可从轻处罚。据此,分别以销售伪劣种子罪判处被告人陆某某有期徒刑二年六个月,并处罚金人民币 2 万元;被告人李某某有期徒刑二年十个月,并处罚金人民币 3 万元;被告人赵某某有期徒刑二年十个月,并处罚金人民币 3 万元;对被告人李某某违法所得 11840 元、被告人赵某某违法所得 9890 元予以追缴,上缴国库。被告人陆某某、李某某不服,提起上诉。河南省商丘市中级人民法院二审认为,被告人陆某某二审中虽又赔偿 2 万元,但拒不认罪,依法不应从轻处罚,故裁定驳回上诉,维持原判。

【典型意义】种子质量和安全关乎农民收入、农业效益和农村稳定。人民法院通过依法处理"农资打假"案件,保持对农资制假、售假犯罪的高压态势和打击力度,最大限度保护农民利益。本案三被告人明知所售种子系三无产品的假种子依然销售,坑农害农,社会危害严重,本案的处理体现了人民法院充分发挥司法保障农民权益、服务经济发展的职能作用。

(2)薛某某销售伪劣种子、卢某某销售伪劣产品案

一审:安徽省蒙城县人民法院(2019)皖 1622 刑初 141 号

【基本案情】2017 年 3 月左右,被告人卢某某从山东、河南等地购买了大量未经审定的大豆种子,并将其包装成"农研一号"进行销售,其中以每桶 38 元的价格卖给被告人薛某某 1500 桶,以每桶 36 元的价格卖给周某某 189 桶,共计 63804 元。2017 年 3、4 月,被告人薛某某在从卢某某处购买大豆种子后,又从山东购买了大量未经审定的大豆种子。被告人薛某某后将上述大豆种子卖给多名农户,销售金额共计 148480 元。经鉴定,多名农户大豆产量减产 13521.15 公斤,损失价值 55436 元。经认定,卢某某、薛某某所销售的大豆种子均不合格种子。案发后,薛某某赔偿部分农户经济损失 279000 元并取得谅解,卢某某赔偿部分农户经济损失 83020 元并取得谅解。

【裁判结果】安徽省蒙城县人民法院审理后认为,被告人薛某某涉案行为构成销售伪劣种子罪,被告人卢某某涉案行为构成销售伪劣产品罪。薛某某、卢某某到案后如实供述犯罪事实,具有坦白情节,且当庭自愿认罪,依法可以从轻处罚。薛某某、卢某某积极赔偿受害农户经济损失并取得谅解,依法可以酌定从轻处罚。薛某某具有前科劣迹,依法对其可以酌定从重处罚。据此,对被告人薛某某以销售伪劣种子罪判处有期徒刑十个月,并处罚金人民币 10 万元;对被告人卢某某以销售伪劣产品罪判处有期徒刑六个月,并处罚金人民币 5 万元。一审判决后,二被告人均未提起上诉。

【典型意义】本案因认定卢某某构成销售伪劣种子罪证据不足,故根据刑法一百四十九条的规定,人民法院对卢某某以销售伪劣产品罪定罪处罚,体现了不枉不纵、严惩犯罪的司法态度。审理过程中,人民法院通过释法说理,积极沟通,二被告人均主动赔偿农户经济损失并取得谅解。人民法院不仅判处二被告人监禁刑,还依法判处相应的罚金,严厉打击损害农民利益的犯罪分子,彰显了对危害民生的犯罪活动从严惩处的精神。

(3)江苏省高科种业科技有限公司与江苏金大丰农业科技有限公司、董某某、曹某某、杨某某侵害植物新品种权纠纷案

一审:江苏省南京市中级人民法院(2021)苏 01 民初 850 号

【基本案情】江苏省高科种业科技有限公司(以下简称高科公司)为水稻新品种"南粳 9108"的独占实施被许可人。2019 年 7 月 19 日,高科公司向江苏省盐城市农业行政执法支队举报江苏金大丰农业科技有限公司(以下简称金大丰公司)的法定代表人董某某等生产、销售假冒"南粳 9108"水稻种子。江苏省盐城市农业农村局进行调查后作出《案件处理意见书》,认定金大丰公司、董某某、曹某某、杨某某等构成生产经营假种子的行为。高科公司认为金大丰公司、董某某、曹某某、杨某某未经许可生产、销售假冒"南粳 9108"水稻种子,侵害其享有的独占实施权,导致经济损失巨大,诉请判令金大丰公司等四被告停止侵害,并连带赔偿经济损失 300 万元。

【裁判结果】江苏省南京市中级人民法院一审认为,四被告未经许可生产、销售假冒"南粳 9108"水稻种子,构成侵害"南粳 9108"的行为,应当承担停止侵害、赔偿损失的民事责任。本案四被告生产、销售侵权种子数量、金额特别巨大,仅已查明的数量就达到 150560 斤至 160560 斤,销售金额达到 393684 元,且还存在真假混卖、多次销售、仓储巨大,以及种植后杂稻较多等危害粮食安全的严重情节。综合考量"南粳 9108"植物新品种权的知名度较高,侵权人主

观恶意较大、侵权情节严重等因素,判决四被告停止侵害,考虑惩罚性因素并适用法定赔偿确定四被告连带赔偿高科公司经济损失 300 万元。一审判决后,四被告未提起上诉,并主动联系高科公司履行判决。

【典型意义】本案是司法与行政合力保护、严厉打击套牌侵权行为的典型案件。农业行政执法为民事诉讼固定了侵权证据,法院依当事人申请开具调查令,调取行政机关执法证据,并据此审查认定侵权事实。在认定侵权赔偿数额时,人民法院根据具体案情适用法定赔偿,并考虑适用惩罚性的因素,对权利人主张的 300 万元赔偿数额予以全额支持,取得了维护品种权及种业秩序的良好法律效果。

(4)深圳市金谷美香实业有限公司与合肥皖丰种子有限责任公司、霍邱县保丰种业有限责任公司侵害植物新品种权纠纷案

二审:最高人民法院(2021)最高法知民终 466 号

一审:安徽省合肥市中级人民法院(2020)皖 01 民初 1503 号

【基本案情】深圳市金谷美香实业有限公司(以下简称金谷美香公司)为水稻新品种"黄华占"的独占实施被许可人。霍邱县保丰种业有限责任公司(以下简称保丰公司)未经许可销售了"黄华占"水稻种子,该种子系由合肥皖丰种子有限责任公司(以下简称皖丰公司)生产。皖丰公司曾与金谷美香公司签订调解协议,明确约定皖丰公司不得再以任何方式销售"黄华占"水稻种子,如有违反,给予金谷美香公司不低于 100 万元的经济赔偿。皖丰公司确认,金谷美香公司以其他销售商为被告提起的另两案诉讼中,被诉侵权种子亦系皖丰公司在同一时期生产和销售的,但皖丰公司在另两案中并非当事人。金谷美香公司在本案中诉请,判令皖丰公司、保丰公司停止侵害,参照前述调解协议判令皖丰公司、保丰公司共同赔偿经济损失 100 万元及合理维权费用 5 万元。

【裁判结果】安徽省合肥市中级人民法院一审认为,根据法院委托农业农村部植物新品种测试(杭州)分中心作出检验报告,被诉侵权种子与"黄华占"品种一致,皖丰公司、保丰公司未经许可生产、销售授权品种的繁殖材料,构成侵权,故判令皖丰公司、保丰公司停止侵害,皖丰公司赔偿金谷美香公司经济损失 30 万元,保丰公司赔偿金谷美香公司经济损失 4 万元。三方当事人均不服,提起上诉。最高人民法院二审认为,金谷美香公司与皖丰公司签订的调解协议系双方自愿达成,所约定的赔偿数额是就未来发生侵权时权利人因被侵权所受到的损失,或者侵权人因侵权所获得的利益预先达成的一种简便的计算和确定方法,约

定的赔偿数额与现行法律规定不冲突,故对金谷美香公司请求参照调解协议判令皖丰公司承担 100 万元经济损失的主张予以支持。综合考虑皖丰公司侵权行为性质、侵权规模以及关联案件等因素,判决皖丰公司赔偿金谷美香公司 100 万元经济损失及 5 万元合理维权费用,保丰公司在 4 万元范围内承担连带赔偿责任。

【典型意义】本案全额支持了权利人的赔偿请求,对植物新品种侵权纠纷中约定赔偿数额的审查认定具有参考意义。基于举证困难、诉讼成本等因素的考虑,本案明确允许将当事人对侵权赔偿数额作出的约定作为计算损害赔偿数额的标准,有助于降低维权难度和简化赔偿数额的计算。同时,对于同一侵权人在同一时期的侵权行为引发的一系列案件,因其对权利人造成的损失具有一致性且难以分割,可在一个案件中一并确定赔偿数额。

(5)酒泉市华美种子有限责任公司与夏某某植物新品种临时保护期使用费和侵害植物新品种权纠纷案

二审:最高人民法院(2021)最高法知民终 1469 号

一审:山东省青岛市中级人民法院(2021)鲁 02 知民初 23 号

【基本案情】酒泉市华美种子有限责任公司(以下简称华美公司)为辣椒"华美 105"的植物新品种权人。华美公司通过案外人王某向夏某某微信购买"华美 105"种子,王某先后向夏某某及其妻子转账 315000 元,从夏某某处购得辣椒种子。经鉴定,上述种子与"华美 105"品种基因指纹图谱带型一致,为同一品种。华美公司认为夏某某未经许可生产、销售"华美 105"辣椒种子,诉请判令夏某某停止侵害,赔偿经济损失 300 万元。

【裁判结果】山东省青岛市中级人民法院一审认为,公证处并未对该种子是否来源于夏某某进行公证,华美公司提供的证据不足以证明公证处封存的种子由夏某某生产和销售。故判决驳回华美公司的诉讼请求。华美公司不服,提起上诉。最高人民法院二审认为,根据《最高人民法院关于审理侵害植物新品种权纠纷案件具体应用法律问题的若干规定(二)》第六条的规定,品种权人仅需提供初步证据证明被诉侵权品种繁殖材料使用的名称与授权品种相同即可。虽然华美公司对收到被诉侵权种子的过程未予公证,但在案的微信聊天和打款记录等证据已能印证案外人王某向夏某某购买被诉侵权种子的关键事实,如种子种类、数量、价格、款项支付等,华美公司已完成初步举证责任。经二审法院释明后,夏某某未能提交任何有效反证,应承担举证不能的不利后果。华美公司虽未提供有关种子生产环节的直接证据,但基于在案证据可以认定被诉侵权种子系

由夏某某生产。2019 年 11 月夏某某曾有"一年出 1 万多包,都用好几年了"的陈述,其行为可向前追溯 2 年至 3 年,涵盖 2017 年 3 月 1 日至 2018 年 7 月 20 日即"华美 105"植物新品种初步审查合格公告日至授权日期间。在向当事人释明后,二审法院将涉案品种的临时保护期使用费和侵权损害赔偿一并予以审理,并分别确定了数额,最终改判夏某某停止侵害,向华美公司支付临时保护期使用费 45 万元、侵权赔偿数额 45 万元,合理维权费用 15 万元,共计 105 万元。

【典型意义】本案在品种权人已尽力举证,在案证据能够达到初步证明标准的情形下,适时转移举证责任,由被诉侵权人对其举证不能承担相应的不利后果,彰显了种业知识产权司法保护的公平正义。同时,本案针对侵权人在植物新品种权授权前后的持续性行为,既准确界定了侵权行为,解决侵权损害赔偿纠纷,又全面保护品种权人利益,确定临时保护期使用费,减轻当事人诉累,有效提高纠纷解决效率。

(6)江苏金土地种业有限公司与扬州今日种业有限公司、戴某某、杨某某、柏某某侵害植物新品种权纠纷案

二审:最高人民法院(2021)最高法知民终 884 号

一审:江苏省南京市中级人民法院(2019)苏 01 民初 2143 号

【基本案情】江苏金土地种业有限公司(以下简称金土地种业公司)为小麦"扬辐麦 4 号"的植物新品种权人。扬州今日种业有限公司(以下简称今日种业公司)未经品种权人许可,生产、销售"扬辐麦 4 号"侵权种子。戴某某、杨某某系今日种业公司原股东,未足额缴纳其所认缴出资额,并在侵权行为发生后以零元对价将股权转让给明显无经营能力的柏某某,转让后今日种业公司将注册资本由 680 万元变更为 10 万元。金土地种业公司诉请判令今日种业公司停止侵权并赔偿经济损失 200 万元,戴某某、杨某某在认缴的出资范围内对今日种业公司债务承担补充赔偿责任,柏某某对今日种业公司债务承担连带赔偿责任。

【裁判结果】江苏省南京市中级人民法院一审认为,今日种业公司构成侵权,依法应当承担停止侵害、赔偿损失的民事责任,戴某某、杨某某在向柏某某转让今日种业公司股权时尚未履行出资义务,应当承担补充赔偿责任,故判决今日种业公司立即停止侵权行为,赔偿金土地种业公司经济损失(包含维权合理开支)20 万元,戴某某、杨某某对该 20 万元中不能清偿的部分承担补充赔偿责任,柏某某对今日种业公司债务承担连带赔偿责任。今日种业有限公司、戴某某、杨某某不服,上诉认为其不构成侵权,且一审判决关

于公司原股东戴某某、杨某某承担补充责任的认定适用法律错误。最高人民法院二审认为,一审判决关于构成侵权行为的认定正确。关于民事责任的承担,结合今日种业公司在侵权事实发生前后一系列行为的连续性和目的性,公司原股东明显存在逃避出资的恶意,其恶意转让未届出资期限的股权,属于滥用其出资期限利益逃避债务。今日种业公司减资后已不能偿付公司减资前产生的侵权之债,今日种业公司原股东就公司不能清偿的部分应当承担补充赔偿责任。故判决驳回上诉,维持原判。

【典型意义】本案对于植物新品种侵权纠纷中恶意逃避债务行为的民事责任认定具有参考意义。侵害品种权纠纷中,侵权主体往往较多且侵权方式隐蔽,一些实施侵权行为的股东通过恶意转让公司股权、虚构债务等手段逃避责任,导致权利人损失无法获得弥补。本案判决滥用权利逃避债务的原股东对于公司转让之前的侵权之债应当在公司不能清偿的部分承担补充赔偿责任,对利用公司制度逃避债务的侵权行为人敲响了警钟。

(7)北京北方丰达种业有限责任公司与平顶山市卫东区平鼎种植专业合作社侵害植物新品种权纠纷案

二审:最高人民法院(2021)最高法知民终 451 号

一审:河南省郑州市中级人民法院(2020)豫 01 知民初 982 号

【基本案情】北京北方丰达种业有限责任公司(以下简称丰达公司)为梨新品种"苏翠 1 号"在中国除江浙沪地区外的独占实施被许可人,该品种权使用费包含 100 万元门槛费和销售价格 6%的提成费。平顶山市卫东区平鼎种植专业合作社(以下简称平鼎合作社)未经许可对外销售梨树苗,经鉴定为新品种"苏翠 1 号"。丰达公司公证取证时,平鼎合作社负责人自称"该基地种植大概 14 万棵苏翠 1 号",平鼎合作社认可曾参加政府采购并就该品种成交 2.5 万株。丰达公司诉请判令平鼎合作社停止种植和销售"苏翠 1 号"梨树苗,赔偿经济损失及合理维权费用共计 300 万元。

【裁判结果】河南省郑州市中级人民法院一审认为,平鼎合作社未经许可对外销售梨树苗"苏翠 1 号",其行为侵害了丰达公司在特定区域内对新品种"苏翠 1 号"的独占实施权,根据平鼎合作社现有经营规模和侵权的性质、情节、后果等因素,判决平鼎合作社停止生产、销售等侵权行为,并赔偿丰达公司经济损失及维权合理开支等共计 8 万元。双方当事人均不服一审判决确定的赔偿数额,提起上诉。最高人民法院二审认为,综合考量政府采购事实和成交情况、平鼎合作社自述繁殖规模较大、"苏翠 1 号"品种

权实施许可费以及丰达公司为维权支出的必要费用,一审法院酌定赔偿经济损失及维权合理开支 8 万元明显偏低,不足以弥补权利人的损失,实现震慑侵权行为的效果,故将一审判决赔偿数额变更为平鼎合作社赔偿丰达公司经济损失 30 万元以及维权合理开支 1 万元。

【典型意义】本案在依法适用法定赔偿时也体现了加大种业知识产权保护的精神。法定赔偿是在难以准确计算出侵权损害赔偿数额时的一种替代方法,人民法院在审判实践中应引导当事人通过各种方法尽量查明损失、获益等情况,切实有效保护权利人的合法权益,而不能简单适用法定赔偿。如确需适用法定赔偿,则应结合具体案情,综合考虑当事人举证难易程度、侵权行为的性质和情节、植物新品种实施许可费的数额等因素,依法确定合理的赔偿数额,赔偿数额一般应当包括权利人为制止侵权行为所支付的合理开支。本案二审逐一列举分析影响法定赔偿适用的具体情节,合理分配举证责任,有效弥补权利人损失并切实制裁侵权行为。

(8)新乡市金苑邦达富农业科技有限公司与滑县丰之源农业科技有限公司、冯某某、项城市秣陵镇春花农资店植物新品种临时保护期使用费纠纷案

二审:最高人民法院(2021)最高法知民终 1661 号

一审:河南省郑州市中级人民法院(2021)豫 01 知民初 497 号

【基本案情】新乡市金苑邦达富农业科技有限公司(以下简称金苑邦达富公司)为小麦新品种"伟隆 169"在河南省的独占实施被许可人并有权以自己的名义进行维权。滑县丰之源农业科技有限公司(以下简称丰之源公司)未经许可于 2020 年 7 月生产、销售了该授权品种的繁殖材料,项城市秣陵镇春花农资店(以下简称春花农资店)未经许可销售该授权品种的繁殖材料。金苑邦达富公司请求判令春花农资店停止销售行为并赔偿 30 万元,丰之源公司承担连带赔偿责任;丰之源公司停止生产、销售行为并赔偿 30 万元,其股东冯某某承担连带赔偿责任。

【裁判结果】河南省郑州市中级人民法院一审认为,在追偿期内,丰之源公司未经品种权人许可,为商业目的生产、销售了涉案品种的繁殖材料,应当承担停止侵害、赔偿损失的责任。春花农资店未经品种权人授权,以商业为目的销售了授权品种的繁殖材料,且未提供证据证明其销售小麦种子的合法来源,其未尽到合理的注意义务,主观上具有一定过错,依法应承担停止销售、赔偿损失的责任。故判决丰之源公司停止侵害、赔偿损失 10 万

元,冯某某承担连带赔偿责任;春花农资店停止侵害、赔偿损失 5000 元。丰之源公司、冯某某不服,提起上诉。最高人民法院二审认为,"伟隆 169"小麦品种于 2018 年 1 月 1 日公告,2020 年 12 月 31 日被授予植物新品种权,丰之源公司的被诉生产行为发生于 2020 年 7 月,春花农资店被诉销售行为发生于 2020 年 9 月,本案系金苑邦达富公司对品种权初步审查合格公告之日至被授予品种权期间,就生产、销售该授权品种繁殖材料的行为主张追偿利益,属于植物新品种临时保护期使用费纠纷。丰之源公司在临时保护期内未经许可生产、销售"伟隆 169",金苑邦达富公司有权对此主张追偿利益损失。故判决驳回上诉,维持原判。

【典型意义】本案是植物新品种临时保护期使用费纠纷,一、二审判决参照品种实施许可费,结合品种类型、种植时间、经营规模、当时的市场价值等因素综合确定临时保护期使用费,对品种权人的智力成果提供全链条的保护,确保其经济利益得到充分补偿。

(9)寿光德瑞特种业有限公司与山东博盛种业有限公司、汤某某侵害植物新品种权纠纷案

一审:山东省济南市中级人民法院(2019)鲁 01 民初 1210 号

【基本案情】寿光德瑞特种业有限公司(以下简称德瑞特公司)为黄瓜"德瑞特 79"的植物新品种权人。2018 年 8 月 15 日,德瑞特公司经公证自汤某某处购买取得山东博盛种业有限公司(以下简称博盛种业公司)生产的"博盛 99"黄瓜种子。德瑞特公司委托检测公司进行 DNA 谱带数据比对鉴定,结论为"博盛 99"与"德瑞特 79"黄瓜种子差异位点数为 0,判定为疑同品种。德瑞特公司诉请判令博盛种业公司、汤某某停止侵害,赔偿经济损失 155 万元。

【裁判结果】山东省济南市中级人民法院一审认为,德瑞特公司单方委托的检验,其检测过程和检验方法缺乏公正性和权威性。法院依法委托农业农村部植物新品种测试中心进行了植物品种田间对比鉴定,对比结果为经 1 个生长周期 2 点测试,测试样品和对比样品(德瑞特 79)在 49 个测试性状中有 0 个性状有明显差异;测试样品与对比样品无明显差异。因博盛种业公司不能证明两者之间存在明显差异,故应认定两者为同一品种。一审判决博盛种业公司、汤某某停止侵害,博盛种业公司赔偿经济损失及合理开支 39.2 万元。博盛种业公司不服,提起上诉,二审期间申请撤回上诉并获准。

【典型意义】本案是根据检测鉴定意见转移举证责任,

降低品种权人证明难度的典型案件。本案中虽然对 50 个基本性状中的性状 35"果实：表面斑块分布"未予测试，但其余 49 个性状经测试未发现有明显差异。在此情形下，法院准确把握接近阈值的侵权认定标准，认定权利人已完成初步举证责任，适时转移举证责任，由被告对待测样品与对照样品在性状 35 存在差异点这一事实承担举证责任，并在被告举证不能的情况下，判令其承担举证不能的不利后果。

（10）湖南亚华种业科学研究院与张某侵害植物新品种权纠纷案

一审：海南自由贸易港知识产权法院（2021）琼 73 知民初 1 号

【基本案情】湖南亚华种业科学研究院（以下简称亚华研究院）为水稻"隆科 638S"的植物新品种权人。该品种可以作为母本与父本"R1377"组配，繁育"隆两优 1377"杂交水稻。2020 年 5 月，亚华研究院发现张某疑似利用"隆科 638S"母本进行育种。张某生产被诉种子并被行政机关查处。经鉴定，被诉种子样品与"隆两优 1377"系极近似品种或相同品种、与"隆科 638S"存在亲缘关系。亚华研究院向法院起诉，主张张某擅自使用"隆科 638S"进行繁殖制种的行为构成侵权，诉请判令张某停止侵害，销毁繁育的全部侵权种子及其全部母本"隆科 638S"种子，赔偿经济损失共 50 万元。

【裁判结果】海南自由贸易港知识产权法院一审认为，根据亚华研究院提交的初步证据，被诉侵权水稻种子具有使用"隆科 638S"作为亲本繁育而来的极高可能性，在张某未提交相反证据证明其水稻种子来源于其他亲本的情形下，可以认定张某存在重复使用授权品种"隆科 638S"生产另一其他品种的行为。因张某未提供家庭承包土地的相关证据，且未能对其在三亚市组配繁育杂交水稻行为给予合理解释，故认定张某的行为属于未经许可为商业目的将授权品种的繁殖材料重复使用于生产另一品种的繁殖材料的侵权行为，应当承担停止侵害、赔偿损失等民事责任。一审判决后，双方当事人均未上诉。

【典型意义】本案被诉侵权行为属于未经品种权人许可利用授权品种的繁殖材料重复使用于生产另一品种的繁殖材料的一种较为典型的植物新品种侵权行为。人民法院秉持有利于权利保护的原则，在被诉侵权种子与授权品种存在亲缘关系的鉴定意见基础上，将是否以授权品种作为母本生产被诉侵权种子的事实举证责任转移给被告，最终适用高度盖然性标准认定侵权成立。

3. 人民法院种业知识产权司法保护典型案例（第三批）①

案例 1. "YA8201"玉米植物新品种侵权两案【四川雅玉科技股份有限公司与云南金禾种业有限公司、云南瑞禾种业有限公司侵害植物新品种权纠纷两案】

二审：最高人民法院（2022）最高法知民终 783 号、（2022）最高法知民终 789 号

一审：云南省昆明市中级人民法院（2021）云 01 知民初 136 号、（2021）云 01 知民初 106 号

【基本案情】雅玉科技公司系"YA8201"玉米植物新品种的品种权人。金禾种业公司未经品种权人许可，将"YA8201"作为亲本用于生产杂交玉米品种"金禾玉 618"和"金禾 880"并进行销售。在生产经营过程中，金禾种业公司借用瑞禾种业公司的农作物种子生产经营许可证，向瑞禾种业公司支付管理费。针对"金禾玉 618"和"金禾 880"两个被诉侵权品种，雅玉科技公司分别提起侵权之诉，均请求判令金禾种业公司、瑞禾种业公司停止侵害，金禾种业公司支付惩罚性赔偿金，瑞禾种业公司承担连带责任。

【裁判结果】云南省昆明市中级人民法院一审认为，金禾种业公司构成侵权，瑞禾种业公司构成帮助侵权，适用惩罚性赔偿确定两案中金禾种业公司分别赔偿 104022 元、456897 元，瑞禾种业公司承担连带责任。雅玉科技公司、金禾种业公司均不服，提起上诉。最高人民法院二审认为，金禾种业公司非法租借农作物种子生产经营许可证，且拒不提供财务账簿构成举证妨碍，应采纳品种权人主张的利润作为计算数据，从严适用惩罚性赔偿，考虑雅玉科技公司"YA8201"品种权对"金禾玉 618"和"金禾 880"的贡献率，改判金禾种业公司在两案中分别赔偿雅玉科技公司 693480 元、1522990 元，瑞禾种业公司承担连带责任。

【典型意义】两案系对租借种子生产经营许可证的行为适用惩罚性赔偿的植物新品种侵权案件。两案中人民法院秉持有利于权利保护的司法理念，合理确定亲本品种对侵权利润的贡献率、从严适用惩罚性赔偿，为净化种子市场提供有力司法支持。同时，准确适用举证妨碍排除规则，为有效破解品种权人"举证难"问题开辟新路径。

①案例来源：最高人民法院官网，https://www.court.gov.cn/zixun/xiangqing/395172.html。

案例 2. "扬麦 25" 小麦植物新品种侵权案【中国种子集团有限公司江苏分公司与李某贵侵害植物新品种权纠纷案】

一审:浙江省杭州市中级人民法院(2022)浙 01 知民初 96 号

【基本案情】

中国种子集团江苏分公司获得品种权人许可,可以实施"扬麦 25"小麦植物新品种权,并以自己名义进行维权。李某贵通过抖音软件发布视频面向种植户宣传"杨麦 25,100 斤白包装"。中国种子集团江苏分公司经公证向李某贵购得被诉侵权种子,公证照片显示大量白皮袋包装货物,李某贵向取证人员宣称其销量大并保证出芽率。中国种子集团江苏分公司起诉请求判令李某贵停止侵害,并适用惩罚性赔偿判令李某贵赔偿损失 135 万元和合理费用 69400 元。

【裁判结果】

浙江省杭州市中级人民法院一审认为,综合考虑"杨麦 25"与"扬麦 25"的字形相近、读音相同,李某贵经法院释明仍未举证证明实际存在"杨麦 25"小麦品种,以及李某贵在取证过程中的具体情节,现有证据已经初步证明被诉侵权种子与授权品种为同一品种,提交反证推翻两者不具备同一性的责任在于李某贵。综合考虑李某贵在取证过程中表述的销售规模、侵权手段、销售侵权种子的价格、侵权行为的持续时间、地域范围等因素,按照侵权获利的计算方式确定支付补偿性赔偿数额为 396000 元。李某贵销售白皮袋种子属于侵权行为情节严重,确定惩罚性赔偿的倍数为二倍。最终判决李某贵停止侵害,并赔偿损失 1188000 元和维权合理开支 69400 元。一审宣判后,当事人均未提起上诉。

【典型意义】

本案是善用举证责任转移和因销售"白皮袋"种子适用惩罚性赔偿的植物新品种侵权案件。本案基于案情适时转移举证责任,有效降低品种权人维权难度。考虑侵权人存在销售"白皮袋"种子的严重侵权情节,在准确、合理确定赔偿基数的基础上依法适用惩罚性赔偿,取得了维护品种权人合法权益与重拳打击侵权行为的良好效果。

案例 3. 杂交玉米植物新品种亲本"W68"技术秘密侵权案【河北华穗种业有限公司与武威市搏盛种业有限责任公司侵害技术秘密纠纷案】

二审:最高人民法院(2022)最高法知民终 147 号

一审:甘肃省兰州市中级人民法院(2020)甘 01 知民初 61 号

【基本案情】

华穗种业公司是"万糯 2000"玉米植物新品种的品种权人,同时主张其系"万糯 2000"的亲本"W68"的技术秘密权利人。华穗种业公司起诉搏盛种业公司侵害"W68"的技术秘密,请求判令其承担有关侵权责任。

【裁判结果】

甘肃省兰州市中级人民法院一审认为,搏盛种业公司构成对"W68"技术秘密权益的侵害,判决其停止侵害,赔偿经济损失及维权合理开支共计 150.5 万元。搏盛种业公司不服,提起上诉,主张"W68"作为亲本不属于商业秘密的保护客体。最高人民法院二审认为,通过育种创新活动获得的具有商业价值的育种材料,在具备不为公众所知悉并采取相应保密措施等条件下,可以作为商业秘密依法获得法律保护。遂判决驳回上诉,维持原判。

【典型意义】

本案是最高人民法院审理的第一起涉及育种材料的商业秘密案件。判决明确了杂交玉米植物新品种的亲本作为商业秘密的保护条件和保护路径,是人民法院综合运用植物新品种、专利、商业秘密等多种知识产权保护手段保护育种成果的积极探索,有利于激励育种原始创新、持续创新,构建多元化、立体式的育种成果综合法律保护体系。

案例 4. "郑麦 113"小麦植物新品种侵权案【河南丰诺种业有限公司与河南永乐种业有限公司、襄州区欣欣田园农资经营店侵害植物新品种权纠纷案】

一审:河南省郑州市中级人民法院(2021)豫 01 知民初 256 号

【基本案情】

丰诺种业公司是"郑麦 113"小麦植物新品种的独占实施被许可人。丰诺种业公司在湖北省襄阳市襄州区欣欣农资经营店通过公证保全方式购买的产品包装袋显示,种子名称为"郑麦 113",相关生产主体名称、经营批号等信息均与永乐种业公司的信息一致。永乐种业公司先前曾实施侵害涉案"郑麦 113"品种权的行为,并承诺若再次侵权自愿赔偿丰诺种业公司 50 万元。丰诺种业公司起诉请求判令永乐种业公司、欣欣农资经营店停止侵害并赔偿损失和维权合理开支 70 万元。

【裁判结果】

河南省郑州市中级人民法院一审认为,永乐种业公司生产、销售,欣欣农资经营店销售的被诉侵权种子外包装显著位置突出标注"郑麦 113"字样,侵害"郑麦 113"植物新品种权。考虑到丰诺种业公司与永乐种业公司签订的承诺书中关于违约金明确约定为 50 万元,遂判决永乐种业公司、欣欣农资经营店停止侵权行为,永乐种业公司赔偿损失50万元、欣欣田园农资经营店赔偿损失3万元。永乐种业公司提起上诉后又撤回,一审判决已生效。

【典型意义】

本案系依据当事人就未来侵害植物新品种权约定的赔偿数额确定损害赔偿的案件。当事人明确约定的再次侵权应支付的赔偿数额系自愿达成,不违反法律、行政法规的强制性规定,依据该约定确定品种权侵权损害赔偿数额,既有利于简化侵权损害赔偿计算,节约司法资源,又有利于遏制重复侵权、恶意侵权,营造诚实守信的良好社会氛围。

案例5."伟科609"玉米植物新品种侵权案【河南金苑种业股份有限公司与青岛鑫丰种业有限公司、山东省德发种业科技有限公司侵害植物新品种权纠纷案】

二审:最高人民法院(2021)最高法知民终2487号

一审:山东省青岛市中级人民法院(2021)鲁02知民初29号

【基本案情】

金苑种业公司是"伟科609"玉米植物新品种的品种权人。山东省平度市综合行政执法局执法检查发现鑫丰种业公司销售的玉米种子并非标注的"豫禾868",属于假种子,遂对鑫丰公司作出行政处罚。嗣后,金苑种业公司起诉,主张鑫丰种业公司销售的"豫禾868"实际是"伟科609",德发种业公司是"豫禾868"的生产、加工和供应单位,请求判令两公司停止侵害,并赔偿损失。

【裁判结果】

山东省青岛市中级人民法院一审认为,山东省平度市综合行政执法局依法查扣鑫丰种业公司销售的"豫禾868"玉米繁殖材料经鉴定与"伟科609"构成近似品种,德发种业公司和鑫丰种业公司的行为构成侵害涉案品种权。德发种业公司拒绝提供其生产、销售侵权品种繁殖材料的数量,综合考虑侵权的性质、期间、销售范围等因素,判决德发种业公司、鑫丰种业公司停止侵害,德发种业公司赔偿损失和维权合理开支40万元。金苑种业公司、德发种业公司不服,提起上诉,二审判决驳回上诉,维持原判。

【典型意义】

本案是行政保护与司法保护有效衔接、优势互补的范例。案件处理充分体现出行政查处的及时高效与司法审判的定分止争相辅相成、相得益彰。通过行政机关的先行查处,既有效制止侵权行为并防止权利人损失扩大,又能及时固定侵权证据,便于后期诉讼中通过司法鉴定确定同一性,准确认定侵权行为,有利于形成行政和司法保护合力。

案例6."都蜜5号"甜瓜植物新品种临时保护期使用费案【京研益农(寿光)种业科技有限公司与新疆昌丰农业科技发展有限公司植物新品种临时保护期使用费纠纷案】

一审:海南自由贸易港知识产权法院(2021)琼73知民初24号

【基本案情】

京研寿光种业公司与他人联合培育"都蜜5号"甜瓜植物新品种,并依约取得维权打假的授权。该品种公告日为2019年5月1日,授权日为2021年6月18日。2019年12月13日,京研寿光种业公司公证购买到"世纪蜜二十五号"甜瓜种子,生产商标注为新疆昌丰农科公司。经农业农村部植物新品种测试中心鉴定,测试样品"世纪蜜二十五号"与"都蜜5号"的65个基本性状表现均无明显差异。京研寿光种业公司起诉请求,判令新疆昌丰农科公司停止侵害,赔偿损失并承担维权合理开支。

【裁判结果】

海南自由贸易港知识产权法院一审认为,新疆昌丰农科公司未经许可,在"都蜜5号"植物新品种的临时保护期内生产、繁殖、销售与"都蜜5号"为同一品种的"世纪蜜二十五号",应当向京研寿光种业公司支付临时保护期使用费。京研寿光种业公司基于正当理由提起诉讼所产生的合理费用,应当予以支持,由新疆昌丰农科公司适当分担。综合考虑甜瓜作为经济作物的属性、被诉侵权种子的销售情况等因素,判决新疆昌丰农科公司支付京研寿光种业公司临时保护期使用费及合理开支共计35万元。

【典型意义】

本案是涉及植物新品种临时保护期使用费的案件。对于品种权人在临时保护期使用费纠纷中的维权合理开支予以支持,体现了对品种权人的全面保护。该案判决生效后促成双方当事人达成临时保护期使用费支付协议以及品种权许可协议,实现了法律效果和社会效果的有机统一。

案例7."鲁葫1号"西葫芦植物新品种侵权案【山东省种子有限公司与山东寿光蔬菜种业集团有限公司、平原县圣思园种业发展有限公司侵害植物新品种权纠纷案】

二审:最高人民法院(2022)最高法知民终1296号

一审:山东省济南市中级人民法院(2021)鲁01知民初1047号

【基本案情】

山东种子公司是"鲁葫1号"西葫芦植物新品种的品种权人。山东种子公司以寿光蔬菜种业公司、圣思园种业公司生产、销售包装标注有"鲁葫1号"品种名称的西葫芦种子的行为构成侵权为由,起诉请求判令停止侵害,并赔偿损失。

【裁判结果】

山东省济南市中级人民法院一审认为,被诉侵权品种的产品包装显著位置标注"鲁葫1号",在品种名称位置亦标注了相同字样,应当认定构成侵权,判决寿光蔬菜种业公司与圣思园种业公司停止侵害,分别赔偿50万元与3000元。寿光蔬菜种业公司、圣思园种业公司不服,上诉主张在其涉案产品包装上使用"鲁葫1号"的行为是对其注册商标"鲁葫"的合理使用,不构成侵权。最高人民法院二审认为,授权品种名称是区别于其他植物品种的法定标志,在商业用途上具有标识品种特质的功能。寿光蔬菜种业公司在品种名称的标注中使用"鲁葫1号",以及将其注册商标"鲁葫"不规范使用为"鲁葫1号"的行为,实为指示商品品种而非指向商品来源。遂判决驳回上诉,维持原判。

【典型意义】

本案是以使用注册商标为名实施侵害植物新品种权的案件。人民法院准确适用新的侵害植物新品种权司法解释关于被诉侵权品种繁殖材料使用的名称与授权品种相同时推定两者为同一品种的规定,认定被诉侵权品种繁殖材料即为授权品种繁殖材料。同时,对于不规范使用注册商标,以使用商标之名行侵权之实的行为依法予以严惩,使得侵权人以使用注册商标为名掩饰侵权的行为无处遁形。

案例8. "彩甜糯6号"杂交玉米亲本植物新品种侵权案【荆州市恒彩农业科技有限公司与甘肃金盛源农业科技有限公司侵害植物新品种权纠纷案】

二审:最高人民法院(2022)最高法知民终13号

一审:河南省郑州市中级人民法院(2021)豫01知民初638号

【基本案情】

恒彩农科公司系"T37"和"WH818"玉米植物新品种的品种权共有人,其使用上述品种作为父母本选育的"彩甜糯6号"通过国家玉米品种审定。恒彩农科公司认为,金盛源农科公司销售,郑州华为种业公司生产、销售的"彩甜糯886"种子是重复使用"T37"和"WH818"作为亲本生产的繁殖材料,侵害了涉案品种权,起诉请求判令两公司停止侵害,共同赔偿损失20万元及维权合理开支2万元。

【裁判结果】

河南省郑州市中级人民法院一审认为,恒彩农科公司提交的证据不足以证明被诉侵权行为侵害了"WH818"和"T37"植物新品种权,驳回恒彩农科公司诉讼请求。恒彩农科公司不服,提起上诉。最高人民法院二审认为,被诉侵权种子与"彩甜糯6号"属于基因型相同或极近似品种,可以初步推定其使用了与"彩甜糯6号"相同父母本这一事实具有高度可能性。重复使用授权品种繁殖材料生产另一品种繁殖材料的侵权行为人不得销售其生产的该另一品种繁殖材料,是制止生产者侵权行为、防止损失扩大的应有之义。遂改判郑州华为种业公司停止生产、销售"彩甜糯886"种子,并全额支持恒彩农科公司的赔偿请求。对于郑州华为种业公司、金盛源农科公司未经审定推广主要农作物种子的涉嫌违法行为,依法移送行政主管部门处理。

【典型意义】

本案系以玉米杂交种相同推定其所使用的亲本相同并积极探索扩展植物新品种权保护环节的案件。人民法院结合玉米遗传规律适时转移举证责任,运用事实推定认定被诉杂交玉米种与授权品种的亲子关系,为品种权人提供了有利保护。同时,判令重复使用授权品种繁殖材料生产另一品种繁殖材料的侵权行为人停止对该另一品种繁殖材料的销售行为,进一步扩展了品种权保护环节,为品种权人提供了有力保护。此外,将未经审定推广玉米种子的违法行为线索移送行政主管部门处理,也体现了加强司法保护与行政执法的有机衔接,助力构建知识产权大保护格局。

案例9. "裕丰303"玉米植物新品种侵权案【北京联创种业有限公司与吴某寿侵害植物新品种权纠纷案】

二审:最高人民法院(2021)最高法知民终2105号

一审:甘肃省兰州市中级人民法院(2020)甘01知民初14号

【基本案情】

联创种业公司系"裕丰303"玉米植物新品种的品种权人。吴某寿未经许可,擅自繁育涉案品种的玉米种子达207亩,农业执法部门对上述种子果穗进行了灭活处理。联创种业公司认为吴某寿的行为侵害了涉案品种权,起诉请求判令吴某寿赔偿损失并承担维权合理开支共计315500元。

【裁判结果】

甘肃省兰州市中级人民法院一审认为,吴某寿虽实施了侵权行为,但该侵权行为已经停止,联创种业公司无证据证明其因侵权行为遭受的损失和吴某寿的侵权获利,结合侵权种子已经灭活、无法作为繁殖材料流入市场的实际情况,涉案侵权行为并未对联创种业公司造成损害结果,故对联创种业公司赔偿损失的诉讼请求不予支持,酌情认定吴某寿承担合理开支5000元。联创种业公司提起上诉。最高人民法院二审认为,即便作为繁殖材料的被诉侵权玉米种子因被灭活处理最终没有流入种子市场,也不意味着品种权人没有因其市场被挤占而遭受损失，吴某寿应当承担赔偿责任。故改判吴某寿赔偿联创种业公司损失 207000元、合理开支 5000 元。

【典型意义】

本案彰显了全面维护品种权人合法利益的司法导向。判决澄清了侵害植物新品种权案件中责令采取灭活措施与赔偿损失两种民事责任之间的适用关系，明确侵权繁殖材料被灭活处理后侵权人仍应承担赔偿损失责任，体现了依法全面维护品种权人利益的司法理念。

案例 10."杨氏金红 1 号"猕猴桃植物新品种侵权案【四川依顿猕猴桃种植有限责任公司与马边彝族自治县石丈空猕猴桃专业合作社侵害植物新品种权纠纷案】

二审：最高人民法院（2022）最高法知民终 211 号

一审：四川省成都市中级人民法院（2020）川 01 知民初 523 号

【基本案情】

依顿猕猴桃种植公司系"杨氏金红 1 号"猕猴桃植物新品种的实施被许可人，经品种权人授权可以自己名义维权。依顿猕猴桃种植公司认为，石丈空猕猴桃合作社未经许可在种植基地种植授权品种猕猴桃树 7000 株，侵害了涉案品种权，起诉请求判令石丈空猕猴桃合作社无需停止侵权，但向其支付许可使用费至不再种植或品种权期满为止。

【裁判结果】

四川省成都市中级人民法院一审认为，石丈空猕猴桃合作社未经许可生产、繁殖涉案品种的繁殖材料，侵害了涉案植物新品种权。因石丈空猕猴桃合作社种植的涉案猕猴桃树即将进入结果期，如责令其铲除将不利于经济发展，损失较大，综合考虑种植户利益、社会效益，以及依顿猕猴桃种植公司的诉讼请求更利于本案的处理。故判决石丈空猕猴桃合作社支付依顿猕猴桃种植公司从 2019 年 12 月 18 日至 2021 年 7 月 16 日的品种许可使用费 110833 元；从 2021 年 7 月 17 日起，按每株每年 10 元的标准支付许可使用费至停止种植之日，最长不超过授权品种保护年限；并支付本案维权合理开支 30000 元。石丈空猕猴桃合作社不服，提起上诉，二审判决驳回上诉，维持原判。

【典型意义】

本案是关于无性繁殖品种的种植行为侵权判断以及合理平衡当事人利益的案例。人民法院根据当事人的诉讼请求，鼓励以许可使用费代替停止侵权，既有效维护品种权人合法权利，又合理兼顾种植户的经济利益，有利于在切实保护育种业知识产权的同时避免资源浪费，发挥多年生植物的长久经济效益，实现多方共赢。

案例 11."鲁丽"苹果植物新品种侵权案【威海奥孚苗木繁育有限公司与河南省郑果红生态农业有限责任公司侵害植物新品种权纠纷案】

二审：最高人民法院（2022）最高法知民终 435 号

一审：河南省郑州市中级人民法院（2021）豫 01 知民初 1818 号

【基本案情】

奥孚苗木公司是"鲁丽"苹果植物新品种的品种权人。奥孚苗木公司以郑果红生态农业公司未经许可繁殖、销售"鲁丽"种苗，侵害其植物新品种权为由，起诉请求判令郑果红生态农业公司停止侵害，并赔偿损失及维权合理开支。

【裁判结果】

河南省郑州市中级人民法院一审认为，郑果红生态农业公司繁殖"鲁丽"苹果树苗具有高度盖然性，判令其停止侵害并赔偿奥孚苗木公司损失 10 万元及维权合理开支 8500 元。郑果红生态农业公司不服，提起上诉，主张其种植"鲁丽"苹果树目的是为了"挂果"而非生产繁殖。最高人民法院二审认为，种植无性繁殖授权品种的行为是否属于繁殖授权品种繁殖材料的侵权行为，可以综合考虑被诉侵权人的主体性质、行为目的、规模、是否具有合法来源等因素作出判断。郑果红生态农业公司是果树育种和育苗的经营主体，其持有的"鲁丽"苹果树没有合法来源，其种植"鲁丽"苹果树的动机是为获取商业利益，明显不属于私人的非商业目的，其种植行为构成繁殖授权品种繁殖材料的侵权行为。遂判决驳回上诉，维持原判。

【典型意义】

本案系关于种植行为侵权定性的案件。判决在新的侵害植物新品种权司法解释关于种植行为规定的基础上，进一步细化了判断种植无性繁殖授权品种行为是否构成侵权的考量因素，有助于切实降低无性繁殖品种权利人的维权难度，有效加大无性繁殖品种司法保护力度。

案例 12."希森 6 号"马铃薯植物新品种侵权案【乐陵希森马铃薯产业集团有限公司与唐某侵害植物新品种权纠纷案】

一审：四川省成都市中级人民法院（2020）川 01 知民初 244 号

【基本案情】

希森马铃薯公司是"希森 6 号"马铃薯植物新品种的品种权人。希森马铃薯公司主张，唐某无任何合法的经营手续，私自以"希森 6 号"名义销售马铃薯种子，四川省广汉市农业农村局查封了唐某销售的马铃薯种子，经某农业质量检测有限公司检测显示,待测样品与对照样品"希森6号"为同一品种。四川省广汉市农业农村局作出行政处罚决定认为,唐某销售的种子没有使用说明或者标签内容,违反种子法相关规定,决定罚款15000元。希森马铃薯公司起诉,请求判令唐某立即停止侵害,并赔偿损失。

【裁判结果】

四川省成都市中级人民法院一审认为,判断被诉侵权人销售的植物体是繁殖材料还是收获材料,应当以行为人在交易中的外在表示为准。唐某以马铃薯种子经销商的身份面对购买者,并且其在行政调查程序中认可其向案外人销售"希森6号"种子,足以认定唐某销售了侵害"希森6号"的繁殖材料,遂判决唐某停止侵害并赔偿损失6万元。一审宣判后,当事人均未上诉。

【典型意义】

本案是被诉侵权物既可以作为繁殖材料又可以作为收获材料时侵权定性的案件。对于以块茎进行无性繁殖的马铃薯,其繁殖材料和收获材料的表现形式相同,人民法院基于被诉侵权人实施的行为、在行政处罚中的陈述、被诉侵权物的价格等因素,准确认定被诉侵权物系授权品种繁殖材料,有效打击了侵权行为。

案例13."中柑所5号"柑橘植物新品种侵权案【重庆奔象果业有限公司与重庆环霖农业开发有限公司侵害植物新品种权纠纷案】

二审:最高人民法院(2022)最高法知民终782号

一审:重庆市第五中级人民法院(2021)渝05民初3309号

【基本案情】

奔象果业公司获得品种权人许可,可以对"中柑所5号"柑橘植物新品种进行繁育和推广,并以自己名义进行维权。奔象果业公司以环霖农业开发公司未经许可繁殖、销售"中柑所5号"种苗,侵害其植物新品种权为由,起诉请求判令环霖农业开发公司停止侵害,并赔偿损失及维权合理开支。

【裁判结果】

重庆市第五中级人民法院一审认为,环霖农业开发公司销售"金秋砂糖桔"苗木侵害了"中柑所5号"植物新品种权,判决其停止侵害并赔偿损失及维权合理开支共计5万元。环霖农业开发公司不服,上诉主张对照样本来源不明,并非标准样品,不能证明被诉侵权品种与授权品种具有同一性。最高人民法院二审认为,对于审批机关没有保存标准样品、以无性繁殖方式扩繁的果树作物而言,在品种权审查中现场考察指向的母树和通过母树的繁殖材料扩繁的

其他个体,可以作为确定授权品种保护范围的繁殖材料。遂判决驳回上诉,维持原判。

【典型意义】

本案是涉及未保存标准样品的无性繁殖品种的侵权案件。判决明确了未保存标准样品的以无性繁殖方式进行扩繁的植物新品种权保护范围的确定方法,有效解决了对照样品的确定和来源问题。本案裁判反映出人民法院在现有制度下积极保护无性繁殖授权品种权利人合法权益的司法态度。

案例14."强硕68"玉米植物新品种权无效行政案【大连致泰种业有限公司与农业农村部植物新品种复审委员会、衣泰龙植物新品种权无效行政纠纷案】

二审:最高人民法院(2022)最高法知行终809号

一审:北京知识产权法院(2021)京73行初3144号

【基本案情】

衣泰龙为"强硕68"玉米植物新品种的品种权人。2008年,衣泰龙委托张掖敦煌种业公司生产"强硕68",并约定制种回购。致泰种业公司以"强硕68"丧失新颖性为由向植物新品种复审委员会提出无效宣告请求。植物新品种复审委员会作出2020年第25号品种权无效宣告审理决定,维持"强硕68"品种权有效。致泰种业公司不服,提起行政诉讼,认为衣泰龙自2008年起将"强硕68"的繁殖材料交付给张掖敦煌种业公司制种,至2009年12月9日申请品种权已经超过一年,丧失新颖性。

【裁判结果】

北京知识产权法院一审认为,"强硕68"没有丧失新颖性,判决驳回致泰种业公司的诉讼请求。致泰种业公司不服,提起上诉。最高人民法院二审认为,销售行为是否存在是判断申请品种具备新颖性的重要事实。导致申请植物新品种权保护的品种丧失新颖性的销售是指行为人为交易目的将品种繁殖材料交由他人处置,放弃自身对该繁殖材料的处置权的行为。育种者委托他人制种而交付申请品种繁殖材料,同时约定制成的品种繁殖材料返归育种者,因育种者实质上保留了对该品种繁殖材料的处置权,除非法律另有规定,不会导致申请品种丧失新颖性。衣泰龙委托张掖敦煌种业公司生产"强硕68"的繁殖材料并回购,没有放弃对申请品种繁殖材料的处置权,不属于销售"强硕68"繁殖材料的行为。致泰种业公司现有证据不足以证明"强硕68"丧失新颖性。遂判决驳回上诉,维持原判。

【典型意义】

本案是最高人民法院审理的第一起植物新品种确权行政案件。判决澄清了申请品种权保护的品种因销售丧失新

颖性的判断标准,明确育种者为委托制种目的交付繁殖材料并约定回购的行为不属于导致品种丧失新颖性的销售行为。判决通过合理解释法律上的销售行为,为育种者在研发过程中委托制种后申请品种权构筑起法律保护屏障,保障确有创新性的育种成果获得品种权保护,有效激励育种创新。

案例 15. 魏某华销售伪劣种子案

一审:河南省永城市人民法院(2021)豫 1481 刑初126 号

【基本案情】

2019 年 11 月,陈某刚(另案处理)、王某亚(另案处理)分别通过江苏省宿迁市的刘某、安徽省萧县的刘某联系到被告人魏某华,向其购买"中豌 6 号"和"中豌 9 号"豌豆种。被告人魏某华明知是假种子,以"中豌 6 号"5.2 元/斤、"中豌 9 号"6.5 元/斤的价格通过物流将 12000 多斤豌豆种发运至河南省永城市。其中卖给王某亚"中豌 6 号"5600 斤、"中豌 9 号"900 斤,卖给陈某刚"中豌 6 号"和"中豌 9 号"各 3000 斤。王某亚通过微信和银行转账的方式向被告人魏某华支付豌豆种款 33910 元,陈某刚通过微信和银行转账的方式支付给刘某豌豆种款 47000 元。陈某刚、王某亚分别将该豌豆种销售给种植农户多人。播种后,禾苗出现抽丝多、开花晚、结荚少,导致减产或者绝收,经鉴定造成直接经济损失 479293 元。案发后,被告人魏某华赔偿被害人损失 285775 元,取得被害人谅解。

【裁判结果】

河南省永城市人民法院一审认为,魏某华明知是假种子,仍冒充合格种子进行销售,使生产遭受重大经济损失,其行为已构成销售伪劣种子罪。魏某华归案后能够如实供述犯罪事实,依法可从轻处罚;积极赔偿被害人损失,取得被害人谅解,依法可酌情从轻处罚。一审法院以销售伪劣种子罪,判处被告人魏某华有期徒刑四年六个月,并处罚金人民币五万元。一审判决后,被告人未上诉。

【典型意义】

本案是依法严惩销售伪劣种子的刑事案件。人民法院查明伪劣种子来源、成交价格,进行损失鉴定并说明鉴定方式方法,依法准确认定犯罪事实。在判处有期徒刑的同时,并处罚金,体现了严惩涉种子犯罪的鲜明态度。在打击犯罪的同时,人民法院积极帮助被害农户挽回损失,取得了有效维护种权和净化种业市场秩序的良好法律效果。

4. 蔡新光诉广州市润平商业有限公司侵害植物新品种权纠纷案①

【关键词】民事/侵害植物新品种权/保护范围/繁殖材料/收获材料

【裁判要点】

1. 授权品种的繁殖材料是植物新品种权的保护范围,是品种权人行使排他独占权的基础。授权品种的保护范围不限于申请品种权时所采取的特定方式获得的繁殖材料,即使不同于植物新品种权授权阶段育种者所普遍使用的繁殖材料,其他植物材料可用于授权品种繁殖材料的,亦应当纳入植物新品种权的保护范围。

2. 植物材料被认定为某一授权品种的繁殖材料,必须同时满足以下要件:属于活体,具有繁殖能力,并且繁殖出的新个体与该授权品种的特征特性相同。植物材料仅可以用作收获材料而不能用作繁殖材料的,不属于植物新品种权保护的范围。

【相关法条】

《中华人民共和国种子法》第 28 条

《中华人民共和国植物新品种保护条例》第 6 条

【基本案情】

蔡新光于 2009 年 11 月 10 日申请"三红蜜柚"植物新品种权,于 2014 年 1 月 1 日获准授权,品种权号为CNA20090677.9,保护期限为 20 年。农业农村部植物新品种保护办公室作出的《农业植物新品种 DUS 测试现场考察报告》载明,品种暂定名称三红蜜柚,植物种类柑橘属,品种类型为无性繁殖,田间考察结果载明,申请品种的白皮层颜色为粉红,近似品种为白,具备特异性。考察结论为该申请品种具备特异性、一致性。所附照片载明,三红蜜柚果面颜色暗红、白皮层颜色粉红、果肉颜色紫,红肉蜜柚果面颜色黄绿、白皮层颜色白、果肉颜色红。以上事实有《植物新品种权证书》、植物新品种权年费缴费收据、《意见陈述书》《品种权申请请求书》《说明书》《著录项目变更申报书》《农业植物新品种 DUS 测试现场考察报告》等证据予以佐证。

蔡新光于 2018 年 3 月 23 日向广州知识产权法院提起诉讼,主张广州市润平商业有限公司(以下简称润平公司)连续大量销售"三红蜜柚"果实,侵害其获得的品种名称为"三红蜜柚"的植物新品种权。

润平公司辩称其所售被诉侵权蜜柚果实有合法来源,提供了甲方昆山润华商业有限公司广州黄埔分公司(以下

简称润华黄埔公司)与乙方江山市森南食品有限公司(以下简称森南公司)签订的合同书,润华黄埔公司与森南公司于 2017 年 7 月 18 日签订 2017 年度商业合作条款,合同有条款第六条第五款载明,在本合同签订日,双方已合作的有 6 家门店,包括润平公司。2018 年 1 月 8 日,森南公司向润华黄埔公司开具发票以及销售货物或者提供应税劳务、服务清单,清单载明货物包括三红蜜柚 650 公斤。森南公司营业执照副本载明,森南公司为有限责任公司,成立于 2013 年 2 月 22 日,注册资本 500 万元,经营范围为预包装食品批发、零售;水果、蔬菜销售。森南公司《食品经营许可证》载明,经营项目为预包装食品销售;散装食品销售。该许可证有效期至 2021 年 8 月 10 日。

【裁判结果】

广州知识产权法院于 2019 年 1 月 3 日作出(2018)粤 73 民初 732 号民事判决,驳回蔡新光诉讼请求。宣判后,蔡新光不服,向最高人民法院提起上诉。最高人民法院于 2019 年 12 月 10 日作出(2019)最高法知民终 14 号民事判决,驳回上诉,维持原判。

【裁判理由】

最高人民法院认为:本案主要争议问题为润平公司销售被诉侵权蜜柚果实的行为是否构成对蔡新光三红蜜柚植物新品种权的侵害,其中,判断三红蜜柚植物新品种权的保护范围是本案的焦点。

本案中,虽然蔡新光在申请三红蜜柚植物新品种权时提交的是采用以嫁接方式获得的繁殖材料枝条,但并不意味着三红蜜柚植物新品种权的保护范围仅包括以嫁接方式获得的该繁殖材料,以其他方式获得的枝条也属于该品种的繁殖材料。随着科学技术的发展,不同于植物新品种权授权阶段繁殖材料的植物体也可能成为育种者选用的种植材料,即除枝条以外的其他种植材料也可能被育种者们普遍使用,在此情况下,该种植材料作为授权品种的繁殖材料,应当纳入植物新品种权的保护范围。原审判决认为侵权繁殖材料的繁育方式应当与该品种育种时所使用的材料以及繁育方式一一对应,认为将不同于获取品种权最初繁育方式的繁殖材料纳入到植物新品种权的保护范围,与权利人申请新品种权过程中应当享有的权利失衡。该认定将申请植物新品种权时的繁育方式作为授权品种保护的依据,限制了植物新品种权的保护范围,缩小了植物新品种权人的合法权益,应当予以纠正。

我国相关法律、行政法规以及规章对繁殖材料进行了列举,但是对于某一具体品种如何判定植物体的哪些部分

为繁殖材料,并未明确规定。判断是否为某一授权品种的繁殖材料,在生物学上必须同时满足以下条件:其属于活体,具有繁殖的能力,并且繁殖出的新个体与该授权品种的特征特性相同。被诉侵权蜜柚果实是否为三红蜜柚品种的繁殖材料,不仅需要判断该果实是否具有繁殖能力,还需要判断该果实繁殖出的新个体是否具有果面颜色暗红、果肉颜色紫、白皮层颜色粉红的形态特征,如果不具有该授权品种的特征特性,则不属于三红蜜柚品种权所保护的繁殖材料。

对于三红蜜柚果实能否作为繁殖材料,经审查,即便专门的科研单位,也难以通过三红蜜柚果实的籽粒繁育出蜜柚种苗。二审庭审中,蔡新光所请的专家辅助人称,柚子单胚,容易变异,该品种通过枝条、芽条、砧木或者分株进行繁殖,三红蜜柚果实有无籽粒以及籽粒是否退化具有不确定性。综合本案品种的具体情况,本案被诉侵权蜜柚果实的籽粒及其汁胞均不具备繁殖授权品种三红蜜柚的能力,不属于三红蜜柚品种的繁殖材料。被诉侵权蜜柚果实是收获材料而非繁殖材料,不属于植物新品种权保护的范围。如果目前在本案中将收获材料纳入植物新品种权的保护范围,有违种子法、植物新品种保护条例以及《最高人民法院关于审理侵犯植物新品种权纠纷案件具体应用法律问题的若干规定》的相关规定。

另外,植物体的不同部分可能有着多种不同的使用用途,可作繁殖目的进行生产,也可用于直接消费或观赏,同一植物材料有可能既是繁殖材料也是收获材料。对于既可作繁殖材料又可作收获材料的植物体,在侵权纠纷中能否认定是繁殖材料,应当审查销售者销售被诉侵权植物体的真实意图,即其意图是将该材料作为繁殖材料销售还是作为收获材料销售;对于使用者抗辩其属于使用行为而非生产行为,应当审查使用者的实际使用行为,即是将该收获材料直接用于消费还是将其用于繁殖授权品种。

综上所述,蔡新光关于被诉侵权蜜柚果实为三红蜜柚的繁殖材料、润平公司销售行为构成侵权的上诉主张不能成立,应予驳回。

(生效裁判审判人员:周翔、罗霞、焦彦)

5. 河北华穗种业有限公司与武威市搏盛种业有限责任公司侵害技术秘密纠纷案①

【裁判要旨】

作物育种过程中形成的育种中间材料、自交系亲本等,

① 案例来源:《最高人民法院公报》2023 年第 3 期。

不同于自然界发现的植物材料,是育种者付出创造性劳动的智力成果,具有技术信息和载体实物兼而有之的特点,且二者不可分离。通过育种创新活动获得的具有商业价值的育种材料,在具备不为公众所知悉并采取相应保密措施等条件下,可以作为商业秘密依法获得法律保护。

育种材料生长依赖土壤、水分、空气和阳光,需要田间管理,权利人对于该作物材料采取的保密措施难以做到万无一失,其保密措施是否合理,需要考虑育种材料自身的特点,应以在正常情况下能够达到防止被泄露的防范程度为宜。制订保密制度、签署保密协议、禁止对外扩散、对繁殖材料以代号称之等,在具体情况下均可构成合理的保密措施。

最高人民法院民事判决书

(2022)最高法知民终 147 号

上诉人(一审被告):武威市搏盛种业有限责任公司。住所地:甘肃省武威市凉州区皇台二区公租房第 1 幢 115 号一层商铺。

法定代表人:任新文,该公司总经理。

委托诉讼代理人:梁顺伟,北京市开越律师事务所律师。

被上诉人(一审原告):河北华穗种业有限公司。住所地:河北省张家口市万全区矿机路 3 号。

法定代表人:任文彬,该公司董事长。

委托诉讼代理人:展建军,甘肃正鼎律师事务所律师。

委托诉讼代理人:丁峰,北京市广渡律师事务所律师。

上诉人武威市搏盛种业有限责任公司(以下简称搏盛种业公司)因与被上诉人河北华穗种业有限公司(以下简称华穗种业公司)侵害技术秘密纠纷一案,不服甘肃省兰州市中级人民法院(以下简称一审法院)于 2021 年 7 月 15 日作出的(2020)甘 01 知民初 61 号民事判决,向本院提起上诉。本院于 2022 年 2 月 7 日立案受理后,依法组成合议庭,并于 2022 年 3 月 4 日公开开庭审理了本案。上诉人搏盛种业公司的委托诉讼代理人梁顺伟,被上诉人华穗种业公司的委托诉讼代理人展建军、丁峰到庭参加诉讼。本案现已审理终结。

搏盛种业公司上诉请求:1. 撤销一审判决,改判驳回华穗种业公司的诉讼请求;2. 判令一、二审案件受理费由华穗种业公司负担。事实与理由为:(一)涉案自交系亲本"W68"是杂交种"万糯 2000"玉米植物新品种的父本。"万糯 2000"作为审定品种,其审定公告记载,该品种于 2009 年选育而成,以"W67"为母本,以"W68"为父本杂交,上述

审定公告披露了"W68"是用万 6 选系与万 2 选系杂交后,经自交 6 代选育而成。因此"W68"已经为公众所知悉,不属于商业秘密。(二)"万糯 2000"最早在 2014 年审定,华穗种业公司自 2015 年开始一直生产经营"万糯 2000"品种,根据种业生产行业常识,华穗种业公司在委托种子繁育公司生产"万糯 2000"时,不会免费将"W68"提供给制种的农户,而是先销售给种子繁育公司,再由种子繁育公司销售给农户,一般每斤价格为 12 元左右。该事实表明,华穗种业公司及其利害关系人已经将"W68"作为产品销售。"W68"是公开销售的产品,就不可能属于商业秘密,不具备商业秘密要求的秘密性。(三)华穗种业公司并没有提供有效证据证明"W68"是其选育的,有权作为自己的商业秘密予以保护,与"W68"具有相同特征特性的繁殖材料已经在多个审定品种上使用,华穗种业公司作为本案原告的主体资格存疑。(四)华穗种业公司并没有采取足够的保密措施防止"W68"为他人知悉。华穗种业公司将"W68"作为产品销售给种子繁育公司用于生产杂交种"万糯 2000",而种子繁育公司则再次将其作为产品加价后销售给村社以及农户种植。华穗种业公司虽然与种子繁育公司签订有保密条款,但种子繁育公司与村社、农户之间并没有保密协议,村社、农户也不对种子繁育公司和华穗种业公司承担保密义务,一审法院仅凭华穗种业公司和一家种子繁育公司存在保密条款,就认定华穗种业公司已经采取了足够的保密措施,与客观事实不符。(五)一审判决对于亲本繁殖材料的保护条件过于宽松,只要权利人声称品种已经审定,并且审定证书记载了相应的亲本繁殖材料名称,就可以无限期、无原则予以保护,会导致无限扩大亲本的保护范围,损害植物新品种保护制度,阻碍植物新品种创新。(六)搏盛种业公司将"W68"用于科研,搏盛种业公司对该亲本种子的取得具有合法依据。一审法院判令搏盛种业公司将其生产的库存"W68"玉米种子全部交付给华穗种业公司,意味着搏盛种业公司没有使用亲本种子从事科研的权利,显然违背《中华人民共和国种子法》(以下简称种子法)和《中华人民共和国植物新品种保护条例》的立法宗旨。

华穗种业公司辩称:一审判决认定事实清楚、适用法律正确,搏盛种业公司的上诉理由不能成立,请求法院驳回上诉、维持原判。(一)"W68"是华穗种业公司的育种家使用万 6 选系与万 2 选系作为基础材料,经过多年持续选育最终繁育而成的优良自交系亲本种子,具有优良品质和独特性状特征,不为公众所知悉,能够为华穗种业公司带来经济利益,具有实用性,并被华穗种业公司采取了合理的保密措施。根据《中华人民共和国反不正当竞争法》(以下简称反不正当竞争法)第九条以及《最高人民法院关于审理侵犯

商业秘密民事案件适用法律若干问题的规定》第一条的规定，作为华穗种业公司"万糯2000"等杂交品种的亲本材料，"W68"属于技术秘密。（二）搏盛种业公司未能提供其获得"W68"的合法来源的证据，一审法院认定其侵害华穗种业公司的技术秘密正确。（三）搏盛种业公司存在恶意披露华穗种业公司商业秘密的行为，应当加重其赔偿责任。

华穗种业公司向一审法院提起诉讼，一审法院于2020年10月16日立案受理。华穗种业公司起诉请求：1. 判令搏盛种业公司立即停止侵害华穗种业公司"W68"玉米自交系亲本种子技术秘密，将库存的"W68"自交系亲本种子交还华穗种业公司；2. 判令搏盛种业公司赔偿华穗种业公司经济损失150万元；3. 判令搏盛种业公司承担本案的保全费、差旅费、律师费、鉴定费及诉讼费。事实与理由为："W67"和"W68"是华穗种业公司多年培育而成的优良玉米自交系品种，具有良好的种质品质，华穗种业公司利用"W67"为母本，"W68"为父本培育的"万糯2000"玉米杂交种于2015年11月1日取得植物新品种权，品种权号为CNA20120515.0。华穗种业公司未对外公开"W67""W68"玉米自交系品种，亦未允许任何第三方使用。搏盛种业公司通过不正当手段获取华穗种业公司"W68"玉米自交系品种。华穗种业公司于2020年9月24日申请甘肃省武威市凉州区人民法院（以下简称凉州区人民法院）对搏盛种业公司的"W68"种子样品进行了现场证据保全。搏盛种业公司存在侵害华穗种业公司技术秘密的行为，应当承担相应责任。搏盛种业公司因侵权所得获益及华穗种业公司因侵权遭受损失均难以确定，华穗种业公司参照2015年修订的种子法第七十三条的规定，向搏盛种业公司主张损害赔偿150万元。

搏盛种业公司辩称：搏盛种业公司没有生产"W68"玉米自交系种子，华穗种业公司申请凉州区人民法院保全的是搏盛种业公司试种、研制的"盛甜糯9号"玉米种子。技术秘密是不为公众所知悉，具有商业价值并经权利人采取保密措施的技术信息。华穗种业公司主张其享有植物新品种权的是"万糯2000"玉米品种，但搏盛种业公司并未生产"万糯2000"。"W68"仅是一个虚拟代号，华穗种业公司无证据证明"W68"是国家授权予以保护的植物新品种。华穗种业公司没有证据证明搏盛种业公司侵害了华穗种业公司的技术信息，请求法院驳回华穗种业公司的诉讼请求。

一审法院经审理查明如下事实："万糯2000"玉米品种于2014年4月18日经上海市农作物品种审定委员会审定为上海市农作物审定品种，于2014年7月25日经河北省农作物品种审定委员会审定为河北省农作物审定品种，于2015年3月6日经广东省农作物品种审定委员会审定为

广东省农作物审定品种，于2015年9月2日经原农业部国家农作物品种审定委员会审定为国家农作物品种。以上审定证书均记载"万糯2000"品种来源为"W67"×"W68"。

2015年11月1日，"万糯2000"玉米品种被原农业部授予植物新品种权，品种权申请日为2012年6月11日，育种者为郭少臣、郭英，品种权号为CNA20120515.0，品种权人为河北省万全县华穗特用玉米种业有限责任公司。

2014年1月1日，河北省万全县华穗特用玉米种业有限责任公司制定保密制度，规定公司的育种技术资料、育种样品、育种亲本、繁殖材料等属于公司秘密，不得泄露。2014年1月3日，该公司与郭少臣、郭英、丁守斌、周海分别签订保密协议，约定郭少臣、郭英、丁守斌、周海在任职期间及离职后的一定期间对种子育种方法、育种亲本、用于繁育种子技术材料、繁殖材料等商业秘密进行保密，离职时应将所持有的所有商业秘密资料等物品移交指定人员并办妥相关手续，否则承担违约责任。

2016年8月18日，河北省万全县华穗特用玉米种业有限责任公司经工商登记变更企业名称为"河北华穗种业有限公司"。

2017年1月1日，华穗种业公司制定保密管理制度，规定公司用于开发培育的种子亲本及研发种子样品、研发技术资料、种子繁殖材料等属于公司秘密，需采取相应的保密措施，不得泄露。2017年1月5日，华穗种业公司与郭少臣、郭英、丁守斌、周海分别签订保密协议，约定郭少臣、郭英、丁守斌、周海在任职期间及离职后应保守华穗种业公司的商业秘密，商业秘密包含任职期间执行公司任务或利用公司条件信息完成的技术成果和商业成果。

2020年9月12日，华穗种业公司与案外人甘肃金源种业股份有限公司（以下简称金源种业公司）签订委托繁育合同，繁育玉米种子品种名称为"209"等。合同约定金源种业公司按计划生产的合格种子全部交给华穗种业公司，不得截留和自行销售，否则承担违约责任，金源种业公司对华穗种业公司提供的自交系亲本种子要负责保密，不得向外扩散。2020年11月13日，金源种业公司出具证明记载，委托繁育合同中约定的名称为"209"的玉米品种系"万糯2000"玉米品种。

2020年9月21日，华穗种业公司向凉州区人民法院申请诉前证据保全。2020年9月22日，凉州区人民法院作出（2020）甘0602证保2号民事裁定，对搏盛种业公司繁育的玉米进行取样，对搏盛种业公司持有的委托制种合同、制种面积核算表、抽雄去杂验收表、亲本发放单、制种子收购数量表、种子付款承诺书、种子收购入库单等证据进行保全。

华穗种业公司向一审法院申请调取凉州区人民法院保全的样品及现场取样的视频。2020 年 10 月 21 日，一审法院向凉州区人民法院发出 (2020) 甘 01 知民初 61 号协助调取证据函，凉州区人民法院向一审法院邮寄证据保全样品。一审庭审展示证据保全的样品封装在两个档案袋内，内装若干玉米果穗，档案袋封口有凉州区人民法院封条，日期为 2020 年 9 月 24 日，加盖有凉州区人民法院印章。一个档案袋封条处书写"总厂"字样，有执行员及书记员签名，在场人处有"任新文""展建军"签名，取样人处有"潘明财"签名。另一档案袋封条处书写"晒场"字样，有执行员及书记员签名，在场人处有"赵延林"签名，取样人处有"潘明财""展建军"签名。因邮寄档案袋底部均有部分破损，一审法院经双方当事人质证后对档案袋再次进行封贴，并交由双方当事人签字确认。一审庭审中，华穗种业公司申请对封条处书写"总厂"字样的保全样品与"W68"进行品种真实性鉴定。

2021 年 5 月 25 日，一审法院向农业农村部申请提取"万糯 2000"的父本"W68"的标准样品，经农业农村部审核后，一审法院于 2021 年 6 月 9 日向中国农业科学院国家种质保藏中心提取了"万糯 2000"的父本"W68"标准样品，并于当日提交北京玉米种子检测中心，与凉州区人民法院证据保全的档案袋封条处书写"总厂"字样的玉米样品进行品种真实性鉴定。北京玉米种子检测中心于 2021 年 6 月 17 日作出 BJYJ202100701257 号检验报告。该报告记载，待测样品与"万糯 2000"的父本"W68"标准样品的比较位点数 40，差异位点数 0，检验结论为极近似或相同。华穗种业公司支付北京玉米种子检测中心检测费 5000 元。

一审法院另查明：2020 年 3 月 4 日，"盛甜糯 9 号"经甘肃省农作物品种审定委员会审定为甘肃省主要农作物品种，品种来源为"白糯 913"דBS 白甜 928"，申请者为搏盛种业公司与武威市祥林种苗有限责任公司，育种者为搏盛种业公司。一审庭审中，搏盛种业公司陈述凉州区人民法院保全的玉米种子系"白糯 913"，一审法院询问搏盛种业公司是否申请将凉州区人民法院保全的玉米种子与"白糯 913"进行品种真实性鉴定，搏盛种业公司表示不申请鉴定。

一审法院认为：在自然界中，不同植物品种之间性状表现的差异性是由不同植物品种所含的不同基因型表达出的遗传信息所决定，该遗传信息的载体为植物品种的繁殖材料。植物新品种是由育种者经过长期培育繁殖改良而成，蕴含了育种者的技术与劳动智慧，植物新品种的繁殖材料是育种者长期劳动智慧的结晶，属于育种者的专有技术信息。因杂交种是由不同亲本杂交配制而来，亲本包含杂交

种的遗传信息，亲本的选择与选育是杂交种品种优良性的决定因素。当杂交种被授予植物新品种权后，杂交种的繁殖材料即受植物新品种权保护，而杂交种的亲本，因其包含杂交种的遗传信息，属于技术信息，在符合秘密性等法定条件下属于商业秘密，应当受到保护。本案所涉植物新品种"万糯 2000"系玉米杂交种，其父本"W68"及母本"W67"作为"万糯 2000"的亲本，属于反不正当竞争法规定的技术信息。一审审理中，没有证据显示"W68"系普通玉米品种，已在行业内被公开，为玉米育种领域的相关人员所普遍知悉，故"W68"玉米品种属于未公开的技术秘密。根据《最高人民法院关于审理侵犯商业秘密民事案件适用法律若干问题的规定》第六条规定，权利人具有签订保密协议或在合同中约定保密义务、通过章程制度提出保密要求等在正常情况下足以防止商业秘密泄露的，应当认定权利人采取了相应的保密措施。本案中，华穗种业公司已经提交证据证明其通过与"万糯 2000"玉米植物新品种的育种者、公司高管、委托制种企业签订保密协议、制定公司保密制度等方式对"W68"技术信息采取了保密措施。经鉴定，凉州区人民法院在搏盛种业公司取样的玉米样品即植物新品种"万糯 2000"的父本"W68"，搏盛种业公司虽主张该玉米样品系"盛甜糯 9 号"，但未提交相应证据证明，且不申请鉴定，故对其抗辩理由不予采信。搏盛种业公司作为制种企业，在其生产经营活动中使用华穗种业公司"W68"技术信息，属于使用华穗种业公司技术秘密的行为。搏盛种业公司在诉讼中并不能说明其使用的"W68"技术信息具有合法正当来源，故一审法院采信华穗种业公司关于搏盛种业公司通过不正当手段获取"W68"玉米自交系品种的主张。搏盛种业公司应当承担侵害华穗种业公司技术秘密的相应民事责任。根据《最高人民法院关于审理侵犯商业秘密民事案件适用法律若干问题的规定》第十八条规定，权利人请求判决侵权人返还或者销毁商业秘密载体的，人民法院一般应予支持。故对华穗种业公司主张搏盛种业公司停止侵权，将库存的"W68"玉米种子交还华穗种业公司的诉讼请求予以支持。

关于赔偿数额。考虑"W68"作为"万糯 2000"玉米植物新品种的父本，经过多年培育，创新程度较高、研发成本较大，同时作为优良的玉米自交系品种，亦可与其他品种配制新的玉米杂交品种，具有较大的商业竞争优势，能够形成较大的商业价值。搏盛种业公司作为成立近 20 年的农作物种子生产企业，对其所生产或使用的玉米品种及来源应当知晓，搏盛种业公司使用具有植物新品种权的杂交玉米品种的亲本，主观过错明显，侵权行为性质恶劣，一审法院对华穗种业公司主张搏盛种业公司赔偿 150 万元经济损失

的诉讼请求予以支持。华穗种业公司支付的鉴定费5000元系华穗种业公司维权的合理开支，一审法院予以支持。对华穗种业公司主张的保全费、差旅费、律师费等，因华穗种业公司未提交具体证据证明，且考虑本案已全额支持华穗种业公司的赔偿请求，故对以上维权合理开支，一审法院不再另行酌定支持。

一审法院依照《中华人民共和国反不正当竞争法》第九条第一款第一项、第二项、第十七条，《中华人民共和国民事诉讼法》（2017年修正）第一百五十二条，《最高人民法院关于审理侵犯商业秘密民事案件适用法律若干问题的规定》第一条第一款、第三条、第六条第一项、第二项、第九条、第十八条、第二十条之规定，判决：一、武威市搏盛种业有限责任公司立即停止使用玉米植物新品种"万糯2000"的父本"W68"技术秘密的行为，将库存的"W68"玉米种子交还河北华穗种业有限公司；二、武威市搏盛种业有限责任公司于判决生效之日起十日内赔偿河北华穗种业有限公司经济损失及维权合理开支150.5万元；三、驳回河北华穗种业有限公司的其他诉讼请求。武威市搏盛种业有限责任公司如未按判决指定的期限履行给付金钱义务，应当按照《中华人民共和国民事诉讼法》（2017年修正）第二百五十三条规定，加倍支付迟延履行期间的债务利息。案件受理费18300元，由武威市搏盛种业有限责任公司负担。

本院二审期间，搏盛种业公司向本院提交如下两组新证据：第一组证据为（2022）甘张临公内第112号公证书，拟证明"万糯2000"与"农科糯336"使用了同一个亲本，其亲本属于公共资源。该公证书记载搏盛种业公司提供三个亲本委托张掖国家级玉米种子生产基地种子质量监督检验中心检测，并附四份品种真实性检验报告ZGZ20220122、ZGZ20220123、ZGZ20220124、ZGZ20220125、现场工作记录、现场照片及手机截屏照片、录像光盘。搏盛种业公司主张，根据上述检验报告，亲本1号与亲本2号有26个位点差异，亲本1号与亲本3号有17个位点差异，"万糯2000"是由亲本1号、2号生产的，"农科糯336"是由亲本3号、2号生产的。搏盛种业公司认为，上述检验报告可以证明"万糯2000"的亲本可能是其他人选育，而非华穗种业公司。第二组证据为"农科糯336"的品种审定证书，该品种的亲本组合为"ZN3"ב D6644-2"。结合第一组证据，搏盛种业公司认为存在不同的主体同时选育相同亲本繁殖材料，并以不同名称命名、组培、生产杂交种的事实，"万糯2000"的亲本组合未对外公开亦未允许第三方使用的所谓秘密事实并不存在。

华穗种业公司对此质证认为，搏盛种业公司提交的证据超过了法定举证期限，不属于二审新证据。第一组证据

中的公证书所涉三袋散装玉米籽粒没有证据表明其来源，不具有合法性。所涉四份检验报告记载的用两份样品种子和一份对照样品"农科糯336"进行对比，以及用两份样品种子与一份"万糯2000"对照样品进行对比，均不是按照鉴定报告所引用的标准检测方法进行检测。鉴定报告引用的标准是《GB/T39914-2021主要农作物品种真实性和纯度SSR分子标准检测玉米》，该标准规定一对一鉴定，而非两个品种的亲本种子混合后与一个品种的杂交种子进行鉴定。鉴定报告不具有合法性。搏盛种业公司在一审程序中陈述法院保全的种子是其自行研制的"盛甜糯9号"的亲本"白糯913"，二审中又主张是"农科糯336"的亲本，前后矛盾，对其在二审程序提交的证据不应采纳。相反，搏盛种业公司提交的鉴定报告足以证明其侵害"W68"商业秘密。根据鉴定报告，亲本1号、亲本2号与"万糯2000"相比无差异，证明搏盛种业公司同时拥有"万糯2000"品种的父本和母本，并用于非法生产"万糯2000"品种。凉州区人民法院证据保全的时间距离搏盛种业公司新提交鉴定报告取样的时间为1年5个月，此时搏盛种业公司还能够使用亲本进行公证和检测，足以证明搏盛种业公司存在通过繁育"W68"亲本自交系获利，也存在直接组配"万糯2000"品种获利，且属于专业侵权公司，侵权行为持续至今。

关于搏盛种业公司提交的上述证据的证明力，本院将结合本案争议问题进行分析认定。

华穗种业公司在二审期间向本院提交了如下4份证据：1.2019年金源种业公司与甘肃省张掖市临泽县板桥镇土桥村村民委员会签订的《甘肃省农作物种子生产合同》。2.2020年金源种业公司与甘肃省张掖市甘州区大满镇柏家沟村村民委员会签订的《甘州区玉米种子生产合同书》。上述两份合同均约定了"将生产的合格种子全部交售给甲方，保证甲方提供的亲本种子（原种）不外流、不自留""违反合同约定的，按《甘肃省农作物种子生产基地管理办法》的有关规定进行处理"。3.《甘肃省农作物种子生产基地管理办法》。该办法第十五条规定："禁止非合同方种子生产、经营单位和个人与制种农户恶意串通，私留、倒卖亲本（原种）或合同约定种子。"第二十一条规定："非合同方种子生产、经营单位和个人与制种农户恶意串通，私留、倒卖亲本（原种）或合同约定种子的，由县级以上种子管理部门没收双方取得的种子和违法所得，并分别处以1000元以上1万元以下罚款。"华穗种业公司主张，结合其在一审程序提交的证据和上述3份证据，可以证明华穗种业公司已经对"W68"采取了合理的保密措施。4."万糯2000"的《品种选育报告》。其中记载"万糯2000"品种来源为"W67"×"W68"，"W68"是用万6选系与万2选系杂交后，经自交6

代选育而成。

搏盛种业公司质证认为,对于两份合同的真实性、合法性、关联性予以认可,但是不认可华穗种业公司的证明主张。"万糯2000"自2010年开始生产至今,华穗种业公司仅提交了2016年、2018年、2020年、2021年的《委托繁种合同》,上述合同中"W68"都是按照每公斤10元的价格销售给种子繁育公司的,搏盛种业公司新提交的两份种子生产合同虽然没有注明亲本名称,但也是以每亩80元或每公斤16元销售给农户种植的,既然"W68"已经作价销售,就不属于商业秘密,而是可以交易的产品。两份种子生产合同也不能证明华穗种业公司采取了足够的保密措施,使得保密措施连贯、合理且适当,且从上述两份种子生产合同来看,亲本繁殖材料对于村社或农户并没有采取保密措施。对于《甘肃省农作物种子生产基地管理办法》的真实性、合法性、关联性没有异议,但认为现实中对于村社和农户来讲,亲本是自己购买的,售卖属于正常情况,不能将上述规定认定为华穗种业公司的保密措施。对于《品种选育报告》的真实性无法确认,但是上述报告内容在审定公告时会公开,社会公众均知悉"万糯2000"的品种来源,也均知晓"W68"的选育方法,"W68"的育种技术信息已经没有商业价值。

本案双方当事人对于"万糯2000"品种来源为"W67"ד W68","W68"是用万6选系与万2选系杂交后,经自交6代选育而成的事实无异议,本院经审查予以确认。关于华穗种业公司提交的其他证据的证明力,本院将结合本案争议问题进行分析认定。

一审查明的事实基本属实,本院予以确认。

本院认为,本案被诉侵权行为是经凉州区人民法院于2020年9月21日采取证据保全措施指向搏盛种业公司获取、使用"万糯2000"的亲本"W68"技术信息的行为,应当适用2019年修正的反不正当竞争法。根据当事人上诉以及答辩情况,本案二审争议焦点在于:华穗种业公司是否有权提起本案侵权之诉;"万糯2000"的亲本"W68"是否符合商业秘密的保护条件;搏盛种业公司是否实施了侵害商业秘密的行为;一审判令将搏盛种业公司生产的库存"W68"玉米种子全部交付给华穗种业公司是否正确。

(一)关于华穗种业公司是否有权提起本案侵权之诉

搏盛种业公司认为华穗种业公司不能证明其为本案"W68"亲本的权利人,其无权提起本案侵权之诉。对此,本院认为,玉米育种主要包括自交系育种和杂交种育种,在杂交种的选育中,通常以利用杂种优势为主,从选育自交系开始。选育出优良的自交系是选育出优良杂交种的基础。对于玉米自交系的选育而言,一般从玉米单株开始,经过连续

多代自交结合选择出具有一致性状以及遗传上相对稳定的自交后代系统,通常需要经过连续5-7代的自交和选择,并通过产量测试从而保证其产量和品质的优势。选育自交系的基本材料可以来自地方品种、各种类型的杂交种的综合品种以及经过改良的群体,也可以选择杂交种后代选育出的自交系,采用哪一种基本材料与育种单位所拥有的种质资源基础、育种目标、育种者的经验和技术水平有关。本案中,"万糯2000"品种审定公告记载,"W68"和"W67"组配的"万糯2000"品种的选育人为华穗种业公司,搏盛种业公司亦认可"W68"是在万6选系和万2选系杂交基础上经过自交六代形成的自交系。从华穗种业公司以"W68"作为亲本进行组配选育"万糯2000",并合法持有"W68"和"W67"组配的"万糯2000"品种,以及"W68"是在万6选系和万2选系杂交基础上经过了长达六代进行自交选择的事实可以推定,选育"W68"的基本材料来源于育种单位华穗种业公司所持有的种质资源,在无相反证据的情况下,结合玉米杂交育种领域常规做法,可以初步证明华穗种业公司为"万糯2000"父本自交系"W68"的育种开发者或权利人。因此,华穗种业公司有权针对"万糯2000"的亲本"W68"提起侵权之诉。

搏盛种业公司在二审程序中提交其自行委托的检验报告以及公证书,拟证明"万糯2000"与案外品种"农科糯336"使用的是同一个亲本,由此主张"万糯2000"的亲本是他人选育,而非华穗种业公司,华穗种业公司作为本案原告的主体不适格,同时认为"W68"属于公共资源。对此,本院认为,"农科糯336"的品种审定公告记载,育种者为北京市农林科学院玉米研究中心,品种来源为"ZN3"ד D6644-2",搏盛种业公司亦认可该品种的亲本组合为"ZN3"ד D6644-2",而"万糯2000"的审定公告记载的"万糯2000"的品种来源为"W67"ד W68"。据此比较可初步表明,上述两个品种的育种亲本来源不同。搏盛种业公司在二审中根据其自行委托的检验报告主张上述两个品种的育种亲本实际相同。但该检验报告为其自行委托有关机构出具的意见,需要对检测程序的合法性、检测方法的科学性以及对照样品的真实性等进行审查。经审查,该检验报告所涉育种亲本样品来源不详。通过杂交种检测育种亲本来源的检验事项与该检验所依据的品种真实性和纯度的检验事项不同。由于该检验报告缺乏来源可靠的检材,且与搏盛种业公司所主张的待证事项之间缺乏关联性,其不能够证明"万糯2000"的亲本"W68"是"农科糯336"的亲本。故该检验报告不具有证明力,本院不予采纳。因此,搏盛种业公司提交的检验报告不能否定品种审定公告记载有关育种来源的事实,不能证明两个不同品种的亲本来源相同,更不能

证明"W68"属于公共育种资源。对搏盛种业公司关于华穗种业公司提起本案侵权之诉主体不适格的上诉理由，本院不予支持。

（二）关于"万糯2000"的亲本"W68"是否符合商业秘密的保护条件

根据2019年修正的反不正当竞争法第九条第四款的规定，商业秘密是指不为公众所知悉、具有商业价值并经权利人采取相应保密措施的技术信息、经营信息等商业信息。根据当事人的有关诉辩主张，本案"万糯2000"的亲本"W68"是否符合商业秘密保护条件主要涉及以下具体问题。

1. 关于杂交种的亲本是否属于商业秘密保护的客体

华穗种业公司在本案中仅主张"W68"作为亲本属于商业秘密，并未主张其育种技术为商业秘密。搏盛种业公司在二审开庭审理中认为，只有与亲本相关的育种技术信息才属于反不正当竞争法保护的商业秘密，"W68"作为亲本不属于商业秘密的保护客体。对此，本院认为，作物育种过程中形成的育种中间材料、自交系亲本等，不同于自然界发现的植物材料，其是育种者付出创造性劳动的智力成果，承载有育种者对自然界的植物材料选择驯化或对已有品种的性状进行选择而形成的特定遗传基因，该育种材料具有技术信息和载体实物兼而有之的特点，且二者不可分离。通过育种创新活动获得的具有商业价值的育种材料，在具备不为公众所知悉并采取相应保密措施等条件下，可以作为商业秘密依法获得法律保护。本案"W68"作为"万糯2000"亲本的事实已经证明，其在组配具有优良农艺性状、良好制种产量的杂交种中具备商业价值，具有竞争优势。因此，在其符合不为公众所知悉，并经权利人采取相应保密措施的条件下，可以作为商业秘密获得反不正当竞争法的保护。搏盛种业公司关于只有与亲本相关的育种技术信息才能作为商业秘密保护对象的主张，法律依据不足，不能成立，本院不予支持。

2. "W68"在被诉侵权行为发生时是否不为公众所知悉，具有秘密性

搏盛种业公司上诉称，华穗种业公司及其利害关系人已经将"W68"作为产品销售，华穗种业公司委托种子繁育公司的制种行为导致"W68"成为商品被农民公开销售，因此"W68"不属于商业秘密。对此，本院认为，亲本是育种者最为核心的育种材料，通常不会进行公开买卖销售。育种者通常会委托种子繁育公司扩繁亲本进行制种，但委托制种的行为并非是销售亲本的行为。《中华人民共和国民事诉讼法》（2021年修正）第六十七条第一款规定，当事人对自己提出的主张，有责任提供证据。搏盛种业公司主张华穗种业公司将"W68"作为商品进行公开销售，对此有提供

证据予以证明的责任，但搏盛种业公司未提交任何证据加以证明。在二审庭审中，搏盛种业公司称可以在市场上随时购买到"W68"种子，但明确拒绝向本院提供销售"W68"种子的主体信息，既难以证明其所称的可以通过市场购买得到的种子即为"W68"种子，又难以证明该购买渠道合法。搏盛种业公司对于其主张"W68"属于公开销售的品种或者"W68"已被推广应用的事实并未举证证明，因此不足以证明"W68"已经脱离了华穗种业公司的控制，处于公众容易获得的状态。

搏盛种业公司上诉认为"万糯2000"的审定公告对"W68"及其来源予以了披露，"W68"已经为公众所知悉，不属于商业秘密。对此，本院认为，"W68"作为商业秘密保护的客体是否为公众所知悉，应当以其是否为所属领域的相关人员普遍知悉和容易获得为标准，同时是否为公众所知悉的对象应当是指具体的技术信息内容，而非只是技术信息的名称或代号。权利人对育种材料的实际控制是利用其遗传信息进行育种的关键，尚未脱离权利人实际控制、依法采取保密措施的育种材料难以满足为所属领域的相关人员普遍知悉和容易获得的构成要件，即具有秘密性。本案中，"W68"属于不为公众所知悉的育种材料，主要理由如下：

第一，对于选择育种而言，从杂种第一次分离世代开始选株，分别种成株行到以后世代的选育，均是在优良的系统中选择优良单株，直到选出优良一致的品系。为便于考查株系历史和亲缘关系，对各世代中的单株、株系均予以系统的编号。"W68"仅是育种材料的编号，是育种者在作物育种过程中为了下一步选择育种而自行给定的代号，其指向的是育种者实际控制的育种材料。虽然特定编号如"W68"代表了育种者对自然界的植物材料选择驯化形成的特定遗传基因，但是特定遗传基因承载于作物材料中，脱离作物材料本身的代号并不具有育种价值，对育种材料的实际控制才是利用其特定遗传信息的前提。在创造变异、选择变异、固定变异的育种过程中，作物代号仅用于标注遗传信息的来源，只凭借品种审定公告中披露"W68"的名称信息，并不能实际知悉、获得、利用"W68"育种材料所承载的特定遗传信息。由于育种创新的成果体现在植物材料的特定基因中，无法将其与承载创新成果的植物材料相分离，公开该代号并不等于公开该作物材料的遗传信息，在该作物材料未脱离育种者控制的情况下，相关公众无法实际知悉、获得、利用该代号所指育种材料的遗传信息。因此，公开代号的行为并不会导致其所指育种材料承载的遗传信息的公开。

第二，审定公告记载"万糯2000"以"W67"为母本、以

"W68"为父本杂交，披露了"W68"是用万6选系与万2选系杂交后，经自交6代选育而成。该事实证明"W68"的育种来源已经被公开，但不能证明"W68"本身属于容易获得的育种材料，丧失了不为公众所知悉的秘密性。首先，万2选系和万6选系作为选育亲本的作物材料，按照育种领域的惯例，是作物育种的核心竞争力，通常育种者并不进行公开销售，公众难以获得。博盛种业公司并无证据证明万2选系和万6选系属于公共育种资源。而如果没有万2选系和万6选系的育种来源，则难以进行选择育种进而获得稳定的自交系"W68"。其次，杂交育种涉及杂交亲本的选配、杂交技术与杂交方式的确定、杂交后代的选择等育种阶段，需要进行大量的选种制种工作，且杂交的结果并不唯一。在通过杂交创造变异的群体，然后在变异的群体中选择变异，自交后稳定变异，最后形成纯系品种的选育过程中，各世代要经历选择变异和稳定变异的环节。因此，退一步而言，即便能够获得万2选系和万6选系，在选育自交系亲本的过程中，育种者面临对优良单株、株系的选择时，在子代的选择中具有一定程度的不确定性。对于玉米制种而言，即使在公开亲本自交系的选育来源以及作物目标的情况下，不同的育种者得到的纯系品种也不可能完全一致。因此，即便能够利用万2选系和万6选系进行杂交育种，获得的自交系也并不必然是"W68"，不能仅从公开"W68"的育种来源推定得出"W68"已为公众所知悉。

第三，博盛种业公司上诉认为"万糯2000"公开销售的事实导致其亲本"W68"丧失秘密性，主张"W68"可以通过公开销售的"万糯2000"获得。对此，本院认为，尽管玉米杂交种是由其亲本杂交育种获得，但是基于玉米杂交繁育特点和当前的技术条件，从杂交种反向获得其亲本的难度很大。反向获得的难易程度与所付出的成本呈正相关性，需要付出的成本越高则反向获得的难度越高，反向获得的可能性就越小。从已公开销售"万糯2000"的事实是否可以推定得出其亲本"W68"丧失秘密性，需要审查通过"万糯2000"获取其亲本"W68"的所付出的成本，从而判断是否容易获得。很显然，从子代分离出亲本并培育亲本并非普通育种者不付出创造性的劳动就容易实现。如果不通过对"万糯2000"进行专业的测序、分离，难以获得其亲本，更难以保证获得的亲本与"W68"完全相同。博盛种业公司也并未提供任何证据证明通过"万糯2000"可以容易获得其亲本"W68"。因此，公开销售"万糯2000"的事实不能当然导致其亲本"W68"为公众容易获得，更不能得出亲本"W68"丧失秘密性的结论。

3. "W68"是否经权利人采取了相应的保密措施

博盛种业公司上诉认为，华穗种业公司并没有对"W68"采取足够的保密措施，因此不应当作为商业秘密受到保护。对此，本院认为，权利人在被诉侵权行为发生以前采取了合理保密措施，在正常情况下足以防止商业秘密泄露的，人民法院应当认定权利人采取了作为商业秘密法定构成要件的"相应的保密措施"。人民法院认定保密措施时，应当考虑保密措施与商业秘密的对应程度。植物生长依赖土壤、水分、空气和阳光，需要进行光合作用，"W68"作为育种材料自交系亲本，必须施以合理的种植管理，具备一定的制种规模。在进行田间管理中，权利人对于该作物材料采取的保密措施难以做到万无一失。因此，对于育种材料技术信息的保密措施是否合理，需要考虑育种材料自身的特点，对于采取合理保密措施的认定不宜过于严苛，应以在正常情况下能够达到防止被泄露的防范程度为宜。

华穗种业公司在一审中提交了该公司的保密制度以及其与"万糯2000"玉米新品种的育种者、公司高管、委托制种企业签订的保密协议。结合华穗种业公司在二审中提交的证据，经本院审查，对内而言，华穗种业公司内部有保密制度，规定了公司育种技术资料、育种样品以及育种亲本等繁殖材料属于公司秘密，不得泄露，规定了公司相关人员在任职期间以及离职后的一定期间对种子育种方法、育种亲本以及用于繁殖种子的技术资料、繁殖材料等商业秘密进行保密，离职时应当将自己持有的所有商业秘密资料等物品移交指定人员并办妥相关手续，否则承担违约责任；对外而言，华穗种业公司与其有委托制种关系的案外人金源种业公司签订的《委托繁种合同》中约定，繁育品种名称予以代号，金源种业公司按计划生产的合格种子全部交给华穗种业公司，不得截留和自行销售，并对华穗种业公司提供的自交系负责保密，不得向外扩散。在金源种业公司委托前述村民委员会制种的繁育合同中，约定亲本种子不外流、不自留。还需要指出的是，在制种基地，相关行政管理部门要求受委托制种的生产者进行备案，备案内容要求完整，特别是要求委托生产合同齐全，品种权属以及亲本来源清晰，生产品种以及面积与合同约定相一致，上述内容属于生产者在履行合同时应当承担的义务，也是制种散户在履行委托制种合同时应当承担的义务。委托育种合同的受托人擅自扩大委托育种合同的生产繁殖规模，私自截留、私繁滥制、盗取亲本的行为均属于违法违规行为。而且，本案并无证据证明"W68"已被受委托制种单位非法披露、扩散。根据《最高人民法院关于审理侵犯商业秘密民事案件适用法律若干问题的规定》第六条的规定，综合考虑杂交育种的行业惯例、繁育材料以代号称之、制种行为的可获知程度等因素，华穗种业公司采取的上述避免亲本被他人非法盗取、获得及不正当使用的保密措施，符合商业秘密法定构成要件的"相应的保密措施"。

综上，"W68"属于反不正当竞争法下商业秘密保护的客体，作为通过育种创新获得的具有育种竞争优势的育种材料，具有商业价值，不为所属领域的相关人员普遍知悉也不容易获得，且经权利人采取了相应的保密措施，符合商业秘密的构成要件，依法应当受到反不正当竞争法的保护。

（三）关于搏盛种业公司是否实施了侵害商业秘密的行为

搏盛种业公司上诉主张被诉侵权种子是其合法取得，用于科研活动的繁殖材料。对此，本院认为，首先，搏盛种业公司对被诉侵权种子是其合法获得或者通过自主繁育取得的主张有责任提供证据证明。对于合法获得的问题，搏盛种业公司未提交"W68"的交易记录或者获得信息，其生产繁殖"W68"所用育种材料的来源无据可查；对于自主繁育问题，如前所述，搏盛种业公司既无证据证明其持有选育"W68"的万2选系和万6选系，也无证据证明其被诉侵权种子是由其他育种选系选育而来。搏盛种业公司不能提供被诉侵权种子的任何购买或自主繁育记录，其关于"W68"是合法取得的上诉主张，缺乏事实依据，本院不予支持。其次，搏盛种业公司主张其种植"W68"属于科研行为，然而，其并没有提交被诉侵权种子与科研育种相关的任何育种计划、育种记录或者委托育种合同。而且，在科研活动中正当利用他人享有权利的繁殖材料进行育种，原则上必须用于科研目的，且不得超出实现科研目的所必需的规模和数量。从搏盛种业公司种植"W68"的规模和数量看，难以符合上述要求。再次，搏盛种业公司有意隐瞒被诉侵权种子的真实信息。搏盛种业公司在一审庭审中对于证据保全的被诉侵权种子主张是"盛甜糯9号"的亲本自交系"白糯913"，二审中又主张是"农科糯336"的亲本。可见，搏盛种业公司有掩饰和隐瞒其扩繁获得被诉侵权种子的不正当行为。综上，搏盛种业公司关于生产繁殖"W68"的行为属于科研行为的上诉主张，缺乏事实依据，本院不予支持。

根据反不正当竞争法第三十二条第一款的规定，在侵犯商业秘密的民事审判程序中，商业秘密权利人提供初步证据，证明其已经对所主张的商业秘密采取保密措施，且合理表明商业秘密被侵犯，涉嫌侵权人应当证明权利人所主张的商业秘密不属于本法规定的商业秘密。本案中，证据保全获得的被诉侵权玉米果穗共两袋，分别标注总厂和晒场，将前者与中国农业科学院国家种质保藏中心的"W68"标准样品进行鉴定，鉴定结果为分子检测位点一致。至此，华穗种业公司已完成证明其权利被侵害的初步举证责任。搏盛种业公司作为被诉侵权方，未能举出有效证据证明

"W68"不符合商业秘密的保护条件，相反，其种植获得的被诉侵权种子为"W68"的事实表明其实际生产繁殖了"W68"。搏盛种业公司既不能提交证据证明是通过对"W68"的育种来源合法繁育获得的被诉侵权种子，也不能证明其是自主繁育获得与"W68"相同的被诉侵权种子。综合前述作物选择育种的基本情况，足以认定被诉侵权种子是搏盛种业公司采取不正当手段获取"W68"后扩繁生产而来，该行为属于反不正当竞争法第九条第一款第一项、第二项规定的侵犯商业秘密行为。一审法院关于搏盛种业公司构成侵害商业秘密行为的认定正确，本院予以维持。

需要强调的是，综合运用植物新品种权、专利权、商业秘密等多种知识产权保护手段，构建多元化、立体式的农作物育种成果综合法律保护体系，符合我国种业发展的现状。植物新品种权和商业秘密两种制度在权利产生方式、保护条件、保护范围等方面都存在差异，权利人可以根据实际情况选择不同保护方式。在作物育种过程中，符合植物品种权保护条件的育种创新成果，可以受到植物新品种权制度的保护。同时，杂交种的亲本等育种材料符合商业秘密保护要件的，可以受到反不正当竞争法的兜底保护。将未获得植物新品种保护的育种创新成果在符合商业秘密的条件下给予制止不正当竞争的保护，是鼓励育种创新的必然要求，也是加强知识产权保护的应有之意。法律并未限制作物育种材料只能通过植物新品种保护而排除商业秘密等其他知识产权保护，对作物育种材料给予商业秘密等其他知识产权保护不会削弱植物新品种保护法律制度，而是相辅相成、相得益彰的关系。当然，对作物育种材料给予商业秘密保护，并不妨碍他人通过独立研发等合法途径来繁育品种，也并不妨碍科研活动的自由。搏盛种业公司认为一审法院对亲本繁殖材料无限期、无原则的保护会削弱植物新品种保护制度的主张，本院不予认同。

（四）关于一审判令将搏盛种业公司生产的库存"W68"玉米种子全部交付给华穗种业公司是否正确

根据上述分析，搏盛种业公司的有关行为已经构成对华穗种业公司商业秘密的侵害，依法应当承担停止侵害、赔偿损失等民事责任。就本案民事责任承担问题，搏盛种业公司虽上诉请求撤销一审判决，改判驳回华穗种业公司的诉讼请求，但并未对一审判决确定的立即停止侵害和损害赔偿数额的民事责任提出具体的上诉主张和理由，仅对一审判令将搏盛种业公司生产的库存"W68"玉米种子全部交付给华穗种业公司提出异议。在侵权定性成立、被诉侵权人依法应当承担相应侵权责任，而被诉侵权人上诉中并未对立即停止侵害和损害赔偿数额问题提出具体主张和理

由,且本院亦未发现一审判决有关内容有明显不妥的情况下,本院对此不再作进一步审查,一审判决的有关认定和处理应予维持。

关于搏盛种业公司生产的库存"W68"玉米种子,如前所述,"W68"作为反不正当竞争法保护的商业秘密,具有技术信息和载体实物兼而有之的特点。《最高人民法院关于审理侵犯商业秘密民事案件适用法律若干问题的规定》第十八条规定:"权利人请求判令侵权人返还或者销毁商业秘密载体,清除其控制的商业秘密信息的,人民法院一般应予支持"。一审判令搏盛种业公司将其库存"W68"玉米种子全部交还给华穗种业公司,并无不当。

综上所述,搏盛种业公司的上诉请求不能成立,应予驳回;一审判决认定事实基本清楚,适用法律正确,应予维持。依照《中华人民共和国民事诉讼法》第一百七十七条第一款第一项之规定,判决如下:

驳回上诉,维持原判。

二审案件受理费18300元,由上诉人武威市搏盛种业有限责任公司负担。

本判决为终审判决。

审判长　罗　霞
审判员　刘晓梅
审判员　雷艳珍
二〇二二年十一月二日
法官助理　徐世超
书记员　李思倩

6. 湖南亚华种业研究院诉张杨侵害植物新品种权纠纷案①

【案例要旨】

未经许可使用授权品种繁殖材料重复用于生产另一品种的繁殖材料的,在被诉侵权种子与授权品种存在亲缘关系的基础上,是否以授权品种作为母本生产被诉侵权种子的事实,应由侵权方承担举证责任。被诉侵权行为中的"重复使用"应理解为重复以授权品种的繁殖材料为亲本与其他亲本另行繁殖的行为。

原告:湖南亚华种业科学研究院,住所地:湖南省长沙市芙蓉区合平路。

法定代表人:杨远柱,该院院长。

被告:张杨。

原告湖南亚华种业科学研究院(以下简称亚华研究

院)因与被告张杨发生侵害植物新品种权纠纷,向海南自由贸易港知识产权法院提起诉讼。

原告亚华研究院诉称:亚华研究院系第CNA20090950.7号"隆科638S"水稻的品种权人,保护期自2014年3月1日起15年,至今仍处于有效期内。2020年5月,亚华研究院在三亚发现了大面积利用"隆科638S"水稻进行育种的侵权行为,并委托袁隆平农业高科技股份有限公司向三亚市农业农村局、三亚市行政综合执法局(以下简称三亚市执法局)进行投诉。经行政机关查处,发现被告张杨生产涉案侵权种子439包,合计35 120斤。农业农村部植物新品种测试(杭州)分中心对涉案种子已做鉴定证明张杨侵权成立。鉴定期间张杨将全部涉案侵权种子运至江西省萍乡市,萍乡市农业综合执法支队就张杨涉案侵权行为进行了调查,并于江西省萍乡市湘东区下埠镇西源村一处厂房内发现了部分涉案侵权种子。亚华研究院的涉案品种权获批后,交由设立人袁隆平农业高科技股份有限公司及关联公司四川隆平高科种业有限公司进行育种、销售,二者使用"隆科638S"繁育的"隆某1377"种子市场销售均价为33元/斤左右,育种成本11元/斤左右,张杨擅自使用"隆科638S"繁育"隆两优1377"种子35 120斤的行为造成的损失约77万元。根据《中华人民共和国种子法》(以下简称种子法)第二十八条、第七十三条,《中华人民共和国植物新品种保护条例》(以下简称植物新品种保护条例)第六条、第三十九条,《最高人民法院关于审理侵害植物新品种纠纷案件具体应用法律问题的若干规定》第二条、第六条的规定,张杨擅自使用"隆科638S"进行繁殖制种的行为构成对亚华研究院第CNA20090950.7号"隆科638S"水稻植物新品种权的侵害。请求:1.张杨立即停止侵害植物新品种权的行为,销毁繁育的全部侵权种子产品及其全部母本"隆科638S"种子;2.判令张杨赔偿经济损失50万元(含维权合理支出3.5万元)。

被告张杨辩称:2019年12月初,其从案外人处以50元/斤的价格购买了亲本种子100多斤,在三亚市崖州区进行种植。2020年5月29日,晾晒时,三亚市执法局的工作人员询问其关于水稻种子的来源、种植的面积、总产量和制种的用途等情况,并通知其将水稻种子运回江西老家后七天内不得销售、也不得下种。询问时,袁隆平农业高科技股份有限公司的员工也在场,表示一个月后会找张杨处理这些水稻种子。张杨将这些水稻种子运回江西省萍乡市湘东区下埠镇,并对这些水稻种子经过两三天的继续晾晒、去

---

① 案例来源:《最高人民法院公报》2023年第10期(总第326期)。

杆、吹风等精选工作,再次重新包装后,符合要求的水稻种子约有280袋。因无资金租用符合存放水稻种子要求的仓库,故将这些水稻种子存放在一家废弃的厂房内。2020年6月22日,萍乡市农业农村局的工作人员找到张杨并对涉案的水稻种子进行拍照,要求现场存放,但是四五个月后,没有人来处理涉案水稻种子。由于萍乡市夏季、秋季雨水较多,空气非常潮湿,再加上存放涉案水稻种子废弃厂房屋顶漏雨情况严重,到了2020年12月,涉案水稻种子大多受潮发芽,已无法种植,也无法食用。迫于无奈,只能将发芽的水稻种子用于喂养鸡鸭。涉案水稻种子的重量并非35 120斤,因未经充足晾晒,也没有经过去杆和吹风等精选程序,并非符合要求的水稻种子,事后对涉案水稻种子进行精选后的重量约为26 000斤,并没有擅自使用和下种。原告亚华研究院没有提供充分证据证明销售均价和育种成本,其主张损失约77万元缺乏证据支持。涉案水稻种子并未在市场上进行销售,也未实际投入使用,并未给亚华研究院造成任何损失,不存在实施侵权行为的主观故意,不应承担赔偿责任。另外,张杨的育种行为系农民自繁自用,不具有商业目的,对"隆科638S"繁殖材料只进行了一次生产使用,不符合重复使用的情形。综上,亚华研究院的诉讼请求缺乏事实依据,依法应予以驳回。

海南自由贸易港知识产权法院一审查明:

2009年12月25日,原告亚华研究院向中华人民共和国农业部申请"隆科638S"植物新品种权保护,2014年3月1日获得授权,属或者种为水稻,品种权号为CNA20090950.7,保护期为15年。2017年3月15日,财税〔2017〕20号《财政部 发展改革委关于清理规范一批行政事业性收费有关政策的通知》第一条规定,自2017年4月1日起,停征植物新品种保护权收费。2017年4月25日,袁隆平农业高科技股份有限公司已支付"隆科638S"第4年的品种保护权年费1000元。

原告亚华研究院提交证书编号分别为2017-1-0088、2018-1-0073,品种名称为"隆两优1377",审定编号分别为国审稻xxx、桂审稻xxx号,审定时间分别为2017年6月、2018年5月的两份主要农作物品种审定证书表明,"隆两优1377"品种来源为"隆科638S"בR1377",即"隆两优1377"是由母本"隆科638S"与父本"R1377"组配繁育的杂交水稻品种。上述两份审定证书亦表明,亚华研究院是"隆两优1377"的育种者之一。

2020年5月,原告亚华研究院在三亚市崖州区海源公司晒谷场发现疑似利用"隆科638S"水稻进行育种的侵权行为,遂向三亚市农业农村局、三亚市执法局进行投诉。同年5月29日,三亚市执法局第一支队执法人员对被告张杨

进行询问,当执法人员询问张杨在三亚市崖州区进行杂交水稻南繁制种面积及品种时,张杨称"85亩,是隆两优""没有协议""亲本是通过一个四川省的熟人介绍并送货上门,只付现金,每斤50元""不知道亲本是什么,也不知道供种人的姓名和电话",种子"不销售,只供自己承包土地种""种植2000亩(每亩用量约6斤)"。庭审中张杨称,亲本是从不知名的案外人手中购买,数量有100来斤,并不清楚该亲本的具体来源、品种、名称等情况,产量经估算"有439包(每包约80斤)共35 120斤"。三亚市执法局第一支队执法人员告知张杨种子运回老家后不得销售和下种。随后,张杨将涉案水稻种子全部运回江西。同年6月22日,经江西省萍乡市农业综合行政执法支队现场勘验确认,张杨存放在仓库的种子共计23 500斤。张杨称,经三亚市执法局询问后直到2020年12月,没有任何人找其处理涉案水稻种子,在涉案水稻种子受潮发芽已无法用于种植的情况下,迫不得已将其用于喂养鸡鸭。

2020年6月5日,三亚市农业综合执法支队委托农业部植物新品种测试(杭州)分中心将当时取样抽检封存稻谷进行检测。封条骑缝处有被告张杨及其他执法人员等的签名。2020年6月15日(浙)中种检字(2019)第01号农业部植物新品种测试(杭州)分中心《农作物种子质量检验报告》显示,该中心通过《水稻品种鉴定技术规程SSR标记法》对未知品种的送检样品与对照样品"隆两优1377"进行真实性检测,比较48个位点数,差异位点数为0,结论为"极近似品种或相同品种"。同日,农业部植物新品种测试(杭州)分中心出具鉴定报告,报告显示,该中心对未知品种的送检样品和对照样品"隆科638S",采用SSR标记参照标准《水稻品种鉴定技术规程SSR标记法》(NY/T1433-2014)毛细管电泳荧光检测方法进行鉴定,随机选择20粒种子发芽混合提取DNA,重复两次,结果为"所采用的48个SSR标记中未知品种在其中22个标记上为纯合基因型,其余26个标记为杂合基因型,样品隆科638S在48个标记上均为纯合基因型且与未知品种其中一种基因型一致",结论为"送检样品和隆科638S存在亲缘关系"。张杨对上述证据的真实性、合法性、关联性均不予认可,认为其未参与鉴定过程,且鉴定机构无资质,对证明内容亦予以认可。法院认为,在原告亚华研究院提交的张杨无异议的三亚市执法局第一支队询问笔录证据中,有经张杨签字确认的种子封存样品封条复印件(与原件核对无异),张杨称其未参与鉴定,前后矛盾,亦没有提交足以反驳的相反证据。农业部植物新品种测试(杭州)分中心系2014年7月20日中华人民共和国农业部第2111号公告公布的农作物种子质量检验机构,具有小麦、水稻等主要农作物品种真实性的承检

能力,故法院对亚华研究院提供的检验报告和鉴定报告的真实性、合法性、关联性予以确认。

原告亚华研究院系袁隆平农业高科技股份有限公司举办的非财政补助型事业单位,四川隆平高科种业有限公司系袁隆平农业高科技股份有限公司的全资子公司。2017年8月21日,亚华研究院与四川隆平高科种业有限公司签订《品种权实施许可合同》,就"隆两优1377"(母本:隆科638S×父本:R1377)等杂交水稻新品种的实施许可达成约定,明确该品种是袁隆平农业高科技股份公司申请审定的杂交水稻品种,2017年通过国家审定(国审稻20176007)。《隆两优组合种子海南承揽生产合同》显示,袁隆平农业高科技股份有限公司在海南收购"隆两优1377"种子的均价为22元/斤;《四川隆平17—20隆两优1377销售情况表》表明,"隆两优1377"对外销售均价33元/斤。《四川隆平隆两优1377近三年销售毛利表》显示,四川隆平高科种业有限公司2017至2019年销售"隆两优1377"连续三年的年平均利润率为52%。亚华研究院因本纠纷与北京德恒(长沙)律师事务所签订《委托代理合同》,约定维权活动的律师费为3万元并由袁隆平农业高科技股份有限公司全额支付。亚华研究院因维权产生的车费、住宿费、餐饮费共计0.5万元。

对于上述关联公司许可生产销售"隆两优1377"以推断获利的相关证据,被告张杨对部分真实性、合法性无异议,但认为与系争案件无关联性;对合同、销售情况表等认为均是案外人出具,由案外人单方制作,无法核实;对相关维权费用支出证据的真实性和合法性虽予以确认,但认为维权不是必要程序,相关费用也并非必然产生的合理费用。对此法院认定,上述相关证据中,虽然相互关联能够证明原告亚华研究院许可关联方利用"隆科638S"生产、销售"隆两优1377"水稻的事实,但生产和销售的对象是"隆两优1377",无法直接证明其主张品种权保护的"隆科638S"的价值,进而无法推定亚华研究院的直接经济损失,亦无法推断张杨侵权获利,不具有关联性,不作为本案判定赔偿数额的证据,仅作为酌情确定赔偿数额的考量因素。亚华研究院主张因本纠纷产生租车费、机票、车辆通行发票、律师费维权合理支出3.5万元的支付凭证,是维权所产生的必要费用,法院予以采信。

另查明,本案被告张杨系农村低保户,并持有《中华人民共和国残疾人证》,其上载明残疾等级和类别为肢体三级残疾。

海南自由贸易港知识产权法院一审认为:

本案为侵害植物新品种权纠纷。根据本案当事人的诉辩意见及案件事实,本案的争议焦点为:一、被告张杨繁育

涉案水稻种子的行为是否侵犯原告亚华研究院主张保护的"隆科638S"植物新品种权;二、如构成侵权,张杨应如何承担侵权责任。

一、关于被告张杨繁育涉案水稻种子的行为是否侵犯原告亚华研究院主张保护的"隆科638S"植物新品种权

原告亚华研究院所有的"隆科638S"植物新品种权依法应予保护。种子法第二十八条规定,完成育种的单位或者个人对其授权品种,享有排他的独占权。任何单位或者个人未经植物新品种权所有人许可,不得生产、繁殖或者销售该授权品种的繁殖材料,不得为商业目的将该授权品种的繁殖材料重复使用于生产另一品种的繁殖材料;但是本法、有关法律、行政法规另有规定的除外。植物新品种保护条例第六条亦有相关规定。《最高人民法院关于审理侵害植物新品种权纠纷案件具体应用法律问题的若干规定》第二条第一款规定"未经品种权人许可,生产、繁殖或者销售授权品种的繁殖材料,或者为商业目的将授权品种的繁殖材料重复使用于生产另一品种的繁殖材料的,人民法院应当认定为侵害植物新品种权。"第三款规定"被诉侵权人重复以授权品种的繁殖材料为亲本与其他亲本另行繁殖的,人民法院一般应当认定属于为商业目的将授权品种的繁殖材料重复使用于生产另一品种的繁殖材料。"

本案中,经行政机关调查并经农业部植物新品种测试(杭州)分中心检验报告证明,被告张杨在三亚崖州区繁育的涉案水稻种子与"隆两优1377"比较了48个位点数,差异位点数为0,"极近似品种或相同品种"结论表明,其繁育的水稻品种为"隆两优1377"。因"隆两优1377"系杂交水稻品种,其由父本和母本两个亲本组配繁育。"隆两优1377"主要农作物品种审定证书表明,"隆两优1377"品种来源为"隆科638S"ד R1377",即"隆两优1377"是由母本"隆科638S"与父本"R1377"组配繁育的杂交水稻品种。2020年6月15日农业部植物新品种测试(杭州)分中心出具鉴定报告证明,该中心对未知品种(实为张杨繁育的涉案品种)和"隆科638S"进行对照,采用SSR标记参照标准《水稻品种鉴定技术规程 SSR标记法》(NY/T1433-2014)毛细管电泳荧光检测方法进行鉴定,随机选择20粒种子发芽混合提取DNA,重复两次,结果为"所采用的48个SSR标记中未知品种在其中22个标记上为纯合基因型,其余26个标记为杂合基因型,样品隆科638S在48个标记上均为纯合基因型且与未知品种其中一种基因型一致"。得出结论为"送检样品和隆科638S存在亲缘关系"。

对于植物基因关系而言,从"送检样品和隆科638S存在亲缘关系"的鉴定结论,尚不能直接判断出涉案水稻种子系通过母本"隆科638S"与父本"R1377"组配繁育的杂

交水稻品种,在理论上,仍然存在母本和父本的姊妹品系作为亲本的可能性。但从实际生产角度出发,利用不同的杂交亲本组合,生产出基因型极近似或相同的子代几率很小,涉案水稻种子使用"隆科638S"作为亲本进行繁育具有极高度可能性。本案中,在原告亚华研究院已提交检测报告和鉴定报告的基础上,被告张杨如认为其繁殖的涉案品种并非来源于"隆科638S",则需要提交其涉案品种来源于其他亲本的相关证据。张杨未提出其没有使用"隆科638S"的相关证据,法院依据高度盖然性证明标准,认定张杨存在使用授权品种"隆科638S"组配繁育"隆两优1377"的行为。

被告张杨辩称其育种行为系农民自繁自用,不具有商业目的,亦不属于重复使用的情形。首先,植物新品种保护条例第十条规定,农民自繁自用授权品种的繁殖材料,可以不经品种权人许可,不向其支付使用费,但是不得侵犯品种权人依照本条例享有的其他权利。判断是否构成农民自繁自用应当综合考虑被诉侵权行为的目的、规模、是否营利等因素,并且农民应在其家庭农村土地承包经营合同约定的土地范围内进行。本案中,张杨系江西省萍乡市人,其未提供家庭承包土地的相关证据,且未能对其在三亚使用授权品种"隆科638S"繁育"隆两优1377"种子达上万斤给予合理解释。结合张杨本人的身体情况以及家庭情况,其育种上万斤的行为已经超出了合理数量,不能认定其育种行为构成农民自繁自用,亦不能排除商业目的的可能性。其次,种子法第二十八条中的"重复使用"不应简单理解为次数的多少,应理解为杂交水稻育种中重复以授权品种的繁殖材料为亲本与其他亲本另行繁殖的行为。具体到本案,是指使用母本"隆科638S"繁育涉案水稻种子"隆两优1377"的杂交育种行为。因此,张杨在庭审中辩称,其只是对原告亚华研究院主张的"隆科638S"繁殖材料进行了一次生产使用,不符合重复使用情形的辩解不能成立。综上,张杨未经品种权人亚华研究院的许可,使用授权品种"隆科638S"组配繁育"隆两优1377"种子的行为,违反种子法第二十八条、植物新品种保护条例第六条、《最高人民法院关于审理侵害植物新品种权纠纷案件具体应用法律问题的若干规定》第二条第一款、第三款的规定,构成侵犯亚华研究院主张保护的"隆科638S"植物新品种权。

二、关于被告张杨应如何承担侵权责任

种子法第七十三条第三款、第四款规定:"侵犯植物新品种权的赔偿数额按照权利人因被侵权所受到的实际损失确定;实际损失难以确定的,可以按照侵权人因侵权所获得的利益确定。权利人的损失或者侵权人获得的利益难以确定的,可以参照该植物新品种权许可使用费的倍数合理确

定。赔偿数额应当包括权利人为制止侵权行为所支付的合理开支。侵犯植物新品种权,情节严重的,可以在按照上述方法确定数额的一倍以上三倍以下确定赔偿数额。权利人的损失、侵权人获得的利益和植物新品种权许可使用费均难以确定的,人民法院可以根据植物新品种权的类型、侵权行为的性质和情节等因素,确定给予三百万元以下的赔偿。"被告张杨未经许可使用授权品种"隆科638S"繁育"隆两优1377"种子的行为,发生于2020年5月,并具有季节性,其行为应适用当时的法律及司法解释予以规范。2020年12月修正前《最高人民法院关于审理侵害植物新品种权纠纷案件具体应用法律问题的若干规定》第六条亦规定,在侵权成立情况下,应承担停止侵害、赔偿损失等民事责任。

被告张杨繁育涉案水稻种子的行为侵犯原告亚华研究院主张保护的"隆科638S"植物新品种权,依据上述法律及司法解释的规定,对亚华研究院请求张杨立即停止侵害其植物新品种权的主张,法院予以支持。同时,亚华研究院请求销毁繁育的全部侵权种子产品及其全部母本"隆科638S"种子。张杨称其繁育的涉案水稻种子距今已一年有余,已经全部受潮发芽、无法种植,用于喂养鸡鸭;亚华研究院亦未提供证据证明其主张的侵权种子产品和母本"隆科638S"种子的实际去向,故对亚华研究院的相关主张,法院不予支持。如亚华研究院后续发现涉案侵权种子产品及其全部母本"隆科638S"种子实际去向,可向法院提出申请,责令张杨对该涉案侵权种子产品及其全部母本"隆科638S"种子作消灭活性等使其不能再被用做繁殖材料的处理。

关于本案涉案侵权种子的数量及损失,原告亚华研究院主张被告张杨使用"隆科638S"繁育"隆两优1377"种子35 120斤的行为造成的损失约77万元,主要参照其关联公司"隆两优1377"种子的平均销售价格、育种成本;并推定按照关联公司的三年平均利润率52%计算,涉案水稻种子的获利约60万元。由于无法准确计算出张杨的获利和亚华研究院自己的损失,因此结合张杨生产涉案水稻种子的性质,大概获利区间以及维权实际支出,请求法院依据法定赔偿的规定判决支持赔偿亚华研究院50万元。张杨对此辩称,在经过充足晾晒、去杆和吹风等精选程序后实际育种重量应为26 000斤,35 120斤是估算值。行政执法人员询问时也未实际称重,且其作为残疾人,在签署询问笔录时没有能力思考和确认育种的实际重量。法院认为,由于本案请求保护的植物新品种为"隆科638S",涉案损失或者侵权获利并非依据生产、销售"隆两优1377"品种的数量直接确定,故张杨繁育的"隆两优1377"种子数量是35 120斤或者

是 26 000 斤并不影响法院根据本案的具体情况确定赔偿的数额。

被告张杨将"隆科 638S"授权品种的繁殖材料重复使用于生产另一品种"隆两优 1377"的繁殖材料,但原告亚华研究院未提供母本"隆科 638S"品种许可使用费的具体情况以供参照,亦无法从其主张并提供的关联公司许可生产、销售"隆两优 1377"品种的平均收购价格和销售价格准确推算"隆科 638S"品种的价格。因此,该部分的实际损失和"隆科 638S"品种的许可使用费均无法确定。张杨其所获利益亦难以确定。综合考虑涉案植物新品种权的类型、侵权行为的性质和情节以及亚华研究院为制止侵权的合理开支等因素,参考亚华研究院许可关联公司生产、销售"隆两优 1377"品种的情况,法院酌情确定张杨赔偿数额包括合理费用支出 3.5 万元,共计 10 万元。

被告张杨称其没有实施侵权行为的主观故意,在了解可能会对他人造成侵权后已经停止后续育种行为,且配合行政执法人员,没有销售和下种,系过失侵权,未造成严重后果,请求不承担赔偿责任。法院认为,《最高人民法院关于审理侵害植物新品种权纠纷案件具体应用法律问题的若干规定》第八条规定,"以农业或者林业种植为业的个人、农村承包经营户接受他人委托代为繁殖侵犯品种权的繁殖材料,不知道代繁物是侵犯品种权的繁殖材料并说明委托人的不承担赔偿责任"。本案张杨购买的亲本已经全部用于繁育"隆两优 1377"种子产品,其无法提供所购种子的合法来源,亦未证明系受他人委托代为繁殖,不符合免于赔偿责任的条件。

综上,被告张杨的行为构成侵犯原告亚华研究院"隆科 638S"植物新品种权,亚华研究院的部分主张成立。海南自由贸易港知识产权法院依照《中华人民共和国种子法》第二十八条、第七十三条第四款,《中华人民共和国植物新品种保护条例》第六条、第三十九条,《最高人民法院关于审理侵害植物新品种权纠纷案件具体应用法律问题的若干规定》第二条第一款、第三款、第六条之规定,于 2021 年 10 月 8 日判决如下:

一、被告张杨立即停止对原告湖南亚华种业科学研究院"隆科 638S"植物新品种权的侵害;

二、被告张杨于本判决生效之日起十日内向原告湖南亚华种业科学研究院赔偿经济损失包括合理开支共计 10 万元;

三、驳回原告湖南亚华种业科学研究院的其他诉讼请求。

一审宣判后,双方当事人均未提起上诉,一审判决已经发生法律效力。

八、纠纷解决

全国人民代表大会常务委员会关于专利等知识产权案件诉讼程序若干问题的决定

· 2018 年 10 月 26 日第十三届全国人民代表大会常务委员会第六次会议通过

为了统一知识产权案件裁判标准,进一步加强知识产权司法保护,优化科技创新法治环境,加快实施创新驱动发展战略,特作如下决定:

一、当事人对发明专利、实用新型专利、植物新品种、集成电路布图设计、技术秘密、计算机软件、垄断等专业技术性较强的知识产权民事案件第一审判决、裁定不服,提起上诉的,由最高人民法院审理。

二、当事人对专利、植物新品种、集成电路布图设计、技术秘密、计算机软件、垄断等专业技术性较强的知识产权行政案件第一审判决、裁定不服,提起上诉的,由最高人民法院审理。

三、对已经发生法律效力的上述案件第一审判决、裁定、调解书,依法申请再审、抗诉等,适用审判监督程序的,由最高人民法院审理。最高人民法院也可以依法指令下级人民法院再审。

四、本决定施行满三年,最高人民法院应当向全国人民代表大会常务委员会报告本决定的实施情况。

五、本决定自 2019 年 1 月 1 日起施行。

国家知识产权局行政复议规程

· 2012 年 7 月 18 日国家知识产权局令第 66 号公布
· 自 2012 年 9 月 1 日起施行

第一章　总　则

第一条　为了防止和纠正违法或者不当的具体行政行为,保护公民、法人和其他组织的合法权益,保障和监督国家知识产权局依法行使职权,根据《中华人民共和国行政复议法》和《中华人民共和国行政复议法实施条例》,制定本规程。

第二条　公民、法人或者其他组织认为国家知识产权局的具体行政行为侵犯其合法权益的,可以依照本规程向国家知识产权局申请行政复议。

第三条　国家知识产权局负责法制工作的机构(以下称"行政复议机构")具体办理行政复议事项,履行下列职责:

(一)受理行政复议申请;

(二)向有关部门及人员调查取证,调阅有关文档和资料;

(三)审查具体行政行为是否合法与适当;

(四)办理一并请求的行政赔偿事项;

(五)拟订、制作和发送行政复议法律文书;

(六)办理因不服行政复议决定提起行政诉讼的应诉事项;

(七)督促行政复议决定的履行;

(八)办理行政复议、行政应诉案件统计和重大行政复议决定备案事项;

(九)研究行政复议工作中发现的问题,及时向有关部门提出行政复议意见或者建议。

第二章　行政复议范围和参加人

第四条　除本规程第五条另有规定外,有下列情形之一的,可以依法申请行政复议:

(一)对国家知识产权局作出的有关专利申请、专利权的具体行政行为不服的;

(二)对国家知识产权局作出的有关集成电路布图设计登记申请、布图设计专有权的具体行政行为不服的;

(三)对国家知识产权局专利复审委员会作出的有关专利复审、无效的程序性决定不服的;

(四)对国家知识产权局作出的有关专利代理管理的具体行政行为不服的;

(五)认为国家知识产权局作出的其他具体行政行为侵犯其合法权益的。

第五条　对下列情形之一,不能申请行政复议:

(一)专利申请人对驳回专利申请的决定不服的;

(二)复审请求人对复审请求审查决定不服的;

（三）专利权人或者无效宣告请求人对无效宣告请求审查决定不服的；

（四）专利权人或者专利实施强制许可的被许可人对强制许可使用费的裁决不服的；

（五）国际申请的申请人对国家知识产权局作为国际申请的受理单位、国际检索单位和国际初步审查单位所作决定不服的；

（六）集成电路布图设计登记申请人对驳回登记申请的决定不服的；

（七）集成电路布图设计登记申请人对复审决定不服的；

（八）集成电路布图设计权利人对撤销布图设计登记的决定不服的；

（九）集成电路布图设计权利人、非自愿许可取得人对非自愿许可报酬的裁决不服的；

（十）集成电路布图设计权利人、被控侵权人对集成电路布图设计专有权侵权纠纷处理决定不服的；

（十一）法律、法规规定的其他不能申请行政复议的情形。

第六条　依照本规程申请行政复议的公民、法人或者其他组织是复议申请人。

在具体行政行为作出时其权利或者利益受到损害的其他利害关系人可以申请行政复议，也可以作为第三人参加行政复议。

第七条　复议申请人、第三人可以委托代理人代为参加行政复议。

第三章　申请与受理

第八条　公民、法人或者其他组织认为国家知识产权局的具体行政行为侵犯其合法权益的，可以自知道该具体行政行为之日起 60 日内提出行政复议申请。

因不可抗力或者其他正当理由耽误前款所述期限的，该期限自障碍消除之日起继续计算。

第九条　有权申请行政复议的公民、法人或者其他组织向人民法院提起行政诉讼，人民法院已经依法受理的，不得向国家知识产权局申请行政复议。

向国家知识产权局申请行政复议，行政复议机构已经依法受理的，在法定行政复议期限内不得向人民法院提起行政诉讼。

国家知识产权局受理行政复议申请后，发现在受理前或者受理后当事人向人民法院提起行政诉讼并且人民法院已经依法受理的，驳回行政复议申请。

第十条　行政复议申请应当符合下列条件：

（一）复议申请人是认为具体行政行为侵犯其合法权益的专利申请人、专利权人、集成电路布图设计登记申请人、集成电路布图设计权利人或者其他利害关系人；

（二）有具体的行政复议请求和理由；

（三）属于行政复议的范围；

（四）在法定申请期限内提出。

第十一条　申请行政复议应当提交行政复议申请书一式两份，并附具必要的证据材料。被申请复议的具体行政行为以书面形式作出的，应当附具该文书或者其复印件。

委托代理人的，应当附具授权委托书。

第十二条　行政复议申请书应当载明下列内容：

（一）复议申请人的姓名或者名称、通信地址、联系电话；

（二）具体的行政复议请求；

（三）申请行政复议的主要事实和理由；

（四）复议申请人的签名或者盖章；

（五）申请行政复议的日期。

第十三条　行政复议申请书可以使用国家知识产权局制作的标准表格。

行政复议申请书可以手写或者打印。

第十四条　行政复议申请书应当以邮寄、传真或者当面递交等方式向行政复议机构提交。

第十五条　行政复议机构自收到行政复议申请书之日起 5 日内，根据情况分别作出如下处理：

（一）行政复议申请符合本规程规定的，予以受理，并向复议申请人发送受理通知书；

（二）行政复议申请不符合本规程规定的，决定不予受理并书面告知理由；

（三）行政复议申请书不符合本规程第十一条、第十二条规定的，通知复议申请人在指定期限内补正；期满未补正的，视为放弃行政复议申请。

第四章　审理与决定

第十六条　在审理行政复议案件过程中，行政复议机构可以向有关部门和人员调查情况，也可应请求听取复议申请人或者第三人的口头意见。

第十七条　行政复议机构应当自受理行政复议申请之日起 7 日内将行政复议申请书副本转交有关部门。该部门应当自收到行政复议申请书副本之日起 10 日内提出维持、撤销或者变更原具体行政行为的书面答复意见，并提交当时作出具体行政行为的证据、依据和其他有关材料。期满未提出答复意见的,不影响行政复议决定的作出。

复议申请人、第三人可以查阅前款所述书面答复意见以及作出具体行政行为所依据的证据、依据和其他有关材料,但涉及保密内容的除外。

第十八条 行政复议决定作出之前,复议申请人可以要求撤回行政复议申请。准予撤回的,行政复议程序终止。

第十九条 行政复议期间,具体行政行为原则上不停止执行。行政复议机构认为需要停止执行的,应当向有关部门发出停止执行通知书,并通知复议申请人及第三人。

第二十条 审理行政复议案件,以法律、行政法规、部门规章为依据。

第二十一条 具体行政行为认定事实清楚,证据确凿,适用依据正确,程序合法,内容适当的,应当决定维持。

第二十二条 被申请人不履行法定职责的,应当决定其在一定期限内履行法定职责。

第二十三条 具体行政行为有下列情形之一的,应当决定撤销、变更该具体行政行为或者确认该具体行政行为违法,并可以决定由被申请人重新作出具体行政行为:

(一)主要事实不清,证据不足的;

(二)适用依据错误的;

(三)违反法定程序的;

(四)超越或者滥用职权的;

(五)具体行政行为明显不当的;

(六)出现新证据,撤销或者变更原具体行政行为更为合理的。

第二十四条 具体行政行为有下列情形之一的,可以决定变更该具体行政行为:

(一)认定事实清楚,证据确凿,程序合法,但是明显不当或者适用依据错误的;

(二)认定事实不清,证据不足,经行政复议程序审理查明事实清楚,证据确凿的。

第二十五条 有下列情形之一的,应当驳回行政复议申请并书面告知理由:

(一)复议申请人认为被申请人不履行法定职责而申请行政复议,行政复议机构受理后发现被申请人没有相应法定职责或者在受理前已经履行法定职责的;

(二)行政复议机构受理行政复议申请后,发现该行政复议申请不符合受理条件的。

第二十六条 复议申请人申请行政复议时可以一并提出行政赔偿请求。行政复议机构依据国家赔偿法的规定对行政赔偿请求进行审理,在行政复议决定中对赔偿请求一并作出决定。

第二十七条 行政复议决定应当自受理行政复议申请之日起60日内作出,但是情况复杂不能在规定期限内作出的,经审批后可以延长期限,并通知复议申请人和第三人。延长的期限最多不得超过30日。

第二十八条 行政复议决定以国家知识产权局的名义作出。行政复议决定书应当加盖国家知识产权局行政复议专用章。

第二十九条 行政复议期间,行政复议机构发现相关行政行为违法或者需要做好善后工作的,可以制作行政复议意见书。有关部门应当自收到行政复议意见书之日起60日内将纠正相关行政违法行为或者做好善后工作的情况通报行政复议机构。

行政复议期间,行政复议机构发现法律、法规、规章实施中带有普遍性的问题,可以制作行政复议建议书,向有关部门提出完善制度和改进行政执法的建议。

第五章　期间与送达

第三十条 期间开始之日不计算在期间内。期间届满的最后一日是节假日的,以节假日后的第一日为期间届满的日期。本规程中有关"5日"、"7日"、"10日"的规定是指工作日,不含节假日。

第三十一条 行政复议决定书直接送达的,复议申请人在送达回证上的签收日期为送达日期。行政复议决定书邮寄送达的,自交付邮寄之日起满15日视为送达。

行政复议决定书一经送达,即发生法律效力。

第三十二条 复议申请人或者第三人委托代理人的,行政复议决定书除送交代理人外,还应当按国内的通讯地址送交复议申请人和第三人。

第六章　附　则

第三十三条 外国人、外国企业或者外国其他组织向国家知识产权局申请行政复议,适用本规程。

第三十四条 行政复议不收取费用。

第三十五条 本规程自2012年9月1日起施行。2002年7月25日国家知识产权局令第二十四号发布的《国家知识产权局行政复议规程》同时废止。

国家知识产权局关于发布《国家知识产权局行政裁决案件线上口头审理办法》的公告

· 2023 年 2 月 17 日
· 国家知识产权局第 517 号

为认真贯彻落实党中央、国务院关于全面加强知识产权保护的决策部署，切实维护公平竞争的市场秩序，保障知识产权权利人和社会公众的合法权益，方便案件当事人参加行政裁决程序，降低维权成本，提升行政效率，根据《中华人民共和国专利法》和有关法规、规章，制定《国家知识产权局行政裁决案件线上口头审理办法》，现予发布，自发布之日起施行。

特此公告。

国家知识产权局行政裁决案件线上口头审理办法

第一条　为方便案件当事人参加行政裁决程序，提升行政效率，结合国家知识产权局行政裁决有关规定和工作实际，制定本办法。

第二条　本办法所指线上口头审理是指国家知识产权局在行政裁决中，通过互联网在线的方式完成行政裁决案件口头审理程序。案件线上口头审理与线下口头审理具有同等法律效力。

第三条　案件审理以线下审理为原则，线上审理为例外。国家知识产权局综合考虑案件情况、当事人意愿和技术条件等因素决定是否进行线上口头审理，以下案件可以适用线上口头审理：

（一）重大专利侵权纠纷行政裁决案件；

（二）药品专利纠纷早期解决机制行政裁决案件；

（三）集成电路布图设计专有权纠纷行政裁决案件；

（四）其他适宜采取线上口头审理的行政裁决案件。

第四条　具有下列情形之一的，不适用线上口头审理：

（一）当事人确有正当理由不能参加线上口头审理或者不具备参与线上口头审理的技术条件和能力，并书面提出申请经国家知识产权局同意的；

（二）案件疑难复杂、证据繁多，采用线上方式不利于查明事实和适用法律的；

（三）案件涉及国家安全、国家秘密、商业秘密的；

（四）国家知识产权局认为存在其他不宜适用线上口头审理情形的。

符合前款第（一）项情形的当事人参加线下口头审理，其他当事人可以继续参加线上口头审理。

第五条　国家知识产权局开展线上口头审理，应当在口审至少 5 个工作日前告知当事人，并告知当事人线上口头审理的具体时间、程序、权利义务、法律后果和操作方法等。

第六条　对于国家知识产权局已通知线上口头审理，当事人无正当理由不参加的，对请求人按撤回请求处理，对被请求人按缺席处理。

第七条　国家知识产权局线上口头审理时，应当验证当事人的身份；确有必要的，应当在线下进一步核实身份。

第八条　国家知识产权局根据案件情况，可以组织当事人开展线上证据交换，通过同步或者非同步方式完成举证、质证等程序。审理时发现需要通过线下核对原件、查验实物的，可以在线上口头审理后在线下安排核对、查验。

第九条　适用线上口头审理的案件，应当依法保障当事人申请回避、举证、质证、陈述、辩论等权利。

已采取线上口头审理的案件，口头审理过程中发现存在不适用线上口头审理情形的，国家知识产权局应当及时转为线下口头审理。已完成的线上口头审理部分具有法律效力。

第十条　国家知识产权局应当安排线上口头审理庭。案件合议组成员及席位名称等应当在视频画面合理区域。

参加线上口头审理的其他人员，应当选择安静、无干扰、光线适宜、网络信号良好、相对封闭的场所，不得在可能影响线上口头审理音频视频效果或者有损审理严肃性的场所参加。必要时，国家知识产权局可以要求参加人员到指定场所参加线上口头审理。

第十一条　参加线上口头审理人员应当遵守口头审理纪律。除确属网络故障、设备损坏、电力中断等不可抗力原因外，当事人未经允许中途退出的，按照本办法第六条处理。

第十二条　证人通过线上方式参加的，不得旁听案件审理。询问证人时，其他证人不应在场，需要证人对质的情况除外。当事人对证人线上参加口头审理提出异议，并提出书面申请，经国家知识产权局同意的，应当要求证人在线下作证。

检验鉴定机构人员等参加线上口头审理的，参照前款规定执行。

第十三条　适用线上口头审理的案件，国家知识产权局应当公告线上口头审理的时间。

对涉及个人隐私等情形的行政裁决案件，当事人申请不公开线上口头审理的，线上口头审理过程可以不予公开。

第十四条　开展线上口头审理的案件，各方当事人可以通过线上或者书面确认、电子签章等方式，确认和签收调解协议、笔录、电子送达凭证及其他案件材料。

在调解、证据交换、口头审理等环节同步形成的电子笔录，经当事人核对确认后，与书面笔录具有同等法律效力。

第十五条　开展线上口头审理的案件，国家知识产权局应当利用技术手段随案同步生成口审笔录电子档案。电子档案的立卷、归档、存储、利用等，按照档案管理相关法律法规的规定执行。

开展线上口头审理的案件存在纸质卷宗材料的，应当按照档案管理相关法律法规立卷、归档和保存。

第十六条　参加线上口头审理的相关主体应当遵守数据安全和个人信息保护的相关法律法规，履行数据安全和个人信息保护义务。未经国家知识产权局同意，任何人不得违法违规录制、截取、传播涉及线上口头审理过程的音频视频、图文资料。除国家知识产权局依法公开的以外，任何人不得违法违规披露、传播和使用线上口头审理的数据信息。

出现上述情形的，国家知识产权局可以根据具体情况，依照法律法规关于数据安全、个人信息保护的规定追究相关单位和人员法律责任，涉嫌犯罪的，依法移交司法机关追究刑事责任。

第十七条　地方管理专利工作的部门处理专利侵权纠纷行政裁决案件中采取线上口头审理的，可以参照适用本办法。

第十八条　本办法自发布之日起施行。

国家知识产权局、司法部关于印发《关于加强知识产权纠纷调解工作的意见》的通知

·2021年10月22日
·国知发保字〔2021〕27号

各省、自治区、直辖市和新疆生产建设兵团知识产权局、司法厅（局），四川省知识产权服务促进中心，广东省知识产权保护中心，福建省知识产权发展保护中心：

为深入贯彻党中央、国务院关于强化知识产权保护的决策部署，落实《知识产权强国建设纲要（2021—2035

年）》和《关于强化知识产权保护的意见》，加强知识产权保护体系建设，结合《优化营商环境条例》规定，国家知识产权局、司法部制定了《关于加强知识产权纠纷调解工作的意见》，现予印发。请结合实际认真贯彻落实，有关贯彻落实情况和工作中遇到的困难问题及时报国家知识产权局知识产权保护司和司法部人民参与和促进法治局。

特此通知。

关于加强知识产权纠纷调解工作的意见

为深入贯彻党中央、国务院关于全面加强知识产权保护工作的决策部署，完善知识产权纠纷多元化解机制，充分发挥调解在化解知识产权领域矛盾纠纷中的重要作用，优化营商环境，激发全社会创新活力，推动构建新发展格局，现就加强知识产权纠纷调解工作，提出如下意见。

一、总体要求

（一）指导思想。坚持以习近平新时代中国特色社会主义思想为指导，深入学习贯彻习近平法治思想，全面贯彻党的十九大和十九届二中、三中、四中、五中全会精神，贯彻落实党中央、国务院关于强化知识产权保护的决策部署，统筹推进知识产权纠纷调解工作，加强组织和队伍建设，建立健全有机衔接、协调联动、高效便捷的知识产权纠纷调解工作机制，依法、及时、有效化解知识产权纠纷，积极构建知识产权大保护工作格局。

（二）基本原则。坚持协调联动，社会共治。推动形成党委领导、政府主导、知识产权管理部门和司法行政机关统筹指导、社会各方力量广泛参与的知识产权纠纷调解工作格局。

坚持自愿平等，便民利民。充分尊重当事人意愿，综合运用法律、法规、政策以及公序良俗等进行调解，切实维护当事人的合法权益。

坚持专业特点，开拓创新。把握知识产权纠纷特点，遵循调解工作规律，加强调解组织和队伍建设，创新制度机制和方式方法，不断提升知识产权纠纷调解工作质效。

（三）主要目标。到2025年，知识产权纠纷调解工作基本覆盖知识产权纠纷易发多发的重点区域和行业领域，建立组织健全、制度完善、规范高效的知识产权纠纷调解工作体系，形成人民调解、行政调解、行业性专业性调解、司法调解优势互补、有机衔接、协调联动的大调解工作格局，调解在知识产权纠纷多元化解中的基础性作用充分显现，影响力和公信力进一步增强。

二、统筹推进知识产权纠纷调解工作

（四）推进知识产权纠纷人民调解工作。根据知识产权纠纷化解需要，因地制宜推进知识产权纠纷人民调解组织建设。对知识产权纠纷多发、确有必要设立、设立单位有保障能力的地区和行业，知识产权管理部门和司法行政机关要加强协调配合，积极推动设立知识产权纠纷人民调解组织。尚不具备设立条件的，可以纳入现有人民调解委员会工作范围。设立知识产权纠纷人民调解组织要由相关社会团体或者其他组织提出申请，符合法律和规范要求的，司法行政机关要及时纳入辖区内人民调解组织和人民调解员名册，切实加强工作指导。

（五）加强知识产权纠纷行政调解工作。知识产权管理部门要积极履行行政调解职能，按照《专利纠纷行政调解办案指南》等规定，严格依法依规开展行政调解。知识产权纠纷行政调解任务较重的地区，可以根据需要成立行政调解委员会，设立行政调解室、接待室等。各地知识产权纠纷行政调解组织设立情况和行政调解工作开展情况要定期报送司法行政机关。

（六）拓展知识产权纠纷行业性、专业性调解。发挥各类知识产权专业机构作用，积极创新知识产权纠纷调解组织形式和工作模式，推动知识产权纠纷调解工作向纵深发展。根据当事人需求，按照市场化方式，探索开展知识产权纠纷商事调解。充分发挥律师在预防和化解矛盾纠纷中的优势作用，推动设立律师调解工作室，为当事人提供知识产权纠纷调解服务并可适当收取费用。

（七）加强重点区域、领域知识产权纠纷调解工作。坚持从实际出发，以需求为导向，大力推动知识产权纠纷调解工作向工业园区、开发区、自贸区和产业集聚区等重点区域延伸。支持电商平台优化在线咨询、受理、调解等制度，在线化解矛盾纠纷。拓展展会知识产权纠纷调解工作，引导相关调解组织进驻展会，建立展会知识产权纠纷快速调解渠道。加强专业市场知识产权纠纷调解工作，引导当事人通过调解方式化解纠纷。

（八）加强知识产权纠纷调解员队伍建设。充分利用社会资源，注重选聘具有专利、商标、著作权等工作经验和知识背景的专业人士以及专家学者、律师等担任调解员，建立专兼结合、优势互补、结构合理的知识产权纠纷调解员队伍。加强知识产权纠纷专职调解员队伍建设，探索建立知识产权纠纷调解员持证上岗、等级评定等制度。知识产权管理部门、司法行政机关要将知识产权纠纷调解纳入业务培训规划，采取集中授课、经验交流、现场观摩、法庭旁听、案例评析等多种方式，切实提高调解员的法律素养、政策水平、专业知识和调解技能。

（九）建立完善知识产权纠纷调解工作制度。知识产权纠纷调解组织要建立完善纠纷排查、受理、调解、履行、回访、分析研判和重大疑难复杂矛盾纠纷集中讨论、专家咨询、情况报告等工作制度，建立完善岗位责任、学习、例会、培训、考评、奖惩等管理制度，规范统计报表、卷宗文书和档案管理，定期向知识产权管理部门、司法行政机关报送调解工作情况和典型案例。知识产权管理部门、司法行政机关要定期发布知识产权纠纷调解典型案例，通过典型案例指导开展调解工作，提升调解工作质量水平。

（十）建立健全知识产权纠纷调解衔接联动机制。采取联合调解、协助调解、委托移交调解等方式，建立知识产权纠纷人民调解、行政调解、行业性专业性调解、司法调解衔接联动工作机制。加强知识产权纠纷调解组织与行政执法部门、司法机关、仲裁机构等衔接联动，建立健全知识产权纠纷投诉与调解对接、诉调对接、仲调对接等工作机制。探索在知识产权保护中心、快速维权中心、维权援助中心等建立知识产权纠纷"一站式"调解平台，引导调解组织、远程司法确认室、知识产权仲裁院（中心）、公证知识产权服务中心等各类资源入驻调解平台，为当事人提供司法确认、仲裁、公证等保护渠道。加强知识产权纠纷"一站式"调解平台与当地综合性非诉讼纠纷化解中心、调解中心等平台的工作对接，及时协调解决重大疑难复杂知识产权纠纷。

三、加强知识产权纠纷调解工作组织领导

（十一）加强组织协调。知识产权管理部门、司法行政机关要将知识产权纠纷调解工作纳入重要议事日程，加强信息沟通、协调配合，及时研究解决工作中遇到的困难和问题。要积极探索创新，及时总结提炼经验做法，打造培育亮点典型，推进知识产权纠纷调解工作规范化、标准化建设。要主动协调有关部门，争取将知识产权纠纷调解工作纳入相关考核指标，通过开展联合督导检查等方式，推动各项工作落地落实。

（十二）加强工作保障。知识产权管理部门、司法行政机关要积极争取党委、政府及财政部门的重视支持，将知识产权纠纷调解工作相关经费纳入财政预算统筹考虑，推动把知识产权纠纷调解工作纳入政府购买服务指导性目录，加大政府购买服务力度。知识产权纠纷调解组织设立单位要为知识产权纠纷调解组织提供场所、办公条件和必要的工作经费。鼓励社会各界通过社会捐赠、公益赞助、志愿参与等方式，对知识产权纠纷调解工

作提供支持和帮助。

（十三）加强宣传引导。要充分运用传统媒体和网络、微信、微博等新媒体，大力宣传知识产权纠纷调解工作优势特点、经验成效，宣传工作中涌现出的先进典型和精品案例，不断提升知识产权纠纷调解工作的群众满意度和社会影响力，引导更多当事人通过调解方式解决知识产权纠纷，维护自身合法权益。知识产权管理部门、司法行政机关要将表现突出的知识产权纠纷调解组织和调解员纳入本系统本部门表彰奖励范围，为知识产权纠纷调解工作开展营造良好氛围。

国家知识产权局关于"故意侵犯知识产权"认定标准有关事宜的批复

· 2021 年 10 月 11 日
· 国知发保函字〔2021〕161 号

黑龙江省知识产权局：

《黑龙江省知识产权局关于"故意侵犯知识产权"标准认定有关事宜的请示》（黑知呈〔2021〕13 号）收悉。经研究，现批复如下：

一、关于"故意侵犯知识产权"行为的认定标准

知识产权是受法律保护的合法权利，侵犯知识产权需要承担相应的责任。近年来，我国已在知识产权领域全面建立并实施侵权惩罚性赔偿制度，加大对故意侵权行为的损害赔偿力度。《民法典》第一千一百八十五条规定，"故意侵害他人知识产权，情节严重的，被侵权人有权请求相应的惩罚性赔偿"，明确了知识产权侵权惩罚性赔偿的总原则。《专利法》《商标法》等主要知识产权单行法也都有侵权惩罚性赔偿相关规定。《最高人民法院关于审理侵害知识产权民事案件适用惩罚性赔偿的解释》（法释〔2021〕4 号）统一和细化了侵害知识产权案件适用惩罚性赔偿的规定。

在知识产权惩罚性赔偿规定中，"故意"是知识产权惩罚性赔偿条款适用的主观要件，惩罚性赔偿作为对侵权人的加重处罚，对侵权行为的主观过错程度要求更高。"情节严重"是惩罚性赔偿条款的另一构成要件，主要是针对行为人实施侵权行为的手段方式及其造成的后果等客观方面作出的评价，一般不直接涉及对行为人主观状态的判断。因此，在细化"故意侵犯知识产权"认定标准时，应注意依法加强知识产权保护，把"故意"和"情节严重"进行科学区分，避免对两个构成要件进行不适当的交叉或者重复评价。

基于上述考虑，来函标准中的第六项和第七项建议列入客观情节的判断为宜。

二、关于"故意侵犯知识产权"行为是否列入严重违法失信名单的判断

《市场监督管理严重违法失信名单管理办法》（总局令第 44 号）（以下简称《办法》）第九条明确，实施故意侵犯知识产权等破坏公平竞争秩序和扰乱市场秩序的违法行为且属于本办法第二条规定情形的，列入严重违法失信名单。《办法》第二条指出，当事人违反法律、行政法规，性质恶劣、情节严重、社会危害较大，受到较重行政处罚的，列入严重违法失信名单。所称较重行政处罚包括：（一）依照行政处罚裁量基准，按照从重处罚原则处以罚款；（二）降低资质等级，吊销许可证件、营业执照；（三）限制开展生产经营活动、责令停产停业、责令关闭、限制从业；（四）法律、行政法规和部门规章规定的其他较重行政处罚。同时，《办法》第十二条指出，判断违法行为是否属于性质恶劣、情节严重、社会危害较大的情形，应当综合考虑主观恶意、违法频次、持续时间、处罚类型、罚没款数额、产品货值金额、对人民群众生命健康的危害、财产损失和社会影响等因素。

基于上述规定和要求，在根据《办法》第九条判断是否将"故意侵犯知识产权"行为列入严重违法失信名单，应同时根据《办法》第二条判断该行为是否受到较重行政处罚，根据《办法》第十二条判断该行为是否属于性质恶劣、情节严重、社会危害较大的情形。

特此批复。

最高人民法院关于第一审知识产权民事、行政案件管辖的若干规定

· 2021 年 12 月 27 日最高人民法院审判委员会第 1858 次会议通过
· 2022 年 4 月 20 日最高人民法院公告公布
· 自 2022 年 5 月 1 日起施行
· 法释〔2022〕13 号

为进一步完善知识产权案件管辖制度，合理定位四级法院审判职能，根据《中华人民共和国民事诉讼法》《中华人民共和国行政诉讼法》等法律规定，结合知识产权审判实践，制定本规定。

第一条　发明专利、实用新型专利、植物新品种、集成电路布图设计、技术秘密、计算机软件的权属、侵权纠纷以及垄断纠纷第一审民事、行政案件由知识产权法院、

省、自治区、直辖市人民政府所在地的中级人民法院和最高人民法院确定的中级人民法院管辖。

法律对知识产权法院的管辖有规定的，依照其规定。

第二条　外观设计专利的权属、侵权纠纷以及涉驰名商标认定第一审民事、行政案件由知识产权法院和中级人民法院管辖；经最高人民法院批准，也可以由基层人民法院管辖，但外观设计专利行政案件除外。

本规定第一条及本条第一款规定之外的第一审知识产权案件诉讼标的额在最高人民法院确定的数额以上的，以及涉及国务院部门、县级以上地方人民政府或者海关行政行为的，由中级人民法院管辖。

法律对知识产权法院的管辖有规定的，依照其规定。

第三条　本规定第一条、第二条规定之外的第一审知识产权民事、行政案件，由最高人民法院确定的基层人民法院管辖。

第四条　对新类型、疑难复杂或者具有法律适用指导意义等知识产权民事、行政案件，上级人民法院可以依照诉讼法有关规定，根据下级人民法院报请或者自行决定提级审理。

确有必要将本院管辖的第一审知识产权民事案件交下级人民法院审理的，应当依照民事诉讼法第三十九条第一款的规定，逐案报请其上级人民法院批准。

第五条　依照本规定需要最高人民法院确定管辖或者调整管辖的诉讼标的额标准、区域范围的，应当层报最高人民法院批准。

第六条　本规定自2022年5月1日起施行。

最高人民法院此前发布的司法解释与本规定不一致的，以本规定为准。

最高人民法院关于印发基层人民法院管辖第一审知识产权民事、行政案件标准的通知

·2022年4月20日
·法〔2022〕109号

各省、自治区、直辖市高级人民法院，解放军军事法院，新疆维吾尔自治区高级人民法院生产建设兵团分院：

根据《最高人民法院关于第一审知识产权民事、行政案件管辖的若干规定》，最高人民法院确定了具有知识产权民事、行政案件管辖权的基层人民法院及其管辖区域、管辖第一审知识产权民事案件诉讼标的额的标准。现予以印发，自2022年5月1日起施行。本通知施行前已经受理的案件，仍按照原标准执行。

基层人民法院管辖第一审知识产权民事、行政案件标准

地区	民事案件诉讼标的额（不含本数）	基层人民法院	管辖区域
北京市	不受诉讼标的额限制	北京市东城区人民法院	东城区、通州区、顺义区、怀柔区、平谷区、密云区
		北京市西城区人民法院	西城区、大兴区
		北京市朝阳区人民法院	朝阳区
		北京市海淀区人民法院	海淀区
		北京市丰台区人民法院	丰台区、房山区
		北京市石景山区人民法院	石景山区、门头沟区、昌平区、延庆区
天津市	500万元以下	天津市滨海新区人民法院	滨海新区、东丽区、宁河区
		天津市和平区人民法院	和平区、南开区、红桥区、西青区、武清区、宝坻区、蓟州区
		天津市河西区人民法院	河东区、河西区、河北区、津南区、北辰区、静海区

续表

河北省	100万元以下	石家庄高新技术产业开发区人民法院	石家庄高新技术产业开发区、长安区、裕华区、栾城区、藁城区、新乐市、晋州市、深泽县、灵寿县、行唐县、赵县、辛集市
		石家庄铁路运输法院	新华区、桥西区、鹿泉区、正定县、井陉县、井陉矿区、赞皇县、平山县、高邑县、元氏县、无极县
		唐山高新技术产业开发区人民法院	唐山市
		秦皇岛市山海关区人民法院	秦皇岛市
		邯郸市永年区人民法院	永年区、复兴区、丛台区、涉县、武安市、广平县、曲周县、鸡泽县、邱县、馆陶县
		邯郸经济技术开发区人民法院	邯郸经济技术开发区、冀南新区、峰峰矿区、邯山区、肥乡区、磁县、成安县、临漳县、魏县、大名县
		邢台经济开发区人民法院	邢台市
		保定高新技术产业开发区人民法院	保定市及定州市
		张家口市桥东区人民法院	张家口市
		承德市双滦区人民法院	承德市
		沧州市新华区人民法院	沧州市
		廊坊市安次区人民法院	廊坊市
		衡水市桃城区人民法院	衡水市
		容城县人民法院	雄安新区
山西省	100万元以下	山西转型综合改革示范区人民法院	山西转型综合改革示范区
		太原市杏花岭区人民法院	太原市
		大同市云冈区人民法院	大同市
		阳泉市郊区人民法院	阳泉市
		长治市潞州区人民法院	长治市
		晋中市太谷区人民法院	晋中市
		晋城市城区人民法院	晋城市
		朔州市朔城区人民法院	朔州市
		忻州市忻府区人民法院	忻州市
		汾阳市人民法院	吕梁市
		临汾市尧都区人民法院	临汾市
		运城市盐湖区人民法院	运城市

内蒙古自治区	100万元以下	呼和浩特市新城区人民法院	呼和浩特市
		包头市石拐区人民法院	包头市
		乌海市乌达区人民法院	乌海市
		赤峰市红山区人民法院	赤峰市
		通辽市科尔沁区人民法院	通辽市
		鄂尔多斯市康巴什区人民法院	鄂尔多斯市
		呼伦贝尔市海拉尔区人民法院	呼伦贝尔市
		巴彦淖尔市临河区人民法院	巴彦淖尔市
		乌兰察布市集宁区人民法院	乌兰察布市
		乌兰浩特市人民法院	兴安盟
		锡林浩特市人民法院	锡林郭勒盟
		阿拉善左旗人民法院	阿拉善盟
辽宁省	100万元以下	沈阳高新技术产业开发区人民法院	沈阳市
		大连市西岗区人民法院	大连市［中国（辽宁）自由贸易试验区大连片区除外］
		大连经济技术开发区人民法院	中国（辽宁）自由贸易试验区大连片区
		鞍山市千山区人民法院	鞍山市
		抚顺市东洲区人民法院	抚顺市
		本溪市平山区人民法院	本溪市
		丹东市振安区人民法院	丹东市
		锦州市古塔区人民法院	锦州市
		营口市西市区人民法院	营口市
		阜新市海州区人民法院	阜新市
		辽阳市太子河区人民法院	辽阳市
		铁岭市银州区人民法院	铁岭市
		朝阳市龙城区人民法院	朝阳市
		盘山县人民法院	盘锦市
		兴城市人民法院	葫芦岛市

续表

吉林省	100万元以下	长春新区人民法院	长春市
		吉林市船营区人民法院	吉林市
		四平市铁西区人民法院	四平市
		辽源市龙山区人民法院	辽源市
		梅河口市人民法院	通化市
		白山市浑江区人民法院	白山市
		松原市宁江区人民法院	松原市
		白城市洮北区人民法院	白城市
		珲春市人民法院	延边朝鲜族自治州
		珲春林区基层法院	延边林区中级法院辖区
		临江林区基层法院	长春林区中级法院辖区
黑龙江省	100万元以下	哈尔滨市南岗区人民法院	南岗区、香坊区、阿城区、呼兰区、五常市、巴彦县、木兰县、通河县
		哈尔滨市道里区人民法院	道里区、道外区、双城区、尚志市、宾县、依兰县、延寿县、方正县
		哈尔滨市松北区人民法院	松北区、平房区
		齐齐哈尔市铁峰区人民法院	齐齐哈尔市
		牡丹江市东安区人民法院	牡丹江市
		佳木斯市向阳区人民法院	佳木斯市
		大庆高新技术产业开发区人民法院	大庆市
		鸡西市鸡冠区人民法院	鸡西市
		鹤岗市南山区人民法院	鹤岗市
		双鸭山市岭东区人民法院	双鸭山市
		伊春市伊美区人民法院	伊春市
		七台河市桃山区人民法院	七台河市
		黑河市爱辉区人民法院	黑河市
		海伦市人民法院	绥化市
		大兴安岭地区加格达奇区人民法院	大兴安岭地区
		绥北人民法院	农垦中级法院辖区

上海市	不受诉讼标的期限制	上海市浦东新区人民法院	各自辖区
		上海市徐汇区人民法院	
		上海市长宁区人民法院	
		上海市闵行区人民法院	
		上海市金山区人民法院	
		上海市松江区人民法院	
		上海市奉贤区人民法院	
		上海市黄浦区人民法院	
		上海市杨浦区人民法院	
		上海市虹口区人民法院	
		上海市静安区人民法院	
		上海市普陀区人民法院	
		上海市宝山区人民法院	
		上海市嘉定区人民法院	
		上海市青浦区人民法院	
		上海市崇明区人民法院	
江苏省	500万元以下	南京市玄武区人民法院	玄武区、栖霞区
		南京市秦淮区人民法院	秦淮区
		南京市建邺区人民法院	建邺区
		南京市雨花台区人民法院	雨花台区
		南京市江宁区人民法院	江宁区(秣陵街道及禄口街道除外)
		江宁经济技术开发区人民法院	江宁区秣陵街道及禄口街道、溧水区、高淳区
		南京江北新区人民法院	南京江北新区、鼓楼区、浦口区、六合区
		江阴市人民法院	江阴市
		宜兴市人民法院	宜兴市
		无锡市惠山区人民法院	惠山区
		无锡市滨湖区人民法院	滨湖区、梁溪区
		无锡市新吴区人民法院	新吴区、锡山区
		徐州市鼓楼区人民法院	鼓楼区、丰县、沛县
		徐州市铜山区人民法院	铜山区、泉山区
		睢宁县人民法院	睢宁县、邳州市

续表

		新沂市人民法院	新沂市
		徐州经济技术开发区人民法院	云龙区、贾汪区、徐州经济技术开发区
		常州市天宁区人民法院	天宁区
		常州市钟楼区人民法院	钟楼区
		常州高新技术产业开发区人民法院	新北区
		常州市武进区人民法院	武进区
		常州市金坛区人民法院	金坛区
		溧阳市人民法院	溧阳市
		常州经济开发区人民法院	常州经济开发区
		张家港市人民法院	张家港市
		常熟市人民法院	常熟市
		太仓市人民法院	太仓市
		昆山市人民法院	昆山市
		苏州市吴江区人民法院	吴江区
		苏州市相城区人民法院	相城区
		苏州工业园区人民法院	苏州工业园区、吴中区
		苏州市虎丘区人民法院	虎丘区、姑苏区
		南通通州湾江海联动开发示范区人民法院	崇川区、通州区、海门区、海安市、如东县、启示市、如皋市、南通经济技术开发区、通州湾江海联动开发示范区
		连云港市连云区人民法院	连云区、海州区、赣榆区
		连云港经济技术开发区人民法院	东海县、灌云县、灌南县、连云港经济技术开发区
		淮安市淮安区人民法院	淮安区、洪泽区、盱眙县、金湖县
		淮安市淮阴市人民法院	淮阴区、清江浦区、涟水县、淮安经济技术开发区
		盐城市亭湖区人民法院	亭湖区、建湖县、盐城经济技术开发区
		射阳县人民法院	响水县、滨海县、阜宁县、射阳县
		盐城市大丰区人民法院	盐都区、大丰区、东台市
		扬州市广陵区人民法院	广陵区、江都区、扬州经济技术开发区、扬州市生态科技新城、扬州市蜀冈-瘦西湖风景名胜区
		仪征市人民法院	邗江区、仪征市
		高邮市人民法院	宝应县、高邮市
		镇江市京口区人民法院	京口区、润州区

		丹阳市人民法院	丹阳市、句容市
		镇江经济开发区人民法院	丹徒区、扬中市、镇江经济技术开发区
		靖江市人民法院	姜堰区、靖江市、泰兴市
		泰州医药高新技术产业开发区人民法院	海陵区、泰州医药高新技术产业开发区（高港区）、兴化市
		沭阳县人民法院	沭阳县、泗阳县
		宿迁市宿城区人民法院	宿城区、宿豫区、泗洪县
浙江省	500万元以下	杭州市拱墅区人民法院	拱墅区
		杭州市西湖区人民法院	西湖区
		杭州市滨江区人民法院	滨江区
		杭州市萧山区人民法院	萧山区
		杭州市余杭区人民法院	余杭区
		杭州市临平区人民法院	临平区
		杭州市钱塘区人民法院	钱塘区
		杭州铁路运输法院	上城区、富阳区、临安区、建德市、桐庐县、淳安县
		宁波市海曙区人民法院	海曙区、江北区
		宁波市北仑区人民法院	北仑区
		宁波市镇海区人民法院	镇海区
		宁波市鄞州区人民法院	鄞州区、象山县、宁波高新技术产业开发区
		杭州市奉化区人民法院	奉化区、宁海县
		余姚市人民法院	余姚市
		慈溪市人民法院	慈溪市
		温州市鹿城区人民法院	鹿城区
		温州市瓯海区人民法院	龙湾区、瓯海区
		瑞安市人民法院	瑞安市、龙港市、平阳县、苍南县、文成县、泰顺县
		乐清市人民法院	洞头区、乐清市、永嘉县
		湖州市吴兴区人民法院	吴兴区、南浔区
		德清县人民法院	德清县
		长兴县人民法院	长兴县
		安吉县人民法院	安吉县
		嘉兴市南湖区人民法院	南湖区、平湖市、嘉善县、海盐县

续表

		嘉兴市秀洲区人民法院	秀洲区
		海宁市人民法院	海宁市
		桐乡市人民法院	桐乡市
		绍兴市柯桥区人民法院	越城区、柯桥区
		绍兴市上虞区人民法院	上虞区
		诸暨市人民法院	诸暨市
		嵊州市人民法院	嵊州市
		新昌县人民法院	新昌县
		金华市婺城区人民法院	婺城区、武义县
		金华市金东区人民法院	金东区、兰溪市、浦江县
		义乌市人民法院	义乌市
		东阳市人民法院	东阳市、磐安县
		永康市人民法院	永康市
		衢州市衢江区人民法院	柯城区、衢江区、龙游县
		江山市人民法院	江山市、常山县、开化县
		舟山市普陀区人民法院	定海区、普陀区、岱山县、嵊泗县
		台州市椒江区人民法院	椒江区、黄岩区、路桥区
		温岭市人民法院	温岭市
		临海市人民法院	临海市
		玉环市人民法院	玉环市
		天台县人民法院	三门县、天台县、仙居县
		丽水市莲都区人民法院	莲都区、青田县、缙云县
		云和县人民法院	龙泉市、遂昌县、松阳县、云和县、庆元县、景宁畲族自治县
安徽省	100万元以下	合肥高新技术开发区人民法院	合肥市
		濉溪县人民法院	淮北市
		利辛县人民法院	亳州市
		灵璧县人民法院	宿州市
		蚌埠市禹会区人民法院	蚌埠市
		阜阳市颍东区人民法院	阜阳市
		淮南市大通区人民法院	淮南市
		滁州市南谯区人民法院	滁州市

		六安市裕安区人民法院	六安市
		马鞍山市花山区人民法院	马鞍山市
		芜湖经济技术开发区人民法院	芜湖市
		宁国市人民法院	宣城市
		铜陵市义安区人民法院	铜陵市
		池州市贵池区人民法院	池州市
		安庆市迎江区人民法院	安庆市
		黄山市徽州区人民法院	黄山市
福建省	100万元以下	福州市鼓楼区人民法院	鼓楼区、台江区、仓山区、晋安区
		福州市马尾区人民法院	马尾区、长乐区、连江县、罗源县
		福清市人民法院	福清市、闽侯县、闽清县、永泰县
		平潭综合实验区人民法院	平潭综合实验区
		厦门市思明区人民法院	思明区
		厦门市湖里区人民法院	湖里区、中国(福建)自由贸易试验区厦门片区
		厦门市集美区人民法院	集美区、同安区、翔安区
		厦门市海沧区人民法院	海沧区[中国(福建)自由贸易试验区厦门片区除外]
		漳州市长泰区人民法院	芗城区、龙文区、龙海区、长泰区、南靖县、华安县
		漳浦县人民法院	漳浦县、云霄县、诏安县、东山县、平和县
		泉州市洛江区人民法院	鲤城区、丰泽区、洛江区、泉州经济技术开发区
		泉州市泉港区人民法院	泉港区、惠安县、泉州台商投资区
		晋江市人民法院	晋江市
		石狮市人民法院	石狮市
		南安市人民法院	南安市
		德化县人民法院	安溪县、永春县、德化县
		三明市沙县区人民法院	三元区、沙县区、建宁县、泰宁县、将乐县、尤溪县
		明溪县人民法院	永安市、明溪县、清流县、宁化县、大田县
		莆田市城厢区人民法院	城厢区、秀屿区
		莆田市涵江区人民法院	荔城区、涵江区
		仙游县人民法院	仙游县
		南平市延平区人民法院	延平区、建瓯市、顺昌县、政和县
		武夷山市人民法院	建阳区、邵武市、武夷山市、浦城县、光泽县、松溪县

		龙岩市新罗区人民法院	新罗区、永定区、漳平市
		连城县人民法院	上杭县、武平县、长汀县、连城县
		宁德市蕉城区人民法院	蕉城区、东侨经济技术开发区、古田县、屏南县、周宁县、寿宁县
		福鼎市人民法院	福安市、枯荣县、福鼎市、霞浦县
江西省	100万元以下	南昌高新技术产业开发区人民法院	东湖区、青云谱区、青山湖区、红谷滩区、南昌高新技术产业开发区
		南昌经济技术开发区人民法院	南昌县、进贤县、安义县、西湖区、新建区、南昌经济技术开发区
		九江市濂溪区人民法院	九江市
		景德镇市珠山区人民法院	景德镇市
		芦溪县人民法院	萍乡市
		新余市渝水区人民法院	新余市
		鹰潭市月湖区人民法院	鹰潭市
		赣州市章贡区人民法院	赣州市
		万载县人民法院	宜春市
		上饶市广信区人民法院	上饶市
		吉安市吉州区人民法院	吉安市
		宜黄县人民法院	抚州市
山东省	100万元以下	济南市历下区人民法院	历下区、槐荫区
		济南市市中区人民法院	市中区、历城区
		济南市天桥区人民法院	天桥区、济阳区、商河县
		济南市长清区人民法院	长清区、平阴县
		济南市章丘区人民法院	章丘区、济南高新技术产业开发区
		济南市莱芜区人民法院	莱芜区、钢城区
		青岛市市南区人民法院	市南区、市北区
		青岛市黄岛区人民法院	黄岛区
		青岛市崂山区人民法院	崂山区
		青岛市李沧区人民法院	李沧区、城阳区
		青岛市即墨区人民法院	即墨区、莱西市
		胶州市人民法院	胶州市、平度市

		淄博市周村区人民法院	张店市、周村区、淄博高新技术产业开发区
		沂源县人民法院	淄川区、博山区、临淄区、桓台县、高青县、沂源县
		枣庄市市中区人民法院	市中区、峄城区、台儿庄市
		滕州市人民法院	薛城区、山亭区、滕州市
		东营市垦利区人民法院	东营市
		烟台市芝罘区人民法院	芝罘区
		招远市人民法院	龙口市、莱州市、招远市、栖霞市
		烟台经济技术开发区人民法院	蓬莱区、烟台经济技术开发区
		烟台高新技术产业开发区人民法院	福山区、牟平区、莱山区、莱阳市、海阳市、烟台高新技术产业开发区
		潍坊市潍城区人民法院	潍坊区、坊子区、诸城市、安丘市
		潍坊市奎文区人民法院	寒亭区、奎文区、高密市、昌邑市、潍坊高新技术产业开发区、潍坊滨海经济技术开发区
		寿光市人民法院	青州市、寿光市、临朐县、昌乐县
		曲阜市人民法院	曲阜市、邹城市、微山县、泗水县
		嘉祥县人民法院	鱼台县、金乡县、嘉祥县、汶上县、梁山县
		济宁高新技术产业开发区人民法院	任城区、兖州区、济宁高新技术产业开发区
		泰安高新技术产业开发区人民法院	泰安市
		威海市环翠区人民法院	威海市
		日照市东港区人民法院	日照市
		临沂市兰山区人民法院	兰山区
		临沂市罗庄区人民法院	罗庄区、兰陵县、临沂高新技术产业开发区
		临沂市河东区人民法院	河东区、郯城县、沂水县、莒南县、临沭县、临沂经济技术开发区
		费县人民法院	沂南县、费县、平邑县、蒙阴县
		德州市德城区人民法院	德州市
		聊城市茌平区人民法院	东昌府区、茌平区
		临清市人民法院	临清市、阳谷县、莘县、东阿县、冠县、高唐县
		滨州经济技术开发区人民法院	滨州市
		成武县人民法院	定陶区、曹县、单县、成武县
		东明县人民法院	牡丹区、东明县
		菏泽经济开发区人民法院	巨野县、郓城县、鄄城县、菏泽经济开发区

		郑州市管城回族区人民法院	管城回族区、金水区、中原区、惠济区、上街区、巩义市、荥阳市
河南省	500万元以下	郑州航空港经济综合实验区人民法院	二七区、郑州高新技术产业开发、郑州经济技术开发区、郑州航空港经济综合实验区、中牟县、新郑市、新密市、登封市
		开封市市龙亭区人民法院	开封市
		洛阳市老城区人民法院	洛阳市
		平顶山市湛河区人民法院	平顶山市
		安阳市龙安区人民法院	安阳市
		鹤壁市山城区人民法院	鹤壁市
		新乡市卫滨区人民法院	新乡市
		修武县人民法院	焦作市
		清丰县人民法院	濮阳市
		许昌市魏都区人民法院	许昌市
		漯河市召陵区人民法院	漯河市
		三门峡市湖滨区人民法院	三门峡市
		南阳高新技术产业开发区人民法院	南阳市
		商丘市睢阳区人民法院	商丘市
		罗山县人民法院	信阳市
		扶沟县人民法院	周口市
		遂平县人民法院	驻马店市
		济源市人民法院	济源市
湖北省	500万元以下	武汉市江岸区人民法院	江岸区、黄陂区、新洲区
		武汉市江汉区人民法院	江汉区、硚口区、东西湖区
		武汉市洪山区人民法院	武昌区、青山区、洪山区
		武汉经济技术开发区人民法院	汉阳区、蔡甸区、汉南区、武汉经济技术开发区
		武汉东湖新技术开发发区人民法院	江夏区、武汉东湖新技术开发区
		南漳县人民法院	枣阳市、宜城市、南漳县、保康县、谷城县、老河口市
		襄阳高新技术产业开发区人民法院	襄州区、襄城区、樊城区、襄阳高新技术产业开发区
		宜昌市三峡坝区人民法院	宜昌市、神农架林区
		大冶市人民法院	黄石市
		十堰市张湾区人民法院	十堰市

		荆州市荆州区人民法院	荆州区、沙市区、江陵县、监利市、洪湖市
		石首市人民法院	松滋市、公安县、石首市
		荆门市东宝区人民法院	荆门市
		鄂州市华容区人民法院	鄂州市
		孝感市孝南区人民法院	孝南区、汉川市、孝昌县
		安陆市人民法院	应城市、云梦县、安陆市、大悟县
		黄冈市黄州区人民法院	黄州区、浠水县、蕲春县、武穴市、黄梅县、龙感湖管理区
		麻城市人民法院	团风县、红安县、麻城市、罗田县、英山县
		通城县人民法院	咸宁市
		随县人民法院	随州市
		宣恩县人民法院	恩施土家族苗族自治州
		天门市人民法院	仙桃市、天门市、潜江市
湖南省	100万元以下	长沙市天心区人民法院	天心区、雨花区
		长沙市岳麓区人民法院	岳麓区、望城区
		长沙市开福区人民法院	开福区、芙蓉区
		长沙县人民法院	长沙县
		济阳市人民法院	浏阳市
		宁乡市人民法院	宁乡市
		株洲市天元区人民法院	株洲市
		湘潭市岳塘区人民法院	湘潭市
		衡阳市雁峰区人民法院	衡阳市
		邵东市人民法院	邵阳市
		岳阳市岳阳楼区人民法院	岳阳市
		津市市人民法院	常德市
		张家界市永定区人民法院	张家界市
		益阳市资阳区人民法院	益阳市
		娄底市娄星区人民法院	娄底市
		郴州市苏仙区人民法院	郴州市
		祁阳市人民法院	永州市
		怀化市鹤城区人民法院	怀化市
		吉首市人民法院	湘西土家族苗族自治州

广东省	广州市、深圳市、佛山市、东莞市、中山市、珠海市、惠州市、肇庆市、江门市：1000万元以下；其他区域：500万元以下	广州市越秀区人民法院	各自辖区
		广州市海珠区人民法院	
		广州市荔湾区人民法院	
		广州市天河区人民法院	
		广州市白云区人民法院	
		广州市黄埔区人民法院	
		广州市花都区人民法院	
		广州市番禺区人民法院	
		广州市南沙区人民法院	
		广州市从化区人民法院	
		广州市增城区人民法院	
		深圳市区福田人民法院	各自辖区
		深圳市罗湖区人民法院	
		深圳市盐田区人民法院	
		深圳市南山区人民法院	
		深圳市宝安区人民法院	
		深圳市龙岗区人民法院	
		深圳前海合作区人民法院	
		深圳市龙华区人民法院	
		深圳市坪山区人民法院	
		深圳市光明区人民法院	
		深圳市深汕特别合作区人民法院	
		佛山市禅城区人民法院	佛山市
		东莞市第一人民法院	各自辖区
		东莞市第二人民法院	
		东莞市第三人民法院	
		中山市第一人民法院	各自辖区
		中山市第二人民法院	
		珠海市香洲区人民法院	珠海市（横琴粤澳深度合作区除外）
		横琴粤澳深度合作区人民法院	横琴粤澳深度合作区
		惠州市惠城区人民法院	惠州市

		肇庆市端州区人民法院	肇庆市
		江门市江海区人民法院	江门市
		汕头市金平区人民法院	金平区、潮阳区、潮阳区
		汕头市龙湖区人民法院	龙湖区、澄海区、濠江区、南澳县
		阳江市江城区人民法院	阳江市
		清远市清城区人民法院	清远市
		揭阳市榕城区人民法院	揭阳市
		湛江市麻章区人民法院	湛江市
		茂名市电白区人民法院	茂名市
		梅州市梅县区人民法院	梅州市
		翁源县人民法院	韶关市
		潮州市潮安区人民法院	潮州市
		汕尾市城区人民法院	汕尾市
		东源县人民法院	河源市
		云浮市云安区人民法院	云浮市
广西壮族自治区	100万元以下	南宁市良庆区人民法院	南宁市
		柳州市柳江区人民法院	柳州市
		桂林市叠彩区人民法院	桂林市
		梧州市万秀区人民法院	梧州市
		北海市海城区人民法院	北海市
		防城港市防城区人民法院	防城港市
		钦州市钦北区人民法院	钦州市
		贵港市覃塘区人民法院	贵港市
		玉林市福绵区人民法院	玉林市
		百色市田阳区人民法院	百色市
		贺州市平桂区人民法院	贺州市
		河池市宜州区人民法院	河池市
		来宾市兴宾区人民法院	来宾市
		崇左市江州区人民法院	崇左市

续表

海南省	500万元以下	海口市琼山区人民法院	海口市、三沙市
		琼海市人民法院	海南省第一中级人民法院辖区
		儋州市人民法院	海南省第二中级人民法院辖区
		三亚市城郊人民法院	三亚市
重庆市	500万元以下	重庆两江新区人民法院（重庆自由贸易试验区人民法院）	重庆市第一中级人民法院辖区
		重庆市渝中区人民法院	重庆市第二中级人民法院、第三中级人民法院、第四中级人民法院、第五中级人民法院辖区
四川省	100万元以下	四川天府新区成都片区人民法院（四川自由贸易试验区人民法院）	四川天府新区成都直管区、中国（四川）自由贸易试验区成都天府新区片区及成都青白江铁路港片区、龙泉驿区、双流区、简阳市、浦江县
		成都高新技术产业开发区人民法院	成都高新技术产业开发区、成华区、新津区、邛崃市
		成都市锦江区人民法院	锦江区、青羊区、青白江区、金堂县
		成都市武侯区人民法院	金牛区、武侯区、温江区、崇州市
		成都市郫都区人民法院	新都区、郫都区、都江堰市、彭州市、大邑县
		自贡市自流井区人民法院	自贡市
		攀枝花市东区人民法院	攀枝花市
		泸州市江阳区人民法院	泸州市
		广汉市人民法院	德阳市
		绵阳高新技术产业开发区人民法院	绵阳市
		广元市利州区人民法院	广元市
		遂宁市船山区人民法院	遂宁市
		内江市市中区人民法院	内江市
		乐山市市中区人民法院	乐山市
		南充市顺庆区人民法院	南充市
		宜宾市翠屏区人民法院	宜宾市
		华蓥市人民法院	广安市
		达州市通川区人民法院	达州市
		巴中市巴州区人民法院	巴中市
		雅安市雨城区人民法院	雅安市
		仁寿县人民法院	眉山市
		资阳市雁江区人民法院	资阳市

		马尔康市人民法院	阿坝藏族羌族自治州
		康定市人民法院	甘孜藏族自治州
		西昌市人民法院	凉山彝族自治州
贵州省	100万元以下	修文县人民法院	贵阳市
		六盘水市钟山区人民法院	六盘水市
		遵义市播州区人民法院	遵义市
		铜仁市碧江区人民法院	铜仁市
		兴义市人民法院	黔西南布依族苗族自治州
		毕节市七星关区人民法院	毕节市
		安顺市平坝区人民法院	安顺市
		凯里市人民法院	黔东南苗族侗族自治州
		都匀市人民法院	黔南布依族苗族自治州
云南省	100万元以下	昆明市盘龙区人民法院	盘龙区、东川区、嵩明县、寻甸回族彝族自治县
		昆明市官渡区人民法院	呈贡区、官渡区、宜良县、石林彝族自治县
		安宁市人民法院	五华区、西山区、晋宁区、安宁市、富民县、禄劝彝族苗族自治县
		盐津县人民法院	昭通市
		曲靖市麒麟区人民法院	曲靖市
		玉溪市红塔区人民法院	玉溪市
		腾冲市人民法院	保山市
		禄丰市人民法院	楚雄彝族自治州
		开远市人民法院	红河哈尼族彝族自治州
		砚山县人民法院	文山壮族苗族自治州
		宁洱哈尼族彝族自治县人民法院	普洱市
		勐海县人民法院	西双版纳傣族自治州
		漾濞彝族自治县人民法院	大理白族自治州
		瑞丽市人民法院	德宏傣族景颇族自治州
		玉龙纳西族自治县人民法院	丽江市
		泸水市人民法院	怒江傈僳族自治州
		香格里拉市人民法院	迪庆藏族自治州
		双江拉祜族佤族布朗族傣族自治县人民法院	临沧市

续表

西藏自治区	100万元以下	拉萨市城关区人民法院	拉萨市
		日喀则市桑珠孜区人民法院	日喀则市
		山南市乃东区人民法院	山南市
		林芝市巴宜区人民法院	林芝市
		昌都市卡若区人民法院	昌都市
		那曲市色尼区人民法院	那曲市
		噶尔县人民法院	阿里地区
陕西省	100万元以下	西安市新城区人民法院	新城区
		西安市碑林区人民法院	碑林区
		西安市莲湖区人民法院	莲湖区
		西安市雁塔区人民法院	雁塔区
		西安市未央区人民法院	未央区
		西安市灞桥区人民法院	灞桥区、阎良区、临潼区、高陵区
		西安市长安区人民法院	长安区、鄠邑区、周至县、蓝田县
		宝鸡市陈仓区人民法院	宝鸡市
		铜川市印台区人民法院	咸阳市
		大荔县人民法院	渭南区
		延安市宝塔区人民法院	延安市
		榆林市榆阳区人民法院	榆林市
		汉中市南郑区人民法院	汉中市
		安康市汉滨区人民法院	安康市
		商洛市商州区人民法院	商洛市
甘肃省	100万元以下	兰州市城关区人民法院	城关区、七里河区、西固区、安宁区、红古区、榆中县
		兰州新区人民法院	兰州新区、永登县、皋兰县
		嘉峪关市城区人民法院	嘉峪关市
		金昌县人民法院	金昌市
		白银市白银区人民法院	白银市
		天水市秦州区人民法院	天水市
		玉门市人民法院	酒泉市
		张掖市甘州区人民法院	张掖市
		武威市凉州区人民法院	武威市

		定西市安定区人民法院	定西市
		两当县人民法院	陇南市
		平凉市崆峒区人民法院	平凉市
		庆阳市西峰区人民法院	庆阳市
		临夏县人民法院	临夏回族自治州
		夏河县人民法院	甘南藏族自治州
青海省	100万元以下	西宁市城东区人民法院	西宁市
		互助土族自治县人民法院	海东市
		德令哈市人民法院	海西蒙古族藏族自治州
		共和县人民法院	海南藏族自治州
		门源回族自治县人民法院	海北藏族自治州
		玉树市人民法院	玉树藏族自治州
		玛沁县人民法院	果洛藏族自治州
		尖扎县人民法院	黄南藏族自治州
宁夏回族自治区	100万元以下	银川市西夏人民法院	金凤区、西夏区、贺兰县
		灵武市人民法院	兴庆区、永宁县、灵武市
		石嘴山市大武口区人民法院	石嘴山市
		吴忠市大武口区人民法院	吴忠市
		固原市原州区人民法院	固原市
		中卫市沙坡头区人民法院	中卫市
新疆维吾尔自治区	100万元以下	乌鲁木齐市天山区人民法院	天山区、沙依巴克区、达坂城区、乌鲁木齐县
		乌鲁木齐市新市区人民法院	乌鲁木齐高新技术产业开发区（新市区）、水磨沟区、乌鲁木齐经济技术开发区（头屯河区）、米东区
		克拉玛依市克拉玛依区人民法院	克拉玛依市
		克拉玛依市克拉玛依区人民法院	克拉玛依市
		吐鲁番市高昌区人民法院	吐鲁番市
		哈密市伊州区人民法院	哈密市
		昌吉市人民法院	昌吉回族自治州
		博乐市人民法院	博尔塔拉蒙古自治州
		库尔勒市人民法院	巴音郭楞蒙古自治州

续表

		阿克苏市人民法院	阿克苏地区
		阿图什市人民法院	克孜勒苏柯尔克孜自治州
		喀什市人民法院	喀什地区
		和田市人民法院	和田地区
		伊宁市人民法院	伊犁哈萨克自州直辖奎屯市、伊宁市、霍尔果斯市、伊宁、霍城县、巩留县、新源县、昭苏县、特克斯县、尼勒克县、察布查尔锡伯自治县
		塔城市人民法院	塔城地区
		阿勒泰市人民法院	阿勒泰地区
新疆生产建设兵团	100万元以下	阿拉尔市人民法院（阿拉尔垦区人民法院）	各自所属中级人民法院辖区
		铁门关市人民法院（库尔勒垦区人民法院）	
		图木舒克市人民法院（图木休克垦区人民法院）	
		双河市人民法院（塔斯海垦区人民法院）	
		五家渠市人民法院（五家渠垦区人民法院）	
		车排子垦区人民法院	
		石河子市人民法院	
		额敏垦区人民法院	
		北屯市人民法院（北屯垦区人民法院）	
		乌鲁木齐垦区人民法院	
		哈密垦区人民法院	
		和田垦区人民法院	

最高人民法院关于知识产权侵权诉讼中被告以原告滥用权利为由请求赔偿合理开支问题的批复

- 2021 年 5 月 31 日最高人民法院审判委员会第 1840 次会议通过
- 2021 年 6 月 3 日最高人民法院公告公布
- 自 2021 年 6 月 3 日起施行
- 法释〔2021〕11 号

上海市高级人民法院：

你院《关于知识产权侵权诉讼中被告以原告滥用权利为由请求赔偿合理开支问题的请示》（沪高法〔2021〕215 号）收悉。经研究，批复如下：

在知识产权侵权诉讼中，被告提交证据证明原告的起诉构成法律规定的滥用权利损害其合法权益，依法请求原告赔偿其因该诉讼所支付的合理的律师费、交通费、食宿费等开支的，人民法院依法予以支持。被告也可以另行起诉请求原告赔偿上述合理开支。

最高人民法院关于商标法修改决定施行后商标案件管辖和法律适用问题的解释

- 2014 年 2 月 10 日最高人民法院审判委员会第 1606 次会议通过
- 根据 2020 年 12 月 23 日最高人民法院审判委员会第 1823 次会议通过的《最高人民法院关于修改〈最高人民法院关于审理侵犯专利权纠纷案件应用法律若干问题的解释（二）〉等十八件知识产权类司法解释的决定》修正
- 2020 年 12 月 29 日最高人民法院公告公布
- 自 2021 年 1 月 1 日起施行
- 法释〔2020〕19 号

为正确审理商标案件，根据 2013 年 8 月 30 日第十二届全国人民代表大会常务委员会第四次会议《关于修改〈中华人民共和国商标法〉的决定》和重新公布的《中华人民共和国商标法》《中华人民共和国民事诉讼法》和《中华人民共和国行政诉讼法》等法律的规定，就人民法院审理商标案件有关管辖和法律适用等问题，制定本解释。

第一条 人民法院受理以下商标案件：

1. 不服国家知识产权局作出的复审决定或者裁定的行政案件；

2. 不服国家知识产权局作出的有关商标的其他行政行为的案件；

3. 商标权权属纠纷案件；

4. 侵害商标权纠纷案件；

5. 确认不侵害商标权纠纷案件；

6. 商标权转让合同纠纷案件；

7. 商标使用许可合同纠纷案件；

8. 商标代理合同纠纷案件；

9. 申请诉前停止侵害注册商标专用权案件；

10. 申请停止侵害注册商标专用权损害责任案件；

11. 申请诉前财产保全案件；

12. 申请诉前证据保全案件；

13. 其他商标案件。

第二条 不服国家知识产权局作出的复审决定或者裁定的行政案件及国家知识产权局作出的有关商标的行政行为案件，由北京市有关中级人民法院管辖。

第三条 第一审商标民事案件，由中级以上人民法院及最高人民法院指定的基层人民法院管辖。

涉及对驰名商标保护的民事、行政案件，由省、自治区人民政府所在地市、计划单列市、直辖市辖区中级人民法院及最高人民法院指定的其他中级人民法院管辖。

第四条 在行政管理部门查处侵害商标权行为过程中，当事人就相关商标提起商标权权属或者侵害商标权民事诉讼的，人民法院应当受理。

第五条 对于在商标法修改决定施行前提出的商标注册及续展申请，国家知识产权局于决定施行后作出对该商标申请不予受理或者不予续展的决定，当事人提起行政诉讼的，人民法院审查时适用修改后的商标法。

对于在商标法修改决定施行前提出的商标异议申请，国家知识产权局于决定施行后作出对该异议不予受理的决定，当事人提起行政诉讼的，人民法院审查时适用修改前的商标法。

第六条 对于在商标法修改决定施行前当事人就尚未核准注册的商标申请复审，国家知识产权局于决定施行后作出复审决定或者裁定，当事人提起行政诉讼的，人民法院审查时适用修改后的商标法。

对于在商标法修改决定施行前受理的商标复审申请，国家知识产权局于决定施行后作出核准注册决定，当事人提起行政诉讼的，人民法院不予受理；国家知识产权局于决定施行后作出不予核准注册决定，当事人提起行政诉讼的，人民法院审查相关诉权和主体资格问题时，适用修改前的商标法。

第七条 对于在商标法修改决定施行前已经核准注册的商标，国家知识产权局于决定施行前受理、在决定施行后作出复审决定或者裁定，当事人提起行政诉讼的，人民法院审查相关程序问题适用修改后的商标法，审查实体问题适用修改前的商标法。

第八条　对于在商标法修改决定施行前受理的相关商标案件，国家知识产权局于决定施行后作出决定或者裁定，当事人提起行政诉讼的，人民法院认定该决定或者裁定是否符合商标法有关审查时限规定时，应当从修改决定施行之日起计算该审查时限。

第九条　除本解释另有规定外，商标法修改决定施行后人民法院受理的商标民事案件，涉及该决定施行前发生的行为的，适用修改前商标法的规定；涉及该决定施行前发生，持续到该决定施行后的行为的，适用修改后商标法的规定。

最高人民法院关于知识产权民事诉讼证据的若干规定

· 2020 年 11 月 9 日最高人民法院审判委员会第 1815 次会议通过
· 2020 年 11 月 16 日最高人民法院公告公布
· 自 2020 年 11 月 18 日起施行
· 法释〔2020〕12 号

为保障和便利当事人依法行使诉讼权利，保证人民法院公正、及时审理知识产权民事案件，根据《中华人民共和国民事诉讼法》等有关法律规定，结合知识产权民事审判实际，制定本规定。

第一条　知识产权民事诉讼当事人应当遵循诚信原则，依照法律及司法解释的规定，积极、全面、正确、诚实地提供证据。

第二条　当事人对自己提出的主张，应当提供证据加以证明。根据案件审理情况，人民法院可以适用民事诉讼法第六十五条第二款的规定，根据当事人的主张及待证事实、当事人的证据持有情况、举证能力等，要求当事人提供有关证据。

第三条　专利方法制造的产品不属于新产品的，侵害专利权纠纷的原告应当举证证明下列事实：

（一）被告制造的产品与使用专利方法制造的产品属于相同产品；

（二）被告制造的产品经由专利方法制造的可能性较大；

（三）原告为证明被告使用了专利方法尽到合理努力。

原告完成前款举证后，人民法院可以要求被告举证证明其产品制造方法不同于专利方法。

第四条　被告依法主张合法来源抗辩的，应当举证证明合法取得被诉侵权产品、复制品的事实，包括合法的购货渠道、合理的价格和直接的供货方等。

被告提供的被诉侵权产品、复制品来源证据与其合理注意义务程度相当的，可以认定其完成前款所称举证，并推定其不知道被诉侵权产品、复制品侵害知识产权。被告的经营规模、专业程度、市场交易习惯等，可以作为确定其合理注意义务的证据。

第五条　提起确认不侵害知识产权之诉的原告应当举证证明下列事实：

（一）被告向原告发出侵权警告或者对原告进行侵权投诉；

（二）原告向被告发出诉权行使催告及催告时间、送达时间；

（三）被告未在合理期限内提起诉讼。

第六条　对于未在法定期限内提起行政诉讼的行政行为所认定的基本事实，或者行政行为认定的基本事实已为生效裁判所确认的部分，当事人在知识产权民事诉讼中无须再证明，但有相反证据足以推翻的除外。

第七条　权利人为发现或者证明知识产权侵权行为，自行或者委托他人以普通购买者的名义向被诉侵权人购买侵权物品所取得的实物、票据等可以作为起诉被诉侵权人侵权的证据。

被诉侵权人基于他人行为而实施侵害知识产权行为所形成的证据，可以作为权利人起诉其侵权的证据，但被诉侵权人仅基于权利人的取证行为而实施侵害知识产权行为的除外。

第八条　中华人民共和国领域外形成的下列证据，当事人仅以该证据未办理公证、认证等证明手续为由提出异议的，人民法院不予支持：

（一）已为发生法律效力的人民法院裁判所确认的；

（二）已为仲裁机构生效裁决所确认的；

（三）能够从官方或者公开渠道获得的公开出版物、专利文献等；

（四）有其他证据能够证明其真实性的。

第九条　中华人民共和国领域外形成的证据，存在下列情形之一的，当事人仅以该证据未办理认证手续为由提出异议的，人民法院不予支持：

（一）提出异议的当事人对证据的真实性明确认可的；

（二）对方当事人提供证人证言对证据的真实性予以确认，且证人明确表示如作伪证愿意接受处罚的。

前款第二项所称证人作伪证，构成民事诉讼法第一百一十一条规定情形的，人民法院依法处理。

第十条　在一审程序中已经根据民事诉讼法第五十九条、第二百六十四条的规定办理授权委托书公证、认证或者其他证明手续的，在后续诉讼程序中，人民法院可以不再要求办理该授权委托书的上述证明手续。

第十一条　人民法院对于当事人或者利害关系人的证据保全申请，应当结合下列因素进行审查：

（一）申请人是否已就其主张提供初步证据；

（二）证据是否可以由申请人自行收集；

（三）证据灭失或者以后难以取得的可能性及其对证明待证事实的影响；

（四）可能采取的保全措施对证据持有人的影响。

第十二条　人民法院进行证据保全，应当以有效固定证据为限，尽量减少对保全标的物价值的损害和对证据持有人正常生产经营的影响。

证据保全涉及技术方案的，可以采取制作现场勘验笔录、绘图、拍照、录音、录像、复制设计和生产图纸等保全措施。

第十三条　当事人无正当理由拒不配合或者妨害证据保全，致使无法保全证据的，人民法院可以确定由其承担不利后果。构成民事诉讼法第一百一十一条规定情形的，人民法院依法处理。

第十四条　对于人民法院已经采取保全措施的证据，当事人擅自拆装证据实物、篡改证据材料或者实施其他破坏证据的行为，致使证据不能使用的，人民法院可以确定由其承担不利后果。构成民事诉讼法第一百一十一条规定情形的，人民法院依法处理。

第十五条　人民法院进行证据保全，可以要求当事人或者诉讼代理人到场，必要时可以根据当事人的申请通知有专门知识的人到场，也可以指派技术调查官参与证据保全。

证据为案外人持有的，人民法院可以对其持有的证据采取保全措施。

第十六条　人民法院进行证据保全，应当制作笔录、保全证据清单，记录保全时间、地点、实施人、在场人、保全经过、保全标的物状态，由实施人、在场人签名或者盖章。有关人员拒绝签名或者盖章的，不影响保全的效力，人民法院可以在笔录上记明并拍照、录像。

第十七条　被申请人对证据保全的范围、措施、必要性等提出异议并提供相关证据，人民法院经审查认为异议理由成立的，可以变更、终止、解除证据保全。

第十八条　申请人放弃使用被保全证据，但被保全证据涉及案件基本事实查明或者其他当事人主张使用的，人民法院可以对该证据进行审查认定。

第十九条　人民法院可以对下列待证事实的专门性问题委托鉴定：

（一）被诉侵权技术方案与专利技术方案、现有技术的对应技术特征在手段、功能、效果等方面的异同；

（二）被诉侵权作品与主张权利的作品的异同；

（三）当事人主张的商业秘密与所属领域已为公众所知悉的信息的异同、被诉侵权的信息与商业秘密的异同；

（四）被诉侵权物与授权品种在特征、特性方面的异同，其不同是否因非遗传变异所致；

（五）被诉侵权集成电路布图设计与请求保护的集成电路布图设计的异同；

（六）合同涉及的技术是否存在缺陷；

（七）电子数据的真实性、完整性；

（八）其他需要委托鉴定的专门性问题。

第二十条　经人民法院准许或者双方当事人同意，鉴定人可以将鉴定所涉部分检测事项委托其他检测机构进行检测，鉴定人对根据检测结果出具的鉴定意见承担法律责任。

第二十一条　鉴定业务领域未实行鉴定人和鉴定机构统一登记管理制度的，人民法院可以依照《最高人民法院关于民事诉讼证据的若干规定》第三十二条规定的鉴定人选任程序，确定具有相应技术水平的专业机构、专业人员鉴定。

第二十二条　人民法院应当听取各方当事人意见，并结合当事人提出的证据确定鉴定范围。鉴定过程中，一方当事人申请变更鉴定范围，对方当事人无异议的，人民法院可以准许。

第二十三条　人民法院应当结合下列因素对鉴定意见进行审查：

（一）鉴定人是否具备相应资格；

（二）鉴定人是否具备解决相关专门性问题应有的知识、经验及技能；

（三）鉴定方法和鉴定程序是否规范，技术手段是否可靠；

（四）送检材料是否经过当事人质证且符合鉴定条件；

（五）鉴定意见的依据是否充分；

（六）鉴定人有无应当回避的法定事由；

（七）鉴定人在鉴定过程中有无徇私舞弊或者其他影响公正鉴定的情形。

第二十四条　承担举证责任的当事人书面申请人民法院责令控制证据的对方当事人提交证据，申请理由成立的，人民法院应当作出裁定，责令其提交。

第二十五条　人民法院依法要求当事人提交有关证据，其无正当理由拒不提交、提交虚假证据、毁灭证据或者实施其他致使证据不能使用行为的，人民法院可以推定对方当事人就该证据所涉证明事项的主张成立。

当事人实施前款所列行为，构成民事诉讼法第一百一十一条规定情形的，人民法院依法处理。

第二十六条　证据涉及商业秘密或者其他需要保密的商业信息的，人民法院应当在相关诉讼参与人接触该证据前，要求其签订保密协议、作出保密承诺，或者以裁定等法律文书责令其不得出于本案诉讼之外的任何目的披露、使用、允许他人使用在诉讼程序中接触到的秘密信息。

当事人申请对接触前款所称证据的人员范围作出限制，人民法院经审查认为确有必要的，应当准许。

第二十七条　证人应当出庭作证，接受审判人员及当事人的询问。

双方当事人同意并经人民法院准许，证人不出庭的，人民法院应当组织当事人对该证人证言进行质证。

第二十八条　当事人可以申请有专门知识的人出庭，就专业问题提出意见。经法庭准许，当事人可以对有专门知识的人进行询问。

第二十九条　人民法院指派技术调查官参与庭前会议、开庭审理的，技术调查官可以就案件所涉技术问题询问当事人、诉讼代理人、有专门知识的人、证人、鉴定人、勘验人等。

第三十条　当事人对公证文书提出异议，并提供相反证据足以推翻的，人民法院对该公证文书不予采纳。

当事人对公证文书提出异议的理由成立的，人民法院可以要求公证机构出具说明或者补正，并结合其他相关证据对该公证文书进行审核认定。

第三十一条　当事人提供的财务账簿、会计凭证、销售合同、进出货单据、上市公司年报、招股说明书、网站或者宣传册等有关记载，设备系统存储的交易数据，第三方平台统计的商品流通数据，评估报告，知识产权许可使用合同以及市场监管、税务、金融部门的记录等，可以作为

证据，用以证明当事人主张的侵害知识产权赔偿数额。

第三十二条　当事人主张参照知识产权许可使用费的合理倍数确定赔偿数额的，人民法院可以考量下列因素对许可使用费证据进行审核认定：

（一）许可使用费是否实际支付及支付方式，许可使用合同是否实际履行或者备案；

（二）许可使用的权利内容、方式、范围、期限；

（三）被许可人与许可人是否存在利害关系；

（四）行业许可的通常标准。

第三十三条　本规定自 2020 年 11 月 18 日起施行。本院以前发布的相关司法解释与本规定不一致的，以本规定为准。

最高人民法院关于涉网络知识产权侵权纠纷几个法律适用问题的批复

·2020 年 8 月 24 日最高人民法院审判委员会第 1810 次会议通过
·2020 年 9 月 12 日最高人民法院公告公布
·自 2020 年 9 月 14 日起施行
·法释〔2020〕9 号

各省、自治区、直辖市高级人民法院，解放军军事法院，新疆维吾尔自治区高级人民法院生产建设兵团分院：

近来，有关方面就涉网络知识产权侵权纠纷法律适用的一些问题提出建议，部分高级人民法院也向本院提出了请示。经研究，批复如下。

一、知识产权权利人主张其权利受到侵害并提出保全申请，要求网络服务提供者、电子商务平台经营者迅速采取删除、屏蔽、断开链接等下架措施的，人民法院应当依法审查并作出裁定。

二、网络服务提供者、电子商务平台经营者收到知识产权权利人依法发出的通知后，应当及时将权利人的通知转送相关网络用户、平台内经营者，并根据构成侵权的初步证据和服务类型采取必要措施；未依法采取必要措施，权利人主张网络服务提供者、电子商务平台经营者对损害的扩大部分与网络用户、平台内经营者承担连带责任的，人民法院可以依法予以支持。

三、在依法转送的不存在侵权行为的声明到达知识产权权利人后的合理期限内，网络服务提供者、电子商务平台经营者未收到权利人已经投诉或者提起诉讼通知的，应当及时终止所采取的删除、屏蔽、断开链接等下架措施。因办理公证、认证手续等权利人无法控制的特殊

情况导致的延迟，不计入上述期限，但该期限最长不超过20个工作日。

四、因恶意提交声明导致电子商务平台经营者终止必要措施并造成知识产权权利人损害，权利人依照有关法律规定请求相应惩罚性赔偿的，人民法院可以依法予以支持。

五、知识产权权利人发出的通知内容与客观事实不符，但其在诉讼中主张该通知系善意提交并请求免责，且能够举证证明的，人民法院依法审查属实后应当予以支持。

六、本批复作出时尚未终审的案件，适用本批复；本批复作出时已经终审，当事人申请再审或者按照审判监督程序决定再审的案件，不适用本批复。

最高人民法院、最高人民检察院关于办理侵犯知识产权刑事案件具体应用法律若干问题的解释(三)

· 2020 年 8 月 31 日最高人民法院审判委员会第 1811 次会议、2020 年 8 月 21 日最高人民检察院第十三届检察委员会第四十八次会议通过
· 2020 年 9 月 12 日最高人民法院、最高人民检察院公告公布
· 自 2020 年 9 月 14 日起施行
· 法释〔2020〕10 号

为依法惩治侵犯知识产权犯罪，维护社会主义市场经济秩序，根据《中华人民共和国刑法》《中华人民共和国刑事诉讼法》等有关规定，现就办理侵犯知识产权刑事案件具体应用法律的若干问题解释如下：

第一条　具有下列情形之一的，可以认定为刑法第二百一十三条规定的"与其注册商标相同的商标"：

(一)改变注册商标的字体、字母大小写或者文字横竖排列，与注册商标之间基本无差别的；

(二)改变注册商标的文字、字母、数字等之间的间距，与注册商标之间基本无差别的；

(三)改变注册商标颜色，不影响体现注册商标显著特征的；

(四)在注册商标上仅增加商品通用名称、型号等缺乏显著特征要素，不影响体现注册商标显著特征的；

(五)与立体注册商标的三维标志及平面要素基本无差别的；

(六)其他与注册商标基本无差别、足以对公众产生误导的商标。

第二条　在刑法第二百一十七条规定的作品、录音制品上以通常方式署名的自然人、法人或者非法人组织，应当推定为著作权人或者录音制作者，且该作品、录音制品上存在着相应权利，但有相反证明的除外。

在涉案作品、录音制品种类众多且权利人分散的案件中，有证据证明涉案复制品系非法出版、复制发行，且出版者、复制发行者不能提供获得著作权人、录音制作者许可的相关证据材料的，可以认定为刑法第二百一十七条规定的"未经著作权人许可""未经录音制作者许可"。但是，有证据证明权利人放弃权利、涉案作品的著作权或者录音制品的有关权利不受我国著作权法保护、权利保护期限已经届满的除外。

第三条　采取非法复制、未经授权或者超越授权使用计算机信息系统等方式窃取商业秘密的，应当认定为刑法第二百一十九条第一款第一项规定的"盗窃"。

以贿赂、欺诈、电子侵入等方式获取权利人的商业秘密的，应当认定为刑法第二百一十九条第一款第一项规定的"其他不正当手段"。

第四条　实施刑法第二百一十九条规定的行为，具有下列情形之一的，应当认定为"给商业秘密的权利人造成重大损失"：

(一)给商业秘密的权利人造成损失数额或者因侵犯商业秘密违法所得数额在三十万元以上的；

(二)直接导致商业秘密的权利人因重大经营困难而破产、倒闭的；

(三)造成商业秘密的权利人其他重大损失的。

给商业秘密的权利人造成损失数额或者因侵犯商业秘密违法所得数额在二百五十万元以上的，应当认定为刑法第二百一十九条规定的"造成特别严重后果"。

第五条　实施刑法第二百一十九条规定的行为造成的损失数额或者违法所得数额，可以按照下列方式认定：

(一)以不正当手段获取权利人的商业秘密，尚未披露、使用或者允许他人使用的，损失数额可以根据该项商业秘密的合理许可使用费确定；

(二)以不正当手段获取权利人的商业秘密后，披露、使用或者允许他人使用的，损失数额可以根据权利人因被侵权造成销售利润的损失确定，但该损失数额低于商业秘密合理许可使用费的，根据合理许可使用费确定；

(三)违反约定、权利人有关保守商业秘密的要求，披露、使用或者允许他人使用其所掌握的商业秘密的，损失数额可以根据权利人因被侵权造成销售利润的损失确定；

(四)明知商业秘密是不正当手段获取或者是违反约定，权利人有关保守商业秘密的要求披露、使用、允许使用，仍获取、使用或者披露的，损失数额可以根据权利

人因被侵权造成销售利润的损失确定;

(五)因侵犯商业秘密行为导致商业秘密已为公众所知悉或者灭失的,损失数额可以根据该项商业秘密的商业价值确定。商业秘密的商业价值,可以根据该项商业秘密的研究开发成本、实施该项商业秘密的收益综合确定;

(六)因披露或者允许他人使用商业秘密而获得的财物或者其他财产性利益,应当认定为违法所得。

前款第二项、第三项、第四项规定的权利人因被侵权造成销售利润的损失,可以根据权利人因被侵权造成销售量减少的总数乘以权利人每件产品的合理利润确定;销售量减少的总数无法确定的,可以根据侵权产品销售量乘以权利人每件产品的合理利润确定;权利人因被侵权造成销售量减少的总数和每件产品的合理利润均无法确定的,可以根据侵权产品销售量乘以每件侵权产品的合理利润确定。商业秘密系用于服务等其他经营活动的,损失数额可以根据权利人因被侵权而减少的合理利润确定。

商业秘密的权利人为减轻对商业运营、商业计划的损失或者重新恢复计算机信息系统安全、其他系统安全而支出的补救费用,应当计入给商业秘密的权利人造成的损失。

第六条 在刑事诉讼程序中,当事人、辩护人、诉讼代理人或者案外人书面申请对有关商业秘密或者其他需要保密的商业信息的证据、材料采取保密措施的,应当根据案件情况采取组织诉讼参与人签署保密承诺书等必要的保密措施。

违反前款有关保密措施的要求或者法律法规规定的保密义务的,依法承担相应责任。擅自披露、使用或者允许他人使用在刑事诉讼程序中接触、获取的商业秘密,符合刑法第二百一十九条规定的,依法追究刑事责任。

第七条 除特殊情况外,假冒注册商标的商品、非法制造的注册商标标识、侵犯著作权的复制品、主要用于制造假冒注册商标的商品、注册商标标识或者侵权复制品的材料和工具,应当依法予以没收和销毁。

上述物品需要作为民事、行政案件的证据使用的,经权利人申请,可以在民事、行政案件终结后或者采取取样、拍照等方式对证据固定后予以销毁。

第八条 具有下列情形之一的,可以酌情从重处罚,一般不适用缓刑:

(一)主要以侵犯知识产权为业的;

(二)因侵犯知识产权被行政处罚后再次侵犯知识产权构成犯罪的;

(三)在重大自然灾害、事故灾难、公共卫生事件期间,假冒抢险救灾、防疫物资等商品的注册商标的;

(四)拒不交出违法所得的。

第九条 具有下列情形之一的,可以酌情从轻处罚:

(一)认罪认罚的;

(二)取得权利人谅解的;

(三)具有悔罪表现的;

(四)以不正当手段获取权利人的商业秘密后尚未披露、使用或者允许他人使用的。

第十条 对于侵犯知识产权犯罪的,应当综合考虑犯罪违法所得数额、非法经营数额、给权利人造成的损失数额、侵权假冒物品数量及社会危害性等情节,依法判处罚金。

罚金数额一般在违法所得数额的一倍以上五倍以下确定。违法所得数额无法查清的,罚金数额一般按照非法经营数额的百分之五十以上一倍以下确定。违法所得数额和非法经营数额均无法查清,判处三年以下有期徒刑、拘役、管制或者单处罚金的,一般在三万元以上一百万元以下确定罚金数额;判处三年以上有期徒刑的,一般在十五万元以上五百万元以下确定罚金数额。

第十一条 本解释发布施行后,之前发布的司法解释和规范性文件与本解释不一致的,以本解释为准。

第十二条 本解释自 2020 年 9 月 14 日起施行。

最高人民法院、最高人民检察院关于办理侵犯知识产权刑事案件具体应用法律若干问题的解释(二)

· 2007 年 4 月 4 日最高人民法院审判委员会第 1422 次会议、最高人民检察院第十届检察委员会第 75 次会议通过
· 2007 年 4 月 5 日最高人民法院、最高人民检察院公告公布
· 自 2007 年 4 月 5 日起施行
· 法释〔2007〕6 号

为维护社会主义市场经济秩序,依法惩治侵犯知识产权犯罪活动,根据刑法、刑事诉讼法有关规定,现就办理侵犯知识产权刑事案件具体应用法律的若干问题解释如下:

第一条 以营利为目的,未经著作权人许可,复制发行其文字作品、音乐、电影、电视、录像作品、计算机软件及其他作品,复制品数量合计在五百张(份)以上的,属于刑法第二百一十七条规定的"有其他严重情节";复制品数量在二千五百张(份)以上的,属于刑法第二百一十

七条规定的"有其他特别严重情节"。

第二条　刑法第二百一十七条侵犯著作权罪中的"复制发行",包括复制、发行或者既复制又发行的行为。

侵权产品的持有人通过广告、征订等方式推销侵权产品的,属于刑法第二百一十七条规定的"发行"。

非法出版、复制、发行他人作品,侵犯著作权构成犯罪的,按照侵犯著作权罪定罪处罚。

第三条　侵犯知识产权犯罪,符合刑法规定的缓刑条件的,依法适用缓刑。有下列情形之一的,一般不适用缓刑:

(一)因侵犯知识产权被刑事处罚或者行政处罚后,再次侵犯知识产权构成犯罪的;

(二)不具有悔罪表现的;

(三)拒不交出违法所得的;

(四)其他不宜适用缓刑的情形。

第四条　对于侵犯知识产权犯罪的,人民法院应当综合考虑犯罪的违法所得、非法经营数额、给权利人造成的损失、社会危害性等情节,依法判处罚金。罚金数额一般在违法所得的一倍以上五倍以下,或者按照非法经营数额的50%以上一倍以下确定。

第五条　被害人有证据证明的侵犯知识产权刑事案件,直接向人民法院起诉的,人民法院应当依法受理;严重危害社会秩序和国家利益的侵犯知识产权刑事案件,由人民检察院依法提起公诉。

第六条　单位实施刑法第二百一十三条至第二百一十九条规定的行为,按照《最高人民法院、最高人民检察院关于办理侵犯知识产权刑事案件具体应用法律若干问题的解释》和本解释规定的相应个人犯罪的定罪量刑标准定罪处罚。

第七条　以前发布的司法解释与本解释不一致的,以本解释为准。

最高人民法院、最高人民检察院关于办理侵犯知识产权刑事案件具体应用法律若干问题的解释

· 2004 年 11 月 2 日最高人民法院审判委员会第 1331 次会议、2004 年 11 月 11 日最高人民检察院第十届检察委员会第 28 次会议通过
· 2004 年 12 月 8 日最高人民法院、最高人民检察院公告公布
· 自 2004 年 12 月 22 日起施行
· 法释〔2004〕19 号

为依法惩治侵犯知识产权犯罪活动,维护社会主义市场经济秩序,根据刑法有关规定现就办理侵犯知识产权刑事案件具体应用法律的若干问题解释如下:

第一条　未经注册商标所有人许可,在同一种商品上使用与其注册商标相同的商标,具有下列情形之一的,属于刑法第二百一十三条规定的"情节严重",应当以假冒注册商标罪判处三年以下有期徒刑或者拘役,并处或者单处罚金:

(一)非法经营数额在五万元以上或者违法所得数额在三万元以上的;

(二)假冒两种以上注册商标,非法经营数额在三万元以上或者违法所得数额在二万元以上的;

(三)其他情节严重的情形。

具有下列情形之一的,属于刑法第二百一十三条规定的"情节特别严重",应当以假冒注册商标罪判处三年以上七年以下有期徒刑,并处罚金:

(一)非法经营数额在二十五万元以上或者违法所得数额在十五万元以上的;

(二)假冒两种以上注册商标,非法经营数额在十五万元以上或者违法所得数额在十万元以上的;

(三)其他情节特别严重的情形。

第二条　销售明知是假冒注册商标的商品,销售金额在五万元以上的,属于刑法第二百一十四条规定的"数额较大",应当以销售假冒注册商标的商品罪判处三年以下有期徒刑或者拘役,并处或者单处罚金。

销售金额在二十五万元以上的,属于刑法第二百一十四条规定的"数额巨大",应当以销售假冒注册商标的商品罪判处三年以上七年以下有期徒刑,并处罚金。

第三条　伪造、擅自制造他人注册商标标识或者销售伪造、擅自制造的注册商标标识,具有下列情形之一的,属于刑法第二百一十五条规定的"情节严重",应当以非法制造、销售非法制造的注册商标标识罪判处三年以下有期徒刑、拘役或者管制,并处或者单处罚金:

(一)伪造、擅自制造或者销售伪造、擅自制造的注册商标标识数量在二万件以上,或者非法经营数额在五万元以上,或者违法所得数额在三万元以上的;

(二)伪造、擅自制造或者销售伪造、擅自制造两种以上注册商标标识数量在一万件以上,或者非法经营数额在三万元以上,或者违法所得数额在二万元以上的;

(三)其他情节严重的情形。

具有下列情形之一的,属于刑法第二百一十五条规定的"情节特别严重",应当以非法制造、销售非法制造的注册商标标识罪判处三年以上七年以下有期徒刑,并

处罚金:

(一)伪造、擅自制造或者销售伪造、擅自制造的注册商标标识数量在十万件以上，或者非法经营数额在二十五万元以上，或者违法所得数额在十五万元以上的;

(二)伪造、擅自制造或者销售伪造、擅自制造两种以上注册商标标识数量在五万件以上，或者非法经营数额在十五万元以上，或者违法所得数额在十万元以上的;

(三)其他情节特别严重的情形。

第四条 假冒他人专利，具有下列情形之一的，属于刑法第二百一十六条规定的"情节严重"，应当以假冒专利罪判处三年以下有期徒刑或者拘役，并处或者单处罚金:

(一)非法经营数额在二十万元以上或者违法所得数额在十万元以上的;

(二)给专利权人造成直接经济损失五十万元以上的;

(三)假冒两项以上他人专利，非法经营数额在十万元以上或者违法所得数额在五万元以上的;

(四)其他情节严重的情形。

第五条 以营利为目的，实施刑法第二百一十七条所列侵犯著作权行为之一，违法所得数额在三万元以上的，属于"违法所得数额较大";具有下列情形之一的，属于"有其他严重情节"，应当以侵犯著作权罪判处三年以下有期徒刑或者拘役，并处或者单处罚金:

(一)非法经营数额在五万元以上的;

(二)未经著作权人许可，复制发行其文字作品、音乐、电影、电视、录像作品、计算机软件及其他作品，复制品数量合计在一千张(份)以上的;

(三)其他严重情节的情形。

以营利为目的，实施刑法第二百一十七条所列侵犯著作权行为之一，违法所得数额在十五万元以上的，属于"违法所得数额巨大";具有下列情形之一的，属于"有其他特别严重情节"，应当以侵犯著作权罪判处三年以上七年以下有期徒刑，并处罚金:

(一)非法经营数额在二十五万元以上的;

(二)未经著作权人许可，复制发行其文字作品、音乐、电影、电视、录像作品、计算机软件及其他作品，复制品数量合计在五千张(份)以上的;

(三)其他特别严重情节的情形。

第六条 以营利为目的，实施刑法第二百一十八条规定的行为，违法所得数额在十万元以上的，属于"违法所得数额巨大"，应当以销售侵权复制品罪判处三年以下

有期徒刑或者拘役，并处或者单处罚金。

第七条 实施刑法第二百一十九条规定的行为之一，给商业秘密的权利人造成损失数额在五十万元以上的，属于"给商业秘密的权利人造成重大损失"，应当以侵犯商业秘密罪判处三年以下有期徒刑或者拘役，并处或者单处罚金。

给商业秘密的权利人造成损失数额在二百五十万元以上的，属于刑法第二百一十九条规定的"造成特别严重后果"，应当以侵犯商业秘密罪判处三年以上七年以下有期徒刑，并处罚金。

第八条 刑法第二百一十三条规定的"相同的商标"，是指与被假冒的注册商标完全相同，或者与被假冒的注册商标在视觉上基本无差别、足以对公众产生误导的商标。

刑法第二百一十三条规定的"使用"，是指将注册商标或者假冒的注册商标用于商品、商品包装或者容器以及产品说明书、商品交易文书，或者将注册商标或者假冒的注册商标用于广告宣传、展览以及其他商业活动等行为。

第九条 刑法第二百一十四条规定的"销售金额"，是指销售假冒注册商标的商品后所得和应得的全部违法收入。

具有下列情形之一的，应当认定为属于刑法第二百一十四条规定的"明知":

(一)知道自己销售的商品上的注册商标被涂改、调换或者覆盖的;

(二)因销售假冒注册商标的商品受到过行政处罚或者承担过民事责任、又销售同一种假冒注册商标的商品的;

(三)伪造、涂改商标注册人授权文件或者知道该文件被伪造、涂改的;

(四)其他知道或者应当知道是假冒注册商标的商品的情形。

第十条 实施下列行为之一的，属于刑法第二百一十六条规定的"假冒他人专利"的行为:

(一)未经许可，在其制造或者销售的产品、产品的包装上标注他人专利号的;

(二)未经许可，在广告或者其他宣传材料中使用他人的专利号，使人将所涉及的技术误认为是他人专利技术的;

(三)未经许可，在合同中使用他人的专利号，使人将合同涉及的技术误认为是他人专利技术的;

（四）伪造或者变造他人的专利证书、专利文件或者专利申请文件的。

第十一条　以刊登收费广告等方式直接或者间接收取费用的情形，属于刑法第二百一十七条规定的"以营利为目的"。

刑法第二百一十七条规定的"未经著作权人许可"，是指没有得到著作权人授权或者伪造、涂改著作权人授权许可文件或者超出授权许可范围的情形。

通过信息网络向公众传播他人文字作品、音乐、电影、电视、录像作品、计算机软件及其他作品的行为，应当视为刑法第二百一十七条规定的"复制发行"。

第十二条　本解释所称"非法经营数额"，是指行为人在实施侵犯知识产权行为过程中，制造、储存、运输、销售侵权产品的价值。已销售的侵权产品的价值，按照实际销售的价格计算。制造、储存、运输和未销售的侵权产品的价值，按照标价或者已经查清的侵权产品的实际销售平均价格计算。侵权产品没有标价或者无法查清其实际销售价格的，按照被侵权产品的市场中间价格计算。

多次实施侵犯知识产权行为，未经行政处理或者刑事处罚的，非法经营数额、违法所得数额或者销售金额累计计算。

本解释第三条所规定的"件"，是指标有完整商标图样的一份标识。

第十三条　实施刑法第二百一十三条规定的假冒注册商标犯罪，又销售该假冒注册商标的商品，构成犯罪的，应当依照刑法第二百一十三条的规定，以假冒注册商标罪定罪处罚。

实施刑法第二百一十三条规定的假冒注册商标犯罪，又销售明知是他人的假冒注册商标的商品，构成犯罪的，应当实行数罪并罚。

第十四条　实施刑法第二百一十七条规定的侵犯著作权犯罪，又销售该侵权复制品，构成犯罪的，应当依照刑法第二百一十七条的规定，以侵犯著作权罪定罪处罚。

实施刑法第二百一十七条规定的侵犯著作权犯罪，又销售明知是他人的侵权复制品，构成犯罪的，应当实行数罪并罚。

第十五条　单位实施刑法第二百一十三条至第二百一十九条规定的行为，按照本解释规定的相应个人犯罪的定罪量刑标准的三倍定罪量刑。

第十六条　明知他人实施侵犯知识产权犯罪，而为其提供贷款、资金、账号、发票、证明、许可证件，或者提供生产、经营场所或者运输、储存、代理进出口等便利条件、

帮助的，以侵犯知识产权犯罪的共犯论处。

第十七条　以前发布的有关侵犯知识产权犯罪的司法解释，与本解释相抵触的，自本解释施行后不再适用。

最高人民法院关于审查知识产权纠纷行为保全案件适用法律若干问题的规定

· 2018 年 11 月 26 日最高人民法院审判委员会第 1755 次会议通过
· 2018 年 12 月 12 日最高人民法院公布
· 自 2019 年 1 月 1 日起施行
· 法释〔2018〕21 号

为正确审查知识产权纠纷行为保全案件，及时有效保护当事人的合法权益，根据《中华人民共和国民事诉讼法》《中华人民共和国专利法》《中华人民共和国商标法》《中华人民共和国著作权法》等有关法律规定，结合审判、执行工作实际，制定本规定。

第一条　本规定中的知识产权纠纷是指《民事案件案由规定》中的知识产权与竞争纠纷。

第二条　知识产权纠纷的当事人在判决、裁定或者仲裁裁决生效前，依据民事诉讼法第一百条、第一百零一条规定申请行为保全的，人民法院应当受理。

知识产权许可合同的被许可人申请诉前责令停止侵害知识产权行为的，独占许可合同的被许可人可以单独向人民法院提出申请；排他许可合同的被许可人在权利人不申请的情况下，可以单独提出申请；普通许可合同的被许可人经权利人明确授权以自己的名义起诉的，可以单独提出申请。

第三条　申请诉前行为保全，应当向被申请人住所地具有相应知识产权纠纷管辖权的人民法院或者对案件具有管辖权的人民法院提出。

当事人约定仲裁的，应当向前款规定的人民法院申请行为保全。

第四条　向人民法院申请行为保全，应当递交申请书和相应证据。申请书应当载明下列事项：

（一）申请人与被申请人的身份、送达地址、联系方式；

（二）申请采取行为保全措施的内容和期限；

（三）申请所依据的事实、理由，包括被申请人的行为将会使申请人的合法权益受到难以弥补的损害或者造成案件裁决难以执行等损害的具体说明；

（四）为行为保全提供担保的财产信息或资信证明，或者不需要提供担保的理由；

（五）其他需要载明的事项。

第五条　人民法院裁定采取行为保全措施前，应当询问申请人和被申请人，但因情况紧急或者询问可能影响保全措施执行等情形除外。

人民法院裁定采取行为保全措施或者裁定驳回申请的，应当向申请人、被申请人送达裁定书。向被申请人送达裁定书可能影响采取保全措施的，人民法院可以在采取保全措施后及时向被申请人送达裁定书，至迟不得超过五日。

当事人在仲裁过程中申请行为保全的，应当通过仲裁机构向人民法院提交申请书、仲裁案件受理通知书等相关材料。人民法院裁定采取行为保全措施或者裁定驳回申请的，应当将裁定书送达当事人，并通知仲裁机构。

第六条　有下列情况之一，不立即采取行为保全措施即足以损害申请人利益的，应当认定属于民事诉讼法第一百条、第一百零一条规定的"情况紧急"：

（一）申请人的商业秘密即将被非法披露；

（二）申请人的发表权、隐私权等人身权利即将受到侵害；

（三）诉争的知识产权即将被非法处分；

（四）申请人的知识产权在展销会等时效性较强的场合正在或者即将受到侵害；

（五）时效性较强的热播节目正在或者即将受到侵害；

（六）其他需要立即采取行为保全措施的情况。

第七条　人民法院审查行为保全申请，应当综合考量下列因素：

（一）申请人的请求是否具有事实基础和法律依据，包括请求保护的知识产权效力是否稳定；

（二）不采取行为保全措施是否会使申请人的合法权益受到难以弥补的损害或者造成案件裁决难以执行等损害；

（三）不采取行为保全措施对申请人造成的损害是否超过采取行为保全措施对被申请人造成的损害；

（四）采取行为保全措施是否损害社会公共利益；

（五）其他应当考量的因素。

第八条　人民法院审查判断申请人请求保护的知识产权效力是否稳定，应当综合考量下列因素：

（一）所涉权利的类型或者属性；

（二）所涉权利是否经过实质审查；

（三）所涉权利是否处于宣告无效或者撤销程序中以及被宣告无效或者撤销的可能性；

（四）所涉权利是否存在权属争议；

（五）其他可能导致所涉权利效力不稳定的因素。

第九条　申请人以实用新型或者外观设计专利权为依据申请行为保全的，应当提交由国务院专利行政部门作出的检索报告、专利权评价报告或者专利复审委员会维持该专利权有效的决定。申请人无正当理由拒不提交的，人民法院应当裁定驳回其申请。

第十条　在知识产权与不正当竞争纠纷行为保全案件中，有下列情形之一的，应当认定属于民事诉讼法第一百零一条规定的"难以弥补的损害"：

（一）被申请人的行为将会侵害申请人享有的商誉或者发表权、隐私权等人身性质的权利且造成无法挽回的损害；

（二）被申请人的行为将会导致侵权行为难以控制且显著增加申请人损害；

（三）被申请人的侵害行为将会导致申请人的相关市场份额明显减少；

（四）对申请人造成其他难以弥补的损害。

第十一条　申请人申请行为保全的，应当依法提供担保。

申请人提供的担保数额，应当相当于被申请人可能因执行行为保全措施所遭受的损失，包括责令停止侵权行为所涉产品的销售收益、保管费用等合理损失。

在执行行为保全措施过程中，被申请人可能因此遭受的损失超过申请人担保数额的，人民法院可以责令申请人追加相应的担保。申请人拒不追加的，可以裁定解除或者部分解除保全措施。

第十二条　人民法院采取的行为保全措施，一般不因被申请人提供担保而解除，但是申请人同意的除外。

第十三条　人民法院裁定采取行为保全措施的，应当根据申请人的请求或者案件具体情况等因素合理确定保全措施的期限。

裁定停止侵害知识产权行为的效力，一般应当维持至案件裁判生效时止。

人民法院根据申请人的请求、追加担保等情况，可以裁定继续采取保全措施。申请人请求续行保全措施的，应当在期限届满前七日内提出。

第十四条　当事人不服行为保全裁定申请复议的，人民法院应当在收到复议申请后十日内审查并作出裁定。

第十五条　人民法院采取行为保全的方法和措施，依照执行程序相关规定处理。

第十六条　有下列情形之一的，应当认定属于民事诉讼法第一百零五条规定的"申请有错误"：

（一）申请人在采取行为保全措施后三十日内不依法提起诉讼或者申请仲裁；

（二）行为保全措施因请求保护的知识产权被宣告无效等原因自始不当；

（三）申请责令被申请人停止侵害知识产权或者不正当竞争，但生效裁判认定不构成侵权或者不正当竞争；

（四）其他属于申请有错误的情形。

第十七条　当事人申请解除行为保全措施，人民法院收到申请后经审查符合《最高人民法院关于适用〈中华人民共和国民事诉讼法〉的解释》第一百六十六条规定的情形的，应当在五日内裁定解除。

申请人撤回行为保全申请或者申请解除行为保全措施的，不因此免除民事诉讼法第一百零五条规定的赔偿责任。

第十八条　被申请人依据民事诉讼法第一百零五条规定提起赔偿诉讼，申请人申请诉前行为保全后没有起诉或者当事人约定仲裁的，由采取保全措施的人民法院管辖；申请人已经起诉的，由受理起诉的人民法院管辖。

第十九条　申请人同时申请行为保全、财产保全或者证据保全的，人民法院应当依法分别审查不同类型保全申请是否符合条件，并作出裁定。

为避免被申请人实施转移财产、毁灭证据等行为致使保全目的无法实现，人民法院可以根据案件具体情况决定不同类型保全措施的执行顺序。

第二十条　申请人申请行为保全，应当依照《诉讼费用交纳办法》关于申请采取行为保全措施的规定交纳申请费。

第二十一条　本规定自 2019 年 1 月 1 日起施行。最高人民法院以前发布的相关司法解释与本规定不一致的，以本规定为准。

最高人民法院、最高人民检察院、公安部印发《关于办理侵犯知识产权刑事案件适用法律若干问题的意见》的通知

·2011 年 1 月 10 日
·法发〔2011〕3 号

各省、自治区、直辖市高级人民法院、人民检察院、公安厅（局），解放军军事法院、军事检察院，总政治部保卫部，新疆维吾尔自治区高级人民法院生产建设兵团分院，新疆生产建设兵团人民检察院、公安局：

为解决近年来公安机关、人民检察院、人民法院在办理侵犯知识产权刑事案件中遇到的新情况、新问题，依法惩治侵犯知识产权犯罪活动，维护社会主义市场经济秩序，最高人民法院、最高人民检察院、公安部在深入调查研究、广泛征求各方意见的基础上，制定了《关于办理侵犯知识产权刑事案件适用法律若干问题的意见》。现印发给你们，请认真组织学习，切实贯彻执行。执行中遇到的重要问题，请及时层报最高人民法院、最高人民检察院、公安部。

关于办理侵犯知识产权刑事案件适用法律若干问题的意见

为解决近年来公安机关、人民检察院、人民法院在办理侵犯知识产权刑事案件中遇到的新情况、新问题，依法惩治侵犯知识产权犯罪活动，维护社会主义市场经济秩序，根据刑法、刑事诉讼法及有关司法解释的规定，结合侦查、起诉、审判实践，制定本意见。

一、关于侵犯知识产权犯罪案件的管辖问题

侵犯知识产权犯罪案件由犯罪地公安机关立案侦查。必要时，可以由犯罪嫌疑人居住地公安机关立案侦查。侵犯知识产权犯罪案件的犯罪地，包括侵权产品制造地、储存地、运输地、销售地，传播侵权作品、销售侵权产品的网站服务器所在地、网络接入地、网站建立者或者管理者所在地，侵权作品上传者所在地，权利人受到实际侵害的犯罪结果发生地。对有多个侵犯知识产权犯罪地的，由最初受理的公安机关或者主要犯罪地公安机关管辖。多个侵犯知识产权犯罪地的公安机关对管辖有争议的，由共同的上级公安机关指定管辖，需要提请批准逮捕、移送审查起诉、提起公诉的，由该公安机关所在地的同级人民检察院、人民法院受理。

对于不同犯罪嫌疑人、犯罪团伙跨地区实施的涉及同一批侵权产品的制造、储存、运输、销售等侵犯知识产权犯罪行为，符合并案处理要求的，有关公安机关可以一并立案侦查，需要提请批准逮捕、移送审查起诉、提起公诉的，由该公安机关所在地的同级人民检察院、人民法院受理。

二、关于办理侵犯知识产权刑事案件中行政执法部门收集、调取证据的效力问题

行政执法部门依法收集、调取、制作的物证、书证、视听资料、检验报告、鉴定结论、勘验笔录、现场笔录，经公安机关、人民检察院审查，人民法院庭审质证确认，可以

作为刑事证据使用。

行政执法部门制作的证人证言、当事人陈述等调查笔录，公安机关认为有必要作为刑事证据使用的，应当依法重新收集、制作。

三、关于办理侵犯知识产权刑事案件的抽样取证问题和委托鉴定问题

公安机关在办理侵犯知识产权刑事案件时，可以根据工作需要抽样取证，或者商请同级行政执法部门、有关检验机构协助抽样取证。法律、法规对抽样机构或者抽样方法有规定的，应当委托规定的机构并按照规定方法抽取样品。

公安机关、人民检察院、人民法院在办理侵犯知识产权刑事案件时，对于需要鉴定的事项，应当委托国家认可的有鉴定资质的鉴定机构进行鉴定。

公安机关、人民检察院、人民法院应当对鉴定结论进行审查，听取权利人、犯罪嫌疑人、被告人对鉴定结论的意见，可以要求鉴定机构作出相应说明。

四、关于侵犯知识产权犯罪自诉案件的证据收集问题

人民法院依法受理侵犯知识产权刑事自诉案件，对于当事人因客观原因不能取得的证据，在提起自诉时能够提供有关线索，申请人民法院调取的，人民法院应当依法调取。

五、关于刑法第二百一十三条规定的"同一种商品"的认定问题

名称相同的商品以及名称不同但指同一事物的商品，可以认定为"同一种商品"。"名称"是指国家工商行政管理总局商标局在商标注册工作中对商品使用的名称，通常即《商标注册用商品和服务国际分类》中规定的商品名称。"名称不同但指同一事物的商品"是指在功能、用途、主要原料、消费对象、销售渠道等方面相同或者基本相同，相关公众一般认为是同一种事物的商品。

认定"同一种商品"，应当在权利人注册商标核定使用的商品和行为人实际生产销售的商品之间进行比较。

六、关于刑法第二百一十三条规定的"与其注册商标相同的商标"的认定问题

具有下列情形之一，可以认定为"与其注册商标相同的商标"：

（一）改变注册商标的字体、字母大小写或者文字横竖排列，与注册商标之间仅有细微差别的；

（二）改变注册商标的文字、字母、数字等之间的间距，不影响体现注册商标显著特征的；

（三）改变注册商标颜色的；

（四）其他与注册商标在视觉上基本无差别、足以对公众产生误导的商标。

七、关于尚未附着或者尚未全部附着假冒注册商标标识的侵权产品价值是否计入非法经营数额的问题

在计算制造、储存、运输和未销售的假冒注册商标侵权产品价值时，对于已经制作完成但尚未附着（含加贴）或者尚未全部附着（含加贴）假冒注册商标标识的产品，如果有确实、充分证据证明该产品将假冒他人注册商标，其价值计入非法经营数额。

八、关于销售假冒注册商标的商品犯罪案件中尚未销售或者部分销售情形的定罪量刑问题

销售明知是假冒注册商标的商品，具有下列情形之一的，依照刑法第二百一十四条的规定，以销售假冒注册商标的商品罪（未遂）定罪处罚：

（一）假冒注册商标的商品尚未销售，货值金额在十五万元以上的；

（二）假冒注册商标的商品部分销售，已销售金额不满五万元，但与尚未销售的假冒注册商标的商品的货值金额合计在十五万元以上的。

假冒注册商标的商品尚未销售，货值金额分别达到十五万元以上不满二十五万元、二十五万元以上的，分别依照刑法第二百一十四条规定的各法定刑幅度定罪处罚。

销售金额和未销售货值金额分别达到不同的法定刑幅度或者均达到同一法定刑幅度的，在处罚较重的法定刑或者同一法定刑幅度内酌情从重处罚。

九、关于销售他人非法制造的注册商标标识犯罪案件中尚未销售或者部分销售情形的定罪问题

销售他人伪造、擅自制造的注册商标标识，具有下列情形之一的，依照刑法第二百一十五条的规定，以销售非法制造的注册商标标识罪（未遂）定罪处罚：

（一）尚未销售他人伪造、擅自制造的注册商标标识数量在六万件以上的；

（二）尚未销售他人伪造、擅自制造的两种以上注册商标标识数量在三万件以上的；

（三）部分销售他人伪造、擅自制造的注册商标标识，已销售标识数量不满二万件，但与尚未销售标识数量合计在六万件以上的；

（四）部分销售他人伪造、擅自制造的两种以上注册商标标识，已销售标识数量不满一万件，但与尚未销售标识数量合计在三万件以上的。

十、关于侵犯著作权犯罪案件"以营利为目的"的认定问题

除销售外，具有下列情形之一的，可以认定为"以营利为目的"：

（一）以在他人作品中刊登收费广告、捆绑第三方作品等方式直接或者间接收取费用的；

（二）通过信息网络传播他人作品，或者利用他人上传的侵权作品，在网站或者网页上提供刊登收费广告服务，直接或者间接收取费用的；

（三）以会员制方式通过信息网络传播他人作品，收取会员注册费或者其他费用的；

（四）其他利用他人作品牟利的情形。

十一、关于侵犯著作权犯罪案件"未经著作权人许可"的认定问题

"未经著作权人许可"一般应当依据著作权人或者其授权的代理人、著作权集体管理组织、国家著作权行政管理部门指定的著作权认证机构出具的涉案作品版权认证文书，或者证明出版者、复制发行者伪造、涂改授权许可文件或者超出授权许可范围的证据，结合其他证据综合予以认定。

在涉案作品种类众多且权利人分散的案件中，上述证据确实难以一一取得，但有证据证明涉案复制品系非法出版、复制发行的，且出版者、复制发行者不能提供获得著作权人许可的相关证明材料的，可以认定为"未经著作权人许可"。但是，有证据证明权利人放弃权利、涉案作品的著作权不受我国著作权法保护，或者著作权保护期限已经届满的除外。

十二、关于刑法第二百一十七条规定的"发行"的认定及相关问题

"发行"，包括总发行、批发、零售、通过信息网络传播以及出租、展销等活动。

非法出版、复制、发行他人作品，侵犯著作权构成犯罪的，按照侵犯著作权罪定罪处罚，不认定为非法经营罪等其他犯罪。

十三、关于通过信息网络传播侵权作品行为的定罪处罚标准问题

以营利为目的，未经著作权人许可，通过信息网络向公众传播他人文字作品、音乐、电影、电视、美术、摄影、录像作品、录音录像制品、计算机软件及其他作品，具有下列情形之一的，属于刑法第二百一十七条规定的"其他严重情节"：

（一）非法经营数额在五万元以上的；

（二）传播他人作品的数量合计在五百件（部）以上的；

（三）传播他人作品的实际被点击数达到五万次以上的；

（四）以会员制方式传播他人作品，注册会员达到一千人以上的；

（五）数额或者数量虽未达到第（一）项至第（四）项规定标准，但分别达到其中两项以上标准一半以上的；

（六）其他严重情节的情形。

实施前款规定的行为，数额或者数量达到前款第（一）项至第（五）项规定标准五倍以上的，属于刑法第二百一十七条规定的"其他特别严重情节"。

十四、关于多次实施侵犯知识产权行为累计计算数额问题

依照《最高人民法院、最高人民检察院关于办理侵犯知识产权刑事案件具体应用法律若干问题的解释》第十二条第二款的规定，多次实施侵犯知识产权行为，未经行政处理或者刑事处罚的，非法经营额、违法所得数额或者销售金额累计计算。

二年内多次实施侵犯知识产权违法行为，未经行政处理，累计数额构成犯罪的，应当依法定罪处罚。实施侵犯知识产权犯罪行为的追诉期限，适用刑法的有关规定，不受前述二年的限制。

十五、关于为他人实施侵犯知识产权犯罪提供原材料、机械设备等行为的定性问题

明知他人实施侵犯知识产权犯罪，而为其提供生产、制造侵权产品的主要原材料、辅助材料、半成品、包装材料、机械设备、标签标识、生产技术、配方等帮助，或者提供互联网接入、服务器托管、网络存储空间、通讯传输通道、代收费、费用结算等服务的，以侵犯知识产权犯罪的共犯论处。

十六、关于侵犯知识产权犯罪竞合的处理问题

行为人实施侵犯知识产权犯罪，同时构成生产、销售伪劣商品犯罪的，依照侵犯知识产权犯罪与生产、销售伪劣商品犯罪中处罚较重的规定定罪处罚。

九、知识产权国际公约

世界贸易组织——与贸易有关的知识产权协定

· 1994 年 4 月 15 日

各成员方：

本着减少国际贸易中的扭曲及障碍的愿望，考虑到有必要促进对知识产权有效和充分的保护，以及确保实施保护产权的措施及程序本身不致成为合法贸易的障碍；

认识到为此目的，有必要制定关于下列的新规则及规范：

（1）1994 关贸总协定基本原则及有关的国际知识产权协议和公约的适用性；

（2）关于与贸易有关的知识产权的效力、范围和使用的适当标准及原则的规定；

（3）关于在考虑到各国法律体系差异的同时，使用有效并适当的方法，实施与贸易有关的知识产权的规定；

（4）关于采取多边性的防止和解决各国间争端的有效并迅捷的程序的规定；

（5）旨在使谈判结果有最广泛的参加者的过渡安排；

认识到建立应付国际仿冒商品贸易的原则、规则及规范的多边框架的必要性；

认识到知识产权为私有权；

认识到保护知识产权的国家体制基本的公共政策目标，包括发展和技术方面的目标；

还认识到最不发达国家成员方为建立一个稳固可行的技术基础而在国内实施法律和条例方面对最大限度的灵活性具有特殊需要；

强调通过多边程序为解决与贸易有关的知识财产问题争端作出更加有力的承诺以缓解紧张局势的重要性；

希望在世界贸易组织及世界知识产权组织（本协议中称"WIPO"）之间以及其他有关国际组织之间建立一种相互支持的关系。

兹协议如下：

第一部分　总则和基本原则

第 1 条　义务的性质和范围

1. 各成员方应使本协议的规定生效。各成员方可

以，但不应受强制地，在其本国法律中实行比本协议所要求的更加广泛的保护，只要这种保护不与本协议条款相抵触。各成员方应在各自的法律体系及惯例范围内自由确定实施本协议各条款的适当方法。

2. 本协议所称的"知识产权"一词系指第二部分第 1 至第 7 节所列举所有种类的知识财产。

3. 各成员方应给予其他成员方国民以本协议所规定的待遇。就相关的知识产权而言，如果所有世界贸易组织成员方已是这些公约的成员方，则其他成员方国民应被理解为符合 1967《巴黎公约》、1971《伯尔尼公约》、《罗马公约》及《有关集成电路知识产权条约》所规定的受保护资格标准的自然人或法人。任何利用由《罗马公约》第 5 条第 3 款或第 6 条第 2 款所提供之可能性的成员方应如那些条款所预见的那样，向与贸易有关的知识产权理事会作出通报。

第 2 条　知识产权公约

1. 关于本协议第二、第三及第四部分，各成员方应遵守《巴黎公约》（1967）第 1 条至第 12 条以及第 19 条规定。

2. 本协议第一至第四部分的所有规定均不得减损各成员方按照《巴黎公约》、《伯尔尼公约》、《罗马公约》和《有关集成电路知识产权条约》而可能相互承担的现行义务。

第 3 条　国民待遇

1. 在服从分别在 1967《巴黎公约》、1971《伯尔尼公约》、《罗马公约》或《有关集成电路知识产权条约》中已作的例外规定的条件下，在保护知识产权方面，每一成员方应给予其他成员方国民的待遇其优惠不得少于它给予自己国民的优惠。对于录音及广播机构的表演者、制作者，本项义务只对本协议中规定的权利适用。任何利用由 1971《伯尔尼公约》第 6 条或《罗马公约》第 16 条第 1 款第（2）子款所规定之可能性的成员方均应向与贸易有关的知识产权理事会作出在那些条款中预见的通报。

2. 第 1 款所允许的与司法及行政程序有关的例外，包括在一成员方司法管辖权范围内指定服务地址或委任

代理人，只有在为确保与本协议规定不一致的法律、规章得到遵守所必要的，并且此种作法不以一种可能对贸易构成变相限制的方式被采用的条件下，各成员方方可利用。

第 4 条　最惠国待遇

在知识产权的保护方面，由一成员方授予任一其他国家国民的任何利益、优惠、特权或豁免均应立即无条件地给予所有其他成员方的国民。一成员方给予的下列利益、优惠、特权或豁免，免除此项义务：

（a）得自国际司法协助协定或一种一般性的并非专门限于保护知识产权的法律实施的；

（b）按照认可所给予的待遇，只起在另一国所给予的待遇的作用，而不起国民待遇作用的 1971《伯尔尼公约》或《罗马公约》的规定授予的；

（c）有关本协议未作规定的录音与广播组织的表演者及制作者权利的；

（d）得自世界贸易组织协定生效之前已生效的与知识产权保护有关的国际协定的，条件是此类协定已通报与贸易有关的知识产权理事会，并且不得构成一种对其他各成员方国民随意的或不公正的歧视。

第 5 条　关于保护的获得或保持的多边协定

第 3 条和第 4 条规定的义务，不适用于在世界知识产权组织主持下达成的有关知识产权获得或保持的多边协定规定的程序。

第 6 条　失效

就本协议下争端的解决而言，按照第 3 条及第 4 条，本协议中的任何条款均不得用以提出知识产权失效问题。

第 7 条　目标

知识产权的保护和实施应当对促进技术革新以及技术转让和传播作出贡献，对技术知识的生产者和使用者的共同利益作出贡献，并应当以一种有助于社会和经济福利以及有助于权利与义务平衡的方式进行。

第 8 条　原则

1. 各成员方在制订或修正其法律和规章时，可采取必要措施以保护公众健康和营养，并促进对其社会经济和技术发展至关重要部门的公众利益，只要该措施符合本协议规定。

2. 可能需要采取与本协议的规定相一致的适当的措施，以防止知识产权所有者滥用知识产权或藉以对贸易进行不合理限制或实行对国际间的技术转让产生不利影响的作法。

第二部分　关于知识产权的效力、范围及使用的标准

第 1 节　版权及相关权利

第 9 条　与《伯尔尼公约》的关系

1. 各成员方应遵守 1971《伯尔尼公约》第 1 至第 21 条及其附件的规定。然而，各成员方根据本协议对公约第 6 条副则授予的权利或由其引伸出的权利没有权利和义务。

2. 对版权的保护可延伸到公式，但不得延伸到思想、程序、操作方法或数学上的概念等。

第 10 条　计算机程序和数据汇编

1. 计算机程序，无论是信源代码还是目标代码均应根据 1971《伯尔尼公约》的规定作为文献著作而受到保护。

2. 不论是机读的还是其他形式的数据或其他材料的汇编，其内容的选择和安排如构成了智力创造即应作为智力创造加以保护。这种不得延及数据或材料本身的保护不应妨碍任何存在于数据或材料本身的版权。

第 11 条　出租权

至少在计算机程序和电影艺术作品方面，一成员方应给予作者及其权利继承人以授权或禁止将其拥有版权的作品原著或复制品向公众作商业性出租的权利。除非此类出租已导致了对该作品的广泛复制，而这种复制严重损害了该成员方给予作者及其权利继承人的独家再版权，否则在电影艺术作品方面一成员方可免除此项义务。在计算机程序方面，当程序本身不是出租的主要对象时，此项义务不适用于出租。

第 12 条　保护期

电影艺术作品或实用艺术作品以外作品的保护期，应以不同于自然人的寿命计算，此期限应为自授权出版的日历年年终起算的不少于 50 年，或者若作品在创作后 50 年内未被授权出版，则应为自创作年年终起算的 50 年。

第 13 条　限制和例外

各成员方应将对独占权的限制和例外规定限于某些特殊情况，而不影响作品的正常利用，也不无理妨碍权利所有者的合法利益。

第 14 条　对表演者、录音制品（唱片）制作者和广播组织的保护

1. 在表演者的表演在录制品上的录制方面，表演者应能阻止下列未经许可的行为：录制和翻录其尚未录制的表演；表演者也应能阻止下列未经许可的行为：将其现场表演作无线电广播和向公众传播。

2. 录音制品制作者应享有授权或禁止直接或间接翻制其录音制品的权利。

3. 广播机构应有权禁止下列未经其许可的行为:录制、翻录、以无线广播手段转播,以及向公众传播同一录音制品的电视广播。若各成员方未向广播机构授予此种权利,则应依照《伯尔尼公约》(1971),向广播内容的版权所有者提供阻止上述行为的可能性。

4. 第 11 条关于计算机程序的规定经对细节作必要修改后,应适用于录音制品的制作者及经一成员方法律确认的录音制品的任何其他版权所有者。若一成员方在 1994 年 4 月 15 日实行了在出租录音制品方面向版权所有者提供合理补偿的制度,则它可在录音制品的商业性出租未对版权所有者的独占翻录权造成重大损害的条件下,维持该项制度。

5. 录音制品制作者和表演者根据本协议可以获得的保护期至少应持续到从录音制品被制作或演出进行的日历年年终起算的 50 年期结束时。按照第 3 款给予的保护期至少应从广播播出的日历年年终起算持续 20 年。

6. 任何成员方可在《罗马公约》允许的范围内对按第 1 款、第 2 款及第 3 款授予的权利规定条件、限制、例外及保留。但是,《伯尔尼公约》(1971) 第 18 条的规定经对细节作必要修改后,也应适用于录音制品表演者和制作者的权利。

第 2 节　商　标

第 15 条　保护事项

1. 任何能够将一个企业的商品和服务与另一企业的商品和服务区别开来的标志或标志组合,均应能够构成商标。此种标志,尤其是包含有个人姓名的词、字母、数目字、图形要素和色彩组合以及诸如此类的标志组合,应有资格注册为商标。若标志没有固有的能够区别有关商品及服务的特征,则各成员方可将其通过使用而得到的独特性作为或给予注册的依据。各成员方可要求标志在视觉上是可以感知的,以此作为注册的一项条件。

2. 第 1 款不得理解为阻止一成员方以其他理由拒绝商标注册,只要这些理由不减损《巴黎公约》(1967) 的规定。

3. 各成员方可将使用作为给予注册的依据。然而,商标的实际使用不应是提出注册申请的一项条件。申请不得仅由于在自申请之日起的 3 年期期满之前未如所计划那样地加以使用而遭拒绝。

4. 商标所适用的商品或服务的性质在任何情况下,均不得构成对商标注册的障碍。

5. 各成员方应在每一商标注册之前或之后立即将其公布,并应为请求取消注册提供合理机会。此外,各成员方可为反对一个商标的注册提供机会。

第 16 条　授予权利

1. 注册商标所有者应拥有专有权,以阻止所有未经其同意的第三方在贸易中使用与已注册商标相同或相似的商品或服务的,其使用有可能招致混淆的相同或相似的标志。在对相同商品或服务使用相同标志的情况下,应推定存在混淆之可能。上述权利不应妨碍任何现行的优先权,也不应影响各成员方以使用为条件获得注册权的可能性。

2. 1967《巴黎公约》第 6 条副则经对细节作必要修改后应适用于服务。在确定一个商标是否为知名商标时,各成员方应考虑到有关部分的公众对该商标的了解,包括由于该商标的推行而在有关成员方得到的了解。

3. 1967《巴黎公约》第 6 条副则经对细节作必要修改后应适用于与已注册商标的商品和服务不相似的商品或服务,条件是该商标与该商品和服务有关的使用会表明该商品或服务与已注册商标所有者之间的联系,而且已注册商标所有者的利益有可能为此种使用所损害。

第 17 条　例外

各成员方可对商标所赋予的权利作些有限的例外规定,诸如公正使用说明性术语,条件是此种例外要考虑到商标所有者和第三方的合法利益。

第 18 条　保护期

商标首次注册及每次续期注册的期限不得少于 7 年。商标注册允许无限期地续期。

第 19 条　使用规定

1. 如果注册的保持要求以商标付诸使用为条件,则除非商标所有者提出了此类使用存在障碍的充分理由,否则注册只有在商标至少连续三年以上未予使用的情况下方可取消。出现商标人意志以外情况而构成对商标使用的障碍,例如对受商标保护的货物或服务实施进口限制或其他政府要求,此类情况应被视为不使用商标的正当理由。

2. 当商标由其他人使用是处在该商标所有者的控制之下时,这种使用应按是为保持注册目的之使用而予以承认。

第 20 条　其他要求

商标在贸易当中的使用不得受到一些特殊要求不正当的妨碍,比如与另一商标一道使用,以特殊形式使用,或以有害于该商标将一个企业的商品或服务与其他企业的商品或服务区分开来的能力之方式使用等。这并不排除规定识别生产某种商品或服务的企业的商标与识别该企业同类特殊商品或服务的商标一道但不联在一起使用的要求。

第21条　许可与转让

各成员方可以确定商标许可与转让的条件,同时,不言而喻,强制性的商标许可是不应允许的,已注册商标的所有者有权将商标所属企业与商标一同转让或只转让商标不转让企业。

第3节　地理标志

第22条　对地理标志的保护

1. 本协议所称的地理标志是识别一种原产于一成员方境内或境内某一区域或某一地区的商品的标志,而该商品特定的质量、声誉或其他特性基本上可归因于它的地理来源。

2. 在地理标志方面,各成员方应向各利益方提供法律手段以阻止:

(1)使用任何手段,在商品的设计和外观上,以在商品地理标志上误导公众的方式标志或暗示该商品原产于并非其真正原产地的某个地理区域;

(2)作任何在1967《巴黎公约》第10条副则意义内构成一种不公平竞争行为的使用。

3. 若某种商品不产自于某个地理标志所指的地域,而其商标又包含了该地理标志或由其组成,如果该商品商标中的该标志具有在商品原产地方面误导公众的性质,则成员方在其法律许可的条件下或应利益方之请求应拒绝或注销该商标的注册。

4. 上述第1、2、3款规定的保护应适用于下述地理标志:该地理标志虽然所表示的商品原产地域、地区或所在地字面上无误,但却向公众错误地表明商品是原产于另一地域。

第23条　对葡萄酒和烈性酒地理标志的额外保护

1. 每一成员方应为各利益方提供法律手段,以阻止不产自于某一地理标志所指地方的葡萄酒或烈性酒使用该地理标志,即使在标明了商品真正原产地或在翻译中使用了该地理标志或伴以"种类"、"类型"、"风味"、"仿制"等字样的情况下也不例外。

2. 对于不产自于由某一地理标志所指的原产地而又含有该产地地理标志的葡萄酒或烈性酒,如果一成员方的立法允许或应某一利益方之请求,应拒绝或注销其商标注册。

3. 如果不同的葡萄酒使用了同名的地理标志,则根据上述第22条第4款规定,每一种标志均受到保护。每一成员方应确定使同名地理标志能够相互区别开来的现实条件,同时应考虑到确保有关的生产者受到公正待遇并不致使消费者产生误解混淆。

4. 为了便于对葡萄酒地理标志进行保护,应在与贸易有关的知识产权理事会内就建立对参加体系的那些成员方有资格受到保护的葡萄酒地理标志进行通报与注册的多边体系进行谈判。

第24条　国际谈判与例外

1. 成员方同意进行旨在加强第23条规定的对独特地理标志的保护的谈判。成员方不得援引下述第4至8款的规定,拒绝进行谈判或缔结双边或多边协定。在此类谈判中,成员方应愿意考虑这些作为此类谈判之议题的独特地理标志的连续适用性的规定。

2. 与贸易有关的知识产权理事会应对本节规定之适用情况实行审查,首次此类审查应在世界贸易组织协定生效2年之内进行。任何影响履行该规定义务的事项均可提请理事会注意。应一成员方之请求,理事会应就经有关成员方之间双边磋商或多组双边磋商仍无法找到令人满意的解决办法的问题,同任何一个或多个成员方进行磋商。理事会应采取可能被一致认为有助于本节之实施及促进本节目标之实现的行动。

3. 在实施本节规定时,成员方不得在世界贸易组织协定生效日即将来临之际减少对该成员方境内的地理标志的保护。

4. 本节中无任何规定要求一成员方阻止其国民或居民继续或类似地使用另一成员方与商品或服务有关的用以区别葡萄酒或烈性酒的特殊地理标志。这些国民或居民在该成员方境内:

(1)在1994年4月15日之前至少已有10年;

(2)在上述日期之前已诚实守信地连续使用了标示相同或相关商品或服务的地理标志。

5. 若一商标已被诚实守信地使用或注册,通过诚实守信的使用而获得一商标的权利:

(1)在如第六部分中所确定的这些规定在那一成员方适用之日以前;

(2)在该地理标志在其原产国获得保护之前;

则为实施本节而采取的措施就不得以该商标同某一地理标志相同或类似为由而损害其注册的合格性和合法性,或使用该商标的权利。

6. 本节中无任何规定要求一成员方适用任何其他

成员方的关于商品和服务的地理标志的规定,这些商品或服务的相关标志与作为那一成员方境内此类商品或服务的普通名称在一般用语中是惯用的名词完全相同。本节中无任何规定要求一成员方适用任何其他成员方的葡萄制品的地理标志的规定,这些葡萄制品与在世界贸易组织协定生效之日存在于该成员方境内的葡萄品种的惯用名称完全相同。

7. 一成员方可以规定,任何根据本节所提出的有关商标使用或注册的请求必须在对该受保护标志的非法使用被公布后5年之内提出,或在商标在那一成员方境内注册之日以后提出,条件是在注册之日商标已被公告。如果该日期早于非法使用被公布的日期,则条件就应是地理标志未被欺诈地使用或注册。

8. 本节规定丝毫不得妨碍任何个人在贸易中使用其姓名或其前任者姓名的权利,若该姓名的使用导致公众的误解则除外。

9. 各成员在本协定下无任何义务保护在来源国不受保护或终止保护或不再使用的地理标记。

第4节　工业设计

第25条　保护的要求

1. 成员方应为新的或原始的独立创造的工业设计提供保护。成员方可以规定设计如果与已知的设计或已知的设计要点的组合没有重大区别,则不视其为新的或原始的。成员方可以规定此类保护不应延伸至实质上是由技术或功能上的考虑所要求的设计。

2. 每一成员方应保证对于获取对纺织品设计保护的规定不得无理损害寻求和获得此类保护的机会,特别是在费用、检查或发表方面。各成员方可自行通过工业设计法或版权法履行该项义务。

第26条　保　护

1. 受保护工业设计的所有者应有权阻止未经所有者同意的第三方为商业目的生产、销售或进口含有或体现为是受保护设计的复制品或实为复制品的设计的物品。

2. 成员方可以对工业设计的保护规定有限的例外,条件是这种例外没有无理地与对受保护工业设计的正常利用相冲突,且没有无理损害受保护设计所有者的合法利益,同时考虑到第三方的合法利益。

3. 有效保护期限至少为10年。

第5节　专　利

第27条　可取得专利的事项

1. 根据下述第2、3款的规定,所有技术领域内的任何发明,无论是产品还是工艺,均可取得专利,只要它们是新的、包含一个发明性的步骤,工业上能够适用。根据第65条第4款、第70条第8款和本条第3款的规定,专利的取得和专利权的享受应不分发明地点、技术领域以及产品是进口的还是当地生产的。

2. 若阻止某项发明在境内的商业利用对保护公共秩序或公共道德,包括保护人类、动物或植物的生命或健康或避免对环境造成严重污染是必要的,则成员方可拒绝给予该项发明以专利权,条件是,不是仅因为其国内法禁止这种利用而作出此种拒绝行为。

3. 以下情况,成员方也可不授予专利:

(1)对人类或动物的医学治疗的诊断、治疗和外科手术方法;

(2)微生物以外的动植物,非生物和微生物生产方法以外的动物或植物的实为生物的生产方法。然而,成员方应或以专利形式,或以一种特殊有效的体系,或以综合形式,对植物种类提供保护。应在世界贸易组织协定生效4年之后对本子款的规定进行审查。

第28条　授予的权利

1. 一项专利应授予其所有者以下独占权:

(1)若一项专利的标的事项是一种产品,则专利所有者有权阻止未得到专利所有者同意的第三方制造、使用、出卖、销售、或为这些目的而进口被授予专利的产品;

(2)若专利的标的事项是一种方法,则专利所有者有权阻止未得到专利所有者同意的第三方使用该方法,或使用、出卖、销售或至少是为这些目的而进口直接以此方法获得的产品。

2. 专利所有者还应有权转让或通过继承转让该项专利,及签订专利权使用契约。

第29条　专利申请者的条件

1. 成员方应要求专利申请者用足够清晰与完整的方式披露其发明,以便于为熟悉该门技术者所运用,并要求申请者在申请之日指明发明者已知的运用该项发明的最佳方式,若是要求取得优先权,则需在优先权申请之日指明。

2. 成员方可要求专利申请者提供关于该申请者在国外相同的申请与授予情况的信息。

第30条　授予权利的例外

成员方可对专利授予的独占权规定有限的例外,条件是该例外规定没有无理地与专利的正常利用相冲突,也未损害专利所有者的合法利益,同时考虑到第三者的合法利益。

第31条　未经权利人授权的其他使用

若一成员方的法律允许未经权利人授权而对专利的标的事项作其他使用,包括政府或经政府许可的第三者的使用,则应遵守以下规定:

(1)此类使用的授权应根据专利本身的条件来考虑。

(2)只有在拟议中的使用者在此类使用前已作出以合理的商业条件获得权利人授权的努力,而该项努力在一段合理时间内又未获成功时,方可允许此类使用。在发生全国性紧急状态或其他极端紧急状态或为公共的非商业性目的而使用的情况下,成员方可放弃上述要求。即使是在发生全国性紧急状态或其他极端紧急状态的情况下,仍应合理地尽早通报权利人。至于公共的非商业性使用,若政府或订约人在未查专利状况的情况下得知或有根据得知,一项有效的专利正在或将要被政府使用或为政府而使用,则应及时通知权利人。

(3)此类使用的范围和期限应限制在被授权的意图之内;至于半导体技术,只应用于公共的非商业性目的,或用于抵销在司法或行政程序后被确定的反竞争的做法。

(4)此类使用应是非独占性的。

(5)此类使用应是不可转让的,除非是同享有此类使用的那部分企业或信誉一道转让。

(6)任何此类使用之授权,均应主要是为授权此类使用的成员方国内市场供应之目的。

(7)在被授权人的合法利益受到充分保护的条件下,当导致此类使用授权的情况不复存在和可能不再产生时,有义务将其终止;应有动机的请求,主管当局应有权对上述情况的继续存在进行检查。

(8)考虑到授权的经济价值,应视具体情况向权利人支付充分的补偿金。

(9)任何与此类使用之授权有关的决定,其法律效力应接受该成员境内更高当局的司法审查或其他独立审查。

(10)任何与为此类使用而提供的补偿金有关的决定,应接受成员方境内更高当局的司法审查或其他独立审查。

(11)若是为抵销在司法或行政程序后被确定为反竞争做法而允许此类使用,则成员方没有义务适用上述第(2)和第(6)子款规定的条件;在决定此种情况中补偿金的数额时,可以考虑纠正反竞争做法的需要;若导致此项授权的条件可能重新出现,则主管当局应有权拒绝终止

授权。

(12)若此类使用被授权允许利用一项不侵犯另一项专利(第一项专利)就不能加以利用的专利(第二项专利),则下列附加条件应适用:

①第二项专利中要求予以承认的发明,应包括比第一项专利中要求予以承认的发明的经济意义更大的重要的技术进步;

②第一项专利的所有者应有权以合理的条件享有使用第二项专利中要求予以承认之发明的相互特许权;

③除非同第二项专利一道转让,否则第一项专利所授权的使用应是不可转让的。

第32条　撤销、收回

应提供对撤销或收回专利的决定进行司法审查的机会。

第33条　保护的期限

有效的保护期限自登记之日起不得少于20年。

第34条　工艺专利的举证责任

1. 在第28条第1款第(2)子款所述及关于侵犯所有者权利的民事诉讼中,若一项专利的标的事项是获取某种产品的工艺,则司法当局应有权令被告证明获取相同产品的工艺不同于取得专利的工艺。因此,各成员方应规定在下列情况中至少一种情况下,任何未经专利所有者同意而生产的相同产品若无相反的证据,应被视为是以取得专利的工艺获取的:

(1)如果以该项取得专利的工艺获取的产品是新的;

(2)如果该相同产品极有可能是以该工艺生产的,而专利所有者又不能通过合理的努力确定实际使用的工艺。

2. 只要上述第(1)或第(2)子款所述及的条件得到满足,任何成员方均应有权规定上述第1款所指明的举证责任应由有嫌疑的侵权者承担。

3. 在举出相反证据时,应考虑被告保护其生产和商业秘密的合法权益。

第6节　集成电路的外观设计

第35条　与有关集成电路的知识产权条约的关系

各成员方同意按有关集成电路的知识产权条约中第2条至第7条(第6条中第3款除外)、第12条和第16条第3款规定,对集成电路的外观设计提供保护,此外还服从以下规定。

第36条　保护范围

根据下述第37条第1款的规定,成员方应认为下列未经权利所有人授权的行为是非法的:进口、销售或为商

业目的分售受保护的外观设计、含有受保护设计的集成电路或仅在继续含有非法复制的外观设计的范围内含有这种集成电路的产品。

第 37 条　不需要权利人授权的行为

1. 尽管有上述第 36 条的规定，但若从事或指令从事上条中所述及的关于含有非法复制的外观设计的集成电路或含有此种集成电路的任何产品的任何行为的人，在获取该集成电路或含有此种集成电路的产品时，未得知且没有合理的根据得知它含有非法复制的外观设计，则成员方不应认为这种行为是非法的。成员方应规定，该行为人在接到关于复制该设计是非法行为的充分警告之后，仍可从事与在此之前的存货和订单有关的任何行为，但有责任向权利人支付一笔与对自由商谈而取得的通过关于该设计的专利使用权所应付费用相当的合理的专利权税。

2. 若对该外观设计的专利权使用授权是非自愿的或者被政府使用或为政府而使用是未经权利人授权的，则上述第 31 条第(1)-(11)子款规定的条件在对细节作必要修改后应适用。

第 38 条　保护的期限

1. 在要求将登记作为保护条件的成员方，对外观设计的保护期限自填写登记申请表之日或自在世界上任何地方首次进行商业开发之日计起，应不少于 10 年时间。

2. 在不要求将登记作为保护条件的成员方，对外观设计的保护期限自在世界上任何地方首次进行商业开发之日计起，应不少于 10 年时间。

3. 尽管有上述第 1、第 2 款规定，成员方仍可规定在外观设计产生 15 年后保护应自动消失。

第 7 节　对未泄露之信息的保护

第 39 条

1. 在确保有效的保护以应对 1967《巴黎公约》第 10 条副则所述及的不公平竞争的过程中，各成员方应对下述第 2 款所规定的未泄露之信息和下述第 3 款所规定的提交给政府或政府机构的数据提供保护。

2. 自然人和法人应有可能阻止由其合法掌握的信息在未得到其同意的情况下，被以违反诚信的商业作法的方式泄露、获得或使用，只要此信息：

(1)在作为一个实体或其组成部分的精确形状及组合不为正规地处理此种信息的那部分人所共知或不易被其得到的意义上说是秘密的；

(2)由于是秘密的而具有商业价值；

(3)被其合法的掌握者根据情况采取了合理的保密

措施。

3. 成员方当被要求呈交未公开的试验或其他需要付出相当劳动获得的数据以作为同意使用新型化学物质生产的药品或农用化学品在市场上销售的一项条件时，应保护该数据免受不公平的商业利用。此外，成员方应保护该数据免于泄露，除非是出于保护公共利益的需要，或采取了保证该数据免受不公平商业利用的措施。

第 8 节　在契约性专利权使用中对反竞争性行为的控制

第 40 条

1. 各成员方一致认为，与限制竞争的知识产权有关的一些专利权使用作法或条件对贸易可能产生不利影响，可能妨碍技术的转让和传播。

2. 本协议中无任何规定阻止成员方在其立法中详细载明在特定情况下可能构成对有关市场中的竞争具有不利影响的知识产权滥用的专利权使用作法或条件。如上述所规定，一成员方可按照本协议的其他规定，根据国内有关法律和规定采取适当措施阻止或控制此种作法。这些措施可能包括例如独占性回授条件、阻止否认合法性的条件和强制性的一揽子许可证交易。

3. 若一成员方有理由认为是另一成员方国民或居民的知识产权所有者正在从事违反该成员方关于本节主题事项的法律规章的活动，并希望使该另一成员方遵守此类法规，则在不妨碍两个成员方中任何一方依法采取任何行动和作出最终决定的充分自由的条件下，该另一成员方在接到该成员方的请求后，应与之进行磋商。被请求的成员方对与提出请求的成员方进行磋商应给予充分的同情的考虑，为此提供充分的机会，并应在服从国内法和令双方满意的关于提出请求的成员方保护资料机密性的协议之最后决定的条件下，通过提供与该问题有关的可以公开利用的非机密性资料和可供该成员方利用的其他资料进行合作。

4. 其国民或居民正在另一成员方接受关于所断言的违反该成员方关于本节主题事项的法律规章的诉讼的成员方，根据请求，应由另一成员方给予按照与上述第 3 款相同的条件进行磋商的机会。

第三部分　知识产权的实施
第 1 节　一般义务

第 41 条

1. 成员方应保证由本部分所具体规定的实施程序根据国内法是有效的，以便允许对本协议所涉及的侵犯知识产权的行为采取有效行动，包括及时地阻止侵权的补救措施和对进一步侵权构成一种威慑的补救措施。在运用这些程序时,应避免对合法贸易构成障碍,并规定防止其滥用的保障措施。

2. 知识产权的实施程序应公平合理,不应不必要地繁琐、消耗资财,也不应有不合理的时限及毫无道理的拖延。

3. 对一案件案情实质的裁决最好应以书面形式作出并陈述理由。至少应使诉讼各方没有不适当延迟地获知裁决结果。对该案件案情实质的判定应只以各方有机会了解的证据为依据。

4. 诉讼各方应有机会让司法当局对最终行政决定及根据一成员方法律中关于案件重要性的司法规定至少对案情实质最初司法裁决的法律方面进行审查。然而,没有义务为对刑事案件中的判定无罪进行审查提供机会。

5. 显然,本部分未规定任何关于设立与大多数法律不同的实施知识产权的司法制度的义务,也不影响成员方实施其大多数法律的能力。本部分也未规定任何关于在实施知识产权和实施大多数法律之间进行资源分配的义务。

第2节　民事和行政程序及补救

第42条　公平合理的程序

成员方应使权利所有人可以利用关于本协议所涉及的任何知识产权之实施的民事司法程序。被告应有权及时获得内容充实的书面通知,其中包括控告的依据。应允许成员方由独立的法律辩护人充当其代表。关于强制性的亲自出庭,程序中不应规定过多烦琐的要求。该程序所涉及的各方应有充分的权利证实其要求,并提出所有相关的证据。该程序应规定一种识别和保护机密性资料的方法,除非该规定与现行的宪法要求相抵触。

第43条　证据

1. 若一当事方已提交了足以支持其要求的合理有效的证据,并具体指明了由对方掌握的与证实其要求有关的证据,则司法当局应有权决定按照在此类案件中确保对机密性资料保护的条件,令对方出示该证据。

2. 若诉讼一当事方有意地并无正当理由地拒绝有关方面使用或在合理期限内未提供必要的资料,或严重地妨碍与某一强制行动有关的程序,则一成员方可授权司法当局根据呈交上来的信息,包括因被拒绝使用信息而受到不利影响的一方呈交的申诉和事实陈述,作出或是肯定的或是否定的最初和最终裁决。这一切须在向各方提供机会听到断言或证据的情况下进行。

第44条　禁令

1. 司法当局应有权命令一当事方停止侵权行为,特

别是在涉及对知识产权有侵权行为的进口货物结关之后,立即阻止这些货物进入其司法管辖区内的商业渠道。各成员方对涉及由个人在得知或有合理的根据得知经营受保护产品会构成对知识产权的侵犯之前获得或订购的该产品不必提供此项授权。

2. 尽管有本部分的其他规定,若第二部分中专门阐述的关于未经权利人授权的政府使用或由政府授权的第三方的使用的各项规定得到遵守,则各成员方可将针对此类使用的可资利用的补救措施限制在依据第31条第(8)子款的补偿金支付上。在其他情况下,本部分的补救措施应适用,或者若这些补救措施与成员方的法律不符,则应适用宣告性判决和适当的补偿金。

第45条　损害

1. 司法当局有权令故意从事侵权活动或有合理的根据知道是在从事侵权活动的侵权人就因侵权人对权利所有人知识产权的侵犯而对权利所有人造成的损害向其支付适当的补偿。

2. 司法当局有权令侵权人向权利所有人支付费用,可能包括聘请律师的有关费用。在有关案件中,即使侵权人并非故意地从事侵权活动或有合理的根据知道其正在从事侵权活动,成员方仍可授权司法当局下令追偿利润和/或支付预先确定的损失。

第46条　其他补救

为了对侵权行为造成有效的威慑,司法当局有权对其发现正在侵权的货物以避免对权利所有人造成损害的方式不作任何补偿地在商业渠道以外予以处置,或者在不与现行法律要求相抵触的情况下予以销毁。司法当局还有权令在侵权物品生产中主要使用的材料和工具以减少进一步侵权危险的方式不作任何补偿地在商业渠道以外予以处置。在考虑此类请求时,应考虑侵权的严重程度与被决定的补救两者相称的必要性以及第三者的利益。对于仿冒商标产品,除例外情况,仅仅除去非法所贴商标还不足以允许将该产品放行到商业渠道之中。

第47条　告知权

成员方可规定,司法当局有权令侵权人将与侵权产品或服务的生产、销售有牵连的第三方的身份及其销售渠道告知权利所有人,除非这种授权与侵权的危害程度不成比例。

第48条　被告的赔偿

1. 司法当局有权令应其请求而采取措施并滥用实施程序的申诉方向受到错误命令或抑制的被告方因此种滥用而遭受的损害提供补偿。司法当局还应有权令申诉

方支付被告方的费用,可能包括聘请律师的有关费用。

2. 关于与知识产权的保护或实施有关的任何法律的实施,若政府机构和政府官员在实施法律过程中有诚意地采取了行动或打算采取行动,则应仅免除其对适当补救措施的责任。

第 49 条　行政程序

在决定以民事补救作为案件的行政程序之结果的范围内,此类程序应遵守与本节中所规定的那些原则大体相等的原则。

第 3 节　临时措施

第 50 条

1. 司法当局应有权决定及时、有效的临时措施:

(1)阻止知识产权侵权行为的发生,特别是阻止包括刚刚结关的进口商品在内的侵权商品进入其司法管辖区内的商业渠道;

(2)保护关于被断言的侵权行为的有关证据。

2. 在适当的情况下,特别是在任何延迟可能会给权利人带来不可弥补的损害或证据极有毁灭危险的情况下,司法当局有权采取适当的措施。

3. 司法当局有权要求申诉人提供合理有效的证据,以便司法当局充分肯定地确认申诉人就是权利人,申诉人的权利正在受到侵犯,或者这种侵犯即将发生。同时司法当局应要求申诉人提供足以保护被告和防止滥用的保证金或同等的担保。

4. 若临时措施已经采取,应在实施措施后最短时间内通知受影响的成员方。应被告之请求,应对这些措施进行重新审查,包括听取被告陈述,以便在关于措施的通报发出后的合理时间内决定这些措施是否应加以修正、撤销或确认。

5. 将要实施临时措施令的司法当局可以要求申诉人提供为鉴别相关产品所必需的其他资料。

6. 在成员方法律允许的情况下,对案件案情实质作出裁决的合理诉讼时间,由发布措施令的司法当局决定。在没有此种决定的情况下,该合理时间为不超过 20 个工作日或者 31 天,以长者为准。若此类诉讼在该合理时间内没有开始,则在不妨碍上述第 4 款规定的同时,按照上述第 1、第 2 款所采取的临时措施,应根据被告的请求予以撤销或使其停止生效。

7. 若临时措施被撤销,或由于申诉人的任何作为或疏忽而失效,或嗣后发现对知识产权的侵犯或侵犯的威胁并不存在,则应被告之请求,司法当局应有权令申诉人就这些措施对被告造成的任何损害向被告提供适当的赔偿。

8. 在能够决定以任何临时措施作为行政程序之结果的范围内,此类程序应遵守与本节中所规定的那些原则大体相等的原则。

第 4 节　与边境措施相关的特殊要求

第 51 条　海关当局的中止放行

成员方应依照以下规定采纳程序,使有确凿根据怀疑可能发生仿冒商标商品或盗版商品的进口的权利人能够以书面形式向主管的行政或司法当局提出由海关当局中止放行该货物进入自由流通的申请。在本节的要求得到满足的条件下,可使对含有其他侵犯知识产权行为货物的申请能够向成员方提出。成员方还可规定关于海关当局中止放行从其境内出口的侵权货物的相应程序。

第 52 条　申请

应要求任何启动上述第 51 条程序的权利人提供适当的证据,以使主管当局确信,根据进口国的法律,确有对权利人知识产权无可争辩的侵犯,并提供对该货物充分详细的描述,以使海关当局可以迅速地对其加以识别。主管当局应在一个合理的时间内通知申请人是否接受其请求,若主管当局决定受理,应通知申诉人海关当局采取行动的时间。

第 53 条　保证金或同等担保

1. 主管当局应有权要求申请人提供一笔足以保护被告和有关当局并阻止滥用的保证金或同等担保。该保证金或同等担保不应无理地阻碍对这些程序的援用。

2. 假如根据本节关于申请的规定,对涉及工业设计、专利、外观设计或未泄露信息的货物进入自由流通的放行已由海关当局根据非由司法或其他独立机构作出的裁决中止,下述第 55 条规定的期限已到期而仍未获得主管当局暂时放行的许可,而且假如关于进口的所有其他条件均得到了遵从,则该货物的所有人、进口商或收货人在提交了一笔其数额足以保护权利人不受侵权损害的保证金的条件下,应有权使该货物放行。保证金的支付不应妨碍向权利人作其他有效的补偿。显然,如果权利人在一段合理的时间内没有寻求起诉权,则保证金应予免除。

第 54 条　中止通知

根据上述第 51 条的规定,货物放行一旦被中止,应立即通知进口商和申请人。

第 55 条　中止的持续期限

若在申请人被送达中止通知后不超过 10 个工作日之内,海关当局仍未接到关于被告以外的一方已开始将会导致对案件的案情实质作出裁决的诉讼,或者主管当局已采取延长对货物放行中止的临时措施的通知,则只要进口或出口的所有其他条件均已得到了遵从,该货物便应予放行。在适当的情况下,上述期限可再延长 10 个工作日。若导致对一案件案情实质作出裁决的诉讼已经开始,则应被告之请求,应进行审查,包括听取被告的陈述,以便决定在一段合理的时间内这些措施是否应加以修正、撤销或确认。尽管有上述规定,或货物的放行已经被中止,或根据临时司法措施继续被中止,则第 50 条第 6 款的规定应适用。

第 56 条　对商品进口商和货主的补偿

有关当局应有权令申请人就因错误扣押货物或扣押根据上述第 55 条规定应予放行的货物而对进口商、收货人和货主所造成的损害向其支付适当的赔偿。

第 57 条　资料和调查权

在不妨碍对机密资料进行保护的同时,成员方应授权主管当局给予权利人使被海关当局扣押的货物接受检查以证实权利人要求的充分机会。有关当局也应有权给予进口商使任何此类货物接受检查的同等机会。若对案件的案情实质已作出了积极的裁决,成员方可以授权主管当局将有关发货人、进口商和收货人的姓名和地址以及有关货物的数量通知权利人。

第 58 条　依职权之行为

若成员方要求主管当局主动采取行动,中止放行其已获得无可争辩的证据证明知识产权正在受到侵犯的货物,则:

(1)主管当局在任何时候均可从权利人处寻求任何有助于其行使权力的资料;

(2)应迅速地将该中止通知进口商和权利人。若进口商已就中止一事向主管当局呈交了上诉,则中止应按上述第 55 条规定的经对细节作了必要修改的条件进行;

(3)若政府机构和政府官员有诚意地采取了行动或者打算采取行动,则成员方仅应免除其对适当补救措施所应承担的责任。

第 59 条　补救

在不妨碍权利人其他行动权和被告向司法当局寻求审查权利的同时,主管当局根据上述第 46 条的规定,应有权下令销毁或处理侵权货物,对于仿冒商标的货物,当局应不允许侵权货物原封不动地再出口,或使其按照不同的海关程序办理,例外情况除外。

第 60 条　少量进口

对于旅游者和私人行李中携带的或少量寄存的非商业性质的少量货物,成员方可免除上述条款的适用。

第 5 节　刑事程序

第 61 条

成员方应规定刑事程序和惩罚,至少适用于具有商业规模的故意的商标仿冒和盗版案件。可资利用的补救措施应包括足以构成一种威慑的与对相应程度的刑事犯罪适用的处罚水平相同的监禁和/或罚款措施。在适当的案件中,可资利用的补救措施还包括对侵权货物及在从事此种违法行为时主要使用的材料和工具予以扣押、没收和销毁。成员方可规定适用于其他侵犯知识产权案件的刑事程序和惩罚,特别是对于故意和具有商业规模的侵权案件。

第四部分　知识产权的取得和保持及相关程序

第 62 条

1. 成员方可要求遵循合理的程序和手续,以此作为第二部分第 2 至第 6 节所规定的知识产权的取得和保持的一项条件。此类程序和手续应符合本协议的规定。

2. 若知识产权的取得以知识产权被授予或登记为准,则成员方应确保在符合取得知识产权的实质性条件的情况下,允许在一段合理时间内授予或登记权利,以避免保护期限被不适当地缩短。

3. 1967 年《巴黎公约》第 4 条应在对细节作必要修改之后适用于服务标记。

4. 有关知识产权之取得和保持的程序、有关行政撤销的程序(若成员方的法律规定了这样的程序),有关诸如抗辩、撤销和废除等的程序,应服从第 41 条第 2 款和第 3 款规定的总原则。

5. 上述第 4 款所涉及的任何程序中的最终行政决定应接受司法当局或准司法当局的审查。然而,在抗辩和行政撤销不成功的情况下,假若此类程序的基础可能成为程序无效的原因,则没有任何义务为对裁决进行此类审查提供机会。

第五部分　争端的预防和解决

第 63 条　透明度

1. 由一成员方制度实施的关于本协议主题事项(知识产权的效力、范围、取得、实施和防止滥用问题)的法律和规章、对一般申请的最终司法裁决和行政裁决,应以该国官方语言,以使各成员方政府和权利人能够熟悉的方式予以公布;若此种公布不可行,则应使之可以公开利用。正在实施中的一成员方的政府或一政府机构与另一成员方政府或一政府机构之间关于本协议主题事项的各项协议也应予以公布。

2. 成员方应将上述第 1 款所述及的法律和规章通报与贸易有关的知识产权理事会，以协助理事会对本协议的执行情况进行检查。理事会应最大限度地减轻成员方在履行该项义务方面的负担。若与世界知识产权组织就建立一份含有这些法律和规章的共同登记簿一事进行的磋商取得成功，理事会便可决定免除直接向理事会通报此类法律和规章的义务。理事会在这方面还应考虑采取本协议从 1967《巴黎公约》第 6 条的各项规定派生出来的各项义务所要求的与通报有关的任何行动。

3. 应另一成员方的书面请求，每一成员方应准备提供上述第 1 款所述及的资料。一成员方在有理由相信知识产权领域中某个特定的司法裁决、行政裁决或双边协议影响到其由本协议所规定的权利时，也可以书面形式要求向其提供或充分详尽地告知该特定的司法裁决、行政裁决或双边协议。

4. 上述第 1 至第 3 款中无任何规定要求成员方泄露将会妨碍法律实施、或违背公共利益、或损害特定的国营或私营企业合法商业利益的资料。

第 64 条　争端解决

1. 由争端解决谅解所详细阐释并运用的 1994 关贸总协定第 22 条和第 23 条的各项规定应运用于本协议下的争端磋商与解决，本协议中另有规定者除外。

2. 在自世界贸易组织协定生效之日起的 5 年之内，1994 关贸总协定第 23 条第 1 款第（2）和第（3）子款不应适用于本协议下的争端解决。

3. 在第 2 款所述及的期限内，与贸易有关的知识产权理事会应检查根据本协议提出的由 1994 关贸总协定第 23 条第 1 款第（2）和第（3）子款所规定的那种类型控诉的规模和形式，并向部长级会议提交建议请其批准。部长级会议关于批准此类建议或延长第 2 款中所述及时限的任何决定，只应以全体一致的方式作出，被批准的建议应对所有成员方生效，无须进一步的正式接受程序。

第六部分　过渡期安排

第 65 条　过渡期安排

1. 根据下述第 2、第 3 和第 4 款的规定，成员方无义务在世界贸易组织协定生效之日后一般 1 年期满之前适用于本协议的规定。

2. 发展中国家成员方有权将第 1 款中所确定的本协议除第 3、第 4 和第 5 条以外的各项规定的适用日期推迟 4 年时间。

3. 处于由中央计划经济向市场、私营企业经济转换进程中的和正在进行知识产权制度结构改革并在制定和

实施知识产权法方面面临特殊困难的任何其他成员方，也可从上述第 2 款所述及的期限推迟中获益。

4. 发展中国家成员方如果按本协议有义务在上述第 2 款所规定的本协议对该成员方适用之日将对产品专利的保护扩大到在其境内无法加以保护的技术领域，则可将第二部分第 5 节关于产品专利的规定对此类技术领域的适用再推迟 5 年时间。

5. 利用上述第 1、第 2、第 3 和第 4 款所规定过渡期的成员方应保证在该时期内其法律、规章和作法中的任何变更不导致它们与本协议规定相一致的程度降低。

第 66 条　最不发达国家成员方

1. 鉴于最不发达国家成员方的特殊需要和要求，其经济、财政和行政的压力，以及其对创造一个可行的技术基础的灵活性的需要，不应要求这些成员方在自上述第 65 条第 1 款所规定的适用日期起的 10 年内适用本协议，第 3、第 4 和第 5 条除外。应最不发达国家无可非议的请求，与贸易有关的知识产权理事会应将此期限予以延长。

2. 发达国家缔约方应给境内的企业和机构提供奖励，以促进和鼓励对最不发达国家成员方转让技术，使其能够建立一个稳固可行的技术基础。

第 67 条　技术合作

为便于本协议的实施，发达国家成员方应根据请求和双边达成的条件，向发展中国家和最不发达国家成员方提供对其有利的技术和金融合作。此类合作应包括协助制定对有关知识产权保护、实施及阻止滥用的法律和规章，还应包括对设立和加强与这些事项有关的国内机关和机构包括人员培训提供支持。

第七部分　机构安排和最后条款

第 68 条　与贸易有关的知识产权理事会

与贸易有关的知识产权理事会应对本协议的执行情况，尤其是成员方履行本协议所规定义务的情况进行监督，并应为成员方提供与贸易有关的知识产权事宜进行磋商的机会。理事会应履行成员方指定给它的其他职责，尤其应在争端解决程序方面对成员方提出的请求提供帮助。在行使其职能时，与贸易有关的知识产权理事会可与它认为合适的方面进行磋商，并从那里寻找资料。在与世界知识产权组织进行磋商时，理事会应谋求在其第一次会议的 1 年内作出与该组织所属各机构进行合作的适当安排。

第 69 条　国际合作

成员方同意相互进行合作，以消除侵犯知识产权商品的国际贸易。为此，它们应在其行政范围内设立和通

报联络站，并随时交流关于侵权商品贸易的情报。它们尤其应促进海关当局之间在仿冒商标商品和盗版商品贸易方面的情报交流与合作。

第 70 条　对现有标的事项的保护

1. 对于某个成员方在本协议对其适用之日以前发生的行为，本协议不规定该成员方承担任何义务。

2. 本协议另有规定者除外，对于在本协议对有关成员方适用之日已存在的事项，及在该日期在该成员方受到保护的事项或在本协议规定的期限内达到或以后将要达到保护标准的所有标的事项，本协议规定义务。与本款和下述第 3、第 4 款有关的关于现有著作的版权义务仅应根据 1971《伯尔尼公约》第 18 条来决定，关于现有唱片的唱片制作商和表演者的权利仅应根据 1971《伯尔尼公约》第 18 条来决定，该条的适用办法由本协议第 14 条第 6 款作了具体规定。

3. 对于在本协议适用之日处于无专利权状态的标的事项，没有对其恢复保护的义务。

4. 关于在按照与本协议相一致立法的条件已构成侵权的、并在有关成员方接受世界贸易组织协定之日以前已开始的或已对其进行了大量投资的体现受保护标的事项的特定对象方面的任何行为，任何成员方可为在本协议对那一成员方生效之日以后此类行为继续发生的情况下，权利人可以利用的补救措施规定一个限度。然而，在此情况下，该成员方至少应规定支付合理的补偿。

5. 成员方没有义务在本协议对其适用之日以前适用关于购买的原物或复制品的第 11 条和第 14 条第 4 款规定。

6. 不应要求成员方将第 31 条或第 27 条第 1 款关于对技术领域专利权的享用应一视同仁的规定适用于本协议生效之日以前未经权利人许可而经政府授权的使用。

7. 在以登记为保护条件的知识产权方面，对于在本协议对有关成员方适用之日仍未得到批准的保护申请，应允许对其作正式修改，以要求根据本协议的规定加强保护。此类修改不得包括新事项。

8. 若世界贸易组织协定生效之日已到而一成员方仍未能对药品和农用化学品提供与其根据第 27 条所承担义务相当的有效的专利保护，则该成员方应：

（1）尽管有第五部分的规定，仍自建立世界贸易组织协定生效之日起，规定一种使关于此类发明的专利申请得以提出的方式；

（2）自本协议适用之日起，将本协议所规定的授予专利权标准适用于这些申请，视这些标准已由成员方在申请提出之日，或若优先权有效并已被提出权利要求，则在优先权申请之日予以适用；

（3）自专利被批准时起，并在自依照本协议第 33 条的申请提出之日计起的专利期的其余部分，对符合上述第（2）子款保护标准的申请提供专利保护。

9. 若按第 8 款第（1）子款，一项产品是一成员方内的专利申请对象，则尽管有第五部分的规定，应自在那一成员方获准进行市场销售之时计起给予其独占的市场销售权 5 年，或直到一项产品专利在那一成员方被批准或拒绝之时，以时间较短者为准，条件是在世界贸易组织协定生效之后，在另一成员方那项产品的专利申请已被提出，专利已被批准，并获准在该另一成员方进行市场销售。

第 71 条　审查和修正

1. 与贸易有关的知识产权理事会应在上述第 65 条第 2 款所述及的过渡期期满之后，对本协议的履行情况进行审查。理事会应参考在履行中获得的经验在过渡期期满之日 2 年后对本协议的履行情况进行审查，并在此后每隔两年审查一次。理事会也可根据可能成为对本协议进行修改或修正之理由的任何有关的新情况进行审查。

2. 仅为适应在已生效的其他国际协议中已达到的和根据那些国际协议为世界贸易组织所有成员方所接受的对知识产权更高的保护程度而提出的修正案可提交部长级会议，以便其根据与贸易有关的知识产权理事会一致同意的建议采取与世界贸易组织协定第 10 条第 6 款相符的行动。

第 72 条　保留

未经其他成员方的同意，不得对本协议的任何条款作出保留。

第 73 条　保障的例外规定

本协议中的任何内容均不应解释为：

（1）要求一成员方提供他认为其泄露违背其根本安全利益的任何资料。

（2）阻止任一成员方采取他认为是对保护其根本安全利益所必需的行动：

①与裂变物质或从中获取裂变物质的物质有关的；

②与枪支、弹药和战争工具走私有关的，以及与直接或间接为供给军方之目的而从事的其他货物和物资的走私有关的；

③在战时或在国际关系中出现其他紧急情况时采取的。

（3）阻止任何成员方为根据《联合国宪章》所承担的维持国际和平与安全的义务而采取的行动。

伯尔尼保护文学和艺术作品公约

·1886 年 9 月 9 日在伯尔尼签订
·1896 年 5 月 4 日在巴黎补充完备，1908 年 11 月 13 日在柏林修订，1914 年 3 月 20 日在伯尔尼补充完备，1928 年 6 月 2 日在罗马修订，1948 年 6 月 26 日在布鲁塞尔修订，1967 年 7 月 14 日在斯德哥尔摩修订，1971 年 7 月 24 日在巴黎修订，1979 年 9 月 28 日更改

本同盟各成员国，共同受到尽可能有效、尽可能一致地保护作者对其文学和艺术作品所享权利的愿望的鼓舞，

承认 1967 年在斯德哥尔摩举行的修订会议工作的重要性，

决定修订斯德哥尔摩会议通过的公约文本但不更动该公约文本第一至二十条和第二十二至二十六条。

下列签字的全权代表经交验全权证书认为妥善后，兹协议如下：

第一条　适用本公约的国家为保护作者对其文学和艺术作品所享权利结成一个同盟。

第二条

1."文学和艺术作品"一词包括文学、科学和艺术领域内的一切成果，不论其表现形式或方式如何，诸如书籍、小册子和其他文字作品；讲课、演讲、讲道和其他同类性质作品；戏剧或音乐戏剧作品；舞蹈艺术作品和哑剧；配词或未配词的乐曲；电影作品和以类似摄制电影的方法表现的作品；图画、油画、建筑、雕塑、雕刻和版画作品；摄影作品和以类似摄影的方法表现的作品；实用艺术作品；与地理、地形、建筑或科学有关的插图、地图、设计图、草图和立体作品。

2. 本同盟各成员国得通过国内立法规定所有作品或任何特定种类的作品如果未以某种物质形式固定下来便不受保护。

3. 翻译、改编、乐曲改编以及对文学或艺术作品的其他变动应得到与原作同等的保护，但不得损害原作的版权。

4. 本同盟各成员国对立法、行政或司法性质的官方文件以及这些文件的正式译本的保护由其国内立法确定。

5. 文学或艺术作品的汇编，诸如百科全书和选集，凡由于对材料的选择和编排而构成智力创作的，应得到相应的、但不损害汇编内每一作品的版权的保护。

6. 本条所提到的作品在本同盟所有成员国内享受保护。此种保护系为作者及其权利继承人的利益而行使。

7. 在遵守本公约第七条第四款之规定的前提下，本同盟各成员国得通过国内立法规定其法律在何种程度上适用于实用艺术作品以及工业品平面和立体设计，以及此种作品和平面与立体设计受保护的条件。在起源国仅仅作为平面与立体设计受到保护的作品，在本同盟其他成员国只享受该国给予平面和立体设计的那种专门保护；但如在该国并不给予这种专门保护，则这些作品将作为艺术作品得到保护。

8. 本公约的保护不适用于日常新闻或纯属报刊消息性质的社会新闻。

第二条之二

1. 政治演说和诉讼过程中发表的言论是否全部或部分地排除于上条提供的保护之外，属于本同盟各成员国国内立法的范围。

2. 公开发表的讲课、演说或其他同类性质的作品，如为新闻报道的目的有此需要，在什么条件下可由报刊登载，进行广播或向公众传播，以及以第十一条之二第一款的方式公开传播，也属于本同盟各成员国国内立法的范围。

3. 然而，作者享有将上两款提到的作品汇编的专有权利。

第三条

1. 根据本公约，

（a）作者为本同盟任何成员国的国民者，其作品无论是否已经出版，都受到保护；

（b）作者为非本同盟任何成员国的国民者，其作品首次在本同盟一个成员国出版，或在一个非本同盟成员国和一个同盟成员国同时出版的都受到保护。

2. 非本同盟任何成员国的国民但其惯常住所在一个成员国国内的作者，为实施本公约享有该成员国国民的待遇。

3."已出版作品"一词指得到作者同意后出版的作品，而不论其复制件的制作方式如何，只要从这部作品的性质来看，复制件的发行方式能满足公众的合理需要。戏剧、音乐戏剧或电影作品的表演，音乐作品的演奏，文学作品的公开朗诵，文学或艺术作品的有线传播或广播，美术作品的展出和建筑作品的建造不构成出版。

4. 一个作品在首次出版后三十天内在两个或两个以上国家内出版,则该作品应视为同时在几个国家内出版。

第四条　下列作者,即使不具备第三条规定的条件,仍然适用本公约的保护:

(a)制片人的总部或惯常住所在本同盟某一成员国内的电影作品的作者;

(b)建造在本同盟某一成员国内的建筑作品或构成本同盟某一成员国内建筑物一部分的平面和立体艺术作品的作者。

第五条

1. 就享有本公约保护的作品而论,作者在作品起源国以外的本同盟成员国中享有各该国法律现在给予和今后可能给予其国民的权利,以及本公约特别授予的权利。

2. 享有和行使这些权利不需要履行任何手续,也不论作品起源国是否存在保护。因此,除本公约条款外,保护的程度以及为保护作者权利而向其提供的补救方法完全由被要求给以保护的国家的法律规定。

3. 起源国的保护由该国法律规定。如作者不是起源国的国民,但其作品受公约保护,该作者在该国仍享有同本国作者相同的权利。

4. 起源国指的是:

(a)对于首次在本同盟某一成员国出版的作品,以该国家为起源国;对于在分别给予不同保护期的几个本同盟成员国同时出版的作品,以立法给予最短保护期的国家为起源国;

(b)对于同时在非本同盟成员国和本同盟成员国出版的作品,以后者为起源国;

(c)对于未出版的作品或首次在非本同盟成员国出版而未同时在本同盟成员国出版的作品,以作者为其国民的本同盟成员国为起源国,然而

(1)对于制片人总部或惯常住所在本同盟一成员国内的电影作品,以该国为起源国。

(2)对于建造在本同盟一成员国内的建筑作品或构成本同盟某一成员国建筑物一部分的平面和立体艺术作品,以该国为起源国。

第六条

1. 任何非本同盟成员国如未能充分保护本同盟某一成员国国民作者的作品,成员国可对首次出版时系该非同盟成员国国民而又不在成员国内有惯常住所的作者的作品的保护加以限制。如首次出版国利用这种权利,则本同盟其他成员国对由此而受到特殊待遇的作品也无

须给予比首次出版国所给予的更广泛的保护。

2. 前款所规定的任何限制均不影响在此种限制实施之前作者在本同盟任一成员国出版的作品已经获得的权利。

3. 根据本条对版权之保护施加限制的本同盟成员国应以书面声明通知世界知识产权组织总干事(以下称总干事),说明保护受到限制的国家以及这些国家国民的作者的权利所受的限制。总干事应立即向本同盟所有成员国通报该项声明。

第六条之二

1. 不受作者经济权利的影响,甚至在上述经济权利转让之后,作者仍保有要求其作品作者身份的权利,并有权反对对其作品的任何有损其声誉的歪曲、割裂或其他更改,或其他损害行为。

2. 根据以上第一款给予作者的权利,在其死后应至少保留到作者经济权利期满为止,并由被要求给予保护的国家本国法所授权的人或机构行使之。但在批准或加入本公约文本时其法律中未包括有保证在作者死后保护以上第一款承认的全部权利的各国,有权规定对这些权利中某些权利在作者死后不予保留。

3. 为保障本条所承认的权利而采取的补救方法由被要求给予保护的国家的法律规定。

第七条

1. 本公约给予保护的期限为作者有生之年及其死后五十年内。

2. 但就电影作品而言,本同盟成员国有权规定保护期在作者同意下自作品公之于众后五十年期满,如自作品完成后五十年内尚未公之于众,则自作品完成后五十年期满。

3. 至于不具名作品和假名作品,本公约给予的保护期自其合法公之于众之日起五十年内有效。但根据作者采用的假名可以毫无疑问地确定作者身份时,该保护期则为第一款所规定的期限。如不具名作品或假名作品的作者在上述期间内公开其身份,所适用的保护期为第一款所规定的保护期限。本同盟成员国没有义务保护有充分理由推定其作者已死去五十年的不具名作品或假名作品。

4. 摄影作品和作为艺术作品保护的实用艺术作品的保护期限由本同盟各成员国的法律规定;但这一期限不应少于自该作品完成之后算起的二十五年。

5. 作者死后的保护期和以上第二、三、四款所规定的期限从其死亡或上述各款提及事件发生之时开始,但

这种期限应从死亡或所述事件发生之后次年的一月一日开始计算。

6. 本同盟成员国有权给予比前述各款规定更长的保护期。

7. 受本公约罗马文本约束并在此公约文本签署时有效的本国法律中规定了短于前述各款期限的保护期的本同盟成员国，有权在加入或批准此公约文本时维持这种期限。

8. 无论如何，期限将由被要求给予保护的国家的法律加以规定；但是，除该国家的法律另有规定者外，这种期限不得超过作品起源国规定的期限。

第七条之二　前条的规定同样适用于版权为合作作者共有的作品，但作者死后的保护期应从最后死亡的作者死亡时算起。

第八条　受本公约保护的文学艺术作品的作者，在对原作享有权利的整个保护期内，享有翻译和授权翻译其作品的专有权利。

第九条

1. 受本公约保护的文学艺术作品的作者，享有授权以任何方式和采取任何形式复制这些作品的专有权利。

2. 本同盟成员国法律得允许在某些特殊情况下复制上述作品，只要这种复制不损害作品的正常使用也不致无故侵害作者的合法利益。

3. 所有录音或录像均应视为本公约所指的复制。

第十条

1. 从一部合法公之于众的作品中摘出引文，包括以报刊提要形式引用报纸期刊的文章，只要符合合理使用，在为达到目的的正当需要范围内，就属合法。

2. 本同盟成员国法律以及成员国之间现有或将要签订的特别协议得规定，可以合法地通过出版物、无线电广播或录音录像使用文学艺术作品作为教学的解说的权利，只要是在为达到目的的正当需要范围内使用，并符合合理使用。

3. 前面各款提到的摘引和使用应说明出处，如原出处有作者姓名，也应同时说明。

第十条之二

1. 本同盟各成员国的法律得允许通过报刊、广播或对公众有线传播，复制发表在报纸、期刊上的讨论经济、政治或宗教的时事性文章，或具有同样性质的已经广播的作品，但以对这种复制、广播或有线传播并未明确予以保留的为限。然而，均应明确说明出处；对违反这一义务的法律责任由被要求给予保护的国家的法律确定。

2. 在用摄影或电影手段，或通过广播或对公众有线传播报道时事新闻时，在事件过程中看到或听到的文学艺术作品在为报道目的的正当需要范围内予以复制和公之于众的条件，也由本同盟各成员国的法律规定。

第十一条

1. 戏剧作品、音乐戏剧作品和音乐作品的作者享有下列专有权利：

（1）授权公开表演和演奏其作品，包括用各种手段和方式公开表演和演奏；

（2）授权用各种手段公开播送其作品的表演和演奏。

2. 戏剧作品或音乐戏剧作品的作者，在享有对其原作的权利的整个期间应享有对其作品的译作的同等权利。

第十一条之二

1. 文学艺术作品的作者享有下列专有权利：

（1）授权广播其作品或以任何其他无线传送符号、声音或图像的方法向公众传播其作品；

（2）授权由原广播机构以外的另一机构通过有线传播或转播的方式向公众传播广播的作品；

（3）授权通过扩音器或其他任何传送符号、声音或图像的类似工具向公众传播广播的作品。

2. 行使以上第一款所指的权利的条件由本同盟成员国的法律规定，但这些条件的效力严格限于对此作出规定的国家。在任何情况下，这些条件均不应有损于作者的精神权利，也不应有损于作者获得合理报酬的权利，该报酬在没有协议情况下应由主管当局规定。

3. 除另有规定外，根据本条第一款的授权，不意味着授权利用录音或录像设备录制广播的作品。但本同盟成员国法律得确定一广播机构使用自己的设备并为自己播送之用而进行临时录制的规章。本同盟成员国法律也可以由于这些录制品具有特殊文献性质而批准由国家档案馆保存。

第十一条之三

1. 文学作品的作者享有下列专有权利：

（1）授权公开朗诵其作品，包括用各种手段或方式公开朗诵；

（2）授权用各种手段公开播送其作品的朗诵。

2. 文学作品作者在对其原作享有权利的整个期间，应对其作品的译作享有同等权利。

第十二条　文学艺术作品的作者享有授权对其作品进行改编、音乐改编和其他变动的专有权利。

第十三条

1. 本同盟每一成员国可就其本国情况对音乐作品

作者及允许其歌词与音乐作品一道录音的歌词作者授权对上述音乐作品以及有歌词的音乐作品进行录音的专有权利规定保留及条件;但这类保留及条件之效力严格限于对此作出规定的国家,而且在任何情况下均不得损害作者获得在没有协议情况下由主管当局规定的合理报酬的权利。

2. 根据1928年6月2日在罗马和1948年6月26日在布鲁塞尔签订的公约第十三条第三款在本同盟成员国内录制的音乐作品的录音,自该国受本文本约束之日起的两年期限以内,可以不经音乐作品的作者同意在该国进行复制。

3. 根据本条第一、二款制作的录音制品,如未经有关方面批准进口,视此种录音为侵权录音制品的国家,可予扣押。

第十四条

1. 文学艺术作品的作者享有下列专有权利:

(1)授权将这类作品改编和复制成电影以及发行经过如此改编或复制的作品;

(2)授权公开表演、演奏以及向公众有线传播经过如此改编或复制的作品。

2. 根据文学或艺术作品制作的电影作品以任何其他艺术形式改编,在不妨碍电影作品作者授权的情况下,仍须经原作者授权。

3. 第十三条第一款的规定应不适用(于电影)。

第十四条之二

1. 在不损害已被改编或复制的作品的版权的情况下,电影作品应作为原作受到保护。电影作品版权所有者享有与原作者同等的权利,包括前一条提到的权利。

2.(a)确定电影作品版权的所有者,属于被要求给予保护的国家法律规定的范围。

(b)然而,在其法律承认参加电影作品制作的作者应属于版权所有者的本同盟成员国内,这些作者,如果应允参加此项工作,除非有相反或特别的规定,不能反对对电影作品的复制、发行、公开表演、演奏、向公众有线传播、广播、公开传播、配制字幕和配音。

(c)为适用本款b项,上面提到的应允形式是否应是一项书面合同或一项相当的文书,这一问题应由电影制片人总部或惯常住所所在的本同盟成员国的法律加以规定。然而被要求给予保护的本同盟成员国的法律得规定这一应允应以书面合同或相当的文书的形式。法律作出此种规定的国家应以书面声明通知总干事,并由后者将这一声明立即通知本同盟所有其他成员国。

(d)"相反或特别的规定"指与上述应允有关的任何限制性条件。

3. 除非本国法律另有规定,本条第二款b项之规定不适用于为电影作品创作的剧本、台词和音乐作品的作者,也不适用于电影作品的主要导演。但本同盟成员国中其法律并未规定对电影导演适用本条第二款b项者,应以书面声明通知总干事,总干事应将此声明立即转达本同盟所有其他成员国。

第十四条之三

1. 对于艺术作品原作和作家与作曲家的手稿,作者或作者死后由国家法律所授权的人或机构享有不可剥夺的权利,在作者第一次转让作品之后对作品进行的任何出售中分享利益。

2. 只有在作者本国法律承认这种保护的情况下,才可在本同盟的成员国内要求上款所规定的保护,而且保护的程度应限于被要求给予保护的国家的法律所允许的程度。

3. 分享利益之方式和比例由各国法律确定。

第十五条

1. 受本公约保护的文学艺术作品的作者,只要其名字以通常方式出现在该作品上,在没有相反证据的情况下,即视为该作品的作者并有权在本同盟成员国中对侵犯其权利的人提起诉讼。即使作者采用的是假名,只要根据作者的假名可以毫无疑问地确定作者的身份,本款也同样适用。

2. 以通常方式在电影作品上署名的自然人或法人,除非有相反的证据,即推定为该作品的制片人。

3. 对于不具名作品和以上第一款所述情况以外的假名作品,如果出版者的名字出现在作品上,在没有相反证据的情况下,该出版者即视为作者的代表,并以此资格有权维护和行使作者的权利。当作者公开其身份并证实其为作者时,本款的规定即停止适用。

4.(a)对作者的身份不明但有充分理由推定该作者是本同盟某一成员国国民的未出版的作品,该国法律得指定主管当局代表该作者并有权维护和行使作者在本同盟成员国内之权利。

(b)根据本规定而指定主管当局的本同盟成员国应以书面声明将此事通知总干事,声明中写明被指定的当局全部有关情况。总干事应将此声明立即通知本同盟所有其他成员国。

第十六条

1. 对作品的侵权复制品,在作品受法律保护的本同盟成员国应予扣押。

2. 上款规定同样适用于来自对某作品不予保护或停止保护的国家的复制品。

3. 扣押应按各国法律实行。

第十七条　如果本同盟任何成员国的主管当局认为有必要对于任何作品或制品的发行、演出、展出,通过法律或条例行使许可、监督或禁止的权力,本公约的条款绝不应妨碍本同盟各成员国政府的这种权力。

第十八条

1. 本公约适用于所有在本公约开始生效时尚未因保护期满而在其起源国进入公有领域的作品。

2. 但是,如果作品因原来规定的保护期已满而在被要求给予保护的国家已进入公有领域,则该作品不再重新受保护。

3. 本原则应按照本同盟成员国之间现有的或将要缔结的有关特别公约所规定的条款实行。在没有这种条款的情况下,各国分别规定实行上述原则的条件。

4. 新加入本同盟时以及因实行第七条或放弃保留而扩大保护范围时,以上规定也同样适用。

第十九条　如果本同盟成员国的本国法律提供更广泛的保护,本公约条款不妨碍要求适用这种规定。

第二十条　本同盟各成员国政府保留在它们之间签订给予作者比本公约所规定的更多的权利,或者包括不违反本公约的其他条款的特别协议的权利。凡符合上述条件的现有协议的条款仍然适用。

第二十一条

1. 有关发展中国家的特别条款载于附件。

2. 在符合第二十八条第一款 b 项规定的前提下,附件构成本文本的组成部分。

第二十二条

1.(a)本同盟设一大会,由受第二十二至二十六条约束的本同盟成员国组成。

(b)每一国家的政府由一名代表作为其代表,并可由若干名副代表、顾问及专家协助之。

(c)每个代表团的费用由指派它的政府负担。

2.(a)大会:

(1)处理有关维持及发展本同盟以及实施本公约的一切问题;

(2)在适当考虑到不受第二十二至二十六条约束的本同盟成员国的意见的情况下,向成立世界知识产权组织(以下简称"产权组织")的公约中提到的国际知识产权局(以下简称"国际局")发出有关筹备修订会议的指示;

(3)审查和批准产权组织总干事有关本同盟的报告及活动,向其发出有关本同盟主管问题的必要指示;

(4)选举大会执行委员会成员;

(5)审查和批准执行委员会的报告及活动,并向它发出指示;

(6)制订计划,通过本同盟二年期预算和批准其决算;

(7)通过本同盟财务条例;

(8)设立为实现同盟目标而需要的专家委员会和工作组;

(9)决定哪些非本同盟成员国和政府间组织及非政府间国际性组织以观察员身份参加它的会议;

(10)通过对第二十二至二十六条的修改;

(11)为实现本同盟目标而采取其他适宜行动;

(12)履行本公约所包含的其他所有任务;

(13)行使成立产权组织的公约所赋予它的并为它所接受的权利。

(b)对于还涉及产权组织管理的其他同盟的问题,大会在了解到产权组织协调委员会的意见后作出决定。

3.(a)大会每一成员国有一票。

(b)大会成员国的半数构成法定人数。

(c)尽管有 b 项的规定,如开会时出席国家不足半数,但相当或多于大会成员国三分之一,则可作出决定;除有关大会程序之决定外,大会的决定须具备下列条件方可执行:国际局将上述决定通知未出席大会的成员国,请它们在上述通知之日起三个月内用书面投票或弃权。如果在期满时,用这样方式投票或弃权的国家的数目达到开会时法定人数的欠缺数目,同时已获得必要的多数,上述决定即可执行。

(d)除第二十六条第二款规定的情况外,大会的决定以投票数三分之二的多数通过。

(e)弃权不视为投票。

(f)一名代表只能代表一国,也只能以该国名义投票。

(g)非大会成员国的本同盟成员国以观察员身份参加会议。

4.(a)大会每二年举行一届常会,由总干事召集,除特殊情况外,与产权组织的全体大会在同时同地举行。

(b)大会在执行委员会的要求下或大会成员国四分之一的国家的要求下,应由总干事召集举行特别会议。

5. 大会通过其议事规则。

第二十三条

1. 大会设执行委员会。

2. (a)执委会由大会在其成员国中选出的国家组成。此外,产权组织所在地的国家除第二十五条第七款 b 项的情况外,在执委会中有一当然席位。

(b)执委会每一成员国政府有一名代表作为其代表,可由若干名副代表、顾问及专家协助之。

(c)每个代表团的费用由指派它的政府负担。

3. 执委会成员国数目为大会成员国数目的四分之一。在计算席位时,以四相除剩下的余数不计算。

4. 在选举执委会成员国时,大会要适当考虑按地区公平分配和保证使可能签订有关本同盟的特别协议的国家参加执委会的必要性。

5. (a)执委会成员国的任期自它们当选的该届大会闭会时起至大会下届常会闭会时止。

(b)执委会的成员国重新当选的数目最多不得超过三分之二。

(c)大会制定执委会成员国选举和可能重新当选的程序。

6. (a)执行委员会:

(1)拟定大会议程草案;

(2)向大会提交有关总干事草拟的本同盟的计划草案和二年期预算草案的建议;

(3)(取消);

(4)向大会提交总干事的定期报告和年度财务审计报告,并附以必要的评论意见;

(5)根据大会决定并考虑到大会两届常会之间出现的情况,采取有利于总干事执行本同盟计划的一切措施;

(6)履行在本公约范围内赋予它的其他一切任务。

(b)对于还涉及产权组织管理的其他同盟的问题,执行委员会在了解到产权组织协调委员会的意见后作出决定。

7. (a)执委会在总干事的召集下,每年举行一届常会,尽可能与产权组织协调委员会同时同地举行。

(b)执委会在总干事倡议下,或是应执委会主席或四分之一成员国的要求,由总干事召集举行特别会议。

8. (a)执委会每一成员国有一票。

(b)执委会成员国的半数构成法定人数。

(c)决议以投票数中简单多数票作出。

(d)弃权不视为投票。

(e)一名代表只能代表一国,也只能以该国名义投票。

9. 非执委会成员国的本同盟成员国以观察员身份参加其会议。

10. 执行委员会通过其议事规则。

第二十四条

1. (a)本同盟的行政工作由国际局负责,该局接替与保护工业产权国际公约设立的同盟局合并的本同盟局的工作。

(b)国际局负担本同盟各机构的秘书处的工作。

(c)产权组织总干事是本同盟最高官员并代表本同盟。

2. 国际局汇集并出版有关保护版权的资料,本同盟每一成员国应尽快将有关保护版权的所有新法律及官方文件通知国际局。

3. 国际局出版一种月刊。

4. 国际局应本同盟各成员国之请求,向它们提供有关保护版权问题的资料。

5. 国际局从事各项研究并提供有利于保护版权的服务。

6. 总干事及由他指派的任何工作人员均可出席大会、执委会、其他各种专家委员会或工作组的会议,但无表决权。总干事或由他指派的一名工作人员为这些机构的当然秘书。

7. (a)国际局根据大会指示和与执委会合作,筹备修订除第二十二至二十六条外的公约条款的会议。

(b)国际局可就筹备修订会议征询政府间组织和非政府间国际性组织的意见。

(c)总干事和由他指派的人员可参加这些会议的审议,但无表决权。

8. 国际局执行交付给它的所有其他工作。

第二十五条

1. (a)本同盟有自己的预算。

(b)本同盟的预算包括本同盟本身的收入及支出,它对各同盟共同开支预算的缴款,以及在情况需要时,交给产权组织会议预算支配的款项。

(c)不专属本同盟而同样属于产权组织管理的其他一个或几个同盟的开支,视为各同盟的共同开支。本同盟在共同开支中所占份额视这些开支与它的关系而定。

2. 本同盟预算的确定须考虑到与其他由产权组织管理的同盟的预算相协调的要求。

3. 本同盟预算的经费来源如下:

(1)本同盟成员国的会费;

(2)国际局代表本同盟提供服务的收入;

(3)销售国际局有关本同盟的出版物的所得以及这些出版物的版税;

（4）捐款、遗赠及资助;

（5）租金、利息及其他杂项收入。

4.（a）为确定成员国在预算中缴纳的份额,本同盟的每个成员国分别归入各级并根据下列所定数量单位缴纳每年的会费:

第一级 ……………………… 二十五个单位

第二级 ……………………… 二十个单位

第三级 ……………………… 十五个单位

第四级 ……………………… 十个单位

第五级 ……………………… 五个单位

第六级 ……………………… 三个单位

第七级 ……………………… 一个单位

（b）除以前已经指明者外,每个国家在交存其批准书或加入书时,须说明它希望被列入哪一级。也可以改变级别。如果某一成员国希望降低其级别,它应在某一届常会期间将此事通知大会。这一变动自该届会议后的那一日历年开始时生效。

（c）每个国家每年会费数额在所有国家每年向本同盟交付的会费总数中所占比例,同它所在的那一级的单位数在全部国家的单位总数中所占比例相同。

（d）会费应于每年一月一日支付。

（e）逾期未缴纳会费的国家,如拖欠总数达到或超过过去整整两年内它应缴纳的会费数,则不得行使它在本同盟任何机构中的表决权。但如该机构认为这种拖欠系由于非常及不可避免之情况,则可允许该国保留行使其表决权。

（f）如在新的会计年度开始前还未通过预算,则可按照财务条例规定的手续将前一年的预算延期实行。

5. 国际局代表本同盟提供的服务应得收入的数额由总干事确定,总干事向大会和执委会就此提出报告。

6.（a）本同盟拥有一笔由每一成员国一次付款组成的周转基金。如基金不足,由大会决定增加。

（b）每个国家对上述基金的首次付款数以及追加数应按基金成立或决定增加当年该国缴纳会费数的比例。

（c）付款的比例及方式由大会根据总干事的提议并征求产权组织协调委员会意见后决定。

7.（a）与产权组织所在地的国家签订的会址协定规定,如周转基金不足,可由该国垫款。垫款数和垫款条件由该国和产权组织每次分别签订协定。在该国承诺垫付款项期间,该国在执委会中占一席当然席位。

（b）a项所指国家和产权组织均有权以书面通知方式废止提供垫款的保证。这种废止自通知提出那一年底

起三年后生效。

8. 根据财务条例规定的方式,账目审计由大会同意指派的一个或几个本同盟成员国或外聘审计员担任。

第二十六条

1. 所有大会成员国,执委会或总干事均可提出修改第二十二、二十三、二十四、二十五条及本条的建议。这些建议由总干事在提交大会审查前至少六个月通知大会成员国。

2. 第一款所指的各条的修改应由大会通过,通过需要投票数的四分之三;但对第二十二条及本款的任何修改需经投票数的五分之四通过。

3. 第一款所提各条的任何修改,至少要在总干事收到在修改通过时为大会成员国的四分之三国家根据它们各自的宪法批准修改的书面通知一个月后才能生效。以这种方式接受的这些条款的修改对修改生效时为大会成员国的所有国家或其后成为成员国的国家具有约束力;但任何增加本同盟成员国财务义务的修改只对那些已通知表示接受这类修改的国家有约束力。

第二十七条

1. 本公约可进行修订,以便使之得到改善,从而使本同盟体制臻于完善。

2. 为此目的,可相继在本同盟一个成员国内举行同盟成员国代表的会议。

3. 除第二十六条有关修改第二十二至二十六条的规定外,所有对本文本的修订,包括附件的修订,均需投票数全体一致通过。

第二十八条

1.（a）凡签署此公约文本的任何本同盟成员国均可批准此公约文本,如尚未签署,则可加入本公约。批准书或加入书交存总干事处。

（b）本同盟任何成员国在其批准书或加入书中均可声明其批准或加入不适用第一至二十一条及附件;但如该国已根据附件第六条第一款作出声明,则它在上述文件中可只声明其批准或加入不适用于第一至二十条。

（c）凡根据 b 项已声明其批准或加入对该项所提到的条款不发生效力的本同盟任何成员国可在其后任何时候声明将其批准或加入的效力扩大到这些条款。这一声明交存总干事处。

2.（a）第一至二十一条及附件在实现下述两个条件后三个月生效:

（1）至少有五个本同盟成员国批准或加入此公约文本而未按照第一款 b 项作过声明;

（2）法国、西班牙、大不列颠及北爱尔兰联合王国、美利坚合众国已受到 1971 年 7 月 24 日在巴黎修订过的世界版权公约的约束。

（b）a 项提到的生效，对于至少在生效前三个月交存批准书或加入书但未按第一款 b 项作过声明的本同盟成员国具有效力。

（c）就 b 项对之不适用的已批准或加入此公约文本而未按照第一款 b 项作过声明的所有本同盟成员国而言，第一至二十一条及附件在总干事通知该批准书或加入书交存之日后三个月生效，除非交存文件中注明有更晚的日期。在后一情况下，第一至二十一条及附件则在注明的日期对该国生效。

（d）a 至 c 项的规定不影响附件第六条的适用。

3. 对不管是否按照第一款 b 项作过声明而批准或加入此公约文本的任何本同盟成员国，第二十二至三十八条在总干事通知已交存批准书或加入书之日后三个月生效，除非交存文件中注明有更晚的日期。在后一情况下，第二十二至三十八条则在注明的日期对该国生效。

第二十九条

1. 非本同盟成员国可加入本公约成为本公约的缔约国和本同盟成员国。加入书交存总干事处。

2.（a）除 b 项规定的情况外，对所有非本同盟成员国，本公约在总干事通知其加入书交存之日后三个月生效，除非交存文件中注明有更晚的日期。在后一情况下，本公约则在注明的日期对该国生效。

（b）如适用 a 项的生效先于适用第二十八条第二款 a 项的第一至二十一条及附件的生效，则在此间隔期间，上述国家将受本公约布鲁塞尔文本第一至二十条的约束，以代替第一至二十一条及附件的约束。

第二十九条之二　不受本公约斯德哥尔摩文本第二十二至三十八条约束的任何国家，为适用建立产权组织公约第十四条第二款的唯一目的，其批准或加入此公约文本即等于批准或加入斯德哥尔摩文本，但受该文本第二十八条第一款 b 项第一目的限制。

第三十条　1. 除本条第二款、第二十八条第一款 b 项、第三十三条第二款以及附件所允许的例外以外，批准或加入当然意味着接受本公约的一切条款并享有本公约规定的一切利益。

2.（a）凡批准或加入此公约文本的本同盟成员国，除附件第五条第二款规定的情况外，可保有它原来作出的保留的利益，条件是在交存其批准书或加入书时作出这项声明。

（b）所有非本同盟成员国在加入本公约并在不违反附件第五条第二款的情况下，可以声明它准备以 1896 年在巴黎补充完备的本同盟 1886 年公约第五条的规定至少临时代替此公约文本有关翻译权的第八条，条件是这些规定仅指译成该国通用语文的翻译。在不违反附件第一条第六款 b 项的情况下，任何国家对于使用持此保留条件的国家为其起源国的作品的翻译权，有权实行与后一国提供的相同的保护。

（c）任何国家可随时通知总干事，撤回这类保留。

第三十一条

1. 任何国家可在其批准书或加入书中声明，或在以后随时书面通知总干事，本公约适用于在声明或通知中指明的其对外关系由该国负责的全部或部分领土。

2. 任何已作出这种声明或通知的国家可随时通知总干事本公约不再适用于这些领土的全部或一部分。

3.（a）按照第一款作出的任何声明和载有该声明的文件中的批准或加入同时生效，按照该款作出的任何通知在总干事发出通知三个月后生效。

（b）按照第二款作出的通知在总干事收到该通知十二个月后生效。

4. 本条不得解释为意指本同盟任何成员国承认或默许本同盟另一成员国根据适用第一款作出的声明而使本公约对之适用的任何领土的事实状态。

第三十二条

1. 此公约文本在本同盟各成员国之间的关系方面和在它适用的限度内，代替 1886 年 9 月 9 日的伯尔尼公约及其以后的修订文本。在与未批准或未加入此公约文本的本同盟成员国的关系方面，以前生效的文本全部保持其适用性，或在此公约文本不能根据前句规定代替以前文本的限度内保持其适用性。

2. 成为此公约文本缔约国的非本同盟成员国，在除第三款规定的情况外，对于不受此公约文本约束或虽受其约束但已作过第二十八条第一款 b 项规定的声明的本同盟任何成员国，适用此公约文本。上述国家承认，本同盟该成员国，在同它们的关系上：（1）适用它受其约束的最近文本的规定，并且（2）在不违反附件第一条第六款规定的情况下，有权使保护与此公约文本规定的水平相适应。

3. 援用附件规定的任何权利的任何国家在同不受此公约文本约束的本同盟其他任何成员国的关系上，可以适用附件中有关它援用的一种或多种权利的规定，但以该其他成员国已接受适用上述规定为条件。

第三十三条

1. 两个或两个以上本同盟成员国在解释或适用本公约方面发生的争端，经谈判不能解决时，如果有关国家不能就其他解决办法达成协议，则其中任何一方均可按国际法院规约的方式通过起诉将争端提交国际法院。将争端提交国际法院的起诉国应通知国际局，国际局应将此事告知本同盟其他成员国。

2. 任何国家在签署此公约文本或交存其批准书或加入书时，可声明它不受第一款规定的约束。在有关该国和本同盟其他任何成员国间的任何争端方面，不适用第一款的规定。

3. 任何按照第二款规定作出声明的国家，可随时通知总干事撤回其声明。

第三十四条

1. 在遵守第二十九条之二规定的情况下，任何国家在第一至二十一条及附件生效后，不得批准或加入本公约以前的各次文本。

2. 在第一至二十一条及附件生效后，任何国家不得根据附在斯德哥尔摩文本后的有关发展中国家的议定书第五条发表声明。

第三十五条

1. 本公约无限期生效。

2. 任何国家可通知总干事废止此公约文本。这一废止也连带废止以前的所有文本，并只对废止的该国有效，而对本同盟其他成员，本公约继续有效和继续执行。

3. 废止自总干事收到通知之日起一年后生效。

4. 任何国家自成为本同盟成员国之日算起未满五年者，不得行使本条规定之废止权。

第三十六条

1. 本公约的所有缔约国家承诺根据其宪法采取必要措施保证本公约的实施。

2. 不言而喻，一国在受到本公约约束时，应按照其本国法律使本公约的规定付诸实施。

第三十七条

1.（a）此公约文本在以英法两种语文写成的单一文本上签署，除第二款规定的情况外，此公约文本由总干事保存。

（b）总干事在与有关政府协商后，制订德文、阿拉伯文、西班牙文、意大利文和葡萄牙文以及大会指定的其他语文的正式文本。

（c）在对不同语文文本的解释发生争议时，以法语文本为准。

2. 此公约文本开放供签署直到 1972 年 1 月 31 日为止。在此日期以前，第一款 a 项提到的文本交由法兰西共和国政府保存。

3. 总干事应将签字的此公约文本的两份副本核证无误后转送本同盟所有成员国政府，并可根据请求，转送任何其他国家的政府。

4. 本文本由总干事送请联合国秘书处登记。

5. 总干事将下列情况通知本同盟所有成员国政府：签署情况，批准书或加入书的交存，包括在这些文件中的或适用第二十八条第一款 c 项、第三十条第二款 a、b 项和第三十三条第二款而作出的声明的交存，此公约文本全部规定的生效情况，废止的通知和适用第三十条第二款 c 项、第三十一条第一、二款、第三十三条第三款和第三十八条第一款的通知以及附件中提到的通知。

第三十八条

1. 凡未批准或加入此公约文本以及不受斯德哥尔摩文本第二十二至二十六条约束的本同盟成员国，如果愿意，均可在 1975 年 4 月 26 日前，行使上述各条规定的权利，就像受它们约束的那样。任何愿意行使上述权利的国家均可为此目的向总干事交存一份书面通知，该通知自收到之日起生效。直到上述日期为止，这些国家应视为大会成员国。

2. 在本同盟成员国尚未全部成为产权组织成员国之前，产权组织国际局同时作为本同盟的局进行工作，总干事即该局局长。

3. 在本同盟所有成员国均成为产权组织成员国时，本同盟局的权利、义务和财产即归属产权组织国际局。

附　件

第一条

1. 根据联合国大会惯例被视为发展中国家的任何国家，凡已批准或已加入由本附件作为其组成部分的此公约文本，但由于其经济情况及社会或文化需要而又不能在当前作出安排以确保对此公约文本规定的全部权利进行保护者，可在其交存批准书或加入书的同时，或在不违反附件第五条第一款 c 项的条件下，在以后任何日期，在向总干事提交的通知中声明，它将援用附件第二条所规定的权利或第三条所规定的权利，或这两项所规定的权利。它可以按照附件第五条第一款 a 项规定作出声明，以代替援用附件第二条所规定的权利。

2.（a）任何按照第一款规定作出并在第一至二十一条及本附件依第二十八条第二款规定生效之日算起十年期限期满以前通知的声明，直到这一期限期满前都有效。通过在现行十年期限期满前最多十五个月最少三个月向总干事提交通知。该声明可以全部或部分地每十年顺延一次。

（b）按照第一款规定作出并在第一至二十一条及本附件依第二十八条第二款规定生效之日算起十年期满以后作出的任何声明，直到现行十年期满前都有效。该声明可以按照 a 项第二句的规定延期。

3. 任何不再被认为是第一款所指的发展中国家的本同盟成员国，不再有资格像第二款所规定的那样延长其声明，不论它是否正式撤回其声明，该国在现行十年期限期满时，或在停止被视为发展中国家三年后即失去援用第一款所指的权利的可能性，两项时限以较晚到期的时限为准。

4. 在按照第一款或第二款规定作出的声明停止生效时，如果根据本附件规定发给的许可证制作的复制品尚有存货时，这些复制品可以继续发行直到售完为止。

5. 受此公约文本规定约束并根据第三十一条第一款就使此公约文本适用于其情况可能类似第一款所指国家的情况的特定领土而提交声明或通知的任何国家，可就此领土作出第一款所指的声明或第二款所指的延期通知。在这种声明或通知有效期间本附件的规定应适用于它所指的领土。

6.（a）一国援用第一款所指的任何一种权利这一事实，不应使另一国给予起源国为前一国家的作品低于根据第一至二十条所应给予的保护。

（b）第三十条第二款 b 项第二句规定的对等权利，在根据附件第一条第三款的适用期限期满前，不得用于其起源国为根据附件第五条第一款 a 项作出声明的国家的作品。

第二条

1. 任何声明援用本条规定的权利的国家，就以印刷形式或其他任何类似的复制形式出版的作品而言，均有权以由主管当局根据附件第四条在下述条件下发给非专有和不可转让的许可证来代替第八条规定的专有翻译权。

2.（a）除第三款的情况外，如果一部作品自首次出版算起三年或根据该国国内法律规定更长的时间期满而翻译权所有者或在其授权下尚未以该国通用语文出版译本，该国任何国民都可得到用该国通用语文翻译该作品并以印刷形式或其他任何类似的复制形式出版该译本的许可证。

（b）如果以有关语文出版的译文的所有版本均已售完，也可根据本条发给许可证。

3.（a）如果译文不是本同盟一个或数个发达国家中通用的语文，则用一年期限来代替第二款 a 项规定的三年期限。

（b）在通用同一种语文的本同盟发达国家的一致协议下，如果要译成这种语文，第一款所提到的所有国家都可以根据该协议规定的更短期限来代替第二款 a 项规定的三年期限，但不得少于一年。尽管如此，如涉及的语文为英文、法文或西班牙文，上一句的规定仍不适用。所有这方面的协议应由缔约国政府通知总干事。

4.（a）根据本条规定需要经过三年期限才能取得的许可证，需要经过六个月的补充期限才能颁发；而需经过一年期限才能取得的许可证，则需经过九个月的补充期限，此期限

（1）自申请人履行附件第四条第一款规定的手续之日算起；

（2）如翻译权所有者的身份或地址不详，则自申请人根据附件第四条第二款的规定将其向发给许可证的主管当局提交的申请书副本寄出之日算起。

（b）如果在上述六个月或九个月的期限未满期间，由翻译权所有者或经其授权用申请使用的语文将译本出版，则不得根据本条发给许可证。

5. 本条所指任何许可证之颁发只限于教学、学习或研究之用。

6. 如果翻译权所有者或经其授权出版的一个译本的价格同在有关国家内同类作品通行的价格相似，这个译本的语文和基本内容又同根据许可证出版的译本的语文和内容相同，则应撤销根据本条发给的许可证。在撤销许可证前已制作的作品复制品可一直发行到售完为止。

7. 对主要由图画组成的作品，其文字的翻译出版与图画的复制出版的许可证只有在附件第三条规定的条件也得到履行的情况下才能发给。

8. 在作者停止其作品的全部复制品的发行时，则不得根据本条发给任何许可证。

9.（a）对翻译一部已以印刷形式或其他任何类似的复制形式出版的作品发给的许可证，也可根据广播机构向第一款所指国家主管当局提出的要求，发给总部设在该国的广播机构，但必须符合下列全部条件：

（1）译文是根据依该国法律制作并获得的复制品翻译的；

（2）译文只能用于教学广播或向特定专业的专家传播专门技术或科学研究成果的广播；

（3）译文专门为第二目所指目的使用，并通过对该国

境内听众的合法广播进行,其中包括专为此项广播目的而通过录音或录像手段合法录制的广播;

(4)所有对译文的使用均无任何营利性质。

(b)广播机构根据本款发给的许可证制作的译文的录音或录像也可以为 a 项规定的目的和条件,并经上述广播机构同意,为设在发给许可证的主管当局所在国内的任何其他广播机构使用。

(c)只要符合 a 项列举的所有准则和条件,也可对广播机构颁发许可证以翻译专为大、中、小学使用而制作与出版的视听教材中的所有课文。

(d)在不违犯 a 到 c 项的情况下,前面几款的规定适用于本款规定的所有许可证的颁发与使用。

第三条

1. 任何声明援用本条规定的权利的国家,均有权以由主管当局依下述条件并根据附件第四条发给非专有和不可转让的许可证来代替第九条规定的专有复制权。

2. (a)关于根据第七款而适用本条的作品,当(1)自该作品特定版本首次出版之日算起的第三款规定的期限期满时,或(2)第一款所指的国家法律规定的并自同一日期算起的更长的期限期满时,若该版的作品复制品尚未有复制权所有者或在其授权下,以与同类作品在该国通行的价格相似的价格在该国出售,以满足广大公众或大、中、小学教学之需要,则该国任何国民都可得到许可证,以此种价格或更低价格复制和出版该版本供大、中、小学教学之用。

(b)根据本条规定的条件,也可对复制及出版 a 项所述已发行的版本发给许可证,如果在适用的期限期满后,该版经授权的版本在有关国家已脱销六个月,而无法以同该国内对同类作品要求的价格相似的价格供应广大公众供系统教学之用。

3. 第二款 a 项第一目所指的期限为五年。但(1)对有关数学和自然科学以及技术的作品,则为三年;(2)小说、诗歌、戏剧和音乐作品以及美术书籍,则为七年。

4. (a)根据本条规定在三年后可取得的许可证,需等六个月期限期满后才能颁发,此期限

(1)自申请人履行附件第四条第一款规定的手续之日起算;

(2)如复制权所有者的身份或地址不详,则自申请人根据附件第四条第二款的规定将其向发给许可证的主管当局提交的申请书副本寄出之日算起。

(b)在其他情况下及适用附件第四条第二款时,许可证不得在寄出申请书副本后三个月期满以前发给。

(c)如果在 a 项和 b 项规定的六个月或三个月期间,出现第二款 a 项提到的出售情况,则不得根据本条发给任何许可证。

(d)在作者已停止为进行复制及出版而申请许可证的该版的全部作品复制品的发行时,不得发给任何许可证。

5. 在下列情况下不得根据本条发给复制和出版一部作品的译本许可证:

(1)所涉及的译本并非由翻译权所有者或在其授权下出版;

(2)译本所用的不是申请许可证所在国的通用语文。

6. 如果某一作品某版的复制品是由复制权所有者或经其授权,以同该国同类作品相似的价格,为供应广大公众或为大、中、小学教学之用而在第一款所指的国内出售,而该版的语文和基本内容又同根据许可证出版的版本语文和内容相同,则应撤销根据本条发给的所有许可证。在撤销许可证前制作的复制品可一直发行到售完为止。

7. (a)除 b 项规定的情况外,本条适用的作品只限于以印刷的形式或任何其他类似的复制形式出版的作品。

(b)本条同样适用于以视听形式复制的受保护作品或包含受保护作品的视听资料,以及用许可证申请国通用语文翻译的该视听资料中的文字部分的译本,条件是所涉及的视听资料的制作和出版限大、中、小学教学使用的唯一目的。

第四条

1. 附件第二条或第三条所指的任何许可证的发给,须经申请人按照有关国家现行规定,证明他根据不同情况已向权利所有者提出翻译和出版译本,或复制和出版该版本的要求,而又未能得到授权,或经过相当努力仍未能找到权利所有者。在向权利所有者提出这一要求的同时,申请人还必须将这一申请通知第二款提到的任何国内或国际情报中心。

2. 如申请人无法找到权利所有者,即应通过挂号航邮将向发给许可证的主管当局提交的申请书的副本,寄给该作品上列有名称的出版者和据信为出版者主要业务中心所在国的政府为此目的向总干事递交的通知中所指定的任何国内或国际情报中心。

3. 在根据附件第二条和第三条发给的许可证出版的译本或复制本的所有复制品上都应列出作者姓名。在所有复制品上应有作品名称。如系译本,原作名称在任何情况下应列于所有复制品上。

4. (a)任何根据附件第二条或第三条发给的许可证不得扩大到复制品的出口,许可证只适用于在申请许可

证的该国领土内根据情况出版译本或复制品。

（b）为适用 a 项规定，凡从任何领土向根据第一条第五款规定代表该领土作过声明的国家运寄复制品应视为出口。

（c）当根据附件第二条就译成英文、西班牙文或法文以外语文的译本发给许可证的一国政府机构或任何其他公共机构将根据该许可证出版的译本的复制品运寄到另一国时，为了 a 项的目的，这一寄送不作为出口看待，但需符合以下所有条件：

（1）收件人需为发给许可证的主管当局所属国的国民个人或由这些国民组成的组织；

（2）复制品只供教学、学习或研究使用；

（3）复制品寄给收件人及其进一步分发均无任何营利性质；而且

（4）复制品寄往的国家与其主管当局发给许可证的国家订有协议，批准这种复制品的接收或分发或两者同时批准，后一国家政府已将该协议通知总干事。

5. 所有根据附件第二条或第三条发给许可证出版的复制品均需载有有关语文的通知，说明该复制品只能在该许可证适用的国家或领土内发行。

6. (a)在国家范围内做出适当的规定，以保证

（1）许可证之发给应根据不同情况给翻译权或复制权所有者一笔合理的报酬，此种报酬应符合有关两国个人之间自由谈判的许可证通常支付版税的标准；而且

（2）保证这笔报酬的支付和转递；如果存在着国家对外汇的管制，则主管当局应通过国际机构，尽一切努力保证使这笔报酬以国际上可兑换的货币或其等值货币转递。

（b）应通过国家法律采取适当措施，以保证在不同情况下作品的正确翻译或精确复制。

第五条

1. (a)任何有权声明援用附件第二条规定的权利的国家，在批准或加入此公约文本时可不作这一声明，而代之以下述声明：

（1）如果它是第三十条第二款 a 项适用的国家，则代之以按照该条款有关翻译权的规定作一声明；

（2）如果它是第三十条第二款 a 项所不适用的国家，即使是本同盟成员国，则代之以按照第三十条第二款 b 项第一句的规定作一声明。

（b）在一国已不再被认为是附件第一条第一款所指的发展中国家的情况下，根据本款所作的声明继续有效。直到

按照附件第一条第三款规定的适用期限期满之日为止。

（c）所有按照本款作出声明的国家以后不得使用附件第二条规定的权利，即使撤回该声明后也不得援用。

2. 除第三款的情况外，所有已援用附件第二条规定的权利的国家以后均不得根据第一款作出声明。

3. 不再被视为附件第一条第一款所指的发展中国家的任何国家，最迟可以在附件第一条第三款的适用期限期满前两年，可以按照第三十条第二款 b 项第一句作出声明，即使它已是同盟成员国。这一声明将在根据附件第一条第三款的适用期限期满之日生效。

第六条

1. 本同盟任何成员国，自此公约文本日期起和在受到第一至二十一条及本附件的约束以前的任何时候都可以作以下声明：

（1）对于一旦受第一至二十一条和本附件约束，即有权援用附件第一条第一款提到的权利的国家，它将对其起源国为如下国家的作品适用附件第二条或第三条或同时适用两条的规定，这一国家在适用以下第二目时，同意将上述两条适用于这类作品，或者这一国家受第一至二十一条及本附件的约束；这一声明可以提到附件第五条而不是第二条；

（2）它同意根据以上第一目作过声明或根据附件第一条发出过通知的国家对它作为起源国的作品适用本附件。

2. 所有按第一款作出的声明均以书面形式作出并交存总干事。声明自交存之日起生效。

保护工业产权巴黎公约

· 1883 年 3 月 20 日在巴黎签订

· 1900 年 12 月 14 日在布鲁塞尔修订；1911 年 6 月 2 日在华盛顿修订；1925 年 11 月 6 日在海牙修订；1934 年 6 月 2 日在伦敦修订；1958 年 10 月 31 日在里斯本修订；1967 年 7 月 14 日在斯德哥尔摩修订；1979 年 10 月 2 日修正

第一条 【本联盟的建立；工业产权的范围】①

（1）适用本公约的国家组成联盟，以保护工业产权。

（2）工业产权的保护对象有专利、实用新型、工业品外观设计、商标、服务标记、厂商名称、货源标记或原产地名称，和制止不正当竞争。

（3）对工业产权应作最广义的理解，它不仅应适用于

---

① 　为了便于识别各条的内容，特增加了标题。（法语）签字本中无此标题。

工业和商业本身,而且也应同样适用于农业和采掘业,适用于一切制成品或天然产品,例如:酒类、谷物、烟叶、水果、牲畜、矿产品、矿泉水、啤酒、花卉和谷类的粉。

(4)专利应包括本联盟国家的法律所承认的各种工业专利,如输入专利、改进专利、增补专利和增补证书等。

第二条　【本联盟各国国民的国民待遇】

(1)本联盟任何国家的国民,在保护工业产权方面,在本联盟所有其他国家内应享有各该国法律现在授予或今后可能授予国民的各种利益;一切都不应损害本公约特别规定的权利。因此,他们应和国民享有同样的保护,对侵犯他们的权利享有同样的法律上的救济手段,但是他们遵守对国民规定的条件和手续为限。

(2)但是,对于本联盟国家的国民不得规定在其要求保护的国家须有住所或营业所才能享有工业产权。

(3)本联盟每一国家法律中关于司法和行政程序管辖权以及指定送达地址或委派代理人的规定,工业产权法律中可能有要求的,均明确地予以保留。

第三条　【某类人与本联盟国家的国民享有同样待遇】

本联盟以外各国的国民,在本联盟一个国家的领土内设有住所或有真实和有效的工商业营业所的,应享有与本联盟国家国民同样的待遇。

第四条　【A. 至 I. 专利、实用新型、外观设计、商标、发明人证书:优先权。——G. 专利:申请的分案】

A.

(1)已经在本联盟的一个国家正式提出专利、实用新型注册、外观设计注册或商标注册的申请的任何人,或其权利继受人,为了在其他国家提出申请,在以下规定的期间内应享有优先权。

(2)依照本联盟任何国家的国内立法,或依照本联盟各国之间缔结的双边或多边条约,与正规的国家申请相当的任何申请,应被承认为产生优先权。

(3)正规的国家申请是指在有关国家中足以确定提出申请日期的任何申请,而不问该申请以后的结局如何。

B.

因此,在上述期间届满前在本联盟的任何其他国家后来提出的任何申请,不应由于在这期间完成的任何行为,特别是另外一项申请的提出、发明的公布或利用、外观设计复制品的出售、或商标的使用而成为无效,而且这些行为不能产生任何第三人的权利或个人占有的任何权利。第三人在作为优先权基础的第一次申请的日期以前所取得的权利,依照本联盟每一国家的国内法予以保留。

C.

(1)上述优先权的期间,对于专利和实用新型应为十二个月,对于外观设计和商标应为六个月。

(2)这些期间应自第一次申请的申请日开始;申请日不应计入期间之内。

(3)如果期间的最后一日在请求保护地国家是法定假日或者是主管局不接受申请的日子,期间应延至其后的第一个工作日。

(4)在本联盟同一国家内就第(2)项所称的以前第一次申请同样的主题所提出的后一申请,如果在提出该申请时前一申请已被撤回、放弃或拒绝,没有提供公众阅览,也没有遗留任何权利,而且如果前一申请还没有成为要求优先权的基础,应认为是第一次申请,其申请日应为优先权期间的开始日。在这以后,前一申请不得作为要求优先权的基础。

D.

(1)任何人希望利用以前提出的一项申请的优先权的,需要作出声明,说明提出该申请的日期和受理该申请的国家。每一国家应确定必须作出该项声明的最后日期。

(2)这些事项应在主管机关的出版物中,特别是应在专利和有关专利的说明书中予以载明。

(3)本联盟国家可以要求作出优先权声明的任何人提交以前提出的申请(说明书、附图等)的副本。该副本应经原受理申请的机关证实无误,不需要任何认证,并且无论如何可以在提出后一申请后三个月内随时提交,不需缴纳费用。本联盟国家可以要求该副本附有上述机关出具的载明申请日的证明书和译文。

(4)对提出申请时要求优先权的声明不得规定其他的手续。本联盟每一国家应确定不遵守本条约规定的手续的后果,但这种后果决不能超过优先权的丧失。

(5)以后,可以要求提供进一步的证明。

任何人利用以前提出的一项申请的优先权的,必须写明该申请的号码;该号码应依照上述第(2)项的规定予以公布。

E.

(1)依靠以实用新型申请为基础的优先权而在一个国家提出工业品外观设计申请的,优先权的期间应与对工业品外观设计规定的优先权期间一样。

(2)而且,依靠以专利申请为基础的优先权而在一个国家提出实用新型的申请是许可的,反之亦一样。

F.

本联盟的任何国家不得由于申请人要求多项优先权

（即使这些优先权产生于不同的国家），或者由于要求一项或几项优先权的申请中有一个或几个要素没有包括在作为优先权基础的申请中，而拒绝给予优先权或拒绝专利申请，但以在上述两种情况都有该国法律所规定的发明单一性为限。

关于作为优先权基础的申请中所没有包括的要素，以后提出的申请应该按照通常条件产生优先权。

G.

（1）如果审查发现一项专利申请包含一个以上的发明，申请人可以将该申请分成若干分案申请，保留第一次申请的日期为各该分案申请的日期，如果有优先权，并保有优先权的利益。

（2）申请人也可以主动将一项专利申请分案，保留第一次申请的日期为各该分案申请的日期，如果有优先权，并保有优先权的利益。本联盟各国有权决定允许这种分案的条件。

H.

不得以要求优先权的发明中的某些要素没有包含在原属国申请列举的权利要求中为理由，而拒绝给予优先权，但以申请文件从全体看来已经明确地写明这些要素为限。

I.

（1）在申请人有权自行选择申请专利或发明人证书的国家提出发明人证书的申请，应产生本条规定的优先权，其条件和效力与专利的申请一样。

（2）在申请人有权自行选择申请专利或发明人证书的国家，发明人证书的申请人，根据本条关于专利申请的规定，应享有以专利、实用新型或发明人证书的申请为基础的优先权。

第四条之二　【专利：在不同国家就同一发明取得的专利是相互独立的】

（1）本联盟国家的国民向本联盟各国申请的专利，与在其他国家，不论是否本联盟的成员国，就同一发明所取得的专利是相互独立的。

（2）上述规定，应从不受限制的意义来理解，特别是指在优先权期间内申请的各项专利，就其无效和丧失权利的理由以及其正常的期间而言，是相互独立的。

（3）本规定应适用于在其开始生效时已经存在的一切专利。

（4）在有新国家加入的情况下，本规定应同样适用于加入时两方面已经存在的专利。

（5）在本联盟各国，因享有优先权的利益而取得的

专利的期限，与没有优先权的利益而申请或授予的专利的期限相同。

第四条之三　【专利：在专利上记载发明人】

发明人有在专利中被记载为发明人的权利。

第四条之四　【专利：在法律禁止销售情况下的专利性】

不得以专利产品的销售或依专利方法制造的产品的销售受到本国法律的禁止或限制为理由，而拒绝授予专利或使专利无效。

第五条　【A. 专利：物品的进口；不实施或不充分实施；强制许可。——B. 工业品外观设计：不实施；物品的进口。——C. 商标：不使用；不同的形式；共有人的使用。——D. 专利、实用新型、商标、工业品外观设计：标记】

A.

（1）专利权人将在本联盟任何国家内制造的物品进口到对该物品授予专利的国家的，不应导致该项专利的取消。

（2）本联盟各国都有权采取立法措施规定授予强制许可，以防止由于行使专利所赋予的专有权而可能产生的滥用，例如：不实施。

（3）除强制许可的授予不足以防止上述滥用外，不应规定专利的取消。自授予第一个强制许可之日起两年届满前不得提起取消或撤销专利的诉讼。

（4）自提出专利申请之日起四年届满以前，或自授予专利之日起三年届满以前，以后满期的期间为准，不得以不实施或不充分实施为理由申请强制许可；如果专利权人的不作为有正当理由，应拒绝强制许可。这种强制许可是非独占性的，而且除与利用该许可的部分企业或商誉一起转让外，不得转让，甚至以授予分许可证的形式也在内。

（5）上述各项规定准用于实用新型。

B.

对工业品外观设计的保护，在任何情况下，都不得以不实施或以进口物品与受保护的外观设计相同为理由而予以取消。

C.

（1）如果在任何国家，注册商标的使用是强制的，只有经过适当的期间，而且只有当事人不能证明其不使用有正当理由，才可以撤销注册。

（2）商标所有人使用的商标，在形式上与其在本联盟国家之一所注册的商标形式只有一些要素不同，而并未改变其显著性的，不应导致注册无效，也不应减少对商标

所给予的保护。

（3）根据请求保护国家的本国法认为商标共同所有人的几个工商企业，在相同或类似商品上同时使用同一商标，在本联盟任何国家内不应拒绝注册，也不应以任何方式减少对该商标所给予的保护，但以这种使用并未导致公众产生误解，而且不违反公共利益为限。

D.

不应要求在商品上标志或载明专利、实用新型、商标注册或工业品外观设计保存，作为承认取得保护权利的条件。

第五条之二　【一切工业产权：缴纳权利维持费的宽限期；专利：恢复】

（1）关于规定的工业产权维持费的缴纳，应给予不少于六个月的宽限期，但是如果本国法律有规定，应缴纳附加费。

（2）本联盟各国对因未缴费而终止的专利有权规定予以恢复。

第五条之三　【专利：构成船舶、飞机或陆上车辆一部分的专利器械】

在本联盟任何国家内，下列情况不应认为是侵犯专利权人的权利：

（1）本联盟其他国家的船舶暂时或偶然地进入上述国家的领水时，在该船的船身、机器、船具、装备及其他附件上使用构成专利对象的器械，但以专为该船的需要而使用这些器械为限；

（2）本联盟其他国家的飞机或陆上车辆暂时或偶然地进入上述国家时，在该飞机或陆上车辆的构造或操作中，或者在该飞机或陆上车辆附件的构造或操作中使用构成专利对象的器械。

第五条之四　【专利：利用进口国的专利方法制造产品的进口】

一种产品进口到对该产品的制造方法有专利保护的本联盟国家时，专利权人对该进口产品，应享有按照进口国法律，他对在该国依照专利方法制造的产品所享有的一切权利。

第五条之五　【工业品外观设计】

外观设计在本联盟所有国家均应受到保护。

第六条　【商标：注册条件；同一商标在不同国家所受保护的独立性】

（1）商标的申请和注册条件，在本联盟各国由其本国法律决定。

（2）但本联盟任何国家对本联盟国家的国民提出的商标注册申请，不得以未在原属国申请、注册或续展为理由而予以拒绝，也不得使注册无效。

（3）在本联盟一个国家正式注册的商标，与在联盟其他国家注册的商标，包括在原属国注册的商标在内，应认为是相互独立的。

第六条之二　【商标：驰名商标】

（1）本联盟各国承诺，如本国法律允许，应依职权，或依利害关系人的请求，对商标注册国或使用国主管机关认为在该国已经驰名，属于有权享受本公约利益的人所有、并且用于相同或类似商品的商标构成复制、仿制或翻译，易于产生混淆的商标，拒绝或撤销注册，并禁止使用。这些规定，在商标的主要部分构成对上述驰名商标的复制或仿制，易于产生混淆时，也应适用。

（2）自注册之日起至少五年的期间内，应允许提出撤销这种商标的请求。本联盟各国可以规定一个期间，在这期间内必须提出禁止使用的请求。

（3）对于依恶意取得注册或使用的商标提出撤销注册或禁止使用的请求，不应规定时间限制。

第六条之三　【商标：关于国徽、官方检验印章和政府间组织徽记的禁例】

（1）

（a）本联盟各国同意，对未经主管机关许可，而将本联盟国家的国徽、国旗和其他的国家徽记、各该国用以表明监督和保证的官方符号和检验印章以及从徽章学的观点看来的任何仿制用作商标或商标的组成部分，拒绝注册或使其注册无效，并采取适当措施禁止使用。

（b）上述（a）项规定应同样适用于本联盟一个或一个以上国家参加的政府间国际组织的徽章、旗帜、其他徽记、缩写和名称，但已成为保证予以保护的现行国际协定的对象的徽章、旗帜、其他徽记、缩写和名称除外。

（c）本联盟任何国家无须适用上述（b）项规定，而损害本公约在该国生效前善意取得的权利的所有人。在上述（a）项所指的商标的使用或注册性质上不会使公众理解为有关组织与这种徽章、旗帜、徽记、缩写和名称有联系时，或者如果这种使用或注册性质上大概不会使公众误解为使用人与该组织有联系时，本联盟国家无须适用该项规定。

（2）关于禁止使用表明监督、保证的官方符号和检验印章的规定，应该只适用于在相同或类似商品上使用包含该符号或印章的商标的情况。

（3）

（a）为了实施这些规定，本联盟国家同意，将它们希望或今后可能希望完全或在一定限度内受本条保护的国家徽记与表明监督保证的官方符号和检验印章清单，以及以后对该项清单的一切修改，经由国际局相互通知。本联盟各国应在适当的时候使公众可以得到用这样方法通知的清单。但是，就国旗而言，这种相互通知并不是强制性的。

（b）本条第（1）款（b）项的规定，仅适用于政府间国际组织经由国际局通过本联盟国家的徽章、旗帜、其他徽记、缩写和名称。

（4）本联盟任何国家如有异议，可以在收到通知后十二个月内经由国际局向有关国家或政府间国际组织提出。

（5）关于国旗，上述第（1）款规定的措施仅适用于1925年11月6日以后注册的商标。

（6）关于本联盟国家国旗以外的国家徽记、官方符号和检验印章，以及关于政府间国际组织的徽章、旗帜、其他徽记、缩写和名称，这些规定仅适用于接到上面第（3）款规定的通知超过两个月后所注册的商标。

（7）在有恶意的情况下，各国有权撤销即使是在1925年11月6日以前注册的含有国家徽记、符号和检验印章的商标。

（8）任何国家的国民经批准使用其本国的国家徽记、符号和检验印章者，即使与其他国家的国家徽记、符号和检验印章相类似，仍可使用。

（9）本联盟各国承诺，如有人未经批准而在商业中使用本联盟其他国家的国徽，具有使人对商品的原产地产生误解的性质时，应禁止其使用。

（10）上述各项规定不应妨碍各国行使第六条之五B款第（3）项所规定的权利，即对未经批准而含有本联盟国家所采用的国徽、国旗、其他国家徽记，或官方符号和检验印章，以及上述第（1）款所述的政府间国际组织显著符号的商标，拒绝予以注册或使其注册无效。

第六条之四　【商标：商标的转让】

（1）根据本联盟国家的法律，商标的转让只有在与其所属工农业或商誉同时移转方为有效，如该工农业或商誉座落在该国的部分，连同在该国制造或销售该商标有被转让商标的商品的专有权一起移予受让人，即足以承认其转让为有效。

（2）如果受让人使用受让的商标事实上会具有使公众对使用该商标的商品的原产地、性质或基本品质发生误解的性质，上述规定并不使联盟国家负有承认该项商标转让为有效的义务。

第六条之五　【商标：在本联盟一个国家注册的商标在本联盟其他国家所受的保护】

A.

（1）在原属国正规注册的每一商标，除有本条规定的保留外，本联盟其他国家应与在原属国注册那样接受申请和给予保护。各该国家在确定注册前可以要求提供原属国主管机关发给的注册证书。该项证书无需认证。

（2）原属国系指申请人设有真实、有效的工商业营业所的本联盟国家；或者如果申请人在本联盟内没有这样的营业所，则指他设有住所的本联盟国家；或者如果申请人在本联盟内没有住所，但是他是本联盟国家的国民，则指他有国籍的国家。

B.

除下列情况外，对本条所适用的商标既不得拒绝注册也不得使注册无效：

（i）在其要求保护的国家，商标具有侵犯第三人的既得权利的性质的；

（ii）商标缺乏显著特征，或者完全是由商业中用以表示商品的种类、质量、数量、用途、价值、原产地或生产时间的符号或标记所组成，或者在要求给予保护的国家的现代语言中或在善意和公认的商务实践中已经成为惯用的；

（iii）商标违反道德或公共秩序，尤其是具有欺骗公众的性质。这一点应理解为不得仅仅因为商标不符合商标立法的规定，即认为该商标违反公共秩序，除非该规定本身同公共秩序有关。

然而，本规定在符合适用第十条之二的条件下，也可以适用。

C.

（1）决定一个商标是否符合受保护的条件，必须考虑一切实际情况，特别是商标已经使用时间的长短。

（2）商标中有些要素与在原属国受保护的商标有所不同，但并未改变其显著特征，亦不影响其与原属国注册的商标形式上的同一性的，本联盟其他国家不得仅仅以此为理由而予以拒绝。

D.

任何人要求保护的商标，如果未在原属国注册，不得享受本条各规定的利益。

E.

但商标注册在原属国续展，在任何情况下决不包含在该商标已经注册的本联盟其他国家续展注册的义务。

F.

在第四条规定的期间内提出商标注册的申请,即使原属国在该期间届满后才进行注册,其优先权利益也不受影响。

第六条之六　【商标:服务标记】

本联盟各国承诺保护服务标记。不应要求它们对该项标记的注册作出规定。

第六条之七　【商标:未经所有人授权而以代理人或代表人名义注册】

(1)如果本联盟一个国家的商标所有人的代理人或代表人,未经该所有人授权而以自己的名义向本联盟一个或一个以上的国家申请该商标的注册,该所有人有权反对所申请的注册或要求取消注册,或者,如该国法律允许,该所有人可以要求将该项注册转让给自己,除非该代理人或代表人证明其行为是正当的。

(2)商标所有人如从未授权使用,以符合上述第(1)款的规定为条件,有权反对其代理人或代表人使用其商标。

(3)各国立法可以规定商标所有人行使本条规定的权利的合理期限。

第七条　【商标:使用商标的商品的性质】

使用商标的商品的性质决不应成为该商标注册的障碍。

第七条之二　【商标:集体商标】

(1)如果社团的存在不违反其原属国的法律,即使该社团没有工商业营业所,本联盟各国也承诺受理申请,并保护属于该社团的集体商标。

(2)各国应自行审定关于保护集体商标的特别条件,如果商标违反公共利益,可以拒绝给予保护。

(3)如果社团的存在不违反原属国的法律,不得以该社团在其要求保护的国家没有营业所,或不是根据该国的法律所组成为理由,拒绝对该社团的这些商标给予保护。

第八条　【厂商名称】

厂商名称应在本联盟一切国家内受到保护,没有申请或注册的义务,也不论其是否为商标的一部分。

第九条　【商标、厂商名称:对非法标有商标或厂商名称的商品在进口时予以扣押】

(1)一切非法标有商标或厂商名称的商品,在进口到该项商标或厂商名称有权受到法律保护的本联盟国家时,应予以扣押。

(2)在发生非法粘附上述标记的国家或在已进口该商品的国家,扣押应同样予以执行。

(3)扣押应依检察官或其他主管机关或利害关系人(无论为自然人或法人)的请求,按照各国本国法的规定进行。

(4)各机关对于过境商品没有执行扣押的义务。

(5)如果一国法律不准许在进口时扣押,应代之以禁止进口或在国内扣押。

(6)如果一国法律既不准许在进口时扣押,也不准许禁止进口或在国内扣押,则在法律作出相应修改以前,应代之以该国国民在此种情况下按该国法律可以采取的诉讼和救济手段。

第十条　【虚伪标记:对标有虚伪的原产地或生产者标记的商品在进口时予以扣押】

(1)前条各款规定应适用于直接或间接使用虚伪的商品原产地、生产者、制造者或商人的标记的情况。

(2)凡从事此项商品的生产、制造或销售的生产者、制造者或商人,无论为自然人或法人,其营业所设在被虚伪标为商品原产的地方、该地所在的地区,或在虚伪标为原产的国家,或在使用该虚伪原产地标记的国家者,无论如何均应视为利害关系人。

第十条之二　【不正当竞争】

(1)本联盟国家有义务对各该国国民保证给予制止不正当竞争的有效保护。

(2)凡在工商业事务中违反诚实的习惯做法的竞争行为构成不正当竞争的行为。

(3)下列各项特别应予以禁止:

(i)具有采用任何手段对竞争者的营业所、商品或工商业活动产生混淆性质的一切行为;

(ii)在经营商业中,具有损害竞争者的营业所、商品或工商业活动的信用性质的虚伪说法;

(iii)在经营商业中使用会使公众对商品的性质、制造方法、特点、用途或数量易于产生误解的表示或说法。

第十条之三　【商标、厂商名称、虚伪标记、不正当竞争:救济手段,起诉权】

(1)本联盟国家承诺保证本联盟其他国家的国民获得有效地制止第九条、第十条和第十条之二所述一切行为的适当的法律上救济手段。

(2)本联盟国家并承诺规则措施,准许不违反其本国法律而存在的联合会和社团,代表有利害关系的工业家、生产者或商人,在其要求保护的国家法律允许该国的联合会和社团提出控诉的范围内,为了制止第九条、第十条和条十条之二所述的行为,向法院或行政机关提出控诉。

第十一条　【发明、实用新型、工业品外观设计、商标:在某些国际展览会中的临时保护】

(1)本联盟国家应按其本国法律对在本联盟任何国家领土内举办的官方的或经官方承认的国际展览会展出的商品中可以取得专利的发明、实用新型、工业品外观设计和商标,给予临时保护。

(2)该项临时保护不应延展第四条规定的期间。如以后要求优先权,任何国家的主管机关可以规定其期间应自该商品在展览会展出之日开始。

(3)每一个国家认为必要时可以要求提供证明文件,证实展出的物品及其在展览会展出的日期。

第十二条　【国家工业产权专门机构】

(1)本联盟各国承诺设立工业产权专门机构和向公众传递有关专利、实用新型、外观设计和商标信息的中央机构。

(2)该专门机构定期出版公告,按时公布:

(a)被授予专利的人的姓名和取得专利的发明的概要;

(b)注册商标的复制品。

第十三条　【本联盟大会】

(1)

(a)本联盟设大会,由本联盟中受第十三条至第十七条约束的国家组成。

(b)每一国政府应有一名代表,该代表可以由副代表、顾问和专家辅助。

(c)各代表团的费用由委派该代表团的政府负担。

(2)

(a)大会的职权如下:

(i)处理有关维持和发展本联盟及执行本公约的一切事项;

(ii)对建立世界知识产权组织(以下简称"本组织")公约中所述的知识产权国际局(以下简称"国际局")作关于筹备修订会议的指示,但应适当考虑本联盟国家中不受第十三条至第十七条约束的国家所提的意见;

(iii)审查和批准本组织总干事有关本联盟的报告和活动,并就本联盟权限内的事项对总干事作一切必要的指示;

(iv)选举大会执行委员会的委员;

(v)审查和批准执行委员会的报告和活动,并对该委员会作指示;

(vi)决定本联盟计划和通过二年预算,并批准决算;

(vii)通过本联盟的财务规则;

(viii)为实现本联盟的目的,成立适当的专家委员会和工作组;

(ix)决定接受哪些非本联盟成员国的国家以及哪些政府间组织和非政府间国际组织以观察员身份参加本联盟会议;

(x)通过第十三条至第十七条的修改;

(xi)采取旨在促进实现本联盟目标的任何其他的适当行动;

(xii)履行按照本公约是适当的其他职责;

(xiii)行使建立本组织公约中授予并经本联盟接受的权利。

(b)关于对本组织管理的其他联盟也有利害关系的事项,大会在听取本组织协调委员会的意见后作出决议。

(3)

(a)除适用(b)项规定的情况外,一名代表仅能代表一个国家。

(b)本联盟一些国家根据一项专门协定的条款组成一个共同的、对各该国家具有第十二条所述的国家工业产权专门机构性质的机构的,在讨论时,可以由这些国家中的一国作为共同代表。

(4)

(a)大会每一成员国应有一个投票权。

(b)大会成员国的半数构成开会的法定人数。

(c)尽管有(b)项的规定,如任何一次会议出席的国家不足大会成员国的半数,但达到三分之一或三分之一以上时,大会可以作出决议,但是,除有关其本身的议事程序的决议外,所有其他决议只有符合下述条件才能生效。国际局应将这些决议通知未出席的大会成员国,请其在通知之日起三个月的期间内以书面表示其投票或弃权。在该期间届满时,如这些表示投票或弃权的国家数目,达到会议本身开会的法定人数所缺少的国家数目,只要同时也取得了规定的多数票,这些决议应有效。

(d)除适用第十七条第(2)款规定的情况外,大会决议需有所投票数的三分之二票。

(e)弃权不应认为是投票。

(5)

(a)除适用(b)项规定的情况外,一名代表只能以一国名义投票。

(b)第(3)款(b)项所指的本联盟国家,一般应尽量派遣本国的代表团出席大会的会议。然而,如其中任何国家由于特殊原因不能派出本国代表团时,不能派出代表团的国家可以授权上述国家中其他国家代表团以其名义投票,但每一代表团只能为一个国家代理投票。代理投票的权限应由国家元首或主管部长签署的文件授予。

(6)非大会成员国的本联盟国家应被允许作为观察员出席大会的会议。

(7)

(a)大会通常会议每二历年召开一次,由总干事召集,如无特殊情况,和本组织的大会同时间同地点召开。

(b)大会临时会议由总干事应执行委员会或占四分之一的大会成员国的要求召开。

(8)大会应通过其本身的议事规程。

第十四条 【执行委员会】

(1)大会设执行委员会。

(2)

(a)执行委员会由大会成员国中选出的国家组成。此外,本组织总部所在地国家,除适用第十六条第(7)款(b)项规定的情况外,在该委员会中应有当然的席位。

(b)执行委员会各成员国政府应有一名代表,该代表可以由副代表、顾问和专家辅助。

(c)各代表团的费用应由委派该代表团的政府负担。

(3)执行委员会成员国的数目应相当于大会成员国的四分之一。在确定席位数目时,用四除后余数不计。

(4)选举执行委员会委员时,大会应适当注意公平的地理分配,以及组成执行委员会的国家中有与本联盟有关系的专门协定的缔约国的必要性。

(5)

(a)执行委员会委员的任期,应自选出委员会的大会会期终了时开始,直到下届通常会议会期终了为止。

(b)执行委员会委员可以连选连任,但其数目最多不得超过委员的三分之二。

(c)大会应制定有关执行委员会委员选举和可能连选的详细规则。

(6)

(a)执行委员会的职权如下:

(i)拟定大会议事日程草案;

(ii)就总干事拟订的本联盟计划草案和二年预算向大会提出建议;

(iii)将总干事的定期报告和年度会计检查报告,附具适当的意见,提交大会;

(iv)根据大会决议,并考虑大会两届通常会议中间发生的情况,采取一切必要措施保证总干事执行本联盟的计划;

(v)执行本公约所规定的其他职责。

(b)关于对本组织管理的其他联盟也有利害关系的事项,执行委员会应在听取本组织协调委员会的意见后作出决议。

(7)

(a)执行委员会每年举行一次通常会议,由总干事召集,最好和本组织协调委员会同时间同地点召开。

(b)执行委员会临时会议应由总干事依其本人倡议或应委员会主席或四分之一委员的要求而召开。

(8)

(a)执行委员会每一成员国应有一个投票权。

(b)执行委员会委员的半数构成开会的法定人数。

(c)决议需有所投票数的简单多数。

(d)弃权不应认为是投票。

(e)一名代表只能代表一个国家,并以一个国家名义投票。

(9)非执行委员会委员的本联盟国家可以派观察员出席执行委员会的会议。

(10)执行委员会应通过其本身的议事规程。

第十五条 【国际局】

(1)

(a)有关本联盟的行政工作应由国际局执行。国际局是由本联盟的局和保护文学艺术作品国际公约所建立的联盟的局联合的继续。

(b)国际局特别应执行本联盟各机构的秘书处的职务。

(c)本组织总干事为本联盟最高行政官员,并代表本联盟。

(2)国际局汇集有关工业产权的情报并予以公布。本联盟各成员国应迅速将一切有关保护工业产权的新法律和正式文本送交国际局;此外,还应向国际局提供其工业产权机构发表的与保护工业产权直接有关并对工作有用的出版物。

(3)国际局应出版月刊。

(4)国际局应依请求向本联盟任何国家提供有关保护工业产权问题的情报。

(5)国际局应进行研究,并提供服务,以促进对工业产权的保护。

(6)总干事及其指定的职员应参加大会、执行委员会以及任何其他专家委员会或工作组的一切会议,但无投票权。总干事或其指定职员为这些机构的当然秘书。

(7)

(a)国际局应按照大会的指示,与执行委员会合作,筹备对本公约第十三条至第十七条以外的其他条款的修订会议。

(b)国际局可以就修订会议的筹备工作与政府间组织和非政府间国际组织协商。

(c)总干事及其指定的人员应参加这些会议的讨论,但无投票权。

(8)国际局应执行指定由其执行的任何其他任务。

第十六条　【财务】

(1)

(a)本联盟应制定预算。

(b)本联盟的预算应包括本联盟本身的收入和支出,对各联盟共同经费预算的摊款,以及需要时对本组织成员国会议预算提供的款项。

(c)不是专属于本联盟、而且也属于本组织所管理的其他一个或一个以上联盟的经费,应认为是各联盟的共同经费。本联盟在该项共同经费中的摊款应与本联盟在其中所享的利益成比例。

(2)本联盟预算的制定应适当考虑到与本组织管理的其他联盟预算相协调的需要。

(3)本联盟预算的财政来源如下:

(i)本联盟国家的会费;

(ii)国际局提供有关联盟的服务所得到的费用或收款;

(iii)国际局有关本联盟出版物的售款或版税;

(iv)赠款、遗赠和补助金;

(v)租金、利息和其他杂项收入。

(4)

(a)为了确定对预算应缴的会费,本联盟每一个国家应属于下列的一个等级,并以所属等级的单位数为基础缴纳年度会费:

等级 I ………………………………… 25

等级 II ………………………………… 20

等级 III ………………………………… 15

等级 IV ………………………………… 10

等级 V ………………………………… 5

等级 VI ………………………………… 3

等级 VII ………………………………… 1

(b)除已经指定等级外,每一国家应在交存批准书或加入书的同时,表明自己愿属哪一等级。任何国家都可以改变其等级。如果变为较低的等级,必须在大会的一届通常会议上声明。这种改变应在该届会议的下一历年开始时生效。

(c)每一国家的年度会费的数额在所有国家向本联盟预算缴纳的会费总额中所占的比例,应与该国的单位数额在所有缴纳会费国家的单位总数中所占的比例相同。

(d)会费应于每年一月一日缴纳。

(e)一个国家欠缴的会费数额等于或超过其前两个整年的会费数额的,不得在本联盟的任何机构(该国为其成员)内行使投票权。但是如果证实该国延迟缴费系由于特殊的和不可避免的情况,则在这样的期间内本联盟的任何机构可以允许该国在该机构继续行使其投票权。

(f)如预算在新的财政年度开始前尚未通过,按财务规则的规定,预算应与上一年度预算的水平相同。

(5)国际局提供有关本联盟的服务应得的费用或收款的数额由总干事确定,并报告大会和执行委员会。

(6)

(a)本联盟应设工作基金,由本联盟每一国家一次缴纳的款项组成,如基金不足,大会应决定予以增加。

(b)每一国家向上述基金初次缴纳的数额或在基金增加时分担的数额,应与建立基金或决定增加基金的一年该国缴纳的会费成比例。

(c)缴款的比例和条件应由大会根据总干事的建议,并听取本组织协调委员会的建议后规定。

(7)

(a)在本组织与其总部所在地国家缔结的总部协定中应规定,工作基金不足时该国应给予垫款。每次垫款的数额和条件应由本组织和该国签订单独的协定。该国在承担垫款义务期间,应在执行委员会中有当然席位。

(b)(a)项所指的国家和本组织都各自有权以书面通知废除垫款的义务。废除应于发出通知当年年底起三年后生效。

(8)账目的会计检查工作应按财务规则的规定,由本联盟一个或一个以上国家或由外界审计师进行。他们应由大会在征得其同意后予以指定。

第十七条　【第十三条至第十七条的修正】

(1)修正第十三、十四、十五、十六条和本条的提案,可以由大会任何一个成员国、执行委员会或总干事提出。这类提案应由总干事至少在提交大会审议六个月前通知大会成员国。

(2)对第(1)款所述各条的修正案须由大会通过。通过需要有所投票数的四分之三票,但第十三条和本款的修正案需要有所投票数的五分之四票。

(3)第(1)款所述各条的修正案,在总干事收到大会通过修正案时四分之三的大会成员国依照各该国宪法程序接受修正案的书面通知一个月后发生效力。各该条的修正案在经接受后,对修正案生效时大会成员国以及以后成为大会成员国的所有国家都有约束力,但有关增加本联盟国家的财政义务的修正案,仅对通知接受该修正案的国家有约束力。

第十八条　【第一条至第十二条和第十八条至第三十条的修订】

(1)本公约应交付修订,以便采用一些旨在改善本联盟制度的修正案。

(2)为此目的,将陆续在本联盟国家之一举行本联盟国家代表会议。

(3)对第十三条至第十七条的修正应按照第十七条的规定办理。

第十九条　【专门协定】

不言而喻,本联盟国家在与本公约的规定不相抵触的范围内,保留有相互间分别签订关于保护工业产权的专门协定的权利。

第二十条　【本联盟国家的批准或加入;生效】

(1)

(a)本联盟任何国家已在本议定书上签字者,可以批准本议定书,未签字者可以加入本议定书。批准书和加入书应递交总干事保存。

(b)本联盟任何国家可以在其批准书或加入书中声明其批准或加入不适用于:

(i)第一条至第十二条,或

(ii)第十三条至第十七条。

(c)本联盟任何国家根据(b)项的规定声明其批准或加入的效力不适用于该项所述的两组条文之一者,以后可以随时声明将其批准或加入的效力扩大至该组条文。该项声明书应递交总干事保存。

(2)

(a)第一条至第十二条,对于最早递交批准书或加入书而未作上述第(1)款(b)项第(i)目所允许的声明的本联盟十个国家,在递交第十份批准书或加入书三个月后,发生效力。

(b)第十三条至第十七条,对于最早递交批准书或加入书而未作上述第(1)款(b)项第(ii)目所允许的声明的本联盟十个国家,在递交第十份批准书或加入书三个月后,发生效力。

(c)以第(1)款(b)项第(i)目和第(ii)目所述的两组条文按照(a)项和(b)项的规定每一组开始生效为条件,以及以适用第(1)款(b)项规定为条件,第一条至第

十七条,对于(a)项和(b)项所述的递交批准书或加入书的国家以外的、或按第(1)款(c)项递交声明的任何国家以外的本联盟任何国家,在总干事就该项递交发出通知之后三个月后发生效力除非所递交的批准书、加入书或声明已经指定以后的日期。在后一情况下,本议定书对该国应在其指定的日期发生效力。

(3)第十八条至第三十条,对递交批准书或加入书的本联盟任何国家,应在第(1)款(b)项所述的两组条文中任何一组条文,按照第(2)款(a)、(b)或(c)项对该国生效的日期中比较早的那一日发生效力。

第二十一条　【本联盟以外国家的加入;生效】

(1)本联盟以外的任何国家都可以加入本议定书,成为本联盟的成员国。加入书递交总干事保存。

(2)

(a)本联盟以外的任何国家在议定书的任何规定发生效力前一个月或一个月以上递交加入书的,本议定书应在该规定按照第二十条第(2)款(a)项或(b)项最先发生效力之日对该国发生效力,除非该加入书已经指定以后的日期;但应遵守下列条件:

(i)如第一条至第十二条在上述日期尚未发生效力,在这些规定发生效力以前的过渡期间,作为代替,该国应受里斯本议定书第一条至第十二条的约束;

(ii)如第十三条至第十七条在上述日期尚未发生效力,在这些规定发生效力以前的过渡期间,作为代替,该国应受里斯本议定书第十三条、第十四条第(3)款、第(4)款和第(5)款的约束。

如果该国在其加入书中指定了以后的日期,本议定书应在其指定的日期对该国发生效力。

(b)本联盟以外的任何国家递交加入书的日期是在本议定书的一组条文发生效力之后,或发生效力前一个月内的,除适用(a)项规定的情况外,本议定书应在总干事就该国加入发出通知之日起三个月后对该国发生效力,除非该加入书已经指定以后的日期。在后一情况下,本议定书应在其指定的日期对该国发生效力。

(3)本联盟以外的任何国家在本议定书全部发生效力后或发生效力前一个月内递交加入书的,本议定书应在总干事就该国加入发出通知之日起三个月后对该国发生效力,除非该加入书已经指定以后的日期。在后一种情况下,本议定书应在其指定的日期对该国发生效力。

第二十二条　【批准或加入的后果】

除适用第二十条第(1)款(b)项和第二十八第(2)款的规定可能有例外外,批准或加入应自动导致接受本议

定书的全部条款并享受本议定书的全部利益。

第二十三条　【加入以前的议定书】

在本议定书全部发生效力以后,各国不得加入本公约以前的议定书。

第二十四条　【领地】

(1)任何国家可以在其批准书或加入书中声明,或在以后任何时候以书面通知总干事,本公约适用于该国的声明或通知中所指定的由该国负责其对外关系的全部或部分领地。

(2)任何国家已经作出上述声明或提出上述通知的,可以在任何时候通知总干事,本公约停止适用于上述的全部或部分领地。

(3)

(a)根据第(1)款提出的声明,应与包括该项声明的批准书或加入书同时发生效力;根据该款提出的通知应在总干事通知此事后三个月发生效力。

(b)根据第(2)款提出的通知,应在总干事收到此项通知十二个月后发生效力。

第二十五条　【在国内执行本公约】

(1)本公约的缔约国承诺,根据其宪法,采取保证本公约适用的必要措施。

(2)不言而喻,各国在递交其批准书或加入书时将能根据其本国法律实施本公约的规定。

第二十六条　【退出】

(1)本公约无限期地有效。

(2)任何国家可以通知总干事退出本议定书。该项退出也构成退出本公约以前的一切议定书。退出仅对通知退出的国家发生效力,本公约对本联盟其他国家仍完全有效。

(3)自总干事收到退出通知之日起一年后,退出发生效力。

(4)任何国家在成为本联盟成员国之日起五年届满以前,不得行使本条所规定的退出权利。

第二十七条　【以前议定书的适用】

(1)关于适用本议定书的国家之间的关系及适用的范围的规定,本议定书取代1883年3月20日的巴黎公约和以后修订的议定书。

(2)

(a)对于不适用或不全部适用本议定书,但适用1958年10月31日的里斯本议定书的国家,里斯本议定书仍全部有效,或在按第(1)款的规定本议定书并未取代该议定书的范围内有效。

(b)同样,对于既不适用本议定书或其一部分,也不适用里斯本议定书的国家,1934年6月2日的伦敦议定书仍全部有效,或在按第(1)款的规定本议定书并未取代该议定书的范围内有效。

(c)同样,对于既不适用本议定书或其一部分,也不适用里斯本议定书,也不适用伦敦议定书的国家,1925年11月6日的海牙议定书仍全部有效,或在按第(1)款的规定本议定书并未取代该议定书的范围内有效。

(3)本联盟以外的各国成为本议定书的缔约国的,对非本议定书的缔约国或者虽然是本议定书的缔约国但按照第二十条第(1)款(b)项第(i)目提出声明的本联盟任何国家,应适用本议定书。各该国承认,上述本联盟国家在其与各该国的关系中,可以适用该联盟国家所参加的最近议定书的规定。

第二十八条　【争议】

(1)本联盟两个或两个以上国家之间对本公约的解释或适用有争议不能靠谈判解决时,有关国家之一可以按照国际法院规约将争议提交该法院,除非有关国家就某一其他解决办法达成协议。将争议提交该法院的国家应通知国际局;国际局应将此事提请本联盟其他国家注意。

(2)每一国家在本议定书上签字或递交批准书或加入书时,可以声明它认为自己不受第(1)款规定的约束。关于该国与本联盟任何其他国家之间的任何争议,上述第(1)款的规定概不适用。

(3)根据上述第(2)款提出声明的任何国家可以在任何时候通知总干事撤回其声明。

第二十九条　【签字、语言、保存职责】

(1)

(a)本议定书的签字本为一份,用法语写成,由瑞典政府保存。

(b)总干事与有关政府协商后,应制定英语、德语、意大利语、葡萄牙语、俄罗斯语、西班牙语以及大会指定的其他语言的正式文本。

(c)如对各种文本的解释有不同意见,应以法语文本为准。

(2)本议定书在1968年1月13日以前在斯德哥尔摩开放签字。

(3)总干事应将经瑞典政府证明的本议定书签字文本二份分送本联盟所有国家政府,并根据请求,送给任何其他国家政府。

(4)总干事应将本议定书交联合国秘书处登记。

（5）总干事应将签字、批准书或加入书的交存和各该文件中包括的或按第二十条（1）款（c）项提出的声明，本议定书任何规定的生效、退出的通知以及按照第二十四条提出的通知等，通知本联盟所有国家政府。

第三十条　【过渡条款】

（1）直至第一任总干事就职为止，本议定书所指本组织国际局或总干事应分别视为指本联盟的局或其局长。

（2）凡不受第十三条至第十七条约束的本联盟国家，直到建立本组织公约生效以后的五年期间内，可以随其自愿行使本议定书第十三条至第十七条规定的权利，如同各该国受这些条文约束一样。愿意行使该项权利的国家应以书面通知总干事；该通知自其收到之日起发生效力。直至该项期间届满为止，这些国家应视为大会的成员国。

（3）只要本联盟所有国家没有完全成为本组织的成员国，本组织国际局也应行使本联盟的局的职责，总干事也应行使该局局长的职责。

（4）本联盟所有国家一旦都成为本组织成员国以后，本联盟的局的权利、义务和财产均应移交给本组织国际局。

商标国际注册马德里协定

·1891 年 4 月 14 日签订
·1900 年 12 月 14 日修订于布鲁塞尔，1911 年 6 月 2 日修订于华盛顿，1925 年 11 月 6 日修订于海牙，1934 年 6 月 2 日修订于伦敦，1957 年 6 月 15 日修订于尼斯，1967 年 7 月 14 日修订于斯德哥尔摩，并于 1979 年 9 月 28 日修改

第一条　成立特别联盟；向国际局申请商标注册；原属国的定义

（1）本协定所适用的国家组成商标国际注册特别联盟。

（2）各缔约国的国民，可通过其原属国主管机关，向《成立世界知识产权组织（以下称"本组织"）公约》所指的知识产权国际局（以下称"国际局"）申请商标注册，以在本协定所有其他成员国取得对其已在原属国注册用于商品或服务的商标的保护。

（3）原属国是指申请人设有真实有效的工商营业所的特别联盟国家；在特别联盟国家中没有此类营业所的，系指其住所所在的特别联盟国家；在特别联盟境内没有住所，但为特别联盟国家国民的，则指其国籍所在的国家。

第二条　关于《巴黎公约》第三条（给予某类人以本联盟国民的同等待遇）

未加入本协定的国家的国民，在依照本协定组成的特别联盟领土内，符合《保护工业产权巴黎公约》第三条规定的条件的，与缔约国国民同等对待。

第三条　国际注册申请的内容

（1）国际注册申请应按实施细则所规定的格式提出，商标原属国的主管机关应证明该申请的内容与国家注册簿中的内容相符，并注明该商标在原属国的申请和注册的日期和号码以及国际注册的申请日期。

（2）申请人应指明为之申请商标保护的商品或服务，如果可能，还应根据《商标注册用商品和服务国际分类尼斯协定》制定的分类，指明相应的类别。申请人未指明类别的，国际局应将有关商品或服务划分到该分类的相应类别。申请人指出的分类须经国际局会同该国家主管机关审查。国家主管机关和国际局意见有分歧的，以国际局的意见为准。

（3）申请人要求将颜色作为其商标显著成分保护的，应当

（a）声明要求该项保护，并在申请书中注明要求保护的颜色或颜色组合；

（b）在申请中附送该商标的彩色图样，该图样应附在国际局发出的通知中。图样的份数由实施细则规定。

（4）国际局应立即注册根据第一条申请注册的商标。注册日期为在原属国申请国际注册的日期，条件是国际局于此日起两个月期限内收到该申请；未在此期限内收到的申请，国际局则以其收到申请的日期登记该申请。国际局应立即将该项注册通知有关主管机关。注册商标应按注册申请的内容在国际局出版的期刊上公告。对于含有图形要素和特殊字体的商标，由实施细则规定申请人是否应提供底片一份。

（5）为了在所有的缔约国公告注册商标，根据《保护工业产权巴黎公约》第十六条第（4）款（a）段规定的单位数和实施细则规定的条件，每个主管机关应从国际局按比例收到一定数量的赠阅本及减价本刊物。在所有缔约国内该公告应被视为是完全充分的，而且申请人不得要求任何其他公告。

第三条之二　领土限制

（1）各缔约国可随时书面通知本组织总干事（以下称："总干事"），通过国际注册取得的保护只有经商标注册人专门请求，才能延伸至该国。

（2）该通知只能于总干事将之通告其他缔约国之日

起六个月后生效。

第三条之三 领土延伸申请

(1)申请将通过国际注册取得的保护延伸至某个享有第三条之二规定的权利的国家的,应在第三条第(1)款所指的申请中特别注明。

(2)在国际注册后提出的领土延伸申请,应按实施细则规定的格式,通过原属国主管机关提出。国际局应立即注册领土延伸申请,随即将之通知有关主管机关。领土延伸在国际局出版的期刊上公告。领土延伸于在国际注册簿登记之日起生效,于有关商标国际注册期满时失效。

第四条 国际注册的效力

(1)自按照第三条及第三条之三的规定在国际局进行注册起,商标在各有关缔约国的保护,应与此商标在该国直接注册相同。第三条规定的商品和服务的分类,不在确定商标保护范围方面约束缔约国。

(2)每个申请国际注册的商标,享有《保护工业产权巴黎公约》第四条规定的优先权,不需履行该条第四款规定的各项手续。

第四条之二 以国际注册代替在先国家注册

(1)当一个已在某个或多个缔约国申请注册的商标,而后又以同一注册人或其权利继承人的名义由国际局注册时,该国际注册应视为代替在先的国家注册,并不影响通过在先的国家注册取得的权利。

(2)国家主管机关应依请求在其注册簿中登记该国际注册。

第五条 国家主管机关的驳回

(1)在本国法律允许的国家内,被国际局通知商标注册或根据第三条之三提出的延伸保护申请的国家主管机关有权声明,在其领土内不能给予该商标以保护。根据《保护工业产权巴黎公约》的规定,只能以适用于申请国家注册商标的条件提出此类驳回。但是,不得仅以国家法只准许在一定数目的类别或者一定数量的商品或服务上注册为唯一理由,驳回保护,即便是部分驳回保护。

(2)欲行使这项权利的主管机关,应在国内法规定的期限内,并最迟于自商标国际注册或根据第三条之三提出延伸保护申请起一年结束之前,将其驳回通知国际局,同时说明全部理由。

(3)国际局应立即将收到的驳回声明一份转给原属国主管机关和商标注册人,如该主管机关已向国际局指明商标注册人的代理人的,或者转给其代理人。如同当事人向驳回保护的国家直接申请商标注册那样,他应具

有同样的申诉手段。

(4)国际局应依任何当事人的请求,向其通告某商标的驳回理由。

(5)在上述一年最宽期限内,主管机关未将关于商标注册或延伸保护申请的任何临时或最终驳回决定通知国际局的,即丧失有关商标享有本条第(1)款规定的权利。

(6)未能使商标注册人及时行使其权利的,主管机关不得宣布国际商标无效。无效应通知国际局。

第五条之二 合法使用商标某些成分的证明文件

各缔约国主管机关可能要求就商标的某些成分,如纹章、徽章、肖像、勋章、称号、厂商名称或非申请人姓氏或者类似说明,所提供的合法性使用的证明文件,除原属国主管机关确认之外,应免除一切认证和证明。

第五条之三 国际注册簿登记事项的副本;预先查询;国际注册簿摘录

(1)国际局应依任何人请求并征收实施细则规定的费用,向其提供某商标在注册簿登记事项的副本。

(2)国际局亦可收费办理国际商标的预先查询。

(3)为在某缔约国复制之需而索要的国际注册簿摘录应免除一切认证。

第六条 国际注册的有效期;国际注册的独立性;原属国保护的中止

(1)在国际局注册商标以二十年为期进行,并可以第七条规定的条件续展。

(2)自国际注册之日起五年期满后,国际注册即与原属国在先注册的国家商标相独立,下款的规定除外。

(3)自国际注册之日起五年内,根据第一条在原属国在先注册的国家商标在该国已全部或部分不再享受法律保护的,那么,无论国际注册是否已经转让,都不得再全部或部分要求国际注册给予的保护。对于因在五年期限届满前提起的诉讼而后中止法律保护的,情形亦是如此。

(4)自愿或自行注销的,原属国主管机关应向国际局申请注销商标,国际局应予注销商标。遇法律诉讼时,上述主管机关应自行或经原告请求,将起诉书或其他证明起诉的文件副本以及终审判决寄交国际局,国际局将之在国际注册簿上登记。

第七条 国际注册的续展

(1)注册可自上一期届满起以二十年为一期不断地续展,仅需缴纳基本费,必要时缴纳第八条第(2)款规定的附加费和补充费。

(2)续展不得对上一期注册的最后状况进行任何更改。

(3)根据一九五七年六月十五日尼斯文本或本文本

规定进行的首次续展,应指明与该注册相关的国际分类
类别。

(4)保护期满前六个月,国际局通过寄送非正式通
知,提醒商标注册人和其代理人期满的确切日期。

(5)缴纳实施细则规定的额外费的,应给予国际注
册续展一个六个月的宽展期。

第八条　国家规费;国际规费;收入盈余;附加费和
补充费的分配

(1)原属国主管机关有权自行规定并向申请国际注
册或续展的商标注册人收取国家规费。

(2)在国际局注册商标应预交国际规费,包括:

(a)基本费;

(b)商标适用的商品或服务所属的类别超过国际分
类三类的,每超过一类的附加费;

(c)用于每项符合第三条之三延伸保护申请的补充费。

(3)但是,商品或服务类别数目是由国际局确定或
提出过不同意见的,应于实施细则规定的期限内缴纳第
(2)款(b)段规定的附加费,并不影响注册日期。在上述
期限届满时,申请人尚未缴纳附加费或未对商品或服务
表进行必要的删减的,国际注册申请则视同被放弃。

(4)国际注册各项收费的年收入,除第(2)款(b)和
(c)段规定的以外,经扣除执行本文本所需的各项费用开
支,应由国际局负责在本文本参加国之间平均分配。在
本文本生效时尚未批准或加入本文本的国家,在批准或
加入生效之前,有权分得按其适用的先前文本计算的一
份收入盈余。

(5)第(2)款(b)段规定的附加费的收入,于每年年
终时,根据上年度在各国申请保护的商标的数目,按比例
在本文本参加国或一九五七年六月十五日尼斯文本参加
国之间分配;对进行预先审查的国家,该数目受实施细则
规定的系数的影响。在本议定书生效时尚未批准或加入
本文本的国家,在其批准或加入生效之前,有权分得按尼
斯文本计算的份额。

(6)第(2)款(c)段规定的补充费的收入,应根据第
(5)款在采用第三条之二规定权利的国家间进行分配。
本文本生效时尚未批准或加入本文本的国家,在其批准
或加入生效之前,有权分得按尼斯文本计算的份额。

第八条之二　在一国或多国放弃保护

国际注册注册人,可通过本国主管机关向国际局递
交一份声明,随时放弃一个或多个缔约国的保护。国
际局将该声明通知放弃保护所涉及的国家。放弃保护不
需要任何费用。

第九条　影响国际注册的国家注册簿变更;删减、增
加、替换国际注册簿中在录的商品和服务

(1)变更影响国际注册的,商标注册人本国主管机关
亦应将对本国注册簿中商标登记所作的注销、撤销、放
弃、转让和其他变更通知国际局。

(2)国际局应将这些变更在国际注册簿中登记,通知
各缔约国主管机关,并在其刊物上公告。

(3)国际注册注册人申请删减该项注册适用的商品
或服务的,可比照办理。

(4)办理此类事宜可能要缴纳实施细则规定的费用。

(5)注册后增加新商品或服务的,可通过按第三条的
规定提出的新的注册申请取得。

(6)以一项商品或服务替换另一项,视同增加一项。

第九条之二　国际商标转让引起的注册人国家变更

(1)将国际注册簿中登记的商标转让给一个设立在
国际注册注册人国家以外的某缔约国的人的,这个国家
的主管机关应将该转让通知国际局。国际局将该转让登
记,通知其他主管机关,并在其刊物上公告。转让在国际
注册起五年内进行的,国际局应征得新注册人国家主管
机关的同意,并且如可能的话,公告该商标在新注册人国
家的注册日期和注册号。

(2)将国际注册簿中登记的商标转让给无权申请国
际商标的人的,不予登记。

(3)由于新注册人国家拒绝同意,或因转让由一个无
权申请国际注册的人提出,而不能在国际注册簿上登记
转让的,原注册人国家主管机关有权要求国际局在其注
册簿上注销该商标。

第九条之三　仅就部分注册商品或服务或仅就部分
缔约国转让国际商标;关于《巴黎公约》第六条之四(商
标的转让)

(1)国际局收到仅就部分注册商品或服务转让国际
商标的通知时,应在注册簿中予以登记。所转让部分包
含的商品或服务与仍以转让人名义注册的商标的商品和
服务相类似的,各缔约国均有权拒绝承认该转让的效力。

(2)国际局同样登记只就一个或多个缔约国进行的
国际商标转让。

(3)在上述情况中,发生注册人国家变更的,并且国
际商标是在自国际注册起五年内被转让的,新注册人国
家的主管机关应根据第九条之二予以同意。

(4)上述各款的规定仅在保留《保护工业产权巴黎
公约》第六条之四的条件下适用。

第九条之四　几个缔约国的共同主管机关;几个缔

约国要求按一个国家对待

(1)如果本特别联盟的几个国家同意统一其国家商标法的,可以通知总干事。

(a)以共同的主管机关代替其各自的国家主管机关。

(b)在完全或部分适用本条以前各项规定方面,其各国领土的总合视为一个国家。

(2)此项通知只能在总干事通告其他缔约国之日起六个月后生效。

第十条　本特别联盟大会

(1)

(a)本特别联盟设立由批准或加入本文本国家所组成的大会。

(b)各国政府应有一名代表,该代表可由若干副代表、顾问及专家辅助。

(c)各代表团的费用,除各成员国一位代表的旅费及生活津贴由本特别联盟负担外,均由委派该代表团的政府负担。

(2)

(a)大会:

(i)处理有关维持和发展本特别联盟以及实施本协定的一切事宜;

(ii)在适当考虑未批准或未加入本文本的本特别联盟成员国的意见后,就修订会议的筹备工作向国际局作出指示;

(iii)修改实施细则和确定第八条第(2)款提到的规费以及国际注册其他费用的数额;

(iv)审查和批准总干事关于本特别联盟的报告和活动,并就关于本特别联盟的权限问题向总干事作出各种必要的指示;

(v)制定计划,通过本特别联盟两年一度的预算,并批准其决算;

(vi)通过本特别联盟的财务规则;

(vii)为了实现本特别联盟的宗旨,成立大会认为必要的专家委员会和工作组;

(viii)决定接纳哪些非本特别联盟成员的国家以及政府间组织和非政府间国际组织,作为观察员参加会议;

(ix)通过对第十条至第十三条的修改;

(x)为实现本特别联盟的宗旨,进行其他任何适当的活动;

(xi)履行本协定规定的其他职责。

(b)对于也涉及本组织所辖其他联盟的问题,大会应在听取本组织协调委员会的意见后作出决定。

(3)

(a)大会各成员国享有一票表决权。

(b)大会成员国的半数构成法定人数。

(c)除(b)段的规定外,在任何一次会议上,出席会议的国家数目不及大会成员国一半,但达到或超过三分之一时,大会可以作出决议。然而,除涉及其自身程序的决议外,大会的决议只有符合下列条件才能生效。国际局应将所述决议通告未出席的大会成员国,请其自所述通告之日起三个月内以书面形式表决或弃权。在该期限届满时,如此类表决或弃权的国家的数目至少等于会议自身所需法定人数的差额,只有同时达到必要的多数,所述决议才能生效。

(d)除第十三条第(2)款的规定外,大会决议需要三分之二的多数表决才能作出。

(e)弃权不视为表决。

(f)一位代表只能代表一个国家并只能以该国的名义表决。

(g)非大会成员的本特别联盟国家应作为观察员出席大会的会议。

(4)

(a)大会每两年由总干事召集举行一次例会,除特殊情况外与本组织大会同期、同地举行。

(b)大会经四分之一大会成员国的请求,由总干事召集举行特别会议。

(c)每次会议的日程由总干事制定。

(5)大会通过自己的内部规则。

第十一条　国际局

(1)

(a)国际局办理国际注册并处理本特别联盟担负的其他行政工作。

(b)国际局特别应筹备大会的会议,并为大会以及可能成立的专家委员会和工作组提供秘书处。

(c)总干事是特别联盟的最高官员,并代表本特别联盟。

(2)总干事及其指定的任何职员应参加大会及大会设立的专家委员会和工作组的所有会议,但没有表决权。总干事或其指定的职员为这些机构的当然秘书。

(3)

(a)国际局应按照大会的指示,筹备修订本协定除第十至第十三条以外其他条款的会议。

(b)国际局可就修订会议的筹备工作与政府间组织和非政府间国际组织进行协商。

（c）总干事及其指定的人员应参加这些会议的讨论，但没有表决权。

（4）国际局应执行交给他的任何其他任务。

第十二条　财务

（1）

（a）本特别联盟应有预算。

（b）本特别联盟的预算包括本特别联盟本身的收入和开支，各联盟共同支出预算的摊款以及必要时用作本组织成员国会议预算的款项。

（c）对于不属专门拨给本特别联盟，同时也拨给本组织所辖一个或多个其他联盟的支出，视为各联盟的共同支出。本特别联盟在该共同支出中的摊款，与该项支出给其带来的利益成比例。

（2）根据与本组织所辖其他联盟预算相协调的需要，制定本特别联盟的预算。

（3）本特别联盟预算的资金来源如下：

（i）国际注册的规费和其他收费以及国际局以本特别联盟的名义提供其他服务收取的费用和款项；

（ii）与本特别联盟有关的国际局出版物售款或其版税；

（iii）赠款、遗赠和补助金；

（iv）房租、利息和其他收入；

（4）

（a）第八条第（2）款所指的规费及其他有关国际注册的收费数额经总干事提议，由大会确定。

（b）除第八条第（2）款（b）和（c）段所指的附加费和补充费之外，确定的规费数额，应至少能使本特别联盟规费、收费和其他来源资金的总收入与国际局有关本特别联盟的支出收支相抵。

（c）预算在新的财政年度开始前尚未通过的，应按财务规则规定的方式继续执行上年度预算。

（5）国际局以本特别联盟名义提供其他服务收取的费用和款项的数额，除第（4）款（a）段规定的以外，由总干事确定并报告大会。

（6）

（a）本特别联盟设有周转基金，由本特别联盟各国一次付款组成。基金不足时，大会应决定增加基金。

（b）各国对上述基金首次付款或其在基金增加时摊款的数额，应与该国作为保护工业产权巴黎联盟成员国于设立基金或决定增加基金的当年对巴黎联盟预算付款的份额成比例。

（c）付款的比例和形式由大会根据总干事的提议并

听取本组织协调委员会的意见后确定。

（d）只要大会批准使用本特别联盟的储备金作为周转基金，大会就可以暂缓执行（a）、（b）和（c）段的规定。

（7）

（a）在与本组织所在地国家达成的总部协议中规定，当周转基金不足时，该国家应予贷款。提供贷款的数额与条件由该国和本组织间逐次分别签署协议。

（b）（a）段所指的国家及本组织均有权以书面通知废止提供贷款的承诺。该废止应于发出通知当年年底起三年后生效。

（8）账目的审核应按照财务规则规定的形式，由本特别联盟一国或多国或者由外部的审计师进行。审计师由大会在征得本人同意后指定。

第十三条　对第十条至第十三条的修改

（1）修改第十条、第十一条、第十二条及本条的提案，可由大会的任何成员国或总干事提出。此类提议至少应于提交大会审议前六个月由总干事转交大会成员国。

（2）对第（1）款所述条文的任何修改，须经大会通过。通过需要表决票数的四分之三。但对第十条及本款的修改，则需表决票数的五分之四。

（3）对第（1）款所述条文的任何修改，应于总干事收到通过该修改之时的四分之三的大会成员国根据各自宪法的规定提出的书面接受通知起一个月后生效。由此通过的对所述条文的任何修改，对于修改生效之时或此后加入的所有成员国具有约束力。

第十四条　批准和加入；生效；加入在先文本；关于《巴黎公约》第二十四条（领土）

（1）本特别联盟成员国已签署本文本的，可批准本文本；尚未签署的，可加入本文本。

（2）

（a）非本特别联盟的国家，若为《保护工业产权巴黎公约》成员的，均可加入本文本，并由此成为本特别联盟的成员。

（b）国际局一旦接到某此类国家已加入本文本的通知，应根据第三条规定向该国主管机关寄送此时享受国际保护的商标的汇总通知。

（c）该通知本身应保证这些商标在所述国家的领土内享受先前规定的利益，并开始一年的期限。有关主管机关可以在此期间提出第五条所规定的声明。

（d）然而，上述国家在加入本文本时可以声明，除非在此之前国际商标已在该国在先进行了相同的国家注册并且依然有效,经有关当事人请求即可得到承认之外,本文本仅适用于该国加入生效之日起注册的商标。

(e)此项声明应使国际局免发上述汇总通知。在新国家加入起一年内,国际局仅就其收到的要求适用(d)段中例外规定并附有必要说明的申请所涉及的商标发出通知。

(f)对在加入本文本时声明请求适用第三条之二所规定权利的国家,国际局不发汇总通知。另外,此类国家亦可同时声明,本文本仅适用于自其加入生效之日起注册的商标;但这种限制不得影响已先在此类国家取得相同国家注册并可导致根据第三条之三、第八条第(2)款(c)段进行和通知领土延伸申请的国际商标。

(g)本款规定的通知中的商标注册,应视为代替在新缔约国加入生效日之前在该国的直接注册。

(3)批准书和加入书应递交总干事保存。

(4)

(a)对于五个最初递交批准书或加入书的国家,本文本自第五份文件交存起三个月后生效。

(b)对于其他任何国家,本文本自总干事就该国的批准或加入发出通知之日起三个月后生效,除非在批准书或加入书中指定了一个之后的日期。对于后一种情况,本文本自该指定之日起在该国生效。

(5)批准或加入即当然接受本文本的所有条款并享受本文本的所有利益。

(6)本文本生效后,一个国家只有同时批准或加入本文本,才可以参加一九五七年六月十五日的尼斯文本。即使是同时批准或加入本文本,也不允许加入尼斯文本以前的文本。

(7)《保护工业产权巴黎公约》第二十四条的规定适用于本协定。

第十五条　退约

(1)本协定无限期地有效。

(2)任何国家均可通知总干事声明退出本文本。这种退约亦指退出所有在先的文本,并仅对退约国有效,协定对本特别联盟的其他国家继续有效和适用。

(3)退约于总干事收到通知之日起一年后生效。

(4)一个国家在其成为本特别联盟成员之日起五年期限届满前,不得行使本条所规定的退约权。

(5)在退约生效之日前注册的国际商标,并且在第五条所规定的一年内未被驳回的,应在国际保护期内如同在该退约国直接注册的商标,继续享有同等的保护。

第十六条　先前文本的适用

(1)

(a)在已经批准或加入本文本的特别联盟成员国间,本文本自对之生效之日起,即代替一八九一年《马德里协定》在本文本之前的其他文本。

(b)但已批准或加入本文本的特别联盟各国,如未根据一九五七年六月十五日尼斯文本第十二条第(4)款的规定退出先前文本,在其与未批准或加入本文本国家的关系中,应继续适用先前文本。

(2)非本特别联盟成员国加入本文本的,通过未加入本文本的任一本特别联盟国家的主管机关向国际局办理国际注册的,应适用本文本,条件是对于所述国家该注册符合本文本规定的条件。通过已加入本文本的非本特别联盟成员国的国家主管机关向国际局办理国际注册的,这些国家应同意上述国家可要求该申请符合其加入的最新文本规定的条件。

第十七条　签字;语言;保存人职责

(1)

(a)本文本用法文签署一份文本,交存于瑞典政府。

(b)大会所指定其他语种的正式文本,由总干事经与有关政府协商后制定。

(2)本文本直至一九六八年一月十三日止在斯德哥尔摩开放签字。

(3)总干事将经瑞典政府认证的本文本签字本副本两份交与本特别联盟所有国家的政府,并应请求交与任何国家的政府。

(4)总干事将本文本在联合国秘书处登记。

(5)总干事应将签字、批准书或加入书及其中的声明的交存、本文本各条款的生效、退约通知以及按照第三条之二、第九条之四、第十三条、第十四条第(7)款、第十五条第(2)款所作的通知,通告本特别联盟所有国家的政府。

第十八条　过渡条款

(1)直至第一任总干事就职为止,本文本所指的本组织国际局或总干事应分别视为《保护工业产权巴黎公约》所成立的联盟局或其干事。

(2)在成立本组织的公约生效后五年内,未批准或加入本文本的本特别联盟国家,如果愿意,可以行使本文本第十至十三条所规定的权利的,视同他们已接受这些条款的约束。任何国家希望行使这种权利,应就此书面通知总干事。该通知于其接到之日起生效。直到所述期限届满为止,这类国家被视为大会成员国。

世界版权公约

· 1971 年 7 月 24 日于巴黎修订

缔约各国，

出于保证在所有国家给文学、科学和艺术作品以版权保护的愿望；

确信适用于世界各国并以世界公约确定下来的、补充而无损于现行各种国际制度的版权保护制度，将保证对个人权利的尊重，并鼓励文学、科学和艺术的发展；

相信这种世界版权保护制度将会促进人类精神产品更加广泛的传播和增进国际了解；

决定修订 1952 年 9 月 6 日于日内瓦签订的《世界版权公约》（下称"1952 年公约"），

为此特协议如下：

第一条　缔约各国承允对文学、科学、艺术作品——包括文字、音乐、戏剧和电影作品，以及绘画、雕刻和雕塑——的作者及其他版权所有者的权利，提供充分有效的保护。

第二条

（一）任何缔约国国民出版的作品及在该国首先出版的作品，在其他各缔约国中，均享有其他缔约国给予其本国国民在本国首先出版之作品的同等保护，以及本公约特许的保护。

（二）任何缔约国国民未出版的作品，在其他各缔约国中，享有该其他缔约国给予其国民未出版之作品的同等保护，以及本公约特许的保护。

（三）为实施本公约，任何缔约国可依本国法律将定居该国的任何人视为本国国民。

第三条

（一）任何缔约国依其国内法要求履行手续——如缴送样本、注册登记、刊登启事、办理公证文件、偿付费用或在该国国内制作出版等——作为版权保护的条件者，对于根据本公约加以保护并在该国领土以外首次出版而其作者又非本国国民的一切作品，应视为符合上述要求，只要经作者或版权所有者授权出版的作品的所有各册，自首次出版之日起，标有©的符号，并注明版权所有者之姓名、首次出版年份等，其标注的方式和位置应使人注意到版权的要求。

（二）本条第（一）款的规定，不得妨碍任何缔约国在本国初版的作品或其国民于任何地方出版的作品为取得和享有版权而提出的履行手续或其他条件的要求。

（三）本条第（一）款的规定，不得妨碍任何缔约国做

出如下的规定：凡要求司法救助者，必须在起诉时履行程序性要求，诸如起诉人须通过本国辩护人出庭，或由起诉人将争讼的作品送交法院或行政当局，或兼送两处；但未能履行上述程序性要求，不应影响版权的效力，而且如对要求给予版权保护的所在地国家的国民不作这种要求，也不应将这种要求强加于另一缔约国的国民。

（四）缔约各国应有法律措施保护其他各缔约国国民尚未出版的作品，而无须履行手续。

（五）如果某缔约国准许有一个以上的版权保护期限，而第一个期限比第四条中规定的最短期限之一更长，则对于第二个或其后的版权期限，不应要求该国执行本条第（一）款的规定。

第四条

（一）根据第二条和本条规定，某作品的版权保护期限，应由该作品要求给予版权保护所在地的缔约国的法律来规定。

（二）甲、受本公约保护的作品，其保护期限不得少于作者有生之年及其死后的二十五年。但是，如果任何缔约国在本公约对该国生效之日，已将某些种类作品的保护期限规定为自该作品首次出版以后的某一段时间，则该缔约国有权保持其规定，并可将这些规定扩大应用于其他种类的作品。对所有这些种类的作品，其版权保护期限自首次出版之日起，不得少于二十五年。

乙、任何缔约国如在本公约对该国生效之日尚未根据作者有生之年确定保护期限，则有权根据情况，从作品首次出版之日或从出版前的登记之日起计算版权保护期，只要根据情况从作品首次出版之日或出版前的登记之日算起，版权保护期限不少于二十五年。

丙、如果某缔约国的法律准许有两个或两个以上的连续保护期限，则第一个保护期限不得短于本款甲、乙两项所规定的最短期限之一。

（三）本条第（二）款的规定不适用于摄影作品或实用美术作品；但这些缔约国对摄影作品或实用美术作品作为艺术品给予保护时，对上述每一类作品规定期限不得少于十年。

（四）甲、任何缔约国对某一作品给予的保护期限，均不长于有关缔约国（如果是未出版的作品，则指作家所属的缔约国；如果是已出版的作品，则指首先出版作品的缔约国）的法律对该作品所属的同类作品规定的保护期限。

乙、为实施本款甲项，如果某缔约国的法律准予有两个或两个以上的连续保护期限，该国的保护期限应视为

是这些期限的总和。但是,如果上述国家对某一特定作品在第二或任何后续的期限内,因某种原因不给予版权保护,则其他各缔约国无义务在第二或任何后续的期限内给予保护。

(五)为实施本条第(四)款,某缔约国国民在非缔约国首次出版的作品应按照在该作者所属的缔约国首先出版来处理。

(六)为实施本条第(四)款,如果某作品在两个或两个以上缔约国内同时出版,该作品应视为在保护期限最短的缔约国内首先出版。任何作品如在首次出版三十日内在两个或两个以上缔约国内出版,则应视为在上述缔约国内同时出版。

第四条之二

(一)本公约第一条所述的权利,应包括保证作者经济利益的各种基本权利,其中有准许以任何方式复制、公开表演及广播等专有权利。本条的规定可扩大适用于受本公约保护的各类作品,无论它们是原著形式还是从原著演绎而来的任何形式。

(二)但是,任何缔约国根据其国内法可以对本条第(一)款所述的权利做出符合本公约精神和内容的例外规定。凡法律允许做出例外规定的任何缔约国,必须对已做出例外规定的各项权利给予合理而有效的保护。

第五条

(一)第一条所述各项权利,应包括作者翻译和授权他人翻译受本公约保护的作品,以及出版和授权他人出版上述作品译本的专有权利。

(二)然而,任何缔约国根据其国内法可以对文字作品的翻译权利加以限制;但必须遵照如下规定:

甲、如果一部文字作品自首次出版算起七年期满而翻译权所有者或在其授权下尚未以该缔约国通用语文出版译本,该缔约国任何国民都可从主管当局得到用该国通用语文翻译该作品并出版译本的非专有许可证。

乙、该国民须按照有关国家的现行规定,证明他根据不同情况已向翻译权所有者提出翻译和出版译本的要求,而又未能得到授权,或经过相当努力仍未能找到权利所有者。如果以缔约国通用语文翻译的以前所有版本均已售完,也可根据同样条件发给许可证。

丙、如申请人无法找到翻译权所有者,即应将申请书的副本寄给该作品上列有名称的出版者,如果翻译权所有者国籍已弄清,则应将申请书的副本送交翻译权所有者所属国家的外交或领事代表,或送交该国政府指定的机构。许可证不得在寄出申请书副本后两个月期满以

前发给。

丁、国内法律应做出相应规定,以保证翻译权所有者得到公平而符合国际标准的补偿,保证这种补偿的支付和传递,并保证准确地翻译该作品。

戊、凡经出版的译本复制品,均应刊印原著名称及作者姓名。许可证只适用于在申请许可证的该缔约国领土内出版译本。此种出版的复制品可以输入到另一缔约国并在其境内出售,只要该国通用语文和作品的译文是同一种语文,并且该国的法律对此种许可做出了规定,而且对进口和出售不予禁止。如无上述条件,在某缔约国进口和销售上述译本应受该法律和协定的管制,许可证不得由被许可人转让。

己、在作者已停止全部作品复制品的发行时,不得发给任何许可证。

第五条之二

(一)根据联合国大会惯例被视为发展中国家的任何缔约国,可在批准、接受或参加本公约时,或在以后任何日期向联合国教育科学文化组织总干事(下称总干事)提交的通知中声明,将援用第五条之三或之四中任何一条或全部例外规定。

(二)任何这种通知书自公约生效之日起十年内有效,或在提交该通知书时十年期限的所余时间内有效;如果在现行期限期满前最多十五个月最少三个月向总干事提交通知,该通知可以全部或部分地每十年顺延一次。根据本条规定,首次通知书也可在延续的十年期间提出。

(三)尽管有本条第(二)款的规定,任何不再被认为是第(一)款所指的发展中国家的缔约国,不再有资格像第(一)款或第(二)款所规定的那样延长其通知,不论它是否正式撤回其通知,该国在现行十年期限期满时,或在停止被视为发展中国家三年后即失去援用第五条之三和之四的例外规定的可能性。

(四)根据第五条之三和之四的例外规定而制作的作品复制品,在根据本条规定交存的通知书有效期满后,可以继续发行直到售完为止。

(五)依照第十三条就使公约适用于其情况可能类似第(一)款所指国家的情况的特定国家或领地而提交通知的缔约国,或依照本条就此国家或领地提交或延长通知。在这种通知有效期间本公约第五条之三和之四的规定应适用于它所指的国家或领地。由上述国家或领地向缔约国运寄作品复制品应视为第五条之三和之四所称的出口。

第五条之三

（一）甲、凡适用第五条之二第（一）款的任何缔约国，均可以该国法律规定的三年或三年以上的期限取代第五条第（二）款规定的七年期限；然而，某一作品译成的文字如在一个或若干个发达国家内并非通用，而上述国家又是本公约或仅是1952年公约的缔约国，则上述期限应是一年而不是三年。

乙、在通用同一种语文的本公约或仅参加1952年公约的发达国家的一致协议下，如果要译成这种语文，第五条之二第（一）款所提到的所有国家都可以根据该协议规定的另一期限来代替本款甲项规定的三年期限，但不得少于一年。尽管如此，如涉及的语文为英文、法文或西班牙文，此项规定仍不适用。所有这方面的协议应通知总干事。

丙、许可证的发给，须经申请人按照有关国家现行规定，证明他已向翻译权所有者提出授权要求，而又未能得到，或经过相当努力仍未能找到权利所有者。在向权利所有者提出这一要求的同时，申请人还必须将这一申请通知联合国教育科学文化组织设立的国际版权情报中心，或出版者主要营业地点所在的缔约国政府交存总干事的通知书中所指定的任何国家或地区的情报中心。

丁、如果申请人无法找到翻译权所有者，即应通过挂号航邮将申请书的副本寄给该作品上列有名称的出版者，并同时寄给本款丙项所述的任何国家或地区的情报中心。如无上述中心可通知，他应将申请书的抄件送交联合国教育科学文化组织设立的国际版权情报中心。

（二）甲、根据本条规定三年后可获得的许可证须再过六个月后才能颁发，一年后可获得的许可证须再过九个月后才能颁发。上述六或九个月的期限应按第（一）款丙项的规定，从申请许可证之日算起，如翻译权所有者的身份、地址不详，则按第（一）款丁项的规定从申请书的副本发出之日算起。

乙、翻译权所有者本人或授权他人在上述六个月或九个月内已将译著出版，则不得再颁发许可证。

（三）本条所指任何许可证之颁发只限于教学、学习或研究之用。

（四）甲、任何根据本条发给的许可证不得扩大到作品复制品的出口，许可证只适用于在申请许可证的该国领土内出版。

乙、所有根据本条发给许可证出版的作品复制品均需载有有关语文的通知，说明作品复制品只能在发给许可证的缔约国内发行。如果该作品刊有第三条第（一）款规定的启事，其译本各册均应刊印相同的启事。

丙、某缔约国政府机构或其他公众团体根据本条规定已颁发许可证将某作品译成除英、法、西班牙语之外的另一种文字，而当该政府机构或公众团体向另一国递送根据上述许可证而准备好的译本复制品，则不适用本款甲项有关禁止出口的规定，如果

（1）收件人为发给许可证的缔约国国民个人，或由这些国民组成的组织；

（2）作品复制品只供教学、学习或研究使用；

（3）作品复制品寄给收件人及其进一步分发均无任何营利性质，并且

（4）作品复制品寄往的国家与缔约国订有协议，批准这种作品复制品的接收或分发或两者同时批准，任何一方政府已将该协议通知总干事。

（五）在国家范围内作出适当的规定，以保证

甲、许可证之发给应给予一笔合理的报酬，此种报酬应符合有关两国个人之间自由谈判的许可证通常支付版税的标准；而且

乙、保证这笔报酬的支付和转递；如果存在着国家对外汇的管制，则主管当局应通过国际机构，尽一切努力保证使这笔报酬以国际上可兑换的货币或某等值货币转递。

（六）如果某作品的译本一旦由翻译权所有者本人或授权他人在某缔约国内出版发行，其文字与该国已特许的版本一样，其内容又大体相同，其价格与该国同类作品的一般索价相当，则根据本条规定由上述缔约国颁发之许可证应停止生效。在撤销许可证前业已出版的作品复制品可一直发行到售完为止。

（七）对主要由图画组成的作品，其文字的翻译与图画的复制的许可证只有在第五条之四规定的条件也得到履行的情况下才能发给。

（八）甲、对翻译一部已以印刷形式或其他类似的复制形式出版的受本公约保护的作品发给的许可证，也可根据总部设在适用第五条之二的缔约国的广播机构在该国提出的要求，发给该广播机构，但必须符合下列条件：

（1）译文是根据该缔约国法律制作并获得的作品复制品翻译的；

（2）译文只能用于教学广播或向特定专业的专家传播专门技术或科学研究成果的广播；

（3）译文专门为第二目所指目的的使用，并通过对缔约国境内听众的合法广播进行，其中包括专为此项广播目的而通过录音或录像手段合法录制的广播；

（4）译文的录音或录像只能在其总部设在颁发许可

证的缔约国的广播组织之间交换；

（5）所有译文的使用均无任何营利性质。

乙、只要符合甲项列举的所有准则和条件，也可对广播机构颁发许可证以翻译专为大、中、小学使用而制作与出版的视听教材中的所有课文。

丙、在遵守本款甲、乙两项规定的条件下，本条其他规定均适用于许可证的颁发和使用。

（九）在遵守本条规定的条件下，依本条颁发的任何许可证应受第五条各项规定的约束。即使在第五条第（二）款规定的七年期限届满后，上述许可证也应继续受到第五条和本条规定的约束；但上述期限到期后，许可证持有者有权请求以仅受第五条约束的新许可证来代替上述许可证。

第五条之四

（一）凡适用第五条之二第（一）款规定的任何缔约国均可采纳下述规定：

甲、（1）自本条第（三）款所述的文学、科学或艺术作品特定版本首次出版之日算起在丙项规定的期限期满时，或

（2）由缔约国国家法律规定的日期算起的更长的期限期满时，若该版的作品复制品尚无复制权所有者或在其授权下，以与同类作品在该国通行的价格相似的价格在该国出售，以满足广大公众或大、中、小学教学之需要，则该国任何国民均可向主管当局申请得到非专有许可证，以此种价格或更低价格复制和出版该版本供大、中、小学教学之用。许可证的发给，须经国民按照该国现行规定，证明他已向权利所有者提出出版作品的要求，而又未能得到授权，或经过相当努力仍未能找到权利所有者。在向权利所有者提出这一要求的同时，申请人还必须将这一申请通知联合国教育科学文化组织设立的国际版权情报中心，或丁项所述的任何国家或地区的情报中心。

乙、根据同样的条件，也可发给许可证，如果经权利所有者授权制作的该版作品复制品在该国已脱销六个月，而无法以同该国内对同类作品要求的价格相似的价格供应广大公众或供大、中、小学教学之用。

丙、本款甲项所指的期限为五年。但

（1）对有关数学和自然科学以及技术的作品，则为三年；

（2）小说、诗歌、戏剧和音乐作品以及美术书籍，则为七年。

丁、如果申请人无法找到复制权所有者，即应通知挂号航邮将申请书的副本，寄给该作品上列有名称的出版者和据信为出版者主要业务中心所在国的政府为此目的向总干事递交的通知中所指定的任何国内或国际情报中心。如无上述通知书，他应将申请书的抄件递交联合国教育科学文化组织设立的国际情报中心。在发出申请书抄件之日起三个月内不得颁发许可证。

戊、在下述情况下，不得按本条规定颁发三年后可获得的许可证：

（1）从本款甲项所述的申请许可证之日算起未满六个月者，或如果复制权所有者的身份或地址不明，则从本款丁项所述的申请书的副本发出之日起未满六个月者；

（2）如果在此期间本款甲项所述的版本的作品复制品已开始发行。

己、作者姓名及其作品原版的标题应刊印在复制出版的所有作品复制品上。许可证持有者不得转让其许可证。

庚、应通过国家法律采取适当措施，以保证作品原版的准确复制。

辛、在下列情况下不得根据本条发给复制和出版一部作品的译本许可证。

（1）所涉及的译本并非由翻译权所有者或在其授权下出版；

（2）译本所用的不是有权颁发许可证的国家的通用语文。

（二）第（一）款的例外规定应受下述补充规定的约束：

甲、所有根据本条发给许可证出版的作品复制品均需载有有关语文的通知，说明该作品复制品只能在该许可证适用的缔约国内发行。如果该版本载有第三条第（一）款规定的启事，则该版本的所有各册均应刊印相同的启事。

乙、在国家范围内做出适当的规定，以保证

（1）许可证之发给给一笔合理的报酬，此种报酬应符合有关两国个人之间自由谈判的许可证通常支付版税的标准；而且

（2）保证这笔报酬的支付和转递；如果存在着国家对外汇的管制，则主管当局应通过国际机构，尽一切努力保证使这笔报酬以国际上可兑换的货币或其等值货币传递。

丙、如果某一作品某版的复制品是由复制权所有者或经其授权以同该国同类作品相似的价格，为供应广大

公众或为大、中、小学教学之用而在该缔约国内出售,而该版的语文和基本内容又同根据许可证出版的版本语文和内容相同,则应撤销本条发给的许可证。在撤销许可证前业已制作的作品复制品可一直发行到售完为止。

丁、在作者已停止该版的全部作品复制品的发行时,不得发给任何许可证。

(三)甲、除乙项规定的情况外,本条适用的文学、科学或艺术作品只限于以印刷形式或任何其他类似的复制形式出版的作品。

乙、本条同样适用于以视听形式合法复制的受保护作品或包含受保护作品的视听资料,以及用有权颁发许可证的缔约国通用语文翻译的该视听资料中的文字部分的译本,条件是所涉及的视听资料的制作和出版限大、中、小学教学使用的唯一目的。

第六条　本公约所用"出版"一词,系指以有形形式复制,并向公众发行的能够阅读或可看到的作品复制品。

第七条　本公约不适用于公约在被要求给予保护的缔约国生效之日已完全丧失保护或从未受过保护的作品或作品的权利。

第八条

(一)本公约的修订日期为1971年7月24日,它应交由总干事保存,并应在上述日期起的一百二十天内向1952年公约的所有参加国开放签字。本公约须经各签字国批准或接受。

(二)未在本公约上签字的国家均可加入。

(三)批准、接受或加入本公约须向总干事交存有关文件方为有效。

第九条

(一)本公约将于交存十二份批准、接受或加入证书之后三个月生效。

(二)其后,本公约将对每个国家在其交存批准、接受或加入证书三个月后生效。

(三)加入本公约的任何国家,如未加入1952年公约,也应被视为加入了该公约。但是,如果交存其加入证书是在本公约生效之前,则该国加入1952年公约须以本公约生效为条件。在本公约生效后,任何国家均不得只加入1952年公约。

(四)本公约参加国与只参加1952年公约的国家之间的关系,应服从1952年公约的规定。但是,只参加1952年公约的任何国家,可向总干事交存通知书,宣布承认1971年公约适用于该国国民的作品和在该国首次出版的本公约签字国的作品。

第十条

(一)所有缔约国承诺根据其宪法采取必要措施保证本公约的实施。

(二)不言而喻,本公约在任何缔约国生效时,应按照其本国法律使本公约的规定付诸实施。

第十一条

(一)设立"政府间委员会",其职责如下:

甲、研究世界版权公约的适用和实施事宜;

乙、做好定期修订本公约的准备工作;

丙、与"联合国教育科学文化组织"、"国际保护文学艺术作品联盟"、"美洲国家组织"等各有关国际组织合作,研究有关国际保护版权的任何问题;

丁、将"政府间委员会"的各项活动通知世界版权公约的参加国。

(二)该委员会将由参加本公约或只参加1952年公约的十八个国家的代表组成。

(三)该委员会成员的选择应根据各国的地理位置、人口、语文和发展水平,适当考虑到各国利益的均衡。

(四)联合国教育科学文化组织总干事、世界知识产权组织总干事和美洲国家组织秘书长的代表可以顾问身份参加该委员会的会议。

第十二条　政府间委员会认为必要时,或经本公约至少十个缔约国的要求,得召集会议对本公约进行修改。

第十三条

(一)任何缔约国,在交存其批准、接受或加入证书时,或在其后的任何时间内,可在致总干事的通知书中,宣布本公约适用于由它对其国际关系负责的所有国家或领地,或其中任何一个国家或领地;因此,本公约于第九条规定的三个月期限期满后,将适用于通知书中提到的国家或领地。倘无此类通知书,本公约将不适用于此类国家或领地。

(二)但是,本条款不得理解为某一缔约国承认或默认另一缔约国根据本条规定使本公约对之适用的国家或领地的事实状况。

第十四条

(一)任何缔约国可以自己的名义或代表,根据第十三条规定发出的通知书所涉及的所有或其中一个国家或领地,废除本公约。废除本公约应以通知书方式寄交总干事。此种废除也构成对1952年公约的废除。

(二)此种废除只对有关的缔约国或其所代表的国家或领地有效,并应于收到通知书之日起十二个月后生效。

第十五条 两个或两个以上缔约国在解释或适用本公约方面发生的争端,经谈判不能解决时,如果有关国家不能就其他解决办法达成协议,应将争议提交国际法院裁决。

第十六条

(一)本公约用英文、法文和西班牙文三种文字制定,三种文本应予签署并具有同等效力。

(二)总干事在和有关政府协商后,将制定阿拉伯文、德文、意大利文和葡萄牙文的正式文本。

(三)某个或数个缔约国有权与总干事协商后由总干事制定它们选择的语文的其他文本。

(四)所有这些文本均附在本公约签字文本之后。

第十七条

(一)本公约绝不影响伯尔尼保护文学艺术作品公约的条款或由该公约设立的联盟的会员资格。

(二)为实施前款规定,本条附有一项声明。对于在1951年1月1日受伯尔尼公约约束的各国或已受或在以后某一日期可能受该公约约束的国家,此声明是本公约的组成部分。这些国家在本公约上签字也应视为在该声明上签字,而这些国家的批准、接受或加入本公约应包括该声明。

第十八条 本公约将不废除美洲各共和国中仅限两国或数国之间现在有效或可能生效的多边或双边版权公约或协定。无论在现有的此类公约或协定生效的条款与本公约的条款之间,或在本公约的条款与本公约生效之后美洲两个或数个共和国可能制定的新公约或协定的条款之间出现分歧时,应以最近制定的公约或协定为准。任何缔约国在本公约生效前,对该国依据现有公约或协定所获得的版权不应受到影响。

第十九条 本公约将不废除在两个或数个缔约国之间有效的多边或双边公约或协定。一旦此类现有公约或协定的条款与本公约的条款出现分歧时,将以本公约的条款为准。任何缔约国于本公约在该国生效前,依据现有公约或协定所获得的版权将不受影响,本条规定将不影响第十七条、第十八条各款的实行。

第二十条 对本公约不得有任何保留。

第二十一条

(一)总干事应将本公约的核证无误的副本送交各有关国家并送交联合国秘书长登记。

(二)总干事还应将已交存的批准、接受和加入证书,本公约的生效日期,根据本公约发出的通知书及根据第十四条做出的废除,通知所有有关国家。

关于第十七条的附加声明

国际保护文学艺术作品联盟(以下称“伯尔尼联盟”)的会员国和本公约的签字国,为了在该联盟基础上加强其相互关系,并避免在伯尔尼公约和世界版权公约并存的情况下可能出现的任何冲突,认识到某些国家按照其文化、社会和经济发展阶段而调整其版权保护水平的暂时需要,经共同商定,接受以下声明的各项规定:

甲、除本声明乙项规定外,某作品起源国为伯尔尼公约成员国的国家,已于1951年1月1日之后退出伯尔尼联盟者,将不得在伯尔尼联盟的国家境内受到世界版权公约的保护。

乙、如某一缔约国按联合国大会确定的惯例被视为发展中的国家,并在该国退出伯尔尼联盟时,将一份它认为自己是发展中国家的通知书交存联合国教育科学文化组织总干事,只要该国可以援用本公约第五条之二的例外规定,则本声明甲项的规定不应适用。

丙、只要涉及所保护的某些作品,按伯尔尼公约规定,其原出版国家是伯尔尼联盟的一个成员国,世界版权公约即不应适用于伯尔尼联盟各国的关系上。

有关第十一条的决议

修订世界版权公约会议,

考虑了本公约第十一条规定的政府间委员会的问题,对此附加了本决议,

特决议如下:

(一)委员会创始时应包括依1952年公约第十一条及其所附的决议而设立的政府间委员会的十二个成员国的代表;此外,还包括以下国家的代表:阿尔及利亚、澳大利亚、日本、墨西哥、塞内加尔和南斯拉夫。

(二)任何未参加1952年公约并在本公约生效后召开的本委员会第一次例会之前未加入本公约的国家,应由委员会根据第十一条第(二)款和第(三)款的规定在其第一次例会上选择的其他国家来取代。

(三)本公约一经生效,依本决议第(一)款成立的本委员会应被认为按本公约第十一条规定组成。

(四)本公约生效后一年内,委员会应举行一次会议。此后委员会应至少每两年举行一次例会。

(五)委员会应选举主席一人、副主席两人,并应按照下列原则确立自己的程序规则:

甲、委员会的成员国任期通常应为六年,每两年有三分之一成员国离任,但经理解:首批三分之一成员国的任期,应在本公约生效后召开的第二次例会结束时终止,下一批三分之一成员国的任期应在第三次例会结束时终

止,最后一批三分之一成员国的任期应在第四次例会结束时终止。

乙、委员会递补空缺职位的程序、成员资格期满的次序连任资格和选举程序的规则,应以平衡成员国连任的需要和成员国代表轮换的需要,以及本公约第十一条第(三)款的各点考虑为基础。

希望由联合国教育科学文化组织提供委员会秘书处的人员。

下列签署人交存各自的全权证书后,在本公约上签字,以昭信守。

1971 年 7 月 24 日订于巴黎,正本一份。

十、人大代表建议、政协委员提案答复

专利

国家知识产权局对十三届全国人大五次会议第 6463 号建议答复的函
——关于进一步优化调整国家发明专利审查周期的建议

·2022 年 8 月 4 日
·国知建提办函〔2022〕21 号

您提出的《关于进一步优化调整国家发明专利审查周期的建议》收悉，现答复如下。

您在建议中聚焦创新主体对专利审查时限的需求，从审查意见答复时间、审查模式、提案时序管理、审查工作机制等方面提出意见建议，具有很强的针对性和参考意义，我局深表认同，并结合实际工作认真吸纳，不断提升专利审查效率。

一、关于合理压缩专利答复时间

根据《专利审查指南》规定，在发明专利申请实质审查程序中，申请人答复第一次审查意见通知书的期限为 4 个月，答复再次审查意见通知书的期限为 2 个月。这些答复时间都是上限，主要是为了保障申请人权益，给予充足时间准备陈述材料。申请人可根据实际情况提前答复，进而加快审查进程。此外，为满足创新主体需求，我局还提供优先审查、知识产权保护中心预审等加快审查方式，申请人答复审查意见通知书的时限也相应缩短。后续我局将持续关注社会需求，结合您的建议进一步研究专利答复时限问题，不断完善相关规定。

二、关于推进专利智慧审查模式

我局高度重视新技术在专利审查中的应用，积极推进专利审查和检索系统智能化升级建设工作，其中智能检索部分已上线运行，智能审查部分将于今年上线。该系统运用人工智能、大数据、云计算、微服务等现代信息技术为专利审查赋能，在发明实质审查方面重点着力，引入智能语义检索、机器翻译、自然语言处理等技术，实现审查和检索一体化深度融合，更高效定位对比文件，更智能评估专利申请文件，将极大提升专利审查过程的数字化和智慧化水平。此外，该系统还将进一步搭建统一门户，改变原有系统多入口分别登录的形式，为申请人、代理机构、社会公众等外部用户提供一站式服务，将基本实现专利事务的"全程网办"。后续我局将持续关注新技术发展态势，充分挖掘新技术应用的潜力，不断优化完善系统，为专利审查赋予更多智能化支撑，为社会提供更多便捷服务。

三、关于加强专利提案时序管理

我局依据公平公正、分级分类的原则对专利申请案源进行统一集中管理，在细分领域内专利申请通常按照时间顺序进行提案，而非"随机提案"方式。对于涉及国家重点发展产业、地方重点鼓励产业的专利申请，通过优先审查、知识产权保护中心预审等途径实现加快审查，满足国家和创新主体需求。同时，采用"集中审查"和"定期销号"的方式，努力消除积压。一方面，通过扩大审查人力招聘和内部人员调配的方式，提升积压领域的审查能力。另一方面，实施消减积压专项行动，制定时间表、路线图，稳步减少长周期案件数量。2019 年以来，集中清理长周期案件 55 万件。截至 2021 年底，高价值发明专利审查周期压减至 13.3 个月，发明专利平均审查周期压减至 18.5 个月。后续我局将继续加强专利申请的案源管理，持续开展长周期案件清理专项工作，进一步发挥审查协作力量，确保完成发明专利审查周期压减目标任务。

四、关于提高专利科学审查水平

专利制度旨在通过对智力活动的成果予以保护，从而鼓励发明创造、激励创新，促进科学技术进步和经济社会发展。我局严格按照《专利法》和《专利法实施细则》开展专利审查，通过判断专利申请是否具备新颖性、创造性和实用性，来评价专利申请技术的创新高度，促进发明创造技术含量提高。后续，将结合您的建议，多措并举提升专利审查员的技术素养、检索水平和正确适用法律的能力，作出与申请专利技术水平相适应的审查结论，切实保障申请主体的创新积极性和合法权益。

五、关于建立专利审查工作约束和激励机制

我局逐步构建完善局、部、处多层级审查质量保障体系和审查业务指导体系，成立由各领域资深审查专家组成的审查业务指导组，优化技术专家库，及时响应和解决

审查实践中遇到的疑难问题。鼓励审查员从专利审查角度总结专利申请文件撰写策略，通过举办公益讲座、实地走访调研等方式，加强与创新主体的沟通交流，不断强化靠前服务意识。同时，建立覆盖初步审查、实质审查、复审无效等审查全流程以及发明、实用新型、外观设计等各业务类型的审查质量评价体系，完善监督评价机制。通过为审查提质增效工作表现突出的个人颁发奖章、发挥职务职级职称"三职联动"激励政策作用，鼓励广大审查员聚焦审查主责主业，做好本职工作，追求业务卓越。

下一步，我局将持续推进理念更新、技术革新、工作创新，以国家需求和用户满意为导向，学习借鉴国外优秀经验，不断完善专利审查政策、推进智能化审查、加大长周期案件处理力度、提高审查能力和水平，强化工作约束和激励，持续提升审查质量和审查效率，为创新型国家建设提供服务和支撑。

衷心感谢您对知识产权工作的关心和支持，希望继续关注知识产权事业发展，对我们的工作提出宝贵意见建议。

国家知识产权局对十三届全国人大五次会议第 8842 号建议答复的函

——关于规范锂电池行业市场秩序避免滥用问题专利的恶意竞争行为的建议

· 2022 年 7 月 20 日
· 国知建提办函〔2022〕16 号

您提出的《关于规范锂电池行业市场秩序避免滥用问题专利的恶意竞争行为的建议》收悉。结合我局职能，现答复如下。

锂电池等新能源产业是典型的专利密集型产业，您提出的高质量专利布局是锂电池企业创新保护的基础，要严格专利审查，完善确权标准等建议，具有很强的针对性和参考意义，我局深表认同，并已在实际工作中积极采取措施，不断完善审查标准，提升授权质量。

一、优化完善专利审查标准，严把授权关

对于以公式参数及相关特征限定的专利申请，《专利审查指南》第二部分第三章第 3.2.5 节规定，其权利要求中的性能、参数应该包含某种特定结构和/或组成，使其区别于对比文件产品的结构和/或组成，或者申请人能够证明两者存在不同，该专利申请才可能具备新颖性。我局严格依法审查公式参数类特征限定的专利申请，把好

授权关口，发挥好高质量审查促进高质量创造的传导作用。同时，从申请事实认定、发明构思把握、法条适用等方面加大审查业务指导力度，通过调研走访、实践培训、举办技术更新讲座等多种方式，深化审查员与锂电池领域创新主体的沟通交流，多措并举促进提升技术理解能力和法律适用能力，确保对专利申请新颖性和创造性作出更加客观、准确的评价。

同时，持续加大专利申请行为规制力度。2017 年修订《关于规范专利申请行为的若干规定》，2021 年发布《关于规范申请专利行为的办法》，将"所提交专利申请存在编造、伪造或变造发明创造内容、实验数据或技术效果，或者抄袭、简单替换、拼凑现有技术或现有设计等类似情况的"列为非正常申请专利行为，并对杜撰编造专利申请行为开展专项排查处理。2021 年，共向地方通报 4 批次 81.5 万件非正常专利申请，撤回率超过九成，促进专利申请质量明显提升。

二、推进实用新型明显创造性审查，提升授权质量

目前，我国实用新型采用"初步审查+评价报告"的审查制度。在初步审查中，审查员可以根据其获得的有关现有技术或者抵触申请的信息，审查实用新型专利申请是否明显不具备新颖性。为进一步提升实用新型授权质量，我局积极推进实用新型制度改革，在《专利法实施细则》修改草案中，将明显不具备创造性纳入实用新型初步审查范围，并配套修改《专利审查指南》，进一步细化完善相关审查标准。

下一步，我局将继续推进专利审查理念更新、技术革新、工作创新，以国家需求和用户满意为导向，不断完善审查标准，创新审查模式，加强审查能力建设，加大非正常专利申请排查处置力度，为创新驱动发展提供更有力支撑。

衷心感谢您对知识产权工作的关心和支持，希望继续关注知识产权事业发展，对我们的工作提出宝贵意见建议。

国家知识产权局对十三届全国人大五次会议第 5778 号建议答复的函

——关于提高我国高价值专利比例向世界专利强国迈进的建议

· 2022 年 8 月 11 日
· 国知建提运函〔2022〕25 号

你们提出的《关于提高我国高价值专利比例向世界专利强国迈进的建议》收悉。结合市场监管总局意见，现

答复如下。

一、关于完善以企业为主体、市场为导向的高质量创造机制

（一）持续强化知识产权高质量发展导向。推动"每万人口高价值发明专利拥有量"列入国家"十四五"规划纲要，引导发明专利提高质量。加大知识产权高质量发展统筹协同力度，联合教育部、科技部、国资委印发推进知识产权高质量发展的意见，自 2019 年起每年印发知识产权高质量发展年度工作指引，并指导各地细化落实有关任务安排，推动形成更好保护和激励高价值专利的良好环境。

（二）积极培育企业知识产权竞争优势。持续深化国家知识产权优势示范企业培育工作，引领带动更多企业布局更多高价值专利，运用知识产权提升企业核心竞争力。截至目前，累计培育优势示范企业 5729 家，其发明专利授权量和有效发明专利拥有量均占全国企业的 50% 以上。目前，我局正组织开展 2022 年度国家知识产权优势示范企业申报、复核工作，持续打造知识产权强企建设第一方阵。

（三）促进企业知识产权管理能力提升。鼓励企业贯彻实施《企业知识产权管理规范》国家标准，以规范化的管理措施保障高质量知识产权创造。截至目前，全国共 6.7 万余家企业通过贯标，有效强化研发、生产和经营全过程各环节知识产权管理，提升创新质量和效率。

二、关于优化知识产权审查流程、提高知识产权审查质量、减少垃圾专利

（一）优化专利审查流程。持续加强专利审查流程精细化管理，优化案源与审查资源配置模式，综合运用专利优先审查、知识产权保护中心预审等多种模式，为公众提供高效便捷的审查服务。同时，加快专利审查系统优化升级，拟增加专利电子申请客户端校验、手机支付、批量提交著录项目变更、批量撤回专利申请等功能；对接国家政务服务平台，实现系统自动校验身份证号码、社会统一信用代码等信息，减少申请人提交证明文件，进一步提高业务办理效率。

（二）提高专利审查质量。不断完善专利审查质量相关工作机制，建立多层级的审查质量保障体系，完善覆盖全流程各业务类型的审查质量评价体系，健全审查质量内外双监督、双评价机制。同时，通过开展检索大赛、制定检索规范、举办技术讲座等多种手段，持续加强专利审查队伍能力建设，为提升审查质量提供人才支撑。

（三）加大专利申请行为规制力度。2017 年以来，先后修订《关于规范专利申请行为的若干规定》，发布《关于规范申请专利行为的办法》《关于持续严格规范专利申请行为的通知》等制度规定和政策文件，持续加大非正常专利申请行为打击力度。2021 年，共向地方通报非正常专利申请 81.5 万件，撤回率超过九成，促进专利申请质量明显提升。

三、关于健全运行高效顺畅、价值充分实现的运用机制

（一）实施专利转化专项计划。联合财政部组织实施为期三年的专利转化专项计划，鼓励和支持各地进一步畅通专利转化渠道，促进供需对接，助力破解高校院所专利转化难、中小企业技术获取难的"两难"问题。30 个省（自治区、直辖市）跟进印发实施方案，16 个省份获得奖补资金。2021 年，全国专利转让、许可、质押等运营次数达到 48.5 万次，同比增长 19.7%。

（二）加强知识产权运营体系建设。印发《关于促进和规范知识产权运营工作的通知》，全面提升知识产权运营政策的系统性和规范性。会同财政部分 4 批支持 37 个重点城市开展知识产权运营服务体系建设，在重点产业和区域支持建设 31 家知识产权运营平台（中心），完善知识产权运营服务链和生态圈，为知识产权转移转化提供专业服务支撑。

（三）推动知识产权质押融资。联合银保监会等部门开展知识产权质押融资入园惠企三年行动，深化与中国银行、中国建设银行战略合作。研发推广知识产权融资专门产品，创新融资方式。目前，专利、商标混合质押、园区企业集合授信等模式均取得积极成效。2022 年上半年，全国专利、商标质押融资金额达 1626.5 亿元，同比增长 51.5%，惠及企业 9760 家，同比增长 68.0%，其中 1000 万元以下普惠贷款惠及中小企业 6951 家，占惠企总数的 71.2%，同比增长 111.7%。

四、关于健全统一领导、衔接顺畅、快速高效的协同保护格局，坚定不移地实行严格的知识产权保护制度

（一）健全跨部门跨地区协同保护格局。高标准贯彻落实《关于强化知识产权保护的意见》及其推进计划，以开展知识产权保护工作检查考核为抓手，推动各地区各部门完善知识产权保护体系。与最高人民法院、最高人民检察院、公安部、司法部、市场监管总局等部门强化协作配合，加快构建知识产权行政保护与刑事司法有机衔接、优势互补的运行机制。指导中部六省、晋冀鲁豫十八个地市、长三角三省一市等加强跨地区知识产权行政保护协作。

（二）加大知识产权侵权行为打击力度。每年印发全国知识产权行政保护工作方案，聚焦重点领域、关键环节和多发区域,部署 20 余项具体工作开展专项治理。发布《商标侵权判断标准》《专利侵权纠纷行政裁决办案指南》等执法规范,及时答复地方知识产权执法办案疑难问题,统一执法标准,提升执法水平。印发施行《国家知识产权局知识产权信用管理规定》,配合市场监管总局印发《市场监督管理严重违法失信名单管理办法》,将多名存在故意侵犯知识产权行为的当事人列入严重违法失信名单,形成有力震慑。

(三)严厉查处专利领域违法行为。市场监管总局将知识产权执法作为市场监管重点工作,针对侵权假冒高发的重点领域、重点区域,组织各地市场监管部门加大执法力度。2021 年,全国市场监管部门共查处专利领域违法案件 1 万余件。同时,加大典型案件曝光力度,每年知识产权宣传周期间,向社会公布假冒专利和专利代理机构违法典型案件,以案释法、以案普法,产生有力的警示震慑效应。

(四)协同推进打击侵权假冒工作。市场监管总局充分发挥全国打击侵权假冒工作领导小组办公室统筹协调作用,聚焦线上线下市场,协调成员单位合力推进打击侵权假冒工作。每年印发全国打击侵权假冒年度工作要点,对知识产权执法、打击假冒专利等工作作出安排,并对 31 个省(自治区、直辖市)和新疆生产建设兵团开展绩效考核,用好考核"指挥棒",层层压实责任,引导和推动打击侵权假冒工作深入开展。

下一步,我局将进一步突出高质量发展主题,持续促进申请质量提升,严把审查授权关口,加大知识产权保护力度,提高知识产权运用效益。配合市场监管总局深入推进知识产权执法工作,保持知识产权侵权行为严厉打击态势,加强失信行为信用监管,着力维护企业合法权益,持续营造良好创新环境和营商环境。

衷心感谢你们对知识产权工作的关心和支持,希望继续关注知识产权事业发展,提出更多宝贵意见和建议。

国家知识产权局对十三届全国人大五次会议第 0996 号建议答复的函

——关于持续激发市场主体活力的建议

· 2022 年 8 月 15 日
· 国知建提服函〔2022〕30 号

您提出的《关于持续激发市场主体活力的建议》收悉。结合我局职能,现答复如下。

您的建议聚焦破解中小企业发展难题,从新领域新业态法律制度完善、数字赋能知识产权服务等方面提出具体举措,具有很强的针对性和参考意义,我局对此深表认同,并在实际工作中认真研究吸纳,推动新领域新业态知识产权保护和知识产权信息化建设工作取得积极成效。

一、关于聚焦新领域新业态完善知识产权相关法律法规建设

(一)完善专利审查标准。加大社会需求调查研究力度,积极回应新技术、新领域、新业态发展要求,修改完善相关审查标准。2017 年以来,多次修改《专利审查指南》,将与商业模式创新相关的技术方案纳入专利保护客体范畴,优化涉及计算机程序发明权利要求的撰写要求,明确人工智能、"互联网+"、大数据、区块链等领域专利申请的审查规则等。2021 年,启动《专利审查指南》新一轮修改工作,在修改草案中进一步明确了人工智能和大数据相关发明专利申请的审查标准,目前已完成社会意见征求。

(二)健全专利审查政策。创新多种按需审查模式,持续健全相关政策体系,满足新领域新业态创新主体个性化需求。2017 年,修订发布《专利优先审查管理办法》,将涉及互联网、大数据、云计算等领域的专利申请纳入优先审查范围。2019 年,印发实施《专利申请集中审查管理办法(试行)》,针对人工智能、物联网、智能制造、生物技术等重点优势产业专利申请建立集中审查制度,更好满足市场主体加快培育核心专利的需求。

二、关于加快国家知识产权大数据中心和公共服务平台建设

(一)优化完善国家知识产权公共服务网等系统功能。2020 年 1 月,上线试运行国家知识产权公共服务网,初步实现商标、专利、地理标志、集成电路布图设计的申请、缴费、信息查询、检索及数据下载等各类业务"一网通办",累计访问量近 500 万次。同时,以公共服务网为载体,不断完善新一代专利检索与分析系统,包括 105 个国家与地区的专利数据资料,部署地方端 29 个,全国注册用户总数超过 6.8 万人,自建库数量近 3000 个,累计为创新创业主体和社会公众提供专利检索分析服务近 660 万次,专利著录项目下载 1.54 亿条,知识产权信息服务能力持续提升。

(二)稳步推进知识产权保护信息平台立项建设。聚焦知识产权领域审查授权、行政执法、综合监管等业务环节,以提升跨部门、跨区域、跨层级的数据共享和业务协同水平为目标,有序推动知识产权保护信息平台立项建设。目前,平台项目可行性研究报告已报送国家发展改革委并完成专家评审,待批复立项后及时启动项目建设,建成后将为知识产权保护各环节协同联动提供更有力的信息化支撑。

在前期工作的基础上,目前已推动国家知识产权大数据中心和公共服务平台纳入《"十四五"推进国家政务信息化规划》,正在编制项目框架方案。建成后将汇聚全球商标、专利、地理标志、集成电路布图设计等知识产权基础数据,实现知识产权数据与相关经济、科技、法律信息关联,以及知识产权业务服务、政务服务和信息服务平台建设一体化,进一步提升知识产权公共服务供给水平和质量。

下一步,我局将持续关注新领域新业态发展态势,不断完善知识产权制度设计,积极争取国家知识产权大数据中心和国家知识产权公共服务平台早日立项建设,持续优化知识产权公共服务供给,充分激发市场主体创新活力。

衷心感谢您对知识产权工作的关心和支持,希望继续关注知识产权事业发展,对我们的工作提出宝贵意见建议。

商标

国家知识产权局关于政协第十四届全国委员会第一次会议第00858号(科学技术类041号)提案答复的函

——关于加强商标品牌建设,推动经济高质量发展的提案

·2023年8月31日
·国知建提运函〔2023〕81号

你们提出的《关于加强商标品牌建设,推动经济高质量发展的提案》收悉。结合市场监管总局意见,现答复如下。

品牌的发展离不开商标、专利、地理标志等知识产权的全方位支撑,其中商标是品牌的法律载体和主要表现形式,是加强品牌法律保护、实现品牌市场价值、发挥品牌经济和社会效益的基础保障。提案所提建议聚焦商标品牌建设方面亟待解决的问题,对加强商标品牌建设,推动中国产品向中国品牌转变具有重要参考意义,我们深表认同。

一、关于推动企业实施商标品牌战略

(一)组织实施"千企百城"商标品牌价值提升行动。2023年4月,我局印发《"千企百城"商标品牌价值提升行动方案(2023—2025年)》,加快建立健全商标品牌培育和评价体系,着力提升上千个企业和上百个区域品牌市场价值和竞争力,其中部署开展企业商标品牌价值提升专项行动,引导和支持企业加强商标品牌建设;强化商标品牌管理,制定实施商标品牌战略,强化企业商标品牌工作领导机制,规范商标申请、使用和宣传,加强商标品牌风险防控和商誉维护;优化商标品牌培育,树立商标先行的品牌意识,充分发挥商标、专利等多种类型知识产权组合效应,与产品外观设计、企业文化打造等协同推进;加强商标品牌运营,以商标为核心载体开展品牌宣传推广,提高商品、服务知名度和附加值,运用商标质押融资、保险、证券化等方式,提升企业资本运营水平和效益;提高商标海外布局水平,提升中国商标品牌国际影响力。通过行动实施,挖掘培育专精特新等中小企业新兴品牌,推动大型龙头企业等打造国际知名品牌,支持传统品牌创新升级,打造"千企千标"企业商标品牌价值提升范例。

(二)促进提升企业知识产权管理效能。一是优化企业知识产权合规管理。修订形成《企业知识产权合规管理体系要求》(GB/T29490-2023)国家标准,为企业建立完善商标品牌等知识产权管理体系、防范知识产权风险、实现知识产权价值提供参照标准。二是加大知识产权优势示范企业培育力度。2022年增加2994家国家知识产权优势示范企业,总数达到8240家,2023年进一步通过数字化指标测评引导企业重点提升商标品牌价值,着力打造更多知识产权运用能力强、转化效益高的企业标杆。三是培育打造专利密集型产品。开展专利密集型产品备案认定,加大政策支持,促进专利产品化产业化,提升企业品牌核心竞争力,目前已备案专利产品3万余件。

二、关于引导区域品牌加强商标管理

(一)引导培育发展区域商标品牌。《"千企百城"行动方案》部署开展商标品牌优势区域创建专项行动,引导和支持各地方以集体商标、证明商标等为主要抓手,大力培育发展区域品牌,系统开展区域品牌培育、管理、运用、保护、推广等工作,一是健全区域品牌管理机制,完善区域品牌相关商标使用管理规则,明确区域品牌使用人的权利、义务、违约责任;二是强化区域品牌品质保障,建立健全区域品牌检验监督制度和具体标准,推动区域品牌建设管理与标准、专利等深度融合;三是打造区域品牌形象,推动区域品牌使用人统一商标授权许可,规范商标标

识使用,建立产品溯源机制,加强行业自律,依法进行商标品牌推广和维权;四是推动区域品牌共建共享,以商标品牌为纽带强化中小企业帮扶机制,促进区域品牌用标企业协同发展和融通创新,实现资源共享、形象共塑、文化共融;五是促进区域特色产业高质量发展,发挥区域品牌引领带动作用,助力本地区相关产业链再造和价值链提升,增加就业岗位、人员收入和财税贡献,鼓励区域品牌积极运用商标等知识产权开拓国内国际市场。通过行动实施,优先支持制造业区域品牌创建,鼓励现代服务业、新型农业集群化、品牌化发展,打造"百城百品"产业集聚区品牌经济发展高地。

（二）推进区域品牌商标注册工作。近年来,我局立足职责推进区域品牌商标注册工作,积极服务地方发展。一是深化商标注册便利化改革,畅通区域品牌商标注册"绿色通道",持续压缩区域品牌商标注册周期,进一步完善区域品牌商标注册审查标准,在审查实践经验的基础上制定《含县级以上行政区划地名的普通集体商标和证明商标的审查标准》,加大对地方特色产业的支持力度,审查通过"寿光蔬菜""丽水山耕""崇礼好礼"等区域品牌集体证明商标,相关商标品牌带动效应明显,在助力区域经济发展中发挥了"培育一个品牌,做强一个产业,造福一方百姓"的重要作用,受到各地的普遍认可。二是不断加强对申请人指导,切实维护申请人权益,积极开展区域品牌专题调研,及时了解地方需求痛点,通过"现场授课"与"线上授课"相结合方式,开展"规范商标注册培训班"等授课活动,引导地方依法依规积极开展区域品牌集体证明商标注册申请,加强区域品牌保护,推动地方特色产业发展。

三、关于强化商标品牌建设工作体系

（一）推动加强商标品牌建设顶层设计。一是与相关部门协同推进品牌建设。2022年,我局与国家发展改革委等7部门联合印发《关于新时代推进品牌建设的指导意见》,联合工业和信息化部出台《关于知识产权助力专精特新中小企业创新发展的若干措施》,联合印发《数字化助力消费品工业"三品"行动方案（2022—2025年）》《原材料工业"三品"实施方案》等,持续加强政策引领,强化品牌建设合力。二是引导地方政府创新品牌建设工作机制。各地方因地制宜,积极探索统筹推进品牌建设的新路径新模式,例如湖北省由省知识产权局牵头建立推进品牌强省建设联席会议机制,23个成员单位协力推进湖北品牌强省建设,有力支撑全省品牌经济高质量发展。三是加强局省联动。建立全国商标品牌工作联系机

制,面向地方知识产权管理部门开展线上全面调研和实地重点调研,摸底了解地方商标品牌培育建设情况,交流推广有益经验。四是推动修改商标法律法规。加快推进新一轮商标法的全面修改工作,多次开展深入调研,广泛听取意见建议,进行全面研究论证,形成《商标法修订草案》并公开征求意见,在草案中增加鼓励促进商标品牌建设的多项内容,进一步加强知识产权对品牌建设的法治保障。

（二）加大商标品牌指导站服务覆盖面和服务力度。我局印发《关于进一步加强商标品牌指导站建设的通知》,推动全国布局建设3400余家商标品牌指导站,为广大市场主体提供公益性、便利化的指导和服务,年服务企业超40万次。《"千企百城"行动方案》部署开展商标品牌建设服务指导专项行动,引导鼓励商标品牌指导站围绕打造"千企千标"和"百城百品"开展专项服务指导,提高指导站综合服务能力,汇聚、链接相关政府部门、专家、机构等资源,打造帮扶指导综合平台。鼓励结合地方实际和特色优势,通过创建商标品牌创新创业基地、建设品牌孵化园区、设立市场化商标品牌发展基金等多种方式,拓展指导站载体形式和服务范围,向商标品牌培育、管理、研究等多元化方向发展。

（三）加强商标代理机构监管。我局着眼构建高质量知识产权服务体系的目标,持续加强监管工作,严厉打击商标代理违法违规行为,综合整治商标代理行业不良现象,同时加快完善监管体系、健全长效机制,持续保持从严规范商标代理行为的高压态势,有效维护了商标代理行业的正常秩序。一是完善制度建设。推动出台《商标代理监督管理规定》,印发《专利、商标代理行业违法违规行为协同治理办法》等一系列规范性文件,为加强商标代理监管、规范商标代理行为提供了有力的制度支撑。二是开展专项行动。连续5年在知识产权代理领域开展"蓝天"专项整治行动,将打击各类突出商标代理行为纳入专项行动重点工作内容,指导各地不断加大打击力度,切实提高打击震慑。三是加强协同监管。建立健全跨部门跨区域协同监管机制,联合市场监管总局开展专项行动,组织各地开展跨区域联合监管活动;深化信用监管,推进将严重违法商标代理行为纳入有关失信名单列入情形,对失信主体严格实施协同限制。加强行业自律,指导行业组织加大行业自律惩戒,连续两年开展行风建设年活动,树立高价值导向,营造自觉抵制违法违规商标代理行为的良好氛围;强化社会监督,畅通投诉举报渠道,加强信息公示和风险提示,为创新主体优选、慎选商标代理

机构提供便利。近年来，我局指导各地对各类违法违规商标代理行为累计作出行政处罚352件，对部分案件作出顶格10万元罚款；我局直接对情节严重的7家商标代理机构作出停止受理其商标代理业务的重处罚，并将其中4家列入我局及市场监管总局严重违法失信名单。

四、关于探索构建有中国特色的商标品牌价值评价体系

（一）持续深化商标品牌发展指数研究。2020年以来，我局每年指导中华商标协会编制发布中国商标品牌发展指数，对全国及各省（区、市）商标品牌发展综合水平进行指数测评。指数编制坚持采用公开、可测的客观数据，围绕商标品牌的运用推进、质量提升、潜力开发、环境优化、效益实现等方面构建指标体系，经过三年的探索改进，已初步具备量化表征各地乃至全国商标品牌发展质量效益的功能，可以作为各级政府相关政策制定和绩效评价的辅助工具，并为各类主体开展商标品牌建设提供参考。中国商标品牌发展指数（2022）同时发布中华商标协会和中国人民大学信息资源管理学院联合研究编制的综合全球品牌价值百强榜（PRC-Brand榜），作为评价品牌价值的重要指标之一。该榜单采用PRC算法对各大国际权威榜单数据进行综合计算，所揭示的品牌价值相对更加全面和客观。结果显示：中国共有14个品牌上榜，总价值达2941.53亿美元，且中国品牌价值增长速度高于平均水平。

（二）完善品牌价值评价标准体系。市场监管总局不断加强质量品牌建设，推动完善品牌价值评价标准体系。一是持续完善品牌价值评价相关国家标准体系。截至2023年3月，我国品牌领域国家标准达到41项。推动相关协会、企业加大品牌评价标准实施力度，指导开展公益性的品牌价值评价活动。二是积极推动品牌评价国际标准化工作。推动成立国际标准化组织品牌评价技术委员会（ISO/TC 289）并担任秘书处，牵头制定品牌评价国际标准。截至2023年5月，我国提出并牵头制定发布2项品牌评价国际标准，分别是ISO 20671.1《品牌评价 第1部分：基础和原则》和ISO 20671.3《品牌评价 第3部分：地理标志相关品牌评价要求》，有力提升了我国品牌建设国际话语权，以先进标准助力中国品牌"走出去"。

（三）积极开展品牌宣传。一是推广典型案例。我局组织遴选推广全国百余个商标品牌建设优秀案例，总结推广各类主体开展商标品牌建设的有效做法和典型经验。二是开展品牌宣传活动。我局与国家发展改革委、市场监管总局等部门共同开展中国品牌日、全国知识产权宣传周、全国"质量月"等活动，持续宣传中国品牌，推动全社会形成爱护品牌、享受品牌的良好氛围。三是在重大展会上举办相关论坛。在第三届中国国际进口博览会上举办"贸易与商标品牌论坛"，在2023年中国品牌发展国际论坛上指导上海市知识产权局举办"商标和地理标志品牌论坛"，搭建分享成果、汇聚共识、凝聚力量的平台，促进商标品牌国际交流合作。

下一步，我局将会与市场监管总局等部门协同配合，进一步研究你们提出的意见建议，深入实施商标品牌战略，不断加强商标品牌建设工作，加快推动中国产品向中国品牌转变。一是在企业和区域品牌培育发展方面，深入实施"千企百城"商标品牌价值提升行动，充分发挥商标制度的基础保障作用，有效促进企业和区域商标品牌价值提升，助力形成商标品牌带动、企业壮大、区域发展、产业升级的品牌经济模式。二是在商标品牌建设工作体系方面，引导地方完善品牌培育发展机制，推进指导站高质量建设和规范化运行，强化商标代理从业人员能力建设，持续优化品牌发展环境。三是在构建商标品牌价值评价体系方面，继续编制发布中国商标品牌发展指数，积极参与品牌评价国际标准制定，推动重点行业相关国家标准制修订，鼓励各地和社会机构有效利用人工智能、大数据等技术手段，研发应用客观、科学、高效的商标品牌评价工具，共同推动建设适应我国现代化建设需要、符合国际通行标准的中国特色商标品牌价值评价体系。四是在品牌宣传推广方面，持续办好"中国品牌日"等活动，丰富活动内容和形式，加强中国品牌宣传推介，推广商标品牌建设的优秀经验和做法，讲好中国品牌故事。

最后，衷心感谢你们对商标品牌工作的关心和支持，希望继续关注知识产权事业发展，对我们的工作提出更多宝贵的意见建议。

国家知识产权局对十四届全国人大一次会议第7522号建议答复的函

——关于加强打击商标恶意抢注优化知识产权保护的建议

· 2023年8月21日
· 国知建提办函〔2023〕42号

您提出的《关于加强打击商标恶意抢注优化知识产权保护的建议》收悉，现答复如下。

一、关于"加强知识产权的全链条保护,在创造、运用、保护、管理和服务等各环节,激励创造,大胆运用,依法保护,科学管理,精心服务"

我局坚决贯彻落实党中央、国务院决策部署,推动印发《知识产权强国建设纲要(2021—2035年)》和《"十四五"国家知识产权保护和运用规划》,加强知识产权工作顶层设计,统筹做好知识产权创造、运用、保护、管理、服务等各方面工作。深入实施专利质量提升工程、商标品牌战略和地理标志运用促进工程,知识产权创造水平持续提升。完善知识产权转化运用机制,优化知识产权运营服务,着力抓好知识产权质押融资、专利转化专项计划、专利开放许可等工作,知识产权运用效益快速提升。深入落实《关于强化知识产权保护的意见》及其推进计划,出台《重大专利侵权纠纷行政裁决办法》《商标侵权判断标准》等,促进执法标准协调一致,扎实推进知识产权保护体系建设,布局建设一批国家级知识产权保护中心和快速维权中心,知识产权保护力度持续加大。实施知识产权公共服务能力提升工程,知识产权信息公共服务机构在省级层面和副省级城市实现全覆盖,上线国家知识产权公共服务网,实现知识产权业务"一窗通办""一网通办",知识产权公共服务水平不断提高。

二、关于"完善法律法规,加大商标抢注的惩戒力度和处罚力度"

2019年推动完成《商标法》第四轮修改以来,持续跟踪《商标法》及其实施条例实施效果,总结商标工作实践经验,加快新一轮《商标法》修改论证工作,着力解决商标领域恶意抢注、大量囤积等深层次矛盾和问题。2023年1月13日至2月27日,发布《商标法修订草案(征求意见稿)》(以下简称《征求意见稿》),公开征求社会意见。《征求意见稿》除显著提高商标恶意注册罚款数额,增加违法所得予以没收等规定外,还强化了全方位遏制商标恶意注册行为的制度设计,包括明确恶意申请商标注册的具体情形,建立恶意抢注商标强制移转制度,新增恶意注册民事赔偿和公益诉讼制度等。下一步,将结合您关于"进一步加大最高处罚额度"的意见建议认真研究论证,细化规制商标恶意注册的各项制度设计。

三、关于"加强商标注册的政府管理"

一是严把商标注册审查关口。构建全流程精准打击商标恶意注册工作机制,持续完善商标审查审理系统识别预警和提示拦截功能,及时发现并处置相关商标恶意抢注行为;修订商标书式,增加信用承诺条款,进一步规范商标申请行为;建立完善恶意商标注册行为人重点监控名录,提升打击商标恶意注册行为的精准度;采取提前审查、并案审查、快速驳回和案件合议、三级例会研究等措施,及时处理相关案件。2022年累计打击商标恶意注册37.2万件,其中快速驳回恶意抢注商标3192件,向地方转办涉嫌商标恶意注册申请和重大不良影响线索110条。

二是加大商标相关法律政策宣介力度。持续发布解读年度商标异议典型案例,普及异议申请办理等基础知识,举办异议审查等集中宣讲,为从业者提供办理商标异议等各项事务的具体指引。积极发挥依职权主动无效宣告程序在打击商标恶意抢注中的作用,2022年累计依职权宣告无效商标2629件,持续释放从严信号。

三是加强商标审查员能力建设,完善相关审查制度。建立商标审查员岗位等级管理制度,完善商标审查人才能力评价体系,加快审查审理专家库和培训人才库建设。加强商标审查业务等各类培训,提升审查员知识、能力、经验等各方面综合素质。制定实施《商标审查审理指南》,规范商标受理、撤回、异议等各项业务程序,持续完善审查业务指导体系和质量管理体系,稳步提升商标审查审理质量。

四、关于"进一步加强对商标代理行业的管理"

一是完善相关规章制度。2022年10月,推动出台《商标代理监督管理规定》,从备案入口、执业规范、监督手段、违规处罚等多个环节入手,提出有针对性的治理措施;印发《专利、商标代理行业违法违规行为协同治理办法》等规范性文件,为加强商标代理监管、规范商标代理行为提供制度支撑。

二是做好修法相关研究。将强化代理行业监管作为此次《商标法》修改重点之一,在《征求意见稿》中进一步明确商标代理机构准入要求,强化商标代理机构及从业人员的责任义务,健全商标代理行业组织职责义务,增加对违法商标代理机构的负责人、直接责任人以及负有管理责任的股东新任职务的限制性要求等。后续将进一步就设立商标代理行业、代理从业人员准入加强研究论证。

五、关于"加强行政执法,提高信用制度建设,将相关违法行为纳入信用体系"

2022年1月25日,印发实施《知识产权信用管理规定》,明确将商标审查审理过程中出现的"恶意注册申请行为"等列为失信行为,并对失信主体实施取消评优评先参评资格、取消示范和优势企业申报资格、提高检查频次、不适用信用承诺等管理措施。2021年9月，配合市场监管总局制定印发《市场监督管理严重违法失信名单管理办法》（以下简称《办法》），将"恶意商标注册申请损害社会公共利益""从事严重违法商标代理"等行为且受到较重行政处罚的，列为严重违法失信行为，在市场监管、知识产权领域共同实施失信惩戒。《办法》施行以来，已有4名当事人因存在恶意商标注册申请行为被列入严重违法失信名单，相关失信信息均已公示并实施相应管理措施。

衷心感谢您对知识产权工作的关注和支持，希望继续关心知识产权事业发展，对我们的工作提出更多宝贵的意见建议。

国家知识产权局对十三届全国人大五次会议第3663号建议答复的函

——关于重视通用名称注册商标及其适用性的建议

· 2022年9月28日
· 国知建提法函〔2022〕76号

您提出的《关于重视通用名称注册商标及其适用性的建议》收悉。结合最高人民法院、农业农村部意见，现答复如下。

商标专用权作为一种知识产权，在加强保护的同时应兼顾公共利益，以维护公平有序的市场秩序。2021年以来，"潼关肉夹馍""逍遥镇""青花椒"等商标纠纷事件引发社会公众对如何确定商标专用权的权利边界、如何兼顾商标专用权与公共利益之间平衡等的广泛讨论。对此，您提出商标专用权人行使权利有其合法边界，不能针对他人正当使用行为提出权利主张，更不能滥用其权利等观点，我局高度认同，会同有关部门在实际工作中积极采取措施，引导市场主体合理行使商标专用权。

一、关于出台通用名称注册商标的具体规定

诚如您所言，通用名称在《商标法》中早有体现。根据《商标法》规定，仅有本商品的通用名称不得作为商标注册，任何人对仅有商品通用名称的商标注册可以提起异议和无效宣告，对注册商标成为其核定使用的商品的通用名称可以提起撤销申请，注册商标中含有的本商品的通用名称，注册商标专用权人无权禁止他人正当使用。

为更好地规范和引导商标注册行为，2021年11月，我局发布《商标审查审理指南》，其中第四章"商标显著特征的审查审理"明确了通用名称的定义和认定标准。2022年4月，发布《餐饮行业商标注册申请与使用指引（试行）》（以下简称《指引》），就该行业中常见的误认、通用名称等缺乏显著特征以及含地名标志等问题作出进一步细化解释和说明，引导相关市场主体规范提交商标注册申请。此外，结合相关商标维权事件反映出的问题，推动《集体商标、证明商标注册和管理办法》（以下简称《办法》）修改工作，其中拟就含有地名的集体商标、证明商标的正当使用情形予以细化，明确商标注册人的权利边界，已于2022年7月完成社会意见征求。下一步，将加快推动《办法》完善和发布实施，并就涉及通用名称的疑难问题加强调研，听取意见，进一步细化相关规则，更好指引商标审查审理工作。

二、关于通用名称注册商标的正当使用问题

我局高度重视含通用名称注册商标的使用边界问题，在《指引》中列出规范使用注册商标以及正当合理行使商标专用权的注意事项，引导商标专用权人遵循权利不得滥用原则，不得禁止他人正当使用商标中包含的餐饮行业通用名称、地名等公共资源。同时，引导其他市场主体正当使用相关标志，避免产生商标侵权纠纷。

人民法院在审理商标侵权民事案件过程中，既依法保障权利人充分行使诉权维护合法权利，也依法保护他人正当使用注册商标中所包含的商品通用名称、原材料名称等权利。最高人民法院以"商标正当使用"为专题，收集整理近年来审理的部分相关商标民事案件，指导地方法院统一法律适用，妥善审理涉知识产权恶意诉讼认定、地理标志司法保护等案件。在《人民司法》组织刊发"商标侵权诉讼中抗辩事由的审查与认定""地名商标的正当使用"等专题论文和案例，进一步加强法律适用指导。

下一步，我局将与司法机关加强沟通交流，就通用名称正当使用形成更多共识，推动行政程序与司法程序标准一致，共同营造知识产权诚信取得、规范行使的良好法治氛围。

三、关于司法程序合理认定事实

您提出司法部门在认定事实时，应结合商标本身的显著性、涉案商标的使用地域、具体使用方式、地域性使用特点、行业使用习惯以及消费者识别习惯等因素，司法机关的审判实践亦与此一致。《最高人民法院关于审理

商标民事纠纷案件适用法律若干问题的解释》第十条规定,判断商标是否近似,应当考虑请求保护注册商标的显著性和知名度。即商标保护力度应与注册商标的显著性有关,显著性越强,给予其范围越宽和强度越大的保护;对于显著性较弱的商标,应充分考虑其禁用权范围或可能占有的公共资源,进而实现权利人与公共利益的平衡保护。例如,在"青花椒"商标侵权案件中,二审法院终审明确认定被告的行为属于正当使用,在商标权私权与公共利益之间明确了界限,既有利于维护公平竞争的市场秩序,又有利于促进社会公众尊重知识产权、公平竞争意识的提升,以"青花椒"案为"小切口",讲出了权利有边界,权利行使须诚信的"大道理"。下一步,人民法院将继续秉持既严格保护知识产权又坚决遏制权利滥用的原则,不断完善裁判规则,依法认定事实,坚持公正合理保护。

四、关于强化地理标志保护力度

地理标志在促进特色产业发展、助力乡村振兴、传承传统文化、推动对外贸易等方面发挥着至关重要的作用。机构改革以来,我局坚决贯彻落实党中央、国务院决策部署,持续提升地理标志工作治理能力和治理水平,地理标志保护和管理各项工作不断取得新进展。截至 2022 年 6 月底,累计批准地理标志产品 2493 个,作为集体商标、证明商标注册的地理标志 6927 件。地理标志生产者市场主体规模超过 1.9 万家、直接产值超过 6000 亿元。2021 年 5 月,与市场监管总局联合印发《关于进一步加强地理标志保护的意见》,从强化申请质量监管、完善特色质量保证体系、严厉打击侵权假冒行为、加强专用标志使用日常监管等方面作出工作安排,推动地理标志高水平保护、高标准管理、高质量发展。

同时,持续加强地理标志品牌培育政策支持,2019 年以来,先后印发《地理标志运用促进工程实施方案》《关于组织开展地理标志助力乡村振兴行动的通知》《关于进一步加强商标品牌指导站建设的通知》等政策文件,指导地方加强区域品牌建设,加大对地理标志市场主体商标品牌注册、运用、管理、保护与推广的服务力度。持续畅通地理标志商标和区域品牌商标注册"绿色通道",简化材料、优化流程、完善标准、提质增效,稳步推进集体商标、证明商标和地理标志商标审查工作,"柳州螺蛳粉""柞水木耳""桑植白茶"等地理标志商标核准注册后,已成为地方经济发展的支柱产业。下一步,将进一步健全商标保护和专门保护相互协调的地理标志保护制度,推动地理标志在促进产业发展、推动乡村振兴和传承

传统文化方面发挥更加重要的作用。

农业农村部加大农产品区域品牌培育力度,会同财政部等部门深入实施地理标志农产品保护工程,支持 634 个地理标志农产品发展,建成核心生产基地和特色品种繁育基地 2564 个,支持产品年产值超过 5000 亿元,带动 1130 万户农户增收 360 亿元。启动中国农业品牌目录制度建设,发布 300 个区域公用品牌。制定《农产品区域公用品牌建设指南》,引导区域公用品牌健康有序发展。依托中国国际农产品交易会、中国农民丰收节等展会节庆活动举办推介系列活动,2021 年丰收节金秋消费季电商平台品牌农产品成交额超 170 亿元,累计销售超 2 亿单。2021 年,启动脱贫地区农业品牌公益帮扶行动,支持打造雷波脐橙、剑河香菇、咸丰唐崖茶等区域公共品牌。发布《农业综合行政执法事项指导目录(2020 年版)》,加强品牌保护,优化品牌发展环境。同时,实施多种举措培育壮大农业产业化龙头企业,强化金融支持,形成政府大力推动、企业主动创建、社会积极参与的良好局面。截至 2021 年底,全国经县级以上农业农村部门认定的龙头企业超过 9 万家,其中国家重点龙头企业 1959 家。下一步,将实施农业品牌精品培育计划,塑强一批精品区域公用品牌,加大龙头企业培育力度,构建以农民为主体、企业带动、科技支撑、金融助力的现代乡村产业发展体系。

五、关于强化行政处罚力度

我局认同您关于对参与恶意诉讼的商标权人及代理人予以严惩等观点。2019 年,推动完成《商标法》第四次修改,新增第六十八条第四款,规定"对恶意提起商标诉讼的,由人民法院依法给予处罚",为规制商标滥诉行为提供了原则性规定。2020 年,最高人民法院印发《关于全面加强知识产权司法保护的意见》,明确要求依法制止不诚信诉讼行为,研究将恶意诉讼等不诚信的诉讼行为人纳入全国征信系统。此外,为进一步规范商标代理行为,我局正在推动出台《商标代理监督管理规定》,拟对代理机构参与滥用商标权的行为予以规制,目前该规定已通过市场监管总局审议。下一步,将认真研究您提出的建立恶意诉讼企业黑名单制度等建议,加强行政机关与司法机关的联动协调,及时发现和制止商标恶意诉讼行为,共同营造健康有序的商标注册秩序和市场经济秩序。

六、关于加大法治宣传力度

我局高度重视商标相关法律法规宣传和知识产权保护意识提升,不断创新方法,强化宣传效果,鼓励创新主体依法维护自身合法权益。围绕"潼关肉夹馍""逍遥

镇"商标纠纷等舆情,及时发布答复口径,加强正面舆论引导。指导《中国知识产权报》《知识产权》杂志等局属媒体深入报道各类商标维权典型案例,为市场主体提供可借鉴经验,推出"商标注册网上申请指引""原产地地理标志专用标志使用指引"等科普视频,提升普法实效。最高人民法院针对"潼关肉夹馍"事件积极回应社会关切,就地理标志司法保护中的正当使用商标中的地名等4个问题的考虑及时表态,明确"依法保护地理标志,严厉惩治恶意诉讼"。下一步,我局和人民法院将继续加强法治宣传,全面提升公众知识产权保护意识,营造尊重和保护知识产权的良好氛围。

衷心感谢您对知识产权工作的关心和支持,希望继续关注知识产权事业发展,对知识产权工作提出更多宝贵意见建议。

国家知识产权局对十三届全国人大二次会议第6762号建议答复的函
——关于降低商标注册成本的建议

· 2019 年 7 月 17 日
· 国知发运函字〔2019〕121 号

你们提出的关于降低商标注册成本的建议收悉,结合国家发展改革委、市场监管总局的意见,现答复如下:

我们赞同代表们提出的关于降低商标注册成本的建议。正如代表们所说,商标品牌是推动企业创新和高质量发展的利器。降低商标注册成本,增加优质的商标代理服务供给,对于企业具有重要意义。

近年来,为贯彻落实党中央、国务院减税降费决策部署,减轻商标注册申请人负担,经财政部、国家发展改革委批准,商标规费已连续多次降低。目前,商标注册费单件已经由 1000 元降低到 300 元,续展注册费由 2000 元降低到 500 元,变更费由 500 元降低到 150 元,商标评审费由 1500 元降低到 750 元,转让费由 1000 元降低到 500元。相关业务通过网上提交并接受电子发文的,进一步免收变更费,其他费用按现行标准的 90% 收取,大幅降低了商标注册规费。

关于商标代理工作,20 世纪 90 年代,我国开始试点推行商标代理制度,2003 年取消了商标代理机构和商标代理人资格审批,2013 年又准许律师全面从事商标代理业务。现行《商标法》和《商标法实施条例》规定了商标代理机构的权利和义务,明确了违法违规行为应

承担的法律责任。目前,我国已基本形成统一、开放、竞争充分的商标代理体系,为我国商标事业发展作出了积极贡献。

我局将根据代表们的建议,会同相关部门从以下方面进一步加强商标代理监管工作:

一、积极推进商标代理服务标准制定工作

近年来,市场监管总局落实国务院《深化标准化工作改革方案》精神,着力构建政府主导制定的标准和市场自主制定的标准协同发展、协调配套的新型标准体系。其中,政府主导制定的标准包括强制性国家标准、推荐性国家标准和行业标准等,市场自主制定的标准包括团体标准、企业标准。市场监管总局支持在商标代理服务领域推进标准化建设,对于商标代理服务中所涉及的基础通用事项,支持制定相关国家标准、行业标准;鼓励相关社团、企业根据市场需求,自主制定实施高于国家标准、行业标准水平的团体标准、企业标准。国家知识产权局将依法加强对商标代理机构的规范和监督,协同推进商标代理服务标准制定工作。

二、引导商标代理机构合理收费

国家发展改革委提出,商标注册代理费是由代理机构依据服务质量、成本和市场供求状况自行制定收取的。《中共中央关于全面深化改革若干重大问题的决定》提出要完善主要由市场决定价格的机制。凡是能由市场形成价格的都交给市场,政府不进行不当干预。政府定价范围主要限定在重要公用事业、公益性服务、网络型自然垄断环节。

国家知识产权局将通过推进制定商标代理服务标准,推进商标代理行业组织健全团体标准等工作,与有关部门一同引导商标代理机构按照《价格法》等法律、行政法规合法经营,为委托人提供质量合格、价格合理的服务;严格落实明码标价制度,在收费场所显著位置公示收费项目、收费标准和投诉举报电话等信息,广泛接受社会监督;不得强制服务、强制收费,或只收费不服务、少服务多收费;不得在标价之外收取任何未予标明的费用等。

关于制止和处罚牟取暴利行为工作,市场监管总局提出,牟取暴利是《价格法》明确禁止的不正当价格行为。1995 年公布的行政法规《制止牟取暴利的暂行规定》规定,国家通过制定目录,确定对哪些商品和服务进行反暴利管理。对于目录内的商品和服务的平均价格、平均差价率、平均利润率及其合理幅度,由省级政府价格主管部门会同有关业务主管部门按照国务院价格主管部

门的规定测定和规定,并予以公布。目前,以上工作尚在推进中。

三、加强商标代理机构监管,促进行业健康发展

推进健全商标代理监管制度。按照新修订的《商标法》相关规定,国家知识产权局正加快推进商标代理监管相关办法的制定工作,将进一步明确商标代理机构违法违规情形和处理措施,为加强商标代理监管提供更加明确的法律依据。同时,中华商标协会已制定了《商标代理行业道德规范》《商标代理服务规范》《商标代理机构会员单位信用信息管理办法》等系列规范,推进加强行业自律。

加强商标代理的信用监管和日常监管。2015 年《严重违法失信企业名单管理暂行办法》明确规定,被决定停止受理商标代理业务的机构,将被列入严重违法失信企业名单,受到信用约束和联合惩戒。近期,由市场监管总局起草的新的《严重违法失信名单管理办法》延续了对以上行为进行信用监管的规定,目前该办法正公开征求社会意见。国家知识产权局还将推进各地加强商标代理日常监管,对严重违法的商标代理机构依法作出停止受理商标代理业务的决定。

健全商标代理信息公示机制,促进市场化竞争。国家知识产权局备案的商标代理机构名单,实现了商标代理机构的备案、变更电子化,方便各方及时掌握商标代理机构信息。建设商标代理机构信息公示机制,将商标代理机构的基础信息、奖惩信息、信用信息等集中公示,为企业查询筛选合适的商标代理机构提供方便。推进社会化的商标代理中介服务平台建设,促进商标代理市场化竞争,充分发挥市场在资源配置中的决定性作用,降低企业交易成本。

衷心感谢你们对知识产权工作的关心,希望你们继续关注知识产权事业发展,对我们的工作提出宝贵的意见建议。

国家知识产权局对十三届全国人大四次会议第 2143 号建议答复的函
—— 关于加快集成电路前沿技术领域顶层设计布局非对称竞争关键技术的建议

· 2021 年 7 月 12 日
· 国知建提运函〔2021〕16 号

您提出的《关于加快集成电路前沿技术领域顶层设计布局非对称竞争关键技术的建议》收悉,结合我局职能现答复如下:

对于您提出的加大知识产权利益转化,通过知识产权转化扶持等政策,鼓励支持高端研究院等建议,我局深表认同。我局高度重视集成电路等重点产业领域知识产权转移转化工作,近年来,通过强化对企业、高校、科研组织的政策引导,实施专利转化专项计划等工作,提高知识产权转化效益,支持包括企业研究院在内的各类主体创新发展。

一、加强对各类主体的政策引导

一是面向企业。联合国资委出台《关于推进中央企业知识产权工作高质量发展的指导意见》,鼓励央企建立健全科技成果转化机制,拓宽知识产权价值实现渠道,充分利用股权激励、分红权激励等分配激励政策,运用质押融资、作价入股等方式,促进知识产权实施及价值实现。联合工业和信息化部出台《关于全面组织实施中小企业知识产权战略推进工程的指导意见》,发挥知识产权运营平台体系作用,设立专业化服务模块,促进中小企业知识产权转移转化。《2019 年中国专利调查报告》显示,我国企业有效专利实施率为 63.7%,有效专利产业化率为 45.2%,有效专利转让率为 3.7%,均高于全国平均水平。

二是面向高校、科研组织。联合教育部、科技部出台《关于提升高等学校专利质量　促进转化运用的若干意见》,联合中国科学院、中国工程院、中国科学技术协会出台《关于推动科研组织知识产权高质量发展的指导意见》,鼓励高校、科研组织积极改进知识产权归属制度,建立有效的知识产权收益激励机制,推动高校、科研组织制定不同的转化运用策略,探索符合自身特点的知识产权运营模式,促进创新成果向现实生产力转化。

二、实施专利转化专项计划

为促进创新成果更多惠及中小企业,提高高校院所知识产权转化效益,联合财政部印发《关于实施专利转化专项计划　助力中小企业创新发展的通知》,利用三年时间,聚焦包括集成电路在内的若干战略性新兴产业、知识产权密集型产业等特色优势产业、高校院所,统筹发挥知识产权运营体系现有平台、机构、基金、重点城市等作用,围绕重点产业补链、延链、强链发展需要,开展关键核心技术知识产权推广应用,并对促进高校院所专利技术转移转化、助力中小企业创新发展成效显著的省份予以奖补。

下一步,我局将联合有关部门进一步完善知识产权

转移转化政策,推动相关政策文件落实,促进知识产权转移转化。

最后,衷心感谢您对知识产权工作的关心,希望继续关注知识产权事业发展,对我们的工作提出更多宝贵意见建议。

国家知识产权局对十三届全国人大五次会议第 5236 号建议答复的函

——关于认定水泊梁山商标为驰名商标的建议

· 2022 年 8 月 10 日
· 国知建提保函〔2022〕23 号

你们提出的《关于认定水泊梁山商标为驰名商标的建议》收悉。结合我局职能,现答复如下。

驰名商标是知识产权领域重要的法律概念,其源于《保护工业产权巴黎公约》《与贸易有关的知识产权协议》等国际条约,是国际通行做法。驰名商标的认定和保护也是我国《商标法》的重要内容,对于规制恶意商标注册申请、打击商标违法行为,维护公平竞争秩序和商标权利人合法权益具有重要作用。

一、驰名商标认定的基本原则

驰名商标是对相关公众所熟知的商标提供特殊保护的法律概念,而非荣誉评比,遵循"个案认定、被动保护、按需认定"原则。获得驰名商标认定后,驰名商标持有人可在相关个案中制止涉案商标注册并禁止使用,认定结果仅对该案有效。同时,生产、经营者不得将"驰名商标"字样用于商品、商品包装或容器上,或者用于广告宣传、展览以及其他商业活动中。

二、驰名商标认定的相关规定和要求

驰名商标认定和保护主要依据《商标法》《商标法实施条例》《驰名商标认定和保护规定》等法律法规章。其中,《商标法》和《商标法实施条例》对驰名商标的保护范围、认定标准等作出明确规定;《驰名商标认定和保护规定》进一步细化了认定程序等内容。2019 年以来,我局先后印发《关于加强查处商标违法案件中驰名商标保护相关工作的通知》及其理解与适用,指导各地从严从快加强驰名商标保护。

三、关于将"水泊梁山"商标认定为中国驰名商标

按照《商标法》第十四条规定,驰名商标认定包括司法和行政两条途径。其中,行政认定可在查处商标违法案件、商标异议、商标不予注册复审、注册商标无效宣告等 4 类案件中提出申请。对于在查处商标违法案件中请求驰名商标行政认定的,当事人可向违法行为发生地的市(地、州、盟)级以上或者经批准的县(市、区、旗)负责商标执法的部门投诉,并提出驰名商标保护的书面请求以及证明其商标构成驰名商标的证据。相关材料经省、市两级逐级审查和核实后,由省(自治区、直辖市)知识产权局提交至我局。对于在商标异议、商标不予注册复审和注册商标无效宣告案件中请求驰名商标行政认定的,当事人可向我局提出驰名商标保护的书面请求以及证明其商标构成驰名商标的证据。

针对代表们提出的将"水泊梁山"商标认定为中国驰名商标,建议当事人按程序提出书面请求和相关证据材料,我局将按照法律规定,结合当事人提交的证据材料,做出是否依据《商标法》第十三条予以保护的决定或裁定。针对代表们提到的"水泊梁山"商标侵权情况,建议当事人依法向商标执法部门投诉或向司法机关起诉。同时,不断加强对"水泊梁山"商标的管理、保护和宣传,持续扩大商标的知名度和影响力。

下一步,我局将持续加大商标行政保护力度,做好驰名商标认定和保护工作,依法保护企业合法权益,积极营造良好营商环境。

衷心感谢你们对知识产权工作的关心和支持,希望继续关注知识产权事业发展,提出更多宝贵意见建议。

国家知识产权局对十三届全国人大五次会议第 4579 号建议答复的函

——关于强化商标恶意注册行政管理加大知识产权侵权惩罚性赔偿力度推动经济高质量发展的建议

· 2022 年 6 月 30 日
· 国知建提办函〔2022〕6 号

您提出的《关于强化商标恶意注册行政管理加大知识产权侵权惩罚性赔偿力度推动经济高质量发展的建议》收悉,现答复如下。

十三届全国人大以来,您持续关注规范恶意商标注册、完善商标侵权惩罚性赔偿制度等工作,提出许多宝贵意见建议,对加强商标权保护、推动商标工作高质量发展发挥了重要参考作用。此次您提出强化信用惩戒、完善预判预警机制等建议,我局深表认同,并在实际工作中持续建立健全知识产权领域信用政策体系,严格对重大不良影响商标的管控,有力维护公共利益。

一、关于"严格建立和执行对实施恶意商标注册行为人以及代理机构的'黑名单'机制，对恶意商标申请注册行为人和代理机构进行信用惩戒"

（一）加强对恶意商标注册申请行为人的信用监管。配合市场监管总局印发《市场监督管理严重违法失信名单管理办法》（以下简称《办法》），将"恶意商标注册申请损害社会公共利益"等行为且受到较重行政处罚的，列为严重违法失信行为，在市场监管、知识产权领域共同实施失信惩戒。2022年1月，印发实施《国家知识产权局知识产权信用管理规定》（以下简称《规定》），明确将商标审查审理过程中出现的"恶意注册申请行为""提交虚假材料或隐瞒重要实施申请行政确认的行为""适用信用承诺被认定承诺不实或未履行承诺的行为"等列为失信行为，并对失信主体实施从严审批财政性资金项目申请、费用减缴等优惠政策，取消评优评先参评、示范和优势企业申报等资格，提高检查频次，不适用信用承诺等管理措施。同时，在商标审查审理系统内部建立完善不以使用为目的的商标恶意注册行为人重点监控名录，提升打击商标恶意囤积行为的精准度。

（二）加强对恶意商标注册申请代理机构的信用监管。根据《办法》和《规定》要求，对代理恶意商标注册申请等违法违规行为，将根据案件具体情况依法依规列为失信行为，在局政府网站公示并实施管理措施；情节严重的，列入严重违法失信名单，通过国家企业信用信息公示系统公示，实施相应管理措施和联合惩戒。2022年3月，印发《关于持续深化知识产权代理行业"蓝天"专项整治行动的通知》，将根据代理恶意商标申请情况建立重点监控人员名单，严格落实信用评价计分管理规则，推进实施协同限制，并要求各地在"双随机、一公开"监管中，对重点监控人员实施重点检查。此外，为进一步规范商标代理行为，促进行业健康发展，研究起草《商标代理监督管理规定》，拟进一步明确商标代理行为规范，完善商标代理机构信用档案制度，细化商标代理违法行为，将帮助恶意申请注册与突发事件、公众人物、舆论热点等相关的商标，虚假宣传欺骗公众等行为纳入监管范围，目前该规定已报送市场监管总局审议。

二、关于"采取对重大公众事件（如奥运会、冬奥会）等的预判、预警机制，对相关公众事件中可能出现或已经出现的热点词汇、热点人物名等提前建立阻却机制，在审查系统中建立提示机制"

（一）建立重大不良影响商标快速处置机制。严格重大不良影响商标管控，对易产生不良政治、经济、文化和社会影响的商标注册申请，依法快速予以驳回。先后发布7个批次通告予以曝光和打击，涉及抢注抗击疫情重要标志的"雷神山""火神山"，亵渎英烈精神的"清澈的爱"，抢注东京奥运会中国健儿姓名的"全红婵""杨倩"，抢注北京冬奥会和冬残奥会吉祥物名称、运动健儿姓名的"冰墩墩""谷爱凌"等789件恶意抢注商标，有效制止了"搭便车""傍名牌""蹭热点"等利用商标谋取不正当利益的行为。

（二）完善重大不良影响商标预判预警机制。加强现有商标审查禁用词库、指引词库和重大不良影响词库建设，按照敏感程度，将特定的社会敏感词和重要人物姓名等纳入词库，充分发挥审查审理系统识别预警和提示拦截功能，综合运用举报核查、舆情倒查、信访清查、数据排查摸排线索，提升处置商标恶意注册行为的能力，逐步实现打击商标恶意注册工作从被动反应向主动监控转变，从事后治理向事前防范转变。2021年新增入库100余件重大不良影响敏感词汇或标志。

目前，我局正在积极推进《商标法》及《商标法实施条例》新一轮修改准备工作。本次修改将更加注重私权独占与公共利益、社会效果、在先权利的平衡，对于您提出的明确"不予受理"的情形等建议，将在法律法规修改过程中认真研究，不断完善商标法律制度，增强法律规定的可操作性，强化商标权保护。下一步，我局将持续规范商标注册申请行为，加强商标领域信用监管，推动商标法律制度完善，积极助力营造良好营商环境和创新环境。

衷心感谢您对知识产权工作的关心和支持，希望继续关注知识产权事业发展，对我们的工作提出更多宝贵意见建议。

国家知识产权局对十三届全国人大五次会议第2505号建议答复的函
——关于加快商标法及实施条例修改的建议

·2022年9月26日
·国知建提法函〔2022〕72号

您提出的《关于加快商标法及实施条例修改的建议》收悉，现答复如下。

完善商标法律制度是完善产权保护制度的重要内容，也是持续优化营商环境、促进社会主义市场经济高质量发展的现实要求。我局非常赞同您关于加强制度设计、优化程序、强化义务和明晰权利边界、适应技术飞速发展新形势等意见建议，将在新一轮《商标法》及其实施条例修改准备工作中予以重点关注和充分研究。

我局高度重视商标法律制度建设工作。2018年机构改革，重新组建国家知识产权局后立即着手准备《商标法》全面修改工作。2019年，针对当时商标领域存在的紧迫、突出问题，对《商标法》进行了个别条款修改，在打击商标恶意注册和强化商标权保护等方面取得显著成效。诚如您所言，由于此次修改涉及的内容有限，未能全面解决商标领域存在的问题，同时，现行商标法律制度中一些与实践和发展需要不相适应的内容也日益凸显。近年来，在持续跟踪《商标法》及其实施条例实施效果和总结商标工作实践经验的基础上，我局积极推进新一轮《商标法》及其实施条例全面修改准备工作，先后开展14项课题研究，组织对地方知识产权管理部门、企业和商标代理机构的调研20余次，召开多场座谈会、专家研讨会听取各类主体意见建议，梳理商标领域当前存在的突出问题，明确商标法律制度需进一步完善的目标方向和主要内容，就打击商标恶意注册、强化商标使用义务、优化授权确权程序等重点问题开展深入调研论证，扎实推进《商标法》及其实施条例修改完善相关准备工作。目前，《商标法》及其实施条例修改工作已列入市场监管总局2022年立法工作计划第二类立法项目。

一、关于"在制度设计中更好地体现公共利益与私权保护的平衡"

新一轮《商标法》及其实施条例修改准备工作将秉持人民至上、维护社会公平正义和公平竞争市场秩序、服务经济社会高质量发展的理念，更加注重权利保护与公共利益、社会效果、在先权利的平衡，厘清权利行使的边界，解决公共利益维护不足的问题，促进权利义务的合理平衡。一是加强商标领域诚信建设，强调不得以欺骗或者其他不正当手段申请或者取得商标注册；研究明确提供虚假材料的法律责任；强化信用监管和信用惩戒。二是进一步规制商标恶意注册，研究通过提高罚款数额、明确恶意抢注给他人造成损失的民事赔偿责任、建立恶意抢注商标移转制度、完善含地名商标禁用禁注规则等多种方式有效规制商标恶意注册行为。三是规范权利行使，防止权利滥用，明确商标专用权的行使边界；拟规定对于不正当行使商标专用权的，可以撤销其注册商标；研究引入恶意诉讼反赔制度。四是强化商标审查审理工作社会属性，拟设置依职权撤销初步审定公告程序。五是加强商标代理行业监督管理，明确商标代理行业准入要求，规范商标代理行为。

二、关于"优化商标审查审理程序"

着力优化商标授权确权程序，促进商标审查审理、运用管理、行政执法、司法审判各环节高效协同。一是提升商标审查质效和争议化解效率，研究通过压缩异议申请期限、优化异议审查模式、完善异议救济程序等多种方式，降低当事人获权、维权和管理成本。二是促进程序间联动，研究完善缴费、受理、撤回、中止、同日申请和重复注册相关规定，避免程序空转和行政资源浪费。三是加强制度间协调，完善与其他法律法规和相关国际条约之间的衔接和配套。

三、关于"强化使用义务和权利边界"

继续强化商标使用义务，在坚持现有注册制度的基础上弥补其缺陷，着力解决"重注册、轻使用"问题。一是完善商标使用概念，突出使用的基础地位。二是在保留原有撤三制度的基础上，研究引入商标使用承诺和存续期间主动提交使用情况说明制度的可行性。三是拟增加商标依职权撤销规定，对于商标注册人未履行使用承诺、未依法提交使用情况说明、以及不正当行使商标专用权等情形，可以依职权撤销其注册商标。

四、关于"适应技术飞速发展新形势"

不断顺应科技进步和经济社会发展需要，努力为市场主体提供更大便利。一是更新理念，优化商标法体系结构，完善立法宗旨，突出产权保护，将促进社会主义市场经济高质量发展作为制度目标。二是助力商标行业数字化转型升级，研究完善电子申请、电子送达、电子证据、电子注册证、电子文书、电子档案相关规则，推进业务办理电子化、便利化。三是加强互联网环境下的商标专用权和驰名商标保护，打击"傍名牌""搭便车"等妨碍公平竞争的行为。四是支持商标品牌建设，更好服务国家、地方和产业发展；加强商标公共服务体系建设，引导和促进商标信息有效利用。五是适应机构改革后政府部门职能变化，明确知识产权主管部门和执法部门职责义务，提升商标领域协同治理能力。

下一步，将加快推进《商标法》及其实施条例修改相关准备工作。一是加强系统性研究，解决拟修改内容与商标实践之间的协调性和衔接性问题，分析制度成本和潜在风险，做好合法性评估。二是组织召开专题座谈会、专家讨论会，广泛听取其他相关部门、各级司法机关、地方知识产权管理部门、有关专家学者和产业界等各类主体意见，及时将有益建议吸纳到法和条例的修改内容中。

三是整合研究成果,尽早形成《商标法》及其实施条例修改草案建议稿,力争年底前面向全社会公开征求意见,适时向立法机关报送立法工作建议及相关材料,争取列入第十四届全国人大常委会五年立法规划。

衷心感谢您对知识产权工作的关心,希望继续关注知识产权事业发展,对商标法律制度完善提出更多宝贵意见建议。

地理标志

国家知识产权局对十三届全国人大五次会议第8290号建议答复的函

—— 关于对泰山灵芝实施农产品地理标志保护的建议

· 2022年7月20日
· 国知建提保函〔2022〕20号

您提出的《关于对泰山灵芝实施农产品地理标志保护的建议》收悉。结合市场监管总局意见,现答复如下。

地理标志是知识产权的一种重要类型,加强地理标志保护,对于推动区域特色经济发展、服务外贸、促进投资、传承传统文化、助力乡村振兴具有重要意义。我局立足职能,扎实推进地理标志保护各项工作。

一、关于对泰山灵芝实施地理标志保护

根据党和国家机构改革方案,重新组建的国家知识产权局负责原产地地理标志的注册登记和行政裁决,拟定原产地地理标志统一认定制度并组织实施等。机构改革以来,我局强化地理标志保护申请质量监管,严格开展地理标志审核认定。截至2021年底,累计认定包括山东"冠县灵芝"在内的地理标志产品2490个,地理标志作为集体商标、证明商标注册6562件,使用地理标志专用标志的市场主体超过1.7万家。下一步,我局将进一步夯实地理标志保护工作基础,推动加快地理标志立法步伐,在地理标志保护机制下,强化初级农产品、加工食品、道地药材、传统手工艺品等的保护。如"泰山灵芝"符合申报条件并申请地理标志产品保护,我局将按程序开展审查认定工作。

二、关于将泰山灵芝纳入地理标志保护工程

2021年12月,我局印发《地理标志保护和运用"十四五"规划》,明确实施地理标志保护工程,包括开展地理标志保护提升行动,实施地理标志农产品保护工程等。目前,正在研究制定地理标志保护工程实施方案。下一步,将对符合条件的特色农产品实施地理标志产品保护,

强化特色产品保护管理,促进特色产品品质提升,建立健全特色质量保证体系、技术标准体系和检验检测体系。如"泰山灵芝"符合相关条件,我局将按程序实施有关地理标志保护工程。

三、关于打造泰山灵芝地域知名品牌,促进区域经济发展

我局始终重视对地方的工作协调、业务指导和政策扶持,统筹各地加强地理标志宣传,开展地理标志保护进企业、进市场、进社区等活动,不断提升生产者、经营者、消费者知识产权意识。在"云开放日"虚拟展馆扶贫攻坚展区设立中国地理标志助力精准扶贫板块,推介贫困地区重点地理标志产品。通过中国杨凌农业高新科技成果博览会、金芒果地理标志产品国际博览会、中国知识产权年会、粤港澳大湾区知识产权交易博览会等活动,促进地理标志产品展示推介和产销对接。以《中欧地理标志保护协定》生效为契机加强对外宣传,推出一系列精品内容。下一步,将持续加强地理标志品牌建设,发展地理标志特色产业,提升地理标志品牌价值和影响力,打造地理标志特色会展,建立健全地理标志相关产业发展推进体系。如"泰山灵芝"符合相关条件,我局将按程序和要求开展有关工作。

四、关于加强泰山灵芝科技创新,开发特色产品服务健康中国

2022年2月,市场监管总局核定同意山东省对灵芝等物质开展按照传统既是食品又是中药材物质(以下简称食药物质)管理试点的生产经营监督管理方案。山东省已配套印发相关通知,允许试点企业在试点期间以灵芝等原料生产茶叶及相关制品、饮料、酒类、方便食品等4类食品。下一步,市场监管总局将积极配合国家卫生健康委根据山东省试点工作开展情况,研究论证将灵芝纳入食药物质目录管理的可行性。

五、关于促进泰山灵芝产业高质量发展,提升国际市场竞争力

2021年3月1日,《中欧地理标志保护协定》正式生效,我局发布公告,批准对塞浦路斯鱼尾菊酒等欧盟产品实施地理标志保护,第一批100个中国产品也同步在欧盟全境获得地理标志保护。截至目前,中欧双方通过单独申请、互认试点和协定互保等模式累计实现110个中国地理标志在欧保护,134个欧盟地理标志在华保护。下一步,我局将继续推进第二批"175+175"中欧清单产品互认互保的技术准备工作,推动中国和欧盟更多优质地理标志产品得到双方保护。同时,立足国情并借鉴国

外在地理标志产品保护和宣介等方面的有益经验,加大涉外宣传和产品推介力度,助推我国地理标志产品开拓国际市场。如"泰山灵芝"符合相关条件,我局将按程序和要求开展有关工作。

衷心感谢您对地理标志保护工作的关心和支持,希望继续关注知识产权事业发展,对我们的工作提出宝贵意见建议。

国家知识产权局对十三届全国人大五次会议第 4763 号建议答复的函
——关于制定地理标志条例的建议

· 2022 年 7 月 20 日
· 国知建提法函〔2022〕17 号

您提出的《关于制定地理标志条例的建议》收悉,现答复如下。

您的建议围绕地理标志保护途径、保护依据、运用促进等方面存在的难点痛点问题,提出地理标志专门立法的具体制度设计建议,与我们调研发现的问题和正在推进的工作高度契合,我局深表赞同,已在实际工作中积极研究借鉴。

机构改革以来,我局在完成拟定原产地地理标志统一认定制度并组织实施的职能调整后,有序开展地理标志登记、注册和行政裁决相关工作,促进地理标志专门保护和地理标志商标保护两种模式协调发展,推进《地理标志产品保护规定》修订工作,联合市场监管总局印发《关于进一步加强地理标志保护的指导意见》,并持续开展地理标志专门立法论证工作。特别是今年以来,进一步加大地理标志专门立法工作力度,成立专项工作组并建立常态化工作机制,研究协调模式、立法框架等核心问题,梳理世界主要国家和地区地理标志管理和保护的具体情况,研究地理标志法律保护、管理、运用促进和公共服务的具体制度及措施,为地理标志统一立法提供支撑。

一、关于"做好两种保护模式的衔接协调、实现融合统一"

目前,我国地理标志制度采取专门保护和商标保护并行的保护模式,其中地理标志产品专门保护侧重于从加强产品质量监管和真实标注产地来源的角度,对地理标志所标示的产品质量进行监管;地理标志作为集体商标、证明商标保护侧重于从防止权利冲突和地理标志滥

用导致商品来源误认的角度,建立地理标志商标专用权并进行保护。我局认真梳理现有法律制度中存在的问题以及两种保护模式的特点,确定立法思路,形成地理标志商标保护和专门保护的协调模式可选方案,并进行利弊分析。您提到的"充分发挥商标保护的基础性作用,在受到商标保护的地理标志中选择产品品质优良、特色明显的给予专门保护"的建议也是可选方案之一。我们正在积极论证,下一步将在地理标志专门立法中形成具体条款建议并充分听取各方意见。

二、关于"明确权利义务和法律责任,奠定地理标志保护基础"

地理标志作为一项独立的知识产权客体,应该具有明确的权利主体,清晰的权利边界,确定履行的法定义务以及需承担的法律责任。近年来,我局和地方各级知识产权管理部门持续健全地理标志保护业务体系。支持和鼓励地理标志专用标志合法使用人应用过程控制、产地溯源等先进管理方法和工具,加快建立以数字化、网络化、智能化为基础的地理标志特色质量保证体系。健全技术标准体系,发挥全国知识管理标准化技术委员会地理标志分技术委员会作用,研制地理标志保护技术标准。强化检验检测体系,鼓励有条件的地理标志产品产地建设专业化检验检测机构,完善专业化检验检测服务网点建设,为地理标志立法提供了管理和保护方面的实践参考。

我们非常认可您关于明确权利义务和法律责任的建议,在地理标志专门立法中,拟在相关建议条款中对申请主体资格要求、权利人的权利义务以及法律责任、行政机关职能、保护规则等予以明确。包括:明确行业协会作为地方政府认可的区域内代表性团体,可以作为地理标志持有人履行监督管理地理标志的职责;确定侵权行为类型,加强行政保护措施,提高地理标志专门保护水平;明晰各级行政机关职责,在完善特色质量保证体系、健全技术标准体系、强化检验检测体系方面充分发挥各自职能,共同推进地理标志高质量发展等。下一步,将结合您关于地理标志持有人职责和行政机关职能定位的具体建议认真调研,从地理标志权的确定、行使、管理、保护等方面全链条健全地理标志法律制度。

三、关于"提高地理标志运用促进水平,促进区域经济发展"

地理标志保护与产业发展息息相关,能够帮助分散的生产者实现产业化和规模化,获得产品溢价促进产业发展,增强产品国际竞争力等。近年来,我局以组织实施

地理标志运用促进工程为抓手，先后开展地理标志助力精准扶贫和乡村振兴行动，支持指导地方围绕提质强基、品牌建设、产业强链、能力提升等开展地理标志运用促进工作，目前全国31个省、自治区、直辖市均结合当地实际出台一系列政策措施并开展了富有成效的工作，为地理标志立法提供了丰富的实践基础。

促进特色产业发展也是地理标志专门立法的主要目的。目前拟定的立法框架将地理标志产业促进和公共服务单列一章，拟从知识产权管理部门、产业部门、地方人民政府各自职能出发，围绕提高地理标志运用促进水平制定各项措施。您提到的搭建地理标志运用平台、建设展示推广中心、打造区域品牌、推动产业融合等建议我们非常认同，将考虑在相关建议条款中予以体现。

下一步，我局将认真贯彻落实党中央、国务院决策部署，抓紧起草和完善地理标志立法法律建议条款，充分听取各方面意见，形成支撑材料，及时向上级立法机关报告工作情况，力争尽早列入立法计划。

衷心感谢您对知识产权工作的关心和支持，希望继续关注知识产权事业发展，关注地理标志专门立法，对我们的工作提出宝贵意见建议。

其他

国家知识产权局关于政协第十四届全国委员会第一次会议第02299号（科学技术类114号）提案答复的函

——关于加快建设便民利民知识产权服务体系的提案

· 2023年8月21日
· 国知建提服函〔2023〕62号

您提出的《关于加快建设便民利民知识产权服务体系的提案》收悉。结合市场监管总局意见，现答复如下：

我局高度重视知识产权服务工作，不断完善制度、创新方式、优化环境，加快构建便民利民的知识产权公共服务体系，积极营造市场化服务高质量发展环境，稳步提升知识产权数字化水平，持续完善知识产权服务标准体系，不断强化海外知识产权维权援助能力，为助力完善国家创新体系，加快建设科技强国提供了有力支撑。

一、持续完善便民利民的知识产权公共服务体系，大力推动知识产权市场化服务高质量发展

一是便民利民的知识产权公共服务体系基本形成。统筹推进知识产权公共服务体系建设，基本形成以省级知识产权公共服务机构为节点，以技术与创新支持中心（TISC）、高校国家知识产权信息服务中心、国家知识产权信息公共服务网点等为重要网点的知识产权公共服务体系。目前，已实现省级知识产权公共服务机构全覆盖，地市级综合性知识产权公共服务机构覆盖率超45%，国家级重要服务网点达到348家，知识产权公共服务的均等化和可及性大幅提升。

二是知识产权服务专业化水平稳步提升。推动修订《专利代理条例》《专利代理管理办法》等法规规章，出台《商标代理监督管理规定》《外国专利代理机构常驻代表机构管理办法》《专利代理信用评价管理办法》。联合国家发展改革委等16部门印发《关于加快推动知识产权服务业高质量发展的意见》，推动知识产权服务业专业化、市场化、国际化发展，优化服务供给质量和结构，提升服务能力水平，促进新业态新模式发展。

三是持续深化知识产权服务业集聚区建设。为推动知识产权服务业发展，支撑区域产业高质量发展，自2012年起，我局开展知识产权服务业集聚区建设工作，至今共批复16家知识产权服务业集聚区，对促进知识产权服务业发展，完善知识产权服务链条生态，推动知识产权服务业与区域产业融合发展发挥了重要载体作用。2023年6月，我局印发《关于开展知识产权服务业集聚发展区建设优化升级工作的通知》，正式启动集聚区建设优化升级工作，进一步促进知识产权服务业高质量发展。

下一步持续推动知识产权公共服务与市场化服务协同发展。深入实施知识产权公共服务普惠工程，进一步理清知识产权公共服务与市场化服务边界，充分发挥公共服务的基础保障作用，推动公共服务实现普惠化、均等化和可及性，促进市场化服务走向专业化、高端化、个性化，构建有为政府保基础、有效市场促高端的服务格局。

二、扎实推进知识产权信息化、智能化基础设施建设，强化知识产权数字化协同

一是加快建设国家知识产权保护信息平台。国家知识产权保护信息平台重点聚焦知识产权执法支撑、综合监管、保护信息监测等环节，通过统一数据标准、统一共享出口，归集知识产权保护全量数据，实现知识产权与经济科技、行政执法、司法审判、市场主体、信用监管等信息的共享关联，为解决知识产权领域"信息孤岛"和"应用孤岛"等问题提供有力支撑。目前，平台立项工作已完成，预计年内将正式启动项目建设。

二是持续推动国家知识产权大数据中心和公共服务

平台立项建设。国家知识产权大数据中心定位于知识产权信息的汇集中枢和传输枢纽，为实现数据共享、多维度挖掘分析和业务协同奠定坚实基础。国家知识产权公共服务平台聚焦知识产权业务服务、政务服务和信息服务平台建设一体化，实现知识产权公共服务便利化、集约化、高效化，以及各级各类知识产权公共服务平台互联互通、数据信息资源关联共享。2022年9月，我局已向相关牵头部门报送了项目框架方案。

三是持续支持建设具有自主知识产权的专利、商标数据库。我局调研了17家在我国具有较大影响力的专利、商标数据服务企业，涉及20个数据服务产品，全面梳理分析我国专利、商标数据库市场现状及企业需求。同时，面向27家具备较强数据加工能力的企业，提供知识产权标准化数据，降低数据再加工成本。

下一步持续加强知识产权信息化、智能化基础设施建设。高质量建设知识产权保护信息平台，压茬推进国家知识产权大数据中心和公共服务平台立项建设。持续面向国内具有数据加工利用能力的自主知识产权数据库服务企业提供数据支持，加快建设具有自主知识产权的专利、商标数据库，为不断提升整体服务能力和水平提供基础支撑。

三、加强部门协同配合，推进知识产权服务业标准体系建设

一是以标准化建设提升知识产权服务专业化水平。我局积极推动知识产权服务业标准体系建设，指导地方、协会制定知识产权服务业地方或团体标准。目前，已颁布实施《专利导航指南》系列国家标准、《专利代理机构服务规范》国家标准等知识产权服务业标准，正在研制《专利评估指引》等国家标准。

二是以标准化建设支撑高技术服务业高质量发展。近年来，我局持续加强与市场监管总局（标准委）的工作协同，不断强化标准化在知识产权保护中的引领、规范作用。市场监管总局（标准委）陆续批准发布了《企业知识产权管理规范》《科学技术研究项目知识产权管理》等国家标准，建立了涵盖知识产权管理体系认证、知识产权服务、知识产权保护等175项国家标准的知识产权标准体系。在知识产权管理体系认证方面，针对企业、科研组织、高等学校、科学技术研究项目等，制定发布一系列知识产权国家标准，并将其纳入知识产权认证目录。在知识产权服务标准化、规范化建设方面，联合印发《关于知识产权服务标准体系建设的指导意见》，制定专利代理机构、知识产权分析评议、专利导航等知识产权服务国家标

准，营造了良好的创新要素发展环境。

下一步不断健全知识产权服务业标准规范体系。我局将加强与市场监管总局的协同配合，进一步健全完善相关标准体系，加快推进知识产权管理指南、企业知识产权合规管理、知识产权鉴定规范等标准研制工作。同时加大对知识产权服务业标准研究制定工作，在知识产权评估等方面探索制定相关标准，以标准化支撑高技术服务业发展。

四、多措并举提升能力，为我国企业"走出去"提供有力支撑

一是加快推动知识产权服务贸易发展。2022年，国家知识产权局会同商务部开展知识产权服务出口基地建设，支持知识产权服务机构深化国际合作，引导知识产权服务业国际化和专业化发展。首批9家知识产权服务出口基地，分布在京津冀、长江经济带、粤港澳大湾区、成渝地区双城经济圈等重要区域，有力支撑了区域知识产权服务业和服务贸易高质量发展，为企业"走出去"提供了便捷高效的知识产权服务保障。

二是持续强化海外知识产权维权援助。持续完善海外知识产权纠纷应对指导工作体系。建设国家级海外知识产权纠纷应对指导中心及43家地方分中心。截至2022年底，已为企业提供海外知识产权纠纷应对指导服务900余次，提供咨询服务3000余次，助力我国企业"走出去"。上线海外知识产权信息服务平台"智南针网"，累计收录189个国家（地区）知识产权法律法规及国际条约1339部，海外知识产权典型案例200余个，海外知识产权实务指引70余本；编制发布两批共8个国家（地区）知识产权保护国别指南，组织编写《企业知识产权保护指南》。持续更新海外知识产权专家库及专业机构库。先后遴选两批海外知识产权纠纷应对指导中心专家，入库专家达119人，覆盖18个国家和地区，2022年新增海外知识产权专业服务机构30余家，有效为我国企业提供高水平专业化指导服务。

下一步积极为企业"走出去"保驾护航。我局将加强对企业海外知识产权维权工作的支持指导，围绕企业海外拓展需求，提供便捷、优质、高效的服务与政策支持，不断完善海外知识产权纠纷应对指导工作体系，切实为企业"走出去"保驾护航。

衷心感谢您对知识产权工作的关心和支持，希望继续关注知识产权事业发展，对知识产权工作提出更多宝贵意见建议。

国家知识产权局关于政协第十四届全国委员会第一次会议第 00059 号（科学技术类 004 号）提案答复的函

——关于发挥知识产权要素在中小企业创新发展中的作用的提案

· 2023 年 8 月 21 日

· 国知建提运函〔2023〕53 号

你们提出的《关于发挥知识产权要素在中小企业创新发展中的作用的提案》收悉，结合科技部、工业和信息化部、财政部、金融监管总局、中国证监会、最高人民法院意见，现答复如下。

一、关于引导支持提升中小企业科技创新硬度

一是支持开展高价值专利培育。开展专利密集型产品备案认定工作，为科学引导企业推进高价值专利培育转化提供有力支撑。联合教育部、科技部等相关部门组织"千校万企"协同创新伙伴行动和"百校千项"高价值专利培育转化行动，促进高校创新成果向中小企业转化运用，推动创新链产业链深度融合。二是支持引导中小企业开展专利布局。推动打造统一、开放、高标准的专利导航服务体系，择优培育 26 家专利导航工程支撑服务机构，布局建设 104 家产业专利导航服务基地，上线国家专利导航综合服务平台，为企业开展专利深度挖掘分析、寻找技术突破口、优化技术研发方向提供指导。

下一步，我局将开展首批专利密集型产品认定，研究制定认定国家标准。加快建设完善专利导航综合服务平台建设，重点面向中小企业共享专利导航成果，开展专利导航工程绩效评价，为提升中小企业科技创新硬度提供支撑。

二、关于强化面向中小企业的知识产权公共服务和市场化服务

一是加强部门协同联动。自 2009 年起，我局联合工业和信息化部开始实施中小企业知识产权战略推进工程，通过出台一系列政策举措，有力提升中小企业知识产权意识和能力，特别是 2022 年联合出台知识产权助力专精特新中小企业创新发展的系列举措，有力支持打造专精特新小巨人和单项冠军企业。自 2021 年起，会同财政部启动实施专利转化专项计划，分两批重点奖补支持 16 个省份，提供专利布局辅导、知识产权风险防控、专利技术供需对接等服务，适时开展相关培训，推动专利运用有效嵌入科研、融入产业、走入市场。二是完善知识产权公共服务体系。我局不断完善知识产权公共服务骨干节点

布局，实现省级知识产权公共服务机构全覆盖，地市级综合性知识产权公共服务机构累计达到 134 家，覆盖率达到 40.2%。稳步推进知识产权重要服务网点建设，国家级重要服务网点达到 348 家。工业和信息化部培育五批共 244 家产业技术基础公共服务平台，为中小企业提供知识产权等公共服务。三是推动知识产权纳入相关指标体系。2018 年以来，工业和信息化部先后分五批开展专精特新中小企业培育工作，将知识产权作为企业创新能力评价指标。2022 年，构建"百十万千"梯度培育体系，计划培育一百万家创新型中小企业、十万家省级"专精特新"中小企业、一万家专精特新"小巨人"企业、一千家制造业单项冠军，并继续设置知识产权相关指标。我局与工业和信息化部开展多轮研讨，协同优化调整知识产权相关评价标准，进一步强化知识产权质量和运用导向。四是加强知识产权协同保护。我局联合最高人民法院联合印发《关于强化知识产权协同保护的意见》，优化协作配合机制，强化协同保护力度。最高人民法院制定《关于技术调查官参与知识产权案件诉讼活动的若干规定》《最高人民法院关于技术调查官参与知识产权案件诉讼活动的若干规定》等文件，建立"全国法院技术调查人才库"和共享机制，截止目前，入库技术调查专家 500 余名，覆盖技术领域 30 多个。

下一步，我局将联合工业和信息化部，持续推进实施中小企业知识产权战略推进工程。会同财政部继续实施专利转化专项计划。进一步健全知识产权公共服务机构分级分类管理机制，拓展知识产权"一站式服务"应用场景。加大与相关产业部门沟通对接，探索知识产权指标多维运用模式。深化与最高人民法院合作，加强司法机关与知识产权管理部门的协作配合，形成工作合力。

三、关于促进中小企业知识产权资源产学研用深度融合

一是加强科技成果供求对接。我局指导 22 个省份开展专利开放许可试点工作，截至 2023 年 6 月底，组织高校、科研院所在内的 1500 余个专利权人参与试点，筛选出 3.5 万件有市场化前景、易于推广实施的专利试点开放许可，匹配推送至 7.6 万家中小企业，达成许可近 8000 项。科技部支持企业联合高校院所组建产业技术创新战略联盟，引导各地建设产业技术研究院等新型研发机构，将高校院所科研资源与企业需求有机结合。二是夯实知识产权资源支撑服务体系。我局联合人民银行、金融监管总局研究制定《专利评估指引》国家标准，共同开展银行知识产权内部评估试点，破解质押融资中

的评估难题,持续发布备案合同的专利许可费率统计数据,引导专利权人科学、公允、合理估算许可使用费。联合科技部、教育部印发《产学研合作协议知识产权相关条款制定指引(试行)》,指导做好产学研合作中的知识产权归属与处置工作,降低相关法律风险,促进产学研合作和知识产权转移转化。配合科技部等部门共同开展赋予科研人员职务科技成果所有权或长期使用权试点工作,分领域选择40家高等院校和科研机构开展为期3年的试点,进一步完善激励创新的产权制度,促进科技成果转化。

下一步,我局将联合相关部委继续支持企业与高校院所协同合作,强化需求对接,推动产学研融合创新。发布《专利评估指引》推荐性国家标准,加强标准的推广应用。开发完善评估模型和工具,提升评估效率和风险管控能力。研究制定推进专利开放许可制度全面实施的政策文件,深化政策协同和工作统筹,加强对地方和创新主体的业务指导。

四、关于支持中小企业通过知识产权拓宽融资渠道

一是完善知识产权运营平台总体布局。我局支持中国技术交易所、上海技术交易所、深圳证券交易所等机构建设国家知识产权和科技成果产权交易机构,打造知识产权运营平台体系的核心圈,提供数据底座、服务标准和服务产品。截止目前,累计支持建设28家产业知识产权运营中心,不断扩大战略性产业领域覆盖面,为知识产权转移转化提供供需对接、融资服务、价值评估等相关运营服务。二是完善知识产权金融支持体系。我局深入开展"入园惠企"专项行动,建设知识产权质押信息平台,优化质押登记服务,2022年,全国专利商标质押融资金额4868.8亿元,同比增长57.1%,惠及企业2.6万家,同比增长65.5%。"健全知识产权质押融资风险分担机制和质物处置机制"入选国务院首批在全国范围内复制推广的营商环境创新试点改革举措,知识产权保险累计为2.8万家企业提供了超过1100亿元的风险保障。会同金融监管总局等部门联合出台加强知识产权质押融资工作政策文件,遴选发布首批20个知识产权质押融资及保险典型案例。会同中国证监会支持符合条件的地区开展知识产权证券化工作,做好知识产权证券化产品统计,总结推广知识产权证券化典型模式及典型经验,截至2023年2月底,全国(共在沪深证券交易所)发行103单知识产权证券化产品,募资235亿元,涉及广东、北京、天津、浙江等多个省(市)。

下一步,我局将会同相关部门支持银行业金融机构

依法合规参与知识产权证券化业务,完善知识产权资产证券化业务监管体系。围绕重点产业、重点区域支持建设一批知识产权运营中心,加快推动国家知识产权与科技成果产权交易机构建设。加大知识产权质押融资政策引导支持力度,推进地方建立完善知识产权质押融资风险补偿和分担机制。

最后,衷心感谢对中小企业知识产权工作的关心和支持,希望继续关注知识产权事业发展,对我们工作提出更多宝贵的意见建议。

国家知识产权局对十四届全国人大一次会议第1702号建议答复的函

——关于"统筹盘活知识产权存量资产与扩大知识产权有效增量"的建议

· 2023年8月21日
· 国知建提运函〔2023〕37号

您提出的《关于"统筹盘活知识产权存量资产与扩大知识产权有效增量"的建议》收悉,结合中国证监会的意见,现答复如下。

一、关于"盘活做优知识产权存量资产"

近年来,我局会同证监会等部门引导符合条件的地方规范探索知识产权证券化的有效模式,积极盘活知识产权存量。

(一)提供政策支持

我局印发《关于促进和规范知识产权运营工作的通知》,指导地方有序发挥知识产权证券化融资功能。联合财政部印发《关于做好2020年知识产权运营服务体系建设工作的通知》,将发行知识产权证券化产品纳入重点城市绩效目标,推动地方有序开展知识产权证券化。证监会积极支持符合条件的版权、专利、商标等知识产权类资产开展资产证券化业务,依托企业资产证券化业务和交易所债券市场,积极探索知识产权证券化可行模式,不断推出试点项目。

(二)鼓励模式探索

2018年以来,在相关政策引导下,已探索形成供应链、质押、专利许可和融资租赁等多元化知识产权证券化模式,底层资产覆盖了专利、商标、版权和多种类型的知识产权组合,对促进创新型企业融资具有重要补充作用。2021年,规范探索知识产权证券化模式被国务院列为改革创新举措,在自贸试验区复制推广。我局发布的《中国

知识产权运营年度报告（2020年）》，从政策、数据与案例等不同维度，介绍了知识产权证券化的探索实践。中国知识产权报等媒体刊发多篇文章，深入报道各地知识产权证券化的有益经验。截至2023年4月，全国共在交易所市场累计发行知识产权资产证券化产品103只，实际发行金额235亿元，其中2022年度发行产品32只，发行金额61亿元。

下一步，我局将会同证监会等部门继续完善知识产权证券化引导政策和服务措施，进一步完善业务监管体系，总结推广典型经验和有效模式，支持科技型企业通过知识产权证券化方式融资发展。

二、关于"以制度改革驱动知识产权质量提升"

近年来，我局按照党中央、国务院决策部署，坚持质量第一、效益优先，不断完善制度、深化改革、强化监管，规范专利申请及商标注册行为，推动知识产权高质量发展。

（一）完善制度体系

一是专利法修改增加诚实信用原则，规制专利权滥用。2020年10月，全国人大常委会表决通过关于修改专利法的决定，其中，修改后的专利法新增第二十条诚实信用原则，第一款规定申请专利和行使专利权应当遵循诚实信用原则，不得滥用专利权损害公共利益或者他人合法权益。同时，正在进行的专利法实施细则配套修改中，进一步细化了诚实信用原则在专利申请审查程序中的适用，并明确了相关法律后果。

二是修改完善商标法，打击恶意抢注，强化使用义务。2019年11月起施行的《中华人民共和国商标法》中，增加了规制恶意注册的内容，打击恶意申请、囤积注册等违法行为，明确规定"不以使用为目的的恶意商标注册申请，应当予以驳回"，并作为提出商标异议、宣告注册商标无效的事由；同时，增加代理机构的义务，以及对恶意注册、恶意诉讼行为的处罚措施。关于代表提出的"对于从未使用过的商标，不应给予高额赔偿"的建议，商标法第64条规定，注册商标专用权人请求赔偿，被控侵权人以注册商标专用权人未使用注册商标提出抗辩的，人民法院可以要求注册商标专用权人提供此前三年内实际使用该注册商标的证据。注册商标专用权人不能证明此前三年内实际使用过该注册商标，也不能证明因侵权行为受到其他损失的，被控侵权人不承担赔偿责任。

为进一步完善商标制度，解决商标领域存在的突出问题，我局正在积极推进《商标法》及其实施条例新一轮全面修改。在规制商标恶意注册方面，此次《商标法》修改将重点加大对恶意抢注公共资源、他人在先权利、损害

社会主义核心价值观等行为的打击力度，实现申请人权利与他人权益、社会公共利益的平衡。本次修改也拟进一步强化商标使用义务，一是完善商标使用概念，突出使用的基础地位，新增对服务商标和互联网环境下商标使用行为的规定；二是在申请阶段增加商标使用或者使用承诺的要求；三是完善撤销制度，在保留原有商标连续三年不使用撤销制度的基础上，增加三种损害公共利益的撤销情形。拟通过以上规定，引导市场主体"注册有德"，使商标注册回归制度本源。

（二）开展专项行动

一是加大非正常专利申请打击力度。相继印发《关于进一步严格规范专利申请行为的通知》《关于持续严格规范专利申请行为的通知》《关于规范申请专利行为的办法》等政策文件，明确对非正常专利申请行为的界定、审查程序，不断细化相关处理措施。开展"蓝天"专项整治行动，有力打击和遏制非正常专利申请代理行为。

二是加大恶意商标注册申请打击力度。重点打击恶意抢注国家或区域战略、重大活动、重大政策、重大工程、重大科技项目名称等商标恶意抢注行为，将涉嫌恶意注册商标申请相关案件线索转交地方知识产权管理部门，指导地方知识产权管理部门依法对申请人的违法行为进行调查，并会同有关部门开展行政处罚。2022年，向地方转办恶意商标注册申请、恶意重大不良影响商标申请案件线索110件，涉及商标注册申请信息1239条，涉及抢注北京冬奥会和残奥会吉祥物名称、运动健儿姓名的"冰墩墩""谷爱凌"、2022年卡塔尔世界杯等恶意抢注商标。

三是加强知识产权领域信用监管。将非正常专利申请行为、恶意商标注册申请行为纳入全国公共信用信息基础目录、严重违法失信名单和知识产权领域失信行为清单，实施联合惩戒和失信约束措施。2022年1月25日，印发实施《知识产权信用管理规定》，对知识产权审查审理过程中的失信行为予以规制，明确将不以保护创新为目的的非正常专利申请行为、恶意商标注册申请行为等列为失信行为，并对失信主体实施财政性资金项目申请、费用减缴等优惠政策从严审批、取消评优评先资格、取消示范和优势企业申报资格、提高检查频次、不适用信用承诺等管理措施。

下一步，我局将积极推进专利法实施细则尽快落地实施，加快推进商标法及其实施条例新一轮全面修改工作，不断完善制度规则。严把授权关，继续保持严厉打击恶意专利商标注册申请行为，加大对违法失信行为的监管力度，实现知识产权的高质量发展。

衷心感谢您对知识产权工作的关心和支持,希望继续关注知识产权事业发展,对我们的工作提出更多宝贵的意见建议。

国家知识产权局对十四届全国人大一次会议第6575号建议答复的函

——关于把对知识产权侵权的惩罚上限提高到20倍的建议

· 2023 年 8 月 21 日
· 国知建提法函〔2023〕19 号

您提出的《关于把对知识产权侵权的惩罚上限提高到20倍的建议》收悉。结合国家发展改革委的意见,现答复如下:

一、关于我国知识产权惩罚性赔偿制度

知识产权惩罚性赔偿,是指对故意侵犯知识产权且情节严重的,规定远高于填补实际损失的赔偿数额。该制度目前在美国、英国、欧盟、韩国等国家和地区均有确立,惩罚性赔偿金额上限通常为一般赔偿金额的三倍。2013 年,我国《商标法》第三次修改首次在知识产权领域确立惩罚性赔偿规则。2019 年《商标法》第四次修改将恶意侵犯商标专用权的侵权赔偿数额计算倍数从一倍以上三倍以下提高到一倍以上五倍以下,将法定赔偿数额上限从三百万元提高到五百万元。2019—2020 年,《反不正当竞争法》《专利法》《著作权法》相继修改,确立与《商标法》一致的故意侵犯知识产权的惩罚性赔偿规则;《民法典》正式确立针对侵害知识产权行为适用惩罚性赔偿的依据。2021 年 3 月,最高人民法院发布《关于审理侵害知识产权民事案件适用惩罚性赔偿的解释》,明确惩罚性赔偿的具体适用情形和标准,并配套发布指导案例,为各地各级法院启用这一制度提供指引。目前,中国从立法及司法规则层面全面构建惩罚性赔偿制度,下一步,为强化对商标侵权行为的打击,《商标法修订草案(征求意见稿)》提出了优化商标侵权赔偿数额的计算方法,将权利人的合理开支列为商标侵权的赔偿内容,将适用惩罚性赔偿的条件由"恶意"修改为"故意",引入商标侵权公益诉讼,打击损害国家利益或者社会公共利益的商标侵权行为,强化侵权执法手段和措施,加强信用监管和信用惩戒。

二、关于知识产权领域的信用体系建设

为规范和完善失信约束制度,2020 年 12 月,国务院办公厅印发《关于进一步完善失信约束制度构建诚信建设长效机制的指导意见》(国办发〔2020〕49 号),在此基础上,国家发改委编制《全国公共信用信息基础目录(2022 年版)》《全国失信惩戒措施基础清单(2022 版)》,将知识产权领域严重违法失信名单列入清单管理,为依法依规实施失信惩戒、打击知识产权侵权行为提供支撑和保障。

2022 年 1 月 25 日,《国家知识产权局知识产权信用管理规定》印发施行,对知识产权审查审理过程中的失信行为予以规制,将不以保护创新为目的的非正常专利申请、恶意商标注册申请以及提供虚假材料等列为失信行为,对失信主体信息予以通报和公示,并依法依规开展"财政性资金项目申请从严审批""取消国家知识产权局评优评先参评资格"等管理措施。

2021 年 9 月 1 日,我局配合市场监管总局制定印发《市场监督管理严重违法失信名单管理办法》,将"故意侵犯知识产权"且受到较重行政处罚的行为等列为严重违法失信行为,严重违法失信主体信息在国家企业信用信息公示系统公示,并对失信主体实施"在工程招投标时予以着重考量""列为重点监管对象""不适用告知承诺制"等管理措施。

对于您提出的提高知识产权侵权成本与加强知识产权领域信用监管的建议,我局将结合各方意见,在修法过程中认真研究,推动惩罚性赔偿制度和信用监管在激励和保护创新方面发挥更大作用,不断强化商标权保护,完善知识产权法律制度,助力营造良好营商环境。

衷心感谢您对知识产权工作的关心和支持,希望继续关注知识产权事业发展,对我们的工作提出更多宝贵的意见建议。

国家知识产权局关于政协十三届全国委员会第五次会议第02648号(科学技术类123号)提案答复的函

——关于开放银行间市场,推进知识产权证券化的提案

· 2022 年 8 月 29 日
· 国知建提运函〔2022〕37 号

您提出的《关于开放银行间市场,推进知识产权证券化的提案》收悉。结合人民银行和证监会意见,现答复如下。

银行间债券市场和交易所债券市场是知识产权证券

化的两种途径、两个模式。近年来,我局会同证监会等部门,提供知识产权证券化政策支持,鼓励开展知识产权证券化模式探索,积极稳妥发展知识产权金融,两种模式均取得一定进展。

一、关于推广浙江开展银行间债券市场知识产权证券化的试点经验

2021 年 7 月,我局印发《关于促进和规范知识产权运营工作的通知》,指导各地结合当地实体经济发展需要,有序发挥知识产权证券化融资功能。联合财政部印发《关于做好 2020 年知识产权运营服务体系建设工作的通知》,将发行知识产权证券化产品纳入重点城市绩效目标。目前,各地已探索出包括供应链、知识产权质押和知识产权许可等多种融资模式。其中,对于知识产权质押模式,联合银保监会等部门深入开展知识产权质押融资入园惠企专项行动,与中国银行、中国建设银行等国有大行开展战略合作,以知识产权质押贷款应收本息作为基础资产的证券化产品越来越具有资产基础和市场基础。浙江在开展证券化试点方面先行先试,探索出全国首个银行间债券市场知识产权证券化产品,在更好普及知识产权质押融资服务、鼓励商业银行作为发行主体、支持科技型小微企业融资、盘活银行知识产权质押贷款资产等方面形成有益经验,我局支持符合条件的地区学习借鉴。

二、关于交易所债券市场知识产权证券化模式

证监会积极支持符合《证券公司及基金管理公司子公司资产证券化业务管理规定》相关要求的,包括版权、专利权、商标等知识产权在内的各类基础资产开展资产证券化业务,并未对担保、增信措施实施强制性要求。2018 年以来,交易所债券市场积极探索知识产权证券化可行模式,不断推进试点项目。截至 2022 年 4 月,交易所市场累计发行知识产权资产证券化产品 65 只,实际发行金额 158 亿元,其中 2022 年发行产品 7 只,发行金额 10 亿元。以“中信证券—广州开发区新一代信息技术专利许可资产支持专项计划”为例,其基础资产为 14 家科技企业的 103 项核心专利的专利许可费用,涵盖通信网络建设、智能物联网、电子元器件等多个核心细分领域,通过发行知识产权资产证券化产品,每家参与企业获得 600 万至 3200 万不等的资金支持。该模式下,企业既不需要转让知识产权的所有权,也不需要在知识产权上设置质押等权利限制,融资更加方便快捷,获得高新技术企业的广泛认可。

下一步,我局将会同证监会等部门继续完善知识产权证券化引导政策和服务措施,降低企业融资成本,进一

步推动科技型小微企业通过知识产权证券化等方式实现融资。人民银行将规范探索适合知识产权融资的途径,进一步完善资产证券化有关规定。

衷心感谢您对知识产权工作的关心,希望继续关注知识产权事业发展,对知识产权工作提出更多宝贵意见建议。

国家知识产权局对十三届全国人大五次会议第 5812 号建议答复的函
——关于进一步完善知识产权融资体系推动知识产权强国建设的建议

· 2022 年 9 月 30 日
· 国知建提运函〔2022〕78 号

您提出的《关于进一步完善知识产权融资体系推动知识产权强国建设的建议》收悉,结合财政部、银保监会意见,现答复如下。

今年,您的建议被列为全国人大重点督办建议,我局高度重视,集中力量研究办理。8 月 16 日,邀请全国人大有关部门和银保监会有关同志赴浙江湖州、杭州等地开展知识产权金融工作专题调研,专程到访您所在的天能控股集团,与您进行面对面交流,进一步了解您所提建议的背景和目的,详细报告我局和有关部门在完善知识产权融资相关法律法规、健全评估体系等方面开展的工作情况和已取得的成效,并进一步听取您的意见建议,切实提高重点督办建议办理的针对性和实效性。

一、关于“完善知识产权融资的法律法规”

《民法典》颁布以前,以知识产权为客体进行金融活动的相关规定在各类民事法律中均有涉及。1995 年颁布实施的《担保法》第七十五条明确“依法可以转让的商标专用权,专利权、著作权中的财产权”属于可以质押的权利;第七十九条、第八十条对知识产权质权的设定程序与知识产权质权的效力进行了规定,为知识产权质押提供了法律依据。2007 年颁布实施的《物权法》在“质权”部分明确规定“可以转让的注册商标专用权、专利权、著作权等知识产权中的财产权”可以用于质押。2021 年起,《民法典》正式实施,对各类民事法律规定单行法进行了修订整合。在“物权编”中明确规定:以注册商标专用权、专利权、著作权等知识产权中的财产权出质的,质权自办理出质登记时设立。同时,很多地方性法规对推进知识产权金融服务作出规定。例如,《北京市知识产权

《保护条例》提出，支持商业银行、担保、保险等金融机构创新知识产权保险、信用担保等金融产品，为知识产权转化运用和交易运营提供金融支持；《江苏省知识产权促进和保护条例》提出，支持金融机构为中小企业提供知识产权质押融资、保险、风险投资等金融服务；正在起草的《浙江省知识产权保护和促进条例》将专利公开实施、数据相关知识产权运用、风险投资政府引导基金、知识产权交易税费政策等内容写入条例，强化知识产权金融领域法律保障。各地相关立法探索为国家层面立法积累了有益经验，提供了实证支持。

我局会同有关部门持续完善知识产权融资相关政策体系。2019 年 8 月，会同银保监会、国家版权局印发《关于进一步加强知识产权质押融资工作的通知》，积极落实单列信贷计划、专项考核激励、放宽不良率等政策措施，进一步促进银行保险机构扩大知识产权质押融资。2021 年 6 月，会同银保监会、发展改革委印发《知识产权质押融资入园惠企行动方案（2021—2023 年）》，明确提出鼓励支持实用新型、外观设计专利质押等工作安排。2022 年上半年，全国专利、商标质押融资金额达 1626.5 亿元，同比增长 51.5%，惠及企业 9760 家，同比增长 68.0%。其中，1000 万元以下普惠项目达 7345 项，同比增长 112%，惠及中小企业 6951 家，占惠企总数的 71.2%，同比增长 111.7%，有效缓解了一批中小企业的燃眉之急。

二、关于"健全知识产权价值的评估体系"

（一）强化知识产权评估机构和评估能力建设。2020 年，我局会同财政部指导中国资产评估协会成立知识产权资产评估专业委员会，强化知识产权评估行业能力建设。银保监会支持银行通过建立外部评估机构库、创新内部评估方式等手段，提升对知识产权价值和作用的识别能力。例如，兴业银行建立外部知识产权评估专业机构库；中国农业银行对中小微企业财务报告中公允价值在一定额度内的知识产权，允许按不超过公允价值确定评估价值等。

（二）健全知识产权评估标准。我局自 2012 年持续健全完善专利价值分析指标体系，并在科研院所、大型企业和专业机构中实践运用，分类指导市场主体健全专利评估管理体系。2021 年，启动《专利评估指引》推荐性国家标准研究制定工作，推动建立知识产权评估标准体系，目前已完成标准文本起草并公开征求意见。财政部指导中国资产评估协会完善知识产权资产评估准则体系，形成包括《资产评估执业准则—无形资产》《知识产权资产评估指南》以及分别针对专利、商标和著作权的资产评估

指导意见在内的资产评估准则体系。

（三）加强知识产权评估数据支撑。我局对"十三五"期间备案的专利实施许可合同信息进行数据提取和统计分析，发布《"十三五"国民经济行业（门类）专利实施许可统计表》，公布不同行业专利实施许可使用费，为专利评估定价和许可等专利转移转化提供基础数据支撑。银保监会支持各银保监局会同地方知识产权管理部门、版权管理部门推动建立知识产权资产评估机构库、专家库和知识产权融资项目数据库，推进知识产权作价评估标准化，为商业银行开展知识产权质押融资创造良好条件。

（四）优化知识产权质押登记服务。我局修订完善专利权和商标权质押登记相关办法，简化登记程序，放宽登记条件，压缩审查期限，持续优化质押登记服务。在浙江、江苏、广东、四川、青岛、深圳等地开展知识产权质押登记线上办理试点，有效提升登记服务效率。同时，持续推动质押信息共享，与发展改革委、银保监会共同指导建成全国知识产权质押信息平台，依托"信用中国"网站免费向社会公众提供质押信息查询、金融产品展示等综合性服务。

三、关于"建立风险分担和风险补偿机制"

（一）不断完善知识产权保险产品体系。我局和银保监会鼓励保险机构在风险可控前提下，开展与知识产权质押融资相关的保证保险业务，依法合规投资知识产权密集的创新型小微企业，有效提升保险机构金融综合服务能力。指导支持保险机构开展知识产权被侵权损失保险、侵权责任保险等保险业务，为运用专利权等知识产权质押融资的中小微企业提供贷款保证保险服务，创新开发专利质押融资保证保险、专利许可信用保险等产品。目前，人保财险、太平科技等保险公司均开发设计了知识产权质押融资保证保险，对以知识产权为质押物的企业贷款信用风险提供保险保障。

（二）推动建立风险分担与补偿机制。2019 年，财政部会同有关方面提请国务院办公厅印发《关于有效发挥政府性融资担保基金作用切实支持小微企业和"三农"发展的指导意见》，提出构建政府性融资担保机构和银行业金融机构共同参与、合理分险的银担合作机制，并明确银行与担保机构之间的"二八分险"原则，鼓励有条件的地方探索建立风险补偿机制。

我局会同有关部门指导各地按照知识产权金融服务工作有关要求，积极推动建立小微企业信贷风险补偿基金，对知识产权质押贷款提供重点支持，同时通过贴息、

保费补贴、担保补贴等多种形式加大经费投入。支持辽宁等 4 省设立知识产权质押融资风险补偿基金，5 年来累计撬动质押贷款近 700 亿元，惠及企业近 4000 家。湖南等多地省级财政设立知识产权质押风险补偿资金，北京、吉林等地探索由政府、银行、企业、保险机构、评估机构等多方按比例共担风险。

下一步，我局和财政部、银保监会等部门将深入落实完善金融支持创新体系、推进普惠金融高质量发展的要求，认真研究和吸收借鉴代表所提建议，继续完善知识产权质押融资政策体系，规范知识产权评估服务，优化知识产权质押风险分担与补偿机制，切实发挥知识产权融资惠企纾困的积极作用，有力支撑知识产权强国建设。

衷心感谢您对知识产权工作的关心和支持，希望继续关注知识产权事业发展，对知识产权工作提出更多宝贵意见建议。

国家知识产权局对十三届全国人大五次会议第 0760 号建议答复的函
——关于加快发展知识产权金融的建议

· 2022 年 8 月 11 日
· 国知建提运函〔2022〕27 号

您提出的《关于加快发展知识产权金融的建议》收悉。结合财政部、证监会和银保监会的意见，现答复如下。

我局高度重视知识产权金融工作，会同财政部、证监会、银保监会等部门采取一系列举措，引导支持金融机构开展知识产权质押贷款、保险、证券化等金融服务，创新融资模式，健全评估体系、融资风险分担和补偿机制，不断优化相关法律法规和政策环境。

一、关于"健全知识产权法律体系"

（一）完善知识产权金融服务相关法律规定。我局推动知识产权金融融入国家经济社会发展大局，在党中央、国务院印发的《知识产权强国建设纲要（2021—2035年）》《"十四五"国家知识产权保护和运用规划》《建设高标准市场体系行动方案》《要素市场化配置综合改革试点总体方案》等重要政策文件中，对知识产权质押融资和金融产品创新作出安排，为知识产权金融相关立法做好政策准备。同时，各地积极开展相关立法探索，江苏、浙江、山东等地出台知识产权促进和保护条例，对创新金融服务模式和金融产品，提供知识产权质押融资、知

识产权证券化服务等作出明确规定，为国家层面立法提供实证支持。

（二）健全知识产权质押融资相关制度。我局修订完善专利权和商标权质押登记相关办法，简化登记程序、放宽登记条件、压缩审查期限。在浙江、江苏、广东、四川、青岛、深圳等地开展知识产权质押登记线上办理试点，有效提升登记服务效率。同时，加强横向协调与纵向联动，会同银保监会、版权局、发展改革委等部门印发《关于进一步加强知识产权质押融资工作的通知》《知识产权质押融资入园惠企行动方案（2021—2023 年》等政策文件，统筹各地提高知识产权质押融资的普及度和惠益面，10 多个省（自治区、直辖市）陆续印发相关行动方案，广泛组织银企对接、园区宣讲等活动。各地实践经验为知识产权金融相关政策法制化奠定了坚实基础。

二、关于"探索创新知识产权融资模式"

（一）鼓励知识产权质押融资服务创新。银保监会会同我局等部门鼓励商业银行对企业专利权、商标专用权、著作权等相关无形资产进行打包组合融资，提升企业知识产权综合价值，扩大融资额度。部分银行针对"专精特新"小微企业在产品和服务模式方面进行精细化、个性化创新。例如，中国银行制定"惠如愿·知惠贷"服务方案，支持小微企业线上申请知识产权质押贷款，期限最长 3 年，授信额度可达 3000 万元。农业银行福建分行开发线上产品，对接地方知识产权管理部门，批量获取知识产权优势企业清单及企业专利持有信息。建设银行对属于先进制造业等重点领域、项目的知识产权质押融资业务，实行经济资本考核倾斜等。

（二）支持知识产权资本化运营模式创新。证监会会同我局等部门指导地方规范探索知识产权资产证券化产品，形成质押、融资、许可等多种证券化融资服务模式。截至 2022 年 3 月底，交易所市场已发行 64 单知识产权资产支持证券，发行规模约 156 亿元，产品类型覆盖专利、商标、版权等各类知识产权。同时，以新三板精选层为基础组建北京证券交易所，打造服务创新型中小企业阵地，进一步提升服务中小企业能力，推动经济高质量发展。

三、关于"优化知识产权价值评估体系"

（一）推动建立健全知识产权评估机制。我局会同财政部指导中国资产评估协会成立知识产权资产评估专业委员会，强化知识产权评估专业力量。组织有关评估机构和专家，积极推进专利评估指引国家标准制定，目前已完成国家标准立项。推进专利价值分析试点工作，

在科研院所、大型企业和专业机构中实践运用相关指标体系,规范指导不同主体建立完善专利评估管理体系。同时,对"十三五"期间在我局备案的专利实施许可合同信息进行数据提取和统计分析,发布《"十三五"国民经济行业(门类)专利实施许可统计表》,公布不同行业专利实施许可使用费,为专利评估定价和许可等专利转移转化提供基础数据支撑。

(二)鼓励银行业金融机构加强知识产权综合评估能力建设。银保监会支持银行通过建立外部评估机构库、创新内部评估方式等手段,提升知识产权价值和作用识别能力。例如,兴业银行建立外部知识产权评估专业机构库。农业银行对中小微企业财务报告中公允价值在一定额度内的知识产权,允许按不超过公允价值确定评估价值。交通银行北京分行从价值和风险两大维度建立专利评价指标体系等。

四、关于"完善知识产权质物处置机制"

我局联合财政部持续深入开展知识产权运营服务体系建设,提升知识产权交易、质押、处置等运营能力。2021年,印发《关于促进和规范知识产权运营工作的通知》,提出知识产权运营平台建设和管理的若干措施。先后支持建设知识产权交易运营、金融服务等特色试点平台和24家区域、产业知识产权运营中心,完善知识产权运营服务链和生态圈,畅通知识产权交易和质物处置渠道。金融机构与知识产权交易机构联合开展了相关探索,例如,浦发银行上海分行与上海技术交易所、国家技术转移东部中心合作设计"智汇赢"产品,为科创小微企业提供专利评估、融资、技术转让、交易处置"一条龙"服务。

五、关于"建立健全风险分担和风险补偿机制"

(一)健全风险分担补偿机制。我局会同有关部门指导各地按照知识产权金融服务工作有关要求,积极推动建立小微企业信贷风险补偿基金,对知识产权质押贷款提供重点支持,同时通过贴息、保费补贴、担保补贴等多种形式加大经费投入。支持辽宁等4省设立知识产权质押融资风险补偿基金,5年来累计撬动质押贷款近700亿元,惠及企业近4000家。湖南等多地省级财政设立知识产权质押风险补偿资金,北京、吉林等地探索由政府、银行、企业、保险机构、评估机构等多方按比例共担风险。

(二)建立完善知识产权担保机制。2019年,国务院办公厅印发《关于有效发挥政府性融资担保基金作用切实支持小微企业和"三农"发展的指导意见》,提出构建政府性融资担保机构和银行业金融机构共同参与、合理分险的银担合作机制,并明确了银行与担保机构之间的

"二八分险"原则。按照国务院部署要求,银保监会牵头印发《关于做好政府性融资担保机构监管工作的通知》,引导政府性融资担保机构围绕战略性新兴产业集群,扩大对高成长性、知识密集型企业的融资担保规模,积极运用大数据等现代信息技术手段,主动发掘客户,开发知识产权质押融资等担保产品。

(三)不断完善知识产权保险产品体系。我局和银保监会鼓励保险机构在风险可控前提下,开展与知识产权质押融资相关的保证保险业务。鼓励保险机构开展知识产权被侵权损失保险、侵权责任保险等保险业务,为知识产权驱动创新发展提供保险服务。指导有关地方和保险机构不断丰富知识产权保险产品,陆续推出专利质押融资保证保险、专利许可信用保险、商标被侵权损失保险、地理标志被侵权损失保险、知识产权海外侵权责任保险、知识产权资产评估职业责任险等新产品,为知识产权创造、保护、融资及海外维权等提供风险保障。

下一步,我局将会同有关部门认真研究和吸收借鉴代表所提建议,继续完善知识产权法律体系和金融服务政策,积极抓好财政政策落实,提高财政资金使用效益,引导优化知识产权评估服务,鼓励相关机构积极拓展知识产权质押融资业务,进一步扩大知识产权金融服务惠及面。

衷心感谢您对知识产权工作的关心和支持,希望继续关注知识产权事业发展,对我们的工作提出宝贵意见建议。

国家知识产权局关于政协十三届全国委员会第五次会议第 02439 号(科学技术类 116 号)提案答复的函

——关于多措并举助力企业提升海外知识产权维权能力的提案

· 2022 年 8 月 31 日
· 国知建提保函〔2022〕44 号

您提出的《关于多措并举助力企业提升海外知识产权维权能力的提案》收悉。结合商务部、银保监会、中国贸促会意见,现答复如下。

您在提案中对我国企业海外知识产权维权面临的挑战和困难进行深入分析,并从主动参与知识产权全球治理、加强海外风险防控与纠纷应对指导服务、加强自身能力建设等方面提出建议,我局深表认同,会同有关部门积

极开展工作,完善海外知识产权纠纷应对机制,提升企业海外知识产权保护意识和能力,加强维权指导和支持。

一、关于"主动参与知识产权全球治理,深度融入知识产权国际规则体系"

(一)推动完善知识产权国际规则。我局全面参与世界知识产权组织(WIPO)等框架下知识产权事务,正式加入《工业品外观设计国际注册海牙协定》,深度参与《专利合作条约》(PCT)、国际商标注册马德里体系、国际专利分类(IPC)和洛迦诺外观设计分类等体系调整与完善,为我国企业"走出去"营造良好外部环境。

商务部在世界贸易组织、亚太经合组织、金砖国家等平台积极发出中国声音、宣介中国经验、提出中国方案。推动正式签署《区域全面经济伙伴关系协定》(RCEP),正式申请加入《全面与进步跨太平洋伙伴关系协定》(CPTPP),深度融入知识产权国际规则体系。

(二)不断夯实双边谈判磋商交流及专项合作机制。我局与共建"一带一路"国家持续深化务实合作,就知识产权政策和法律、知识产权保护和运用等问题定期交换意见,与教育部共同设立"一带一路"知识产权硕士学位教育项目,累计录取来自50多个国家的200余名学员,向共建"一带一路"国家派出多批次授课专家,为当地知识产权人才培养作出积极贡献。

商务部持续完善与欧盟、日本、俄罗斯等重要经贸伙伴间知识产权交流合作,推动我国成功与欧盟缔结《中欧地理标志保护与合作协定》,解决企业在"走出去"过程中遇到的知识产权问题。通过专项协定和自贸协议的方式形成知识产权相关国际规则,在中国—以色列、中国—挪威等自由贸易协定中合理设置知识产权议题,扩大与重要贸易伙伴间知识产权规则共识。

(三)深度参与全球知识产权治理体系建设。我局深度参与中美欧日韩五局、金砖国家五局、中国—东盟、中日韩、中蒙俄、中非等知识产权合作机制,形成多边、周边、小多边、双边协调推进的知识产权国际合作新格局。强化知识产权审查业务合作,"专利审查高速路"国际合作伙伴达30个,实现中国有效发明专利和外观设计专利在柬埔寨登记生效,老挝对中国发明专利审查结果的认可。

中国贸促会持续加强与WIPO、国际保护知识产权协会(AIPPI)、国际许可贸易工作者协会(LES)、国际商标协会(INTA)、国际商会(ICC)等国际组织和机构的沟通合作,同时承担国际保护知识产权协会中国分会、国际许可贸易工作者协会中国分会工作。2022年4月,与世界知识产权组织签署《合作备忘录》,进一步加大参与全球知识产权治理工作力度。同时,积极参与商务部中欧、中日、中俄等知识产权工作组相关工作,广泛征集我国行业企业对有关国家知识产权制度和实践的建议,配合政府部门在开展谈判时反映我企业诉求。通过WIPO、ICC、AIPPI等渠道参与标准必要专利、大数据、人工智能等新领域新业态知识产权国际规则制定。

下一步,我局将继续会同商务部、中国贸促会等有关部门加大知识产权保护国际合作力度,加强协调沟通,切实维护企业海外知识产权利益。

二、关于"进一步优化资源配置,加强海外风险防控与纠纷应对指导服务"

(一)不断完善协作机制,强化海外知识产权纠纷应对指导服务体系建设。2019年,我局会同中国贸促会设立海外知识产权纠纷应对指导中心,并陆续设立22家地方分中心,累计为企业提供各类海外知识产权纠纷应对指导750余次,提供咨询服务2800次,帮助企业减少市场损失超120亿元。2021年,会同中国贸促会印发《关于进一步加强海外知识产权纠纷应对机制建设的指导意见》,持续完善中心布局和机制建设,有效帮助企业应对海外知识产权纠纷。2022年,商务部会同相关部门印发《关于开展内外贸一体化试点的通知》,明确"持续健全海外知识产权纠纷应对指导工作机制,加强知识产权海外维权援助服务"等工作安排。

(二)持续加强重点领域区域专业指导,提升风险防控能力。2022年,我局针对数字通信、生物医药等领域海外知识产权纠纷多发、高发特点,开展重点产业海外知识产权纠纷应对试点工作。积极会同中国贸促会探索在美国、德国等地设立中资企业海外知识产权纠纷应对指导中心,不断优化指导服务效果。同时,持续完善国家海外知识产权信息服务平台"智南针网",共提供189个国家(地区)的知识产权法律法规及国际条约1339部,海外知识产权实务指引49本,网站总访问量达6293万次,成为企业了解知识产权国际规则和资讯的重要平台。商务部加强中国保护知识产权网建设,每年发布海外知识产权信息动态9000余条,编发《知识产权海外风险预警专刊》等多种期刊,汇集知识产权相关法律法规和规范性文件568部、知识产权国际条约和双边协定45部、20多个重点贸易对象国家和地区知识产权环境指南、600余家国外知识产权服务机构名录等,帮助企业及时了解国外知识产权最新进展。

(三)不断加强专业化建设,夯实指导服务支撑力量。2021年,我局面向全球公开征集第二批海外知识产权纠纷应对指导中心专家,经过严格审核遴选确定新增专家51人。指导中心专家库人数达152人,涵盖18个重点贸易国家和地区,指导力量进一步强化。2022年,加强专业服务机构组织遴选,更新扩充30余家专利、商标领域海外知识产权服务机构,为我国企业"走出去"提供专业高效服务支持。同时,各省(自治区、直辖市)根据需求建设本地区及部分重点领域专家库,进一步丰富智力资源,帮助企业防范化解海外风险、应对各类纠纷。

下一步,我局将持续会同商务部、中国贸促会等部门强化工作机制,进一步做好重点领域和区域专业化服务,探索设立一批重点产业分中心,优化海外知识产权纠纷应对指导中心网络布局,充分发挥专业机构库及专家库作用,帮助企业更好应对海外知识产权纠纷。

三、关于"加强自身能力建设,构筑抵御风险的有力屏障"

(一)推动企业加强知识产权能力建设,提升海外知识产权布局和风险防控能力。我局深入开展国家知识产权示范企业和优势企业培育工作,累计培育优势示范企业5729家,形成一批拥有自主知识产权和知名品牌、具备国际竞争优势的知识产权领军企业。鼓励企业贯彻实施《企业知识产权管理规范》国家标准,健全知识产权管理体系,将知识产权贯穿研发、生产和经营全过程。组织召开全国海外知识产权纠纷应对指导能力提升培训班,聚焦"337调查"应对、跨境电商知识产权保护、海外商标抢注等重点专题,面向地方知识产权管理部门、地方分中心、企业及服务机构开展培训。指导各地举办专题培训100余次,累计培训人数近5.6万人次,有效提升企业和机构海外知识产权保护意识和能力。

(二)指导产业知识产权联盟和专利池建设。2021年,我局印发《关于完善产业知识产权联盟备案管理机制有关事项的通知》,加强联盟日常监督和业务指导,防范各类风险,引导其健康发展、规范运行。鼓励备案联盟按照"自愿参与、互利共赢"的原则,围绕产业链上下游核心技术和产品,构建若干个集中许可授权的专利池,形成相互支撑、交叉许可的专利集群,为我国企业"走出去"保驾护航。

(三)丰富海外知识产权保险产品供给,减轻企业海外知识产权维权经济负担。银保监会指导保险公司提供多种海外知识产权保险产品,涵盖专利、商标、地理标志等知识产权类型,具体包括知识产权海外侵权责任保险、境外展会专利纠纷法律费用保险、专利被侵权损失保险、专利执行保险等产品类别,为专利权相关调查费用、抗辩费用及法律费用等提供风险保障。指导保险公司丰富线上、线下宣传方式,帮助企业熟悉知识产权保险功能作用。我局会同银保监会积极推动各地海外知识产权保险落地见效,2020年5月,中国人民财产保险股份有限公司广东省分公司签发全国首单海外知识产权侵权责任保险保单,2021年10月,全国首个知识产权保险中心中国人保粤港澳大湾区知识产权保险中心正式揭牌成立。2022年6月,湖北首单知识产权海外侵权责任保险落地"中国光谷"。

下一步,我局将会同有关部门继续推进企业知识产权管理体系国家标准修订工作,加强海外知识产权保护能力建设。同时,持续优化政策环境,指导完善保险产品和服务,加大知识产权保险宣传力度,帮助我国企业合理化降低海外知识产权维权成本。

衷心感谢您对知识产权工作的关心和支持,希望继续关注知识产权事业发展,对知识产权工作提出更多宝贵意见建议。

图书在版编目（CIP）数据

中华人民共和国知识产权法律法规全书：含规章及法律解释：2024年版／中国法制出版社编．—北京：中国法制出版社，2024.1

（法律法规全书系列）

ISBN 978-7-5216-4052-6

Ⅰ．①中… Ⅱ．①中… Ⅲ．①知识产权法–汇编–中国 Ⅳ．①D923.409

中国国家版本馆CIP数据核字（2023）第242111号

策划编辑：袁笋冰　　　　　责任编辑：卜范杰　　　　　封面设计：李　宁

中华人民共和国知识产权法律法规全书：含规章及法律解释：2024年版
ZHONGHUA RENMIN GONGHEGUO ZHISHICHANQUAN FALÜ FAGUI QUANSHU：HAN GUIZHANG JI FALÜ JIESHI：2024 NIAN BAN

经销/新华书店
印刷/三河市紫恒印装有限公司
开本/787毫米×960毫米　16开　　　　　　　　印张/46.75　字数/1281千
版次/2024年1月第1版　　　　　　　　　　　　2024年1月第1次印刷

中国法制出版社出版
书号 ISBN 978-7-5216-4052-6　　　　　　　　　　　　定价：98.00元

北京市西城区西便门西里甲16号西便门办公区
邮政编码：100053　　　　　　　　　　　　　传真：010-63141600
网址：http：//www.zgfzs.com　　　　　　　　编辑部电话：010-63141673
市场营销部电话：010-63141612　　　　　　　印务部电话：010-63141606

（如有印装质量问题，请与本社印务部联系。）